스펄전 설교전집 03

신명기 · 여호수아 · 사사기

스펄전 설교전집 03

The Treasury of the Bible

이광식 옮김

스펄전 설교전집
신명기·여호수아·사사기

The Treasury of the Bible

이광식 옮김

CH북스
크리스천
다이제스트

차례

■　　　신　　명　　기

■　　　여　호　수　아

신
명
기

제
1
장

—

사 십 년

—

"네 하나님 여호와께서 네가 하는 모든 일에 네게 복을 주시
고 네가 이 큰 광야에 두루 다님을 알고 네 하나님 여호와께
서 이 사십 년 동안을 너와 함께 하셨으므로 네게 부족함이
없었느니라." — 신 2:7

우리의 날수를 세는 습관은 매우 훌륭한 일입니다. 그 일을 제대로 하려면
인간은 하나님께 배워야 합니다. 만일 우리가 그렇게 배운 적이 없다면 이렇게
기도하는 것이 좋습니다. "우리에게 우리 날 계수함을 가르치사 지혜로운 마음
을 얻게 하소서"(시 90:12). 어떤 사람들은 그들의 가축 수를 세고, 땅 평수를 세
며, 돈을 세면서도, 그들의 날 수는 세지 않습니다. 설혹 날수를 세기는 하더라
도, 거기에서 이성과 은혜가 제시하는 바를 추론하지는 못합니다. 즉 지혜의 마
음을 얻지 못하는 것이지요. 당신의 실제 나이보다 더 젊게 보이려 애쓰는 것은
지혜가 아닙니다. 물론 나는 많은 사람들이 그러려고 애쓰는 것을 알고 있습니
다. 수십 년에 한 번씩 하는 인구조사에서, 어떤 사람들의 연령은 십년도 채 늘지
않았음을 보고 나는 놀랍니다. 아마도 얼마간의 세월을 빠뜨렸기 때문이라고 생
각합니다. 우리가 찬사를 돌리는 많은 사람들의 나이는 거의 알 수 없는 신비입
니다. 나이 먹는 것이 부끄러운 일이라도 되는 건지, 정말 알 수 없는 일입니다.
노년은 존경을 받아야지 조롱받아서는 안 됩니다. 시련의 한 해를 보내고, 또 다
른 수고의 한 해를 끝내고, 천국으로 향한 길에서 또 하나의 이정표를 뒤에 남겨

두는 일이 왜 슬프단 말입니까? 소망의 안식처를 향한 우리들의 여행에서 멀리 왔다는 사실에 유감스러워하는 대신에, 앞으로 남은 날수가 줄어들수록 오히려 기뻐할 수도 있지 않을까요? 우리가 실제보다 더 젊게 보이려 단장을 한다면, 야박한 사람들은 그것을 허영이라고 비난할지도 모릅니다. 그런 사람들에게 그럴 기회를 주는 것은 유감이지요. 동시에, 원숙한 나이를 가볍게 취급해서는 안 됩니다. 인생에서 나이 먹는 일을 대수롭지 않게 여기는 사람들이 있습니다. 노년의 백발은 그들이 생명의 경계선에 가까웠다는 것을 보여줍니다. 하지만 그들은 여전히 미성년자인 것처럼 생각 없이 살아갑니다. 노인의 쇠약함과 젊은 시절의 경박함을 섞어놓은 모습입니다. 마지막 순간까지 즐거운 마음을 유지하는 것은 좋습니다. 그리고 다른 누구보다도 예수를 믿는 자에게는 그렇게 할 이유가 얼마든지 있습니다. 그러나 동시에 노년은 생의 끝자락을 지나고 있는 때이기에 진정 엄숙하고 진지해야 할 시기입니다. 지혜는 말합니다. 그 때가 되면, 비록 그 이전에는 그러지 않았을지라도, 영원의 실재에 대해 심각하게 고려해야 하며, 비록 발은 좀 더 땅을 밟고 있다 하더라도 마음속에는 천국이 더 많이 자리 잡고 있어야 한다고 말입니다. 해가 갈수록 영원한 것들이 확실하고, 가치 있으며, 가까이 있다는 우리의 감각이 증대되어야 합니다. "내가 늙어가고 있는 듯이 살아야 할 때입니다." 하나님을 섬기는 일이 지상에서는 곧 끝날 것이므로, 아직 해가 지평선 위에 머물 동안에 열심을 냅시다. 때가 악하므로 할 수만 있다면 세월을 아껴야 합니다.

인생의 한창 때에, 우리 뼈 속에 아직 힘이 남아 있고, 왕성하게 주를 섬길 기회들이 얼마든지 남아 있을 때, 가장 높은 곳에 관심과 목적을 두고 깨어 있어야 합니다. 일락을 일삼으며 꿈꾸듯이 세월을 보내거나, 양귀비 정원에서 태어나 종일토록 잠만 자도록 태어난 듯이 살아서는 안 됩니다. 우리에게는, 마치 나비들이 꽃들 사이를 돌아다니듯이 아무런 특별한 고민도 없고 영원한 미래에 대해서는 추호의 생각도 소망도 없이 지내는 것보다, 더 좋은 해야 할 무언가가 있습니다.

나는 이 아침에 사십의 나이를 먹은 사람으로서 말합니다. 그러나 내가 전하는 말 중에 많은 부분은 내 연장자들에게 적합할 것이며, 물론 그보다 젊은 청중들에게도 적용할 만합니다.

은혜의 사십 년은 지나온 과거에 대해 많은 생각들을 떠오르게 하고, 현재를 위해 우리에게 유용한 많은 것들을 가르쳐줍니다. 그리고 미래에 대해서도 우리에게 올바른 영향을 미친다고 생각합니다.

1. 과거에 대해

그러면 첫째로, 본문의 빛으로 과거를 되돌아보도록 합시다. "네 하나님 여호와께서 네가 하는 모든 일에 네게 복을 주시고, 네가 이 큰 광야에 두루 다님을 알고, 네 하나님 여호와께서 이 사십 년 동안을 너와 함께 하셨으므로, 네게 부족함이 없었느니라."

모세의 회고에서 나를 놀라게 하는 것은 그가 하나님의 활동을 두드러지게 언급한다는 점입니다. 여기서 나 역시 언급하고 싶은 것은, 우리 자신 역시 과거를 회고한다면, 우리가 진정 그리스도인들이라면, 그 세월 속에서 하나님의 뚜렷한 임재의 밝은 빛들을 무수히 보리라는 것입니다. 그리하여 우리의 걸어온 길의 곳곳이 거룩한 땅이 되었을 것입니다. 물론, 하나님을 믿지 않는 자는 하나님 없는 삶을 살았겠지요. 그 사람의 생각 어디에도 하나님이 없는 것처럼, 하나님께서도 그의 모든 길에서 나타나지 않으십니다. 그러나 경건한 자들에게는 하나님의 손길이 명백합니다. 믿는 자여, 뒤돌아보십시오. 그리고 당신에게 하나님의 존재가 단지 하나의 이론이 아니라 목격된 사실이며, 실제적인 경험으로 입증되었음을 주목해 보십시오. 주께서 당신에게 자기 자신을 분명히 나타내 보이셨던 많은 일들을 회상할 수 있지 않습니까? 마치 그분이 불붙는 떨기나무에서 모세에게 나타나셨듯이, 혹은 여리고 성 밖에서 여호수아에게 나타나셨듯이, 아니면 밤에 솔로몬에게 나타나신 것이나 뜨거운 풀무 속의 거룩한 세 자녀들에게 나타나신 것처럼 말입니다. 당신이 회심할 때에 그분이 놀랍게 자신을 계시하신 것을 기억합니까? 당신의 완고한 의지를 억제하는 고삐를 쥐었던 그 손은 무엇이었습니까? 전능의 힘이 아니라면 달리 무엇이 당신의 삶의 방향을 그토록 완전히 바꾸어놓을 수 있었겠습니까? 예수님이 당신을 만나셔서 과거의 죄를 용서하시고, 또 당신을 그분의 제자로 받아주셨던 거룩한 시간을 기억합니까? 아, 사람들이 나에게 오늘날에는 더 이상 기적이 없다고 말할지도 모릅니다. 그러나 그리스도인에게 있어서 그 자신의 회심이야말로 뚜렷한 기적이며, 앞으로도 계속해서 그럴 것입니다. 그는 보이지 아니하시는 하나님을 실제로 만나고 그분의 손길을 느꼈던 그 때를 결코 잊지 않을 것입니다. 그렇고말고요. 그는 그 순간을 느낌 이상으로 압니다. 왜냐하면 그것은 단지 감각의 문제가 아니라, 우리의 영이 직접적으로 영원하신 성령님을 실제적으로 접촉하는 일이며, 또한 우리의 영이 주 우리 하나님의 영과 더불어 한 생명의 묶음으로 싸이는 일이기 때문입니다. 우리 중 일부는 그 이후로 많은 날들을 보냈습니다. 그러나 그들은 그 이후로도 거룩한 능력이 더욱 충만하게 나타나는 것을 겪었습니다. 그분과 친밀하게 교제할 때면 우리가 주님께 마치 사람이 친구에게 말하듯 대화하지 않았던가요? 물론 아직 완전히 얼굴과 얼굴을 맞대고 보는 것은 아니었지만 말입니다. 다른 사람들이 믿기에는 너무나 놀랍기 때문에 감히 말하기 어려운, 그렇지만 우리 자신에게는 소중한 추억으로 간직된 기도의 응답들을 받지 않았던가요? 주께서 그의 사랑하시는 자들에게 얼굴의 베일을 벗으시는 일을 불경한 자들에게 말하기란 마치 진주를 돼지에게 던지는 것과 같습니다. 이런 일들은 주님의 비밀로서 그분을 경외하는 자들과만 나누는 것이며, 사람이 무어라 표현하기에 부적절한 것이지만, 그러나 결코 우리 기억에서 지워질 수는 없습니다. 우리는 주의 오른팔이 우리가 처했던 곤경만큼이나 분명히 나타났던 그런 비범한 상황들을 거쳐 오지 않았던가요? "이 곤고한 자가 부르짖으매 여호와께서 들으셨도다"(시 34:6). 아마도 우리 자신의 잘못 때문에 깊은 곤경에 처하였지만, 기도의 응답으로 우리 앞에 평탄한 길이 나타났음을 우리는 보았습니다. 우리 자신의 방황으로 요나처럼 바다에 빠졌을 때에도 우리는 안전하게 마른 땅으로 인도되었고 이렇게 노래했습니다. "구원은 여호와께 속하였나이다"(욘 2:9).

이 사십 년에서 우리는 신성한 즐거움을 추억합니다. 엘림의 우물들과 종려나무들에서 시작하여 반석에서 솟아난 물과 광야에서의 야영지들을 추억합니다. 다른 사람에게는 모르겠지만, 적어도 우리에게는 하나님의 섭리와 넉넉한 공급이 있었습니다. 우리는 광야의 하갈처럼 거의 죽을 지경이 된 적도 있습니다. 그러나 여호와께서 소생의 샘물을 보여주셨습니다. 그리고 우리는 말했습니다. "여호와는 나를 살피시는 하나님이십니다"(창 16:13). 여호와의 이름이 복되도다! 이 아침에 우리가 그분의 광대하심을 바라봅시다. 그분의 인자하신 임재에서 비치는 영광의 불빛이 없었더라면 우리의 삶도 없었을 것입니다. 우리의 목자는 우리를 홀로 방황하도록 버려두지 않으셨습니다. 우리의 하늘의 친구는 이 땅의 형제보다도 좋았으며, 우리에게 친히 자기 자신을 나타내시고 세상과는 달리 우리를 대하셨습니다. 이것이 우리의 영예입니다. 바울이 그가 받은 영광의 계시 안에서 즐거워했듯이, 우리 역시 우리가 보았던 거룩한 은총으로 인하여 기뻐할 것입니다.

광야에서의 사십 년을 회고하는 이 본문을 읽으면서, 다음으로 매우 중요한 요점이 하나님이 주신 축복임을 주목하십시오. 나는 이 구절을 여러 번 읽고서 이스라엘의 죄에 대한 어떤 암시라도 발견하려고 했으나 어떤 것도 찾지 못했습니다. 이 구절은 이렇게 시작합니다, "네 하나님 여호와께서 네가 하는 일에 모든 복을 주셨다." 이 구절은 인간의 죄를 다루지 않고, 하나님의 축복을 다룹니다. 이는 이스라엘뿐 아니라 우리에게도 마찬가지입니다. 우리의 삶에서 가장 두드러진 사실은 하나님의 축복이었습니다. 그분은 하늘의 모든 신령한 복으로 우리에게 복을 주셨습니다. 모든 방법으로 우리에게 복을 주셨고 또한 언제나 복을 주셨습니다. 상상을 넘는 복을 주셨고, 우리가 구하는 것이나 생각하는 것 훨씬 이상으로 복을 주셨고, 우리가 기억할 수 있는 것 이상으로 복을 주셨습니다. 우리에게 복 주신 그분은 바로 하나님이십니다. 이 본문은 그분이 우리가 하는 모든 일에 복을 주셨다고 말합니다. 이는 이스라엘이 하는 모든 일을 언급하고 있다고 생각합니다. 여호와는 그들의 가축 떼를 늘게 하셨고, 그들의 재산이 증대되게 하셨으며, 그들이 나아가는 길을 인도하셨고, 진을 칠 때에 그들을 보호하셨습니다. 그곳에서 그분이 그들에게 복 주지 않으신 몇 가지가 있습니다. 그들은 그분의 명령을 어기고서 약속의 땅으로 올라가기를 원했고, 아말렉 사람들이 그들을 공격하였습니다. 그 때 하나님은 그들을 축복하지 않으셨습니다. 형제들이여, 나는 이 아침에 하나님이 자기 백성의 죄에 대해 축복하지 않으시는 것으로 인해 하나님께 감사합니다. 혹 그분이 그렇게 하신다면, 그것은 '악의 길에서 행복하게 사는' 커다란 저주가 임하도록 하는 것입니다. 우리가 잘못했을 때, 여호와께서는 우리를 매로 다스리셨습니다. 매로 우리를 때리신 후에 우리를 회복시키시고 다시금 의의 길로 들어서도록 하셨습니다. 그러나 주께서 우리의 일에 한결같이 복을 주실 적법하고 정당한 권리가 우리에게 있었던가요? 우리들 중 어떤 이들의 일은 그분의 복음을 전하는 일이었습니다. 주께서 소수의 몇 사람만을 회심자로 주셨더라도 우리는 그분을 영원토록 사랑했을 것입니다. 그러나 주께서 수만의 회심자들을 우리에게 주셨기에, 우리가 어떤 말로 그분을 찬양해야 할는지요! 그분이 우리의 일에 복을 주셨습니다. 그래서 거대한 교회에 사람들이 모여들고, 그보다 적은 많은 교회들이 가지처럼 생겨나 뻗어갔습니다. 하나의 사업을 감당하고 나면, 또 다른 사업도 그렇게 했습니다. 우리 능력을 벗어난 듯이 보이는 일들이 성취되었습니다. 그러고 나서 또 다른 일들이 계속해서 이루어졌습니다. 우리의 면류관을 벗어 그분의 발 앞에 내려놓습니다. 나는 나의 주님께서 특별한 은총을 베푸셨다고 고백해야만 합니다. 만일 그러지 않으면 길가의 돌들이 소리치며 나를 비난할 것입니다. 정녕 그분은 내 손의 모든 일에 복을 주셨습니다. 형제들이여, 그대들은 그 축복에 참여했으며 또한 그분을 높이는 찬양에도 참여했습니다. 때때로 우리의 일은 산산이 깨어진 조각처럼 보일 때가 있었지만, 더 좋은 모양으로 다시 재건되었습니다. 원수들이 일어나고, 그들이 극도로 포악하기도 했지만, 결국 하나님의 어떤 특별한 목적을 이룰 뿐이었고, 그들의 의도에 반하여 우리의 복은 증대되었습니다. 우리의 질병은 훈련이 되었고, 우리가 약해진 것은 강해지기 위함이었으며, 죽음의 문에 가까이 간 것은 하나님의 생명을 더 알도록 하기 위함이었습니다. 하나님께 영광을 돌립니다. 우리의 삶은 처음부터 끝까지 모두가 축복입니다.

또한 형제들이여, 지난 과거를 되돌아볼 때 우리는 주님의 자비로운 돌보심의 완벽함에 대해서도 주목해야 합니다. "네가 이 큰 광야에 두루 다님을 알고." 그분은 우리의 거친 길과 부드러운 길을 아셨고, 지친 걸음과 흥겨운 행진에 대해서 아셨습니다. 그분은 그 모든 것을 아셨습니다. 단지 전지(全知)의 감각으로 아신 것이 아니라 긍휼의 감각으로 아셨습니다. 다윗이 이렇게 말한 것과 같습니다. "주께서 환난 중에 있는 내 영혼을 아셨습니다"(시 31:7). 주께서는 친절하게도 내 슬픔과 고난에 참여했으며, 내 짐과 근심을 함께 지셨습니다. 형제와 자매들이여, 만일 그렇지 않았더라면 어떻게 되었을까요? 이 증언이 참되지 않습니까? "그들의 모든 환난 중에서 그가 환난을 겪으셨고, 그의 임재의 천사가 그들을 구하셨도다." 이 말씀 또한 진실이 아닌가요? "그는 네 아버지시요 너를 지으신 이가 아니시냐? 그가 너를 만드시고 너를 세우셨도다"(신 32:6). "내가 독수리 날개로 너희를 업어 너희를 내게로 인도하였도다"(출 19:4; 신 32:11). 그가 자주 그렇게 하지 않으셨더라면, 오늘날 우리가 어떻게 그처럼 부드럽고, 그처럼 사려 깊은, 친애하는 아버지의 사랑을 노래할 수 있었겠으며, 또 어떻게 그 사랑에 감격하고 반응하여 그분을 사랑할 수 있었겠습니까? 여러분 중에 어떤 이들은 많은 것을 잃었습니다. 세상에서 가장 사랑하는 사람을 이 땅에서 잃어버리는 큰 슬픔을 겪었습니다. 가슴 아픈 사별입니다. 그러나 당신의 마음이 아주 상심하지는 않으며, 절망하거나 지나친 슬픔에 빠지지 않는 이유는 당신이 영원하신 팔에 안겨 있기 때문입니다. 그분이 날마다 힘을 공급해 주셨습니다. 여러분 앞에서 많은 문들이 닫혔으나, 그러나 하나님이 다른 문들을 여셨습니다. 그릿 시내의 물이 말랐을 때에, 그러나 다른 어딘가에 당신의 생명을 유지시켜 줄 곡식 통과 기름 병이 있었습니다. 이 큰 광야를 지나 걸어오는 동안 우리의 여정을 살피신 긍휼을 높이 칭송합시다.

그러나 나는 더 말할 것이 있습니다. 우리의 사십 년 동안 우리는 이보다 더 좋은 것을 또한 얻었습니다. 바로 하나님의 특별한 임재입니다. "네 하나님 여호와께서 이 사십 년 동안을 너와 함께 하셨으므로." 그로 인해 그분의 이름이 찬양받으시기를! 비록 우리가 멸시를 받고 조롱을 당하였으나, 그분은 우리와 함께 하기를 부끄러워하지 않으셨습니다. 우리가 기도할 때마다 그분이 만나 주시고 들어 주셨습니다. 우리가 일할 때에 그의 신비로운 손이 우리와 함께 일하심을 우리는 보았습니다. 우리가 두려워 떨 때에 부드러운 팔이 우리를 붙들어 주심을 우리는 느꼈습니다. 우리가 육체의 고통을 느낄 때, 그분이 우리가 몸져누울 병상이 되어주셨습니다. 우리가 불 같은 시련을 느낄 때 그분이 뜨거운 불꽃 가운데서도 우리의 생명을 지키셨고, 친히 임하시어 화염으로부터 우리를 건져 주셨습니다. 무엇보다 좋은 것은 우리와 함께 하시는 하나님이시며, 바로 이 표징으로 우리는 승리하는 것입니다.

또한, 우리는 그분의 풍성한 공급 때문에 주님을 찬송할 이유가 얼마든지 있습니다. 이 세 마디 말을 주목하십시오. "네게 부족함이 없었느니라." 우리가 바랐으나 얻지 못한 것들이 몇 가지 있지만, 우리는 그것이 우리에게 거절된 것으로 인해 기뻐합니다. 어린이들은 할 수만 있다면 단 것을 너무 많이 먹으려 합니다. 그리고선 과당 섭취로 인해 병에 걸리기도 합니다. 우리는 위험한 성찬(盛饌)을 제공받는 응석받이로 자란 것이 아닙니다. 우리는 오직 필요한 것을 받았으며, 그렇지만 아무것에도 부족하지 않았습니다. 섭리의 길을 걸으면서, 주님을 신뢰하면서, 우리에게 무엇이 부족하였던가요? 약간의 쪼들림이 있을 때는 있었습니다. 마치 이스라엘 자손들이 일시적으로 물이 부족했지만 곧바로 반석에서 나는 물로 갈증을 해소했듯이 말입니다. 우리에게 잠시 동안 떡이 부족할 때도 있었을 것입니다. 마치 이스라엘 백성들이 악하게도 "여호와께서 우리를 애굽에서 이끌어 내어 우리로 광야에서 죽게 하시려는가?"라고 했지만 머지않아 구름 떼가 몰려오고 양식의 소나기가 내렸을 때처럼 말입니다. 섭리의 손길은 오래 지나지 않고 우리의 필요를 공급해 주었습니다. 우리가 궁핍할 때는 신실한 약속에 호소할 기회가 되었고, 우리의 호소는 결코 헛된 적이 없습니다. "네게 부족함이 없었느니라." "여호와께서 정직히 행하는 자에게 좋은 것을 아끼지 아니하실 것임이니이다"(시 84:11). 진정한 의미에서, 하나님이 우리에게 주신 모든 것은 '좋은 것'입니다. 우리가 다시는 유혹에 떨어지지 않는 것이 좋은 것이라면, 마귀가 구덩이에 던져지는 것이 좋은 것이라면, 우리가 단번에 천국에 들어가는 것이 좋은 것이라면, 우리는 이 모든 것을 얻을 것입니다. 그러나 어떤 원대한 목적이 있으며, 하나님께서는 그분의 커다란 궁극적인 목적 안에서 최고의 선을 이루도록 하시기 위해 심지어 마귀들까지도 일하도록 만드십니다. 우리는 아무것에도 모자라지 않았음을 인해 하나님을 찬양해야 합니다. 오 은혜의 사십 년으로 인한 찬미의 노래를! 여러분 중에 어떤 이들은 육십년 혹은 칠십년의 은혜로 인한 찬미의 노래를 부르기를! 모든 성도들이여 그를 찬양하라! "주를 찬양하라, 오 내 영혼아, 내 속에 있는 모든 것들아, 그의 거룩한 성호를 찬양하라!'

2. 현재에 대해

형제들이여, 이제 우리는 두 번째의 작은 주제를 다루어야겠습니다. 즉 광야에서의 사십 년은 현재의 섬김과 관련해서도 우리에게 많은 것을 가르쳐 줍니다.

나는 그럴 것이라고 말하지 않고, '그리해야' 한다고 말합니다. 왜냐하면 우리 모두가 나이를 먹을수록 더 지혜로워지는 것은 아니기 때문입니다. 우리 중 어떤 이들은 광대 모자를 쓰고 태어났으며, 그것을 벗어 버리기가 쉽지 않습니다. 어리석음은 많은 사람의 마음에 결속되어 있어서 그것을 떼어내려면 많은 회초리가 필요합니다. 경험은 고상한 교사이지만, 우리는 둔한 학생들입니다. 그러나 어쨌든 우리는 하나님을 계속해서 신뢰하도록 배워야만 했습니다. 언약의 하나님의 선하심을 사십 년간 경험하고서, 당신은 여전히 육체의 힘을 바라보겠습니까, 내 형제여? 당신은 당신의 주님이자 구원자에게서 그처럼 친절한 대접을 받았음에도, 세상과 짝하기 위해 그분을 떠나겠습니까? 당신은 더 나은 하나님을 원합니까? 더 나은 안전을 바랍니까? 상인들은 일반적으로 수지가 맞는 일을 계속합니다. 왜냐하면 그 일을 멀리하면 수입이 나빠지기 때문이지요. "내 영혼아 네 평안함으로 돌아갈지어다 여호와께서 너를 후대하심이로다"(시 116:7). 형제여, 이 밭을 쟁기질 하십시오. 다른 곳에서는 그만한 수확을 결코 얻지 못할 것입니다. 이 광맥을 계속 파십시오. 다른 곳에서는 결코 그런 금을 얻지 못할 것입니다. 이 땅의 금은 정금이며, 그 부는 근심이 뒤따르지 않는 부입니다. 보아스가 룻에게 말했듯이 나도 여러분에게 말합니다. "이삭을 주우러 다른 밭으로 가지 말라"(룻 2:8). 노아가 방주에 있을 때 "여호와께서 그를 밀어 들여보내고 문을 닫으셨습니다"(창 7:16). 그분이 그처럼 빨리 당신을 밀어 넣고 문을 닫으시는 것은 당신으로 하여금 예수를 의지하는 것에서 떠나지 못하도록 하기 위함입니다. "너희는 여호와를 영원히 신뢰하라." 당신은 지금까지 그분을 신뢰함으로써 그토록 많은 복과 은혜를 받았습니다. 그 속에 굳게 서십시오. 당신의 부르심의 소망에서 한 발짝도 떠나지 마십시오. 성령 안에 거하여 왔으면서, 어리석게도 육체로 온전하게 되려고 시도하지 마십시오. 지금까지 믿음으로 걸어왔고, 또 안전하였다면, 보는 것을 따라 걷거나 율법의 행위를 따라 걸으려 시도하지 마십시오. 세상의 군왕을 의지하는 것보다 주를 신뢰하는 것이 더 좋은 것을 알았다면, 거만한 자의 발 앞에서 굽실거리지 마십시오. 당신은 당신 아버지 집의 빵으로 부족함이 없이 잘 지내 왔습니다. 육체를 즐겁게 하려는 자들의 별식을 부러워하지 마십시오. 그리스도께서 당신을 자유롭게 하신 그 자유에 굳게 서고, 속박의 멍에를 피하십시오. 당신은 적어도 이 사십 년의 세월에서 주 안에서 안식하는 축복의 경험을 배웠어야 합니다.

또한 경험을 통해 우리는 주를 신뢰하는 가운데 더 큰 평안을 누릴 수 있어야 합니다. 습관은 제이의 천성이라고 합니다. 그러나 당신의 경우에는 은혜가 진정한 제이의 천성을 부여했습니다. 그리고 이는 습관에 의해 더 강해지고 더 우세하게 됩니다. 믿음은 우리가 출발할 때에는 밟아보지 않은 길입니다. 그러나 모든 종류의 상황에서, 여러 종류의 방식으로 하나님을 경험한 많은 세월을 보낸 후에는, 우리의 믿음은 마치 어린아이가 자애로운 부모를 신뢰하듯이 쉽게 주님을 신뢰하는 것이 되어야 합니다. 믿음이 우리에게 그러합니까? 나는 두렵지 않습니다. 하나님께 대한 우리의 믿음은 오랜 시련을 견뎌왔기에, 이제 더 이상 처음에 그랬던 것처럼 작은 어려움으로 비틀거려서는 안 됩니다. 민물에서 고기 잡던 사람들이 처음 바다에 나가면, 산들바람에도 놀라고 맙니다. 혹 배가 조금이라도 흔들리면 그들은 소리칩니다. "배가 곧 뒤집어질 것 같아요." 그러나 폭풍우가 무엇인지 겪어보았던 오랜 뱃사람은 그 바람을 주신 것 때문에 하나님께 감사하지요. 왜냐하면 그 바람 때문에 배가 더 빨리 항구에 도달하는 것을 알기 때문입니다. 한두 번 배가 기우뚱거리는 것에 그는 신경 쓰지 않습니다. 그에게는 이 때에 걸맞는 튼튼한 다리가 있습니다. 사십 년 동안 하나님의 복을 받은 사람도 그러해야 합니다. 우리는 이렇게 말할 수 있어야 합니다. "나는 그분을 신뢰하며 앞으로도 그럴 것이다. 나는 그분을 믿어야 한다. 내가 어찌 그분을 의심할 수 있단 말인가?" 나로서는, 지난 사십 년간 하나님을 믿지 못하게 할 만한 어떤 일도 일어나지 않았습니다. 사랑하는 형제들이여, 만일 여러분과 내가 우리의 하나님을 의심하지 않는다면, 우리는 흔들리지 않는 믿음의 평안 속에 살 수 있습니다. 믿음의 뿌리를 더 견고하게 내리십시오. 그러면 레바논의 백향목처럼 폭풍 속에서도 미소를 지을 수 있을 것입니다.

하나님의 신실함을 경험한 사십 년을 통해 또한 우리는 위기와 시련의 때에 신속한 도움에 대한 더 확실하고, 더 신속하고, 더 침착하고, 더욱 즐거운 기대감을 갖는 법을 배워야 합니다. 즉 우리는 외양간에 가축이 없어졌거나 수확량이 줄어들었다고 해서 소동하거나 염려하지 않아야 합니다. 많은 증거들을 통해 "주께서 공급하시리라"는 것을 알기 때문입니다. 도저히 들 수 없는 짐을 앞에 두고 있나요? 그로 인해 하나님께 감사합시다. 이제 그분이 팔을 걷고 나서실 것이기 때문입니다. 만일 당신 스스로 그것을 들 수 있었다면 그분이 당신을 그대로 놓아두셨을 것입니다. 그러나 이제 당신의 곤경이 그분에게는 직접 나서실 수 있는 기회를 제공한 셈입니다. 나는 종종 나의 주님이 아니고서는 도무지 헤쳐 나갈 수 없다고 느낄 때 오히려 기뻐합니다. 그때야말로 그분의 도움을 확신하기 때문입니다. 우리에게 아직 애굽에서 가지고 나온 한 덩어리의 떡 반죽이 남아 있을 동안에는 하늘의 창이 아직 열리지 않을 것입니다. 그러나 마지막 반죽 덩어리가 요리되고 나서 만나가 진(陣) 사방에 떨어질 것입니다. 아직 우리가 강바닥을 느끼고 있는 동안에는 헤엄치기에 가장 좋은 지점까지 도달하지 못한 셈입니다. 보리떡과 몇 마리의 작은 생선들이 모두 떼어졌을 때, 그 때 비로소 증대되는 기적이 시작됩니다. 내 형제들이여, 주를 바라고 기다리십시오. 마치 새벽에 해가 뜨기를 기다리는 것처럼 그분을 신뢰하며 고대하십시오. 해가 때를 잊지 않고 떠오르는 것보다 더 확실하게 여호와께서 약속을 잊지 않고 곤경에 처한 자기 백성들을 구하실 것입니다. "나의 영혼아 잠잠히 하나님만 바라라 무릇 나의 소망이 그로부터 나오는도다"(시 62:5).

축복의 사십 년은 우리 각 사람에게 거룩한 활동의 가치를 믿도록 가르쳐야 합니다. "네 하나님 여호와께서 네가 하는 모든 일에 네게 복을 주시고." 어떤 사람들은 자기 머릿속의 이론과 꿈에 대한 하나님의 축복을 믿으며, 그들의 기도에는 행동이 수반되지 않습니다. 그들은 그들이 무언가를 꾸미고 종이 위에 멋진 계획을 써 놓으면, 혹은 수련회에 모여서 어떻게 기독교 사역을 할지 대화하면, 하나님이 축복하신다고 믿습니다. 나는 하나님께서 우리 손으로 하는 실제적인 일에 복을 주신다고 믿습니다. 그분은 우리가 파종에 관해서 논하는 그 씨가 아니라 실제로 우리가 뿌리는 씨에 비를 내리십니다. 만일 사람들이 이를 믿는다면, 그래서 그들이 제안하는 일의 십분의 일이라도 실행한다면, 그 결과는 끊임없이 모여 토론하는 것보다 훨씬 좋을 것입니다. 끊임없는 토론은 신앙적인 힘의 소진이며 교회의 골칫거리가 될 공산이 큽니다. 어떤 지역들이나, 마을이나, 도시들이나, 전 세계를 전도하기 위한 계획들은 수없이 많아서 더 이상 만들어 낼 필요가 없을 정도입니다. 이렇게 헛되이 소비되는 시간의 절반만이라도 부지런히 수고하는 일에 쓴다면 훨씬 큰 축복이 우리에게 임할 것입니다. 만나서 모든 수단들을 강구하십시오. 그러나 그 일을 크게 축하할 만한 일로 여기지는 마십시오. 실제로 영혼을 얻는 일이 훨씬 더 좋습니다. 하나의 법칙으로서, 당신은 당신이 실제로 일한 것 이상으로 얻지 못한다는 것을 발견할 것입니다. 하나님의 일에 있어서도 축복은 성실과 열심과 진지함과 수고에 있음을 발견할 것입니다. 사십대의 남자들이여, 지금은 우리가 최선을 다해 일할 때입니다! 모세가 애굽에서 형제들을 만나러 내려갈 때 그의 나이는 사십이었습니다. 그때 그는 그 이전에 바로의 궁전에서 사십 년간 교육받았던 것을 실제로 사용하려고 애썼습니다. 그리고 비록 그가 사십 년을 더 기다려야 했지만, 그것은 그의 잘못이 아니었습니다. 갈렙은 말했습니다. "내 나이 사십 세에 모세가 나를 보내어 이 땅을 정탐하게 하였습니다"(수 14:7). 여러분은 이 사람들처럼 오래 살리라고 희망할 수 없습니다. 그러기에 지금이 진지하게 일하기에 좋을 때입니다. 여러분은 지금 인생의 절정기에 있고, 지금보다 소용 있을 때는 더 이상 없을 것입니다. 이전에 헌신한 적이 없다면, 오늘 온전히 헌신하십시오. 주께서 지금껏 당신이 옳은 동기로 행한 일에 복을 주셨는데, 더 많은 일을 하기에 좋은 때가 아닙니까? 사업을 하는 사람들은 그들의 수입이 늘어나는 것을 볼 때 사업 규모를 확대시킵니다. 그처럼 하나님이 우리가 하는 일에 복을 주시는 것을 볼 때 우리도 그분을 위해 더 많은 일을 하도록 합시다. 우리의 열심을 늦추어서는 안 됩니다. 사람이 자연적인 힘이 아직 줄어들지 않았을 시기에 일을 줄이기 시작하는 것은 두려운 것입니다. 그것은 마치 그들의 심장이 점차 식어가는 것처럼 보이게 합니다. 우리는 사람들이 이렇게 말하는 것을 얼마나 흔히 듣는지요. "지금까지 우리는 견습직으로 섬겨왔지. 이제는 젊은 친구들에게 맡길 수 있겠구먼." 당신이 그 일을 잘하기 시작할 바로 그 때에 당신은 그 일에서 떠나고 맙니다. 그리고 주님은 또 다른 견습생들로 섬김을 받으셔야 하는 셈입니다. 살아 있으십시오! 살아 있는 동안 일에 매진하십시오. 진정 예수를 위한 일은 가장 성숙하고 최상으로 능숙한 연령대의 사람들을 필요로 합니다. 그 일은 단지 소년들과 소녀들에게 맡겨 놓을 일이 아닙니다. 젊은 사람들은 아주 성심으로 일한다고 인정할 만합니다. 그러나 남자든 여자든 인생의 절정기에 있다고 해서 그리스도를 섬기기에 너무 아깝다고 할 만한 사람은 없으며, 그들이 온 힘을 기울여도 그리스도를 섬기기 위해 충분하다고 말할 수는 없습니다.

형제들이여, 사십 년의 경험은 우리의 초창기에 빠졌던 많은 실수들을 피하도록 우리에게 가르쳐 주어야 합니다. 나이를 먹으면서 어리석은 일들은 버리지 않고 오히려 덕목들을 버리는 것은 너무나 딱한 일입니다. 세월의 연수가 더해갈수록 열정이 식어가는 것은 전혀 특별한 일이 아닙니다. 한 형제가 말합니다. "아, 나는 예전보다 그리 성급하지 않아." 아닙니다, 형제여! 예전처럼 가슴이 뜨겁지 않은 것이지요! 또 다른 형제가 말합니다. "아, 나도 젊었을 때는 매우 열정적이었지요." 당신은 아직도 젊은 때가 아닙니까? 당신이 자랑하던 열정이 어떤 것이었는지 지금 보여주지 않겠습니까? 우리는 그 열정의 한 가지 표본만 보더라도 기쁠 것입니다. 당신 마음의 퇴보를 고백하는 것이 부끄럽지도 않습니까? 마음이 차갑게 식어버린 상태에서 비상(飛上)의 전망을 품는 것이 가능하겠습니까? 하늘에 더 가까워질수록 당신의 마음도 더욱 높아져야 하지 않을까요? 우리의 나이에 따라 점점 약해지는 열정이란 단지 자연과 더불어 쇠퇴해 버리는 동물적인 흥분에 지나지 않는 듯이 보입니다. 은혜의 열정은 말년의 쇠퇴를 거부합니다. 그리고 노년의 때에도 주님이 여전히 함께하심을 보이는 열매를 맺습니다. 우리는 탁월함을 피할 것이 아니라 어리석음을 피하는 법을 배워야 합니다. 한때 단단히 혼났던 잘못들을 다시 반복해서는 안 되며, 한때는 아름답게 보았으나 추함이 드러났던 일들로부터 우리 자신을 지켜 깨끗이 해야 합니다. 사랑하는 친구들이여, 애굽에서 나왔다가 광야를 지나는 동안 멈추는 장소마다 조금씩 죽어 갔던 이스라엘처럼, 하나님께서 우리 모두의 마음속에서 옛 애굽의 본성이 날마다 죽어 장사되게 하시기를 바랍니다. 이런 생각을 해본 적이 있습니까? 아마도 이스라엘 자녀들이 광야에서 행진한 길은 조상들의 무덤의 자취를 따라가는 것이었으며, 그들이 진을 쳤던 곳마다 공동묘지가 남아 있었을 것입니다. 하나님께 감사하게도, 천국으로 가는 우리의 행진 길 역시 무덤가를 따라가는 것일 수 있습니다. 왜냐하면 만일 우리가 바른 상태에 있다면 우리는 날마다 죽을 것이고, 옛 사람은 그리스도와 함께 십자가에 못 박힐 것이며, 우리는 이 명령의 말씀을 순종하는 셈이기 때문입니다, "그러므로 땅에 있는 지체를 죽이라"(골 3:5). 마지막 무덤을 파는 그 날이 복될지어다! 마지막 악한 정욕이 영원히 매장될 것이며, 새로운 인류 곧 새 이스라엘이 그 약속의 땅으로 들어갈 것입니다!

사랑하는 이들이여, 사십 년이 우리에게 제시하는 또 다른 교훈이 있습니다. 여러분은 본문이 "네 하나님 여호와께서"를 두 번 언급하는 것을 볼 것입니다. 이 장 전체에서 언제나 "여호와 너의 하나님"이라고 말하고 있습니다. 이는 그분의 언약의 관계를 언급하는 것이며, 그 언약의 관계 속에서 그분은 우리에게 언제나 가장 자애로운 분이십니다. 이 시간에 우리 자신의 개인적인 언약을 새롭게 하고, 하나님을 우리의 하나님으로 새롭게 모시지 않겠습니까? 이삭이 리브가와 결혼했을 때 그의 나이는 사십이었다고 성경은 기록합니다. 우리도 역시 새로운 결혼식을 가집시다. 그리고 우리 자신을 다시금 우리 영혼의 남편이신 분, 곧 복되신 예수님께 드리도록 합시다. 여러분 중에 누구라도, 당신의 주께 싫증이 났습니까? 이혼 소송을 하기를 바랍니까? "아니요"라고 말하십시오. "아니요, 아니요, 나는 그분에게 더할 나위 없이 매료당했으며, 나의 전부는 온전히 그분 것이오." 라고 말하십시오. 오늘이 다시 성별하는 날이 되게 합시다.

> "이루어졌도다, 큰 거래가 이루어졌도다!
> 나는 내 주님의 것이고, 그분은 나의 것이네:
> 그가 나를 부르셨고, 나는 그분을 따랐다네,
> 그의 신성한 목소리에 나는 매료당했다네.
> 하늘이 그 엄숙한 맹세의 말을 들었고,

그 맹세는 날마다 반복하여 울려 퍼지네.
삶의 마지막 순간까지 나는 경배하리니,
그분과 함께라면 죽음조차도 복되어라.”

우리 각 사람이 이와 같이 되기를 바랍니다. 오늘 우리가 여호와께 우리 자신을 새롭게 드리고, 아버지와 아들과 성령을 영원토록 우리 하나님으로 모시기를 바랍니다.

3. 미래에 대해

할 말이 많이 남아 있지만, 시간이 많지 않습니다. 그러므로 이제 세 번째 작은 주제로 넘어가서 미래와 관련된 것을 말하고자 합니다.

여기까지 사십 년에 이르는 여정을 지나오면서, 우리는 미래와 관련하여 어떤 강력한 영향력을 느낄 수 있습니다. 어떻게요? 이 본문의 진술을 빌려 말하겠습니다. 2장 2절을 읽으십시오. “여호와께서 내게 말씀하여 이르시되, 너희가 이 산을 두루 다닌 지 오래니 돌이켜 북으로 나아가라.” 그 당시 북쪽은 어떤 길이었습니까? 바로 가나안으로 향하는 길입니다. 사십 년을 광야에서 이리저리로 배회한 것이 족합니다. 이제는 가나안으로 얼굴을 돌려, 그리고 하늘을 향해 진군하십시오. 사랑하는 친구들이여, 이제 우리 모두가 우리의 얼굴을 더욱 온전히 하늘로 향해야 할 때입니다. 우리가 항상 천상에서 대화하듯이 살아온 것은 아니었습니다. 우리들 중 어떤 이들은 이 땅의 낮은 것들과 어울려 지냈으며, 애굽을 바라보기도 했습니다. 그러나 이 산을 두루 다닌 것은 충분히 오래되었습니다. 이제는 우리의 힘을 성별하고 위에 있는 시온을 향하여, 셀 수 없는 천사의 무리를 향하여, 온전하게 된 성도의 영혼이 있는 곳을 향하여 곧장 나아가야 할 때입니다. 우리의 창이 이제는 예루살렘을 향해 열려 있어야 합니다. 세상의 사십 년은 유배의 사십 년이 아니던가요! 그리고, 이제 우리가 곧 그 생활을 끝낼 것이기에, 저 소망의 언덕을 향해 힘써 나아갑시다. 예전에 선원들이 인도를 향해 떠나갈 때에, 그들은 “뒤에 있는 친구들을 위하여”라고 하며 남은 사람들을 위해 축배를 들곤 했습니다. 그러나 그들이 항해의 중간 지점에 도달할 때면 축배의 말을 “앞에 있는 친구들을 위하여”로 바꾸었습니다. 우리가 사십의 나이가 되었다는 것은 아마도 우리 항해의 중간 지점을 넘었다는 것을 의미합니다. 그러므로 우리는 앞에 있는 우리의 친구들을 기억하는 것이 마땅합니다. 우리 앞에는 우리 앞서 가서 우리를 기다리고 있는 큰 무리가 있습니다. 진정, 나이든 사람들에게는 요단을 건넌 많은 친구들이 있습니다. 그들을 향해 인사합시다.

> "우리 앞서 갔던 사람들과 우리는
> 지금까지도 믿음으로 손을 잡고 있네;
> 어린 양의 피를 뿌린 큰 무리가
> 영원한 언덕 위에서 인사하네."

앞서간 우리 친구들을 위해 축배의 인사를 나눕시다. 그리고 이후부터는 뒤에 있는 것은 잊어버리고 오직 앞에 있는 것을 잡으려고 달려갑시다. 세상과 세상의 문제들을 점점 뒤로 하고, 하늘의 도성으로 우리를 끌어당기는 밧줄에 우리 자신을 더 단단히 동여맵시다. 하늘의 삶과 가까운 거룩하고, 행복하고, 찬양이 넘치는 삶을 더욱 살아갑시다. 이것이 좋은 제안이 아닙니까? 육체의 소욕을 즐겁게 하던 지나간 시절은 족합니다. 이제는 외칩시다. "하늘을 향해, 야호." 닻을 올리고, 돛을 펼치고, 우리 앞에 가신 주 예수께서 기다리시는 아름다운 나라를 향해 나아갑시다.

다음으로 우리가 배워야 할 것은 이 세상의 유업에 대한 무관심입니다. 다음 구절은 말합니다. "너희는 세일에 거주하는 너희 동족 에서의 자손이 사는 지역으로 지날진대 그들이 너희를 두려워하리니 너희는 스스로 깊이 삼가고 그들과 다투지 말라 그들의 땅은 한 발자국도 너희에게 주지 아니하리니 이는 내가 세일 산을 에서에게 기업으로 주었음이라"(4-5). 에서는 그의 상속권을 팔았습니다. 그는 팥죽 한 그릇을 얻었으니, 그것을 그에게 가지라고 하십시오. 당신은 장자권을 지키고, 그의 죽 그릇에는 결코 숟가락을 담그지 마십시오. 세상(world)은 속물들(worldlings)의 것입니다. 세상에게 무엇을 원하십니까? 하나님께서는 당신이 이 세상의 삶에서 분깃을 갖도록 의도하지 않으셨는데, 왜 그것을 탐내며 쫓아다닙니까? 그분은 당신을 위해 더 좋은 안식을 정해 놓으셨습니다. 그것을 가지는 것으로 만족하지 않겠습니까? 아마도 이스라엘 자손들은 에돔의 땅을 가지고 싶었을 것입니다. 하나님이 말씀하십니다. "아니다. 에돔 땅은 너희 것이 아니며, 가나안이 너희 것이다. 계속해서 가라, 에서의 성읍들을 얻으려고 다투지 마라." 속인들이 쾌락 속에서 아주 행복해하는 것을 볼 때, 그들을 부러워하지 말고 그들로 하여금 그들의 분깃을 누리도록 내버려 두십시오. 나는 귀리와 콩꼬투리를 먹는 말을 결코 부러워하지 않습니다. 말은 그런 음식들을 좋아하겠지만, 나는 그것들을 먹을 수 없습니다. 내가 왜 여물통에 빠져 있는 개를 부러워한단 말입니까? 이 세상에는 세상 사람들을 위한 즐거움들이 있습니다. 가련한 것들이지요. 그들로 하여금 그것을 가지라고 하십시오. 여러분들은 그것을 바라지도 않고 즐길 수도 없기를 바랍니다. 그들을 내버려 두십시오. 그들의 소유를 만지작거리지 마십시오. 만일 당신이 그들을 축복할 수 있다면 그렇게 하십시오. 그러나 그들로 하여금 당신이 그들을 부러워하고 있다는 상상을 하도록 결코 허용하지 마십시오. 왜냐하면 당신의 지위가 그들보다 무한대로 더 좋기 때문입니다. 마귀의 자녀가 되는 것보다 하나님의 개가 되는 편이 낫습니다. 망령된 자들 중의 최상의 지위라 할지라도 우리의 가장 낮은 지위에도 훨씬 더 미치지 못합니다. 우리가 그들의 종말을 고려할 때, 그들의 형통을 보고서 생길 수 있는 약간의 부러움조차 그들의 심판 때에는 끔찍한 두려움으로 변할 것입니다.

과거로부터 우리는 자립의 정신을 키우도록 배워야 합니다. "너희는 돈으로 그들에게서 양식을 사서 먹고 돈으로 그들에게서 물을 사서 마시라"(6절). 그들은 그 나라를 약탈해서는 안 됩니다. 무리한 요구를 해서도 안 됩니다. 거지처럼 행세하여 애돔으로부터 무엇을 구걸해서도 안 됩니다. 에돔 사람들은 틀림없이 그들을 지독하게 가난하고, 거의 굶어죽기 일보 직전의, 비참하기 짝이 없는, 도망친 노예 무리라고 여길 것입니다. 그들은 그저 보기만 할뿐 어떤 친절도 베풀지 않을 것입니다. 그러므로 모든 것에 대해 값을 지불해야 했습니다. 아브라함이 소돔의 왕을 향해 그러했듯이, 사람이 방백으로서의 자립심을 보인다는 일은 멋진 일입니다. 그 작은 군주가 이렇게 말했지요, "사람은 내게 보내고 물품은 네가 가지라"(창 14:21). "아니라." 아브라함이 말합니다. "네 말이 내가 아브람으로 치부하게 하였다 할까 하여 네게 속한 것은 실 한 오라기나 들메끈 한 가닥도 내가 가지지 아니하리라"(창 14:23). 형제들이여, 만일 사람이 하나님의 도움으로 아무런 부족함 없이, 바른 길을 걸으며 사십 년을 살아왔다면, 그 자신의 고결성에 의문을 제기할 만한 어떤 행동을 하거나 혹은 사람을 의지하는 어떤 태도라도 보이는 것은 매우 수치스러운 일입니다. 진정 정직하게 행해왔던 하나님의 사람은 더 이상 피조물을 의지하지 않으며, 성공하기 위해 어떤 모략도 꾸미지 않습니다. 어떤 목사가 내게 말했습니다. "아, 내가 만일 당신처럼 담대하게 설교한다면, 내 회중의 가장 부요한 일부 사람들을 잃을 것이며, 그 나머지 사람들은 화나게 만들 것입니다." 만일 그가 그럴 수 있다면, 그가 평안한 양심을 가질 수 있지 않을까요? 그것이 돈보다 더 가치 있는 일이 아닐까요? 자신의 의무를 수행하면서 사람의 견해에 조심스러워하는 목사는 자신의 직무에 걸맞지 않는 사람입니다. 하나님의 종은 사람의 종이 되어서는 안 됩니다. 하나님이 복 주시는 유일한 사람은 어떤 사람의 얼굴도 두려워하지 않는 사람이며, 그가 사람들을 기쁘게 하든지 화나게 하든지 모든 사람의 피에 대해 자기 영혼이 깨끗하기로 결심한 사람입니다.

> "나는 죽어가는 사람으로서 두려워 않네,
> 다른 죽어가는 사람의 평가를;
> 두 번 다시 설교하지 못하는 듯 나는 설교한다네,
> 죽어가는 사람이 죽어가는 사람들에게."

이스라엘 백성들은 사십 년을 만나를 먹고 살아왔습니다. 그런 그들이 에돔 사람 앞에서 고개를 숙이며 거지처럼 "제발 우리에게 양식을 주세요"라고 외친단 말입니까? 그럴 수 없습니다! 호의를 입고 하늘의 식탁에 초대받은 사람들은 이렇게 말할 수 있습니다. "우리가 너희에게 지불하리라. 너희에게 아무 신세도 지지 아니하리라." 내 형제들이여, 하나님은 여러분에게 정신의 자립심을 주십니다. 많은 사람들이 그 의미를 잊어버렸습니다. 그들은 교양을 위해서나, 신망을 얻기 위해서나, 상류 사회에 진입하기 위해서라면 무엇이든지 하려고 합니다. 만일 그들이 부자가 되고나면 그들은 비국교도의 예배 처소에는 더 이상 참여하지 않습니다. 하찮은 사람들이 등을 두드려 주기를 바라면서 그들은 그들의 선조들의 신앙을 포기하고, 그들의 신앙 원리를 저버립니다. 한때 그것이 그들에게 있었는지는 모르지만 말입니다.

또한 광야에서의 사십 년 이후에 하나님은 그의 백성들이 관용의 정신을 갖기를 원하셨습니다. 에돔 사람들은 이스라엘 사람들을 매우 두려워했습니다. 그래서, 의심할 바 없이, 그들이 조용히 지나가도록 뇌물을 주려고 했을 것입니다. 그러나 모세는 사실상 이렇게 말합니다. "너희는 그들에게서 아무것도 받지 말

라. 너희는 그렇게 할 필요가 없다. 너희는 어떤 것에도 부족한 적이 없었다. 하나님이 너희와 함께 하셨다. 그들은 너희를 두려워한다. 그들에게서 좋아 보이는 것을 취하고 싶겠지만, 그러나 값을 지불하지 않고는 그들의 우물에서 물조차도 그냥 취하지 말라." 오, 우리가 관용의 정신을 가진다면, 어떤 일에서든지 조금이라도 다른 사람들을 압박하지 않을 것이며, 이미 우리 스스로가 하나님께서 주신 많은 것을 가졌다고 느끼기에, 우리 자신의 유익을 위해 어떤 사람도 혹사하지 않을 것입니다.

불평 없는 마음 또한 우리가 사십 년의 축복을 경험한 이후에 우리 속에 있어야 할 것입니다. 누군가 이 권면은 가난한 것처럼 굴지 않아야 함을 의미한다고 말했습니다. 알다시피 얼마나 많은 사람들이 손해를 보지 않기 위해 가난한 체구는지 모릅니다. 에돔 사람들에게 접근했을 때 그들은 이렇게 말해서는 안 됩니다. "우리는 가난한 사람들이에요. 돈이 없어요. 물 값을 너무 많이 매겨서는 안 돼요. 그러면 우리가 그 값을 다 지불할 수 없을 테니까요." 아니, 아니, 아니요. 그래서는 안 됩니다. 무한하신 하나님께 공급을 받아온 하늘의 자녀들이 그렇게 가난한 체해서는 안 되지요. 그러나 이런 일에 전문가들이 흔히 있음을 우리는 봅니다. 사업이 아주 잘 된 해에 그들은 이렇게 말하지요. "올해는 뭐 그럭저럭 했습니다." 그리고 사업이 다소 부진하면 이렇게 외칩니다. "모든 일들이 지독하게 어려워요. 실적이 줄어들고 있고, 그것을 도무지 되살릴 수가 없네요." 아주 이따금씩 나는 이렇게 쾌활하게 고백하는 사람을 만나기도 합니다. "주께서 나를 축복하시고 번창하게 해 주십니다. 나는 완전히 만족하고 있습니다. 나는 아무것도 부족하지 않아요. 그저 온 종일 주님을 찬송할 은혜만을 더 바랄 뿐이지요." 그리스도인들은 바로 이런 식으로 말해야 합니다. 그들은 왕자들입니다. 그러면 당연히 왕자다운 말투를 사용해야 합니다. 투덜대며 불평하는 것은 마치 어떤 부자가 낡고 꾀죄죄한 의복을 입고서, 궁핍을 가장하여 사람들을 속이고 자기가 져야 할 공적인 부담을 피하려는 것과 같습니다. 성령께서는 신자들로 하여금 주 안에서 자랑하며 주의 이름 안에서 기뻐하게 하실 수 있습니다. 나는 나의 주님께 불명예를 안기고 싶지 않습니다. 그분은 내가 기대했던 것이나 혹은 내게 합당한 것 훨씬 이상으로 나를 선하게 대해 주셨습니다. 그분은 선하신 하나님이십니다. 그분이 그리스도 안에서 나를 받아주신 이후로, 사는 것이 좋다고 느꼈습니다. 이 땅에 머무는 것이 좋은 것은 성령께서 나로 하여금 예수를 섬길 수 있도록 하시기 때문입니다. 나는 여기서 결코 내 주님을 탓하지 않을 것이며, 나 자신을 가엾고 불쌍한 사람으로 보이게 하거나, 힘든 일을 시키는 주인 아래서 압박받는 것처럼 티내지 않을 것입니다. 나의 주님은 지금껏 나에게 더할 나위 없이 선하셨습니다. 그래서 나는 그분을 찬양하며 그분의 이름을 높일 것입니다. 어떤 면에서 우리가 가난하면 그것을 고백하십시오. 그러나 하나님이 그분의 무한하신 은혜로 우리를 그리스도 예수 안에서 부요하게 하신 면에서는, 그 안에서 크게 기뻐합시다.

마지막으로, 우리가 그의 사랑 안에서 사십 년을 지내왔다면, 미래에 대해 하나님 안에서 더 큰 확신을 보여야 합니다. 그분을 위한 일에서 그분이 우리를 복 주시리라는 더 큰 확신을 우리가 가져야 합니다. 우리의 개인적인 연약함에 대해서도 그분이 우리를 강하게 하실 것이라는 더 큰 확신을 가져야 합니다. 알 수 없는 앞날에 대해서도, 광야에서의 경험을 통해 그분이 우리와 함께 하시리라는 더 큰 확신을 가져야 합니다. 저 차가운 마지막 강물을 통과할 때에도 그분은 여전히 우리와 동행해 주실 것입니다. 그분의 얼굴 빛을 보게 되리라는 더 큰 확신을 가지십시오. 우리의 모든 필요를 공급하시리라는 더 큰 확신을 가지십시오. 지금까지 우리가 아무것에도 부족함이 없었듯이, 우리가 저 강을 건너서 그 땅의 곡식을 먹기까지 모든 것이 너그럽게 공급될 것임을 더 크게 확신하십시오.

이 모든 것을 한 마디로 줄이고자 합니다. "내 영혼아 주를 찬양하라, 내 속에 있는 것들아 그의 성호를 노래하라." 하나님의 백성들이여, 모든 일에 그분을 전심으로 의뢰하십시오. 그러면 좋은 것을 얻을 것입니다. 그리스도를 위하여, 하나님께서 여러분에게 복 주시기를 바랍니다. 아멘.

제
2
장

—

회심의 권고

—

"그러나 네가 거기서 네 하나님 여호와를 찾게 되리니 만일 마음을 다하고 뜻을 다하여 그를 찾으면 만나리라. 이 모든 일이 네게 임하여 환난을 당하다가 끝날에 네가 네 하나님 여호와께로 돌아와서 그의 말씀을 청종하리니, 네 하나님 여호와는 자비하신 하나님이심이라. 그가 너를 버리지 아니하시며 너를 멸하지 아니하시며 네 조상들에게 맹세하신 언약을 잊지 아니하시리라." — 신 4:29-31

지난 안식일에 내 강해의 제목은 "회심의 기대"였습니다. 한 주 동안 하나님께 드려왔던 나의 열렬한 기도는 오늘 아침 설교의 결과로 회심이 이루어지는 것입니다. 몇 사람이 이 아침에 하나님의 은혜의 능력으로 이끌려서 전심으로 하나님께 돌아오리라는 희망을 충족시키지 못한다면 나는 행복할 수 없습니다. 왜냐하면 나는 이를 위해 주께 간구하였고, 이를 내 목표로 삼기로 결심했기 때문입니다. 나는 나 자신에게 물었습니다. "성령께서 사람들을 주께로 이끄시기에 가장 적절한 주제가 무엇일까? 주의 두려우심에 대해 전할까? 아니면 거룩한 자비의 달콤함에 대해 전하는 것이 좋을까? 이 두 가지는 각각 적절한 용도가 있지만, 그러나 오늘 내 계획에 딱 부합하는 것으로는 무엇이 있을까?" 나는 태양과 바람의 우화를 기억했습니다. 이 강력한 맞수들은 여행자의 외투를 벗기는 문제를 두고 경쟁했습니다. 바람이 먼저 세차게 불었습니다. 마치 여행자의 어깨에서 옷을 찢어 버리기라도 할 듯한 기세로 힘을 다했습니다. 그러나 여행자는 단추를 단단히 잠그고 손으로 외투를 꽉 움켜쥐었습니다. 강하게 협박한다고 전투에 이기지는 못했습니다. 바람이 요란스레 불기를 멈추었을 때, 태양이 구름 뒤에서 얼굴을 나타냈습니다. 그리고 여행자에게 친절하고도 따스한 미소를 지었고, 여행자는 외투를 느슨하게 풀더니 마침내 즐거워하며 옷을 전부 벗어 버렸습니다. 태양의 부드럽고 따뜻한 영향력이 폭풍이 하지 못한 일을 해낸 것입니다. 그래서 나는 생각했습니다. 내가 만약 하나님의 부드러운 은혜와 그분의 관대한 용서에 대해 전한다면, 마치 따뜻한 햇살이 비칠 때 여행자가 그랬듯이, 내 회중들이 그들의 죄와 자기의(self-righteousness)라는 의복을 벗어 버리지 않을까 하고 말입니다. 사랑의 화살은 예리하여, 분노의 칼에도 상처를 입지 않는 많은 심장에 상처를 입힐 수 있다는 것을 나는 압니다. 오, 이 성스러운 화살들이 이 아침에 승리하기를 바랍니다! 바다의 배들은 폭풍을 감지하면 자발적으로 열린 항구를 향해 나아갈 것입니다. 그러나 만일 그 항구로 들어갈 수 있는지 의심스럽다면, 배들은 구태여 해안의 포구(浦口)로 향해 나아가느니 차라리 바다에서 바람을 견디려 할 것입니다. 어떤 항구들은 조수가 들어 만조가 되었을 때에만 입항할 수 있습니다. 그래서 선장은 위험을 무릅쓰고 나아가지 않습니다. 그러나 환영의 표지 깃발이 나부끼고 물이 충분히 들어차 있는 것이 분명하다면, 그래서 방파제 뒤로 안전하게 들어설 수 있다면, 그들은 더 이상 주저하지 않고 정박지를 향해 나아갑니다. 오늘 피할 곳을 찾는 영혼들이 주님의 항구가 활짝 열려 있음을 아시기를 바랍니다. 값없이 거저주시는 은혜의 포구는 열려 있습니다. 가장 큰 죄인들을 맞이할 항구의 공간도 넉넉하며, 사랑의 물이 충분하여 어떤 커다란 죄인도 안전히 정박할 수 있습니다. 오, 풍랑에 시달린 배들이여, 어서오세요, 환영합니다! 단 한 시라도 전능하신 분의 진노의 폭풍에 감히 맞서려 하지 마십시오. 여러분은 안전한 항구로 초대되었고, 이제 그 초대를 즐거이 누릴 수 있습니다.

　　이런 생각들이 내 머릿속을 떠다니고, 거저 주시는 은혜와 풍성한 자비에 대해 설교해야겠다고 바라면서, 내가 신명기에서 본문을 찾았다는 것이 좀 특별합니다. 왜 그런가요? 신명기는 율법의 책입니다. 무서운 경고들이 곳곳에 산재해 있는 책입니다. 그렇지만 나는 그 속에서 복음의 주제를 발견합니다. 그럼요, 복음의 주제가 가장 풍성한 책 중의 하나이지요! 나는 이 본문을 읽으면서 본문

자체의 풍성함에도 놀라지만 문맥의 전후 연결에도 놀랍니다. 이 본문은 마치 내게 가시나무 속에서 백합을 발견한 듯한 기쁨을 줍니다. 마치 아직은 추운 겨울 날씨에 차가운 땅에서 솟아난 크로커스(crocus: 노랑, 흰색, 자주 색깔의 작은 튤립 같은 식물로서 이른 봄에 핌 — 역주), 햇살의 향기를 은은히 풍기며 황금색 암술을 간직한 채 미소 짓고 있는 작은 꽃을 발견한 기쁨과 같다고 할까요? 그와 마찬가지로 나는 다소 쌀쌀한 이 신명기 율법의 책장 속에서 이처럼 고귀한 복음의 선포를 발견합니다. 이 본문은 마치 이른 봄꽃처럼 하나님의 사랑이 여전하며 좀 더 행복한 계절이 올 것임을 우리에게 확신시켜 줍니다. 내 생각으로는 이 구절은 또한 반석에서 솟아난 물과 같다고 비유할 수 있습니다. 율법은 반석과도 같고, 모세오경은 딱딱하고 굳은 화강암과도 같습니다. 그러나 바로 여기 그 속에서 우리는 목마른 자가 마실 수 있는 수정 같은 샘을 발견합니다. 나는 이 본문을 또한 모래땅에 내리는 만나, 광야의 마른 대지 위에 진주처럼 반짝이는 하늘의 양식에 비유합니다. 여기 냉엄한 율법의 규정들 한가운데, 시내 산의 하나님이 선언하시는 무서운 심판의 경고문 한가운데, 여러분은 이 아침에 여러분의 장막 사면에 떨어지는 이 은혜의 만나를 발견하는 것입니다. 여러분에게 이것이 하늘에서 막 떨어진 신선한 만나이기를 바라며, 여러분이 먹고 영원히 살게 되기를 바랍니다.

이제 본문을 한 번 보도록 합시다. 주께서는 여기서 죄인들이 그분께 돌아와서 자비를 얻도록 권고하십니다. 그분은 그분의 명백한 명령을 어긴 죄인들을 권고하십니다. 그들은 우상을 섬기고, 스스로를 더럽히고, 마침내 포로로 잡혀 갔으며, 또한 다른 징계들을 자초한 이들입니다. 그분은 그들에게 악한 길에서 돌이켜 그분의 얼굴을 찾으라고 초대하고 계십니다. 나는 이 강론의 서두에서 이 점을 말해야겠다고 느낍니다. 만일 이 본문이 어떤 제한된 국면을 다루는 것이라면, 범죄자들 중에서도 어떤 특정한 인물들에게 말하는 것으로 간주된다면, 이 본문은 특히 배교자들에 대한 것입니다. 왜냐하면 이 본문이 첫 번째 대상으로 언급하고 있는 사람들은 하나님의 백성들이기 때문입니다. 그들은 하나님의 백성이면서도 우상을 세우고 그릇된 길로 갔습니다. 회개를 권면하는 이 본문은, 물론 그들에게만 말하는 것은 아니지만, 주로 그들을 향해서 제시된 것입니다. 아마도 여기에도 배교자들이 얼마간 있을 것입니다. 한때 하나님의 교회에 서 있었지만 그들로부터 떨어져나간 사람들, 한때 하나님을 섬기는 일에 열성적이고 진지했으나 이제는 모든 경건에 대해 전적으로 무관심해진 사람들이 있습니다. 나는 그런 사람들이 이 본문을 집에 가서도 생각하기를 강력히 권고합니다. 배교자여, 이 본문의 모든 단어와 음절까지도 여러분의 마음에 담아 두십시오. 읽고, 표시하고, 배우고, 내면적으로 소화시키십시오. 그리하여 이 말씀으로 인해 당신이 당신의 하나님 앞에 무릎 꿇게 되기를 바랍니다. 이 말씀은 당신이 방황에서 돌이키도록, 지친 배교의 길에서 돌이켜 다시 한 번 당신 아버지의 집으로 오기를 초대하고 있습니다. 그분은 당신을 버리지도 않을 것이며, 당신을 멸하지도 않으실 것이며, 그가 맹세하신 자비의 언약을 잊지도 않을 것입니다. 돌아올 수 있다면 당신은 행복할 것입니다. 당신이 돌아온다면 나 역시 행복할 것입니다. 나는 이 점을 특별히 강조해야겠다고 생각했습니다. 왜냐하면 주님 자신과 주님을 섬기는 천사들이 아흔 아홉 마리의 양들보다도 길을 잃었다가 영혼의 목자에게 돌아오는 한 마리의 양 때문에 더욱 기뻐할 것이기 때문입니다. 한 사람이 전에 본 적이 없었던 보화를 발견할 때 큰 기쁨이 있습니다. 그러나 그 기쁨은 자신의 소유였던 돈을 잃었다가 다시 찾은 여인의 기쁨에는 미치지 못합니다. 아기가 태어날 때 그 집에는 즐거움이 있지만, 그러나 더 크게 기쁠 때는 잃어버린 아들을 발견했을 때입니다. 내 영혼은 주께서 쫓아내신 이들을 집으로 오게 하시는 것을 보기를 갈망하며, 주께서 흩으신 이들을 모으시는 일에 도구가 되기를 갈망합니다.

또한, 본문은 모든 죄인들에게, 스스로를 더럽히고 주님 보시기에 악을 일삼아 그분을 노하시게 했던 모든 이들에게 적용될 수 있습니다. 자비가 무궁하신 하나님이 그들에게 온 마음으로 돌아오라고 권면하십니다. 그분이 그들을 결코 버리지 않을 것을 확신하라고 말씀하십니다. 이 본문에는 그분의 얼굴을 간절히 찾도록 이끄는 세 개의 요점이 있는 듯이 보입니다. 첫째로는 시간의 언급이 있으며, 둘째로는 방법의 지시가 있고, 셋째로는 권면의 제시가 있습니다.

1. 시간의 언급

첫째로, 이 본문에는 시간의 언급이 있습니다. 그것을 보십시오. "네가 거기서 네 하나님 여호와를 찾게 되리니 … 이 모든 일이 네게 임하여 환난을 당하다가 끝날에."

오, 사랑받지 못한 이들이여, 주께서 당신에게 그분을 찾으라고 명하신 때는 무엇보다 "거기서부터(from thence)," 즉 당신이 떨어진 그 상황에서부터, 혹은 현재 당신이 처해 있는 그 상황에서부터입니다. 본문의 문맥에 따르면, 거역한 이스라엘 백성들은 포로로 잡혀가게 될 것이며, 열국으로 흩어지게 되어, 거기에서 보지도 듣지도 느끼지도 먹지도 냄새도 맡지 못하는 나무와 돌로 만든 우상들을 강제로 숭배하게 될 것입니다. 그러나 "거기서", 그 부정한 이방인의 마을들에서, 바빌론 강가의 슬픔의 장소에서, 멀리 떨어진 갈대아의 포로지에서, 그들은 여호와께로 돌아와 그분의 말씀을 청종하라는 권고를 듣습니다. 그들의 환경이 그들의 기도를 막지는 못합니다. 친애하는 친구여, 아마도 이 때에 당신은 불경건한 이웃들 가운데 살고 있을 것입니다. 만일 당신이 종교에 관해 말을 꺼내기 시작하면 즉시로 무시당할 것이며, 더 나은 길로 행하려는 당신을 돕는 소리는 듣지 못할 것이며 오히려 방해하는 말만 듣게 될 것입니다. 그럼에도 불구하고, 더 지체하지 마십시오. "거기서부터," 바로 거기에서부터 주를 찾으십시오. 그러면 "네 하나님 여호와를 찾게 되리라"고 말씀하고 있지 않습니까? 아마도 당신은 예수 그리스도의 복음에 대해 온통 적대적이며, 당신의 도덕적인 삶에도 해로운 영향을 끼치는 이웃들 가운데 살고 있을지 모릅니다. 아마도 애석해하며 과거를 추억하고 있겠지요. 한때 당신에게는 경건한 어머니의 무릎에서 자랐던 어린 시절이 있었습니다. 그 때에 안식일은 주일학교에서 보냈고, 당신의 가정에서 성경을 매일 읽었습니다. 그러나 이제 이 모든 도움들이 당신에게서 사라졌으며, 당신 주변의 모든 것이 더 큰 죄 아래로 당신을 끌어내리고 있습니다. 그렇지만, 이것을 미루기 위한 핑계로 삼지 마십시오. 마치 비위생적인 지역에 살고 있어서 의사에게 가기를 거절하는 사람처럼, 혹은 물에 빠져가는 사람이 물결이 거칠다고 구명선을 거절하는 것처럼 행동하지 마십시오. 속도를 늦추지 말고 오히려 서두르십시오. 상황이 좋아질 때까지 지체하지 마십시오. 당신이 경건한 가정으로 이사할 때까지나, 혹은 은혜 받을 환경에 더 가까워질 때까지 기다리지 마십시오. "거기서" 주를 찾으면 만나리라고 말씀하셨기 때문입니다.

그러나 당신은 당신 주변의 경건하지 않은 사람들에 대해서는 그리 유감이 없다고 말할 것입니다. 오히려 당신 스스로의 마음 상태가 비참한 지경에 처하여, 계속해서 죄를 따라 살고, 마침내 악행이 습관이 되어 떨쳐 버릴 수 없게 되었노라고 한탄할 것입니다. 마치 당신은 회오리바람에 휩쓸려 돌고 있는 물건과도 같습니다. 어떤 끔찍한 힘이 당신을 갈수록 나쁜 지경으로 몰아갑니다. 가련한 영혼이여, 깨어나십시오. 즉각적으로 행동하십시오. 만일 당신이 스스로의 힘으로 이 악한 세력을 정복할 때까지 기다린다면, 당신이 죄의 지배로부터 해방될 때까지 하나님께 돌아오는 것을 지연한다면, 단언컨대 당신은 영원히 기다려야 할 것이며, 어리석게도 멸망하고 말 것입니다. 만일 당신이 스스로의 힘으로 악을 이길 수 있다면, 당신이 스스로 구원의 방도를 찾을 수 있다면, 주님을 찾을 필요가 없을 것입니다. 그러나 그런 일은 꿈에도 기대하지 마십시오. 오늘, "거기서," 당신이 처한 바로 그 장소에서, 하늘에 계신 당신의 아버지를 향해 당신의 얼굴을 돌리십시오. 그리고 예수 그리스도 안에서 그분을 찾으십시오. 우리가 모이는 안식일마다 불러야 하는 이 찬양을 기억하시기 바랍니다.

> "내 모습 이대로 지체하지 않고서,
> 내 영혼의 더러움을 지우려 당신께로 나아옵니다.
> 그 피로 내 허물을 씻으시는 주,
> 오 하나님의 어린 양께, 나 지금 나아옵니다."

모든 절이 "내 모습 이대로"로 시작합니다('큰 죄에 빠진 날 위해'로 번역되어 한국 교회에서도 널리 불리는 찬양으로서 인용된 부분은 이 찬양의 2절. 원문의 직역에 가깝도록 옮겼으며, 영어로는 1-4절의 각 절이 'Just as I am'으로 시작함 — 역주). 마찬가지로 당신의 기도, 당신의 믿음, 당신의 소망이 그렇게 시작해야 합니다. 그 모든 찬양이 "내 모습 이대로"로 시작합니다. 여러분의 그리스도인으로서의 삶이 바로 그렇게 출발해야 합니다.

주님은 당신의 있는 모습 그대로를 초대하시며, 당신이 있는 그곳에서 초대하십니다. 신앙이 없는 가족에 속해 있습니까? 집안 전체에서 신앙 문제로 진지하게 생각하는 사람이 당신이 유일합니까? 그대로 오십시오. 지체하지 마십시오. 주께서 당신을 초대하십니다. 당신의 큰 일터에 오직 당신 외에는 모두 신앙에 무관심합니까? 그분의 주권적인 은혜를 찬미하십시오. 그분의 부르심을 받아들이고, 거기에서 주님께 속한 자가 되십시오. 주님은 세상에서 죄의 끝까지 갔던, 스스로 하나님을 등지고 죄의 포로가 되었던 당신과 같은 사람을 초대하십니다. 오늘, 바로 오늘, 그분은 당신에게 "마음을 다하고 뜻을 다하여" 그분을 찾으라고 말씀하십니다.

돌이키는 때와 관련하여, 우리가 잘 알아둘 만한 것은 우리가 고통스러운 때에 주께로 돌이키도록 특별히 권고를 받는다는 점입니다. 본문은 말합니다. "이 모든 일이 네게 임하여 환난을 당하다가." 몸이 아픕니까? 얼마간 몸져누웠습니까? 점점 더 약해지고 있습니까? 이 질병이 마침내 죽음으로 이어질 수 있다고 느낍니까? 그런 환난을 당할 때에 당신은 그분께로 돌이킬 수 있습니다. 아픈 몸이 우리로 하여금 더욱 진지하게 우리 영혼의 치유를 간구하게 해야 합니다. 가난합니까? 안락한 상태에서 노동은 고되고 수입은 빈약한 상태로 전락했습니까? 그 때 당신이 이런 환난을 당할 때 주님께 돌아오십시오. 왜냐하면 그분이 이 곤경을 당신에게 주셔서 당신으로 하여금 당신에게 더 큰 필요가 있다는 것을, 즉 그분 자신을 필요로 하는 것을 보게끔 만드셨기 때문입니다. 빈 지갑이 당신으로 하여금 당신 영혼의 빈곤을 기억하게끔 해야 하며, 빈약한 찬장이 당신으로 하여금 당신의 육체적 신뢰의 공허함을 보게끔 이끌어야 하며, 늘어가는 빚이 당신으로 하여금 당신이 주께 빚진 것이 얼마인지 계산하게끔 해야 합니다. 아마도 이 순간 당신에게 닥친 시련은 무척 괴로울 것입니다. 아마도 당신은 매우 사랑하는 무언가를 잃게 되리라고 예상할 것이며, 그것은 마치 당신 자신의 절반을 잃어버리는 것과 같다고 여겨질 것입니다. 사랑하는 자녀를 잃은 지 얼마 되지 않아, 아직도 가슴은 피를 흘리는 듯이 고통스러운데, 또 다른 아이가 병에 걸려 첫 아이를 뒤따라갈 듯합니다. 당신이 이런 환난을 당할 때에, 꼭 주님을 찾으십시오. 그분의 동정어린 가슴은 당신에게 열려 있습니다. 그분은 이 슬픔을 성화시켜 가장 고귀한 목적을 이루실 것입니다. 그 죄가 너무나 공공연하여 이 나라 법에 따라 처벌을 받은 사람들에게 이런 말을 하는 것이 가능할까요? 신용을 잃었습니까? 더 이상 당신을 고용하는 자가 아무도 없습니까? 당신이 이 환난을 당할 때에 그 때 당신의 주님께 돌아오십시오. 그분은 이 땅에서 버림받은 자들을 받아주실 것이며, 범죄자들을 아들들로 삼아 주실 것이기 때문입니다. 당신은 이 사회로부터 사악하고 부정직하고 행실이 악하다는 낙인이 찍혀 괴로워한 적이 있습니까? 당신은 이처럼 무시받고 멸시받는 때에 처해 있습니까? 바로 그런 당신에게도 나는 말하고자 합니다. 당신이 환난을 당할 때, 모든 문이 당신을 외면하여 닫히고, 모든 손들이 당신을 반대한다고 의사를 표시할 때, 바로 그 때에도 주를 찾으십시오. 그분을 만나게 될 것입니다. 당신의 아버지조차 당신의 이름을 거의 기억하지 않는다 해도, 당신이 당신 누이의 마음에 근심만 안겨왔다 할지라도, 당신 어머니의 백발을 슬픔 중에 무덤에 내려가도록 했다 할지라도, 이토록 수치스러운 상황에 처해 있다고 하더라도, 바로 이 때 당신의 하나님 여호와를 찾으십시오.

의심할 바 없이, 이런 곤경에 처하지 않고서는 결코 구원받을 수 없는 사람들이 있습니다. 그들의 재산은 모두 탕진되어야 하고, 강력한 기근이 그들에게 닥쳐와야 하며, 먼 나라의 시민들이 그들을 돕기를 거절해야 하며, 굶주린 배를 채우기 위해서는 여물통 앞에 서서 기꺼이 돼지라도 돌보아야 하는 처지에 이르러야 합니다. 그렇지 않으면 그들이 이렇게 말하는 일은 결코 일어나지 않습니다. "이제 일어나 내 아버지께로 가야겠다." 아무리 고난이 크다 하더라도, 당신에게 가장 안전하고 가장 지혜로운 길은 그리스도 예수 안에서 하나님께 피하는 것이며, 또한 그분을 신뢰하는 것입니다.

좀 더 주목해 보십시오. 하나님의 심판이 당신에게 임하기 시작했다고 느껴질 때, 그 때 당신은 그분께로 나아올 수 있습니다. "이 모든 일이 ― 이렇게 경고한 일들이 ― 네게 임하여 환난을 당하다가." 이 세상에는 마치 그들의 죄가 그들을 고발하여 지옥의 고통을 가하기 시작했다고 느끼는 많은 사람들이 있습니다. 살인자가 그들을 추적해오고, 끔찍한 타격을 가하고 있습니다. 누군가 이렇게 말합니다. "아, 내 큰 죄들이 마침내 하나님을 노하시게 만들었구나. 그래서 모든 사람이 그분이 나에게 내리시는 벌을 보게 되었구나. 그분이 나에게서 모든 자비를 거두어가셨구나. 내가 아버지의 교훈을 멸시하였고, 내 아버지는 돌아가셨지. 나는 내 어머니의 눈물에도 신경 쓰지 않았고, 어머니도 무덤에 누워 계시지. 하나님의 집에 함께 가자고 늘 요청했던 내 사랑하는 아내여, 나는 그녀를 무시하고 불친절하게 대했지. 이제 죽음이 내 품에서 그녀를 앗아가 버렸구나. 내 무릎 위에 올라 짧은 찬송을 부르기도 하고 함께 기도하자며 조르곤 했던 귀여운 아이도 역시 떠나버렸어! 하나님이 결국 나를 적발해내셨고, 나를 때리기 시작하신거야. 이런 것들은 단지 소나기 전에 내리는 몇 방울의 비에 그칠 뿐, 앞으로 닥칠 무서운 진노의 소나기를 나는 피할 도리가 없구나. 아, 은혜가 하나씩 거두어지는 동안, 이전의 즐거움은 고통으로 변하고, 이제 기쁨은 더 이상 남지 않았네. 전에 그랬던 것처럼 나는 극장에 가지만, 그러나 더 이상 즐겁지가 않네. 화려한 장식의 그림들을 보지만 그것들이 마치 내 운명을 조롱하는 듯이 보이기만 하네. 내 오랜 친구들이 나를 보러 오고, 그들은 옛 노래를 내게 불러주기도 하지만, 나는 그것을 견딜 수가 없다. 그 노랫소리는 내 귀에 삐걱거리는 소음처럼 들리고, 이따금씩 단지 멍청이들의 고함소리로 여겨질 뿐이다. 나는 홀로 철학적인 생각들에 잠기곤 했고 그것이 내게 위안을 준적도 있었지만, 이제는 그 속에서 아무런 위안을 찾을 수 없다. 이제는 어떤 사상에서도 즐거움을 찾을 수 없게 되었네. 세상은 따분하고, 내 영혼은 지쳤구나. 나는 노랗게 시들어 버린 잎과 같으니, 온 세상이 나와 함께 시들어가고 있구나. 전에 조금이라도 누렸던 즐거움이 이제는 모두 떠나 버렸고, 새로운 기쁨은 다시 오지 않는다. 나는 하나님께도 맞지 않고 마귀에게도 맞지 않는구나. 나는 죄 속에서 평화를 찾을 수 없고, 신앙에서도 위안을 찾을 수 없네. 좁은 길로는 두려워서 들어갈 수가 없고, 넓은 길에서는 밀치고 떠밀려서 내 길로 나아갈 수가 없네. 무엇보다 나쁜 것은 내 앞에 나쁜 전망이 있다는 것이야. 내 마음은 앞으로 있을 일에 대한 끔찍한 염려와 공포로 가득 차 있어. 내가 잘못 보낸 인생에서 슬픔의 씨앗을 뿌렸기에 필연적으로 슬픔의 추수를 거두겠지. 내게 임할 죽음이 두렵군. 그것이 얼마나 가까이 있는지는 모르지만, 그러나 너무나 가까이 왔다는 것을 나는 알아. 그리고 나는 죽음의 준비가 되어 있지 않아. 내게 닥칠 심판에 대한 생각으로 나는 압도되어 있어. 내가 일을 하고 있는 동안에도 내 귀에는 나팔 소리가 울리고 있다네. 나는 하나님의 공의의 천사들이 나를 부르며 이렇게 말하는 것을 듣네. '심판대로 오라, 심판대로 오라, 빨리 오라.' 무서운 소리가 내 귀에 들리네. 그리고 나는, 나는 어디로 가게 될까?' 오 인간이여, 듣고 위안을 받으십시오. 지금은 주님이 당신으로 하여금 주님을 찾도록 정하신 시간입니다. 성경 본문이 말하고 있습니다. "이 모든 일이 네게 임하여 환난을 당할 때에, 네가 네 하나님 여호와께로 돌아오면, 그가 너를 버리지 아니하시며 멸하지 아니하시리라."

여전히 본문 속에는 커다란 위로를 내포하는 듯이 보이는 또 하나의 말씀이 있습니다. 그것은 바로 "끝날에"입니다. 이 표현은 유대 역사의 후반부를 언급하는 것일 수 있지만, 그렇게 보기에는 좀 어렵습니다. 오히려 이 본문은 틀림없이 이스라엘의 포로 시기 중 후반기를 언급하고 있으며, 또한 우리의 경우에는 인생의 후반기를 언급한다고 생각됩니다. 내 주위를 둘러보니 여러분 중 많은 분들이 고령인 것을 볼 수 있습니다. 만일 당신이 아직 회심하지 않았다면, 나는 당신에게 어린이나 젊은이들에게 그런 것처럼 그리스도를 자유롭게 전할 수 있음을 하나님께 감사합니다. 당신이 육십 년이나 칠십 년을 당신의 하나님을 거역하고서 보냈다하더라도, 당신은 "끝날에라도" 돌이킬 수 있습니다. 설혹 당신의 인생이 거의 저물어가고, 열한 시경에 도달했으며, 해가 지평선에 걸쳐 있고, 저녁 땅거미가 짙어지고 있다 해도, 여전히 그분은 당신을 그분의 포도원으로 부르시며 해가 저문 뒤 당신에게 은혜의 품삯을 주실 수 있습니다. 그분은 오래 참으시며 자비가 풍성하신 분이시기에, 누구도 멸망하기를 원치 않으십니다. 그래서 그분은 나를 전령으로 보내시어 만일 당신이 그분을 찾는다면 "끝날에라도" 그분을 만나게 될 것을 확신시키도록 하십니다. 매우 늙은 사람이 그리스도 안에서 아기가 되는 것은, 비록 많은 슬픔이 섞여 있긴 하지만, 아름다운 광경입니다. 그토록 오랜 세월을 교만하고, 고집 세고, 자신만만하게 스스로 주인 되어 살아왔던 사람이, 마침내 지혜를 배워 그리스도의 발치에 앉아 있음을 보는 것은 기분 좋은 일입니다. 그들은 전투가 한창일 때 오랫동안 원수들이 들고 다녔던 오랜 깃발을 교회당 위에 높이 걸어놓았습니다. 비록 그 깃발들은 탄흔과 포격의 흔적으로 찢겨져 있지만, 그럴수록 그것을 획득한 이들은 그것을 가치 있게 여기지요. 깃발은 오랠수록 더 영예롭기에, 그것을 획득하는 것은 귀한 전리품을 얻는 것입니다. 전사들은 깃발을 쟁취했을 때 크게 자랑합니다.

> "전투 속에 휘날렸던
> 　천년 동안 용감했던 깃발이여."

　　오, 내 주님께서 지친 죄인들에게, 마귀에 의해 죄의 깃발처럼 세워졌던 그대들에게, 손을 내밀어 주시기를 내가 얼마나 바라는지요! 오 땅의 왕들의 왕께서 그대들로 하여금 이렇게 고백하도록 만드시기를 간절히 바랍니다. "그분의 사랑이 나와 같은 자를 정복하였도다."

　　아직 내가 크게 기뻐하며 언급할 내용이 있습니다. 내가 전하도록 허락받은 복음은 당신에게 즉각적인 복음이라는 점입니다. 곧 당신이 하나님을 찾으면 지금 구원을 얻게 되리라는 것입니다. 만일 이 복음이 이렇게 기록되어있다면 어떨지 상상해보십시오. "너희 죄인이여, 너희가 만일 하나님께 돌아오면 열두 달 이내에 구원을 받을 것이다." 오 여러분이여, 만일 그렇다면 나는 여러분을 위해 일년이 지날 때까지 날짜를 세고 있을 것입니다. 만일 본문이 "너희는 1877년 3

월에 나 여호와를 만나게 될 것이다"라고 기록되었다면, 나는 그 좋은 계절이 오기 전에 여러분을 기다리느라 지쳐 버리고 말 것입니다. 그리고 이렇게 말하겠지요. "아마도 그들은 은혜의 때가 오기도 전에 죽고 말 것입니다. 선하신 주님, 그들의 목숨만은 살려 주소서." 그렇습니다. 만일 하나님께서 다음 주 안식일이 되기까지는 여러분의 간구를 듣지 않으신다면 차라리 나는 문을 걸어 잠그고 여러분을 위험한 길로 나가지 못하도록 막을 것입니다. 만일 할 수만 있다면, 그 날이 오기까지, 그 약속된 시간 전에 당신이 죽지 못하도록 막으려 할 것입니다. 만일 당신의 목숨을 보장할 만한 어떤 방법이라도 있다면, 당신의 영혼을 위해 당신이 가진 모든 것을 내주어야 한다고 해도, 다음 주 주일까지 당신의 목숨이 보장되는 것에 기뻐해야 할 것입니다. 그러나, 복되신 하나님께서 그 약속을 지체하지 않으십니다. 구원의 때는 지금입니다! 오늘 여러분이 그분의 말씀을 청종한다면 말입니다. 복음은 당신이 집에 도착할 때까지, 혹은 침상에 누울 때까지 기다리라고 당신에게 말하지 않습니다. 오히려 복음은 지금 여기에서, 바로 이 순간 이 예배당 좌석에서, 만일 당신이 마음을 다하고 뜻을 다하여 그분을 전심으로 찾는다면 주 예수님을 만나게 될 것이며 즉각적으로 구원의 기쁨을 누리게 될 것이라고 말합니다. 바로 지금 주께서 은혜를 주시려고 당신을 기다리신다고 생각하니 격려가 되지 않습니까?

2. 방법의 지시

두 번째로, 이제 우리는 지시된 방법을 살펴보도록 합시다. 긍휼을 얻기 위하여, 우리가 무엇을 해야 한다고 말씀하고 있습니까? "네가 거기서 네 하나님 여호와를 찾게 되리니." 우리가 하나님께 무언가를 가져와야 할 필요가 없으며, 단지 그분을 찾기만 하면 됩니다. 우리는 그분에게 제시할 의를 찾지 않아도 되며, 우리의 마음 상태가 그분에게 합당해지도록 하기 위해 애쓰지 않아도 됩니다. 우리가 찾을 대상은 그분입니다. 죄인이여, 당신은 하나님을 노엽게 했으며, 하나님 외에 그 누구도 당신의 죄를 용서할 수 없습니다. 당신의 죄는 하나님을 거스른 것입니다. 그러므로 그분을 찾으십시오, 그분만이 당신을 용서하실 수 있습니다. 당신이 그분을 찾을 때에 그분을 살아 계시는 분으로서, 또한 그분이 자기를 찾는 자들에게 상 주시는 분으로서 믿는 것은 너무나 중요합니다. 성례전의 형식에만 기대는 것은 아무 소용이 없습니다. 당신은 그분을 찾아야 합니다.

기도의 형식만 갖추고, 습관적으로 경건의 어투만 반복하는 것은 소용없는 일입니다. 당신은 그분을 찾아야 합니다. 죄인이여, 당신의 구원은 하나님께 있으며, 당신이 찾아야 하는 것은 하나님이십니다. 이 말을 이해하겠습니까? 사제나 혹은 다른 성직자를 찾아가는 것이나, 성경이나 혹은 기도서를 찾는 일이나, 형식적으로 무릎 꿇고 기도하는 것도 큰 소용이 없습니다. 당신은 그리스도 예수 안에서 하나님께 가까이 나아가야 하며, 그러면 당신은 마치 사람이 보화를 찾아 자기 소유로 얻듯이 그분을 발견할 수 있을 것입니다. 누군가 말했습니다. "그러나 내가 어디에서 그분을 찾을까요?" 예전에는 사람들이 하나님을 찾을 때 속죄소/시은좌(施恩座, mercy-seat)로 나아갔습니다. 주님께서 거기서 그들을 만나고 말씀하실 것이라고 약속하셨기 때문입니다(출 25:22). 이제는 주 예수 그리스도께서 그 시은좌이십니다. 그가 속죄의 피를 뿌리셨습니다. 당신이 하나님을 만나길 원한다면, 당신은 예수 그리스도의 인격 안에서 그분을 찾아야 합니다. 성경에 이렇게 기록되지 않았습니까? "나로 말미암지 않고는 아버지께로 올 자가 없느니라"(요 14:6). 예수님은 하나님과 사람 사이에 유일한 중보자이십니다. 그러므로 당신이 하나님을 만나려 한다면, 당신은 나사렛 예수의 인격 안에서 그분을 찾아야 합니다. 그분은 또한 가장 높으신 분의 아들이십니다. 당신은 예수님을 믿고, 신뢰하고, 의지함으로써 그분을 찾을 수 있습니다. 당신이 예수님을 신뢰하게 될 때, 당신은 예수님 안에서 하나님을 발견하게 됩니다. 왜냐하면 그분이 이렇게 말씀하셨기 때문입니다. "나를 본 자는 아버지를 보았느니라"(요 14:9). 그러므로 당신이 예수 그리스도를 믿는 것이 하나님께 나아오는 것입니다. 이 얼마나 단순합니까! 복잡하고 어려운 장애물이 없습니다! 하나님이 은혜를 주실 때, 믿는다는 것은 얼마나 쉽고 명백한지요. 구원은 행함으로도 아니며, 내적 됨됨이로도 아니며, 느낌으로도 아니며, 그저 믿음으로 주어지는 것입니다. 우리는 스스로 만족하지 말아야 하며 오직 주를 찾아야 합니다. 우리 스스로는 아무것도 아니기에, 우리는 그분에게로 나아가야 합니다. 우리 자신은 무가치하기에, 예수 안에서 참된 가치를 발견해야 합니다.

　　우리는 주님을 우리의 주님으로 붙들어야 합니다. 본문이 이렇게 말하고 있기 때문입니다. "네가 거기서 네 하나님 여호와를 찾게 되리니." 죄인들이여, 그것이 바로 구원에 이르는 믿음의 일부입니다. 하나님을 당신의 하나님으로 받아들이는 것입니다. 만일 그분이 단지 다른 사람의 하나님이시라면, 그분은 당신을 구원하실 수 없습니다. 그분은 당신의 하나님이시어야 합니다. 당신의 하나님, 정녕 당신의 하나님을 온 생애 동안 신뢰하고 사랑하고 섬기십시오. 그렇지 않으면 당신은 잃은 자가 될 것입니다.

이제, 하나님의 지시를 주목해 봅시다. "만일 마음을 다하고 뜻을 다하여 그를 찾으면." 하나님을 찾는 이 일에는 어떤 가식도 없어야 합니다. 당신이 구원받기를 원한다면, 이 문제를 장난삼아 대하거나, 가볍게 여기거나, 거짓으로 가장해서는 안 됩니다. 하나님을 찾는 이 일은 진지하고, 진실하며, 열성적이어야 하며, 강렬하고, 지속적이어야 합니다. 그렇지 않으면 실패하고 맙니다. 이것이 너무 힘든 요청인가요? 만일 세상에서 전심을 다할 만한 일이 있다면 바로 이것이 그 일입니다. 만일 인간이 온 힘을 기울여야 하는 어떤 일이 있다면, 그것은 바로 그 영혼의 구원의 문제입니다. 당신이 어떤 일을 도모할 때 열성을 기울이지 않는다면 금이나 부를 얻지 못합니다. 하물며 이런 일이야말로 얼마나 더 열성을 기울일 가치가 있겠습니까? 이 일은 영원한 생명을 얻는 일이며, 영원한 죽음에서 구원받는 일이며, 사랑하는 자녀로 받아들여지는 것이며, 끝없는 복락을 누리는 일이 아닌가요? 오 인간이여, 어떤 일에 빠져 잠들어 있다면, 어찌하든지 여기에서 깨어나십시오! 어떤 중요한 문제로 시간을 소비하고 있다면, 이 문제에는 더 진지하고 엄숙하고 열심을 내십시오. 여기저기서 한가하게 보내거나 지체할 여유가 없습니다. 이 본문에 반복이 있음에 주목하십시오. "네가 거기서 네 하나님 여호와를 찾게 되리니 만일 마음을 다하고 뜻을 다하여 그를 찾으면." 우리는 두 배로 열심을 내야 합니다. 마음과 뜻을 다 기울여야 합니다. 내키지 않는 마음으로 하나님을 찾는 것은 아예 찾지 않는 것이나 다름이 없습니다. 하나님께 자비를 구하면서도 동시에 내키지 않는 마음으로 그렇게 하는 것은 그저 구하는 체하는 시늉에 불과합니다. 열등한 축복에 빠져 아쉬워하며 꾸물대는 것은 하나님을 찾는 것이 전혀 아닙니다. 지금은 이 교회의 구성원이 된 한 사람이 영혼의 절박함 속에서 이렇게 엄숙히 말했던 것을 기억합니다. "나는 결코 일하러 가지 않을 것입니다. 구주를 만나기 전에는 먹지도 마시지도 않을 것입니다." 그렇게 엄숙한 결심을 한 후 얼마 지나지 않아 그는 그분을 만났습니다. 오 여러분이여, 여러분이 잃은 자라고 가정해 보십시오. 내가 이렇게 말하는 동안에 여러분의 목숨이 끝난다고 가정해 보십시오! 나는 여러분의 심장이 왜 계속 뛰는지, 혹은 당신의 호흡이 코에 왜 여전히 머물러 있는지, 그 이유를 알지 못합니다. 만일 이 순간에 당신이 죽는다면, 당신은 곧바로 지옥의 불꽃 한가운데로 떨어질 것입니다. 그러므로 즉시 피하십시오. 바로 지금 영혼의 문제를 당신의 유일한 관심사로 삼으십시오. 당신이 돌보아야 할 일이 무엇이든 간에, 그것을 그대로 두고서, 먼저 가장 중요한 이 문제에 관심을 기울이십시오. 만일 사람이 가라앉는 배에 타고 있다면, 그가 고전을 공부하는 학생이라고 하더라도, 그는 호라티우스(Horace: 65-8 B.C. 로마의 시인이자 풍자가 — 역주)를 번역하느라고 시간을 지체하지 않을 것입니다. 혹 그가 수학자라고 하더라도, 방정식을 푸느라고 앉아 있지는 않을 것입니다. 그는 즉시로 일어나서 가라앉는 배에서 벗어나 구조선으로 옮겨 타려고 할 것이며, 그의 목적은 자기 생명을 구하는 일이 될 것입니다. 우리의 영원한 생명을 구하는 문제에서도 그렇게 해야 하지 않을까요? 내 영혼, 내 영혼이 구원을 받아야 합니다. 구원을 위해서라면 나는 온 마음을 다해 예수 그리스도 안에서 하나님을 찾을 것입니다.

　　본문은 또한 우리가 하나님께로 돌아와야 한다고 덧붙입니다. 30절을 보시겠습니까? "네가 네 하나님 여호와께로 돌아와서." 그것은 철저한 돌이킴이어야 합니다. 당신은 지금 세상을 바라보고 있습니다. 당신은 정반대의 방향으로 돌아서야 하며, 그리고 하나님 계신 쪽을 바라보아야 합니다. 겉으로만 돌아서서는 안 됩니다. 본심의 변화, 전 인격의 돌이킴이어야 합니다. 과거로부터 회개의 돌이킴이어야 하며, 그리스도 안에서 현재의 확신이어야 하며, 미래를 위한 거룩한 소망의 돌이킴이어야 합니다. 마음과, 뜻과, 목숨과, 말과, 행동과, 모든 것이 바뀌어야 합니다. 회심하지 않는다면 천국에 들어갈 수 없습니다. 하나님께서 당신에게 그러한 돌이킴을 주시기를 바라며, 또 이를 위해 이렇게 기도하게 하시기를 바랍니다. "나를 돌이키소서. 내가 돌아오겠나이다."

　　또 본문은 이 말씀을 덧붙이고 있습니다. "그의 말씀을 청종하리니." 우리가 그분의 말씀을 청종하지 않고는 구원 받지 못하기 때문입니다. 그리스도는 자기 백성을 그들의 죄 속에서(in) 구하러 오신 것이 아니고, 그들을 죄로부터(from) 구하기 위해 오셨습니다. "만일 너희가 즐거이 청종하면 그 땅의 좋은 것을 먹을 것이나, 만일 거역하면 칼로 삼켜 버림을 당할 것이라." 아직도 회심하지 않은 그대들이여, 하나님의 조언이 당신에게 어떻게 들립니까? 바로 지금이 당신이 그분의 복음을 청종할 때이며, 그분의 아들 예수의 홀 앞에 엎드릴 때입니다. 그분은 당신이 잘못했다고 자백하기를 원하시며, 또다시 잘못에 빠지지 않도록 간청하기를 바라십니다. 당신의 거만과 완고함이 항복해야 하고, 당신의 자기 신뢰가 부인되어야 하며, 당신은 그분의 음성에 귀를 기울여야 합니다. "들으라 그리하면 너희 영혼이 살리라." 이것이 성령이 당신에게 주시는 은혜입니다. 이것이 당신에게 요구하는 최소한의 일입니다. 당신은 어떤 위대한 왕이 반역자들을 용서하고 또 계속해서 반역하도록 허용하리라고는 상상할 수 없을 것입니다. 마찬가지로 하나님은 당신이 계속해서 죄를 지으면서도 그분의 은혜에 참여하도록 버려두실 수 없습니다. 그런 일이 거룩하신 하나님께는 있을 수 없는 일임을 당신은 알아야 합니다.

지금 이 순간 당신은 주께로 돌이키고 싶은 마음이 있습니까? 전에 당신이 느껴보지 못했던 어떤 부드러운 힘이 당신의 마음을 움직이고 있습니까? 당신의 하나님 아버지와 화해하면 좋겠다고 느끼십니까? 어떤 후회의 충동, 선한 욕구의 불꽃이 일어나고 있음을 느낍니까? 그렇다면 그 충동에 굴복하십시오. 나는 그것을 성령께서 당신 속에서 역사하시어 그분의 기뻐하시는 뜻을 따라 당신에게 소원을 주시고 행하도록 이끄시는 것으로 믿습니다. 즉시로 순종하십시오. 완전히 순종하십시오. 그러면 그분께서 당신이 알지 못하는 길로 당신을 이끄실 것이며, 예수께로 데려다주실 것입니다. 그리고 그분 안에서 당신은 평화와 안식, 거룩함과 행복과 천국을 발견하게 될 것입니다. 오늘이 행복한 날이 되게 하십시오. 갈대가 바람에 고개를 숙이듯이 성령의 숨결에 고개를 숙이십시오. 성령을 소멸하지 마십시오. 그분을 더 이상 근심하시도록 하지 마십시오.

> "좋은 시절을 한 번 보내고 나면
> 두 번 다시 돌아오지 않는다네."

조심하십시오. 피 흘리는 사랑이 두 번 다시는 구애하지 않을 수도 있습니다. 불쌍히 여기는 은혜가 두 번 다시 간청하지 않을 수 있습니다. 부드러운 자비가 두 번 다시는 구명줄을 던지지 않을 수도 있습니다. 보십시오, 당신 앞에 열린 문이 있습니다. 그 문 안에 구주께서 기다리고 계십니다. 문지방에서 멸망하고 말 것입니까?

3. 권면의 제시

셋째로, 본문은 매우 너그러운 권면을 내포하고 있습니다. 어떻게 기록되어 있지요? "네 하나님 여호와는 자비하신 하나님이심이라 그가 너를 버리지 아니하시며." 그 부분을 붙잡으십시오. "그가 너를 버리지 않으실 것이라." 만일 그분이 "그를 내버려 두라 에브라임을 우상에게 넘겨 주었느니라"고 말씀하셨더라면, 당신에게도 모든 것이 끝장일 것입니다. 그러나 당신이 그분을 찾을 때 그분은 "그를 내버려 두라"고 말씀하지 않으실 것입니다. 그분의 성령을 당신에게서 거두지도 않으실 것입니다. 당신은 아직 포기되지 않았습니다. 만일 그랬더라면 당신은 이 아침에 여기에 이 설교를 들으러 오지도 않았을 것입니다.

오늘 아침에 일어나서 눈과 무자비한 진눈깨비가 강풍과 함께 내리는 것을 보고서 나는 생각했습니다. '내가 이 주제를 연구한 것은 은혜였고, 그래서 나는 하나님의 집이 죄인들로 가득 채워지기를 바랐지만, 그들이 이렇게 나쁜 날씨에 오기는 힘들겠구나' 하고 말입니다. 바로 그 때 나 자신이 주님을 만난 것도 이와 비슷한 날씨의 아침이었다는 것을 회상했습니다. 그리고 그 생각이 큰 용기를 주었습니다. 나는 오늘 회중이 내가 그리스도를 바라보았을 때의 그 행복한 날보다는 결코 더 적지 않으리라고 생각했습니다. 나는 이 아침에 많은 사람들이 구원을 받으리라고 믿습니다. 왜냐하면 주께서 이 회중을 버리지 않으셨기 때문입니다. 나는 과거에 그분이 나를 버리셨다고 생각하곤 했으며, 그분이 내게 자비를 보이지 않을 것이라고 여겼고, 그처럼 오랫동안 그분을 찾은 일도 헛되리라고 여겼습니다. 그러나 그분은 나를 버리지 않으셨고, 또한 그분이 당신을 버리지도 않으셨습니다. 오 죄인이여! 만일 당신이 온 마음으로 그분을 찾으면, 당신은 그분이 당신을 버리지 않으시리라는 확신 속에 안식할 수 있습니다.

그 다음에 본문은 이 말씀을 더하고 있습니다. "너를 멸하지 아니하시며." 당신은 그분이 그리시지 않을까 두려워했습니다. 당신은 종종 땅이 입을 열고 당신을 삼킬 것이라고 생각했습니다. 잠이 들면 다시는 깨지 못할 것이라고 두려워했습니다. 그러나 주께서는 당신을 멸하지 않으실 것입니다. 오히려 그분은 그분의 구원의 능력을 당신에게 나타내 보이실 것입니다.

더 달콤한 말씀이 29절에 있습니다. "그를 찾으면 만나리라." 내가 노래할 수 있다면, 즉흥적으로 음악에 맞추어 노래할 수 있다면, 그럴 수 있다면 나는 여기서서 이런 노래를 부를 것입니다. "그대가 그분을 찾으면 그분을 만날 것이라오." 어쨌든, 이 말씀에는 감미로운 선율이 있어서 내 귀로 듣고 내 마음으로 느낄 수 있습니다. "그를 찾으면 만나리라." 가련한 죄인이여, 더 이상 무엇을 원하십니까?

그 다음에 그럴만한 두 가지 이유가 제시되었습니다. "네 하나님 여호와는 자비하신 하나님이심이라." 오, 죄 있는 영혼이여, 주께서는 당신을 정죄하기를 원하지 않으십니다. 그분은 당신을 멸하기를 바라시지 않습니다. 심판은 그에게 낯선 일입니다. 당신에게는 자녀에게 매를 들어야만 했던 때가 있었습니까? 어떤 커다란 잘못의 이유로 심하게 벌을 내려야만 했을 때, 그것이 당신에게는 매우 어려운 일이 아니던가요? 당신은 스스로에게 수백 번을 물어보았을 것입니다. "내가 어찌해야 할까? 내 사랑하는 아이에게 고통을 주는 슬픔에서 벗어나려면 내가 어찌해야 할까?" 당신은 어쩔 수 없이 아이에게 벌을 주어야 했지만, 그렇게 하는 일이 내키지 않았습니다. 하나님은 공의가 그 일을 요구하기까지는 결코 죄인을 지옥에 보내시지 않습니다. 그분은 벌을 주는 것에서 즐거움을 찾지 않으십니다. 그분은 맹세하십니다. "주 여호와의 말씀이니라, 죽을 자가 죽는 것도 내가 기뻐하지 아니하노라"(겔 18:32). 검정색 우단 모자(영국에서 사형선고를 내릴 때 판사가 쓰던 모자 — 역주)를 쓴 재판관을 보십시오. 그가 판결을 내리면서 즐거워하던가요? 아닙니다. 우리들의 재판관 중 어떤 이들은 죄수에게 말할 때 목이 메고 눈물을 머금고서 이렇게 말합니다. "그대는 났던 곳으로 되돌아가야 하고, 그대의 목숨은 교수형으로 거두어질 것이오." 하나님이 검정색 우단 모자를 쓰실 때마다 그분의 마음은 사무치도록 인간을 동정하십니다. 그의 자비는 무궁하며, 그분은 인간의 죽음으로 결코 즐거워하지 않으십니다.

주께서 가장 죄 많은 자들까지도 돌보시는 것을 우리에게 비유로 가르치시는 것을 주목하십시오. 주님이 말씀하십니다. "너희 중에 어떤 사람이 양 하나를 잃으면 그 잃은 것을 찾아내기까지 찾아다니지 아니하겠느냐"(눅 15:4). "너희 중에 어떤 사람이 양 한 마리가 있어 안식일에 구덩이에 빠졌으면 끌어내지 않겠느냐"(마 12:11). 우리에게 속한 어떤 동물이라도 잃어버리거나 아파서 괴로워하면 우리는 그것 때문에 근심합니다. 나는 어떤 가정에서 작은 새끼고양이를 잃어버리고는 밤새도록 그것을 찾기까지 근심하는 것을 본 적이 있습니다. 얼마나 찾고 부르던지요! 좀 더 대범한 사람은 이렇게 말할지 모릅니다. "고양이가 밤새 집을 나갔으면, 그냥 내버려 두세요." 그러나 주인은 그렇게 생각하지 않았습니다. 그 밤은 춥고 비가 내렸습니다. 나는 또한 새 한 마리가 열린 새장 문을 통해 빠져나가서는 크게 애를 먹는 것을 보았습니다. 아무리 잡으려 애써도 소용 없었지요. 얼마 살지 못하는 작은 동물을 잃어버리고도 온 집안이 얼마나 소동인지요. 우리도 새나 고양이를 잃어버리고 싶지 않거늘, 선하신 하나님께서 자기 형상대로 지으셨고 또한 영원히 살도록 지으신 존재들을 잃어버리고 싶어하실까요? 나는 매우 단순하고 평범하지만 마음에 오래도록 남는 한 가지 예화를 사용하곤 했습니다. 당신은 잃어버린 새를 다시 얻기 위해서라면 아마 어떤 일이라도 하려 할 것입니다. 그러면 하나님께서 한 영혼을 구하시기 위해 어떤 일인들 하지 않으실까요? 불멸의 영혼은 일만 마리의 새들보다 귀합니다. 하나님이 영혼들을 아끼시지 않겠습니까? 물론 그분은 그러십니다! 예수님께서 잃어버린 자를 찾고 구하러 오신 것이 그 증거입니다. 그 목자는 그의 양 떼 중 한 마리가 위험에 처하면 가만히 있지 못하십니다. "그저 양 한 마리일 뿐입니다. 선하신 선생님, 당신에게는 아흔아홉 마리가 더 있습니다. 한 마리 때문에 왜 그리 초조해하고 스스로를 괴롭게 하십니까?" 아니요, 그는 편안히 있을 수가 없습니다. 그는 잃은 그 양이 어디 있을까를 온통 생각할 뿐입니다. 양이 겪을 온갖 위험과 괴로움이 떠오릅니다. 어쩌면 그 양은 뒤집어져서 몸을 돌리지 못할 것이며, 혹은 구덩이에 떨어졌거나, 찔레나무 덤불 속에 갇혀 있거나, 혹은 늑대가 삼킬 준비를 하고 있을지 모릅니다. 그 목자에게 양은 단지 양 한 마리의 실질적인 가치에 불과한 것이 아닙니다. 그가 근심하는 것은 그것이 그의 양이기 때문이며, 그가 아끼는 양이기 때문입니다. 오, 영혼이여, 하나님은 그렇게 인간을 아끼십니다. 그분은 인자하게 기다리시며, 또한 그분의 성령은 죄인들을 찾아 나서십니다. 그러므로 그분에게로 돌아오십시오.

이제 마지막 요점을 생각해 보도록 합시다. "네 조상들에게 맹세하신 언약을 잊지 아니하시리라." 그 언약은 언제나 하나님과 인간 사이의 통로를 활짝 열어 놓습니다. 주님은 가련한 죄인들에 관하여 그분의 아들 예수 그리스도와 언약을 맺으셨습니다. 하나님은 사람들에게 예수를 언약으로 주셨습니다. 하나님은 언제나 예수를 기억하시며, 그분이 언약을 지키신 것을 기억하십니다. 하나님은 예수님의 한숨과, 눈물과, 신음과, 죽음의 고통을 떠올리십니다. 그리고 그 위대한 수난자를 위해 그 언약을 지키십니다. 하나님의 은혜는 인간을 위해 주신 그의 언약을 지키시는 것입니다. 하나님은 그리스도의 공로로 인해 기꺼이 인간을 용서하시며, "그가 자기 영혼의 수고한 것을 보도록" 하십니다(사 53:11). 이제, 아직 회심하지 않은 여러분이여, 내 말을 들으십시오. 당신의 소망을 위해 여기 얼마나 견고한 터가 있는지요! 만일 주께서 행위의 언약을 따라 당신을 다루시기로 하신다면, 그분이 당신을 멸하시는 것 외에 무엇이 있겠습니까? 그러나 예수 그리스도 안에서 죄인들을 위해 맺어진 은혜의 언약이 있습니다. 예수를 믿는 모든 사람은 그 언약에 관심을 가지며, 그 언약이 보장하는 무한한 복의 참여자가 됩니다. 그대여, 예수를 믿으십시오. 그분에게 의지하십시오. 그러면 하나님의 은혜의 언약에 따라 당신의 영혼은 틀림없이 구원을 받게 될 것입니다.

당신은 내가 전에도 이처럼 설교하는 것을 들었을 것입니다. 이미 여러 번을 듣지 않았습니까? 내가 때때로 염려하는 것은 하나님의 백성들이 이런 설교에 싫증을 내지 않을까 하는 것입니다. 그러나 당신은 이런 설교를 반복해서 들을 필요가 있습니다. 여러분 중에 어떤 이들은 몇 번이나 더 이런 설교를 들을 수 있을까요? 하나님의 크신 자비가 몇 번이나 더 여러분 앞에 제시될까요? 다시 또다시, 우리는 계속해서 당신을 초대하고 있는데, 당신에게서 어떤 우호적인 대답도 듣지 못하고 매번 돌아서야 합니까? 나는 밤에 깨어 이 문제를 스스로에게 물으며 이렇게 말했습니다. "이 사람들이 회심하지 않았다. 그것이 나의 잘못일까? 내가 주의 메시지를 전달하는데 실패한 것인가? 내가 혹시 복음을 훼손하지는 않았는가?" 나는 다시 말했습니다. "좋아, 그렇다면, 내가 그들에게 내 잘못을 핑계하지 못하도록 요구해야겠다."

형제와 자매들이여, 하나님의 자비는 너무나 풍성하여서, 설혹 이야기가 나쁘게 전달되었다 하더라도, 그것은 당신들의 마음에 영향을 미칠 것입니다. 하나님이 놀라운 희생제물을 통해 그리스도 안에서 세상을 자기와 화목하게 하시는 일은 너무나 엄청난 일입니다. 그러므로 내가 말을 더듬으며 어눌하게 전한다 하더라도 당신은 그 소식을 듣고 기뻐해야 합니다. 또한 내가 설혹 모호한 말투로 전했다 하더라도 당신은 열성을 기울여 내 말뜻을 알아내야 합니다. 비밀 통신문에는 종종 암호가 사용되지만, 그러나 탐구심이 많은 사람들은 그 내용을 곧 알아내고 맙니다. 복음에 대해서는 그보다 더 많은 관심을 기울여야 하지 않겠습니까? 그러나 나의 친구들이여, 나는 모호하게 말하지 않습니다. 나는 하루를 다녀야만 만날 만한 명백한 연사입니다. 그리고 나는 내 힘껏 그리스도를 여러분에게 전했고, 그분을 의지하라고 말했습니다. 오늘 아침에 그렇게 하지 않겠습니까? 보십시오. 정오인데도 바깥이 얼마나 어두운지요. 하나님은 하늘에 상복(喪服)을 입혀 놓으셨습니다. 두려워 마십시오. 해가 비치고 낮을 밝힐 것입니다. 또 우리 마음도 그렇게 하실 것입니다.

> "우리의 마음이여, 우리가 하나님을 찾으면
> 그를 알게 되리라, 그리고 기뻐하리라.
> 그의 오심은 아침 해와 같고
> 그의 목소리는 아침의 노래 같아라.
>
> 그분의 임재는 우리 영혼의 복이 되고,
> 우리에게 즐거운 빛을 비추네.
> 어두운 밤의 슬픔을
> 저 숭고한 태양이 쫓아 버리네."

제
3
장

—

들어가게 하시려고, 이끌어 내심

—

"우리 조상들에게 맹세하신 땅을 우리에게 주어 들어가게
하시려고 우리를 거기서 인도하여 내시고." — 신 6:23

오늘 본문은 여호와의 증거와 규례와 법도에 대해 이스라엘 백성들이 그들의 자녀들을 개인적으로 훈계하도록 하기 위해 주신 말씀의 문맥 속에 나타나 있습니다. 그들이 하나님의 집의 여러 규례들의 의미를 물을 때에, 그들의 부모는 그들에게 말해 주어야 합니다. 하나님의 일들에 대해서 제사장들에게 물어보도록 하는 것이 아니라, 부모들 자신이 그들의 자녀들을 가르쳐야 합니다. 우리들 자신의 경우에는, 우리가 얼마나 많이 주일학교 체계를 사랑하고 감사한다고 해도 — 물론 우리는 그것을 아무리 사랑해도 지나치지 않습니다 — 자녀들에 대한 우선적인 의무는 그들의 부모에게 있다는 점을 잊지 않기를 바랍니다. 아버지와 어머니들은 하나님께서 그들의 자녀들을 구원하시기 위해 쓰실 수 있는 가장 자연스러운 대리자들입니다. 내가 어렸을 때에, 내 어머니의 교훈보다 내 마음에 강한 인상을 남긴 교훈은 없었다고 나는 확신합니다. 어떤 어린아이에게도, 자녀를 사랑스럽게 돌보시는 어머니보다 그 어린 마음에 더 큰 영향을 미칠 수 있는 사람은 없다고 생각합니다.

우리는 특히 우리 자녀들에게 우리 자신의 경험을 들려주어야 합니다. 그렇게 하라고 이 본문에서 명하고 있습니다. "후일에 네 아들이 네게 묻기를 '우리 하나님 여호와께서 명령하신 증거와 규례와 법도가 무슨 뜻이냐?' 하거든, 너는

네 아들에게 이르기를 '우리가 옛적에 애굽에서 바로의 종이 되었더니 여호와께서 권능의 손으로 우리를 애굽에서 인도하여 내셨다'고 하라"(21,22절). 내 친구여, 아마도 당신이 들려줄 수 있는 증언 중에서, 당신 자신이 직접 보고 만져보던 생명의 말씀에 대한 증언만큼 유용하고, 흥미롭고, 인상적인 증언은 달리 없을 것입니다. 당신이 성경에서 발견한 그대로의 복음을 말하십시오. 그러나 그 귀중한 내용을 당신 자신의 경험의 틀에 담아서 들려주십시오. 당신의 아들에게 당신이 어떻게 죄를 지었고, 주께서 어떻게 당신을 긍휼히 여기셨는지를 말하십시오. 그분이 어떻게 당신을 만나주셨는지, 어떻게 당신이 그분의 얼굴을 찾게 되었는지, 어떻게 당신이 거듭나게 되었는지, 어떻게 당신이 새 마음과 정직한 영을 받게 되었는지를 그에게 들려주십시오. 바로 이 일이 그의 아버지나 혹은 어머니나 혹은 어떤 친한 친구에게서 일어났던 일이기 때문에, 그는 이 커다란 변화에 대해 더 많이 생각하게 될 것입니다. 그리고 아마도, 혹시 그가 어려서 회심하지 않는다 하더라도, 훗날에 당신이 들려준 이야기를 기억할 것입니다. 어린 시절을 보낸 장소에서 멀리 떠나 있을 때, 그리고 많은 해를 어리석은 허영 속에서 보내고 난 뒤에, 그의 어머니의 하나님에 대한 기억이 떠오를 것입니다. 그리고 그 때에라도 하나님께 돌아올 수 있을 것입니다. 경건했던 아버지와 어머니에 대한 기억을 떠올리며 크신 아버지의 집으로 돌아올 수 있을 것입니다.

　　나의 진지한 바람은 바로 지금 많은 하나님의 백성들을 위해 "우리에게 들어가게 하시려고 우리를 인도하여 내시고"라는 이 본문의 의미를 힘써 설명하고 증언하는 것입니다. 우리는 이 강론을 세 개의 대지로 나누어 볼 것입니다. 첫째, 우리는 이끌림을 받아 나왔습니다. 분명 이스라엘은 하나님이 애굽으로부터 인도하여 내신 백성입니다. 예수를 믿는 우리는 속박의 집에서부터 이끌림 받아 나온 사람들입니다. 그러므로, 둘째로, 우리는 나왔습니다. 또한 셋째로, 우리를 인도하여 내신 주께서 또 다른 더 좋은 나라로 우리를 들어가게 하실 것입니다. 오, 임마누엘이시여, 바로 당신의 나라입니다! 안식과 영원한 희락의 땅이며, 하나님께서 언약으로 그의 백성들에게 영원한 기업으로 주겠다고 약속하신 나라입니다.

1. 우리는 이끌림을 받아 나왔습니다.

　　첫째로, 사랑하는 친구들이여 우리가 이끌림을 받아 나왔다는 사실을 말하도록 합시다. 본문은 말합니다. "우리를 거기서 인도하여 내시고." 즉 이스라엘의 하나님 여호와께서 그의 백성을 속박의 집으로부터 이끌어 내셨습니다. 그와 같은 방식으로, 우리는 주께서 우리를 죄와 사탄의 속박으로부터 구원해 내셨음을 증언합니다.

우리의 증언은, 무엇보다도 하나님이 우리와 관계를 맺어 오셨다는 것입니다. 하나님이 멀리 거하시며, 영원히 격리된 채로 계신다고 생각하는 사람들이 있습니다. 그러나 우리는 그렇지 않다는 것을 알았습니다. 그분이 우리를 긍휼로 대해 오셨기 때문입니다. 그들은 여기 이 낮은 곳의 일들이 너무나 사소하고 너무나 하잘것없으므로 하나님이 관심을 두지 않으신다고 생각합니다. 그러나 우리에게는 그렇지 않았습니다. 그분이 그의 종들을 그분의 말씀에 따라 잘 대해주셨기 때문입니다. 그들은 어떤 두꺼운 휘장이 드리워져 있어서 우리로서는 그 '볼 수 없는 분'(the Invisible)을 볼 수 없다고 생각하며, 어떤 거대한 심연이 가로 놓여 있어서 이 죽을 몸을 가진 가련한 존재로서는 하나님과 어떤 교통도 할 수 없다고 생각합니다. 그들은 우리가 하나님에 대해 말하기 시작하면 미소를 짓다가 획 돌아서 가버립니다. 그들은 "불가지론자들", 하나님에 대해서 아무것도 알지 못하는 자들입니다. 아마도 그들은 하나님이 아니 계시다고는 말하지 않을 것입니다. 그러나 그들은 하나님이 계신지 아니 계신지를 알 수 없다고 말합니다. 또한 이스라엘 백성이나 우리와 같이 가련한 피조물과 그 거룩하신 분 사이의 교통과 교제에 대해서는, 도무지 가능하다고 믿으려 하지 않습니다. 그렇다면, 그렇기 때문에, 우리는 바로 이 점에 대해서 증언해야겠습니다. 그것은 바로 이것입니다. 불과 얼마 전 우리들 중 어떤 사람들과, 그리고 아주 오래 전 우리들의 기억 속에 남아 있는 어떤 분들과, 하나님은 엄숙한 관계를 맺으셨습니다. 우리는 어둠의 땅에 있었고, 사망의 그늘진 골짜기에 있었습니다. 우리는 죄를 좋아했었고, 또 죄의 노예였습니다. 그리고 우리에게는 거기에서 벗어날 의사도 없었고 의지도 없었습니다. 그러나 우리 영혼의 아버지이신 그분이, 우리를 영원한 사랑으로 사랑하셨기에, 또한 우리를 위해 그의 독생자와 언약을 맺으셨기에, 하늘을 가르고 장엄하게 내려오셨습니다.

하나님은 영이시기에, 이는 영적으로 이루어진 일입니다. 그래서 우리 주변에 있는 그 사람들이 그 일을 알지 못하는 것입니다. 그리고 우리 자신도 그분을 직접 보지는 않았고 그와 유사한 것도 본 적이 없습니다. 그러나, 비록 그것이 영적이라 하더라도, 하나님이 우리에게 오신 것은 매우 실제적입니다. 영은 물질과 마찬가지로 실제적이며, 하나님은 우리가 만지고, 보고, 느끼는 사물들과 마찬가지로 실재하는 분이시기 때문입니다. 우리는 이 문제에 속지 않았습니다. 만일 우리가 속은 것이라면, 그것이 우리의 과거의 기억과 관련해서 뿐 아니라 일상생활의 의식의 문제에 있어서도 아무 생각도 없이 멍하게 취하게 만드는 것이라야 합니다. 그러나 그것은 우리에게 몽상 같은 것이 아닙니다. 그것은 우리의 전 삶을 바꾸어놓았고, 오늘도 우리에게 아주 강력한 영향을 미치며 우리의 삶을 이끌어가고 있습니다. 우리가 만일 먹는 것과 마시는 것을 꿈이라 상상할 수 있다고 해도, 하나님이 우리 속에 거하시고 우리가 그분 안에 사는 것은 꿈일 수 없습니다. 우리가 어린이에서 성인으로 자란 것이 꿈일 수 있다고 해도, 우리가 한때 눈먼 자였으니 이제는 보게 된 이것이 꿈일 수 없습니다. 우리가 죽은 자였으나 이제는 사는 것이 결코 꿈일 수 없습니다. 우리가 믿지 않았던 일들이 이제 우리에게 가장 고상하고 가장 실제적인 사실이 되었다는 것이 꿈은 아닙니다. 하나님이 우리와 관계를 맺어 오셨다는 것은 꿈이 아닙니다. 비록 사람들이 우리를 믿도록 기대할 수는 없어도, 우리가 확실히 느끼는 것은, 그들이 만일 우리가 아는 것을 알았더라면 그들 역시 그것에 대해 우리처럼 조금도 의심하지 않으리라는 것입니다. 그들이 만일 우리가 경험했던 것을 경험했더라면, 그들은 아주 단호하게 그것의 진정성을 변호했을 것입니다. 이런 확신으로 인해 우리가 바보 취급을 당한다 해도, 우리는 우리가 바보가 아니라고 생각합니다. 다른 문제들에서, 우리는 적어도 우리 신앙에 대해 우리를 바보로 취급하는 사람들보다 못할 것이 없습니다. 우리 역시 그들만큼 이성적입니다. 그들에게 이해력이 있다면, 우리 역시 이해력이 있습니다. 어쨌든 우리는 기꺼이 그 문제를 다음 세상에서 검증받을 문제로 남겨두려 합니다. 사랑하는 이여, 우리의 활에 두 개의 줄이 달린 것을 보십시오. 만일 우리가 틀린 것으로 판명된다면, 우리는 개처럼 죽을 것입니다. 그렇다면 우리야말로 가장 비참한 사람이지요. 반면에, 만일 우리의 신조가 진실인 것으로 판명난다면, 불경건한 자들은 정말 유감스러운 입장에 처하고 말 것입니다. 그래서 우리는 어떤 두려움도 없이, 부끄러움도 없이, 그로 인해 바보 취급당하지나 않을까 하는 조마조마함도 없이 증언합니다. 하나님은 우리의 영혼과 교제해 오셨습니다. 우리의 영은 그분의 영에게 말했고, 그분의 영은 우리의 영에게 말씀하셨으며, 위대하신 하나님과 우리 사이에 거룩한 교제가 지속되어 왔습니다. 단언하건대, 그분은 우리를 만드신 분이실 뿐 아니라, 우리를 새롭게 만드신 분이십니다. 우리를 이전의 상태에서 이끌어 내어 또 다른 더 나은 상태로 이끌어 들이신 분이십니다. 그래서 이스라엘 백성들과 더불어 우리는 이렇게 말할 수 있습니다. "그분이 우리를 이끌어 내셨다."

이 이끌어 내심을 묘사함에 있어서, 나는 여러분에게 그리스도인의 삶이 애굽에서의 이스라엘의 삶과 유사하다는 점을 상기시켜야겠습니다.

이스라엘을 애굽에서 이끌어 내시기 위해, 첫 번째 할 일은 이스라엘로 하여금 애굽을 싫어하도록 만드는 것이었습니다. 이스라엘이 고센 땅에 있을 때, 그리고 그 땅에서 풍요로웠을 때, 이스라엘은 마치 토끼풀 속에 자라는 양 떼와 같았고, 혹은 비옥한 목초지를 좋아하는 소 떼와 같았습니다. 그들은 나일의 삼각지의 기름진 땅에서 벗어나고픈 마음이 없었습니다. 이스라엘은 번성했으며, 이스라엘은 커졌습니다. 요셉이 그 나라의 우두머리가 아니었습니까? 그리고 그가 죽은 후에도, 요셉에 대한 기억 때문에 여전히 모든 애굽 사람들이 이스라엘을 존중해 주지 않았던가요? 그들은 거기서 계속 살고 싶었을 것입니다. 이스라엘로서는 모든 것이 잘 되고 있는데 굳이 거기서 나올 이유가 없었습니다. 그 백성의 해방을 준비하면서, 주님께서는 첫 번째로 할 일이 그 백성으로 하여금 애굽에 진저리를 치게 만드는 것임을 아셨습니다. 그래서 거기에 요셉을 알지 못하는 새로운 왕이 일어났고, 그 왕은 자기 나라 안에 살고 있는 외국인들을 위험 요소로 간주했습니다. 그는 가능한 한 그들의 수를 줄여야 했습니다. 그들은 그를 위해 일해야 했고, 보수도 없는 노예의 일에 종사해야 했습니다. 그들이 이렇게 하는 동안에도 여전히 수가 늘어났습니다. 그들은 벽돌을 만들 짚을 스스로 찾아야 했습니다. 그들이 이 일에 대해 불평하자, 그들은 두 배로 많은 양의 벽돌을 만들어야 했고, 마침내 혹독한 공사 감독들 때문에 한숨쉬고 부르짖으며 신음하기 시작했습니다. 노예로 살던 시기의 십년 전에 이스라엘 사람을 만나서 이런 말을 했다고 가정해 봅시다. "애굽에서 편안하십니까?" 아마 그는 이렇게 대답했을 것입니다. "물론이지요. 모든 것이 잘 되고 있습니다. 이보다 더 좋을 수 없어요." 그러나 그 후에, 다시 그를 만나서 똑같이 물어보았다면, 그는 이렇게 대답했을 것입니다. "애굽에서 머물고 싶으냐고요? 나는 아니에요! 하나님이 나를 그 감독의 손에서 벗어나게 하신다면 좋으련만! 아침부터 밤까지 너무나 잔인해요. 끔찍한 노동이지요." 그 힘센 사람이 일어서서 울며 이런 이야기를 들려줍니다. "그리고 내가 들었는데, 이제 우리의 남자 아이들을 강에 버리라는 칙령이 내려졌답니다. 그래서 만일 우리 집에서 남자 아이가 태어난다면, 그것은 정말 견딜 수 없는 슬픔이 될 것입니다. 우리 아이는 그 폭군에 의해 죽을 테니까요." 하나님께서 이스라엘로 하여금 애굽이 속박의 집이라고 느끼도록 하셨을 때, 그분의 영원한 목적의 성취를 위해 큰 걸음을 내딛은 셈입니다.

어느 정도 그러한 방식으로, 하나님께서는 자기의 택하신 백성들로 하여금 자연의 상태, 즉 세속적이고, 자연적이며, 죄 된 상태에 대해서 속박의 상태로 느끼도록 하십니다. 우리의 수많은 동료들을 보십시오. 그들은 도무지 다른 상태로 들어가기를 원하지 않습니다. 그들은 그들이 지금 처한 그대로의 상태에 아주 만족하고 있습니다. 좋은 보수라도 얻는다면, 돈을 벌 수 있다면, 이 삶에서 즐거움들을 한껏 누릴 수 있다면, 그들은 더 이상 어떤 것도 원하지 않습니다. 만일 누군가 그들에게 다른 세상에 대해 말한다면 놀리는 사람처럼 취급을 당할 것입니다. 이 땅에서 근근이 살아가기에도 바쁘다고 그들은 말합니다. 당신이 다가올 심판에 대해 말하더라도, 그들은 흰 보좌에서 모든 산 자와 죽은 자에 대해 최종적인 평결을 내리시는 심판자에 대해서보다는, 즉결 재판소에 대한 몇 가지 소소한 정보에 대해 더 큰 관심을 보입니다. 그들이 스스로를, 살다가는 죽고, 결국 최후를 맞을 짐승 같은 존재로 여기지는 않는다고 하더라도, 실제 그들은 그렇게 믿는 것처럼 행동합니다. 그것이 우리 인간 동료들 대부분의 태도입니다. 또한 그것이 아직 거듭나지 않았을 때 여러분과 저의 태도였습니다. 만일 우리가 선택할 수 있었다면, 우리는 틀림없이 여기에서 좋은 시절을 보내려고 했을 것입니다. "짧고 즐거운 인생" ─ 아마도 이것이 우리의 좌우명이었겠지요. 혹은 우리가 좀 더 신중하다면, 우리는 좀 더 질서 있고, 도덕적이며, 올바른 삶을 살려고 했겠지요. 그래서 존경을 받을 수 있다면, 그것이 우리를 만족하게 했겠지요. 오 선생들이여, 하나님께서 우리로 하여금 옛 애굽 땅을 혐오하도록 만드시고, 그것을 속박의 집으로 간주하도록 하신 것이 기적입니다! 이제 우리에게는, 우리 자신의 뜻을 따라 사는 것이 노예의 삶이요, 이 세상을 위해 사는 것이 더없이 비참하고 천박한 삶인 것처럼 여겨집니다.

그것이 첫 번째의 일이었습니다. 하나님께서는 자기 백성을 이끌어 내시기 위해, 먼저 그들로 하여금 애굽을 혐오하도록 만드셨습니다.

다음으로 그가 하신 일은, 애굽에 대한 **그분의 진노**를 그들이 보게 하신 것입니다. 하나님은 그곳에 재앙을 내리셨습니다. 의심할 바 없이, 그들은 애굽 사람들이 그들과 마찬가지로 매우 행복한 사람들이라고 간주했었습니다. 그들은 한때 유유상종했었지요. 그러나 이제 그들은 온 애굽이 여호와의 천둥번개의 표적이 된 것을 보았습니다. 한번은 흑암 천지가 되었습니다. 또 한번은, 사방이 이와 파리로 가득했습니다. 어느 날은, 개구리들이 사방에서 모여들더니 심지어 왕의 방에까지 나타났습니다. 또 다른 때는, 부스럼과 종기가 사람과 가축 떼에 퍼졌습니다. 그리고 한때는 우박이 섞여 있는 불 소나기가 내렸는데, 그 불이 온 땅에 내렸으며 '콰르릉 쩍'하는 천둥 번개 소리가 끔찍할 정도였습니다. 계속해서 그런 일이 일어나자 이스라엘은 생각했습니다. "여기는 아주 살기 나쁜 나라로구나. 일어나서 가야겠다. 하나님께서 이런 식으로 애굽을 대하신다면, 하나님이 우리를 애굽 사람으로 여기지 마시기를! 할 수 있는 대로 빨리 이 땅을 벗어나야겠다."

그래서 하나님은 우리들 중 어떤 사람들로 하여금 죄인들에 대한 그분의 심판을 보게 하셨습니다. 우리는 분별하는 눈으로 세상을 돌아보았고, 다른 사람들이 그들을 보는 것과는 다른 관점에서 보았으며, 그들의 얼굴에 온통 죄의 나병이 퍼져 있는 것을 보았습니다. 우리는 그들에게서 어떤 것으로도 낫게 할 수 없는 탐욕의 열병을 보았습니다. 우리는 그들이 시들다가 죽어가는 것을 보았습니다. 눈을 크게 뜨고서, 우리는 그들이 거짓 종교로 들어가는 것을 보았습니다. 그곳은 거대한 심연으로 분리되어 그들이 우리에게로 건너오려고 해도 올 수 없고, 우리 역시 그곳으로 건너갈 수 없는, 모든 소망이 끊어진 곳입니다. 그렇습니다. 용서받지 못한 채, 하나님도 없고 소망도 없이 세상을 떠난 영혼들이 두려움과 공포 속에서 부르짖는 소리, 탄식하는 소리, 이를 가는 소리를 우리 영혼의 귀로 들었습니다. 우리는 이 성이 불에 탈 것이라는 말을 들었습니다. 이 성의 이름은 '멸망성(the City of Destruction)'입니다. 그래서 우리는 무거운 짐을 진 채로 그곳에서 벗어나 달리기 시작했습니다. 하나님이 복수와 진노의 불을 쏟아내실 때 혹시 피할 수 있을까 바라고서 말입니다. 나는 지금 더 이상 꿈들에 대해 말하고 있지 않습니다. 아니, 어쨌든 그 꿈들은 내가 깨어났을 때 꾸었던 꿈들입니다. 그런 꿈들을 지금 여기 있는 어떤 분들은 꾸고 있을 것입니다. 그리고 그런 꿈들이 우리로 하여금 이 현재의 악한 세상, 악한 자가 지배하는 세상에서 벗어나도록 우리를 노심초사하게 만듭니다. 그리하여 의로우신 하나님의 진노의 날에 이 세상과 함께 멸망하지 않도록 말입니다.

더 나아가, 사랑하는 친구들이여, 하나님께서는 그의 백성들을 애굽에서 인도하여 내실 때, 그들을 속박하던 힘을 깨뜨리심으로써 그렇게 하십니다. 그들이 바로의 손아귀에서 벗어나기를 바랐을 때에, 그들은 그렇게 할 수 없었습니다. 그가 그들을 그의 노예로 붙들고 있었기 때문입니다. 그러나 적당한 때에 하나님은 바로를 다루기 시작하셨습니다. 그리고 마침내 그분이 그 땅의 모든 장자들을 치셨을 때에, 애굽의 모든 힘의 으뜸 되는 것을 치셨을 때에, 그들은 더 이상 이스라엘 백성 중에 단 한 사람도, 아니, 심지어 이스라엘에게 속한 소나 양이나 염소 중 하나라도 잡아둘 수가 없었습니다. 애굽의 힘은 완전히 깨어졌기에 어떤 굴레도 남지 않게 되었습니다. 그리고 우리에게도 마찬가지로, 그곳에 죄의 세력이 최종적으로 깨뜨려진 한 날이 찾아왔습니다. 우리는 십자가 밑에 앉아서, 위를 쳐다보며, 울며 어찌할 바를 모르고 있었습니다. 그리고 어느 순간 우리는 예수를 믿게 되었고, 요셉을 찾아와서 천사가 했던 말의 의미를 이해하게 되었습니다. "그의 이름을 예수라 하라. 이는 그가 자기 백성을 그들의 죄에서 구원할 자이심이라"(마 1:21). 그 때 거기서 그분은 우리를 죄로부터 구원하셨습니다. 우리의 죄의 짐이 사라졌습니다. 그보다 더 신기하게도 죄의 힘 역시 사라졌습니다. 우리는 사도의 말의 진실성을 입증하였습니다. "죄가 너희를 주장하지 못하리니, 이는 너희가 법 아래에 있지 아니하고 은혜 아래에 있음이라"(롬 6:14). 우리를 사면한 그 붉은 피와 더불어 하얗게 반짝이는 물방울들이 우리의 추함을 씻어 주었습니다. 그 피와 물이 죄와 죄의 힘으로부터 우리를 구원했으며, 우리는 해방되었습니다. 신기하게도 자유가 되었습니다. 우리는 한때 우리가 가졌던 욕구와 취향과 욕망들이 어디로 사라진 것인가 놀라워했습니다. 아니, 만약 그것들이 다시 찾아온다 할지라도, 우리는 새 생명과 힘을 가지고서 그것과 맞서 싸울 수 있게 되었습니다. 우리는 그것들을 더 이상 친구들로 환영하지 않았으며, 오히려 우리의 최대의 원수처럼 멀리하였습니다. 왜냐하면 하나님이 우리를 그 큰 속박에서 건져내셨기 때문입니다. 죄는 우리에게 혐오하는 것이요 싫증나는 것이 되었습니다. 그리고 우리의 영은 그 억압의 힘과 굴레로부터 완전히 벗어나게 되었습니다.

사랑하는 이여, 이것 역시 기억하십시오. 주께서 이스라엘을 억압하는 애굽의 힘을 꺾으셨을 때, 그가 그 일을 행하신 것은 유월절 밤이었습니다. 마지막 일격이 가해진 것은 이스라엘 백성이 유월절 어린 양을 잡고, 그 피를 인방과 집 양쪽의 설주에 뿌렸을 때였습니다. 여호와께서 그 피를 보셨을 때, 그 때 그분은 놀라운 방식으로 이스라엘의 집들을 넘어가셨고, 이스라엘 백성 역시 애굽 사람들을 넘어갈 수 있었습니다. 그리고 유월절 어린 양의 표상으로 피를 흘리셨던 그분을 통해, 이스라엘 백성들은 정복자 이상으로 당당히 그 땅을 행진하여 나왔습니다.

사랑하는 이여, 그 구원은 우리를 위해서도 역시 성취되었습니다. 모든 사람이 구원의 날과 시간을 기억할 수 있는 것은 아닙니다. 그러나, 내가 얼마 전에 리처드 크닐(Richard Knill)에 대해 말한 적이 있듯이, 내게도 마찬가지입니다. 그는 이렇게 말했습니다. "그 날에는, 천국의 모든 수금이 울려 퍼졌도다. 리처드 크닐이 거듭났기 때문이다." 나는 예수를 바라보았습니다. 내가 살아왔던 삶을 되돌아보았습니다. 그리고 그 때 거기서 나는 깨끗함을 받았고, 바로 그 때까지 내가 살아왔던 옛 노예의 삶에서 해방되었습니다. 그 영광스러운 해방을 인하여, 하나님의 이름을 송축하라!

물론 그분이 "우리를 인도하여 내신" 후에도, 우리가 해방된 후에도, 우리는 우리의 옛 죄에 의해 맹렬하게 추격을 당했습니다. 이스라엘은 여러 기구들을 챙겨서 올라갔고, 열을 지어 행진했습니다. 그리고 내 생각으로는, 틀림없이 그들의 일상의 노동과 잔인한 속박에서 벗어난 것으로 인해 노래를 부르며 떠났을 것입니다. 그러나 행진하다가 갑자기 고개를 돌렸습니다. 그들 뒤에서 무시무시한 소란 소리가 들려왔습니다. 전차들이 내는 소리와 전투를 위해 외치는 군인들의 소리였습니다. 그리고 마침내, 그들이 애굽 사람들을 실제로 보게 되었을 때, 그들이 일으키는 자욱한 먼지를 쳐다보았을 때, 그들은 곧 망하게 되었다고, 원수의 손에 떨어지게 생겼다고 말했습니다. 사랑하는 이여, 기억하시지요? 당신의 회심 이후에 — 여러분 모두에게 일어난 일이 아닐 것 같지만, 그러나 내게는 일어났습니다 — 원수가 이렇게 말할 때가 있었습니다. "내가 쫓아가리라, 내가 따라잡으리라, 내가 탈취물을 나누리라, 내 탐욕이 너에게서 채워지게 하리라, 내 칼을 뽑아서, 내 손으로 너를 멸하고 말리라." 그렇게 사탄은 한 영혼을 놓아주기가 싫어서, 서둘러 그 영혼을 쫓아갑니다. 할 수만 있다면 그는 그것을 되찾으려고 합니다. 그리고 종종, 회심 후 얼마 지나지 않아, 마치 그 영혼이 살아남을 수 없을 것처럼 보이는 무서운 싸움의 시기가 찾아옵니다. "애굽에 매장지가 없어서 주께서 우리를 일시적으로 자유로 이끌어 내어, 대적자들에 의해 더 큰 괴롭힘을 당하게 하시는가?" 불신앙은 그렇게 말했습니다. 그러나 여러분은 하나님께서 최종적인 일격을 원수에게 가하심으로써 그의 백성을 어떻게 구출하셨는지 기억할 것입니다. 미리암이 그 일을 보았을 때 여인들과 함께 소고를 잡고 나아가 춤을 추며, 이 환희의 노래로 그들에게 화답하였습니다. "너희는 여호와를 찬송하라, 그는 높고 영화로우심이요 말과 그 탄 자를 바다에 던지셨음이로다"(출 15:21). 나는 모세의 노래에서 그가 이렇게 말하는 부분을 가장 좋아합니다. "깊은 물이 그들을 덮으니"(출 15:5). "하나도 남지 아니하였더라"(출 14:28). 원수들이 모두 사라졌음을 알았을 때 이스라엘 자녀들의 마음에 얼마나 큰 기쁨이 있었을 터인지요! 나는 그 일이 나에게도 마찬가지라고 확신합니다. 왜냐하면 내가 회심한 이후에, 죄의 공격을 다시 받을 때, 나는 구원하시는 사랑의 강력한 물결이 내 모든 죄를 덮었음을 보았기 때문입니다. 그리고 이것이 나의 노래가 되었습니다. "깊은 물이 그들을 덮었도다." "누가 능히 하나님께서 택하신 자들을 고발하리요? 의롭다 하신 이는 하나님이시니 누가 정죄하리요? 죽으실 뿐 아니라 다시 살아나신 이는 그리스도 예수시니, 그는 하나님 우편에 계신 자요 우리를 위하여 간구하시는 자시니라"(롬 8:33,34).

2. 우리는 나왔습니다.

우리 주제 중에서 "그가 우리를 인도하여내셨다"는 첫 부분을 많이 다루었으므로, 이제 아주 간략하게 두 번째 부분에 대해서 말해야겠습니다. 그것은 우리가 나왔다는 것입니다.

친애하는 벗들이여, 그것은 말하자면 우리가 죄와 죽음의 속박에서 나왔다는 것이며, 다시 사로잡혀서는 안 되며, 결코 우리 자신의 의지로 되돌아가서는 안 된다는 것입니다. 누군가 말합니다. "오! 그것은 강력한 가르침입니다." 나는 이것이 강한 가르침인지 약한 가르침인지에는 관심이 없습니다. 분명한 것은 그것이 성경의 가르침이라는 것입니다. 우리 주 예수께서 말씀하셨습니다. "내 양은 내 음성을 들으며 나는 그들을 알며 그들은 나를 따르느니라. 내가 그들에게 영생을 주노니 영원히 멸망하지 아니할 것이요, 또 그들을 내 손에서 빼앗을 자가 없느니라"(요 10:27-28). 우물가에 있던 그 여인에게 우리 주님이 말씀하셨습니다. "내가 주는 물을 마시는 자는 영원히 목마르지 아니하리니, 내가 주는 물은 그 속에서 영생하도록 솟아나는 샘물이 되리라"(요 4:14). 성령의 역사는 일시적인 갱신이 아닙니다. 그것은 진실로 사람을 영원히 새롭게 만드는 것이며, 그러므로 마귀는 그 일을 되돌릴 수 없습니다. 결코 그럴 수 없습니다. 사랑하는 친구여, 만일 하나님께서 당신을 애굽에서 인도하여 내셨다면, 당신은 속박의 집으로 결코 다시는 되돌아가지 않을 것입니다.

나는 얼마 전 부흥 집회를 마쳤을 때 한 여인이 찾아와서 자신의 신앙을 고백하는 말을 들었습니다. 그녀는 여섯 번 거듭났다고 말했습니다! 나는 성경에서 거듭난 사람들의 이야기를 듣고 읽었습니다. 그러나 한 번 거듭나고, 또 거듭나고, 또, 또, 또, 또 거듭나는 것은 성경 어디에서도 읽은 적이 없습니다. 혹, 만일 그런 것이 가능하다면, 만일 거듭남이 최종적으로 인간을 구원하는 것이 아니라면, 사도의 무서운 경고를 기억하십시오. "타락한 자들은 다시 새롭게 하여 회개하게 할 수 없나니"(히 6:6). 하나님의 말씀은 이 문제에 관해서 매우 분명합니다. "땅이 그 위에 자주 내리는 비를 흡수하여 밭가는 자들이 쓰기에 합당한 채소를 내면 하나님께 복을 받고, 만일 가시와 엉겅퀴를 내면 버림을 당하고 저주함에 가까워 그 마지막은 불사름이 되리라"(히 6:7-8). 우리 주님 역시 말씀하셨습니다. "소금이 좋은 것이나 소금도 만일 그 맛을 잃으면 무엇으로 짜게 하리요? 땅에도, 거름에도 쓸 데 없어 내버리느니라"(눅 14:34,35). 당신은 사람이 두 번 거듭날 수 있다고 생각할 수 없습니다. 거듭남의 역사가 한 번 일어나더라도, 그것이 영혼을 구원하지 못하며, 그러므로 그로 인해 구원이 없다는 식으로 생각할 수 없습니다. 그것은 모두가 하나님이 하시는 일입니다. 그래서 내가 그분의 이름을 높이고 찬송하는 것입니다. 그분이 그리스도 예수 안에서 사람을 새로운 피조물로 만드시고서, 그 후에 그 은혜의 역사가 실패하는 일은 없습니다. 이 실패의 지점 가까이에 온 사람들이 많으며, 때때로 그들은 실제로 거의 그 지점에 다다랐다고 할 정도입니다. 그러나 사랑하는 이여, 이것을 확신하고 안심하십시오. 만약 주께서 이 속박으로부터 당신을 밖으로 이끌어 내셨다면(has brought), 그 누구도 하나님이 하신 일을 되돌릴 수 없습니다. 우리는 나왔습니다, 우리는 나왔습니다(We are out). "믿고 세례를 받는 사람은 구원을 얻을 것이요"(막 16:16). 우리는 그 명백하고 복된 진리를 붙들어야 합니다. 예전에 주께서 말씀하셨습니다. "나를 경외함을 그들의 마음에 두어 나를 떠나지 않게 하고"(렘 32:40). 이보다 더 분명하고 명백한 것은 없습니다. 우리는 가나안 땅을 향해 가고 있으며, 가나안으로 우리는 들어갈 것입니다.

　　우리는 나왔습니다. 즉, 이제 우리는 주님께 속한 자들로 구별되었습니다. 우리가 진정 죄의 속박에서 이끌려 나왔다면, 우리는 엄밀한 의미에서 어떤 나라에나 어떤 민족에게도 속하지 않았습니다. 우리는 하나님께 속했습니다. 우리는 지면의 모든 사람들로부터 분리되었습니다. 유대인을 유대인이 아니도록 만들 수는 없습니다. 당신이 유대인에게 무엇을 하든, 그는 여전히 유대인으로 남을 것입니다. 그리고 그리스도인을 그리스도인이 아니도록 만들 수는 없습니다. 당신이 그를 어디에 두든, 그는 여전히 그리스도인으로 남을 것입니다. 사회생활의 어떤 영역에 종사하든지, 혹은 어떤 나라에 살든지, 그는 언제나 그리스도인입니다. 나는 영국 사람이 다른 나라의 국민들에게 나쁜 일을 할 때를 빼고는, 내가 영국 사람인 것을 결코 부끄러워하지 않았습니다. 영국 국민이 나쁜 일을 할 때는, 혹 내가 프랑스인이거나 다른 나라 국민이었으면 하고 느낄 때가 있었지만 말입니다. 그러나 나는 무엇보다도 그리스도인이 되고 싶습니다. 내가 그리스도인이라면, 나는 어떤 국적이라도 개의치 않습니다. 우리가 위에 있는 거룩한 도성의 시민들이라면, 우리는 세계인입니다. 어디에나 있을 수 있고, 어느 지역이든 거주할 수 있습니다. 우리의 시민권은 하늘에 있습니다. 그러므로 우리는 인류의 나머지 사람들로부터 구별되었습니다. 세상은 우리를 알지 못합니다. 세상이 우리 주님을 알지 못하기 때문입니다. 하나님께서 우리를 구별하시어 그분께로 더욱 가까이 이끄시기를 바랍니다!

　　그러나 우리가 구별된 것은 복되신 주님에 의해 보전되기 위함입니다. 이스라엘은, 애굽에서 인도되어 나왔을 때, 하늘에서 매일 떨어지는 만나를 먹고 살아야 했으며, 반석에서 솟아난 물을 마시고 살아야 했습니다. 모든 그리스도인들은 바로 그렇게 살아가야 합니다. 이제 당신은 세상에 의존해서는 안 됩니다. 양식이든, 물이든, 당신이 필요로 하는 모든 것을 위해, 당신은 하나님을 의지해야 합니다. 당신의 전 생명은 그분 안에 있습니다. 단지 영적인 생명만이 아니라, 외적이고 가시적인 모든 부분까지 당신의 생명은 전적으로 그리스도 안에 있습니다. 당신의 생명은 그리스도 안에 있고, 그리스도를 위한 것입니다. 왜냐하면 당신이 세상에 대해서 죽었고, 당신의 생명이 그리스도와 함께 하나님 안에 감추어졌기 때문입니다(참조. 골 3:3). 주님께서는 심지어 발람의 입을 통해서도 말씀하셨습니다. "이 백성은 홀로 살 것이라 그를 여러 민족 중의 하나로 여기지 않으리로다"(민 23:9). 오, 이를 생각할 때 애굽에서 인도되어 나온 것이 얼마나 은혜인지요!

사랑하는 형제들이여, 여기서 우리의 형편이 어떠하더라도, 우리는 애굽에서 나왔으며 저 영광의 땅을 향해 가고 있습니다. 우리를 애굽에서 인도하여 내신 그분은 우리를 가나안으로 인도하여 들어가게 하실 것입니다. 우리의 본향은 여기가 아니며, 우리의 발은 이 지구의 좁은 지면에 고정되지 않습니다. 우리의 발걸음은 또 다른 나라, 곧 하늘나라를 향해 가고 있습니다.

3. 주께서 우리를 인도하여 들어가게 하실 것입니다.

주께서 우리를 인도하여 들어가게 하실 것이라는 마지막 세 번째 요점에 대해서는 간략히 언급하고 지나갈 수밖에 없겠습니다. 시간이 많이 지나가버렸습니다. 그러나 나는 이 점에 대해서 좀 더 말하고 싶습니다.

주님께서는 우리를 인도하여 들어가게 하시려는 목적으로 우리를 이끌어 내셨습니다. 그분은 우리를 그저 지금의 상태로 있도록 하기 위해 인도해 내신 것이 아닙니다. 앞으로 우리가 되어야 할 그 상태를 위해 인도해 내신 것입니다. 만일 이스라엘이 자신들의 본분을 지키기만 했더라면 그들은 애굽에서 나온 후 곧 가나안으로 들어갔을 것입니다. 그리고 만일 당신과 내가 우리의 본분을 지킨다면, 우리는 여기에서도 더 없는 행복을 누릴 수 있을 것입니다. 왜냐하면 여기 이 땅에서도 천국이며, 지금도 그리스도 안에 있는 하나님의 백성들에게는 안식이 있기 때문입니다.

그러므로, 지연은 우리의 잘못 때문입니다. 이스라엘 백성들은 불신했습니다. 그래서 그들은 그들의 유업인 가나안 땅을 앞에 두고서 사십 년을 광야에서 방황해야 했습니다. 그와 마찬가지로 당신과 내가 너무 육적이며 우리에게 불신앙의 요소가 너무나 많기 때문에, 우리가 '올라갔다 내려갔다, 앞으로 갔다 뒤로 갔다'를 반복하는 것입니다. 그 때문에 정당한 언약에 의해 우리의 것이 된 영광스러운 특권들을 다 소유하는 상태로 들어가지 못하는 것입니다. 그러나 이곳에서도, 믿는 자는 안식으로 들어갑니다. 우리는 하늘을 미리 맛보며, 성령의 처음 열매들을 가지고 있습니다. 우리는 에스골 골짜기의 포도를 맛보았으며, 요단을 건너기를 갈망하고 있습니다.

"사랑하는 우리 주님이 돌보시는 포도원에는

아름드리 포도송이들이 자라고 있다네."

　우리를 이끌어 들어가도록 하시려는 이 계획 속에서, 주님은 우리를 불러내셨습니다. 분명한 것은 우리를 인도하여 내신 분이 또한 우리를 인도하여 들어가게 하실 수 있다는 것입니다. 아직 남아 있는 일은 이미 이루어진 일이나 다름없습니다. 여기와 천국 사이에서 남은 어려움은, 우리 뒤로 걸어온 과정 곧 여기와 우리의 타락했던 상태 사이의 어려움에 비하면 절반도 되지 않습니다. 속죄가 이루어졌습니다. 그것이 무엇보다 크고 중요한 일입니다. 죄가 치워졌으며, 영원한 생명이 이 죽었던 영혼 속으로 들어왔습니다. 그리고 단지 불꽃을 꺼뜨리지 않도록 유지하는 일은, 물론 그것이 하늘의 능력을 필요로 하긴 하지만, 우리 속에 불을 지피고 우리를 죄와 죽음과 지옥으로부터 구속해 내는 것에 비하면 작은 일입니다.

　그분이 우리를 인도하여 내셨으니, 그분이 우리를 인도하여 들어가실 것입니다. 만일 그렇지 않다면 그분이 자신이 하신 일을 모두 잃는 셈입니다. 만약 주께서 우리를 영광으로 인도하시지 않는다면, 그리스도의 보배로운 피를 헛되이 흘린 셈이 되고 말며, 성령께서 우리 마음에서 활동하신 일들이 헛된 일이 되고 맙니다. 만약 하나님께서 우리에게 또 우리 안에서 하신 그분의 일을 마치시지 않는다면, 사람들과 마귀가 "그가 건축을 시작하셨으나 마치지 못하였다"라고 말할 것입니다. 주께서 그 속에서 일하시고 마치시지 않은 영혼은 사탄과 그의 무리들에게 영원한 조소의 기념비가 될 것입니다. 그러므로 그런 일은 결코 없습니다. 만일 하나님이 우리를 인도하여 들어가시지 않는다면, 그분의 영원한 목적은 실패하는 셈입니다. 그러므로 그분을 신뢰합시다. 그리고 이렇게 말합시다. "그분이 우리를 인도하여 들어가게 하실 것이다." 기르가스 족속이나 헷 족속이나, 다른 무슨 족속이 있음에도 불구하고, 그분이 우리를 데리고 들어가실 것입니다. 우리의 우두머리인 여호수아, 여호와-예수(Jehovah-Jesus)와 함께 우리는 요단을 건널 것이며, 그 날에 우리의 분깃으로 주신 그 영광스러운 땅에서 우리의 모든 소유를 취할 것입니다.

　그 땅에 정착하기 위해 우리에게 중요한 점은 이것입니다. — 주께서 진정으로 우리를 인도하여 내셨는가? 만약 여러분 중에 누구라도 여전히 속박되어 있다면, 주께서 당신으로 하여금 당신의 속박을 느끼게 하시기를 바랍니다! 주께서 당신으로 하여금 영혼의 고통 때문에 부르짖게 하시기를 바랍니다! 그렇게 된다면 속박에서 벗어나기 위해 절반은 된 것입니다. 당신의 현재 상태에 대해 혐오감을 느끼는 것이 당신을 애굽에서 나오도록 하는 전투의 절반입니다. 주께서 당신으로 하여금 부르짖고 신음하게 하시기를, 또한 당신 자신을 바라보던 데서 주 예수를 전적으로 바라보게 하시기를 바랍니다. 만약 당신이 복음을 이해하고 당신의 주님의 옷자락을 붙든다면, 아무도 당신의 손을 풀 자는 없을 것입니다. 왜냐하면, 만일 당신이 그분을 붙든다면, 그분이 더 단단히 당신을 붙드실 것이기 때문입니다. 만일 당신이 믿음의 손가락으로 그분을 만지기라도 하였다면, 그분은 그분의 영원한 능력의 손으로 당신의 속박을 깨뜨리실 것입니다. 그리고 그분은 틀림없이 그 위대한 일을 끝까지 이루실 것입니다. 하나님이 도움이 되시는 용사는 결코 패배하지 않습니다. 오, 그리스도 안에 있는 행복이여! 그것은 애굽에서 벗어난 것이며, 조만간 천국에 있을 확실한 예상을 하게 되는 일입니다.

사랑하는 친구들이여, 하나님이 그리스도를 위하여 여러분 모두를 축복하시기를 바랍니다. 아멘.

제
4
장

—

왕벌로 찔러 숨은 죄를 몰아내심

—

> "네 하나님 여호와께서 또 왕벌을 그들 중에 보내어 그들의
> 남은 자와 너를 피하여 숨은 자를 멸하시리니." — 신 7:20

　　이스라엘 자손들에 의한 가나안 정복의 이야기를 영적으로 이해하도록 합시다. 가나안은 소금 언약에 의해 아브라함과 그의 후손에게 주어졌습니다. 우리의 몸과 영은 그리스도 예수에게 주어져 그분의 분깃이요 그분의 유업이 되었습니다. 이스라엘의 후손이 된 우리 속에서 새롭게 생겨난 본성은 우리의 옛 본성 전부를 그리스도를 위해 정복해야 합니다. 즉 그분이 우리의 몸과 영의 모든 힘과 열정과 재능들을 포함하여 모든 부분들을 소유하셔야 합니다. 우리 주 예수 그리스도께서 죽으셨을 때, 그분은 우리의 영혼을 위해 죽으셨을 뿐 아니라 우리의 몸을 위해서도 죽으셨습니다. 그분은 우리의 일부분에만 해당하는 권리를 사신 것이 아니라, 전인(全人)을 사신 것입니다. 그분은 그분의 수난을 통해 우리의 몸과 마음과 영을 포함한 총체적인 성화를 기대하셨습니다. 그리하여 우리 존재의 왕국에서 그분 자신이 경쟁자 없이 주권을 행사하려고 하셨습니다. 거듭난 자에게 하나님이 부여하신 새로운 성품이 할 일은 주 예수 그리스도의 권리를 주장하는 것입니다. "내 영혼아, 이제 너는 하나님의 자녀이니, 너는 아직 은혜를 입지 못한 채 남아 있는 너 자신의 나머지 모든 부분을 정복해야 한다. 네 모든 힘과 욕망을 예수의 통치에 복종시켜야 한다. 그리고 대가를 치르고 왕의 자격을 얻으신 그분이 실제로 은혜로운 대관식을 마치고 보좌에서 다스리실

때까지는 결코 만족해서는 안 된다." 비록 이스라엘은 가나안에 대해 권리를 가지고 있지만, 헷 사람과 여부스 사람을 비롯하여 강력한 일곱 족속의 나라들이 여전히 그것을 소유하고 있습니다. 그리고 오호라! 우리가 고통스럽게 느끼고 있는 것은, 그리스도께서 우리에 대해 권리를 가지고 계시며, 그분만이 이 죽을 몸에서 홀로 다스리셔야 하지만, 여전히 죄가 우리 속에 거처를 두고 있다는 점입니다. 우리와 함께 태어난 그 오랜 죄들은, 마치 우리 자신이 수의(壽衣)에 싸여 묻힐 때까지는 결코 죽지 않을 태세로, 우리 안에 들어와서 우리 안에서 살고 있습니다. 나는 우리의 본성에 대해 애굽 사람들이 개구리 재앙을 당했을 때 했던 말로 표현하고 싶습니다. "보라 이 더러운 것들이 우리의 침실과 침상 위와 화덕과 떡 반죽 그릇에 들어왔도다"(참조. 출 8:3). 우리의 속에는 죄가 끼어들 수 없을 만큼 거룩한 부분이 어디에도 없습니다. 온 머리가 병들었고 온 마음이 무기력합니다. 발바닥에서부터 머리까지, 자연적으로는, 상처와 부스럼과 곪아가는 종기투성이입니다. 죄는 우리의 본성 속에 참호를 파고는, 단지 우리가 그에 대해 말하거나 최선의 결심을 하는 정도로는 절대로 쫓겨나지 않습니다. 우리들 중에 죄들과 맞서 싸워야 하는 사람들이 알고 있듯이, 우리의 죄들은 철 병거를 가지고 있으며, 그들의 성읍들은 하늘 끝에 닿을 정도로 높습니다. 그들의 참호는 너무나 강력합니다. 우리의 죄는 우리의 육체 속에서 너무나 활동적이어서, 우리의 육체가 이렇게 외칩니다. "제발 좀 살려주시오." "진실로 사망의 괴로움이 지났도다"라고 아각이 아양을 떨며 사무엘 앞에 와서 말했지요(삼상 15:32). 그와 마찬가지로 우리의 죄들도 그렇게 즐거운 표정으로, 친절하게 우리에게 다가와서는 이렇게 속삭입니다. "그것들을 살려주시오. 그것들은 죽이기가 어렵습니다. 단단히 점령하고 있어서 그 뿌리와 가지를 자르기는 너무나 어렵습니다. 새로운 본성은 아기에 지나지 않지만, 옛 본성은 나이든 어른이지요. 아기와 어른이 싸우는 것은 매우 불공평합니다." 새로운 본성은 그리 우호적이지 않은 환경 속에 이제 막 모습을 나타냈습니다. 반면 옛 본성은 도움이 될 만한 모든 것을 가지고 있습니다. 지하에서 올라온 마귀, 바깥세상, 일과 생활의 염려들까지 모두가 옛 본성의 동맹자들로 행동할 태세입니다. 그런 와중에, 새로운 본성은 홀로 싸워야만 합니다. 단, 영원한 성령이 우리의 보혜사이신 것만 빼고 말입니다! 하나님은 우리의 새 본성의 아버지이시며, 또한 그것의 지지자이며 또한 원군(援軍)이십니다. 그렇지 않았더라면 오래 전에 새 본성은 죽고 말았을 것이며, 원수의 무리들에 의해 완전히 잘려나가고 말았을 것입니다. 그리스도와 거룩함은 우리에게 권리를 가지고 있으나, 그러나 죄가 여전히 점유하고 있습니다.

사랑하는 이여, 그러면 어떻게 해야 할까요? 바로 이것입니다. 죄가 우리의 어떤 부분에 대해서도 권리가 없기에, 하나님의 이름으로, 우리가 그것을 쫓아내기 위해 선하고 합법적인 싸움에 나서야 한다는 것입니다. "오 나의 몸이여, 너는 그리스도의 지체다. 내가 너를 데려다가 어둠의 왕에게 예속시켜야 한단 말이냐? 오 나의 영혼이여, 그리스도께서 너의 죄를 인하여 고난당하시고 그의 보혈로 너를 속량하셨다. 너의 공간이 악의 창고가 되도록 내버려 두어야 한다는 말이냐? 아니면 네 욕망이 불법을 선동하도록 두고 보아야 한단 말이냐? 아니다, 내 영혼아, 너는 그리스도의 것이다. 그리고 죄는 너에게 아무 권리도 없다." 죄가 우리를 주관할 수 없습니다. 우리는 율법 아래 있지 않고 은혜 안에 있기 때문입니다. 그리스도께서 우리를 사셨고 값을 지불하셨습니다. 하나님은 우리를 그리스도께 주시기로 작정하셨습니다. 우리는 그분의 것입니다. 우리는 그분의 몫이며 그분의 상입니다. 죄는 합법적인 권리가 없으면서도 점유하고 있습니다. 율법도 나름의 논박거리들이 있겠지만, 그러나 우리는 그 주장들을 기각시켜야 합니다. 우리에게는 한 가지 중요한 사실이 있습니다. 즉 모든 것의 재판장이신 하나님께서 그리스도께서 피로 사신 것을 그리스도의 소유라고 결정하신 것입니다. 그래서 우리는 이러한 죄들에 대해 죽기까지 싸울 것입니다.

우리가 이 본문을 영적인 의미로 읽으면, 이 구절이 우리에게 말씀하는 바는 우리가 죄와는 어떤 종류의 휴전도 용납해서는 안 된다는 것입니다. 나는 많은 신자들이 ― 나는 그들이 신자이기를 바랍니다 ― 그들의 죄의 어떤 부분과 싸우기를 포기했다고 믿습니다. 그들은 술주정꾼들이 아니며, 도둑들도 아닙니다. 그들은 직업이나 언어생활에서 부정하지 않습니다. 그러나 그들에게 성급한 기질이 있을 수 있으며, 그리고 그것을 정복하려고 시도하지 않습니다. 그들은 그것이 타고난 성질이라고 여기며, 마치 눈감아주어야 하는 것처럼 그것을 변호합니다. 이것은 하나의 족속인데, 그들은 이 '여부스' 족속에게 인정을 베풀어야 한다고 합니다. 그러나 오, 사랑하는 이여, 우리는 그리스도인으로서 마귀가 우리 속에 사는 것을 눈감아줄 수 없는 것과 마찬가지로, 나쁜 기질이 우리 속에 사는 것을 눈감아줄 수 없습니다. "은혜가 종종 야생 돌사과나무에 접붙여진다"는 말을 사람들이 매우 자주 한다는 것을 나는 알고 있습니다. 과연 그렇지요. 그러나 이 영적인 농사에 있어서 접붙임은 그 나무의 윗부분만 아니라 아래에도 영향을 미칩니다. 그 열매는 무엇일까요? 돌사과일까요? 아닙니다. 열매는 돌사과나무에서 나오는 것이 아니라 그보다 더 좋은 본성에서 나옵니다. 비록 내가 돌사과나무에 접붙여진다고 해도, 내 열매는 새로운 본성의 성질을 띠게 되어 있습니다. 나는 달콤한 과실을 맺어야 합니다. 어떤 사람들은, 아마도 몰라서 그러겠지만, 그들이 자연적으로 교만해서 근심스럽다고 생각합니다. 그들이 자연적으로 콧대 높은 정신 혹은 거만한 기질이 있다고 생각합니다. 그래서 그에 대해 논하게 되면 그들은 누구에게든 대담하게 그렇게 진술합니다. 그것이 죄가 아니라고 생각하는 것입니다. 그러나 오 사랑하는 이여, 그리스도인에게서 교만은 가장 혐오할 만한 악덕 중의 하나입니다. 당신이나 나에게 교만할 이유가 무엇이 있단 말입니까? 우리가 가진 모든 것이 하나님의 선물이며, 그가 우리에게 주신 것 외에는 아무것도 없으며, 하나님이 우리를 돌보시지 않으면 원래의 빈궁한 처지로 돌아갈 터인데, 어떻게 우리가 거만하게 머리를 쳐든단 말입니까? 하나님께서 느부갓네살을 치셨습니다. 그로 하여금 왕궁에서 쫓겨나 소처럼 풀을 먹게 하셨습니다. 그의 머리는 독수리의 털처럼 되고, 그의 손톱은 새 발톱처럼 되게 하셨습니다(단 4:33). 이 모든 것이 그의 교만 때문입니다. 또한 하나님의 사랑하는 자녀들 중 어떤 이들이 그와 같은 무서운 몰락을 겪은 것은, 모두가 그들이 머리를 들고 이렇게 말했기 때문입니다. "내가 요동치 아니하리로다, 내 산이 견고히 섰도다." 우리는 이런 죄들을 조심해야 합니다. 그것들과 휴전을 하고 협상을 해서는 안 됩니다. 나는 어떤 한 가지 죄에 대해서도 이렇게 말해서는 안 됩니다. "나는 어쩔 수가 없어요. 그래서 그것과 싸우지 않을 거예요." 사랑하는 이여, 그것을 쓰러뜨리십시오! 그 모든 것을 무너뜨리십시오! 하나님의 이름으로, 우리는 그것들을 멸해야 합니다. 그렇지 않으면 그것들이 우리를 멸할 것입니다. 나는 한 스코틀랜드 장교가 아주 나쁜 상황에 처했을 때 그의 군사들에게 말한 것처럼 우리의 죄에 대해 말하려 합니다. "내 동료들이여, 적들이 있다! 그들을 죽여라! 아니면 그들이 우리를 죽일 것이다." 나는 모든 죄들에 대해 그렇게 말해야 합니다. 그들이 저기에 있습니다! 그들을 멸하십시오. 그렇지 않으면 그들이 당신을 멸할 것입니다. 당신이 영원한 생명으로 들어가는 유일한 길은 당신을 사랑하신 그분을 통해 더욱더 정복자가 되는 것입니다. 성경에 이렇게 기록된 것을 알 것입니다. "이기는 그에게는 내가 감추었던 만나를 주리라"(계 2:17). 오직 이기는 자에게만 주십니다. "악에게 지지 말고 선으로 악을 이기라"(롬 12:21).

그러므로 우리는 어떤 죄들에 대해 변명하면서 그들을 살도록 허용하지 말아야 합니다. 무엇보다도 낙담의 상태에 빠져 우리가 결코 죄를 몰아낼 수 없다고 생각해서는 안 됩니다. 나는 우리가 이 세상에서의 삶에서 결코 완전할 수 없다고 생각합니다. 그리스도인이 얼마나 완전함에 가까이 이를 수 있는지는 내가 여기서 토론하고 싶은 문제가 아닙니다. 나는 다만 실제로 더 온전하게 되기 위해 애쓰려 할 뿐입니다. 신자가 얼마나 많이 그리스도처럼 될 수 있는지에 대해서 나는 감히 단언하지 않겠습니다. 그러나 분명 지상에는 당신이 본보기로 삼을 만하다고 과장 없이 말할 수 있는 사람들, 그들의 주님이 그들 속에 다시 사는 것처럼 보였던 어떤 사람들이 있습니다. 당신이 교만이나 나태나 탐욕이나 다른 형태의 죄들에 항상 패할 필요가 없습니다. 당신은 그것들을 이길 수 있습니다. 물론 당신 스스로의 힘으로가 아닙니다. 당신의 힘으로는 죄의 가장 약한 것도 이겨내기가 벅찹니다. 당신이 죄를 이길 수 있는 것은 어린 양의 피를 통해서입니다. "세상을 이기는 승리는 이것이니 우리의 믿음이니라"(요일 5:4). 또한 우리의 믿음이 이 죄들을 굴복시킬 수 있습니다. 믿음이 예전에 외국 군대를 물리쳤던 것처럼, 오늘날에도 여전히 그렇게 할 수 있습니다. 그러므로 사랑하는 친구들이여, 이렇게 묻지 마십시오. "그것들은 나보다 크고 강한데, 내가 어떻게 그것들을 쫓아낼 수 있을까?" 오히려 그 '힘세고 강하신' 분, 능하신 야곱의 하나님께로 가서 도움을 요청하십시오. 그리하면 그분이 틀림없이 당신을 도우러 오실 것이며 당신은 그분의 은혜로 승리의 노래를 부르게 될 것입니다.

이 장(章)는 이 문제에 대해 의심하는 경향이 있는 사람들을 격려하는 말씀이 있습니다. 이스라엘로 하여금 하나님께서 그들을 애굽에서 이끌어 내신 것을 상기하도록 하는 말씀입니다(18절). 그분은 그들을 속박의 집에서 구원해 내셨습니다. 그리고 친애하는 친구들이여, 당신은 당신이 구원받은 것을 상기해야 합니다. 그리스도께서는 당신 속에 앞으로 성취되어야 할 남은 일보다 훨씬 큰 일을 이미 행하셨습니다. 당신의 죄의 무게를 짊어지고 당신의 목에서 영적 속박의 철 멍에를 깨뜨리는 일은 그리스도의 죽음을 필요로 했습니다. 그러나 그 일이 이루어진 후에, 이제 당신 속에 남아 있는 죄로부터 당신을 구해내는 일은 상대적으로 가벼운 일입니다. 더 큰 일이 이미 이루어졌습니다. 여호와께서 인간의 육체 속에서 인간이 되셨습니다. 그분이 이 지상에 사셨습니다. 말씀이신 하나님께서 육체가 되셨고, 우리 가운데 사셨으며, 그리고 정해진 때에 죽기까지 순종하셨으니 곧 십자가의 죽음입니다. 그리스도께서 당신의 모든 죄를 멸하셨습니다. 그리스도께서 죽으셨기에, 당신이 두려워할 정죄는 없습니다.

당신은 용서받았습니다. 멍에가 당신의 어깨에서 벗어졌습니다. 당신은 하나님의 아들에 의해 자유롭게 되었고, 이제는 정녕 해방되었습니다. 당신이 여전히 광야에 있는 것은 사실입니다. 그러나 당신은 홍해를 건너 여기까지 왔고, 그곳에 당신의 죄는 물 속에 장사되었습니다. 당신의 원수들, 당신의 오랜 죄들을 앞으로 다시는 보지 않을 것입니다. 만나가 당신의 장막 주변에 떨어집니다. 불 기둥, 구름 기둥이 광야에서 당신을 인도하고 있습니다. 하나님이 당신을 위해 하신 일을 보고서도, 미래에 대해 두려워할 것이 무엇이겠습니까? 용기, 용기를 가지십시오! 그분은 끝내지 않을 일을 결코 시작하지 않으십니다. 그분에게는 결코 이런 식의 말을 할 수가 없습니다. "이 사람이 집을 짓기 시작하고서, 그 건축을 완성하지 못하였구나." 용기, 용기를 가지십시오! 그분은 당신이 멸망하도록 애굽에서 당신을 불러내지 않으셨습니다. 만일 당신들 모두가 넘어지고 멸망한다면, 이방인들이 하나님에 대해 무어라고 말하겠습니까? 그 날이 올 것입니다. 그 약속의 땅을 차지하게 될 것입니다. 오직 강하고 담대하십시오. 주께서 정녕 당신의 죄들을 몰아내실 것이며, 당신의 몸과 영을 그분의 거룩한 소유로 삼으실 것입니다.

그러나 어떤 그리스도인들, 아직 가르침을 거의 받지 못하고 경험도 없는 그리스도인들 사이에는 성화가 즉시로 일어나는 일이라는 관념이 있습니다. 예수를 믿는 그 순간에 결코 어떤 죄로 시달리지 않을 것이라고 생각하는 사람들이 더러 있습니다. 그러나 사실 전투는 그 때부터 시작됩니다. 죄가 용서받는 순간 죄는 더 이상 내 친구가 아니며, 나의 지독한 원수가 됩니다. 죄책이 사라진 때, 그 때부터 죄의 세력이 역겨워지게 되고, 우리는 그에 맞서 싸우기 시작합니다. 이 점에 관한 내 가르침을 이해하지 못하는 친구들이 있다는 소리를 우리는 종종 듣습니다. 그들은 그들 자신 속에서 죄의 반란에 대한 어떤 것도 느끼지 못한다고 말합니다. 오, 사랑하는 이여, 당신이 그것을 느꼈으면 좋겠습니다. 당신이 그렇지 않다면 당신이 복음의 생명에 대해 아무것도 모르는 것이 아닐까 나는 의구심이 듭니다. 그 속에 내적인 싸움이 없는 신앙에 대해서, 나는 지지하지 않을 것입니다. 정숙한 이방인들도 그보다는 더 나을 것입니다. 그들의 글에서도 그들 속에 경쟁하거나 싸우고 있는 두 사람이 있는 것 같다고 쓴 내용을 볼 수 있습니다. 진정 그리스도인들은 그보다 더 나아가야 하며, 그렇게 될 수밖에 없습니다. 이 말이 당신에게 어떻게 들릴지는 알고 있습니다만, 나는 천국에 단 일 인치라도 더 가까이 다가가기 위해 날마다 싸워야만 합니다. 나는 이 싸움이 마지막 순간까지 계속될 거라고 느낍니다. 요단 강가에서 나는 내 부패성과 격투를 벌이게 될 것입니다. 존 녹스가 어떻게 그런 싸움을 싸웠던가를 기억하십시오. 그는 사람들과 싸웠습니다. 나는 그가 에베소의 맹수들과 싸웠다고 말하고 싶습니다. 그렇지만 그는 마지막 숨쉬는 순간까지 그가 언제나 알고 있던 자기 의(self-righteousness)와 격렬하게 싸웠습니다. 정녕 존 녹스 같은 사람은 결코 자기를 의롭게 여기지 않았을 것이라고 우리는 생각할 것입니다. 선한 행실에 의지하려는 모든 태도를 책망했던 그 사람은, 자기 자신이 비난했던 바로 그 문제 때문에 괴롭힘을 당했습니다. 그리고 당신에게도 마찬가지일 것입니다. 당신이 하나님을 얼마나 가까이 하며 살든지, 혹은 그리스도를 얼마나 가까이 따르든지, 당신에게는 여전히 싸워야 할 얼마간의 악이 있을 것입니다. 아니, 이렇게 말할 수 있을 것입니다. 당신이 더 거룩해질수록, 당신은 더 많이 죄와 싸워야 할 것입니다. 의복이 더 흴수록 오점은 더 쉽게 눈에 띄는 법이며, 당신이 그리스도를 더 닮아갈수록 당신이 얼마나 그분을 닮지 못했는지를 더 잘 느끼게 될 것입니다. 당신의 영적인 감각이 더 예민할수록, 한때는 악하다고 여기지 않았던 것이 죄라고 느끼게 될 것입니다. 그리고 종종, 당신이 은혜에서 가장 성장했다고 느낄 때, 마치 전혀 자라지 못한 것처럼 느껴지고, 혹은 오히려 퇴보한 것처럼 보일 때가 있을 것입니다. 나 자신이 가장 거룩하지 못하다고 여길 때, 나는 가장 거룩하며, 나 자신의 죄스러움으로 슬퍼할 때, 그 때가 내가 하나님께 받아들여지기가 가장 쉬운 때입니다. 자신의 자아를 작게 여길 그 때가 최상의 때입니다. 그러나 이것을 당연히 여겨야 하지만, 당신은 당신의 죄를 조금씩 계속해서 몰아내야만 합니다. 그것들은 한꺼번에 쫓겨나지 않습니다. 그 죄들을 몰아내는 일은 일생의 일이 될 것이기에, 마침내 당신이 용사의 들것에 실려 무덤에서 안식할 때까지는, 당신은 결코 갑옷을 벗어서는 안 되고 칼을 칼집에 넣어서도 안 됩니다.

이제 본문의 구절을 특별히 주목하시기를 바랍니다. 그것은 가나안 족속들과 오랜 싸움 이후에도 여전히 이 오랜 거주민들 중 일부가 그 땅에 남아 있을 것을 보여줍니다. 그들은 동굴들이나 그 외에 여러 곳에 숨었습니다. 그러나 그들은 아주 독특한 수단에 의해 쫓겨날 것인데, 바로 왕벌들에 의해서입니다. 그들이 설혹 이스라엘 자손들에 의해 죽임을 당하지 않는다면, 이 왕벌들이 그들을 찾아내서는 그들을 몰고 나올 것입니다. 아마도 사망의 독침으로 그렇게 하겠지요.

이 아침에 세 가지를 주목하고자 합니다. 첫째, 오랫동안 그리스도를 따라왔던 우리들 속에도, 죄들이 여전히 살아 남았다는 것입니다. 둘째, 그들을 멸하는 유일한 수단입니다. 셋째, 우리 모두를 위한 암시적인 교훈으로서, 이 은밀한 죄들에 대해 우리 자신의 마음을 살피도록 하는 가르침입니다.

1. 여전히 숨어 있는 죄들

첫째로, 친애하는 벗들이여, 죄들이 여전히 남아 숨어 있습니다. 존 번연은 매우 지혜롭게 임마누엘 왕자(Prince Immanuel)가 점령한 인간영혼(Mansoul)의 마을에 대해 묘사했습니다. 그 왕자는 말을 타고 그 성에 가서 그 성의 이름을 마음(Heart)이라 부르고 자기 소유로 삼았습니다. 그 도시 전체가 그의 소유가 되었습니다. 그러나 디아볼루스(Diabolus, 헬라어로 diabolos는 마귀이다 — 역주)의 추종자들인 디아볼로인들(Diabolonians)이 있었습니다. 그들은 결코 그 마을을 버리고 떠나지 않았습니다. 그들은 길에 나타날 수도 없었고, 시장에서 소리를 낼 수도 없었고, 감히 어떤 집을 점령하지도 못했으며, 단지 오래된 동굴들 속에 숨어서 지냈습니다. 그들 중의 일부는 뻔뻔하게도 굴에서 나가서는 다른 이름을 사용하여 인간영혼의 시민들에게 하인으로 고용되었습니다. 그 중에 신중한 검소(Prudent Thrifty)로 불리는 탐욕꾼(Covetousness)도 있었고, 해롭지 않은 환락(Harmless Mirth)이라고 불리는 호색꾼(Lasciviousness)도 있었습니다. 그들은 다른 이름들을 사용하며 계속 그곳에 살면서 인간영혼 마을 사람들에게 크게 성가신 존재가 되었습니다. 어두운 날이면, 그들은 누추한 집이나 구석진 곳에 슬그머니 숨어들어 와서는 악행을 일삼고 암흑왕자(Black Prince)를 섬겼습니다. 비록 경각(警覺, Pry Well) 씨가 순찰도 하고, 우리의 읍장인 분별(Understanding) 씨가 이 모든 것들을 몰아내기 위해 감시도 하고, 또한 이 성의 시민인 우리 모두가 주의 깊게 경계를 하더라도, 여전히 숨은 죄들은 많이 있습니다. 나는 우리가 항상 하나님께 우리의 죄를 용서해 주시도록, 또한 어떤 죄에 빠지지도 않도록 기도해야 한다고 생각합니다. "그대 알려지지 않은 고뇌들이여"라고 고대 헬라 기도서는 말합니다. 그리고 그 고뇌들의 원인인 알려지지 않은 죄들이 있습니다. 아마도 당신과 내가 자백하는 죄들은 우리가 실제로 짓는 죄의 십분의 일에도 미치지 못할 것입니다. 우리가 아무리 눈을 크게 뜨고 본다고 해도 우리의 죄의 흉악성을 다 보지 못합니다. 그리고 만일 우리가 죄의 크기를 전체로 다 볼 수 있다면 아마도 그것이 우리를 미치게 만들 것입니다. 아마도 하나님께서 우리를 불쌍히 여겨 참으시고, 우리로 하여금 구역질날 정도의 죄의 흉악함에 대해 일부는 볼 수 없도록 하신 것일 수 있습니다. 그분은 우리로 하여금 죄를 미워하게 할 정도로 충분히 보게 하시지만, 그러나 우리로 하여금 완전히 절망하게 할 정도로 볼 수는 없게 만드십니다. 우리의 죄는 끔찍스러울 정도로 흉악합니다.

　　이제, 우리 속에 숨어 있는 죄들 가운데, 오랜 불신앙의 죄가 있다는 것을 지적하고 싶습니다. 나의 친구여, 당신은 너무나 큰 구원을 얻었으며, 그래서 당신 속에 더 이상 불신앙이 남아 있지 않다고 생각합니다. 당신은 그 불신앙(Unbelief)이라는 불한당의 발목을 묶어둘 수 없다는 것을 알지 못합니다. 설혹 차꼬로 채워둔다고 해도, 그놈은 어떻게 해서든 금방 빠져나와 자유로이 돌아다닐 것입니다. 당신은 이 불신앙을 오늘 오후에도 만날 수 있습니다. 물론 당신이 지금이야 "나는 그 약속을 붙들고 결코 불신앙으로 비틀거리지 않을거야"라고 말할 것입니다. 하지만 만약 당신에게 어떤 어려움이 생기고, 그 일 때문에 당신이 예전처럼 의심한다고 하더라도, 나는 마음은 조금 의기소침해지고 하나님을 섬기는 일에 조금 지치기는 하겠지만 그리 놀라지는 않을 것입니다. 당신의 불신앙이 죽었다는 기분 좋은 환상을 품고 있지 마십시오. 그것은 숨어 있습니다. 그리고 언젠가 다시 나타날 것입니다.

　　이 잠복꾼들 중에서 특히 교만에 대해서 언급해야겠습니다. 오, 우리는 이렇게 생각합니다. '내가 어떻게 교만할 수 있을까? 나 자신의 약함과 악함을 그토록 경험했기에 나는 교만해질 수가 없어.' 대화 중에 우리가 할 수 있는 가장 교만한 말을 하면서도, 그것을 거의 의식하지 못하는 우리들입니다. 언젠가 자기 자신을 매우 저명한 그리스도인이라고 생각하는 한 남자와 대화했던 것을 기억합니다. 그가 내게 말하기를 주께서 어떤 고난과 경험을 통해 그에게서 교만을 완전히 제거해 주셨다고 했습니다. 내가 말했습니다. "형제여, 그분이 당신을 매우 심하게 치셨음에 틀림이 없군요." 그가 말하는 동안 나는 그가 교만의 화신이라고 생각했습니다. 그러나 내가 그 사람처럼 말하는 것을 좋아하지 않는다고 생각한 점에서, 어쩌면 나 자신이 그와 마찬가지로 나쁠 수 있다는 점을 미처 깨닫지 못했습니다. 교만은 그처럼 교묘한 것입니다. 그것은 왕자의 의복을 입기를 좋아하지만, 그러나 만일 그럴 수 없다면 거지의 누더기를 걸치는 것에도 만족합니다. 우리의 마음속에 파고들 수만 있다면, 그것은 어떤 형태를 취할 것인지에 대해서는 신경 쓰지 않습니다. 그 가증한 교만의 죄에 대해, 우리 모두는 다른 사람들 속에 있는 것을 보고 정죄할 수 있지만, 아마도 바로 그런 순간에도 우리 각자가 마음속에 그 누룩 한 덩어리씩을 가지고 있을 것입니다. 내 형제여, 당신은 교만한 존재입니다. 자매여, 당신 역시 교만한 존재입니다. 우리 모두에게는 여전히 숨어 있는 교만이 있습니다.

그 외에도 분노와 나쁜 기질이 우리 속에 크게 자리 잡고 있습니다. 오! 우리는 여러 달 동안 어떤 화를 내는 말도 하지 않았으면, 우리처럼 좋은 기질을 가진 사람이 없다고 생각합니다. 여러 달 동안 화를 내지 않았다면 훌륭하지요. 그러나 당신이 원하는 대로 살 수 있을 때에 그렇게 하는 것은 매우 쉬운 일입니다. 당신의 아내가 그토록 친절하고, 자녀들은 순종적이며, 아랫사람들은 예의바르고, 사업이 번창할 때, 당신이 우호적이고, 친절하고, 사랑스럽고, 화를 내지 않기란 매우 쉽습니다. 그러나 친애하는 형제여, 사태가 변한다면, 그것도 매우 빨리 변한다면, 당신은 어떻게 하겠습니까? 형제라고 하는 사람이 자꾸 당신을 성가시게 한다고 가정해 보십시오. 그 때는 어떻게 할까요? 우리는 사람을 환경에 의해 판단해서는 안 된다는 것을 알 것입니다. 우리는 본질적으로 그 사람 자체를 판단해야 합니다. 한 통 분량의 화약을 깔고 앉거나 혹은 밤에 침상 곁에 두는 것, 혹은 배개 삼아 받치는 것은 크게 위험하지 않습니다. 근처에 불이 없다면 그것은 정말이지 매우 안전합니다. 잠자리 밑에 아무리 오래 두어도 폭발하지 않습니다. 아! 그러나 만일 불꽃이 어디선가 날아온다면, 이웃이나 길 건너 어디선가 날아들어 온다면, 그 화약가루는 아주 달라진다고 말할 수 있지 않겠습니까? 때때로 우리가 분노를 완전히 노하는 성향을 완전히 잠재웠다고 생각할 때, 그 이유는 단지 가나안 사람이 숨어 있어서 우리가 볼 수 없었기 때문입니다. 그는 여전히 거기에 있으며, 어느 날엔가 다시 나올 것입니다.

　　종종 우리의 불만과 반항도 마찬가지입니다. 나는 내가 불만스러워한다고 생각지 않습니다. 여러분들도 아마 같은 말을 할 수 있을 것입니다. 당신은 이 아침에 행복하고, 만족하고, 감사하다고 느낍니다. 이런 노래를 부를 수 있습니다.

　　　　"이 복된 상태를 바꾸고 싶지 않아요,
　　　　　세상의 모든 것이 기쁘고 만족스러우니까요."

　　좋습니다. 그러나 당신 마음속에 어떤 불만도 없다고 지나치게 확신하지는 말아야 합니다. 자 이렇게 가정해 봅시다. 그리고 이런 가정은 언제든 현실이 될 수 있습니다. 당신이 가장 사랑하는 사람이 병들고 죽는다고 가정해 봅시다. 주시는 하나님을 찬송할 수 있는 당신이, 취하시는 하나님도 찬송할 수 있습니까? 당신의 재물이 스스로 날개를 달고 모두 날아가 버렸다고 가정해 봅시다. 당신은 하나님이 주실 때와 마찬가지로 취하실 때에도 선하시다고 여전히 그분을 찬송할 수 있습니까? 형제들이여, 우리는 우리의 기분을 알지 못합니다. 우리가 들떠서 마병(馬兵)과 더불어 달릴 수 있다고 상상할 때, 우리가 보병(步兵)과 더불어도 항상 잘 달리지는 못했다는 점을 상기하는 편이 좋습니다. 그리고 혹 고통 중에서 어떤 친구가 잘못했을 때, 불평하지 않기 위해서는, 우리 자신이 종종 그러했다는 점을 기억하는 것이 좋습니다. 불평은 우리 영혼 속에 숨어 있는 죄들 중의 하나이기 때문입니다.
　　또한, 우상 숭배도 그곳에서 종종 발견되는 죄입니다. 당신은 자녀를 우상화하고 있다는 것을 알지 못하고, 자녀가 죽을 때까지 그 사실을 결코 알지 못합니다. 당신은 재물을 우상화하고 있다는 것을 알지 못합니다. 그러나 만일 그것이 날아가 버리고, 그것을 포기해야만 하고, 욥의 아내처럼 "하나님을 욕하고 죽으라"(욥 2:9)는 말을 하고 싶은 유혹을 받을 때, 그때서야 당신은 그것이 당신의 황금 송아지였음을 깨닫게 됩니다. 우상 숭배는 모든 시대마다 존재해 왔습니다. 그 마음이 오직 하나님 한 분만을 향해야 하는 하나님의 사랑스러운 자녀들이, 자기신뢰(self-confidence)에 빠지지 않기 위해 깨어서 경계해야 합니다. 그것은 우상 숭배의 또 다른 형태이며, 하나님 대신 우리 자신을 숭배하는 것입니다. 자기만족(self-satisfaction)에 빠지지 않도록, 또한 우리의 의로 스스로 만족하게 여기지 않도록 깨어 경계합시다. 우상을 몰아내는 것은 복된 일이지만, 그러나 그것은 할 수 있는 대로 자기를 숨길 것입니다.

　이런 질문을 숙고하는 것이 좋습니다. "이런 것들이 어떻게 우리 속에 숨어 있을까? 다른 사람들은 그것들을 찾아내어 몰아내는가? 우리는 그것들을 왜 찾아내지 못할까?" 틀림없이 당신은 다른 사람들의 잘못은 찾아낼 수 있습니다. 하지만 당신 자신의 잘못은 찾지 못합니다. 종종 관중들이 선수들보다 더 많은 것을 봅니다. 그리고 우리는 때때로 가까이 있을 때보다 멀리서 더 많은 것을 알아볼 수 있습니다. 사실은 우리 자신에 대한 편애(偏愛)가 우리 자신의 결점들을 볼 수 없게 만들고, 우리로 하여금 우리 자신의 눈에 있는 들보보다 형제들의 눈에 있는 티를 더 잘 보게 만듭니다. 많은 경우에 이런 무지는 탐구의 결핍에서 발생합니다. 우리 자신의 결점들을 찾아내는 것이 유쾌하지 않은 것이지요. "우리를 위하여 여우, 곧 포도원을 허는 작은 여우를 잡으라"(아 2:15). 그것은 쉬운 일이 아닙니다. 우리는 죄를 찾아내는 일을 좋아하지 않습니다. 우리 중 너무 많은 사람들이 경건에 대해 나태합니다. 당신은 하나님의 일을 겉치레로 합니다. 당신은 당신의 불을 밝혀서 마음을 자세히 살피지 않으며, 화로에 넣어 마음을 일곱 번씩 단련하지 않습니다. 진심으로 살펴서 찾아내려 하지 않기 때문에 죄가 숨고, 빠져나가는 것입니다. 게다가, 죄는 너무나 미묘해서 그 모양을 바꿉니다. 만일 사탄이 위에서 우리를 쏠 수 없다면, 그는 밑에서 그렇게 할 것입니다. 그가 우리의 머리를 공격할 수 없다면, 발을 걸어서라도 우리를 쓰러뜨리려 할 것입니다. 모든 형태, 모든 모양의 죄들이 우리에게 접근하고 있으며, 우리가 하나의 죄를 죽이려 애쓰는 동안 또 다른 죄에 넘어질 가능성이 큽니다. 종종 우리는 어떤 덕목을 얻기 위해 달려가다가 지나쳐서 악덕 속으로 빠지고 맙니다. 우리가 하나님을 영예롭게 하고 우리 자신을 낮추기를 원했다가, 지나쳐서 마음이 천박해지는 상태가 됩니다. 우리는 고귀하고 담대하기를 원했다가, 지나쳐서 허세를 부리는 상태로 됩니다. 사랑하기를 원했다가, 어리석게도 물러터지고 죄를 관용하는 지경에 이릅니다. 죄에 대해 엄격하기를 원했다가, 정작 죄보다는 죄에 빠진 친구들에게 냉혹하게 됩니다. 우리는 좁은 길에서 실수하여, 여기저기서 울타리를 망가뜨립니다. 우리가 죄를 찾아내기가 그토록 어려운 것은 죄의 미묘함 때문입니다. 또한 사랑하는 이여, 우리는 우리 자신을 다른 사람들과 비교하고 대조하는 나쁜 습관에 빠져 있습니다. 우리는 끊임없이 이런 상상에 빠져듭니다. "오, 좋아, 나는 누구보다는 낫군." 우리는 우리의 동료 그리스도인들을 보고는 그들의 모순된 행동들을 보고 이렇게 말합니다. "글쎄, 나라면 저렇게 하지 않지." 이 바리새인의 기도가 그리스도인들 사이에도 매우 일반화된 것이 아닌지 나는 염려스럽습니다. "주여, 내가 다른 사람들과 같지 아니함을 감사하나이다"(눅 18:11). 설교자 자신도, 비록 그가 당신에게 겸손에 대해 설교할 수는 있지만, 때때로 그 자신을 다른 설교자들과 비교합니다. 그리고 의심할 여지 없이, 청중들 역시 똑같은 일을 합니다. 오, 당신은 생각합니다. '나는 하나님의 일에 민첩하고, 어떤 그리스도인들보다는 더욱 열심이 있다. 그들 역시 깨어 있으면 좋으련만.' 그러나 우리가 그들을 비난하는 동안, 우리는 우리 자신이 훨씬 낫다고 생각하고 또한 우리가 많은 죄를 제거했다고 생각함으로써, 우리 영혼에게 아첨의 말들을 늘어놓는 셈입니다. 오 사랑하는 이여, 당신 자신을 다른 사람들과 비교하는 것을 주의하십시오. 이는 현명한 것이 아닙니다. 그리스도께 와서 그분을 바라보십시오. 그러면 당신의 허물들이 명백해질 것입니다. 그분의 완전함을 보십시오. 그러면 그 빛 속에서 당신의 약점들이 곧 발견될 것입니다. 그러나 만일 당신이 당신 형제의 의를 바라본다면, 그것이 당신의 의보다 조금 낫든지 아니면 그리 좋지 않든지, 당신은 교만하여 스스로를 높이게 될 것이고, 그럼으로써 죄에 떨어지게 될 것입니다.

그러나 나는 이 점을 크게 확대하지 않을 것입니다. 의심할 바 없이, 우리 안에는 여전히 숨어사는 가나안인들이 있으며, 그것이 우리 옆구리에 가시들이 될 것입니다.

2. 죄를 멸하는 유일한 수단

둘째로, 죄를 멸하는 유일한 수단에 대한 것입니다. "네 하나님 여호와께서 또 왕벌을 그들 중에 보내시리라."

이 족속들은 동굴이나 바위 틈 같은 곳에 은신했습니다. 하나님께서는 그들을 멸하시기 위해 최선의 수단을 활용하십니다. 나는 이 왕벌들이 큰 장수말벌일 것이라고 추측합니다. 아마도 장수말벌보다 두세 배로 크고, 그 침은 끔찍했을 것입니다. 침으로 쏘는 곤충들에 의해 어떤 지역의 인구가 줄어드는 일은 역사적으로 특별한 사실은 아닙니다. 리빙스턴 박사의 여행과 관련하여, 어떤 지역의 가축에 아주 해로운 낯선 종(種)이 찾아오면, 그것이 나타나자마자 가축들은 도망치든지 혹은 죽을 수밖에 없었다는 것을 우리는 잊을 수 없습니다. 왕벌은 매우 무서운 생물이었음에 틀림없습니다. 그러나 한 민족을 쫓아낼 수 있는 왕벌들이 있었다는 것이 전혀 이상한 일은 아닙니다. 왕벌은 매우 단순한 수단이었습니다. 나팔 소리도 없었고, 기적의 광채도 없었습니다. 그것은 이 사람들을 그들의 굴에서 몰아낼 단순하고, 자연적인 수단이었습니다. 곤충들이 어떤 지방에서는 한 인종의 사람들만 쏘고 다른 사람들을 쏘지 않는 것은 잘 알려져 있습니다. 때때로 어떤 나라의 거주민들은 외지 사람들을 크게 괴롭히는 모기나 혹은 그와 비슷한 곤충들을 신경 쓰지 않습니다. 그러므로 하나님께서 히위 사람들과 여부스 사람들을 찌르면서도 이스라엘 사람들은 괴롭히지 않는 왕벌을 보내시는 일은 가능합니다. 그리고 이런 식으로 가나안 족속들은 그들의 숨은 구멍에서 내쫓기게 됩니다. 어떤 이들은 왕벌의 침에 쏘여 죽고, 다른 이들은 이스라엘 장정들의 날카로운 칼에 죽는 것입니다.

이것의 영적인 비유는, 하나님께서 우리 모두에게 보내시는 일상의 고난입니다. 나는 여러분 모두에게 여러분의 왕벌들이 있다고 생각합니다. 어떤 이들은 가족 속에 왕벌들이 있습니다. 당신의 아이, 당신의 아내, 당신의 남편, 당신의 형제, 당신의 가장 친한 친구가 당신에게 왕벌이 되고, 매일의 십자가가 될 수 있습니다. 물론 죽은 십자가도 매우 무겁지만, 살아 있는 십자가는 그보다 훨씬 무겁습니다. 아이를 땅에 묻는 것은 커다란 슬픔입니다. 그러나 그 아이가 살아서 당신에게 죄를 짓는 것은 그보다 열배나 고통스럽습니다. 당신에게는 침상까지 따라오는 왕벌들이 있을 수 있습니다. 이 말이 무슨 의미인지 여러분 중에서 어떤 이들은 알 것입니다. 즉 당신이 휴식과 달콤한 위안을 찾아야 할 그 곳에도 왕벌이 있어서 가장 쓰라린 고통을 받게 됩니다. 그 왕벌은 때때로 사업의 모양으로 찾아옵니다. 당신은 당황합니다. 번창할 수 없고, 하나의 어려움 뒤에 다른 어려움이 찾아옵니다. 당신은 다른 사람들보다 더 많은 고난을 겪도록 태어난 듯이 여겨집니다. 오른편에서 담대한 도전을 시도해 보았지만, 실패였습니다. 왼편으로 밀고나가 보았지만, 주저앉고 말았습니다. 당신이 투자했던 거의 모든 사람들이 금방 실패하고, 당신이 투자하지 않았던 사람들은 차라리 그들에게 투자했으면 나았을 정도로 안전하게 일어섭니다. 왕벌들이 당신의 사업에 떼지어 몰려들어 모든 일이 나쁘게 진행되도록 만드는 듯합니다. 당신은 계속해서 당혹스러울 뿐입니다. 차라리 망하는 것이라면 그리 심각하지 않을 텐데, 그저 성가시게 하는 고통들이 계속해서 당신을 쉬지 못하게 만듭니다. 다른 사람들은 그들의 몸 속에 왕벌들이 있습니다. 어떤 이들은 지속적인 두통에 시달립니다. 쑤시고 아픈 것이 신경을 따라 퍼져갑니다. 만일 이 고통만 없어진다면 얼마나 행복할까 하고 당신은 생각합니다. 그러나 당신에게는 왕벌이 있고, 그 왕벌은 당신을 떠나지 않고 항상 함께 합니다.

만일 내가 왕벌의 목록을 전부 열거하려 한다면, 이 아침 시간 전부를 써도 모자랄 것입니다. 모든 사람에게 저마다 특정한 고통이 있기 때문입니다. 각 사람에게는 그 자신만이 느끼는 나름대로의 고통이 있습니다. 당신은 친구에게 종종 달려가서 이렇게 말할 것입니다. "오 내게는 이런 고통이 있다네. 이러저러한 일 때문에 골치를 썩이고 있지. 내 주변에 이런 문제들이 많지 않았더라면 좋을 터인데. 이는 사람이 견딜 수 있는 최악의 고통이야." 당신은 알지 못합니다. 알지 못하고말고요. 사람은 자신이 겪는 고통만을 제대로 압니다. 모든 가정에는 집안 비밀이 있습니다. 모든 사람이 다소간 찌르는 신발을 신고 있습니다. 왕벌을 가지고 있지 않은 그리스도인은 지상에 아무도 없습니다.

그러나 그것들이 왜 있는 걸까요? 그것들은 하나님께서 가나안에 왕벌들을 보내신 것과 같은 목적으로, 즉 가나안 사람들을 내쫓기 위한 목적으로 보내어졌습니다. 나는 그것들이 그 일을 어떻게 수행하는지를 보여주려고 합니다. 우리가 자주 부르는 노래 곡조에 왕벌의 단어를 넣어보겠습니다.

> "왕벌들은 약속을 달콤하게 만들고,
> 　왕벌들은 기도에 새로운 생명을 주네;
> 　왕벌들은 나를 그분의 발 아래로 인도하고,
> 　나를 낮추어 겸손하게 만드네."

당신은 여기서 일상의 왕벌들이 어떤 작용을 가하는지를 이해할 수 있습니다. 당신에게 고통이 없다면 당신은 기도하지 않으려 할 것입니다. 당신은 해이해지고, 차가워지고, 무관심하게 될 우려가 있습니다. 그러나 이 왕벌들이 당신을 찌릅니다. 그러면 당신은 이렇게 말합니다. "이 성가신 괴로움 속에서 위로를 받으러 내 하나님께 가야만 해." 당신이 고통을 겪고서 당신의 아버지의 발 앞에 오게 된 것이 얼마나 축복인지요! 당신을 이곳으로 인도한 그 고통이 얼마나 고마운지요! 만약 그 왕벌들이 없었더라면 당신은 약속의 가치를 그리 귀하게 여기지 않았을 것입니다. 그러나 당신은 당신의 형편에 가장 적절한 하나님의 귀한 말씀을 대해 이렇게 말합니다. "이 구절에서 지금 맛보는 달콤함을 전에는 결코 맛보지 못했습니다. 내 상황에 이처럼 적절한 말씀을 주신 하나님을 찬송합니다." 왕벌들은 당신을 약속으로 데려가고, 당신으로 하여금 젖과 꿀이 흐르는 곳을 향하도록 지시하는 듯합니다.

또한 왕벌들은 그토록 성미가 급했던 당신으로 하여금 그분의 발 앞에 엎드리도록 하는데 이바지합니다. 당신이 얼마나 교만했던가를 느낀 후에, 그 교만을 몰아낸 왕벌 때문에, 당신은 하나님께 나아가서 이렇게 말했습니다. "주님, 저는 제가 그리 어리석지 않다고 생각했습니다. 그렇게 여기지 말아야 했습니다. 만약 누군가 어제 저에게 '당신은 이런저런 일을 해야 합니다'라고 말했다면 저는 틀림없이 이렇게 대꾸했을 것입니다. '내가 그런 일을 하다니 당신의 종이 개입니까?' 그러나 이 일이 저를 괴롭혔습니다. 저를 고통스럽게 하고 초조하게 해서 더 이상 견딜 수 없었습니다. 그래서 세상을 다 준다고 해도 하고 싶지 않았던 일을 하였습니다." 그것은 전에 그 마음속에 있던 것을 그대로 보여줍니다. 만일 죄가 당신 속에 없었더라면, 그것은 밖으로 나올 수도 없었을 것입니다. 세상에서 어떤 고난도 죄를 그리스도인 속으로 밀어넣지 않습니다. 오히려 그것은 죄를 밖으로 몰아냅니다. 마치 질병이 표면으로 드러나면 더 좋은 것처럼, 그래서 질병 내부의 힘을 궤멸시킬 수 있는 것처럼, 왕벌이 와서 우리로 하여금 우리 속에 꼭꼭 숨어 있었던 악을 보게 만들 때, 그것은 복입니다. 고통스러운 복(painful blessing)입니다. 내 사랑하는 친구들이여, 여러분이 알다시피, 나는 내가 의도하는 것을 실제적으로 담대하게 말합니다. 일전에 당신은 마음이 천국에 있는 듯했습니다. 홀로 반 시간 정도를 묵상하거나, 혹은 예배당에서 집으로 돌아와서도 즐거이 그분을 경배했습니다. 그리고 무언가 당신의 등을 두드리면서 이렇게 말했습니다. "네가 은혜에서 이렇게 많이 자랐구나!" 그 기분을 말로 다 표현할 수 없지만, 실제로 이렇게 생각했습니다. '좋아, 나는 잘 해나가고 있어. 내 속에는 선한 무언가가 있어.' 당신이 집에 왔을 때, 아마도 음식이 나쁘게 요리되었거나, 혹은 무언가가 당신이 바랐던 것과는 정반대로 되어있고, 마치 당신을 성나게 하려고 의도한 것처럼 되어있는 것을 보게 됩니다. 당신은 그렇게 생각합니다. 그리고는 한순간의 숙고도 없이, '아주' 강한 말을 내뱉습니다. 그 때 무언가가 다가와서는 당신의 다른 쪽 어깨를 만지고서 말합니다. "아! 이것이 은혜에서 자라고 있는 것이더냐?" 그리고 당신은 매우 낮아집니다. 크게 콧대가 꺾입니다. 위층의 골방에 들어갔을 때, 만일 당신이 그 왕벌이 없이 그곳에 갔더라면, 당신의 기도는 바리새인의 기도처럼 되었을 것입니다. 그러나 그 왕벌이 있었기에, 당신이 그곳에 올라갔을 때 당신이 할 수 있는 말이라고는 이것뿐이었지요. "하나님, 이 죄인을 긍휼히 여기소서." 그 왕벌은 당신에게 좋은 일을 한 것입니다. 그것이 결국 당신의 교만과 자부심을 밖으로 몰아낸 셈입니다. 우리가 겪는 일상의 고통들은 우리를 하나님께로 몰아가기 위한 것이며, 우리를 약속으로 몰아내기 위한 것이며, 또한 우리의 약점들이 무엇인지 보도록 하여 힘을 다해 그것들과 맞서도록 하기 위한 것입니다.

내 사랑하는 친구들이여, 나는 세상에서 가장 완고하고, 가장 고집스럽고, 가장 사랑스럽지 못한 그리스도인들은, 많은 고통을 겪어보지 못한 이들이라고 믿습니다. 그리고 가장 동정심이 많고, 사랑스럽고, 그리스도를 닮은 그리스도인들은, 일반적으로 가장 큰 고통을 겪어본 이들이라고 믿습니다. 우리에게 일어날 수 있는 최악의 일은 우리의 길이 너무 평탄하게 닦여진 것이며, 주께서 우리에게 주시는 가장 큰 은총 중의 하나는 십자가입니다. 누군가 말했습니다. "내가 만일 눈이 멀지 않았더라면, 나는 결코 볼 수 없었을 것입니다." 또 다른 누군가 말했습니다. "내 다리가 부러지지 않았더라면, 나는 결코 내 앞에 놓인 경주를 다 달리지 못했을 것입니다." 우리의 약점들이 은혜의 통로들입니다. 우리의 고난들, 시련들, 고통들, 당혹스러운 일들이 우리 영혼에게 주시는 은혜의 가장 달콤하고 복된 수단들입니다. 나는 하나님께서 왕벌을 주신 것에 우리가 매우 감사해야 한다고 생각합니다. 누군가 말합니다. "무릇 징계가 당시에는 즐거워 보이지 않고 슬퍼 보이나 후에 그로 말미암아 연단 받은 자들은 의와 평강의 열매를 맺느니라"(히 12:11).

사랑하는 형제여, 당신에게 건전한 분별력이 있을 때, 또한 성령 하나님께서 진정으로 당신을 지혜롭도록 가르치실 때, 당신은 하나님께 나아가서 왕벌에 대해 감사할 것입니다. "주님, 주께서 저를 징계 없이 버려두지 않으시니 주님을 찬송합니다. 내 육체에는 즐겁지 않았던 근심과 고통들 때문에 육신의 욕망을 죽일 수 있으니 주님을 찬송합니다. 아버지여 감사합니다." 어린이가 이런 말을 하는 것을 듣기는 힘들지만, 그러나 지혜로운 자녀라면 이렇게 말하겠지요. "내 아버지여, 회초리 때문에 당신께 감사합니다. 오 내 하나님이여, 당신께 감사합니다. 당신은 내 뜻대로 버려두지 아니하시고, 내 기대를 꺾으시고, 내 희망을 막으시고, 내 계획을 그르치게 하시고, 내 전망을 무너뜨리시고, 내 즐거움들을 가져가셨습니다. 당신께 감사합니다. 오, 위대한 해방자이신 당신께서 내 영혼에게 자유를 주시려고 내 새장의 황금 빗장을 깨뜨리셨고, 나로 하여금 당신 자신을 향해 올라갈 수 있도록 하시려고 이 땅에서 나를 속박했던 포로의 사슬들을 끊어놓으셨습니다." 언제든 하나님을 찬송하며 노래할 때 이렇게 말하십시오. "그분이 우리에게 왕벌을 보내셨네. 그분의 인자는 무궁하도다. 그분이 영원히 찬송을 받으소서."

이 본문에서 여러분이 주목하기를 원하는 한 가지 요점이 있습니다. 그 점을 숙고하지 않고 지나간다면 내 잘못이 될 것입니다. 즉, 왕벌은 하나님께로부터 왔다고 우리는 명백히 들었습니다. 그분이 왕벌들을 보내셨습니다. "네 하나님 여호와께서 또 왕벌을 그들 중에 보내어." 이것이 언젠가 당신으로 하여금 왕벌의 고통을 견디도록 하는데 도움이 될 것입니다. 하나님께서는 당신의 고통을 저울로 달아보십니다. 당신의 괴로움을 측정해 보십니다. 미량까지도 정확히 재어보실 것입니다. 또한 그것들이 사랑하시는 아버지의 손으로부터 직접 온 것이므로, 감사하며 밝은 마음으로 그것들을 받아들이십시오. 그리고 하나님의 지혜가 명하신 대로 그 결과가 진행되도록 하십시오. 그리하여 당신의 성화에서, 그리스도를 닮는 일에서, 풍성한 결실이 맺어지도록 하십시오.

3. 우리 자신을 살피게 하는 교훈

이제 한 가지를 더 숙고하고서 끝을 맺어야겠습니다. 우리가 이미 예고했던 대로, 여기서 우리는 우리 자신을 위한 매우 암시적인 교훈을 얻습니다. 그것을 다시 살펴보도록 합시다. 바로 이것입니다. 나를 괴롭히는 특정한 죄가 무엇입니까? 우리는 자기 심사에서 신중했습니까? 나는 악의 미묘한 형태들에 대해 탐지의 의무를 지속해 왔습니까? 그렇지 않다면, 왕벌이 오기를 기대하는 수밖에 없습니다. 하나님께서는 결코 자기 자녀들을 형벌의 차원에서 벌하시지 않으며, 아버지로서 징계하십니다. 당신은 종종 벌을 통해 죄가 무엇인지를 발견합니다. 벌을 통해 죄의 얼굴을 볼 수 있게 됩니다. 그 얼굴은 뺨의 양쪽이 너무나 다릅니다. 사랑하는 친구여, 오늘 당신의 특정한 고통이 무엇입니까? 어떤 왕벌이 당신을 찌릅니까? 욥의 간청을 가지고서 하나님께로 가십시오. "무슨 까닭으로 나와 다투시는지 내게 알게 하옵소서"(KJV직역. 개역개정은 "나와 변론하시는지"로 되어 있음). 만일 당신에게 하나님의 위로가 적다면, 그것은 당신 속에 어떤 숨은 죄가 있기 때문입니다. 당신이 현재 겪는 고통을 보십시오. 그리고 죄를 발견할 수 있는지를 살피십시오. 거역하는 아이처럼, 당신이 당신의 하늘 아버지께 어떤 불순종의 행동을 하며 살고 있지는 않습니까? 당신을 괴롭게 하는 것이 아랫사람입니까? 그렇다면 혹 당신이 하늘의 왕께 게으르고 태만하여 그분의 명령을 어기는 악한 종으로 살고 있지는 않습니까? 사업의 손실이 당신을 괴롭게 합니까? 혹 당신이 하나님의 일에 관심을 두지 않아서 그분의 교회가 손실을 보고, 그래서 그분이 당신에게 사업상의 손해를 보게 하시는 것은 아닙니까? 육체의 아픔이 당신을 괴롭게 합니까? 어쩌면 당신에게 검사하고 뿌리 뽑아야 할 어떤 영적인 질병이 있을 수 있습니다. 누군가 다른 사람이 당신을 거만하게 대합니까? 혹 당신 역시 거만하지는 않나요? 다른 사람이 당신을 비방하고, 그것이 당신을 괴롭게 합니까? 그렇다면 당신은 하나님의 자녀들을 비방한 적이 없습니까? 당신에게도 험담하고 싶어 좀이 쑤시는 혀가 있지는 않습니까? 그래서 하나님께서 당신으로 하여금 당신의 제어하기 어려운 혀에 재갈을 물리지 않을 때 그것이 얼마나 큰 고통을 불러일으키는지를 느끼도록 만드시는 것은 아닙니까? 누군가가 당신의 수고를 과소평가하고, 당신의 동기를 알아주지 않습니까? 아마도 당신 역시 형제 그리스도인들의 수고에 대해 야박하게 생각하고 평가하지는 않았습니까? 당신은 바로 지금 마음의 큰 우울증세를 느끼고 있습니까? 그렇다면 당신이 그리스도와 함께 그분의 고난에 참여하는 것을 게을리해 온 것은 아닌가요?

　　그래서 그분이 큰 힘을 가하여 당신을 그렇게 낮추신 것은 아닌가요? 사랑하는 이여, 내가 당신의 처지를 다 알지는 못합니다. 하지만 이것만은 알고 있습니다. 곧 내가 장래에 바라는 만큼 나 자신의 영혼을 살피지 못했다는 것입니다. 나는 내 속에 있는 모든 악을 찾아내어, 그것을 끌고 나와 단번에 처형시키기를 원합니다. 그것은 힘겨운 일입니다. 만일 하나님께서 우리와 함께하신다는 고귀한 확신이 없다면, 그것은 결코 끝날 수 없는 일입니다. 능하신 야곱의 하나님께서는 우리를 그분의 백성으로 소유하실 것입니다. 그분은 한 온전한 백성을 위해 천국을 예비하셨으며, 그분은 우리를 온전하게 하실 것입니다. 그분은 우리를 잃지 않으실 것이며, 우리를 위해 예비한 그곳도 잃지 않으실 것입니다. 그분은 스스로 맹세하시어 결코 당신을 떠나시지 않는다 하셨습니다. 그분은, 강한 팔과 펼친 손으로 당신의 탐욕과 부패를 몰아내실 것이며, 마침내 당신은 하늘에 계신 당신 아버지와 같이 온전해질 것입니다. 그러므로 오십시오, 용사들이여! 장비를 갖추고, 갑옷을 채우고, 전투를 위해 분발하십시오. "너희가 죄와 싸우되 아직 피 흘리기까지는 대항하지 아니하였다"(히 12:4). "너희가 피곤하여 낙심하지 않기 위하여 죄인들이 이같이 자기에게 거역한 일을 참으신 이를 생각하라"(히 12:3). 멀지 않은 곳에 희미하게 보이는 면류관을 얻기 위해 계속해서 선한 싸움을 싸우십시오.

지금까지 나는 구원받은 이들에게, 오직 구원받은 이들을 향해 말했습니다. 그러나 구원받지 못한 당신에게도 역시 왕벌이 있을 것이지만, 그 왕벌들은 당신에게 아무 소용이 없습니다. 그것들은 당신을 찔러 하나님께 가도록 하는 것이 아니라, 오히려 하나님에게서 멀어지도록 만들 것입니다. 당신의 고통들은 당신으로 하여금 단지 지존하신 분을 더욱 싫어하고 미워하도록 만들 것입니다. 오, 그분의 은혜가 당신을 방문하여 당신의 마음을 바꾸시길 바랍니다! 그러면 혹시 당신의 시련들이 당신으로 하여금 당신의 아버지의 얼굴을 찾도록 할지도 모르니까요! 그렇게 되기를 바랍니다. 그래서 그분이 영원토록 영광을 받으시길 바랍니다. 아멘.

제
5
장

—

배고픈 자들을 위한 떡

—

"너를 낮추시며, 너를 주리게 하시며, 또 너도 알지 못하며
네 열조도 알지 못하던 만나를 네게 먹이신 것은, 사람이 떡
으로만 사는 것이 아니요 여호와의 입에서 나오는 모든 말
씀으로 사는 줄을 네가 알게 하려 하심이니라." — 신 8:3

이 유명한 구절은 오늘 아침에 우리에게 두 가지 교훈을 줄 것입니다. 첫 번째 교훈은 섭리에 관한 것이 될 것이며, 두 번째 교훈은 마음속의 은혜의 삶에 관한 것입니다. 우리의 복되신 주님은 한 때 이 본문을 섭리의 차원에서 사용하셨습니다. 그러므로 우리가 이 구절을 그렇게 해석하는 것은 정당합니다. 그 더러운 친구(마귀)가 주리신 구주께 "터무니없는 기적"을 행하여 그분의 필요를 스스로 조달하시도록 제안할 때, 이렇게 말했습니다. "네가 만일 하나님의 아들이어든 명하여 이 돌들로 떡덩이가 되게 하라"(마 4:3). 주님께서는 그를 상대하실 때 인간 이성의 둔한 칼로가 아니라, 참된 예루살렘의 칼날, 성령의 검, 하나님의 말씀으로 이렇게 대응하셨습니다. "기록되었으되 사람이 떡으로만 살 것이 아니요 하나님의 입으로부터 나오는 모든 말씀으로 살 것이라 하였느니라"(마 4:4). 우리의 '영광스러운 다윗'은 이 매끄럽고 빛나는 돌을 성경이라는 은빛색의 맑은 시내에서 취하여, 그것을 골리앗의 이마에 던지셨습니다. 인간의 말이나 전통으로써가 아니라, 성경을 무기로 하여 유혹을 이기신 본보기입니다.

1. 하나님의 섭리

이 본문의 의미를 깨닫기 위해, 섭리와 관련하여, 광야에서의 이스라엘 백성들에 대해 잠시 생각해 보도록 합시다.

그들은 약 이백만에서 삼백만 사이 정도 되는 매우 큰 무리였습니다. 그들은 갑작스럽게 애굽에서 나왔습니다. 그들은 가난했습니다. 사십 년에 못 미치는 긴 행군을 하는 동안, 그들은 식량을 자급할 만한 환경에 있지 못했습니다. "그 백성이 발교되지 못한 반죽 담은 그릇을 옷에 싸서 어깨에 메니라"(출 12:34)는 성경 구절에서 보듯이, 그들 각자는 식솔들에게 겨우 여물 먹이는 수준의 음식만을 가지고 왔습니다. 그들은 기적으로 홍해를 건넜습니다. 얼마 못가서 그들의 양식은 바닥이 났음에 틀림없습니다. 그들의 처지를 그려보십시오. 반죽 담은 그릇들은 텅 비었고, 메마른 신 광야는 가축을 먹일 만큼의 풀들도 제대로 나지 않았습니다. 그들 스스로 무엇을 가지고 생계를 꾸려나갈 수 있었겠습니까? 그들 앞에는 긴 여정이 놓여 있고, 그들은 어디를 바라보아야 할까요? 거래를 해서 음식을 살 가능성도 없으며, 그 땅에서는 아무런 농작물을 수확할 수 없습니다. 모든 문이 닫혔고 오직 하나의 문만이 열려있었는데, 그것은 바로 하늘의 문입니다. 모든 수단들이 실패했습니다. 그러나 수단들을 가지고 일하시는 하나님은 수단들 없이도 원하시는 일들을 행하실 수 있습니다. 그래서 그분은 하늘의 창을 여시고, 소낙비 대신 음식의 소나기를 내려주셨습니다. 마치 깟씨 같은 물질이 진 사방에 떨어졌습니다. 그들은 그것이 무엇인지 몰랐기 때문에 그것을 "만나"('그것이 무엇이냐?'라는 뜻 — 역주)라고 불렀습니다. 그들은 그것을 모았습니다. 그것의 맛이 괜찮은 것을 알았습니다. 매우 영양가도 많고 안전한 식품인 것을 알았습니다. 그들은 이 하늘의 떡으로 사십 년을 먹고 살았습니다. 그들이 가나안 땅으로 들어갈 때까지, 거기서 그 땅의 곡식을 먹을 때까지, 기적의 공급이 더 이상 필요하지 않을 때까지, 만나는 멈추지 않았습니다. 배고픈 자들이 이렇게 공급을 받은 것에는 목적이 있었습니다. 마치 배고픔이 야생 동물을 길들이는 것처럼, 이 만나를 주신 것도 이스라엘 사람들의 교만하고 육적인 마음을 낮추기 위해서이며, 그것은 결코 하찮은 목적이 아닙니다. 그러나 그것이 유일한 교훈은 아닙니다. 주께서는 인간의 목숨을 보전하는 능력이 어떤 필요한 물질에 있는 것이 아니라, 하나님의 말씀을 의지하는 것에 있음을 그들에게 가르쳐 주셨습니다. 빵이 영양을 제공하는 것은 사실입니다. 그래서 학자들은 빵 속에 영양을 제공하는 힘이 있다고 말하곤 했습니다. 그러나 실제로 하나님 안에서가 아니면 어디에서도 어떤 종류의 힘도 없습니다. 양분을 제공하는 힘과 몸의 생명을 지탱시키는 것은 하나님께 속한 것입니다. 그분은 그분의 전능의 지속적인 방출로써 빵 속에 자양분의 성질을 부어넣는 것입니다. 만일 그분이 그러기로 정하신다면, 그분은 돌 속에 생명력을 부어넣으실 수도 있습니다. 만일 그것이 그분의 뜻이라면, 지상의 흙으로도 영양가 있는 식품이 되게 하실 수 있으며, 새로운 수단으로써 인간의 결핍을 채워 주실 수 있습니다. 지금 그분이 빵 속에 갇히지 않으신 것처럼, 지나간 시절에도 마찬가지이셨습니다. 자연주의 자들은 자연의 법칙에 대해 말합니다. 법칙 속에는 힘이 없습니다. 자연 법칙에 대해 내키는 대로 글을 쓸 수는 있지만, 그 속에는 힘이 없습니다. 자연의 법칙이란 것은 단지 주님께서 어떤 특정한 방식으로 활동하시는 것에 지나지 않습니다. 그분이 어떤 수단들에 의해 어떤 결과들을 만들어 내시는 것입니다. 그것을 가리켜 우리가 법칙이라고 부릅니다. 그리고 빵이 몸을 지탱하는 이유는 다름 아니라 하나님께서 자양분의 효능을 빵 속에 불어넣으셨기 때문입니다. 그로 인해 우리가 양분의 효능을 얻고, 몸을 유지할 수 있는 것입니다. 주께서 만나로써 이스라엘 백성들에게 말씀하셨습니다. "사람이 떡으로만 사는 것이 아니다. 사람이 사는 것은 떡 속으로 들어온 하나님의 능력에 의해 사는 것이다. 떡이 부족할 때에, 그분은 밤의 이슬들 속으로 그 능력을 주입하실 수 있으며, 그래서 그 이슬들이 마른 후에 영양분이 가득한 만나가 되어, 너희의 몸을 지탱할 수 있는 것이다. 너희는 양분을 주는 능력이 그 물질 자체가 아니라 제일의 원인에 있다는 것을, 그 낱알이나 떡 속에 있는 것이 아니라 여호와 하나님 그분께 있다는 것을 알아야 한다." 이것이 그들이 배워야 할 교훈이었습니다.

형제들이여, 이는 우리들에게 아주 유용하게 적용될 수 있는 가르침입니다. 하나님께서는 우리의 필요를 공급하실 능력을 가지고 계십니다. 그러므로 우리가 우리의 필요를 채우기 위해 나쁜 일을 할 필요가 없습니다. 그분은 어떤 하나의 수단에만 매이지 않으십니다. 그분은 그분의 자녀들의 필요를 공급하실 수 있으며, 한 가지 방식으로만 아니라, 오십 가지의 방식으로도 그렇게 하실 수 있습니다. 아니 오십 가지만이 아니라, 바닷가의 모래처럼 셀 수 없는 방식으로 그리 하실 수 있습니다. 옛 시대에 주께서 이따금씩 이 기적의 능력을 보여주셨음을 우리는 알고 있습니다. 모세의 때에, 엘리야의 때에, 그리고 우리의 위대하신 주님께서 친히 사십일을 금식하셨을 때에, 그들의 자연적인 생명은 음식 없이도 지탱되었습니다. 어떻게 이런 일이 있었을까요? 우리가 정확한 방식에 대해서 말할 수는 없습니다. 하지만 여러 가지 방법들에 대해 생각할 수는 있습니다. 그분이 자연의 소모적인 과정을 조절하심으로써 그렇게 하실 수 있었을 것입니다. 그분은 물질을 소모시키는 힘이 느리게 작동하도록 명하실 수 있었고, 반면에 몸은 아주 미량으로도 하루를 견디도록 하실 수 있었습니다. 그분은 몸이 아주 극소량의 양분만을 소비하도록 하실 수 있었습니다. 그분은 인간 생명의 풀무가 연료를 거의 소비하지 못하도록 하시면서도, 필수적인 불꽃은 꺼지지 않게 하실 수 있었습니다. 혹은 만일 그분이 원하셨다면, 그분은 신체의 유지에 필요한 물질을 기적적인 수단에 의해 공급하실 수도 있었습니다. 그분은 몸의 성전을 구성하는 돌들을 아주 고르게 하여, 석공들 없이도 적재적소에 배치하실 수 있었습니다. 만일 필요하다면, 흙에서건, 공기에서건, 혹은 하늘에서라도, 치아와 소화기관과 순환기관의 조직들이 필요로 하는 것을 공급하실 수 있었습니다. 혹은 만일 그분이 기적의 방법을 다양화하기로 결정하셨다면, 이미 섭취된 음식의 양분을 증대시킬 수도 있었습니다. 엘리야의 경우처럼, 사람이 하루분의 음식을 먹고 사십일 동안 여행할 힘을 얻도록 하실 수 있었습니다. 어쨌든, 하나님은 기적을 행하실 수 있습니다. 비록 그분이 대개는 어떤 규칙들에 따라서 행동하기로 결정하시고, 떡과 고기로 몸에 자양분을 공급하신다 하더라도, 그분은 규칙들에 얽매이시지는 않습니다. 오히려 절대적인 왕이시며 주권자이신 그분은 그분의 뜻을 따라 행하실 수 있습니다. 그리고 심지어 음식이 소화되고 흡수되어 피와 살이 되고 뼈와 근육을 형성하는 미묘한 과정에서도, 그분은 보통의 화학 작용의 수단 없이도 역사하실 수 있습니다. 그분은 증류기 없이도 증류하실 수 있고 도가니 없이도 용해하실 수 있습니다. 그러나 당신은 이렇게 말합니다. "아! 그러나 그것은 우리와 상관이 없어요. 그분이 지금은 결코 기적을 행하시지 않는걸요." 그런가요? 나는 이렇게 대답하겠습니다. 가장 놀라운 것은 하나님께서 기적 없이도 기적적인 일을 행하실 수 있다는 것입니다. 내 말을 이해하시겠습니까? 나는 기적의 작용이란 것이 그 목적이 보통의 법칙들과 방법들에 의해 성취되었을 때에 비해 그리 놀라운 것이 아니라 생각합니다. 자연 속에 있는 어떤 힘의 중지 없이도, 단지 자연 속에 있는 그대로의 힘을 통제하는 섭리(Providence)에 의해서도 하나님의 목적은 성취될 수 있습니다. 기적들 없이 기적적이 되는 것은 기적들 중의 기적입니다. 나는 많은 기적들을 보아왔습니다. 그 자체로 기적들은 아니면서도, 그러나 훨씬 더 기적적인 것이었지요. 가난한 자들에게 떡이 없었습니다. 돌들이 그들을 위해 떡으로 변하지는 않았습니다. 그러나 그들은 돌들이 반죽이 되어 음식이 되는 것에 못지않은 기적에 의해 그들의 떡을 얻었습니다. 우리는 가난한 상인이 수입이 줄어들어 낙심하여 이렇게 말하는 것을 보았습니다. "나는 이제 아무 희망도 찾을 수가 없습니다. 하나님이 하늘을 여시고, 그분의 손으로 하늘의 창을 통해 저를 건져 주셔야만 해요." 하늘은 열리지 않았지만, 그러나 구원이 그에게 임했습니다.

지금, 오늘, 주께서는 기적의 역사 없이도 우리의 모든 결핍을 채우시는 기적을 행하실 수 있습니다. "사람이 떡으로만 사는 것이 아니요 여호와의 입에서 나오는 모든 말씀으로 살기" 때문입니다. 사형을 언도받은 순교자의 이야기가 있습니다. 재판관이 무지막지하게 말했습니다. "너는 감옥에 갇히게 될 것이다. 나는 너에게 음식을 허락하지 않을 것이다. 그러면 너의 하나님이 너에게 무엇을 해 줄 수 있겠느냐? 그가 어떻게 너를 먹이겠느냐?" 그 가련한 죄수가 말했습니다. "그런가요? 만일 그분이 원하신다면, 그분은 당신의 식탁에서 나를 먹이실 수 있습니다." 비록 그 잔인한 재판관에게는 알려지지 않았지만, 실제로 그렇게 되었습니다. 그를 화형시키는 날이 올 때까지, 그 재판관의 아내가, 동정심이 우러나와, 항상 음식을 숨겨두었다가 그를 풍성히 먹였습니다. 바로 그 박해자의 식탁에서 가져온 음식으로 말입니다. 폭스의 「순교자 열전」이라고 하는 책에는 노리치 주교에 의해 사형 선고를 받고 죽은 사무엘 씨에 대한 놀라운 이야기가 기록되어 있습니다. 그는 아사(餓死) 형을 선고받았습니다. 몸통을 사슬로 묶인 채로, 그 몸이 말라 뼈만 남게 될 때까지 매일 두 모금의 빵과 두세 방울의 물만 허용하도록 했습니다. 갈증과 배고픔의 고통이 며칠 동안 극심했습니다. 그러나 그 이후 그가 쓰러져 일종의 혼수상태에 빠져 있을 때, 이렇게 말하는 소리가 들려오는 듯했습니다. "두려워마라, 사무엘아, 오늘부터 너는 다시 주리지도 목마르지도 않을 것이다." 그리고 그 시각부터, 그가 말뚝에 매인 채 불 병거를 타고 천국에 올라가기까지 몇 날 동안, 음식과 물의 배급이 전혀 늘어나지 않았음에도 불구하고, 배고픔과 갈증을 전혀 모르고 지낼 수 있었습니다. 아마도 의사는 이렇게 말하려 할 겁니다. 자연적으로, 종종 극심한 고통 뒤에 감각이 죽어감으로써 그것이 일종의 진통제 효과를 내는 것이 가능하다고 말입니다. 이 경우에서도, 하나님께서는 기적에 의하지 않고도, 보통의 자연의 방식 속에서 그 사람을 자기 몸의 결핍을 느끼지 못하는 특정한 상태가 되도록 하신 것입니다. 그래서 배고픔과 갈증을 유발하는 통상적인 작용이 지속되고 있었지만 그가 그것을 의식하지 못하였을 것입니다. 주께서는 그런 식으로 기적 없이 기적을 행하기를 기뻐하셨으며, 이 말씀을 입증하셨습니다. "사람이 떡으로만 사는 것이 아니요 여호와의 입에서 나오는 모든 말씀으로 살 것이라."

이 위대한 진리에 대해 「헨리 어스킨 씨의 생애」(*Life of Mr. Henry Erskine*)에 아주 흥미로운 예화들이 몇 가지 실려 있습니다. "그는 종종 큰 곤경과 어려움에 처하였다. 한번은 그와 그의 가족이 저녁을 먹었을 때, 더 이상 집에는 빵도, 곡식도, 고기도, 돈도 남지 않았다. 아침에 어린 아이들이 아침을 달라고 울어댔고, 그들의 아버지는 그들을 달래느라고 애를 썼다. 그리고 그는 동시에 그 자신과 아내를 격려하며 어린 까마귀들이 울 때에 들으시는 섭리에 의지하기로 했다. 이렇게 애쓰고 있는 동안, 한 시골 사람이 문을 세차게 두드렸다. 그리고 누구든 그의 짐을 내리는 것을 도와달라고 요청했다. 그가 어디서 왔는지, 무엇을 위해 왔는지에 대해 질문을 받고서, 그는 자기가 레아번 부인으로부터 어스킨 씨에게 양식을 주기 위해 왔다는 이야기를 그들에게 들려주었다. 그들은 그가 착오를 일으켰음에 틀림없으며, 아마도 같은 마을에 다른 어스킨 씨가 있는가보다 라고 그에게 말했다. 그는 아니라고 대답했다. 그는 착오가 아닌 것을 알고 있었다. 그리고 '와서 짐을 푸는 것을 도와주시오. 그렇지 않으면 짐을 문 앞에 내려놓을 테요'라고 했다. 그들이 그에게서 자루를 내려서 풀어보니, 자루에는 생선과 고기가 가득 들어 있었다. 또 한 번은, 에든버러에 있을 때인데, 수입이 너무도 줄어들어 주머니에 겨우 반 페니 동전 세 개만 있었다. 그가 어디로 향해 갈지도 모른 채 길을 걸어가는 동안, 시골 사람 복장을 한 사람이 그에게 다가와서는 편지 한 통을 건넸다. 그 속에는 몇 개의 스코틀랜드 은화 몇 닢이 동봉되어 있었고, 이런 글이 쓰여 있었다. '선생님, 한 동정심 많은 친구가 주는 이것을 받아주세요. 안녕.' 어스킨 씨는 그 돈이 어디에서 왔는지 결코 알 수 없었다. 또 다른 때는, 도보로 여행을 하고 있을 때였다. 돈은 떨어졌고, 수입이 줄어 궁핍한 지경에 처할 상황이었다. 골풀이 많은 늪지에서 지팡이를 세워 걷고 있는데, 지팡이 끝에서 무언가 딸랑거리는 소리를 들었다. 은화 두 닢이었다. 그것이 가사를 돌보는데 크게 도움이 되었다. 박해와 가난의 시절에, 하나님께서는 그의 백성들의 삶에 놀랍게 개입하신다."

나는 나 자신이 「섭리의 책」(*Book of Providences*)을 쓸 수 있었는데, 윌리엄 헌팅던의 「믿음의 은행」(*Bank of Faith*)만큼이나 꽤 알려지게 되었습니다. 하나님은 자기 백성의 필요를 공급하십니다. 이는 공상이나 미신의 문제가 아닙니다. 우리는 그것을 경험했으며, 검증했습니다. 우리에게는 그 진리를 입증할 많은 증거를 가지고 있습니다. 어떤 사실이 과학이나 철학에서 당연하게 받아들여지도록 입증되는 것에 못지않습니다. 사람은 오늘날에도 떡으로만 사는 것이 아니며, 섭리의 일반적인 통로를 통해서만 사는 것이 아닙니다. 하나님께서는 여전히 그 자녀들의 결핍을 채우십니다. 그러므로 그분을 신뢰하는 어느 누구도 결코 주리지 않습니다.

나는 이 아침에 여기 나오기가 힘들 것으로 예상되는 누군가에 대해 말하고 있음을 의식합니다. 그는 너무나 큰 곤경에 처하여서, 비록 그리스도인이면서도, 옳지 않다고 생각하지만 어쩔 수 없다고 여기는 일을 하도록 사탄에게 심한 유혹을 받고 있습니다. 그는 말합니다. "우리는 살아야 해." 내 형제여, 나로 하나님의 사자로서 당신을 권고하게 하십시오. 스스로 길을 벗어나지 마십시오. 가만히 서서 하나님의 구원을 보십시오. 잘못된 일을 하는 것은 결코 옳지 않습니다. 이것은 당신의 믿음을 위한 시련입니다. 오! 당신의 믿음에서 떨어지지 마십시오. 이 아침에 이렇게 말하며 하나님의 도움을 구하십시오. "제가 굶어죽을 수도 있지만, 그러나 죄를 지을 수는 없습니다." 그러면 느부갓네살의 뜨거운 풀무 가운데서도 그 거룩한 세 자녀들을 건지신 하나님께서 틀림없이 당신을 건져내시리라는 확신으로 안심할 수 있을 것입니다. 설혹 그리 아니하실지라도, 그럼에도 당신의 결심은 여전히 굳세어서 흔들리지 않아야 합니다. "내가 어찌 이 큰 악을 행하여 하나님께 죄를 지으리이까"(창 39:9).

2. 마음속의 은혜의 삶

나는 이제 이 설교의 두 번째 부분으로 들어가겠습니다. 본문은 너무나 명백하게, 영적인 취지를 담고 있습니다. 인간은 떡으로만 살지 않습니다. 떡은 단지 육체의 조직에만 양분을 줄 뿐입니다. 사람은 하나님의 입에서 나오는 모든 말씀으로 삽니다. 그것이 불멸의 영혼을 먹입니다. 그것이 하나님께서 중생과 회심의 역사에 의해 그 속에 넣어두신 하늘의 불꽃을 지탱시킵니다.

1) 첫 번째로, 본문은 배고픔과 그 결과에 대해 말합니다.

여러분 중 많은 사람들이 이제는 이 배고픔이 무엇을 의미하는지 이해합니다. 세상이 우리에게 충분한 것을 제공해 줄 때가 있었습니다. 우리에게 먹고 마시기에 충분한 것이 있고, 다른 이방 사람들처럼 자금이 넉넉한 것, 한때는 이것이 우리가 추구한 모든 것이었습니다. 그러나 별안간 하나님께서 우리 속에 새 생명을 부여하셨습니다. 어떻게 그렇게 하셨는지는 우리가 알지 못했습니다. 우리가 그 생명을 가졌다는 첫 번째 증거는 우리가 주리기 시작했다는 것입니다. 우리는 만족하지 않았습니다. 우리는 불만족하게 되었습니다. 우리는 행복하지 않았고, 무언가가 결핍되었다고 느꼈습니다. 우리는 그것이 무엇인지 알지 못했습니다. 하지만 그것이 우리가 꼭 가져야만 하는 어떤 것이며, 그렇지 않으면 죽는다는 것을 우리는 알았습니다. 영혼은 죄를 의식했고, 용서를 갈구하게 되었습니다. 잘못을 의식하고서, 정결함을 갈망하였습니다. 하나님으로부터 멀어져 있는 것을 의식하고서, 그분의 임재에 목마르고 배고팠습니다. 구주께서 그 산 위에서 말씀하신 것은 바로 이 복된 배고픔이었습니다. 이렇게 말씀하셨지요. "의에 주리고 목마른 자는 복이 있나니 그들이 배부를 것임이요"(마 5:6). 이제 이 굶주림에 대해 말하자면, 그것을 알고 있는 당신은, 우리가 처음 그것을 알게 되었을 때가 가장 고통스러웠다고 증언할 수 있습니다. 우리들 중 어떤 이들에게 그것은 너무나 고통스러워서 가만히 있을 수가 없었습니다. 그것은 우리가 잠들 때에도 우리를 괴롭혔고, 우리가 일할 때에나, 들에서나, 거리에서나, 계속해서 괴롭혔습니다. "오 내가 그분을 만날 곳을 안다면 좋으련만! 오 내가 구원받으면 좋으련만!" 우리는 외쳤습니다. "오, 그렇게만 된다면! 그리될 수만 있다면!" "아!" "오!" 표현할 수 없는 신음이 우리 영혼 깊은 곳에서 솟아났으며, 우리가 설명할 수 없는 무언가를 갈망했습니다. 우리는 그리스도를 필요로 했습니다. 우리는 우리 찬송가의 가사의 의미를 이해하게 되었습니다. "내게 그리스도를 주소서, 그렇지 않으면 내가 죽겠나이다." 얼마나 고통스러운 배고픔이었는지요! 손으로 앙상한 자기 뼈를 셀 수 있는 굶주린 거지조차도, 하나님께서 우리 생명을 지탱하는 것을 거두어가셨을 때, 우리의 영혼이 극심한 기근과 궁핍으로 우리 속에서 녹는 듯 할 때, 우리가 느꼈던 그 고뇌를 느끼지는 못합니다.

게다가, 그 배고픔은 결코 채워질 수 없는 것이었기에, 무엇으로도 멈출 수가 없었습니다. 친구들은 말했습니다. "세속의 오락을 좀 즐겨야 해." 그것은 마치 사람의 배고픔을 그림자로 채우려는 노력과도 같았습니다. 율법주의자들은 이렇게 말했습니다. "당신은 이런저런 의무들을 이행해야 합니다." 그것은 마치 영혼을 거품으로 채우려는 시도와 같았습니다. 여전히 우리의 배고픔은 탐욕스런 착취자처럼 외쳤습니다. "주시오, 주시오, 우리에게 더 근본적이고, 이보다 더 신성한 무언가를 주시오." 오! 배고픈 영혼을 음악과 그림과 부와 명예와 명성으로 달래려 하는 사람들이 얼마나 있는지요. 불쌍한 바보들이여! 그들이 한 번이라도 영적인 배고픔이 무엇을 의미하는지 알았더라면, 이처럼 한가하고 우스꽝스러운 시도를 단념할 것입니다. 예수님 외에 어느 누구도, 하늘의 떡이신 그분 외에 어느 무엇도, 주린 영혼을 만족시킬 수 없습니다. 이렇게 주린 자들은 복이 있습니다. 그러나 주리고 목말라서 그리스도를 갈망하는 것이 무엇인지 모르는 사람들은 저주를 받았습니다.

다음으로, 이 배고픔은 맹렬한 것입니다. 때때로 그것은 불편한 시기에 찾아옵니다. 성 바울 십자가 교회의 설교자였던 헨리 스미스 씨는 "갓난아기들 같이 순전하고 신령한 젖을 사모하라 이는 그로 말미암아 너희로 구원에 이르도록 자라게 하려 함이라"(벧전 2:2)는 본문으로 설교하면서 이런 말을 했습니다. "배고픔이 유아들을 찾아올 때, 그들은 한가히 노는 것이나, 필요한 물건이나, 어머니의 자애로움이나, 무슨 일이나 형편이든지 전혀 고려하지 않는다. 그래서 그들이 음식을 달라고 울자마자, 그들을 먹여야 한다." 그리스도의 필요를 느끼기 시작한 사람도 마찬가지입니다. 그가 이런 말을 들을 수도 있습니다. "당신은 집에서도 경건한 시간을 가질 수 있습니다. 일터에서까지 울적하게 보낼 필요는 없잖아요." 아! 그러나 그는 어쩔 수가 없습니다. 그는 배고픕니다. 배고픔은 시간을 모릅니다. 그것은 불시에 찾아오고, 한 번 와서는 돌아가려 하지 않습니다. 이렇게 말하는 것이 소용없습니다. "내가 좀 더 편할 때가 되면 너를 만족시켜줄게." 그러면 배고픔은 이렇게 말합니다. "지금, 지금, 지금, 먹어야 해. 나는 지금 채워져야 해." 진실로 주린 영혼도 역시 그러합니다. 그 영혼은 그리스도를 지금 필요로 합니다. 주일이 아니더라도, 예배드리러 갈 시간이 아니더라도, 지하실로 숨어들어가든지, 다락방을 찾아가든지, 아니면 그 어디라도 하늘의 아버지 하나님께 울며 음식을 달라고 부르짖을 곳을 필요로 합니다. 왜냐하면 그의 배고픔은 아주 맹렬한 것이며, 특정한 시나 때를 가리지 않기 때문입니다. 그것은 너무나 맹렬하기에 진실로 배고픈 영혼은 이 속담에서 말하는 굶주린 사람과 같습니다. "배고픔은 돌담도 부수고 돌파한다." "오! 비 내리는 주일이네요!" 아! 그러나 영혼이 배고픕니다. 그러니 비가 오든 안 오든 가야 합니다. "그래도 길이 더럽고 진흙투성이인데요." 그래요, 하지만 영혼이 배고픕니다. 그러니 진흙에 무릎이 빠져도 가야 합니다. "그래도 거리가 꽤 먼데요." 그보다 열 배가 멀어도 가야 합니다. "오! 그러면 가까운 다른 곳도 있잖아요." 예, 그러나 그곳은 철학으로 반죽한 떡을 팝니다. 그리고 영혼이 이렇게 말하지요. "나는 그런 재료로 만든 음식으로는 채워질 수 없어. 나는 아기들을 위한 우유가 있는 곳, 그리고 장성한 어른들을 위한 떡이 있는 곳으로 가야 해." 그래서 영혼들은 하늘의 떡이 나누어지는 곳으로 모여듭니다. 누군가 이렇게 말합니다. "왜 사람들이 그곳으로 그렇게 모여들지?" 오! 만일 그들이 사람들이 얼마나 배고픈지를 안다면, 그렇게 궁금하게 여기지 않을 것입니다. 교구 내에 빵집이 하나 있다면, 그리고 모든 사람들이 굶주렸다면, 그들이 아침에 빵을 사기 위해 문전성시를 이룬다 해도 놀라지 않을 것입니다. 주님께서 참된 복음 사역자를 보내시는 곳에는 언제나 그러했습니다. 주님은 먹을 입들이 없는 곳에 빵을 보내시지는 않습니다. 말씀이 전파되는 곳에는, 들을 귀 있는 자들이 있을 것이며, 그것을 받아들일 마음들도 있을 것입니다. 이 배고픈 영혼들을 멈추려는 시도는 아무 소용이 없습니다. 그들은 하나님의 입에서 나오는 말씀을 받아야 합니다.

덧붙이자면, 이 배고픔은 증대되는 것입니다. 사람이 오래 깨어 있을수록 배고픔은 더 커지는 법입니다. 그의 배고픔은 줄어들지 않습니다. 죄의 자각은 결코 줄어들지 않으며, 오히려 갈수록 예민해집니다. 마치 굶주림이 위 벽을 긁어내리듯이, 영적인 굶주림도 사람의 마음을 긁습니다. 그는 형언할 수 없을 정도로 비참해집니다. 그의 외침은 갈수록 날카로워지며, 뼈에 사무치며, 마침내 그는 자신의 궁핍을 채우려고 하늘에까지 헤치고 들어가 이렇게 말합니다. "주여, 긍휼을 베푸소서. 주여, 긍휼, 긍휼, 긍휼을!" 당신이 그에게 이렇게 말할지 모르겠습니다. "왜 그렇게 요란스러운가요?" 그의 유일한 대답은 이럴 것입니다. "긍휼을 베푸소서. 주여, 긍휼, 긍휼, 긍휼을! 내게 그리스도를 주소서. 내게 그리스도를 주소서, 그렇지 않으면 제가 죽겠나이다!"

이제, 이 배고픔의 결과는 무엇입니까? 바로 그것은 사람을 겸손하게 하는 것입니다. 이 주린 죄인들은 결코 교만하지 않습니다. 그들에게는 거만하고 건방지게 조롱하는 자들을 맞상대하고픈 마음이 없습니다. 자기 자신의 선행으로 만족한 영혼들, 자기 자신의 공허한 자랑으로 배부른 영혼들, 이 배부른 죄인들은 그리스도와 그분의 복음을 조롱하며 큰소리칠 수 있을 것입니다. 그러나 이 배고픈 자들에 대해 말하자면, 구원을 얻을 수 있다면 기꺼이 무엇이라도 되며 또한 무슨 일이든 하려 할 것입니다. 이제, 그들은 "은혜"라고 부르는 단어를 사랑하여, 그들에게는 그 말이 마치 필요로 하는 음식을 먹도록 부르는 종소리와 같습니다. 이제, 그들은 하나님의 주권에 대해 듣기를 사랑하며, 하나님이 왕이 되시기를 기꺼이 바랍니다. 이제, 그들은 선택에 대해 반대하지 않으며, 은혜의 언약에 지극한 관심을 갖습니다. 이제, 그들은 칭의에 대해서도 반대하지 않으며, 칭의가 그리스도의 의로 말미암아 값없이 은혜로 주시는 것임을 인정합니다. 그들 자신의 의는 텅 빈 것을 알기 때문입니다. 그들은 낮아졌으며, 그래서 그리스도를 영접하기에 적합한 상태가 되었습니다. "내가 높고 거룩한 곳에 있으며 또한 통회하고 마음이 겸손한 자와 함께 있나니"(사 57:15). "무릇 마음이 가난하고 심령에 통회하며 내 말을 듣고 떠는 자 그 사람은 내가 돌보려니와"(사 66:2). 복된 배고픔이여! 당신에게 오늘 그것이 있다면, 하나님이 당신을 곧 만족하게 하실 것입니다. 그분이 조만간 그 일을 행하실 것입니다. 그리고 당신에게 이미 그 배고픔이 있다면, 모든 고통 속에서도 그것이 당신에게 지속되기를 바랍니다. 당신이 항상 주리고 목마르며, 마치 갓난아기처럼 순전한 말씀의 젖을 사모하여 계속해서 자라기를 기도합니다.

2) 두 번째로, 하늘의 떡과 그것의 빼어난 장점을 주목합시다.

당신이 알다시피 이 떡은 하나님의 말씀입니다. 우선 그 말씀은 여기 성경에 기록된 대로 우리에게 주어졌습니다. 두 번째로는 하나님이 택하시고 지명하신 대사들의 입으로부터 우리에게 주어졌습니다. 이 둘 중 어느 하나라도 멸시하는 자는 곧 영적으로 야위어가는 자신을 발견하게 될 것입니다. 성경의 말씀은 밀가루와 같고, 설교는 빵과 같습니다. 말씀이 인간의 미각에 맞도록 제조되고 전달되어서, 인간의 영혼이 그것을 섭취할 수 있는 것은 설교를 통해서입니다. 하나님의 교회가 설교 강단을 멸시하는 순간, 하나님께서는 그 교회를 멸시할 것입니다. 주께서는 그분의 사역자를 통해 그분의 교회를 부흥하게 하시고 복주시기를 언제나 기뻐해오셨습니다. 그리고 당신은 사역자들의 개입 없이 일어났다고 자랑하는 부흥들은 머지않아 아무것도 아닌 것임을 알게 될 것입니다.

지속되는 부흥들은 하나님이 수단들을 사용하셔서 그분 자신이 영광과 명예를 얻으시는 것들입니다. 하나님께서 수단을 제쳐두심으로써 영광을 받으신다는 사고방식은 전적으로 잘못된 것입니다. 그것은 그분의 영광이 아닙니다. 그분의 영광은 우리의 약함 속에서 그분이 승리하시는 것입니다. 그분은 오른손으로 어떤 나귀 턱뼈 같은 것을 붙드시고 블레셋 사람들을 여러 무더기로 죽이실 수 있습니다(삿 15:16). 사용된 도구의 연약함이 하나님을 영화롭게 하는 경향이 있습니다. 그래서 그분이 어떤 수단이나 도구들 없이 일하기를 기뻐하시는 경우는 매우 드뭅니다. 은혜에서 깊이 자란 대부분의 그리스도인들은 기도의 집을 아주 빈번하게 방문하는 자들입니다.

그런데, 우리가 이 음식을 필요로 하는 것은 왜입니까? 왜 우리가 하나님의 말씀을 필요로 합니까? 우선 이렇게 대답하겠습니다. 우리가 그것을 필요로 하는 것은 우리가 받은 생명을 **지탱하도록** 하기 위해서입니다. 하나님께서 에덴을 창설하셨을 때, 거기에 물을 주지 않고 방치해 두지 않으셨습니다. 창세기에서 읽듯이, 안개가 땅에서 올라와 온 지면을 적셨습니다(2:6). 그러나 그럼에도 불구하고 매우 이상한 것이 있는데, 그것을 주목해야 합니다. 즉 하나님께서 해와 달과 별들에게 명하여 지면을 비추라 하시기 전에, 먼저 땅의 풀과 채소와 나무들을 만드셨습니다(창 1:12). 식물에게 자양분을 공급해 주는 것이 생기기에 앞서 식물체가 먼저 존재한 것입니다. 이는 하나님께서 외부적인 수단이 없이도 생명을 유지하실 수 있음을 보여주고자 하신 것입니다. 식물조차도 외부적인 것으로만 사는 것이 아님을 보여주려 하신 것입니다. 만약 완전한 에덴에도 물을 주는 것이 필요하다면, 우리는 훨씬 더 그러합니다. 우리는 주의 오른손으로 심으신 식물들이지만, 그러나 마른 땅에 내린 뿌리들 같습니다. 그래서 물이 가득하여 우리의 뿌리까지 흘러드는 하나님의 강을 우리는 필요로 합니다. 이슬이 없는 길보아처럼 되지 않으려면, 하나님이나 인간의 마음을 기쁘게 하는 초목도 없이 황량하고 메마른 산이 되지 않으려면, 매 시간 우리를 적셔주는 헐몬의 이슬을 필요로 합니다(시 133:3). 영적인 생명을 부여받는 것도 전적으로 하나님께 달렸듯이, 그것을 유지하는 것도 전적으로 하나님께 달렸습니다. 우리를 그리스도인이 되게 하신 그분만이 우리를 또한 보전하실 수 있으며, 거룩한 양식의 필요를 채워 주실 수 있습니다.

우리는 이 신령한 음식을 겨우 살아있기만 하기 위해서가 아니라, 또한 **자라**

도록 하기 위해 필요로 합니다. 베드로 사도가 말하듯이, "갓난아기들처럼" 우리는 자라야 하는 것입니다. 그러면, 양식 없이 우리가 어떻게 자라겠습니까? 생명을 계속 존속시키는 것이 가능하다 하더라도, 항상 아기처럼 되기를 우리는 바랍니까? 우리는 언제까지나 어린아이이기를 바랍니까? 아니, 우리가 그리스도 안에서 젊은이가 되도록 기도합시다. 그리스도 예수 안에서 온전한 사람으로 장성한 분량에까지 자라도록 기도합시다. 그러나 하나님의 말씀이 우리의 영적인 양식이 되지 않는다면 어떻게 이 일이 가능하겠습니까? 말씀을 듣는 중에 그리스도를 보고, 그분의 살을 먹고 그분의 피를 마시지 않고서 어떻게 그 일이 가능하겠습니까? 당신은 당신의 자녀들을 먹이지 않고서 그들이 자라기를 바라지 않을 것입니다.

　뿐만 아니라, 이 음식은 우리가 자랐을 때 우리를 강하게 하기 위해 필요합니다. 온전히 자란 사람은, 비록 그가 온전한 어른이라 하더라도, 여전히 많은 면에서 아주 불완전합니다. 그는 온전한 어른이긴 하지만, 여전히 약합니다. 어른이라도 먹지 않으면 약해지는 것이 너무나 당연하지 않습니까? 그리스도인들이 하나님의 말씀에서 양분을 섭취하기를 게을리하면, 기도에서도 약하고, 활동에서도 약하고, 믿음에서도 약하고, 사랑에서도 약해짐을 느끼는 것은 조금도 이상하지 않습니다. 오 영혼들이여! 여러분 중에는 병든 사람들이 많이 있으며, 어떤 이들은 곧 죽을 것 같습니다. 그 이유는 하늘의 떡에 대해 당신의 입을 닫았기 때문이며, 연회의 식탁에 앉지 않고 여러 날들을 보냈기 때문이며, 약속의 골수와 기름진 것을 섭취하지 않았기 때문입니다.

　또한, 우리가 영적인 음식을 섭취해야 하는 것은 우리의 힘뿐 아니라 우리의 기쁨을 위해서도 필요합니다. 당신은 사람이 얼마나 자주 슬퍼하고 근심하는 것을 봅니까? 만일 충분한 양분을 섭취한다면, 금방 반짝이는 눈과 빛나는 얼굴을 하고 있을 그 사람이 말입니다! 나는 의심하지 않습니다. 많은 그리스도인들이 매우 기운이 없고 침울한 것은 그들이 하나님의 말씀을 먹지 않았기 때문입니다. 만약 그들이 에스겔처럼 두루마리를 먹는다면, 그들은 그것이 송이 꿀처럼 달콤하다는 것을 알게 될 것입니다. 우리가 단지 그리스도의 가슴에 좀 더 기대어 있기만 한다면, 그분의 식탁에서 좀 더 자주 먹고, 그분의 잔에서 마신다면, 우리의 평화는 강처럼 흐르게 될 것이며, 우리의 의는 바다 밀물처럼 가득할 것입니다. 당신은 당신의 영혼을 굶기고 있습니까? 만일 그렇다면, 당신의 기쁨이 죽은 것이 조금도 이상할 것이 없습니다. 당신의 즐거움이 고개를 떨어뜨린 채 시들고 말라버린 것이 조금도 이상하지 않습니다.

나의 친애하는 청중들이여, 우리들 중 많은 이들이 하나님의 말씀으로 가득 채워지는 것이 무엇인지를 안다고 나는 믿습니다. 나로 하여금 그것이 얼마나 **훌륭**한 음식인지 증언하도록 용인해 주시겠습니까? 하나님의 말씀보다 심령에 더 큰 만족을 주는 것은 온 세상에 아무것도 없습니다. 우리는 많은 책들을 읽었습니다. 우리는 철학자들의 금언들을 청취했습니다. 우리는 교훈들과 경험을 수집했습니다. 그러나 그 모든 것을 합친다고 해도, 성경의 단 한 구절에도 미치지 못합니다. 나는 리비우스(Livy: 라틴 이름 Titus Livius. 59 B.C-A.D. 17. 로마의 역사가 — 역주)를 번역하는데 생의 대부분을 보낸 한 그리스도인에 대한 말을 들었습니다. 그가 죽게 되었을 때, 그 시간을 하나님의 말씀을 읽는 것에 보냈더라면 하고 그는 탄식했습니다. 성경을 외국말로 번역하는 사람들은 언제나 말하기를, 한 단어에 적합한 의미를 찾기 위해 오랫동안 멈추어야 하는 과정들이 지치게 만들기는커녕 그들에게 너무나 큰 복이라고 합니다. 그들은 그 단어가 이전보다 더욱 달콤하다는 것을 발견합니다. 인쇄된 말씀 안이나 선포되는 말씀 안이나, 어느 곳이든 훌륭한 양식이 있습니다.

그것은 또한 얼마나 소박한 음식인지요! 소박한 음식보다 좋은 것은 없습니다. 그러나 많은 사람들이 복음 사역자의 강론을 들으려고 왔다가 이렇게 말합니다. "아, 나에게 맞을 정도로 그리 지적이지는 않구먼!" 그런 유아들은 스펀지 케익이나, 혹은 불결한 생강 빵을 주식으로 삼고 싶어합니다. 그러나 우리는 음식이 더 소박할수록 더 좋다고 생각합니다. 우리는 향료나 조미료 없이 있는 그대로의 재료로 요리한 것을 좋아합니다. 바로 여기서 볼 수 있는 것과 같습니다. 그것은 소박한 음식이면서도, 그 맛을 아는 자에게는 아주 달콤한 음식입니다. 비록 누군가가 마치 이스라엘 백성들이 광야에서 그랬듯이 "이것은 박한 음식이구먼"이라고 말하더라도, 당신은 결코 이 떡을 싫어하지 않습니다. 그것은 결코 당신의 입맛을 잃게 만들지 않습니다. 당신은 만족합니다. 오히려 살이 찔 정도로 배불리 먹습니다. 그러면서도 너무 많이 먹어서 불편해지는 적은 결코 없지요. 당신은 이 하늘 양식의 창고에 머물고 싶고, 이와 같은 포도주의 강에서 헤엄치고 싶은 느낌입니다. 너무나 즐거워서 오직 예수님과 그분의 십자가에 못 박히심 외에는 아무것도 생각하고 싶지 않습니다. 그 말씀 외에는 다른 어떤 책도 읽고 싶은 생각이 없고, 그 말씀을 비추어줄 성령의 빛 외에는 다른 빛에 대해 생각하고 싶지 않습니다. 덧붙이자면, 당신은 하나님의 집 외에는 다른 집에서 살고 싶은 마음이 없으며, 당신의 소원은 이것입니다. "주여 이 떡을 항상 우리에게 주소서"(요 6:34).

그러므로 하나님의 말씀은 풍성한 음식이면서, 동시에 소박한 음식이며, 덧붙이자면 건전한 음식입니다. 하나님의 말씀을 섭취하는 사람은 교만으로 부풀어 오르지 않으며, 게으르거나, 탐욕스러워지지도 않습니다. 인간의 책에서 최상의 것을 섭취하더라도 당신의 판단력은 곧 왜곡될 수 있습니다. 그러나 하나님의 순전한 말씀을 먹으면 그 속에 비속하거나 불결한 것이 없으며, 그 속에 있는 모든 것이 그리스도 예수 안에서 당신을 강하게 자라도록 하는데 유익함을 알게 될 것입니다.

또한, 한 가지 더 말하자면, 하나님의 말씀의 양식은 **풍부한** 음식입니다. 수백만의 사람들이 그것을 먹고 삽니다. 그리고도 수백만의 사람들이 더 먹을 수 있을 정도로 충분합니다. 우리는 때때로 좋은 식욕을 느끼며, 그리고 위대한 약속들을 필요로 합니다. 오! 그 속에 우리를 위한 위대한 약속들이 있습니다.

> "그대 예수를 피난처로 삼고 달려간 자여,
> 그분이 주신 말씀 외에 더 무엇이 필요하리요?"

우리의 큰 시련들은 우리를 약속의 보고(寶庫)로 더 힘차게 이끌어줍니다. 그 보고는 결코 고갈되는 법이 없습니다. 우리가 아무리 많이 소비하더라도, 복되신 주님께서 더 많은 수입을 얻게 하십니다. 약속의 수입이 환난이나 시련의 때에 우리가 필요로 하는 지출보다 훨씬 더 큽니다. 그곳에는 풍부한 떡이 있습니다. 그리고 오! 그것은 우리가 사랑하는 떡이기에, 그 떡이 변하는 것을 우리는 결코 원하지 않습니다. 여러분 중의 어떤 이들은 그것으로 사십 년을, 또 어떤 이들은 육십년을 부양받았습니다. 그럼에도 불구하고 여러분은 어떤 새로운 교리들을 원하지 않으며, 시대의 새로운 학설들을 원하지 않습니다. 오직 여러분이 원하는 것은 예전과 다름없이 언제나 하나님의 오랜 말씀입니다. 비록 그리스도 안에서 어린 신자에 불과하지만, 나는 말할 수 있습니다. 약 십이 년 전에 복음으로 여러분의 귀를 즐겁게 했던 음성이 그 때와 마찬가지로 지금도 여전히 영광스럽습니다. 나이가 들어갈수록, 나는 은혜의 교리들에 더 큰 애착을 갖고, 기록된 말씀에 대해 더 온전히 만족하며, 그것을 사람들의 귀에 들려주는 일에서 더 강렬한 기쁨을 느낍니다.

3) 마지막으로, 지속적인 의무에 수반되는 큰 특권입니다.

우리는 우리가 알지 못했던, 천사들의 음식으로서 만나를 먹도록 지음을 받았습니다. 그것은 우리의 육적인 판단을 뛰어넘은 일이지만, 주를 경외하는 이들은 그것을 꿀 섞은 과자 같았다고 말했습니다(출 16:31). 이스라엘은 그것이 매우 달콤하다는 것을 알았습니다. 만나에는 독특함이 있으며, 사람이 먹고 싶을 만한 맛을 지녔습니다. 나는 그것이 복음 선포와도 매우 유사하다고 생각합니다. 만약 사람이 그것을 동의할 수 없는 것이라고 결정한다면, 실제로 그렇게 될 것입니다. 그러나 만약 그것이 그에게 달콤하다고 여긴다면, 역시 실제로 그럴 것입니다. 만일 그가 먹기를 원한다면 틀림없이 먹을 수 있습니다. 이 보배로운 성경책 역시 그러합니다. 그 맛의 상당 부분은 우리 자신의 입에 달렸습니다. 우리의 입맛이 떨어질 때, 우리는 성경이 맛을 잃었다고 생각합니다. 그러나 성경이 그렇지는 않습니다. 탓해야 할 것은 우리의 입이지, 하나님의 말씀이 아닙니다. 종종 탓해야 할 것은 당신의 귀이지, 설교자가 아닙니다. 그를 비난하는 데 성급하지 말고, 오히려 당신 자신을 검사하는 데 신속하십시오.

“우리의 열조들도 알지 못했습니다.” 자연적으로는, 우리가 아무리 많이 그들을 존경한다 해도, 그들이 우리 자신들보다 더 낫지는 않습니다. 그들은 하나님께서 자기 백성들의 영혼의 필요를 채우시는 이 미묘하고, 신비하고, 아낌없이 베푸시는 방법에 대해 알지 못했습니다. 형제와 자매들이여, 만일 하나님께서 이러한 음식을 지금 우리에게 주신다면, 우리가 할 수 있는 최소한의 일은 가서 그것을 모으는 일이라고 생각합니다. 왜냐하면 만나가 떨어질 때, 알다시피 그것은 그들의 장막 속으로 떨어지지 않았기 때문입니다. 당연히 그들의 입 속으로 떨어진 것은 더욱 아니었습니다. 그것은 진 사면에 떨어졌습니다. 그래서 모든 사람이 한 오멜씩 담을 그릇을 들고 나가서 거두어야 했습니다. 많이 거둔 자도 남음이 없었고, 적게 거둔 자도 모자람이 없었습니다. 그러나 그들 모두가 그것을 거두러 나가야 했습니다. 그리고 주목하십시오. 그들은 매일 그것을 거두어야 했습니다. 그들은 한 번 거두었다고 이렇게 말해서는 안 되었습니다. “이제 내가 원하는 만큼 모두 거두었다.” 왜냐하면 만일 그들이 시일을 넘겨 보관하면 벌레가 생겼기 때문입니다. 그들은 새로운 것을 새롭게 거두어야 했습니다. 바로 이것이 우리가 하나님의 말씀에 대해 행해야 할 일입니다. 우리는 그것을 읽어야 합니다. 또한 우리가 그것을 한 번 읽었으면 반드시 기억해야 할 것이 있습니다. 만약 우리가 읽은 그것을 가서 다시 읽지 않으면, 벌레가 생긴다는 것입니다. 오늘 우리에게 먹이는 것은 우리가 어제 거둔 것이 아닙니다. 우리는 그것을 오늘 거두어야 합니다. 그러므로 우리는 우리의 성경을 펼쳐서 매일 이 기도와 함께 읽어야 합니다. “오늘 우리에게 일용할 양식을 주소서.” 우리의 오멜을 채울 어떤 특정한 본문을 취해야 합니다. 만약 우리가 한 장씩을 읽는다 해도 남지 않고, 혹 우리가 한 구절을 읽는다 해도 모자라지 않을 것입니다. 그런 다음 우리는 그 말씀을 우리의 기억 속에 저장하십시오. 그러면 꼭 하루 중의 첫 시간이 아니어도 하루 중 어느 때에라도, 그것이 우리에게 꿀 섞은 과자 같은 맛을 내는 것을 알게 될 것입니다. 사람이 하루에 한 본문을 배움으로써 성경에 대해 얼마나 많이 알 수 있게 되는지는 놀랍습니다. 또한 그가 그 날의 사건들을 본문의 빛으로 관찰하고 해석함으로써 경험적으로 얼마나 많은 것을 배우게 되는지는 놀라울 정도입니다. 설혹 당신이 전체 내용을 기억 속에 유지하지 못한다 해도, 그것 때문에 걱정하지 마십시오. 짧은 본문을 취하여, 그것을 하루 종일 당신의 혀 밑에 있게 하십시오. 그리고 그에 대한 주석을 찾아보십시오. 나는 매튜 헨리(Matthew Henry)를 말하는 것이 아닙니다. 스코트(Scott) 또는 길(Gill)을 말하는 것도 아닙니다. 내가 말하는 것은 당신 자신의 일상의 경험입니다. 주님께서 그분의 섭리로써 그 본문을 당신에게 어떻게 해석해 주시는지를 보기 위해 관찰하십시오. 그러면 당신은 아침에 당신에게 주어진 그 본문과 하루 중에 일어나는 시련들이나 은혜들 사이에 놀라운 관련이 있다는 것을 자주 보게 될 것입니다. 어쨌든, 하나님의 말씀이 당신 오른편에 선 용사가 되게 하십시오. 잡지, 신문, 새로운 도서 등을 읽느라고 너무 바쁘다는 핑계를 대지 마십시오. 이 신간 도서, 항상 새롭고, 항상 오랜 이 성경책 속에, 언제나 신선함이 있다는 것을 잊지 마십시오. 마치 우물처럼, 그것은 항상 물을 솟구쳐 낼 것입니다. 탁하고 케케묵은 물이 아니라, 전에 한 번도 햇빛 속에서 거품을 낸 적이 없는 신선한 물을 솟구쳐 낼 것이며, 그 좌우에서는 순도 높은 보석의 첫 광택처럼 찬란한 빛이 발할 것입니다. 이 샘으로 가서 새롭게 또 새롭게 마시도록 합시다. 하나님의 말씀은 당신의 입 안으로 떨어지지 않습니다. 당신은 장막 밖으로 가서 그것을 거두어야 합니다. 때때로 주님은 당신이 스스로 약속의 말씀을 읽지 않았음에도 약속을 적용시키시기도 하지만, 그런 경우는 일반적이지 않습니다. 당신은 값진 보석이 감추어져 있는 이 밭을 파헤쳐야 합니다. 그렇게 파는 중에 그것을 발견하고 큰 기쁨을 얻을 것입니다.

다음으로, 하나님의 말씀을 읽는 것 못지않게 많이 듣도록 마음을 쓰도록 합시다. 우리가 하나님의 집에 올 때에, 거기서 양식을 섭취하도록 하십시오. 오! 하나님의 집에서 주일을 보내는 것을 단순한 형식으로 여기는 사람들이 많이 있습니다. 나는 이들이야말로 안식일을 어기는 최악의 경우가 아닌지 의심하고 있습니다. 그들이 하는 일이 무엇입니까? 그들은 주의 식탁을 하찮게 여기며, 그분의 집을 경멸스럽게 여깁니다. 그들은 하나님의 집에서 코를 콩콩거리며 냄새를 맡고는 이렇게 말합니다. "얼마나 따분한지, 따분하고 재미없는 일요일이군!" 하나님의 자녀는 그렇지 않습니다. 그는 하나님의 집에 올라와서 마음속으로, 그리고 입으로 이렇게 기도합니다. "주님, 당신의 종에게 양식을 주사 오늘 내 영혼을 먹이게 하소서." 주의 말씀을 듣는 자들은 그들이 옳은 상태에 있을 때 둥지 속의 새들과 같습니다. 어미 새가 벌레를 물고 오면, 그들은 모두 목을 길게 늘어뜨리고서 누구에게 그 음식을 주는지 봅니다. 그들 모두 배고프고 그것을 필요로 하기 때문입니다. 하나님의 자녀들도 그런 식으로 말씀을 받을 준비가 되어 있습니다. 강제로 목으로 삼키기를 바라는 것이 아니라, 입을 크게 열고 채워지기를 바라며, 그 말씀을 사랑함으로써 받기를 원하는 것입니다. 마치 마른 땅이 하늘의 비를 마시듯이 그렇게 말씀을 받는 것입니다. 배고픈 영혼들은 말씀을 사랑합니다. 아마도 설교자가 그들이 듣기 원하는 것을 항상 들려줄 수는 없지만, 그러나 그것이 하나님의 말씀이라면, 그것으로 그들에게 충분합니다. 그들은 유언을 읽는 자리에 앉아 있는 사람들과도 같습니다. 변호사는 삐걱거리는 음성을 가지고 있든지, 아마도, 단어를 잘못 발음할 수도 있습니다. 그러나 그게 무슨 상관입니까? 그들은 그들에게 상속되는 것이 무엇인지를 알려고 귀를 기울이고 있습니다. 하나님의 백성들도 그러합니다. 이 배고픈 이들은 설교자가 아니라, 설교자의 하나님을 바라봅니다. 혹, 만약 당신이 매우 가난할 때, 어떤 마음씨 좋은 이웃이 한 덩이의 빵을 다리가 안쪽으로 휜 내반족(clubfoot, 內反足)을 가진 사람을 통해 보내준다고 해도, 당신은 그의 발을 보기보다는 그가 가

저온 빵을 보려 할 것입니다. 말씀을 듣는 자들 역시 마찬가지입니다. 그들은 완벽한 설교자가 올 때까지 기다린다면, 설교자를 아예 얻지 못하는 것을 압니다. 그러나 설교자가 온전하지 못해도, 그가 주님의 빵을 가졌다면 그들은 설교자를 환영합니다. 비록 그가 소년에 불과해도, 그리고 겨우 보리 떡 몇 개와 물고기들만 줄 수 있을 뿐이어도, 주님께서 그 양식을 증대시키실 것이며, 그래서 모두가 충분히 먹고 배부르게 될 것입니다.

　　그러나 이제 나는 이 배고픔을 전혀 느끼지 못하는 일부 사람들에 대해 말하려 합니다. 아, 가련한 영혼들이여! 당신들은 온통 육신적이며, 육체적인 배고픔만 느낍니다. 그리고 그것만 만족되면, 그것으로 충분하다고 여깁니다. 그러나 오직 영혼만이 하나님 나라를 볼 수 있다는 것을, 그리고 당신에게는 영혼이 없기 때문에, 하나님이 계신 곳에 갈 수 없다는 것을 기억하십시오. 만약 당신 속에 새로운 원리, 새로운 본성, 거듭난 영이 있다면, 당신은 영적인 배고픔을 느낄 것입니다. 그러나 자연적인 인간은 하나님에게 속한 일을 알지 못합니다. 그러므로 거듭난 영혼이 없이, 단지 태어난 그대로의 자연인으로서, 당신은 영적인 것들을 결코 갈망하지 않을 것입니다. 육신만 만족한다면, 그것으로 충분한 당신이니까요. 그러나 다음 세계에서는, 굶주림과 갈증이 당신을 찾아올 것입니다. 당신에게 이 본문을 상기시킬 필요를 거의 느끼지 못하지만 들어보십시오. "그가 음부에서 고통 중에 눈을 들어 … 불러 이르되, '아버지 아브라함이여 나를 긍휼히 여기사 나사로를 보내어 그 손가락 끝에 물을 찍어 내 혀를 서늘하게 하소서'"(눅 16:23,24). 지금 목마른 것이 영원히 목마른 것보다 낫습니다. 지금 배고픈 것이 빵이 거절되는 곳에서 배고픈 것보다 낫습니다. 당신은 이 아침에 그리스도의 필요를 느끼십니까? 당신의 죄를 자백합니까? 기억하십시오, 하늘 창고의 문은 결코 잠기지 않습니다. 그것은 언제나 조금은 열려 있습니다. 만약 여기에 구원받기를 원하는 한 영혼이 있다면, "주 예수 그리스도를 믿으십시오. 그리하면 당신이 구원을 얻을 것입니다." 그분을 믿는 것은 그분으로 하여금 당신이 결코 스스로 할 수 없는 일을 그분이 대신 하도록 하는 것입니다. 즉, 그의 피로 당신의 죄를 속하도록 하는 것이며, 그분의 선행으로 당신을 가리어 줄 의가 되게 하는 것입니다. 그분을 믿으십시오. 그분에게 당신을 맡기십시오. 그분을 신뢰하십시오. 그분의 방법과 그분의 뜻을 따라 구원을 얻으십시오. 만약 주께서 당신으로 하여금 기꺼이 당신 스스로는 아무것도 아니며, 그리스도만이 모든 것이라고 여기도록 만드신다면, 당신은 구원받은 것입니다. 왜냐하면 그분이 그와 같은 상태에 들어가게 하신 사람은 그분이 이미 구원으로 이끄신 사람이기 때문입니다. 가난하고 배고픈 죄인이여, 예수를 믿으십시오. 그러면 믿음이 당신을 배부르게 채울 것입니다. 당신이 빈 배로 주린다 해도, 기도의 입을 열고 믿음의 손을 뻗으십시오. 그러면 그분이 반석에서 흘러나온 물을 주실 것이며, 하늘의 빵으로 당신을 부양하실 것입니다. 주께서 허락하사 우리를 이 말씀에 속한 자들 되게 하시기를 축원합니다. "하나님의 나라에서 떡을 먹는 자는 복되도다"(눅 14:15)!

제
6
장

—

순례자의 감사의 회상

—

"너를 낮추시며 너를 주리게 하시며 또 너도 알지 못하며 네 열조도 알지 못하던 만나를 네게 먹이신 것은 사람이 떡으로만 사는 것이 아니요 여호와의 입에서 나오는 모든 말씀으로 사는 줄을 네가 알게 하려 하심이니라. 이 사십 년 동안에 네 의복이 해어지지 아니하였고 네 발이 부르트지 아니하였느니라. 너는 사람이 그 아들을 징계함 같이 네 하나님 여호와께서 너를 징계하시는 줄 마음에 생각하고, 네 하나님 여호와의 명령을 지켜 그의 길을 따라가며 그를 경외할지니라." — 신 8:3-6

슬프게도, 하나님의 은혜를 쉽게 잊어버리는 우리의 성향은 너무나 두드러집니다. 번성하고 평화로운 나라의 연대기는 단조롭고 흥미롭지 못하다고들 말합니다. 그러나 이는 우리가 은혜의 비망록을 작성하지 않았거나, 혹은 작성했다 하더라도 슬픔의 비망록에 비해 훨씬 많은 내용들을 지워 버렸기 때문이 아닐까요? 우리는 즐거움은 모래에 새기고, 고통은 대리석에 새깁니다. 우리는 결코 멈추지 않고, 우리의 가는 길 곁에 나란히 흐르고 있는 은혜의 시내를 잊어버립니다. 감사할 줄 모르고 은혜를 잊는 것은 우리에게 심각한 불명예입니다. 여기 이 책에서 하나님은 그분의 백성들로 하여금 그들이 받은 모든 은혜들을 상기시키십니다. 왜냐하면 그들은 언제나 하나님의 생각에서 떠나지 않았기 때문입니다. 자녀는 그 어머니의 친절을 잊어버릴 수 있지만, 어머니는 자녀를 위해서 감내하고 희생했던 것을 잊어버리지 않습니다. 사람은 벗에게서 받은 호의를 쉽게 잊어버릴 수 있지만, 그러나 호의를 베푼 자는 그가 베푼 것을 잘 잊어버리지 않습니다. 그러므로 하나님께서 나에게 베푸신 것을 모두 기록하여 열거하신다면, 부끄럽게도 나의 기억은 그 중 상당 부분을 놓쳐 버릴 것입니다. 하나님께서 기억할 만하다고 여기시는 것들을 우리도 기억의 페이지에 기록해야 하며, 또한 종종 그 기록을 음미할 필요가 있습니다.

우리는 또한 받은 은혜로부터 의무를 추론해 내는데 너무 더딥니다. 우리는 복을 받습니다. 그러나 모든 좋은 선물을 아낌없이 주시는 하나님께, 보답의 차원에서 그에 상응하는 의무가 있다고는 잘 느끼지 않습니다. 그러나 은혜에도 율법과 마찬가지로 의무가 있습니다. 영예로운 정신은 이 의무를 무엇보다 먼저 이행해야 하는 것으로 간주합니다. 비록 내가 율법 아래에서 행해야 할 바를 하지 않는다 해도, 어쨌든 내가 은혜와 사랑을 받기에 부당할 만큼 배은망덕하지 않다는 것은 입증해야 합니다. 선을 행하도록 하는 면에서, 율법으로 강하게 몰고 가는 것이 복음으로 부드럽게 이끄는 것보다 효과적이라고 말한 사람들이 더러 있었으며, 또한 거의 그렇게 입증한 사람들도 더러 있었습니다. 그러나 그래서는 안 됩니다. 만일 그렇다면, 잘못은 행동의 원리를 잘못 적용한 인간에게 있는 것이지, 감사의 원리(principle of gratitude)에 있는 것이 아닙니다. 왜냐하면 감사의 원리란, 바른 정신을 가지고 있는 사람들, 하나님의 성령에 의해 가르침을 받은 사람들, 무한한 지혜에 의해 고상한 삶의 동기를 부여받은 사람들에게는, 하나님의 초월적인 사랑과 은혜로부터 흘러나오는 동기이기 때문입니다.

형제들이여, 비록 우리는 우리의 의무를 잊었더라도, 하나님께서는 그것을 잊지 않으셨음을 이 본문이 명백하게 보여줍니다. 여기에서, 그분이 베푸신 은혜들을 요약한 다음, 그분은 "그러므로"(KJV 6절 앞 'therefore', 한글개역개정에는 'therefore'에 해당하는 접속사가 없음)라는 단어로 한 가지 결론을 이끌어 내십니다. 이스라엘에게 그들이 그토록 많이 받았으므로, 그분의 길을 행하며, 그분의 명령을 지키고, 그분을 경외해야 한다고 말씀하십니다. 이것이 그분의 뜻이라면 우리는 그것을 자원함으로, 기쁘게, 실제적으로, 그것을 옳다고 인정하도록 합시다. 그리고 그분이 우리를 도우서서 우리가 순종하고, 이렇게 결심하고 살도록 요청하도록 합시다.

"내 하나님의 사랑을 받았으므로, 그분을 위하여
강렬한 사랑으로 내 마음이 불붙나이다.
시간이 시작되기도 전에 주님의 선택을 받았으므로,
그 보답으로 나 역시 주님을 선택하며 살겠나이다."

나는 이제 여러분이 본문에 제시된 은혜의 목록들을 주목하기를 바랍니다. 또한 그로부터 정당한 결론을 이끌어 낼 수 있기를 바랍니다.

1. 은총의 회고

주님의 은총을 회고합시다. 또한 그분이 이스라엘에 행하신 일이 우리를 위해 행하신 일의 표본이라고 간주합시다.

1) 낮추심의 은혜

본문에서 첫 번째로 언급된 은혜는 낮추심입니다. "너를 낮추시며 너를 주리게 하시며," 사람들 사이에서 이는 그리 높이 평가되는 은혜가 아닐 것입니다. 아마도 우리 스스로 볼 때, 그것은 지존자로부터의 커다란 호의라기보다는 차라리 어떤 심판의 일종으로 간주될 것입니다. 그러나 바르게 평가된다면, 이것은 주님의 인자하심의 가장 훌륭한 증거 중의 하나입니다. 이는 그분이 자기 백성을 자연적인 교만과 완고함에 내버려 두지 않으시는 것이며, 반대로 은혜의 작용에 의해 그들의 마음을 올바른 상태로 이끌어 가시는 것입니다. 본문을 주목해 보십시오. 낮아짐은 주림에 의해 생겨난 것입니다. 철저하게 결핍된 상태에 처하는 것만큼 사람을 낮추는 것이 무엇입니까? 그것은 사치에 대한 갈망이 아니었으며, 그들에게 부족한 빵과 물에 대한 것이었습니다. 그들 발 아래 있는 뜨거운 모래 토양이 어떻게 농작물을 산출할 수 있었겠습니까? 작열하는 태양과 건조한 모래가 끝없이 펼쳐지는 곳에서, 지독한 갈증을 달래줄 시내를 그들이 어떻게 찾을 수 있었겠습니까? 떡과 물의 결핍은 인간이 하잘것없는 존재이며, 하나님의 섭리에 크게 의존하는 존재임을 느끼게 해 주는 지름길입니다. 의심할 여지 없이, 그들의 처한 위치가 그들을 더욱 주리게 했으며 더욱 낮아지게 만들었습니다. 그들은 고센에서나 가나안에서 주린 것이 아니라, 메마르고 황량한 광야에서 주렸습니다. 그곳에서는 그들이 아무리 애를 써도 아무런 식량도 구할 수 없었기 때문입니다. 그들은 가장 비천한 심령의 상태로 낮아졌고, 가장 긴급한 결핍에 의해 심령이 깨어졌습니다. 그럼에도, 나는 이것이 그들에게 큰 은총이었다고 말합니다. 왜냐하면, 낮아지는 것은, 하나님이 복 주실 수 있는 위치에 놓여졌음을 의미하기 때문입니다. 인간의 방식을 따라 말하자면, 하나님께서 우리에게 복 주실 수 없는 몇 가지 위치가 있습니다. 만약 우리가 거만하여 높아진다면, 그것은 그분이 우리에게 미소 지으시는 신성한 영예와 영광과는 조화되지 않습니다. 그러나 우리가 보좌의 발등상에까지 낮아진다면, 그 때는 하나님께서 우리에게 다가오셔서 우리를 긍휼과 은총으로 대해 주실 기회가 생깁니다. 그러므로 이스라엘로서는 하나님의 은총이 흘러갈 수 있는 곳에 위치하고 있는 것이 좋습니다. 그곳에 있다면, 그리고 주려 있다면, 하늘의 은혜가 풍성하게 주어질 기회들이 있습니다. 배고프지 않은 자에게는 먹을 것이 주어지지 않습니다. 왜 그런 자를 먹일 필요가 있단 말입니까? 만일 그런 자를 먹이면, 그는 배고픈 자처럼 감사하지 않을 것입니다. 그러나 만일 그들이 굶어죽어간다면, 바로 그 때 하나님이 기적을 행하실 것입니다. 그들이 놀랍게도, 하늘의 열린 창이 그들의 일용할 양식을 내릴 것이며, 또한 그 열린 창문을 통하여 그들의 찬양과 감사가 하나님의 보좌로 올라갈 것입니다. 비천함이 있는 곳에 자비의 여지가 있으며, 빈곤이 있는 곳에 은총의 공간이 있습니다. 그러므로 이스라엘이 배고픔으로 낮아졌을 때, 자비가 영예를 얻을 수 있을 위치에 처했을 때, 그들은 복된 자들이었습니다. 그들은 궁핍해짐으로써 하늘의 양식을 공급받게 되었습니다. 만일 그들이 애굽의 양식을 소유하였더라면, 하늘의 만나를 얻지 못했을 것입니다. 만일 그들의 발 아래에서 밀이나 보리 같은 곡식이 자라나고, 그래서 그들의 매일의 양식을 수확할 수 있었더라면, 그들은 하늘에서 그들의 진 사방에 떨어지는 천사의 음식을 얻지 못했을 것입니다. 양식의 부재가 만나의 현존으로 크게 보상을 받았습니다. 물질적인 기근으로 인해 창조주에 의해 공급을 받을 수 있다면, 그것은 복된 것입니다!

사랑하는 친구들이여, 이제 이것이 바로 당신과 나의 경우에도 마찬가지임을 잠시 생각해 봅시다. 수년 전, 우리들 중 몇몇 사람들의 경우, 주께서 우리를 만나시고 우리를 영적인 기근의 고통스런 상태에 처하게 하셨습니다. 우리의 모든 식량이 동이 났고, 우리 역시 다른 사람들보다 나을 것이 없으며, 여하튼 천국에는 가게 될 것이라고 생각했고, 그럭저럭 세속의 즐거움으로 만족했습니다.

그러나 주께서 갑자기 우리의 지상의 위로들을 앗아가셨습니다. 주께서 세상적인 안식이나 즐거움들을 거두어가셨으며, 동시에 우리는 우리 앞에 놓인 죄와 죄의 심판을 보았습니다. 우리는 불뱀에 물리고 전갈에 쏘이는 고통을 받았던 광야의 그 사람들과 같은 입장에 처하게 되었습니다. 우리의 생각들은 잠시라도 안식할 틈을 주지 않았고, 우리의 죄는 끊임없이 괴롭히고 고문했습니다. 우리는 위로를 얻기 위해 주위를 둘러보았지만, 그 어디에서도 찾을 수 없었습니다. 우리는 살피고 또 살펴보았지만, 단지 절망할 또 다른 이유를 발견할 뿐이었습니다. 우리는 더 이상 우리 자신에게서 희망을 찾을 수 없었습니다. 우리가 그토록 낮아진 것이 얼마나 은혜인지요! 그 때 주께서 그분의 사랑으로 우리에게 나타내실 수 있었으니 말입니다! 우리가 그토록 비참해진 것이 얼마나 은혜인지요! 그 때 예수께서 그분의 용서의 피를 가지고 오셨으며, 성령께서 그분의 소성케 하는 능력으로 임하셨으며, 아버지의 약속이 충만한 은혜와 진리로 우리에게 임했으니 말입니다. 오, 우리가 하늘의 위로를 공급받을 수 있다면, 이 땅의 위로들을 빼앗기는 것이 얼마나 은혜인지요! 우리의 자기 신뢰를 잃어버리는 것이 얼마나 은혜입니까? 그 대신 그리스도 안에서 확신을 얻을 수 있으니 말입니다! 우리의 육신적인 안전이 쇠약해지는 것이 얼마나 복됩니까? 그 대신 그리스도 안에서 안전과 의를 얻을 수 있으니 말입니다! 그 때 철저하게 메말랐던 것이 우리에게는 몇 곱절이나 복됩니다. 왜냐하면 지금 우리는 살아 계신 예수 그리스도의 반석에 와서 물을 마실 수 있으며, 그분이 우리의 기쁨, 우리의 노래, 우리의 구원이 되셨으니 말입니다. 당신이 낮아졌던 시절을 잘 기억하십시오. 당신은 지금껏 그런 때를 여러 번 겪었을 것입니다. 그 때 이후로도 당신은 큰 영적인 곤경들에 처하였으며, 그럴 때면 당신에게 충분히 비축되어 있다고 여겼던 은혜가 고갈되었음을 발견했습니다. 마치 이스라엘 백성들이 믿지 않음으로 만나를 비축해 두었다가 벌레가 먹고 냄새가 났던 것과 마찬가지였습니다. 당신은 깊은 영적 빈곤으로 낮아지게 되었으나, 그러나 그것이 당신에게 큰 복이 되었습니다. 왜냐하면 매번 영적 빈궁에서 회복될 때마다, 그 회복의 시기는 거룩한 은혜가 임하는 유쾌한 계절을 알리는 서막(序幕)이었기 때문입니다. 나 자신이 영적으로 매우 기운이 없음을 느낄 때, 내 마음의 부패를 느낄 때, 나 자신의 약함 때문에 신음할 때, 나는 더 나은 것들을 기대하는 법을 배웠습니다. 내가 비워졌을 때 주께서 나를 채우시는 것을 경험으로 배웠기 때문에, 나는 낮아짐에 대해 감사하게 되었습니다. 내가 낮아졌을 때, 그것은 거룩한 성령에 의해 높이어지는 서막일 뿐입니다. 진정 이러한 이유들 때문에 우리는 낮아짐을 하늘의 은혜들 중 최상의 은혜로 간주할 수 있습니다. 여기 이 본문에서 낮아짐이 가장 먼저 언급되어 있으므로, 그것을 우리의 노래의 끝 부분이 되게 하지 마십시오. 그것이 감사의 회고록에서 첫 표지로 등장하였으므로, 그것을 우리 마음속에 뚜렷이 새겨두도록 합시다. "너를 낮추시며 너를 주리게 하시며." 오, 그분이 내 영혼을 그 발에 엎드리게 하시는 복된 시간이여! 오, 내가 나의 영광이라 생각했으나 실상은 더러운 누더기일 뿐인 것을 그분이 빼앗아가시는 행복한 계절이여! 오, 그분이 죄의 자각이라는 화살로 나에게 상처를 입히시고, 그분의 율법에 의해 나를 죽이시는 그 때가 몇 배나 기억할 만한 좋은 시절인지요! 그 때가 바로 그분이 사랑의 손길로 나를 치유하시고, 그리스도 예수 안에 있는 영원한 생명으로 나를 살리려 준비하시는 기간이기 때문입니다. 그러므로, 첫 번째로 꼽을 은혜는 영혼의 낮아짐입니다.

2) 하늘의 양식

두 번째로, 하늘의 양식 공급에 대해 주목해야겠습니다. 이제 우리는 마치 거울에 비추어보듯이 이스라엘의 경우에서 우리 자신들을 비추어볼 수 있습니다. "너를 낮추시며 너를 주리게 하시며 또 너도 알지 못하며 네 열조도 알지 못하던 만나를 네게 먹이신 것은." 낮추시고, 주리게 하시고, 또 먹이셨다는 것이 얼마나 달콤한 과정입니까? 어둠의 발꿈치 바로 뒤에 빛이 뒤따르는 것입니다. 여기에 배고픔으로 시달리어 낙담한 영혼이 있습니까? "의에 주리고 목마른 자는 복이 있나니 그들이 배부를 것임이요"(마 5:6). 본문에서 "또"는 다이아몬드 리벳(물체를 단단히 고정하는 대갈못)과 같아서, 누구도 그것을 제거하거나 떨어뜨릴 수가 없습니다. "너를 낮추시며 너를 주리게 하시며 또 … 먹이신 것은." 당신을 주리게 하신 분이 또한 틀림없이 은혜의 풍성한 공급으로 당신을 먹이실 것입니다. 가난하여 슬픈 영혼이여, 용기를 내십시오.

형제들이여, 이제 우리의 영적인 음식이 어떤 것이었던가를 주목해 보도록 합시다. 가장 먼저 언급해야 할 것은, 우리가 영적으로 매일 공급받았다는 것입니다. 우리는 날마다 영혼의 일용할 양식을 공급받았습니다. 만나가 매일 떨어졌듯이, 우리 영혼의 양식도 하나님의 영의 능력으로 때마다 우리에게 주어졌습니다. 광야에서의 이스라엘은 항상 아슬아슬하게 아사(餓死)의 고비를 만났지만, 그러나 결코 부족함을 몰랐습니다. 하늘의 개입이 없었더라면, 그 백성이 굶어죽는 것은 피할 수 없는 일이었습니다. 그러나 그 개입이 있었으니 얼마나 복된 일인지요! 그들은 양식 창고에 가서 "여기 양식이 많이 있구나"라고 말할 수 없었습니다. 그들은 당신이 런던의 템스 강변을 따라 걸으면 볼 수 있듯이, 양식으로 가득 찬 보세창고를 결코 볼 수 없었습니다. 그들이 잠자러 갈 때에도, 이스라엘의 어느 집에서도 반 페니 가격의 양식조차 저장되어 있지 않았습니다. 모든 가정이 빈약했고 모두가 빈털터리였습니다. 하나님의 신실하심이 없었더라면, 그들은 굶어죽은 것이나 다름이 없었습니다. 이것이 내가 주님을 안 이후로 주님 앞에 줄곧 살아온 방식과 정확히 똑같습니다. 하나님의 신실하심이 없었더라면, 내 영혼은 은혜에서 실족한 것이나 다름이 없었습니다. 과거의 그 어떤 경험에서나, 현재의 모든 지식에서도, 시련의 때에 나를 견고히 세울 만한 것은 아무것도 없습니다. 날마다 언약의 은혜가 개입하지 않는다면, 여러분 중 어느 누구도 의지할 것이 아무것도 없습니다. 하나님의 자녀는 이를 기억해야 합니다. 자신이 매우 연약하다고 느낄 때, 기도로 주님께 더 가까이 갈 수밖에 없을 때, 그는 기뻐해야 합니다. 왜냐하면 바로 그럴 때 그는 하나님께서 원하시는 곳에 있기 때문입니다. 내가 약할 그 때에, 나는 강합니다. 내가 아무것도 가지지 않았을 그 때, 나는 모든 것을 가졌습니다. 내가 그 땅의 묵은 곡식을 전혀 의지할 수 없을 때, 만나가 계속해서 내릴 것이며, 날마다 내 힘은 새로워질 것입니다. 친애하는 형제여, 이것이 당신의 경험이었습니까? 만일 그러했다면, 매일 하나님께 새 노래로 찬양하십시오. 그분이 당신의 영혼과 죽음 사이에 개입하셨습니다.

비록 만나가 매일 내렸다 해도, 그것은 언제나 **충분했습니다**. 나는 굶주림에 대해 말했습니다. 그러나 이스라엘은 결코 그것을 생각할 이유가 없었습니다. 하나님이 보내시는 음식은 제한이 없었으며, 그래서 어느 누구라도 "나에게는 양이 충분하지 않아요"라고 말할 수 없었습니다. 보통의 양식은 한 사람에게는 충분하더라도 다른 사람에게는 충분하지 않을 수 있습니다. 그러나 만나는 모든 사람에게 충분하였습니다. 오늘날 모든 신자에게 주어지는 은혜 역시 그러합니다. 하나님께서는 지금 이 시간까지 우리가 필요로 하는 모든 은혜를 당신과 나에게 주셨습니다. 그분이 우리에게 그토록 많은 것을 주셨어도, 여전히 더 많은 양식이 무한히 남아있어 그분은 결코 그것을 아끼지 않으십니다. 큰 부자의 창고에 가서 양식 얼마를 꺼내 오면, 남은 양식은 그만큼 줄어듭니다. 그러나 하늘에서 만나가 내려올 때, 남은 만나의 양은 내리기 전의 양과 전혀 다름이 없습니다. 하나님의 은혜도 그러합니다. 당신과 내가 많은 것을 받은 이후에도 처음과 마찬가지로 여전히 가득 넘칩니다. 만나와 관련하여 이스라엘 사람에게 주어진 유일한 제한은 받아들일 수 있는 그 자신의 용량입니다. 그는 그가 먹을 수 있는 만큼 가질 수 있었습니다. 또한 우리 역시 더 큰 은혜를 가지지 못했다면, 그것은 우리 자신의 결점 때문입니다. 우리가 하나님 더 가까이에서 살지 못했다면, 우리가 더 많은 기쁨을 소유하지 못했다면, 혹은 더 많이 쓰임 받지 못했다면, 그것은 그만큼 우리가 하나님 안에서 주리지 않았기 때문이며, 우리 내면이 배고프지 않았기 때문입니다. 우리는 그분의 은혜를 매일 같이 공급받아왔습니다. 우리는 우리가 요청한 만큼을 받아왔으며, 종종 더 많은 것을 받아왔습니다. 만일 우리가 하나님 안에서 더 큰 욕구와 더 큰 신뢰를 가지기만 했더라면, 우리는 그만큼 더 많은 것을 가질 수 있었을 것입니다. 이 광야에서의 일용할 양식으로 인해, 풍족한 양식으로 인해, 주의 이름을 찬양합니다.

만나는 매우 신비한 것입니다. 본문에서는 그것을 그들이 알지 못하며 또한 그들의 열조도 알지 못하던 것이었다고 묘사합니다. 또한 틀림없이, 이 날까지 우리를 지켜주신 하나님의 은혜는 우리에게 임한 가장 신비로운 능력입니다. 세상 사람은 그리스도의 살을 먹고 그분의 피를 마신다는 것이 무엇인지 이해하지 못합니다. 우리가 그것을 설명할 수가 없습니다. 우리는 이 날까지 하나님의 약속에 힘입어 살아왔습니다. 또한 거룩하신 성령께서 우리 영혼 속으로 들어오신 것에 힘입어 살아왔습니다. 그러나 우리는 그것이 어디서 와서 어디로 가는지는 알지 못합니다. 혈육으로 우리의 선조였던 분들은 그것이 무엇인지 알지 못했습니다. 심지어 우리 앞서 천국에 들어가신 믿음의 선조들조차 같은 양식을 공급받았다 하더라도, 그들에게도 그것은 우리에게와 마찬가지로 신비로웠습니다. 불가사의에 대해 말하자면, 그리스도인이야말로 세상에서 가장 큰 불가사의입니다! 기적에 대해 말하자면, 그리스도인의 삶이야말로 기적의 연속이 아니고 무엇이겠습니까! 마치 사슬로 연결된 듯 하나의 기적이 있은 후에 또 다른 기적이 이어집니다. 놀라운 양식으로 공급을 받아 사망의 한가운데에서도 여전히 살아 있으나, 세상은 결코 그것을 알지 못합니다. 많은 사람들이 보기에도 그렇고, 또한 우리 자신에게도 그렇듯이, 우리가 바로 경이(驚異)입니다. 형제들이여, 만나는 하늘에서 내려왔습니다. 바로 여기에 진리의 정수가 있습니다. 우리가 영적으로 살아왔다는 것은, 우리가 하늘의 양식으로 살아왔다는 것입니다. 만일 우리의 양식 공급이 인간의 활동에 의거한 것이었다면, 이 일은 실패했을 것입니다. 만일 이 일이 단지 좋은 책들을 읽는 것에 의거한 것이었다면, 때때로 우리가 책을 읽어 유익을 얻을 수도 있었겠지요. 그러나 끊임없이 솟아나는 거룩한 사랑의 샘물은 우리의 몸이나 정신의 상태에 의해 영향을 받지 않습니다. 그리스도 예수 안에 저장되어 있는 은혜와 사랑은 피조물의 수조(水槽)가 깨어졌을 때 우리에게 흘러오며, 친구들의 모든 도움이 소용없을 때 우리를 찾아옵니다. 위대하신 하나님, 오직 그분으로부터 우리는 우리의 영적 생명의 양분을 공급받아 왔습니다. 또한 그 양분은 언제나 적절한 때에 주어졌기에, 오늘날까지 우리는 부족 없이 지내올 수 있었습니다. 우리가 양식을 위해 땅을 쳐다볼 때 그분은 우리를 주리게 만드셨습니다. 그러나 우리가 그분께로 돌아설 때, 우리의 영혼은 골수와 기름진 것으로 만족하였습니다. 주의 이름이 영원토록 찬송을 받으소서! 사랑하는 형제와 자매들이여, 더욱더 보이지 않는 것을 따라 살도록 애쓰십시오. 아버지와 그 아들 예수 그리스도와 더불어 교제하십시오. 애굽의 곡물창고를 바라보지 말고, 육신의 도움을 의지하지 마십시오. 광야에서 이스라엘은 곡물창고가 없었지만, 그들은 모압이나 암몬을 바라보지 않았습니다. 그들은 여호와를 바라보았으며, 여호와 한 분만을 바라보았습니다. 당신도 그렇게 하십시오. 그러면 틀림없이, 기근의 때에도, 당신의 영혼은 만족하게 될 것입니다.

결국, 광야에서 이스라엘 자녀들은 인간의 땅에 내린 **최상의 음식**으로 양육 받은 셈입니다. 그들은 천사들의 음식을 먹었습니다. 애굽과 앗수르는, 그들의 모든 부에도 불구하고, 하늘에서 떨어진 떡을 맛보지 못했습니다. 그러나 가난한 이스라엘은 광야의 유랑생활에서 왕의 진미를 먹고 살았던 것입니다. 땅의 아들들이 마음껏 영양가 있는 음식을 먹고, 왕들의 자녀들처럼 살찌라고 하십시오. 그럴지라도 그들의 얼굴에서는 거룩한 기쁨과 환희를 찾을 수 없을 것입니다. 그들의 얼굴은 하늘에서 내려온 떡이신 그리스도를 먹고 산 사람들의 얼굴보다 아름답지 못할 것입니다. 그 어느 누구라도 하나님께서 친히 먹이신 이들보다 복되지는 않습니다. 그들이야말로 최상의 양식, 곧 하늘에서 내려 온 떡을 먹고 영원히 살게 되었기 때문입니다. 다른 떡을 먹는 이는 그것으로부터 일시적인 양분을 얻습니다. 그러나 머지않아 그는 죽습니다. 그리스도로 먹고 사는 자는 불멸의 양식을 먹고 사는 자이며, 나아가, 그 자신이 불멸의 존재가 됩니다. 그 양식이 그 사람을 변하게 하는 것입니다. 하늘에서 내려온 만나는 비길 데가 없습니다. 그것이 우리를 거룩하게 만들고, 그것이 내려온 하늘에까지 이르도록 우리를 자라게 하기 때문입니다. 그리스도를 먹는 자들은 그리스도와 같이 됩니다. 그를 먹고 사는 자들은 그분의 형상을 닮아가게 되고, 하늘의 하나님의 영광에 참여하는 자가 됩니다. 내가 여러분의 마음을 움직여 여러분으로 하여금 감사하도록 말을 잘 할 수 있었으면 좋겠습니다. 그러나 내 말이 부족하더라도 우리는 그렇게 해야 합니다. 여기 활기차게 흐르는 요단을 앞에 두고 앉으십시오. 그리고 맞은편 기슭의 가나안 땅을 바라보십시오. 그리고 주께서 이날까지 우리를 인도해 오셨던 길과, 또한 결코 우리의 기대를 저버리지 않았던 그 양식을 기억하십시오.

3) 놀라운 의복

우리가 본문에서 숙고해 보려는 세 번째의 은혜는 놀라운 의복입니다. "네 의복이 해어지지 아니하였고"(4절). 어떤 사람들에게는 이 본문의 의미가, 그들이 주변 나라들로부터 끊임없이 새로운 옷들을 조달할 수 있었다는 것으로 해석됩니다. 다른 사람들은 이렇게 말해왔는데, 그 진술에는 일리가 있습니다. 즉 그들 중에는 기술이 좋은 사람들이 있어서, 가축들에게서 나는 가죽을 활용할 수 있었고, 그래서 그들의 필요에 따라 옷을 만들어 공급할 수 있었다는 것입니다. 만일 정말 그런 의미라고 한다면, 그것 역시 감사의 큰 이유입니다. 이 백성들은 누더기 옷을 걸치지 않았습니다. 늘 행진을 하면서 늘 잘 차려 입었습니다. 그들의 의복이 해어지지 않았습니다. 그러나 나는 하나님의 말씀에서 모든 기적들을 제거하기를 좋아하는 사람들 중에 속하지 않습니다. 광야에서 이스라엘 자녀들의 역사는 전적으로 기적적이며, 하나님의 개입을 인정하지 않고는 설명될 수가 없습니다. 나로서는 그들의 음식이 그러했듯이, 그들의 의복도 기적적으로 주어졌다고 생각하는 것이 자연스럽게 보입니다. 만일 똑똑한 아이가 아무런 편견 없이 이 본문을 따라 읽어간다면, 이 일을 기적이라고 생각할 것입니다. "네 의복이 해어지지 아니하였고"라는 이 말씀은 기적들의 한가운데 위치하고 있습니다. 연속적인 기적에 의해 사십 년의 긴 기간에도 그들의 의복이 닳지 않았다는 것이 랍비들의 오랜 해석이었습니다. 보통의 옷은 여행을 하면서 닳고 떨어지게 마련이지만, 그들의 의복은 사십 년이 끝날 때에도 애굽을 처음 떠났을 때처럼 여전히 좋았습니다. 나는 이것이 본문이 의미하는 것이라고 믿습니다. 여하튼, 영적으로 그것은 우리의 경우에도 마찬가지입니다. "네 의복이 해어지지 아니하였고." 형제들이여, 당신의 의복을 처음으로 착용했을 때를 기억하십니까? 나는 에덴 동산에서의 아담처럼, 내가 벌거벗었음을 처음으로 발견했을 때를 잘 기억하고 있습니다. 그 때 나는 당신이 그러했듯이 무화과나무 잎으로 나 자신을 가리려고 애를 썼습니다. 그것은 너무 빨리 낡아지고 말았지요. 우리 자신의 의라고 하는 무화과나무 잎은 쉽게 시들고 부패하고 말았습니다. 그러나 나는 그 때 하나님이 준비하신 의를 보게 되었습니다. 마치 아담과 하와가 주 하나님께서 그들을 위해 친히 만들어주신 가죽 옷을 발견했듯이 말입니다. 그리고 그 때 나는 그분이 제공해주신 그리스도의 의의 옷을 입었습니다. 그렇게 해어지지 않는 의복을 내게 주셨으니 그분의 이름을 찬양합니다. 당신에게도 마찬가지가 아닙니까? 당신은 오늘 벌거벗은 상태가 아닙니다. 아마도 당신은 사십 년이나 오십 년 전에 신자가 되었습니다. 그러나 그 은혜의 의복은 언제나 새롭고 처음처럼 신선하기만 하며, 또한 처음 입었을 때처럼 꼭 맞습니다. 당신의 벌거숭이 상태가 하나님 면전에서 가리어졌으며, 당신 자신에게도 가리어졌습니다. 당신은 이제 주 안에서 기뻐할 수 있으며, 두려움 없이 그분께 나아갈 수 있습니다. 스스로를 더 이상 숨기기를 원치 않으며, 하나님께 당신의 있는 그대로를 보이기를 원합니다. 그리고 이렇게 말합니다. "하나님이여 나를 살피사 내 마음을 아시며 나를 시험하사 내 뜻을 아옵소서"(시 139:23). 그러므로 우리의 의복은 우리의 벌거벗음을 덮고, 해어지지 않았습니다.

그러나 우리의 의복에는 우리의 수치를 덮는 그 이상의 무엇이 있으며, 우리를 하나님께 받아들여지도록 만듭니다. 야곱은 그 형 에서의 옷을 입고서, 그의 아버지의 축복을 획득했습니다. 우리 또한, 그리스도의 옷을 입고서, 복을 얻었습니다. 혼인 잔치에 가서 예복을 입지 않은 사람은 쫓겨났습니다. 우리가 오늘 입는 혼인 예복은 그리스도께서 우리를 위해 만드신 의(義)입니다. 그분의 복되신 이름이여! 우리가 오래 전에 그 의의 옷을 입었습니다. 그 옷은 지금까지도 낡아지지 않았으며, 우리는 여전히 사랑받는 자녀로 받아들여지고 있습니다. 그 옷은 소모와 마멸에 잘 견딥니다. 만일 그 옷이 하나님이 만드신 것이 아니었다면, 우리의 결함이나 죄, 결점과 잘못들 때문에 아주 오래 전에 닳아지고 말았을 것입니다. 그러나 복되신 그분의 이름이여! 내가 알고 당신이 알듯이, 우리가 처음 예수님을 믿을 때와 마찬가지로, 오늘도 우리는 하나님께 받아들여지고 있습니다. 우리는 여전히 귀한 자녀들이요, 주님의 사랑을 받는 자들이며, 그리스도 예수와 함께 하나님의 상속자들입니다. 우리를 수용하게 하시는 의복이 여전히 낡지 않았습니다.

또한, 우리는 위안의 의복을 입었습니다. 사람들은 따뜻하고 편안하기 위해 옷을 입습니다. 우리는 얼마나 자주 하나님의 약속의 말씀들로써, 계시의 가르침으로써, 우리의 의복을 삼아 환난의 추운 냉기로부터 우리 자신을 보호하는지요! 이들 역시 낡아지지 않습니다. 그 영원한 약속들로 인하여 하나님께 영광을 돌립니다! 어렸을 때 우리는 약속들을 신뢰했습니다. 그리고 늙고 백발이 되어서도 우리는 여전히 그 약속들을 위안의 원천으로 여깁니다. 언제나 그러했듯이, 맑고, 참되며, 확실하고, 그 무엇보다도 고귀한 것이지요. 당신은 하나님의 책의 모든 약속들 중에서 단 하나라도 낡아 못쓰게 된 것을 지적할 수 없습니다. 랍비들은 말하기를, 이스라엘의 젊은이들이 나이가 들면 그들의 옷도 그들처럼 변한다고 했습니다. 나는 그들의 의복이 어떻게 변하는지는 모릅니다. 그러나 내가 아는 것은, 비록 우리가 정신적으로는 자랄 수 있지만, 복음의 가르침들은 여전히 우리에게 알맞다는 것입니다. 그 가르침들은 우리가 갓난아기였을 때에는 우리에게 우유였다면, 우리가 어른이 되었을 때에는 우리에게 고기가 되었습니다. 그것들은 언제나 우리의 필요와 조건에 부합되었습니다. 그러므로 우리는 그 옷이 우리의 벌거벗음을 가리어주었고, 하나님 앞에서 우리를 치장해주었으며, 우리에게 위안을 주었고, 이 사십 년간 낡아지지 않았다고 즐겁게 말할 수 있습니다. 이 모든 것을 허락하신 지존자의 이름을 찬송합니다.

4) 개인의 힘을 지탱해 주심

그러나 계속해서 언급할 내용이 있습니다. 다음으로 우리가 감사해야 할 은혜는 우리의 개인적인 힘을 지탱해 주신 것입니다. 우리의 영적인 활력이 광야에서 머무는 동안에도 쇠퇴하지 않았습니다. 이렇게 말씀하시는 바와 같습니다. "네 발이 부르트지 아니하였느니라." 부르튼 발은 광야의 순례자들에게 일반적인 증상입니다. 뜨거운 모래 위를 많이 걷다보면 발은 곧 부르트고 부어오릅니다. 아니면 곧 딱딱해지기도 하지요. 아마도 이 본문에 "네 발이 굳어지지 아니하였느니라"는 표현을 추가하여 읽을 수도 있겠지요. 어떤 식으로든 이스라엘 자손들의 발은 볼품없게 되지는 않으며, 걷는 것을 고통스럽게 만들지도 않았습니다. 사십 년 동안 이 순례자들은 고통 없이 걸었습니다. 광야가 비록 그들을 지치게 만드는 땅이기는 했으나, 그럼에도 요단을 건너 약속의 땅에 들어갈 때까지 그들의 힘은 여전하였습니다. 우리에게도 마찬가지였습니다. 우리의 발은 이 사십 년 동안 부르트지 않았습니다. 인내의 길을 걸으면서 우리의 힘은 지속되었고 또한 보존되었습니다. 개인적으로 나는 내 길을 지켜주신 은혜에 감복합니다. 많은 이들의 공격을 받았고, 많은 격렬한 유혹이 있었으며, 내 위치에서 수많은 위험에 노출되었습니다. 내가 경이로워하는 것만큼, 여러분 각자 역시 마찬가지일 것입니다. 당신이 신앙 고백을 한 이후로, 발에 힘이 없어지고, 거의 넘어질 뻔한 적이 수십 번씩 있었을 것입니다. 그럼에도 당신의 발은 부르트지 아니하였고, 여전히 순례의 길을 걷고 있으며, 이 길의 끝에 점점 가까이 가고 있으며, 지금까지도 경건의 삶을 지속하고 있습니다. 얼마나 복된 일인지요! 만일 약한 기력 그대로 방치되었더라면, 길 위에서 쓰러지도록 방치되었더라면, 그래서 더 이상 이 길을 갈 수 없게 되었더라면, 그 결과가 어떻게 되었을지 상상해 보십시오. 그러나 하나님께서 지금 이 때까지 당신을 도우셨습니다. 그리고 그분이 당신을 끝까지 도우실 것입니다. 지금까지 이렇게 왔으므로, 확신을 가지십시오. 그분이 당신을 여전히 지키실 것입니다. 당신의 발이 그 인내의 길에서 부르트지 않았습니다.

또한 당신은 지금껏 섬김의 길에서 절룩거리지도 않았습니다. 아마도 당신은 그리스도를 위해 많은 일을 하도록 부름을 받았을 것입니다. 하지만 당신은 비록 그 일에서 때때로 지친 적은 있었지만, 그 일에 싫증을 내지는 않았습니다. 여전히 당신은 당신의 수고를 감당하고 있으며, 그 일에서 도움을 얻고 있습니다. 만약 당신이 복음을 전하도록 부름을 받았다면, 비록 눈을 감는다 해도, 당신이 하나님께 얼마나 의지했던가를 눈에 선하도록 회상할 수 있습니다. 매 주일마다, 또 평일에도, 계속해서 설교하며, 무언가 신선한 내용을 지속적으로 들려주어야 했으며, 종종 그 내용이 어디서 올 것인지를 두고 찾고 생각했습니다. 그럼에도 불구하고 그의 발이 부르트지 않았습니다. 당신은 또한 주일학교에 가서 말씀을 전했고, 혹은 가정에서 외로운 증언자로서 당신의 위치를 지켜야 했고, 혹은 전도자로서 집집마다 다니며 하나님을 섬겼으며, 이렇게 생각했습니다.

"내가 아는 모든 것, 내가 할 수 있는 일의 한계에 다다랐구나." 그러나 당신은 아직 그렇게 되지 않았습니다. 당신의 발은 주를 섬기며 걸어왔던 이 모든 세월 동안에 부르트지 않았습니다.

믿음의 길에서 역시 당신의 발은 부르트지 않았습니다. 처음에 당신의 믿음은 너무나 적었지요. 그래서 아마도 지금쯤이면 소멸되어 버릴 것이라고 생각할 법했습니다. 바다에서 떠도는 작은 불꽃을 보십시오. 허공에 매달린 돌을 보십시오. 틀림없이 이것들은 종말을 맞습니다. 전자는 틀림없이 꺼져 버릴 것이고, 후자는 반드시 떨어지고 맙니다! 그러나 그렇게 되지 않았습니다. 하나님께서 꺼져가는 심지를 끄지 않으시고, 상한 갈대를 꺾지 않으셨습니다. 여전히 당신의 발은 부르트지 않았습니다. 당신은 여전히 예수를 믿으며, 당신의 의심에도 불구하고, 당신의 믿음은 여전히 사랑스런 아이처럼 소리칠 수 있습니다. "주여, 내가 믿나이다, 나의 믿음 없는 것을 도와 주소서"(막 9:24).

이 모든 것에 더하여, 당신의 발은 교제의 길에서 부르트지 않았습니다. 당신은 하나님과 동행하였으며, 거룩한 교제에 싫증나지 않았습니다. 때때로 하나님과의 동행은 당신에게 많은 노력을 요구했습니다. 내적인 부패성과 많이 싸워야 했으며, 불경건한 사람들의 풍습과 행실에서 멀어지고자 하는 큰 결심이 있어야 했습니다. 만일 당신이 사랑하는 그분에게 기대지 않았더라면, 이미 오래 전에 당신은 지치고 말았을 것입니다. 그러나 당신이 그분을 많이 의지했기에, 당신의 발이 부르트지 않았습니다. 당신은 여전히 그분과 함께 걸을 수 있으며, 당신의 여정의 끝에 도착할 때까지, 그래서 영원 무궁히 그분과 함께 앉을 때까지, 그분과 함께 걸을 것이라고 희망하고 있습니다.

또한 사랑하는 형제와 자매들이여, 당신의 발은 기쁨의 길에서도 부르트지 않았습니다. 당신은 그리스도 예수 안에서 행복한 젊은이였었는데, 이제는 행복한 아버지가 되었습니다. 그리고 당신이 그리스도께 처음으로 마음을 드릴 때 행복한 여인이었는데, 이제는 어머니가 되어서도 여전히 젊은 시절처럼 행복합니다. 새로운 것이 닳아 없어지지 않았으며, 오히려 계속해서 새로워지고, 새로운 발견들이 눈앞에 펼쳐집니다. 예수님은 여전히 당신에게 청춘의 이슬이십니다. 오랜 빛이 희미해지면, 훨씬 더 밝은 태양의 새 빛이 다가옵니다. 당신은 '신성하고, 높은, 영원한 정오의 해'에 가까워지고 있습니다. 그곳에서 하나님과 어린 양의 영광이 사방을 환히 비추입니다. 하나님과 동행하는 자는 비록 그 거룩한 행진을 영원토록 지속한다 하더라도, 결코 피곤하지 않습니다. 이 모든 것으로 인하여 우리는 하나님께 다시 한 번 감사를 드립니다.

5) 징계

　　다섯 번째로, 징계의 잊을 수 없는 은혜에 대해 말하고자 합니다. 내가 이에 대해 특별한 주의를 기울여야 하는 것은 하나님께서 "마음에 생각하라"(5절)고 말씀하셨기 때문입니다. 당신은 부르트지 않은 발, 해어지지 않은 의복을 이보다 더 크게 평가할 이유가 없습니다. 왜냐하면 하나님께서 당신에게 이것을 특별히 생각하라고 명하셨기 때문입니다. 당신은 이를 마음으로 곰곰이 묵상해야 하며, 마음 깊은 곳에 이 말씀을 새겨야 하며, 그로 인해 주님을 찬양해야 합니다. "너는 사람이 그 아들을 징계함 같이 네 하나님 여호와께서 너를 징계하시는 줄 마음에 생각하고." 나의 친애하는 벗들이여, 나는 하나님의 종들 중 가장 낮은 한 사람으로서 말하지만, 그러나 내 증언을 억누르지 않고 감히 말합니다. 나는 진실로 이 세상에서 내가 맛본 하나님의 은혜를 모두 말할 수 있습니다. 내 길에는 정말이지 하나님의 인자하심이 언제나 함께 했습니다. 하나님께서 그의 아들을 선물로 주신 것을 제외하고는, 다른 그 무엇보다도, 내가 겪어온 몸의 고통과 내가 겪었던 다양한 종류의 시련들로 인하여 하나님께 더욱 감사하고픈 마음입니다. 나는 내가 형통을 통해서 얻은 것보다는, 더 많은 참된 유익들과 지속적인 힘과 은혜 안에서의 성장을 고통의 용광로를 통해 얻었다고 확신합니다. 사실, 나는 나의 큰 번영을 내가 받은 은혜를 시험하고 검증하는 차원에서 주어진 것이라고 수년 동안 간주해 왔습니다. 나는 그것을 가장 호된 시련으로 간주합니다. 나는 그것을 하나님 앞에 겸손히 내려놓아야 하며, 감당할 은혜를 구해야 합니다. 그러나 나는 고통을 안전한 은신처로 간주하는 법을 배웠으며, 그 속에서 나는 대개 유혹으로부터 더 잘 보호를 받으며, 그 속에서 주 나의 하나님의 특별한 임재를 기대할 수 있습니다. 나는 나의 바닥짐(배, 혹은 기구나 비행기 등의 부력/浮力 조정용 짐. 바닥짐의 적절한 하중이 항해에 안정감을 준다 ― 역주)을 두려워하지 않으며, 오히려 나의 돛에 대해서 매우 두려움을 느낍니다. 게다가, 나는 고통 속에는 꿀에서도 찾을 수 없는 달콤함이 있다는 것을 발견했습니다. 그것은 폭풍 속에서 그리스도와 함께하는 안정감으로, 평온할 때는 잃어버리기 쉬운 것입니다. 내 말뜻을 어떻게 표현해야 할지 모르겠습니다. 그러나 심령의 의기소침과 깊은 슬픔조차도 그 속에는 떠들썩한 웃음이 흉내 낼 수 없는 독특한 매력이 있습니다. 내게는 고통을 겪었던 것이 좋은 일이었습니다. 내가 만일 여기 있는 많은 그리스도인 친구들의 증언을 들을 수 있다면, 그들 역시 나와 같은 말을 할 것입니다. 당신도 이 모든 것을 알고 있으므로, 나로 하여금 이 한 가지만 더 말하게 해 주십시오: 마음에 깊이 생각하여 징계의 회초리에 대해 하나님께 감사하십시오. 하나님께서 명백히 그분의 특별한 은총 중의 하나라고 간주하시는 일을 마음으로 깊이 생각하십시오. 하나님께서 당신으로 하여금 숙고하도록 하는 일을 가볍게 넘기지 마십시오. 십자가와 회초리를 깊이 생각할 만한 곱절의 가치가 있는 것으로 간주하십시오. 회초리를 드신 분의 음성을 청종하십시오. 징계를 당할 때마다 기억하십시오. 당신은 난폭한 주인에게 매를 맞는 종처럼 맞는 것이 아니며, 재판관의 명에 의해 채찍질당하는 죄수처럼 맞는 것도 아니며, 다만 자녀가 그 부모에게 매를 맞듯이 맞는 것입니다. 당신의 징계는 자녀 됨의 표징이며, 사랑의 증거입니다. 그것은 당신의 유익을 위한 것입니다. 그러므로 자녀의 마음으로 그것을 받아들이십시오. 그리고 "주의 징계하심을 경히 여기지 말며 그에게 꾸지람을 받을 때에 낙심하지 마십시오"(히 12:5). 징계는 언약적 관계의 확실한 표징임을 기억하십시오. 당신을 징계하시는 분은 당신의 하나님 여호와이십니다. 만일 그분이 당신의 하나님이 아니시라면, 그분은 당신을 홀로 내버려 두실 것입니다. 만약 그분이 당신을 그분의 것으로 택하지 않으셨다면, 그분이 당신에게 그리 관심을 두지 않으실 것입니다. 만약 그분이 그분 자신을 당신에게 보물로 주시지 않았더라면, 그분이 당신으로 하여금 다른 보물들에게서 멀어지도록 그토록 열심을 내지 않으셨을 것입니다. 그러나 당신이 그분의 것이기에, 그분은 당신의 사랑이 이 가련한 세상으로부터 멀어지도록 만드실 것입니다. 어쩌면 그분은 당신에게서 자녀들을 하나씩 데려가실 수도 있으며, 그래서 자녀에게 쏟아 부었던 모든 사랑이 그분 자신을 향하여 흐르도록 하실 수도 있습니다. 어쩌면 그분은 당신을 과부로 남겨두실지 모르며, 그리하여 남편에게 흐르던 사랑의 물결이 전적으로 그분 자신을 향하여 흐르게 하실 수도 있습니다. 어쩌면 그분은 당신의 부를 가져가실 수 있으며, 그리하여 당신의 위로가 부에서 나오는 것이 아니라 그분 자신에게서 얻어지도록 하실 수 있습니다. 어쩌면 그분은 당신을 세게 때리실 수 있습니다. 그런 다음 당신을 그분의 가슴에 앉으시고, 힘없고 무기력한 그대로 하여금, 그분 자신과의 가깝고 친밀한 교제로부터 힘과 기쁨을 얻도록 하실 수 있습니다. 이러한 기쁨과 힘은, 당신에게서 다른 기쁨들이 제거되지 않았더라면, 결코 당신이 알 수 없었을 것입니다. 나는 상수리나무 아래에서 폭우와 세찬 바람으로부터 보호를 받는 작은 식물을 본 적이 있습니다. 그렇게 보호를 받는 것에 아주 만족하고 행복한 듯이 보였습니다. 그러나 도끼를 든 나무꾼이 와서 그 상수리나무를 쓰러뜨리는 것을 보았습니다. 보호해 주던 것이 제거되었기 때문에, 그 작은 식물은 두려움으로 떨었습니다. 이렇게 말하는 듯 했습니다. "아! 이제 뜨거운 태양이 나를 태울 것이며, 쏟아지는 비가 나를 물에 잠기도록 할 것이며, 격렬한 바람이 나를 뿌리째 뽑으려 할 것이다." 그러나 이런 끔찍한 결과 대신에, 피신처가 사라지면서, 그 식물은 더 자유로운 공기를 마시게 되었고, 하늘의 이슬들을 더 많이 마실 수 있었으며, 햇빛을 더 많이 받고, 자라서는 전에 결코 피울 수 없었던 꽃을 피우고, 전에 결코 스스로 뿌리지 않았던 씨앗들을 땅에 퍼뜨리기 시작했습니다. 하나님께서 이렇게 당신을 찾아오실 때 기뻐하십시오. 그분이 오셔서, 당신에게 그늘을 드리워 보호하는 듯하지만 정작 당신을 왜소하게 만드는 것을 제거하실 때, 그리고 당신과 하늘 사이에 선명한 길을 만드시고, 하늘의 선물들이 더 풍성하게 당신에게 내려오도록 하실 때, 그로 인해 기뻐하십시오. 징계로 인하여 하나님을 찬미하십시오. 형벌의 매가 아니라, 자녀의 유익을 위하는 아버지의 사랑으로 매를 드시는 그분께 가장 감미로운 선율로 노래하십시오.

2. 이 모든 일들의 결론

이제 시간이 되었지만, 여러분을 조금 더 붙들어두어야겠습니다. 마지막으로 이 모든 것의 결론이 무엇인지에 대해 숙고하는 것이 꼭 필요하기 때문입니다.

이 모든 낮추심, 먹이심, 의복, 힘주심, 이 모든 것이 무엇을 위함입니까? 왜 이 모든 것들을 허락하셨습니까? "[그러므로, KJV] 네 하나님 여호와의 명령을 지켜 그의 길을 따라가며 그를 경외할지니라"(6절). 만약 당신이 이런 은혜들을 경험하지 못했다면 나는 당신에게 이런 말을 하지 않을 것입니다. 왜냐하면 이 결론이 당신을 향한 것이 아니기 때문입니다. 그러나 진실로 여기 이 본문의 모든 구절들이 그리스도인으로서의 당신의 삶의 자취를 묘사하는 것이라면, 이 결론적 논증이 당신에게 큰 힘이 있을 것입니다. 그분이 당신에게 많은 일을 행하셨으니, 당신은 그분을 섬기지 않겠습니까? 당신은 천 가지나 되는 은혜로 그분의 것이 되지 않았습니까? 깊은 고통에서 건짐을 받았고, 거대한 짐들을 지면서 힘을 공급받았으며, 추악한 죄들을 용서받았고, 큰 능력으로 구원을 얻었습니다. 이제 당신은 명예로운 사람을 묶을 수 있는 모든 끈으로 당신의 하나님께 복종하도록 묶이지 않았습니까? 본문의 모델을 따르십시오.

당신의 순종이 포괄적인 것이 되도록 하십시오. 여호와의 명령들을 지키며, 그분의 길을 따라가십시오. 그 명령이 무엇인지 찾기 위해 성경에 마음을 두십시오. 그리고 명령을 알았으면, 즉시로 행하십시오. 전심을 다하여 그분의 뜻을 알고, 그분의 은혜로 그 뜻이 당신의 뜻이 되게 하십시오. 묻지도 말고 지연하지도 마십시오. 오직 그분이 당신에게 무엇을 명하시든지, 당신은 그것을 행하십시오. 그분의 가르침의 어느 부분에도 눈을 감지 마십시오. 당신을 인도하시기 위해 그리스도께서 주시는 특정한 말씀을 의도적으로 가리지 마십시오. 당신의 순종이 총체적인 것이 되게 하십시오. 어떤 것에서도 거역하지 마십시오.

당신의 순종이 조심스러운 것이 되게 하십시오. 본문이 말씀하고 있지 않습니까? "네 하나님 여호와의 명령을 지켜." 그러자면 그 명령을 먼저 유심히 살펴야 하지 않겠습니까? 그 명령을 마치 보물을 지키듯이 지키십시오. 주의하여 당신의 마음에 간직하고 그 주변에 수비대를 세우십시오. 마치 어떤 어려운 공작품을 만드는 사람이, 선생의 모든 지시를 준수하고, 각 과정의 다른 부분들을 신중하게 살피며, 그 작품이 어떤 사소한 일에서도 잘못되지 않도록 유의하듯이, 그렇게 하나님의 명령을 준수하십시오. 지키고 준수하십시오. 당신의 삶에서 유의하십시오. 신중하십시오. 당신은 질투하시는 하나님을 섬기고 있으니, 당신 자신을 시기하십시오.

당신의 순종이 실제적인 것이 되게 하십시오. 본문이 말씀합니다. "그의 길을 따라가며." 하나님을 섬기는 일이 당신의 일상이 되게 하십시오. 일상생활의 모든 상세하고 세부적인 일에까지 연결되도록 하십시오. 당신의 집에 거룩하지 않은 방이 없도록 하십시오. 침실과, 연회실과, 대화를 나누는 곳과, 업무를 보는 장소와, 그 외 모든 공간이 당신의 하나님께 성별되도록 하십시오. 그분의 길에서 행하십시오. 다른 사람들이 그들의 신들의 이름으로 오르막이나 내리막을 걷기도 하지만, 그리고 그들 스스로 자기들이 신뢰하는 우상들을 자랑하기도 하지만, 당신만은 당신의 하나님 여호와의 이름으로 행하십시오. 당신이 예수의 제자인 것과, 하나님의 사랑받는 자녀인 것을 항상 공언하여 그분께 영광을 돌리십시오.

　　당신의 순종이 "그의 길을 따라가며 그를 경외할지니라"고 하는 바로 그 원리에서 솟아나게 하십시오. 마치 하늘에 있는 거룩한 영들이 그분의 얼굴을 뵈옵는 것처럼, 그분의 임재를 의식하도록 애쓰십시오. 그분이 어디에나 계시는 것을 기억하십시오. 당신이 어디에 있든지 그분의 눈에서 벗어날 수 없습니다. 그러므로 거룩한 믿음에 조화되는 거룩한 경외심으로 그분 앞에서 떠십시오. 그분은 무한하시지만 당신은 유한한 것을 알고, 그분은 완전하시지만 당신은 죄인인 것을 알며, 그분은 모든 것의 모든 것 되시지만 당신 자신은 아무것도 아닌 존재임을 알고서, 믿음과 떨림으로 그분을 섬기십시오. 이 신성하고, 공손하며, 어린아이 같은 경외심을 마음에 늘 가득하게 하여, 그분께 순종하며 그분과 함께 걸어가십시오.

　　나는 이 말로 맺으려 합니다. 지금까지 하나님의 말씀을 따라왔으며, 하나님의 신실하심을 오래도록 경험해왔던 우리는 결코 불신앙에 굴복해서는 안 됩니다. 이 사십 년 동안 당신의 발은 부르트지 않았고 당신의 의복은 해어지지 않았습니다. 그런데도 당신이 불신하거나 의심하겠습니까? 만약 그분이 당신을 버리려 하셨다면 벌써 오래 전에 그렇게 하셨을 것입니다.

> "그분의 이름을 신뢰하라고
> 　지금껏 당신을 가르치시네,
> 　지금껏 당신을 인도하여 오심으로
> 　당신을 부끄럽게 하시네."

　　계속해서 가십시오! 현재의 어려움은 과거처럼 사라지고 말 것입니다. 계속해서 가십시오! 은혜가 지금껏 당신을 여기까지 인도해 왔듯이, 틀림없이 미래에도 은혜가 인도할 것입니다. 비록 세월의 바람이 당신의 머리 위로 불고, 친구들이 그대를 떠나더라도, 주를 신뢰하고 선을 행하십시오. 그러면 그 땅에 거할 것입니다. 틀림없이 당신은 그 땅에서 살게 될 것입니다. 하늘과 땅이 닳아져 사라지더라도, 바위가 강을 흘러 모래가 되어도, 태양이 다 타서 숯이 된다 할지라도, 그분의 영원한 약속은 사라지지 않으며, 그분의 무한한 사랑은 결코 변하지 않을 것입니다. "너는 여호와를 기다릴지어다, 강하고 담대하며 여호와를 기다릴지어다"(시 27:14).

이것이 그리스도인으로서 삶을 막 출발한 젊은이들이나, 혹은 기독교 사역에 종사하려는 형제들에게 얼마나 큰 용기를 주는지요! 이 회상으로 나는 설교를 마치려 합니다. 만일 당신의 선조들이, 그리고 당신보다 더 나이 먹은 동료 그리스도인들이, 그들에게 떡이 주어졌고 그들의 필요가 풍족하게 공급되었음을 고백할 수 있다면, 그렇다면 내 형제들이여 안심하십시오. 비록 어려움과 시련이 있기는 하지만, 당신은 행복한 삶으로 들어가고 있습니다. 그분의 백성들을 지금껏 잘 대해 주신 주님께서 앞으로도 그렇게 하실 것이라고 단언할 수 있습니다. 당신의 삶을 전적으로 하나님께 맡기십시오. 당신의 모든 능력을 그분을 섬기는 일에 쏟으십시오. 당신의 전심을 다해 그분을 위해 일하십시오. 그러면 그분이 당신의 필요를 공급하실 것입니다. 이 세상에서의 이득을 생각하지 말고, 오직 "하나님 나라와 그의 의를 구하십시오." 자아를 진토에 낮추고, 그리스도를 모든 것 중의 모든 것 되시는 분으로 높이십시오. 믿음의 법칙을 따라 살며, 믿음의 길로 걸으십시오. 하나님을 신뢰하십시오. 그러면 당신의 길이 평탄할 것이며, 당신의 영광이 등불처럼 비칠 것입니다. 이 땅에서 그리스도의 군사들의 무리에 합류하십시오. 그러면 머지않아 교회의 승리를 노래하는 셀 수 없는 무리 속에 합류하게 될 것입니다. 그들은 하나님이 신실하시며 그분의 약속은 확실하다고 이 땅에서 증언하는 자들입니다.

오, 그대 믿지 않는 이여. 내가 생각하건대 당신은 오늘 아침에 하나님의 백성인 이스라엘에 합류하고 싶은 것처럼 보입니다. 그러면 기억하십시오. 단지 주 예수 그리스도를 믿으면 당신은 이스라엘의 한 사람으로 계수될 것입니다. 마음으로 그리스도를 당신의 구주로 받아들이기만 한다면, 그분의 백성이 당신의 백성이 될 것이며, 그분의 하나님이 당신의 하나님이 될 것이며, 그분이 거하시는 곳과 그분의 백성이 거하는 곳에 당신 역시 거하게 될 것입니다. 만일 잠시 동안 당신이 그분과 함께 장사된다면, 당신은 다시 일어나 그분과 함께 하늘에서 영원토록 살 것입니다. 성령께서 당신의 마음에 인을 쳐 주시기를 바랍니다. 아멘.

제
7
장

—

새해를 위한 격려

—

"연초부터 연말까지 네 하나님 여호와의
눈이 항상 그 위에 있느니라." — 신 11:12

이스라엘은 한동안 애굽에 거주했었습니다. 그곳의 땅은 논밭에 물을 대는 수고로운 과정을 거쳐야만 그 거주민들에게 식량을 산출하는 땅이었습니다. 그들은 함의 자손들과 함께 나일 강의 홍수를 걱정스러운 눈으로 바라보곤 했습니다. 그리고 끊임없이 수고를 함으로써 물을 저수지에 저장하였고, 그 후에도 애를 써서 아주 천천히 여러 곡식들에 물을 대주어야 했습니다(10절). 모세는 이 장에서 그들에게 팔레스타인 땅은 애굽의 땅과는 전혀 다르다고 말합니다. 그 땅은 거주민들의 수고에 크게 의존하기보다는 하늘의 하나님의 선하신 뜻에 의존하였습니다. 그는 그 땅을 산과 골짜기가 있는 땅이라 부릅니다. 그 땅은 지면의 강에 의존하기보다는 하늘에서 내리는 비에 의존하는 땅입니다. "네 하나님 여호와께서 돌보아 주시는 땅이라 연초부터 연말까지 네 하나님 여호와의 눈이 항상 그 위에 있느니라"(12절).

여기서 자연인과 영적인 사람의 상태에 대한 유형을 관찰해 보십시오. 이 세상의 일시적인 관점에서, 단순히 육적인 사람은 그 자신의 운명을 가지고 있으며, 자신의 필요를 위해 자기 자신만을 바라보아야 합니다. 그러므로 그의 근심은 언제나 많고, 빈번하게 그 근심은 너무나 무거워서 그를 절망으로 몰고 갑니다. 그는 걱정과 근심과 슬픔과 초조와 실망의 삶을 살아갑니다. 그는 애굽에 살고 있습니다. 그는 그곳에 기쁨이나 위로가 없는 것을 알며, 온 힘을 기울이지 않고는 양식도 획득할 수 없음을 압니다. 그러나 영적인 사람은 다른 나라에 살고 있습니다. 그의 믿음이 그를 다른 나라의 시민이 되게 합니다. 그도 역시 같은 수고를 견디고, 믿지 않는 자들과 같은 고통들을 경험하는 것은 사실이지만, 그러나 그 고통들이 그에게는 다른 형태로 영향을 미칩니다. 왜냐하면 고통들조차도 은혜로우신 아버지의 예정하심을 따라 왔다가, 인자하신 지혜의 명령에 따라 물러가기 때문입니다. 믿음으로, 경건한 사람은 그의 염려를 그를 돌보시는 하나님께 맡깁니다. 그가 괴롭히는 걱정 없이 걸어가는 것은 그 자신이 인자하신 하늘 아버지의 자녀임을 알기 때문이며, 그를 위해 모든 것이 합력하여 선을 이루게 됨을 알기 때문입니다. 하나님은 그의 위대한 보호자이시며 친구이십니다. 그러므로 그의 모든 관심사들이 무한하신 은혜의 손에서 안전합니다. 심지어 가뭄의 해에도 믿는 자는 푸른 초장에서 거주하며, 잔잔한 물가에서 누울 수 있습니다. 그러나 경건하지 않은 자에 대해 말하자면, 그는 광야에 거주하며 이런 저주의 소리가 귀에 들려옵니다. "무릇 사람을 믿으며 육신으로 그의 힘을 삼고 마음이 여호와에게서 떠난 그 사람은 저주를 받을 것이라. 그는 사막의 떨기나무 같아서 좋은 일이 오는 것을 보지 못하고 광야 간조한 곳, 건건한 땅, 사람이 살지 않는 땅에 살리라"(렘 17:5-6). 가나안 땅이 그리스도인의 현재 상태를 나타내는 적절한 모형이라는 내 주장에 이의가 있습니까? 우리가 자주 주장해 온 것은, 그 땅이 새 예루살렘에서 영화롭게 된 성도의 모형이기보다는, 여기 지상에서 전투적인 신자의 모형에 더 적합하다는 것입니다. 가나안은 때때로 천국을 묘사하는 그림으로 찬송가에 사용되지만, 사실 그렇게 보기는 어렵습니다. 잠시만 숙고해보아도, 그것은 모든 신자들의 현재 상태를 더 분명하게 묘사하고 있다는 것을 알 수 있습니다. 우리가 죄를 자각하고 있을 때, 우리는 발의 통증으로 안식이 없는 광야에서의 이스라엘과도 같습니다. 그러나 우리가 예수님을 신뢰할 때, 그것은 마치 광야를 뒤로 하고 요단 강을 건너는 것과 같습니다. "이미 믿는 우리들은 저 안식에 들어가는도다"(히 4:3). "그런즉 안식할 때가 하나님의 백성에게 남아 있도다"(히 4:9). 믿는 자들은 완성된 구원으로 들어왔습니다. 이 구원은 그리스도 예수 안에서 우리를 위해 예비된 것입니다. 우리 유업의 축복들은 이미 상당 부분이 우리 소유가 되었습니다. 구원의 상태는 더 이상 약속의 땅이 아니며, 이미 우리가 소유하고 향유하는 땅입니다. 우리는 하나님과 더불어 화목하였습니다. 우리는 바로 지금 믿음으로 의롭다 함을 얻었습니다. "사랑하는 자들아 우리가 지금은 하나님의 자녀라"(요일 3:2). 언약의 복들은 지금 이 순간 실제로 우리의 것입니다. 마치 가나안 땅이 실제로 여러 지파들의 소유로 분배된 것과 같습니다. 여전히 가나안에는 대적이 있는 것도 사실입니다. 쫓겨나야 할 그 대적은, 우리 마음속에 방어진을 구축하고 틀어박힌 숨은 죄입니다. 육체의 정욕은 우리가 맞서야 할 철 병거들과도 같습니다. 그러나 어쨌든 그 땅은 우리의 것입니다. 우리는 바로 이 순간 유업의 언약을 소유하고 있습니다. 그리고 우리에게서 그것을 빼앗으려는 원수들은, 믿음의 검을 비롯하여 모든 기도의 무기들로써, 완전히 제거될 것입니다. 가나안에 있는 이스라엘처럼, 그리스도인은 이제 모세의 다스림 아래 있지 않습니다. 그는 영원히 모세와는 결별했습니다. 모세는 비스가 산꼭대기에 올랐을 때 큰 영예를 얻었으며(신 34:1), 작별의 인사와 함께 하늘로 옮겨졌습니다. 그런 식으로 율법은 그리스도의 인격 안에서 존중을 받았지만, 신자 위에 군림하기를 멈추었습니다. 이스라엘이 가나안으로 들어갈 때 여호수아가 그들의 지도자였듯이, 예수님이 지금 우리의 지도자이십니다. 그분은 우리를 인도하여 계속해서 승리하실 것이며, 그분을 따르는 우리가 약속이 보증하는 모든 거룩함과 행복을 완전히 소유할 때까지는 결코 칼을 거두지 않으실 것입니다. 이런 이유들과 그 외에 많은 다른 이유들로 인해, 가나안에서의 이스라엘 자녀들의 상황은 전형적으로 예수를 믿고 하늘의 시민권을 가진 우리의 지금 상황과 동일하다고 할 수 있습니다.

　사랑하는 이여, 당신이 만약 그런 상태에 있다면 이 본문을 음미하십시오. 이 본문이 말씀하고 있는 대상은 바로 그런 사람입니다. 당신의 하나님 여호와의 눈이 항상 당신 위에 있습니다. 오, 성도여! 연초부터 연말까지 하나님의 눈이 항상 당신을 향하고 있습니다. 예수님을 신뢰하는 당신은 위대한 여호수아의 인도를 받고 있습니다. 당신은 죄와 싸우고 있습니다. 당신은 구원을 획득했습니다. 당신은 죄의 가책과 두려움의 광야를 뒤로 남기고 떠났으며, 믿음의 가나안으로 들어왔으니, 이제 하나님의 눈이 연초부터 연말까지 항상 당신 위에 있습니다. 성령께서 우리에게 복 주시기를 바랍니다. 먼저, 우리는 본문을 있는 그대로 살펴볼 것입니다. 두 번째로, 본문을 뒤집어볼 것입니다. 세 번째로, 본문을 지워볼 것입니다. 마지막 네 번째로, 본문에서 실제적인 교훈들을 끌어낼 것입니다.

1. 본문을 있는 그대로 보다.

첫 번째로, 우리는 본문을 있는 그대로 숙고해 볼 것입니다. 마치 왕관에 박힌 보석처럼 반짝이며 우리 눈에 띄는 첫 번째 단어는 "눈", "여호와의 눈"입니다. 그것이 여기서 어떤 의미입니까? 단지 전지(全知)의 의미가 아닙니다. 전지의 의미에서는 여호와의 눈이 모든 곳에서 악과 선을 보고 계십니다. 하나님께서는 사라뿐 아니라 하갈도 살펴보셨으며, 눈물로 구주의 발을 씻는 경건한 여인뿐 아니라 배반의 입맞춤을 하는 유다 역시 보셨습니다. 그러나 이 본문에서는 그런 의미가 아니라, 애정 어린 관찰을 의미합니다. 전지의 지식의 차원을 넘어서 여호와께서는 의인들을 아십니다. 여호와의 눈은 의인들을 향하시되, 단지 그들을 보시는 것이 아니라, 만족과 기쁨으로 그들을 보십니다. 단지 그들을 관찰하시는 것이 아니라, 애정 어린 보살핌과 관심으로 그들을 보십니다. 그러기에 이 본문의 의미는 첫째로, 하나님의 사랑이 항상 그의 백성들 위에 있다는 것입니다. 오, 그리스도인들이여, 생각해 보십시오(이는 말로 듣는 것보다는 생각하는 편이 좋습니다), 하나님이 우리를 사랑하신다는 이 사실을! 그 크신 하나님이 가난하고, 대수롭지 않으며, 자격 없고, 무가치한 우리를 향하고 있습니다. 하나님은 우리를 사랑하십니다. 영원히 우리를 사랑하십니다. 우리를 생각하실 때마다 사랑으로 가득하시고, 우리에게 말씀하시거나 행동을 하실 때에도 사랑 없이는 하지 않으십니다. 어떤 의미에서, 모든 사람을 향하여 하나님은 사랑이십니다. 그분은 그분의 모든 피조물에 대해 선의로 가득하시기 때문입니다. 사랑은 진정 그분의 본질이십니다. 그러나 그분의 택하신 백성들, 그분의 특별한 은혜의 대상들, 피로 구속하시고, 능력으로 구원하시고, 관대히 양자로 받아주시고, 신실하심으로 보존하시는 이들과 관련되어 사랑이라는 단어가 사용될 때, 그 말 속에는 측량할 수 없는 깊은 의미가 있습니다. 사랑하는 이여, 나에게 이 사랑에 대해 말해 달라고 부탁하지 마십시오. 대신 성령 하나님께 당신의 영혼 깊은 곳에 그 사랑을 들려달라고 간청해 보십시오. 하나님의 사랑의 눈은 언제나 당신을 향하고 있습니다. 그분의 백성 중에서도 가장 가련하고 가장 미천한 당신을 향하여, 그분의 눈이 연초부터 연말까지 머물러 있습니다.

본문의 표현은 주께서 우리에게 개인적인 관심을 갖고 계시다는 것을 가르쳐줍니다. 본문에서는 하나님이 우리를 사랑하시어서, 그래서 우리를 보호하고 지키기 위해 천사를 보내신다고 말하지 않습니다. 그 대신 여호와 그분 자신이 그렇게 하신다고 말합니다. 우리를 살피는 눈은 하나님 자신의 눈이며, 우리를 지키는 보호자는 하나님 자신이십니다. 어떤 어머니들은 그들의 자녀를 보모에게 맡기지만, 하나님은 결코 그러시지 않습니다. 그분의 모든 아기들을 그분의 가슴에 품으시며, 그분의 팔로 안으십니다. 우리가 모든 일을 개인적으로 직접 해야 한다면 우리가 할 수 있는 일은 크지 않습니다. 그래서 우리는 대부분의 일들을 대리자에게 맡깁니다. 선장은 배가 깊은 물길을 따라 가는 동안에도 잠자는 시간을 가져야 합니다. 그때는 일등 항해사나 혹은 다른 사람이 그 배의 항해를 대신 맡아야 합니다. 그러나 비상시에는, 선장을 부르게 되고 선장이 모든 책임을 직접 맡게 됩니다. 그는 마음을 조이면서 자신이 직접 앞장을 서서 키를 잡거나 조망대에 섭니다. 위험한 순간에는 어느 누구에게도 맡길 수 없기 때문입니다. 본문에서 볼 때, 하나님의 백성들은 언제나 비상시에 처한 듯이 보입니다. 그들의 위대한 주님께서 항상 그들을 개인적인 관심으로 돌보고 계시기 때문입니다. 그분은 그분의 천사들에게 이렇게 말씀하지 않으셨습니다. "내가 직접 지키는 일을 대신 맡기고자 한다. 그러니 너희가 내 성도들을 보호하라." 그분이 천사들에게 그분의 백성과 관련하여 임무를 부여하실 때에도, 그분이 친히 개인적으로 그들의 보호자요 방패가 되십니다. "나 여호와가 그것을 지키노라, 내가 매 순간마다 지켜보리라. 그 누구도 그것을 해치지 못하도록 내가 밤낮 그것을 지키리라." 당신은 때때로 병이 들었을 때 의사를 부르러 보냅니다. 그리고 그가 혹시 다른 어딘가에 업무를 보고 있을 수도 있습니다. 그러나 그 의사에게 그 자신만큼 숙련된 조수가 있어서 그를 대신 보냈다고 합시다. 아마도 그 조수가 오자마자, 당신이 신뢰하여 부르러 보냈던 그 의사가 오지 않았기 때문에 당신은 매우 실망할 것입니다. 그리고 며칠을 지체하더라도 당신이 찾던 그 의사를 보고 싶어 할 것입니다. 우리에게는, 하나님 대신 다른 조수가 와서 시일이 지체될 위험이 없습니다. 오 사랑하는 이여, 내가 이 본문을 생각하면서, 하나님께서 이렇게 말씀하셨을 때 모세가 느꼈던 것과 같은 마음을 느꼈습니다. "내가 나의 사자를 네 앞에 보내리라"(출 33:2). "아닙니다," 모세는 사실상 그렇게 말했습니다. "그것으로는 충분치 않습니다. 주께서 친히 가지 아니하시려거든 우리를 이 곳에서 올려 보내지 마옵소서"(출 33:15). 나의 주여, 가브리엘이나 미가엘 천사들만으로는 더 이상 지체할 수 없습니다. 당신의 보좌 앞에 서는 빛나는 스랍 천사들로는 만족할 수 없습니다. 제가 원하는 것은 당신의 임재이며, 당신의 복되신 이름입니다. 본문이 약속하는 것은 그분 자신의 임재입니다. 자녀가 염려되는 어머니는 조심스런 보모를 얻으면 안심할 수 있습니다. 그러나 질병의 위기 속에서는, 아주 작은 일로도 사람의 생명이 꺼질 수 있는 상황 속에서는, 어머니는 이렇게 말합니다. "보모여, 오늘 밤에는 내가 직접 이 아이 곁에 앉아 있을 것이오." 비록 그것이 세 번째, 네 번째 밤이 된다 하더라도, 아이에게 조금이라도 위험한 증세가 보이면 어머니는 눈을 붙이고 잘 수가 없습니다. 보십시오, 내 형제들이여. 우리의 은혜로우신 하나님의 인자하신 돌봄을 보십시오. 결코, 결코, 결코, 그분은 다른 이에게 맡기지 않으십니다. 아무리 선하거나 친절하더라도, 아무리 활동적이거나 힘이 세더라도, 그분은 자기 백성을 돌보는 일을 다른 대리인에게 맡기지 않으십니다. 오직 그분 자신의 눈으로, 친히 우리를 살피고 지키십니다.

더 나아가, 본문은 자기 백성을 향한 하나님의 지치지 않는 능력을 보여줍니다. 어떻게 그분의 눈이 항상 우리 위에 있을 수 있습니까? 이 일은 그분이 하나님이 아니시라면 불가능합니다. 하나의 대상에 항상 주목하는 일을 인간은 할 수 없습니다. 그러나 천 배나 많은 천 개의 대상이 있는 경우에도, 어떻게 인간이 그 눈으로 그렇게 많은 대상 하나하나를 항상 지켜볼 수 있겠습니까! 나는 불신앙이 당신에게 말한 것을 알고 있습니다. 그것은 이렇게 속삭였지요. "그분은 별들을 밝게 비추시고, 그분은 그들 모두의 이름을 부르신다. 그런데 그분이 어떻게 곤충같이 미천한 너에게 주목하실 수 있겠는가?" 그러면 우리는 이렇게 말했습니다. "내 행실에 대해서는 하나님이 넘어가셨다(passed over). 하나님이 내 행실을 잊으셨다. 나의 하나님이 나를 용서하셨다." 그러나 여기 이 본문에서는 무어라고 합니까? 그분이 당신을 용서하셨을 뿐 아니라, 당신에게서 그분의 눈을 한시라도 떼지 않으셨다고 합니다. 비록 당신이 그렇게 많은 백성 중의 하나이지만, 그럼에도 그분은 당신을 가까이서 지켜보셨습니다. 조심스럽게, 인자하게, 지켜보셨습니다. 마치 하나님의 가족 중에 당신 외에 다른 이는 없는 듯이, 들어주어야 할 다른 기도는 없는 듯이, 덜어주어야 할 다른 걱정거리들이 없는 듯이, 당신을 주의 깊게 살펴 주셨습니다. 만일 당신이 세상에서 유일하게 구원받은 영혼인 줄 안다면, 당신이 하나님께 유일하게 선택받은 자라면, 그 피 흘리신 나무에서 값 주고 사신 유일한 사람이라면, 당신 자신을 어떻게 여기겠습니까? 이런 식으로 당신이 느낄 수 있겠습니까? "하나님이 어떻게 나와 같은 자를 돌보신단 말인가? 어떻게 나 같은 자를 지키셔야 한단 말인가? 진정 그분은 특별히 총애하시는 다른 사람들에게 그 눈을 떼지 않으실 거야." 그러나 사랑하는 이여, 그것은 당신에게도 마찬가지입니다. 하나님의 가족이 비록 많긴 하지만, 또한 당신이 유일한 가족인 것과도 마찬가지입니다. 여호와의 눈은 결코 피곤치 않으십니다. 그분은 졸지도 아니하십니다. 낮이나 밤이나 그분은 자기 백성들 각 사람을 살피십니다.

　　강렬한 애정, 개인적인 관심, 지치지 않는 힘, 당신이 이 모든 것을 염두에 두고, 그런 다음 하나님의 마음이 당신을 향한 은혜의 목적에서 변치 않으신다는 것을 기억한다면, 그것으로 충분히 당신은 경이로움에 넋을 잃고 그분을 사랑하며 찬송할 것입니다. 당신은 과거의 삶에서 죄를 범했습니다. 그러나 당신의 죄가 그분의 사랑을 감할 수 없습니다. 왜냐하면 그분은 결코 당신을 당신 자신의 헐벗고 죄 많은 모습대로 보신 것이 아니라, 심지어 당신이 죄와 허물로 죽었을 때에도 당신을 그리스도 안에서 영원한 목적 안에서 보시고 사랑하셨기 때문입니다. 그분은 언제나 그리스도 안에서 당신을 보아오셨습니다. 그리고 당신을 사랑하기를 결코 멈추신 적이 없습니다. 당신이 매우 잘못했다는 것은 사실입니다. (이로 인해 얼마나 많은 눈물을 흘려야 했는지요!) 그러나 그분은 결코 당신의 선한 행실 때문에 당신을 사랑하신 것이 아닙니다. 그분은 당신의 나쁜 행실 때문에 당신을 쫓아내지도 않으셨습니다. 오직 그분은 당신을 예수의 피로 구속받고 씻음받은 존재, 눈보다 더 희어진 존재, 그리스도의 완전한 의의 옷을 입은 자로 보셨습니다. 그리하여 마치 당신이 흠이나 주름잡힌 것이 없는 거룩한 존재인 것처럼 바라보셨습니다(엡 5:27). 은혜는 언제나 당신을 여호와의 눈 앞에서 그분의 사랑스런 자녀로 서게 합니다. 진정 아름답고 사랑스러워서 그분에게는 바라보기만 해도 기쁜 대상이 되게 합니다. 사랑하는 이여, 그분은 당신을 응시하셨습니다. 당신이 연약할 때에도, 아니 당신의 사악한 죄로 인해 당신이 스스로를 혐오할 때조차도, 비록 그분이 슬픔 속에 당신을 보긴 했으나 결코 분노로 바라보시진 않았습니다. 그분이 당신과 그리스도의 관계를 너무나 존중하시기에, 당신은 여전히 그분의 사랑 속에서 용납되어 온 것입니다.

　　이 영광스런 생각들을 인간의 언어로 다 전할 수 있다면 좋으련만, 그럴 수가 없습니다. 당신은 이 별미(別味)를 혼자서 먹어야 합니다. 마치 꿀 바른 과자처럼 그것을 가지고 가서 당신의 혀 밑에다 넣어야 합니다. 그리고 그 달콤함의 정수를 빨아들여야 합니다. 하나님의 눈, 나의 하나님의 눈이, 항상 그분의 택하신 자들 위에 있습니다. 애정과, 기쁨과, 만족과, 지치지 않는 힘과, 말할 수 없는 지혜와, 변치 않는 사랑의 눈입니다.

본문에서 빛을 발하고 번쩍이는 듯한 다음 단어는 "항상"이라는 단어입니다. "네 하나님 여호와의 눈이 항상 그 위에 있느니라." 그리고 그 다음에, 마치 우리들의 귀처럼 둔한 귀에는 그 단어로 충분치 않은 것처럼, '연초부터 연말까지'라는 말을 더하고 있습니다. 이 표현이 너무나 명시적이기 때문에, 우리는 어느 한 날이나, 한 날의 한 시간, 혹은 한 시간의 일 분이라도, 하나님의 눈이 우리에게서 멀어진다는 것을 상상할 수 없습니다. 나는 얼마 전에 사람의 생애에서 하나님 없이 잘 지낼 수 있는 시간이 얼마나 될지 알아보려고 시도한 적이 있습니다. 아마도 번영의 때 즉 사업이 번창하고, 재물이 늘어가고, 마음이 행복할 때를 상상할지 모르겠습니다. 아, 사랑하는 이여, 그럴 때에도 하나님 없이 지낸다는 것은 마치 신랑이 없는 결혼식 연회와도 같을 것입니다. 기쁨이 없는 잔칫날이며, 물 없는 바다이며, 빛이 없는 낮과 같습니다. 이 모든 복들이 있다 해도 하나님이 안 계시다면, 그것이 무엇이란 말입니까! 그때는 마치 알맹이 없는 껍데기와 다름없고, 실체 없는 그림자와 마찬가지입니다. 주님이 아니 계신 때에 세상이 줄 수 있는 그런 쾌락의 한가운데에서, 영혼은 사탄의 웃음소리만 들을 뿐입니다. 사탄이 비웃는 것은 그 영혼이 세상을 자기 안식처로 삼으려 했기 때문이며, 속임수에 넘어갔기 때문입니다. 하나님 없이 형통의 때라니요! 그럴 때에 우리는 세속적이고, 교만하고, 부주의해지는 수밖에 없으며, 깊은 저주가 우리의 운명이 될 것입니다. 형통할 때의 그리스도인은 마치 뾰족한 탑 위에 서 있는 사람과도 같습니다. 그 때 그는 하늘의 능력으로 붙들림을 받아야 하며, 그렇지 않으면 그의 추락은 끔찍할 것입니다. 만일 당신이 하나님 없이도 그럭저럭 해나갈 수 있다면, 틀림없이 그 때는 당신이 정상(頂上)에 있을 때가 아닙니다. 그렇다면, 역경의 때는 어떻습니까? 우리가 역경의 때에는 그분 없이 잘해나갈 수 있는가요? 상심하고 있는 사람에게 물어보십시오! 친구에게 버림받아 괴로운 심령에게 물어보십시오! 머리 둘 곳 없이 가난한 아이에게 물어보십시오! 질병을 앓고 있는 딸에게, 밤낮으로 불편한 침상에서 뒤척이고 있는 사람에게 물어보십시오. "당신은 당신의 하나님 없이 지낼 수 있습니까?" 그런 생각은 이를 갈며 부르짖게 만듭니다. 하나님과 함께(with)라면 고통은 기쁨이 되고, 죽어가던 침상도 보좌에까지 높여집니다. 그러나 하나님이 아니 계시다면(without), 아! 우리가 무엇을 할 수 있겠습니까? 아니, 그럴 때가 전혀 없단 말입니까? 젊은 그리스도인, 신선함과 활력으로 가득하고, 신앙의 새로운 경험으로 한껏 고양된 사람은 하나님 없이도 잘할 수 있는 시기가 있지 않나요? 아, 불쌍하고 미약한 것이여! 팔로 안아 옮겨주는 목자가 없다면 어린 양이 홀로 무엇을 한단 말입니까? 그렇다면 덕목이 확립된 중년의 사람은 하나님 없이도 무언가 할 수 있지 않을까요? 아마도 그는 당신에게 마치 하루가 전쟁을 치르는 것 같다고 말할 것입니다. 하루의 업무 중에 화살이 빗발치게 날아다니고, 삶의 짐이 너무 무거워서, 하나님 없이 중년의 삶을 보내는 사람은 가시와 엉겅퀴 수풀 한가운데서 벌거벗고 지내는 것과 같습니다. 결코 길을 헤치고 나아갈 수 없습니다. 저기 칠십년의 풍파를 헤치고 온 흰 수염의 어른에게 물어보십시오. 적어도 그가 은혜와 무관한 지경에 이르지 않았다면, 자신의 육신의 질병과 약함이 자신을 짓누르기는 해도, 속사람은 날로 새로워지고 있는 것이 그의 기쁨이라고 말할 것입니다. 그러나 하나님이 안계시다면, 무엇이 새로움의 원천이 되겠습니까? 하나님이 안계시다면 노년은 전적으로 비참할 뿐입니다. 오, 형제여! 당신이 내가 살아온 세월 중에, 한 날 한 순간도 하나님의 도움 없이 지낼 수 있던 적은 없었습니다. 아! 우리가 스스로 강하다고 생각했을 때는 정말 어리석어서 그랬었지요. 우리가 단 오 분이라도 그리 생각했더라면, 그런 생각을 지우기 위해 눈물로 강을 이루어야 할 것입니다. 방심할 때 우리는 기억하지 못하는 부주의한 말을 하곤 했습니다. 그러나 우리가 그 말이 기억나면, 그런 말을 하지 않도록 혀에 재갈을 물렸어야 했다고 여깁니다. 지옥의 천둥번개처럼 하나님이 우리를 버리셨다는 생각이 우리 영혼에 스쳐지나갈 때도 있습니다. 또한 만일 우리가 잊었던 하나님이 우리를 잊으셨더라면, 스치는 악한 생각들이 끔찍한 행동으로 이어졌을 수도 있었습니다. 우리는 언제나 하나님을 앞에 모셔두어야 합니다. 아침에 일어날 때도 우리와 함께 하신다는 약속을 붙들고 이렇게 말해야 합니다. "주여, 당신께서 항상 우리와 함께 하시겠다고 말씀하셨습니다. 그러므로 저녁 이슬이 떨어질 때까지, 우리가 우리의 침상으로 돌아가기까지, 우리를 버려두지 마소서. 우리가 침상에 있을 때에도 우리를 떠나지 마소서. 그리하여 밤의 유혹이 우리 귀에 속삭이지 못하도록, 아침에 우리의 생각이 경건하지 못한 생각으로 더러워진 채로 깨어나지 않도록 하소서. 우리를 절대로 떠나지 마소서. 오 우리의 하나님, 항상 우리 곁에서 우리의 도움이 되어주소서!" 아마도 작년은 우리의 생애에서 가장 우울한 해였을 것입니다. 1866년의 모든 신문들은 마치 애가(哀歌)로 기록된 예언의 두루마리 같았습니다. 그 해가 지나자 모든 사람이 새해를 맞게 되었다고 기뻐했습니다. 그러나 1867년이 더 나쁜 해가 될지 어떻게 압니까? 누가 알겠습니까? 형제들이여, 이 해가 어떤 해가 될 것인지는 하나님이 결정하실 것입니다. 그분이 정하시는 대로 될 것입니다. 확신과 위로는 바로 여기에 있습니다. 바로 주일 밤의 이 순간부터 1867년 12월 31일까지, 하늘의 인자한 보살핌이 없는 때는 한순간도 없을 것입니다. 단 일 초라도, 여호와께서는 자기 백성의 어느 누구에게서도 눈을 떼지 않으실 것입니다. 여기에 우리를 위한 격려가 있습니다! 우리는 광야 속으로 담대히 행진할 것입니다. 불과 구름 기둥이 결코 우리를 떠나지 않을 것입니다. 만나가 결코 떨어지기를 멈추지 않을 것입니다. 우리와 함께 하는 반석에서 생수가 흐르는 일이 결코 멈추지 않을 것입니다. 앞으로, 앞으로, 계속해서 나아갑시다. 우리의 하나님을 신뢰하며 기쁘게 나아갑시다.

다음으로 눈에 띄는 단어는 여호와라고 하는 위대한 단어입니다. 번역자들이 성경의 원문에 있는 그대로 하나님의 이름을 옮기지 않은 것은 유감입니다. 영어성경에서 대문자로 "Lord"라고 한 것은 좋습니다. 그러나 "여호와"라고 하는 장엄하고 영광스러운 이름이 그대로 보존되어야 했습니다. 이 경우 우리는 이렇게 읽을 수 있습니다. "여호와의 눈이 항상 그 위에 있느니라"(본 설교의 본문으로 사용된 KJV는 "the eyes of the Lord thy God"라고 하여, 히브리 원문의 'Jehovah'에 해당하는 말을 "Lord"로 표현하였음. 이는 다른 대부분의 영어성경에서도 마찬가지임. 한글성경은 "네 하나님 여호와의 눈"이라고 하여 원문의 이름을 그대로 옮겼음 — 역주). 사랑과 관심으로 우리를 내려다보시는 그분은 다름 아닌 보이지 않는 하나님이십니다. 그러므로 우리는 그분의 눈이 우리를 보고 계시다는 것을 그분의 마음이 우리를 사랑하시는 것으로 추정할 수 있습니다. 만일 우리가 그분의 마음을 가졌다면, 또한 우리는 우리를 덮어주시는 그분의 날개를 가진 셈이며, 우리를 안아주시는 그분의 손을 가진 셈이라고 할 수 있습니다. 우리에게는 우리를 받쳐주시는 영원하신 팔이 있습니다. 하나님의 모든 속성이 우리를 위한다고 할 수 있습니다. 오, 그리스도인이여, 하나님께서 항상 당신을 보고 계시다고 말씀하실 때, 그 의미는 이것입니다. 그분이 항상 당신의 것이며, 당신에게 필요한 것 중 그 어느 것도 그분이 거절하지 않으신다는 것입니다. 그분의 모든 지혜가 당신을 위해 사용될 것이며, 하나님의 신성을 이루는 그분의 모든 영광의 속성들이 아낌없이 당신을 위

하게 될 것이며, 하나님의 모든 것이 당신을 위하는 것이 됩니다. 그분은 영원무
궁토록 당신의 하나님이십니다. 그분이 당신에게 은혜와 영광을 주실 것이며,
죽음의 순간까지도 당신의 안내자가 되실 것입니다.

아마도 본문에서 가장 달콤한 단어는 다음 단어일 것입니다 ― "네 하나님 여
호와의 눈." 아, 복된 비밀이 여기 있습니다! 무엇인가요? 언약 속에서 그분은 우
리의 하나님이십니다! 그분이 우리를 그분의 분깃으로 선택하셨기 때문입니다.
또한 그분의 은혜로 그분은 우리로 하여금 그분을 우리의 분깃으로 선택하게 하
셨습니다. 우리는 그분의 것이며 그분은 우리의 것입니다.

> "나는 나의 가장 사랑하는 분의 것이요
> 그분은 또한 나의 것이라네."

"네 하나님." 복되신 주님, 우리가 주님을 다른 사람의 하나님으로가 아니라
우리의 하나님으로 알게 하시니 주의 이름을 찬송합니다! 그리스도인이여, 당신
은 오늘 하나님 안에서 소유권을 주장할 수 있습니까? 당신의 손은 믿음으로 그
분을 붙잡을 수 있습니까? 당신의 가슴은 사랑으로 그분을 감싸안을 수 있습니
까? 당신은 그분을 당신이 가진 것 중에 가장 값진 소유라고 느끼십니까? 모든
피조물들은 하나의 꿈이며, 텅 빈 환상이지만, 오직 당신의 하나님은 당신의 참
된 보배이십니다. 당신의 모든 것의 모든 것 되십니다. 오, 그 눈이 당신을 향하
고 계신 그분은 단지 절대적인 하나님이 아니라, 언약의 관계에서 당신을 아끼
시는 하나님이십니다. "당신의 하나님", 이 얼마나 놀라운 말입니까! 나를 보고
계시는 그분은 나의 목자이십니다. 나를 돌보시는 그분은 나의 아버지이십니다.
능력으로 나의 하나님이실 뿐 아니라, 관계에서 나의 아버지이십니다. 비록 그
분이 너무나 크셔서 하늘들의 하늘도 그분을 수용할 수 없지만, 그럼에도 자기
를 낮추어 이 가난한 땅에 방문하시고, 죽을 몸을 입으시며, 우리 중 하나처럼 되
셨습니다. 그리고 이제는 우리의 하나님이 되셨습니다. 가깝고도 친밀한 관계에
의해 자기 백성의 하나님이 되셨습니다. 피로 결속되어서 예수님은 죄인들과 하
나이시며, 우리의 남편이시며, 우리의 머리이시며, 우리의 모든 것의 모든 것이
십니다. 우리는 그분의 충만으로서, 만물 안에서 만물을 충만케 하시는 그분의
충만이 되었습니다(엡 1:23). 이렇게 하나님의 눈이, 이스라엘의 언약의 하나님

의 눈이 연초부터 연말까지 자기 백성 위에 항상 함께 있습니다.

나는 이제 이 본문이 스스로 당신에게 개인적으로 말하도록 남겨두어야겠습니다. 내가 더 많은 말을 할 수 있지만, 내가 말하지 않고 본문이 당신에게 말하도록 남겨두는 편이 더 좋겠습니다. 본문에게 말을 거십시오. 나는 당신을 위해 기도하겠습니다. 그리하여 마침내 당신이 그리스도에 대해 이렇게 말했던 제자들처럼 말할 수 있기를 바랍니다. "길에서 우리에게 말씀하시고 우리에게 성경을 풀어 주실 때에 우리 속에서 마음이 뜨겁지 아니하더냐"(눅 24:32).

2. 본문을 뒤집어서 보다.

이제 우리는 본문을 뒤집어 볼 것입니다. 말하자면, 우리는 본문을 오독(誤讀)할 것인데, 그러면서도 옳게 읽을 것입니다. 본문이 이렇게 기록되었다고 가정해보십시오. "연초부터 연말까지 여호와의 백성들의 눈이 항상 그분에게 있느니라." 사랑하는 친구들이여, 우리는 본문을 있는 그대로 읽기를 좋아합니다. 그러나 지금 내가 한 것처럼 때때로 본문을 바꾸어서 읽어보지 않으면 본문의 풍성한 의미를 다 이해할 수 없다고 믿습니다. 그렇지 않으면 우리가 그분을 바라볼 때 그저 우리를 대하시는 하나님의 시각만을 이해하기 때문입니다. 우리에게 다 알려지지 않으신 하나님은 우리의 보호자이시지만, 그러나 그분은 우리가 단지 편안하게 기대어 휴식을 취할 수 있는 그런 보호자는 아니십니다. 우리는 그분을 믿음의 눈으로 보아야 합니다. 그렇지 않으면 은혜는, 비록 하나님에 의해 주어진 것이라 해도, 우리의 마음에서 영적으로 향유될 수 없습니다. 사랑하는 이여, 만일 하나님이 우리를 바라보신다면, 우리는 얼마나 더 많이 그분을 바라보아야 하겠습니까! 하나님이 우리를 보실 때 그분이 무엇을 보시겠습니까? 아무것도, 아무것도 아닙니다. 만일 그분이 우리를 보실 때 우리 자신을 보신다면, 아무것도 보실 만한 것이 없습니다. 우리 스스로는 바라볼 만한 가치가 없기 때문입니다. 그러면, 반대로, 우리가 그분을 바라볼 때 우리는 무엇을 봅니까? 오, 그 광경이여! 나는 모세가 했던 말을 이상하게 여기지 않습니다. "원하건대 주의 영광을 내게 보이소서"(출 33:18). 그 광경이 어떠하겠습니까! 하나님을 본다는 것은 천상의 비전으로 보는 것이 아니겠습니까? 하나님을 본다는 것은 마음이 깨끗한 자에게 주어지는 특별한 특권이 아닙니까? 우리들 중 얼마가 수년간 하나님을 볼 특전을 누려왔는지 자세히 알 수는 없습니다. 우리는 이따금씩 마치 사람이 그의 친구와 대화하듯이, 하나님을 얼굴과 얼굴로 보아왔습니다. 믿음으로 우리는 하나님을 보아온 것입니다. 그러나 사랑하는 이여, 내가 이해할 수 없는 것은 우리가 그분을 너무 적게 본다는 것입니다. 하나님 없이 종일을 보내는 날이 당신에게는 없습니까? 물론 완전히 그렇지는 않겠지요. 아마 당신은 아침에 약간의 기도도 없이 일하러 나가기는 원하지 않을 것입니다. 그러나 당신은 그 아침의 기도에서 하나님을 전혀 뵙지도 못한 채 기도를 끝내지는 않습니까? 내 말은, 무릎을 꿇고 어떤 좋은 말들을 하고서 다시 일어서는 것이 단지 형식으로 그치지는 않는가를 묻는 것입니다. 그리고서 온 종일을 하나님과 떨어진 채 살지는 않는가를 묻는 것입니다. 이 세상은 참으로 기이한 세상입니다. 그 속에는 사람을 행복하게 하는 것이 많지 않습니다. 그런데도 어떻게 된 영문인지 우리는 우리에게 행복을 줄 수 있는 것들을 잊어버리고서, 우리의 눈은 우리를 괴롭히는 사소한 근심거리들과 성가신 문제들을 계속해서 쳐다보고 있습니다. 그래서 밤에 눈을 감고 있을 때조차도, 그분의 사랑의 향취를 맡지 못하며 포도주보다 나은 그분의 입맞춤을 누리지 못하는 것입니다. 우리의 저녁 기도는 거의 기도라고 할 수도 없으며, 그저 처량한 신세한탄에 불과하지요. 내가 두려운 것은 몇 날뿐 아니라 몇 달까지도 그런 빈사(貧死)의 수준에서 사는 것이 가능하다는 것입니다. 그것은 끔찍한 삶이며, 너무나 끔찍해서 나는 차라리 그렇게 사느니 곰팡내 나는 감옥에 갇히더라도, 그곳에서 하나님의 사람으로 육신은 시들더라도 주의 임재를 누리는 삶을 더 원합니다. 내게는 그것이 하나님 없는 죄인들이 가장 고급스러운 궁전에서 즐기는 삶보다 훨씬 좋습니다. 결국, 삶을 삶다운 삶이 되게 하는 것은 하나님의 임재를 향유하는 것입니다. 세상에 속한 속물은 그렇지 않지요. 그는 하나님 없이도 살 수 있습니다. 돼지처럼, 찌꺼기 음식으로 만족하고서, 눕고 자고 먹기 위해 다시 일어납니다. 그러나 그리스도인은 찌꺼기 음식으로 살 수 없습니다. 그의 위는 그보다 나은 것을 필요로 합니다. 그로서는 만일 그의 하나님을 얻을 수 없다면 비참해지고 맙니다. 영적인 사람은 그 마음속에 하나님의 사랑이 없이는 비참해지도록 하나님이 정해 놓으셨습니다. 만일 당신과 내가 하나님 없는 현세의 행복을 원한다면, 예수님과의 교제 없는 종교 생활에서 행복해지려고 애쓰느니, 차라리 공공연한 죄인으로 세상과 짝하여 사는 편이 나을 것입니다. 진정한 그리스도인에게 그리스도 없는 현세의 행복이란 전적으로 불가능합니다. 우리는 하나님을 가져야 하며, 그렇지 않으면 모든 사람 중에 가장 불쌍한 사람들이 되고 맙니다. 1867년의 올해에 연초부터 연말까지, 우리의 눈이 항상 하나님을 향하리라는 소원으로 가득해진다면, 그분이 우리를 보고 계시다는 것을 항상 의식하고자 한다면, 그분의 임재를 항상 느끼고자 한다면, 더 나아가, 항상 그분의 계명에 순종하고자 하는 열망으로 가득하고, 그분의 독생자를 위해 영혼을 얻고자 하는 소망으로 가득하다면, 이 얼마나 행복한 일이겠습니까! 한 해 동안 기도와 감사의 마음으로 살고, 경건하고, 성별되고, 사랑하며, 온유한 심령으로 살 수 있다면, 그것이야말로 우리가 도달해야 할 고상한 목표일 것입니다. 형제들이여, 우리는 우리가 구하는 것이나 생각하는 것보다 능히 넘치도록 행하실 수 있는 하나님을 믿습니다. 그분으로부터 위대한 일들을 기대하지 않겠습니까? 나는 이것이야말로 축복이라 생각하며, 그리고 담대히 그것을 구할 것입니다. 그러면 틀림없이 그분이 구하는 것을 허락하실 것입니다. 불신앙으로 뒤로 물러서지 맙시다. 하나님의 눈이 우리 위에 있는 것처럼 우리의 눈도 그분을 향하게 해 달라고 기도합시다. 주께서 우리의 얼굴을 가까이 들여다보실 때, 우리도 중보자 그리스도 예수를 통해 그분을 바라본다면, 이 얼마나 복된 눈 맞춤이겠습니까? 주께서 이렇게 선언하십니다. "내가 너를 사랑한다." 우리가 이렇게 대답합니다. "우리 역시 당신을 사랑합니다. 오, 우리의 하나님!" 오, 우리가 주 우리의 하나님과 사이좋게 지낼 수 있다면, 우리의 눈과 마음이 위를 향하여 그분에게 고정될 수 있다면! 주께서 태양이 되시고, 우리는 그분의 광선에 빛을 발하는 이슬방울이 되어서, 그분의 사랑의 열기로 증발되어 높이 떠오를 수 있다면! 하나님께서 하늘에서 내려다보시고, 우리가 하늘을 향해 올려다보며, 서로를 바라보고서 서로가 행복할 수 있다면, 상호간의 애정으로 기뻐하고 즐거워할 수 있다면! 이것이 친교(communion)의 의미입니다. 이 한 단어를 언급하기 위해 많은 묘사를 했지만, 바로 그 단어가 내가 말하고 싶었던 것입니다.

> "매일의 친교로써 나로 입증하게 하소서
> 당신께서, 내 사랑의 복된 대상이신 것을."

그것이 토플레디(Augustus Montague Toplady, 1740-78, 칼빈주의 목사이며 찬송가 작사자 — 역주)의 열망이었습니다. 나는 나 자신의 경험을 표현하기가 조심스러워, 토플레디의 찬송 가사 중 다른 두 시행을 소개해야겠습니다.

> "그러나 오, 이 일을 행할 능력이 내게는 없으니,
> 　내 능력은 당신의 발 아래 놓여 있나이다."

3. 본문을 지워서 보다.

세 번째로, 본문이 전부 지워진 것을 가정해 볼 것입니다. 우리가 본문을 지울 수 있다거나 그렇게 하기를 원하기 때문이 아니라, 단지 본문이 지워진 것을 가정해서 당신과 내가 하나님의 눈이 우리 위에 머물지 않는 상태에서 한 해를 살아야 하는 것을 상상해보기 위함입니다. 연초부터 연말까지 주의 눈이 우리 위에 머무는 때가 단 한순간도 없다고, 그래서 주께서 우리를 돌보시거나 은혜를 베푸시는 때가 전혀 없다고 상상해 보십시오. 우리 자신과 같은 동료 피조물들의 도움을 제외하고는 우리가 호소할 대상이 없다고 상상해 보십시오. 오, 끔찍한 가정입니다! 우리는 한 해의 출발 지점에 서 있습니다. 한 해를 어떻게든 헤쳐 나가야 합니다. 우리는 틀림없이 일월을 보내면서 비틀거릴 것이고, 겨울을 지나는 동안 힘겨워할 것이며, 봄을 지나며 신음할 것이며, 여름에는 땀을 흘리고, 가을을 지나면서 지칠 것이며, 다음 성탄절이 올 때에는 거의 넙죽 엎드린 상태가 될 것입니다. 그리고 우리를 도우실 하나님이 안 계십니다. 하나님이 아니 계시면 기도도 없지요. 하나님이 아니 계시면 약속도 없습니다. 하나님이 아니 계시면, 약속이 있을 수 없으며, 영적인 위안도 없으며, 우리를 위한 어떤 위로나 도움도 있을 수 없습니다. 나는 이것이 여기 우리들 중 어떤 사람의 경우가 되리라고 생각합니다. 그러나 나는 당신이 이렇게 외치는 것을 듣습니다. "그런 일을 상상하지 마세요. 그러면 나는 아버지 없는 고아처럼 될 것이고, 의지할 곳이 없는 처지가 되고 말 것이며, 뿌리에 물이 없는 나무처럼 되고 말 것입니다." 그러나 나는 이런 일이 죄인인 당신들의 경우가 될 것이라고 상상합니다. 당신은 이십 년, 삼십 년, 혹은 사십 년을 하나님 없이 살아왔다는 것을 스스로 알고 있습니다. 기도 없이, 그분께 대한 신뢰 없이, 소망도 없이 살아왔습니다. 그러므로 내가 하나님께서 다음 한 해 동안 당신이 기도하도록 허락하지 않을 것이며, 설혹 당신이 기도하더라도 당신을 돕지 않으실 것이라고 엄숙히 말한다 해도 조금도 이상할 것이 없습니다. 당신이 그 말을 듣고 크게 놀란다 해도 나는 놀라지 않

을 것입니다. 비록 주께서 연초부터 연말까지 당신의 기도를 들으시리라고 내가 믿기는 하지만, 만일 당신이 그분을 찾는다면 그분이 당신을 보살피시고 당신에게 복 주실 것이라고 믿기는 하지만, 그럼에도 나는 여러분 대부분이 그분의 보살핌과 관심을 무시하고서 그분과의 친교 없이 살아갈 것을 두려워합니다.

대단한 괴짜 목사님에 대한 한 이야기가 있습니다. 아침에 길을 나서면서 그가 일하러 가는 한 사람을 보았습니다. 그가 목사님에게 이렇게 말했습니다. "아름다운 아침입니다! 하나님의 모든 은총에 대해 얼마나 우리가 감사해야 하는지요!" 목사님이 알지 못했던 그 사람이 그에 대해 많은 말을 했습니다. 목사님이 대답했습니다. "그럼요, 나는 당신이 당신의 아내와 가족들, 자녀들을 위해 항상 기도한다고 생각이 드는군요. 그렇지요?" 그가 대답했습니다. "아니요, 나는 내가 기도한다고 생각하지 않습니다." 목사님이 말했습니다. "뭐라고요, 당신은 기도하지 않습니까?" "안 합니다." "그렇다면, 내가 당신에게 반 닢짜리 은화 하나를 주지요, 만일 당신이 사는 동안 결코 기도하지 않을 것이라고 내게 약속한다면 말입니다." "오", 그가 대답했습니다. "반 닢짜리 은화를 주신다면 맥주 한 잔 하면 딱 좋겠는데요." 그는 반 닢짜리 은화를 받고서, 사는 날 동안에 결코 기도하지 않겠다고 약속했습니다. 그는 일하러 갔습니다. 그리고 한동안 땅을 파면서 이런 생각을 했습니다. "오늘 아침의 일은 참으로 이상하군. 아주 이상한 일이야. 내가 돈을 받고 사는 날 동안 결코 기도하지 않겠다고 약속했으니 말이야." 그는 그것을 곱씹어 생각하다가, 그 생각 때문에 비참하다는 느낌이 들었습니다. 그는 집으로 가서 아내에게 그 이야기를 들려주었습니다. 그의 아내가 대답했습니다. "글쎄요, 존. 아마도 그게 마귀였을 것 같아요. 당신은 은화 반 닢에 당신 자신을 마귀에게 팔고 말았네요." 이 가련한 사람이 그 말을 듣고 어찌할 바를 몰랐습니다. 마귀에게 돈을 받고 자신을 팔았고, 이제 곧 지옥에 떨어질 것이라는 생각이 온통 그를 사로잡았습니다. 그는 예배당에 나가기 시작했습니다. 마귀에게 이미 자신을 팔았기 때문에 소용없으리라는 것은 의식했지만, 그는 자신에게 닥칠 일에 대해 두려워 떨었고, 마침내 몸에 병이 날 지경이었습니다. 어느 날 밤 그는 설교자가 그에게 은화를 주었던 바로 그 사람인 것을 알아보았습니다. 그 때의 본문은 이것이었습니다. "사람이 만일 온 천하를 얻고도 자기 목숨을 잃으면 무엇이 유익하리요"(막 8:36). 그 가련한 사람이 달려 나갔습니다. "도로 가져가세요!" "도로 가져가세요!" 그 목사님이 말했습니다. "절대로 기도

하지 않을 거라고 당신이 말했잖아요. 이제 내가 은화 반 닢을 주면 기도하겠습니까?" "오, 예. 기도하도록 허락을 받는다면 온 세상이라도 주고 말지요."

　그 사람은 은화 반 닢에 자기 영혼을 팔 만큼 어리석었습니다. 그러나 여러분 중에는 그보다 더 큰 바보들이 있습니다. 왜냐하면 그 은화 한 푼조차 얻은 적이 없으니까요. 그러면서도 당신은 기도하지 않습니다. 내가 장담하건대, 앞으로 결코 기도하지 않는다면, 하나님을 결코 찾지 않는다면, 지옥에 내려가게 될 것입니다. 아마도, 내가 이 본문을 부정적으로 표현할 수 있다면 이렇게 말할 것입니다. "연초부터 연말까지 하나님의 눈이 네 위에 있지 않을 것이며, 하나님이 너에게 귀 기울이지도 복을 주지도 않으시리라." 아마도 이 말은 당신을 크게 놀라게 할 것입니다. 그러나 내가 이런 가정을 제시하긴 했지만, 나는 당신이 이렇게 말하기를 바랍니다. "오, 그런 저주가 내게 임하지 않기를. 내가 올해 죽을 수도 있으며, 오늘 죽을 수도 있을 테니까요." 오, 친애하는 회중들이여, 만일 그런 소원이 여러분 가슴에 있다면 주께서 당신을 들으시고 구원의 은총을 당신에게 주실 것입니다.

4. 본문에서 끌어낸 실제적인 교훈

　이 본문을 통해 실제적인 교훈을 얻음으로써 설교를 마치도록 하겠습니다. 본문을 활용하는 방식은 이렇습니다. 만약 여호와의 눈이 연초부터 연말까지 그분의 백성 위에 있다면, 우리는 무엇을 해야 할까요? 할 수 있는 대로 우리는 이 한 해 동안 행복하도록 합시다. 당신에게 닥쳐올 시련과 어려움들이 있을 것입니다. 그것들이 없을 것이라고는 기대하지 마십시오. 마귀는 죽지 않았고, 지옥의 불꽃은 여전히 위로 올라오고 있습니다. 여기에 당신의 기쁨이 있습니다. 우리 주 예수 그리스도의 아버지 하나님께서 결코 당신을 버리지도 떠나지도 않으실 것입니다. 이제부터 당신의 기준을 높이고 담대히 앞으로 나아가십시오! 여호와의 이름을 당신의 깃발로 삼고, 노래를 시작하십시오. 성가신 근심들을 치워 버리십시오. 하나님이 당신을 돌보십니다. 참새도 먹이시는 하나님이 자녀들을 먹이시지 않겠습니까? 들풀에도 옷을 입히시는 하나님께서 자녀들을 입히시지 않겠습니까? 우리의 모든 짐을 '짐 지시는 분'(the Burden-bearer)에게 맡기십시오. 당신이 그분의 목적에 크게 관심을 기울이면 그분으로부터 충분한 돌봄과 관심을 받을 것입니다. 스스로 염려하느라고 하나님의 일에 기울여야 할 당신의 힘을 약화시키지 마십시오. 올해에 이것으로 당신의 좌우명을 삼으십시오. "먼저 그의 나라와 그의 의를 구하라 그리하면 이 모든 것을 너희에게 더하시리라"(마 6:33). 당신이 염려한다고 당신의 키를 한 자도 더할 수 없으며, 당신의 머리카락 색깔을 검게 하거나 희게 하지 못합니다. 그러므로 내일 일을 염려하지 마십시오. 내일에는 내일 생각할 일이 따로 있습니다. 당신의 하나님을 의지하십시오. 그분의 약속을 기억하십시오. 당신의 사는 날 동안 힘이 지속되도록 하십시오. 사도가 말합니다. "너희가 염려 없기를 원하노라"(고전 7:32). 그가 말한 의미는, 절약도 하지 말고 신중하게 분별하지도 말고 살라는 의미가 아니라, 조바심을 치거나, 의심하여 근심하거나, 스스로에 대해 불필요하게 염려하지 말라는 의미 입니다. 나는 당신이 염려 없기를 바랍니다. 여호와의 눈이 당신 위에 있기 때문 입니다.

친애하는 벗들이여, 나는 또한 당신이 이 본문을 활용하여 당신이 여태까지 누려왔던 것보다 더 큰 복과 더 풍성한 은혜들을 발견할 수 있기를 바랍니다. 교회를 향하신 그분의 인자하심을 인하여 하나님을 찬미합니다! 그분은 수없이 많이 인애를 베풀어오셨습니다. 그분의 은혜는 매일 아침마다 새롭고 매일 저녁마다 신선합니다. 그러나 우리는 그 이상을 원합니다. 우리가 2월의 은혜로 만족하지 말도록 합시다. 2월은 대개 우리가 은혜로 새로워졌던 달이었습니다. 그러나 오늘 은혜를 구합시다. 나는 당신이 오늘 오후 주일학교에서 섬길 때에도 은혜를 얻기 바라며, 또 장년 반에서도 연초부터 연말까지 은혜를 얻기를 바랍니다. 오후 모임에 지루함이나 졸음이나 무기력함이 없도록 합시다. 바라기는 주일학교에서 가르치는 형제가 열정과 진심으로 가르치기를 바랍니다. 그곳에 어떤 냉랭함도 없어야 합니다. 또 바라기는, 당신이 길거리에서 복음을 전하거나, 혹은 한 지역을 집집마다 다니면서 전도하거나, 혹은 그 어느 곳에서 전도할 때에도, 새해의 뜨거운 은혜가 있기를 바랍니다. 그러면 우리가 다음 주일에는 냉랭해질까요? 전혀 아닙니다. 은혜는 연초부터 연말까지입니다. 은혜와 흥분을 좀 더 유지하려면, 오주나 육주 동안 부흥회를 해야 할까요? 아닙니다. 하나님께 감사하게도, 우리는 그것을 연초부터 연말까지 유지할 수 있습니다. 우리에게는 결코 마르지 않는 샘이 있는데, 왜 주전자가 빈단 말입니까? 정녕, 감사는 사랑의 불이 항상 타오르도록 하는 충분한 연료가 될 것입니다. 끊임없이 분발할 가치가 있을 정도로 우리의 상은 영광스럽고, 수많은 증인들이 우리의 경주를 지커볼 텐데, 우리가 왜 지친단 말입니까? 우리의 주님께서 그분의 성령으로 당신과 나를 열렬한 기도의 상태로 이끌어 주시고, 또한 연초부터 연말까지 계속해서 기도할 수 있게 해 주시기를 바랍니다. 하나님께서 당신과 나에게 큰 감사의 마음을 주셔서, 주님의 목적을 위해 따로 떼어놓은 것을 항상 드릴 수 있게 하시되, 연초부터 연말까지 매주 동안, 처음부터 끝까지 그렇게 하시기를 바랍니다. 우리가 항상 활동적이 되며, 항상 부지런하며, 항상 그리스도 예수 안에서 천상의 장소에 함께 모이게 되기를 바랍니다. 은혜로우신 우리 하나님께서 연초부터 연말까지 우리 주 예수 그리스도를 통하여 우리를 은혜로 대해 주시기를 바랍니다. 아멘.

제
8
장

—

용서, 자유, 은혜

—

"면제의 규례는 이러하니라. 그의 이웃에게 꾸어준 모든 채
주는 그것을 면제하고 그의 이웃에게나 그 형제에게 독촉하
지 말지니 이는 여호와를 위하여 면제를 선포하였음이라."
— 신 15:2

"주의 면제"라고 하는 이 멋진 거래는 매 칠년의 마지막 해에 찾아옵니다. 그
것은 하나님의 은혜의 법을 따른 것으로서 이스라엘을 위한 것입니다. 우선, 칠
일 중의 하루는 안식해야 합니다. 다음으로, 일곱째 달에 여러 날 동안 안식할 여
호와의 절기들이 있습니다. 그리고 다음으로, 매 칠년마다, 그 땅을 위한 안식년
이 있습니다. 그 해에는 땅을 경작하지 않고 휴경지로 땅을 묵혀야 합니다. 그 다
음, 일곱 해의 일곱 해가 끝난 후, 오십 번째 되는 해에, 칠년마다의 정기적인 안
식년에 더하여 특별한 안식년이 찾아옵니다. 이것을 희년(禧年, the year of
Jubilee)이라고 부릅니다.

나는 연속적으로 이어지는 이 안식들에는 각각 특별한 영적인 의미가 있다
고 믿습니다. 그러나 지금 그것을 모두 설명할 시간이 없습니다. 그중에서 특별
히 말하고 싶은 것은, 칠년이 일곱 번 끝난 다음 해의 희년이 모든 것의 회복, 즉
우리 주 예수께서 그분의 백성을 모아 그분과 함께 그분의 영광 속에서 영원무
궁토록 안식할 때를 나타낸다는 것입니다. 그 때가 되기까지, 우리는 칠일을 계
산하여 한 주를 보냅니다. 우리의 안식일들은 황금 사다리의 가로 막대기들과

같아서, 그것을 디디면서 우리는 영원한 안식일을 향해 올라갑니다. 우리가 여전히, 최소한이라도, 칠의 흔적을 유지하는 것에 대해 하나님을 찬송합니다. 매주마다 하루의 안식일을 보고 즐길 수 있는 우리의 눈과 마음은 복됩니다. 그 날이 없다면 우리는 어찌할까요?

.   한때, 칠년 째에 온전한 안식의 해가 있었습니다. 내가 성경을 읽으면서, 재차 강조하지 않을 수 없는 것은, 선택받은 이스라엘 백성들이 하나님의 명령에 순종했더라면 얼마나 행복했을까 하는 것입니다! 한 해 전체 동안, 해야 할 일이 아무것도 없는 나라를 상상해 보십시오. 땅은 저절로 과실을 내고, 모든 사람이 각자 자기 포도원이나 무화과나무 밑에 앉아서 그것을 먹을 수 있습니다. 밭을 갈지도 않고, 포도나무의 가지를 쳐 주지도 않으며, 한 해 전체를 오직 지존자 (the Most High)를 섬기며 예배하며 보낼 기회가 주어지는 것입니다. 후에 그 백성이 여호와를 배반하고서 그들을 다스릴 한 왕을 요구했을 때, 그분은 사무엘 선지자의 입을 통해 그들이 택하려는 왕의 방식이 어떠한지 그들에게 말씀하셨습니다(삼상 8장). 그리하여 그들이 주님의 통치와 그들이 원하는 왕의 차이를 알도록 하셨습니다. 지상의 군주들은 그들을 혹사합니다. 그들을 억압하며, 그들을 속박의 상태로 몰고 갑니다. 그러나 주님의 멍에는 그들이 안식하고 그분을 섬기며, 영원히 그분을 즐거워하라는 이것뿐이었습니다.

이스라엘 백성의 경우에, 이러한 높은 특권들은 영적인 명령으로서 주어진 것이었습니다. 이스라엘에게 주어진 율법들은 모압 사람이나, 에돔 사람이나, 애굽 사람들을 염두에 둔 것이 아니었습니다. 그들은 그것들을 이해할 수 없었습니다. 그들은 아마도 그 율법들을 비웃었을 것입니다. 그러나 하나님의 선택받은 백성들 중에 영적인 생각을 가진 사람들이 얼마간 있었습니다. 그들은 이 계명들을 기뻐하였으며, 그 계명들에 순종하였습니다. 이 장에서의 명령을 보십시오. 형제 히브리인에게 자유를 판 어느 누구라도, 육년이 끝나면 자유롭게 됩니다. 이는 이상한 명령이며, 고맙고도 관대한 명령입니다. 그러나 그에 더하여, 그는 빈 손으로 가서는 안 됩니다(13절). 양 무리 중에서와 타작 마당에서와 포도주 틀에서 그에게 후한 것을 주어 보내야 했습니다(14절). 그에게 이 모든 것을 주어서 새 삶을 출발하게 하는 자는 인색하지 말아야 했습니다. 히브리 속담에 이런 말이 있습니다. "형제의 목에 짐 지우는 자는 그 역시 짐을 지게 될 것이다. 그대의 선물로 형제의 목을 장식하라." 그는 떠나는 형제에게 줄 것이 많아야 했으며, 또 그것을 기쁘게 주어야 했습니다. 선택된 동포 형제를 자유롭게 보내는 일에, 그리고 그로 하여금 새롭게 삶의 여정을 출발하게 하는 일에 큰 기쁨을 느껴야 했습니다. 이것은 위대한 명령입니다.

많이 받은 자는 또한 많이 베푸는 자가 되어야 한다고 당신은 생각합니까? 관대하신 하나님을 섬기는 이들은 그들 역시 관대해져야 한다고 생각합니까? 우리 주님의 이 계명에는 이유가 있지 않겠습니까? "너희가 거저 받았으니 거저 주어라"(마 10:8). 주님께서 다른 사람들에게서보다 우리들에게서 더 많은 것을 기대하시는 것이 당연하지 않겠습니까? 만약 당신이 인류 중에서 선택을 받았다면, 사람들 중에서 구속을 받았다면, 타락한 무리들 가운데에서 부름을 받았다면, 그들이 알지 못하는 생명으로 소생하게 되었다면, 그리고 하나님께 나아가서 하늘의 교제를 하도록 특권을 부여받았다면, 하나님의 집의 법이 그분을 알지 못하는 자들과 이스라엘의 행복에 대해 무지한 자들에게 주어진 법보다 더 높고 고상해야 마땅하지 않겠습니까? 그러므로, 당신이 그리스도인이라면, 당신 자신을 다른 사람들과 같이 평가하지 마십시오. 그리고 이렇게 말하지 마십시오. "내가 내 이웃들이 하는 정도만 하면, 그것으로 충분하지." 하늘의 왕족의 피가 흐르는 여러분이, 하나님 왕국의 왕자들이, 스스로 극빈자들처럼 행세한단 말입니까? 피로 구속받은 당신이, 모든 속박에서 풀려난 당신이, 노예처럼 행동하겠단 말입니까? 그렇게 되어서는 안 됩니다. 당신의 참된 존엄을 되찾으십시오. 당신의 특권에 걸맞게 행동하고, 당신의 아버지이며 왕이신 분의 법을 기쁨으로 받아들이십시오. 다른 사람들은 그 법을 이해하지 못합니다. 그것을 불합리하고 실행 불가능한 법이라고 여길 것입니다. 이스라엘 백성에게 주어진 법들은 바로 그런 것이었습니다. 어떤 면에서는, 그 법은 그들의 연약함을 고려하여 정도를 완화시킨 것이었습니다. 그러나 또 한편으로는, 그 법의 시행 기준은 고양되고 강화되어 인간의 입법체계 수준을 뛰어넘는 것이었습니다.

그러나 그것이 오늘 밤 내 설교의 주제는 아닙니다. 내가 여러분에게 말하고 싶은 것은 주님의 면제(免除)에 대한 것입니다.

이 본문이 우리에게 가르쳐주는 것은 먼저, 주께서 그 백성들이 시행하기를 바라시는 면제입니다. 그러나 두 번째로는, 전형적으로, 주님 자신이 우리에게 베푸시는 면제에 대해 들려주고 있습니다. 우리에게 명하시는 것보다 훨씬 이상으로, 그분 자신이 풍성하게 우리에게 베풀어 주실 것입니다. 우리의 입법자

(Lawgiver)는 그분이 제정하신 모든 관대하고 고상한 규정을 스스로 성취하시는 본보기이십니다.

1. 주께서 그 백성들에게 요구하시는 면제

그러면, 주께서 그 백성들이 시행하기를 바라시는 면제에 대해 먼저 숙고해 보도록 합시다.

첫째, 그들은 채무자들의 빚을 면제해 주어야 했습니다. 그들은 매 칠년의 끝에 모든 채무자에게서 쌓인 모든 빚을 면제해 주어야 했습니다. 내가 생각하기에, 그 해가 시작되자마자, 면제가 시행되었을 것입니다. 빚을 갚을 수 있는 사람은 갚으려 했을 것이며, 또 그래야만 합니다. 어떤 사람은, 만약 형편이 나아지면, 미래의 어느 때엔가 면제된 빚을 갚으려 했을 것입니다. 그러나 꾸어준 채권자 편에서는, 그 빚은 면제되었습니다. 어떤 주석가들의 의견으로는, 본문이 나타내는 것은 면제년에 빚진 사람은 가도록 허락되었으나, 빚은 여전히 남아 있다는 것입니다. 그러나 나는 그렇게 생각하지 않습니다. 누구라도 이 장을 스스로 읽어보면 그런 해석에 이르지는 않을 것입니다. 당신이 굳이 원한다면 그런 사상을 이 장 속에 억지로 끼워 넣을 수는 있을 것입니다. 그러나 그런 사상은 이 구절들을 자연스럽게 읽고 해석하는 것과는 결코 조화되지 않습니다. 모든 유대인 해석가들이, 비록 그들이 율법을 종종 왜곡하기는 하지만, 이 문제에 대해서는 일치된 동의를 내립니다. 즉 여기에서 의미하는 것은 채무에 대한 완벽한 면제라는 것입니다.

나는 우리의 유대인 형제들에게 돈 문제에 있어서 지나치게 관대하다고 어떤 비난도 하지 않을 것입니다. 어쩌면 그들에게는 그 반대의 경향이 조금 있을 것이라고 나는 생각합니다. 만일 그들의 모든 랍비들이 이것이 채무를 전적으로 지워 버리는 것이라고 가르친다면, 나는 그 랍비들에게 동의해야 한다고 생각합니다. 그것이 이 본문의 명백한 의미이니까요. 나는 학식 있는 사람이 아니며, 따라서 이 본문을 있는 그대로 읽습니다. 나는 주께서 채권자들이 육년의 끝에 빚을 전적으로 면제해 주기를 바라셨다고 생각합니다. 내가 그것을 더욱 확신하는 이유는, 주께서 많은 사람들의 반대를 예상하셨기 때문입니다. 그들은 "면제년이 가까이 왔다"고 말하며, 꾸어주기를 거부하려 했을 것입니다. 그들 중에서 많은 사람들이 '타산적'이라고 불릴 만한 사람들이었고, 냉정한 쪽으로 기울어진 사람들이었습니다. 자연히 그들은 이런 식으로 말하곤 했을 것입니다. "아니요, 면제년이 가까워지고 있으니 돈을 꾸어주지 않을 것이오. 꾸어준 돈이 거저 주는 선물이 되고 말테니까요." 그래서 주께서 이렇게 말씀하십니다. "삼가 너는 마음에 악한 생각을 품지 말라. 곧 이르기를 일곱째 해 면제년이 가까이 왔다 하고 네 궁핍한 형제를 악한 눈으로 바라보며 아무것도 주지 아니하면, 그가 너를 여호와께 호소하리니 그것이 네게 죄가 되리라"(9절). 오, 그것이 채무자들에게는 큰 위안이 되었음에 틀림없습니다! 또한 그 일이 이행되었을 때, 채권자들의 마음 역시 크게 위로를 받고 홀가분해졌을 것이 틀림없습니다. 그들의 가난한 형제들이 삶을 다시 향유할 수 있게 되었음을 보고, 더 이상 무거운 채무의 짐을 진 채 암울한 날들을 보내지 않아도 되는 것을 보았을 테니까요!

다음으로, 그들이 두 번 다시 그 빚을 요구해서는 안 되었습니다. 본문을 보십시오. "그의 이웃에게나 그 형제에게 독촉하지 말지니." 면제년 이후에, 그는 더 이상의 요구를 할 수 없었습니다. 만에 하나, 그럴 요구를 하고 싶은 생각이 들었다 하더라도, 갚도록 강요하기 위해 어떠한 법적인 수단을 사용할 수 없으며, 물리력을 행사하거나, 어떤 위협을 가해서도 안 됩니다. 도덕적인 요구는 여전히 가능합니다. 그리고 정직하고 마음이 곧은 이스라엘 사람이라면 그의 동족 형제가 자기로 인해 어떤 손해도 입지 않도록 관심을 기울일 것입니다. 그러나 여전히, 하나님의 명령에 따르면, 어떤 독촉도 할 수 없습니다. 내가 사랑하는 형제 윌리엄스는 그의 기도에서, 이 명령에 나타난 하나님의 관대하심에 대해 말했습니다. 그리고 오직 관대한 입법자만이 이러한 법률을 제정하실 수 있다고 말했습니다. 이 법에는 고귀하고 너그러운 마음이 배어 있으며, 오직 하나님을 섬기는 백성들만이 이러한 규례에 순종하리라고 우리는 기대할 수 있습니다.

다음을 주목해 보십시오. 그들은 이 일을 여호와를 위해 시행해야 했습니다. "이는 여호와를 위하여 면제를 선포하였음이라." 그들은 그 일을 하나님의 복의 관점에서 시행해야 했습니다. "이는 주 너의 하나님께서 네게 유업으로 주어 차지하게 하시는 땅에서 주께서 너희를 크게 복 주실 것임이라. 오직 내가 네게 오늘 명하는 이 모든 명령을 지켜 행하고 주 너의 하나님의 음성에 조심스럽게 경청하면 그러하리라"(4-5절). 옳은 일을 행하는 것만으로는 충분하지 않습니다. 옳은 정신으로 행해야 합니다. 순수한 동기로 행해야 합니다. 선한 행위는 그것이 하나님의 영광을 위해서 행한 것이 아니라면, 그분의 이름의 위대함과 선하심을 나타내기 위해서가 아니라면, 전적으로 선한 것이 아닙니다. 이스라엘 사람이 그의 채무자에게 빚을 면제해 주고서 "이것은 여호와를 위한 면제입니다"라고 말하면 품위 있는 일입니다. 마치 위대하신 왕중왕의 부관으로서 행동한 것과 같습니다. 만일 당신이 면제의 일을 당신 자신의 이름으로가 아니라 그리스도의 이름으로 행한다면, 그분을 위해서 하고, 그분을 사랑하기 때문에 한다면, 그 일은 당신을 고상하게 만들 수 있습니다. 그리스도인이 가질 수 있는 가장 강력한 동기는 "예수를 위하여"입니다. 아마도, 당신의 형제를 위해서라면 당신은 빚진 자를 용서할 수 없을 것입니다. 그에게는 당신의 마음을 불편하게 하고 완강하게 만드는 무언가가 있을 것입니다. 그러나 당신이 예수님을 위해서라면 그 일을 할 수 있지 않겠습니까? 이것이 참된 자선이며, 모든 호의 중에서도 최상인 거룩한 사랑입니다. "우리가 사랑함은 그가 먼저 우리를 사랑하셨음이라"는 말씀은 요한일서에만 있는 말씀이 아닙니다. 성경의 많은 곳에서 그와 같은 내용의 말씀을 하고 있습니다. "우리가 사랑함은 그가 먼저 우리를 사랑하셨기 때문입니다." 심지어 인간을 향하여 우리의 사랑이 솟아날 때에도, 그것이 자비와 친절의 행동으로 표현될 때에도, 그리스도께서 먼저 우리를 사랑하셨다는 사실에서부터 흘러나와야 합니다.

　　그러면, 이스라엘 백성들처럼, 우리는 하나님께서 주신 은혜로운 보상들을 믿음으로 바라볼 수 있습니다. 우리는 보수를 바라고 하나님을 섬기지는 않습니다. 그러나 우리는 여전히 상으로서의 보상에 관심이 있습니다. 우리는 고용된 일꾼처럼 행동하지는 않습니다. 그러나 그럼에도 불구하고, 우리 눈은 그리스도 예수 안에서 위에서 부르신 부름의 상을 바라봅니다. 그리스도인은 종종 호의를 베풀고서도 배은망덕한 자들을 만나기도 하며, 감사하지 않고 악하기까지 한 자들을 만나기도 합니다. 그럼에도 불구하고 우리가 친절하게 행동해야 하는 것은 때가 되면 그리스도께서 그 모든 일들을 그분 자신에게 행한 것으로 받아주실 것을 온전히 믿기 때문입니다. "내 아버지께 복 받을 자들이여, 나아와 창세로부터 너희를 위하여 예비된 나라를 상속받으라. 내가 주릴 때에 너희가 먹을 것을 주었고 목마를 때에 마시게 하였느니라"(마 25:34-35). 이스라엘에게 주어진 이 법은, 이 법을 준수하는 동기와 관련해서는, 우리에게 주어진 법입니다. 하나님의 영광을 위하여, 그리스도를 위하여, 모든 사람에게 선을 행하도록 합시다. 그리고 주께 행한 모든 거룩한 행위들에 대해 주님께 상을 받게 될 그 날을 바라보도록 합시다.

다음으로, 이 장을 읽어내려가면서, 이러한 친절을 한 번으로 그치는 것이 아니라, 기꺼이 반복해서 베풀어야 한다는 것을 주목하십시오. 한 번 빚을 면제해 준 채권자는 스스로 이런 식으로 말해서는 안 됩니다. "나는 더 이상 꾸어주지 않겠어. 이 칠년의 거래는, 이렇게 제한이 있는 규정은, 나에게 치명적인 손실을 안겨주고 말아." 아닙니다. 만일 그가 그렇게 생각한다면, 9절에서 그것이 마음에 품은 악한 생각이라고 말하고 있습니다. "삼가 너는 마음에 악한 생각을 품지 말라." 히브리 성경에는 "너의 벨리알(Belial: 파괴, 악함, 무가치함의 의미 — 역주)의 마음속에"라고 되어 있습니다. 마치 그런 생각이 이스라엘을 벨리알의 상태로 끌어내리는 듯이, 하나님의 사람을 하나님을 전혀 경외하지 않는 추악한 사람으로 만드는 듯이 표현하고 있습니다. 사랑하는 이여, 선한 일에 낙심하지 않는 것이 그리스도인의 본분입니다. 만일 선행을 베푼 사람에게서 보상을 얻지 못한다 하더라도, 계속해서 선을 행하십시오. 하나님이 얼마나 은혜로우신지 기억하고, 그분이 감사를 모르는 악한 자들에게도 여전히 은혜를 주시는 것을 기억하십시오. 그분이 가장 관대한 사람의 밭에 뿐 아니라 가장 구두쇠 같은 자의 밭에도 비를 내려주시는 것을 기억하십시오. 그분은 모두에게 선하시며, 그분의 부드러운 은총이 그분의 모든 피조물 위에 있습니다. 우리는 그럴만한 가치가 있는 자들을 훨씬 많이 도와야 한다는 생각을 하기도 합니다. 그러다가 마침내 그리스도를 닮은 자가 되기를 포기하게 되고, 사랑의 시행자보다는 공의의 집행자가 되고 맙니다. 이런 일은 그리스도인이 할 일이 아닙니다.

다음으로, 제칠년 째에 그들은 아직 지불되지 않은 액수를 면제하고, 종으로 팔린 종을 가게 해야 합니다(12절). 그는 히브리인입니다. 그러나 그가 너무 가난하여 자기 땅을 팔았으며, 마침내 그 자신을 노예로 팔 수밖에 없었습니다. 그가 말했습니다. "나를 데려가세요. 나에게 먹을 빵과 입을 옷을 주신다면, 당신의 종이 되겠습니다." 율법은 그것을 허용했습니다. 그래서 동료 히브리인에게 스스로를 예속시킨 히브리인들이 더러 있었습니다. 이는 아주 가벼운 종류의 예속이었습니다. 그래서 혹 이러한 종들 중에서 하나가 도망하더라도, 그를 다시 잡아서 주인에게 되돌리는 일은 율법에 반하는 일이었습니다. 그는 자기가 원하는 때에 그 예속의 관계를 깰 수 있었습니다. 육년 째의 끝에, 히브리 종들은 자유롭게 떠날 수 있었으며, 종종 자기가 종으로 있는 동안 너무나 좋은 대우를 받았기에 떠나기를 원치 않는 일도 일어났습니다. 오히려, 송곳으로 자발적으로 귀를 뚫어 생존하는 동안 종으로서 그 주인과 함께 살기를 원하기도 했습니다. 그러나 육년의 끝에, 히브리 종은 원한다면 얼마든지 자유롭게 떠날 수 있었습니다.

율법에 따라, 종은 자유롭게 떠나보내야 했습니다. 남종이든 여종이든 떠나보내는 것을 어려운 일로 생각해서는 안 되었습니다. 그들이 주인의 집에서나 들에서 아무리 유용한 자들이었다 해도, 집안일에나 농장 일에서 아무리 크게 필요한 존재로 여겨졌다 하더라도, 그들은 가도록 허락되어야 했습니다. 더 나아가, 그들을 빈 손으로 가게 해서는 안 되었습니다(13절). 그들은 주인의 모든 소유 중 일정 부분을 얻어야 했습니다. 양 무리 중에서와, 타작마당에서 거둔 것 중에서와, 포도주 틀에서 짜낸 것 중에서, 후하게 마련해서 주어야 했습니다(14절). 마치 이스라엘이 애굽을 떠날 때 은금의 패물과 의복을 가지고 떠났던 것처럼, 한 밑천 되도록 짐을 싸서 그들을 떠나보내야 했습니다. 이것은 굉장한 법이었습니다. 하나님의 백성들이 얼마나 친절해야 하는지를 잘 가르쳐 주는 법이 아닙니까? 비천하고, 인색하며, 완고하고, 구두쇠같이 손을 움켜쥔 그리스도인, 그런 자가 있습니까? 그런 그리스도인이 가능합니까? 여러분이 판단해 보십시오. 임금을 지불하지 않고 자기 형제의 노동력을 빼앗는 자, 그리고 기간이 만료되었음에도 보수를 주지 않아 형제를 굶주리도록 방치하는 자, 그가 하나님의 자녀입니까? 하나님의 사랑이 어떻게 그 속에 있을 수 있을까요? 하나님께서는 자기 백성이 의롭게 행할 뿐 아니라, 관대하게 행하기를 바라십니다. 그리고 단지 정당하게 행할 것이 아니라, 그들이 접촉하게 되는 모든 사람에게 친절할 것을 원하십니다.

더 나아가, 정해진 때에 형제를 자유롭게 하는 것은 특정한 이유가 있기 때문입니다. "너는 애굽 땅에서 종 되었던 것과 네 하나님 여호와께서 너를 속량하셨음을 기억하라"(15절). 주님께서 당신을 그토록 너그럽게 대해오셨다면, 어찌 당신이 다른 사람에게 그토록 불친절하게 대할 수 있습니까? 올니(Olney) 지방에서 뉴턴 씨가 교구 목사로 있을 때, 그는 서재에 이 본문을 붙여 놓았습니다. 그래서 설교 준비하다가 눈을 들면 언제나 그것을 볼 수 있도록 했습니다. "너는 애굽 땅에서 종 되었던 것과 네 하나님 여호와께서 너를 속량하셨음을 기억하라." 이 본문을 볼 수 있는 곳에 붙여둔다면 그리스도인들이 선행을 더 많이 할 수 있지 않을까요? 이 구절이 그들의 구속자에 대해 감사의 마음을 갖도록 자극하고, 그들 밑에 속한 사람들에 대해 더 상냥한 마음을 갖도록 자극하지 않을까요? 율법 아래에서 종이 된 모든 죄인들에게, 이 거리를 가득 메운 무수한 사람들에게, 죄와 자아(自我)에게 노예가 된 자에게, 불법 속에서 멸망하고 있는 사람들에게 좀 더 친절하게 다가가도록 하지 않을까요? 바로 이것이 이스라엘 백성들이 종들에게 너그럽게 대해야 하는 이유였습니다. 우리 역시 그것을 우리 주변의 모든 사람들에게 친절히 행해야 할 이유로 삼도록 합시다.

우리들 중 대부분의 사람들은, 누군가에 대해 채권자의 입장에 있지 않을 것입니다. 그리고 빚을 강제로 받아냄으로써 누군가를 망치려 하지 않을 것입니다. 우리가 설혹 그러한 입장에 있지 않다고 해도, 이 율법은 영적이며, 그래서 그 나름의 교훈을 가지고 있습니다. 분명 그 교훈의 의미는 이것입니다. 기꺼이 용서하자. 그 이야기가 얼마나 사실인지는 모르겠으나, 나는 로울랜드 힐(Rowland Hill) 목사라는 경건하고 덕망 있는 사람에게 어떤 과실이 있었다는 말을 들었습니다. 이런 내용입니다. 그는 때때로 사람들이 그에게 매우 잘못 행동했다는 생각이 들면, 기꺼이 그들을 용서할 수가 없었습니다. 그의 회중 중의 한 사람이 자신이 기억하는 내용을 들려주었습니다. 어느 주일날, 힐 목사는 어떤 사람에 대해 심하게 말을 했습니다. 정당하지 못할 정도로 심하지는 않았지만, 관대하지 않을 정도로 심하게 말을 했지요. 그가 "우리 죄를 사하여 주시옵고"라고 기도를 드릴 때, 청중들은 그 선한 사람이 다음 말을 주저하는 것을 눈치챘습니다. "우리가 … 우리가 … 우리에게 죄지은 자를 사하여 준 것 같이." 그는 명백히 자신과의 작은 싸움을 싸우고 있었습니다. 또한 그는 너무나 거짓 없고 투명한 사람이어서 그것을 공적인 예배에서도 표출해 버리고 만 것입니다. 여러분 중 어떤 이들도, 때때로, 여러분에게 잘못한 사람들을 용서하는 것이 힘들 때가 있지 않습니까? 어쩌면 당신은 오늘 오후에 당신의 자녀에게 매우 화를 냈을지도 모릅니다. 집을 나서기 전에 그에게 입을 맞추고 나올 수도 있었을 텐데 말입니다. 당신의 귀여운 딸이 어떤 식으로든 당신을 화나게 했을 수 있습니다. 그녀에게 용서한다고 말하고 왔더라면 좋았을 것입니다. 아마도, 당신에게는 그렇게 하지 않은 정당한 이유들이 있을 것입니다. 나는 그 문제에는 깊이 관여하고 싶지 않군요.

그러나 당신이 집에 돌아가자마자 그녀를 용서해 주라고 요청해도 되겠습니까? 당신 스스로 정당화하기 어려운 일을 자녀에게 행하는 것은 자녀에게 아무런 유익이 없습니다. 자녀들을 기꺼이 용서하십시오. 이 말을 하는 것에는 이유가 있습니다. 나는 여기 앉아 있는 사람들 중에, 부모가 좋아하지 않은 결혼을 했다는 이유로, 혹은 어떤 다른 이유로, 아들이나 딸을 쫓아낸 사람들을 알고 있습니다. 당신은 말했습니다. "너는 내 집에 두 번 다시 발을 들여 놓지 마라." 그런데 당신은 그리스도인입니다! 당신에게 이런 말을 하고 싶습니다. "만일 당신이 그런 종류의 감정을 해소하지 않는다면, 다시는 이 친교의 식탁에 발을 들여 놓지 말기를 바랍니다." 어떻게 당신이 당신 자녀를 향해 용서할 수 없는 감정을 가진 채로 "하늘에 계신 우리 아버지여"라고 말할 수 있습니까? 당신이 사람들을 용서할 수 없다면 결코 천국에 들어가지 않을 거라고 결심하는 편이 낫습니다. 용서하지 못하는 마음을 품고서는 결코 진주 문을 통과할 수 없기 때문입니다.

　　혹은 당신과 싸운 친구가 있습니까? 당신 둘은 결별했습니다. 당신들은 한때 다정한 친구였지요. 그러나 지금은, 마치 한가운데가 갈라진 거대한 절벽처럼, 서로를 향해 으르렁대며 서 있을 뿐입니다. 계속해서 그렇게 지내지 마십시오. 만일 개인적인 악의나 악감정을 품고 있다면, 그것을 바다 깊은 곳으로 던져 버리십시오. 자초지종이야 어찌되었건, 나는 그 이야기를 듣고 싶지 않습니다. 진정, 모든 것을 단번에 씻어 버릴 때가 왔습니다. "해가 지도록 분을 품지 말고"(엡 4:26)는 좋은 계명입니다. 나는 크게 다투었던 두 친구의 이야기를 들은 적이 있습니다. 그들은 서로에게 매우 심한 말을 했지요. 그날 해가 막 지려고 했습니다. 그래서 그들 중 하나가 말했습니다. "내가 가야겠다. 그리고 내 친구와 화해하도록 애써봐야지." 그는 친구의 집으로 가던 도중에 같은 목적으로 그를 찾아오고 있는 친구를 만났습니다. 그들은 즐겁게 만나 서로를 용서했습니다. 모든 참된 그리스도인들에게 그런 일이 있기를 바랍니다!

　　한 가지 더 말하자면, 사랑하는 친구들이여, 나는 '여호와의 면제'에 담긴 정신이 이것이라고 생각합니다. 누구에게도 심하게 대하지 말라. 사람들이 계약을 맺고, 계약 조건이 지켜져야 하는 것은 옳습니다. 그러나 그가 손해를 보고 있으며, 그래서 계약을 지킬 수가 없습니다. 그는 파산하고 있으며, 당신은 그의 실수로 인해 오히려 배를 채웁니다. 그를 그 조건으로 얽매지 마십시오. 만일 당신이 손해 보는 계약을 했더라도, 당신은 그것을 지키도록 노력해야 합니다. 그리스도인이라면 "서원한 것은 해로울지라도 변하지 아니해야" 합니다(시 15:4). 그러나 그 손실이 상대방 쪽에 있다면, 신속히 그 계약을 취소하십시오. 그래서 그 가련한 사람이 전능하신 하나님 앞에 가서 눈물로 호소하며 당신의 잔혹함을 고소하는 일이 없도록 하십시오. 어떤 그리스도인도 노동자들을 착취하는 자가 되어서는 안 됩니다. 어떤 그리스도인도 가난한 자들을 짓밟거나, 그들의 얼굴에 맷돌질하는 자가 되어서는 안 됩니다(사 3:15). 하나님께 용납되기를 바라는 어떤 사람도, 다른 사람들에게 인색하게 대하면서 스스로 정당하다는 식으로 생각해서는 안 됩니다.

내가 생각하기에, 그것이 내 주제의 첫 번째 정신입니다. "주의 면제"라고 불리는 것을 통해, 여호와께서는 자기 백성들이 다른 사람들을 용서하고, 관대하게 대하는 자들이 되기를 바라셨습니다.

2. 주께서 우리에게 베푸시는 면제

그러나 이제 두 번째로, 할 수 있는 한 간략하게, 주께서 우리에게 베푸신 면제에 대해 숙고해 보도록 합시다.

나는 여기에 있는 모든 죄인들, 하나님께 빚을 졌으며, 그것을 결코 갚을 수 없다고 느끼는 사람들에게 선포합니다. 만일 당신이 그리스도께 나아와 그분을 의지하면, 주께서 당신의 모든 채무를 면제하신다고, 당신의 죄 전부를 용서하신다고 약속하십니다. 나는 여기서 죄의 긴 명부를 일일이 반복할 필요를 느끼지 못합니다. 나보다는 당신의 양심이 그 목록을 줄곧 낭독하여, 당신은 이미 그 죄의 두루마리 책에 대해 잘 알고 있을 것입니다. 주께서는 그 모든 것을 지워 버리실 준비가 되어 있습니다. 그분은 그의 백성들에게 명하신 일을 그분 자신이 직접 하실 것입니다. "이는 여호와를 위하여 면제를 선포하였음이라." 당신이 예수 그리스도를 믿는다면 그분은 당신의 죄를 없애주실 것입니다.

이 면제에는 영원토록 형벌을 부과하지 않는 것이 수반됩니다. 만약 당신이 하나님께 용서를 받았다면, 그분은 당신의 죄나 잘못들 때문에 당신을 결코 처벌하지 않으십니다. 이 땅에서의 삶에서 뿐만 아니라, 다가오는 생애에서도, 그분은 결코 당신의 손에서 죄과를 찾지 않으실 것입니다. 그분은 당신에게 완전한 면제를 베푸셨습니다. 그것은 위에 있는 하늘의 최고 법정에서 선언된 것입니다. "누가 능히 하나님께서 택하신 자들을 고발하리요 의롭다 하신 이는 하나님이시니 누가 정죄하리요 죽으실 뿐 아니라 다시 살아나신 이는 그리스도 예수시니"(롬 8:33-34). 당신이 당신의 하나님께 나아와서, 당신의 채무를 인정하고, 당신에게 그것을 갚을 능력이 없음을 자백한다면, 그분이 당신의 채무를 깨끗이 면제하여 주실 것입니다. 당신에게 그 빚을 갚도록 재차 요구하는 일은 영원토록 없을 것이며, 당신의 죄의 목록을 찾으려 해도 찾을 수 없게 될 것입니다.

　다음으로, 하나님께서 이 모든 일을 당신의 가난 때문에 행하실 것이라는 점에 주목하십시오. 5절을 보십시오. "너희 중에 가난한 자가 없으리라." 그들 가운데 가난한 자가 없을 때에는 빚을 면제해줄 필요가 없습니다. 그러나 그들 중에 가난한 자가 있는 한, 빚을 면제해 주어야 했습니다.

　　　"오직 이 완전한 가난만이
　　　　　우리 영혼을 부요하게 하네."

　당신의 거대한 죄의 빚에 대해 조금도 갚을 능력이 없을 때에, 당신이 완전히 파산했을 때에, 그 때 당신은 예수 그리스도가 당신의 구주시라고 믿을 수 있습니다. 당신이 전적으로 도움도 없고 소망도 없을 때, 예수님이 그리스도시라는 것을 믿기만 하십시오. 그분을 의지하십시오. 그러면 하나님이 당신의 모든 부담을 탕감하고 면제시켜 주실 것이며, 당신은 모든 짐을 벗고 모든 죄에서 깨끗해질 것입니다.

　나는 이렇게 말하는 한 영혼을 향해 말합니다. "나는 저런 사상이 좋아. 저 사상을 충분히 이해할 수 있다면 좋으련만. 그러나 내가 저런 사상을 붙잡고 있기에는 나 자신이 너무나 비천한 종이라는 느낌이 드는군." 주께서는 한 영혼이 한동안 속박의 상태에 있는 것을 허용하십니다. 진정 그렇게 되는 것이 필요할 수도 있습니다. 히브리인들은 육년 동안을 속박의 상태에 처할 수 있었습니다. 그러나 제칠년이 오면 그는 자유로이 떠날 수 있었습니다. 하나님의 성령께서 어떤 사람들에게는 한동안 속박하는 영이 되시는 데에는 이유가 있습니다. 굳은 마음이 녹아져야 합니다. 교만한 생각이 낮아져야 합니다. 어떤 사람들의 의지는 마치 쇠 힘줄 같습니다. 어떤 사람들의 자기 의는 좀처럼 죽지 않아서, 심지어 가슴에 일곱 번 총을 맞아도 죽지 않을 정도입니다. 너무 빨리 용서를 받으면, 너무 빨리 하나님께 반항적으로 돌아설 사람들이 많이 있습니다. 그래서 성령께서 무거운 짐으로 그런 사람들의 마음을 누르십니다. 그들은 엎드러지고, 아무도 도울 자가 없습니다. 나는 오랫동안 속박의 상태에서 지내온 한 사람에게 말하고 있는지 모릅니다. 나 자신도 그런 상태를 겪었습니다. 수도 없이 비통과 절망 속에서 사람들의 손을 붙잡고 도움을 청했으며, 거의 정신 요양소에 갈 지경에까지 이르렀습니다. 그리고는 이렇게 말했지요. "나는 그 경험에 대해 모두 압니다. 나는 주님께서 한동안 마음의 밭이 쟁기질을 당하도록 내버려 두시고, 찢어지고, 갈라지게 만들어서, 마침내 좋은 씨앗을 심기에 합당하도록 준비시키시는 것을 알겠습니다." 당신은 하나님의 열 마리의 검은 말들이 나오는 것을 본 적이 있습니까? 십계명을 말하는 것입니다. 당신은 농부가 채찍을 휘두르는 소리를 들은 적이 있습니까? 그 무서운 쟁기가 그 말들의 바로 뒤를 따라오며, 영혼을 갈아엎고 또 갈아엎어서, 마침내 그 영혼의 밭을 이쪽 끝에서 저쪽 끝까지 다 갈아엎는 것을 본 적이 있습니까? 그 때, 그 일이 전부 끝났다고 당신이 생각할 때, 그 말들은 옆으로 방향을 바꾸어 서더니 다시 쟁기질을 시작합니다. 모든 본성을 찢어 놓고, 모든 흙덩어리를 가루로 만듭니다. 하나님께서는 어떤 사람들에 대해서는 마음의 밭을 갈기 위해 노면 파쇄기(破碎機)를 사용하십니다. 그러나 그분이 그 일을 하시는 이유는 그들을 미워하시기 때문이 아니며, 오히려 그들을 사랑하시기 때문입니다. 그들로부터 다가오는 해에 기쁨과 감사의 풍성한 수확을 얻기 위해서입니다.

또한, 자신의 사면(赦免)을 위해 아무것도 지불하지 않고서, 종 되었던 사람은 육년의 끝에 해방이 되었습니다. 비록 자유인으로 태어나지 않았어도, 큰 액수의 돈을 주고 자유를 사지 않았어도, 그는 자유가 되었습니다. 오 주여, 오늘 밤 몇 명의 영혼이 자유롭게 하소서! 오, 여기 있는 모든 종들이, 속박된 자들이, 오늘 밤에 자유를 얻게 하시고, 하나님의 은혜의 영광을 찬미하게 하소서!

주께서 가난한 영혼들을 자유롭게 하실 때, 그분은 언제나 손에 가득 쥐어주시고서 보내십니다. 그분은 양 떼에서 얼마를 취하여 주시고, 타작마당에서 얼마를 주시며, 또 포도주 틀에서 얼마를 나누어 주십니다. 우리들 중 어떤 이들은, 진정, 예수께로 나온 첫날에 부자가 되었습니다. 우리는 이제 예전에 알던 것보다 더 많은 것을 알고 있지만, 그러나 그 때보다 더 많은 것을 소유하는 것은 아닙니다. 우리는 그 때 그리스도를 얻었기 때문이며, 그분이 모든 것 되시기 때문입니다. 우리가 모든 것보다 더 많은 것을 가질 수는 없지요. 하나님은 그 때 우리 속에 천국을 주셨습니다. 오, 그날 우리가 얼마나 기쁘게 웃었던지요! 우리는 결코 그 날을 잊지 못할 것입니다. 우리는 더 이상 거지들이 아니었으며, 더 이상 가난뱅이들이 아니었습니다. 하늘의 모든 부가 우리의 것이 되었습니다.

　여기서 말할 수 있는 것이 하나 있습니다. 이 행동이 주님께는 결코 어려워 보이지 않습니다. 8절에서 주님께서 히브리 사람들에게 말씀하십니다. "너는 그를 놓아 자유롭게 하기를 어렵게 여기지 말라." 그리스도께서 한 죄인을 자유롭게 하실 때 그 일은 그분에게 전혀 어려운 일이 아닙니다. 왜 여러분 중에 어떤 이들은 그리스도를 마음이 굳은 분으로 여기면서 기도하는 것입니까? 왜 당신은 기도할 때 하나님을 감동시켜야만 자비를 베푸실 거라고 여기는 것입니까? 자비를 얻기 위해, 감동받아야 하는 이는 당신입니다. 하나님은 충분히 너그러우십니다. 당신이 그의 사랑하시는 아들을 믿기만 하면, 그분은 당신을 자유롭게 하실 것이며, 매일처럼 당신에게 은혜 주실 것이며, 기쁨으로 그렇게 하실 것입니다. 사실, 세상을 만드는 일도, 그분에게는 영혼을 구원하는 일에 비하면 아무것도 아닙니다. 그분에게는 전능의 커다란 망치가 있습니다. 그것을 그분의 지혜의 모루에 내려치면, 세계가 불꽃처럼 그분의 작업장의 허공에서 날립니다. 그런 일은 그분의 능력으로는 아무것도 아닙니다. 그러나 그분이 구원을 위해 일하실 때, 그분은 사랑에 잠기시고, 그 백성으로 인해 노래하며 기뻐하십니다. 이것이 그분의 마음에 있는 기쁨입니다. 속박된 영혼을 자유롭게 하는 일이 그분에게는 결코 어렵지 않습니다.

　내가 확신하는 한 가지는, 주께서 우리를 자유롭게 하신다 해도, 우리는 영원히 그분의 종으로 남기를 원하리라는 것입니다. 우리는 곧장 문으로 가서 귀를 대고 송곳으로 귀를 뚫어달라고 요청할 것입니다(17절). 물론 우리가 자유롭게 된 것은 기쁘지만, 우리는 그분으로부터 자유롭게 되는 것을 원치 않습니다. 아니, 아닙니다! "오 주여, 진정 저는 당신의 종입니다. 저는 당신의 종입니다. 당신이 내 멍에를 풀어 주셨습니다." 자유롭게 되었으니, 나는 영원히 주께 묶이기를 원합니다. 사랑하는 이들이여, 오십시오. 당신이 오늘밤 그리스도를 찾는다면, 그분을 믿는다면, 당신은 자유입니다. 와서 당신의 귀를 뚫으십시오. 당신은 교회에 소속되기를 좋아하지 않으면서, 그리스도께 대한 신앙은 고백합니다. 그래요, 나는 교회가 "따분할"(bore) 수 있다는 것을 압니다. 그러나 그 모든 것을 무릅쓰고, 와서 당신의 귀에 구멍을 뚫으십시오(bored). 와서 말하십시오. "나는 영원토록 나가지 않을 겁니다. 주님이 저를 자유롭게 하셨으니, 나는 주님을 일평생 섬기겠습니다."

하나님께서 예수님을 위하여 이 말씀으로 많은 이들에게 은혜 주시기를 바랍니다. 아멘.

제

9

장

—

기억하라!

—

**"너는 애굽 땅에서 종 되었던 것과 네 하나님 여호와께서
너를 속량하셨음을 기억하라."** ― 신 15:15

윌리엄 제이(William Jay) 목사의 자서전에서, 그가 유명한 존 뉴턴(John Newton) 목사를 보려고 올니(Olney)를 방문한 적이 있다는 내용이 있습니다. 그는 뉴턴 목사가 설교를 준비하곤 하던 책상 위에서, 뉴턴 목사가 매우 큰 글씨로 이렇게 써놓은 것을 보았습니다. "너는 애굽 땅에서 종 되었던 것과 네 하나님 여호와께서 너를 속량하셨음을 기억하라." 내 생각으로는 이 이야기가 본문에 큰 관심을 갖도록 만듭니다. 뉴턴 목사처럼 분명하게 회심한 사람이 그런 주제를 늘 묵상한다는 것이나, 또한 그가 그런 본문을 눈에 띄는 곳에 두었다는 것은 잘 어울리는 듯합니다. 우리 각 사람도 비슷한 위치에 그런 구절을 붙여두는 것이 타당하지 않을까요? 뉴턴 목사는 이 본문이 명하는 바로 그 기억 속에서 살았고 행동했으며, 그것은 그가 바로 그날 아침에 제이 목사와 대화한 장면에서도 마찬가지였습니다. 뉴턴 목사가 말했습니다. "목사님, 당신을 뵙게 되어 기쁩니다. 나는 방금 바스(Bath)에서 온 편지를 가지고 있습니다. 그 편지에 답장할 수 있도록 저를 좀 도와주실 수 있겠지요? 당신은 누구누구(이름을 언급하며)에 대해 알고 계십니까?" 제이 목사는 거명된 그 사람이 무서운 성격의 사람이며, 한때 복음을 들었지만 모든 악에서 우두머리가 되었다고 대답했습니다. "그러나 목사님", 뉴턴 목사가 대답했습니다. "그는 매우 뉘우치면서 쓰고 있습니다. 그

리고 또 누가 알겠습니까? 아마도 어떤 변화가 그에게서 일어났는지요." 제이 목사가 말했습니다. "글쎄요, 제가 말씀드릴 수 있는 것은, 만약 그가 회심했다면, 제가 누구에 대해서도 단념하지 않겠다는 것입니다." "그리고 저도요", 뉴턴 목사가 말했습니다. "저는 저 자신이 회심한 이후 누구에 대해서도 단념해 본 적이 없습니다."

그랬습니다. 당신이 보다시피, 그가 바스의 그 가련한 죄인을 생각할 때에, 그는 자신이 애굽 땅에서 종 되었던 것과, 주 하나님께서 그를 속량하신 일을 기억하고 있었습니다. 그렇다면 이 악명 높은 불량자에게도 그와 같은 구원이 임하게 될 줄을 누가 알겠습니까? 자기 자신의 마음과 삶의 은혜로운 변화에 대한 기억이 그로 하여금 그릇되게 행하고 구원의 가망이 없어 보이는 자들을 부드럽게 대할 수 있게 했습니다. 그러한 선한 효과들이 우리 마음속에도 일어나기를 바랍니다. 우리는 모두가 복음의 설교자들로 부름을 받지는 않았습니다. 그러나 어떤 정도이건, 과거 우리가 종이었으나 하나님이 우리를 구원하셨다는 것을 기억함으로써, 거룩하고, 유익하며, 성화되어가는 효과들이 우리 마음속에서 일어나야 합니다. 이 시간 성령께서 우리에게 하나님의 놀라운 은혜를 기억나게 하시고, 우리의 마음을 큰 능력으로 녹이시기를 바랍니다.

이스라엘이 애굽에서 속량된 특별한 사실에 대해서, 큰 관심을 기울이며 기억하도록 해야 합니다. 그들이 애굽에서 나온 달은 한 해가 시작되는 달이었습니다. "이 달을 너희에게 달의 시작 곧 해의 첫 달이 되게 하고"(출 12:2). "아빕월을 지켜 네 하나님 유월절을 행하라 이는 아빕월에 네 하나님 여호와께서 밤에 너를 애굽에서 인도하여 내셨음이라"(신 16:1). 구원을 기념하기 위한 목적으로 하나의 조례가 확정되었습니다. 모든 백성들이 유월절 어린 양을 먹어야 했으며, 그래서 그 피가 뿌려진 것을 잊지 않아야 했습니다. 주께서 이렇게 명하셨습니다. "너희는 이 날을 기념하여 여호와의 절기를 삼아 영원한 규례로 대대로 지킬지니라"(출 12:14). 그들은 또한 그 일과 관련하여 자녀들을 가르치라는 명을 받았습니다. 그리하여 하나의 기념 의식을 넘어, 아버지에게서 아들로 구전(口傳)의 전통이 있어야 했습니다. "후일에 네 아들이 네게 묻기를 '우리 하나님 여호와께서 명령하신 증거와 규례와 법도가 무슨 뜻입니까?' 하거든, 너는 네 아들에게 이르기를 '우리가 옛적에 애굽에서 바로의 종이 되었더니 여호와께서 권능의 손으로 우리를 애굽에서 인도하여 내셨다' 할지니라"(신 6:20-21). 그들의 십계명은 그 놀라운 사건을 기억하게 하는 말씀으로 시작됩니다. "나는 너를 애굽 땅, 종 되었던 집에서 인도하여 낸 네 하나님 여호와니라. 너는 나 외에는 다른 신들을 네게 두지 말라"(출 20:2-3). 신명기 전체를 통하여, 순종과 충성을 위해 이것이 가장 중하고 가장 자주 반복되는 말씀인 것을 볼 수 있습니다. "너는 애굽 땅에서 종 되었던 것과 네 하나님 여호와께서 너를 속량하셨음을 기억하라."

　　사랑하는 이여, 만일 유대인들이 애굽에서 속량 받은 것을 주의 깊게 기억하도록 가르침을 받았다면, 우리 역시 그리스도의 보혈을 통해 얻은 더 큰 구원을 신중하게 기억해야 하지 않겠습니까? 우리가 그의 피로 속량을 받고, 죄의 멍에로부터 풀려난 것을 잊지 않도록 해야 하지 않겠습니까? 에베소서 2장 11, 12, 13절에서 바울이 어떻게 땅 끝에서부터 은혜로 부르심을 받은 우리들에게 말하는가를 보십시오. "그러므로 생각하라[기억하라] 너희는 그 때에 육체로는 이방인이요 손으로 육체에 행한 할례를 받은 무리라 칭하는 자들로부터 할례를 받지 않은 무리라 칭함을 받는 자들이라. 그 때에 너희는 그리스도 밖에 있었고 이스라엘 나라 밖의 사람이라 약속의 언약들에 대하여는 외인이요 세상에서 소망이 없고 하나님도 없는 자이더니, 이제는 전에 멀리 있던 너희가 그리스도 예수 안에서 그리스도의 피로 가까워졌느니라." 그는 같은 생각을 로마서 6장 17,18절에서 다른 말로 표현합니다. "하나님께 감사하리로다. 너희가 본래 죄의 종이더니 너희에게 전하여 준 바 교훈의 본을 마음으로 순종하여, 죄로부터 해방되어 의에게 종이 되었느니라." 바울은 우리가 우리의 구원을 기억하기를 원했습니다. 또한 바울을 통해 말씀하신 성령 하나님께서 우리가 그 일을 기억하기를 원하셨습니다. 그러한 엄숙한 조언에 귀를 기울여야 하지 않겠습니까? 그러한 기억으로부터 흘러나오는 감화력이 우리로 하여금 그 일을 더 기억하도록 재촉합니다. 오늘 아침 이 설교의 목적은 그런 기억을 돕기 위한 겸손한 보조에 불과합니다. 오 나의 형제여, 바로 지금 다른 모든 것은 잊으십시오. 그리고 그대의 마음을 눈앞의 일에 쏟으십시오. 그리고 당신이 애굽 땅에서 종 되었던 것과, 당신의 하나님 여호와께서 당신을 속량하셨음을 기억하십시오.

　　첫째로, 우리의 속박에 대해 생각해 보도록 합시다. 둘째로, 우리의 속량에 대해서 생각해 보고, 셋째로, 이 두 사실에 대한 기억의 효과를 숙고해 봅시다. 나는 어떤 새로운 것을 말하려고 애쓰지 않겠습니다. 그렇게 시도하는 것은 어울리지 않는 일이며, 지금의 내 의무는 당신의 기억을 일깨워 옛 시절을 회상하도록 하는 것입니다. 나는 기억의 방식을 통해 당신의 마음을 분발시키려 할 뿐입니다. 옛 일을 추억하려는 사람은 새로운 것들을 찾으러 돌아다녀서는 안 됩니다. 우리는 당신이 아는 것을 말할 것이며, 당신이 느낀 것을 증언하도록 요청할 것입니다.

1. 우리의 속박

먼저 우리의 속박에 대해 숙고해 봅시다. 그것은 이스라엘 백성들이 애굽에서 겪은 속박과 매우 흡사합니다. 끌어낼 수 있는 유사점들이 많이 있습니다. 그것들을 간략하게 언급하도록 하겠습니다.

첫째, 우리가 거듭나지 않았을 때, 그리고 죄에 팔렸을 때, 우리는 우리가 대항할 수 없는 강력한 힘에 예속되었습니다. 이스라엘 백성들이 바로에 대항하여 봉기를 일으킨다는 것은 아무 소용도 없는 일이었습니다. 바로의 권좌는 너무나 확고하였습니다. 그의 군대는 가난하고 힘없는 양치기 부족들이 대항하기에는 너무나 강력했습니다. 그들은 그런 시도는 엄두도 내지 못했습니다. 그리고 형제들이여, 만일 타락한 인간이 혼자 힘으로 용기를 내서 죄와 사탄에 맞선다 해도, 단연코 그는 승리를 얻을 수가 없습니다. 타락은 우리를 "힘없는" 상태로 남겨두었습니다. 율법은 그 모든 힘에도 불구하고, "육신으로 말미암아 연약해지고" 말았습니다(롬 8:3). 아, 인간은 영적인 자유를 찾는 마음조차 없었습니다. 만일 그랬더라면 주께서 힘을 주셨을 것입니다. 그러나 하나님의 능력이 없이, 어느 인간이 자신의 죄에서 풀려나올 수 있단 말입니까? 에디오피아 사람이 그 피부 색깔을 바꿀 수 있으며, 표범이 그의 반점을 없앨 수 있겠습니까? 만일 그 일이 가능하다면 악에 익숙한 인간도 선을 행할 수 있을 것입니다(렘 13:23). 형제들이여, 불가능합니다. 육신적인 인간의 마음을 묶은 족쇄는 인간이 부수기에는 너무나 강합니다. 반성의 순간에, 그렇게 하려고 결심을 할 수는 있겠지만, 그러나 오호라, 자유를 위한 투쟁에 그는 곧 지치고 맙니다. 만일 인간이 스스로 구원할 수 있다면 하늘에서 거룩한 구속자가 결코 내려오시지 않았을 것입니다. 그러나 인간을 얽맨 속박이 너무나 혹독하고 강했기에, 영원한 하나님의 아들이 하늘로부터 내려오셨고, 자기 백성을 죄에서 구원하려 하신 것입니다. 우리의 타고난 속박은 그 힘과 기술에서 너무나 엄청난 권세에 의해 야기되고 지속된 것입니다. 공중의 권세 잡은 자, 불순종의 아들들 가운데에서 역사하는 영이, 우리를 철의 통치로 지배했으며, 또한 죄가 폭군의 강압으로 우리를 다스렸습니다. 우리는 그것을 깨뜨릴 수 없었습니다.

더 나쁜 것은, 우리는 다른 면에서도 이스라엘 백성들과 같습니다. 노예상태는 우리의 성품을 너무나 타락하게 만들어 우리에게는 탈출을 바라는 마음조차 없었습니다. 노예상태의 가장 나쁜 점은 인간의 성품을 저하시켜서 그 상태로 만족하게 만드는 것입니다. 그 상태가 혜택을 보는 상태로 여기도록 만듭니다. 그러나 그것은 거대한 악입니다. 인간에게는 노예상태에서 만족을 누릴 권리가 없기 때문입니다. 그러한 만족은 타락한 인간성의 표징입니다. 자유는 모든 인간의 권리입니다. 만일 속박의 상태에서 행복할 수 있다면 그는 진정한 인간이라 할 수 없습니다. 이스라엘 백성들은 너무나 짓밟혀서 그들은 압제자의 발 밑에서 굽실거렸습니다. 그리고 굴종의 상태에서 가능한 한 스스로 만족하려고 했습니다. 그들이 무거운 짐을 지는 짐승처럼 되었을 때, 그들의 마음 역시 야만적으로 변했고, 마침내 그들의 최고의 기쁨은 양파와 오이로 마음을 달래는 것이며, 오랫동안 간청한 끝에 생선을 얻는 정도였습니다. 그들은 사려 깊고 인정 많은 가족에서 애정도 소망도 없는 비참한 노동자 집단으로 전락하였습니다. 그래서 모세가 그들에게 왔을 때, 처음에는 환대받지 못했습니다. 하나님의 보내심을 받은 모세가 아론과 함께 처음 맞섰을 때, 그들은 예전의 겁쟁이 상태로 움츠러들어 바로의 분노를 사느니 차라리 노예로 남아 있는 편이 좋겠다고 생각했습니다. 그들은 짚으로 반죽하고 벽돌 만드는 일로 너무나 심하게 학대를 당하여 자유를 생각할 엄두도 내지 못했습니다. 우리 자신의 경우 역시 그와 똑같았습니다. 사랑하는 친구들이여, 우리 역시 죽음과 죄의 자발적인 노예였습니다. 만일 오늘 우리가 자유롭다면, 그것은 우리 자신이 자유를 위해 싸웠거나 속박의 굴레를 경멸했기 때문이 아닙니다. 아니지요, 우리의 속박은 우리의 마음에 드리운 것입니다. 우리가 우리 자신의 타락을 선택한 것입니다. 남쪽의 오랜 노예가 북쪽의 별을 보았습니다. 그리고 그 별을 따라 장애를 넘고 습지를 건너고 숲을 지나서, 그의 자유를 얻었습니다. 그러나 우리의 눈은 자유의 별이신 예수를 바라보기를 거절하였습니다. 우리는 자유인으로 태어나서 누구에게도 속박당하지 않았다고 자랑했습니다. 그럼으로써 아주 효과적으로 우리가 교만의 속박 아래 있음을 입증했습니다. 아마도 우리는 스스로를 자유로운 사색가들(free-thinkers)이라고 불렀을 것이며, 그로써 자유로운 행동가들임을 표방했을 것입니다. 그리나 그런 동안에도 우리는 속박되어 있었으며, 참된 자유를 찾으려 하지 않았습니다. 당신은 스스로 사슬들을 껴안고, 속박의 끈에 입맞춤했던 때가 떠오르지 않습니까? 미친 사람처럼, 지푸라기 다발로 왕관을 만들어 쓰고서 스스로를 왕이라고 불렀던 때, 이 세상의 어리석은 쾌락에 탐닉했던 때, 그토록 천박한 오락에 빠져 있으면서도 스스로를 가장 복된 사람이라고 여겼던 때가 기억나지 않습니까?

다시 기억하십시오, 형제들이여. 당신은 애굽에서의 속박과 유사한 형태의 속박을 당하고 있었습니다. 그 상태에서 당신이 힘들게 수고하며 사탄을 섬겨도 그럴수록 사탄은 당신을 가혹하게 지배했습니다. 이스라엘 백성들은 바로를 위하여 국고성을 지었으며, 아마도 몇몇 피라미드를 세웠다고 추정됩니다. 그러나 그들의 노임은 매우 적었고, 그들의 작업 감독들은 사나웠습니다. 노동자들은 왕을 위한 일을 하면서도 임금을 받지 못했으며 단지 살아남을 만큼의 빵만을 공급받을 뿐이었습니다. 이스라엘 백성들은 많은 양의 벽돌을 만들라는 요구를 받았습니다. 그리고 마침내 진흙을 이기기 위해 필수적인 짚의 공급마저 끊었습니다. 이스라엘의 노동은 더 이상 견디기 어려울 정도였습니다. 많은 죄인들이 격정과 울화에 짓눌린 악몽 같은 밤과 끔찍한 아침에 대해서 말하지 않습니까? 누구에게 화가 임했습니까? 붉게 충혈 된 눈을 가진 자가 누구입니까? 죽음의 공포로 가득한 자가 누구입니까? 아무도 쫓아오는 자가 없는데도 도망치는 자가 누구입니까? 모든 폭군들 중에서도 죄와 사탄이 가장 잔인합니다. 파괴적인 마귀를 섬기면서도 지치지 않는 인간이 어디 있겠습니까! 죄에 수반되는 대가가 얼마나 끔찍한지요! 많은 사람들이 그 대가로 악한 영들에게 복종해야만 합니다. 그들은 죄의 욕망에 볼모로 잡혀 있습니다. 이따금 거룩한 목적에 동참하도록 요구를 받을 때에는 오히려 한층 더 세상의 쾌락에 빠져 세월을 보냅니다. 인간은 부질없는 일과 탐욕을 위해 재산을 탕진합니다. 또한 미래의 세대들까지 악에 탐닉하게 하고, 건강을 해치고, 평판을 무너뜨리고, 일찍 무덤에 내려가도록 만듭니다. 만일 내키는 대로 하도록 내버려 둔다면, 어느 지경에까지 이를지 종잡을 수 없습니다. 인간이 어떤 지위에 있는지는 문제가 아닙니다. 부요하든 가난하든, 교양이 없고 좀 더 속된 쾌락들을 좋아하든, 아니면 교육을 잘 받고 교양을 갖추어서 좀 더 근사해 보이는 악한 일들을 좋아하든, 그것은 문제가 아닙니다. 어디에서건 죄는 혹독한 섬김을 요구하며, 그 요구는 날마다 증대됩니다. 만일 인간이 제정신이라면, 술 취함이나 도박이나 탐욕이나 방탕이나 기타 많은 악행들이 쾌락이기보다는 차라리 형벌로 느껴질 것입니다. 그러나 그들은 여전히 그 속에서 살고 있습니다.

친애하는 형제들이여, 우리의 힘든 수고뿐 아니라, 우리의 속박이 우리를 비참하게 한 때가 있습니다. 당신의 기억에, 하루 동안의 행위를 감히 생각조차 하기 싫은 날이 있지 않았습니까? 한자리에 가만히 앉아서 당신 자신의 성품을 곰곰이 되돌아보면, 견디기 어려울 때가 있지 않았습니까? 나 또한 죄의식이 다가올 때가 있었음을 기억합니다. 그 때는 정말이지 내 삶이 괴로운 짐을 지는 것 같았습니다. 나는 나 자신의 의를 세우려 노력했지만, 그리스도의 의에 항복하는 수밖에 없었습니다. 그것은 마치 불 속에서 고민하는 것과 같았습니다. 나는 나 자신의 선한 행실로 내 구원을 이루어 보려고 발버둥쳤으며, 기도와 눈물로 내가 하나님께 진 빚을 갚으려 애썼습니다. 그러나 모든 것이 허사였습니다. 나는 그러는 와중에도 그리스도를 거절함으로써 죄를 짓고 있었습니다. 나의 구주와 힘겹게 맞서고 있었던 것입니다. 지금까지 나 자신에 대해 말했지만, 나는 여러분도 마찬가지라는 것을 알고 있습니다. 형제여, 당신은 그 일을 기억하고 있습니까? 당신의 쾌락이 더 이상 쾌락이 아니게 되었을 때, 세상의 모든 오락이 흥미를 잃고, 김빠지고, 맥풀리고, 메스꺼워져서, 당신이 거기에서 등을 돌리고 달리 만족을 줄 만한 것이 없는지를 헛되이 찾았을 때를 말입니다. 마침내 당신이 당신의 참된 상태를 보게 되었을 때, 그리고 살아 계신 하나님 앞에서 마치 장자를 잃고서 슬퍼하는 자처럼 통곡하던 때를 기억하십니까? 아, 그 때 당신은 애굽에서의 이스라엘처럼 느꼈습니다. 그들이 속박 아래에서 한숨짓고 부르짖을 때와 같았습니다. 그러나 하나님을 찬송하는 것은, 그들과 유사한 점이 좀 더 있기 때문입니다. 당신의 경우에도, 하나님께서 그 고통 소리를 들으시고 그의 언약을 기억하셨습니다(출 2:24).

이 모든 과정에서 우리의 원수가 목적으로 삼는 것은 우리의 파멸입니다. 바로 이를 위해 바로가 이스라엘을 그토록 몰아세웠습니다. 그는 혹독한 노동으로 그 민족을 끊어내려 했든지, 아니면 최소한 그 힘을 약화시키려 했습니다. 첫 번째 정책이 성공하지 못하자, 그는 남자 아이들을 전부 멸하려고 했습니다. 그와 마찬가지로 사탄도 모든 수단을 동원하여 자기 권세 아래 있는 인간을 파멸시키려 합니다. 이 목적을 이루지 못하면 그는 만족하지 않습니다. 그는 인간을 절망의 강에 빠뜨리기를 획책하며, 어떤 수단으로도 인간이 그의 멍에를 벗어 버리지 못하게 하려 합니다. 인간 영혼의 완전한 멸망이 그 원수의 목적입니다. 그 원수의 손에서 우리가 속량을 받은 것이 얼마나 은혜인지요!

그리고 애굽에 있는 이스라엘처럼, 우리는 우리를 보내지 않으려는 세력에 붙들려 있었습니다. 모세를 통해 하나님께서 바로에게 말씀하셨습니다. "내 백성을 보내라"(출 5:1). 그러나 바로는 이렇게 대답했습니다. "나는 여호와를 알지 못하니 이스라엘을 보내지 아니하리라"(출 5:2). 바로 그것이 우리 부패한 본성이 하는 말이며, 또한 우리를 지배하는 마귀가 하는 말입니다. "나는 너를 보내지 아니하리라." 사나운 어둠의 왕이 그렇게 말합니다. 마치 무장한 용사처럼 자기 물건을 빼앗기지 않으려 합니다. 설교 말씀에 전율하며 당신 속에서 자유를 향한 갈망이 깨어났던 것을 당신은 기억합니다. 마치 큰 홀에서 소리가 울리듯이 당신 내면에서 이 소리가 계속 울렸습니다. "내 백성을 가게 하라." 그러나 당신은 가지 않았습니다. 당신 자신의 노예화된 의지가 당신을 억류했습니다. 당신의 죄가 당신을 사로잡았습니다. 그 때 성경을 읽거나 혹은 어머니의 권유가 있었고, 혹은 어떤 진지한 설교를 들었으며, 다시 그 목소리가 들려옵니다. "여호와께서 말씀하시기를, 내 백성을 보내라." 당신은 자신의 상태에 대해 불편을 느끼기 시작했고, 국경을 넘기 위해 무언가 시도하기 시작했지만, 그러나 탈출하지 못했습니다. 당신의 영혼에 낙인이 찍히고, 당신의 마음은 다시 포승줄에 매였습니다. 마침내 집을 지키던 힘센 사람이 더 힘센 사람에 의해 패하고 영원토록 쫓겨났으니, 오 복된 그날이여! 그 때 예수께서 당신의 본성을 사로잡으시고 결코 그냥 내버려 두지 않으셨으며, 영원토록 자기 소유로 삼으셨습니다. 하나님께 영광을! 우리는 애굽의 노예였으나, 여호와 우리 하나님께서 우리를 속량하셨습니다. 여호와의 이름이 높임을 받으소서!

나는 당신이 그 속박에 대해 좀 더 기억하기를 바랍니다. 여러분들 중 어떤 이들은 그 일을 기억하는 일이 어렵지 않을 것입니다. 왜냐하면 "애굽으로부터 최근에 나온" 이들이기 때문입니다. 어떤 이들은 해방된 지 이십 년이 되기도 했으며, 어떤 이들은 아마 오십 년이 되기도 했을 것입니다. 그러나 기억하기가 어렵지 않은 것은, 그 때의 일이 당신에게 지울 수 없는 인상을 남겼기 때문입니다. 나는 이스라엘이 애굽에서 나온 지 삼십 년 후에 대해 상상할 수 있습니다. 홍해를 건넜던 몇몇 백발의 선조들이 그들의 자녀들에게 애굽에서 속박되었던 슬픈 이야기를 들려줍니다. 그들 중 한 사람은 이렇게 말하곤 했을 것입니다. "너희의 아버지인 나는, 작업 감독에게 매를 맞았단다. 열심히 해서 벽돌을 만들어도 요구받은 양의 절반이 못되었기 때문이지. 내가 밤에도 애를 써서 벽돌을 만들었지만, 요구량을 다 채우진 못했단다. 마치 불붙은 우박처럼 내 등에 회초리 세례가 쏟아졌지. 여기를 봐라, 내 아들아." 그리고 옷을 벗어서 상처를 보이고는 이렇게 말합니다. "이 상처들은 애굽 노예 생활을 떠올리는 흔적들이지." 아, 하나님께 영광을 돌립니다. 우리는 자유입니다. 더 이상 우리는 우리의 영혼에 철거덕거리는 쇠사슬을 달고 있지 않습니다. 그러나 우리에게 옛 상처들은 남아 있지요. 때때로 옛 기질이 살아나고, 혹은 옛 정욕에 불이 붙습니다. 뼈가 부러진 적이 있을 때, 만일 그것이 잘 맞추어져 붙었으면, 그 사람은 사고에 대해 대부분 잊어버립니다. 그러나 날씨가 나쁘면, 이런 말이 있다고 들었습니다. "옛 뼈가 약간 말을 하네." 그리고 아, 우리의 죄로써 우리가 부러뜨린 뼈들이 때때로 말을 할 것입니다. 그들이 말하는 내용은 우리의 예전 상태의 슬픈 기억이지요. 나쁜 노래들의 회상, 옛 탐욕의 기억들, 그 외에 또 무엇이 있을까요? 그런 것들이 우리가 예전에 애굽의 노예였음을 상기시키는 상처들입니다. 애굽에서 나온 많은 어머니들이 자녀를 보고선 이렇게 말하곤 했지요. "나는 일곱 아들을 둔 행복한 어머니가 되고 싶었어. 그러나 하나씩 그 아이들을 내 품에서 다 빼앗겨 버렸단다. 애굽 폭군의 무자비한 종들이 그 아이들을 끌고 가서 죽였단다." 남은 아이가 있어 기쁘기는 하지만, 그 기쁨은 그녀가 잃어버린 것에 대한 슬픔과 뒤섞였을 것입니다. 그렇습니다. 당신의 가족 중에 아직 어린 자녀들은 신앙적인 영향 속에 양육을 받았을 것입니다. 그러나 당신의 큰 아들들이 신앙이 없는 것은, 그들이 어려서 집에 있을 때 당신 자신이 그랬기 때문입니다. 많은 사람들이 그들의 자녀들이 죄 속에서 방탕한 것을 보고서, 바로 자신이 예전에 그런 악한 일의 본보기였던 것을 떠올립니다. 그 일들을 생각하고는 이렇게 말하지요. "내 아들에게서 죄에 속박되었던 나의 옛 시절을 봅니다. 내 죄가 내 아들에게서 반복되는 것을 봅니다." 이런 것들이 우리의 육적 상태의 슬픈 기억들입니다. 그렇지 않습니까? 이 본문에서 당신에게 부여하는 임무는 쉽습니다. 그래서 나는 당신에게 당신이 한때 애굽에서 종 되었던 것을 기억하라고 당부하는 것입니다.

2. 우리의 속량

두 번째로, 우리의 속량(값을 치르고 되사서 종 되었던 자를 풀어주거나 저당 잡혔던 땅을 돌려주는 것. 구약에서 가장 가까운 친족에게 그 권리가 있었음 — 역주)이라는 복된 사실을 생각해야겠습니다. "네 하나님 여호와께서 너를 속량하셨다." 여기에서도 유사한 점이 있습니다. 우선 그분은 우리를 값을 치르고 속량하셨습니다. 이스라엘은 애굽에서 몸값을 치르지 않고 되찾은 민족입니다. 하나님께서는 그분의 장자라고 주장하셨습니다. 이렇게 기록되었습니다. "이스라엘 자손 중에서 사람이나 짐승을 막론하고 태에서 처음 난 모든 것은 다 거룩히 구별하여 내게 돌리라. 이는 내 것이니라 하시니라"(출 13:2). 처음 몫은 그분의 것이라고 처음부터 주장하셨습니다. 후에 레위 지파를 따로 떼어놓음으로써 장자를 대신하라는 율법이 시행되었습니다. 그러나 애굽에서의 이스라엘은 장자를 구별하여 따로 떼어놓은 적이 전혀 없습니다. 따라서 그들은 속량받지 못한(unredeemed) 백성들이었습니다. 그 빚을 보상하려면 어떻게 해야 할까요? 그 민족은 값을 치르고 속량되어야 했으며, 그 값은 어린 양에 의해 상징적으로 지불되었습니다. 그 어린 양은 죽임을 당했습니다. 사람들은 그 고기를 구워먹고, 그 피를 문설주와 인방에 뿌렸습니다. 사랑하는 이여, 당신과 나는 피로써 속량을 받았습니다. 복되신 주 예수께서 "죽임을 당하사 우리를 피로 사서 하나님께 드리셨습니다"(계 5:9). "너희가 알거니와 너희 조상이 물려준 헛된 행실에서 대속함을[속량] 받은 것은 은이나 금 같이 없어질 것으로 된 것이 아니요, 오직 흠 없고 점 없는 어린 양 같은 그리스도의 보배로운 피로 된 것이니라"(벧전 1:18-19). 우리는 이것을 잊을 수도 없고, 잊어서도 안 되며, 잊지도 않을 것입니다. 당신은 종이었으나 당신의 주 예수께서 당신을 속량하셨습니다. 그분이 당신의 본성을 취하시고, 그럼으로써 가장 가까운 당신의 친족이 되셨습니다. 당신을 값 주고 사는 것이 그분의 권리가 되었으며, 그분 자신을 값으로 치르시고 당신을 영원히 얻으셨습니다. 그분은 당신을 자유롭게 하기 위해 상상하기조차 어려운 대가를 치르셨습니다. 몸값이 지불되었으므로, 희년이 공포되고, 당신과 당신의 하늘 기업이 이제 모든 압류와 저당에서 해제되었습니다. 예수 그리스도의 피로 이루어진 일입니다. 이 자유를 얻기 위해 커다란 값이 치러졌다는 것을 기억하십시오. 주께서 말씀하셨습니다. "내가 애굽을 너의 속량물로, 구스와 스바를 너를 대신하여 주었노라"(사 43:3).

그러나 값을 치르는 일뿐 아니라 힘의 과시가 없었더라면 우리가 애굽에서 나오는 일은 없었을 것입니다. 여호와께서 강한 손과 편 팔로 그 백성을 이끌어 내셨습니다. 모든 구원받은 사람에게는 두 가지의 구원이 있습니다. 하나는 값에 의한 속량이며, 또 하나는 힘에 의한 구원입니다. 당신은 하나님께서 애굽 땅에서 각종 재앙을 내리실 때 얼마나 큰 힘을 발휘하셨는지 알 것입니다. 그러나 그것은 그리스도께서 옛 용의 머리를 깨뜨리실 때, 죄의 왕국을 완전히 짓밟으시고 사로잡혔던 우리를 이끌어 내실 때 발휘하셨던 힘에는 비교가 되지 않습니다. 모세의 지팡이보다 그리스도의 못 자국난 손이 더욱 위대합니다. 그분이 그 일을 해내셨습니다. 그분이 그 일을 완수하셨습니다. 우리를 억압하던 폭군은 더 이상 우리를 사슬에 묶어둘 힘이 없습니다. 그리스도께서 그를 영원히 굴복시키셨기 때문입니다.

　　이스라엘에게서 또 다른 형태의 속량을 볼 수 있는데, 즉 그들 자신에게 가해진 힘에서입니다. 나는 이 점에 대해 충분히 강조하지 않았다고 생각합니다. 그들이 애굽에서 자진해서 나오기를 원했어야 했습니다. 이는 사소한 문제가 아닙니다. 전체적으로 기꺼이 자원하여, 한 사람도 뒤에 남지 않아야 했습니다. 비록 그들이 그 땅에 거의 뿌리를 내리고 살던 상태였지만, 그들은 일치단결하여 간절히 애굽에서 나오려 했습니다. 모세의 말에 따르면, "가축 한 마리도 남길 수 없었습니다"(출 10:26). 그들 모두가 그 땅을 떠났고, 양도, 염소도, 황소도 떠났으며, 남자이든 여자이든 어린 아이든 아무도 남지 않았습니다. 이스라엘은 즐거이 나왔으며, 심지어 애굽 사람들도 그들이 떠나는 것을 재촉할 정도였습니다. 그들 모두가 애굽에서 나올 수 있었다는 것은 놀라운 일입니다. 그들에게는 군대가 없었으며 오히려 그들 중에 병든 사람들이 일부 있었습니다. 구급차와 병원이 항상 필요했습니다. 그러나 이 거대한 무리에 대해 성경은 이렇게 말하고 있습니다. "마침내 그들을 인도하여 은 금을 가지고 나오게 하시니 그의 지파 중에 비틀거리는 자가 하나도 없었도다"(시 105:37). 이는 놀라운 힘의 발휘입니다. 사랑하는 이여, 그와 같이 하나님께서 우리로 하여금 죄의 애굽에서, 우리가 뿌리를 내리고 살던 곳에서, 자원하여 나오게 하셨으니, 그로 인해 하나님을 찬송합시다. 성령의 능력이 우리에게 임하였고 그분의 은혜의 힘이 우리 위에 임했습니다. 그래서 우리가 일어서서 우리의 아버지께 나오게 되었던 것입니다. 그분의 은혜에 모든 영예를 돌립시다.

　　재촉해서 당신이 구원받았을 때, 애굽 땅에서 나왔을 때를 되돌아보도록,

당신을 조금 더 재촉해도 되겠습니까? 그것은 하나님의 개입이었습니다. "네 하나님 여호와께서 너를 속량하셨다." 그리고 그것은 개인적으로 경험된 것이었습니다. "네 하나님 여호와께서 너를 속량하셨다"고 말씀하시기 때문입니다. 그것은 당신의 영혼이 분명하게 의식하는 문제입니다. 당신은 종이었으며, 당신은 그것을 알고 느꼈습니다. 당신의 하나님 여호와께서 당신을 속량하셨으며, 당신은 또한 그것을 알고 그것을 느꼈습니다. 당신은 마치 노예선의 노예가 더 이상 노를 젓지 않아도 되었을 때를 아는 것처럼 그것을 알았으며, 오랜 세월을 감옥에 갇혔던 죄수가 바깥의 신선한 공기를 들이마시며 자신이 해방된 것을 아는 것처럼 그것을 알았습니다. "당신은 애굽 땅에서 종이었으나, 당신의 하나님 여호와께서 당신을 속량하셨습니다." 거기에 대해서는 의심이 있을 수 없습니다. 사탄 자신도 그에 대해 우리를 의심하도록 만들지 못합니다. 속박의 사슬은 너무나 실제적이었고, 자유는 너무나 즐거웠기 때문입니다. 우리의 하나님 여호와께서 우리에게 오셔서 우리를 자유롭게 하신 것은, 신앙을 제쳐두고 정신적 현상으로는 도무지 설명할 수 없는 일이었습니다.

3. 기억의 효과

형제들이여, 지금까지 나는 여러분의 회상을 위한 주제를 제시했습니다. 이제 당신에게 이 이중의 기억이 당신에게 어떤 영향을 미쳐야 하는지를 제시하고자 합니다.

굳이 성경을 참조하지 않아도, 우리는 자연스럽게 이런 결론을 내릴 수 있습니다. 그리스도인이라면 그의 이전과 현재의 상태를 항상 기억하고서, 그것이 그를 겸손하게 해야 한다는 것입니다. 당신은 지금까지 말씀을 전했고 또 하나님이 많은 사람에게 전할 수 있도록 당신에게 복을 주셨습니다. 그래서 높아진 느낌입니까? "너는 애굽 땅에서 종 되었던 것과 네 하나님 여호와께서 너를 속량하셨음을 기억하라." 당신의 지식은 증대되고 있고, 당신의 성품은 명백히 많이 나아졌습니다. 당신의 내적인 삶에는 평강과 위로로 가득합니다. 당신이 어떤 위대한 자가 되었다고 느끼십니까? 어리석게 굴지 마십시오. 당신은 여전히 아무것도 아닙니다. 당신이 가련하고 비참한 노예였으며, 햇볕에 타서 짙은 갈색 피부가 되고, 또는 연기에 그을린 듯한 종이었다는 것을 잊지 마십시오. 또한 그 때가 그리 오래 전이 아닙니다. 주권자의 은혜가 없었다면 당신은 지금쯤 지옥에 있을 것입니다. 혹 거기에 있지 않다면, 아마도 당신은 술주정꾼 중의 한 사람이 되었거나, 욕쟁이가 되었거나, 음란한 남자나 여자가 되었거나, 아니면 적어도 교만하고 자기 의에 도취된 바리새인이 되었을 것입니다. 당신이 주님으로 인해 명예로워지고 믿음의 확신 가운데 행복할 때, 여전히 당신이 종 되었던 것을 기억하고, 겸손히 당신의 하나님과 동행하십시오.

다음으로, 감사하십시오. 설혹 당신이 바라는 모든 일시적인 은혜들을 얻지 못한다 하더라도, 당신은 모든 은혜들 중에서 최고의 은혜, 곧 예수 그리스도를 통한 자유를 얻었습니다. 그러니 기뻐하고 즐거워하며 감사하십시오. 당신이 종이었던 것을 기억하십시오. 설혹 당신이 이 세상에 속한 것을 조금밖에 얻지 못한다 해도, 괴로운 멍에에서 해방되는 큰 영적인 복을 얻었으니 감사하십시오. 그러한 자유를, 당신을 구원하기 위해 나무에 못 박힌 그 손에 대해 고마워하는 마음도 없이 받지 않도록 하십시오. 당신이 쓰리고 고통스러웠던 때를 기억하고서 감사를 풍성하게 하십시오.

감사할 뿐 아니라, 또한 인내하십시오. 비록 당신이 어려움을 겪거나 병이 들었거나, 때때로 당신의 심령이 우울해지거나, 혹은 가난하여 무시 받을 때, 그럼에도 불구하고 당신 자신에게 이렇게 말하십시오. "왜 내가 불평해야 하지? 내 처지가 힘들어보여도, 내가 애굽 땅을 벗어나지 못했더라면 겪고 있을 고초보다는 훨씬 덜할 텐데. 하나님 감사합니다. 저는 더 이상 내 죄에 속박당하지 않습니다." 미국에서의 슬픈 시절에 캐나다 해안으로 국경을 넘은 노예가 있었습니다. 가진 식량을 전부 수건에 싸서 그곳에 도착한다 해도, 그는 다음 먹을 양식을 어디서 구할지 알 수 없었습니다. 그렇지만 그가 해안에 도착할 때는 기뻐하며 춤을 추었고, 이렇게 말했습니다. "하나님 감사합니다. 저는 노예였습니다. 그러나 주 나의 하나님께서 저를 속량하셨습니다. 저에게 어떤 일이 닥쳐온다 해도 저는 견딜 것입니다."

다음으로, 소망을 간직하십시오. 당신이 되고자 하는 대로 아직 되지 않았습니까? "장래에 어떻게 될지는 아직 나타나지 않았습니다"(요일 3:2). 당신은 종이었습니다. 그러나 은혜가 당신을 자유롭게 했습니다. 주께서 당신을 어떻게 만드실지 누가 알겠습니까? 그분이 하실 수 없는 일이 있습니까? 그분이 자기 피로 이미 값 주고 사신 자를 위하는 일이라면 하시지 않을 일이 있습니까? 그분은 당신을 죄에서 해방하셨습니다. 오, 그러므로, 그분은 당신을 넘어지지 않도록 지키실 것이며, 당신을 끝까지 보호하실 것입니다. "우리가 원수 되었을 때에 그의 아들의 죽으심으로 말미암아 하나님과 화목하게 되었은즉, 화목하게 된 자로서는 더욱 그의 살아나심으로 말미암아 구원을 받을 것이니라"(롬 5:10).

당신은 이 소망을 품고 있습니까? 그러면 열심을 내십시오. 이 열성이 불과 연료를 다 얻도록 하십시오. 우리는 종이었으나 주께서 우리를 속량하셨습니다. 그렇다면, 그분을 위해 너무 어려워서 못할 일이 무엇이 있단 말입니까? 우리는 우리를 사신 그분에게 모든 것을 드려야 하며, 우리가 사는 동안 계속해서 그렇게 해야 합니다. 존 뉴턴 목사는 그가 정말 더 이상 할 수 없을 때까지 설교를 계속했습니다. 그가 이렇게 말했습니다. "이 몸에 숨이 남아 있는 한, 옛 아프리카의 훼방자가 예수 그리스도를 전하는 일을 어찌 그만둔단 말입니까? 아니요, 절대로 그럴 수 없습니다." 그는 계속해서 증언해야 한다고 느꼈습니다. 이 본문이 그의 눈 앞에 항상 있었기 때문입니다. "너는 애굽 땅에서 종 되었던 것과 네 하나님 여호와께서 너를 속량하셨음을 기억하라."

이제 친절하게 저를 따라와 주십시오. 할 수 있는 한 간략하게, 주께서 친히 이 기억을 어떻게 활용하셨는지를 보여드리겠습니다. 내가 인용할 첫 본문은 신명기 5장 14절과 15절에서 찾을 수 있습니다. 이것이 그분이 말씀하신 내용입니다. "일곱째 날은 네 하나님 여호와의 안식일인즉 너나 네 아들이나 네 딸이나 네 남종이나 네 여종이나 네 소나 네 나귀나 네 모든 가축이나 네 문 안에 유하는 객이라도 아무 일도 하지 못하게 하고 네 남종이나 네 여종에게 너 같이 안식하게 할지니라. 너는 기억하라, 네가 애굽 땅에서 종이 되었더니 네 하나님 여호와가 강한 손과 편 팔로 거기서 너를 인도하여 내었나니 그러므로 네 하나님 여호와가 네게 명령하여 안식일을 지키라 하느니라." 당신은 종이었습니다. 그 때 당신은 안식을 얻기 위해서라면 무엇이든 지불하려 하지 않았을까요? 이제 주님께서 이 안식의 거룩한 날을 당신에게 주셨으니 그것을 신성하게 지키십시오. 당신이 종이었을 때 당신은 종의 마음이 어떤 것인지 알았습니다. 그 노역이 무거워 한숨을 쉬었지요. 이제 당신은 해방되었으니, 만일 당신에게 종들이 있다면, 그들을 생각해 주십시오. 그리고 그들 역시 그들의 안식일을 마음껏 누리도록 지시하십시오. 어떤 의무들은 반드시 수행해야겠지만, 그러나 이 의무들이 가능한 가벼워지도록 머리를 짜서 계획하십시오. "네 남종이나 네 여종이나 너 같이 안식하게 할지니라." 만일 당신이 영혼이 속박된 채 안식할 수 없는 사람을 만나거든, 이 본문의 영적인 가르침에 순종하십시오. 당신 자신이 주 예수님 안에서 안식하되, 당신의 가족 모두가 같은 평안을 누리도록 애쓰십시오. "네 남종이나 네 여종이나 너 같이 안식하게 할지니라." 진정 당신이 철의 멍에에서 벗어났다면, 이 거룩하고 구별된 날에 다른 사람에게 일을 강요하지 않도록 하십시오. 이 날은 하나님의 은혜로 구별하신 날이니, 당신 자신이 주 안에서 안식하기를 힘쓰며, 또한 다른 사람들을 그분의 안식으로 이끌도록 노력하십시오.

신명기 7장에서 이 기억을 어떻게 활용하는지 또 하나의 예를 볼 수 있습니다. 여기서 선택받은 백성들이 다른 민족들과 섞이지 말라는 명령을 받고 있습니다. 그들은 가나안 사람들과 혼인해서도 안 되며 그들과 언약을 맺어서도 안 됩니다. 이스라엘은 구별되어야 했으며, 모세는 이렇게 말했습니다. "너는 여호와 네 하나님의 성민이라"(6절). 그리고 그가 8절에서 제시한 이유는 이렇습니다. "여호와께서 너희를 종 되었던 집에서 속량하셨나니." 아, 형제들이여, 우리가 사람들 중에서 속량을 받았다면, 특별한 구원을 얻었다면, 그리스도께서 교회를 사랑하셔서 교회를 위해 자신을 주셨다고 믿는다면, 그렇다면 특별히 피로 사신 바 된 우리에게는 세상으로부터 나와서 세상과 구별되어야 하는 엄숙한 의무가 있는 것입니다. 예수님께서 그분의 속량된 백성들에 대해 "내가 세상에 속하지 아니함 같이 그들도 세상에 속하지 아니한다"(요 17:14)라고 말씀하시지 않았습니까? 그러므로 당신은 그들에게서 나와 구별되기를 바랍니다.

신명기 8장에서 속량은 순종을 위한 근거로 활용되고 있습니다. 그들은 여호와의 규례와 계명을 잊지 않도록 권면을 받으며, 무엇보다 번영의 때에 그들의 마음이 교만해져서 그들의 하나님 곧 그들을 애굽 땅 종 되었던 집에서 이끌어 내신 여호와를 잊지 않도록 경고를 받고 있습니다. 같은 논증이 11장에서도 지속되며, 그것은 매우 명백합니다. 우리는 그토록 큰 구원으로 우리를 이끌어 내신 그분께 즐거이 순종해야 합니다.

우리는 13장에서도 속박에서의 속량이 유일하신 하나님을 가까이 하고 순종해야 하는 근거로 제시되고 있음을 봅니다. 그 백성의 성향은 우상 숭배입니다. 사방의 모든 나라들이 그들 나름의 신들을 가지고 있기 때문입니다. 그러나 여호와께서는 그 백성에게 그들을 여호와를 섬기는 것에서 떠나도록 하는 모든 선지자들과 꿈꾸는 자들을 죽이라고 명하셨습니다. 10절에서 이렇게 말씀합니다. "그는 애굽 땅 종 되었던 집에서 너를 인도하여 내신 네 하나님 여호와에게서 너를 꾀어 떠나게 하려 한 자이니 너는 돌로 쳐 죽이라." 당신은 다른 신을 두어서는 안 됩니다. 다른 어떤 신이 당신을 속량하지 않았기 때문입니다. 당신의 모든 것을 빚진 그분만을 섬기십시오.

우리의 본문은 이런 문맥으로 연결되어 있습니다. 만일 어떤 사람이 강요된 속박의 상태에 들어가게 되거나, 혹은 동료 히브리인들 중 누구와 어떤 계약 관계를 맺게 되더라도 그는 단지 육년만을 매이게 되며, 칠년 째에는 자유롭게 갈 수 있습니다(12절). "그를 놓아 자유하게 할 때에는 빈 손으로 가게 하지 말고, 네 양 무리 중에서와 타작 마당에서와 포도주 틀에서 그에게 후히 줄지니 곧 네 하나님 여호와께서 네게 복을 주신 대로 그에게 줄지니라. 너는 애굽 땅에서 종 되었던 것과 네 하나님 여호와께서 너를 속량하셨음을 기억하라"(13-15절). 여호와의 백성은 그들에게 고용되어 있는 사람들을 배려해야 합니다. 그들 자신의 속박을 기억하고서 그들 밑에 속한 사람들을 부드럽고 친절하게 대해야 합니다. 그리스도인은 종들에 대해서나 자기에게 의지하는 누구에 대해서든, 절대로 무자비해서는 안 되며, 인색하거나, 거칠거나, 야박해서도 안 됩니다. 넓은 아량을 가지십시오. 작은 실수에 화내지 마십시오. 어떤 사람들이 그러는 것처럼, 권리를 꼼꼼하게 따져 계속 주장하거나, 소송을 하거나, 작은 액수에 끝까지 집착하지 마십시오. 만일 어떤 천박하고 인색한 사람이 회심을 할 경우 나는 거의 유감스러울 정도입니다. 그가 기독교에 누를 끼치지 않을까 두렵기 때문입니다. 그리스도의 피로 속량을 얻은 사람의 마음속에는 무언가 영혼의 고결함이나 그의 동료들을 향한 선의(善意) 같은 것이 있어야 합니다. 심지어 이 엄격한 율법 책도 우리에게 그렇게 가르치고 있습니다.

시간이 없어 한 가지만 더 언급하고자 합니다. 우리가 16장 1절에서 보는 바와 같이, 그들은 애굽에서의 구원을 기억하기 위해 유월절을 지켜야 했습니다. "아빕월을 지켜 네 하나님 유월절을 행하라. 이는 아빕월에 네 하나님 여호와께서 밤에 너를 애굽에서 인도하여 내셨음이라." 그처럼 우리도 주님의 모든 계명과 규례들을 부끄러움 없이 지키도록 합시다. 우리에게 주신 모든 계명들을 지키고, 그것들을 바꾸거나 빠뜨리지 말도록 합시다. 진리를 굳게 붙들고 인간의 간사한 꾀에 넘어가 흔들리지 말도록 합시다. 모든 일에서 성경의 가르침을 따라 행하고, 오래된 선한 길에서 떠나지 맙시다. 여호와 우리 하나님께서 우리를 속량하셨기 때문이며, 그분의 진리는 변함이 없기 때문입니다.

또한 16장 10-12절에서, 그들이 얻은 큰 구원이 하나님을 향해 인색하지 말아야 하는 근거로 제시되고 있습니다. 그들은 주님이 그들에게 주신 것들을 즐거이 주님께 드려야 했습니다. 모든 사람들이 하나님이 복을 주신 대로 힘을 헤아려 자원하는 예물을 드려야 했습니다. 그리고 그렇게 해야 할 이유를 12절에서 말씀합니다. "너는 애굽에서 종 되었던 것을 기억하고 이 규례를 지켜 행할지니라." 26장에서 같은 가르침이 축약된 형태로 제시됩니다. 거기서 그들은 첫 열매를 한 바구니 가져와 여호와께 드리면서 이렇게 고백하라는 명령을 듣습니다. "여호와께서 강한 손과 편 팔과 큰 위험과 이적과 기사로 우리를 애굽에서 인도하여 내시고, 이곳으로 인도하사 이 땅 곧 젖과 꿀이 흐르는 땅을 주셨나이다. 여호와여 이제 내가 주께서 내게 주신 토지 소산의 맏물을 가져왔나이다"(8-10절). 당신에게 이 의무를 조금 더 인식시킬 필요가 있을까요?

마지막으로, 24장에서 한 가지 교훈이 더 남아 있습니다. 거기에서 우리는 고아와 과부들에 대해 유의하라는 교훈을 듣습니다(17절). 가난한 자들에 대해 관대한 마음을 보여야 합니다. 밭에서 곡식을 베다가 한 단을 잊어버리고 두고 왔거든 다시 가서 가져와서는 안 되며, 곡식 줄기에서 마지막 한 톨까지 남김없이 훑어서도 안 되며, 감람나무를 두 번 털어서도 안 되며, 포도나무의 수확을 두 번씩 반복해서도 안 됩니다. 그들은 가난한 자들을 위해 무언가를 남겨두어야 했습니다. 이것이 그 이유입니다. 당신이 애굽에 있을 때, 당신이 짚도 없이 벽돌을 만들어야 했을 때, 당신 자녀가 곡식 줄기에서 몇 톨의 알갱이들을 주워 와 빵을 만들게 되었을 때 얼마나 기뻤습니까? 이제 주님께서 당신에게 더 좋은 땅을 주셨습니다. 그러므로 가난한 자들을 잘 대하십시오. 형제들이여, 가난한 자들을 결코 잊어버리지 마십시오. 인색하지 말며, 틈새 좁은 갈퀴로 이삭 한 줄기까지도 남김없이 훑어가는 농부들을 본받지 마십시오. 곧 가난한 자들이 이삭을 주우러 와서는, 한 이삭이라도 얻기 위해 찾고 또 찾아야 합니다. 안 됩니다. 속량 받은 이스라엘 백성들은 그들의 곡식과 실과들을 하나라도 주워서는 안 됩니다. 그래야 할 이유는 이것입니다. "네가 애굽에 있을 때, 부자의 농장에서 포도 한 송이를 얻기 위해서라면, 무엇이든 하려 하지 않았느냐?" 그러므로, 가난한 자들을 생각하십시오. 다른 사람이 당신에게 친절히 대하기를 바라듯이, 그들을 친절하게 대하십시오.

이 말로 설교를 맺으려 합니다. 당신의 동료 사람들을 생각해 주십시오. 당신은 값 주고 사신 바 된 사람으로서, 동정심으로 가득하고, 긍휼의 심정으로 채워진, 따뜻한 마음의 사람이 되십시오. 영적인 의미에서, 당신의 밭의 모퉁이까지 갈퀴로 긁어모으지 마십시오. 복음에서 달콤한 맛을 제거하지 마십시오. 마지막 밀 이삭까지 거두어가는 부류의 설교가 있습니다. 그들의 복음에는 아무 데도 흠잡을 데가 없습니다. 회의적인 비평가들이 들어와서 거의 모든 포도송이를 따 갑니다. 그런 다음에 현대 사상이 신사적으로 나머지를 삼켜 버립니다. 현대의 설교는 하도 떨어서 열매가 하나도 남지 않은 감람나무와도 같습니다. 우리는 그렇게 하지 맙시다. 설교자로 하여금 이렇게 말하게 하십시오. "나는 종이었습니다. 그래서 나는 곤경에 처한 가난한 영혼들을 위해 볏단 한 움큼씩을 일부러 빠뜨립니다."

형제들이여, 진리의 이삭을 찾는 자들을 배려하십시오. 그들을 존중하십시오. 오늘 설교 후에 그들과 대화하십시오. 교회 신도석에 앉아 있는 이들에게 말을 건네어 떨고 있는 그들의 가난한 마음이 예수 그리스도를 붙들도록 격려하십시오. 당신이 종이었던 것을 기억하십시오. 벽돌 굽는 가마 냄새가 지금도 당신에게 배어 있습니다. 내 형제여, 내 자매여, 당신은 아직 벽돌을 반죽하느라 손에 묻혔던 진흙을 다 씻어내지 않았습니다. 그러므로 이기적이거나, 무정하거나, 불친절하지 말고, 오히려 모든 일에서 당신의 이웃을 당신 자신처럼 사랑하십시오. 그래서 당신이 당신의 하나님 여호와를 온 마음으로 사랑하고 있음을 증명하십시오. 하나님이 당신에게 복 주시길 바랍니다. 아멘.

제
10
장

—

모세와 같은 선지자

—

"네 하나님 여호와께서 너희 가운데 네 형제 중에서 너를 위하여 나와 같은 선지자 하나를 일으키시리니 너희는 그의 말을 들을지니라. 이것이 곧 네가 총회의 날에 호렙 산에서 네 하나님 여호와께 구한 것이라 곧 네가 말하기를 내가 다시는 내 하나님 여호와의 음성을 듣지 않게 하시고 다시는 이 큰 불을 보지 않게 하소서 두렵건대 내가 죽을까 하나이다 하매, 여호와께서 내게 이르시되 그들의 말이 옳도다. 내가 그들의 형제 중에서 너와 같은 선지자 하나를 그들을 위하여 일으키고 내 말을 그 입에 두리니 내가 그에게 명령하는 것을 그가 무리에게 다 말하리라. 누구든지 내 이름으로 전하는 내 말을 듣지 아니하는 자는 내게 벌을 받을 것이요." — 신 18:15-19

피조물인 인간은 그의 창조주와 교제하기를 원하는 것이 당연합니다. 우리가 건전한 정신을 가졌다면, 부모가 누구인지도 모른 채 세상에 태어난 아이들처럼 되는 것을 견딜 수 없습니다. 우리는 우리 아버지의 목소리를 듣고 싶어합니다. 옛 시대에, 아직 죄가 세상에 들어오기 전에, 주 하나님은 그의 피조물인 인간과 아주 친밀한 관계를 맺으셨습니다. 그분은 에덴 동산에서 아담과 교제하셨습니다. 서늘한 바람이 불 때에, 그분은 그분 자신의 임재의 그림자로써 저녁을 일곱 배나 더 시원하게 하셨습니다. 타락하지 않은 인간과 영원히 복된 그분 사이에는 어떤 먹구름도 없었습니다. 그들은 교제하였습니다. 죄가 아직 그들 사이를 가르는 벽을 세우지 않았습니다. 아, 인간이 그 영예로운 상태를 지속하지 못하고 그의 하나님의 법을 어겼습니다. 그로 인해 자신의 유업을 빼앗겼을 뿐 아니라, 그의 후손들에게 거룩하신 하나님과 대화를 지속할 수 없는 부패한 본성을 물려주었습니다. 본성상 우리는 악한 것을 사랑합니다. 우리 속에는 악한 마음과 불신앙이 있어 살아 계신 하나님으로부터 멀어지려 합니다. 결과적으로 하나님과 인간 사이의 교제의 성격은 에덴의 오솔길에서 시작되고 끝났던 것과는 달라질 수밖에 없었습니다. 처음에 하나님께서 피조물인 인간과 대화하신 것을 겸손이었다고 한다면, 지금 그분이 죄인인 인간과 황송하게도 대화해주신다면, 그것은 자비 곧 말할 수 없는 자비입니다.

그분의 거룩한 은혜를 통해, 주님께서는 타락 이후에도 우리의 선조들과 대화를 전적으로 단절하지는 않으셨습니다. 아담의 시대로부터 모세의 시대 사이에, 이따금씩 하나님께서 인간에게 말씀하시는 음성이 들려왔습니다. "에녹이 하나님과 동행하더니"(창 5:24). 이 말은 하나님께서 그와 함께 걸으며 그와 교제하셨다는 것입니다. 에녹이 지존하신 그분과 함께 걸을 때 말없이 단지 걷기만 하지 않았다는 것을 얼마든지 짐작할 수 있습니다. 주께서는 또한 노아에게 여러 차례 말씀하셨으며, 그와 언약을 맺으셨습니다. 그리고 그 후에, 그분은 더 자주 그리고 더 길게 아브라함과 대화하셨으며, 그분은 은혜롭게도 그를 그분의 벗이라 부르셨습니다. 주님의 음성은 이삭에게도 임하였고, 야곱과 요셉에게도 임하였습니다. 천상의 존재들이 땅과 하늘 사이를 부지런히 날아 왕래하였습니다. 그 다음에는 오랫동안 말씀이 그치고, 우울한 침묵이 있었습니다. 어떤 선지자도 여호와의 이름으로 말하지 않았으며, 어떤 하나님의 음성도 제사장의 신탁을 통해 들려오지 않았습니다. 이스라엘이 함의 땅 애굽에 거주하는 동안 줄곧 침묵만이 있었습니다. 인간에게 들려오는 영적인 음성이 너무나 철저하게 침묵하였기에, 마치 하나님께서 그의 백성을 완전히 버리시고, 그분의 이름을 증언할 자를 남기지 않고 세상을 떠나신 것처럼 보였습니다. 그러나 그분이 돌아오신다는 예언이 있었습니다. 그리고 주께서는 큰 계획을 가지고 계셨으며, 단지 때가 찰 때까지 기다리셨던 것입니다. 그분은 매우 특별한 방식으로 인간을 시험하기로 작정하셨습니다. 인간이 주님의 임재를 감당할 수 있는지 아닌지를 알아보기로 하셨습니다. 그분은 한 가족을 취하시고, 그 가족을 한 민족으로 번성하게 하시고, 그 민족을 그분을 위해 따로 떼어 구별하기로 결정하셨습니다. 그리고 그 민족에게 그분 자신의 가장 특별한 성품을 계시하기로 하셨습니다. 그래서 그분은 애굽의 벽돌 가마에서 종노릇하던 그 민족을 그분의 택하신 백성으로 삼으셨습니다. 그 영예를 누릴 은혜만 있다면, 그들을 선택받은 나라, 제사장 나라, 그분에게 가까이 나아올 백성으로 삼으셨습니다. 비록 오랫동안 너저분한 곳에서 뒹굴었다 해도, 그분이 강한 손과 편 팔로써 그들을 건져내셨습니다. 인자한 사랑으로 그들에게 호의를 베푸셨습니다. 그리하여 그들은 마치 은색의 몸통에 황금빛 깃털을 지닌 비둘기처럼 우아하고 아름답게 되었습니다. 그분은 홍해를 갈라 그들에게 벗어날 길을 만들어 주셨고, 그런 후에는 마치 장벽을 치듯이 바다를 닫아 그들의 옛 주인과 그들 사이를 갈라놓으셨습니다. 그분은 그들을 광야로 데려가셨습니다. 거기서 하늘에서 내리는 만나로 그들을 먹이시고, 반석에서 나는 물로 그들을 마시게 하셨습니다. 조금 후 그분은 이전에 어떤 민족에게도 말하지 않은 방식으로 그들에게 말씀하시기 시작했습니다. 시내 산 꼭대기에서 그분은 그들에게 말씀하셨고, 불 가운데서 그분의 음성이 들리도록 하셨습니다. 그들이 놀라 소리쳤습니다. "하나님이 사람과 말씀하시되 그 사람이 생존하는 것을 오늘 우리가 보았나이다"(신 5:24). 그러나 그 실험은 실패했습니다. 인간은 하나님의 직접적인 음성을 들을 상태에 있지 않았습니다. 바로 첫 날에 그 백성은 너무나 두렵고 놀라서 이렇게 외쳤습니다. "이 큰 불이 우리를 삼킬 것이요 만일 우리가 우리 하나님 여호와의 음성을 다시 들으면 죽을 것이라"(신 5:25). 그들이 멀리 떨어져 서서 하나님의 온전한 율법의 말씀을 들을 때에 그들은 큰 두려움으로 가득했습니다. 그 백성은 하나님의 명령을 듣는 것을 감당하지 못했고 그들에게 더 이상 직접 말씀하지 말아달라고 호소했습니다. 그들은 중재해 줄 누군가가 필요하다는 것을 느꼈습니다. 조정자, 해석자, 그들과 하나님 사이의 한 중재자를 필요로 했습니다. 그들 중에서 가장 영적인 사람도, 다른 사람들보다도 하나님을 잘 이해하고 사랑하는 사람도, 그분의 천둥 같은 음성을 견딜 수 없다고 고백했습니다. 그래서 그들의 수령과 장로들이 모세에게 나아와서 이렇게 말했습니다. "당신은 가까이 나아가서 우리 하나님 여호와께서 하시는 말씀을 다 듣고 우리 하나님 여호와께서 당신에게 이르시는 것을 다 우리에게 전하소서 우리가 듣고 행하겠나이다"(신 5:27).

주께서는 인간이 그의 창조주의 음성을 항상 들을 수는 없다는 것을 아셨습니다. 그래서 그분은 모세를 통해 말씀하시기로 결정하셨을 뿐 아니라, 또한 때때로 그분의 종들인 선지자들을 일으켜 그들을 통해서도 말씀하시기로 결정하셨습니다. 다음으로, 겸손하신 은혜의 극치로서, 그분은 마침내 인간에게 일러주셔야 할 모든 말씀을 한 마음에 두시기로 하셨으며, 인류를 향한 그분의 완전하고 변하지 않는 계시를 한 입을 통해 인간에게 들려주기로 작정하셨습니다. 바로 이 한 중재자에 대해, 모세는 주께서 오늘 본문의 말씀을 들려주셨을 때 알게 된 것입니다. "내가 그들의 형제 중에서 너와 같은 선지자 하나를 그들을 위하여 일으키고 내 말을 그 입에 두리니 내가 그에게 명령하는 것을 그가 무리에게 다 말하리라"(18절). 우리는 우리 주 예수 그리스도께서 마지막 날에 모세처럼 우리에게 말씀하신(히 1:2) 그 선지자(the Prophet)라는 것을 확실히 압니다. 사도행전 3장에서 베드로의 증언을 보십시오(22절). 그리고 같은 책 7장에서 스데반의 증언을 보십시오(37절). "그는 모세보다 더욱 영광을 받을 만한 것이 마치 집 지은 자가 그 집보다 더욱 존귀함 같으니라"(히 3:3). 그분은 은혜롭게도 모세와 같은 모습을 하셨으니, 바로 그 점에서 사도들은 그분이야말로 하나님의 보내신 자, 메시아라는 근거를 발견한 것입니다.

오늘 아침 설교의 주제는 여호와께서 하나님과 인간 사이의 한 중보자 예수 그리스도를 통해 우리에게 말씀하신다는 것입니다. 또한 우리의 간절한 목표는 모든 선지자 중에서도 가장 위대한 이분을 통해 하나님의 음성을 공손히 듣는 것입니다. 형제들이여, 바로 이것이 오늘 아침 당신을 향한 하나님의 말씀입니다. 주님께서 변화되어 모세와 엘리야와 함께 나타나셨을 때, 그 거룩한 산에서 하늘의 음성이 영광 중에 들려왔습니다. "이는 내 사랑하는 아들이요 내 기뻐하는 자니 너희는 그의 말을 들으라"(마 17:5). 이것이 지금 이 시간 나의 메시지입니다. "너희는 그의 말을 들으라." 그분은 오늘 여러분 모두에게 말씀하십니다. "내게 듣고 들을지어다, 그리하면 너희가 좋은 것을 먹을 것이며 너희 자신들이 기름진 것으로 즐거움을 얻으리라. 너희는 귀를 기울이고 내게로 나아와 들으라, 그리하면 너희의 영혼이 살리라"(사 55:2-3). "너희는 삼가 말하신 이를 거역하지 말라. 땅에서 경고하신 이를 거역한 그들이 피하지 못하였거든, 하물며 하늘로부터 경고하신 이를 배반하는 우리일까보냐"(히 12:25).

우리의 묵상은 이런 순서를 따를 것입니다. 첫째, 우리는 우선 중보자의 필요성에 대해 잠시 생각할 것입니다. 둘째, 하나님이 선택하신 그 선지자-중보자의 인격에 대해 생각할 것입니다. 셋째, 이 중보자에게 부여된 권위에 대해 생각할 것인데, 이 권위로써 그분이 오늘날 우리를 부르시고 그분이 들으신 하나님의 음성을 들으라 하십니다.

1. 중보자의 필요성

먼저 중보자의 필요성이 얼마나 긴박했었는지 숙고하도록 하겠습니다. 이를 제시하기 위해 굳이 긴 시간이 필요하지 않습니다. 이스라엘 백성들의 경우에 중보자가 필요했던 것은, 우선 말로 표현할 수 없는 하나님의 영광 때문이었으며, 또한 그 영광을 견딜 수 없었던 그들 자신의 무능 때문이었습니다. 그들의 눈으로도, 귀로도, 마음으로도 하나님의 영광을 감당할 수 없었습니다. 우리는 시내 산에서의 하나님의 계시가 그분의 위대하심의 현시(顯示)였다고 상상할 수는 없습니다. 아니, 우리는 그 계시가 그런 것일 수 없다는 것을 알고 있습니다. 왜냐하면 인간이 그분의 무한한 영광의 임재 속에서 살아남는다는 것은 불가능하기 때문입니다. 하박국은 이러한 영광의 현시에 대해 이렇게 말합니다. "하나님이 데만에서부터 오시며 거룩한 자가 바란 산에서부터 오시는도다. 그의 영광이 하늘을 덮었고 그의 찬송이 세계에 가득하도다. 그의 광명이 햇빛 같고 광선이 그의 손에서 나오는도다"(합 3:3-4a). 그러나 그는 이런 말을 더합니다. "그의 권능이 그 속에 감추어졌도다"(4b절). 그분의 탁월한 영광에도 불구하고, 하나님의 산 호렙에서의 영광의 현시는 억제된 것이었으며, 인간의 약함을 고려하여 누그러뜨린 것이었습니다. 그러나 이렇게 누그러뜨린 것임에도, 그것은 인간이 감당할 수 없는 것이었습니다. 죽을 수밖에 없는 인간의 눈으로는 수건을 벗은 여호와의 얼굴을 볼 수가 없습니다. 하나님께서 시내 산에서 말씀하셨을 때의 음성은 모세에 의해 아주 크고 널리 울려 퍼지는 나팔 소리에 비유되었으며, 또한 천둥 소리에 비유되기도 했습니다. 우리 모두는 천둥소리를 알고 있습니다. 특히나 그것이 가까이서 들릴 때, 머리 위에서 잇따라 퍼붓는 소리가 들릴 때, 그 소리가 얼마나 두려움을 불러일으키는지를 압니다. "콰르릉 쾅쾅" 하고 연이어 소리가 터질 때, 아무리 담이 큰 사람이라도 움찔하지 않을 수 없으며, 동시에 하나님 앞에서 거룩한 경외심으로 머리 숙이지 않을 수가 없습니다. 그러나 이것은 하나님의 음성이 최대로 들린 것이 아닙니다. 그것은 그분의 속삭임 정도에 지나지 않습니다. 여호와는 천둥소리 속에 그분의 음성을 낮추셨습니다. 그 음성이 최대로 들리면, 땅뿐 아니라 하늘까지도 진동하기 때문입니다. 만일 그분이 그 얼굴의 수건을 한 번 벗으신다면, 번갯불도 창백해져서 상대적으로 어둡게 되고 말 것입니다. 주 하나님의 음성은 상상할 수 없을 정도로 장엄하며, 가련한 피조물이요, 흙에 기는 벌레요, 하루살이 곤충에 불과한 우리로서는 그 소리를 듣고서 결코 살 수가 없습니다. 우리는 중재자의 개입 없이는 하나님의 완전한 계시를 감당할 수가 없습니다. 아마도 그분이 우리를 순수한 영이 되게 하실 때, 혹은 우리의 몸이 우리 주 예수님처럼 능력으로 "다시 살아날 때", 그 때에 우리는 영광스러운 여호와 하나님을 볼 수 있을 것입니다. 그러나 아직은 우리가 주께서 모세의 요청에 응답하실 때 주셨던 친절한 경고를 받아들이는 수밖에는 없습니다. "네가 내 얼굴을 보지 못하리니 나를 보고 살 자가 없음이니라"(출 33:20). 삶의 끈은 너무나 약하여 베일을 벗은 영광의 임재라는 팽팽한 긴장을 견딜 수 없습니다. 거미줄처럼 얇은 우리 존재의 실로는 하나님이 실제의 행동으로 우리 가까이 임하실 때 그분의 숨결의 강풍을 견딜 수 없습니다. 시내 산에서 하나님의 임재는 그러했던 것으로 보입니다. 비록 그분이 연약한 본성을 지닌 인간에게 맞도록 스스로를 조절하시기는 했어도, 그분의 영광에 조화되는 모습으로 오셨기에, 사람들이 너무 놀라고 두려워 그분의 임재를 감당할 수가 없었습니다. 그렇기 때문에, 비록 그분이 말씀하실 것을 속삭이듯 하신다고 하더라도, 그분의 목소리로 직접 말씀하시기보다는 다른 중재자를 통해 말씀하시는 것이 절대적으로 필요했습니다. 그런 후 그 중재자가 산에서 내려와 주의 말씀을 백성들에게 반복해서 들려주어야 했던 것입니다.

중재자가 필요한 또 하나의 중요한 이유가 있습니다. 즉 인간의 죄로 인해 하나님께서 인간과 교제하실 수 없다는 엄중한 사실입니다. 하나님은 시내 산 밑에 있는 그의 백성 이스라엘을 청결하게 간주하기를 기뻐하셨습니다. "모세가 산에서 내려와 백성에게 이르러 백성을 성결하게 하니 그들이 자기 옷을 빨더라"(출 19:14). 그들은 잠시 동안 부정한 행동을 삼갔습니다. 그들이 경계선 바깥에 서 있는 동안에 그들은 의식상으로 정결했습니다. 머지않아 그들은 하나님 앞에 실제로 부정하게 되었으며, 그들의 마음이 더럽혀지고 오염되었습니다. 주께서 그들에게 말씀하셨습니다. "다만 그들이 항상 이같은 마음을 품어 나를 경외하며 내 모든 명령을 지켜서 그들과 그 자손이 영원히 복 받기를 원하노라"(신 5:29).

하나님은 그들의 마음이 순종적으로 말하고 있는 동안에도 바르지 않다는 것을 아셨습니다. 많은 날이 흐르기 전에, 시내 산에서 두려워 떨던 그들이 황금 송아지를 만들었습니다. 송아지 우상을 세우고 그 앞에서 절했습니다. 그로 인해 여호와께서 진노하시고 그들에게 역병을 보내셨습니다. 그러한 반역 이후에, 그처럼 고의적으로 그분과의 언약을 위반하고, 대담무쌍하게 그분의 명령을 어긴 후에, 하나님께서 그들에게 말씀하시거나 혹은 그들이 하나님의 음성을 직접적으로 듣기란 명백히 불가능해진 것처럼 보입니다. 그들은 하나님 앞에서 도망치고 싶었을 것입니다. 하나님의 거룩하심 앞에서 그들의 부정과 죄가 드러나기 때문입니다. 하나님의 진노를 불러일으켰던 그들의 죄, 그들의 방황과, 불안과, 마음의 변절 때문에, 하나님께서는 그들을 그분의 임재 속에 머물도록 하실 수가 없었습니다. 거룩한 천사들도 삼중의 외침으로 영원히 하나님을 경배합니다. "거룩하다, 거룩하다, 거룩하다, 만군의 여호와여"(사 6:3). 그분은 인간의 부정한 입술이 그분의 보좌를 불경한 말로 더럽히는 것을 용납하실 수 없었습니다. 오 안 됩니다. 내 형제들이여, 죄의 감각을 지닌 채로는, 만일 여호와께서 나타나신다면, 우리 모두가 우리 얼굴을 가려야 하며 두려움으로 엎드려야만 합니다. 그분은 불법을 간과하실 수 없으며, 악과 함께 머무실 수 없습니다. 그분은 소멸하시는 불이시기 때문입니다. 불법을 궁리하고 있는 동안에 우리는 그분을 볼 수 없습니다. 우리의 눈이 불법의 연기로 흐려지기 때문입니다. 심지어 우리가 그분의 의복 끝자락만 본다고 해도 우리의 마음이 먼저 청결해져야 하며, 그분이 큰 바위 사이에 우리를 숨기셔야 하며, 그분의 손으로 우리를 덮으셔야 합니다. 만일 우리가 우리의 복되신 중보자 없이 그분의 엄격한 공의를 보려 한다면, 그분의 두려운 거룩하심을 보려 한다면, 그분의 무한한 능력을 보려 한다면, 그 광경을 보는 순간 우리는 완전히 녹아 버리고 말 것입니다. 우리가 죄를 범했기 때문입니다.

　　우리 본성의 연약함과 악함, 이러한 이중적인 이유는 매우 강력한 것입니다. 그 이유가 아주 강력하므로, "그들의 말이 옳도다"(신 18:17)라고 하시며 주께서도 친히 그것을 용인하셨습니다. 그들을 두렵게 만든 것은 섬뜩한 불안감이 아닙니다. 그들을 놀라게 한 것은 어리석은 공포가 아닙니다. 왜냐하면 모세 역시도 "심히 두렵고 떨린다"(히 12:21)고 말했기 때문입니다. 가장 차분하고 온유한 사람들조차도 두려워할 실제적인 이유가 있었습니다.

하나님의 얼굴을 볼 수가 없습니다. 이따금씩 자연적인 상태를 초월하여 고양된 영혼에 얼핏 비치듯 보일 수는 있습니다. 그들은 그렇게 만군의 주이신 왕을 잠시 알현하는 것입니다. 그러나 그들에게도 그것은 그들의 모든 힘을 잃게 만들 정도의 두려운 긴장입니다. 그 포도주는 인간성의 부대에 담아두기에는 너무나 강력합니다. 요한이 신성의 전체를 본 것도 아니요 단지 중보자의 신성의 측면을 보았을 때 무어라고 했습니까? "내가 볼 때에 그의 발 앞에 엎드러져 죽은 자 같이 되었다"(계 1:17). 다니엘이, 그렇게 큰 사랑을 받은 사람이, 하나님의 음성을 들었을 때 그 몸에 모든 힘이 빠져나가고 그의 아름다운 낯빛이 변해 썩은 듯했다고 고백했습니다(단 10:8). 또한 욥이 이렇게 말했습니다. "내가 주께 대하여 귀로 듣기만 하였사오나 이제는 눈으로 주를 뵈옵나이다. 그러므로 내가 스스로 거두어들이고 티끌과 재 가운데에서 회개하나이다"(욥 42:5-6). 하나님이 아시듯이, 그것은 어리석은 놀람이나 불신의 공포가 아닙니다. 그것은 유한하고 오류가 많은 피조물이 무한하고 완전한 분의 임재 앞에 서게 될 때에 발생하는 가장 적절한 경외심이며 가장 자연스러운 두려움입니다. 여호와께서 능력으로 행진하실 때, 이 연약한 육체의 장막은, 구산의 장막과 미디안의 휘장이 그러하듯 전율하며 엎드러질 수밖에 없습니다(합 3:7). 우리에게는 중보자가 필요합니다. 주님께서는 우리의 악함이 그분을 노하게 만든다는 것을 잘 아십니다. 여기 현세에서 가장 선한 사람에게서조차, 덮개로 자신을 가리지 않고 오거나 화해의 제물 없이 그분 앞에 다가온다면, 그 속에는 그분의 노를 격발하여 그를 멸하게 하실 만한 악한 요소가 있다는 것을 잘 아십니다.

우리는 중보자를 통하여 주께 나아가야 합니다. 그것은 절대적으로 필요한 일입니다. 하나님께서 친히 그래야 한다고 증언하셨습니다. 그분의 자비로 그분은 한 중보자를 임명하셨습니다. 그 중보자를 통해 우리는 은혜의 보좌 앞에 나아갈 수 있습니다. 성령께서 이 진리를 우리 모두의 의식에 매우 선명히 새겨 주시기를 바랍니다. 그리고 우리로 하여금 이 시로 노래하도록 은혜 주시기를 바랍니다.

> "인간의 몸으로 오신 하나님을 뵙기까지는
> 내 속에서 위안을 찾을 수 없네;
> 거룩하고, 정의로우며, 신성하신 삼위일체는

내게는 두려움일 뿐이었다네.

그러나 만일 임마누엘의 얼굴이 보인다면
내 소망, 내 기쁨이 시작되리라;
그분의 이름이 내게서 노예의 두려움을 그치게 하시고
그분의 은혜가 내 죄를 사해 주시네."

2. 하나님이 지명하신 중보자의 인격

이제 우리는 지명된 중보자의 인격에 대해 숙고해야겠습니다. 이 점에 대해 우리는 오늘의 본문을 통해 꽤 많은 정보를 얻을 수 있습니다. 이 복된 말씀을 읽어보십시오. "네 하나님 여호와께서 너희 가운데 네 형제 중에서 너를 위하여 나와 같은 선지자 하나를 일으키시리라"(15절). 이 사실을 곰곰이 음미해 보십시오. 우리 주 예수께서 우리 가운데서, 우리 형제들 가운데서 일으키심을 받았습니다. 그분 안에서 이 영광스러운 예언이 성취되었습니다. "내가 백성 중에서 택함 받은 자를 높였으되"(시 89:19). 그분은 우리들 중의 하나이며, 고난 받으려고 태어나신 분입니다. 그분은 허구가 아니라 실제로 베들레헴에서 태어나셨습니다. 그곳에서 그분은 베들레헴의 다른 아기들이 그러했듯이, 포대기에 싸인 채 구유에 뉘여 젖을 먹었으며, 다른 아기들이 그러했듯이 한 여인의 사랑스런 돌봄에 의지하셨습니다. 그분은 유아에서 성인이 되기까지의 성장 과정에서 우리들과 같았습니다. 우리 자신이 어린이에서 성인이 되면서 키가 자라듯이 그분의 키도 자랐습니다. 비록 거룩한 아이였지만, 그분은 여전히 아이였으며, 그래서 부모에게 순종하셨습니다. 그분이 어른이 되었을 때, 유령과 같은 존재로서가 아니라, 진정한 살과 피를 지닌 어른이었습니다. 그분은 시험을 받으셨고 배반당하셨습니다. 그분은 배가 고프셨고 목이 말랐습니다. 그분은 지치기도 하셨고 크게 놀라기도 하셨습니다. 그분은 우리의 약한 것을 짊어지셨고, 우리의 슬픔을 당하셨습니다. 그분은 모든 점에서 그의 형제들과 같았습니다. 그분은 마치 그분이 다른 계급이나 상위 계층에 속한 것처럼 자신을 구별하지 않으셨으며, 우리들 중에 거하셨습니다. 인류의 형제로서, 세리들과 죄인들과 함께 잡수셨으며, 보통 사람들과 어울리셨습니다. 그분은 혈통을 자랑하지 않으셨고, 소위 명문 귀족이라고 칭송받지도 않으셨으며, 대리석 전당에서가 아니면 모습을 드러내지 않는 왕족으로 처신하지 않으셨습니다. 그분은 평범한 가정의 즐거움 속에서 태어나, 모두가 그분을 보러왔으며, 마치 그분에게 오는 모든 자들을 계속해서 받아주실 것을 맹세라도 하듯이, 죽을 때에도 팔을 넓게 벌리셨습니다. 그분은 결코 천한 무리들, 속된 군중들처럼 말하지 않으셨습니다. 그럼에도 그분은 그들 가운데 잘 어울려 지내셨습니다. 그분은 농군처럼 입으셨으며, 시골의 일상적인 작업복 같은 것을 입으셨으며, 솔기 없이 통으로 짠 옷을 입으셨습니다. 그분은 군중들 속에 섞이셨으며, 결혼식 피로연에도 가시고, 그들의 장례식에도 참석하셨습니다. 사람들 중의 한 사람으로, 그들과 너무나 많이 어울리셨기 때문에, 비방자들은 그분을 먹기를 탐하고 포도주를 즐기는 자라고 불렀습니다. 모든 면에서 우리의 주님은 우리들 중에서 일으키심을 받은 분이며, 우리의 일가 친족 중의 한 분이십니다. "그러므로 그분은 우리를 형제라 부르시기를 부끄러워하지 않으셨습니다"(히 2:11). 그분은 살아서도 우리의 형제요, 죽어서도 우리의 형제이며, 부활에서도 우리의 형제이십니다. 그분의 부활 이후에 그분이 이렇게 말씀하셨기 때문입니다. "내 형제들에게 가서 이르되 내가 내 아버지 곧 너희 아버지, 내 하나님 곧 너희 하나님께로 올라간다 하라"(요 20:17). 비록 지금은 가장 높은 하늘로 올라가셨지만, 그분은 우리의 연약함을 공감하실 수 있는 대제사장으로서 우리를 위해 간구하시고 활동하고 계십니다. 하나님은 은혜롭게도 그러한 중보자를 일으키셨으며, 이제 하나님은 그분을 통해 우리에게 말씀하십니다. 오 사람의 아들들이여, 여러분은 인자(the Son of man)이신 나사렛 예수께서 영원한 하나님에 대해 우리에게 말씀하시도록 지명 받은 분이심을 들어보지 못했습니까? 만일 하나님이 다시 천둥 속에서 말씀하신다면 당신은 그 소리를 들을 수가 없습니다. 그러나 이제는 하나님이 사랑의 입술을 통해 말씀하시며, 말씀으로 많은 은혜로운 기적들을 행하신 그분의 입술을 통해 말씀하시며, 사람의 아들들을 향해 항상 사랑으로 박동치는 심장으로 말씀하십니다. 그러니 그분의 말씀을 듣지 않으시렵니까? 진정 우리는 그분의 모든 말씀에 가장 진지한 관심을 기울이며 순종해야 합니다.

모세는 진정 백성들 중의 한 사람이었습니다. 그는 그들을 많이 사랑했고, 그들의 모든 문제에 공감했습니다. 그들이 그를 심하게 비난하기도 했지만, 그러나 여전히 그는 그들을 사랑했습니다. 모세가 그 악한 민족을 사욕 없이 사랑한 것을 볼 때, 우리가 그 하나님의 사람을 아무리 많이 칭송하더라도 지나치지 않습니다. 이스라엘의 옹호자로서 산 위에 있는 그를 보십시오. 주께서 말씀하셨습니다. "내가 이 백성을 보니 목이 뻣뻣한 백성이로다. 그런즉 내가 하는 대로 두라 내가 그들에게 진노하여 그들을 진멸하고 너를 큰 나라가 되게 하리라"(출 32:9-10). 그 제안은 모세의 눈에 화려한 제안으로 비쳐질 수도 있었습니다. 그가 한 인종의 설립자가 될 수도 있으며, 아브라함에게 주어진 약속이 그를 통해 성취되는 것이었습니다. 대부분의 사람들이 탐욕스럽게 그것을 낚아채려 하지 않겠습니까? 그러나 모세는 그렇게 하지 않았습니다. 그는 이스라엘을 너무도 사랑하여 그들이 죽는 것을 볼 수 없었으며, 할 수 있다면 그들을 구하고 싶었습니다. 그에게는 이기적인 야망이 조금도 없었습니다. 오직 울며 눈물로써 이렇게 간구했습니다. "어찌하여 애굽 사람들이 이르기를 여호와가 자기의 백성을 산에서 죽이고 지면에서 진멸하려는 악한 의도로 인도해 내었다고 말하게 하시려 하나이까? 주의 맹렬한 노를 그치시고 뜻을 돌이키사 주의 백성에게 이 화를 내리지 마옵소서"(출 32:12). 그는 하나님께 간절히 호소했습니다. 그가 그 자신을 이스라엘과 동일시했기 때문입니다. 사실 모세는, 우리 주님이 그러하셨듯이, 그들의 모든 고통과 슬픔을 자신이 짊어졌습니다. 그는 참 이스라엘이었습니다. 그는 바로의 공주의 아들이라 불리기를 거절했으며, 오히려 하나님의 백성들과 운명을 같이하기로 결정했습니다. 이것이 바로 우리의 복되신 주님께서 행하신 일입니다. 그분은 그분의 백성과 무관하게 영광 받기를 원하지 않으십니다. 그들이 함께 살지 않는다면 홀로 살기를 원하지 않으셨습니다. 그분은 다른 사람들을 구원하시려 했기 때문에, 그분 자신을 구할 수 없었습니다. 그분은 그의 성도들을 뒤에 남겨두고 하늘에 있으려 하지 않으셨습니다. 그분은 그 백성들을 사랑하셨으며, 그들 중의 택함을 받은 자요 형제들 중의 한 형제이심을 스스로 입증하셨습니다.

　　이 점에 유의하십시오. 우리의 주님은 우리의 형제이시지만, 위대하신 하나님이 보내신 그분은 하나님의 생각을 아는 면에서 우리 모두를 능가하십니다. 하나님께서 이렇게 말씀하셨습니다. "내 말을 그 입에 두리니"(18절). 우리 주 예수 그리스도께서는 하나님에 의해 감동을 입고 우리에게 오셨습니다. 그분 홀로 오신 것이 아니라, 그분 자신의 생각으로 말하신 것이 아닙니다. 오히려 이렇게 말씀하셨습니다. "나를 보내신 이가 나와 함께 하시도다. 내가 항상 그가 기뻐하시는 일을 행하므로 나를 혼자 두지 아니하셨느니라"(요 8:29). 말씀과 일에서 그분은 아버지를 위해 행하셨고, 아버지의 영감 속에서 행하셨습니다. 형제들이여, 예수께서 전하시는 메시지를 거부하지 말기를 호소합니다. 예수님이 하신 한 말씀도 소홀히 여기지 마십시오. 그것은 영원한 분이 하신 말씀이기 때문입니다. 그분이 행하신 단 하나의 행동이나, 그분이 명하신 단 하나의 계명이나 축복의 약속도 멸시하지 마십시오. 왜냐하면 이 모든 것에는 신성의 인장(印章)이 찍혀 있기 때문입니다. 하나님께서는 우리에게 가까이 다가오시기 위해 우리 형제이신 한 분을 선택하셨습니다. 그러나 하나님은 그 자신의 왕의 권위를 그분에게 승인하셨습니다. 그분은 두 번째 서열의 대사로 오신 것이 아니라, 바로 하나님과 동등하게 간주되는 분으로서 오셨습니다. 그럼에도 불구하고 그분은 우리를 위하여, 우리에게 친근히 말씀하시기 위하여, 그분 스스로 종의 형체를 취하셨습니다. 이 모든 이유로, 나는 여러분에게 그분의 말씀을 멸시하지 말며, 그분의 음성을 하늘에서 들리는 음성으로 듣기를 호소합니다.

그러나 내가 강조하고자 하는 요점은 예수님이 모세와 같은 분이라는 것입니다. 모세의 시대까지 모세보다 더 나은 중보자를 찾을 수 없었습니다. 그러므로 주 하나님께서는 이스라엘 민족의 위대한 선지자였던 모세를 하나의 본보기로 삼아 일하기로 작정하셨고, 마침내 주 예수님을 보내셨던 것입니다. 모세가 어떤 면에서 주 예수님의 인격적인 전형이었는지를 살펴보는 일은 젊은이들에게 매우 흥미로운 일일 것입니다. 유사점들이 매우 많아서, 그 위대한 율법수여자에게서 약속된 우리 주님을 상징하지 않는 단 하나의 사건도 찾기가 어려울 정도입니다. 나일 강물에서부터 시작하여 비스가 산꼭대기에서 생을 마치기까지의 모세의 삶에서, 마치 한 사람의 얼굴을 거울에 비추듯 그리스도의 모습을 볼 수 있습니다. 나는 단지 어떤 점에서 중보자로서 예수님이 모세와 같은가를 언급할 뿐입니다. 그 중 확실하게 볼 수 있는 한 가지는, 모세는 그 이전의 어느 누구보다도 하나님의 마음을 특별히 간직했었다는 사실입니다. 몇 차례나 그는 한 번에 사십일씩 하나님과 밀담을 나누었습니다. 그는 사람들로부터 떠나 외로운 산꼭대기로 올랐습니다. 그곳에서 그는 사십일 낮과 밤을 지냈으며, 먹지도 마시지도 않고서, 오직 그의 하나님과 심오한 친교 속에 살았습니다. 그렇게 홀로 떨어져 있는 시간에 그는 성막의 양식(樣式)을 받았고, 제사장 제도, 절기들, 제사제도, 이스라엘의 시민법 등과 관련된 율법을 받았습니다. 하나님께서 다른 누구에게 그렇게 오래도록, 마치 사람이 친구에게 말하듯, 말씀하신 적이 있었던가요? 그는 하나님과 특별히 친밀한 사람이었습니다. 광야의 한쪽 뒤편에서 장인의 양 떼를 돌보던 시절에, 그가 부르심을 받았던 첫날부터, 느보 산꼭대기에서 하나님께서 그의 영혼에 입 맞추어 돌려보내실 때까지, 그는 하나님의 사랑을 크게 입은 사람이요, 하나님께서 그 자신을 다른 어느 누구에게보다 더 많이 나타내 보이셨던 사람입니다. 주께서 아론과 미리암에게 직접 하신 말씀을 들어보십시오. "이르시되 내 말을 들으라. 너희 중에 선지자가 있으면 나 여호와가 환상으로 나를 그에게 알리기도 하고 꿈으로 그와 말하기도 하거니와, 내 종 모세와는 그렇지 아니하니 그는 내 온 집에 충성함이라. 그와는 내가 대면하여 명백히 말하고 은밀한 말로 하지 아니하며 그는 또 여호와의 형상을 보거늘 너희가 어찌하여 내 종 모세 비방하기를 두려워하지 아니하느냐"(민 12:6-8). 이 점에서 우리 주 예수님은 모세와 같으셨습니다. 단, 그 점에서 주님은 모세를 능가하셨습니다. 그리스도와 아버지 사이의 친교는 훨씬 더 친밀한 것이었으며, 예수님은 그 자신이 본질적으로 신성을 가지신 분이시며, "그 안에는 신성의 모든 충만이 육체로 거하시기"(골 2:9) 때문입니다. 그분이 아버지와 어떻게 친밀한 교제를 나누셨는지는 차가운 산들과 한밤중의 공기들이 계속해서 증언했습니다. 단지 이 뿐만이 아니라, 그분은 아버지와 함께 거하셨습니다. 그분은 언제나 하나님께서 그분 속에서 말씀하시는 것을 말씀하셨습니다. 그분은 하나님 안에 사셨고, 하나님과 함께 사셨습니다. "항상 내 말을 들으시는 줄을 내가 알았나이다"라고 그분이 말씀하셨습니다(요 11:42). 그리스도께서 아버지와 친교 속에 사신 것을 특별히 언급하는 대신, 우리는 오히려 그분이 아버지와 떨어져 있었던 유일한 순간을 놀란 가슴으로 언급할 필요가 있습니다. 바로 그분이 이렇게 외치셨던 무서운 시간입니다. "나의 하나님, 나의 하나님, 어찌하여 나를 버리셨나이까"(마 27:46). 오직 그 한 번 동안, 아버지께서는 그분을 떠나셨습니다. 심지어 그 때에도 그 문제는 설명이 불가능하며, 그분도 그에 대해 이유를 물으셨습니다. 비록 그 때 그분은 자신이 인간을 위한 대속 제물로 고난당하는 것을 아셨지만, 그럼에도 하나님께 버림을 받는 것은 그분으로서는 너무나 낯설고 당황스러운 문제였기에, 고뇌 속에서 왜 버림을 받게 되었는지 물으셨던 것입니다.

또 다른 유사점을 꼽자면, 모세는 선지자들 중 첫 번째로서, 하나님께서 지속적인 계시를 보이셨습니다. 다른 사람들에게 하나님께서는 꿈이나 환상으로 말씀하셨지만, 모세에게는 분명하고도 지속적인 증언을 들려주셨습니다. 하나님의 성령이 그에게 머물렀습니다. 그리고 모세로 인해 여호수아에게와 칠십인 장로들에게도 하나님의 영이 임하였습니다(민 11:17,25; 신 34:9). 이는 마치 예수님이 사도들에게 그분의 성령을 주셨던 것과 같습니다. 때때로 하나님은 노아에게 말씀하셨으며, 혹은 아브라함에게나 다른 사람에게도 말씀하셨습니다. 그러나 그것은 단지 이따금씩 있는 일이었습니다. 그리고 그럴 때조차도, 아브라함이나 야곱과 같은 경우를 보면, 그들이 하나님의 음성을 가장 잘 들을 수 있었을 때는 깊이 잠에 빠져들었을 때였습니다. 그러나 주님께서 모세와는 지속적으로 함께 거하셨습니다. 그가 원할 때는 언제라도 그는 지존자에게 여쭐 수 있었으며, 하나님께서 그에게 말씀하시며 그의 길을 지시해 주셨습니다. 예수님의 경우에도 마찬가지였지요. 그분은 환상을 볼 필요가 없었습니다. 예언의 영이 이따금씩 그분에게 임하여 이상 속으로 빠져들게 하는 것이 아니었습니다. 성령이 그분에게 한량없이 주어졌으며, 그래서 그분은 하나님의 생각과 마음을 지속적으로 알 수 있었습니다. 그분은 언제나 선지자이셨습니다. 옛 시대의 어떤 선지자들처럼 "하나님의 영이 누구에게 임했다" 혹은 "주의 말씀이 누구에게 임했다"는 식으로 이따금씩 예언하는 선지자가 아니었습니다. 성령은 항상 그분에게 머무셨습니다. 그분은 모세가 그러했던 것 훨씬 이상으로, 그 속에 머무시는 성령의 능력으로 말씀하셨습니다.

　　모세는 말씀과 행동에서 강력한 선지자로 묘사됩니다. 그것은 너무도 독특하여 예수님이 오실 때까지 말씀과 행동에서 그처럼 강력했던 다른 선지자는 없었습니다. 모세는 비할 데 없는 힘으로 말했을 뿐 아니라, 기적들을 행했습니다. 당신은 둘 다를 그렇게 행한 다른 선지자를 찾을 수 없을 것입니다. 말을 잘한 다른 선지자들은 기적을 행하지 않았든지, 설혹 행하더라도 여기저기서 가끔 행할 뿐이었습니다. 반면 엘리야나 엘리사처럼 기적들을 행한 선지자들은 그들이 말한 것 중 겨우 몇 마디만을 우리에게 남겨 주었을 뿐입니다. 진정 그들의 예언들은 번쩍이는 번갯불 같은 것이었으며, 태양처럼 항상 비치는 빛과 같지 않았습니다. 우리 주 예수님에게서는 그 두 가지 모두를 볼 수 있습니다. 하신 말씀과 행하신 기적들이 모두 동등하게 완벽하다고 성경이 증언하고 있습니다. 그분의 말씀이나 그분의 행동 중에서 어느 한 쪽이 더 놀랍다고 말할 수 없습니다. "그 사람이 말하는 것처럼 말한 사람은 이때까지 없었나이다"(요 7:46). 또한 예수님이 행하신 것처럼 그처럼 놀라운 기적들을 행한 사람도 결코 없었습니다. 예수님은 모세를 훨씬 능가하시며, 모든 선지자들이 다양하게 행한 다양한 성격의 기적과 기사들을 그분은 홀로 행하셨습니다. 만일 사람들이 지팡이를 던져서 뱀이 되게 할 수 있는 선지자들 앞에 절한다면, 만일 그들이 하늘에서 불을 내리게 하는 선지자들에게 경의를 표한다면, 그 말이 비교할 수 없는 음악과 같고 그 행하신 사랑의 기적들이 이 가시적 세계의 한계를 초월하는 그분에게 얼마나 더 큰 경의를 표하고 절해야 하겠습니까? 하나님의 천사들도 그분을 시중들기 위해 하늘에서 날아옵니다. 저 무저갱의 마귀들도 그분의 음성 앞에서 멀리 도망칩니다. 사망의 굴 곧 무덤들조차도 그분이 부르는 소리를 들으면 그들의 포획물을 내놓아야 합니다. 모세와 같은 이 선지자, 성령께서 강력한 표적과 기사로 증언하신 이분을 영접하지 않으려는 자가 누구입니까?

또한, 모세는 종교적 율법의 큰 체계를 세운 자였으며, 이와 같은 경우는 주 예수님이 아닌 다른 어느 누구에게서도 찾아볼 수 없습니다. 모세는 아론의 제사장 제도와 그에 수반되는 율법을 확립했습니다. 모세는 율법 수여자였습니다(law-giver). 그는 하나님의 이름으로 십계명을 전해주었고, 하나님의 명을 받은 대로 유대 정치에 관한 다른 제도들도 전해 주었습니다. 그리스도께서 오실 때까지, 그와 같은 율법 수여자를 찾아볼 수 없습니다. 그러나 모세가 옛 언약을 소개했듯이, 예수님은 새 언약을 확립하셨습니다. 산상수훈은 더 복된 시내 산에서 선포하신 말씀입니다. 모세가 이런저런 계명들을 전달했다면, 예수님은 더 은혜롭고 더 거룩한 방식으로 계명을 주셨으며, 그분 자신의 거룩한 인격 안에서 그것을 실체화시키셨습니다. 그분은 율법의 배포자일 뿐 아니라 위대한 입법자이시며, 예루살렘의 왕으로서 선포한 그분의 법령은 신속하게 시행되며, 주를 경외하는 사람들은 그 법령에 순종할 것입니다.

시간이 넉넉하진 않지만, 모세가 하나님 앞에서 신실했었다는 것과, 또한 예수님께서도 그분 집의 아들로서 신실하셨음을 언급하고 싶습니다. 그분은 어떤 면에서든 그분의 책임에 불성실하신 적이 없으며, 하나님이 세우신 자로서 다스리는 일과 섬기는 모든 일에서 완전하셨습니다. 그분은 '충성되고 참된 증인'이시며(계 3:14), '땅의 임금들의 머리'가 되신 분이십니다(계 1:5). 모세 역시 하나님과 그분의 영광을 위하여 열성적이었습니다. 하나님의 집에 대한 열심이 그분을 어떻게 삼켰는지를 기억하십시오(요 2:17). 모세는 이스라엘 백성들 사이에서 통탄스러운 죄를 보았을 때 이렇게 말했습니다. "누구든지 여호와의 편에 있는 자는 내게로 나아오라"(출 32:26). 그 때 레위 지파가 그에게 나아오자 그는 이렇게 말했습니다. "너희는 각각 허리에 칼을 차고 진 이 문에서 저 문까지 왕래하며 우상에게 부속된 자를 죽이라"(출 32:27). 이 점에서 그는 예수님의 분명한 모형이었습니다. 예수님은 노끈으로 채찍을 만들어 돈 바꾸는 자들과 장사하는 자들을 내쫓으시며 "내 아버지의 집은 기도하는 집이 될 것이라, 그러나 너희가 강도의 소굴로 만들었도다"라고 하셨습니다. 하나님의 집을 위한 열심이 그분을 삼키신 것입니다(요 2:17).

모세는, 하나님의 은혜에 의해, 매우 온유했습니다. 그리고 아마도 이것이 그와 예수님 사이의 중요한 유사점이 될 것입니다. 나는 "하나님의 은혜에 의해"라고 말했습니다. 나는 그가 원래의 본성으로는 아주 다혈질이었다고 생각하기 때문입니다. 하나님의 성령이 그에게 머물기까지는, 모세가 온유하지 않았으며 오히려 그것과는 거리가 멀었음을 보여주는 일들이 많이 있습니다. 그는 성급히 애굽 사람을 죽였습니다. 그리고 수년 후 바로 앞에 갔을 때 "심히 노했던" 적이 있습니다(출 11:8). 한두 번씩 그가 매우 사나워지는 것을 우리는 볼 수 있습니다. 그는 가지고 있던 십계명 돌판을 화가 나서 던져버려 산산조각이 나게 했습니다. 그는 불끈 성이 돋아 크게 노했던 적이 있습니다. 그를 가나안으로 들어가지 못하게 했던 불행한 행동은 그가 속으로 크게 화가 났기 때문이며, 그 분노를 퉁명스럽게 입술로 표현했습니다. "반역한 너희여 들으라, 우리가 너희를 위하여 이 반석에서 물을 내랴"(민 20:10). 하나님의 은혜가 그를 부드럽게 하고 차분하게 했기 때문에, 그가 가장 온유한 자가 되었습니다. 그래서 그의 형과 누이가 그의 자리에 밀치고 들어와 그의 권위에 의문을 제기했을 때 이런 말씀이 기록될 수 있었습니다. "이 사람 모세는 온유함이 지면의 모든 사람보다 더하더라"(민 12:3). 그 자신을 위한 싸움에서 그는 아무런 할 말이 없었습니다. 그가 화를 낸 것은 오직 그 백성을 위하고 하나님을 위한 것이었습니다. 심지어 그가 성급하게 행동했던 마지막 일에 대해서도 그는 이렇게 말합니다. "여호와께서 너희로 말미암아 내게 진노하사"(신 4:21). 그 자신 때문이 아니라고 합니다. 그는 너무나 온유하고 부드러워서 그 어느 민족보다도 가장 반역적이고 가장 화나게 만드는 민족을 사십 년 동안이나 참았습니다. 그러나 우리 주님에 대해서는 내가 어떻게 말해야 할까요? 그분 스스로 말하시게 합시다. "수고하고 무거운 짐진 자들아 다 내게로 오라 내가 너희를 쉬게 하리라. 나는 마음이 온유하고 겸손하니

나의 멍에를 메고 내게 배우라 그리하면 너희 마음이 쉼을 얻으리니"(마 11:28-29). 우리의 자녀들은 그분을 이렇게 부릅니다. "온유하신 예수님, 부드럽고 친절하신 분." 예수님은 지면의 모든 사람보다 더욱 온유하셨습니다. 그분에게도 분노가 있습니다.

> "불타는 용광로 같은 그분의 분노,
>   맹렬한 폭발로 사방에 튀는 불꽃과 같다네."

그분도 화를 내실 수 있습니다. 그리고 어린 양의 진노는 해 아래 그 어떤 것보다 무서운 것입니다. 그러나 이 복음의 시대에, 그분은 우리에게 너무나 인자하고 부드럽게 대하십니다. 그분이 우리를 오라고 부르실 때, 우리가 그 소리를 거절할 수 있을까요? 우리의 중보자는 너무나 온유하시어, 사랑 자체이시며, 사랑의 화신이십니다. 너무나 인자하시어, 그분이 죽으실 때도 그분의 유일한 흠이라면 "넘치도록 사랑했다는 유죄"일 뿐이었습니다. 우리가 그분을 거절할 만큼 잔인할 수 있을까요? 오 형제와 자매들이여, 하나님이 이분을 통해 우리에게 말씀하실 때, 이 부드러운 분의 음성을 거절하지 마십시오.

우리 주님은 온유함에 있어서 모세와 같으셨으며, 그리고 모든 것을 종합하자면, 모세는 우리의 복되신 주님이 그러하셨던 것처럼, 하나님과 백성들을 위한 중보자였습니다. 모세는 바로의 속박으로부터 이스라엘을 해방하기 위해 하나님의 이름으로 왔으며, 그 일을 이루었습니다. 예수님은 더 심한 속박으로부터 우리를 해방하기 위해 오셨으며, 우리의 자유를 성취하셨습니다. 모세는 그 백성을 인도하여 홍해를 건너게 했으며, 예수님은 우리를 인도하여 그분의 보혈 안에서 지옥의 무리가 전복되고 죄가 수몰되는 곳으로 인도하셨습니다. 모세는 그 부족들을 광야를 지나도록 인도했으며, 예수님은 우리를 인도하여 이 메마른 삶의 길을 지나 하나님의 백성들에게 남아 있는 안식으로 데려가십니다. 모세는 하나님을 위해 그 백성들에게 말했으며, 예수님 역시 같은 일을 하셨습니다. 모세는 백성들을 위해 하나님께 아뢰었으며, 예수님은 영원히 살아서 우리를 위해 간구하십니다. 모세는 스스로 희생 제물이 되기를 제안하며 이렇게 말했습니다. "그들의 죄를 사하시옵소서 그렇지 아니하시오면 원하건대 주께서 기록하신 책에서 내 이름을 지워 버려 주옵소서"(출 32:32). 그러나 예수님은 실제로 희생 제물이 되셨습니다. 그리고 우리를 위해 산 자들의 땅에서 목숨을 잃었으며, 우리를 위해 저줏거리가 되셨습니다. 어떤 의미에서, 모세는 그 백성을 위해 죽었습니다. 그는 그 땅에 들어갈 수 없었으며, 느보 산 위에서 눈을 감아야 했기 때문입니다. "여호와께서 너희로 말미암아 내게 진노하셨다"는 말은 가슴을 울리는 말입니다. 더 성스러운 의미에서 이 말씀은 예수님께 적절히 적용될 수 있습니다. 하나님께서 우리들 때문에 그분에게 진노하셨기 때문입니다. 마지막 순간까지도, 복되신 주 예수 그리스도 곧 우리의 구주께서는 우리에게 모세와 같은 선지자가 되셔서 그의 형제들 가운데에서 올라가셨습니다. 오 청중들이여, 그분의 말씀을 청종하십시오. 이 선지자 중의 선지자에게서 그대들의 귀를 돌리지 말며, 그 소리를 듣고 살기를 바랍니다.

3. 중보자의 권위

마지막 요점을 다루고서 말씀을 맺으려 합니다. 설혹 내 말의 내용이 길지 않더라도, 그 무게는 결코 가볍지 않기를 바랍니다. 우리의 위대한 중보자의 권위에 대해 생각하도록 합시다. 그래서 "너희는 그의 말을 들으라"는 말씀이 실제적인 교훈이 되도록 합시다. 형제들이여, 만일 우리의 마음이 올바르다면, 하나님께서 예수 그리스도를 통해 말씀하실 것이라는 것이 공표되는 순간, 우리는 그분에게 듣기 위해 달려갈 것입니다. 만일 죄가 인간을 미치게 만들지 않았다면, 그들은 예수님 같은 중보자를 통한 하나님의 모든 말씀을 열심히 청종할 것입니다. 그들의 서판(書板)에 주옥 같은 그분의 모든 말씀을 받아 적으려 할 것이며, 그분의 말씀을 기억 속에 저장하려 할 것입니다. 또한 그분의 말씀을 눈앞에 달고 다닐 것이며, 그 말씀에 온 마음을 쏟을 것입니다. 아, 그러나 그렇지가 않습니다. 무엇보다 가장 슬픈 일은 어떤 이들은 유익을 위해 예수에 대해 말하고, 다른 이들은 마치 그분의 이야기를 단순한 이야기처럼 혹은 1800년이나 지난 옛 유대인의 속담처럼 듣는다는 것입니다. 그러나 기억하십시오. 하나님께서는 여전히 예수님을 통해 말씀하십니다. 기록에 남아 있는 그분의 모든 말씀은 처음 그분의 복된 입술에서 흘러나왔을 때와 마찬가지로 오늘날까지도 엄연히 살아있습니다. 그분은 초보 심부름꾼으로 오신 것이 아니며, 그분에게 권위가 있었음을 기억하시기 바랍니다. 인간에게 오신 이 하늘의 대사는 만왕의 왕의 권위를 지니고 있습니다. 만일 당신이 그분을 멸시한다면 당신은 그분을 보내신

이를 멸시하는 것입니다. 만일 당신이 하늘로부터 들려오는 그분의 음성을 외면한다면 당신은 영원하신 하나님을 외면하는 것이며, 그분의 사랑을 경멸하는 것입니다. 오, 그렇게 하지 마십시오.

우리의 본문이 어떻게 표현하는지를 주목하십시오. 여기서 이렇게 말씀하고 있습니다. "누구든지 내 이름으로 전하는 내 말을 듣지 아니하는 자는 내가 그에게 **그것을 요구하리라**"(19절, KJV. 한글개역개정은 "내게 벌을 받을 것이요"로 되어 있음 — 역주). 이 말씀을 반복할 때 내 마음은 떨립니다. "내가 그에게 그것을 요구하리라." 오늘날 하나님께서는 그것을 당신에게 은혜롭게 요구하십니다. 그리고 왜 그리스도의 소리에 귀를 기울이지 않았느냐고 물으십니다. 왜 그런 것입니까? 당신은 그분의 구원을 받아들이지 않았습니다. 왜 그런 것입니까? 당신은 예수님에 대해 모두 알고 있습니다. 당신 입으로 말하길 그 말씀이 옳다고 했습니다. 그러나 당신은 그분을 믿지 않았습니다. 왜 그런 것입니까? 하나님께서 그것을 당신에게 요구하십니다. 오랜 세월 동안 그분은 인내하며 기다리셨습니다. 그분은 그분의 종들을 반복해서 보내어 당신을 초대하셨습니다. 니느웨 사람들도 말씀을 듣고 은혜를 구했건만, 당신은 회개하지 않았습니다. 하나님이 당신에게 그것을 요구하십니다. 왜 그런 것입니까? 만일 가능하다면, 당신의 창조주에게 당신이 그분의 자비를 거절한 것에 대한 이유를 제시하십시오. 어떤 변명거리를 궁리해 내십시오, 오 그대 완고한 사람이여! 당신은 하나님을 멸시하는 것입니까? 그분의 진노에 맞서려는 것입니까? 그분의 진노에도 반항해 볼 참입니까? 당신이 그 정도로 정신이 나간 것입니까?

그분이 오늘날 행하시는 것보다 훨씬 더 격렬한 의미에서, 그분이 당신에게 그것을 요구하실 날이 올 것입니다. 그 때는 당신이 그분의 인자하심의 경계선을 이미 넘어 버렸기 때문에 그분이 이렇게 말씀하실 것입니다. "나는 너를 불렀고 너는 거절했다. 왜 그런 것이냐? 나는 천둥 속에서 네게 말하지 않았다. 나는 너에게 인간을 위해 피를 흘리고 죽은 독생자의 부드러운 목소리로 너에게 말을 했다. 왜 너는 그를 듣지 않았느냐? 매 안식일마다 내 종이 그 주인의 말을 너에게 반복해서 들려주었다. 왜 너는 그것을 거절했느냐? 너는 지옥으로 던져질 것이지만, 왜 용서를 받아들이지 않았으며 구원받을 기회를 거절했던 것이냐?" 당신은 너무 바빴습니다. 너무 바빠서 하나님을 기억하지 못했던 모양이지요? 그분과 비교해서 얼마나 가치 있는 일로 당신은 그토록 바빴던가요? 당신은 너무 쾌락을 좋아했습니다. 당신은 감히 언급할 가치도 없는 사소한 오락거리들이 그분의 사랑과 그분의 유익한 즐거움에 비길 만하다고 말함으로써 당신의 하나님을 모독하는 건가요? 오, 그렇다면 당신은 하나님의 진노를 살 만합니다. 나는 당신이 이 말씀이 무엇을 의미하는지 곰곰이 생각해 보기를 기도합니다. "내가 그에게 그것을 요구하리라." 당신이 여전히 마음을 굳게 하고서 내 주님을 거절한다면, 당신이 떠날 때 이 말이 당신 귀에 울리기를 바랍니다. "내가 그에게 그것을 요구하리라! 내가 그에게 그것을 요구하리라." "그가 그 병실에서 외로이 누워 죽어갈 때 내가 그에게 그것을 요구하리라. 그가 심연 속으로 마지막으로 뛰어내릴 때, 이 세상을 떠나 그가 영원의 세계에 있는 것을 발견할 때, 내가 그것을 요구하리라. 천둥소리가 죽은 자들을 깨우고, 모세와 같은 그 위대한 선지자가 하얀 보좌에 앉아서 산 자와 죽은 자를 심판할 때, 내가 그에게 그것을 요구하리라, 내가 그에게 그것을 요구하리라."

나의 주님께서는 내가 여러분에게 어떻게 설교했는지에 대해 나에게 요구하실 것입니다. 나는 내 힘을 다해 이 교훈을 더 잘 전할 수 있기를 진심으로 바라며, 당신에게 더욱 진지하게 호소합니다. 그러나, 결국은 내가 무엇을 할 수 있겠습니까? 만일 당신이 당신의 영혼에 관심이 없다면, 내가 그것을 어떻게 해 볼 수 있겠습니까? 만일 당신이 영원한 재난 속으로 뛰어들어가려 한다면, 만일 당신이 하나님의 말씀을 당신에게 들려주시는 그 사랑스런 중보자를 끝내 거절한다면, 만일 당신이 매일같이 제멋대로 방탕하게 살아가면서 당신의 영혼을 내팽개친다면, 오, 그 때 내 눈은 당신이 알지 못하는 비밀한 곳에서 눈물을 흘릴 것입니다. 그러나 내가 당신을 하나님께 맡겨두는 것 외에 더 무엇을 할 수 있겠습니까? 마지막에 당신을 영원히 정죄하는 판결에 대해 나는 "아멘"이라고 말하는 수밖에 없을 것입니다. 하나님 앞에 구하기는, 여기 있는 여러분 중 어느 누구와 관련해서도, 그처럼 내키지 않는 임무가 내게 떨어지지 않기를 바랍니다. 오히려 지금 여러분이 주 예수님의 음성을 듣고 순종하여, 그 사랑스런 이름으로 인해, 영원한 구원을 얻게 되기를 바랍니다. 아멘.

제
11
장

—

이스라엘 진영의 규칙과 생활

—

"이는 네 하나님 여호와께서 너를 구원하시고 적군을 네게
넘기시려고 네 진영 중에 행하심이라 그러므로 네 진영을
거룩히 하라 그리하면 네게서 불결한 것을 보시지 않으므로
너를 떠나지 아니하시리라." — 신 23:14

　　본문의 문맥에 대해 나는 거의 암시를 하지 않았으며, 문맥을 확인해 보는 일은 여러분이 집에서 해야 할 일입니다. 그러나 문맥에 대해 이 정도는 언급해야 할 것 같습니다. 주님께서 광야를 지나고 있는 자기 백성의 청결에 관심을 가지십니다. 문자 그대로 그렇습니다. 이 본문은 가장 지혜로운 위생 규칙과 관련되어 있습니다. 이 본문에서 내가 감탄하는 것은 지극히 거룩하시며 영광스러운 하나님께서, 그런 일에 대해 규정을 정하시기 위해 자신을 낮추셨다는 사실입니다. 그런 면에 주의를 기울이는 것은 건강을 위해 또 삶을 위해 매우 필요한 일이었습니다. 그리고 주께서는 건강과 청결에 관한 문제에 부주의한 사람들을 심하게 책망하십니다. 성도의 영혼이 불결한 몸에 숙박해서는 안 됩니다. 그릇되게 영적인 사람들이 관심 밖이라고 말하는 문제들에 대해 하나님은 주목하십니다. 만일 하나님께서 그런 일에 관심을 기울이신다면, 우리 역시 그런 문제를 소홀히 여겨서는 안 됩니다. 그러나 오, 그분의 성령께서 이렇게 천한 문제와 관련해서도 모세에게 명령을 내리시다니 이 얼마나 황송한 일인지요! 인간의 어떤 것도 너무 천하지 않게 여기시는 그분의 겸손에 대해 나로서는 엎드려 경의를 표

할 뿐입니다.

또한, 그것이 모세 율법 전체를 관통하는 성격을 우리에게 어떻게 보여주는지를 주목하십시오. 그것은 삶의 모든 것을 포괄합니다. 사람들의 모든 행위를 율법의 훈육 아래에서 인도하고, 정돈시키고, 억제하고, 혹은 제안합니다. 그들이 있는 곳이면 어디든지, 공적인 행위에서나 사적인 행위에서나, 사람들은 언제나 율법의 감독 아래 살아갑니다. 그들의 죄악성 때문에, 이 거룩한 규례들은 그들이 감당할 수 없는 멍에가 되고 맙니다. 그러면서도 그것은 매우 필수적이며 유익한 법률입니다. 그에 대해 그들은 언제나 감사해야 했습니다. 왜냐하면 율법은 모든 면에서 그들에게 유익한 것이었으며, 영적 육체적 측면에서와 사회적 종교적 측면에서 그들을 복되게 하려는 의도로 주어졌기 때문입니다.

사랑하는 친구들이여, 내가 이 시간에 제기하고 싶은 것은 이 본문의 영적인 교훈입니다. 즉 주께서는 그 백성들이 모든 일에서 깨끗하기를 원하신다는 것을 제기하려 합니다. 거룩하신 하나님은 청결, 즉 모든 종류의 청결을 명하시고 또 사랑하십니다. 그분이 말씀하십니다. "여호와의 기구를 메는 자들이여 스스로 정결하게 할지어다"(사 52:11). 몸의 청결은 때때로 경건하다고 하는 사람들에 의해 무시됩니다. 나는 이것이 그들에게 부끄러운 일이라고 말합니다. 은혜와 오물이 한 사람에게서 뒤섞이도록 해서는 안 됩니다. 너무나 더러워서 같은 신도석에 앉으면 메스꺼움을 느끼게 만드는 그리스도인들에 대해 나는 큰 혐오감을 느낀다고 고백해야겠습니다. 신앙을 고백하는 가난한 사람들 중 일부를 방문할 때 이 문제는 큰 시련입니다. 그들 중 어떤 이들은 집도 깨끗하지 않고, 옷도 깨끗하지 않습니다. 불결함은 마음이 청결하지 않은 사람에게서 예상되는 것입니다. 마음이 청결한 사람은 분명 그들의 몸과 의복과 거주지를 최대한 깨끗하게 해야 합니다. 만일 청결과 경건이 이웃이라면 ― 나는 그렇게 믿습니다― 경건하려는 모든 사람에게서 청결이 준수되어야 합니다. "우리가 마음에 뿌림을 받아 악한 양심으로 벗어나고"(히 10:22)라고 말하는 같은 본문에서 또한 "몸은 맑은 물로 씻음을 받았으니"라고 말하고 있지 않습니까? 그리스도께서 우리를 구속하신 것은 우리가 더러움 속에 파묻혀 있으라고 구속한 것이 아닙니다. 그분은 영혼뿐 아니라 몸까지도 구속하셨으며, 몸을 성령의 전으로 만드셨습니다. 진정 우리는 그분의 성전을 청결하게 해야 하며 그것을 더럽히지 말아야 합니다. 나는 뱃사람들의 생각을 좋아합니다. 그들은 배가 가라앉는다는 것을 알면,

주일에 입는 최상의 옷을 입는다고 합니다. 할 수 있는 한 가장 깨끗하고 단정한 모습으로 죽기 위해서입니다. 나는 오물 속에서 죽는 것을 좋아하지 않으며, 그 속에서 사는 것도 좋아하지 않습니다. 그리스도인은 그의 인격, 그의 집, 그의 의복, 그의 습관 등 모든 것에서 깨끗해야 합니다. 그 자신을 위해서, 특별히 다른 사람들을 위해서, 그는 위생 규칙들을 준수해야 합니다. 그리하여 "살인하지 말라"는 계명에 유죄로 연루되어서는 안 됩니다. 이제, 하나님께서 이 청결의 문제에 대해 말씀하신다면, 나 역시 그럴 수 있으며, 또한 그렇게 해야 한다고 확신합니다. 만일 누구든지 이 청결 규칙을 어겼다면 대야에 깨끗한 물을 담아 오물을 씻어내십시오. 혹 누구든지 개인적으로 씻어야 한다고 생각되면, 개인 욕실에 들어가 그 오물의 흔적을 지우십시오. 하나님이 빠뜨리지 않고 언급하실 정도로 청결이 중요한 문제라면, 그분은 자기 종들이 거기에 대해 침묵하지 않기를 바라실 것입니다.

그러나, 나는 청결의 문제에서 출발하여 본문의 더 큰 교훈으로 나아갈 것입니다. 당신은 백성들 중의 하나님의 임재가 삶의 전 영역에 미치는 것임을 주목하게 될 것입니다. 하나님이 진 중에 행하십니다. 하나님은 단지 거룩한 처소에만 계시는 것이 아니며, 혹은 지성소의 그룹 천사들 사이에만 거하시는 것이 아닙니다. 그분은 이스라엘의 장막촌 거리 어느 곳에나, 또한 그들의 진영 변두리 어느 곳에나 계십니다. 이스라엘 무리가 싸우러 나아갈 때, 그에 따라 임시 진영이 설치될 때에도, 그들은 그들 가운데 하나님이 여전히 동행하고 계심을 기억해야 했습니다. 하나님의 임재, 이것은 그들의 삶에 큰 힘을 주는 원천이었습니다. 여호와 가까이에 거하는 백성으로서의 높은 특권은 그들로 하여금 담대히 행진할 수 있게 했으며, 그 무엇도 그분의 신성한 위엄을 거스를 수 없다는 확신을 갖게 했습니다. 오 여러분들이여, 여러분이 그리스도인이건 아니건 기억해야 할 것이 있습니다. 하나님은 어디에나 계시고, 그분의 임재를 피해 벗어날 수 없으며, 심지어 밤의 그늘도 우리의 죄와 불법을 가릴 휘장이 되어주지 못한다는 것입니다. 그러나 택함 받은 자들 곧 여호와를 아는 자들로서는, 그분이 어느 곳에나 계신다는 사실은 너무나 큰 은혜입니다. 그토록 영광스러운 분을 가장 낮은 곳에서도 볼 수 있고, 또한 아주 가까운 곳에서도 볼 수 있기 때문입니다. 우리는 언제든 이렇게 기도할 수 있습니다.

> "연약한 우리가 감히 죄에 동조할 수 없는 것은
> 하나님이 거기 계시기 때문이라네."

하나님의 면전에서 죄를 지으려 하는 사람은 무모하기 짝이 없습니다. 하나님을 대항하여 죄를 짓는다고요? 위대한 왕의 보좌 앞 가까이에서 불충한 행동을 한다고요? 하나님이 금하십니다! 주께서 우리의 무례함을 용서해 주시길! 하나님의 보편적인 임재보다도 더 높은 특별한 임재가 있습니다. 이 임재를 누리는 것은 성도들의 고유한 특권입니다. 성도들은 이 임재의 특권을 누리기 위해 계속해서 자신을 살펴야 하며 또한 분발해야 합니다. 하나님의 임재는 우리들에게 악에 대한 억제이며, 선을 위한 자극입니다.

하나님의 임재와 그 효력들에 대해서 말하고자 하는데, 성령께서 저를 도우시기를 바랍니다. 오, 주의 임재로부터 기름 부으심이 있기를 바랍니다!

내가 말하고자 하는 것은 세 가지입니다. 첫째는 **교훈**을 위한 **비교**이며, 이를 본문에서 끌어내려고 합니다. 본문은 이스라엘 진영에 대해 말하고 있는데, 이는 하나의 비유로서 하나님의 교회의 특성을 매우 적절하게 표현한다고 할 수 있습니다. 교회는 영적으로 하나의 진영이기 때문입니다. 둘째로, 여기에는 **특별한 특권**이 있습니다. "네 하나님 여호와께서 너를 구원하시고, 적군을 네게 넘기시려고, 네 진영 중에 행하심이라." 그리고 셋째로, 여기에는 그에 상응하는 행동의 요구가 있습니다. "그러므로 네 진영을 거룩히 하라, 그리하면 네게서 불결한 것을 보시지 않으므로 너를 떠나지 아니하시리라." 오늘 우리가 이 모든 교훈을 배울 수 있기를 바랍니다!

1. 교훈을 위한 비교

첫째, 교훈을 위한 비교입니다. 하나님의 교회는 많은 면에서 이스라엘 진영에 비유될 수 있습니다.

그것은 분리를 위한 진영입니다. 진영에 참여한 사람은 상인들, 가족들, 그리고 다른 가까운 사람들로부터 분리되었습니다. 그들은 무엇보다도 특히 그들이 싸우고 있는 대적들로부터 분리되었습니다. 당신이 진영 가까이 가게 되면, 당신은 보초에 의해 수하 검문을 받을 것입니다. 허가증 없이는 그곳에 가서는 안 됩니다. 전쟁 시에는 진영으로 가까이 오는 길목마다 반드시 경계병이 있을 것입니다. 출정 중에 병사들은 구별된 사람들이며, 또 스스로를 그렇게 구별시켜야 합니다. 하나님의 교회 역시 그러해야 합니다. 우리는 십자군 병사들이며, 우리 가슴에 새겨진 십자가 병역 의무를 위해 대중들로부터 구별되었습니다. 우리는 적군의 땅에 있으며, 매우 조심하여 우리 자신을 살피고 또 적의 동태를 살펴야 합니다. 우리 구원의 대장되신 주께서 엄히 명하신 거룩한 군율을 어기지 말아야 합니다. 여기저기서 교회를 세상처럼 만들려는 시도가 진행되고 있으며, 이미 실제적인 실험들이 이루어져 왔습니다. 가장 우스꽝스럽고 또 신뢰할 수 없는 일들이 종교의 이름으로 행해졌으며, 교회의 목적이라는 허울을 쓰고 시행되었습니다. 오 친구들이여, 이런 풍조는 저 심연 깊은 곳에서 나온 것이며, 사탄의 교활한 술책으로 가득한 것입니다. 그런 시도가 성공을 거둔다면 그것은 우리의 파멸이 될 것입니다. 그리스도인의 위대한 목적은 교회를 세상으로부터 더욱더 전적으로 구별되게 하는 것이어야 합니다. 우리 주님이 이 세상에 속하지 않으셨으며, 영문 밖에서 십자가에 못 박히셨습니다. "그런즉 우리도 그의 치욕을 짊어지고 영문 밖으로 그에게 나아가자"(히 13:13). 연약한 심령들이 두려워하는 이 시대의 치욕은 '마음이 편협하고, 고집불통이며, 엄격하고, 꼼꼼히 따지는 것'입니다. 기꺼이 그 치욕을 짊어집시다. 그것이 그분의 치욕이었습니다. 그것을 피하려는 시도를 하지 맙시다. 우리가 할 수 있는 한 굳게 결심하여 세속적인 그리스도인들과는 같은 길을 걷지 않도록 합시다. 이 세상에 순응하지 말며, 오히려 마음을 새롭게 하여 변화를 받읍시다. 거룩한 불일치, 신성한 이탈이 우리의 입장이 되게 하여, 악에 찬동하지 말며 오류에 동조하지 말도록 합시다. 사랑하는 친구들이여, 우리는 하나의 진영입니까? 이 질문은 우리로 하여금 다른 사람들을 판단하도록 이끌 것입니다. 나는 그것을 단수로 표현하겠습니다. 나는 십자가의 군사입니까? 나는 어린 양을 따르는 자입니까? 만일 그렇다면, 나는 군사로서 나의 막사 안에서 살아야 하며, 내 진영의 울타리 안에서 거해야 합니다. 나는 어린 양의 추종자로서, 반드시 구별되어야만 하며, 그분이 우리 앞에서 보이신 것처럼 분리된 삶을 살고자 굳게 결심하고서 "영문 밖으로 그분에게 나아가야 합니다." 모든 참된 교회는 분리를 위한 진영입니다.

　다음으로, 교회는 하나의 진영으로서, 방어 태세를 취하고 있습니다. 내가 앞서 말한 것처럼, 우리는 적군의 땅을 지나고 있습니다. 이스라엘의 자녀들은 광야를 행진하였으며, 아말렉 족속들이 수시로 그들을 괴롭혔으며, 가장 후방부의 몇몇을 죽였습니다. 아! 그 아말렉 족속들이 우리를 괴롭히는 것과 꼭 같으며, 우리 중 뒤에 처진 몇몇을 죽이고 말았습니다. 원수에 의해 쓰러지는 자들은 그들의 대장을 위해 앞장서는 자들이 아니며, 깃발 가까이 붙어 따라간 자들도 아니며, 그분의 힘으로 무장하여 전진하는 자들이 아닙니다. 뒤에서 한가로이 놀고 있는 자들, 사막의 돌멩이들을 주워 모으는 자들, 마치 보석이라도 되는 듯이 돌멩이들을 소중히 간직하는 자들, 아말렉 족속들은 바로 이런 자들을 덮치는 것입니다. 그들의 화살은 멀리 날아가기 때문에, 주님이 보호해 주시지 않으면 우리들 중 누구도 원수로부터 안전하지 않습니다. 그러므로 우리는 언제나 무장을 하고서 돌아다녀야 합니다. 나는 한 성직자에 대한 이야기를 들은 적이 있습니다. 그가 공놀이를 갔을 때 "비번"이었다고 주교에게 말했습니다. 그러나 주교가 매우 적절하게 대꾸했습니다. "성직자가 비번일 때가 언제입니까?' 나는 같은 질문을 그리스도인에게 던집니다. 당신이 비번일 때가 언제입니까? 결코 없습니다. 경찰관은 당번인 것을 보이기 위해 팔에 안장을 차지요. 그리스도인은 팔에는 안장을 차지 않아도, 몸 전체에 당번임을 알리는 휘장을 달고 있어야 합니다. 주와 함께 세례 받고 장사되었으면, 머리에서 발끝까지 물에 젖은 신성한 표시가 있어야 하며, 당신이 세상에 대해서 죽었으며, 새로운 삶 속에서 살고 있다는 표시가 있어야 합니다. 그것은 너무나도 두드러진 특징이기 때문에 당신은 그것을 제거할 수 없습니다. 그것을 지우기란 불가능합니다. 그것은 지울 수 없는 표지입니다. 만일 그것을 배반한다면, 당신은 그야말로 배반자입니다. 만일 당신이 그리스도 편에 서서 살기를 원한다면, 어느 때나 어느 곳에서나 그렇게 살아야 합니다. 당신은 일터에서도 즐거이 하나님을 섬겨야 하며, 여가를 보내거나 노동을 할 때나 마찬가지로 그분을 섬겨야 합니다. 그분의 집이라고 불리는 곳에서 뿐만 아니라 당신 자신의 집에서도 역시 그분을 섬겨야 합니다. 그렇고말고요. 당신 자신이 바로 항상 살아 계시는 하나님의 성전이기 때문입니다. 형제들이여, 우리는 어느 때에든지 군사들이며, 우리의 군복을 벗어서는 안 됩니다. 우리는 대열 속에서 줄을 맞추어 행진해야 합니다. 교회와 오류 사이에, 성도와 죄 사이에 정전(停戰)이란 없습니다. 만일 정전이 있다면, 그것은 거룩하지 못한 것으로서 반드시 깨어져야 합니다. 왜냐하면 하나님께서 친히 여자의 후손과 뱀의 후손 사이에 영원한 싸움이 있을 것이라고 선언하셨기 때문입니다. 우리는 지금 다름 아닌 전시(戰時) 상태에 있습니다. 뱀의 머리가 부서지고 최후의 큰 승리를 얻기까지 휴전은 없습니다. 교회는 하나의 진영이며, 방어 태세를 취하고 있습니다.

교회가 하나의 진영인 것은, 특히 그것이 항상 어둠의 세력을 공격하기 때문입니다. 교회는 적의 영토에서 전쟁을 수행하고 있습니다. 의심할 바 없이, 그것이 이 본문의 말씀들이 특별히 내포하고 있는 의미입니다. 9절을 읽어 보십시오. "네가 적군을 치러 출진할 때에 모든 악한 일을 스스로 삼갈지니." 우리는 적군을 향해 나아가고 있습니다. 자신의 경계만을 고수하고서 "이것으로 충분하다"고 생각하는 것은 하나님의 교회가 할 일이 아닙니다. 교회는 주를 위해 새로운 영역을 정복하기 위해 계속 나아가야 합니다. 우리의 교회들이 고립되어 아무런 움직임도 없이 안주하고 있을 때가 있었습니다. 조용히, 아무것도 하지 않는 총회에서는 이런 찬송가만 들릴 뿐입니다.

> "우리는 벽으로 에워싸인 정원
> 선택받은 아주 특별한 땅이라네,
> 이 광활한 광야 세상 가운데에서
> 은혜로 울타리를 친 자그마한 땅이라네."

우리는 이 넓은 황무지를 내버려 둔 채 만족감을 느낄 수가 없습니다. 이 광활한 지역을 용과 올빼미에게 넘겨둔 채 포기할 수 없습니다. 아니요, 아니요, 사랑하는 친구들이여, 우리는 더 많은 땅을 개간할 것이며, 작은 땅을 더 크게 넓혀 갈 것입니다. 만일 정원이 벽으로 둘러싸여 있다 해도, 우리는 더 넓은 땅을 벽으로 두를 것이며, 그래서 왕의 정원이 더 넓혀지기를 바랍니다. 하나님의 교회는 불(火)과 같은데, 당신은 불을 향해 이런 소리를 할 수 없을 것입니다. "너는 건초 더미 구석에서 편안하게 타야 한다. 그리고 결코 그 이상을 넘어가서는 안 된다." 불이 말합니다. "아니요, 나는 그 모든 것을 태울 것입니다." "그러나 그 쪽에는 농장의 건물들이 있단다. 창고나 헛간에는 손대지 말아라." 그러나 격렬한 불은 만족할 줄 모릅니다. 탈 것이 조금이라도 남아 있는 동안에는 불이 결코 멈추지 않습니다. 참된 교회도 그러합니다. 그 속에는 주님을 위한 열망이 있어서, 어디에서건 그분의 왕국이 넓어지기만을 바랍니다. 그 열망은 알렉산더 대왕의 야심만큼이나 만족할 수 없는 것으로서, 온 세계를 다 정복해도 성이 차지 않을 정도입니다. 단 하나의 죄인이라도 남아 있다면, 구원받은 수백만의 인원이 총동원하여 밤낮으로 계속해서 그 죄인을 위해 기도할 가치가 있으며, 그들의 모든 혀가 그 한 죄인을 위해 그리스도의 복음을 말할 필요가 있습니다. 아, 더군다나 우리에게는 한 영혼만 남은 것이 아닙니다! 겨우 소수만이 구원을 얻었고, 헤아릴 수 없이 많은 사람들이 멸망하고 있습니다. 등대의 불빛은 희미하기만 한데, 이 넓은 세상은 밤보다 열 배나 더한 어둠 속에 잠겨 있습니다. 우리는 아직 산꼭대기에 있는 한 줌의 곡식에 불과합니다. 그리고 우리의 열망은 계속해서 자라서 "산꼭대기의 땅에도 곡식이 풍성하고, 그것의 열매가 레바논 같이 흔들리며, 성에 있는 자가 땅의 풀 같이 왕성하게 되는" 것입니다(시 72:16). 우리에게는 정복해야 할 세계가 있기에, 빈둥거리며 지체할 수가 없습니다. 우리는 잠이 들 수가 없습니다. 만군의 주를 위하여 한 왕국을 세워야 하기 때문이며, 또한 주의 원수들이 미친 듯 날뛰고 있기 때문입니다. 우리는 군대입니다. 오류와 죄의 가나안 족속들을 향해 전쟁을 선언했으며, 그들의 성벽을 무너뜨리겠다고, 그들의 우상을 부수겠다고, 그들의 산당 나무들을 베어 버리겠다고 맹세했습니다. 하나님의 교회는 평화와 청결과 자유와 사랑의 큰 군대입니다. 교회는 전쟁을 수행하는 중이며, 죄에 대항하여, 억압에 대항하여, 거짓과 오류에 대항하여, 부정과 방종에 대항하여 싸우고 있습니다. 그리고 그 싸움은 아직 시작일 뿐입니다. 내 형제들이여, 그대들은 이 사악한 도시 런던에 살고 있으면서, 교회를 가리켜 군대의 진영(陣螢)이라고 하는 이 묘사가 적절하다고 느끼지 않습니까?

다음으로, 사랑하는 친구들이여, 하나님의 교회가 진영인 것은 우리가 행진하고 있기 때문입니다. 진영이라고 하는 것은 일시적인 목적으로 어느 장소에 세워지는 것입니다. 군대는 내일 이동할 것이며, 그 때 진영은 다른 곳에 세워질 것입니다. 특히 이스라엘 백성들은 사막에서 오래 체류하지 않았습니다. 그들은 오로지 광야를 가로질러 하나님이 그들에게 약속하신 땅을 향해 행진했습니다. 그것은 우리 자신들도 이동하는 진영 속에 있다는 사실을 잘 상기시켜 줍니다. 우리는 앞으로 또 앞으로, 계속해서 행진하고 있습니다. 여기가 우리의 안식처가 아닙니다. 우리는 아직 집에 도착하지 않았으며, 낯선 외국을 여행 중입니다. 아! 나는 우리가 이 사실을 잘 인식하지 못하는 것이 두렵습니다. 광야에서 사십 년을 여행했던 이스라엘 백성들처럼, 아마도 우리의 여행도 사십 년이나 혹은 그에 못 미쳐서 끝날 것입니다. 결국, 애굽에서 가나안까지는 그리 멀지 않습니다.

우리는 그것을 단지 여행일 뿐이라고 생각해야 합니다. 아무리 백성의 수가 많다고 해도, 그래서 속도를 천천히 늦출 필요는 있었어도, 이 여행은 그리 오랜 기간을 필요로 하지는 않습니다. 그러나 그들은 그 여행을 마치는 데에 사십 년이 걸렸습니다. 이리저리 방향을 전환하며 진행했기 때문입니다. 끝없는 미로 속에서 길을 잃고, 어떤 분명한 목적지를 향하는 여행이라기보다는 차라리 방황하고 있었습니다. 많은 그리스도인들이 같은 방식으로 이리저리 움직이기만 할 뿐 진전이 없다고 생각하지 않습니까? 그 중 몇몇 사람들을 보면, 마치 프랑스의 왕처럼, 언덕을 올랐다가는 그냥 내려오지 않습니까? 그것이 대부분 그리스도인들의 방식이 아닙니까? 그들은 용감하게 창을 들고, 방패를 쥐고, 전장으로 돌진합니다. 말을 타고 적군 주위를 돌다가, 정세를 자세히 평가하고, 집으로 돌아와 자기가 본 것을 들려줍니다. 그것이 하는 일의 전부입니다! 수많은 사람들이 그리스도인이 되어서는 여전히 놀이만 하고 있습니다. 그들이 어린아이들의 시소게임처럼 '올라갔다 내려갔다'만을 반복하고 있는 것을 보지 못합니까? 그렇게 아무리 움직여도 그들은 처음보다 조금도 더 높이 올라간 것이 아닙니다. 하나님께서 이런 상태에서 우리를 구원하시기를 바랍니다! 군대의 진은 앞으로 나아가야 합니다. 주께서 이렇게 말씀하셨습니다. "이스라엘 자손에게 명령하여 앞으로 나아가게 하라"(출 14:15). 우리는 은혜에서, 지식에서, 열심에서, 거룩함에서, 앞으로 나아가야 합니다. 그렇지 않다면, 우리는 진영의 묘사를 이해하지 못하는 셈입니다.

　　한 가지 더 말하자면, 의심할 바 없이, 진영은 일시적 목적을 위해 세워진 것이며, 그것은 교회의 특징입니다. 비록 교회는 항상 서 있고 존재하지만, 그 개별적인 구성원들은 세상의 다른 사람들과 마찬가지로 부패와, 죽음과, 변화의 법칙에 따를 수밖에 없습니다. 조만간 진영은 멈출 것입니다. 군인들은 민간인들이 되고, 장막은 벽돌 거주지로 대체될 것입니다. 교회가 전투적인 모습인 것은 지상에서의 한때뿐입니다. 우리는 지금 여기에 있으며 내일은 가고 없을 것입니다. 오 형제들이여, 우리는 현재 한 도성(city)이라기보다는 진영(camp)입니다. 마치 날들이 날아 지나가듯이 우리는 지나가는 존재이며, 우리의 형제들 역시 그러합니다. 나는 삼십육 년 전의 이 교회와 회중을 기억합니다. 내 뒤에 있는 형제 윌리엄 올니(William Olney) 역시 그것을 기억할 것입니다. 그러나 그도 나도 그 때 우리와 함께 있었던 우리 형제 군사들의 이름을 다 기억하지는 못합니다.

그들은 우리 대장의 부르심을 받고 우리에게서 떠나갔습니다. 그들이 잃어버린 자들이라고 말하는 것이 아닙니다. 결코 그렇지 않습니다. 단지 그들이 함께 있지 못한 것이 우리에게 손해이며, 그것이 아쉬울 뿐입니다. 만일 당신이 어떤 물건이 어디 있는지를 안다면 그것을 잃어버렸다고 말하지 않을 것입니다. 우리는 그들이 어디 있는지를 압니다. 그렇지만 그들이 여기 있는 것은 아닙니다. 그래서 우리는 슬퍼하며 그들을 그리워하는 것입니다. 새로운 세대의 사람들이 일어났습니다. 그러나 한 세대가 전부 가고 말았습니다. 우리 군대의 일부가 저 이별의 강물을 건너가고 말았습니다.

> "이제 거의 끝에 다다랐으니,
> 우리도 곧 죽기를 바라보겠네."

우리에게 여전히 남은 사람들이 있습니다. 그러나 우리는 여기서 지속적인 도성을 갖지 않았으며, 다가올 도성을 바라보고 있다는 사실을 상기합니다. 우리는 사막의 조건이 허용하는 한도에서 가능한 한 진영을 편하게 만들려고 애쓰지만, 그러나 그것은 결코 집이 될 수는 없습니다. 당신의 장막에는 침상이 있습니다. 거기서 당신은 잘 자고, 깰 것이며, 아침을 먹을 것입니다. 그러나 머지않아 장막은 말아 거두어질 것이며, 천막 지주로 세워놓은 막대를 뽑을 것이며, 전부를 짐으로 싸 낙타 등에 올려놓을 것입니다. 그리고 당신은 또다시 집 없이 뜨거운 모래 위를 걷게 됩니다. 진영의 삶을 따라가는 동안에는, 당신은 그 어느 곳 그 무엇도 견고한 거주지로 여길 수 없습니다. 그런 것이 신자의 삶입니다. 진영의 삶은 그의 운명이며, 거기에 잘 적응하도록 준비되는 편이 좋습니다.

이곳에서 우리는 장막에서 지냅니다. 말하자면, 무너져 내릴 장막이지요. 그러나 우리는 한 도성을 향해 나아가고 있는데, 그 도성은 견고한 터 위에 세워져 있으며, 그 도성을 만드신 분은 하나님이십니다. 우리에게는 사람의 손으로 짓지 않은 한 집이 있는데, 곧 하늘에 있는 영원한 집입니다(고후 5:1). 우리는 그곳으로 천천히 나아가고 있습니다. 그러나 아라비아의 유목민들이나 혹은 군사 작전 중인 군인들처럼, 지금 우리에게는 영속적인 막사 건물이 없으며, 단지 장막에 거주하고 있습니다.

우리는 거친 사람들이 진영 속에 들어왔던 때를 매우 언짢게 기억하고 있습니다. 일반적으로 군인들이 거칠긴 하지만, 그들은 무슨 짓이든 할 수 있다고 생각했습니다. 이 점에서 하나님의 군대는 다른 군대의 진영과는 다르며, 마치 흑과 백이 다른 것처럼 명백히 다릅니다. 오늘날 군인이 스스로 더러움에 빠지고, 그렇게 해도 다른 사람들보다 덜 부끄러워해도 된다고 여기는 것은 널리 퍼진 오류입니다. 나는 이런 말을 들은 적이 있습니다. "젊은이가 군대에 있다. 그에게서 무엇을 기대할 수 있는가?" 그러나 하나님의 백성들은 군사들이 되어야 하며, 진영의 삶이 그들의 삶이어야 했습니다. 그러나 그들의 진영은 거룩하며, 또한 그 진영의 각 사람도 거룩해야 합니다. 그래서 주께서 이렇게 말씀하셨습니다. "네가 적군을 치러 출진할 때에 모든 악한 일을 스스로 삼갈지니"(신 23:9). "네 하나님 여호와께서 너를 구원하시고 적군을 네게 넘기시려고 네 진영 중에 행하심이라. 그러므로 네 진영을 거룩히 하라 그리하면 네게서 불결한 것을 보시지 않으므로 너를 떠나지 아니하시리라." 여호와 하나님께서 함께 거하시는 성도들의 교회는 천사들의 진영보다도 거룩해야 마땅합니다.

2. 특별한 특권

두 번째로, 특별한 특권에 대해 주목하도록 하겠습니다. 본문은 이스라엘에게 특별히 약속된 특권을 언급하고 있습니다만, 그러나 내가 확신하기로는, 매우 높고 실제적인 차원에서 우리 자신에 의해 향유되고 있는 특권입니다. "네 하나님 여호와께서 너를 구원하시고, 적군을 네게 넘기시려고, 네 진영 중에 행하심이라."

진영 중에 행하신다는 것은 **특별한 사랑의 임재**를 의미하는 것입니다. 주님은 더 높은 차원에서 세상보다는 그분의 교회에 계시는 분이십니다. 주님은 마치 한 사람이 그의 정원을 거닐며 기뻐하듯이 그분의 교회 가운데 행하십니다. 교회는 주님의 정원이며, 그분의 낙원입니다. 그분은 "인자들을 기뻐하십니다"(잠 8:31). 그분은 이것도 살피며, 저것도 바라보며, 그분 자신의 손으로 심은 모든 식물들을 관찰하십니다. 그분은 어느 곳에 칼을 대어 잘라주어야 하는지, 어느 포도나무의 가지를 잘라주어야 하는지를 살피십니다. 혹은 어느 곳에 양분이 필요한지, 뿌리에 물을 주어야 하는지를 살피십니다. 주님은 말로 표현할 수 없는 관심을 그분의 교회에 기울이십니다. 그분이 어떻게 말씀하시는지를 기억하십시오. "나 여호와는 포도원지기가 됨이여 때때로 물을 주며 밤낮으로 간수하여 아무든지 이를 해치지 못하게 하리로다"(사 27:3). 만일 지상에서 하나님을 찾기를 원한다면, 그분의 택하신 자들을 잘 살펴야 할 것입니다. 아버지가 가장 편안함을 느끼는 것은 자녀들과 함께 있는 곳에서가 아니겠습니까? 하나님이 말씀하셨습니다. "이는 내가 영원히 쉴 곳이라 내가 여기 거주할 것은 이를 원하였음이로다"(시 132:14). 이스라엘이 장막에 거주하는 동안에도, 하나님의 임재를 상징했던 언약궤가 그들 가운데 있었습니다. 그분의 교회가 전쟁을 하는 동안 그 군대의 위대하신 대장께서 친절하게도 언제나 곁에 계셨습니다. 그분이 어떻게 확신을 주시는지 들어보십시오. "볼지어다, 내가 세상 끝날까지 너희와 항상 함께 있으리라"(마 28:20). 그분께 속한 자들에게만 주시는 특별한 사랑의 구절들이 있으며, 그 구절들은 종종 우리를 이렇게 외치게 만듭니다. "주여 어찌하여 자기를 우리에게는 나타내시고 세상에는 아니하려 하시나이까"(요 14:22). 그러나 우리 주 예수님께서는 항상 그렇게 자신을 우리에게 나타내십니다. 우리가 높아졌을 때에나 낮아졌을 때에나 우리 가운데 행하시며, 우리가 안정되었을 때에나 불안할 때에, 우리가 용기를 낼 때에나 겁을 먹을 때에도 우리를 살피십니다. 그리고 바로 이것이 우리가 스스로 올바로 행동해야 하는 가장 큰 이유입니다. 그분이 우리를 사랑하시기에, 우리는 그분을 슬프시게 해서는 안 됩니다. "네 하나님 여호와께서 네 진영 중에 행하심이라 그러므로 네 진영을 거룩히 하라."

하나님께서는 그분의 백성들의 진영에 계십니다. 이는 특별한 관찰을 위한 임재입니다. 그분은 모든 것을 보십니다. 그러나 그분의 눈은, 가장 우선적인 장소로, 그분의 교회에 고정되어 있습니다. 불꽃 같은 눈으로 그분은 신앙 고백자들의 마음을 살피십니다. 나는 이 말을 할 때 떨립니다. 그것은 종종 나로 하여금 티끌에 엎드리게 만듭니다. 불경한 자들에 대해서 나는 이렇게 말할 수 있습니다. "알지 못하던 시대에는 하나님이 간과하셨거니와"(행 17:30). 그러나 그분의 백성들을 향해 그분은 이렇게 말씀하십니다. "내가 땅의 모든 족속 가운데 너희만을 알았나니 그러므로 내가 너희 모든 죄악을 너희에게 보응하리라"(암 3:2). 하나님의 집에서는 교회 지도자들에 의해서도 아니고, 교회 스스로에 의해서도 아니며, 하나님의 섭리에 의해서 징계가 시행됩니다. 사람들이 자기 때가 되기도 전에 죽고, 또 다른 사람들은 병이 듭니다. 내가 말하는 이 병은 하나님의 교회에서의 나쁜 행동에서 비롯된 것입니다. 사도는 이렇게 말했습니다. "그러므로 너희 중에 약한 자와 병든 자가 많고 잠자는 자도 적지 아니하니"(고전

11:30). 만일 당신이 내 자녀가 아니라면 나는 당신의 행동에 대해 아무 말도 하지 않을 것입니다. 그러나 당신이 내 아들이라면, 내 가정의 자녀라면, 나는 당신에게 말해야 하며, 당신을 바로잡아야 합니다. 그것이 당신에 대한 내 책임입니다. 하나님께도 마찬가지입니다. 그분이 불경건한 자들에게서 간과하시는 많은 것들 중에서 그분의 백성들에 대해서는 참지 않으시는 경우가 많습니다. 여기 내 마음 속에 있는 생각을 잘 요약해 주는 성경 구절이 있습니다. "너희 중에 계신 너희의 하나님 여호와는 질투하시는 하나님이신즉"(신 6:15). 그분의 놀라운 사랑은 필연적으로 그 속에 질투의 요소를 담고 있습니다. 우리의 하나님은 우리를 너무나도 사랑하시며, 우리의 전부를 사랑하시며, 우리를 무한대로 사랑하시기에, 만일 우리가 그 보답으로 그분을 사랑하지 않고, 그래서 사랑의 거룩한 열매들을 맺지 않으면, 그분은 근심하시고 노하십니다. "너희의 하나님 여호와는 질투하는 하나님이시라." 그러므로 이 논증에 주목하십시오. 만일 그렇다면, 하나님께서 그분의 교회를 특별히 관찰하신다면, 그분의 진영은 거룩해야 합니다. 주께서 외치십니다. "내가 거룩하니, 너희도 거룩할지어다"(레 11:45). "여호와의 기구를 메는 자들이여 스스로 정결하게 할지어다"(사 52:11). 여호와의 진영이 불결해서는 안 됩니다. 문자 그대로, 그분은 악취를 내거나 거슬리는 어떤 것을 진영에 그대로 남겨두는 것을 용납하지 않으십니다. 영적으로, 그분은 교회에서 모든 더러운 것을 제거하고 우리가 깨끗하기를 원하십니다. 그분은 우리가 정직하고, 진실하고, 청결하고, 순수하며, 거룩하기를 원하십니다. 그리고 만일 우리가 그렇지 못하다면, 그분의 노여움이 불같이 타오를 것입니다. 주여, 우리를 불쌍히 여기소서! 그리스도여, 우리를 불쌍히 여기소서! 우리가 달리 무엇을 말할 수 있겠습니까?

또한 친애하는 벗들이여, 이스라엘의 특권은 **특별한 구원의 임재를 누린다는** 것입니다. "네 하나님 여호와께서 너를 구원하시려고 네 진영 중에 행하심이라." 하나님이 그분의 백성들과 함께하십니다. 환난의 때에 그들을 도우시며, 위험으로부터 그들을 구해내시며, 절박할 때에 그들의 외침에 대답하시며, 유혹의 때에 그들을 구원하시기 위함입니다. 그분은 우리와 함께하시어 구원이 필요한 모든 것으로부터 우리를 구원하십니다. 그분이 그러시다는 것을 우리는 이미 알고 있지 않나요? 나는 이 문제에서 조금도 약하거나 위축되지 않고서 담대히 말할 수 있습니다. 바로 이번 주간에 나는 그분이 나와 함께하시고, 많은 것으로부터 나를 구원하신 것을 발견했습니다. 나를 침울하게 하는 많은 것들, 주님의 교회와 관련된 많은 문제들이 있었습니다. 그러나 그곳에는 주님도 역시 계셨습니다. 오, 얼마나 복된 일인지요! "여호와 삼마, 주께서 거기 계시도다"(겔 48:35). 사랑하는 친구여, 당신에게 어떤 고난과 역경들이 있다 하더라도, 당신은 하나님의 자녀가 아닙니까? 당신은 그리스도께 속하지 않았습니까? 그렇다면 주께서 그 백성들과 함께하시어 그들을 건져내십니다. 바로 이것이 그분의 진영이 거룩해야 하는 큰 이유가 아니겠습니까? 그분이 우리의 기도를 들으신다면, 우리는 그분의 명령에 순종해야 할 것입니다. 그분이 우리의 뜻을 이루어 주신다면, 그분의 뜻이 하늘에서와 마찬가지로 땅에서도 이루어지기를 바랄 뿐입니다. 하나님이여, 그렇게 할 수 있도록 우리를 도와주소서!

다음으로, 주께서 그분의 백성과 함께 하시는 것은 단지 그들을 구원하시기 위해서가 아니라, **승리를 위한 특별한** 임재의 차원에서 그렇게 하시는 것입니다. 주님은 원수들을 무찌르시고 성도들에게 승리를 주십니다. 교회가 세상에서 어떤 유익한 일을 할 수 있으리라는 모든 희망은 교회 가운데 주님께서 계시다는 사실로부터 와야 합니다. 마치 짚을 밟아서 퇴비를 만들듯이 어떤 오류를 짓밟을 수 있다면, 어떤 죄인을 사자의 턱 사이에서 어린 양을 움켜내듯이 움켜낼 수 있다면, 어두운 이웃 사회가 밝아질 수 있다면, 그 모든 것은 하나님께서 그분의 백성들과 함께 하시기 때문이어야 합니다. "나를 떠나서는 너희가 아무것도 할 수 없음이라"(요 15:5). 이 말씀은 진실입니다. 우리 앞에 원수들을 무릎 꿇게 할 수 있는 것은 그분이시며, 오직 그분 한 분이십니다. 그러므로 우리가 그분의 임재를 잃지 않기 위해, 그분이 떠나시지 않기 위해, 진영은 거룩해야 합니다.

또 한 가지, 하나님이 그 백성과 함께 하시는 것은 언약 안에서의 **특별한** 임재입니다. "네 하나님 여호와." 이 말씀에 귀를 기울여 보십시오. "네 하나님 여호와께서 너를 구원하시려고 네 진영 중에 행하심이라." 살아 계신 하나님이 우리의 하나님이십니다. 심지어 영국에서도 사람들에게는 저마다 많은 신들이 있습니다. 그들 자신이 만든 신들이지요. 그러나 나의 하나님은 아브라함의 하나님, 이삭의 하나님, 야곱의 하나님이시며, 우리 주 예수 그리스도의 아버지 하나님이십니다. 나는 '새로운 신'(a new Godhead)의 개념을 혐오합니다. 여호와는 내게 한 분이시며 동일하신 분이십니다. 그러나 오, 만일 그분이 특별한 언약에 의해 우리의 하나님이 되시고 또 그분이 우리를 그분의 백성으로 삼으셨다면, 그것은 아주 즐거운 일입니다. 또한 동시에 그것은 우리가 거룩한 백성이 되어야 하는 무거운 책임과도 관련이 있습니다. 우리는 이렇게 말할 수 있습니까?

　　　　"맺어졌도다, 위대한 조약이 맺어졌도다,
　　　　　나는 내 주님의 것이고, 그분은 내 것이 되었네."

　만일 그렇다면 우리는 거룩해야 하며, 우리의 전체 진영 또한 거룩해야 합니다. 그렇지 않다면 우리의 맹세는 허구에 불과하며, 우리의 고백은 거짓에 지나지 않을 것입니다. 혹시 우리에게 여호와를 노하시게 하거나, 그분의 성령을 거스르는 요소가 있습니까? 주께서 그 악에서 우리를 구하시기를 바랍니다!
　지금까지 이스라엘 진영의 특권과 관련된 것에 대해 말했습니다.

3. 하나님의 임재에 상응하는 행위

　이제 잠시 동안 마지막 요점을 약간 구별해서 숙고하려 합니다. 그 요점은 하나님의 임재에 상응하는 행위입니다. "그러므로 네 진영을 거룩히 하라 그리하면 네게서 불결한 것을 보시지 않으므로 너를 떠나지 아니하시리라."
　"네 진영을 거룩히 하라"는 이 규칙이, 본문의 문맥에서 보는 그대로, 가장 천한 장소에까지 적용되고 있다는 점을 주목해서 보십시오(12-13절). "그러므로 네 진영을 거룩히 하라." 이미 말했듯이, 사람들은 일반적으로 군대에 있을 때에는 방종의 자유가 있다고 생각합니다. 그러나 주께서 말씀하십니다. "그러므로 네 진영을 거룩히 하라." 휴가를 나와서도, 거룩하십시오. 아마 당신은 이렇게 말할지 모르겠습니다. "한두 친구들이 집으로 휴가를 왔으니, 이제 맘껏 마시고 즐겨보자." 그러나 거룩하십시오. 대화와 오락도 거룩해야 합니다. 교회 모임만 거룩하게 되어서는 안 됩니다. 가족 모임도 거룩하게 해야 합니다. 크리스마스 때뿐 아니라, 일반 공휴일에나, 어느 날에든 거룩해야 합니다. 성찬식 때뿐 아니라, 일반 식사 때에도 거룩하십시오. 그 시간에 지나치게 폭음 폭식하지 말 것이며, 불평을 일삼아서도 안 됩니다. 식탁뿐 아니라 침상도 거룩하게 하십시오. 몸과 마음을 모두 거룩하게 하십시오. 당신의 가장 일상적인 행동조차도 여호와께 거룩함이 되게 하십시오. 당신의 말방울까지도 오직 이 소리만 내게 하십시오. "여호와께 성결"(슥 14:20). 오, 하나님이시여, 당신의 집으로 거룩하게 하소서! 그러나 하나님이시여, 당신의 백성들의 모든 집이 또한 거룩하게 하소서! 성결은 하나님의 종들이 입도록 정해진 옷입니다. 이 옷을 입지 않는 자는 스스로에게 뿐 아니라 그의 주님까지도 불명예스럽게 하는 것입니다. 사실상 그는 왕의 원수들의 의복을 입고 있는 셈입니다. 그런 자는 자신이 누구인지를 깊이 생각하길 바랍니다. 내 기억이 틀리지 않다면, 올리버 크롬웰이 처음 왕과 싸웠을 때, 그에게 합류한 군인들은 대개 신사계급의 사람들과 농부들이었으며, 그들은 담황색 가죽으로 된 조끼를 입었습니다. 상대편의 많은 사람들도 같은 옷을 입었기 때문에 혼란이 생겼습니다. 그래서 서로 뒤엉겨 싸울 때, 그들은 국왕파인지 의회파인지 구분을 할 수 없었습니다. 그래서 크롬웰이 그의 모든 군인들로 하여금 어떤 특정한 경우에 따라 특정한 색깔의 옷을 입게 했습니다. 그래서 지정된 색깔의 옷을 입지 않은 자는 아무도 그 군대에 머물지 못하게 했습니다. 자, 당신은 그들이 왜 유니폼을 입었다고 생각합니까? 그들 중 어떤 이들은 그 옷을 좋아하지 않았습니다. 그러나 명령이 단호했기에, 규정된 옷을 입지 않고는 아무도 그 군대에 속할 수가 없었습니다. 공통된 옷차림 때문에 뒤엉겨 싸우는 전투 중에서도 실수가 없었습니다. 성결은 신자들의 흰 의복입니다. 그 옷을 꼭 입으십시오. 왜냐하면, 그렇지 않으면 우리가 당신을 알아보지 못할 것이며, 또한 세상이 당신을 알아보지 못할 것이며, 당신이 적군으로 오해받을 수 있기 때문입니다. 우리가 왕의 흰 옷이 아닌 대적의 검은 옷을 입은 당신을 체포했을 때, 당신이 적군으로 투항했다고 오해받을 것이 나는 두렵습니다. 성령께서는 당신에게 성결의 흰 옷을 입혀 주십니다. 그러면 당신은 멀리서도 밝게 빛날 것이며, 사람들 중에 섞여 있을 때에도 당신이 누구인지가 쉽게 구별될 것입니다.

그러나 이제 이 점도 역시 주목하시기 바랍니다. 이 거룩함이 가장 일상적인 일에까지 적용되어야 하는 것이라면, 모든 부정한 것들이 거기에서 제거되어야 합니다. "그리하면 네게서 불결한 것을 보시지 않으리라." 이는 두려운 본문입니다. 나는 그에 대해 설교하기보다는, 차라리 본문을 반복해서 읽어드리겠습니다. "네게서 불결한 것을 보시지 않으리라." 아, 나여! 우리는 종종 우리 자신에게서 불결한 것을 봅니다. 그렇지요? 그러나 우리는 종종 많은 불결을 간과합니다. 우리 눈의 시력이 흐리기 때문에 그것을 보지 못하는 것입니다. 아마도 우리는 영적인 후각을 잃어버려서 불결한 냄새를 맡지 못할 수도 있습니다. 우리의 감각은 우리가 살고 있는 불결한 세상에 의해 왜곡되고 말았습니다. 그러나 그럴지라도, 이 사실을 생각하십시오. 순결하시고 거룩하신 하나님께서, 거룩하신 성삼위 하나님께서, 스스로 이렇게 말씀하고 계십니다. "네게서 불결한 것을 보시지 않으리라." 형제들과 자매들이여, 이 본문이야말로 집안 대청소를 요구하는 말씀입니다! '그분이 우리에게서 불결한 것을 보시지 않도록 하기 위해서'는 얼마나 집을 깨끗이 청소해야 하겠습니까? 기억하십시오. 유월절 어린양과 관련된 말씀에서의 핵심은 뿌려진 피를 하나님이 보신다는 대목입니다. "내가 그 피를 볼 때에 너희를 넘어가리라"(출 12:13). 여기에서도 이 본문의 핵심은 이 구절에 있습니다. "네게서 불결한 것을 보시지 않으므로." 오, 하나님이 보고 계시기에 불결한 것에는 손도 대지 말아야 합니다! 씻는 곳, 곧 물이 흐르는 곳으로 곧장 가서 씻도록 합시다. 정결하게 하시는 성령님께 우리를 씻어 달라고 호소합시다. 타는 불처럼 역사하시어 우리의 영혼을 정화하시고, 주님이 하나님의 교회인 우리들 중 어느 누구에게서도 부정한 것을 보시지 않도록 간청합시다.

그 다음, 더하여 말씀하신 두려운 경고를 잘 살피십시오. 만약 진영 안에 불결한 것을 용납하고 그대로 방치하면, 그래서 그분이 그것을 보시면, 그것이 그분의 눈에 띄어 그분을 불쾌하게 한다면, 그러면 최악의 결과가 뒤따릅니다. 하나님이 그 진영을 떠나시리라는 것입니다. 오! 만약 주께서 교회인 우리에게서 떠나시면 어떤 일이 일어날까요? 두려운 생각이 나를 사로잡습니다. 목사는 정해진 때에 죽을 것입니다. 그것은 작은 문제입니다. 주께서 또 다른 사람을 보내실 테니까요. 그러나 만약 주께서 우리를 떠나시면, 우리가 얼마나 쓸쓸해지겠습니까! 주께서 떠나가시면 이 집 위에는 '이가봇'(영광이 떠남)이라고 하는 문구가 대문자로 새겨질 것입니다. 그러나 내가 종종 놀라는 것은, 내가 부정한 것을 보고 울었을 때에, 그분이 떠나시지 않았다는 것입니다. 주께서 보시는 것에 비하면 나는 지극히 적은 부분만을 볼 뿐이지만, 그러나 나를 떨게 할 정도로는 충분히 보고 있습니다. 심지어 우리 스스로 잘못된 것이 아무것도 없다고 여길 때조차, 주께서는 근심하고 노여우실 만큼 우리에게서 많은 허물을 보십니다. 주께서 우리에게서 떠나시지 말도록 기도합시다. 나는 충심으로 여러분에게 기도를 요청합니다. 내가 없을 때에도, 모든 진영이 거룩한 질서와 활동을 유지할 수 있도록, 하나님이 어떤 부정한 것도 보시지 않도록, 그리하여 그분의 백성으로부터 떠나시는 일이 없도록 기도하시길 바랍니다. 오 주여, 당신의 거룩한 사랑으로 우리를 참아 주시고, 우리와 영원토록 함께하여 주소서!

본문과 관련한 설교는 끝이 났습니다. 그러나 떠나기 전에, 이 본문에 뒤이어 오는 내용과 관련하여 당부하고 싶은 몇 가지 작은 문제들이 있습니다. 이것을 읽어 보십시오. 본문 다음의 내용입니다. 이 내용이 오늘의 본문 다음에 뒤이어 오는 것이 아주 기이합니다. 나는 그것이 여기에 위치한 것은 의도된 것이라고 보며, 나로서는 설교를 끝내기 전에 죄인을 위해 한 마디를 더 할 수 있는 기회로 여깁니다. "종이 그의 주인을 피하여 네게로 도망하거든 너는 그의 주인에게 돌려주지 말고, 그가 네 성읍 중에서 원하는 곳을 택하는 대로 너와 함께 네 가운데에 거주하게 하고 그를 압제하지 말지니라"(15-16절). 나는 어떤 도망친 사람이 오늘 밤 우리의 예배 장소에 찾아오지 않았을까 궁금합니다. 틀림없이 여기에는 사탄의 노예들이 몇몇 있을 것입니다. 나는 마귀에게서 도망치라고, 잠시라도 주저하지 말라고 당신에게 충고합니다. 그를 섬기는 곳에서 즉시로 도망치십시오. 즉각적으로 도망치지 않으면 절대로 죄로부터 벗어날 수가 없습니다. 곧바로 달려가십시오. 즉시 달려가십시오. 예수님께로 도망치십시오. 멈추거나 두 번 생각하지 마십시오.

탕자가 말했습니다. "내가 일어나서, 내 아버지께로 가리라"(눅 15:18). 그 문제를 곰곰이 생각하고, 거기에 온 관심을 기울이고, 회개하여 생명을 얻는 문제에 있어서는 어느 누구와도 논쟁하거나 대꾸하지 마십시오. 즉각적으로 도망치는 것이 당신의 지혜입니다. 눈 깜박할 사이에 도망치십시오. 만일 당신이 도망친다면, 그리고 주의 백성들의 무리에 합류한다면, 우리는 결코 당신의 옛 주인에게로 당신을 돌려주지 않을 것입니다. 그가 오늘 당신을 따라 여기에 왔는지도 모릅니다. 그러나 우리는 그를 압니다. 그리고 이 문제에서 그에게 속지 않습니다. 그는 많은 사람들을 잡으러 여기에 왔습니다. 그러나 우리는, 하나님의 은혜로, 그에게서 도망친 자들 중 어느 누구도 돌려주지 않았습니다. 우리는 결코 당신을 떠나보내지 않을 것이며, 오히려 그 '인간 사냥꾼'을 대적하여 멀리 쫓아 버릴 것입니다. 예수님이 말씀하십니다. "내게 오는 자는 내가 결코 내쫓지 아니하리라"(요 6:37). 예수님은 당신을 숨겨 주실 것이며, 당신의 옛 주인에게 당신을 보내지 않으실 것입니다. 모세의 시대에는 종들이 있었습니다. 그러나 만일 그들이 도망친다면, 어느 누구도 그들을 주인에게로 되돌려 보내지 않았습니다. 그러므로 그것은 실상 노예제도와는 상당히 다른 것입니다. 마귀는 많은 노예들을 소유하고 있습니다. 그러나 만일 그들이 예수님께 도망친다면, 그들은 결코 되돌려지지 않을 것입니다. 그러므로 오십시오. 용기를 가지고 사탄의 손아귀에서 벗어나십시오. 자유를 위해 봉기하십시오! 당신의 폭압적인 군주는 당신에게 어떤 권리도 없습니다. 나는 당신이 스스로를 팔았다는 것을 압니다. 그러나 제정신에 자신을 판 것은 아니지요. 당신은 마치 절도당한 물건과도 같습니다. 마귀는 당신에게서 당신 자신이 가지고 있는 것보다 더 많은 지분을 가질 수 없으며, 심지어 그것조차도 아무것도 아닙니다. 당신이 당신의 것이 아니기 때문입니다. 도망치십시오. 쫓기고 있는 가련한 비둘기여, 예수님 품으로 숨으십시오. 일단 당신이 거기 도달하기만 하면, 매가 당신을 잡을 수 없습니다. 절벽 틈새에 숨은 비둘기처럼, 당신은 만세 반석이신 예수님 안에서 안전할 수 있습니다. 비록 내가 신앙을 고백하는 신자들의 부정(不淨)함에 대해서 세밀하게 다루었지만, 이제 나는 가장 추악하고 가장 더러운 자들을 향해 안전과 자유를 위해 예수께 오라고 초청합니다.

> "피로 가득한 한 샘이 있으니
> 　임마누엘의 혈관에서 흘러내린 것이라;
> 죄인들이 그 피에 잠겨 적실 때
> 모든 더러움이 깨끗이 씻기어지도다."

　　값 주고 사신 죄인들이라면, 어느 곳을 택하더라도, 우리 가운데에 거주할 수 있습니다. 우리는 그들을 까다로운 질문들로 억압하지도 않을 것이며, 성가신 의무들을 부과하지도 않을 것입니다. 오직 우리는 그들이 자유롭도록 하기 위해, 우리 자신이 자유에 묶인 것처럼, 그들을 여호와 우리 하나님의 이름으로 묶을 것입니다. 사랑하는 친구들이여, 하나님이 여러분에게 복을 주시길 바랍니다. 내가 없는 동안에 좋은 양식을 많이 섭취하십시오! 주님의 은총이 여러분에게 머무시길 바랍니다! 만일 우리가 이 아래 광야에서 다시 만나지 못한다면, 이 진영의 삶이 끝날 때, 하늘의 도성에서 우리가 다시 만나고, 다시는 헤어지는 일이 없도록 합시다! 주의 복이 여러분에게 영원무궁토록 함께 하시길 축원합니다!

제
12
장

—

독을 간직한 뿌리

—

"독초와 쑥의 뿌리가
너희 중에 [생기지 않도록 하라]" — 신 29:18

이스라엘 백성들은, 하나님께서 그들을 위해 행하신 놀라운 일들을 경험했기 때문에, 그들 스스로 조상들의 하나님께 영원토록 속한 자들로 느껴야만 했습니다. 그들은 오직 여호와만이 살아 계시고 참된 하나님이시라는 가장 분명한 증거를 받았습니다. '스스로 존재하시는 분'(I AM)이 행하신 그토록 많은 표적과 기사들을 보고서, 어찌 그들이 스스로 타락하여 새긴 우상들을 숭배할 수 있겠습니까? 그들과 같은 역사(歷史)를 겪은 후의 우상 숭배는 정말이지 가장 악한 수준의 죄악입니다. 그럼에도 불구하고, 두세 가지의 특정한 환경 속에서, 그들이 우상 숭배에 빠질 큰 위험이 있다는 것이 오늘 본문이 포함된 장에서 경고로 제시되고 있습니다. "우리가 애굽 땅에서 살았던 것을 너희가 알며"(16절). 이것이 첫 번째 경고입니다. 그들은 우상을 숭배하는 애굽인들 사이에서 오랫동안 살았습니다. 함의 땅에서는 우상 숭배의 정신이 너무나 강력했기 때문에, 그들이 우상 숭배적인 분위기에 전혀 물들지 않는다는 것이 오히려 낯설 정도였습니다. 아! 이스라엘 군중들은 애굽의 미신 속으로 깊이 빠져들었으며, 광야에서 지낸지 얼마 못가서 그들은 황금 송아지를 만들었습니다. 모세가 경멸조로 황금 송아지라고 부른 그것은 애굽에서 아주 엄숙하게 숭배되던 송아지를 형상화한 것이었습니다. 아마도 애굽 사람들과 서로 섞여 살았던 군중들은 우상 숭배를 전적으로 중지한 적이 없었을 것이며, 아모스 선지자의 책에서 그것을 확인할 수 있습니다. "이스라엘 족속아 너희가 사십 년 동안 광야에서 희생과 소제물을 내게 드렸느냐? 오히려 너희는 너희의 우상들인 몰록과 기윤의 성막을 메고 다녔느니라"(암 5:25-26, 26절은 KJV 사역. 한글개역개정은 '너희가 너희 왕 식굿과 기윤과 너희 우상들과 너희가 너희를 위하여 만든 신들의 별 형상을 지고 가리라'로 되어 있음. KJV로 볼 때 26절은 과거시제이며, 이스라엘의 우상 숭배는 성막을 메고 다녔던 광야 시대에서도 지속되었음을 신랄하게 풍자하고 있음 — 역주).

애굽 사람들은 모든 열방 중에서도 셀 수 없는 대상들을 무분별하게 숭배했던 민족으로 악명이 높습니다. 그들은 모양이 예쁘장하거나 인간에게 유용한 동물들을 숭배했을 뿐 아니라, 뱀과 악어 앞에서도 절했으며, 더러운 서식지에서 나온 딱정벌레나 냄새나는 하수에서 올라온 개구리까지도 숭배했습니다. 옛 풍자시인 중 하나가 이렇게 비꼬았지요. "오, 행복한 나라여, 신들이 사람들의 정원에서 자라는구나." 그들은 실제로 양파와 부추 앞에서도 절을 했습니다. 마치 그것들이 하늘과 땅을 지은 신들이라도 되는 듯이 말입니다. 우리로서는, 타락한 인간 본성은 가시적인 사물들을 숭배하려는 경향이 너무나 강하다는 것을 알기 때문에, 애굽의 우상 숭배가 이스라엘 자녀들에게 전염될 수 있다는 것이 그리 놀랄 일은 아닙니다.

또한 기억하십시오. 광야를 통과하는 동안 이스라엘이 사십 년 간 접촉하였던 모든 민족들이 역시 우상 숭배자들이었습니다. 하나님의 제사장이자 신령한 예배자였던 모세의 장인을 제외하고는, 지면에서 어떤 부족들도 지존자를 섬겼던 것으로 보이지 않습니다. 이스라엘 자녀들이 모압이나 에돔 땅을 통과할 때에, 혹은 그들이 시혼이나 옥의 거주민들과 접촉하게 되었을 때, 주민들 모두가 역시 우상 숭배에 빠져 있었으며, 나무나 은이나 금으로 만든 가증한 우상들 앞에 절을 하고 있었습니다. 우리 모두는 주변 환경에 의해 많은 영향을 받습니다. 특히 우리의 타락한 본성을 부추기는 방향으로는 창의력 또한 막강합니다. 이스라엘이 오직 자기들만이 보이지 아니하시는 하나님을 섬기고 있음을 알게 되고, 주변의 이웃들이 화려하고 신비한 제의 행사들을 벌이는 것을 보게 된다면, 우상을 만들고 싶은 강한 유혹이 생기는 것도 그리 놀랍지는 않습니다. 더 나아가, 이스라엘이 사십 년 동안 광야에서 보낸 후에 그들이 들어간 땅은 어떤 땅입니까? 여호와의 전은 한 군데도 없는 땅, 거주민들이 유일하고 참되신 하나님을 섬기는 데 전혀 도움을 주지 못하는 땅이었습니다. 이스라엘이 들어간 땅은 우상으로 가득한 땅이요, 모든 푸른 언덕들은 거짓 신에게 봉헌되었으며, 골짜기의 돌멩이들이 무더기로 쌓여 곳곳마다 제단을 이루던 땅이었습니다. 모든 도시들마다 제 나름의 특이한 우상들이 있었습니다. 그 땅은 참되신 하나님께 대한 충성에서 멀어지도록 부추기는 유혹들로 가득했습니다. 이스라엘은 모든 시험에도 불구하고 신실해야 했지만, 그러나 인간의 내면에 무엇이 있는지를 아는 자는 하늘의 경고가 필요하다는 것을 잘 알 것입니다. 그래서 오늘 본문의 경고가 주어졌습니다. 이 경고로써 주님께서는 그분을 배반하는 것은 독을 품은 뿌리를 심는 것과 같다고 그분의 백성들에게 분명히 경고하십니다.

그들의 역사를 우리 자신에게 적용하도록 합시다. 우리가 강력한 은혜로 구속을 받은 저 애굽을 회상해 보십시오! 한때 우리를 지배했던 죄들을 기억해 보십시오! 우리는 그 속박의 유물들을 여전히 몸에 지니고 있지 않습니까? 옛 습관들을 떨쳐 버리는 것이 그리 쉽던가요? 세속적 쾌락의 고기 냄비에 대한 동경이 남아 있지 않습니까? 나는 우리 자신이 이전의 습관에 빠질 매우 큰 위험에 처해 있음을 인정해야 한다고 확신합니다. 옛 아담의 본성이 불쑥 되살아나는 것은 웃을 일이 아닙니다. 하나님의 은혜가 막지 않는다면, 우리의 악한 본성이 곧장 우리를 옛 노예 상태로 되돌릴 태세입니다. 게다가, 우리가 살고 있는 주변의 사람들을 보십시오. 이 헛된 세상이 은혜의 벗이 될 수 있습니까? 정반대로, 이 세상이 당신의 끈질긴 원수라는 것을 모르십니까? 왜 사업을 할 때마다, 직업상의 일을 할 때마다, 아니 심지어 가정에 머물 때조차 유혹이 없을 때가 없을까요? 이 세상은 참되신 하나님을 섬기지 않습니다. 세상은 그 자신이 스스로 선택한 신들을 숭배하고 있을 뿐입니다. 그 신들이 나무나 돌로 만들어지지 않았을지 모르지만, 위험한 것은 나무나 돌로 만든 우상들보다 조금도 못하지 않습니다. 사람들은 그들의 탐욕에 대해 말하고, 혹은 쾌락에 대해 말하며, 혹은 특정한 인물들이나, 그들의 지성이나, 그들의 소유에 대해 말하지만, 이런 것들이 우리의 우상들입니다! 바로 이런 것들을 우리는 불멸의 가치가 있는 듯이 애써 추구하고 있습니다. 신자들이 그런 것들을 목적으로 삼고 따라가려는 유혹을 받지 않습니까? 우리의 개인적인 유익이 자주 우리 마음의 보좌를 차지하고 있지 않습니까? 우리는 우리의 유익이나 손실 때문에 여호와 하나님을 우리 영혼을 다스리시는 자리에서 몰아내려 시도할 때가 없습니까?

형제와 자매들이여, 가장 나이든 사람에서부터 가장 어린 사람에 이르기까지, 우리는 주변 사람들로부터 독특한 위험을 느끼고 있다고 나는 확신합니다. 그리고 그것이 미래에는 더 나아질까요? 지금부터 죽음의 순간까지 지속된 우리의 여행에서, 유혹으로 가득하지 않은 곳이 있으리라는 기대를 조금인들 할 수 있을까요? 지금까지의 걸어온 과정에서 그런 것을 기대할 수 없었다면, 앞으로 이 길이 끝날 때까지 기대할 수 없지 않을까요? 오히려 우리가 지금까지 맞닥뜨려온 유혹보다도 더 혹독한 유혹들이 기다리고 있지 않을까요? 하나님의 섭리에 의해, 우리의 은혜가 더 혹독하게 검증되어야 하고, 우리의 경건이 더 무거운 시련을 통과해야 하는, 그런 상황이 올 수도 있지 않을까요? 충분히 그럴 수 있습니다. 영광 중에 우리의 집에 도착하기까지는, 우리는 종종 경고를 받아야 할 필요가 있으며, 깨어 경계해야 할 필요가 있습니다. 그리하여 우리의 마음이 살아 계신 하나님에게서 떠나는 일이 없어야 할 것이며, 하나님을 잊어버리고 이방 족속들처럼 스스로 고안해 낸 이상한 신들을 추종하는 일이 없어야 할 것입니다.

이런 것들이 주께서 경고하시는 이유들이며, 또한 오늘 내가 여러분에게 죄가 악하고 해로운 것임을 상기시키는 동기들입니다. "독초와 쑥의 뿌리가 여러분 중에 생기지 않도록 하십시오."

본문에서, 죄는 독을 간직한 뿌리의 형태로 묘사됩니다. 이것이 오늘 아침 설교의 주된 개념입니다. 둘째로, 시간이 허락하는 대로, 우리는 그 뿌리가 우리 마음속에 있는지 조사할 것이며, 셋째로, 그 뿌리와 열매로부터 구원의 길을 제시할 것입니다.

1. 죄는 독을 간직한 뿌리이다.

죄는 쓰디쓴 독을 간직한 뿌리와 같습니다. 이것이 진실인 것은 이스라엘 백성의 경우에서 매우 명백하게 나타납니다. 그들의 역사는 애굽에서 나온 세대 전부가 그들의 죄 때문에 광야에서 죽었음을 우리에게 말해줍니다. 그들의 죄는 독을 머금고 있는 뿌리로서, 그들이 행진한 길을 따라 무덤들이 그들의 죄악의 기념비처럼 늘어서 있었습니다. 오직 여호수아와 갈렙만이 약속의 땅으로 들어갔습니다. 이따금씩 주기적으로 그들의 죄는 무서운 열매를 맺었습니다. 때때로 불뱀들이 그들을 물었으며, 또 다른 때는 역병이 백성들 사이를 휩쓸고 지나갔으며, 혹은 땅이 입을 열어 반역한 자들을 삼키기도 했습니다. 우리는 그들이 여리고에서 승리하고서도, 아이(Ai)에서는 그들의 죄 때문에 패배했음을 봅니다. 아간이 그 백성의 쑥과 독초가 되는 저주받은 물건을 자기 장막에 감추었기 때문입니다. 이스라엘이 이방 족속들을 몰아낸 이후, 그들은 다양한 형태의 우상숭배에 빠지고 말았습니다. 그 결과 그들은 적군의 침공을 받고, 종살이를 하거나, 혹은 굴이나 동굴 속으로 쫓겨나기도 했습니다. 기근이 그 땅을 덮치고, 전염병이 그 나라를 황무케 했습니다. 백성들이 뉘우치고 고통과 슬픔 중에 하나님께 부르짖으면, 하나님께서 그들 중에 입다, 기드온, 삼손, 바락과 같은 사사들을 일으키셨습니다. 그러나 매번 그들의 슬픔의 원천은 그들의 죄였으며, 그들의 탄식의 원인은 하나님께 대한 그들의 배반이었습니다. 그 후 이스라엘 왕정 시대가 오고, 그 때 백성들은 잠시 동안 여호와를 경외했습니다. 그러나 결국 그 백성들의 마음은 벧엘의 송아지 우상에게로 향하고, 그들은 앗수르에게로 넘겨졌습니다. 셀 수 없을 정도로 많은 전투에서 그들은 숱하게 매를 맞고, 가장 비천한 나라로 전락하였으며, 결국 포로로 멀리 잡혀가고 말았습니다. 한때 하나님께 신실했었던 유다 왕국의 결말을 회상해 보십시오. 그들의 왕의 눈이 뽑히고, 그들은 그들이 사랑했던 땅에서 멀리 떨어진 곳으로 포로로 잡혀갔습니다. 포로로 잡혀가기 전 성읍이 포위되었을 때, 기근이 너무도 심하여 여인이 자기 자녀를 먹는 일까지 있었다고 했습니다(왕하 6:28-29). 주께서 그들을 용서하시고 그들을 고국으로 돌아오게 하시며, 다시 한 번 열국 중에서 그들의 이름을 내게 하셨을 때, 그들은 그분께 반역했습니다. 그들은 그분의 독생자를 때렸고, 영광의 주를 십자가에 못 박았습니다. 그분이 그들에게 무엇을 하셨습니까? 유대인 중 한 사람인 요세푸스가 기록한 예루살렘 포위에 관한 이야기를 읽어준다면, 듣는 사람의 양 귀가 얼얼할 정도입니다. 그들은 사람을 못 박을 나무가 없어질 때까지 십자가에 못 박혀 죽임을 당했습니다. 그들은 노예로 팔렸는데, 한 사람당 1/4 페니 값도 쳐 주지 않을 정도였습니다. 유대인 노예는 너무 흔하고 또 너무 천한 취급을 받았기 때문입니다. 예루살렘의 터는 전부 보습으로 둘러엎었으며, 유대인들은 그 도시를 향해 바라보지 말라는 명령이 내려졌습니다. 그들은 쫓겨나서 흩어졌으며 오늘날에까지 이르게 되었습니다. 진실로 이스라엘 집 전체가 하나님의 증언자로서, 여호와를 거스르는 죄가 쑥과 독초의 뿌리가 된다는 것을 오늘날에도 증언하고 있습니다.

그들의 경우에서 볼 수 있는 것을 우리는 다른 경우에서도 똑같이 확인할 수 있습니다. 왜냐하면 하나님께서 이런 문제의 처리에 있어서 예외를 남기지 않으셨기 때문입니다. 그분은 한 가지 죄에 대해서는 벌을 내리고 다른 죄에 대해서는 벌을 내리지 않는 그런 재판관이 아니십니다. 그분은 공평하게 공의를 시행하십니다. 만일 그분이 이스라엘을 아끼지 않으셨다면 어찌 이방인들을 아끼시겠습니까? 만일 예루살렘이 심판을 면하지 못했다면 런던인들 어찌 심판을 면하겠습니까? 만일 그분이 그분의 벗인 아브라함의 씨를 침략자의 칼에 넘기셨다면, 우리가 그분을 거역하여 죄를 범할 경우, 어찌 그분이 이 시대의 우리만을 특별히 아끼시겠습니까?

또한 친애하는 친구들이여, 죄가 고통의 뿌리인 것은 이스라엘의 역사가 입증하고 있을 뿐 아니라, 우리의 재판장께서도 그렇다고 우리에게 들려주십니다. 만일 죄가 최종적으로 즐거운 것이라면, 실제로 인간에게 유익을 준다면, 하나님의 구원의 경륜은 아주 이상하게 뒤죽박죽되고 말았을 것입니다. 세상의 모든 인간을 판단하시는 재판장은 옳은 일을 하셔야 합니다. 그러나 죄를 짓고서 축복으로 보상받는 일이 옳겠습니까? 만약 죄의 뿌리가, 독과 고통을 간직하고 있는 대신 젖과 꿀을 머금고 있다면, 위대하신 대 주재의 거룩하심이 어찌 되겠습니까? 나는 이 문제로 하나님의 정의를 매도하는 인간들의 타락한 지성에 도전하고 싶습니다. 나는 그들이 어떻게 대답할 것인지 묻고 싶습니다. 죄가 상을 받아야 하는 것입니까? 덕목이 벌을 받아야 하는 것입니까? 만일 그렇다면, 마귀야말로 그런 처분을 내리기에 가장 적합한 통치자가 아니겠습니까? 만일 거룩함과 경건이 불행을 낳게 되고, 죄가 지속적인 즐거움의 원천이 된다면, 하나님의 성품을 우리가 어떻게 올바로 이해할 수 있겠습니까? 만일 우리들 중 어느 누구라도, 세상의 통치자의 지위에 오를 수 있다면, 그리고 완전히 미치지 않았다면, 우리가 법률을 만들자마자 그 법률을 어기는 자에게 벌을 내리려 하지 않겠습니까? 야만인들이 반쯤 문명화되고 스스로 작은 국가를 형성할 때마다, 그들이 제일 먼저 하는 일들 중의 하나는 법률을 만드는 것이며, 그 법을 어길 때에 벌을 내리는 것입니다. 인간은 형벌의 제도 없이 하나의 정부를 형성할 수 없습니다. 만일 법을 어기는 자에게 상을 주고 지키는 자에게 벌을 내린다면, 얼마 못가서 대중들이 폭동을 일으킬 것이며, 그런 법률을 바람에 날려 버릴 것입니다. 그러므로 자연의 질서를 따라서, 위대한 도덕적 통치자의 법을 어기는 반역에 대해서는, 설혹 즉각적이지는 않다 하더라도, 최종적으로 슬픔과 고통이 따라야 하는 것이 마땅합니다.

진리는 계속해서 부인되고 있지만, 진리는 자명합니다(self-evident). 죄에 대한 미래의 형벌에 대한 교리, 이것이 교훈의 요점인데, 나는 이것이 오늘날 다른 무엇보다도 더 많은 공격을 당한다고 믿습니다. 지옥과 영원한 형벌에 대해 설교하는 자들은 하나님의 성품을 훼손하는 자들이라고 주장하는 것이 오늘날 꽤 인기를 얻고 있다고 나는 알고 있습니다. 반대자들이 이 교리는 오래되어 낡은 신조라고 끊임없이 주장하고 있는 것을 알고 있지만, 그들이 무어라고 하든지, 그것이야말로 하나님의 진리라고 나는 오늘 재차 여러분에게 말하는 바입니다. 아무도 스스로 속이지 말고, 죄에는 반드시 벌이 따른다는 것을 명심하십시오. 허울 좋은 가면을 쓰고 아첨의 말을 하는 어느 누구도, 다음 세계에서 하나님이 죄를 눈감아 주시리라고 하는 헛된 망상을 당신에게 심지 못하게 하십시오. 진정 그분의 말씀인 성경이 밝히고 있듯이, 죄는 아주 무서운 악이며, 다가올 진노는 끔찍하며, 너무나 끔찍하여 어떤 격정적인 연사가 어떤 거친 언어를 사용해도 죄인들에게 쏟아 부어질 하나님의 진노의 심판을 제대로 표현하기에는 역부족입니다. 범죄자에게, 그분의 저주가 하늘로부터 강력하게 임할 것입니다.

죄는 하나의 뿌리로서 이 세상의 삶에서 항상 싹을 틔우고 꽃을 피우는 것은 아닙니다. 그 싹과 봉우리는 다가오는 세상에서 열매를 맺을 수 있으며, 그 죄의 열매는 독초와 쑥보다도 쓸 것입니다. 우선, 나는 이것을 내 이성으로부터 논증하고자 합니다. 지성적인 사람이 일분간만 생각해도, 나는 그가 죄에 대해 무서운 벌이 있음을 확신할 것이라고 믿습니다. 세상에는 도덕법 이외에도 다른 법들이 있다는 것을 상기해 보십시오. 철학자들에 의해 물리적 법칙들(physical laws)이라고 불리는 것들이 있는데, 이는 정신보다는 물질에 관계되는 법칙들입니다. 자, 만일 사람이 이 법칙들을 깨뜨리면, 그것을 어긴 결과 어떤 나쁜 일이 뒤따르지 않습니까? 예를 들어, 어떤 물체들이 다른 물체들을 끌어당긴다고 하는 만유인력의 법칙 혹은 중력의 법칙을 생각해 봅시다. 그 법칙을 어기게 되면 어떤 위험이 따르지 않을까요? 여기 중력의 법칙을 믿지 않는 한 사람이 있다고 합시다. 예를 들어, 그는 어느 높은 바위 위에 올라서서 허공으로 뛰어내려도 떨어지지 않는다고 믿습니다. 그는 아이작 뉴턴을 비웃으며, 그 낡고 오랜 법칙을 시험해 보겠노라고 선언하며 이렇게 말합니다. "나는 이 중력의 법칙이라고 하는 것에는 얽매이지 않는다. 나는 자유로운 사상가이며, 물리적 법칙이니 뭐니 따지는 당신의 참견에는 따르지 않겠다." 우리는 그에게 경고합니다. "거기서 뛰어내리면 목이 부러져요." 그가 말합니다. "꼭 하나님을 대변이라도 한다는 말투로군. 그분의 법칙들 중의 하나라도 어기면 그분이 나에게 실제로 고통을 주거나 죽이기라도 한다는 말이요? 나에게 말하지 마시오. 나는 더 잘 알고 있소. 나는 이 암흑 시대의 미신들에 속박당하지 않을 참이오." 그가 공언하는 대로 실제로 실행하면, 그의 추락은 치명적이 될 것이며, 그는 자기 목숨으로 성급함에 대한 형벌의 값을 치르게 될 것입니다. 만일 중력의 법칙을 거스르면, 마치 사람이 작은 벌레나 파리에게 그러하듯이, 모욕을 당한 권위가 조금의 인정사정도 없이 그에게 복수를 할 것입니다. 저 바보가 높은 절벽에서 허공에 뛰어내리는 것을 보라! 아, 불쌍한 사람이여, 그 운명을 피할 도리가 없도다! 그가 기대었던 종교적 신념에도 불구하고, 우리는 그의 망가진 시신을 바닥에서 발견할 것입니다. 하나님의 물리적 법칙들은 그것을 어기는 자들을 위해 그 작동을 멈추지 않을 것이며, 오히려 계속 작동하여 그 의도된 목적을 이루고, 예상되는 결과를 우리에게 보여줄 것입니다.

또 하나의 예를 들어 봅시다. 불결함이 질병을 야기하는 것은 하나의 자연 법칙입니다. 불결한 공기 속에 많은 사람들이 모여 있다고 상상해 보십시오. 그들은 결코 몸을 씻지 않고, 의복을 세탁하지도 않으며, 문 밖에 더러운 오물들을 쌓아 두어 썩도록 방치합니다. 하수도는 오래도록 방치해 두어, 물도 부족하고, 부패했습니다. 위생 검열관이 그들에게 경고합니다. "친애하는 시민 여러분, 이 상태를 바꾸지 않으면 열병이나 콜레라에 걸리게 될 것입니다." 한 여인이 말합니다. "뭐라고 말하는 거예요? 당신은 단지 우리가 몸을 씻지 않고 또 더러움과 술 취함 속에서 살기를 더 좋아했다고 해서, 전능하신 하나님이 그렇게 잔인하게 이 사랑스런 어린 아이들을 내 품에서 데려가실 거라고 믿는 건가요?" 그 위생 검열관이 말합니다. "예, 당신이 그 문제를 어떻게 생각하든 간에, 이것은 사실입니다. 더러움과 악덕은 질병을 유발합니다." 나불거리며 수다를 떠는 어떤 '자유사상가'가 말합니다. "글쎄요, 그것은 아주 충격적인 교리이군요. 당신은 하나님을 비방하고 있어요. 나는 그렇게 믿지 않아요." 그러나 주께서 몇 주 전에 역병을 허용하였으며, 사방으로 수천의 사망자가 발생했습니다. 오염된 공기가 사람을 병들게 한다는 사실을 누가 잔인한 교리라고 말한단 말입니까? 어느 누구도 물리적 법칙에서의 하나님의 잔인성을 불평하지 못합니다. 그 법칙을 거스르는 사람이 더러 있다고 해도 그들에게는 어떤 동정의 여지도 없습니다. 물리적 법칙들은 지속되며, 그 힘을 거스르는 자들에게 반역자의 낙인을 찍습니다. 바다로 가서 물이 새는 배를 보십시오. 그리고 바다에 폭풍이 찾아오면, 그 배를 조금의 동정도 없이 삼켜 버리지 않는지를 살펴보십시오. 혹은 번개가 칠 때 나무 밑에 서 있어 보십시오. 그 번개가 나무를 칠 때, 그 번개가 나무 아래 있는 당신을 보호할까요? 만일 당신이 물리적 법칙들을 어기면, 비록 무지하여 그렇게 했다고 해도 동정의 여지는 없으며, 번개는 온 힘을 다해 당신을 내려칠 것입니다.

만일 이것이 사실이고, 어느 누구도 논박할 수 없는 사실이라면, 자연의 하나님은 무서운 하나님이십니까? 오 자연의 하나님을 섬기며 계시의 하나님에는 관심이 없다고 말하는 그대여, 내 당신에게 이 질문을 던집니다. 만일 하나님께서 그분의 일반적인 물리적 법칙들을 어긴 자들을 그토록 무섭게 벌하신다면, 하물며 인간이 방탕하고 사악하게 그분의 도덕적 법칙들을 내팽개칠 때, 그들을 얼마나 더 확실하게 벌하실까요?

또한 우리에게는 이러한 논증만이 있는 것이 아닙니다. 간략히 암시만 할 뿐이지만, 십계명 중의 한 계명은 특히 인간의 몸과 직결되어 있습니다. 사람이 한 계명을 어길 때, 우리는 하나님께서 실제로 죄에 대한 벌을 내리시는 것을 볼 것입니다. 우리는 죄가 사람의 몸에서 독초와 쑥을 발생시키는 것을 볼 것입니다. 물론 나는 이 계명을 암시하는 것입니다. "간음하지 말라"(출 20:14). 이 계명은 모든 부류의 방탕과 부정을 금하는 것입니다. 어떤 경우에든 이 법을 어기자마자 인간은 곧바로 그에 상응하는 보응을 받게 되어 있습니다. 이 계명을 어기는 남자와 여자들은 그들이 하나님께 대해서 잘못했을 뿐 아니라 그들 자신에게도 그릇 행했음을 알게 됩니다. 우리의 병원들과 의료 수용시설들은 인간이 육체의 죄로 인해 스스로 얼마나 끔찍한 상태에 이르렀는가를 잘 보여줍니다. 그들의 몸과 정신의 상태는 너무도 끔찍하여, 과장 없이, 성경이 미래의 참상에 대해 묘사할 때의 그 표현들이 적절할 정도입니다. 이것은 어느 정도 내 영역이라기보다는 의사의 영역에 속합니다. 하지만 만약 적절한 장소 적절한 시간에 내가 그것을 입증해 보일 수만 있다면, 여러분의 머리칼이 쭈뼛 설 정도로 놀랄 것입니다. 하나님이 금하십니다! 여러분 중 어느 누구도 이 죄가 지상에서 파생시키는 끔찍한 결과로 고통당하는 일이 없기를 바랍니다. 만약 몸에 관련된 이 한 계명을 어기면, 의심할 바 없이 사람은 그로 인해 고통을 당할 것이며, 그는 마치 이 죄가 그의 혈관과 뼈에 독인 것처럼 느낄 것입니다. 만일 한 계명이 그렇다면, 나머지 계명들도 역시 마찬가지 아닐까요? 다른 계명들은 대부분 여기 지상에서의 형벌을 초래하는 것으로 보이지 않지만, 다음 세상에서 그에 합당한 벌이 내려질 것이라고 믿는 것이 합리적입니다. 이 세상의 상태에서는 몸이 한 계명을 어기는 것으로 분명하게 고통을 당하지만, 다음 세상에서는 몸과 영혼이 나머지 아홉 계명을 어긴 것으로 인해 고통을 당하리라고 예상하는 것이 자연스럽습니다. 나는 모든 죄가 영혼에 질병을 일으키며, 모든 죄악된 생각과 말과 행동들이 우리의 영적 본성에 독을 퍼뜨린다고 믿습니다. 죄는 단지 하나님께서 우리를 치신다는 이유 때문만이 아니라, 죄 자체가 우리를 병들게 하는 이유 때문에도 두려워해야 할 것입니다. 만일 한 사람이 자기 몸에 칼로 상처를 입히면 피가 흐를 것입니다. 만일 한 사람이 자기 영혼에 상처를 입히면, 자기 영혼이 반드시 피를 흘릴 것입니다. 만일 사람이 독을 마시게 되면, 그는 죽지 않기 위해 해독 처방을 받아야 합니다. 만일 사람이 죄를 마셔 그 영혼에 들어오게 하면, 그 죄로 죽지 않기 위해 역시 해독 처방을 받아야 합니다. 이 죄의 뿌리는 독을 머금고 있기 때문에, 이 세상에서가 아니면 오는 세상에서도 반드시 생명을 해하게 되어 있습니다.

이 논증을 좀 더 다루어보겠습니다. 우리는 죽음이 사람의 성품을 조금인들 변화시키리라고 믿을 수는 없습니다. 나는 죄인으로서 나의 죽음이, 나를 성자로 만들 것이라고 믿을 수는 없습니다. 또한 성자로서 내가 죽는다 해도 그것이 나를 죄인으로 만들 것이라는 생각은 추호도 할 수 없습니다. 전자이든 후자이든, 그 둘 모두가 비합리적입니다. 죽음은 말합니다. "더러운 자는 여전히 더러울 것이요, 거룩한 자는 여전히 거룩하리라." 그렇다면, 죄인으로서 죽어가는 사람이, 다음 세상으로 들어가면, 무엇을 할까요? 그는 여기에서처럼 죄를 지을 것입니다. 여기에서와 똑같은 방식과 형태는 아니겠지만, 어쨌든 그는 어떤 식으로든 계속해서 죄를 지을 것입니다. 그는 죄인으로 죽었다가 죄인으로 깨어날 것이며, 죄인으로 살아나서는 영원토록 죄인으로 살게 될 것입니다. 만일 그가 영원토록 죄인으로 살게 된다면, 그는 계속해서 더 악한 죄 속으로 빠져 들어갈 것입니다. 우리가 다 알듯이 갈수록 악화되는 것이 죄의 성질이기 때문입니다.

죄는 자체 내에 '자기 발전적인'(self-developing) 힘을 가지고 있습니다. 자, 만일 다른 세상의 삶에서 사람이 계속해서 더 악하게 죄를 지으면, 심지어 이 세상에서의 삶에서도 죄가 불행을 야기하는 경우가 있거늘, 다음 세상에서 계속 죄를 증대시키면 불행도 계속 증대되리라고 합리적인 결론을 내릴 수 있을 것입니다. 이보다 더 끔찍한 일이 어디 있을까요? 이런 생각을 하면 나는 심히 떨립니다. 당신도 떨기를 바라며, 주 예수께 달려가 용서를 구하시기를 바랍니다! 이런 논증방식을 따라, 인간이 하나님의 법을 어기고 계속해서 죄를 짓는다면 필연적으로 그는 불행해질 것입니다. 그는 위대한 도덕적 법칙을 어겼으며, 마치 중력의 법칙이나 다른 물리적 법칙에 맞서 싸우다가 죽은 사람과 마찬가지로, 그는 반드시 고통을 겪게 될 것입니다. 누군가 이렇게 외칩니다. "오, 우리가 반대하는 것은 그 교리가 아닙니다. 우리가 반대하는 것은 하나님이 죄를 벌하신다는 교리입니다." 그러나 죄가 벌을 받는다는 것이 결국에 무엇을 의미합니까? "악이 악한 자를 죽이리라"고 하는 것이나, "네가 네 스스로를 파멸시켰도다"고 하는 것이 차이가 무엇입니까? 이것이 하나님께서 죄를 벌하시는 방식이라면, 죄를 범하는 당신도 그것이 정당하다고 인정해야만 합니다. 만일 어떤 사람이 큰 돌멩이를 안고서 물에 빠지지 않으려고 헤엄치는 모습을 본다면 모두가 잘못되었다고 생각하겠지요? 모든 사람이 이렇게 말할 겁니다. "저 바보가 무슨 짓을 하는 거야? 돌멩이가 가라앉는 것은 자연의 법칙인걸, 왜 저리 멍청한 짓을 하는 거야?" 그가 맷돌을 목에 감고서 바다에 뛰어들었다가 물에 빠진다고 해도, 아무도 그 일이 그에게 잔인하다고 생각하지 않을 것입니다. 사람이 불 속에 손을 들이밀어서 그 사람의 손이 탄다면, 아무도 그것을 하나님 편에서 잔혹한 처사라고 말할 수 없을 것입니다. 자, 이렇듯이, 하나님의 명령을 어기는 자연적인 결과는 고통입니다. 오 인간들이여, 그것을 믿고 독을 뿜어내는 죄의 뿌리를 뽑아내기를 바랍니다!

그러나 행복하게도, 우리는 그 문제에 대해 이성에만 기대도록 버려지지 않았습니다. 우리는 하나님의 성경을 믿을 수 있고, 성경에서 많은 증인들을 찾을 수 있습니다. 방주를 지은 노아에게 물어보십시오. "죄가 고통을 초래하나요?" 그러면 그는 죄 때문에 죽어 물 위에 떠다니는 수많은 시신들을 가리킬 것입니다. 아브라함에게도 물어보십시오. "죄에는 고통이 따르나요?" 그는 하나님께서 그 거주민들의 사악함 때문에 멸망시키신 소돔과 고모라의 연기를 가리킬 것입니다. 모세에게 물어 보십시오. 그러면 그는 당신에게 땅이 입을 열어 산 채로 삼켜 버린 고라와 다단과 아비람을 상기시켜 줄 것입니다. 바울에게도 물어 보십시오. 그러면 당신은 바울이 현대의 사기꾼들 곧 죄를 지어도 형벌은 없다고 사람들을 기만하는 자들에 대해 친절하게 말하지 않는다는 것을 발견할 것입니다. 그는 이렇게 말합니다. "모세의 법을 폐한 자도 두세 증인으로 말미암아 불쌍히 여김을 받지 못하고 죽었거든, 하물며 하나님의 아들을 짓밟고 자기를 거룩하게 한 언약의 피를 부정한 것으로 여기고 은혜의 성령을 욕되게 하는 자가 당연히 받을 형벌은 얼마나 더 무겁겠느냐"(히 10:28-29). 야고보나 유다, 혹은 베드로의 말을 들어 보십시오. 당신은 그들이 어둠의 사슬과 타오르는 불에 대해 말하는 것을 들을 것입니다. 하나님의 분노의 포도주 틀에 대해서 기록하고 또 그곳에서 흘러나오는 피가 말의 고삐까지 차오른다고 기록한 요한에게 들어 보십시오. 또한 주님께서 친히 당신에게 하시는 말씀을 들어 보십시오. 그분이 외치십니다. "그들은 영벌에 들어가리라"(마 25:46). 그분은 또한 이런 말씀을 하셨습니다. "거기에서는 구더기도 죽지 않고 불도 꺼지지 아니하느니라"(막 9:48). 슬피 울며 이를 갊이 있으리라는 바깥 어둠에 대해 말씀하신 분이 그분이십니다. 마치 빛이 어둠과 정반대이듯이, 이 성경책은 하나님의 공의로운 심판을 배제하는 현대의 메스꺼운 사상들에 대해 정반대의 입장을 취하고 있습니다. 성경이 당신에게 말씀합니다. 오, 하나님이 친히 당신에게 음성으로 말씀하시듯이 당신이 성경의 소리를 들었으면 좋으련만! 성경은 죄가 기쁨과 즐거움으로 끝날 것이라 말하지 않으며, 오히려 당신이 죄에서 돌이키지 않으면 하나님의 진노가 당신 위에 머물 것이라 말합니다. 죄를 범하는 영혼은 죽을 것이라 말합니다. 하나님의 저주가 악인들에게 임할 것이라 말하며, 영원한 형벌이 회개하지 않는 자들의 운명이 될 것이라 말합니다. 그 무서운 진리는 분명히 계시되었으며, 그러므로 떨며 스스로 속이지 말아야 할 것입니다.

　또한, 올바른 이성이 보여주고 또 성경이 확증하고 있듯이, 나는 모든 분별 있는 인간의 양심이 그것을 단언한다고 믿습니다. 나는 얼마 전에 이 교리에 반대하는 한 강연 내용을 읽은 적이 있습니다. 그 내용인즉슨 아우구스티누스가 이 영원한 형벌 교리의 창시자라는 것입니다. 그것은 정말이지 대단히 새로운 소식이더군요! 더 나아가서, 그 글의 내용은, 아우구스티누스가 그런 교리의 창시자가 된 것은 그 자신이 큰 죄인이었기 때문이라고 했습니다. 그가 죄 때문에 양심의 큰 공포를 느꼈고, 정신마저 병적으로 우울하게 되었고, 그래서 그가 이 영원한 형벌에 마땅한 자로 생각했다는 식이었습니다. 그렇다면, 나는 아우구스티누스와 같은 입장에 여기에 서 있습니다. 나 역시 큰 죄인이었으며, 내 죄를 크게 자각했기에, 죄에 영원한 벌이 있어야 마땅하다고 느꼈습니다. 사랑하는 친구들이여, 나는 아우구스티누스가 분명한 죄의식에 의해 분별력이 약해졌다고 믿지 않습니다. 반대로, 나는 그가 죄가 무엇인지 자각하고 그 양심에 죄의 무게를 느꼈기에, 죄에 합당한 결과가 무엇인지 더 올바르게 판단할 수 있었으리라고 믿습니다. 죄에 대해 큰 두려움을 느꼈기 때문에 죄에 따르는 응분의 결과를 잘못 판단했을 것이라고 주장하는 것은 이상합니다. 그것은 오히려 그가 올바르게 판단했을 것이라는 이유가 될 것입니다. 이 교리에 반대하는 사람들이 그들 스스로 죄의식을 진정으로 조금이라도 느꼈다면, 그들은 곧 자신의 관점을 바꿀 것입니다. 내가 죄의식을 크게 느꼈을 때, 나는 하나님과 형벌의 문제로 논쟁하지 않았습니다. 나는 하나님께서 내 죄 때문에 나를 그 뜻대로 처분하실 수 있다고 느꼈으며, 나는 그분의 모든 벌을 받아 마땅하다고 느꼈습니다. 나는 내 머리를 숙일 수밖에 없었으며, 내 눈을 그분이 거하시는 곳을 향해 들 수가 없었습니다. 단지 이렇게 말하는 수밖에 없었지요. "하나님이여 이 죄인을 긍휼히 여기소서." 나는 하나님의 판결에 대해 어떤 항변도 제기할 수 없었습니다. 나는 수긍했습니다. 그러나 만일 누군가 내 앞에서 하나님의 진노는 작은 죄에 대해 지나치게 무거운 형벌이라고 말한다면, 나는 그에게 묻겠습니다. 만일 죄가 작다면, 왜 그가 그 죄를 버리지 않느냐고 말입니다. 그것이 당신에게 작은 쾌락을 준다 해도, 왜 그것을 거부하지 않는 것입니까? 예전에, 지금은 고인이 된 한 신사이자 부자였던 사람과 함께 그의 정원에서 걸었던 적이 있습니다. 그가 나를 붙들고는 이렇게 말을 하더군요. "얼마나 끔찍한지요, 목사님. 제가 세상의 작은 쾌락을 위해 내 영혼을 내팽개쳤으니, 그 값을 지옥에서 톡톡히 치르게 될 것을 내가 압니다!' 그는 말하면서 나를 뚫어지게 쳐다보았습니다. 그러나 우리가 함께 기도한 후에, 그리고 내가 그에게 구원의 길을 제시한 후에, 나는 고통스럽게도 그가 죄의 쾌락을 위해 그것을 선택했었다는 것을 알게 되었습니다. 사람이 고의로 죄를 선택할 때, 그가 반드시 선택의 값을 치르게 되리라는 것 외에 무슨 말을 할 수 있을까요? 지옥이 무섭다는 것을 당신이 알면서, 그리고 당신의 죄가 매우 작은 것처럼 가장하면서, 왜 당신은 죄를 선택하고 있습니까? 왜 그것을 거부하지 않습니까? 당신 자신이 잘 판단해 보길 바랍니다. 당신은 그렇게 작은 쾌락에 대해 형벌이 너무 심하다고 말하지만, 그렇다면 왜 당신은 그 쾌락을 택하는 것입니까? 벌이 더욱 무서울수록, 당신으로서는 어리석게도 하찮은 쾌락을 얻기 위해 그토록 큰 위험을 무릅쓰는 셈이 아닙니까? 죄인이여, 나는 당신에게 지옥의 공포의 값을 요구합니다. 그런 무서운 대가를 치르고서 죄를 사지 마십시오. 오히려 이렇게 말하십시오. "나는 내 영혼을 그렇게 값싸게 팔 수 없어요. 기껏해야 삶의 사소한 쾌락을 얻으려고 영원히 버려지는 보응을 받을 수는 없습니다."

다시 여러분에게 강조합니다. 예수 그리스도에 의한 구원의 계획은 매우 분명하고 매우 명확합니다. 그것은 "주 예수 그리스도를 믿으라, 그리하면 네가 구원을 받으리라"입니다. 종종 우리의 청중들이 말합니다. "오 그것은 너무 쉬워요. 너무 단순해요. 그리스도를 믿는 것 외에는 아무것도 없다니요." 나의 사랑하는 청중들이여, 그것이 그리 단순한 데도, 왜 당신은 그것을 받아들이지 않는 것입니까?

> "하늘의 기쁨을 경멸하는 자들은
> 지옥 가장 깊은 곳에 합당할 것이며,
> 이 사랑의 줄을 끊어 버리는 자들은
> 복수의 쇠사슬로 결박당할 것이라."

그리스도를 믿는 것이 그리 간단한 데도, 어찌 당신은 그분을 믿기를 거부할 수 있습니까? "믿는 자는 저주를 당하지 아니하리라"고 하나님이 말씀하시는데도, 왜 당신은 불신자로 살려 하는 것입니까? 오 불신앙에서 벗어나십시오. 그것은 독초와 쑥을 내는 뿌리입니다.

2. 이 뿌리가 우리 마음속에 있는지에 대한 조사

이제 다른 두 가지 요점들에 대해서는 아주 간략히 다루어야겠습니다. 여기 우리들 중 누군가의 마음속에 그러한 뿌리가 자라고 있습니까? 염려스럽지만, 그런 사람이 있으리라고 봅니다. 왜냐하면, 이 본문을 보면, 어떤 이들은 외적으로는 무지막지한 죄인으로 표출되지 않지만, 그 속에 독초와 쑥의 뿌리를 품은 사람들이 있는 듯 보이기 때문입니다. 그들은 하나님을 잊어버린 사람들로 묘사됩니다. 본문이 그들에 대해 이렇게 말씀하고 있습니다. "그 마음이 우리 하나님 여호와를 떠나서"(18절). 여기에 그 마음이 하나님에게서 떠난 사람들이 있습니까? 아주 개인적으로 나는 여러분 모두에게 이 질문을 제기합니다. 여러분은 모두 하나님을 따르는 자들입니까? 만일 당신의 마음이 하나님을 사랑하지 않으면, 하나님을 사랑하지 않는 그 마음은 당신에게 지옥의 고뇌를 안겨주는 뿌리가 될 것입니다. 지존자를 사랑하지 않는 것은, 비록 안식일을 어기지도 않고 저주나 헛된 맹세를 하지 않았다 하더라도, 당신에게 독초와 쑥을 내는 뿌리와 같습니다. 본문의 다음 구절에 "그 모든 민족의 신들에게 가서"라고 기록되어 있습니다. 당신은 하나님보다 더 좋은 무언가를 사랑하고 있습니까? 당신은 돈을 위해 살아갑니까? 그것이 당신의 지상 목표입니까? 당신은 명예를 추구합니까? 당신의 전 삶을 바치는 것이 무엇이건, 그것이 바로 당신의 신입니다. 여기에 자기 자신을 위해 살아가는 사람이 있습니까? 만일 그렇다면, 비록 당신이 외적으로는 가장 존경받을 만한 사람이라 할지라도, 당신이 하나님 외에 다른 무언가를 위해 살아간다면, 그것이 독초와 쑥을 내는 뿌리가 될 것입니다. 아, 나의 사랑하는 청중들이여, 이 말을 하면서 내 눈에서 눈물이 쏟아질 것 같습니다. 여러분 중 얼마나 많은 사람들이 이런 상태에 있을까 생각하니, 내 머리는 아프고, 내 마음은 불붙고 있습니다. 당신은 장차 당신에게 진노를 가져올 것을 위해 살아가고 있습니다. 이 점을 깊이 생각하십시오. 내가 만일 참되지 않은 것을 말하고 있다면 내 말을 거부하십시오. 그러나 하나님, 나의 주님께서 내 마음속에 당신에게 할 말을 주시고, 경고와 더불어 그 말을 전하라 하십니다.

또한, 이 뿌리는 형벌을 믿지 않는 모든 사람들 속에 있습니다. 이 본문 다음의 구절은 그 심중에 스스로 복을 빌며 이렇게 말하는 한 사람에 대해 언급하고 있습니다. "내 마음이 내키는 대로 살아도 평화를 누릴 수 있을 거야." 당신이 그렇게 말하고 있습니까? 만일 그렇다면, 당신의 마음속에는 악한 뿌리가 있는 것입니다. 완고함과 경솔함이야말로 영벌(永罰)의 가장 확실한 표지입니다. 만일 당신이 오늘 아침에 "좋아, 한 번 시도해 볼 테야. 모든 위험을 감수하고서라도 나는 죄의 쾌락을 즐길 테야"라고 말한다면, 바로 당신이 그런 사람입니다. 나는 그 뿌리가 아직 싹을 틔웠다고 말하지 않습니다. 그러나 당신의 속에 그 뿌리가 있습니다. 진정 하나님의 말씀이 참되다면, 당신이 그 상태에서 죽게 되면, 당신은 그 뿌리가 영원토록 독과 쑥을 내뿜는다는 것을 알게 될 것입니다.

3. 그 뿌리와 열매로부터 구원을 얻는 길

마지막 요점은, "그러면 우리가 어떻게 그것을 제거할 것인가?"하는 것입니다. 이 독초와 쑥으로부터 구원 얻을 가능성이 있습니까? 있습니다. 그리스도를 의지하는 사람은 누구든지 그 독초와 쑥을 제거할 것입니다. 어떻게요? 독을 마시지 않으려면, 독을 땅에 쏟아야 합니까? 아니요, 그것을 삼켜야 합니다. 죄의 모든 쓰라린 결과들을 감내해야 합니다. 들어 보십시오. 그리스도께서 그분을 믿는 모든 영혼을 위해 그 독을 마셨습니다. 그분이 당신을 위해 그 독과 쑥을 다 삼키셨습니다. 이제 당신은 그분을 믿기만 하면 됩니다. 우리 주님에게로 와서 안식하십시오. 그러면 당신에게 한 방울의 독과 쑥도 남지 않았음을 알게 될 것입니다. 그리스도께서 그 동산에서와 피 흘리신 그 나무에서 당신이 감당해야 할 모든 저주를 감당하셨기 때문입니다. 그분의 인격 안에서, 당신이 짊어졌어야 할 죄의 모든 결과를 그분이 친히 짊어지셨기 때문입니다.

자, 당신은 이렇게 말하겠지요. "하나님, 그 일로 인해 감사드립니다. 그러나 제가 그 뿌리 자체를 어떻게 자를 수 있을까요?' 죄의 형벌로부터 벗어나기 위해서, 당신은 죄 자체로부터 벗어나야만 합니다. 그리고 그렇게 하는 방법은 바로 이것입니다. 당신은 당신 자신의 영혼 속에서 죄가 쓰린 것임을 깊이 느껴야 합니다. 만일 당신이 이것을 느끼지도 않고 인정하지도 않는다면, 당신은 결코 은혜를 발견할 수 없습니다. 내 사랑하는 형제여, 만일 죄가 당신 입에 달콤한 별식과 같다 해도, 당신의 위에는 영원히 쓴 독과 같을 것입니다. 또한 당신이 죄를 사랑하는 한 당신은 하나님을 사랑할 수 없습니다. 당신은 하나님께 나아가서 기도해야 합니다. "주여, 이 죄들을 내게서 떼 내어 주소서. 큰 죄이건 작은 죄이건, 저에게서 하나라도 남기지 마소서." 나를 주목하십시오. 당신이 그리스도를 믿는다고 말할 수 있어도, 만일 당신이 죄를 사랑한다면 당신은 죄로 인해 고통을 겪게 될 것입니다. 이제, 당신의 가슴을 영원하신 분 앞에 있는 그대로 보이십시오. 그리고 이렇게 아뢰십시오. "오 하나님, 당신은 나의 죄들을 보십니다. 당신은 내가 사랑했던 악을 보십니다. 나는 이제 그것을 미워합니다. 주여, 죄를 이길 수 있도록 나를 도와주소서. 나로 하여금 내 죄의 희생자가 되지 말게 하소서."

"내가 가장 아꼈던 우상,

그 우상이 무엇일지라도,
당신의 보좌 앞에서 그것을 깨뜨리도록 저를 도우시고
영원히 당신만을 섬기게 하소서."

지난 과거에 대해서는, 당신의 사랑하는 아들의 피로 저를 씻어주소서. 현재에 대해서는, 당신의 성령을 내려 주시어 당신의 법을 내 마음에 새겨 주소서.

나는 이 아침에 죄인들에게 호소하기를 원했습니다. 나는 내 마음속에 그 생각을 품고서 당신에게 축복과 저주에 대해 말했습니다. 그리고 이런 말을 하리라 마음먹었습니다. "하나님의 은혜로 영원한 생명을 취하고, 당신의 죄들을 떠나 보내십시오. 예수님을 믿으십시오. 세상의 쾌락들과 작별하십시오." 그러나 만일 내가 당신에게 제대로 호소할 수 없다면, 성령 하나님께서 이후에라도 당신의 양심에 호소하시도록 기도할 것입니다. 죄는 당신에게 즐거움을 가져다줄 수 없습니다. 사람이여, 그것은 결국에는 당신에게 유익이 되지 않습니다. 당신은 지금 작은 돈이나 쾌락을 얻을지 몰라도, 그것 때문에 결국 영원을 잃게 될 것입니다. 설혹 당신의 존재가 지상에서 끝난다 해도, 나는 당신의 가장 큰 행복이 그리스도인이 되는 것이라고 믿습니다. 그러나 이 세상은 결코 끝나지 않은 삶의 첫 번째 혹은 두 번째 단계에 불과합니다. 성령 하나님께서 당신의 마음을 감화하시기를 바랍니다. 그리하여 당신이 영원히 지속될 것을 선택하며, 무덤에 묻히는 것을 선택하지 않게 하시기를 바랍니다. 오 삶의 덧없음 때문에, 죽음의 확실성 때문에, 하나님의 심판 때문에, 죄에 대한 그분의 증오 때문에, 결코 줄어들지 않는 지옥의 불꽃 때문에, 눈물이 영원토록 흘러내릴지라도, 그리스도께 피하십시오. 오 당신이 지금 그분에게 피하여 그분의 죽음에서 생명을 발견하고, 그분의 상처에서 치유를 발견하며, 그분의 공로를 통해 영원한 긍휼을 발견하길 바랍니다.

제
13
장

—

소박한 사람들을 위한 소박한 복음

—

"내가 오늘 네게 명령한 이 명령은 네게 어려운 것도 아니요 먼 것도 아니라. 하늘에 있는 것이 아니니 네가 이르기를 누가 우리를 위하여 하늘에 올라가 그의 명령을 우리에게로 가지고 와서 우리에게 들려 행하게 하랴 할 것이 아니요, 이것이 바다 밖에 있는 것이 아니니 네가 이르기를 누가 우리를 위하여 바다를 건너가서 그의 명령을 우리에게로 가지고 와서 우리에게 들려 행하게 하랴 할 것도 아니라 오직 그 말씀이 네게 매우 가까워서 네 입에 있으며 네 마음에 있은즉 네가 이를 행할 수 있느니라." — 신 30:11-14

우리 주 예수 그리스도께서는 요한복음 5장 46절에서 이렇게 말씀하십니다. "모세가 내게 대하여 기록하였음이라." 그러므로 우리는 모세가 율법에 대해서뿐 아니라 복음에 대해서도 말했다고 안전하게 해석할 수 있습니다. 진정 율법 그 자체는 사람을 복음으로 이끄는 것을 주된 목적으로 주어진 것입니다. 그것은 사람들에게 그들 자신의 행위로는 구원이 불가능함을 보이고, 그리하여 그들을 죄인들에게도 열려 있는 구원의 길로 몰아넣는 기능을 합니다. 여러 제사와 정결 의식의 모형들은 믿음에 의한 죄의 용서를 가리키고 있으며, 죄인들이 그들 자신에게서 나오지 않은 의(義)에 의해 용납되는 것을 보여주고 있습니다. 오늘 본문은 틀림없이 모세가 앞으로 오실 구원자에 대해 기록한 구절들 중의 하나입니다.

그렇지만, 우리는 이것을 추측으로 남겨두어서는 안 됩니다. 왜냐하면 사도 바울이 성령의 지도 아래 이 구절을 로마서 10장에서 인용했기 때문입니다. 그는 이 구절을 일종의 의역(意譯)으로 풀어서 제시합니다. 즉 이 구절을 문자 그대로 정확히 인용하는 것이 아니라, 그 의미를 제시하며, 그런 다음 그 의미에 그 자신의 해석을 가미합니다. 그가 하나님의 성령의 직접적인 감화를 받고 있었음을 고려하면, 그 해석은 결정적이라고 받아들일 수 있습니다. 하나님의 성령은 그분이 모세를 통해 하신 말씀의 의미를 가장 잘 아십니다. 심지어 모세 자신도 그가 한 말의 전부를 이해하지 못했을 수도 있으나, 성령님이 의도하신 의미는 명백해야 합니다. 그렇지만 나는 모세가 바울이 의역으로 풀어 쓴 말의 뜻을 의중에 담고 있었다고 믿습니다. 그리고 모세는 하나님의 전체 계시 중 고대에 부분적으로 나타난 것을 말했으며, 그 구절이 내포한 핵심 정신 곧 복음의 정신은 우리 주 예수 그리스도에 의해 우리에게 더 완전히 선포되었다고 믿습니다. 만일 우리가 시내 산에서 주어진 율법을 행위 언약이라고 간주한다면, 이 경우에 모세는 시내 산 율법에 대해 말하는 것이 아닙니다. 나는 이것을 29장 1절을 읽음으로써 여러분에게 보일 수 있습니다. 29장 1절은 우리 앞에 있는 이 본문 구절의 서문이라 할 수 있습니다. 거기서 이렇게 말씀하고 있습니다. "호렙에서 이스라엘 자손과 세우신 언약 외에 여호와께서 모세에게 명령하여 모압 땅에서 그들과 세우신 언약의 말씀은 이러하니라." 우리는 모세가 지금 하나님의 구원의 길을 모형의 형태, 제사제도들, 그리고 모세 시대의 계명들의 형태로 말하고 있다고 이해해야 합니다. 그것을 바울은 "믿음의 의"라고 부릅니다. 바울은 모세가 복음 자체를 말하고 있다고 보며, 이 훌륭한 표현들을 통해 '은혜에 의한 구원'에 대해 말하고 있다고 해석합니다.

이 말들이 구원의 길을 의미하고 있다는 점은 명백합니다. 그것은 하늘의 신비로 감추어지지 않았습니다. "하늘에 있는 것이 아니니 네가 이르기를 '누가 우리를 위하여 하늘에 올라가 그의 명령을 우리에게로 가지고 와서 우리에게 들려 행하게 하랴' 할 것이 아니요"(12절). 그것은 깊은 심연 속에 드러나지 않은 비밀로 숨겨져 있는 것도 아닙니다. "이것이 바다 밖에 있는 것이 아니니 네가 이르기를 '누가 우리를 위하여 바다를 건너가서 그의 명령을 우리에게로 가지고 와서 우리에게 들려 행하게 하랴' 할 것도 아니라"(13절). 오히려 구원의 길은 우리 가까이에 있으며, 손에 닿을 수 있는 형태로 주어졌으며, 우리가 충분히 이해할 수 있도록 제시되었습니다. 인간의 언어로 우리에게 들려진 것이며, 인간의 감정의 테두리 내에서 수용할 수 있게끔 주어졌습니다. 우리는 그것을 우리 입으로 말할 수 있고, 우리 마음으로 즐거워할 수 있습니다. 그것은 가정에서도 흔히 소장할 수 있는 보배이지, 낯선 외국에만 있는 진기한 보화가 아닙니다. 그것은 우리에게서 멀리 동떨어져서 먼 곳까지 여행하는 사람에게만 발견되는 것이 아니며, 또한 너무 숭고하고 어려워서 하늘까지 솟아올라 일곱 겹으로 봉인된 책의 비밀들을 샅샅이 찾아 뒤지는 사람들만 이해할 수 있는 것도 아닙니다. 모세가 말하듯이, 그것은 우리에게 "매우 가까이" 있습니다. 복음을 듣는 우리 각 사람에게 매우 가까워서, 모세는 그것을 단수의 형태로 표현합니다. "오직 그 말씀이 네게 매우 가까워서, 네 입에 있으며, 네 마음에 있은즉, 네가 이를 행할 수 있느니라"(14절).

1. 명백하고 단순한 구원의 길

그래서 나는 이 아침의 설교에서 이것을 첫 번째 요점으로 삼아 시작할까 합니다. 구원의 길은 명백하고 단순하다. 당신은 그것을 찾기 위해 하늘을 향해 찾아볼 필요도 없고 바다 쪽을 바라볼 필요도 없습니다. 그것은 여기 당신 앞에 있습니다. 당신의 혀 가까이에 있으며, 당신의 마음에서 동떨어져 있지 않습니다. 당신은 높은 곳까지 오를 필요도 없으며, 심오한 곳까지 내려갈 필요도 없습니다. 그것은 공개된 비밀로 당신 앞에 놓여 있습니다. 모세가 앞 장의 마지막 구절에서 말한 것과 같습니다. "감추어진 일은 우리 하나님 여호와께 속하였거니와, 나타난 일은 영원히 우리와 우리 자손에게 속하였나니"(신 29:29).

나는 만일 우리가 하나님의 성품을 숙고한다면 이런 일을 기대할 수 있을 것이라고 생각합니다. 그분이 바로 놀라운 계시를 주셨습니다. 하나님께서 인간에게 그의 구원의 관점에 대해 말씀하실 때, 그분의 지혜로 인간이 이해될 수 있게 말씀하시리라는 점은 자연스럽습니다. 교사들이 애매모호하게 말하는 것은 지혜가 아닙니다. 잘 가르치려면, 배우는 사람의 수용 능력에 자신을 맞추는 것이 필요합니다. 이상하게도 어떤 사람들은 이해하기 어렵다는 이유로 지혜의 명성을 얻기도 합니다. 그러나 그런 지혜는 허무맹랑한 것이며, 진실된 사람들에게는 가치가 없습니다. 만일 그들이 진정으로 높은 지혜를 가지고 있다면, 무언가에 대해 가르칠 때 문제를 명확하게 풀어 제시할 것입니다. 일반적인 법칙으로, 어떤 연사의 연설이 청중들에게 명쾌하지 못하면, 그것은 연사 자신의 생각이 명쾌하지 않기 때문입니다. 이런 일은 모든 것을 아시고 또한 모든 것을 있는 그대로 보시는 그분에게는 있을 수 없는 일입니다. 지혜로우신 하나님은 그분의 방식대로 우리에게 모든 지혜와 분별력을 나누어 주시고, 그분의 뜻을 우리에게 알려 주십니다. 가르치실 때 그분은 알아듣도록 가르치시며, 설명하실 때 명확하게 설명해 주십니다. 물론 죄악된 인간의 생각은 우둔할 수도 있고, 또 실제로 우둔하기도 합니다. 그러나 계시 자체에는 어떤 모호함도 없기 때문에 인간이 자신의 우둔함을 핑계할 수 없습니다. 무한히 지혜로우신 하나님은 너무나 중요한 구원의 계시를 우리에게 주시면서, 그것을 어둠 속에 방치해 두어 보통의 생각을 가진 사람들이 아무리 이해하려 해도 이해할 수 없도록 만드시지 않습니다. 하나님께서는 의미가 통하도록 계시하셨으며, 계시가 명확하지 못해서 인간이 천국에 들어가지 못하는 일은 없게 하셨습니다.

　우리는 명확하고 단순한 계시를 기대합니다. 왜냐하면 어떤 개선도 필요 없을 정도로, 하나님께서 계시를 그 목적에 가장 부합되게 만드셨기 때문입니다. 어떤 발명품이 대중의 눈에 처음 공개될 때에, 만일 그것이 너무 복잡하다면, 당신은 틀림없이 그 발명품이 아직 초기 단계이기 때문일 것이라고 간주할 것입니다. 그리고 기술이 개선될수록 그 발명품은 더 단순화되지요. 거의 모든 기계의 개조 과정에서, 더 완벽해질수록, 사용법은 더 단순해집니다. 그리고 마침내 그 발명품이 완벽해지면, 그것은 독특하게 단순합니다. 하나님의 생각에서 나온 것은, 완벽하기 때문에, 곧바로 의도된 목적에 부합됩니다. 물론 신적 계시의 어떤 부분들은 이해하기 어렵다는 것을 나는 인정합니다. 그러나 이런 것들은 우리의 교육을 위한 것이며, 우리의 생각과 정신을 사용해서 성령의 인도에 의해 자라도록 하기 위함입니다. 그러나 구원의 문제 곧 영혼의 삶과 죽음이 관련된 문제에 있어서는 그 가르침이 선명히 제시될 필요가 있으며, 우리의 지혜롭고 은혜로우신 주님께서는 그 필요성을 충족시켜 주십니다. 회개와 믿음, 용서와 칭의 등과 관련된 모든 중요한 문제에 있어서 모호함은 없으며, 모든 것이 지극히 명백합니다. 달려가면서도 읽을 수 있으며, 읽으면서도 달릴 수 있을 정도입니다.

이런 일을 기대할 수 있는 것은 하나님의 은혜로우신 배려 때문입니다. 그분이 떨며 구원의 길을 찾는 자에게 말씀하실 때, 그분은 이해할 수 없는 박사의 방식으로 말씀하시는 것이 아닙니다. 오히려 아버지가 자녀를 대하듯이, 자녀가 아버지의 마음을 잘 알아듣기를 바라는 마음으로 대화하듯 말씀하십니다. 그분은 그 길을 너무나 선명하게 제시하셨기 때문에, 길을 가는 여행자가 비록 바보라 할지라도 그 길을 잃지 않을 것입니다. 그분은 그분의 위대한 생각을 잘게 나누어 우리의 좁은 이해 능력에 맞추어 전하십니다. 그분은 무지한 자들을 불쌍히 여기시며, 또한 기꺼이 아기들의 교사가 되어 주십니다. 진실로 주 우리 하나님께서 우리에게 전해 주시는 지식은 그 자체로는 숭고한 것이지만, 그러나 그분의 가르침의 방식은 부드러우십니다. 그분은 계속해서 가르쳐 주시고, 한 줄 한 줄씩 가르쳐 주시며, 이곳저곳에서 조금씩 친절히 가르쳐 주십니다. 그분은 어중간하게 내려오신 것이 아니라, 자기를 낮추시어 인간의 낮은 상태로까지 내려오셨고, 이 계시들을 세상의 지혜 있는 자들에게는 감추시더라도, 어린 아이들에게는 알려 주시기를 기뻐하십니다. "옳소이다. 이렇게 된 것이 아버지의 뜻이니이다"(마 11:26).

기억하십시오, 내 형제들이여. 우리의 위대하신 주님은 인간의 교만을 위해서는 어떤 것도 제공하지 않으십니다. 그분은 지성의 교만을 다른 종류의 교만에 못지않게 미워하십니다. 어떤 육체도 그분 앞에서 영광을 취할 수 없습니다. 그분은 교만한 자들로 하여금 그들의 술책에 빠지게 하시고, 반면에 겸손한 자들과 온유한 자들을 높이 올리십니다. 그러므로 우리는 그분이 목동들과 어부들이 알아듣는 말로 말씀하실 것을 기대할 수 있습니다. 비록 다른 사람들은 그들을 무지하고 학식 없는 사람들이라고 부를 테지만, 주님께서는 이 세상의 지혜로운 자들로 하여금 더 천한 사람들 위에 스스로를 높이지 못하게 만드십니다. 계시의 진리들을 평범한 사람들이 이해할 수 없는 학문적인 용어들로 표현하여 스스로 뛰어나다고 생각하는 계층이 복음의 은총을 독점하도록 하는 것은 전능하신 주 하나님의 의도가 아닙니다. 우상 숭배의 다양한 체계들은 그들의 헛된 가르침을 신비의 비밀로 둘러싸려고 애를 씁니다. 그러나 우리 하나님의 말씀은 세상의 기초가 놓인 때로부터 감추어진 것들을 드러내십니다. 우리가 확신할 수 있는 것은, 하나님께서 인간을 대하실 때, 그분이 인간의 지혜로 하여금 스스로를 자랑하지 못하게 하시리라는 것입니다. 누구도 자기 지혜를 자랑할 수 없으며, 인간의 교양이란 하나님의 복음을 효과적으로 이해하는데 필요한 하나의 보조수단일 뿐입니다. 철학은 임마누엘의 나라에서 장막을 세우고 이렇게 외치지 못합니다. "나는 스스로 존재하며, 나와 같은 이가 없다." 하나님의 방식은 겸손하고 통회하는 자들에게 낮아져서, 그분의 구원이 상한 심령에게 기쁨이 되도록 하는 것입니다. "주의 대적으로 말미암아 어린 아이들과 젖먹이들의 입으로 권능을 세우심이여"(시 8:2). 살아 계신 하나님을 아는 자들은 이런 말씀을 읽을 때에 의아해하지 않습니다. "기록된 바 내가 지혜 있는 자들의 지혜를 멸하고 총명한 자들의 총명을 폐하리라 하였으니, 지혜 있는 자가 어디 있느냐? 선비가 어디 있느냐? 이 세대에 변론가가 어디 있느냐? 하나님께서 이 세상의 지혜를 미련하게 하신 것이 아니냐? 하나님의 지혜에 있어서는 이 세상이 자기 지혜로 하나님을 알지 못하므로 하나님께서 전도의 미련한 것으로 믿는 자들을 구원하시기를 기뻐하셨도다"(고전 1:19-21).

우리가 구원 계획의 목적을 기억할 때, 우리는 또한 복음의 단순성을 기대할 수 있습니다. 하나님께서는 복음으로 인간을 구원하기를 명백히 의도하셨습니다. 그분은 모든 사람들에게 복음을 전하라고 우리에게 명하십니다. 모든 사람에게 전해지려면 단순한 복음이어야 할 필요가 있습니다. 내가 온 마음으로 하나님께 감사하기는, 여기서 현인(賢人)도 어린 아이와 같은 부류에 놓인다는 것입니다. 어린 아이가 복음을 받아들이듯이 현인도 그렇게 복음을 받아들여야 합니다. 만일 하나님의 은혜가 저 가난한 마을에서 가장 교육을 받지 못한 사람에게도 주어지는 것이라면, 그는 대학에서 가장 심오한 학자와 마찬가지로 복음을 잘 이해하고 받아들일 수 있어야 합니다. 여러분 중에 누구라도 그렇지 않으면 좋겠다고 여기는 사람이 있습니까? 그렇게 몰인정한 사람이 있습니까? 복음에 울타리가 쳐져서 귀족들을 위해서만 개방되어야 하겠습니까? 대중들의 멸망을 희생으로 하여 교양 있는 소수만이 만족해야 하겠습니까? 하나님이 금하십니다. 배우지 못한 많은 사람들도 구원의 복음의 가르침을 이해할 수 있어야 합니다. 모든 관대한 마음을 가진 사람들은 "가난한 자에게 복음이 전파되는"(마 11:5) 것을 기쁘게 생각할 것입니다. 형제들이여, 많은 사람을 구원하기 위해, 진리는 매우 단순하여 쉽게 이해될 수 있어야 합니다. 많은 사람들이 꼭 필요한 노동에 종사하고 있기 때문입니다. 아침부터 밤까지 그들의 손은 썩어질 빵을 위해 부지런히 일해야 합니다. 그들의 생각은 주로 일상의 노고와 관련되어 있습니다. 나는 많은 사람들이 일상생활의 근심거리들로 많은 짐을 지고 있다는 것을 인정합니다. 더 나아가, 대부분의 사람들은 꼭 필요한 일을 하느라 세밀하게 공부하거나 꾸준하게 사색하기가 어렵다는 것을 압니다. 그래서 그들은 끝도 없는 토론에 진을 빼지 않고도, 한 번에 이해하고 구원을 얻을 수 있어야 합니다. 만일 사람들이 수주나 몇 달에 걸쳐 신중히 공부하고도 구원받을 수 없다면, 그들은 영영 잃어버린 자가 될 것입니다. 통상적인 이해 수준을 넘는 구원이라면, 그 구원은 없는 것이나 다름없습니다. 우리의 노동자들은 그들이 일용할 양식을 위해 일하는 동안에도 들을 수 있고 생각할 수 있는 복음을 필요로 합니다. 그것은 태양처럼 선명해야 하고, 우리가 'A B C'를 읽듯 단순해야 합니다. 그래야만 그들이 기억할 수 있습니다. 소년의 메모지에 한 문장으로 쓸 수 있는 복음을 제게 주소서! 혹은 소녀의 연습장에도 메모될 수 있는 복음을 가르치게 하소서! 시골집의 가난한 농군도 배울 수 있고, 사랑할 수 있고, 그에 따라 살 수 있는 복음을 제게 주소서!

우리의 동료인 대중은 매우 바쁠 뿐만 아니라 그들의 가난이나 기타 여러 형편들로 인하여 매우 높은 수준의 교육을 받기는 어렵습니다. 우리로서는 여러 교육 기관들에서 실시하는 교육에 그저 감사하고 있습니다. 그러나 이런 교육기관들은 영원하고 영적인 것들을 위하기보다는 현재의 세상을 위해 운영되고 있습니다. 사람들은 책이 가르치는 지식을 모두 습득할 수 있지만, 하늘의 진리에 이르는 지식에는 조금도 가까이 할 수 없습니다. 하늘의 지식은 다른 종류의 지식이며, 어떤 졸업증명서나 수료증을 얻지 못한 사람들에게도 개방되어 있습니다. 성경이 진실임을 아는 자들, 그리고 그 속에서 구주를 발견한 자들은, 학교 교육으로 그 수준에 도달한 것이 아닙니다. 우리는 그들 각 사람에 대해 이렇게 말할 수 있습니다. "네가 복이 있도다 이를 네게 알게 한 이는 혈육이 아니요 하늘에 계신 내 아버지시니라"(마 16:17). 생명의 말씀이 죄인들을 위한 것이지, 철학자들을 위한 것이 아닙니다. 그러므로 그 메시지는 명확하고 분명해야 합니다.

게다가, 복음이 매우 명백할 것이라고 우리가 기대하는 이유는, 그렇지 않으면 정신이 아직 미숙한 많은 사람들이 그것을 받아들일 수 없기 때문입니다. 어린이들을 기억하십시오. 우리의 어린 아들과 딸들이 구주께서 하신 말씀을 얼마나 잘 이해하고 받아들이는지요. 주님께서 이렇게 말씀하셨습니다. "어린 아이들이 내게 오는 것을 용납하고 금하지 말라"(막 10:14). 만약 구원을 얻기 위해서 우리의 아이들이 모두 학식 있는 성자들이 되어야 한다면, 그들이 주님을 알기 전에 한 달에 한 번 혹은 두 번씩 발행되는 잡지에서 토론되는 주제들을 모두 이해해야만 한다면, 정말이지 그렇게 딱한 일이 어디 있겠습니까? 그렇다면 우리는 차라리 어린이들이 반드시 멸망하고 말리라는 확신을 가지고서 주일학교를 닫는 편이 낫겠습니다. 그게 아니면 적어도 그들이 어른이 될 때까지 기다려야 할 것입니다. 그렇게 되기를 바랍니까? 오 선생들이여! 나는 여러분이 그것을 원치 않는다고 확신합니다. 오히려 여러분은 그 어린 양들을 모으는데 도움이 되어주시겠지요!

또한 기억하십시오. 노년의 사람들 중에도 정신이 다시 약해지는 경우가 많습니다. 한창 때에 놀라운 지적 능력을 보여준 사람들 중에 많은 세월을 보낸 후에 그 능력이 약해지는 경우가 얼마나 많은지요! 우리는 보는 것과 듣는 것이 약해진 노인도 이해할 수 있는 복음을 원합니다. 그들이 기억이 약해지고 판단력이 흐려질 때에도 이해할 수 있는 복음을 좋아합니다. 우리는 제2의 유아기를 보내는 사람들에게도 제시할 수 있는 복음을 원합니다. 그렇지 않으면 우리의 존경할 만한 어르신들이 오랫동안 의지하고 걸었던 지팡이를 잃어버리게 될 것이며, 또한 예수님께 대한 믿음 없이 인생의 열한시에 도달한 나이 든 사람들이 절망 속에 버려질 것이기 때문입니다. 당신은 그렇게 되기를 바랍니까? 우리 중에는 그렇게 되기를 바라는 이가 아무도 없을 것입니다.

또 기억하십시오. 모든 면에서 약한 지력을 가지고 있는 사람들, 지적이기보다는 저능에 가까운 사람들이 많이 있습니다. 충분한 사고와 추론 능력이 없으며, 이해력이 극도로 좁은 영역에 제한된 이들이 있습니다. 이들이 복잡하고 철학적인 복음에 의해 배제되어야 하겠습니까? 우리는 그렇게 생각할 수 없습니다. 오히려 우리는 이렇게 증언합니다. 우리에게는 믿음이 강하여 하나님께 영광을 돌리는 사람들이 있으며, 구원의 교리들에 대해 잘 가르침을 받은 사람들이 많이 있습니다. 비록 그들이 거만한 지성인들의 판단으로는 완전히 무시를 받는다 하더라도 말입니다. 우리 구원의 복음은 지혜로운 사람들뿐 아니라 정신이 박약한 사람들도 구원합니다. 이 복음의 효력은 재빠르고 명석한 사람들에게뿐 아니라 느리고 둔한 사람들에게도 미칩니다. 그런 것이 좋지 않습니까? 주께서는 다른 것을 거의 이해하기 어려운 사람도 이해할 수 있는 복음을 주셨습니다. 그분은 약해서 떠는 다리도 안전하게 디디고 설 수 있는 구원의 길을 우리에게 제시해주셨습니다. 우리의 복음은 우리에게 상상력의 날개를 달고 숭고한 하늘에까지 솟구쳐 올라갈 것을 요구하지 않으며, 가늠할 수 없는 신비의 바다 밑바닥까지 잠수할 것을 요구하지 않습니다. 주님은 그것을 우리 가까이에 가지고 오셨고, 그것을 우리 입에 넣으셨으며, 우리 마음에 담아 주셨으며, 평범한 부류인 우리들이 그것을 취하여 그 복을 누리도록 하셨습니다.

나의 친구들이여, 만약 복음이 어렵고 복잡하다면 죽은 것이나 다름없다고 생각하지 않겠습니까? 신비의 미로에서 성도들이 어떻게 위로를 발견할 수 있겠습니까? 우리는 종종 임종에 가까운 사람들을 방문하도록 요청을 받습니다. 하나님도 없고 소망도 없이 심판을 통과해야 하는 사람들입니다. 회개하지 않고서 영원한 세계의 경계에 서 있는 사람을 대하는 일은 언제나 나를 떨리게 만듭니다. 만약 우리에게 그런 사람에게 들고 갈 복음이 없다면, 죽음의 그림자 속에서 정신이 혼미한 사람에게조차 분명히 제시될 수 있는 복음이 없다면, 우리는 차라리 다시는 그런 병자를 방문하지 않을 것이며, 그렇게 소망도 없이 죽어가는 사람을 다시 만나고 싶지 않을 것입니다. 우리는 마치 환자가 약 한 모금을 마시듯이 받아들일 수 있는 복음을 필요로 합니다. 더 바람직한 것은, 마치 침상에 누운 환자에게 간호사가 시원한 물을 마시게 하듯이 제시할 수 있는 복음을 우리는 필요로 합니다. 많은 사람들을 구원하려 하고, 또한 지적이지 못한 사람조차 구원하려 하는 복음의 목적으로부터, 우리는 복음이 매우 단순할 것임을 예상할 수 있으며, 실제로 그러하다는 것을 발견합니다.

게다가 친애하는 벗들이여, 만일 우리가 복음의 결과를 본다면, 복음이 단순하다는 것을 알게 됩니다. "형제들아 너희를 부르심을 보라 육체를 따라 지혜로운 자가 많지 아니하며 능한 자가 많지 아니하며 문벌 좋은 자가 많지 아니하도다. 그러나 하나님께서 세상의 미련한 것들을 택하사 지혜 있는 자들을 부끄럽게 하려 하시고 세상의 약한 것들을 택하사 강한 것들을 부끄럽게 하려 하시며, 하나님께서 세상의 천한 것들과 멸시 받는 것들과 없는 것들을 택하사 있는 것들을 폐하려 하시나니"(고전 1:16-28). 하나님의 선택은 대개 정직하고 순수한 사람들, 논쟁하기보다는 기꺼이 믿으려 하는 사람들입니다. 성령께서 그들의 마음을 여셨습니다. 그분은 그들로 하여금 교묘하게 구실을 늘어놓도록 하지 않으셨습니다. 그분은 그들에게 끝없는 의심의 열쇠를 쥐어주지 않으셨으며, 결국에는 아무것도 얻지 못하도록 만들지 않으셨습니다. 오히려 그분은 그들의 마음을 돌려

주 예수님께로 쏠리게 하시고, 그들의 영혼이 그분의 음성을 듣고 살도록 하셨습니다. 그래서 이런 결과가 따랐습니다. 주 예수를 따르는 자 중 많은 이들이 지혜롭고 철학적이라는 평가를 받으려 애를 쓰지 않습니다. 그들은 오히려 능숙한 사변가들이기보다는 계시를 믿는 자가 되는 것에 만족합니다. 우리들에게 십자가에 못 박힌 그리스도를 아는 지식은 모든 지식 중에서 가장 뛰어나며, 십자가의 교리는 모든 철학들 중에서도 가장 숭고합니다. 우리는 우리 주님의 말씀을 "사상가들"처럼 논쟁하기보다는 어린 소자들처럼 받아들입니다.

복음을 잘 받아들이도록 전했던 설교자들은, 그들의 자연적인 재능과 능력이 어떠했건 간에, 거의 언제나 아주 명백한 화술을 선호한 사람들이었습니다. 그들은 복음이 그 자체로 너무나 아름다워서 그것을 저속한 장식품으로 꾸미는 것은 오히려 복음에 불명예가 된다고 느꼈습니다. 그들은 바울처럼 이렇게 말할 수 있었습니다. "만일 우리의 복음이 가리었으면 망하는 자들에게 가리어진 것이라"(고후 4:3). "우리는 명백한 화술을 사용한다." 우리는 그 얼굴에 수건을 쓴 모세와 같지 않습니다. 하나님의 참된 종들은 할 수 있는 한 모든 수건을 제거합니다. 그리고 힘써 십자가에 못 박히신 그리스도를 명백하게 사람들에게 전하려 합니다. 그들이 이런 일을 더 많이 할수록, 하나님께서 더욱 기뻐하시고 그들의 메시지를 영혼의 회심을 위해 사용하십니다.

그러나 사랑하는 이여, 나는 우리가 보는 것이나 추측하는 것에 근거하여 논쟁할 필요를 못 느낍니다. 나는 당신이 계시 그 자체를 보기를 바랍니다. 그리고 그것이 우리에게 얼마나 가까이 있는지를 알기를 바랍니다. 심지어 모세 시대에도, 어떤 계시들은 얼마나 명백했었는지요! 인간이 죄인이라는 것은 모든 이스라엘 백성들에게 명백했음에 틀림없습니다. 그렇지 않다면 왜 그들이 희생 제사를 드리고, 왜 정결 의식을 지켰겠습니까? 레위기의 제도 전체는 인간이 죄를 범하였음을 크게 선언하는 것입니다. 십계명 전체도 천둥치듯이 이 진리를 널리 공표하는 것입니다! 이스라엘 백성들이 그것을 모를 리가 없었습니다. 구원이 희생 제물에 의한 것임이 명백했습니다. 매일 아침과 저녁에 어린 양을 제물로 드리지 않은 날이 없었습니다. 일년 내내 특별한 희생 제물을 드렸고, 그에 따라 피에 의한 속죄의 교리가 분명히 선언되었습니다. "피 흘림이 없은즉 사함이 없느니라"는 말씀이 레위기에도 분명히 기록되었습니다(레 17:11; 히 9:22). 믿음의 교리 역시 너무나 분명했습니다. 희생 제물을 가져오는 각 사람은 자신의 죄를 고백하며 죽임을 당할 그 제물 위에 손을 올렸습니다. 그리고 손을 올리는 그 행위로써 그는 자신의 죄를 제물에게로 전가하였습니다. 그런 행동을 통해 우리가 하나님이 허락하신 대속 제물을 인정하고, 또한 속죄의 은혜를 받아들인다는 믿음이 전형적으로 묘사되었습니다. 정결하게 되는 것이 제물 그 자체의 효력이 아니라는 것은 모든 이스라엘 백성들에게 명백했습니다. 만일 제물 자체의 효력으로 정결하게 되는 것이었다면 해마다 매일 같이 반복하여 제물을 드리지는 않았을 것입니다. 바울이 잘 표현하였듯이, 양심은 일단 한 번 정결하게 되면 더 이상의 희생 제물을 드릴 필요가 없습니다(히 9:14; 10:22). 죄를 반복하여 기억하게 하는 것은, 이스라엘로 하여금 보이는 제물들이 진정한 속죄의 길, 즉 세상 죄를 지고가실 하나님의 어린 양을 가리키고 있음을 알게 하려는 것이었습니다. 많은 방식들을 통해 유대인들은 형식과 제도 속에서 안주하지 못하게 되었으며, 내적인 믿음, 영적인 실체 곧 그리스도를 향하도록 지시를 받았습니다. 그와 마찬가지로 명백했던 것은 이것입니다. 즉, 제물을 통해 속죄의 은혜를 입도록 하는 것은 믿음이며, 그 믿음은 삶과 성품에 영향을 미치는 실질적이고 살아 있는 믿음이어야 한다는 것입니다. 그들은 온 마음을 다해 주를 섬기도록 지속적으로 권고를 받았습니다. 그들은 거룩하도록 권고를 받았으며, 계명을 어기지 말도록 경고를 받았으며, 마음을 다해 여호와의 계명에 순종하도록 가르침을 받았습니다. 그러므로, 비록 그 시대의 계시가 오늘날 복음의 시대와 비교하면 희미하기는 했으나, 그럼에도 불구하고 실제적으로 충분히 명확했습니다. 그 시대에도 "말씀은 매우 가까웠으며", 그들의 "입에 있고 마음에" 있었습니다.

　　비록 내가 모세 시대에 대해 많은 말을 하더라도, 그리스도의 복음 안에서 진리는 지금 더욱 풍성하게 드러났다는 것을 담대히 선언할 수 있습니다. 모세는 달빛을 가져왔으나, 예수님 안에서는 해가 솟아올랐습니다. 우리는 그분의 한낮의 태양 빛 아래에서 즐거워합니다. 형제들이여, 우리가 보는 것을 보는 눈은 복이 있고, 우리가 듣는 것을 듣는 귀는 복이 있습니다. 우리가 보고 듣는 것은 과거의 선지자들과 왕들도 듣고 보기를 갈망했던 것입니다. 이제 우리의 주님은 명백히 말씀하시며, 비유를 사용하지 않으십니다. 우리의 거리에서 우리는 복음을 듣고, 하늘로 날아오르거나 바닷속으로 그것을 찾아 헤맬 필요가 없습니다. 오늘 우리 모두는 우리가 태어난 곳의 모국어로 하나님의 놀라운 일들을 듣고 있습니다.

2. 우리 가까이에 있는 말씀

둘째로, 말씀이 우리에게 아주 가까이 있습니다. 나는 여러분이 이 점에 진지한 주의를 기울이기를 바랍니다. 여러분 중 아직 회심하지 않은 사람들이 이 점에 귀를 기울여 주기를 요청합니다. 우리 모두에게 복음은 매우 가까이에 있습니다. 이 복 받은 섬나라(영국)의 거주민들에게는 이 점이 특별히 강조될 만합니다. "그 말씀이 네게 매우 가까워서 네 입에 있으며." 그것은 당신이 말할 수 있는 것입니다. 당신은 그것에 대해 말해 왔으며, 여전히 그것에 대해 말하고 있습니다. 그것은 마치 가족끼리 하는 말처럼 당신에게 매우 친숙합니다. 여러분 대부분은 다른 사람에게 그것을 말할 수 있습니다. 교리 시간에 그것을 배웠고, 또 주일학교 선생님에게 반복해서 대답도 했기 때문입니다. 당신은 찬송가에서 그것을 노래로 부르고, 책에서도 읽으며, 작은 소책자들을 통해서도 읽습니다. 그리고 친구들에게 보내는 편지에서도 그것을 언급하지요. 나는 당신이 당신의 입에 그것을 가진 것을 기뻐합니다. 더 많을수록 더 좋은 것이지요. 그러나 그것이 얼마나 가까이에 이르렀는지요! 오, 당신의 혀가 또한 이렇게 말할 수 있으면 좋겠습니다. "나는 그것을 믿어요. 나는 예수님을 내 구주로 영접합니다. 나는 사람들 앞에 내 신앙을 공언합니다!" 그러면 말씀이 한층 더 가까이에 있을 것입니다. 오, 성령 하나님께서 당신을 그렇게 이끌어 주시기를 바랍니다! 생명의 말씀은 알 수 없는 것이 아니며, 따라서 말할 수 없는 것이 아닙니다. 그것은 혀로 말할 수 있는 것으로서, 말을 탈 때에나 길을 걸어갈 때에도 말할 수 있습니다. 사람의 말로 표현할 수 있을 때 하나님의 위대한 생각이 우리에게 매우 가까이 왔다고 할 수 있습니다. 나는 겸손하게, 그러면서도 담대하게, 나 자신의 사역에 대해 말합니다. 그리고 나의 청중들인 여러분에 대해서도 말합니다. 말씀은 이 강단에서 여러분에게 매우 가깝습니다. 나는 언제나 최대한 명백하게 말하고 직접적으로 말하려고 애를 씁니다. 매 주일마다 나의 설교를 듣는 여러분 중에서 아무도 복음을 이해하지 못하는 사람이 없습니다. 만일 당신이 망한다면 그것은 내 말이 분명하지 않은 탓이 아닙니다. 말씀은 여러분의 입에 있습니다.

모세는 이렇게 덧붙여 말합니다. "또한 네 마음에 있은즉." 히브리어에서 마음이란 감정을 의미하는 것이 아니라, 내면적인 부분을 의미하는 말로서 이해력도 포함합니다. 나의 친애하는 청중들이여, 여러분은 복음을 이해할 수 있습니다. 누구든지 주 예수 그리스도를 믿는 자는 구원을 얻으리라는 것은 모호한 말이 아닙니다. 믿음을 통해 은혜에 의해 구원을 얻는다는 교리는 너무나 명명백백합니다. '예수 그리스도께서 인간을 대신하여 죽으셨기에, 누구든지 그를 믿는 자는 멸망하지 않고 영생을 얻으리라'는 것은, 하늘 아래서 가장 적게 배운 사람도 이해할 수 있습니다. 게다가, 복음의 가르침은 우리의 내적인 본성이 그 진실성을 증언하고 있습니다. 인간이 죄인이라고 우리가 전하면, 당신의 양심은 이렇게 말합니다. "그것은 사실입니다." 희생 제물에 의해 속죄함을 얻는다고 우리가 선언하면, 당신의 이해력은 그것이 참 은혜로운 방식이며, 하나님은 스스로 의로우시며 그를 믿는 자도 의롭게 하는 분이신 것을 인정할 것입니다. 비록 당신이 그에 의해 구원을 얻지 못했어도, 당신은 그것이 참으로 하나님께 어울리는 방식이라고 느끼지 않을 수 없습니다. 하나님께서 속죄를 위한 희생 제물로 독생자를 선물로 주시고, 그분을 통해 인간을 구원하시니 말입니다. 당신이 그것을 믿는다면, 이 복음은 너무나 명백하게 진실임이 드러나서 당신은 온 마음으로 그것이 참되다고 인정할 것입니다. 우리 중 많은 이들이 이 구원의 길을 받아들였습니다. 이제 우리는 그것을 사랑하고 그 안에서 기뻐합니다. 그것은 우리가 이해하기에 가장 단순하게 보이며, 동시에 가장 고상하게 보이기도 합니다. 마치 기드온의 양털이 이슬을 머금었듯이 우리의 마음은 그것을 머금고 마십니다. 마치 물고기가 바다에 살듯이, 우리의 영혼은 그것을 먹고 살며, 그 안에서 삽니다. 마치 꽃들이 태양 안에서 미소를 짓듯이 우리는 복음 안에서 기뻐합니다. 우리의 복음이 상형문자로 되어 있지 않아서 얼마나 기쁜지요! 혹은 아주 차가운 형이상학의 학문 속에 묻혀 있지 않아서 얼마나 다행인지요! 그것은 우리 마음속으로 들어왔고, 우리 안에 거하고 있으며, 우리 가슴의 주(主)가 되었습니다.

　우리 자신이 그렇게 만든 것을 빼고는, 복음에는 복잡하거나 어려운 것이 없습니다. 우리가 어둡다고 생각하는 것은 실상 우리의 눈이 멀었기 때문입니다. 만약 당신이 복음을 믿지 않는다면, 그것을 믿지 않는 이유가 무엇입니까? 그것은 최상의 증거들로 지지를 받으며, 그것은 그 자체로 명백하게 진실입니다. 당신의 불신앙의 이유는 부분적으로는 율법주의로 흐르는 인간의 자연적인 성향 때문입니다. 인간의 본성은 거저 주는 은혜를 믿을 수가 없습니다. 인간 본성은 사고파는 것에 익숙해 있기에, 그래서 무엇을 위해서든지 값을 치러야 합니다. 아무 값도 치르지 않고 모든 것을 가진다는 것은 말이 되지 않는 것처럼 보입니다. 삯을 치르고 무언가를 획득한다는 개념이 아주 자연스럽게 보입니다. 그러니 영원한 생명이 하나님의 선물이라는 개념이 선뜻 납득이 되지 않습니다. 그러나 사실이 그렇습니다. 어떤 선교사가 한 동양인에게 은혜에 의한 구원을 이해시키려고 애를 썼다는 이야기를 들은 적이 있습니다. 여러 가지 방법으로 그것을 설명하려 했지만 실패했습니다. 마침내 그는 이렇게 소리쳤습니다. "구원은 전능자의 팁입니다." 그러자 그 동양인이 그 생각에 웃음을 터뜨렸습니다. 영생은 하나님의 거저 주시는 선물입니다. 그분이 그것을 인간에게 주시는 것은 인간 안에 있는 어떤 것 때문도 아니며, 혹은 그가 행한 어떤 일 때문도 아니며, 다만 그분 자신의 무한한 사랑 때문이며 또한 그분이 은혜 베푸시기를 기뻐하시기 때문입니다. 은혜의 개념은 자연인의 머릿속에 납득되기가 어렵습니다. 타산적인 인간의 머릿속에 이 진리를 주입하기 위해서는 신성한 외과 수술이 필요합니다. 그렇습니다. 그것은 우리가 새로워져야 할 것을 요구하며, 그런 후에라야 그것을 볼 수가 있습니다. 하나님이 너그러이 용서하시고, 단지 그분이 사랑이라는 이유 하나만으로 인간을 사랑하신다는 것은, 매우 신성하면서도 단순한 사상입니다. 그러나 우리의 이기적인 편견으로 그것을 받아들이기를 거부하는 것입니다.

많은 경우에 있어서 복음을 너무 어렵게 보이도록 만드는 것은 교만입니다. 당신은 예수님이 당신을 구원하신다고 생각할 수 없습니다. 당신이 해야 하는 일의 전부는 그저 그분이 구원을 완성하셨다는 것을 받아들이는 것뿐이기 때문입니다. 나아만처럼, 당신은 구원을 위해 무언가 큰 일을 하기를 원합니다. 당신은 스스로 대단한 존재가 되고 싶습니다, 그렇지 않습니까? 인간의 본성은 구원에 있어서 자기 손으로 무언가를 보태고 싶어합니다. 무언가를 느끼고, 한동안 슬퍼하고, 혹은 일정 기간 절망하고 싶어합니다. 그러나 복음은 이 한 가지 메시지만을 가지고 다가옵니다. "믿어라, 그러면 살 것이다." 교만은 그 자신이 아무것도 보태지 않는 조건으로 구원을 얻는다는 것에 동의하지 않으려 합니다. 그러나 실상은 그러합니다. 받아들이십시오, 그러면 살 것입니다. 당신의 손을 내밀어서 하나님이 거저 주시는 것을 받으십시오. 복음 그 자체는 은혜에 의해 겸손하게 된 마음에 충분히 소박한 것입니다. 눈에서 교만의 비늘들이 제거될 때 우리는 충분히 볼 수 있습니다. 아아, 불신앙은 이 교만 곧 하나님께 대한 우리의 본성적인 적대감에서 자라납니다! 인간은 자기 하나님을 제외하고는 무엇이든 믿으려 합니다! 신문의 거짓말에는 온 세계를 돌아다니는 발이 달린 듯합니다. 그러나 여호와 하나님의 입에서 나온 위대한 진리가 불경스런 사람들 앞에서는 절뚝거리며 겨우 걸을 정도입니다. 거듭나지 않은 사람들은 그들의 하나님을 믿을 수도 없고 믿지도 않으려 합니다. 이것은 또한 죄에 대한 사랑 때문이기도 합니다. 그들이 좋아하는 죄를 포기하고 싶지 않은 자들은 복음이 이해하기가 매우 어려운 것이라도 되는 듯이, 혹은 수용 불가능한 것이라도 되는 듯이 가장합니다. 그들은 핑계와 구실을 대며 계속 죄 속에서 살아갑니다. 결국, 이런 사람은 자신의 불신앙을 하나님 탓으로 돌리는 것을 정당하다고 느끼고 있지 않은가요? 당신은 감히 복음이 당신의 파멸의 원인이라고 구실을 댈 겁니까? 당신은 마치 하나님의 원수가 되는 것 외에 달리 방도가 없었다는 듯이, 그리고 그분의 은혜의 방식을 거절하는 것 외에 어쩔 수가 없었다는 듯이, 당신 자신을 위해 호의를 구하는 것입니까? 당신이 볼 수 없었다고 중얼거리며 변명하는 것입니까? 당신이 눈을 감지 않았습니까? 보지 않으려 하는 사람만큼 눈먼 사람은 없습니다. 당신이 눈먼 것은 의도적입니다. 당신은 이해하지 못합니다. 하지만 당신이 이해하기를 바라고는 있습니까? 우리가 이해하기를 원하지 않는 것만큼 이해가 불가능한 것은 없지요. 만약 당신이 하나님과 화해하기를 바라지 않는다면, 하나님께서도 당신과 화해하기를 원치 않으신다고 당신 스스로 상상하는 것이 속이 편하겠지요? 오 영혼이여, 당신에게 호소합니다. 당신의 저주를 하나님 탓으로 돌리지 마십시오. 그분은 무한한 선의로 그분의 말씀을 당신에게 가까이 들려주셨습니다! 구원은 주께 속한 것이지만, 그러나 저주는 오직 인간에게 원인이 있습니다.

　　이 문제를 당신에게 맡기겠습니다. 내가 물을 가져올 수는 있지만, 당신에게 마시게 할 수는 없습니다. 성령 하나님께서 당신의 마음과 양심에 이 중요한 진리를 들려주시기를 바랍니다. 당신이 그곳으로 들어갈지 아닌지는 모르겠지만, "하나님의 나라가 가까이 왔습니다!" 오 주여, 여기 나의 청중들 중에 당신의 말씀을 거절하는 이가 없게 하시고, 스스로 영생에 합당치 않은 자로 자처하는 자가 없게 하소서!

3. 말씀이 단순하고 가까이에 있는 목적

　　이제 이 말로 설교를 맺을까 합니다. 복음이 우리에게 단순하고 가까이에 있는 목적은 우리로 그것을 받아들이도록 하기 위함입니다. 본문이 그것을 얼마나 분명하게 말씀하고 있는지를 주목해 보십시오. "그 말씀이 네게 매우 가까워서, 네 입에 있으며, 네 마음에 있은즉, 네가 이를 행할 수 있느니라"(14절). "네가 이를 행할 수 있느니라." 성경을 펼쳐 보고 있는 사람은 12절이 이렇게 끝나고 있음을 볼 수 있을 것입니다. "우리에게 들려 행하게 하랴." 13절 또한 이렇게 말하고 있습니다. "우리에게 들려 행하게 하랴." 두 차례나 그렇게 기록되어 있습니다. 그러나 세 번째에 14절에서는 "우리에게 들려 행하게 하랴"고 하지 않고, 오히려 "네가 이를 행할 수 있느니라"고 되어 있습니다. 여러분 중 일부는 이미 충분히 들었습니다. 당신은 이미 귀가 아플 정도로 많은 말을 들었습니다. 당신은 이제 이렇게 말하기 시작합니다. "그것은 아주 오랜 이야기입니다. 우리는 언제나 그런 말을 듣고 있으며, 새로운 것은 없습니다." 거기에서 한 걸음만 더 나아가겠습니까? 그리고 더 이상 듣기만 하는 자가 되지 않을 수는 없습니까? "자, 이제는 말씀을 행하십시오."

복음은 자기 호기심이나 채우려는 사람들에게 주어져서 다른 사람들이 어떻게 천국에 가는지 구경만 하도록 하지 않습니다. 그리스도께서는 우리의 호기심을 채우러 오신 것이 아니라 우리를 구원하기 위해 오셨습니다. 그분의 말씀은 우리의 지적 즐거움을 위해 기록된 것이 아니며, 우리로 하여금 "예수께서 하나님의 아들 그리스도이심을 믿게 하려함이요 또한 우리로 믿고 그 이름을 힘입어 생명을 얻게 하려고" 기록되었습니다(요 20:31). 복음은 언제나 현재적이면서도, 긴박하고, 실제적인 용무를 가지고 있습니다. 그것은 각 사람에게 이렇게 말합니다. "나에게는 당신에게 전해 줄 하나님의 메시지가 있다." 그것은 "오늘"이라고 외칩니다. 그리고 그들의 마음을 굳게 하지 말라고 경고합니다. 다시 한번 오늘 본문이 끝부분을 어떻게 단수로 표현하고 있는지를 주목하십시오. 당신은 그것을 복수로 들을 수도 있습니다 — "우리로 듣고 행하게 하려 함이라." 하지만 실제적으로 그 행함이란 언제나 개별적입니다 — "네가 이를 행할 수 있느니라." 나는 이 교회의 모든 사람들에게 돌아다니면서 당신의 옆 좌석에 앉아 있을 수가 없습니다. 그러나 나는 할 수만 있다면 그렇게 해서 회심하지 않은 모든 사람들에게 손을 얹고서 이렇게 말하고 싶습니다. "말씀이 당신에게 매우 가까이 있습니다. 당신의 입과, 당신의 마음에 있으니, 당신이 그 말씀을 행할 수 있습니다."

주의 말씀이 호기심을 충족시키려고 주어지지 않는 것처럼, 또한 그것은 당신에게 어떤 사실에 대한 정보를 냉정하게 알리기 위해서만 주어지는 것도 아닙니다. 복음은 당신이 받아서 선반 위에 올려두었다가 앞으로 필요할 때에 쓰라고 주어지는 것이 아닙니다. 하나님이 닻을 보내실 때는 배의 기구를 모아두는 창고에 보관하라는 뜻이 아닙니다. 오히려, 당신이 이미 바다에 있으므로, 그 닻을 배에 설치해서 지금 사용하라고 주신 것입니다. 복음은 오늘을 위한 만나처럼 내려 주신 것이며, 즉시로 먹으라고 주신 것입니다. 그것은 우리의 보화일 뿐 아니라, 오늘 당장 사용할 수 있는 현찰이기도 합니다.

오, 나의 청중이여, 당신은 죽어가는 사람이기 때문에 나는 지금 주시는 구원을 즉각적으로 받아들이라고 호소합니다. 그렇게 하여 그 말씀이 당신에게 요구하는 것을 즉시로 행하시기 바랍니다.

그것은 또한 단지 당신이 종교적 문제에 있어서 정통 교리의 견해를 가지라고 보내어지는 것도 아닙니다. 물론 많은 사람들에게 그것이 매우 필요한 일이기는 하지만 말입니다. 기억하십시오. 정통주의자의 멸망은 이단자의 영원한 멸망과 마찬가지로 끔찍한 것입니다. 그것은 건전한 머리와 부패한 마음을 가지고서 지옥에 떨어지는 무서운 일이 될 것입니다. 아아! 나는 여러분 중 일부가 진리에 대한 지식만 늘리고 아는 대로 행하지 않음으로써 불행을 가중시키고 있지 않은지 두렵습니다. 하나님은 우리를 죽은 지식에서 구원하시며, 우리에게 지식의 열매로서 은혜 안에서 행하도록 또한 도우십니다. "네가 이를 행할 수 있느니라!"

오, 이제 내가 언어로 표현하는 것을 그만두고, 내 마음이 어떤 신비로운 내적 방식으로 여러분의 마음에 직접 말할 수 있다면 좋겠습니다! 오, 성령께서 여러분 각자에게 감화를 주셔서 이 문제에 특별한 개인적인 주의를 기울이도록 해 주시기를 바랍니다. 오, 나의 청중들이여, 여러분은 여기에 내가 전하는 말을 듣기 위해 왔지만, 여러분이 말씀을 행할 수 있습니다. 오, 우리가 말씀을 행할 수 있기를 바랍니다.

말씀을 행하는 것이 무엇입니까? 말씀을 행하는 것에는 두 가지가 있습니다. 첫 번째는, 당신이 주 예수 그리스도를 당신의 구주로 믿는 것입니다. 그분을 당신의 희생 제물로 삼으십시오. 당신의 죄를 위한 대속 제물로, 지금부터 오직 그분만을 전적으로 의지하십시오. 당신의 선지자요, 제사장이요, 왕으로서 그분께 순종하십시오. 예수님을 당신의 가장 귀한 것이 되시도록 하며, 당신의 전부가 되시도록 하십시오. 두 번째는, 당신의 주님을 당신의 입으로 시인하는 것입니다. 당신이 예수를 믿는 자이며, 그분을 따르는 자라고 공언하십시오. 이 일을 그분 자신의 방식으로 행하십시오. 그분은 이렇게 말씀하셨습니다. "믿고 세례를 받는 사람은 구원을 얻을 것이요"(막 16:16). 그러나 당신의 고백이 진지하도록 하십시오. 주님께 거짓말을 하지 마십시오. 당신이 그분을 따르는 자임을 고백하되, 진정 그러하기 때문에 고백하십시오. 그리고 지금부터 당신의 전 삶에서 그분의 십자가를 지고 그분을 따르십시오. 이것이 당신이 말씀을 행하는 것입니다. 하나님께서 자기 백성을 죄에서 구원하시려고 보내신 그분께 당신 자신을 복종시키십시오.

한 사람이 말했습니다. "그러나, 나는 어떤 경험이 있을 것이라고 생각하는데요." 진정 경험은 있습니다. 그러나 모든 참된 경험은 마음이 그리스도를 구주로 받아들이는 것으로 귀결됩니다. 또 다른 사람이 말합니다. "그러나 내 생각에, 당신은 성령의 역사에 대해 충분히 숙고해야 할 것입니다." 나는 성령의 역사를 기뻐합니다. 그리고 다른 때에 그에 대해 충분히 말하려고 합니다. 그러나 성령의 주된 역사는 당신을 당신 자신에게서 떼어내는 것이며, 당신으로 하여금 오늘 아침 설교의 주제처럼 하나님의 단순한 말씀을 받아들이도록 하는 것입니다. 또 다른 사람이 말합니다. "좋아요, 나는 그 말씀이 단순하다고 인정합니다. 그런데 나는 그것이 너무 단순하다고 생각되는군요." 나는 그것을 알고 있습니다. 잘 알고 있습니다. 너무나 단순하기 때문에, 그래서 당신은 그 말씀을 배격하는 것이지요. 이렇게 어리석다니요! 그래서 당신은 당신으로 하여금 그것을 받아들이도록 만드시는 성령님이 필요합니다. 때때로 당신은 그것이 너무 어렵다고 논쟁하고서, 다음번에는 그것이 너무 쉽다고 다툽니다. 이는 인간의 의지가 얼마나 완고하고 고집스러운지를 보여줍니다. 당신이 구원을 받아들이려면 전능자의 은총이 필요합니다. 당신을 당신의 구주이신 그리스도께 데리고 가는 일에는 기적의 은총이 필요하지요! 그분이 당신을 구원하시기를, 그렇게 되기만을 바랍니다. 그러나 이 일은 자기 확신으로 교만한 우리에게는 너무나 큰 일입니다. 오, 이상한 저항이여! 이런 일에 고집을 꺾지 않다니 인간 본성의 깊은 부패를 증명할 뿐입니다! 다시 말합니다. 어려움은 복음에 있는 것이 아니라, 인간 속에 있는 것입니다. 그 악한 마음이 하늘의 최상의 선물을 받아들이지 않는 것입니다. 만일 당신이 그리스도를 얻기 원한다면, 그리스도는 당신의 것입니다. 당신이 그분을 영접하기를 바라는 그 사실이 그분이 당신에게 오셨음을 입증하는 것입니다. 그분이 당신의 것임을 믿고, 평화를 누리십시오. 만일 당신이 이제 그리스도 앞에 경배하기를 원한다면, 그분을 얻기 원하고, 이제부터 그분을 당신의 구주로 모시길 원한다면, 당신은 구원을 얻었습니다. 예수님을 의지하는 단순한 행동이 당신에게 의를 가져다줍니다. 그리고 그분이 지시하신 방법대로 그분을 공개적으로 시인하면 당신은 구원의 은혜를 더 생생하게 누릴 것입니다. 주님 편에 섬으로써, 당신은 지금 당신을 괴롭히는 죄를 이길 힘을 얻을 것입니다. 그리고 성결과 경외함으로 당신의 구원을 이루어가는 일에 하나님의 도움을 얻게 될 것입니다. 당신 안에 행하시는 이는 하나님이며, 그분이 자기의 기쁘신 뜻을 위하여 당신에게 소원을 두고 행하시기 때문입니다(빌 2:13).

　　이미 충분히 말했지만, 복음을 한 번 더 전하고자 합니다. 사도 바울은, 모세가 신성한 비밀을 찾기 위해 하늘에 올라갔다가 내려오거나 혹은 바다 밑으로 내려가는 것에 대해 한 말을 생각하면서, 실상 이런 의미로 말하고 있습니다. "옳습니다, 모세여. 하늘에서 내려오는 분이 있어야만 하며 또한 하늘로 올라가는 분이 있어야 합니다. 그러나 더 이상은 그럴 필요가 없어졌습니다"(롬 10:5-10).

　　전체 복음을 요약하면 이렇습니다. 하늘에 아버지 우편에 계신 분, 참된 하나님에게서 나신 하나님이 계셨습니다. 이 찬송 받으실 하나님의 아들이 가련하고, 잃어버린 바 되었으며, 타락한 죄인인 당신을 구원하시기 위해 이 땅에 내려오셨습니다. 구유에서 태어나시고, 십자가에서 죽으시고, 무덤에 장사되셨습니다. 지상에서 가장 낮은 곳까지 내려오셔서 슬픔과, 거부와, 고통과, 죽음을 맛보신 것입니다. 진정 죄의 짐과 저주를 짊어지셨기 때문에 그분이 죽으신 것입니다. 예수님이 이렇게 스스로 낮아지시고 죄의 형벌을 담당하셨기 때문에, 그분을 믿는 자는 의롭다고 인정을 받습니다. 주님께서 하늘에서 내려와 그토록 낮아지신 것 때문에 죄인들의 죄가 제거되고, 믿는 자에게는 죄가 용서되는 것입니다. 당신은 이것을 믿습니까? 예수님이 그 몸으로 당신의 죄를 지고 나무에 달리신 것을 당신은 믿습니까? 당신은 이 사실을 기꺼이 믿으십니까? 그러면 당신은 구원받았습니다. 그것을 의심하지 마십시오.

　　이것을 믿으면 당신의 죄가 씻어집니다. 그러나 우리는 단지 죄 씻음만 필요한 것이 아닙니다. 우리가 벌거벗은 채로 남겨지지 않으려면, 죄 씻음뿐 아니라 의의 옷을 입어야 합니다. 바로 그것을 위해 우리 주님께서 죽음에서 다시 살아나셨습니다. 우리의 구원자께서 내려가기를 마치셨을 때 죄를 없이하셨습니다. 또한 그분은 영원한 의를 가지시고 그가 가셨던 길로 되돌아오셨습니다. 그분은 무덤에서 일어나셨습니다. 그분은 그 동산의 무덤에서 나오셨습니다. 그분은 구름 가운데에서 그분의 제자들이 보는 가운데 하늘로 올라가셨습니다. 그분은 공중으로 올라가셨으며, 진주 문을 향해 올라가셨고, 하나님 보좌에까지 올라가셨습니다. 그곳에서 그분은 좌정하셔서 그분의 원수들이 그분의 발등상이 되기까지 기다리고 계십니다. 그분의 부활은 우리의 빛난 의가 되었고, 그 부활의 의로 우리는 옷 입게 되었습니다. 그리하여 지금 이 순간 부활하신 구주를 믿는 모든 자는 하나님의 의라고 하는 왕의 의복을 입고 있는 것입니다. "네가 만일 네 입으로 예수를 주로 시인하며, 또 하나님께서 그를 죽은 자 가운데서 살리신 것을 네 마음에 믿으면 구원을 받으리라"(롬 10:9). 오 형제들이여, 예수님이 살아 계시기 때문에 그대도 살고, 그분이 부활하셨기 때문에 그대도 부활하는 것이며, 그분이 하늘 보좌에 앉아 계시기 때문에 그대도 천국에 앉을 수 있는 것입니다.

"믿는 자는 의롭다 함을 얻는다"고 성경은 말합니다(행 13:39; 갈 2:16). 당신은 이것을 믿습니까? 나는 그것을 믿습니다. 내 온 마음을 다해 나는 그것을 믿습니다. 그래서 나는 이 많은 대중 앞에 내 입으로 그것을 시인하는 것이며, 또한 내가 구원받았다고 증언하는 것입니다. 당신도 믿고 시인하겠습니까? 오, 복되신 성령께서 당신에게 이 믿음을 주시기를 바랍니다. 이 믿음은 영생으로 들어가는 입구입니다. 이 믿음은 영원히 어두워지지 않을 한 날의 새벽과도 같습니다. 복되신 성령께서 예수 그리스도를 위하여 당신에게 이 믿음을 주시고, 이 고백을 하게 하시기를 바랍니다. 아멘.

제
14
장

—

연한 풀 위의 가는 비

—

"연한 풀 위의 가는 비 같고" — 신 32:2

이 구절은 위대한 선지자 모세가 한 말입니다. "내 교훈은 비처럼 내리고 내 말은 이슬처럼 맺히나니 연한 풀 위의 가는 비 같고 채소 위의 단비 같도다." 우리는 모세가 말과 일에 능한(mighty in word and deed) 선지자였다고 성경에서 읽습니다(행 7:22). 그는 견줄 데가 없을 정도로 놀라운 가르침과 기적의 활동을 겸한 인물입니다. 그는 율법의 수여자(law-giver)이자 또한 집행자(administrator)로서 위대했습니다. 이 이중의 권세는 우리 주 예수 그리스도께서 오시기까지는 다른 어떤 선지자에게서도 찾아볼 수 없는 것입니다. 다른 선지자들에 대해 말하자면, 그들 중에 많은 이들이 일에는 능했지만 말씀에는 능하지 못했고, 또 다른 이들은 말씀에는 능했으나 일에는 능하지 못했습니다. 사무엘은 주의 이름으로 강력하게 말하였으나, 그가 행한 기적들은 거의 없습니다. 엘리야는 위대한 행동가였으나, 그가 전한 말씀 중에 남은 것은 적습니다. 이 두 가지의 결합은 독특하게 모세에게 해당되었으며, 또한 앞서 모세가 다음과 같이 언급했던 그분에게 특히 해당되었습니다. "네 하나님 여호와께서 너희 가운데 네 형제 중에서 너를 위하여 나와 같은 선지자 하나를 일으키시리니 너희는 그의 말을 들을지니라"(신 18:15). 모세는 일에 능했으며, 어떤 사람도 그 이상의 일을 하지는 못했습니다. 열 가지 재앙으로 애굽의 권세를 꺾고, 한때 노예였던 백성들을 인도하여 홍해를 건너게 하고, 사십 년간 하늘에서 내리는 떡으로 그들을 먹이고, 그들을 하나의 나라로 형성한 것은 그였습니다. 하나님께서 그에게 그토록 특별한 권능을 부여하셨기에, 하늘과 땅과 바다가 모세에게 복종하는 듯이 보였습니다. 하지만 나는 그의 말의 권능이 그의 행동의 권세보다 결코 더 적지 않았을 것이라고 확신합니다. 비록 그가 입이 뻣뻣하고 혀가 둔한 자이기는 하지만(출 4:10), 그럼에도 그는 그의 대변자격인 아론과 더불어 저 끔찍스러운 애굽 왕과 대면하였고 또한 그를 이겼기 때문에, 그 애굽 왕은 모세의 말을 열국의 모든 군대들보다 두려워하였습니다. 그가 기록하였으며 또한 오늘날에도 계시의 기초에 놓여 있다고 우리에게 받아들여지는 다섯 권의 책에서, 모세는 말에(in word) 있어서의 그의 큰 능력을 입증합니다. 그는 문필의 대가였습니다. 산문에서든 운문에서든 그는 모자람이 없었으며, 법률과 신학, 역사와 예언에서도 부족함이 없었습니다. 위로부터의 감동이 그의 힘이었습니다. 그는 거룩한 산에서 하나님과 함께 있을 때 그가 들었던, 바로 그 하나님의 말씀을 전했습니다.

하지만 우리가 인식하는 것은, 모세에게 있었던 이 말의 능력은 빈번하게도 부드럽고 온화한 말투에서 잘 드러났다는 것입니다. 본문에서 그는 자신의 교훈이 비처럼 내리고, 이슬처럼 맺히며, 또한 "연한 풀 위의 가는 비"와 같다고 선언합니다. 최고의 능력이 가장 겸손한 부드러움과 조화되는 것입니다. 말에 있어서 가장 능하신 그분은, 천둥이나 지진이나 불처럼 강한 것이 아니라 조용한 설득력에서 강하십니다. 하나님은 종종 겉보기에는 아무런 힘이 없어 보이는 곳에 강력히 임재하십니다. "바람 가운데에 여호와께서 계시지 아니하며"라고 기록되었을 때에, 하나님께서는 조용하고 작은 소리로 말씀하셨습니다(왕상 19:11,12). 하지만 이 "말에 능하다"는 것은 굉장한 것입니다.

하나님께서 어떻게 말(words)을 사용하여 위대한 일을 이루시는지를 생각하면 너무나 놀랍습니다. 우리가 구원받은 것은 성육신하신 말씀(the incarnate Word)에 의한 것임을 기억하십시오. 우리가 하나님의 뜻을 알게 되는 것은 성령으로 감동된 말씀(the inspired words)에 의해서이며, 하나님께서 내적 생명을 주시기로 기뻐하신 자들에게 그 성육신하신 말씀이 전파되는 것 역시 말(words)에 의해서입니다. 믿음은 들음에서 나는 것이며, 전파되는 말씀이 없다면 들을 수도 없는 것입니다. 하나님의 지혜가 가르치시는 말씀으로 말할 수 있는 능력을 사모하는 것이 지혜롭습니다. 그렇게 되면 여러분은 동료 인간들에게 측량할 수 없는 축복이 될 것이기 때문입니다. 비록 여러분에게 다른 사람들을 가르칠 은사가 없다 해도, 그 말씀들을 기억에 잘 간직해 두는 것이 좋습니다. 그 말씀이 영혼의 부(富)이기 때문입니다. 만일 여러분이 여러분 자신의 문장으로 표현할 수 없다면, 하나님의 책에 기록된 '바로 그대로의 말씀'(ipsissima verba), 성령으로 감동된 표현 그대로를 반복하는 것으로 만족하십시오. 하나님의 순수한 말씀은 그 자체로 사람이 말할 수 있는 최상의 언어이며, 성경 본문을 되풀이해서 말하는 것이 종종 그 본문으로 설교하는 것보다 낫습니다. 성령님이 실제로 표현하신 언어의 씨를 가능한 널리 퍼뜨려야 합니다. 신적인 언어의 씨가 어떤 일을 행하실지 우리가 다 가늠할 수 없기 때문입니다. 하나님께서 말을 사용하셔서, 우리에게 가까이 오신 것을 감사합니다! 여러분의 입술을 열어 하나님을 찬양하도록 기도하십시오. 만일 그것이 허락되지 않는다면, 여러분의 귀라도 열어 주시도록 구하여, 그분의 말씀이 여러분의 영혼 속으로 들어와 여러분에게 생명이 되도록 기도하십시오.

나는 이 본문을 세 가지 면에서 살펴보려고 합니다. 본문에서 모세는 그의 교훈이 연한 풀 위에 내리는 가는 비와 같을 것이라고 합니다.

1. 부드러운 설교자

우리가 첫 번째로 살펴볼 것은, 모세는 부드럽기를 원했다는 것입니다. 모세는 그가 전하고자 하는 설교에서 매우 부드럽기를 원했습니다. 그는 연한 풀과 같은 마음에 물을 주기를 원했으며, 마치 가는 비가 내리는 것처럼 그들에게 물을 주기를 원했습니다. 그는 내려치는 우박이 되려 하지 않았고, 쏟아 붓는 소낙비가 되려고 하지도 않았으며, "연한 풀 위의 가는 비" 같기를 원했습니다. 이 점에 더욱 주목할 만한 이유는, 그가 교리적인 설교를 전하려 하고 있기 때문입니다. "내 교훈(doctrine)은 비처럼 내리고"라고 그가 말하지 않습니까? 이 시대는 교리적인 설교를 주먹을 불끈 쥐고서 전해야 아주 어울리게 보이던 시대입니다. 교리적인 설교라는 개념 자체가 어떤 '싸움'이자, 일종의 영적 '결투'를 의미하는 듯이 보입니다. 그런 싸움에서는 반대 의견을 가진 자들을 뒤엎어 버리려고 온 힘을 기울이지요. 나는 우리가 이 본문에서 더 좋은 방법을 배우고 있다고 확신합니다. 나 역시 교리를 빗방울처럼 모이게 하고, 이슬처럼 맺히게 하고, 또한 "연한 풀 위의 가는 비"처럼 내리도록 시도하려 합니다. 어떤 위기에서는 성도들에게 전파된 신앙을 위해 진지하게 싸워야 하는 것이 우리의 의무입니다. 하지만 우리의 투쟁은 사랑의 투쟁임을 기억해야 합니다. 사랑의 구주의 진리를 주장하는 사람이 그것을 신랄하게 주장하거나, 혹은 적개심을 가지고 논쟁하는 것은 어울리지 않습니다. 아마도 여러분은 내가 이 문제에서 잘못을 범한 적이 있다고 생각하실 것입니다. 하지만 나로서는 대체로 그것을 시인할 수 없습니다. 나는 쓴 불평을 느낀 적이 없습니다. 내가 강력하게 말했을 때에도, 나는 더 심한 것이 야기되지 않도록 나 자신을 억제해 왔습니다. 하지만, 내가 불가피하게 논쟁에 빠져들었던 것을 유감스럽게 여깁니다. 나는 그런 논쟁에 흥미가 없고, 아무런 기쁨도 느끼지 못합니다. 나는 억지로 그 속에 빠져들었으며, 결코 내가 원한 것이 아니었습니다. 복음을 널리 전하기 위해 나는 좀 더 부드러운 방법을 선택해야 합니다. 내가 칼을 뽑는 것은 오직 그것을 수호하기 위해서입니다. 진리를 위해 싸우십시오. 옳습니다. 진리를 위해 기꺼이 살기도 하고 죽기도 하십시오. 하지만 만약 여러분이 진리를 널리 퍼뜨리기를 원한다면, 그것을 비처럼 내리게 하고, 이슬처럼 맺히게 하고, "연한 풀 위의 가는 비 같이" 상냥하고 부드럽게 전하는 것이 최상의 방법입니다.

　마찬가지로 주목할 만한 것은, 이 모세의 강론이 **책망의 설교**라는 점입니다. 그는 백성들을 책망했습니다. 그가 "여수룬이 기름지매 발로 찼도다. 네가 살찌고 비대하고 윤택하매 자기를 지으신 하나님을 버렸도다"(15절)고 말했을 때 그는 그들을 매우 엄격하게 책망한 것입니다. 그는 백성들에게 그들의 큰 죄를 경고했고, 주저 없이 이렇게 말했습니다. "그들은 모략이 없는 민족이라 그들 중에 분별력이 없도다"(28절). 하지만 그는 그들을 가장 온순하게 책망했다고 느끼며, 또한 여전히 자신이 부드러운 이슬이나 가는 비와 같다고 느끼고 있습니다. 아, 형제들이여! 질책은 온유하게 행해져야 합니다. 불친절한 정신으로 책망하느니 아예 하지 않는 편이 낫습니다. 어느 날 저녁 나는 길에서 한 설교자를 지나친 적이 있습니다. 그는 당시 어느 마을 사람들에게 아주 맹렬한 어조로 설교하고 있었습니다. 그는 그들에게 이렇게 말하고 있었습니다. "주께서 오십니다! 주께서 오십니다! 여러분은 모두 멸망할 것입니다!" 목소리가 굉장히 컸으나, 그 소리 자체가 지나치다는 느낌은 없었습니다. 하지만 그의 설교에는 일종의 정신착란적인 기미가 있었으며, 성경을 넘어 개인적인 환상과 자기 머릿속의 상상으로 치달았습니다. 나는 그가 바라는 것이 무엇인지 궁금했습니다. 사람들은 그들의 문에 서 있었고, 파이프를 물고서 담배를 피우고 있었으며, 그 광경을 기이한 전시물을 바라보듯이 바라보고 있었습니다. 아마도 그가 폭풍이 부는 바다처럼 사납게 날뛴 것이 그 사람들에게 아무런 경고도 하지 않은 것보다는 나았겠지요. 하지만 나는 그의 외침에 어떤 유익이 있었을 것이라고는 생각하지 않습니다. 만약 그가 그들에게 한 사람씩 붙들고 하나님을 믿으라고 부드럽게 말했더라면, 그들의 문 앞에 가서 예수 그리스도의 위대한 사랑에 대해 말했더라면, 아마도 어떤 결과가 있었을 것입니다. 하지만 허튼 소리를 사납게 외쳐대는 것으로부터는 어떤 결실도 기대할 수 없습니다. 하지만 만약 한 사람이 소리치고 땀날 정도로 애를 쓰면, 반드시 어떤 결과가 있을 것이라고 생각하는 사람들이 많습니다. 하지만 지혜로운 자는 운동선수들에게서 수련을 받는 것이 아니라 침착한 학자들에게서 배웁니다. 우리가 사람들의 눈을 쳐서 그들을 보게 하는 것이 아니며, 그들을 들볶아서 평화로 이끌 수 없으며, 걷어차서 천국에 들어가게 하는 것이 아닙니다. 거리에서 요란스럽게 목소리를 내고, 높이고, 애써 외치는 것이 그리스도의 방식은 아닙니다. 우리는 열정에 반대해서는 안 되며, 심지어 그것이 적정한 경계를 넘었을 경우에도 마찬가지입니다. 하지만 우리가 높이 평가하는 것은 그 열정이지, 열정의 폭발(outburst)이 아닙니다. 우리가 크게 의문을 가지고 있는 것은, 너무나 자주 물리적 힘이 영적인 힘으로 오해받고 있는 것이 아닌가 하는 것입니다. 이런 현상은 해로운 오류입니다. 우리가 원하는 것은 우리의 청중들을 사랑의 줄(cords of love)로 이끄는 것이지, 수레의 밧줄로 묶어 끄는 것이 아닙니다. 또한 우리는 개들이나 황소들에게 씌우는 그런 밧줄이 아니라, '사람의 줄(cords of man)'로 사람들을 이끌기를 원합니다. 바울이 매우 강한 비난의 글을 쓰고 있는 동안에 그는 다음과 같이 말합니다. "이제도 눈물을 흘리며 말하노니 여러 사람들이 그리스도의 십자가의 원수로 행하느니라"(빌 3:18). 예수님은 예루살렘의 심판을 공공연히 선언하셨지만, 많은 눈물로써 그렇게 하셨습니다. 그분은 "화 있을진저 고라신아"(마 11:21)라고 외치셨지만, 그들에게 화를 선언하시는 동안 그분의 영혼이 내적으로 큰 슬픔을 느끼셨습니다. 사랑하는 형제들이여, 이것을 주목하는 것이 좋습니다. 즉, 비록 교리적인 설교라 할지라도 그 설교는 부드러웠다는 것과, 비록 책망하는 말을 하고 있다 할지라도, 설교자로서 모세는 여전히 "연한 풀 위의 가는 비 같았다"는 것입니다.

또한 이 시인의 노래에서, 이스라엘의 위대한 사사의 마지막 고별 설교에서, 그는 하나님의 진노에 대해 선언하려 하고 있습니다. 여기서 우리는 다음과 같은 말씀을 대합니다. "내 분노의 불이 일어나서 스올의 깊은 곳까지 불사르며 땅과 그 소산을 삼키며 산들의 터도 불타게 하는도다. 내가 재앙을 그들 위에 쌓으며 내 화살이 다할 때까지 그들을 쏘리로다"(22-23절). 이보다 더 강하고 엄격한 표현은 없습니다. 하지만 이 마저도 연한 풀 위에 가는 비 같이 내립니다. 만약 수문을 올려야 할 때가 있다면, 우리가 연민의 눈물을 홍수처럼 흘려보내야 할 때가 있다면, 그것은 바로 우리가 하나님의 진노를 전할 때입니다. 굳은 마음과, 차가운 입술과, 눈물 없는 눈과, 무감동한 마음으로 하나님의 진노를 전하는 것은, 사람들의 마음을 완고하게 만들 뿐 그들에게 아무런 유익을 주지 못한다고 나는 확신합니다. 우리가 만일 주의 두려우심에 대해 설득력 있게 전하려면 핵심을 찔러야 합니다. 바울 사도가 "우리는 주의 두려우심을 알므로 사람들을 권면한다"(고후 5:11)고 했기 때문입니다. 부드럽게, 마치 유모가 등 뒤로 매를 들고 있으면서도 어린 아이를 설득하듯이, 우리는 사람들을 얻을 때까지 그들을 예수님께 오도록 호소해야 합니다. 비록 우리가 그들에게 하는 말은, 만일 그들이 그리스도를 받아들이지 않으면 멸망할 것이며, 또한 그들이 그분을 믿어야 하며 그렇지 않으면 그분 앞에서 쫓겨나서 바깥 어둠에 거하게 되리라는 것이지만, 우리는 이 말을 그들을 사랑하기 때문에 해야 합니다. 그들에게 아첨의 말을 하는 자들보다 그들을 더 사랑하므로 말해야 하는 것입니다. 죄가 끔찍한 악이며 그것이 끝없는 불행을 초래한다는 사실에 대해서는 우리가 한순간도 뒤로 물러나서는 안 되며, 또한 회개하지 않는 자들에게 전하도록 우리가 주께 받은 엄중한 소식을 전할 때에는 한 음절도 누그러뜨려서는 안 됩니다. 하지만 우리는 가혹한 소식의 전달자가 되는 것에서 기뻐하지 않습니다. 그것은 주께서 우리에게 부여하신 짐입니다. 우리는 언제나 격려의 주제에 대해 전하도록 허락받기를 바랍니다. 사람들이 예수님께 돌아와 산다면 정말 우리는 기뻐할 것입니다. 하지만 바로 지금, 우리가 경고의 북을 울리는 동안에도, 그 긴박한 북소리 중간 중간에 자주 멈추고서 연민의 부드러운 음성으로 영혼을 얻고자 하는 시도를 잊어버려서는 안 됩니다.

어떤 하나님의 종이 저 위대한 뉴잉글랜드의 목사님을 향해 끊임없이 이렇게 외쳤던 것을 나는 기억합니다. "에드워즈 목사님, 에드워즈 목사님, 결국 하나님은 자비의 하나님이 아니십니까?' 어떤 상황 속에서도, 나는 결코 그런 질문을 야기하기를 원하지 않습니다. 비록 여호와께서는 그분의 아들을 거부하고 그분의 은혜를 거절하는 자들에 대해 복수의 하나님이시지만, 그럼에도 그분은 은혜가 풍성하시고 자비롭고 오래 참으시며, 어느 누구의 죽음도 기뻐하지 않으시고, 사람들이 그분에게로 돌이켜 살기를 원하시는 분이십니다. 그러므로 우리는 정의가 위협하는 동안에도 은혜가 설득할 여유를 주도록 합시다. 하나님의 두려우심을 전하는 올바른 정신은 바로 성경 본문의 정신입니다. 우리는 엄숙한 경고의 말씀조차도 "연한 풀 위의 가는 비"처럼 내리게 해야 합니다. 모세는 부드럽기를 원했습니다. 비록 교리적인 강론이었으며, 마음을 탐사하고(searching) 책망하는 설교였으며, 하나님의 경고와 위협으로 가득한 설교였지만, 그럼에도 그는 그 말씀을 온유하게 전하기를 원했습니다.

자, 사랑하는 친구들이여, 모세가 부드럽기를 원했다면, 하물며 예수님은 얼마나 더 부드러우신 분이었는지요! 율법의 대표자가 부드러움을 목표로 삼았습니다. 하물며 복음의 화신이었던 그분이 얼마나 더 그러하셨겠습니까! 깨어진 십계명 돌판으로 사람들을 위협했던 그가 부드러웠다면, 하물며 영원한 용서의 원천인 다섯 군데의 상처를 입으신 채로 사람들을 설득하기 위해 오시는 그분은 얼마나 더 부드러우시겠습니까! 저 온유하고 겸손하신 하나님의 어린 양이 얼마나 사람들의 마음을 끄시는지요! 우리가 그분의 생애를 살펴볼 때 우리는 그분이 얼마나 놀라운 부드러움으로 가르침을 베푸셨는지를 볼 수 있습니다. 그분의 가르침은 그 태도에 있어서 동정심이 가득하였습니다. 예수님을 따르는 자라고 공언하는 어떤 이들은 아무런 동정심도 없이 격렬하게 사람들을 비난합니다. 나는 우리 주 예수님께서 그들과 비슷한 어조와 태도로 말씀을 전하시는 모습을 상상할 수가 없습니다. 예수님도 노하실 때 호통을 치기는 하셨습니다. 하지만 깨달음의 번개가 그보다 훨씬 더 두드러졌으며, 또한 그 번개와 더불어 언제나 연민의 소낙비가 쏟아졌습니다. 산상수훈은, 내가 때때로 그것은 성령으로 감동된 한 여성이 적절하게 전할 수 있을 것 같다고 생각할 정도로, 애정과 연민으로 가득합니다. 예수님의 사역을 살펴보면, 대부분 아주 남성적이기는 하지만, 그러면서도 부드러움이 있고 사랑의 정감이 있습니다. 마치 그리스도의 인격 안에서, 첫 아담의 창조에서와 마찬가지로, 남성과 여성 모두를 대하는 듯합니다. 예수님은 인류의 머리이시며, 그분 자신의 인격 안에서 남성의 활력과 여성의 애정을 완벽하게 결합하십니다. 그분은 사실 인생들에게 아버지이시면서 어머니이시며, 한 인격 안에 남성성(manhood)과 여성성(womanhood)의 매력을 조화롭게 지니고 계시며, 그분의 모든 행동 양식에서 그 특징을 나타내십니다. 그분의 행동 양식은 전쟁의 날에는 영웅처럼 강력하시며, 그러면서도 자녀를 대하는 유모처럼 부드럽기도 하십니다. 그리스도의 모든 행동은 일종의 구애(求愛)였으며, 따라서 우리는 성경에서 이런 구절을 읽습니다. "모든 세리와 죄인들이 말씀을 들으러 가까이 나아오더라"(눅 15:1). 또한 우리는 그분이 이렇게 말씀하시는 것도 읽습니다. "어린 아이들이 내게 오는 것을 용납하고 금하지 말라"(막 10:15). 병든 자들은 마치 인류의 치유를 담당하는 의사에게 찾아오듯이 본능적으로 그분에게로 왔습니다. 사별한 자매들, 과부가 된 어머니들, 버림받은 나병환자들이 간절한 소망을 품고 그분에게로 왔습니다. 가장 사나운 정신병자조차도 그분에게서 거역할 수 없는 매력을 느끼고서 그분께 복종했습니다. 오, 그렇습니다. 우리 주님의 태도는 온유함 그 자체이셨습니다.

더 나아가, 그분의 화법도 동정심이 많고 사려 깊은 것이었습니다. 마치 이슬이 시든 풀을 배려하는 듯하고, 가는 비가 연한 풀에 적합하게 내리는 듯하였습니다. 그분의 가르침에서 그분은 명백히 더 약한 사람들을 배려하셨고, 슬픔으로 낙심한 자들에게 그분 자신을 맞추셨습니다. 여러분은 지혜로운 연설가는 어려운 말들을 잘 쓰지 않는 것을 발견할 것입니다. 그분의 가르침에는 진리의 특성 자체에 내재된 난점들이 있지만, 그 난점들이 어투에 의해 더 가중되지는 않았습니다. 나는 어느 누구도 그분에게 가서 이렇게 말하는 것을 상상할 수 없습니다. "랍비여, 당신께서는 이런저런 용어를 사용하셨는데, 그것이 무슨 의미입니까?" 비록 그들이 언제나 주님 말씀의 내적인 의미를 파악한 것은 아니었지만, 그들은 주님이 쓰신 용어 자체의 뜻은 알았습니다. 그들의 오해는 결코 그분이 사용하신 용어의 잘못에서 비롯된 것이 아니었습니다. 그분의 비유적인 화법은 특별히 두드러집니다. 그분은 계속해서 "~과 같다(like)"는 표현을 써서 하나님 나라를 "이것과 같다, 혹은 저것과 같다"는 식으로 말씀하셨습니다. 그분이 무리를 먹이실 때, 그분은 결코 소화시킬 수 없는 음식을 주지 않으십니다. 그분의 메뉴는 언제나 떡과 물고기입니다. 그와 마찬가지로 그분이 가르치실 때, 소화시킬 수 없는 진리는 없습니다. 외부의(outside) 무리를 향해 말씀을 전하시던 초기에, 그분이 그들에게 전하신 대부분의 내용은 도덕적인 진리에 관한 것이었습니다.

그들이 감당할 수 있는 것은 그것이 전부였기 때문입니다. 일부 "현대 사상(modern thought)"을 가진 사람들이 그들 스스로가 바깥 대중에 속하고, 제자들의 내적 집단(inner circle)에 속하지 않았음을 증명하는 것을 볼 때, 나는 가끔씩 흥미롭다는 생각을 합니다. 그들은 산상수훈을 예수님의 교훈의 절정이라고 칭찬하기 때문입니다. 하지만 그것은 그분이 대중을 향해 강연하신 것일 뿐이며, 사도들과 따로 있을 때 하셨던 그런 영적인 가르침과는 다릅니다. 마치 불에서 불꽃이 일어나듯이, 도덕적인 진리에도 신성하면서도 영적인 진리의 섬광과 빛이 있는 것은 사실입니다. 하지만 예수님이 무리에게 주신 대부분의 교훈은 그들이 받아들일 수 있는 것이었으며, 그들의 이해를 뛰어넘는 것이 아니었습니다. 그분은 빵을 으깨어 우유에 섞으시고, 사람들에게 그들의 '유년기'에 맞는 음식을 주셨습니다. 그분이 그들을 우유로 먹이신 것은, 그들이 강한 고기를 감당할 수 없었기 때문입니다. 그런 고기는 후에 그분의 종인 바울이 영적인 일들에 대한 합당한 감각이 있는 자들을 먹일 때에 내놓도록 허용된 것이었습니다. 주님은 심지어 택하신 자들을 가르치실 때에도, 가르침의 방식에 대해 매우 신중하셨고 또한 가르침의 내용에 대해서도 마찬가지셨습니다. 그분이 이렇게 말씀하셨습니다. "내가 아직도 너희에게 이를 것이 많으나 지금은 너희가 감당하지 못하리라"(요 16:12). 그분의 가르침에 점진적인 발전이 있는 것은, 그분이 사람들의 정신이 그분이 말씀하시는 진리를 받아들일 준비가 되었는지를 살펴보셨기 때문입니다. 그분은 지혜롭고 신중한 방식으로 제자들을 가르치셨던 것입니다.

　또한, 우리 주께서 말씀하신 진리에는 영적으로 살아 있는 자들에 대해 언제나 새롭게 하는 효과가 있었다는 사실을 주목하시기 바랍니다. 우리의 복되신 주님의 설교들은 "연한 풀 위의 가는 비" 같았습니다. 그것은 단지 비가 부드럽게 내린다는 차원에서만 아니라, 그 비가 내렸을 때에 놀라운 효력이 있다는 차원에서 그러합니다. 그분의 말씀은 파괴적인 불똥처럼 내리지 않았으며, 광야에서 불어와 모든 것을 황폐화시키는 황사(黃砂)처럼 내리지도 않았으며, 오직 소중히 간직할 부드러운 단비처럼 내렸습니다. 주님의 말씀을 듣는 것은 큰 기쁨이었음에 틀림없습니다!

　오, 그분이 말씀을 전하시는 것을 한 번이라도 들었으면 좋겠습니다! 아! 그분이 저를 책망하시더라도, 그리고 다른 아무 말씀도 하시지 않는다 하더라도,

저는 그분의 말씀을 듣고 싶습니다. 비록 그분이 저에게 호통을 치시고 다른 말씀은 하지 않으신다고 해도, 그분의 음성을 들을 수만 있다면 나는 즐거워할 것이고, 또 이렇게 말할 것입니다. "말씀하옵소서, 주의 종이 듣겠나이다"(삼상 3:10). 분명 내 마음은 너무나 즐거워, 그분의 복된 교훈의 이슬을 가득 머금은 양털 한 뭉치처럼 될 것입니다! 예수님의 말씀에는 분명 표현할 수 없는 달콤함이 있었을 것이고, 유쾌한 설득력이 있었을 것이며, 신적인 능력이 있었을 것입니다. "그 사람이 말하는 것처럼 말한 사람은 이때까지 없었나이다"(요 7:46). 그분의 입술은 백합화요, 향기를 떨어뜨리는 몰약과 같습니다. 그분이 무슨 말씀을 하시든 무한한 사랑과 친절의 향기가 가득하였으며, 따라서 그 말씀이 통회하는 자들의 심령을 소생시켰습니다.

이와 같이 우리는 모세가 부드럽기를 원했으며, 예수님이 부드러우셨다는 것을 배웁니다. 우리가 또 무엇을 배워야 합니까? 바로 예수 그리스도의 모든 종들이 부드러워야 한다는 것입니다. 모세가 그러하였다면, 하물며 우리는 얼마나 더 그리해야 하겠습니까? 나는 오늘 밤 이 자리에 복음의 설교자들이 많이 참석하였다는 것을 압니다. 사랑하는 형제들이여, 우리의 온 힘을 기울여 우리가 설교하는 대상을 항상 배려하도록 노력합시다. 그들을 연한 풀처럼 여기도록 합시다. 많은 사람들이 연약함과, 슬픔과, 무능과, 무지 속에 처해 있습니다. 나는 우리가 설교할 때 너무 높은 기준을 세운다고 믿으며, 또한 우리가 사람들에 대해 실제로 그런 것보다 더 많은 것을 알고 있다고 가정한다고 믿습니다. 나는 우리가 우리의 회중들에게 기본적인 것들, 기초적인 것들, 복음의 가장 단순한 가르침들을 자주 반복해야 한다고 믿습니다. 왜냐하면, 비록 복음에 있어서 아비와 같은 자들이 더러 있기는 하고, 그들에 대해서 우리는 감사하게 여기고 있기는 하지만, 사실 오늘날은 바울 시대와 마찬가지로 아비 된 자들은 많지 않습니다. 그러므로 우리는 우리의 시선을 소수의 아비 된 자들에 맞추어 설교해서는 안 되며, 오히려 많은 어린 아이 같은 자들에게 눈을 맞추고 설교해야 합니다.

만일 우리를 통해 '아기들'이 은혜 안에서 양식을 얻는다면 우리는 잘 하고 있는 것이며, 바로 이런 일을 위해 우리의 설교는 "연한 풀 위의 가는 비"와 같이 되어야 합니다. 우리는 최대한 능력을 발휘하여 명백하고 단순하게 되도록 노력해야 합니다. 심지어 그렇게 해도 우리가 전하는 말을 이해하지 못하는 사람들이 많기 때문입니다. 나는 일전에 나에 대해 제기된 불평 때문에 크게 기뻐하였습니다. 그 불평에 대해 나는 '잘못'을 기꺼이 인정하며, 앞으로 다가오는 많은 날에도 마찬가지일 것이라고 인정합니다. 어떤 사람이 이렇게 말했습니다. "스펄전 목사는 우리에게 고기는 주지만 연골은 주지 않는다. 그는 모든 뼈를 발라내고 고기만 준다." 그들은 한두 조각의 딱딱한 뼈를 원했고, 그들의 치아를 한 번 시험해 보기 원했습니다. 오호라, 많은 사람들이 "현대 사상"이라는 새로운 가르침을 씹으려 하다가 치아를 두 개 이상이나 부러뜨렸습니다! 나는 내게 맡겨진 양 떼를 먹일 때에, 독초가 있는 목초지를 찾아내려고 결코 애를 쓰지 않으며, 그들이 아프지 않고 얼마만큼 해로운 목초를 먹을 수 있는지 시험해 보려고 하지 않습니다. 결코 그렇게 하지 않습니다. 나는 영적인 일들에서 아직 차이점을 식별하지 못하는 자들에게 주의를 기울여왔으며, 그러므로 나는 그들을 지나간 시대의 성도들이 먹고 만족한 옛 목초지로 인도해왔습니다.

　　나는 우리가 아무리 단순하고 명백하게 설교를 하더라도 지나치지 않다고 생각하며, 하나님의 귀한 일들을 밝은 빛 가운데서 제시해야 한다고 생각합니다. 하나님의 어린 소자들은 도움이 절박한 상황에 있고, 우리의 특별한 보살핌을 받아야 합니다. 이 연한 풀들은 마르기가 쉬우며, 그러면서도 너무 연하기 때문에 한꺼번에 내리는 큰 비에서는 물을 빨아들이지 못합니다. 내가 남부 프랑스와 이탈리아를 여행하고 있을 때에, 어떤 지역에서 강이 둑을 터뜨려서 온 땅을 물로 덮은 것을 본 적이 있습니다. 그것은 그 땅에 축복이 아니었습니다. 홍수는 그곳에 있는 모든 것을 휩쓸어 진흙에 파묻어 버렸고, 농작물들을 모두 죽게 했습니다. 물대기와 범람은 매우 다른 것입니다.

　　어떤 설교자들은 이 사실을 잊어버립니다. 한 편의 설교가 하나님의 귀하고 어린 일부 백성들에게 마치 그와 같은 방식으로 작용할 수 있습니다. 설교가 마치 교리의 대홍수와도 같아서, 믿음에서 깊이 뿌리를 내리지 못한 연약한 식물들을 뿌리째 휩쓸어 버릴 위험이 있는 것입니다. 그들이 멸망하지는 않겠지요. 하지만 우리는 그들 중에서 지극히 적은 소자라도 다치게 할 수 있는 것이라면 그 어떤 것이든 피해야 합니다. 연한 풀에는 물을 조금씩 공급하는 것이 잘하는 것입니다. "경계에 경계를 더하며 교훈에 교훈을 더하되 여기서도 조금 저기서도 조금" 가르쳐야 합니다(참조. 사 28:10). 하나님의 자녀들은 마치 우리들의 자녀와도 같아서, 먹을 것을 조금씩 자주 주어야 하며, 그것이 드물게 주면서 한꺼번에 많이 주는 것보다 낫습니다. 여기 빵 한 덩이가 있고, 어린 아이가 있습니다. 여러분은 그 빵을 어린 아이의 입에 넣어주고 싶습니다. 그렇다면 여러분은 그 일을 서서히 해야 하며, 그렇지 않으면 그 일을 아예 하지 못할 것입니다. 만약 여러분이 그 아이의 제한된 수용 능력을 고려하지 않고 한꺼번에 너무 많은 것을 밀어 넣으려 시도한다면 그 아이를 질식시키고 말 것입니다. 빵을 손에 쥐고서, 그것을 여러 조각으로 자르십시오. 때가 되면 아이가 그 사분의 일에 해당하는 빵 조각을 먹을 것입니다. 아이들은 식욕이 좋기 때문에 나머지 빵 조각들을 따로 치워두는 편이 좋습니다. 하나님의 자녀들도 한꺼번에 많은 교리를 소화하지 못합니다. 하지만 그들은 좋은 식욕을 가지고 있습니다. 따라서 만일 여러분이 그들에게 시간을 주면 그들이 차츰 하나님의 모든 진리를 먹고, 씹고, 내적으로 소화할 것이며, 그리하여 그것으로써 자양분을 섭취하고 자라게 될 것입니다. 그리스도의 모든 사역자들은 이를 기억하도록 합시다. 그리고 자기 회중들을 그들이 감당할 능력에 맞추어 인내하면서 가르치도록 합시다.

사랑하는 친구들이여, 이에 대해 한 가지를 더 말하고자 합니다. 그것은 모든 그리스도인이 이 점을 기억해야 한다는 것입니다. 왜냐하면 모든 그리스도인이 영혼들을 그리스도께로 데려오도록 힘써야 하기 때문입니다. 우리는 각자의 능력에 따라, 모두가 복음의 교사들이 되어야 합니다. 그리고 그렇게 될 수 있는 방법은 "연한 풀 위의 가는 비"처럼 되는 것입니다. 사랑하는 친구여, 아마도 당신은 이렇게 말할 것입니다. "글쎄요, 저는 큰 노력을 기울이지 않고도 가는 (small) 비가 될 수밖에 없습니다. 제 속에 많은(much) 비가 담겨 있지 않으니까요." 좋습니다. 하지만 가는 비는 그 양이 그토록 적은 것을 보상할 제 나름의 방식을 가지고 있습니다. 그게 어떤 방식일까요? 바로, 매일 같이 지속적으로 내리는 것입니다. 적은 비라도 오랜 시간 내리면 짧은 시간에 쏟아 붓는 소나기보다 더 좋은 일을 한다고 모든 정원사들이 이구동성으로 말할 것입니다. 지속적으로 떨어지는 물방울이 스며들고, 흠뻑 적시고, 오래 머물 것입니다. 작은 사랑의 행위들이 한 번의 통큰 행위보다 사랑을 얻을 확률이 훨씬 큽니다. 만일 당신이 한꺼번에 복음의 진리에 대해 많은 것을 말할 수 없다면, 조금씩, 그리고 자주 말하는 것을 지속하십시오. 만일 당신이 곡식 창고에서 군대를 먹일 만큼의 식량을 수레에 가득 싣고 나올 수 없다면, 한 번에 한 줌의 곡식이라도 들고 나와서 헛간의 닭들을 먹이십시오. 당신이 옛 시대의 심오한 신학자들처럼 사람들에게 교리를 충분히 가르칠 수 없다 해도, 최소한 주께서 당신에게 가르치신 것을 말할 수는 있을 것이며, 또한 그분에게 당신을 더 가르쳐 주시도록 요청할 수는 있을 것입니다.

여러분이 배우는 대로 가르치십시오. 여러분이 얻는 대로 주십시오. 여러분이 받는 대로 나누어주십시오. 연한 풀 위의 가는 비처럼 되십시오. 사람들을 그리스도께로 데려오려고 시도하면서, 우리가 때로는 한꺼번에 너무 많은 것을 시도한다고 생각하지 않으십니까? 로마가 하루아침에 이루어지지 않았듯이, 여러분의 교구 사람들이 한 주일 만에 구원받지는 않을 것입니다. 사람들이 처음 복음을 들을 때에 그 모든 내용을 언제나 받아들이는 것은 아닙니다. 예수님을 위해서 사람들의 마음을 깨뜨리는 일은 마치 나무를 쪼개는 것과도 같습니다. 우리는 한쪽 끝이 매우 작은 쐐기들을 가지고 일할 필요가 있으며, 그 쐐기들이 뚫고 들어가면서 좀 더 큰 도구를 필요로 할 것입니다. 적절하게 들려준 몇 마디의 문장들이 감명을 남길 수 있습니다. 반면 한 번에 신앙을 강요하려는 시도는 사람에게 저항감을 불러일으킬 수 있고, 결국 해를 끼칠 수 있습니다. 오늘 한두 마디를 떨어뜨리고, 내일 또다시 한두 마디를 전하는 것으로 만족하십시오. 조만간 여러분은 그 두 배나 되는 말도 안전하게 할 수 있을 것이며, 일주일 내로 길고도 분명하게 신앙적인 대화를 나눌 수 있을 것입니다. 여러분 면전에서 문이 거칠게 닫혔던 집에서, 조만간 여러분이 환대받는 방문자가 되는 일이 일어날 것입니다. 반면 만약 처음에 억지로 강요한다면, 결과적으로 미래의 모든 기회를 망쳐 버리고 말 것입니다.

적당한 때가 되면 많은 말을 할 수 있을 것입니다. 우리는 행하고 말하는 것에서(in doing and saying) 못지않게, 행하지 않고 말하지 않는 것에서(in not doing and not saying)도 우리의 지혜를 나타낼 수 있습니다. 시기는 성공에 있어서 매우 큰 요인입니다. 때에 맞지 않게 큰 소리로 말하는 것으로써 우리의 열정을 보일 수는 있지만, 그것이 언제나 우리의 분별력을 나타내는 것은 아닙니다. 우리는 때를 얻든지 못 얻든지 한결같이 대비하고 있어야 하지만, 그것이 끊임없이 말하는 것과는 관련이 없습니다. 개인적으로 애를 쓰며 영혼을 얻는 자가 되려는 모든 사람에게 나는 본문의 상징처럼 "연한 풀 위의 가는 비처럼" 되라고 권면합니다. 그 비는 시기적절하고, 주변의 환경에 조화를 이룹니다. 그 비는 뜨거운 해가 식물들 위를 내리쬐고 있을 때는 내리지 않습니다. 그 때는 자칫하면 식물들을 죽일 수 있기 때문입니다. 또한 그 비는 언제나 내리지는 않습니다. 그때도 역시 식물들을 해칠 수 있기 때문입니다. 적절한 곳에서가 아니면 사람들에게 권면을 하지 마십시오. 최상의 진리라도 끊임없이 말하지는 마십시오. 이는 여러분이 논증으로써 설득하기를 바라는 사람들을, 당신의 수다에 지치지 않도록 하기 위함입니다. 여러분이 주님의 인도하심을 기다리면, 그분은 마치 비를 내리실 때와 마찬가지로 가장 쓸모가 있을 때 여러분을 보내실 것입니다. 여러분이 그분의 뜻에 자신을 온전히 맡긴다면, 하나님께서 여러분에게 시기와 장소를 지시하실 것입니다.

여기까지 첫 번째 대지에 대해 말했는데, 아마도 너무 길지 않았나 생각합니다. 첫 번째 대지의 요점은 모세가 부드럽기를 원했다는 것입니다.

2. 교훈을 스며들게 하는 설교자

두 번째 대지는 모세가 마음에 스며드는 설교자가 되기를 원했다는 것입니다. "연한 풀 위의 가는 비 같도다." 자, 가는 비의 의도는 초목으로 스며드는 것이며, 그리하여 그 초목이 수분을 흡수하여 진실로 생기를 얻도록 하는 것입니다. 그 비는 연한 풀을 흠뻑 적시지 않으며, 물에 잠기도록 만들지도 않습니다. 가는 비는 풀에 수분을 공급하고, 살아나게 하고, 신선하게 하는 것입니다. 이것이 모세가 목표로 삼는 것입니다. 사랑하는 이여, 이것이 그리스도의 모든 참된 설교자들이 목표로 삼는 것입니다. 우리는 우리가 전하는 말씀이 사람의 영혼 속으로 스며들고, 가장 깊은 본성 안으로 흡수되어서, 신성한 결실로 맺혀지기를 열망합니다.

어떤 사람들은 "연한 풀 위의 가는 비 같이" 말씀을 받아들이지 못하는 것 같습니다. 그 이유가 무엇일까요? 나는 우선, 그것이 그들의 이해 수준을 넘어서기 때문이라고 생각합니다. 만일 여러분이 어떤 설교를 듣고서, 그 선한 사람이 무엇에 대해 말하는지 전혀 알 수가 없다면, 그것이 어떻게 여러분에게 유익을 줄 수 있겠습니까? 만일 설교자가 아주 고급스러운 그 시대의 '강단용 언어(pulpit-language)'를 사용한다면, 일상 영어가 아니라 '라틴어 같은 영어' 즉 평범한 사람들의 대화에서 사용되는 말투가 아니라 고상한 책에서나 찾아볼 수 있는 용어를 쓴다면 어떻게 될까요? 대개 청중들은 시간을 낭비하고, 설교자는 헛수고만 하는 셈일 것입니다.

어떤 사람이 내게 이런 말을 했습니다. "만일 내가 어떤 예배당에 간다면, 내가 필요한 것은 내 성경책이 아니라 사전일 것입니다. 사전이 없으면 그가 무슨 말을 하는지 알아듣지 못하기 때문입니다." 우리에게는 절대로 그런 일이 있어서는 안 됩니다! 사람들이 우리가 쓰는 용어의 의미를 이해하지 못할 때, 어떻게 그들이 그 내적인 의미를 이해하고 흡수할 것을 기대할 수 있겠습니까? 이 자리에 참석한 사람들 중에서, 설교는 이해될 때에만 유익을 끼칠 수 있다는 생각을 해보지 않은 분이 있다면, 그런 분에게 권고합니다. 강의를 듣는 것이나 독서에 있어서, 언제나 여러분이 이해하고 파악할 수 있는 가르침을 찾도록 하십시오. 사람은 이해되고 파악되는 수단에 의해 더 높은 곳으로 오르는 것이지, 이해되지 않는 것을 접한다고 높이 오르는 것이 아닙니다. 우리는 아주 높고 멀리 떨어져 있는 것을 먹고 살 수는 없습니다. 신학에서 풍선 기구를 타고 오르는 것은 아주 멋진 일이지만, 그것은 이곳 아래에 있는 가련한 영혼들에게는 아무런 쓸모가 없습니다. 그들은 차를 타고 어떤 장소로 입장하는 것조차 바랄 수 없는 자들입니다. 연한 초목들은 높은 구름 위에 간직된 물에 의해서는 소생하지 못합니다. 그들은 그 물이 지상으로 내려오기를 원하고, 그래서 그들의 잎사귀들과 뿌리들을 적셔주기를 원합니다. 만일 구름을 머금은 물이 그들 가까이로 내려오지 않으면, 어떻게 그들이 그 물로써 수분의 공급을 받겠습니까? 베르사유 궁전의 연못은 매우 크지만, 런던의 창가에 있는 작은 화분을 위해서는, 어린 아이의 손으로 떠서 부어주는 한 컵의 물이면 충분할 것입니다.

많은 사람들이 거룩한 말씀을 받아들이지 못하는 이유는 그것이 그들에게는 너무 좋아서 믿어지지 않는 것으로 보이기 때문입니다. 이는 하나님의 선하심을 제한하는 것입니다. 하나님은 너무나 선하시기에, 너무 좋아서 그분에게서 기대하기 어려운 것이란 없습니다. 약속을 붙잡지 못하는 사람들이 얼마나 많은지 모릅니다. 그 이유는, 그들이 약속이 어떤 의미에서는 사실일 것이라고 말하면서도, 그 약속을 하나님의 성령이 의도하신 바로 그 의미로서 받아들이지 않기 때문입니다! 그들은 약속의 의미를 축소시키고, 그런 과정에서 약속의 실제적인 의미를 증발시켜 버립니다. 결과적으로 하나님의 말씀이 그들에게는 아무런 효과도 없는 것이 되고 맙니다. 많은 경우에 있어서, 복음이 강력히 역사하지 않는 이유는 그들의 불신앙 때문입니다. 정녕 하나님의 말씀은 위대한 말씀입니다. 그분이 위대하신 하나님이시기 때문입니다. 그리고 우리가 그 말씀 속에서 발견하는 가장 큰 의미는 더할 나위 없이 사실적입니다.

의심할 것 없이, 많은 사람들이 하늘의 진리의 매력적인 감화력을 잃어버리는 이유는, 그들이 **충분히 생각하지 않기** 때문입니다. 깊이 생각하지 않아서 하나님의 말씀이 마음을 비옥하게 만들지 못하는 경우가 얼마나 많은지요! 시기와 기회를 고려하지 않으면, 가는 비는 연한 풀의 뿌리에까지 도달하지 못합니다. 오, 복음 사역에 의해 유익을 얻고자 하는 여러분은 이것을 황금률로 삼으십시오. "한 번 듣고, 두 번 묵상하고, 세 번 기도하라!" 내가 여러분에게 뛰어난 효력이 있는 한 가지 처방을 권하자면, 설교는 한 번 듣고서 적어도 두 차례의 많은 묵상이 있어야 한다는 것입니다. 사람들이 설교를 들을 가치가 있는 것으로 생각하면서도, 묵상할 가치가 있는 것으로 생각하지 않는 것이 이상하지 않습니까?

만일 어떤 사람이 고기 한 덩어리를 살 가치가 있는 것으로 여기면서, 요리할 가치는 없는 것으로 여긴다면 어리석은 것입니다. 사실 묵상이란 일종의 거룩한 요리와 같으며, 진리를 영혼을 위한 음식으로 준비하는 것입니다. 솔로몬은 이렇게 말합니다. "게으른 자는 사냥해서 잡은 것도 굽지 않는다"(잠 12:27, KJV 사역, 한글개역개정은 '게으른 자는 그 잡을 것도 사냥하지 아니하나니'로 되어 있음 —역주). 정말이지 그런 사람들이 많이 있습니다. 그들은 설교를 '사냥하듯이' 찾아 헤매지만, 그것을 찾고서도 '굽지'를 않습니다. 그들은 진리를 소화시킬 수 있는 영적인 양식이 되도록 미리 준비하지를 않습니다. 읽지 않을 책이라면 왜 사는 것이며, 혹은 입지도 않을 옷을 왜 사며, 혹은 타지도 않을 마차를 왜 사는 것입니까? 사랑하는 형제들이여, 그렇게 하지 말라고 여러분에게 호소합니다!

우리가 한 단체의 회원들이면서 친구들이기를 바라지만, 우리는 우회파(Society of Friends, 서로를 '친구'로 부른 것에서 유래된 퀘이커파의 별칭 —역주)의 회원들은 아니지요. 하지만 우리는 그들이 예배 중에(during) 시도하는 것을, 예배 후에는(after) 시도해야 한다고 생각합니다. 그들이 시도하듯이, 침묵하면서 진리가 우리 속에 새겨지도록 합시다. 특별히 우리가 말씀에 굶주렸을 때에 이렇게 하면 더욱 좋습니다. 말씀을 묵상함으로써 우리는 곧 평온해질 것입니다. 때로는 언어의 공급을 멈추고, 언어의 수면 아래로 침잠하고, 말씀 속에 감추어진 의미를 들여다보고, 진리의 내부에 도달하고, 우리 마음의 영혼에 진리의 힘찬 활동을 느낄 수 있다면 매우 유익할 것입니다. 우리는 너무나 자주, 보이지 않는 금궤가 묻힌 곳에서 대충 흙 표면만 훑고서 지나가는 사람들 같습니다. 잠시 멈추고서 판다면 손쉽게 그 보화를 확보할 텐데 말입니다. 충분히 묵상하지 않는다면, 여러분은 전해진 설교의 효력을 느끼기를 기대할 수 없을 것이며, 또한 그 말씀이 여러분에게 "연한 풀 위의 가는 비" 같이 되기는 어려울 것입니다.

한 가지 더 말하자면, 우리가 말씀을 들을 때에 그것을 받아들일 준비가 되도록 기도해야 합니다. 복음이 우리 안에 들어오도록 하기 위해 우리 영혼의 문을 활짝 열어 두는 것은 매우 중요합니다. 진리를 환대하는 것은 우리 자신에 대한 자선입니다. 어떤 사람들은 우리가 말씀을 전할 때에 마치 갑옷을 입은 사람들처럼 앉아 있습니다. 우리가 온 힘을 기울여 복음의 활을 당겨 쏘아도, 화살은 덜거덕 소리를 내며 그들의 갑옷에 맞아 떨어지고 맙니다. 아주 가끔씩 특별한 때에만, 하나님이 화살의 길을 인도하셔서, 그것이 갑옷 사이의 이음매 부분을 맞춥니다. 하지만 말씀을 유익하게 듣는 방식은 편견과 고집의 갑옷을 벗고서 가까이 오는 것이며, 기꺼이 그 화살을 맞고자 여러분 자신을 활짝 열어 보이는 것입니다.

그러면 그 말씀이 "주의 구원의 화살"이 될 것입니다(참조. 왕하 13:17). 기드온의 양털이 이슬로 젖은 것은, 그것이 이슬을 받아들일 준비가 되었기 때문입니다. 모든 양털은 스펀지와 같이 이슬을 머금는 특성이 있습니다. 대기 중의 수분이 양털 위에 내렸을 때에, 그 수분은 환영받는 곳에 내린 것입니다. 양털은 이슬방울이 쉴 만한 둥지와도 같았습니다. 우리의 심령도 그렇게 되도록 합시다. 하나님께서 그렇게 해 주시길 기도합니다. 마음을 예비하시는 분은 하나님이십니다. 하나님이 우리의 마음을 예비하시어, 주의 교훈이 우리에게 가는 비처럼 내릴 때에, 그것이 돌이나 죽은 나무 위에 떨어지는 것이 아니라, 자라나는 연한 풀들 위에 내리게 해 주시길 기도합니다. 우리의 심령이 즐거이 하늘의 축복을 받아들이고, 또 감사로 반응하게 되기를 바랍니다.

3. 결과를 기대하는 설교자

다음의 세 번째의 묵상으로 말씀을 맺고자 합니다. 모세는 결과를 보고자 소망했습니다. 아마도 여러분은 이것을 본문에서 발견할 수 없다고 말할 것입니다. 다시 한 번 본문을 자세히 보시겠습니까? "연한 풀 위의 가는 비 같고." 자, 사람들을 살펴보면, 지혜로운 사람들은 그들의 수고에서 어떤 결과를 기대할 때마다 항상 그들이 기대하는 그 목적에 적합한 방식으로 일을 한다는 것에 주목하십시오. 만약 모세가 그의 교훈이 연한 풀에 비유되는 자들에게 복이 되기를 원한다면, 그는 그 교훈을 가는 비처럼 되게 할 것입니다. 나는 그가 어떤 결과를 추구하고 있으며, 그래서 그 목적에 맞추어 자기 수단을 조절하는 것을 분명히 봅니다. 선한 일을 행하고자 시도하면서, 그 일을 소위 "되는 대로의 방식으로(hit-or-miss style)" 행하는 경우도 있습니다. 여러분이 선을 행하려 한다고 합시다. 그런데 여러분이 선을 행할 때에 어떤 방식이 가장 적합한지를 고려하지 않습니다. 단지 여러분은 말씀을 전하기를 열망하고, 또 그렇게 행하고 있습니다. 당연히, 여러분은 설교를 해야 하고, 또 설교하고 있습니다. 그런데 회중에 대해서는 아무런 고려가 없습니다. 회중의 특별한 상태에 대해서도, 그 회중의 구성하는 개인들에 대해서도, 어떤 진리가 그들에게 가장 잘 새겨지고 유익을 줄 것인지에 대해서도 고려하지 않습니다. "맞추든지 빗나가든지(hit-or-miss)", 되는대로 해나가는 것입니다! 어떤 사람이 결과를 보기를 원할 때, 그는 수단을 연구하기 시작하며 그것을 목적에 적합하도록 조절합니다. 만약 그가 그의 회중들이 강한 사람들이라고 간주하고 또 그들을 먹이기를 원한다고 합시다. 자, 그는 우유병을 들고 나오지는 않을 것이며, 오히려 그들이 먹을 만한 고기 요리를 가지고 올 것입니다. 그가 신경을 많이 쓰면서 회중들의 영적인 양식을 준비하는 모습에서, 여러분은 그가 자기 회중들을 먹이기를 원한다는 것을 볼 수 있습니다. 어떤 사람이 식물에 물을 주기 원하고, 또한 그 식물이 연한 화초일 때에, 만일 그가 좋은 결과를 기대한다면 그 화초에 물을 들이붓지는 않을 것입니다. 만일 그렇게 한다면 그는 실제적인 목적도 없이, 단지 판에 박힌 일을 무성의하게 해치우는 것처럼 보일 것입니다. 모세는 그가 하고 있는 일의 의도를 알았습니다. 사람들이 연한 풀에 비견될 만한 것을 알고서, 그는 그들에게 자기 설교를 조절했으며, 그 가르침을 가는 비처럼 되게 한 것입니다.

자, 만일 우리가 같은 일을 한다면 어떤 결과가 생길까요? 형제들이여, 바로 다음과 같은 일이 일어날 것입니다. 우리들 가운데 연한 풀과 같은 어린 회심자들이 있을 것입니다. 그들은 새롭게 심겨진 풀과 같습니다. 만일 우리가 부드럽고 온유하게 말씀을 전하면 우리는 좋은 결과를 볼 것입니다. 그들은 진리에 뿌리를 내릴 것이고, 그 안에서 자랄 것입니다. 바울은 심었고, 아볼로는 물을 주었습니다. 왜 아볼로가 물을 주었을까요? 식물을 심은 후에는 물을 주어야 하기 때문입니다. 그래야만 식물들이 땅 속으로 좀 더 쉽게 뚫고 들어갈 수 있습니다. 사랑하는 친구들이여, 만일 여러분이 아직 새로운 생명이 연약한 자들을 격려할 때에 여러분은 좀 더 큰 경험을 잘 활용한다면, 아주 행복할 것입니다! 여러분은 자상한 아버지들처럼 사랑의 존경을 얻을 것입니다. 여러분의 지혜로운 조언은 "연한 풀 위의 가는 비" 같이 될 것입니다. 여러분은 어린 사람들이 그리스도를 붙잡고, 언약의 토양 안에 저장된 귀한 자양분을 빨아들이고, 그로 인해 자라나는 좋은 결과를 보게 될 것입니다.

다음으로, 한 사람의 강론이 연한 풀에 가는 비와 같을 때, 그는 약하고 죽어가는 자가 소생하여 그 고개를 드는 것을 볼 것입니다. 그 풀은 시들고 있었습니다. 그것은 마치 새로 심은 풀이 그러하듯이 축 늘어져 있었습니다. 하지만 가는 비가 내렸고, 그 식물은 마치 "고맙습니다"라고 말하는 듯하였으며, 곧 위를 바라보고, 고개를 들었고, 기진맥진한 상태에서 회복되었습니다. 여러분은 연약한 심령과 낙심에 빠진 마음들에서 소생의 효과가 발생하는 것을 볼 것입니다. 여러분은 위로자가 될 것이며, 염려를 이기도록 많은 사람들을 격려하는 자가 되고, 약하고 두려워하는 자들을 기쁘게 하는 자가 될 것입니다. 여러분이 이런 결과를 보는 것이 얼마나 복된 일인지요! 그런 결과로 인해 땅에는 더 큰 기쁨이 있고, 하나님께는 더 많은 영광이 돌려질 것입니다!

여러분이 연한 풀에 물을 줄 때, 그리고 그 풀들이 자라는(grow) 것을 볼 때에, 여러분은 더 많은 보상을 얻는 것입니다. 우리의 보살핌을 받는 자들에게서 은혜가 증대되고 성장하는 것을 바라보는 것은 즐거운 일입니다. 이는 지금껏 나에게 매우 달콤한 즐거움이었습니다. 내가 나 자신의 경우를 인용하는 것은, 그것이 여러분 중 많은 분들에게도 동일하게 체험되는 일이라고 믿기 때문입니다. 한때 젊은 회심자였으며, 나의 양육과 돌봄을 필요로 했었다가, 지금은 하나님을 섬기며 복음을 영광스럽게 전하고 있는 사람들을 만나는 것은 내게 큰 기쁨입니다. 나는 교회의 집사가 된 분들도 알고, 이스라엘의 아버지와 같이 된 분들도 압니다. 이십여 년 전 그들과의 대화를 회상하면, 그 때 그들은 예수님을 위해 한 마디도 하지 못했습니다. 그 때는 그들 자신의 구원에 대해서도 확신하지 못했었기 때문입니다. 한 때 가련하고 연약한 어린 양이었던 그들이, 이제는 양 떼의 지도자들이 된 것을 보고 나는 기뻐합니다. 내가 그들을 내 품에 안고 다녔었지만, 이제는 그들이 나를 거의 들고 다닐 정도가 되었습니다. 나는 그들에게서 배우고, 그들의 발치에 앉는 것을 심히 즐거워합니다. 아버지로서는 그의 아들들이 튼튼한 성인으로 자라는 것을 보는 일이 대단한 일입니다. 노년기에 그는 아들들의 어깨에 기댈 수 있겠지요. "젊은 자의 자식은 장사의 수중의 화살 같으니 이것이 그의 화살 통에 가득한 자는 복되도다"(시 127:4-5). 그의 젊은 시절에 그들은 어린 자녀들이었지만, 노년에 그들은 그의 위로와 기쁨입니다. 사랑하는 친구들이여, 여러분은 여러분 자신의 방식대로 구주를 찾고 있는 젊은이들을 위로할 것입니다. 그리고 후에는, 여러분이 그들이 설교하는 것을 듣고 또한 그들이 은사와 은혜에 있어서 여러분을 능가하는 것을 볼 때, 여러분은 그들이 매우 연한 풀이었을 때에 그들에게 가는 비 같이 되었던 사실에 대해 하나님께 감사할 것입니다!

한 가지만 더 말하겠습니다. 우리가 식물에 물을 주는 것은 그들이 열매를 맺고, 또한 쓰기에 합당하게 되는 것을 보기 위함입니다. 그와 마찬가지로 우리 역시도 우리를 수단으로 하여 하나님께서 복을 주신 자들이, 예수 그리스도 안에서 거룩함과 인내와 순종의 열매들을 맺어 주님께 기쁨이 되는 것을 보기 원합니다. 그분의 기쁨은 자기 백성들에게 있습니다. 그분이 그들에게서 기쁨을 얻으실 때, 그들의 기쁨도 충만할 것입니다. 우리 자신에 대해서는 작은 자로 평가하도록 노력하며, 그리하여 가는 비처럼 되도록 합시다. 만약 우리가 큰 일들을 감당할 수 없다면, 작은 일에 쓸모 있는 자들이 되도록 합시다. 가는 비가 큰 축복이 될 수 있습니다. 작은 일에 쓸모 있는 자들이 되도록 합시다. 연한 풀들을 보살피도록 합시다. 예수님께 소년들과 소녀들을 데려오도록 애씁시다. 주의 오른손으로 심으신 어린 식물들을 돌보도록 합시다. 은혜 안에서 아기들 곧 심약하고, 떨며, 소망도 부족하고, 쉽게 두려워하는 자들을 돌보도록 합시다.

칠층 천(seventh heaven)에서 내려와 이 타락한 땅을 축복하도록 합시다. 우리는 지금껏 나팔 재앙들과 "쑥이라고 불리는 별"(계 8:11)에 대해 읽고 있었습니다. 이제는 그런 고차원적인 문제들에서 내려와 평범한 문제들을 다루도록 합시다. 구름들과 하늘들을 버려두고, 이 낮은 땅의 사람들에게로 내려오도록 합시다. 교양 있는 철학자들 및 '새로운 신학의 사도들'과 교제하는 일을 그만두고, 그런 고상한 이야기들을 이해하지 못하는 우리 주변의 보통 사람들에게로 내려옵시다. 시내의 거리와 골목으로 내려와서, 가난하고, 타락하고, 무지한 자들을 위해 우리가 할 수 있는 일을 하도록 합시다. 예수님과 함께, 그분의 거룩한 동정심과 부드러움과 친절로, 어린 아이들에게 가고, 은혜 안에서 아기들에게 가까이 가도록 합시다. 그러면 우리는 모세처럼 될 것이며, 더 좋은 것은, 하나님의 어린 양처럼 될 것입니다. 그분의 이름에 세세토록 영광이 있을지어다. 아멘.

제
15
장

—

사는 날을 따라서 능력이 있으리라

—

"네가 사는 날을 따라서 능력이 있으리로다." — 신 33:25

사랑하는 여러분, 모든 날(day)이 결국은 사라지고 밤이 뒤따라야 한다는 것이 슬프게 보입니다. 절정에 달한 신록의 옷을 입은 저 언덕과, 은색의 빛나는 파도로 출렁이는 바다를 볼 때, 그리고 눈을 먼 곳으로 향해 사랑스럽고 아름다움으로 가득한 경치를 보고 있노라면, 결국 이 모든 광경에서 햇살은 사라지고 그 모든 아름다움이 어둠의 망각 속으로 덮인다는 것이 슬픕니다. 하지만 우리가 밤을 인하여서도 하나님께 찬송해야 할 이유가 또 얼마나 많은지요! 만일 밤이 없다면 우리는 많은 아름다움을 미처 발견하지도 못할 것입니다. 오 나의 하나님, 만일 당신께서 먼저 태양을 두터운 어둠의 망토로 덮지 않으셨더라면, 저는 주의 손가락으로 만드신 저 하늘을 결코 바라보지 않았을 것입니다. 또한 당신께서 태양의 빛을 감추시고 태양으로 하여금 서편 휘장 뒤편에서 쉬도록 명하지 않으셨더라면, 주께서 베풀어 두신 달과 별들이 제 눈에 결코 밝게 보이지 않았을 것입니다. 밤은 별들의 좋은 친구인 듯이 보입니다. 만일 별들이 어둠의 박편(薄片, foil)에 장식되지 않았더라면, 그들은 아무도 인간의 눈에 띄지 않았을 것입니다. 겨울도 꼭 마찬가지입니다. 여름의 꽃들이 모두 시들고 죽는 것에 우리는 슬픔을 느낍니다. 가을의 모든 열매들은 창고로 거두어져야 하고, 모든 나무는 앙상한 모습이 되고, 들판은 아름다운 꽃들을 모두 잃어버립니다. 하지만 겨울이 없다면 우리는 수정같이 반짝이는 눈을 볼 수 없습니다. 처마 밑에 꽃 줄처럼 매달린 아름다운 고드름을 볼 수도 없습니다. 만일 겨울의 추위와 냉기가 없었더라면, 하나님의 놀라운 기적들인 흰 서리의 대부분이 우리 눈에서 감추어졌을 것입니다. 겨울은 우리에게서 하나의 아름다움을 가져가고, 또 다른 아름다움을 가져다줍니다. 그것이 초록의 에메랄드를 가져갈 때 얼음의 다이아몬드를 우리에게 가져오며, 그것이 우리에게서 밝은 홍옥(紅玉)의 꽃들을 가져갈 때 아름답고 하얀 눈의 모피를 가져다줍니다.

　자, 이 두 가지 생각들을 다른 방식으로 표현해 봅시다. 그러면 여러분은 우리의 죄가, 우리의 잃어버리고 타락한 상태가, 하나님의 손에서는 그분의 성품의 탁월함을 우리에게 나타내시는 수단들이 되는 것을 알게 될 것입니다. 내 사랑하는 친구들이여, 만일 여러분과 나에게 고난이 없었다면, 우리는 결코 이와 같은 약속을 얻지 못했을 것입니다. "네가 사는 날을 따라서 능력이 있으리로다." 우리의 약함 때문에 하나님께는 이와 같은 약속을 우리에게 주실 여지가 생긴 것입니다. 우리의 죄가 구주께서 개입하실 여지를 만들어 놓았습니다. 우리의 약점들이 성령님께 그것들을 바로잡을 여지를 드린 것입니다. 길 잃은 우리의 방황이 있었기에, 저 선한 목자께서 우리를 찾아 다시 데려가실 수 있었던 것입니다. 우리는 밤을 사랑하지 않습니다. 하지만 우리는 별들은 사랑합니다. 우리는 약함을 좋아하지 않지만, 약함 속에서도 우리를 붙들어주는 약속을 주신 하나님을 찬송합니다. 우리는 겨울 자체에 매혹을 느끼지 않지만, 반짝이는 순백의 눈에는 매혹을 느낍니다. 우리는 떨리는 우리 자신의 연약함에 몸서리를 쳐야 하지만, 우리가 약한 그것에 대해서도 여전히 하나님을 찬송해야 합니다. 왜냐하면 우리의 약함이, 이와 같은 약속을 성취하시는 그분의 불굴의 능력을 나타내실 기회가 되기 때문입니다.

　오늘 아침의 설교에서 나는 먼저 본문에 내포되어 있는 자기 **약함**을 살펴볼 것입니다. 두 번째로는, 본문의 위대한 약속을 살펴볼 것이며, 그 다음에 그 약속에서 한두 가지 교훈을 유추해 내려 시도할 것이며, 그 후에 말씀을 맺을 것입니다.

1. 자기 약함

먼저, 본문에는 자기 약함이 암시되어 있습니다. 내 비유를 계속하겠습니다. 만약 이 약속이 별과 같다면, 우리가 높은 땅에 서 있는 동안 곧 한낮에는 별들을 볼 수 없을 것입니다. 우리는 깊은 우물로 내려가야만 하며, 그때서야 비로소 그 약속들을 발견할 수 있을 것입니다. 자, 사랑하는 이여, 지금 우리의 마음이 낮과 같다면, 우리의 지난 시련과 고난들을 되돌아보는 회상의 깊은 우물로 내려가는 것이 필요할 것입니다. 우리가 이처럼 귀한 약속의 밝기와 부요를 제대로 보려면, 먼저 우리의 연약함이 어느 정도인지를 바르게 인식할 수 있어야 합니다. 스스로 족한(self-sufficient) 사람은 결코 이 약속을 이해하지 못합니다. 그것은 석탄을 캐는 광부가 헬라어를 이해하지 못하는 것과 마찬가지입니다. 그는 결코 그것을 이해할 위치에 있어본 적이 없습니다. 그는 다른 이의 힘을 필요로 하는 자신의 결핍을 배운 적이 없으며, 따라서 우리 자신을 초월하여 힘을 주시겠다고 하는 약속의 가치를 이해하는 것이 불가능합니다. 잠시 동안 우리 자신의 연약함에 대해 숙고해 보도록 합시다.

여러분 하나님의 자녀들이어, 여러분은 의무를 수행하는 날에 여러분 자신의 약함을 확인하지 않았습니까? 주께서 당신에게 이렇게 말씀하셨습니다. "너는 달려가서 내가 네게 명하는 이런저런 일을 행하라." 그래서 당신은 그 일을 행하기 위해 떠났습니다. 그런데 길을 가는 도중에 커다란 책임감이 당신을 짓눌렀습니다. 그리고 처음 출발했던 지점으로 되돌아가서 이렇게 외치고픈 심정이 되었습니다. "당신께서 원하시는 다른 누구든 보내시되, 저는 보내지 마옵소서." 그러다가 힘을 얻고서 그 의무를 수행하러 갔습니다. 하지만 그 일을 수행하는 도중에, 당신은 때때로 손이 무거운 것을 느끼고, 수없이 위를 바라다보며 이렇게 부르짖었습니다. "오 주여, 제게 더 많은 힘을 주소서. 당신의 힘이 아니고서는 이 일이 성취될 수가 없나이다. 저는 스스로 그 일을 수행할 수가 없습니다." 그리고 그 일이 끝나고, 당신이 그 일을 되돌아보았을 때, 당신은 그 모든 일이 어찌 당신처럼 연약하고 가련한 벌레 같은 자를 통해 이루어졌는지를 보고 놀라움에 휩싸였을 것입니다. 혹은 그 일을 망친 것은 아닌지, 마치 토기장이의 회전 도구에 올려진 그릇을 당신 자신의 기술의 결핍 때문에 망쳐놓은 것은 아닌지, 두려움에 압도되었을 것입니다. 나는 나 자신의 위치에 대해 고백합니다. 나에게는 매일 나 자신의 연약함을 고백해야 할 일천 가지의 이유들이 있습니다. 강단에 서기를 준비하면서, 일백 가지의 본문들이 자기들을 드러내는데 우리는 어느 것을 선택해야 할지 모를 때가 얼마나 자주 있는지요. 우리가 설교의 주제를 선택했을 때, 흩어진 생각들을 한데 모으고 어떤 거룩한 주제에 우리 생각을 집중하려 할 때, 마치 어린 아이들의 생각이 바람 부는 대로 날려가는 것처럼, 우리의 생각들도 이리저리로 흩어지는 것을 발견합니다. 또한 설교하기 전에 무릎을 꿇고 주의 도우심을 구할 때, 우리의 혀는 얼마나 자주 우리 마음의 진지함을 표현하기를 거부하는지요. 그리고 오호라! 용광로처럼 뜨거운 마음을 요구하고 타오르는 숯불처럼 열띤 입술을 요구하는 일에, 우리의 마음 역시도 냉랭할 때는 또 얼마나 빈번한지요! 여기 이 강단에서 나는 자주 내 연약함을 배워왔습니다. 말씀이 내게서 달아나고, 생각도 나를 떠나고, 또한 내가 폭포수처럼 쏟아 부으리라고 기대했던 열정마저도 어디론가 떠나 버리고, 마치 수원지가 메마르고 죽은 듯한 샘물이 얼마 되지도 않는 물방울들을 마지못해 똑똑 흘려보내는 듯할 때, 그 때마다 나는 내 연약함을 절감하곤 했습니다. 설교를 마치고서는, 나는 또 얼마나 침대에 나를 던지고서 이리저리 뒤척이며 신음하곤 했었는지요. 메시지를 전하는데 실패했다는 생각, 내 주님께서 나로 말씀을 전하게 하신 의도대로 주님의 말씀을 제대로 전하지 못했다는 생각 때문이었습니다. 내가 감히 말하는 것은, 여러분 모두가 여러분 자신의 소명에서 그런 연약함을 충분히 확인했을 것입니다. 나는 그리스도인이 자기 자신을 잘 살펴본다면, 의무를 수행하는데 있어서 자기 연약함을 발견하지 못하고 보내는 날이 하루도 없을 것이라고 믿습니다. 여러분의 가게는, 비록 아무리 작아도, 여러분의 연약함을 입증하기에 충분할 것입니다. 여러분의 업무가 아무리 보잘것없어 보이고, 여러분이 돌보아야 하는 일들이 아무리 가볍게 보여도, 또한 여러분의 가족이 아무리 소가족이라고 해도, 여러분이 약하다는 사실을 충분히 입증할 것입니다. "나를 떠나서는 너희가 아무것도 할 수 없음이라." "그가 내 안에, 내가 그 안에 거하면 사람이 열매를 많이 맺나니, 나를 떠나서는 너희가 아무것도 할 수 없음이라"(요 15:5).

하지만 사랑하는 지여, 아마도 우리가 우리의 약함을 더욱 생생하게 증명하는 때는 우리가 고통의 날에 이르게 될 때일 것입니다. 그 때 우리가 진정 약하다는 것이 입증됩니다. 나는 심하게 아픈 사람들의 곁에 앉아서 그들의 인내를 지켜 보았습니다. 그러나 내가 환자들의 인내를 보고서 놀라는 것은 나 자신이 아플 때가 아닌가 생각합니다. 그럴 때 인내는 특별한 덕목입니다. 여성들은 고통을 겪을 때에 잘 참습니다. 하지만 많은 여성들이 견디는 고통의 십분의 일이라도, 참을성 있게 견딜 수 있는 남성들은 매우 드물다고 생각합니다. 강한 체질을 타고 나서 오직 사소한 질병만을 가지고 있는 우리 중 대부분의 사람들은 참을성을 기를 필요가 있습니다. 우리가 맞서야 할 사소한 질병에 우리는 얼마나 적게 인내하고 또 얼마나 많이 안달하는지요? 적은 고통이 우리 몸을 힘들게 하는 것 때문에, 우리는 너무 쉽게 투덜거리고, 머리를 숙이고는 죽고 싶을 정도라고 불평을 합니다. 여기서 우리는 진정 우리의 약함을 입증하고 있습니다. 아! 하나님의 백성이여, 용광로와 같은 시련에 대해 말하는 것과, 그 속에 들어가는 것은 별개의 일이랍니다. 의사의 수술 칼을 쳐다보는 것과, 그것을 몸으로 느끼는 것은 전혀 다른 것입니다. 약 사발을 홀짝거리며 맛보는 것과, 우울한 침상에 누워 일주일이나 혹은 한 달 동안을 계속해서 그 메스꺼운 음료를 마셔야 하는 것은 전혀 다른 일입니다. 마른 땅에 있을 때, 여러분 대부분은 훌륭한 선원들일 것입니다. 하지만 바다에 나갔을 때 여러분은 아주 달라집니다. 많은 사람들이 전투에 돌입하기까지는 너무나 훌륭하고 용감한 군인이었다가, 막상 전투가 시작되면 멀리 도망치고 싶어합니다. 그런 사람에게 말을 재촉하는 박차(拍車)를 제외하고는 유용하게 쓸 수 있는 무기란 없습니다. 그런 사람은 아파본 적이 없어서 자신의 약함을 알지 못하며, 자기 인내의 부족함과 참을성의 부족함도 알지 못합니다.

또한 사랑하는 이여, 의무나 고통 외에도 우리의 약함을 손쉽게 입증하는 또 다른 일이 있습니다. 그것은 바로 진보입니다. 여러분은 내일 책상에 앉아서 어떤 유명한 하나님의 종의 일대기를 읽습니다. 아마도 데이비드 브레이너드(David Brainard)의 생애를 기록한 책에서 그가 어떻게 주님을 위해 광야에서 목숨을 버렸는지를 읽을 것입니다. 혹은 헨리 마틴(Henry Martin)의 영웅적인 삶에서 그가 어떻게 그리스도를 위해 모든 것을 희생했는지를 읽을 것입니다. 그런 책들을 읽으면서 여러분은 속으로 말합니다. "나도 이 사람처럼 되도록 노력할 거야. 그의 신앙을 가지고, 그의 자기부인(self-denial)과 불멸의 영혼들을 향한 그의 사랑을 가지도록 노력할거야." 사랑하는 이여, 그것들을 가지려고 노력해 보십시오. 그러면 곧 여러분 자신의 연약함을 발견할 것입니다. 나 역시 때때로 좀 더 큰 믿음을 위해 노력할 것이라고 다짐해왔지만, 그 노력을 내가 원하는 만큼 지속하기가 매우 어렵다는 것을 발견했습니다. 나는 "내 구주를 더욱 사랑하리라"고 생각했습니다. 내가 그렇게 하려고 애를 쓰는 것은 옳은 일입니다. 하지만 내가 그분을 더욱 사랑하려고 애쓸 때, 어쩌면 내가 앞으로 나아가기보다 뒤로 물러서고 있는 것을 발견하곤 했습니다. 하나님께서 우리 기도에 응답하실 때 우리는 얼마나 자주 우리의 약함을 발견하는지요!

> "믿음과, 사랑과, 모든 은혜에서,
> 내가 자랄 수 있도록 주께 간구했습니다.
> 그분의 구원에 대해 더 많은 것을 알고
> 그분의 얼굴을 더 간절히 찾기를 원했습니다.
>
> 내가 바란 것은, 어떤 은혜의 시간에
> 단번에 그분이 내 기도에 응답하시는 것이었습니다.
> 그분의 강권하시는 사랑의 능력으로써
> 내 죄를 굴복시키고, 내게 안식을 주시는 것이었습니다.
>
> 그러나 그분이 내게 느끼도록 하신 것은
> 내 마음의 숨은 악함이었고,
> 지옥의 분노의 권세로 하여금
> 내 영혼의 모든 부분을 공격하게 하셨습니다.
>
> 내가 떨며 부르짖기를, '주여, 어찌하여 이런 일이 있나이까?'
> '이 벌레 같은 자를 죽이려 하시나이까?'
> 주께서 대답하시길, '이것이 나의 방식이니라.'
> '은혜와 믿음을 구한 네 기도에 대한 나의 응답이니라.'"

　　우리가 위로 자라는 것에 대해서만 생각하고 있을 때, 주께서는 우리로 아래로 자랄 수 있도록 도우십니다. 여러분 중 누구라도 은혜 안에서 자라기를 힘쓰고, 천국을 향하여 힘써 경주하고, 약간의 진보를 이루고자 노력해 보십시오. 그러면 곧 여러분은 우리가 여행해야 하는 너무나 미끄러운 길에서, 비록 여러 걸음을 뒤로 물러서기는 매우 쉽지만 앞을 향해서는 한 걸음을 내딛기도 힘들다는 것을 발견할 것입니다.

그리스도인이여, 만일 이상의 세 가지 중에서 어떤 것도 당신의 연약함을 입증하지 못한다면, 나는 당신에게 또 다른 것을 시도해 보라고 조언합니다. 시험(temptation)에서 당신이 어떠한지를 살펴보십시오. 나는 숲속에서 바위같이 견고하게 서 있는 것처럼 보이는 한 나무를 보았습니다. 넓게 펼쳐진 그 가지들 아래에 나는 서 보았습니다. 그 나무기둥을 붙들고 내가 그것을 흔들 수 있는지를 알아보기 위해 흔들어보았지만, 그것은 꿈쩍도 하지 않은 채 서 있었습니다. 태양이 내리 비치고, 비가 쏟아지고, 겨울의 많은 서리와 눈이 그 가지에 내렸지만, 그 나무는 여전히 굳세고 견고하게 서 있었습니다. 그러나 어느 날 밤 엄청난 바람이 그 숲을 휩쓸고 지나갔습니다. 그리고 그처럼 견고하게 서 있는 듯이 보였던 그 나무가 땅바닥에 쓰러져 있었습니다. 한때 하늘에 닿을 듯이 높았던 그 무시무시한 팔은 부러진 채로 무기력하게 누워 있었고, 그 기둥은 쪼개어져 두 동강이 나고 말았습니다. 그와 마찬가지로 나는 강하고 힘센 신앙 고백자들을 많이 보아왔습니다. 아무것도 그를 흔들 수 없을 듯이 보였습니다. 하지만 박해와 시험의 바람이 그에게 불어오는 것을 보았을 때, 그가 삐걱거리듯 불평하는 소리를 나는 들었고, 마침내 그가 배교의 길에 들어서는 것을 보았고, 여호와를 자기 힘으로 삼지 않고 지존하신 분을 의지하지 않는 모든 자들의 슬픈 표본처럼 땅바닥에 쓰러지는 것을 보았습니다. 누군가 말합니다. "아! 내가 죄의 시험에 빠질 것이라고는 믿지 않아요." 내 친구여, 그것은 어떤 종류의 시험인가에 달려 있습니다. 여기에 있는 우리 중에서 많은 이들이 술취함의 유혹에는 빠지지 않을 것이며, 또 다른 이들은 정욕의 시험에 들지 않을 것입니다. 마귀가 부르고뉴(Burgundy)나 세레스(Xeres, 스페인 남부의 '헤레스 데 라 프론테라'라고 하는 유명 와인 산지를 프랑스식으로 부른 명칭 — 역주)에서 난 그윽한 맛의 포도주 잔을 여러분 앞에 갖다 댄다고 해도, 여러분은 별 관심을 두지 않을 것이며, 그것을 한 모금 홀짝 마시는 것으로도 충분하다고 여길 것입니다. 술주정꾼의 노래로 여러분을 유혹해도 소용이 없을 것입니다. 취하게 만드는 음료로써 당신의 평정심을 잃어버리게 만들려는 유혹은 소용이 없을 것입니다. 하지만 어쩌면 당신은 정욕의 유혹이 넘어뜨릴 수 있는 바로 그 사람일지 모릅니다. 정욕이나 포도주로는 넘어지지 않지만, 부정직한 이득의 전망에 의해 꼬임을 받는 사람들이 있습니다. 또 다른 사람들은 이득이나 정욕이나 술로도 넘어지지 않지만, 분노나 시기나 악의에 의해 쓰러집니다. 우리에게는 모두 저마다의 약점들이 있습니다. 그리스 신화에서, 테티스(Thetis)가 아킬레스(Achilles)를 하데스의 강물에 담갔을 때 그녀가 그의 발꿈치를 붙들었다는 것을 여러분은 기억합니다. 그는 강물에 잠겼던 부분에서는 불사의 몸이었지만, 그의 발꿈치는 물에 잠기지 않았기 때문에 상처를 입을 수 있었습니다. 파리스(Paris)는 바로 그곳에 화살을 쏘았고, 그는 죽었습니다. 우리 역시 마찬가지입니다. 우리는 모든 덕으로 싸여 있어서 전적으로 상처를 입지 않는다고 생각할지 모릅니다. 하지만 어딘가에 우리의 '발꿈치'가 있습니다. 마귀의 화살이 뚫을 수 있는 곳이 있습니다. 그 때문에 우리에게는 "하나님의 전신갑주(the whole armour of God)"를 입어야 할 절대적인 필요가 있는 것입니다(엡 6:13). 그래서 우리의 갑옷에 마귀의 화살에 무방비로 노출되는 단 하나의 이음매조차 없도록 해야 합니다. 사탄은 매우 교활합니다. 그는 인간의 모든 부분을 알고 있습니다. 적의 모든 공격에 맞서 굳게 서 있던 옛 성들이 있습니다. 하지만 마지막에는 내부의 어떤 배반자가 밖으로 나가서 이렇게 밀고합니다. "나는 오래도록 버려진 한 통로를 알고 있습니다. 뒤쪽의 지하로 통하는 길인데, 오랫동안 사용되지 않고 방치되어 있었습니다. 들판의 어느 곳에 가면 입구를 찾을 것입니다. 그곳에 돌무더기를 치우고 들어가십시오. 그러면 오래된 한 문에 이르게 될 터인데, 그 열쇠를 내가 가지고 있으니 거기서 당신들을 안으로 들이도록 하겠습니다. 그렇게 뒤쪽 길로 해서 내가 여러분을 그 성채의 심장부(heart)로 인도하면, 여러분은 쉽게 그 성을 함락시킬 수 있을 것입니다." 사탄도 그런 식입니다. 인간은 그 자신에 대해서 사탄이 아는 것만큼 잘 알지 못합니다. 인간의 마음(heart)에 이르는 뒤쪽 길과 지하 통로가 있고, 마귀가 그것을 잘 알고 있습니다. 자기가 안전하다고 생각하는 사람은 함락되지 않도록 조심해야 합니다. 와츠(Watts) 박사의 찬송은 삼손의 머리가 길었을 때에 매우 강했다고 우리에게 말합니다. 하지만 다음에 어떻게 되었습니까?

> "삼손이 머리카락을 잃었을 때
> 블레셋 사람들을 만나 그 대가를 치렀다네.
> 요란스레 몸을 떨쳐 일어났어도
> 싸울 힘이 없었고, 눈을 뽑히고 말았네."

그 이유는, 삼손의 심장부에 이르는 '뒷길'이 있었기 때문입니다. 블레셋 사람들은 그를 이길 수 없었습니다. "나귀의 턱뼈로 한 더미, 두 더미를 쌓았음이여 나귀의 턱뼈로 내가 천 명을 죽였도다"(삿 15:16). 블레셋 사람들이여 오라, 그가 너희를 젊은 사자를 찢었듯이 찢어놓을 터이니! 쓰지 아니한 새 밧줄로 그를 묶어보라, 그리하면 그가 그것을 실을 끊음 같이 끊을 것이니! 그의 머리털을 베틀의 날실에 섞어 짜보라, 그러면 그가 베틀을 통째 뽑으리라! 하지만 오 들릴라여, 그대가 뒷길로 그의 심장부에 이르렀도다! 그대가 그 길을 찾아내었고, 마침내 그를 이길 수 있었도다! 아직 넘어지지 않은 여러분이여, 떠시기 바랍니다! 하나님이 여러분을 홀로 남겨두시면 여러분의 힘도 사라질 것입니다.

자, 만일 우리가 지상에서 우리의 도덕적 상태의 여러 측면들을 충분히 살펴본다면, 하나님의 모든 자녀들은 기꺼이 자신의 약함을 고백할 것이라고 나는 생각합니다. 내가 짐작하기로, 여러분 중에 어떤 이들은 이렇게 말할 것입니다. "목사님, 저는 아무것도 아니에요." 그러면 저는 이렇게 대답할 것입니다. "아! 당신은 어린 그리스도인이군요." 이렇게 말할 다른 사람들도 있겠지요. "목사님 저는 아무것도 아닌 자보다 더 적은 자랍니다." 그러면 나는 이렇게 말할 것입니다. "아! 당신은 오랜 그리스도인이군요." 왜냐하면 그리스도인은 나이를 먹을수록 스스로를 더 적은 자로 평가하기 때문입니다. 그리스도인은 자신의 약함을 더 많이 느낄수록 하나님의 능력을 더욱 철저히 의지하게 됩니다.

2. 위대한 약속

여기까지 첫 번째 요점을 숙고해 보았으니, 이제 두 번째 요점인 위대한 약속에 대해 살펴보도록 하겠습니다. "네가 사는 날을 따라서 능력이 있으리로다."

먼저, 이것은 확실히 보장된 약속입니다. 약속이란 그것이 성취되리라는 좋은 보증이 없으면 아무것도 아닙니다. 약속한 만큼 성취되는 것이 아니라면, 사람들이 약속을 아무리 크게 해도 허사입니다. 약속이 큰 만큼 크게 속인 것이나 다름없습니다. 그러나 하나님의 모든 말씀은 참됩니다. 하나님께서는 그분이 원하시는 때에 현금화하실 수 있는 이상으로 천국의 어음을 발행하시지 않습니다. 전능자의 금고에는 인간의 믿음이나 하나님의 약속에 의해 발행된 어음을 결제할 수 있는 충분한 금괴가 있습니다. 이제 이 약속을 보십시오. "네가 사는 날을 따라서 능력이 있으리로다." 사랑하는 이여, 하나님께는 이 약속 어음대로 지불할 수 있는 충분한 준비금이 있습니다. 그분 자신이 전능자로서 모든 것을 하실 수 있는 분이 아닙니까? 믿는 자여, 당신이 전능자의 대양(大洋)의 물을 고갈시킬 수 없다면, 또한 전능자의 능력으로 산처럼 쌓아두신 모든 보화를 다 소진시킬 수 없다면, 두려워할 이유가 없습니다. 당신의 원수가 갈대 하나로 회리바람의 길을 멈출 수 없고, 그가 보잘것없는 입술의 말로 태풍의 진로를 꺾어놓을 수 없다면, 당신은 인간의 힘이 당신 안에 있는 힘 곧 하나님의 능력을 이길 수 있다고 생각할 필요가 없습니다. 지구를 떠받치는 거대한 기둥들이 서 있는 동안, 당신은 믿음을 견고하게 지키십시오. 하나님께서는 별들의 길을 안내하시고, 지구가 공전하는 길을 지시하시며, 태양의 불타는 용광로에 연료를 공급하시고, 별들이 계속해서 빛을 내며 타도록 유지하시는 분이십니다. 동일하신 하나님께서 당신에게 힘을 공급하시겠다고 약속하셨습니다. 그분이 이 모든 일들을 하실 수 있는 한, 그분이 친히 하신 약속을 지키실 수 없을 것이라고 생각하지 마십시오. 그분이 옛적, 옛 세대들에게 하신 일을 기억하십시오. 그분이 어떻게 말씀하셨고, 그것이 어떻게 이루어졌는지를 기억하십시오. 그가 어떻게 명하셨고, 그가 명하신 일이 어떻게 확립되었는지를 기억하십시오. 당신은 그분이 영원 전부터 계신 것을 알고 있지 않습니까? 흑암 외에는 아무것도 없을 때, 그분 곧 전능하신 조물주께서 계셨습니다. 모루 위에 뜨겁게 달구어진 쇳덩이를 올리고서, 그분의 육중한 팔로 망치질을 하셨으며, 그곳에서 일어난 불꽃에서 세상이 만들어졌습니다. 지금도 그 영원한 목적의 모루에서는 그분의 장엄한 능력의 망치질에서 번쩍거리는 불꽃들이 일어나고 있습니다. 세상을 창조하신 그분이 지치실까요? 그분이 피곤하실까요? 그분이 힘이 모자라 약속을 어기실까요? 그분은 세상을 허공에 매달아 두셨습니다. 그분은 하늘의 기둥들을 은색의 빛의 받침대 위에 고정하셨으며, 기둥에는 황금 램프들 곧 해와 달을 매달아두셨습니다. 이 모든 일을 하신 그분이 그분의 자녀들을 부양하실 수 없을까요? 그분이 팔의 능력이나 의지가 부족하여 자신의 말씀을 파기하실까요? 당신에게 능력을 약속하신 당신의 하나님은, 그분의 손의 능력으로 만물을 붙드시는 하나님이심을 기억하십시오. 누가 까마귀들을 먹이십니까? 누가 사자들에게 먹을 것을 공급하십니까? 바로 그분이 그 일을 하시는 것이 아닙니까? 어떻게 하십니까? 그분은 손을 펴서 모든 생명에게 필요를 공급하십니다. 단지 손을 펼치기만 하시면 그것으로 충분합니다. 폭풍을 억제하시는 분이 누구입니까? 바람 날개를 타시고, 구름을 병거로 삼으시며, 손바닥에 대양의 물을 담으시는 그분이 아니십니까? 그분이 당신에게 약속을 어기실까요? 그분이 본문에 기록된 이와 같은 약속을 하실 때에, 어찌 한순간이라도 그분이 약속을 어기시거나 혹은 지키실 능력이 없다는 생각에 빠질 수 있겠습니까? 아! 안 됩니다. 라합(깊은 곳에 사는 신비의 괴물이며 리워야단의 다른 이름으로 추정됨. 참조 시 89:10, 사 27:1. — 역주)을 깨뜨리시고, 용에게 상처를 입히신 분이 누구입니까? 누가 홍해를 가르셨고, 또 바닷물을 모아 무더기같이 쌓으셨습니까? 광야에서 이스라엘 백성을 인도하신 분이 누구입니까? 바로와 그의 군대 장관들을 바다 깊은 곳에 던지신 분이 누구입니까? 소돔과 고모라에 하늘로부터 유황불을 비처럼 내리신 분은 누구입니까? 왕벌로 가나안 족속들을 내쫓으신 분은 누구이며, 자기 백성 이스라엘을 위해 피할 길을 내신 분은 누구입니까? 그들을 포로에서 다시 이끄신 분은 누구이며, 고국 땅에 그들을 정착하게 하신 분은 누구입니까? 왕들을 폐하시고, 힘센 왕들을 죽이시고, 자기 백성이 평온한 땅에 거주할 수 있도록 공간을 만들어 주신 분이 누구입니까? 주께서 그 일을 하셨습니다! 그런데 그분의 팔이 짧아져 구원하실 수 없단 말입니까? 혹은 그분의 귀가 어두워져 자기 백성의 기도를 듣지 못하신단 말입니까? 오 나의 하나님이시며 나의 힘이 되신 주여, 저는 이 약속이 성취될 것임을 믿을 수 있습니다! 당신의 은혜의 끝없는 저수지는 결코 고갈되지 않으며, 당신의 무한한 능력의 저장고는 결코 비거나 원수에 의해 강탈당할 수 없기 때문입니다. 그러므로 그것은 확실히 보증된 약속입니다.

하지만 이제 이것이 제한된 약속임을 주목하시기 바랍니다. 한 사람이 말합니다. "뭐라고요! 제한이라고요? '네가 사는 날을 따라서 능력이 있으리로다'고 말씀하지 않았습니까?" 아무렴요, 제한이 있습니다. 나는 그 약속이 우리의 고난 중에서는 무제한인 것을 알지만, 하지만 여전히 제한이 있습니다. 먼저, 그것은 우리의 힘이 우리의 사는 날 동안에 있을 것이라고 말하지, 우리의 힘이 우리의 욕망대로 있을 것이라고 말하지 않습니다. 오! 우리는 자주 이런 생각을 합니다. "내가 강하다면 얼마나 좋을까? 큰 믿음을 가진 누구처럼 능력이 있다면 얼마나 좋을까!" 아! 하지만 당신에게 필요한 그 이상의 믿음을 가졌다고 합시다. 그것이 주는 유익이 무엇이겠습니까? 그것은 마치 그날 먹지 않으면 상하고 벌레가 생기는 이스라엘 백성의 만나와도 같을 것입니다. "하지만 제가 어떤 사람과 같은 믿음을 가진다면, 놀라운 기사들(wonders)을 행할 수 있을 거라고 생각합니다."

예, 하지만 당신이 그 일들에서 영광을 취하려 하겠지요. 하나님께서 당신에게 그런 믿음을 주시지 않는 것은, 당신이 그런 '기이한 일들'을 행하기를 원치 않으시기 때문입니다. 그런 일은 하나님을 위해 예비된 것이지, 당신을 위한 것이 아닙니다. 그분만이 "홀로 기이한 일들을 행하십니다"(시 72:18). 또한, 본문의 약속은 우리의 힘이 우리의 두려움대로 주어질 것이라고 말하지 않습니다. 하나님은 종종 우리 스스로 두려움을 없애도록 맡겨두십니다. 많은 하나님의 백성들이 집집마다 뒤뜰에 제작소를 가지고 있는데, 그곳에서 근심들을 제작해 냅니다. 이른바 '집에서 만든(homemade)' 수제품 근심들이지요. 그리고 그 근심들은 일반적인 수제품들과 마찬가지로 아주 오래갑니다. 하나님이 보내시는 근심들은 언제나 적절하고, 우리를 위해 옳은 것입니다. 하지만 우리가 스스로 만들어 낸 근심들은 매우 부적절하고, 하나님이 보내신 근심보다 언제나 오래 지속됩니다. 내가 알고 있던 어떤 나이 많은 부인에 대한 이야기입니다. 그녀는 자신이 구빈원(救貧院)에서 죽게 될 것이라고 믿고 불안하고 초조하였으며, 하나님이 그에게 은혜를 주시기를 원했습니다. 하지만 주께서 그녀로 하여금 조용한 침상에서 숨을 거두게 하기로 작정하셨다면, 그녀의 불안에 무슨 유익이 있겠습니까? 병들어 죽어가고 있다고 믿으면서, 편안히 죽도록 은혜를 바라는 사람들을 나는 또한 알고 있습니다. 하지만 하나님께서 그들을 살리기를 원하신다면, 그들이 죽을 날도 이르기 전에 그들이 구하는 은혜를 주실까요?

　우리는 또 다른 사람들도 알고 있습니다. 그들은 그들에게 닥쳐오리라고 예상되는 많은 고난들을 견딜 수 있는 은혜를 바란다고 말했습니다. 그들은 두 주 정도 내에 쓰러질 것 같았지만 쓰러지지 않았습니다. 그들이 그 고난들을 넉넉히 이길 그 이상의 은혜를 얻지 못한 것이 이상한 일이 아닙니다. 약속은 이것입니다. "네가 사는 날을 따라서 능력이 있으리로다." "네 그릇이 비워질 때 내가 채우리라. 나는 너에게 여분으로, 필요 이상으로 주지는 않으리라. 네가 약할 때 그때 내가 너를 강하게 하리라. 하지만 나는 너에게 남아도는 여분의 능력을 주지는 않을 것이다. 고난을 견디고, 의무를 다할 힘으로 충분하다. 능력이란 네 형제들이나 자매들과 견주어서 스스로 영광을 얻기 위한 것이 아니다." 오! 만일 우리가 욕망대로 능력을 얻는다면, 우리 모두는 곧 여수룬처럼 될 것입니다. "여수룬이 기름지매 발로 찼도다, 네가 살찌고 비대하고 윤택하매 자기를 지으신 하나님을 버리고 자기를 구원하신 반석을 업신여겼도다"(신 32:15). 본문은 이렇게 말합니다. "네가 사는 날(days)을 따라서 능력이 있으리로다." 몇 주간(weeks)이나 몇 달간(months)에 대해 말하지 않고, 날들(days)에 대해 말합니다. 여러분은 주일에 받은 은혜를 월요일에도 간직할 수는 없고, 월요일에 받은 은혜를 화요일에도 지속할 수는 없습니다. 여러분은 은혜를 "날마다(day by day)" 받아야 합니다. 당신의 필요 이상도 아니고, 필요 이하도 아닙니다. 나는 하나님의 백성들에게 단번에 한 주간의 은혜를 맡길 수 있다고 믿지 않습니다. 그들은 런던에 있는 많은 노동자들과도 같습니다. 그들은 토요일 밤에 임금을 받습니다. 그러면 그들 중 천한 자들은 월요일에도 일하지 않고 화요일에도 일하지 않으며, 수요일까지도 일하지 않습니다. 그때쯤이면 전당포에 가서 연장을 맡기고는 다음 토요일 저녁까지 견딜 수 있도록 급전을 융통합니다. 나는 하나님의 자녀들도 똑같이 행한다고 생각합니다. 만일 그들이 한 주간 동안 그들을 지탱시켜 줄 은혜를 토요일에 얻는다면, 그 중에 상당량을 마귀가 가져가지 않을지, 그들이 한 주간이 다 가기도 전에 은혜의 증거들을 저당 잡히지나 않을지 의문입니다. 월요일과 화요일에 은혜를 계속 소비만 하고, 하나님 앞에 겸손히 행하는 대신 교만과 자랑에 빠져 힘의 대부분을 탕진해 버리지 않을까요? 그래서는 안 됩니다. "네가 사는 날을 따라서 능력이 있으리로다."

자, 이 약속에 제한이 있다고 말했으므로, 아마 이 말을 보충해야 할 것입니다. 이것은 얼마나 광범위한 약속인지요! "네가 사는 날을 따라서 능력이 있으리로다." 어떤 날들은 작은 날들이지요. 우리의 수첩에 기록해 둘 만한 중요한 일이 거의 없습니다. 하지만 어떤 날들은 아주 큰 날들입니다. 아! 나는 어떤 큰 날을 알고 있습니다. 위대한 의무를 수행하는 날이요, 위대한 일들을 하나님을 위해 수행하는 날입니다. 그 일들은 사람이 행하기에는 너무나 위대하게 보이는 일들입니다. 위대한 의무를 제대로 수행하지 못했을 때에는 큰 근심이 찾아옵니다. 내 가련한 심령이 전에는 결코 느껴보지 못한 근심입니다.

오! 그 날은 얼마나 큰 날이었는지요! 이곳에서 애통했던 밤, 사망의 고통으로 울고, 신음하며 부르짖던 밤입니다. 아! 하지만 하나님의 이름을 찬송합니다. 비록 그 날이 폭풍이 불고, 공포로 가득했던 큰 날이었어도, 그 날이 큰 날이었듯이 하나님의 능력도 크게 임했습니다. 가련한 욥을 보십시오. 그가 한때 얼마나 엄청난 날을 겪었는지요! 한 사람이 와서 말합니다. "주인님, 소는 밭을 갈고 나귀는 그 곁에서 풀을 먹는데 스바 사람이 갑자기 이르러 그것들을 빼앗고 칼로 종들을 죽였나이다"(욥 1:14-15). 곧이어 또 한 사람이 와서 말합니다. "하나님의 불이 하늘에서 떨어져서 양과 종들을 살라 버렸나이다"(16절). 오, 또 한 사람이 옵니다. "갈대아 사람이 세 무리를 지어 갑자기 낙타에게 달려들어 그것을 빼앗으며 칼로 종들을 죽였나이다. 나만 홀로 피하였으므로 주인께 아뢰러 왔나이다"(17절). 하지만 여러분이 알다시피 은혜는 그런 날에도 계속해서 자랍니다. 고난이 커지는 대로 능력도 커집니다. 마침내 가장 충격적인 소식이 들려옵니다. "주인의 자녀들이 연회를 벌이고 있는데, 큰 바람이 와서 집 네 모퉁이를 치매 그 청년들 위에 무너지므로 그들이 죽었나이다. 나만 홀로 피하였으므로 주인께 아뢰러 왔나이다"(18-19절). 하지만 은혜는 계속해서 자랍니다. 은혜가 고난 위에 넘치도록 부어지고, 마침내 저 가련하고 늙은 족장이 이렇게 외칩니다. "주신 이도 여호와시요 거두신 이도 여호와시오니 여호와의 이름이 찬송을 받으실지니이다"(21절). 아! 욥이여, 그 날은 정말 큰 날이었습니다. 또한 그 큰 날에 임했던 은혜도 큰 은혜였습니다! 사탄은 때때로 우리의 생의 날들에 검은 먹구름을 드리우고, 우리로 하여금 그 날들을 저주받은 날들로 여기게 만들고, 그 날들이 얼마나 큰 날들인지를 알지 못하게 합니다. 고난의 바다에서 연이어 소용돌이치는 온갖 생각에 우리의 머리는 현기증을 일으킵니다. 하지만 오! 은혜의 침상은 사람이 몸을 눕히기에 결코 짧지 않으며, 전능자의 사랑의 이불이 우리를 덮어주기에 결코 짧지 않다는 것을 생각하면, 그 얼마나 위안이 되는지요. 우리는 결코 두려워할 필요가 없습니다. 만일 우리의 환난이 산처럼 높아진다면, 하나님의 은혜는 노아 시대의 홍수처럼 산을 덮어 잠기게 할 것입니다. 만일 하나님께서 여러분과 나에게 전에 겪어본 적이 없고 앞으로도 겪지 않을 그런 한 날을 보내신다면, 그분은 전에도 없었고 앞으로도 없을 그런 힘도 역시 우리에게 보내실 것입니다. 보름스(Worms)에 말을 타고 들어가는 마르틴 루터를 보십시오. 거대한 제국 의회 앞으로 가는 단 한 사람의 수도사가 있습니다. 그는 그들이 그를 불태울 것이라고 알고 있습니다. 그들은 요한 후스(John Huss)와 프라하의 제롬(Jerome of Prague, 중세 초기의 라틴 교부 제롬과는 다른 인물로서, 요한 후스의 주요 추종자들 중의 한 사람 — 역주)을 불태우지 않았습니까? 이 두 사람 모두 안전 통행증을 지니고 있었습니다. 하지만 그것은 무시되었습니다. 그들은 이단자들에게는 신뢰를 지킬 필요가 없다고 말하는 교황주의자들에 의해 죽임을 당했습니다. 루터는 자신의 안전 통행증을 거의 의지하지 않았습니다. 그가 보름스로 말을 타고 들어갈 때, 아마도 여러분은 그가 풀죽은 모습이었을 것이라고 생각할 것입니다. 하지만 그렇지 않았습니다. 보름스가 그의 시야에 들어오자, 누군가 그에게 그 도시에 들어가지 말라고 충고를 합니다. 그는 이렇게 대답합니다. "만일 보름스에 그 도시 집들의 기왓장 수만큼의 악귀들이 있다 해도, 나는 들어갈 것입니다." 그리고 그는 들어갑니다. 숙소에 들어가서 자기 빵과 맥주를 마시고, 마치 자기 집 난롯가에 있는 것처럼 편안하게 지냅니다. 그리고 평온하게 잠자리에 듭니다. 회의에 소환되었을 때, 그리고 그의 견해를 철회하도록 요구를 받았을 때, 그는 생각해 볼 시간이나 혹은 그에 대해 토론할 시간을 필요로 하지 않았습니다. 그는 이렇게 말합니다. "여기 내가 쓴 내용들은 하나님의 진리입니다. 나는 죽을 때까지 그 신조를 지킬 것입니다. 하나님이여 저를 도우소서!" 회의에 참석한 모든 자들이 전율합니다. 하지만 그 용감한 수도사의 뺨에는 붉게 상기되는 기색이 없으며, 그의 무릎도 전혀 떨리지 않습니다. 그는 무장한 사람들 한가운데 있습니다. 그들은 그의 피를 찾는 자들입니다. 그곳에는 잔혹한 추기경들과 피에 굶주린 주교들과 교황의 사절단이 앉아 있습니다. 그는 그들 누구에게도 신경쓰지 않습니다. 그는 걸어 나오며, "하나님은 우리의 피난처시요 힘이시니 환난 중에 만날 큰 도움이시라"고 확신합니다(시 46:1). 여러분은 이렇게 말합니다. "아! 하지만 저는 그렇게 할 수 없어요." 하나님이 그렇게 하도록 당신을 부르시면, 당신도 그렇게 할 수 있습니다. 하나님이 힘을 주시면, 하나님의 자녀라면 누구든 하나님의 다른 자녀가 행한 것을 할 수 있습니다. 하나님이 힘을 주시지 않는다면, 여러분은 바로 지금 여러분이 하고 있는 것을 할 수 없을 것입니다. 그리고 만약 그분이 그분의 능력으로 당신을 충만하게 하기를 기뻐하신다면, 당신은 지금보다 천 배 이상의 일도 할 수 있습니다. 이 얼마나 팽창력 있는 (expansive) 약속입니까!

또한 그것은 얼마나 **다양화되는** 약속인지요! 나는 그 약속 자체가 변하는 것이 아니라, 우리의 변화에 따라 약속이 다양하게 적용되는 것을 말하고 있습니다. "네가 사는 날을 따라서 능력이 있으리로다." 여기 아주 화창한 아침이 있습니다. 온 세상이 웃고 있습니다. 모든 것이 즐거워 보입니다. 새들이 노래하고, 나무들은 음악에 맞추어 움직이는 듯합니다. "내 힘은 내 날과 같을 것이다"라고 순례자는 말합니다. 아! 순례자여, 약간 어두운 구름이 모여들고 있군요. 그 구름은 곧 커질 것입니다. 번개가 하늘에 상처를 입히고, 그 상처에서 소낙비가 쏟아질 것입니다. 순례자여, "당신의 사는 날을 따라서 능력이 있을 것입니다." 새들이 노래를 그쳤습니다. 세상도 웃기를 마쳤습니다. 하지만 "당신의 사는 날을 따라서 능력이 있을 것입니다." 이제 어두운 밤이 한동안 지속되고, 또 다른 날이 다가옵니다. 한 날의 폭풍과, 소용돌이와, 폭우도 함께 오겠지요. 순례자여, 그대는 떨고 있습니까? "네가 사는 날을 따라서 능력이 있으리로다." "숲 속에 도둑들이 있습니다." 하지만 당신의 사는 날을 따라 능력이 있을 것입니다. "나를 삼키려는 사자들이 있습니다." 하지만 당신의 사는 날을 따라 능력이 있을 것입니다. "하지만 강들이 있는걸요. 내가 어떻게 헤엄을 칠 수 있지요?" 여기 그대를 태워줄 나룻배가 있습니다. "네가 사는 날을 따라서 능력이 있으리로다." "하지만 불이 있습니다. 제가 어떻게 불을 통과한단 말입니까?" 여기 그대를 보호해줄 의복이 있습니다. "네가 사는 날을 따라서 능력이 있으리로다." "하지만 날마다 화살이 나를 향해 날아옵니다." 여기 그대의 방패가 있습니다. "네가 사는 날을 따라서 능력이 있으리로다." "하지만 역병이 있는 곳을 내가 어둠 속에서 걸어가야 합니다." 여기 그대의 해독제가 있습니다. "네가 사는 날을 따라서 능력이 있으리로다." 당신이 어디를 가든지, 어떤 고난이 당신을 기다리든지, 당신이 사는 날을 따라서 능력이 있을 것입니다. 하나님의 자녀들이여, 여러분은 지금까지 이 약속이 진실이었다고 말할 수 있지 않습니까? 나는 말할 수 있습니다. 만약 이 약속과 관련하여 내가 지난 주간에 얻은 증거를 말하면 아주 자기중심적으로 보일 것입니다. 그럼에도 불구하고 나는 그것에 대해 간증함으로써 하나님을 찬양하지 않을 수 없습니다. 지난 주일에 내가 이 강단을 떠났을 때에, 강단을 떠나는 사람들이 으레 그러하듯이 몸이 아팠습니다. 몹시 아팠기에 요양을 위해 이 나라를 떠났습니다. 하지만 내가 바다 건너 육지에 발을 디디자마자, 그곳에서 복음을 전해야 했고, 여느 때와 같은 힘이 전적으로 회복되었습니다. 나는 갑옷을 입고서 앞으로 나아가 내 주님의 싸움을 싸웠고, 곧 모든 통증과 아픔이 사라졌습니다. 내 병이 달아난 것입니다. 확실히, 내가 사는 날을 따라 내 능력도 주어졌습니다. 나는 믿습니다. 내가 임종의 침상에 누워 있다가도, 하나님께서 아메리카에서 복음을 전하도록 나를 부르시면, 내게 배에 몸을 실을 정도의 믿음이 있다면, 내게 능력이 주어질 것입니다. 비록 내가 죽어가는 것처럼 보여도, 주께서 내게 명하시는 일을 수행할 수 있을 것입니다. 여러분 각 사람도 마찬가지입니다. 여러분이 어느 곳에 있든지, 여러분에게 사는 날이 주어졌다면, 능력도 주어질 것입니다.

끝으로, 이것은 얼마나 긴 약속인지요! 여러분이 아주 오래도록 장수할 수도 있겠지만, 이 약속은 당신의 목숨보다 오래 지속될 것입니다. 여러분이 요단 강 깊은 곳에 도달할 때, "네가 사는 날을 따라서 능력이 있으리로다." 여러분이 저 험상궂은 최후의 폭군을 마주할 때에도, 무덤의 입구에서도, 은혜가 미소 지을 것이라고 확신할 수 있습니다. 여러분이 부활의 굉장한 아침에 다시 일어나게 될 때, "네가 사는 날을 따라서 능력이 있으리로다." 온 땅이 당황하며 요동치더라도, 당신은 두려워할 필요가 없습니다. 하늘이 혼돈 중에 흔들리더라도 당신은 근심할 필요가 없습니다. "네가 사는 날을 따라서 능력이 있으리로다." 당신이 하나님을 얼굴과 얼굴을 대하여 뵙게 될 때에, 비록 당신은 그 앞에서 죽은 듯이 엎드릴 정도로 약하다 해도, 당신은 힘을 얻어 그 복되신 분의 모습을 뵐 수 있을 것입니다. 당신은 그분을 대면하여 볼 것이며, 그러고도 살 것입니다. 당신은 당신의 하나님의 품에 눕게 될 것이며, 불멸의 존재가 되고 능력으로 가득하게 되어, 지존자의 광채를 보는 것을 감당할 수 있을 것입니다.

3. 이 약속으로부터의 권면

이외에, 이 약속에서 어떤 교훈을 얻을 수 있을까요? 살아 계신 하나님의 자녀들이여, 여러분의 의심을 제하고, 여러분의 근심과 두려움을 제거하십시오. 젊은 그리스도인들이여, 천국으로 향하는 경주에 나서기를 두려워 마십시오. 수줍어하는 그리스도인들이여, 니고데모처럼 공개적으로 나서 신앙을 고백하기를 부끄러워하는 여러분이여, 여러분이 사는 날을 따라 능력이 주어질 것입니다. 두려워할 이유가 무엇입니까? 신앙 고백으로 잃을 것을 두려워 마십시오. 당신이 사는 날 동안에 겪게 될 고난과 시험들은 결코 당신에게 임할 구원의 능력을 초월하지 않을 것입니다.

아직 하나님을 자기 하나님으로 삼지 않은 이들을 위해 말합니다. 나는 본문에서 그런 사람에게 해당하는 한 가지 교훈을 발견합니다. 당신의 힘은 쇠퇴하고 있습니다. 당신은 늙어가고 있으며, 당신의 노년은 여러분의 청년 시절과 같지 않을 것입니다. 당신은 힘을 가지고 있습니다. 그런데 그 힘을 사탄의 목적을 이루는 일에 소비하고, 마귀를 섬기는 일에 악용하고 있습니다. 당신이 늙었을 때에 ―당신의 악함이 당신을 일찌감치 무덤으로 데려가지 않는다면 그렇게 되겠지요— 눈의 창을 통해 내다보던 모든 것이 어두워질 것이며, 메뚜기조차 당신에게 무거운 짐이 될 것입니다. 당신의 사는 날을 따라 힘이 지속되지 않을 것입니다. 당신이 죽게 될 때, 반드시 죽게 되겠지만, 그 때는 죽을 힘조차 없을 것입니다. 당신은 쓸쓸히 죽게 될 것입니다. 철문이 삐걱거리며 닫히는 소리를 듣게 될 것이며, 저 음침한 지하 감옥으로 가는 동안 어떤 수호천사도 당신을 위로하기 위해 찾아오지 않을 것입니다. 부활의 날에 하나님의 거대한 심판대 앞에 설 때, 그곳에서 어느 누구도 당신에게 힘을 주지 않을 것입니다. 당신의 뺨은 공포에 질려 하얗게 되겠지요! 당신의 영혼이 이 소리를 듣게 될 때 얼마나 놀라고 두려워할까요? "저주를 받은 자들아 나를 떠나 마귀와 그 사자들을 위하여 예비된 영영한 불에 들어가라"(마 25:41). 당신에게는 당신을 계속해서 격려해 줄 이와 같은 약속이 없습니다. 오히려 이 사실이 당신을 절망에 빠뜨릴 것입니다. 당신의 날들은 갈수록 무거워질 것이며, 당신의 힘은 갈수록 약해질 것입니다. 당신의 슬픔은 갈수록 늘어날 것이며, 당신의 기쁨은 갈수록 줄어들 것입니다. 당신의 날들은 갈수록 짧아질 것이며, 당신의 밤들은 갈수록 길어질 것입니다. 당신의 여름날은 점점 어둑해질 것이며, 당신의 겨울날은 더 캄캄해질 것입니다. 당신의 모든 희망이 죽고, 당신의 모든 두려움은 살아납니다. 영원한 진노의 추수기가 되면, 당신은 죄의 열매를 거둘 것입니다. 하나님께서 우리 모두에게 은혜를 주시길 빕니다. 그리하여 모든 날들이 가고 세월이 지났을 때에, 우리가 천국에서 만날 수 있게 되기를 빕니다. 여기에는 내가 오랜 세월 동안 보아왔지만 지금까지 회심하지 않았다고 여겨지는 사람들이 더러 있습니다. 그들 중에 일부는 내가 진지하게 존중하는 자들입니다. 그들에게 하고 싶은 한 가지 질문은 이것입니다. 요단 물이 넘칠 때에 어떻게 할 것입니까? 사망이 붙잡을 때에는 어떻게 할 것입니까? 그 때 여러분은 어떻게 할 것입니까? 하나님이 여러분을 도우셔서 그 질문에 대답하게 해 주시길 빕니다. 그분을 만날 준비를 하십시오!

제
16
장

—

아래에

—

"영원하신 하나님이 네 처소가 되시니
그의 영원하신 팔이 네 아래에 있도다." — 신 33:27

하나님은 사방에서 자기 자녀들을 둘러싸고 계십니다. 그들은 그분 안에 거합니다. 본문 앞의 구절은 주께서 위에(above) 계심을 우리에게 보여줍니다. "여수룬이여 하나님 같은 이가 없도다 그가 너를 도우시려고 하늘을 타고 궁창에서 위엄을 나타내시는도다"(26절). 분명 그분은 그들 주변에(around) 계십니다. "영원하신 하나님이 네 처소가 되시니"라고 했기 때문입니다. 그분은 그들 앞에(before)도 계십니다. "그가 네 앞에서 대적을 쫓으시며 '멸하라' 하시기" 때문입니다(27b절). 여기 본문에 따르면 주께서는 그분의 성도들 아래에(under) 계시기도 합니다. "그의 영원하신 팔이 네 아래에 있도다"라고 했기 때문입니다. "주여 주는 대대에 우리의 거처가 되셨나이다"(시 90:1). 또한 주여, 우리는 마치 지구가 대기로 둘러싸여 있듯이 사방에서 주님에 의해 둘러싸였습니다!

"저를 둘러싼 주의 능력 안에 제가 서 있으니,
사방에서 당신의 손을 발견하나이다.
깨어 있을 때나 잠들었을 때, 집에서나 밖에서나,
한결같이 나는 하나님으로 둘러싸여 있도다."

오늘 본문의 구절은 어느 정도 이런 식으로 해석되어야 할 것입니다. "영원하신 하나님이 너의 거처 혹은 안식처이시다. 그의 영원하신 팔이 아래에 있도다." 이와 유사한 구절이 아가서에 있는데, 거기서 신부는 이렇게 감탄하며 외칩니다. "그가 왼팔로 내 머리를 고이고 오른팔로 나를 안는구나"(아 2:6). 그 영혼은 하나님 안에서 안식처를 얻고, 하나님의 힘으로써 기운을 얻는 것을 느낍니다. 그 마음이 그리스도 예수 안에 거하게 되었으니, 영원토록 그분 밖으로 나가지 않으며 낮이고 밤이고 그분의 품에 기대어 있습니다. 그것은 마치 노아의 비둘기가 지친 상태에서 모든 것을 멸하는 물 속으로 막 떨어지려 할 때에, 노아가 손을 내밀어 방주 안 자기에게로 받아들인 것과도 같습니다(창 8:9). 그 비둘기가 안전하게 되었을 때, 우묵하게 모은 노아의 손바닥 위에 앉게 되었을 때, 굳세지만 부드럽게 움켜쥔 그 손에서 보호를 받을 때에, 그 비둘기는 그곳이 피난처임을 발견하였습니다. 아래에서 떠받쳐주고 사방에서 감싸주는 안식처였던 것입니다. 사방에서 그 비둘기를 감싸는 손은 그 비둘기 아래에서도 그것을 떠받쳐주었습니다. 바로 이와 같이 하나님의 손이 지존자의 은밀한 곳에 거하며 전능자의 그늘 아래 거하는 모든 자들을 지켜줍니다.

나는 이 본문의 구절을 전후 문맥과는 별개로, 흠정역(authorized version)에 번역된 그대로의 표현으로 생각해 보고자 합니다. 이 말씀에 여러분의 주의 깊은 숙고를 요청합니다. 이 구절은 아주 풍성한 의미로 가득하며, 그 힘이 아주 강력하기 때문입니다. 이 말씀은 모세의 노래 끝에 위치하고 있으며, 그 노래의 절정 부분입니다. 모세는 시적 감흥과 영적 감동의 최고조에 올랐으며, 그 절정의 상태에서 이 구절이 표현되었습니다. 그는 앞에서 이스라엘의 각 지파들에 관하여 장엄하게 말하였고, 그의 입술에서 떨어진 말들은 이루 말할 수 없을 정도로 풍부합니다. 하지만 이제 그는 말을 마치려 하고 있으며, 최고조에 이른 그의 연설에서 깊고도 충만한 의미들을 쏟아내고 있습니다. 이 순간 그의 말은, 하나님과의 교제를 나눈 그의 일생에서 가장 잘 익은 최상의 열매와도 같은 말입니다. 마치 우리 주님께서 제자들을 축복하시며 하늘로 오르셨던 것처럼, 그분의 종인 모세 역시 비스가 산에 오르기 전에, 하나님의 영의 감동을 받은 깊고도 충만한 의미의 축복들을 홍수처럼 쏟아내고 있는 것입니다. 그러니 그의 말을 아무리 높이 평가해도 지나치지 않습니다. 이 말씀은 우리가 이 말씀에서 끌어낼 수 있는 모든 의미를 다 포함하고 있으며, 이 말씀에 저장된 위로의 감로주(甘露酒)는 결코 다 소비될 수 없습니다. 성령 하나님께서 우리를 도우시어 먼저 우리가 본문의 가치를 제대로 평가할 수 있기를 바라며, 그런 다음에는 우리가 이 말씀의 내적인 의미를 뽑아내어 그 "향기로운 술 곧 석류즙"(아 8:2)을 마실 수 있게 되기를 바랍니다.

"그의 영원하신 팔이 네 아래에 있도다." 나는 이 본문을 다음과 같은 방식으로 다루고자 합니다. 어디에 있습니까? "아래에 있습니다!" 무엇이 있습니까? "그의 영원하신 팔입니다!" 언제 있습니까? 그 팔은 지금과 영원 무궁히 우리 아래에 있습니다! 만일 그렇다면, 그 다음엔 어떻게 할 것입니까?

1. 어디에 있는가?

먼저 이 질문에 주의를 기울이도록 합시다. "어디에 있습니까?" "아래입니다!" 자, "아래"란 우리가 볼 수 없는 영역입니다. 우리는 아래쪽으로 내려다보지만, 차갑고 무감각한 땅이 우리의 시선을 가로막습니다. 우리 마음이 무거울 때에 우리는 시선을 땅에 고정시키고, 그것을 바라보고 또 바라봅니다. 하지만 독수리의 눈도 아래 방향으로는 멀리 볼 수 없습니다. 우리로서는 초록 잔디의 얇은 뗏장 밑을 들여다보는 것도 쉽지 않으며, 무덤 밑바닥 부근이 죽을 인생의 시력으로 바라볼 수 있는 영역의 한계입니다. 지하 세계는 불가사의합니다. 우리는 땅밑을 어둡고 숨겨진 영역과 관련시키며, 종종 그것을 무서운 곳으로 간주합니다. 사람은 볼 수 있는 것에 대해서는 좀처럼 두려움을 느끼지 않아도, 그에 비해 볼 수 없는 것에 대해서는 두려움을 느낍니다. 그래서 우리는 "아래"에 대해서는 겁을 먹습니다. 우리가 햇볕이 드는 이 영역을 떠나서 어두컴컴한 묘실로 향할 때, 우리 아래에는 무엇이 있을까요? 영원 속에서 우리에게 어떤 일이 일어날까요? 생은 곧 끝날 것입니다. 죽음이란 무엇입니까? 죽음의 즉각적인 결과는 무엇일까요? 알려지지 않은 길을 건너 하나님의 심판석 앞으로 향하고 있는 우리 자신을 발견할 때, 우리는 과연 무엇을 느낄까요? 우리에게 계시되었던 적은 부분을 제외하고는 아는 것이 없기에, 우리 모두는 공포를 추측하고 두려움을 상상하기가 쉽습니다. 그리하여 우리가 이해하지 못하는 것과 관련하여 두려움으로 떨기가 쉽습니다. "그의 영원하신 팔이 네 아래에 있도다"는 성령의 음성을 들을 때에 얼마나 위로가 되는지요! 대체로 시인들이 지하 세계를 묘사할 때는 울적한 기분에 빠졌습니다. 그들의 상상력은 검고 뒤엉킨 실을 자아내는 경향이 아주 강했습니다. 여러분이 어두운 지하 동굴에 관한 글을 읽으면, 그곳에서 사람들의 몸은 단단히 억류되어 있고, 그 동굴의 열쇠는 죽음이 가지고 있습니다. 그에 대해 영국의 어느 시인은 경고조로 구슬프게 노래하였습니다.

> "땅 밑의 흙집은 소름끼치는 곳이니
> 그 속에서 사는 것은 끔찍한 일이라.
> 그곳에서 네가 살게 되리니,
> 벌레들이 너를 분해하리라."

여러분은 야행성 까마귀들이 앉아서 깍깍거리며 우는 음침한 폐허에 대해서와, 비탄에 젖은 신음소리에 맞추어 죄수들의 쇠사슬이 끊임없이 덜거덕거리며 소리를 내는 감옥 회랑에 대해 들어보았을 것입니다. 우리는 미지의 공포 때문에 죽음을 두려워하고, 그 어둠의 불가사의 때문에 미래에 대해 놀라고 당혹스러워합니다. 놀라지 마십시오. 본문은 마치 등불처럼 죽음의 심연을 드러내어 주고, 미래의 휘장을 걷어 올려줍니다. 이 등불의 빛을 따라가면, 여러분은 그것이 어떻게 어둠을 몰아내는지를 보게 될 것입니다. 여러분이 하나님의 자녀라면, 가장 깊은 곳까지도 두려움 없이 내려갈 수 있습니다. 비록 요나처럼 "내가 산의 뿌리까지 내려갔사오며 땅이 그 빗장으로 나를 오래도록 막았사오나"(욘 2:6)라고 외치더라도 여러분은 놀랄 필요가 없습니다. "그의 영원하신 팔이 아래에 있기" 때문입니다. 만일 베르길리우스(Vilgil)와 단테(Dante)가 그들의 시에서 우화로 묘사했듯이, 그들의 영웅들이 저 무서운 아베르누스(Avernus, 로마 신화에서 지옥 혹은 지옥의 입구 — 역주)로 내려갈 때처럼 여러분이 어떤 무서운 여행을 떠나도록 부름을 받는다 해도 여러분은 떨 필요가 없습니다. 그들에 대한 묘사가 여러분에게 해당되는 상황에서도 두려워하거나 놀랄 필요가 없습니다.

> "저 희미한 저승길을 따라
> 그들은 어둡고도 외로운 길을 헤치며 나아갔도다."

여러분이 저 지하 무덤을 가로질러 가야 하고, 하데스(Hades)의 모든 음울한 토굴들을 통과해야 하더라도, 여러분이 무서워할 필요가 없는 것은 "그의 영원하신 팔이 아래에 있기" 때문입니다. 비밀들 중의 비밀이여(mystery of mysteries)! 그대는 더 이상 우리를 두렵게 하지 못하나니, 빛들 중의 빛(the light of lights)이 우리에게 비치기 때문이로다! 가늠할 수 없는 깊음이여(depths), 우리는 더 이상 너를 통과하는 것을 겁내지 않으니, 이는 우리에게 한 분이 계심이라! 그 사랑이 심연보다 깊고 하늘보다 높은 그분이 이렇게 말씀하셨습니다. "내가 그들을 바산에서 돌아오게 하며 바다 깊은 곳에서 도로 나오게 하리라"(시 68:22). 하나님이 부르실 때에 우리는 즐거이 아래로 여행할 것이며, 두려움 없이 저 무덤의 문을 통과하고, 사망의 그늘진 곳의 문들로 들어갈 것입니다. "그의 영원하신 팔이 아래에 있기 때문입니다."

"아래에" — 이 말씀은 사색과 탐구를 자극합니다. 그곳에는 모든 것이 건전하고, 건실하며, 튼튼해야 합니다. "아래"는 확고해야 합니다. 그것이 약하면 우리가 정녕 무너지기 때문입니다. 우리는 집으로 세워져가고 있으며, 우리의 눈은 점점 올라가는 벽을 보고서, 또한 높이 올라가는 첨탑들을 보면서 기뻐해왔습니다. 하지만 "아래"가 취약하면 어떤 일이 생기겠습니까? 그로 인해 큰 붕괴가 있을 것입니다. 만일 우리가 하늘에 닿을 정도로 높이 세웠어도 그 아래의 기반이 모래라면, 홍수의 때에 그 모든 것이 무너지고 휩쓸려갈 것입니다.

"아래"는 건축가에게는 아주 중요한 문제이며, 건축가가 지혜로운 사람이라면 그는 최선의 주의를 기울일 것입니다. 그리고 진실로 형제들이여, 만일 여러분과 내가 우리의 은혜들과 신앙 고백들을 조사하기 시작하면, "아래"라는 단어는 검증을 위한 많은 질문들을 제안합니다. 우리는 문제의 근원, 곧 "아래"가 올바른 것입니까? 만일 그렇지 않다면, 땅 위에 핀 아름다운 꽃은 빠르게 시들 것입니다. 씨앗이 서둘러 싹을 틔웠습니다. 하지만 아래에 있는 토양이 어떠합니까? 만일 흙의 깊이가 얇다면 뜨거운 태양이 표면상의 수확물을 곧 마르게 할 것입니다. "아래"는 비록 신비스럽긴 하지만, 그러면서도 매우 중요합니다. 그러므로 우리가 믿음으로 이렇게 말할 수 있다면 큰 기쁨일 것입니다. "예, '아래'가 아주 잘 확보되었습니다. 우리는 하나님을 신뢰하며, 따라서 당황하지 않을 것입니다. 우리는 영원한 약속들을 의지하며, 따라서 소망에 관하여 결코 부끄러움을 당하지 않을 것입니다." 영원한 언약을 의지하는 자는 모든 면에서 안전하고 행복합니다. 그에게는 "아래"가 안전하기 때문입니다. 비록 땅이 흔들리고 산이 바다 가운데로 옮겨진다 해도, 그는 두려워할 이유가 없으며, 하나님의 구원을 잠잠히 바라고 기다릴 수 있습니다.

일시적으로는 우리가 피상적인 쾌락으로 만족할 수 있지만, 우리가 더 깊고 더 의지할 만한 무언가를 찾아야 할 시련의 때가 있습니다. 세상적인 버팀목들은 때가 되면 약화되므로, 우리는 떠받쳐 줄 만한 더 나은 능력을 필요로 합니다. 육적인 정신을 가진 사람은 "거만한 돕는 자들이 하나님 밑에 굴복하는"(욥 9:13, KJV, 한글개역개정은 '라합을 돕는 자들이 그 밑에 굴복하겠거든'이라고 되어 있음 ―역주) 시기를 만나겠지만, 신자들 역시 그들이 육체의 팔을 의지하는 정도에 비례하여 그들의 확신이 사라지는 것을 발견할 것입니다. 우리가 신적인 버팀대의 가치를 느끼며, "그의 영원하신 팔이 아래에 있음을" 기뻐하는 때는 바로 그 때입니다. 이처럼 너무나 중요한 문제를 좀 더 자세히 살펴보도록 합시다.

"그의 영원하신 팔이 네 아래에 있도다." 첫째, 그 팔은 모든 것의 기초로서 우리 아래에 있습니다. 만일 여러분이 모든 것의 토대가 되는 것을 발견하려고 아래로 내려가 보면, 머잖아 "그의 영원하신 팔"에 도달하게 될 것입니다. 보이는 것들이 모두 보이지 않으시는 하나님에 의해 지탱되고 있습니다. 이 외적이면서 가시적인 우주는 하나님이 붙드시지 않으면 한 순간도 서 있을 능력이 없습니다. 만물이 그분에 의해 유지됩니다. 하나님의 능력과 별개로 존재하는 힘은 없으며, 그분의 뜻과 무관하게 존재하는 것은 없습니다. 그분이 우주의 기둥들을 지탱하십니다. 오직 그분이 홀로 하늘을 펼쳐놓으셨고, 또 바다 물결 위를 걸으십니다. 그분이 북두성과 삼성과 묘성과 남방의 밀실을 만드셨습니다(욥 9:9). 보이지 아니하시는 하나님 앞에 경배하지 않는다면, 가시적인 것들의 원천과 핵심에 도달할 수 있다고 생각하는 철학자들은 어리석습니다. 하나님이 창조의 근본이시고, 존재의 원천이자 근원이시며, 또한 그 토대와 뿌리가 되십니다. 모든 것 "아래"에는 "그의 영원하신 팔"이 있습니다.

이는 그분의 교회와 관련하여서도 명백한 진실입니다. 그분은 교회를 선택하고 속량하여 자기 소유로 삼으셨습니다. 교회라는 개념 자체가 오직 주님에게서 비롯된 것입니다. 그분은 하나의 성전으로서 교회의 건축을 고안하시면서 이렇게 말씀하셨습니다. "보라 내가 화려한 채색으로 네 돌 사이에 더하며 청옥으로 네 기초를 쌓으리라"(사 54:11). 또한 그분이 친히 자신의 능력으로 교회의 모든 돌을 세우셨고, 교회의 원수들의 공격에 맞서 그 성전 벽을 지탱하십니다. 그러므로 지옥의 문이 교회를 이기지 못하는 것은 하나님의 터가 견고히 서 있기 때문입니다(딤후 2:19). 모든 참된 교회들의 기초는 주님 자신이며, 지존자가 친히 교회를 세우십니다. 하나님이 교회 가운데 계시니, 교회는 요동하지 않습니다. "그의 영원하신 팔이 아래에 있도다."

하나님께 감사함은, 집합적 몸으로서의 교회에 진실인 것은 교회의 모든 지체들에게도 진실이라는 것입니다. 세상에 그의 영원하신 팔에 근거를 두지 않고 살아가는 영적인 생명은 없습니다. 사랑하는 이여, 하나님의 생명이 여러분 안에 있다면, 그리고 여러분이 그 기초를 깊이 연구해 본다면, 여러분은 여러분의 생명이 하나님의 생명에 근거하고 있음과, 그 존재를 위한 양분을 끊임없이 하나님의 생명으로부터 끌어오고 있음을 발견할 것입니다. "내가 살아 있으니 너희도 살아 있겠음이라"고 예수님이 말씀하십니다(요 14:19). 여러분의 생명은 여러분 속에 있는 하나님의 생명입니다. 하나님의 씨가 모든 영적 생명의 근원입니다. 그러니 그분의 영원하신 팔에 근거하지 않는 그 어떤 것도 마음속에 감추는 일이 없도록 주의하십시오. 만일 소망이 있다면, 그 소망은 하나님의 영원한 언약에 근거한 것이어야 합니다. 만일 기쁨이 있다면, 그 기쁨은 하나님의 영원한 사랑으로부터 솟아나는 것이어야 합니다. 어떤 확신이 있다면 그 확신은 여호와의 영원한 능력에 기대는 것이어야 하며, 어떤 섬김이 있다면 그 섬김은 그분의 영원한 계명에 일치하는 것이어야 합니다. 만일 여러분의 영혼에 어떤 은혜가 있든지, 혹 무슨 덕이 있거나 칭찬할 만한 것이 있다면, 이 모든 것이 피상적이거나 뽐내는 것이 되어서도 안 되며 여러분 자신의 자연적인 힘의 산물이어서는 안 됩니다. 오직 그 모든 것들은 여러분의 영혼 속에서 성령의 활동에 근거한 것이어야 합니다. 사실상 그 각각에 대해서 "그의 영원하신 팔이 그 아래에 있도다"라고 말할 수 있어야 합니다. 하나님의 영원하신 팔에 근거를 두고 있는 것이 아니라면, 그 어떤 것도 우리의 시련의 때에나, 죽음의 공포 앞에서나, 혹은 마지막 큰 날의 엄숙한 때에 우리에게 도움을 주지 못합니다. 하나님이 더 이상 붙들어주시지 않을 때 열국들이 어떻게 비틀거렸는지를 보십시오. "그가 진노하심으로 산을 무너뜨리시며 옮기실지라도 산이 깨닫지 못하도다"(욥 9:5). 교회들이 영원하신 팔에 의지하지 않을 때 얼마나 신속히 배교로 치달았는지를 보십시오. 그 때 교회들은 "가시덤불의 불 같이 타 없어졌으며"(시 118:12), 단지 연기만 낼 뿐이었습니다. 예수님이 이렇게 말씀하시지 않았습니까? "심은 것마다 내 하늘 아버지께서 심으시지 않은 것은 뽑힐 것이라"(마 15:13). 아침 해가 떠오를 때

안개가 사라지는 것처럼, 저 위선적인 신앙 고백자들이 사라지는 것을 보십시오. 그 기초가 영원하신 하나님 안에 놓인 것이 아니면 그 무엇이라도 주께서 오시는 날에 살아남지 못합니다. 주께서 이 말씀이 무슨 의미인지를 우리로 알게 해 주시길 빕니다. 그리하여 우리가 지혜로운 자들이 되어, 땅을 깊이 파고서 반석 위에 집을 세우는 자들이 되기를 바랍니다.

둘째, 우리는 "그의 영원하신 팔이 아래에 있도다"는 말씀을 모든 것의 바탕이며 끝이자 목표라는 의미로 읽을 수도 있습니다. 만일 믿음 안에서 여러분이 하나님의 섭리를 연구한다면, 아무리 어둡고 견디기 힘든 일인 것처럼 보여도, 곧 여러분은 그 아래에 그의 영원하신 팔이 있음을 발견할 것입니다. 광산의 채굴로 비유할 때 사탄이 아래를 파고 있을지 모르지만, 하나님은 그보다 더 아래 깊은 곳을 파십니다. 심지어 지옥의 깊은 책략 아래에 그 영원하신 팔이 발견될 것입니다. 사탄의 계략이 우리에게는 깊어보여도, 주님께는 매우 얕은 것입니다. 주님의 지혜는 저 어둠의 임금의 모든 간계보다도 훨씬 더 심오합니다. 세상의 악과 오류들이 우리로 하여금 진리의 궁극적 승리에 대해 실망하도록 만들어서는 안 됩니다. 여전히 그 아래에는 영원히 사시고 영원히 복되신 분의 불변하는 작정(作定, decree)이 놓여 있기 때문입니다. 그 작정은 어느 누가 반대하더라도 결국 성취될 것입니다. 그분이 이렇게 말씀하시지 않았습니까? "내가 나를 두고 맹세하기를 내 입에서 공의로운 말이 나갔은즉 돌아오지 아니하나니 내게 모든 무릎이 꿇겠고 모든 혀가 맹세하리라 하였노라"(사 45:23). 그분의 목적이 설 것이며, 그분이 자기의 기뻐하시는 바를 모두 행하실 것입니다. 그분이 모든 일을 그 뜻의 결정대로 행하실 것입니다(엡 1:11). 여러분이 당면한 시련들의 표면 아래를 추적해 보십시오. 겉으로 보이는 외적인 형편만 보고 슬퍼하는 대신, 깊은 곳 아래까지 그 출처를 더듬어 조사해 보십시오. 그러면 각각의 고난 아래에 신실한 목적과 친절한 의도가 있음을 발견할 것입니다. 예, 고통과 슬픔의 가장 깊은 곳 밑에서, 여전히 하나님은 여러분의 영혼을 향한 사랑으로 역사하고 계십니다. 겉보기에는 불행한 일에서 선을 이끌어 내시고, 그보다 더욱 선한 일들을 연속적으로 이끌어 내십니다. 최상의 사건들 아래에는 그 일들을 선하게 만드시는 사랑의 팔이 있으며, 생길 수 있는 최악의 사건들 아래에도 그것들을 조절하시고 통제하시는 영원하신 팔이 있습니다. 모든 일의 목적과 계획으로서 "그의 영원하신 팔이 아래에 있습니다."

셋째로, 나는 "그의 영원하신 팔이 아래에 있다"는 이 본문을 하나님의 팔이 자기 백성의 보전의 차원에서 거기 있다는 의미로 받아들입니다. 그분의 백성은 때때로 아주 큰 위험에 처하는 것처럼 보입니다. 하지만 기록된 말씀은 이러합니다. "그가 너를 위하여 그의 천사들을 명령하사 네 모든 길에서 너를 지키게 하심이라. 그들이 그들의 손으로 너를 붙들어 발이 돌에 부딪히지 아니하게 하리로다"(시 91:11-12). 성도들 중에 어떤 이들을 아주 높은 곳에 올려놓으면, 정신이 아찔해져서 떨어질 것입니다. 하지만 그들의 발이 미끄러지지 않는 것은 하나님께서 의인들을 붙드시기 때문입니다. 영혼의 깊은 침체와 마음의 혹독한 아픔으로 인해 거의 넘어질 듯한 때에도, "영원하신 팔이 아래에 있음"을 생각하는 것이 얼마나 복된 일인지요! 때때로 믿음은 보통 사람들이 걷는 길보다 아주 높은 곳에서 가느다란 줄 위를 걷는 듯합니다. 경험이라는 균형 장대(balance pole)로 자세를 잡으면서 믿음은 미끄러지지 않도록 애를 씁니다. 하지만 믿음이 안심하는 이유는, 설혹 한순간 발이 미끄러질 수도 있고 그래서 기쁨이 사라질 수도 있지만, 아래에 그물이 있어서 떨어지는 것을 받아주기 때문입니다. 그러므로 믿음이 완전히 산산조각나는 일은 없습니다. "내가 너를 위하여 네 믿음이 떨어지지 않기를 기도하였노라"(눅 22:32)는 말씀은, 사탄이 베드로를 그렇게 했듯이 성도들을 밀 까부르듯 할 때에, 떨어지는 자들을 위한 은혜로운 안전장치입니다. 하나님의 백성은 반드시 안전할 것입니다. 사탄이 그들을 밑으로 던질 수 있겠지만, 그들이 멸망으로 떨어지기 전에 하나님이 그들을 구원하실 것입니다. 그럼에도 불구하고 우리는 신중히 걷도록 합시다. 마치 우리의 보전이 전적으로 우리 자신에게 달린 것처럼 우리의 발걸음들을 조심하여 살핍시다. 하지만 그러면서도 언제나 우리 주님만을 바라보도록 합시다. 오직 그분만이 성도들의 발을 지키실 수 있음을 알도록 합시다. 거룩함과, 믿음의 힘과, 궁극적인 완성은 우리가 매일 목표로 삼아야 하는 것들입니다. 하지만 우리에게 복된 위로가 되는 것은, 우리의 약함이나 부주의로 인해 우리의 성별된 삶의 행보를 온전히 지속하지 못했을 때에도, 그것 때문에 우리가 영원히 버려지지는 않는다는 것입니다. 성경에 이렇게 기록되었기 때문입니다. "그는 넘어지나 아주 엎드러지지 아니함은 여호와께서 그의 손으로 붙드심이로다"(시 37:24). "그의 영원하신 팔이 네 아래에 있도다."

그것은 또한 나로 이 본문을 네 번째의 의미로 읽도록 이끕니다. 즉 "그의 영원하신 팔"은 그분의 백성의 안식임을 우리에게 가르쳐 줍니다. 만약 내가 약함 속에서 비틀거리다가 파멸에 떨어지지 않도록 그분의 영원하신 팔이 언제나 뻗어서 나를 보호해 준다면, 지금부터 영원까지 나는 그 팔에 나의 전부를 맡기고 기댈 수 있을 것입니다. 그것이 이 귀한 말씀의 실제적인 교훈입니다. 사랑하는 이여, 지금 당신을 감싸고 있는 그 팔 안에서 평안히 쉬십시오. 염려에서 벗어날 수 있을 때 왜 스스로 애를 태운단 말입니까? 모든 것 아래에 당신 아버지의 팔이 놓여 있습니다. 그렇다면 무엇이 당신을 초조하게 만든단 말입니까? 평안히 살고 땅을 상속할 수 있을 때에(참조. 시 25:13) 왜 불안해한단 말입니까? 당신은 온 우주를 떠받치고 있는 손에서 안식하기를 두려워하는 것입니까? 당신의 아버지의 팔이 당신에게 평안하고 넉넉한 베개가 아닙니까? 하나님의 사랑과 능력이 마치 강한 두 팔처럼 뻗어서 당신을 떠받치고 있고, 또한 하나님의 음성이 당신에게 "여호와 앞에 잠잠하고 참고 기다리라"(시 37:7)고 속삭이고 있을 때, 당신은 평안히 거하기가 불안하다고 생각하는 것입니까? 그분이 친히 선지자들에게 주신 말씀은 이러합니다. "너희 하나님이 이르시되 너희는 위로하라 내 백성을 위로하라 너희는 예루살렘의 마음에 닿도록 말하라"(사 40:1-2). 그분이 성령으로써 보내시는 그 위로를, 그분의 종들에게 명하여 당신에게 전하라고 하신 그 위로를, 당신은 받아들이지 않겠습니까? 하나님께서 당신을 잠잠히 사랑하여 그분의 사랑 안에 안식하실 때(습 3:17), "이미 믿는 우리들은 저 안식에 들어가는도다"(히 4:3)는 말씀이 다시 입증되어야 한단 말입니까? 주 예수님이 우리의 평화가 아니십니까? 그렇다면 왜 우리가 근심한단 말입니까? 당신 아래에 영원하신 팔이 있을 때, 당신은 평안한 중에 누워 잠들 수 있습니다. 당신이 이렇게 떠받쳐질 때, 당신의 마음은 평정심으로 가득하여 외부적인 시련들을 대수롭지 않게 여길 수 있습니다. 바람이 불고 물결이 요동쳐도, 저 돛배는 가라앉을 수 없습니다. 혹시 그것이 가라앉는다 해도, 그것은 멸망으로 가라앉는 것일 수가 없습니다. 그 가라앉는 배 아래에 영원하신 팔이 있기 때문입니다. 땅이 지진으로 흔들리고, 혹은 입을 넓게 열어 속히 삼키려고 해도, 우리는 그 무서운 구덩이 속으로 내려갈 것을 두려워할 필요가 없습니다. 우리 아래에 여전히 영원하신 팔이 있기 때문입니다. 이것이 하나님의 믿음의 백성들에게 얼마나 충만한 안식을 가져다주는지요!

　　이 팔의 위치에 대해 말하는 동안, 이 본문에서 한 가지 의미를 더 끌어낼 것입니다. 본문은 우리에게 높임과 올림의 약속을 제시하는 듯이 보입니다. 우리는 매우 비천하고 또 크게 낮아질 수 있지만, "영원하신 팔이 아래에 있습니다." 자비로우신 하나님은 위대하시어 죽은 자까지도 들어올리십니다. "가난한 자를 먼지 더미에서 일으키시며 궁핍한 자를 거름더미에서 들어 세워, 지도자들 곧 그의 백성의 지도자들과 함께 세우시도다"(시 113:7-8). 어떤 사람이 얼마나 높이 들어올려질지 누가 알겠습니까? 주께서 그 사람의 발을 마치 사슴과 같게 하시어 그로 그의 높은 곳에 서게 하실 때에, 얼마나 높은 곳까지 그가 안전하게 올라갈 수 있겠습니까? 여전히 그의 아래에 영원하신 팔이 있다면 그는 "네 사랑하는 독자를 데리고 내가 일러준 그 산으로 가라"(창 22:2)는 말씀에도 안전하게 순종할 것입니다. 그가 독수리처럼 높이 솟아오르고, 계속해서 더 높이 올라, 마침내 태양조차도 발 아래 한 점처럼 보일 정도라고 해도, 여전히 그의 아래에는 영원하신 팔이 있을 것입니다. 그러므로 우리는 매 시간 생각에서와, 기쁨에서와, 거룩함에서와, 우리 하나님을 닮아가는 면에서, 더 높이 오를 수 있습니다. 이는 우리로 높이 오르도록 하는 격려의 의미입니다. 하나님의 영원하신 팔이 우리 아래에 있는 동안에는 위험이 있을 수 없기 때문입니다. 내 형제들이여, 이것이 또한 우리가 하나님의 힘과 능력을 발견하기를 기대할 수 있는 곳입니다. 그것은 우리 아래에 있고, 우리를 떠받쳐 주고 있습니다. 우리가 항상 그것을 볼 수는 없습니다. 아래는 우리 시선에서 숨겨져 있기 때문입니다. 하지만 주께서 은밀한 중에 우주의 거대한 기둥들을 떠받치고 계시듯이, 그렇게 그분은 그분의 모든 종들과 그들의 사건들을 떠받치고 계십니다. "그의 영원하신 팔이 네 아래에 있도다."

2. 우리 아래에 무엇이 있는가?

두 번째로, 아래에 무엇이 있는지에 대해 묵상해 보도록 합시다. 영원하신 팔입니다. 이것이 무슨 의미입니까? 나는 "영원한"이라는 말의 의미를 평가절하하는데 있어서 똑똑한 신사들이 이 본문을 만지작거리지 말기를 바랍니다. 요즘처럼 아주 계몽된 시대에는 성경을 읽는 새로운 방식이 고안되었습니다. 나는 수년 전에는 책의 내용을 아주 잘 파악할 수 있었습니다. 책의 내용이 매우 명확하고 분명했기 때문입니다. 하지만 현대의 해석자들은 명백한 말씀에도 새로운 의미를 부여하는 악한 습관으로써 우리의 지성과 영혼을 당혹스럽게 만듭니다. 하나님께 감사하게도, 나는 단순한 옛 방식을 고수하지만, 위대한 말씀을 축소시켜 보게 만드는 새로운 안경의 '발명가들'에 대해서도 알고 있습니다. 그들은 "영원한"이라는 말을 아주 짧은 시간의 의미로 축소시켜 이해합니다. 그들에 따르면 '영원'이 육 주간이나 육 개월 정도에 불과한 듯이 보입니다. 하지만 나는 그런 안경을 사용하지 않습니다. 내 눈에는 "영원한"은 여전히 "영원한"으로 보입니다. 나는 '영원한 생명(everlasting life)'이라든가 '영원한 형벌(everlasting punishment)'을 표현된 그대로의 의미로 읽습니다. 내가 만일 후자에서 "영원한"이라는 말씀의 의미를 삭감해 버리면 전자에서도 그렇게 해야 하며, 결국 시한부(terminable) 천국을 인정하는 셈입니다. 나는 "영원한"이라는 의미가 성도에게 기쁨이 될 때에 그 말을 포기할 수 없듯이, 그 의미가 죄인들에게 무섭게 들릴 때에도 그 말을 포기할 수 없습니다. 그렇다면 "영원하신 팔"이란 무엇이겠습니까? 그것은 항상 있었고(always were) 또한 항상 있을(always will be) 팔이라는 것입니다. 과거에도 항상 강하였으며, 지금이나 앞으로도 결코 지치거나 약해지지 않는 팔이라는 의미입니다. 한 번 뻗으면 다시는 뒤로 거두어들이지 않는 팔이라는 의미입니다. 택하신 백성들을 보호하는 일에 일단 착수하면, 그 백성들에게 유익하고 영원한 세계를 이루기 위하여 결코 일을 멈추지 않는 팔이라는 의미입니다. 실패하거나 쇠하여 없어지는 팔이 아니라, 영원한 팔이 하나님의 성도들 아래에 있는 것입니다.

　　우선, 나는 이 말씀의 의미를 영원한 목적의 팔이라는 의미로 이해합니다. "곧 영원부터 우리 주 그리스도 예수 안에서 예정하신 뜻대로 하신 것이라"(엡 3:11). 그분의 목적을 그분의 팔이라고 부를 수도 있으며, 그 목적에 의해 그분은 그의 팔을 펼치어 그의 일을 행하십니다. 그리고 그 일은 결코 실패할 수 없습니다. "만군의 여호와께서 경영하셨은즉 누가 능히 그것을 폐하며, 그의 손을 펴셨은즉 누가 능히 그것을 돌이키랴"(사 14:27). "여호와의 계획은 영원히 서고 그의 생각은 대대에 이르리로다"(시 33:11). "그는 뜻이 일정하시니 누가 능히 돌이키랴 그의 마음에 하고자 하시는 것이면 그것을 행하시나니"(욥 23:13). 우리는 하나님을 은사와 부르심에서 후회가 없으신 분으로 대해야 합니다. 그분의 목적을 기록한 책에 그것이 기록되었고, 그분의 섭리와 은혜는 그분의 은밀한 작정과도 부합합니다. 그분은 긍휼히 여길 자를 긍휼히 여기시고 불쌍히 여길 자를 불쌍히 여기십니다(롬 9:15). 또한 그분의 주권적 은혜의 영원한 목적은 영구히 실현

될 것입니다. 오 내 영혼이여, 그대의 가련한 목적들이 변하고 시들해질 때, 또한 그대가 그 목적들을 하루에도 스무 번씩이나 바꾸어야 할 때에도, 하나님의 목적이 견고히 서고 그분에게는 회전하는 그림자가 없으시다는 것을 생각하면 얼마나 행복한가! 그리스도를 믿는 자는 구원을 얻는다고 그분이 선언하셨으니, 내 영혼아, 지옥의 모든 것이 너를 공격하더라도 너는 구원을 얻을 것이다! 무슨 일이 생겨도, 하나님의 영원하신 목적이 모든 것의 바탕에 있고, 모든 것의 끝과 결과에도 있을 것이니, 모든 이스라엘은 구원을 얻을 것입니다. 변치 않는 목적의 "영원하신 팔이 아래에" 있습니다.

다음으로 우리는 여기에서 영원한 사랑의 팔을 봅니다. 내가 사랑을 팔에 비유할 때 성경을 곡해하는 것이 아닙니다. 성경 자체에 이렇게 기록되었기 때문입니다. "내가 영원한 사랑으로 너를 사랑하기에 인자함으로 너를 이끌었다"(렘 31:3). 사랑은 우리를 이끌 손과 팔을 가지고 있습니다. 이 사랑의 손과 팔이 지금 이 순간에도 우리를 다루시는 하나님의 모든 행사의 밑바탕에 있습니다. 이 사랑은 영원한 사랑이며, 시작도 없고 변화도 없고 끝도 없습니다. 하나님의 자녀여, 당신의 아래에는 전능하신 하나님의 무한한 사랑이 있습니다. 그렇다면 무엇이 당신을 해칠 수 있겠습니까? 당신은 사랑! 아, 그것은 때로는 불꽃을 내며 타오르지만 때로는 시들해집니다. 그러나 당신의 안전은 결코 변치 않는 사랑으로부터 옵니다. 그 사랑은 많은 물이 끌 수 없으며, 홍수라도 엄몰하지 못합니다. 그대의 아래를 보십시오. 가늠할 수 없고 영원한 사랑의 심연을 볼 수 있을 것입니다. 그것이 야곱이 "아래로 깊은 샘의 복"(창 49:25)에 대해 말한 것을 당신에게 상기시켜 줄 것입니다. 하나님은 그분 자신이 사랑이십니다. 그분 안에 있는 사랑의 힘은 가늠할 수 없지만, 오 믿는 자여, 그 모든 것이 당신 아래에 있습니다. 당신의 위로와, 당신의 지지와, 당신의 안전을 위해서입니다. 불멸하는 사랑이라는 요동치 않는 아치문(arch)이, 붕괴와 멸망의 두려움으로부터 당신의 영혼을 떠받치고 있습니다. 그곳에서 안식하고, 당신의 사는 날 동안 현악기로 연주하며 그대의 노래를 주님께 불러 드리십시오.

다음으로, 그 팔은 능력의 팔이라고 묘사될 수 있습니다. 이사야 선지자가 어떤 말을 했습니까? "너희는 여호와를 영원히 신뢰하라 주 여호와는 영원한 반석이심이로다"(사 26:4). 예레미야는 무어라고 했습니까? "주 여호와여 주께서 큰 능력과 펴신 팔로 천지를 지으셨사오니 주에게는 할 수 없는 일이 없으시니이다"(렘 32:17). 하나님의 백성을 떠받쳐서 혼동으로 떨어지지 않게 하려면 힘이 필요합니다. 그리고 그 힘은 언제나 준비되어 있으며, 아니, 언제나 발휘되고 있습니다. 믿는 자여, 당신이 서 있을 수 있는 것은 하나님의 능력의 팔이 결코 움츠러들지 않기 때문입니다. 그분은 당신을 넘어지지 않게 지키실 수 있고, 당신을 흠 없이 보전하실 수 있으며, 또한 그렇게 하실 것입니다. "만민들아 우리 하나님을 송축하며 그의 찬양 소리를 들리게 할지어다. 그는 우리 영혼을 살려 두시고 우리의 실족함을 허락하지 아니하시는 주시로다"(시 66:8-9).

또한 이는 불변성의 팔입니다. 하나님이 영원토록 동일한 분이시기 때문입니다. "나 여호와는 변하지 아니하나니 그러므로 야곱의 자손들아 너희가 소멸되지 아니하느니라"(말 3:6). 그것은 또한 영원한 **축복**(blessing)의 팔입니다. 하나님께서 자기 백성을 복되게 하기로 결심하셨고, 그들이 행복할 것이기 때문입니다. "내가 반드시 너에게 복 주고 복 주리라"고 그분이 말씀하십니다(히 6:14). "주의 복을 주의 백성에게 내리소서"(시 3:8). 그분은 그들에게 후히 주시며, 그분의 넉넉하심은 결코 줄어들거나 중단되지 않습니다. 믿는 자여, 그대 아래에는 그의 영원하신 팔이 있습니다. 마치 유모가 그 아기를 돌봄같이 그 팔이 영원토록 당신을 안아 돌볼 것이며, 셀 수 없는 복들을 그대에게 가져다 줄 것입니다. 그분은 어린 양들을 그의 팔로 모으시며, 그 동일한 팔로써 자기 백성에게 능력을 나타내 보이십니다. 그 팔이 아래에 있는 백성들은 얼마나 복된지요! 나는 많은 돈을 쓰고, 호화롭게 생활하며, 여러 사업에 착수하는 어떤 사람에 대한 이야기를 들은 적이 있습니다. 그의 동료 사업가들 중 하나가 내게 들려준 바에 따르면, 사람들은 그가 그렇게 두각을 드러내는 이유를 알 수가 없었지만, 한 사람이 이렇게 말했다고 합니다. "그의 배후에는 누군가가 있어. 우리는 그것을 확신할 수 있어." 우리도 그와 마찬가지입니다. 우리는 강하고, 행복한 것이 당연합니다. 사람들의 눈에 보이지 않는 힘이 우리 배후에 있기 때문입니다. 우리 아래에 영원한 팔이 있으니, 우리는 좌절할 수 없습니다. 기뻐하고 담대할 것이며, 주의 오른팔을 찬미하도록 합시다. 예, 우리가 싸워야 할 싸움이 아무리 많아지더라도 두려워말고, 오직 주님을 향해 이렇게 노래하도록 합시다. "여호와여 주의 오른손이 권능으로 영광을 나타내시니이다. 여호와의 오른손이 높이 들렸으며 여호와의 오른손이 권능을 베푸시는도다"(출 15:6; 시 118:16). 이 오른 손이 그분의 종들의 대의(大義)를 지지할 것이기 때문입니다.

3. 그 팔은 언제 있는가?

세 번째로, 그의 영원하신 팔이 우리 아래에 언제 있는지에 대해 숙고해 보도록 합시다. 유일한 답은 지금과 영원히입니다.

사랑하는 이여, 지금 이 순간에 그의 영원하신 팔이 우리 아래에 있습니다. 그리스도인의 삶은 믿음으로 걷는 것으로 묘사되며, 내가 생각하기에는, 믿음으로 걷는다는 것은 해 아래 세계에서 아주 특별한 기적입니다. 베드로가 그랬듯이, '물 위를 걷는 것'이 모든 그리스도인의 삶의 한 전형(type)입니다. 나는 이따금씩 그리스도인의 삶을 보이지 않는 계단을 따라 구름 속 위를 향해 오르는 것으로 비유해 왔습니다. 여러분은 여러분 앞에 놓인 계단을 볼 수 없지만, 빛을 향하여 계속해서 올라갑니다. 여러분이 아래를 내려다볼 때는 모든 것이 캄캄합니다. 여러분 앞에 보이는 것이라고는 구름 외에는 아무것도 없으며, 아래로는 깊이를 알 수 없는 심연이 입을 벌리고 있습니다. 그럼에도 우리는 지금까지 올라왔습니다. 우리들 중 어떤 이들은 수년 동안을 한 치 앞도 볼 수 없는 상태에서도 지속적으로 계단을 올라왔습니다. 우리는 종종 두려움으로 거의 멈출 뻔하였고, "다음에는 무엇일까, 다음에는 무엇일까?"를 거듭 묻기도 하였습니다. 하지만 우리가 구름으로 생각했던 것이 견고한 바위로 판명되었습니다. 어둠이 우리 앞의 빛이었고, 미끄러운 곳들이 안전하였습니다. 이따금씩 어둠이 너무 짙어서 느껴질 정도일 때, 우리 뒤의 모든 과거가 사라지고, 우리가 디디고 있는 단 하나의 계단 외에는 아무것도 없을 때, 우리는 이렇게 말했습니다. "내가 어떻게 여기에 온 것일까? 내 삶은 얼마나 이상하고 신비한 삶이란 말인가!" 우리는 아래 세상 사람들과 같은 단계에 있기를 거의 바란 적도 있었습니다. 그들은 언제나 그들의 길을 보고 그들 밑에 무엇이 있는지를 볼 수 있기 때문입니다. 하지만 믿음이 찾아와서 우리를 다시 도왔기에, 우리는 믿었습니다. 보이지 않는 것을 보이는 것처럼 믿고 영원한 것을 붙잡았습니다. 그렇게 우리는 계속해서 올라왔고, 우리의 발에 다시 힘을 얻었으며, 빛의 길을 기쁨으로 뛰어 오르기도 했습니다. 우리가 올라왔던 길은 때때로 빛의 사다리가 되었고, 우리는 천사들과 동행하면서 세상을 우리 발 아래 먼 곳으로 두고 올라왔습니다! 이따금씩 우리는 짙은 어둠을 넘어, 보석으로 장식된 저 영원한 도성의 성벽을 얼핏 보곤 했습니다. 그곳은 등불도 태양빛도 필요 없는 곳입니다. 우리는 그 찬란함을 보았고, 이 신비의 길을 계속해서 오르기로 결심하였습니다. 성도여, 비록 지금 이 순간 당신이 걷는 길을 볼 수 없다고 해도, 당신이 믿음으로 걷고 있기 때문에, 당신 아래에는 영원하신 팔이 있습니다.

비록 지금 이 순간 당신이 어두운 골짜기 아래로 내려가고 있는 것 같아 두렵더라도, 실상은 당신 아래에 그 팔이 있습니다. 당신은 최근에 큰 돈을 잃어버렸고, 너무나 친절하게 당신을 도와주었던 친구를 잃어버렸습니다. 그래서 당신은 세상에서 내리막길을 걷고 있습니다. 예, 하지만 당신 아래에는 영원하신 팔이 있습니다. 당신은 지금 그 팔에 더욱 가까워지고 있습니다. 친구들과 세상의 부(富)가 당신과 전능자의 팔 사이에 있었습니다. 하지만 이제 당신은 오직 그분의 팔만을 의지해야 합니다. 피조물은 쇠하는 존재이니, 당신은 창조주를 의지해야 합니다. 이제 당신은 지난 어느 때보다도 달콤한 교제를 누릴 것입니다. 당신과 당신의 주님 사이에 다른 아무것도 없기 때문입니다. 한 사람이 말합니다. "아아, 하지만 저는 영적으로 가라앉고 있습니다. 저는 크게 상심하고 있습니다." 여전히 아래에는 그의 영원하신 팔이 있습니다. 당신의 영혼은 마치 베드로가 물 속으로 가라앉듯이 가라앉고 있지만, 당신을 구원할 한 손이 내밀어졌습니다. 당신의 하늘 아버지의 손이 가까이 있는 한 당신은 영영 가라앉지 않습니다. 만약 주께서 그렇게 하신다면, 계속해서 가라앉으십시오. 때때로 삶의 가장 달콤한 꿀은 가장 쓰라린 고통 속에서 발견됩니다. 내가 심령의 두려운 의기소침으로 진토 속으로 던져졌을 때보다, 내 영혼 속에서 확실하고 실제적인 기쁨을 얻었던 적은 없습니다. 나는 잠잠히 하나님 안에 머물고, 오직 그분 안에만 머뭅니다. 그 때 나는 한편으로는 떨면서도 하늘의 기쁨의 경계선과 접촉합니다. 나는 오직 주님만 의지할 때에 맛보는 그 비길 데 없는 달콤함을 어떻게 표현해야 할지 모르겠습니다. 당신이 전적으로 당신 자신을 하나님께 던질 때, 그 때 당신의 영혼은 가장 거룩한 평화 속으로 들어가게 됩니다. 자연적인 활기가 사라졌을 때, 젊음의 기백에서 솟아나는 모든 것과 자연적인 정신의 쾌활함이 떠나고 없을 때, 곧장 하나님께로 오십시오. 그분의 손 안에 벌거벗은 모습 그대로 머무십시오. 그 때 당신의 잔에 천국의 음료가 부어질 것이며, 당신의 영혼은 앉아서 겸손히 그 음료를 음미하게 될 것이며, 그 비밀은 말로 표현할 수가 없습니다. 설혹 말한다고 해도 그 말을 듣고 이해하는 귀가 없을 것입니다. "그의 영원하신 팔이 네 아래에 있도다." 그러므로 사랑하는 친구여, 만일 당신이 환경적으로나 영적으로 가라앉고, 아주 기가 꺾인 상태를 경험하고 있다면, 그것 또한 여전히 좋습니다. 지금 당신은 전에는 미처 깨닫지 못했던 본성의 부패를 발견하는지도 모릅니다. 또한 더 고상한 형제들의 삶과는 달리 지금 당신은 아주 낮아지고, 심령이 의기소침해지고, 자기를 깊이 혐오하게 되는 상태를 경험하는지도 모릅니다. 하지만, 그럼에도 불구하고, 여전히 당신 아래에는 그의 영원하신 팔이 있습니다. 비록 당신이 모세와 더불어 비스가 산에 오르지 못하고, 요나처럼 산들의 밑바닥까지 내려간다고 해도, 당신이 내려가는 가장 낮은 지점에서도 여전히 그의 영원하신 팔이 아래에 있습니다.

앞으로도 영원히 그럴 것입니다. 그 팔은 그 능력에서와 마찬가지로 그 위치에서도 영원하기 때문입니다. 이제 당신은 죽게 될 것입니다. 침상에 발을 모으고 숨을 거둘 것입니다(참고. 창 49:33). 죽음의 땀이 당신의 이마에 맺혔습니다. 이 생의 삶과 관련하여서 당신의 생명은 꺼질 것입니다. 하지만 그 때에도 영원하신 팔이 당신의 아래에 있을 것입니다. 번연(Bunyan)은 순례자들이 강을 건널 때의 죽음의 확신을 아름답게 묘사하였습니다. '크리스천(Christian)'이 젊은 '희망 씨(Hopeful)'를 향해 소리쳤습니다. "나는 깊은 물 속에 잠기고 있어요. 큰 물결이 내 머리 위에 넘치고, 그분의 파도가 나를 덮치고 있습니다." 그 때 희망 씨가 말했습니다. "내 형제여, 기운을 내세요. 나는 바닥에 닿은 것을 느끼는데, 아주 좋습니다." 사랑하는 이여, 당신도 그러할 것입니다. 당신은 차가운 죽음의 강바닥을 느낄 것이지만, "좋다(it is good)"고 말할 것입니다. 그의 영원하신 팔이 아래에 있기 때문입니다. 우리에게는, 마치 사람이 벼랑 끝에 서서 아래의 구름 속으로 뛰어드는 것처럼, 마지막으로 뛰어들어야 할 때가 올 것입니다. 마지막 작별의 인사를 나누고, 아버지의 팔 안으로 떨어지는 것을 두려워할 필요가 없습니다. 당신 아래에 그의 영원하실 팔이 있기 때문입니다. 오, 주님께서는 당신을 공중에서 멋지게 안아 주실 것입니다! 당신은 위대하신 아버지의 품을 느끼고, 저 하늘들의 하늘 위로 올려지게 될 것이며, 그곳에서 복되신 그분의 얼굴을 뵈올 것입니다. 그곳에서 당신은 그분과의 교제로 인해 영원한 행복에 도취될 것입니다. 오 영광의 상속자여, 당신 아래에는 지옥이 없습니다. 당신 아래에는 소멸도 없습니다. 당신 아래에는 영원한 팔이 있습니다. 그러므로 당신의 영혼을 당신의 신실하신 창조주께 맡기십시오. 그리고 삶이든 죽음이든 환영하십시오. 당신에게는 모든 것이 좋기 때문입니다.

4. 그렇다면 어떻게 할 것인가?

마지막으로, 이 질문에 대답해 보도록 합시다. 그렇다면 어떻게 할 것인가? 그의 영원하신 팔이 우리 아래에 있다면, 우리는 어떻게 해야 합니까?

첫째, 아래를 바라보도록 합시다. 내 형제여, 당신은 지금껏 당신의 길이 거칠었기 때문에 큰 곤란을 겪었고, 한숨을 짓고 울기도 했습니다. 또 때로는 그 길이 위험하다고 생각하여, 미끄러져서 큰 구덩이에 빠져 멸망하지는 않을까를 두려워하기도 했습니다. 자, 이런 식으로 불평하거나 두려워하는 대신, 잠시 멈추고서 이 문제를 살펴 조사해 보십시오. "내 아래에는 무엇이 있을까? 내 소망의 밑바탕은 무엇일까?" 당신네 위선자들은 감히 조사하지 못할 것입니다. 형식주의 자들도 감히 살펴보지 못할 것입니다. 당신들은 질문하는 것을 두려워하고, 너무 많은 것을 보게 될까 눈 뜨는 것을 겁내고 있습니다. 하지만 정직하고 신실하게 우리 주님의 길에서 행하는 자들은 검증받는 것을 두려워하지 않습니다. 그런 이들에게 근심이 생기는 경우 몸을 똑바로 세우고 이렇게 말할 수 있을 것입니다. "나는 의심과 두려움으로 시달려왔다. 나는 더 이상 그것을 참을 수 없다. 나는 나 자신을 살펴보고, 내 길이 어떤 것인지를 알아볼 것이다. 또한 나의 형편이 어떠한지를 볼 수 있도록 주님께 기도해야겠다. 내 아래에 무엇이 있는지를 나는 간절히 알고 싶기 때문이다." 만일 당신이 정직한 마음으로 예수 그리스도를 믿고 있고, 속죄의 제물과 그분의 피의 언약을 의지하고 있다면, 당신은 아래를 조사해 볼 수 있습니다. 당신은 모든 것이 견고하고 영원함을 발견할 수 있을 것입니다. 외적인 섭리가 당신을 향해 어둡게 얼굴을 찡그리고 있을 때, 그 아래를 바라보는 것이 좋습니다. 섭리의 외적 모습은 사랑의 영원한 목적을 감추고 있기 때문입니다. 당신이 보는 슬픔은 사실상 영원한 은혜의 보화를 감추고 있는 '작은 수건(napkin)'일 뿐입니다. 그러므로 당신은 어떤 역경에서도 스스로에게 이렇게 말할 수 있습니다. "모든 것이 좋다. 아래에는 모든 것이 좋기 때문이다. 영원한 목적이 나의 영원한 유익을 위하여 작용하고 있다." 떨고 있는 내 형제와 자매들이여, 아래를 살펴보기를 두려워하지 마십시오. 여러분이 그렇게 하여 영원하신 팔이 그곳에 있음을 발견하게 되면, 그 때 여러분의 온 힘을 다해 주님께 노래하십시오.

또한 그의 영원하신 팔이 우리 아래에 있다면, '육중하게' 의지하도록 합시다. 우리는 하나님께 전적으로 의지하는 것을 두려워합니다. 친구에게 짐이 되지 않도록 조심하는 것은 아주 적절한 태도입니다. 너그러운 친구를 지나치게 가까이 하여 심하게 의지함으로써 그를 성가시게 하지 마십시오. 그가 두 번 다시 당신 보는 것을 꺼릴 수도 있기 때문입니다. 내 입장을 말하자면, 나는 어떤 사람들이 좀 더 그런 조심스런 태도를 가지기를 바랍니다. 하지만 이것은 주님을 대할 때에는 올바른 느낌이 아닙니다. 하나님을 성가시게 하는 것은 아닐지에 대해 결코 염려하지 마십시오. "될 수 있는 한 적게 부탁드려야겠다"는 식으로 생각하지 마십시오. 그분이 이렇게 말씀하시기 때문입니다. "네 입을 크게 열라 내가 채우리라"(시 81:10). 결코 이렇게 말하지 마십시오. "나는 그분을 적게 의지해야겠다. 내 근심의 일부를 그분께 가져가고 내 시련의 일부분만 그분에게 맡겨야겠다." 아닙니다, 당신의 전 체중을 실어 그분을 의지하십시오. 당신 스스로 짊어질 부분을 조금도 남기지 마십시오. 그 남긴 짐이 당신의 허리를 부러뜨릴 것입니다. 모든 톤(ton)과 파운드(pound, 453.6g)와 온스(ounce, 28.3g)와 심지어 페니웨이트(pennyweight, 1.552g)까지도 포함하여, 그 모든 것을 하나님께 던지십시오. 그분은 그의 자녀들이 그분을 전적으로 신뢰로써 대하시는 것을 좋아하십니다. 여러분의 모든 짐이 그분을 성가시게 하지 않을 것입니다. 여러분은 이솝 우화에서 공손한 작은 모기가 황소의 뿔에 내려앉으면서 그를 무겁게 했다고 양해를 구하는 내용을 알 것입니다. 그러자 그 황소는 무어라고 대답했습니까? 그 모기가 거기 있는 것도 몰랐다고 말했습니다. 당신의 하나님은 그렇게 말씀하시지는 않을 것입니다. 그분은 당신 머리의 머리털 수도 헤아리시기 때문입니다. 하지만 그분은 당신의 짐이 그분에게 무겁다고는 말씀하시지 않을 것입니다. 왜 그런가요? 당신이 오십 개나 되는 왕국들의 문제로 머리에 짐을 지고 있고, 백여 개나 되는 나라들의 정치 때문에 마음에 짐을 지고 있으며, 심지어 일천 개나 되는 세계들의 모든 근심의 짐을 지고 있다고 해도, 당신은 기묘자요 모사(Wonderful Counsellor)이신 그분께 그 모든 것을 안전하게 맡기고서 즐거이 당신의 길을 갈 수 있습니다. 형제들이여, 많이 의지하십시오. 자매들이여, 모든 것을 맡기십시오. 여러분 아래에 영원하신 팔이 있기 때문입니다.

다음으로, 담대하게 **오르도록** 합시다. 사랑의 봉우리들에 오르는 것을 두려워하지 맙시다. 온전히 성별된 삶에 대한 고상한 야심을 갖는 것을 두려워하지 맙시다. 높은 교리들이나, 높은 즐거움이나, 혹은 거룩함의 높은 고지에 오르는 것을 두려워하지 맙시다. 당신이 원하는 대로 높이 오르십시오. 당신 아래에는 영원하신 팔이 있기 때문입니다. 심사숙고하는 것도 위험할 수 있지만, 믿는 것은 안전합니다. 어떤 사람들은 항상 아래로만 내려갑니다. 다이아몬드는 단순한 기체로 바꾸고 할렐루야를 음울하게 울부짖는 소리로 바꾸어 버립니다. 그들은 귀한 진리들을 제거하려고 애를 쓰고 있으며, 이런저런 새로운 이론들로써 진리를 대체하려고 합니다. 우리는 다른 방향으로 용감하도록 합시다. 모든 성도와 함께 지식에 넘치는 그리스도의 사랑의 높이와 깊이가 어떠한지 알아가도록 힘을 씁시다. 나의 사랑하는 젊은 형제여, 당신은 오를 수 있습니다. 진리의 돛대 꼭대기에 도달한다 해도 떨어질 것을 두려워하지 마십시오. 그의 영원하신 팔이 아래에 있기 때문입니다.

거듭 말하지만, 주저하지 말고 담대하며, 주 우리 하나님을 위하여 용감하도록 합시다.

> "예수님이 앞서 인도하시면, 물과 불을 헤치고서
> 그분이 가시는 곳으로 나는 따르리."

우리가 그럴 수 있는 것은 우리 아래에 영원하신 팔이 있기 때문입니다. 당신은 그리스도를 위하여 모든 것을 잃어버리도록 부름을 받았습니까? 당신의 주 예수님을 위하여 쿠르티우스(Curtius, 로마 전설에 나오는 인물. 로마 광장에 거대하게 갈라진 틈이 있었고, 로마에서 가장 귀중한 것을 그 속에 던져 넣으면 그 틈이 닫힌다는 말을 듣고서 주저 없이 그 구덩이 속으로 뛰어들었음 — 역주)처럼 구덩이로 뛰어드십시오. 당신의 아래에는 영원한 팔이 있기 때문입니다. 당신의 주님께서 불가능해 보이는 일을 위해 당신을 부르십니까? 그럼에도 불구하고, 만일 하나님께서 그 일로 당신을 부르셨다면, 그 일을 시도하십시오. 그분은 모든 사람에게 그가 맡은 일에 따라 필요를 공급하십니다. 저 흑인이 한 말을 기억하십시오. "만일 예수님이 내게 '샘, 저 벽돌 벽을 뚫고 돌진하라'고 말씀하시면, 나는 돌진할 것입니다. 뛰어드는 것은 샘의 일이고, 나로 하여금 그 벽을 뚫고 지나게 하시는 것은 예수님의 일이니까요." 여러분도 마찬가지입니다. 만약 대장되신 주께서 명령을 내리시면 앞으로 뛰어드는 것이 당신의 일입니다. 자연적인 조건으로는 성취할 수 없는 일을 담대하게 시도할 수 있는 것은, 초자연적인 분이 우리와 함께 하시기 때문입니다. 하나님이 우리와 함께 하시는 것이 최상의 조건입니다. 우리 아래에 그의 영원하신 팔이 있습니다. 자신을 덜 의지하고 하나님을 더 의지하십시오. 보리떡과 물고기들의 수를 덜 헤아리고, 기꺼이 그것들을 그분의 손에 가져다 드릴 준비성을 더욱 갖추십시오. 그러면 그분이 그것들을 증대시켜 수천 명을 먹이실 것입니다. 바로 이런 태도가 우리에게 필요한 것입니다. 하나님이 우리에게 은혜를 주시어, 우리로 그의 전능의 능력을 의지하게 하시고 이제부터 영원히 이 노래를 부르게 하시길 빕니다. "그의 영원하신 팔이 아래에 있도다!"

제
17
장

—

행복: 그리스도인들의 특권이자 의무

—

"이스라엘이여 너는 행복한 사람이로다. 여호와의 구원을
너 같이 얻은 백성이 누구냐? 그는 너를 돕는 방패시요 네
영광의 칼이시로다! 네 대적이 네게 복종하리니 네가 그들
의 높은 곳을 밟으리로다." — 신 33:29

이 본문은 모세의 마지막 말을 기록으로 남긴 것입니다. 이 말씀은 의미심
장합니다. 모세는 죽음이 임박한 순간에도 그가 일생 동안 수고하며 섬겼던 백
성들의 행복을 생각하면서 위로를 발견하였음을 우리에게 보여주고 있습니다.
그가 하나님의 능력으로써 그들을 애굽에서 이끌어 내고 광야로 인도하여 들어
갔던 그날부터, 그들이 그의 품 가까이에 눕지 않았던 적이 없었습니다. 그들은
이따금씩 모세에게 아주 무거운 짐이었습니다. 하지만 놀라운 온유함과 인내로
그는 그들의 수많은 반역적인 도전을 참아냈으며, 오직 한 차례만 그들에게 심
하게 말했을 뿐입니다. 종종 그는 그들을 위해 중간에서 중보기도를 했으며, 그
때 그가 그렇게 하지 않았더라면 그들은 멸망하고 말았을 것입니다. 모세는 그
들을 위해 인간의 정신에 제안될 수 있는 가장 영광스러운 전망도 포기하였습니
다. 주님께서 그에게 은밀하게 이렇게 말씀하셨을 때입니다. "나를 막지 말라 내
가 그들을 멸하여 그들의 이름을 천하에서 없애고 너를 그들보다 강대한 나라가

되게 하리라"(신 9:14). 하지만 모세는 그럴 수 없었습니다. 그러한 제안도 그 백성을 향한 모세의 애타는 열망을 다른 곳으로 전환시키지 못했습니다. 그는 이스라엘을 사랑했습니다. 잘못에 빠지는 이스라엘, 감사하지 않는 이스라엘을 마치 어머니가 그 자녀를 사랑하듯이 사랑했습니다. 모세는 그 민족에 대한 사랑 때문에 자기 가문의 융성을 포기하였습니다. 계속해서 그는 그 목이 곧은 백성들을 가르치고, 인도하고, 지도하였습니다. 그는 이스라엘 중에 계신 하나님의 영광만을 생각하였고, 최종적으로 이스라엘 지파들이 약속의 땅으로 들어가는 것을 보는 것 외에 어떤 야심도 가지지 않았습니다. 죽음이 임박했을 때 강력한 감동이 그에게 임했으며, 거기에서 그는 위로를 얻었습니다. 그는 스스로에게 이렇게 말하는 듯합니다. "나는 더 이상 출입할 수 없다. 주님께서도 내게 '너는 이 요단을 건너지 않을 것이다'라고 말씀하셨다. 하지만 비록 나는 이 사랑하는 민족을 떠나야 하더라도, 그들은 행복한 백성이며, 여호와의 손 안에서 안전하다." 그는 생기 넘치는 눈으로 하나님이 그들에게 부여하신 풍성한 특권들을 바라보고 있습니다. 그리고 그 자신은 조용히 산에 올라 잠들 수 있을 것이라 느끼고 있습니다. 그가 떠났을 때에도 그들은 여전히 복된 백성일 것이고, 주의 구원을 얻은 백성일 것입니다.

아아, 내 사랑하는 젊은 친구들이여, 경건한 가정의 자녀들인 여러분이여, 여러분이 하나님께 회심한다면 그것이 여러분의 부모에게 어떤 기쁨이 될지를 여러분은 알지 못합니다. 여러분의 부모가 죽음에 이를 때에, 그들에게 가장 달콤한 위로 중의 하나는 그 자녀들이 진리 안에서 행하고 있음을 보는 것입니다. 그들은 여러분을 끔찍이 사랑했으며, 또한 여러분을 두고 떠나는 것에 고통을 느낄 것입니다. 하지만 만약 하나님께서 여러분에게 복을 주시고 여러분을 구원하신 것을 그들이 느낄 수 있다면, 그들은 평화롭게 죽을 수 있을 것입니다. 나는 성도들이 죽어가면서 이렇게 말하는 것을 들어왔습니다. "제가 바라는 것이 오직 한 가지 있습니다. 그것을 위해서 제가 조금 더 살 수 있다면 좋겠습니다. 살아서 저의 모든 가족들이 주님을 믿는 것을 볼 수 있다면 얼마나 좋을까요. 오, 내 자손들이 모두 예수님을 사랑하는 사람들이면 얼마나 좋을까요." 나는 죽어가는 성도들이 어느 정도 다윗이 한 말과 유사한 어투로 그들의 심정을 표현하는 것을 듣곤 했습니다. "하나님은 나와 더불어 영원한 언약을 세우시고 만사에 구비하고 견고하게 하셨습니다. 비록 내 집이 하나님 앞에 내가 바라는 모습이 되지 못하였지만 말입니다."(참조. 삼상 23:5. 한글개역개정은 '내 집이 하나님 앞에 이 같지 아니하냐?'로 되어 있는데, 이 표현으로는 본 문맥의 의미를 이해할 수 없음. KJV는 '비록 내 집이 하나님께 대해 그렇지[아침 빛, 구름 없는 아침, 아침 광선으로 움 돋는 새 풀과 같지] 못 하였어도'로 되어 있음 ― 역주). "비록 내 집이 하나님 앞에 내가 바라는 모습이 되지 못하였지만"은 그들의 베개에 가시와도 같은 것이었습니다. 그들은 아직 그들의 자녀들이 그리스도 밖에 머물고 하나님과 화목하지 않은 때에 가족을 떠나는 것을 고통스럽게 느꼈습니다. 사랑하는 젊은이들이여, 이 문제를 생각해 보라고 여러분에게 호소합니다. 하나님이 은혜를 주시면, 여러분이 가진 자녀로서의 자연적인 애정이 영원한 구원을 추구하도록 여러분을 이끌 수도 있을 것입니다.

이와 같이 여러분은 모세가 자기 자신을 어떻게 위로하는지를 봅니다. 하지만 이 위대한 율법수여자의 표현이 '기록되지 않은 독백'으로 남지 않은 이유는 무엇일까요? 모세는 이 묵상으로써 자기 자신을 위로했습니다. "이스라엘이여 너는 행복한 사람이로다." 그것을 기록으로 남겨두거나, 혹은 백성들 앞에 말해야 할 필요가 무엇이었을까요? 종종 어떤 사람에게 그의 순조로운 환경에 대해 말하는 것은 지혜롭지 못할 수도 있습니다. 그가 그로 인해 우쭐거릴 수 있기 때문입니다. 여러분이 어떤 사람의 '지위(estate)'를 칭찬하는데, 그가 어리석게도 여러분이 그를(him) 칭찬하고 있다고 잘못 생각할 수도 있습니다. 여러분이 한 사람의 위치를 칭송할 때, 그것이 그 사람 자체를 우쭐거리게 하는 일이 될 수 있습니다. 대부분의 사람들이 그들 자신과 그들의 위치를 구분하지 않기 때문입니다. 사실은 그렇지 않은데, 그들의 상태에 대한 칭송을 그들 자신에 대한 칭송으로 간주하는 것입니다.

그러므로 때로는 사람들을 행복하다고 부르는 것에 아주 신중할 필요가 있습니다. 더욱이 일반적으로 우리는 그들이 행복한지에 대해서 확신할 수 없기 때문입니다. 외적인 환경들은 판단을 위한 빈약한 수단에 불과합니다. 가장 모양이 보기 좋은 사과도 그 중심부가 썩어 있을 수 있고, 최상의 세마포도 시신을 위한 덮개일 수 있습니다. 더욱이, 옛 사람들의 진실한 규칙에 따르면, 어떤 사람도 그가 죽을 때까지는 행복하다고 간주될 수 없습니다. 그의 전 생애를 알지 못하기 때문에, 지금 겉으로 보이는 조건들이 행복한 삶의 기반인 것처럼 여겨지다가, 그것이 그 인생의 후반부에 당할 더 큰 괴로움을 위한 예비단계였던 것으로 판명될 수도 있습니다. 하지만 모세는 어떤 제한이나 경고의 말도 덧붙이지 않고서, 이스라엘을 향해 공공연하게 이런 말을 합니다. "이스라엘이여 너는 행복한 사람이로다, 너 같은 백성이 누구냐!" 자, 그런 일을 상상하는 것은 큰 허영심으로 연결될 수도 있었지만, 우리는 이 점에서 모세가 잘못하지 않은 것을 확신합니다. 우리는 그의 판단의 정확성을 신뢰하며, 그의 경험의 성숙과 그의 마음의 정직성을 신뢰합니다. 우리는 그가 성급하게 말하지 않은 것을 확신합니다. 그는 온유하고 부드러운 성품의 사람이었고, 말에 있어서 다소 느린 사람이었습니다. 따라서 그가 무분별한 열정으로 흥분하여 건전한 진리를 넘어서 말하지는 않았을 것입니다. 무엇보다도, 성령께서 그 율법수여자의 말을 채택하셨으며, 그분이 친히 그 말에 영감을 불어넣으셨습니다. 우리는 여기 이 말을 하나님의 무오한 말씀으로 받아들입니다. 그러므로 이 본문이 선언하는 대로, 이스라엘이 행복한 것은 확실합니다. 그 백성은 하나님의 호의를 입었습니다. 그러니 그들을 행복하다고 말한 것은 정당합니다. 그들이 행복하다는 사실을 상기시킨 것은 지혜로운 의도에 따른 것입니다. 나는 모세가 자신이 떠나는 것과 관련하여 그들을 위로하는 한 방법으로 그 백성을 칭송하였다고 생각합니다. 그는 실질적으로 이렇게 말한 셈입니다. "나는 저 산을 올라 하나님께로 떠난다. 하지만 오 이스라엘이여 너는 행복하도다. 내가 그대와 함께 있든지 없든지, 하나님이 그대와 함께 하시는구나." 의심의 여지 없이 저 위대한 지도자가 떠날 때에 많은 사람들이 이렇게 말할 것입니다. "내 아버지여 내 아버지여 이스라엘의 병거와 그 마병이여"(왕하 2:12; 13:14). 하지만 모세는 그들을 돕는 방패와 영광의 칼이 여전히 그들에게 있음과, 그들이 여전히 하나님의 구원을 얻은 백성임을 그들에게 상기시킵니다. 지도자를 잃은 그들의 마음에 이보다 더 나은 위로가 무엇이겠습니까?

나는 또한 모세가 그들이 곧 직면할 새로운 어려움들을 염두에 두었다고 생각합니다. 여호수아의 지도하에 그들은 요단을 건너 가나안 족속들과 싸워야 했습니다. 그들은 광야에서 아말렉이나 바산 족속들과의 충돌을 이따금씩 경험하였지만, 그들 생의 대부분에서 평화로운 삶을 영위해왔습니다. 하지만 이제 각 사람은 전사가 되어야 했습니다. 약속의 땅에 발을 디디는 바로 그날부터, 각각의 사람은 정복을 위해 싸워야만 했습니다. 그러므로 모세는 풍성하고 영양이 많은 음식으로써 그들을 먹이고, 새로운 섬김을 위하여 그들의 힘을 북돋우는 것입니다. "이스라엘이여 너는 행복한 사람이로다 여호와의 구원을 너 같이 얻은 백성이 누구냐? 그는 너를 돕는 방패시요 네 영광의 칼이시로다 네 대적이 네게 복종하리니 네가 그들의 높은 곳을 밟으리로다!"

> "결코 멈추지 않을 나의 노래는
> 주의 긍휼들을 보여주리니,
> 다음 세대들로 하여금
> 그의 말씀이 얼마나 신실한지를 알게 하리라.
>
> 그분이 입술로 선언하신 거룩한 진리들은
> 하늘이 지속되는 것처럼 견고할 것이니,
> 그분이 한 번 약속하신 것이면
> 영원한 은혜는 보장된 것이라.
>
> 다윗이 얻은 은혜의 약속으로
> 유다의 보좌는 얼마나 오래 지속되는지!
> 하지만 더욱 귀한 언약이 보증되었으니
> 다윗의 위대하신 자손에게 주신 것이라.
>
> 그의 씨가 영원무궁토록
> 하늘 위의 보좌를 얻으시리니,
> 그의 은혜를 입은 가장 낮은 백성도
> 그 영광으로 올라가리라!"

그러므로 나는 모세의 사례를 통하여, 고난에 처한 사람을 위로하거나 미래의 섬김을 위해 격려하려는 지혜로운 의도를 가지고 있다면, 사람의 상태를 칭송하는 것이 정당한 일이라고 결론을 내립니다. 오늘 아침에 우리는 그 경험을 반복할 것입니다. 혈통적인 이스라엘의 행복한 상태에 대해 말한 것은 무엇이든지, 영적인 이스라엘에게는 더욱 분명한 진실입니다. 이스라엘 지파들은 우리의 예표들이며, 그들에게 참된 것은 우리에게도 참된 것입니다. 어떤 식으로도 이 본문을 왜곡하지 않고서, 우리는 오늘 아침에 모세가 이스라엘 지파들에게 한 말씀을 모든 신자들에게, 그리스도 예수를 의지하고 육체를 신뢰하지 않는 모든 자들에게 적용할 것입니다. "이스라엘이여 너는 행복한 사람이로다 여호와의 구원을 너 같이 얻은 백성이 누구냐!" 우리는 참된 이스라엘이며, 믿음의 조상의 영적인 후손들입니다. 그러므로 무한한 행복은 우리들의 것입니다.

오늘 아침에 우리의 요점은 이것입니다. 첫째, 하나님의 백성의 행복한 상태에 대해 숙고해 보도록 합시다. 둘째, 이 행복을 우리가 온전히 깨닫는 결과에 대해 숙고해 보도록 합시다. 이 주제에 대해 말씀을 전하는 동안, 보혜사 성령께서 기쁨과 평안으로 우리를 충만케 해 주시길 빕니다. 복되신 하나님, 지금 당신의 자녀들에게 복을 내려 주소서!

1. 하나님의 백성의 행복한 상태

하나님의 백성의 행복한 상태에 대해 생각해 보도록 합시다. 이스라엘 백성들은 너무나 큰 은혜를 입었습니다. 그들이 처한 탁월하고 바람직한 상태에 대해 모세 자신도 놀랄 정도였습니다. 우리는 그가 놀라서 손을 들고 이렇게 말하고 있다고 상상할 수 있습니다. "이스라엘이여 너는 행복한 사람이로다, 여호와의 구원을 너 같이 얻은 백성이 누구냐?" 그는 애굽의 모든 지혜와 보화를 보았고, 사막 부족들의 시골풍의 단순함도 보았습니다. 의심할 바 없이 그는 하늘 아래 대부분 민족들의 상태를 알고 있었습니다. 하지만 하나님께서 그분의 택하신 백성들을 애굽에서 이끌어 내신 것을 눈으로 직접 보고서 그는 이렇게 말합니다. "너와 같은 백성이 누구냐?" 사랑하는 이여, 그리스도 안에 있는 여러분은 다른 모든 사람들을 능가하여 하나님께 은혜를 입은 자들입니다. 온 세상에서 여러분처럼 행복한 상태에 있는 백성이 달리 없습니다. 여러분은 "택하신 족속이요 그의 소유가 된 백성"입니다(벧전 2:9).

만일 여러분이 거듭나고 구원을 얻었다면, 여러분은 하나님의 모든 피조물들 중에서도 특별히 골라 선택된 것입니다. 하나님께서 다른 누구에게도 보여주시지 않은 사랑과 인자하심을 여러분에게는 베풀어 주셨습니다. 나는 신자들을 한 몸이라고 표현합니다. 여러분에게 묻겠습니다. 여러분은 여러분의 상태를 이 세상의 부와 바꾸겠습니까? 여러분은 은혜를 다른 유익과 맞바꾸겠습니까? 정녕 그렇지 않을 것입니다. 부를 소유하면 그와 관련하여 편리한 것이 많습니다. 하지만 여러분이 재물이 넘치는 사람들을 보면, 그들이 재물을 소유한 만큼 행복을 소유한 것이 아님을 알게 될 것입니다. 금이 무거운 마음을 가볍게 하지 못하며, 타는 듯한 이마의 열기를 식혀주지도 못합니다. 아주 자주 재물은 영혼을 부패시키고, 무거운 추처럼 심령을 짓누릅니다. 그것은 무거운 금속으로서 많은 사람들을 짓눌러 지옥으로 떨어뜨립니다. 여러분은, 비록 가난한 무리에 속하고, 사람들 중에서 멸시와 천대를 받는 층에 속한다 해도, 이 덧없는 세상의 보화를 소유한 자들을 능가하여 무한대로 은혜를 입은 자들입니다. 한 무리의 군왕들을 선발하여, 그들로 온갖 화려한 복장을 갖추고서, 또한 자기 백성들에 의해 거의 숭배를 받는 모습으로 여러분 앞에 서게 해 보십시오. 그럴지라도 그들이 여러분의 부러움의 대상이 되지는 않을 것입니다. 왕관을 쓴 머리는 편히 누울 수가 없기 때문입니다. 지상에서 높은 곳에 오른 자들이 일반적으로 고백하는 것은 그곳에서 마음의 평화를 찾기가 어렵다는 것입니다.

　　예수님을 믿는 여러분은 이미 더 귀한 차원의 왕들입니다. 여러분은 황제들이 부러워할 만한 은혜와 축복들을 누립니다. 여러분은 세상의 군주와 제후들보다 훨씬 더 높은 방식으로 그리스도 안에서 다스립니다. 오 신자여, 지상의 유력자들 중에서 여러분과 같은 자가 누구입니까? 주 여호와께서 당신의 힘과 노래시고, 당신의 분깃이자 당신의 찬송이시며, 당신의 위로와 당신의 면류관이십니다. 원한다면 지식으로 유명한 자들, 기술로 뛰어난 자들, 지혜와 연구로 유명한 자들을 둘러보십시오. 하지만 이들 중에서도, 행복에 있어서 그리스도인들과 비견될 만한 이들은 없습니다. 여러분 자신이 용서받은 것을 알고, 영원히 구원받은 것을 알며, 영생을 얻은 것을 알고, "해가 검은 털로 짠 상복 같이 검어지고 달은 온통 피 같이"(계 6:12) 될 때에 말할 수 없는 기쁨을 누리게 될 것을 확신하고, 이 모든 것이 말할 수 없는 은혜를 입었기 때문임을 아는 것, 다른 어떤 지식도 이 지식에는 비할 수가 없습니다. 여러분이 사람들에게서와, 그들의 포도주와 음악에서 즐거움을 얻고, 그들의 감각적인 기쁨을 즐긴다고 해도, 우리의 행복과는 견줄 수 없다는 것을 알게 될 것입니다. 솔로몬은 웃음에 관하여 이르기를 "그것은 미친 것이라" 하였고(전 2:2), 세상의 모든 희락을 가리켜 "헛되고 헛되니 모든 것이 헛되도다"라고 요약했습니다(전 1:2). 우리의 신성한 즐거움은 그런 것이 아닙니다. 우리의 거룩한 기쁨에는 그 속에 속이는 것이 없습니다. 우리의 기쁨은 확실하고 실제적이며, 누구도 우리에게서 그것을 빼앗아갈 수 없습니다. 따라서 그것을 소유한 자들은 행복에 있어서 누구와도 비교될 수 없는 백성입니다. 부, 지위, 학식, 명성, 쾌락, 그리고 사람들이 귀하게 여기는 다른 모든 것들을, 우리는 우리 주님의 기쁨을 위하여 기꺼이 단념합니다. 은혜로써 우리를 만족하게 하신 그분이, 이제는 그분 자신을 우리에게 분깃으로 주셨습니다. 우리의 거하는 처소가 복되고, 우리가 눕는 침상이 복되며, 우리가 앉는 식탁이 복됩니다. "야곱이여 네 장막들이, 이스라엘이여 네 거처들이 어찌 그리 아름다운고"(민 24:5)!

　내가 지금 이 행복을 누리지 못하고 있는 어떤 신자들에게 말하고 있습니까? 천사들조차 부러워할 만한 위치에 있는 사람들이, 자신들의 복된 상태를 깨닫지 못하고 있다는 것이 이상하지 않습니까? 일년 수입이 다른 사람의 일천 배나 되면서도 극빈자처럼 살아가는 어떤 사람들처럼, 마음껏 활용할 수 있는 영원한 사랑의 수입이 무한대로 있음에도, 그 영혼이 작은 즐거움에 굶주린 사람들이 있습니다. 오 풀죽은 신자들이여, 이 특별한 사실을 잠시 생각하고, 여러분 스스로를 꾸짖어 더욱 즐거운 기분을 가지십시오. 한때 여러분에게는 지금의 여러분처럼 될 수만 있다면 눈이라도 빼어주려고 했던 때도 있었습니다. 죄가 여러분의 양심을 무겁게 누르고, 죽음과 지옥의 공포가 여러분에게 엄습할 때를 기억하십니까? 그 때 당신은 "내가 은혜로써 용서받았다"고 말할 수만 있다면 무엇이든 포기할 수 있다고 생각하지 않았습니까? 그 무렵의 당신은 하나님의 성도들 중에서 가장 보잘것없고, 가장 가난하고, 가장 큰 고통을 겪는 자도 부러워하곤 했습니다. 그 때 당신은 죄의 짐을 벗어버릴 수 있다면 다시는 불평하지 않을 것이고, 평생 감옥에 갇혀서 빵과 물만 먹고서도 살 수 있을 것이라 여겼습니다. 이제 당신은 이 자리에 있고, 사랑받는 자로 받아들여졌으며, 천국의 가족으로 입양된 것을 의식하고 있습니다. 그런데 그 모든 것에도 불구하고 당신의 기쁨이 약해지고 있단 말입니까? 그럴 수가 있는 것입니까?

　또한 당신의 결혼의 때, 첫 사랑의 시기를 기억하십시오. 그 시절에 당신은 그리스도인이 어찌 행복하지 않을 수 있는지를 이상히 여겼습니다. 그 때 당신은 강렬한 기쁨으로 충만하여, 누군가 더 나이든 그리스도인이 근심과 의심과 두려움 따위로 한탄하는 소리를 들으면, 그 사람을 이상하게 보곤 했습니다. 당신은 그가 그런 식으로 말하는 것을 이해하지 못했습니다. 당신은 그 때 "나는 내 사랑하는 자에게 속하였고 내 사랑하는 자는 내게 속하였도다"(아 6:3)라고 말하는 것이 천국의 본질이라고 느꼈습니다. 그 시절에 당신은 영광의 상속자가 어찌 당신처럼 기쁨으로 넘치지 않는가를 이해할 수 없었습니다. 그러므로 내 당신에게 권하건대, 스스로를 꾸짖어서, 높은 곳에서 떨어지고 달콤한 즐거움들을 잃어버렸다는 따위의 생각을 쫓아내십시오.

사랑하는 이여, 만일 우리가 한창 좋은 시절처럼 행복하지 않다면, 그것은 전적으로 우리 자신의 잘못입니다. 우리에게는 여전히 행복할 이유가 얼마든지 있기 때문입니다. 자, 그리스도인들이여, 왜 풀이 죽어 있는 것입니까? 왜 그처럼 불안해하는 것입니까? 여러분은 여러분의 구원과 하나님의 자녀됨을 잊은 것입니까? 여러분의 칭의를 잊고, 그리스도 안에서 여러분의 안전을 잊었단 말입니까? 여러분은 또한 여러분의 소망을 자세히 살피는 일을 게을리하지 않았습니까? 여러분이 이 세상에서 적은 것을 가졌다 해도, 이후에 여러분을 위해 간직된 것이 무엇인지를 보십시오. 수년 내에 여러분은 몸 밖에서 천사들과 함께 있을 것이며, 수고의 진토가 여러분의 의복을 더 이상 더럽히지 않을 것입니다. 그곳에서는 수고의 땀이 당신의 이마에 맺힐 일이 없고, 근심이 당신의 마음을 괴롭힐 일도 없으며, 슬픔이 당신의 눈을 흐리게 하는 일도 없을 것입니다. 그곳에서는 고통이나, 상실이나, 사별이나, 혹은 결핍이 당신을 찾아오는 일이 결코 없을 것입니다. 당신은 황족이며, 따라서 곧 천국에서 귀족의 지위를 가진 자로 알려지게 될 것입니다. 당신이 거룩한 영예의 자리로 오를 날이 속히 오고 있습니다. 그 행복이 지체된다 해도 불과 한 주나 두 주간에 불과할 것입니다. 혹 그 시간의 간격이 불과 몇 시간에 지나지 않을 수도 있습니다. 우리는 하나님의 얼굴을 직접 뵈옵는 저 온전한 자들 가운데 서는 행복을 누릴 것입니다. 우리에게는 행복할 모든 이유가 있으며, 만일 우리가 행복하지 않다면, 그것은 주님께서 우리에게 부여하신 특권들을 우리가 기억하지 않기 때문임에 틀림없습니다. 내 형제들과 자매들이여, 나는 여러분이 행복해지도록 분발하게 하기를 원합니다.

> "왜 왕의 자녀들이
> 허구한 날을 슬피 울며 다닐까?
> 우는 것을 멈추고, 큰 소리로 노래하십시오,
> 즐거운 찬미의 시편을!"

내 형제들을 행복하도록 재촉하는 내 임무가 얼마나 복된지요! 그토록 고귀한 특권을 깨닫도록 권고를 받은 여러분은 또 얼마나 큰 은혜를 입었는지요! 행복이 의무가 될 때 누가 기뻐하지 않겠습니까? 기뻐하는 것이 하나님의 명령에 순종하는 것인 백성은 얼마나 복된 백성입니까? 그들에게 주 안에서 기뻐하는 것은 특권일 뿐 아니라 의무이기도 합니다.

내 형제들이여, 내가 오늘 아침에 여러분으로 기뻐하도록 격려하는 것은, 여러분이 진정 그리스도를 믿는 자들이라면 여러분이 "여호와의 구원을 얻은 백성(a people saved by the Lord)"이기 때문입니다. 여러분이 "구원을 얻었다(saved)"는 단어를 읽을 때에, 거기서 멈추어 보십시오. 그 말에 얼마나 아름다운 음악이 있습니까! "구원받은 백성"이라! 구원받을 수 있는 백성이 아니고, 구원받는 과정 중에 있는 백성도 아니고, 구원받은 백성입니다! 예수님을 믿는 자는 구원을 받기 때문입니다. 그 일은 완수되었습니다. "그러므로 이제 그리스도 예수 안에 있는 자에게는 결코 정죄함이 없나니"(롬 9:1). "구원을 받는 우리에게는(unto us who are saved)"이라고 사도는 말합니다(고전 1:18). 미래의 혜택으로서의 구원을 말하고 있는 것이 아니라, 성취된 일로서의 구원을 말하고 있는 것입니다. 그것은 바로 이 순간 우리들의 것입니다. 그리스도 예수 안에서 우리는 "구원받은 백성"입니다. 이스라엘 백성은 바로의 지배로부터 구원을 받았습니다. 높은 손과 뻗은 팔로써 여호와께서 그들을 이끌어 내셨습니다. 마치 오늘날 여러분과 내가 죄의 권세로부터 구원받은 것과 같습니다. 우리는 더 이상 사탄에게 넋을 빼앗긴 상태가 아니기에, 이제 우리는 분발하여 거룩함을 추구할 수 있습니다. 우리는 악의 속박으로부터 구원을 받았으며, 우리를 지배하려는 정욕의 풀무 불에서도 건짐을 받았습니다. 이스라엘 백성들은 또한 멸하는 천사로부터도 구원을 얻었습니다. 그날 밤에 그 심판의 천사가 땅을 두루 다니며 애굽의 모든 장자들을 쳤을 때, 문설주와 인방에 칠한 피의 표지가 이스라엘 가족들을 구원하였습니다. 그와 마찬가지로 우리도 그리스도의 보혈에 의해 구원을 받았습니다. 어떤 복수의 천사도 속죄의 피 아래로 숨은 사람을 칠 수는 없습니다. 애굽이 큰 소리로 울부짖을 때에도 그는 안전하게 유월절 절기를 지킬 것입니다. 그 택하신 족속들은 바로의 군대가 그들을 추격하여 홍해 바다에서 그들을 따라잡았을 때에도 구원을 얻었습니다. 그 때 불과 구름 기둥이 이스라엘과 애굽 사이에 임하였고, 이스라엘에게는 광명을 주었지만 원수들에게는 어둠을 주었습니다. 원수들은 그날 밤 이스라엘 가까이로 접근할 수 없었고, 아침에 이스라엘은 안전하게 되었습니다. 여호와의 구속을 얻은 백성은 홍해를 걸어서 행진하였으며, 그들의 대적들을 더 이상 보지 않았습니다. 원수들은 모두 바다 가운데 수몰되었습니다. 하나님이 자기 백성을 구원하신 것입니다. 그와 마찬가지로 그분은 우리를 유혹에 의해 사로잡히고 멸망될 위기에서 건지셨습니다. 그분은 교활한 사탄과 결탁한 옛 부패한 본성의 공격들로부터 우리를 구출해 내셨습니다. 그분은 지금 이 시각까지, 에워싸는 죄와 그 맹렬한 추격으로부터 우리를 구원하셨습니다. 그 백성이 광야로 들어섰을 때 그들은 갈증으로 죽을 것만 같았지만, 그분이 반석에서 맑은 물이 솟아나게 하심으로써 그들을 구원하셨습니다. 그들은 배고픔으로 죽을 것 같았지만, 역시 그분이 그들을 구원하셨습니다. 하늘의 만나가 그들의 진영 사방으로 내렸습니다. 그들은 지쳤을 때 아말렉 족속에게 공격을 받았으나, 하나님이 그들을 구원하셨습니다. 여호수아의 칼과 모세의 뻗은 손이 그들에게 승리를 가져다주었고 마침내 원수들은 완전히 패배하였습니다. 이스라엘은 구원받는 것이 무엇인지를 많은 방식으로 알았으며, 우리도 그러합니다. 우리는 그리스도 예수 안에 있는 영적인 은혜들로 복을 받았고, 하늘의 양식을 먹었으며, 영원한 반석에서 나는 물을 마셨습니다. 우리의 대적들에 대해 말하자면, 그들은 우리에게 해를 끼칠 수가 없었습니다. 주께서 오늘날까지 우리를 구원하셨기 때문입니다.

　　모세가 여기서 강조하는 말을 주목하시기 바랍니다. "여호와의 구원을 얻은 백성(a people saved by the Lord)." 여러분과 나는, 우리가 구원을 받았다면 그것이 전적으로 여호와께 속한 것임을 압니다. 우리는 공로에 대해 말할 수 없습니다. 우리는 그런 말을 혐오합니다. 또한 우리는 감히 우리의 구원을 우리 자신의 자유의지(free will) 덕분으로 돌리지도 않습니다. 우리가 구원을 받았다면 오직 주께서 '값없이 주신 은혜(free grace)'가 그 면류관을 써야 합니다. 형제들이여, 전적인 하나님의 구원을 얻었다는 것이 얼마나 복된지를 생각해 보십시오. 만일 여러분 스스로가 여러분을 구했다면, 여러분의 일이란 인간의 다른 모든 일과 마찬가지로 빈약하기 짝이 없을 것이며, 언젠가 모두 사라지고 말 것입니다. 하지만 구원은 여호와께 속한 것이며, 그러므로 그 구원은 영원할 것입니다. 그 일을 결정하고 계획하신 분은 하나님, 곧 성부 하나님이십니다. 그분이 우리를 선택하셨습니다. 그 일을 이루신 분이 예수님, 곧 우리 구원이신 성자 하나님이십니다. 또한 구원을 우리에게 적용하시는 분은 성령님, 곧 우리를 거듭나게 하고 거룩하게 하시는 성령 하나님이십니다. 삼위일체의 하나님께서 구원의 모든 일을 우리 안에서 또 우리를 위해 이루셨으니, 그분의 이름을 찬양합니다! "여호와의 구원을 너 같이 얻은 백성이 누구냐!" 이 아침에 내가 느끼는 것을 제대로 표현할 수 있으면 좋겠습니다. 그럴 수만 있다면 나는 여러분의 마음을 그분을 향한 열정으로 불붙게 할 것입니다. 그분이 땅이 있기도 전에 여러분을 사랑하셨고, 여러분을 선택하셨으며, 무한한 값을 주고 여러분을 사셨고, 그분의 능력으로 많은 인류 가운데서 여러분을 이끌어 내셨습니다. 그분이 여러분을 구별하여 영원토록 그분의 백성이 되게 하셨습니다. 지금 그분은 여러분을 사랑하시되, 결코 쇠하거나 식지 않는 사랑으로 여러분을 사랑하십니다. 그분은 여러분을 자기에게로 이끌어 영원토록 그분 우편에 앉게 하실 것입니다. 오 믿는 자여, 그것을 기억하십시오. 절반만 구원 얻은 것이 아니라, 완벽하게 구원을 얻은 것입니다. 주 안에서 영원한 구원으로 구원을 얻은 것입니다. 여러분은 영원토록 수치를 당하거나 좌절을 겪지 않을 것입니다. 왜 그렇습니까? "구원받았다(saved)"는 그 한 마디가 우리의 마음으로 하여금 남은 일생 동안 춤추도록 하기에 충분하기 때문입니다. "구원받았습니다!" 우리의 깃발을 내걸고 종을 울립시다! 구원받았습니다! 난파를 당하여 배가 가라앉는 것을 지켜보던 사람에게, 구명정이 가까이 다가와 침몰하는 배에서 그를 구출하였다는 소식이 얼마나 기쁩니까? 삼키는 불에서 누군가 자기를 낚아채어 건져주었을 때, 혹은 마지막 순간이 다가오고 죽음이 눈앞에 보이는 순간에 무서운 질병에서 구원을 받았을 때, 그런 경우에도 "구원받았다"고 외칠 만합니다. 하지만 죄와 지옥으로부터 구출된 것은 그보다 훨씬 더 위대한 구원이며, 더 크게 소리칠 만한 일입니다. 우리는 사는 동안 그 구원을 노래하고, 죽을 때에 그 구원을 속삭일 것이며, 영원토록 그 구원을 기리며 찬송할 것입니다. 여호와의 구원을 얻었습니다! "오 이스라엘이여, 너는 정녕 행복한 사람이로다."

이스라엘 백성의 또 다른 기쁨의 원천을, 주의 사랑을 입은 백성들이 또한 하나님에 의해 보호받는다는 위대한 진리에서 찾을 수 있습니다. "그는 너를 돕는 방패시라." 하나님의 백성은 전투하는(warring) 백성이지만, 또한 행복한 백성입니다. 왜냐하면 비록 사방에 위험이 있어도 전능의 힘이 그들을 지키기 때문입니다. 우리가 구원을 얻자마자 우리는 원수들과 싸워야 합니다. 이 원수들은 전쟁에 매우 능하며, 우리를 쳐서 죽일 태세가 되어 있습니다. 그러므로 "그는 너를 돕는 방패시라"는 이 복된 말씀이 꼭 필요합니다. 당신을 치려고 칼이 높이 들렸습니다. 하지만 하나님께서 친히 당신과 그 칼 사이를 가로막으실 것입니다. 악한 의도의 날개를 단 화살이 날아올 것입니다. 하지만 하나님께서 그분의 거룩한 방패로 당신을 보호하실 것이며, 그 악한 것이 당신을 해치지 못하게 할 것입니다. 그분은 "당신을 돕는 방패"이십니다. 이를 생각하고 기뻐하십시오. 많은 악한 것들이 당신에게 해를 끼치려 하고, 심지어 할 수 있다면 당신을 멸하려 하겠지만, 여호와 예수(Jehovah Jesus)께서 당신과 그들 사이에 개입하십니다.

> "이스라엘은 진실로 말할 수 있도다.
> 젊은 날 이후로 수도 없이
> 사랑과 진리가 없는 원수들이
> 날마다 나를 괴롭혔도다.
> 하지만 결코 그들이 이길 수는 없으니
> 하나님이 그 백성을 한결같이 지키시기 때문이라네.
> 예수의 능력은 결코 약해지지 않으니
> 모든 악으로부터 능히 구원하시리."

주 우리 하나님께서 헤아릴 수도 없는 수많은 사건들에서 어떻게 개입해 오셨는지를(has interposed) 생각해 보십시오. 우리가 병들어 누워 있었을 때에, 그것이 우리의 영적인 건강을 이루기도 했습니다. 우리가 손실을 경험했을 때, 그로 인해 최상의 의미에서 부요케 되기도 했습니다. 우리가 비방을 견뎌야 했을 때, 우리 하나님의 은혜로우신 보호로 말미암아 우리의 성품이 오히려 더 밝아지기도 했습니다. 우리는 유혹의 공격을 받아왔지만, 악한 영향력이 우리의 마음에 침투하여 그것을 오염시키지 못한 것은, 그 때 은혜가 찾아와서 우리가 악한 제안에 굴복하는 일을 막았기 때문입니다. 우리는 많은 의심과 회의에 시달리기도 했습니다. 하지만 언제나, 이런 것들이 마치 탐욕스러운 독수리들처럼 날아들 때에, 하나님께서 무한한 사랑으로 친히 찾아오시어 그 짐승들의 맹렬한 공격을 무산시키셨습니다. 우리는 그리스도 예수 안에서 보전되었습니다. 그분이 우리의 방패시기 때문입니다. 우리는 그분에 의해 힘을 얻었습니다. 그분이 우리의 도움이시기 때문입니다. 우리가 모든 공격을 피할 수 있었던 것은, 그분이 우리의 도움이요 방패시기 때문입니다. 형제들이여, 여러분은 일생의 모든 싸움에서 보호를 받을(shall be shielded) 것입니다. 당신을 공격하느라 지옥의 화살통이 텅 비더라도, 주 하나님께서 당신의 구원이십니다. 여러분은 그분을 신뢰함으로써 두려워하지 않을 수 있습니다. 주께서 아브라함에게 말씀하셨듯이 그의 택하신 자 모두에게 이렇게 말씀하시기 때문입니다. "두려워하지 말라 나는 네 방패요 너의 지극히 큰 상급이니라"(창 15:1). 이는 오늘날에도 진실입니다. 당신이 지금까지 보호받아왔듯이, 당신은 지금도 주님에 의해 보호를 받을 것입니다. 당신의 현재적인 고난들은 단지 창유리를 때리는 소낙비와도 같을 뿐이며, 당신은 결코 그것 때문에 물에 젖는 일이 없을 것입니다. 당신의 대적들이 당신을 향해 온갖 공격을 퍼붓는 것처럼 보이지만, 하나님의 놀라운 방패가 그들의 모든 불화살들을 막아낼 것이며, 그 화살들의 끝은 모두 무디어지고 말 것입니다. "너희는 여호와를 영원히 신뢰하라 주 여호와는 영원한 반석이심이로다"(사 26:4). "너를 치려고 제조된 모든 연장이 쓸모가 없을 것이라 일어나 너를 대적하여 송사하는 모든 혀는 네게 정죄를 당하리라"(사 54:17). "그가 너를 그의 깃으로 덮으시리니 네가 그의 날개 아래에 피하리로다 그의 진실함은 방패와 손 방패가 되시나니"(시 91:4). 그렇다면 당신은 행복하지 않겠습니까? 마치 어린 병아리들이 암탉의 날개 아래에 피하듯이 당신이 그분의 강한 날개 아래에 피할 때에 행복하지 않겠습니까? 그 강한 방패 뒤에 숨을 때에 당신은 평온과 만족을 느끼지 않겠습니까? 만일 그렇지 않다면, 그렇게 되도록 기도하십시오. 당신은 그렇게 되어야 하기 때문입니다.

방어용 갑옷 외에도 우리에게는 공격용 무기가 필요합니다. 세 번째로, 우리는 하나님으로 무장하였기에, 행복해야 합니다. "그는 네 영광의 칼이시로다." 이 놀라운 하나님의 말씀은, 성령이 은혜주실 때에 우리의 칼이며, 그 칼로써 우리는 일생의 전투들을 수행합니다. 죄가 우리에게 침입합니까? 주의 계명이 그것을 쳐부술 것이며, 골고다의 이야기가 그것을 죽일 것입니다. 육체가 반역합니까? 하나님의 말씀이 육을 쳐서, 우리로 그것을 억제하도록 도우십니다. 사탄이 우리를 대적하러 옵니까? 우리는 광야에서 그에게 맞섰던 우리의 주님처럼 "기록되었으되(It is written)"라는 말씀으로써 그를 대적할 수 있습니다. 하나님의 말씀에 필적하는 무기는 없습니다. 이는 참된 예루살렘의 칼날로서, 싸움의 날에 한 번도 부러지거나 굽어진 적이 없는 뼈와 골수까지도 찔러 쪼갤 것입니다.

유념하여 그 칼을 소지하십시오. 그 칼을 옆에 차고서, 필요시에 잘 휘두르십시오. 그 칼로써 언제나 승리를 얻을 것입니다.

우리는 하나님의 말씀으로 무장하였습니다. 그 말씀으로써 우리의 영적인 대적들을 칠 수 있다는 차원에서만 아니라, 그 말씀으로써 그리스도를 위하여 사람을 얻는다는 차원에서도 그러합니다. 이스라엘 백성들이 가나안 족속을 정복해야 했듯이, 우리도 예수님을 위하여 세상을 정복해야 합니다. 가서 저 오류의 성벽들을 오르고, 악의 무리들에 맞서십시오. 당신의 손에 십자가의 이야기, 지존자의 계시, 예수의 복음의 선포 외에는 다른 무기가 들려 있지 않아도, 이 표적만으로 우리는 승리할 것입니다. 우리가 복음을 손에 들고 있는 한 실패하는 일은 있을 수 없습니다. 이를 생각한다면 하나님의 백성은 얼마나 행복해야 하겠습니까? 무적의 무기로 무장하였으니, 우리는 승리를 예상하고서 기뻐해야 하지 않겠습니까? 성경을 자기 것으로 가진 사람이 ― 나는 종이나 인쇄물을 의미하는 것이 아니라, 성령의 감동으로 된 책의 모든 내용을 말하는 것입니다 ― 그 이상 더 무엇을 바랄 수 있겠습니까? 그는 창세기에서 계시록까지의 모든 약속들이 그의 것임을 발견합니다. 전능자의 능력과 사랑으로 보증하는 모든 것이 그의 소유입니다. 그가 더 이상 무엇을 필요로 하겠습니까? 이 양날의 검을 사용할 수 있는 자는 의심과 두려움과 걱정과 근심과 유혹과 세속성에 맞설 수 있으며, 죽음과 마귀에게도 능히 맞설 수 있습니다. 이 검을 보고 우리의 대적들은 두려워 떱니다. 그것은 관절과 골수를 찔러 쪼개며, 무엇이든지 베면 치명적인 상처를 입히기 때문입니다. 그리스도인이여, 행복하십시오. 주께서 당신이 행복하도록 도우십니다. 이 성령의 검이 당신의 것임을 인식하십시오.

네 번째의 큰 특권으로 언급된 것은, 우리가 승리의 보증을 얻었다는 것입니다. "네 대적이 네게 복종하리라"(KJV 역본은 '네 원수들이 네게 거짓말쟁이로 드러나리라'로 되어 있음. 원어상의 '카하쉬'는 '굴복시키다'와 '거짓되다'의 의미를 다 가질 수 있음 ― 역주). 여기에 경험 많은 그리스도인에게 묻고 싶습니다. 이것이 진실임을 깨닫지 않았습니까? 마귀는 얼마나 수치스러운 거짓말쟁이입니까! 그가 얼마나 많이 우리에게 거짓말쟁이로 판명되었습니까? 그는 말합니다. "아하, 이 고난에 있어서 여호와의 손이 너를 대적하고 있구나. 그가 너를 버렸다. 그는 더 이상 너를 인자하게 대하지 않을 것이다. 그가 마치 사울 왕을 버렸듯이 너를 버렸으니, 이제부터는 어둡고 우울한 생각이 너에게 엄습할 것이며, 어떤 음악가의 연주도 너의 괴로움을 잊게 하지 못할 것이다. 그는 더 이상 거룩한 예언의 말씀으로 네게 응답하지 않을 것이니, 너는 이미 그 앞에서 버림받은 것이다." 하지만 형제들이여, 우리는 궁극적으로 버림받지 않았습니다. 우리는 오늘 아침 여기에서 하나님의 인자하심을 노래하고 있으며, 우리의 지난 고난들이 모두 우리를 연단하기 위한 시련들이었으며 그분의 영원한 신실하심을 입증하는 증거였다고 말합니다. 우리는 정신병원에 있지도 않고, 감옥에 있지도 않습니다. 비록 저 큰 원수가 우리에게 그런 것들로 위협했어도 말입니다. 비록 저 원수는 우리의 완전한 패배를 예고했어도, 하나님께서 우리를 능하게 하시어 모든 역경들을 이기게 하셨습니다.

마귀는 언젠가 우리에게 찾아와서 이렇게 말했지요. "이제 너는 틀림없이 넘어질 것이다. 이미 네 마음은 죄로 되돌아가기 시작했다. 너는 신실하지 못하며, 너의 가장 깊은 생각은 배반을 꾀하고 있다. 너는 결국 변절할 것이며, 너의 신앙 고백에 대해 큰 수치를 안길 것이다. 너는 교회에 속한 사람들 중에서 바보일 뿐이며, 언제나 불안정하다. 너는 냄비 위의 불꽃처럼 반짝하고 사라질 자이다. 너는 횃불처럼 타오르다가, 곧 꺼져서 검은 재로 변하고 말 것이다." 하지만 사랑하는 이여, 우리는 아직 꺼지지 않았으니, 여호와의 이름을 찬송합니다. 세월이 갈수록 우리의 기력은 날로 약해지지만, 약할지라도 우리는 우리의 갈 길을 멈추지 않을 것이며, 약함으로도 강한 유혹들을 이길 것입니다. 사탄은 지금까지 우리에게 거짓말쟁이였으며, 우리들의 악한 불신앙도 그러했습니다. 우리의 불신앙이 마귀보다 더 나쁜 것은, 거짓말을 한 사례들을 부인할 핑계가 더 적기 때문입니다. 불신앙은 저주받은 거짓들을 수도 없이 우리 귀에 속삭였습니다. 이 수고는 너무 힘들다거나, 저 시련이 우리를 쓰러지게 할 것이라든지, 아니면 저 원수가 우리를 신속히 삼켜 버릴 것이라는 투의 거짓말이었지요. 그런 일은 일어나지 않았습니다.

하지만 우리의 원수들은 그렇게 말했으니, 그들은 모두 거짓말쟁이였습니다. 우리가 그들의 말을 믿었으니 얼마나 바보였습니까? 또한 만일 지금이나 앞으로 그들의 말에 귀를 기울인다면 우리가 얼마나 더 큰 바보일까요? 하나님의 확실한 진리에 반대되는 말이라면 그 어떤 것에도 귀를 기울이지 맙시다. 그분은 우리를 버리실 수 없습니다. 그분이 자기가 택하신 자들을 멸망하도록 내버려 두신단 말입니까? 그분이 미리 아신 자들을 내쫓으신단 말입니까? 자기 피로 사신 자들을, 그분 마음에 사랑스런 자들을 부인하신단 말입니까? 불가능합니다! 그분이 자기가 낳은 자녀들의 아버지가 되시기를 그만 두신다는 것은 그분의 존재를 그만 두시는 것입니다. 그분이 해나 달을 소멸시키시고, 또한 숲 속 나무들의 시든 잎들이 떨어지듯이 온 우주를 명하여 사라지게 명하실 수는 있어도, 결코 그분은 자기 자녀들에게 다음과 같이 말씀하실 수는 없습니다. "나는 너를 사랑했었다. 하지만 지금은 아니다. 나는 너를 선택했었지만, 이제 너를 버렸다. 나는 너를 지금까지 이끌어왔지만, 결국 너로 수치를 당하게 하려 함이다." 그렇지 않습니다. 사랑하는 이여, 그분의 자비는 무궁하며, 그분의 언약은 결코 변치 않습니다. 여러분이 하나님을 어떤 분으로 대해야겠습니까! 여수룬의 하나님과 같으신 이는 아무도 없습니다(26절). 이 본문이 들어 있는 장에서 우리는 특별하신 하나님과 특별한 백성을 봅니다. 여호와와 같으신 이는 없으며, 그분의 백성과 같은 이들도 달리 없습니다. 그분은 영원히 복되시며, 또한 그들은 그분 안에서와 그분에 의해 영원토록 복됩니다. 그러므로 이 아침에 우리는 기뻐하도록 합시다. 오, 그대 슬피 우는 자들이여, 그대가 켜는 수금을 내려놓고 새로운 연주를 하십시오. 그 구슬픈 소리를 내는 나팔을 내려놓고, 경쾌한 소리를 내는 악기를 잡으십시오. 열줄 현악기로 여호와를 찬양하십시오. 여러분의 마음이 지금 그분의 이름 안에서 기뻐하고 즐거워하기를, 예, 크게 즐거워하기를 바랍니다!

2. 우리가 우리의 복된 상태를 깨닫는 결과

　　둘째로, 그리고 간략히, 우리의 복된 상태를 깨닫는 결과에 대해 숙고해 보도록 합시다. 이 주제에 대해서는 상세히 부연설명할 필요가 없습니다. 천국의 상속자들은 하늘에 간직된 유업을 매 시간 즐거워하며 살아야 하기 때문입니다. 하지만 오호라, 그렇게 하는 사람이 드뭅니다. 사람들은 유독 영적인 축복들을 누리는 것을 사양하는 경향이 있습니다. 목마른 사람을 물이 가득한 잔 가까이로 데리고 와서, 그가 얼마나 시간을 *끄는지*를 보십시오. 그는 서둘러 그 물을 마시고 즐거워할 것입니다. 가난한 사람을 데리고 와서 넓은 대지를 보여주고, 그가 법정에 소송만 제기하면 그것을 가질 수 있다고 말해 보십시오. 그는 당장 다음 날 아침에라도 자기가 해야 할 일을 착수할 것입니다. 오호라, 그런데 그리스도인들은 그들의 특권들에 대해서 우둔하게 행동하는 듯이 보입니다. 그들은 제 주인의 여물통을 아는 당나귀만큼도 지혜롭지 못합니다. 그들은 큰 복을 가지고 있으면서도 그것들을 언제나 누리지는 못합니다. 주께서 제공하신 좋은 것이 그들 앞에 놓여 있는데, 그들은 그것을 움켜쥐지 못합니다. 성령이여, 우리에게 지혜를 가르치소서!

자, 여러분이 여러분의 특권들을 누리고 행복해야 할 많은 이유들이 있습니다. 우선 그것이 하나님께 대한 우리의 충성을 흔들리지 않게 하는 경향이 있기 때문입니다. 이스라엘 백성은 여호와 외에 그들을 축복할 다른 신이 없음을 아는 동안에는 다른 신을 찾지 않을 것입니다. 여호와와 더불어 행복한 그들이 바알을 찾아 배회할 것 같지는 않습니다. 하나님의 백성은 그들의 마음이 하나님과 더불어 아주 행복한 동안에는 그분에게서 떠나려 하지 않을 것입니다. 당신이 방치된 저수지에 고여 있는 진흙투성이 물에서 철버덕거리고 있는 이유는, 흐르는 샘물의 달콤한 맛을 잃어버렸기 때문입니다. 당신이 주 안에서 즐거워하고 있다면, 온 세상이라도 당신을 그분에게서 떠나도록 유혹하지 못합니다. 그 마음이 하나님과 더불어 충분히 만족하는 사람은 황금을 보고 현혹되지 않습니다. 행복하지 못한 그리스도인들은, 유혹을 받을 때, 쾌락을 찾아 신속히 주님에게서 멀어지기가 쉽습니다. 하지만 주 안에서 기뻐하는 자들은 언제나 여호와를 기뻐하는 것이 곧 그들의 힘인 것을 발견합니다. 그것이 사랑의 줄이요 끈이 되어서 그들을 그들의 왕에게로 굳게 붙들어 맬 것이기 때문입니다. 여러분의 기쁨이 줄어들기 시작할 때 스스로에게 말하십시오. "여기에 무언가 잘못된 것이 있다. 나는 예전에 내가 있던 곳으로 되돌아가야겠다. 나는 내 하나님께로, 곧 나의 햇빛으로 돌아가야 한다. 지금 나는 추운 그늘에 있으니 곧 내 사랑이 식어 버릴 것이기 때문이다."

사랑하는 이여, 만일 당신이 행복하다면 그것이 당신의 가슴에서 뜨거운 열정과 감사에 넘치는 사랑을 만들어 낼 것입니다. 당신은 미지근해지기 시작했습니까? 당신의 마음이 사랑에서 식어가고 있습니까? 주님께로 돌이킴과 옛 행복의 회복처럼 당신으로 하여금 영혼의 첫 사랑을 되찾게 하는 것은 없습니다. 예, 나는 구원받았습니다. 예, 나는 보호를 받습니다. 예, 나는 내 원수들을 칠 수 있는 그분의 칼을 소지하고 있습니다. 예, 나는 어린 양의 피로써 승리할 것입니다. 또한 그분의 오른편에 내 유업의 분깃이 있습니다. 자, 그렇다면, 다음에 생각해야 할 것은, 내가 그분의 복되신 이름을 찬양하고 그분을 사랑하는 것입니다. 나는 한때 그분을 사랑하지 않는다는 생각을 했습니다. 하지만 그분이 내게 행하신 일을 보기 시작했을 때, 또한 그분이 내게 주시고 공급하신 것들을 보기 시작했을 때, 나는 내 굼뜬 심장의 맥박이 더 빨리 뛰는 것을 느꼈습니다.

> "예, 나는 그분을 사랑하고 흠모합니다,
> 　오, 은혜로 인하여 더욱 그분을 사랑합니다."

그것이 행복한 것에서 오는 선한 결과입니다. 그러므로 "너희 하나님이 이르시되 너희는 위로하라 내 백성을 위로하라, 너희는 예루살렘의 마음에 닿도록 말하며 그것에게 외치라"(사 40:1-2).

기쁨은 또한 다른 결과를 가져다줍니다. 그것은 여러분에게 다른 복들을 기대하는 확신을 줍니다. 하나님께서 과거에 우리를 그렇게 잘 대해 주셨기 때문에, 우리는 평생에 그분의 선하심과 인자하심이 우리를 따를 것이라고 믿을 수 있습니다. 사랑하는 이여, 만일 오늘 당신이 하나님께서 과거에 당신에게 베푸신 선하심을 관찰해 본다면, 새로운 어려운 일들이 생기더라도 그 일들에서 도움을 얻을 것이라는 확신을 느낄 것입니다. 새로운 긍휼이 필요할 때에 그것은 "아침마다 새롭게" 공급될 것입니다(애 3:23). 지난 일에 대한 감사는 미래에 대한 용기를 갖도록 우리를 고무시킵니다.

또한 여러분은 여러분의 모든 짐을 질 수 있는 힘과 모든 원수들에 맞설 용기를 얻을 것입니다. 주께서 우리를 행복하게 하시려고 그토록 많은 일을 행하셨습니까? 그렇다면 그분은 우리에게 어떤 것도 거절하지 않으실 것입니다. 이미 우리에게 많은 것을 주신 그분이, 우리가 모든 원수를 발 아래 밟고 그분의 우편에서 안식을 얻을 때까지 정녕 우리를 도우실 것이며, 그분의 풍성한 것에서 우리의 필요들을 공급하실 것입니다.

마지막으로, 그리스도인들이 행복한 것은 다른 사람들의 구원을 추구하는 차원에서도 가장 확실한 방법 중의 하나입니다. 만일 우리가 종교를 하나의 속박이나 속임수로 여긴다면, 그것을 다른 사람들에게 소개한다는 것이 잔인한 일이 될 것입니다. 폭군을 섬기러 들어가서는, 음식도 적고 보수도 없으며 많은 불행을 겪는 사람이, 다른 사람들을 방문하여 자기가 있는 곳으로 초대하려 해서는 안 됩니다. 오히려 그는 더 행복한 섬김을 찾아보라고 그들에게 경고해야 할 것입니다. 자, 그러나 우리는 우리의 신앙이 진정한 행복임을 발견했습니다. 만일 우리가 완벽하게 행복하지 못하다면 그것은 하나님의 은혜의 잘못이 아니라 전적으로 우리의 잘못입니다. 내가 이 말을 할 때, 나는 여기에 있는 주님을 아는 모든 사람들의 심정을 대변하는 것이라고 확신합니다. 우리가 우리의 부르심과 특권에 따라 살았더라면 우리는 공중의 새들처럼 행복했을 것임에 틀림없으며, 우리의 삶은 멈추지 않는 노래와도 같았을 것입니다. 하나님께 감사하는 것은, 우리의 부족함에도 불구하고, 우리는 지금껏 매우 행복했다는 것입니다. 만일 우리가 삶을 다시 시작할 수 있다면, 우리는 삶을 오직 예수님과 함께 시작할 수 있기를 바라며, 성령의 능력으로 그렇게 될 수 있기를 바랄 뿐입니다. 설혹 우리가 우리 동료 인간들의 모든 다양한 지위와 조건들 중에서 선택할 수 있다고 해도, 우리는 우리 자신의 지위와 조건보다 더 나은 것을 알지 못합니다. 적어도 우리가 "그리스도는 나의 것입니다"라고 말할 수 있는 한 말입니다.

우리는 이것이 꿀인 것을 알기 때문에, 우리의 친구들과 친척들도 거기에 동참하기를 바라는 것입니다. 오, 나의 청중이여, 나는 여러분 모두가 행복하기를 바랍니다. 나는 여러분 한 사람 한 사람이 아주 행복하기를 바라며, 특히 오랜 세월 동안 내가 얼굴을 알고 지냈던 분들이 행복하기를 바랍니다. 하지만 나는 여러분의 얼굴에서 아직 근심이 사라지지 않은 것을 보고, 여러분이 영혼의 문제에 대해 확신이 없는 것과, 경계선에서 주저하며 머뭇거리는 모습을 봅니다. 오, 하나님께서 죄인들의 영혼을 위하여 안식을 주신 곳으로 와서 쉬십시오. 사랑하는 이여, 오늘 아침에 예수 그리스도를 믿으십시오. 더 이상 지체하지 마십시오. 당신이 그렇게 할 수 있도록 그분의 성령께서 도우시기를 빕니다. 그러면 당신의 평화는 강 같을 것이며, 우리가 당신을 속이지 않았음을 당신이 고백하게 될 것입니다. 만일 당신이 하나님의 자녀의 몫인 그 깊은 평안과, 거룩한 평온함과, 복된 안식과, 때때로의 황홀함과, 넘치는 기쁨을 알게 된다면, "내게 말한 것은 절반도 못되니"(참조. 왕상 10:7)라고 외치게 될 것입니다. 만일 내가 개처럼 죽어야 한다고 해도, 이후로 아무것도 없다고 해도, 나는 여전히 그리스도인이 되기로 선택할 것입니다. 모든 삶 중에서 그리스도인의 삶과 비교할 만한 삶이 없기 때문입니다. 우리는 오래 저장하였던 맑은 포도주를 마시며, 골수가 가득한 기름진 것을 먹고 만족합니다. 하지만 세상 사람들은 돼지들이나 먹는 찌꺼기나 우적우적 씹을 뿐이니, 그들의 배는 결코 채워질 수가 없습니다. 주께서 그 백성들에게 은혜를 주서서 그분 안에 있는 행복을 누리게 해 주시길 빕니다. 또한 그분이 예수님을 위하여 방황하는 자들을 그 행복으로 이끌어 주시길 빕니다.

제
18
장

—

모세의 죽음

—

**"이에 여호와의 종 모세가
여호와의 말씀대로 모압 땅에서 죽어."** — 신 34:5

얼마나 영예로운 호칭입니까! 모세는 "여호와의 종"으로서 훈장을 받은 셈입니다. 이는 그가 선택한 것이기도 한데, 그가 바로의 나라(애굽)에서 큰 자가 되기보다는 하나님의 종이 되기를 원했기 때문입니다. 그는 일생을 통하여 참을성 있게 여호와의 종으로서 살았습니다. 그는 진정 열정적인 하나님의 종이었습니다. 그는 마치 종이 그 상전을 기다림같이 하나님의 지시를 기다렸으며, 그 거룩한 산에서 그에게 보여주신 양식을 따라 모든 일을 행하려고 힘을 썼습니다. 그는 비록 여수룬에서 왕과 같은 지위에 있었으나 결코 자기 권위에 기초하여 행동하지 않았으며, 오직 하나님의 겸손한 도구가 되고자 했습니다. 모세는 하나님의 집에서 종으로서 충성하였습니다. 여러분은 그가 결코 자기 직분을 넘어 월권하는 것이나 반대로 그것을 소홀히 행한 것을 볼 수 없을 것입니다. 주님을 향한 그의 경외심은 깊었고, 주님의 대의를 위한 그의 헌신은 온전했으며, 주님 안에서의 그의 확신은 지속적이었습니다. 불붙은 떨기나무에서 종으로 지명된 때부터 후계자에게 자기 직무의 열쇠를 넘겨주고서 하나님이 지시하신 산에 올라가 죽기까지, 그는 하나님의 참된 종이었습니다. 오, 여러분과 나도 하나님의 종으로 인정될 만한 삶을 살 수 있다면 얼마나 좋겠습니까! 우리 주 예수님을 영접한 모든 자에게 주님은 하나님의 자녀들이 되는 권세를 주셨으며, 이는 우리의 큰 기쁨입니다. 하지만 자녀들로서 우리는 하나님의 위대하신 맏아들이 그러하셨듯이, 우리의 아버지를 섬기기를 열망합니다. 그 맏아들은 교회를 위하여 아버지께서 기뻐하시는 일을 이루시려고 스스로 종의 형체를 취하셨습니다. 기쁜 마음으로 하늘에 계신 우리 아버지를 섬기도록 합시다. 우리를 아들들과 딸들로 삼아주신 그분을 위하여 우리 자신을 희생하는 것이 마땅한 섬김이라고 간주하도록 합시다. 죄의 속박에서 구원을 받았으니, 주의 자유민들(freemen)로서 그분을 향해 이렇게 부르짖도록 합시다. "여호와여 나는 진실로 주의 종이요 주의 여종의 아들 곧 주의 종이라 주께서 나의 결박을 푸셨나이다"(시 116:16).

　　하지만 모세와 같은 하나님의 종은 반드시 죽어야 합니다. 그것이 사람들의 공통적인 운명입니다. 오직 두 사람만이 죽음의 강물을 건너지 않고 이 세상에서 저 영광의 거처로 옮겨갔습니다. 모세는 그 둘 중의 하나가 아닙니다. 설혹 그가 요단을 건너 가나안으로 들어갔다고 해도, 그는 정해진 때에 그 땅에서 죽었을 것입니다. 우리는 그가 그 백성이 가나안에서 정착할 때까지 살 것이라고 예상했습니다. 하지만 여호와 하나님께서 보시기에는, 모세가 한 번 실수한 것 때문에 나머지 백성들과 마찬가지로 그도 약속의 땅 밖에서 죽는 것이 옳았습니다. 애굽에서 나온 세대 전체 중에서 오직 갈렙과 여호수아만 그 땅을 소유하도록 허락되었으며, 그 땅을 향해 그들은 사십 년 간을 여행해왔습니다. 그 한 번의 잘못이 모세로 하여금 지상의 가나안에 들어가는 특권을 잃어버리게 했다면, 왜 그가 하늘의 가나안으로 들어가기 위해서는 반드시 죽음의 변화를 경험해야만 했는지에 대해서는 훨씬 더 강력한 이유들이 있을 것입니다. 그는 에녹과 엘리야와 더불어 죽음을 보지 않고 옮겨간 세 번째의 사람이 될 수는 없었습니다. 그는 죽어야 했고, 장사되어야 했습니다. 우리도 때가 되면 같은 전철을 밟을 것입니다. 형제들이여, 만일 우리 주 예수님께서 우리가 잠들기 전에 오신다면 우리는 죽지 않을 것입니다. 하지만 그분이 그렇게 속히 오시지 않는다면, 우리는 한 번 죽는 것은 모든 사람에게 정하신 일인 것을 알게 될 것입니다. 우리는 이 세상에서 우리의 아버지께로 갈 때, 죽을 인생들의 수많은 발이 밟아서 단단해진 평범한 길을 따라서 갈 것입니다. 우리가 죽어야 하기 때문에, 엄숙한 미래에 대해 묵상하는 것은 좋은 일입니다. 모세는 죽음의 기술에 있어서(in the art of dying) 우리의 교사입니다. 우리의 두려움이 제거되고, 우리의 소망이 활기를 띠기를 바라는 희망으로, 그의 죽음을 생각해 보려고 합니다. 우리에게는 넋을 내어놓고 열조에게로 돌아가야 할 비스가 산이 있습니다. 하나님의 종 모세가 그러하였듯이, 우리도 기꺼이 그곳으로 올라갈 수 있기를 바랍니다!

모세의 죽음의 방식은 매우 두드러집니다. 나는 그 선지자의 숭고한 죽음보다 더 훌륭한 연설의 주제가 될 만한 분야는 없다고 생각합니다. 하지만 우리는 웅변과는 관계가 없습니다. 영적이면서도 실제적인 유익이 우리의 목적입니다. 시인들은 이 하나님의 사람이 홀로 산마루를 오르는 기이한 장면을 묘사하는데 그들의 뛰어난 재능들을 발휘하는 것이 좋습니다. 가나안 땅을 발 아래 굽어보면서, 거룩한 기쁨 가운데 저 영원한 나라로 떠나가는 장면을 말입니다. 하지만 우리는 시인들이 아니며, 단순한 신자들로서, 모든 사람들 중에서 가장 위대하였음에도 여호와의 종이라는 호칭보다 더 고상한 영예를 알지 못했던 한 사람의 죽음에서 거룩한 교훈을 얻고자 할 뿐입니다. 오, 예수 그리스도로 말미암아 우리에게 오신 은혜와 진리의 성령께서, 하나님의 입으로부터 나온 율법을 사람들에게 전했던 사람의 죽음에서 교훈을 발견하도록 도와주시길 빕니다!

1. 주님의 경고에 따른 모세의 죽음

본문은 "모세가 여호와의 말씀대로 모압 땅에서 죽었음"을 밝히고 있습니다. 먼저, 나는 이 본문을 모세가 비스가 산에서 주님의 경고에 따라 죽었다는 의미로 읽습니다.

그의 죽음은 오래 전에 예견된 것이었습니다. 모세는 얼마 전에 자신이 가나안 땅에 발을 들여놓지 못하고 죽어야 한다는 것을 알았습니다. 신명기의 첫 장에서 그가 므리바에서 그 백성의 죄를 언급하고 있는 대목을 읽어 보십시오. 그리고 그에 대한 주님의 판결과 선언을 읽어 보십시오. "이 악한 세대 사람들 중에는 내가 그들의 조상에게 주기로 맹세한 좋은 땅을 볼 자가 하나도 없으리라. 오직 여분네의 아들 갈렙은 온전히 여호와께 순종하였은즉 그는 그것을 볼 것이요 그가 밟은 땅을 내가 그와 그의 자손에게 주리라 하시고, 여호와께서 너희 때문에 내게도 진노하사 이르시되 너도 그리로 들어가지 못하리라 하셨느니라"(신 1:35-37).

약속의 땅 바깥에서의 그의 죽음은 그에게 갑작스럽게 닥친 일이 아닙니다. 그는 위대한 세 남매 중 첫째인 그의 누이 미리암이 잠드는 것을 보아야 했습니다. 그리고 다음에는 호르 산에 올라 그의 형 아론에게서 제사장 옷을 벗기고 그 옷을 아론의 아들 엘르아살에게 물려주라는 명을 받았습니다. 모세는 또한 그와 함께 애굽에서 나왔던 세대 전체가 광야에서 매장되는 것을 보아야 했습니다. 시편 90편은 그의 시편입니다. 그것은 일종의 죽음의 행진(Dead March)을 노래한 것으로서, 그 지나간 길에 끝없는 무덤들을 흔적으로 남겨둔 한 민족을 위해 어울리는 기도시입니다. 불신앙으로 인해 "그들의 시체가 광야에 엎드러졌습니다"(참조. 히 3:17). 오직 갈렙과 여호수아만 남았고, 그 둘만이 홍해를 건넜던 그 큰 무리 중에서 생존자가 되었습니다. 그러므로 그 위대한 율법수여자는 자신의 떠남에 대해 많은 언질을 받은 것입니다. 모세는 그의 형의 죽음에서 그 자신의 죽음을 예행 연습한 것입니다. 우리도 많은 경고들을 받지 않았습니까? 우리는 준비가 되었습니까?

모압 땅에서의 그의 죽음은 매우 실망스러웠다고 말하는 것이 자연스럽습니다. 그는 사십 년 동안 그 백성을 약속의 땅으로 인도하는 일에 종사했습니다. 하룻길의 행진이면 그 땅에 도달할 수 있는데, 그가 죽어야만 할까요? 이스라엘 백성의 인도는 그의 일생의 사역이었습니다. 그 일을 위해 그는 애굽에서 사십 년 동안 준비되었고, 그곳에서 애굽인들의 모든 지혜를 배웠습니다. 그리고 또 다른 사십 년 동안은 외로운 광야에서 준비되었습니다. 그곳에서 그는 양 떼를 지켰고 하나님과 숭고한 교제를 나누었습니다. 그의 세 번째 사십 년은 이스라엘을 애굽에서 해방하는 일과, 그들을 한 나라가 되도록 훈련하고, 약속의 땅으로 인도하는 일에 보내어졌습니다. 이제 들어갈 그 땅을 목전에 두고서 그가 숨을 거두어야 하는 것일까요? 그가 보낸 세월들이 어떠한 세월이었습니까! 모세의 일생은 어떠한 것이었습니까! 바로에게 맞섰고, 애굽의 교만을 깨뜨린 그는 얼마나 영광스러운 사람이었습니까! 그 민족 전체를 품에 안고서 옮기도록, 또한 마치 목자가 자기 양 떼를 돌보듯이 그들을 돌보도록 부름을 받은 사람으로서 그가 얼마나 많이 수고하고 고난을 겪었습니까! 그가 맡은 임무는 거의 등뼈를 부러뜨릴 만한 일이었습니다. 만일 모세가 내주하시는 주의 성령에 의해 온유한 자가 되지 않았더라면, 또한 하나님과의 교제에 의해 은혜롭게 힘을 공급받지 못했더라면, 그는 그 임무가 너무나 무거워 감당하지 못했을 것입니다. 하지만, 한 나라의 틀을 갖추는 그 모든 수고 후에, 오랫동안 고대했던 정복을 앞두고 그는 죽어야 했습니다. 처음 주님의 선고를 들었을 때, 그것은 그에게 쓰라린 실망이었습니다. 그는 그에 앞서 크게 실망한 적이 있었습니다. 스데반이 우리에게 들려주듯이, 그가 애굽 사람을 쳐서 죽였을 때, "그는 그의 형제들이 하나님께서 자기의 손을 통하여 구원해 주시는 것을 깨달으리라고 생각하였으나 그들이 깨닫지 못하였습니다"(행 7:25). 그 때, 그의 형제들이 그를 거절했을 때, 그는 미디안 땅으로 도망쳤습니다. 거부당한 지도자로서 말입니다. 애국자로서 그의 영웅적 행동은 동포들로부터 이러한 경멸에 찬 질문으로 되돌아 올 뿐이었습니다. "누가 너를 관리와 재판장으로 우리 위에 세웠느냐?"

하지만 가나안으로의 입성의 거절은 그때보다 훨씬 더 큰 실망이었습니다. 그토록 오래도록 수고하고, 아무런 수확도 얻지 못하는 것입니다. 그 땅을 바라보기만 할 뿐, 그곳으로 들어가지는 못합니다. 이스라엘 지파들을 요단 강가로 데려다줄 뿐, 정작 그 자신은 모압에서 죽어야 하는 것입니다. 그것은 비통스러운 실망이었습니다. 형제들이여, 우리는 가장 소중히 간직했던 희망에 대해 "너와는 작별을 해야 한다"라고 말할 준비가 되어 있습니까? 우리는 삶에서 가장 아끼는 목적을 느슨한 손으로 붙들고 있습니까? 그렇게 하는 것이 우리의 지혜일 것입니다.

명백히 그것은 엄한 징계였습니다. 그가 잘못한 것은 단 한 가지인데, 그것 때문에 그가 가나안에 들어가지 못합니다. 모세의 죄를 자세히 설명할 시간이 없습니다. 그의 잘못은 그의 감정이 그 백성으로 인해 매우 격해짐으로써 야기된 불신의 죄였던 것으로 보입니다. 모세는 이스라엘을 향해 이맛살을 크게 찌푸렸습니다. 그들이 죄를 지었을 때 그는 홀로 그들을 위해 중재하였습니다. 여호와께서 그를 큰 민족으로 만들겠다고 그에게 제안하셨을 때 그는 오직 이스라엘을 향한 사랑 때문에 그 제안을 사양했습니다. 그는 그 민족을 위해 살았고, 또한 그 민족을 위해 죽었습니다. 한때 그가 이렇게까지 말했던 것을 기억하십시오. "그들의 죄를 사하시옵소서, 그렇지 아니하시오면 원하건대 주께서 기록하신 책에서 내 이름을 지워 버려 주옵소서"(출 32:32). 매일 그는 그 백성 가운데 거하였습니다. 그는 그들의 뼈 중의 뼈요, 살 중의 살이었습니다. 이스라엘은 그의 품에 간직된 존재였습니다. 마침내 분별없이 말을 내뱉게 만들었던 그의 연약함도, 그를 압도하고 있던 그 백성을 향한 공감과 격정에서 나온 것입니다. 그들은 하나님과 다투었습니다. 비록 모세는 한 가지 점에서도 그들의 반항에 동조하지 않았지만, 그들의 불신앙이 그의 마음에 너무나 격분을 일으켜서 이렇게 말한 것입니다. "반역한 너희여 들으라 우리가 너희를 위하여 이 반석에서 물을 내랴"

(민 20:10)? 그 때 여호와께서 모세와 아론에게 말씀하셨습니다. "너희가 나를 믿지 아니하고 이스라엘 자손의 목전에서 내 거룩함을 나타내지 아니한 고로 너희는 이 회중을 내가 그들에게 준 땅으로 인도하여 들이지 못하리라"(민 20:12). 신명기에서 모세는 세 차례 그 백성을 향하여 말합니다. "여호와께서 너희 때문에 내게도 진노하셨다"(1:37; 4:21; 32:51). 모세가 그 심판에 연루된 것은 모세가 개인적으로 저지른 잘못 때문이 아니라, 그가 이스라엘과 하나로 결합되었기 때문에 겪은 것입니다. 여호와께서 앞서 모세를 위하여 그 백성을 살려두심에 따라, 그들 때문에, 모세가 어느 정도 그들의 큰 불신의 죄를 지고서 마치 자기 자신의 죄로 인한 것처럼 징계를 받는 일이 필요했습니다. 그의 믿음이 그들을 구했습니다. 그리고 이제는 그들 때문에 비롯된 그의 불신이, 그로 하여금 그 땅에 들어가지 못하게 만든 것입니다.

내 형제들이여, 모세와 같이 충성된 종에게 내려지는 이 엄격한 징계를 생각할 때, 나는 매우 두렵고 떨립니다. 진실로, "우리 하나님 여호와는 질투하시는 하나님이십니다." 우리는 그분이 결코 불의하지 않으시며, 결코 부당하게 가혹하지 않으신 것을 확신합니다. 우리는 하나님의 이런저런 행동에 대해서, 한순간도 그분의 의(義)와 사랑에 대해 비난하지 않습니다. 하지만 하나님은 "그의 위엄을 성소에서 나타내십니다"(시 68:35). 진실로 그분은 그분께 가까이 오는 자들에게서 거룩히 여김을 받으셔야 하는 분이십니다! 보고 놀라십시오! 저 고귀한 은혜를 받은 종 모세가, 은혜의 경륜 안에서 언제나 하나님께 받아들여졌던 그가, 하나님의 집의 규칙에 따라서, 그 규칙을 어겼을 때에 징계의 손길을 느껴야만 했습니다. 그래서 약속의 땅에 들어가지 못한다는 판결이 내려진 것입니다. 그가 한 차례 성급한 불신을 나타냄으로써 저 불신의 세대에 동참한 것으로 인해, 그는 이제 그들의 운명에도 동참해야만 하고, 요단 이편 모압 땅에서 죽어야 합니다. "여호와여 주는 의로우시고 주의 판단은 옳으니이다"(시 119:137). 오, 우리에게 당신의 집에서 바르게 행할 수 있는 은혜를 주소서! 주여, 우리에게 주의 계명을 가르치시어 당신의 길에서 행하게 하소서.

사랑하는 이여, 모세가 그 때 죽어야 했던 것은 큰 불행인 것처럼 보였습니다. 그는 나이로 볼 때는 노인이었으나, 그의 상태로는 그렇지 않았습니다. 그가 일백이십 세가 된 것은 사실이지만, 그의 아버지와 할아버지와 그의 증조할아버지는 모두 그 나이를 넘어 살았고, 그들 중 둘은 일백삼십칠 세까지 살았습니다(참조. 출 6:16-20). 그러므로 자연히 그가 좀 더 긴 생애를 살 수 있다고 예상할 수 있었습니다. 진정 이 위대한 노인은 어떤 면에서도 쇠약하지 않았습니다. 그의 눈은 흐리지 않았고, 그의 자연적인 힘도 약해지지 않았으며, 따라서 그가 계속해서 더 살 수 있었다고 예상할 수 있습니다. 게다가, 사람이 아직도 많은 일을 할 수 있을 때에 죽는 것은 고통스러운 일처럼 보입니다. 진정 그는 한층 성숙했고, 한층 은혜로웠으며, 그 어느 때보다도 지혜로웠습니다. 모세의 정신적, 영적 능력은 그의 생의 앞선 시기에서보다는 후반부에서 훨씬 더 위대했습니다. 그의 놀라운 노래를 보십시오! 이스라엘 백성을 향한 그의 뛰어난 연설을 보십시오. 그는 정신적 측면에서 전성기에 있었습니다. 그는 오랜 경험에 의해 가르침을 받고, 놀라운 훈련으로 단련되어졌으며, 하나님과의 거룩한 교제에 의해 숭고해졌습니다. 그럼에도 그는 죽어야 했습니다. 사람이 아주 훌륭하게 살 만한 때에 "너도 올라가는 이 산에서 죽으리라"(신 32:50)는 명령이 임하는 것이 얼마나 기이한지요!

자연적으로 말하자면, 모세의 죽음은 이스라엘 백성들을 위해서도 슬픈 손실인 듯이 보입니다. 모세 외에 누가 그들을 다스릴 수 있단 말입니까? 심지어 그조차도 거의 그들을 통제할 수가 없었습니다. 온유했던 그에게도 그들은 무거운 짐이었습니다. 여수룬에서 왕으로서 성공적으로 행동할 수 있는 사람이 달리 어디에 있을까요? 그들이 경외심을 가졌던 모세가 없다면, 이 반역자들이 무슨 짓이든 하지 않겠습니까? 그 민족이 큰 전쟁에 돌입하려고 할 때에, 더 젊은 아랫사람을 권력의 자리에 앉히는 것은 위험이 따르는 실험이었습니다. 그 땅의 정복을 수행하고, 또 지파들에게 땅을 분배하기 위해서는 모세의 믿음과 분별력이 필요할 것입니다. 하지만 그럼에도 불구하고, 그의 삶이 그처럼 소중한 때에, 다음과 같은 말씀이 모세에게 임해야만 했습니다. "비스가 산 꼭대기에 올라가라. 너는 요단 강을 건너가지 못하리라." 가장 유용한 사람에게 소환 명령이 내려진 것입니다. 주께서 그의 기쁘신 뜻대로 집으로 부르실 때, 누가 그분을 막기를 바라겠습니까?

그 판결은 기도로 돌이킬 수 없었습니다. 모세는 그가 그 때 주님께 탄원하였다고 우리에게 들려줍니다. "주 여호와여 주께서 주의 크심과 주의 권능을 주의 종에게 나타내시기를 시작하셨사오니 천지간에 어떤 신이 능히 주께서 행하신 일 곧 주의 큰 능력으로 행하신 일 같이 행할 수 있으리이까? 구하옵나니 나를 건너

가게 하사 요단 저쪽에 있는 아름다운 땅, 아름다운 산과 레바논을 보게 하옵소 서"(신 3:24-25). 이는 매우 적절한 기도였습니다. 그는 자신의 섬김에 근거하고 호소하지 않았습니다. 오직 그는 주께서 전에 보이신 은혜에 근거하여 호소했습니다. 정녕 이는 선한 간구였으며, 그가 전에 그 민족 전체를 위하여 구한 것에 들으심을 얻었듯이 이번에도 구한 것을 허락하시길 바랐을 것입니다. 하지만 아니었습니다. 이 은혜는 그에게 거절되어야 했습니다. 주께서는 말씀하셨습니다. "그만해도 족하니 이 일로 다시 내게 말하지 말라"(신 3:26). 모세는 다시 이 문제로 입을 열지 않았습니다. 그는 바울이 그랬던 것처럼 고통의 때에 세 번씩 주께 간구하지 않았습니다(참조. 고후 12:8). 오히려 그 판결이 최종적인 것을 보고는 고개를 숙이고서 경건한 동의를 표하였습니다.

형제들이여, 그는 종종 이보다 더 큰 일을 그의 하나님 여호와께 구하였습니다. 한 번은 그가 담대하게도 "원하건대 주의 영광을 내게 보이소서"(출 33:18)라고 말하기도 했으며, 그러한 엄청난 요청까지도 들으심을 얻었습니다. 여호와 께서 그를 반석 틈에 두시고 그분의 모든 선한 것을 그 앞으로 지나가게 하셨습니다. 하지만 지금 그는 상대적으로 작은 것을 구하지만, 그것이 거절됩니다. 이 생에서 작은 것을 구하는 우리의 요청들이 거절될 수 있지만, 주의 나라와 관련된 일들에서 우리의 기도가 결코 빈손으로 돌아오지 않는 것이 얼마나 은혜인지요! 지상의 가나안에 관계된 목표와 목적들이 우리에게 거절되어 닫힐 수는 있어도, 천국 전체가 우리의 꿇은 무릎 앞에 활짝 열려 있습니다. 비록 육체의 가시는 제거되지 않더라도 모든 족한 은혜들이 우리에게 주어집니다. 여호와의 종 모세는 죽었습니다. 하지만 죽음을 이겼습니다.

그 땅에 들어가지 못하게 된 모세의 시련을 생각할 때, 나는 내 앞에 펼쳐진 이 장을 읽을 수가 없었습니다. 눈물이 눈을 가렸기 때문입니다. 우리 중에서 어느 누가 하나님 앞에서 그처럼 거룩한 모습으로 설 수 있을까요? 모세가 잘못한 문제에서 우리는 과연 흠이 없을 수 있겠습니까? 주님으로부터 그보다 더 큰 은혜를 입은 종이 없건만, 그럼에도 그는 단 하나의 잘못에 대한 질책으로 그처럼 큰 실망을 겪어야만 했습니다. 하나의 불신앙의 행동 때문에 그의 생명의 꽃이 그 줄기로부터 끊어졌습니다. 하나님을 가까이 하도록 높임을 받는 것은 그만큼 큰 책임과 관련되어 있습니다. 강렬한 빛이 하나님의 보좌 주위를 비추고 있습니다. 왕의 선택을 받아서, 그분과의 지속적인 교제를 허락받는 자는, 그분을 경외함으로 서야 합니다. 그것이 성경에 잘 기록되어 있습니다. "여호와를 경외함으로 섬기고 떨며 즐거워할지어다"(시 2:11). 보통의 신하에게는 사소한 일로 간과될 만한 한 가지 잘못이, 혈통으로 왕세자와도 같고, 왕의 은밀한 총애를 입었으며, 그 머리를 왕의 품에 기대도록 허용된 자에게는 아주 심각한 잘못이 될 수 있습니다. 만일 우리가 하나님 가까이에 산다면, 죄를 지으면 반드시 날카로운 책망을 야기하게 됩니다. 심지어 일반 백성으로 선택된 자라 하더라도 이 말씀을 반드시 기억해야 합니다. "내가 땅의 모든 족속 가운데 너희만을 알았나니 그러므로 내가 너희 모든 죄악을 너희에게 보응하리라"(암 3:2). 선택된 자들 중에서도 선택된 자는 그보다 훨씬 더 그러한 경고에 귀를 기울여야 합니다. 하나님은 사실상 모세에게 이렇게 말씀하신 것입니다. "너는 내가 온 인류 중에서 얼굴과 얼굴을 대면하여 말하는 자로 선택한 유일한 자이다. 그러므로, 네가 나와의 그러한 교제 후에도 네 믿음에서 실패하였으니 그것이 나를 노엽게 하였다. 나로서는 너를 향한 신실함과 사랑을 간직한 중에서도, 명백한 불쾌감의 징표로서 너의 실패를 기록해 둘 필요가 있다." 이 생애에는 성도들에 대한 징계가 있습니다. 많은 사람들에게 있어서 삶이 지속되기를 바랄 때에 그 삶이 끝이 나고, 또한 얻으려고 애쓴 것을 얻지 못하는 이유가, 그들이 삶의 이른 시기에 하나님께 범한 잘못 때문이라고 나는 믿습니다. 우리는 질투하시는 하나님 앞에서 주의하여 행할 필요가 있습니다. 그분은 어느 곳에서든 그의 사랑하시는 자들에게서 조금의 죄도 묵과하지 않으십니다. 그들을 향한 그분의 사랑은 결코 약해지지 않습니다. 하지만 그들의 죄를 향한 그분의 미움은 로뎀 나무 숯불처럼 타오릅니다. 어리석은 부모들은 매를 아끼지만, 우리의 지혜로우신 아버지께서는 그들처럼 행동하지 않으십니다. 오 영생의 상속자들이여, 신중하게 행하십시오. "우리 하나님은 소멸하는 불이시기 때문입니다"(히 12:29). 저 위대한 율법수여자의 이야기를 기록한 이 대목에서 주님은 우리로 하여금 정결케 하는 능력을 느끼게 하십니다.

2. 하나님의 정하심에 따른 모세의 죽음

이제 여러분을 두 번째 요점으로 안내하고자 합니다. 하나님의 사람 모세는 모압 땅에서 주님의 말씀을 따라서, 즉 하나님의 정하심에 따라 죽은 것입니다.

모세의 죽음과 관련된 모든 상세한 사항들이 주님의 지시에 따른 것입니다. 시간,

장소, 환경이 하나님에 의해 정해졌습니다. 형제들이여, 마찬가지로 우리가 어디에서 죽을 것인지, 언제 죽을 것인지도 그렇게 정해졌습니다. 우리는 어떤 사람들이 "사고에 의해 죽었다"는 말을 더러 합니다. 그리고 때로는 이른 나이에 죽은 그리스도인들의 죽음을 슬퍼하기도 합니다. 하지만 가장 깊은 의미에서는 그렇지 않습니다. 하나님은 우리가 숨을 거두어야 할 장소와 때를 우리를 위해 정해 두셨습니다. 우리가 그것으로 만족하도록 합시다. 하나님의 지정하심이 우리의 만족이 되어야 합니다. 우리는 맹목적인 운명으로서의 죽음을 믿지 않습니다. 우리는 무한한 지혜의 예정을 믿으며, 따라서 이렇게 말할 수 있습니다. "이는 여호와이시니 선하신 대로 하실 것이니라"(삼상 3:18).

모세는 하나님이 정하신 대로 죽었습니다. 또한 그의 죽음은 하나님의 백성들에게 아주 일반적인 정하심을 따른 것이기도 합니다. 그는 자신의 일생의 사역의 완전한 결과를 보지 못하고 죽었습니다. 여러분이 만일 하나님의 종들의 목록을 살펴본다면, 여러분은 그들 중 대부분이 전망했던 목적이 온전히 성취되기 전에 죽었음을 발견할 것입니다. 우리의 할 일이 끝날 때까지 우리가 죽지 않는 것은 사실입니다. 하지만 그 때에도, 대개 우리는 우리의 할 일이 그 이상의 무엇이라고 생각합니다. 이스라엘을 약속의 땅으로 인도하는 것은 결코 모세의 일이 아니었습니다. 그것은 그의 바람이었지만, 그가 할 일은 아니었습니다. 그의 일은 그가 보았지만, 그의 바람은 그가 볼 수 없었습니다. 모세는 진정으로 자기 자신에게 적합한 일을 마쳤습니다. 하지만 그의 마음의 소원은 그 백성이 그 땅에서 정착하는 것을 보는 것이었으며, 이는 그에게 허락되지 않았습니다. 그와 마찬가지로 다윗도 성전을 지을 금과 은을 모아두었지만, 그가 성전을 건축할 수는 없었습니다. 그의 아들 솔로몬이 그 일을 맡았습니다. 그런 식으로 위대한 개혁자들이 일어나서 진리를 말하였고, 그럼으로써 거대한 오류의 체계를 뒤흔들었습니다. 하지만 그들 자신이 그런 악들을 완전히 파멸시킨 것은 아니었습니다. 그들의 계승자들이 그 일을 이어나갔습니다. 대부분의 사람들은 씨를 뿌려야 하고 다른 사람들은 거둡니다. 모세의 기도는 그 자신에게만 아니라 다른 사람들에게서도 성취되었습니다. "주께서 행하신 일을 주의 종들에게 나타내시며 주의 영광을 그들의 자손에게 나타내소서"(시 90:16). 우리는 모든 일을 독점하기를 바라서는 안 됩니다. 다른 사람들이 합당한 과정에 따라 건물을 세울 수 있도록 우리는 기초를 놓는 우리의 역할에 만족하도록 합시다. 우리는 하나님이 정하신 순서를 따라서, 한 사람은 심고, 다른 사람은 물을 주며, 한 사람은 애굽에서 이끌어 내고, 다른 사람은 가나안으로 인도하여 들어갑니다.

또한 나는 여기서 모세가 "여호와의 말씀대로" 죽은 것이 깊은 섭리상의 이유 때문임을 볼 수 있습니다. 그 백성에게 안식을 주는 것이 모세의 역할이 아니었습니다. 율법은 어떤 사람에게도 안식을 주지 않으며, 어떤 사람도 천국으로 인도하여 들어가지 못합니다. 율법은 우리를 약속의 경계까지 데려다 줄 수 있지만, 오직 여호수아 즉 예수님만이 우리를 은혜와 진리 안으로 데리고 갑니다. 만일 모세가 그들에게 가나안을 주었다면, 그 비유는 율법에 의해 안식을 얻을 수 있다고 우리에게 가르치는 듯이 보였을 것입니다. 하지만 모세가 잠들어야 했고 하나님의 손에 의해 매장되어야 했듯이, 은혜 언약이 우리를 충만한 평화로 이끌기 위해서는 율법이 그 통치를 끝내야만 했습니다.

> "모세는 요단의 강물까지 인도할 수 있지만
> 거기서 그의 지휘권을 넘겨준다네.
> 우리의 여호수아가 그 물을 가르고서
> 우리를 약속의 땅으로 인도한다네.
> 우리는 율법의 훈련으로 우리의 위치를 배우지만
> 유업을 얻는 것은 은혜에 의해서라네."

이와 같이 모세가 하나님의 영원하신 목적에 따라 모압에서 죽은 것에는 신비한 이유가 있었습니다. 그러한 하나님의 작정이 없다면, 여호와의 종들 중 어느 누구도 이스라엘 진영을 떠나지 않을 것입니다. 우리 또한 삶과 죽음에서 여호와의 은혜로우신 목적에 대답해야 합니다. 우리는 즐거이 그럴 준비가 되어 있습니까? 예, 주님, 당신의 뜻이 이루어지이다.

3. 하나님의 사랑의 지혜에 따른 모세의 죽음

이제 여러분을 조금 어두운 곳에서 밝은 곳으로 안내합니다. 하늘이 맑게 개고 있습니다. 세 번째로, 모세는 주님의 사랑의 지혜를 따라 죽은 것입니다. 모세가 요단을 건너지 않은 것은 적절한 일이었고, 지혜로운 일이었으며, 친절한 일이었습니다.

　　먼저, 그렇게 함으로써 그는 자신이 돌보았던 백성들과 일체성을 보전하였습니다. 그는 그들을 위해 애굽 왕자의 신분을 버렸고, 이제는 그들을 위해 팔레스타인에 있는 집을 잃어버립니다. 그는 "그리스도를 위하여 받는 수모를 애굽의 모든 보화보다 더 큰 재물로 여기면서"(히 11:26) 그들과 함께 고난을 받았습니다. 그는 그들과 더불어 그 크고 끔찍한 광야에서 보냈으며, 그들의 모든 환난을 겪었고, 하나님의 이름으로 평생 동안 그들을 돌보고 이끌었습니다. 그는 줄곧 자기부인의 귀감이었습니다. 그 자신을 위해서나, 그의 형제를 위해서나, 그의 아들을 위해서도 그는 명예를 구하지 않았습니다. 그는 오로지 다른 사람들을 위해 살았으며 그 자신을 위해 살지 않았습니다. 그러므로 그의 죽음은 그의 전 생애와 어울리는 것입니다. 그가 다른 사람들을 가나안의 경계까지 이끌었으나, 그 자신은 그곳에 들어가지 않은 것입니다. 애굽 폭군의 압제로부터 벗어났을 때 그가 수를 헤아렸던 그 세대와 더불어, 그는 자신의 삶을 요단 강 이편에서 마쳤습니다. 그 백성들과 그토록 일체가 되었던 사람이 이렇게 말하는 것이 적절해 보였습니다. "그대가 죽는 곳에서 나도 죽으리라." 우리는 이미 예수님 안에서 잠든 거룩한 남자와 여자들과 더불어 우리의 운명을 함께하는 것에 만족하지 않습니까?

　　더 나아가, 모세는 그 때 거기서 죽는 것에 만족하는 편이 좋았습니다. 그렇게 함으로써 그는 그 이상의 모든 시련에서 면제되었기 때문입니다. 정녕 그는 그 반역적인 민족과 관련하여 충분히 슬픔을 겪었습니다! 그렇게 변덕스럽고 완고한 백성들을 대상으로 목회하는 것은 사십 년으로 충분했습니다. 틀림없이 그는 그의 어깨에서 짐을 벗겨 주시는 그 손을 찬송했을 것입니다! 그의 삶은 결코 호화스럽거나 안락하지 않았으며, 오히려 혹독한 자기부인과 성가심으로 반복되는 삶이었습니다. 그가 어떤 시련을 참아내었는지요! 그가 얼마나 자기를 절제하였는지요! 그가 얼마나 외로운 삶을 살았는지요! 여러분은 내가 이런 말을 하는 것을 듣고서 놀라십니까? 그가 누구와 더불어 교제를 할 수 있었을까요? 심지어 그의 형인 아론조차도 그런 사람을 위해서는 가엾은 동료에 불과했습니다. 그 하나님의 사람이 사십일을 하나님의 산에 올라 없는 동안에, 그가 얼마나 모세의 기대를 저버렸는지를 기억해 보십시오. 저 금송아지를 만든 것이 아론이었고, 이는 명백히 그가 모세보다 영적으로 열등하다는 것을 입증하였습니다. 그 하나님의 사람은 자신의 바로 곁에 선 그의 형조차도 살펴야 했던 것입니다. 그가 누구와 더불어 상의할 수 있었을까요? 누가 그와 더불어 친구로서 대화를 나눌 수 있었을까요? 그는 떨어져서 살았고, 마치 외로운 별처럼 빛났습니다. 그가 외로이 죽은 것은 의미심장합니다. 그가 그렇게 살았기 때문입니다. 아론에게는 그의 옷을 벗겨줄 친절한 동행자가 있었습니다. 그의 가운을 입혀 주었던 사람이 아주 적절하게도 그 옷을 벗는 것도 도와주었습니다. 하지만 모세가 썼던 면류관은 하나님께서 친히 그의 이마에 씌워 주셨고, 또한 어떤 인간의 손도 그것을 벗겨주지 않았습니다. 정녕 무거운 짐을 졌던 이 이스라엘의 감독자는 그의 감독의 일이 끝난 것을 보고는 기뻐했을 것입니다! 정녕 이 외로웠던 사람은, 일백이십 년 간의 섬김의 일을 마친 후에, 저 천국의 영광스러운 무리들에게로 받아들여지는 것에서 행복한 해방감을 느꼈을 것입니다! 노아가 일백이십 년 동안 의를 전파하다가 그 후에 방주에 들어갔던 것처럼, 모세 역시 일백이십 년 간의 섬김 후에 그의 안식으로 들어갔습니다. 그것이 잘된 일이 아닙니까? 당신은 싸움이 끝났고, 영원한 승리를 얻은 것을 슬퍼하겠습니까? 우리 또한 우리의 죽음에서 모든 수고가 끝나는 것을 보고, 그 안식이 영광스러운 것을 알게 될 것입니다.

모세가 그렇게 죽음으로써 그에게 가해지는 새로운 긴장으로부터 면제되었음을 기억하십시오. 그 새로운 긴장이란 가나안 정복과 관련될 것입니다. 그는 요단을 건너길 바랐지만, 그것은 그 땅을 즐거워해서가 아니라 그 땅을 위해 싸우기 위해서였습니다. 그가 그토록 혹독한 싸움에서 벗어난 것이 잘된 일이 아닙니까? 여러분은 에스골의 포도송이에 대해 생각하겠지만, 나는 성의 포위와 전투에 대해 생각하고 있습니다. 그곳에 있는 것이 그처럼 바랄 만한 일이겠습니까? 모세는 정말로 그토록 무서운 싸움을 바랐을까요? 총사령관 편에서는 이미 사십 년 간의 전투에 복무했던 한 노병(老兵)을 전투의 명령에서 면제시켜 주는 것이 은혜로운 일이 아니었을까요? 주님께서는 가나안 족속들에게 선고된 벌을 집행하는 일이 모세의 나이와 정신에 그다지 어울리지 않는다고 보셨기 때문에, 그에게 새로운 짐을 부과하기를 원치 않으셨습니다. 여호수아는 타고난 전쟁의 사람이니, 그로 칼을 사용하게 하는 것이 좋습니다. 모세는 펜에 더 유능한 사람입니다. 이스라엘 백성들이 가나안에 도달했을 때 그들이 광야에 있을 때보다 더 훌륭하지 않았음을 기억하십시오. 그들은 불신으로 패배를 당했고, 자기 탐욕 때문에 그들의 유업의 많은 부분을 잃어버렸습니다. 모세는 요단 이편에서도 충분히 그들을 보아왔으니, 수고롭게도 요단 건너편에서 다시 그들을 볼 필요가 없습니다. 그러므로 주께서는 은혜롭게도 그분의 종을 현역 명부에서 지워 주셨고, 그를 더 높은 영역으로 승진시켜 주셨습니다. 그분이 언젠가는 우리에게도 같은 친절을 베풀어 주신다는 사실을 슬프게 여기지 말도록 합시다.

하지만 여러분은 만일 모세가 여호수아가 그 땅을 정복하는 것을 살아서 보았더라면 좋았을 것이라고 말하겠지요. 하지만 이것이 그렇게 바람직한 것입니까? 활동적인 사람들이, 가만히 앉아서 다른 사람들이 주도하는 것을 지켜보는 것에서 큰 즐거움을 얻습니까? 더욱이 모세가 살았더라면, 그는 얼마 못가서 지난 일백이십 년 동안에는 겪어보지 못한 허약을 느꼈을 것입니다. 힘이 다 소진될 때까지 살아남아, 노인으로서 지속되는 전투의 한가운데서 비틀거리는 모습이 그토록 크게 바랄 만한 일일까요? 노년에는 평화가 어울립니다. 노년은 전쟁의 놀람에 어울리지 않습니다. 모세가 그 백성의 지도자로 계속 남았더라면, 그는 그의 앞선 시기의 영광을 손상시켰을 것입니다. 우리는 노인들이 지혜를 잃을 정도로 오래 사는 것을 보아왔지 않았습니까? 그들의 친구들은 그들이 오래 전에 생을 마감했더라면 더 좋았을 것이라고 바라지 않았습니까? 한때 유능하고 뛰어났던 목사들이, 한때는 믿음의 덕을 끼쳤던 교회들에게 해를 끼칠 때까지 강단을 장악하는 것을 우리는 보아왔지 않았습니까? 오, 사람들이 젊었을 때에 이룬 것을 노년의 때에 망쳐 버리지 않도록 충분한 지혜를 가질 수 있다면 얼마나 좋겠습니까! 모세는 이런 악한 일이 그에게 일어나기 전에 면직되었습니다. 그리고 그것은 잘된 일입니다.

"하지만", 당신이 말합니다, "그가 그곳에서 지켜보았더라면 여호수아의 승리로 인해 기뻐했을 것입니다." 직접 선두에 서 왔던 사람에게 그것이 언제나 편한 일일까요? 적어도, 그것이 순수한 특권만은 아닙니다. 그 축복에는 시련도 섞여 있습니다. 모세는 "지나치게 오래도록 무대에서 *꾸물거리지*" 않았습니다. 그는 자기 할 일을 마치고도 더 오래 생존하지 않았습니다. 누가 그런 것을 바라겠습니까? 그는 썰물의 시기가 찾아오기 전에, 혹은 어떤 연약함이 발견되기 전에, 파도의 물마루를 타고서 떠났습니다. 그가 죽자 사람들은 그를 그리워했습니다. 이스라엘은 그를 위해 울었고, 아무도 그가 너무 오래 살았다고 말하지 않았습니다. 결국 그의 기도는 잘못이었습니다. 단지 가나안 땅을 밟는 것에 무슨 특별한 기쁨이 있을 수 있겠습니까? 그 땅은 여리고 성 옆에 서서 지켜볼 때보다는 멀리 비스가 산에서 볼 때가 훨씬 아름답습니다. 진정 오늘날 팔레스타인을 본 적이 없는 여러분과 내가, 직접 그곳에서 정오의 열기와 한밤의 서리를 견디었던 자들보다는 그 땅을 훨씬 더 즐거워할 것입니다. 모세는 그 땅의 언덕들 가운데서 실제로 전쟁하는 것보다는 멀리 위에서 바라다보는 것에서 더 많은 즐거움을 얻었을 것입니다.

4. 하나님의 은혜를 풍성하게 보여주는 죽음

내가 서둘러 말해야 할 것은, 모세의 죽음이 이처럼 하나님의 사랑의 지혜를 나타내면서 한편으로는 하나님의 은혜를 풍성하게 보여준다는 것입니다.

모세는 죽어야 한다는 것을 안 이후에, 그 문제로 결코 불평하지 않았으며, 그것을 반대하여 기도한 적도 없습니다. 그 자신이 직접 그 이야기를 기록하였다는 점을 기억하십시오. 그가 그 자신의 잘못에 대해서, 또한 가나안으로 들어가도록 허락해 주시기를 요청한 기도의 거절에 대해서 그가 어떻게 기록하였는지를 보는 것은 흐뭇한 일입니다. 만일 그가 불평했더라면 그는 그것 역시 기록했을 것입니다. 그는 언제나 모세에 대해서 쓰기를, 마치 모세가 그가 알았던 다른 누구인 것처럼 기록하는 듯이 보입니다. 그는 자기 자신에 대한 칭찬이나 비난에 있어서 엄격할 정도로 공정합니다. 그는 자기 자신을 "여수룬에 있었던 왕"이라고 부릅니다(신 33:5). 그는 모세라는 사람이 매우 온유하다고 말하며, 그러면서도 그가 분을 터트린 것에 대해 기록합니다. 그는 그 어떤 사람보다도 자기를 의식하지 않는 사람이었고, 자기 자신을 위해 살지 않았던 사람입니다. 그러므로 주께서 그가 죽어야 한다고 그에게 말씀하셨을 때, 그는 한 마디도 없이 묵묵히 따랐습니다.

아주 적절하게도 그 노인은 즉시로 자기 임무를 완수하기 위해 온 힘을 기울입니다. 여러분은 민수기 31장에서 그가 전쟁에 관여하는 것을 볼 수 있습니다. "여호와께서 모세에게 말씀하여 이르시되, 이스라엘 자손의 원수를 미디안에게 갚으라 그 후에 네가 네 조상에게로 돌아가리라"(1-2절). 그는 이스라엘의 원수들과 싸우면서, 또한 이스라엘의 주님께 순종하며 죽고자 하였습니다. 그는 전쟁에서 지켜져야 할 규정들을 엘르아살에게 하달하였고, 전리품의 분배를 감독했습니다. 요단 동편에 정착한 지파들이 미래의 수고를 모면하려는 구실을 대지 못하도록, 그는 르우벤과 갓을 각성시켰고, 그들로부터 무장을 하고서 형제들과 더불어 강을 건너 온 땅이 정복될 때까지 함께 하겠다는 약속을 얻어냈습니다. 또한 그는 자신의 필사본을 준비하였습니다. 출판을 위해서가 아니라, 언약궤에 두어 보관하기 위함이었습니다. 그는 자신의 손이 죽음으로 마비되기 전에, 미래의 세대들을 향한 자신의 증언을 마치기를 원했습니다. 그는 자신이 죽을 것임을 알았습니다. 하지만 주저앉아서 울지 않았으며, 부루퉁해 있지도 않았고, 떠날 때가 되었음을 알리는 징조에 몰두하지도 않았습니다. 그는 오히려 한층 증대된 활력으로 자기 하나님을 섬겼고, 삶의 마지막이 가까워짐에 따라 한층 더 활발해졌습니다. 그때 그는 자신의 최상의 설교를 했습니다. 그 얼마나 훌륭한 설교인지요! 그가 그 백성에게 호소하는 일에 얼마나 자기 마음을 쏟아 부었는지요! 그 설교가 끝나자, 그는 노래하기 시작했습니다. 백조는 단 한 차례, 죽기 직전에 노래한다는 이야기가 있습니다. 그처럼 모세도 마지막에 저 유명한 노래를 우리에게 주었습니다(신 31:30). 그 노래는 이렇게 시작합니다. "하늘이여 귀를 기울이라 내가 말하리라 땅은 내 입의 말을 들을지어다. 내 교훈은 비처럼 내리고 내 말은 이슬처럼 맺히나니 연한 풀 위의 가는 비 같고 채소 위의 단비 같도다. 내가 여호와의 이름을 전파하리니 너희는 우리 하나님께 위엄을 돌릴지어다"(신 32:1-3). 모세가 정치에 온 힘을 기울여야 할 때는 시를 지을 시간이 없었습니다. 하지만 이제 그는 죽음을 목전에 두고서 그의 정신은 큰 감동에 도취됩니다. 산문은 그를 만족시키지 못할 것이기에, 그는 자신의 생각을 운문으로 표현해야 했습니다. 훌륭하게도, 그의 인간으로서의 모든 재능들은 여호와 그의 하나님을 영화롭게 하려는 그의 마지막 노력에서 최대로 발휘되었습니다. 형제들이여, 이것이 은혜의 좋은 열매가 아니겠습니까? 우리도 그런 열매를 맺을 수 있기를 바랍니다!

　다음으로 그는 이스라엘 지파들을 한 곳으로 모으고 예언의 말씀으로 그들을 축복합니다. 그 축복에 자신의 영혼을 쏟아냅니다. 자신의 후계자에 대해서는 이미 하나님께 간구하였기에, 그는 여호수아에게 안수합니다. 그에게 책임을 맡기고, 그를 격려하며, 백성들에게 모든 일에서 그를 돕도록 명합니다. 그는 끝내야 할 모든 남겨진 일들을 행하였습니다. 그리고는 기꺼이 그의 마지막을 향해 나아갔습니다.

　　　"하늘로 가는 여행길은 달콤하여라,

저 놀라운 선지자는 맛보았다네.
'저 산에 올라 죽으라' 하나님이 말씀하시니,
그 선지자는 말씀대로 산에 올라 죽었네.

부드럽게 그의 지친 고개를 떨어뜨려
자기 창조주의 가슴에 기대니,
그의 창조주가 그 영혼에 입 맞추시고
그의 육체를 안식하도록 누이시네."

내 형제들이여, 우리 또한 죽는 것을 예상해야 합니다. 그것을 두려워하지 말고, 분발하여 더욱 왕성하게 수고하도록 합시다. 더 담대하게 말씀을 전하고, 더 달콤하게 노래하고, 더 열심히 기도합시다. 꽃들이 그 잎을 떨어뜨리기 전에 그 모든 향기를 내뿜듯이, 우리도 우리 영혼을 주님께 쏟아냅시다. 우리가 사는 동안에도 주를 향하여 살고, 죽을 때에도 주를 향해 죽도록 합시다. 해가 지듯이 우리의 일생의 일이 종결되기를 바랍니다. 해는 서쪽으로 가라앉을 때 정오에 높은 곳에서 빛날 때보다 더 위대해 보입니다!

5. 하나님의 호의에 따른 모세의 죽음

이제 마지막으로, 한 가지를 더 살펴봄으로써 설교를 마치고자 합니다. 모세가 "여호와의 말씀대로" 죽었다는 것은 하나님의 호의를 따라 죽은 것임을 의미합니다.

그의 죽음은 아무것도 아쉬운 것을 남기지 않았습니다. 더 바랄 만한 것이나 부족한 것이 하나도 없습니다. 요단을 건너지 못한 것은, 그의 임종의 시간을 둘러싼 영예 앞에서는 마치 잠시 바늘로 찌르는 아픔에 불과한 듯이 보입니다. 그의 죽음은 그의 생의 절정이었습니다. 그는 지금 자신의 숙명이 성취된 것을 보았고, 어느 것 하나 미흡한 채로 남기지 않았음을 보았습니다. 그는 광야를 지나도록 그 백성을 인도하라는 명을 받았고, 그렇게 했습니다. 그들은 그들이 유업으로 받을 땅의 경계에 서 있습니다. 그들은 그의 손으로 빚어진 백성입니다. 말하자면, 그들은 모세를 도구로 하여 거듭나게 된 민족이며, 하나의 나라가 되기에 그들의 열조보다 훨씬 더 적합하게 되었습니다. 오랜 속박의 불명예스러운 결과들은 광야의 자유로운 공기 속에서 떨쳐내어졌습니다. 그들은 모두 젊었고, 활기차고, 굳세며, 싸움에 준비된 사람들이었습니다. 아무런 약함이 보이지 않고, 이루지 못한 일을 남기지 않았고, 그토록 오래도록 지속된 일이 실패로 끝나지 않았을 때에 세상을 떠난다는 것은 장엄한 일입니다. 우리는 모세에 대해서 이렇게 말할 수 있습니다.

> "짐을 진 그의 몸이 누웠고,
> 즉시로 일하는 것과 사는 것을 멈추었다네."

또한 그의 후계자는 지명되었고, 바로 아래 평지에 있습니다. 그는 그의 아들은 아니었지만, 그의 오랜 수종자였고 마침내 그의 아들처럼 된 사람입니다. 그는 자기 양 떼를 흩어지도록 남겨두지 않았으며, 그가 세운 건축물은 무너지지 않았습니다. 행복한 모세여, 여호수아를 보았도다! 행복한 엘리야여, 엘리사를 보았도다! 떠나는 것을 두려워할 필요가 없습니다. 여호와의 언약궤가 그들과 함께 하기 때문입니다. 일꾼들의 계승은 주인에게 달려 있는 것이지, 일꾼들에게 달린 것이 아닙니다. 우리는 "다른 사람들을 가르칠 수 있는" 사람들을 훈련해야 합니다(딤후 2:2). 하지만 우리는 우리 자신의 특별한 일을 주님께 맡길 수 있어야 합니다. 바울이 디모데를 기뻐했듯이, 모세는 틀림없이 여호수아를 보고서 기뻐했을 것이며, 그를 임명한 것에서 자기 짐을 덜었다고 느꼈을 것입니다.

더 나아가, 그는 최상의 교제 속에서 죽었습니다. 어떤 이들은 자녀들이 임종을 지켜보는 자리에서 죽습니다. 가정 예배와 가족의 애정 속에서 숨을 거두며, 자녀들이 그 눈을 감겨줍니다. 하지만 저 사람 모세에게는 진정한 친족이 없습니다. 여러분은 그가 구스 여인과 결혼했다는 말을 들었을 것입니다(민 12:1). 하지만 여러분은 그녀에 대해 아무것도 알지 못합니다. 여러분은 그에게 자녀가 있었던 것을 알지만, 그들의 이름 말고는 그들에 대해 한 마디도 듣지 못했을 것입니다. 그들의 아버지는 그의 하나님을 섬기는 일에 너무나 몰두하여 그들을 돌보는 일에는 열중할 수가 없었습니다. 우리가 보다시피, 그는 외로운 사람으로 살았고, 외로운 사람으로 죽었습니다. 하지만 하나님이 그와 함께 계셨습니다. 그는 외딴 산 정상에서, 하나님과의 특별히 가깝고도 친밀한 교제 가운데 생을 마감했습니다. 그의 쇠약한 모습을 어떤 사람도 본 적이 없습니다. 그 백성의 입장에서는, "하나님이 그를 데려가시므로 그가 세상에 있지 아니하였습니다"(참조. 창 5:24). 비스가 산은 그에게 천국의 현관이었습니다. 하나님이 낙원의 문 입구에서 그를 맞이하신 것입니다.

그가 죽을 때 그의 마지막 생각의 감미로움은 형용할 수 없을 정도였습니다. 흐리지 아니하였던 그의 눈 앞에는 그 멋진 땅과 레바논이 펼쳐져 있었습니다. 주께서 길르앗에서 단에 이르는 온 땅을 그에게 보여주셨습니다. 저 멀리 갈멜 산이 있고, 그 너머 제일 뒤로는 바다가 있음을 희미하게 바라봅니다. 산맥이 끊어진 곳에서 그는 베들레헴을 보고, 여부스 곧 예루살렘을 봅니다. 그 때 그는 아브라함처럼 그리스도의 시대를 보았고, 믿음으로 성육하신 하나님이 지나가실 길을 봅니다. 오 임마누엘이시여, 당신의 땅이 그의 앞에 나타났으며, 그는 영적인 차원에서 그 모든 것을 보았습니다! 그 어떠한 광경인지요! 하지만 이조차도 더욱 고귀한 전망 속으로 녹아듭니다. 마치 우리가 어린 시절에 환등기(幻燈器)의 불빛으로 볼 때 하나의 광경이 다른 광경 속으로 합쳐지면서 사라지듯이, 지상의 낮은 풍경이 점차 또 다른 풍경으로 겹치면서 사라져갑니다. 그 여호와의 종은 그의 눈으로 보았던 그림자에서 옮겨져, 눈으로는 볼 수 없는 실재 속으로 들어가는 자신을 발견했습니다. 그는 아래에 있는 가나안을 떠나 위에 있는 가나안으로 갔으며, 지상에 펼쳐진 예루살렘의 광경을 떠나서 영광스러운 저 평화의 도성으로 들어갔습니다. 어느 랍비는 말하기를, 이 본문의 의미는 모세가 하나님의 면전에서 죽었으며, 여호와의 입맞춤에 의해 그의 영혼이 거두어진 것이라고 했습니다. 그런지는 내가 알 수 없지만, 나는 이 진리 속에 그들의 전승이 만들어 낼 수 있는 것보다 더 아름다운 것이 있다고 믿어 의심치 않습니다. 마치 한 어머니가 그녀의 아이를 안고서 입을 맞춘 후 그 아이를 침대에 뉘여 잠들게 하듯이, 여호와께서도 모세의 영혼에 입맞춤하시고서 영원토록 자기와 함께 있도록 데리고 가셨습니다. 그런 후에 그분은 그의 몸을 우리가 알지 못하는 곳에 숨기셨습니다. 모세처럼 매장된 자가 또 어디에 있습니까? 천사들이 모세의 시체를 두고 다투었지만(유 9), 사탄은 그것을 자기 목적으로 사용하는데 실패했습니다. 그 몸을 잃어버린 것이 아닙니다. 그 몸은 합당한 때에 변화산에 나타나, 가장 위대한 사건으로 밝혀질 일에 대해 예수님과 대화를 나누었기 때문입니다. 오, 우리 역시 가장 즐거운 것을 바라보면서, 곧 우리가 천국으로 올라갈 때 천국이 우리에게로 내려오는 전망 가운데 세상을 떠날 수 있기를 바랍니다! 우리 또한 죽은 자들 가운데서 부활에 이르기를 바라며, 영광 중에 거하시는 우리 주님과 함께 있게 되기를 바랍니다!

곧 우리의 차례가 올 것입니다. 우리는 그것을 두려워합니까? 우리는 주님을 섬기도록 호의를 입었기 때문에, 때가 되면 집으로 부름을 받는 호의를 입을 것입니다. 언제든지 준비되어 있도록 합시다. 예, 즐거이 떠날 채비를 갖추도록 합시다. 우리가 죽어갈 때에는, 납달리 땅과 에브라임 땅이 아니라 언약의 땅을 보게 될 것입니다. 그 언약에서 무수하게 약속된 것들이, 마치 모세의 발 아래에 가나안이 펼쳐졌듯이 우리 영혼 앞에 펼쳐질 것입니다. 보배로운 약속들을 행복하게 누리기를 열망했던 우리는, 그 약속들이 성취된 곳으로 안내받는 우리 자신을 발견하고 놀라게 될 것입니다.

믿는 자들에게 죽는 것은 사망이 아닙니다. 예수님이 죽으셨고 다시 사셨기에, 사망의 쏘는 것은 없어졌습니다. 그러므로 우리는 모세가 서 있는 곳에 올라, 저 위의 경치를 바라볼 준비를 하도록 합시다. 아멘.

> "그곳에서 우리는 주의 얼굴을 보리니
> 결코, 다시는 죄를 짓지 않을 것이며,
> 오직 그분의 은혜의 강물에서
> 영원한 즐거움을 마시게 되리."

여호수아

제
1
장

—

하나님의 종들을 위한 강장제

—

"내가 너를 떠나지 아니하며 버리지 아니하리니." — 수 1:5

의심의 여지 없이 하나님께서는 여호수아에게 이전부터 말씀해 오셨습니다. 그는 오랜 세월 동안 믿음을 지켜온 사람이었습니다. 믿음으로 말미암아 여호수아는 성실한 성품과 주님의 뜻에 순종하는 사람이 될 수 있었으며, 이로 말미암아 애굽에서 나온 전 세대 중에 오직 그와 또 다른 한 사람(갈렙)만이 살아 남을 수 있었습니다. 그는 "믿음이 없는 세대 가운데 믿는 자가 되었고," 다른 모든 사람들이 죽은 곳에서 살아 남았습니다. 원기 왕성한 가운데 꿋꿋이 서 있는 그는, 도끼에 잘려지지 않고 푸릇푸릇한 가지들을 뻗은 외로운 나무에 비유됩니다. 그리고 여호수아에게 이제 막 새로운 사명이 주어졌습니다. 그는 마침내 모세를 계승하여 여수룬에서 왕이 되었습니다. 그는 종에서 일약 통치자가 되었으며, 이스라엘 백성을 요단 저편으로 인도하고, 약속의 땅을 정복하기 위해 군사들을 지휘할 권세를 얻게 되었습니다. 바야흐로 이 고귀한 역사를 시작하려는 마당에 하나님께서 그의 종에게 임하셨고, "내가 모세와 함께 있었던 것 같이 너와 함께 있을 것임이니라. 내가 너를 떠나지 아니하며 버리지 아니하리니"라고 그에게 말씀하셨습니다.

하나님의 사람이 새로운 직책을 시작할 때 하나님의 사랑의 새 계시를 받을 것입니다. 새로운 위험 앞에서 새로운 보호를 받을 것이며, 새로운 어려움 앞에서 새로운 도움을 받을 것이며, 새로운 실망 앞에서 새로운 위로를 받을 것입니다. 그리하여 우리는 환난 중에도 기뻐할 수 있습니다. 왜냐하면 환난은 우리에게 하나님의 자비가 들어오는 새롭게 열린 문이기 때문입니다. 우리는 우리에게 닥치는 극도의 곤경을 기뻐할 것입니다. 왜냐하면 그 곤경이란 거룩한 기회가 되기 때문입니다. 하나님께서 여호수아에게 말씀하셨을 때 특별히 격려하셨으며, 하나님의 격려는 아주 시의적절한 것이었습니다. 여호수아 앞에 닥친 위험이 큰 만큼 만군의 주 하나님께서 주시는 위로의 말씀 또한 컸습니다. "내가 네게 명령한 것이 아니냐? 강하고 담대하라. 두려워하지 말며 놀라지 말라. 네가 어디로 가든지 네 하나님 여호와가 너와 함께 하느니라"(수 1:9).

1. 첫 번째, "내가 너를 떠나지 아니하며 버리지 아니하리니,"
이 말씀이 여호수아에게 얼마나 시의적절한 위로였는지 살펴보겠습니다.

이 말씀이 여호수아를 직접 언급하였다는 점에서 그에게 큰 격려가 되었을 것이 틀림없습니다. 여호수아는 모세를 알았고, 모세를 크게 존경했습니다. 모세는 위대한 사람이었고 불세출의 영웅이었습니다. 여인이 낳은 자들 중에 모세만큼 위대한 인물은 거의 없습니다. 여호수아는 그의 종이었고, 분명히 그 위대한 율법 수여자에 비해 자신이 턱없이 부족하다고 생각했습니다. 사람이 자기보다 훌륭한 정신을 가진 사람과 관련시켜 생각할 때 자신이 부족하다는 느낌을 더 많이 받게 됩니다. 만일 여러분이 자신보다 못한 사람들과 어울린다면 뽐내기 쉽습니다.

그러나 훌륭한 정신을 가진 사람들과 친밀한 교제를 나눈다면 여러분이 의기소침해질 가능성이 훨씬 많으며, 겸손이 지나쳐서 자신을 하찮게 여길 수 있습니다. 결국 겸손이란 자신의 능력에 대한 올바른 평가입니다. 여호수아는 자신의 부족함을 절감하고 다소 의기소침하였을 것입니다. 그때에 하나님께서 주신 이 기분 좋은 보장의 말씀, 곧 "내가 너를 떠나지 아니하리라. 네가 모세보다 지혜롭거나 온유하거나 용기 있는 것은 아니지만 나는 너를 떠나지 아니하며 버리지 아니하리라"는 하나님의 말씀은 그에게 힘이 되었습니다.

하나님께서 우리의 연약함을 붙들어 주신다면 그 연약함이 강함으로 바뀔 것입니다. 하나님께서 우리의 어리석음을 붙들어 주신다면 그 어리석음이 지혜로 바뀔 것입니다. 하나님께서 우리의 소심함을 붙들어 주신다면 그 소심함이 용기로 바뀔 것입니다. 사람이 하나님의 임재를 깨닫고 자신에게 임한 하나님의 능력으로 말미암아 자신의 연약함까지 기뻐한다면, 자신이 아무것도 아니라는 사실을 아무리 깊이 의식한다 할지라도 문제될 것이 없습니다. 하나님께서 아무리 연약한 남자나 여자라도 "내가 너를 떠나지 아니하며 버리지 아니하리라" 말씀하신다면, 어떠한 패배의식도 그 고상한 영혼을 방해하지 못할 것입니다. 이 말씀이 떨고 있는 자에게 어떤 대적도 꺾을 수 없는 사자 같은 용기를 북돋워 줄 것입니다.

여호수아가 받은 위로는 대적 앞에서 큰 힘이 되었을 것입니다. 여호수아는 일찍이 대적의 땅을 정탐하였으며, 그곳에 신장과 힘으로 명성을 떨치던 거인족이 거주하고 있다는 것을 알고 있었습니다. 소위 아낙 자손들이 거기에 있었고, 또한 "강하고 많고 키가 큰" 족속들이 거기에 있었습니다. 그는 그 거인들이 호전적이며, 사람들의 간담을 서늘하게 할 정도로 파괴적인 무기들을 능수능란하게 사용하였으며, 그들에게 철병거가 있다는 것을 알고 있었습니다. 또한 그들의 성읍이 어마어마하게 크다는 사실도 알고 있었습니다. 지금도 그곳을 여행한 관광객들은 그 많은 바위들을 무슨 수로 그 높은 곳까지 들어올렸을까 의심할 정도로 놀라고 있습니다. 다른 정탐꾼은 가나안 사람들이 사는 성읍의 성곽은 하늘에 닿았다고 보고하였습니다. 여호수아가 그런 과장된 말을 인정하지는 않았지만 아무튼 정복해야 할 성읍들이 크고 강한 요새들이었으며, 진멸해야 할 사람들은 사납고 용맹스럽고 힘있는 자들이라는 것을 여호수아는 알고 있었습니다.

그러므로 주님께서 "내가 너를 떠나지 아니하며 버리지 아니하리니"라고 말씀하셨던 것입니다. 이보다 더 필요한 말씀이 어디 있습니까? 분명히 하나님 앞에서 아낙 자손은 난쟁이에 불과하며, 요새는 오이 농장에 있는 오두막에 불과하며, 철병거들은 폭풍 앞에 날리는 엉겅퀴의 관모 같습니다. 지존하신 하나님을 대적할 힘이 있는 자가 어디 있습니까? 여호와를 거역할 자가 어디 있습니까? "만일 하나님이 우리를 위하시면 누가 우리를 대적하리요?" 일단 한 번 하나님께서 우리의 편이 되시기만 한다면 우리와 함께 하는 자들이 우리를 대적하는 자들보다 더 많습니다. "그러므로 땅이 변하든지 산이 흔들려 바다 가운데에 빠지든지 바닷물이 솟아나고 뛰놀든지 그것이 넘침으로 산이 흔들릴지라도 우리는 두려워하지 아니하리로다"(시 46:2, 3). "군대가 나를 대적하여 진 칠지라도 내 마음이 두렵지 아니하며 전쟁이 일어나 나를 치려 할지라도 나는 여전히 태연하리로다 그 중에서 안연하리로다"(시 27:3).

이 위로는 또한 모든 것을 공급해 주시겠다는 확실한 약속이었습니다. 아마도 여호수아는 만나가 더 이상 내리지 않으리라는 사실을 알았을 것입니다. 광야에 서는 하늘의 양식이 계속 공급되었지만 요단을 건넜을 때 이스라엘은 적지에서 야영을 해야 했습니다. 그리고 여호수아의 지휘 아래 있는 수많은 사람들에게 양식을 공급하는 문제는 분명히 보통 일이 아니었을 것입니다. 어떤 계산에 의 하면 거의 삼백만 명이 애굽에서 나왔다고 합니다. 저는 이런 계산이 정확하다 고 믿지는 않습니다. 구약에서 숫자의 문제는 아직 완전하게 해결되지 않았으 며, 히브리어를 연구할수록 숫자에 대한 오류가 많다는 사실이 밝혀지고 있습니 다.

그러나 어쨌든 수많은 사람들이 여호수아와 함께 광야 끝에 이르렀고, 요단 강을 건너 가나안 땅에 들어갔습니다. 이 배고픈 무리를 누가 먹일 수 있겠습니 까? 여호수아는 이렇게 말했을 것입니다. "만나가 그쳤으니 이 큰 무리를 위해 가축 떼를 모조리 도살해야 하나요? 바다가 물고기를 토해 주나요? 어떻게 이 많 은 사람들을 먹여야 합니까?" 바로 그때에 "내가 너를 떠나지 아니하며 버리지 아니하리라"는 하나님의 말씀은 식량을 보급해 달라는 모든 요구에 대한 확실한 응답이었습니다. 하나님께서 이스라엘 백성들에게 양식을 찾을 수 있게 하시므 로 그들은 배불리 먹을 수 있을 것입니다. 광야의 기적이 그친 지금 그들의 옷이 낡았지만, 대적들의 옷장에서 새로운 옷을 얻게 될 것입니다. 주님께서 당신의 곡물 창고를 여실 때 아무도 부족함이 없을 것입니다. 주님께서 당신의 옷장을 여실 때 아무도 헐벗고 다니지 않을 것입니다.

사람들이 자기 곁을 떠나는 것을 보았을 때, 눈의 아들 여호수아의 마음에 이 말 씀이 틀림없이 큰 위로가 되었을 것입니다. 여호수아가 40년 동안 광활하고 혹 독한 광야를 함께 걸어왔던 친구들 중에 지금 남아 있는 사람은 존경할 만한 갈 렙밖에 없었습니다. 갈렙과 여호수아는 모두 마지막으로 남은 곡식 다발이었으 며, 완전히 무르익어 수확하게 된 곡식 단과 같았습니다. 노인들은 점점 외로워 집니다. 그들이 외로워하는 것은 별로 이상한 일이 아닙니다. 하나하나 늙은 친 구들이 떠나고 그들만 남아 있습니다. 그들은, 모두 따뜻한 기후를 찾아 떠나고 홀로 남아 있는 가을 제비와 같습니다. 그러나 주님께서는 말씀하십니다. "내가 너를 떠나지 아니하리라. 나는 죽지 아니하느니라. 내가 언제나 너와 함께 하리

라. 하늘에 있는 너의 친구는 네가 살아 있는 동안 언제나 너와 함께 하느니라."

여호수아 때에 태어난 이스라엘 백성들은 그들의 선조들보다 조금도 나을 것이 없었습니다. 그들의 선조들은 싸워야 할 때에 뒤돌아 섰고, 진노 받을 죄에 너무나 쉽게 빠졌습니다. 모세가 그런 이스라엘 백성들을 다룰 때 힘들었던 것만큼 여호수아도 그들을 다루기가 여간 힘들지 않았습니다. 모세가 이 백성들을 인도할 때 그 마음이 얼마나 상했는지 모릅니다. 그래서 주님께서는 백성들을 믿지 말고, 그들이 설령 거짓되고 배반하더라도 좌절하지 말라는 의미에서 여호수아에게 이 말씀을 하신 것으로 보입니다. "내가 너를 떠나지 아니하리라. 그들은 너를 떠날지라도 나는 너를 떠나지 아니하고 버리지 아니하리라. 결국 그들은 겁쟁이요 너를 배신할 것이지만 나는 너를 버리지 아니하리라." 형제보다 더 친밀하게 언제까지나 함께 하시는 친구가 곁에 계시며, 더구나 그분이 신실하시며 또한 많은 물로도 지울 수 없는 확실한 사랑의 증거를 우리에게 주신다는 사실을 안다는 것은 이 거짓되고 변하기 쉬운 세상, 곧 우리와 함께 떡을 먹은 자가 우리에게 뒷발질하고, 다정하게 상담해 주던 자가 아히도벨처럼 그 지혜로 악한 꾀를 내어 해를 끼치는 이런 세상에서 얼마나 다행한 일인지요.

2. 두 번째, 우리는 이 약속의 말씀을
언제 우리 자신에게 적용할 수 있을까요?

하나님께서 여호수아에게 하신 이 말씀을 경청하는 것은 지극히 당연한 일입니다. 그러나 오 하나님, 당신께서 이처럼 우리에게도 말씀하신다면 우리에게 얼마나 큰 위로가 되겠습니까! 그렇게 하고 계시다고요? 정말 당신께서 우리를 위로하신다고 우리가 믿어도 되겠습니까? 사랑하는 성도 여러분, 성경의 모든 내용은 여호수아와 같은 믿음을 가진 사람들에게 똑같은 효력을 나타냅니다. 성경은 개인을 위한 말씀이 아닙니다. 어떠한 말씀도 처음에 받은 한 사람만을 위한 말씀이 아닙니다. 하나님의 위로는 혼자서 다 마실 수 없는 샘물과 같습니다. 아무리 갈증이 심한 사람이라도 하나님의 위로의 샘물을 혼자서 다 마실 수는 없습니다. 오늘 주신 말씀의 샘물은 처음에는 여호수아를 시원하게 해 주기 위해 솟아 나왔지만, 아울러 우리도 여호수아의 입장이 되고, 또 그와 같은 인격을 소유하게 되면 우리도 우리의 물 항아리를 가지고 샘가에서 물을 길을 수 있는 것입니다.

하나님께서 "내가 너를 떠나지 아니하며 버리지 아니하리라"고 언제 분명하게 위로의 말씀을 하시는지 말씀드리고자 합니다. 우리가 하나님의 일을 하도록 부르심을 받았을 때 하나님은 확실하게 우리에게 위로의 말씀을 하십니다. 여호수아의 일은 곧 하나님의 일이었습니다. 이스라엘 백성에게 그 땅을 주시며, "내가 네 앞에서 가나안 사람을 쫓아내리라"고 약속하신 분은 하나님이셨습니다. 여호수아는 하나님의 계획을 실행하는 자였으며, 저주받은 족속들을 쫓아내기 위해 하나님께서 사용하신 칼이었습니다. 여호수아는 무모하게 자기가 결정하고 자기가 계획하여 가나안 땅에 들어간 것이 아니었습니다. 여호수아가 스스로 자기의 일을 선택한 것이 아니라 하나님께서 그를 불러 그에게 그 직무를 주시고 그 일을 하라고 명령하셨으며, 그러므로 하나님께서 그에게 "내가 너를 떠나지 아니하며 버리지 아니하리라" 말씀하셨던 것입니다.

형제여, 여러분도 하나님을 섬기고 있나요? 여러분도 영혼을 구원하는 목적을 가지고 살고 있나요? 하나님께 쓰임받는 도구가 되어 타락한 사람들에게 하나님의 은혜로운 뜻을 성취하는 것이 여러분의 주된 목적인가요? 하나님께서 지금 있는 자리에 여러분을 세우셨고, 생명을 바쳐 하나님의 일을 하라고 여러분을 부르신 줄로 알고 있나요? 그렇다면 하나님의 이름으로 행하십시오. 왜냐하면 하나님께서 그의 일을 하라고 여러분을 부르신 것이 확실한 이상, 하나님께서 그의 모든 종들에게 말씀하신 것처럼 여러분에게도 "내가 너를 떠나지 아니하며 버리지 아니하리라"고 말씀하시는 것이 분명하기 때문입니다. 그런데 제가 듣기로 여러분 중에 일부는 "우리가 정확히 하나님을 위한 일이라고 말할 수 있을 만큼 그렇게 큰 일을 하고 있지는 않습니다"라고 말합니다. 자, 형제들이여, 하나님의 영광을 나타내기 위해 애쓰고 있습니까? 여러분이 평상시에 늘 하는 일이 합법적입니까? 여러분은 정직하게 돈을 벌고 있다고 장담할 수 있습니까? 여러분은 올바른 원칙을 따라 일을 하십니까? 여러분은 가게에서 하나님을 영화롭게 하려고 노력하십니까? 여러분은 말을 타고 다니며 주님의 거룩하심을 나타내고 있습니까?

우리 모두가 설교자가 된다는 것은 불가능합니다. 왜냐하면 어디에나 듣는 자들이 있어야 할 것이기 때문입니다. 자신의 생업을 떠나서는 안 되는 많은 사람들이 '성역(聖役)'이라는 비성경적인 명분에 빠져듭니다. 사실, 가장 진실한 신앙의 삶은 그리스도인의 정신으로 일상생활에서 부르심을 따르는 것입니다. 지금 여러분은 그렇게 하고 있습니까? 그렇다면 여호수아가 히위 족속, 여부스 족속, 헷 족속을 죽인 일만큼 여러분이 천을 재어 잘라 주는 일이나 차(茶)의 무게를 저울에 다는 일 또한 하나님 앞에서 성역을 감당하고 있는 것입니다. 부르심을 받아 만군의 주 하나님을 위해 싸우는 군대를 인도하는 것만큼 여러분이 자녀들을 돌보고, 그들로 하나님을 경외하도록 양육하며, 집을 지키며, 여러분의 가정을 하나님을 섬기는 교회로 만드는 일 또한 하나님을 크게 섬기는 일입니다. 그러므로 이 약속의 말씀을 여러분에게 적용하십시오. 자신의 임무를 잘 감당하는 사람들은 이 약속의 말씀을 받을 자격이 있습니다. "내가 너를 떠나지 아니하며 버리지 아니하리라."

자, 이제 여러분 자신을 점검하십시오. 여러분이 자신을 위해 살고 있는지, 이익을 위해 살고 있는지, 자기 본위가 삶의 목적인지, 혹은, 더러운 부름을 쫓아가고 있는지, 여러분이 행하는 일 가운데 하나님의 마음과 뜻, 그리고 바른 교리에 위배되는 것이 조금이라도 있는지 자신을 점검하십시오. 만일 그렇다면 하나님께서 죄 가운데 있는 여러분을 도와주시리라고 기대할 수 없으며, 또 하나님께서 그렇게 하지도 않으실 것입니다. 여러분은 자신의 욕심을 이루게 해 달라고 하나님께 요구할 수 없으며, 자신의 이기심을 채워 달라고 기도할 수 없습니다.

점검해야 할 또 하나의 문제가 있습니다. 이 약속을 내 것으로 삼고자 한다면, 우리는 하나님을 우리의 계산에 포함시켜야 합니다. 많은 사람들이 하나님에 관해 생각하지 않고 자신의 필생의 사업을 시작합니다. 자칭 그리스도인이라고 하는 많은 사람들이 일상생활에서 하나님을 잊고 있다는 사실을 저는 우려합니다. 형제 자매들이여, 여러분은 하나님을 여러분의 계산에 늘 포함시키고 있습니까? 여러분은 전지하신 인도와 전능하신 도움을 의지하십니까? 저는 어느 사령관의 이야기를 들어본 적이 있습니다. 그는 자신의 군대를 잘못 지휘하여 아주 어려운 상황에 빠지게 하였습니다. 그는 다음 날 군인들이 사기충천해 주기를 바랐습니다. 그래서 그는 변장을 하고 해질녘에 군인들의 막사를 돌다가 군인들끼리 이야기하는 것을 들었습니다. 그 중 한 명이 이렇게 말하였습니다. "우리 대장은 아주 훌륭한 전사야. 많은 승리를 거두었지. 하지만 이번만큼은 실수하셨어. 적의 숫자는 너무 많아. 보병대, 기병대, 포병대가 엄청나." 그 군인은 계산서를 이미 다 작성하였고, 어설프게 대세를 판단하였습니다. 지휘관은 더 이상 참지 못하고 막사 안으로 들어가 이렇게 말했습니다. "나를 네 계산 속에 포함시켰느냐?" 이 말은 "나는 수많은 전쟁을 승리로 이끌었어. 그러니 너희는 내 솜씨로 대대 병력을 지휘하면 전투력이 크게 증가될 수 있다는 사실을 알아야 해"라는 말입니다. 이와 같이 주님께서는 자신의 종들이 하는 말을 들으십니다. 그들은 자신들에게 아무런 힘이 없으며, 할 수 있는 것이 거의 없고, 도울 자도 없다고 말합니다. 그런 자들에게 다음과 같이 책망하시는 주님의 음성이 들려옵니다. "너희는 하나님을 계산에 포함시켰느냐? 너희의 평가 속에 하나님께서 계시지 않지 않느냐? 너희는 준비(providing)를 의논하면서 섭리(providence)의 하나님을 잘도 잊는구나. 너희는 일(working)에 대하여 의논하면서 너희 안에서 소원을 두고 일하시는(worketh) 하나님, 자신의 기쁘신 뜻대로 일하시는 하나님을 잘도 잊는구나."

우리가 사역을 감당할 때 믿는 사람들조차 얼마나 종종 우리의 소매를 붙잡고 우리가 너무 무모한 것이 아니냐고 말했는지 모릅니다. 우리가 맡은 일을 해낼 수 있다고 자신할 수 있을까요? 아닙니다. 우리는 자신할 수 없습니다. 다만 우리가 자신할 수 있는 것은 하나님을 믿는 것뿐이요, 하나님께는 모든 일이 가능하다는 사실뿐입니다. 여러분이 하나님의 사역을 한다면, 얕은 물가에서 과감히 거룩한 믿음의 깊은 물 속으로 들어가도 상관없습니다. 왜냐하면 우리의 믿음을 축복하시는 하나님께서 머지않아 우리의 사역을 형통하게 하실 것이기 때문입니다. 오, 그리스인이여, 여러분이 감히 그렇게 한다면, 그리고 그것이 결코 모험이 아니라고 생각한다면, 다음의 약속을 여러분의 것으로 삼을 수 있습니다. "내가 너를 떠나지 아니하며 버리지 아니하리라."

이제 우리가 하나님의 일을 할 때, 또는 우리의 생업을 하나님의 일로 여길 때, 그리고 참으로 믿음으로 하나님을 우리의 계산에 포함시킬 때 이 약속이 우리의 것이 된다는 사실을 기억하십시오. 그러나 우리는 또한 조심스럽게 하나님의 길로 나아가야 합니다. 본문 다음 구절을 살펴봅시다. 6절에서는, "강하고 담대하라"고 말씀하고 있고, 7절에서는 독특하게 "오직 강하고 극히 담대하여 나의 종 모세가 네게 명령한 그 율법을 다 지켜 행하고 우로나 좌로나 치우치지 말라 그리하면 어디로 가든지 형통하리니"라고 말씀하고 있습니다.

"강하고 담대하라." 무엇을 위해 강하고 담대하라는 것입니까? 바로 순종을 위해서입니다! 강하고 담대하게 순종하기를 원하십니까? 요즘에는 하나님의 계명에 얽매이지 않는 사람을 담대하다고 생각하고, 계시의 말씀을 비웃는 사람을 강하다고 생각한답니다. 하지만 안심하십시오. 바보라는 소리를 들어도 개의치 않고, 예전의 바른 진리를 고수하며 예전의 바른 길로 계속 걸어가는 그런 사람이 참으로 강한 마음과 정신을 소유한 사람입니다. 저는 새롭고 가벼운 사조(思潮)를 쫓아가기보다 예전의 것을 지키는 데 더 많은 용기와 힘이 필요하다고 믿습니다.

여러분이 어떻게 살아야 할지 조심하십시오. 우리의 발걸음을 내딛을 때마다 조심해야 합니다. 정확히 거룩한 규례를 따르고, 사람의 생각은 염두에 두지 마십시오. 사람의 잘못된 생각은 무시해도 좋습니다. 그러나 하나님의 계명에는 충실하며 그 앞에 굴복하십시오. 여러분의 존재를 다 드려 지존하신 하나님의 모든 명령을 기쁘게 복종하십시오. 이 약속은 바른 길로 나아가는 자의 것입니다. "내가 너를 떠나지 아니하며 버리지 아니하리라."

3. 이제 세 번째, 이 약속이 의도하지 않는 사실을 생각해 봅시다.

"내가 너를 떠나지 아니하며 버리지 아니하리라." 우리는 이 은혜로운 말씀을 오해하지 말아야 합니다. 그래서 우리의 예상과 반대의 일이 벌어지더라도 우리는 실망하지 말아야 합니다.

이 약속은 우리의 노력을 배제하지 않습니다. 하나님의 약속에 대한 오해들이 많습니다. 어떤 이들은 하나님께서 자기와 함께 하시면 자기가 할 일은 전혀 없다고 생각합니다. 여호수아는 그렇지 않다는 것을 체험했습니다. 그와 그의 군대는 아모리 족속, 헷 족속, 히위 족속을 죽여야 했습니다. 여호수아는 싸워야 했고, 마치 하나님께서 전혀 도와주시지 않는 것처럼 그의 오른팔을 열심히 휘둘러 대적을 물리쳐야 했습니다. 세상에서 가장 지혜로운 것은 자신에게 모든 것이 달려 있는 양 최선을 다해 일하고, 그 다음에 모든 것이 하나님께 달려 있는 줄 알고 하나님을 신뢰하는 것입니다. 하나님은 우리를 버리지 않지만, 그렇다고 우리가 팔짱을 끼고 앉아 있으면 안 됩니다. 하나님은 우리를 버리지 않지만, 그렇다고 잠이나 자면서 매일의 양식이 우리의 입에 떨어지기만을 기다려서는 안 됩니다. 제가 아는 게으른 사람은 "여호와 이레"를 외치면서 앉아서 난로망 위에 발을 올려놓고 팔짱을 낀 채 게으르고 방종하였습니다. 대체로 그런 사람들의 뻔뻔스러움은 비참한 종말로 끝이 났습니다. 하나님은 그들에게 넝마와 천 조각을 주셨으며, 머지않아 교도소에 자리를 마련해 주셨습니다. 제 생각에는 이것이 게으른 사람들에게 지급될 최대의 보급품이며, 그들이 이것을 빨리 받으면 받을수록 사회는 좋아집니다. 하나님은 우리의 게으름을 용납하지 않으십니다. 이 세상에서 일하지 않고 좋은 것을 얻고자 하는 사람은 바보입니다. 하나님을 섬기는 일에 여러분의 생명을 바치십시오. 그리하면 여러분이 하나님을 의지하는 한 반드시 하나님의 복을 받을 것입니다. 올리버 크롬웰 역시 이 진리와 공통된 의식을 가졌습니다. 군인들이 싸우러 나갈 때, 그는 "하나님을 신뢰하라, 그러나 만반의 준비를 갖추라" 했습니다. 우리도 그리해야 합니다.

이 약속은 느닷없이 닥치는 재난을 막아 주지는 않습니다. 여호수아가 이 약속을 받은 후 아이 성으로 올라갔고 거기서 처절한 패배를 당해야 했습니다. 이스라엘 백성이 전쟁의 규례를 어겼기 때문입니다. 즉, 이스라엘이 하나님을 속이고 여리고 성의 전리품 중에서 일부를 빼돌려 아간의 장막 가운데 숨겼던 것입니다. 바로 이 때문에 이스라엘이 뼈아픈 패배를 당해야 했습니다. 그렇습니다. 계명을 조금도 어기지 않는 철저한 사람이라도 아주 성공적으로 사업을 경영하는 가운데서도 크게 낙심할 때가 있음을 예상해야 합니다. 바다를 보십시오. 출렁거리는 바다는 곧 만조가 되지만, 밀려오는 파도는 해변에서 모두 소멸됩니다. 해변을 삼킬 듯 큰 파도가 두세 번 밀려온 후에는 해변을 핥는 잔잔한 파도가 밀려옵니다. 그러나 어쨌든 바다는 기필코 만조가 될 것입니다. 이와 같이 하나님을 위한 선한 모든 일에는 때때로 역류하는 파도가 존재합니다. 실제로 하나님은 그의 종들을 뒤로 물러서게 하십니다. 이로써 그들은 제자리에서 뛰는 것보다 더 멀리 도약할 수 있게 됩니다. 믿음 안에서 당하는 패배는 승리를 위한 준비일 뿐입니다. 우리가 잠시 두들겨 맞는다면, 그 순간 우리는 칼을 더 예리하게 갈고 있는 것이며, 다음 순간에 우리의 대적들은 우리의 칼이 얼마나 예리해져 있는지 알게 될 것입니다.

또한 이 약속은 믿음의 환난과 시련을 막아 주지 않습니다. 하나님의 도우심으로 할레(Halle)의 고아원을 설립하고 운영하였던 유명한 할레의 프랑케(August H. Francke)는 자서전에서 이런 말을 하였습니다. "내가 믿음으로 하나님께 나 자신과 나의 일을 맡겼을 때 필요한 것을 구하기만 하면 즉시 공급이 되는 줄 생각했습니다. 그러나 때때로 나는 오랫동안 기다리며 기도해야 한다는 것을 깨달았습니다." 공급이 오기는 하였지만 즉시 오지는 않았습니다. 한 번도 절대 빈곤에 이를 만큼 곤란하지는 않았지만 혹독한 고난의 과정이 있었으며, 여유는 없었습니다. 밑바닥에 깔려 있는 한 스푼의 양식까지 긁어모아야 했으며, 마지막 남은 한 방울의 기름까지 쥐어짜내야 했습니다. 하지만 결코 그것이 마지막 기름은 아니었으며, 언제나 약간의 양식은 남아 있었습니다. 우리에게 빵이 공급될 것이지만 항상 최고급 빵은 아니며, 우리에게 물이 공급될 것이지만 항상 시내가 넘치지는 않으며, 불과 작은 컵에 따를 정도의 물만 공급될 수도 있습니다. 하나님은 어느 누구에게도 믿음의 시련이 없이 하늘나라에 이를 것이라고 약속하지 않으셨습니다. 하나님은 여러분을 떠나지 않으시지만 여러분을 매우 낮추실 것입니다. 하나님은 여러분을 버리지 않으시지만 여러분을 시험하시고 연단하실 것입니다. 여러분은 심령을 지키기 위해 자주 믿음을 사용해야 할 것입니다. 하나님께서 여러분의 믿음을 흔들리지 않게 붙들어 주시지 않는다면 여러분은 극도로 불안하게 될 것입니다.

　한 가지 더 말씀드리고자 하는 것은 이 약속이 우리의 최대의 고난(죽음)을 막아 주지 않는다는 것입니다. 사람들이 매우 슬프고 끔찍하게 생각하는 죽음을 이 약속은 막아 주지 않습니다. 하나님께서는 한 번도 바울을 떠나지 않으셨지만 저는 바울의 머리가 사형집행인에 의해 잘려 나간 장소를 보았습니다. 주님은 한 번도 베드로를 떠나지 않으셨지만 베드로 또한 그의 선생님처럼 십자가에 달려 죽어야 했습니다. 주님은 순교자들을 한 번도 떠나지 않으셨지만 순교자들은 불병거(화형을 의미함)를 타고 하늘로 올라가야 했습니다. 주님은 한 번도 교회를 떠나지 않으셨지만 교회는 종종 거름더미 위에 밟히는 볏짚처럼 밟혔습니다. 교회는 온 세상에서 피를 흘렸고, 그래서 교회가 완전히 없어지는 것 같았습니다. 아시다시피 지금도 교회의 역사는 본문 말씀을 입증하는 실례일 뿐입니다. 하나님은 교회를 떠나지 아니하셨고 버리지 아니하셨습니다. 우리는 성도들의 죽음을 패배가 아니라 승리로 이해합니다. 성도들이 차례로 죽을 때 그들이 아래에서 볼 수 없었던 별빛을 저 높은 하늘에서 열 배나 밝게 볼 수 있었습니다. 별빛을 가리고 있던 구름을 지나 그들이 천국에 이르렀기 때문입니다. 사랑하는 성도들이여, 우리는 겟세마네 동산 같은 곳에서 신음할 수도 있지만 하나님은 우리를 떠나지 않으실 것입니다. 골고다 언덕 같은 곳에서 탄식할 수도 있지만 하나님은 우리를 버리지 않으실 것입니다. 우리는 다시금 일어설 것이며, 주님께서 죽음을 이기셨던 것처럼 우리도 최대의 고통과 가장 끔찍한 패배(죽음을 의미함)를 이기고 마침내 주님의 보좌에 이르고야 말 것입니다.

**4. 이제 저는 네 번째 대지를 잠시 말씀드리겠습니다. 우리에게
이 모든 시련이 일어날 수 있다면 도대체 본문의 의도는 무엇입니까?**

본문의 말씀에 해당되는 여러분에게 이 말씀은 첫째, 여러분의 일이 실패하지
않는다는 것이요 둘째, 여러분은 버림을 당하지 않는다는 것입니다.

"내가 너를 떠나지 아니하리라"(will not fail). 곧 여러분의 수고가 주 안에서 헛
되지 않을 것입니다. 무엇이 헛되지 않다는 말씀입니까? 수많은 사람들에게 복음
을 전하게 된다는 말일까요? 하나님은 복음을 전하는 여러분을 떠나지 아니하실
것입니다. 제 기억에 20년 전에 저는 단순한 마음으로 복음을 전하였습니다. 약
간의 감동은 있었으나 지혜로운 사람들은 저의 설교를 경시하였고 여섯 달 안에
그 모든 감동은 사라졌습니다. 우리는 계속 설교했습니다. 이윽고 많은 사람들
이 우리의 설교를 들었지만, 그들의 감동은 "일시적인 흥분이요 일종의 종교적
인 발작"이었습니다. 그것은 냄비처럼 순간적으로 끓다가 금방 식어지곤 하였습
니다. 저와 같은 선지자들이 지금 어디에 계시는지 저는 알고 싶습니다. 만일 여
기에 그런 분이 계시다면 예언이 성취되지 않았다고 슬퍼하지 마시기 바랍니다.
이로 인하여 자족하는 법을 배우기 바랍니다.

땅과 하늘에 있는 것들도 수없이 하나님께서 행하신 일을 말할 수 있습니
다. 여러분이 힘써야 할 일은 그런 것이 아니지 않습니까? 매우 조용하면서도 주
제넘지 않고, 은밀한 수고에 힘써야 하지 않을까요? 적지만 누군가 그런 수고를
비웃는다는 것을 저는 의심하지 않을 것입니다. 다윗이 엘리압에게 비웃음을 당
한 것처럼 이 세상에서 주의 일을 힘쓰며 비웃음을 당하지 않은 사람은 거의 없
습니다. 형제여! 힘을 내시고 주의 일에 충성하십시오. 꾸준히 그리고 열심히 일
하시고 여러분의 하나님을 신뢰하십시오. 그리하면 여러분의 일이 실패하지 않
을 것입니다(will not fail).

오랜 세월 동안 열심히 목회하였지만 오직 한 사람만을 교회에 등록시킨 어
느 목회자의 이야기를 저는 들었습니다. 한 사람만 등록시켰다는 것은 그에게
슬픈 일이었습니다. 그런데 우연찮게도 그 등록된 한 사람은 바로 로버트 모팻
(Robert Moffatt)이었습니다. 그는 우리 같은 사람 천 명의 가치가 있습니다. 그리
므로 계속 충성하십시오. 여러분이 오직 한 사람만 그리스도께로 인도하더라도
그 한 사람의 가치를 누가 평가할까요?

여러분의 반은 규모가 매우 적습니다. 하나님께서 역사하지 않는 것같이 느

껴지기도 합니다. 그것을 놓고 기도하십시오. 더 많은 학생들을 불러모으고 더 잘 가르치십시오. 그렇게 했는데도 즉각적인 성공을 눈으로 볼 수 없다 할지라도 그것을 실패라고 믿지 마십시오. 믿음과 기도로 전파된 복음은 한 번도 실패한 경우가 없었습니다. 그리스도 우리 주님께서 최초로 복음을 전파한 날부터 오늘날까지, 저는 감히 말하건대, 참된 기도가 실패한 적은 한 번도 없었으며, 올바른 정신으로 전한 복음의 참된 선포가 주님이 기뻐하시는 성공을 거두지 못하고 그대로 땅에 떨어지고 만 적은 한 번도 없었습니다.

그리고 여러분은 버림을 당하지 않을 것입니다. 왜냐하면 하늘에 계신 친구 분이 "내가 너를 버리지 아니하리라" 말씀하셨기 때문입니다. 여러분은 돕는 자 없이 혼자 외롭게 버려지지 않을 것입니다. 여러분은 늙어서 무엇을 할까 염려하고 있지만 그런 염려는 버리십시오. 다만 늙어서 하나님께서 여러분을 어떻게 도와주실까 그런 생각을 하십시오. 하지만 여러분은 너무 곤궁하고 오랫동안 병을 앓아왔기 때문에 친구들을 질리게 만들 것이라고요? 여러분의 친구들은 질릴 수 있지만 하나님은 질리지 않으시며, 오랜 친구들은 여러분을 버린다 할지라도 하나님은 여러분에게 새로운 돕는 자들을 보내실 것입니다. 하지만 여러분이 질병이 너무 많아서 곧 쓰러지고 말 것이며, 그런 상태에서 오래 살지 못할 것이라고요? 그래요. 알았어요. 그러면 여러분은 천국에 들어갈 것이며, 그건 정말 좋은 일이지요. 하지만 계속 아플까봐 두렵다고요? 꼭 그렇지는 않습니다. 설령 그럴지라도 그에 따르는 하나님의 약속을 기억하십시오. "내가 결코 너희를 버리지 아니하고 너희를 떠나지 아니하리라"(히 13:5).

5. 마지막으로, 제가 말씀드리고자 하는 것은 이 약속이 우리에게 이루어질 줄 어떻게 확신할 수 있느냐 하는 것입니다.

저는 대답합니다. 첫째, 그것은 하나님의 약속이기 때문에 우리는 확신할 수 있습니다. 지금까지 하나님의 약속 중 어느 것 하나라도 그냥 땅에 떨어진 적이 있습니까? 세상에는 우리의 믿음을 계속해서 흔드는 사람들이 있습니다. 그들은 "너의 하나님이 어디 있느냐?"고 말합니다. 그들은 기도의 효력을 부인하고, 하나님의 간섭을 부인합니다. 저는 그들이 그렇게 부인하는 것에 그다지 놀라지 않습니다. 대부분의 그리스도인들도 기도 응답이나 하나님의 간섭을 믿지 못하는 걸요. 이 때문에 그들은 하나님의 도움을 받지 못하고 믿음으로 살지 못하는 것입니다. 하지만 믿음으로 행하는 사람은 하나님의 간섭을 주시하며, 하나님의 간섭은 틀림없이 완전하다고 말할 것입니다. 그리고 그는 기도에 대한 응답을 주시하며, 기도하면 반드시 응답 받는다고 말할 것입니다. 다른 사람들에게 기적 같은 일들이 그리스도를 믿는 신자들에게는 평범한 일상생활이 됩니다.

하나님의 일을 하라는 부르심을 받은 사람을 하나님께서 떠나지 않으신다는 사실을 확신하십시오. 왜냐하면 자기 종들을 버리는 것은 주님의 뜻이 아니기 때문입니다. 다윗에게도 죄를 저질렀던 어두운 시절이 있었습니다. 그때에 다윗은 요압에게 명령하여 헷 사람 우리아를 전투의 선봉에 서게 하였습니다. 그리고는 우리아만 남기고 모두 퇴각하게 하여 암몬 사람들에게 죽게 만들었습니다. 너무나 잔인하지 않습니까? 극도로 비열하고 이해할 수 없는 범죄였습니다. 혹시 하나님께서도 그런 비열한 행동을 하시지 않을까 여러분이 의심하나요? 하나님은 절대로 그런 일이 없으십니다. 저는 다음과 같이 하나님께 간구했던 기억이 납니다. "주여, 당신께서 저를 어려운 자리에 처하게 하셨나이다. 제 힘으로는 도저히 감당할 수 없나이다. 저는 한 번도 이렇게 중요한 자리를 탐내 본 적이 없습니다. 그런데 당신께서 지금 저를 도와주시지 않는다면 저를 이곳에 두신 이유가 도대체 무엇입니까?" 이처럼 저는 하나님을 움직일 수 있는 그런 논리를 언제나 찾았습니다.

또한 대적이 주님 앞에서 의기양양해하며 큰소리칠 때 하나님은 자기의 종들을 떠나지 않으신다는 사실을 기억하십시오. 얼마 후 여호수아는 바로 이런 사실에 초점을 맞추고 이렇게 기도하였습니다. "가나안 사람과 이 땅의 모든 사람들이 듣고 우리를 둘러싸고 우리 이름을 세상에서 끊으리니 주의 크신 이름을 위하여 어떻게 하시려 하나이까"(수 7:9).

또한 하나님께서 여러분을 통해 목적을 이루려고 여러분을 세우셨는데 어찌하여 하나님께서 패배하실 것이라고 생각하십니까? 하나님께서 세우신 계획 중 어느 하나라도 수포로 돌아간 것이 있습니까? 나의 하나님은 계획하신 것을 반드시 이루시는 하나님이십니다. 하나님은 전능하신 분이시며 아무도 그를 거역할 수 없습니다. 성경은 하나님에 관하여 "그는 자기 뜻대로 행하시나니 그의 손을 금하든지 혹시 이르기를 네가 무엇을 하느냐고 할 자가 아무도 없도다"(단 4:35)라고 말씀합니다.

게다가 나의 형제들이여, 우리가 하나님을 신뢰하고 하나님을 위해 산다면,

하나님께서 우리를 너무나 사랑하시기에 우리를 버리지 않으실 것입니다. 하나님은 그의 모든 종들 안에서 당신 자신의 모습을 발견하십니다. 하나님은 그들 안에서 그의 사랑하는 아들의 몸 된 지체들을 발견하십니다. 그들 가운데 아무리 적은 자라도 주님에게는 자신의 눈동자처럼 소중하며, 하나님은 그를 자신의 생명처럼 사랑하십니다. 하나님께서 그의 자녀들에게 감당할 수 있는 힘도 주시지 않고 그들의 어깨 위에 짐을 얹어놓는다거나, 혹은, 그들에게 일할 재료도 주시지 않고 일만 시킨다는 것은 상상조차 할 수 없는 일입니다. 오, 믿는 여러분이여, 주님을 신뢰하십시오.

저는 지금까지 말씀을 통해 골수와 기름진 양식을 전하면서 이 좋은 것을 먹을 수 없고 나눌 수 없는 가련한 영혼들을 생각했습니다. 저는 여러분을 여기서 뵙게 되어 기쁩니다만 여러분은 이 좋은 것들을 갈망해야 합니다. 그렇지 않으면 여러분은 성도들 가운데 들지 못할 것입니다. 여러분의 입이 언약의 좋은 양식을 보고 침을 흘리시기 바랍니다. 바라건대, 식탁 위에 놓인 하나님의 약속을 보고 그것이 얼마나 풍요로운지 깨달을 때 여러분이 속으로 '하나님이여, 저것을 내가 먹게 해 주소서'라고 말하기 바랍니다.

자, 가련한 영혼이여, 하나님께서 여러분에게 식욕을 주신다면, 저는 분명히 말하는데 그 양식은 여러분에게 공짜입니다. 하나님께서 도와주시기를 원한다면, 참으로 여러분이 그리스도로 말미암아 구원 받기를 원한다면, 지금 나오십시오. 대환영입니다. 하나님은 당신의 영혼에 복 주시기를 간절히 원하시기 때문입니다. 아직 여러분의 소원이 하나님을 향하여 간절하지 않다면, 하나님은 여러분을 간절히 기다리실 것입니다. 하나님을 간절히 원하신다면, 하나님을 주장하려고 하지 마시고 오히려 하나님의 주장에 자신을 맡기십시오. 하나님은 오래 전부터 여러분을 기다리셨습니다. 그 앞에 나와서 그를 믿고 그의 아드님께서 베푸시는 구속을 받으십시오. 그리고 진심으로 믿음의 삶을 시작하십시오. 그리하면 여러분은 내가 한 말이 전부 진실이며, 조금도 부족함이 없는 완전한 진리라는 사실을 깨달을 것입니다. 그때에 여러분은 솔로몬의 영광을 보았던 스바의 여왕처럼 "내가 그 말들을 믿지 아니하였더니 이제 와서 친히 본즉 내게 말한 것은 절반도 못되도다"(왕상 10:7)라고 말할 것입니다.

이 불쌍한 심령이 하나님을 믿고, 보이지 않는 실재를 살며, 신실하신 하나님을 의지하도록 가르치신 주님을 찬송하나이다. 그와 같은 평안이나 기쁨은 없습니다. 하나님께서 그분의 이름을 위하여 사랑하는 여러분 각자에게 그것을 허락하시기를 기원합니다. 아멘.

제
2
장

—

여호수아의 순종

—

"오직 강하고 극히 담대하여 나의 종 모세가 네게 명령한 그 율법을 다 지켜 행하고 우로나 좌로나 치우치지 말라 그리하면 어디로 가든지 형통하리라." — 수 1:7

여호수아는 약속과 관련하여 크게 은혜를 받은 자입니다. 하나님에 의해 그에게 주어진 약속들은 매우 포괄적이고 지극히 고무적입니다. 하지만 여호수아는 그것 때문에 스스로 이렇게 말하지 않았습니다. "이 언약의 조항들은 반드시 성취될 것이다. 그러므로 나는 가만히 앉아서 아무것도 하지 않아도 된다." 그와 반대로, 하나님께서 그 땅을 정복하기로 작정하셨기 때문에, 여호수아는 부지런히 그 백성을 인도하여 싸우러 나아가야 했습니다. 그는 그 약속을 자신의 나태가 편히 누워서 쉬는 침상으로 활용한 것이 아니라, 오히려 미래의 활동을 위해 허리를 졸라매는 띠로 삼았습니다.

우리는 하나님의 은혜로운 약속들을 언제나 힘을 내기 위한 박차로 간주하도록 합시다. 만일 우리가 속으로 이렇게 말한다면 배은망덕하고 가증스럽게도 하나님께 죄를 짓는 셈입니다. '하나님은 자기 백성을 버리지 않으실 것이다. 그러므로 우리는 죄 속으로 용감하게 돌진하자.' 또한 만일 우리가 우리 자신의 정신을 향해 이런 식으로 속삭인다면 마찬가지로 악한 것입니다. '하나님은 틀림없이 그가 친히 작정하신 바를 이루실 것이며, 구속받은 백성들의 영혼을 그 아들 예수에게 보상으로 주실 것이다. 그러므로 우리는 아무것도 하지 말자. 그리스도인으로서의 열정적인 섬김에서 손을 놓기로 하자.' 이는 참된 자녀들이 할 말이 아닙니다. 이는 나태하고 무지한 자들의 말투이며, 혹은 순전한 위선자들의 말투입니다. 그들은 하나님의 작정에 경의를 표하는 체하지만 실질적으로 하나님을 조롱하는 자들입니다. 맹세와 약속과 언약과, 그 언약에 인을 치는 피에 의해, 우리는 지속적으로 그리스도를 위해 일하도록 권면을 받아야 합니다. 우리가 구원을 받은 것은, 우리로 성령의 능력 안에서 온 마음과 성품과 힘을 다해 그분을 섬기게 하려 함이기 때문입니다.

여호수아는 계속해서 순종의 길을 가도록 특별히 권면을 받았습니다. 그는 지휘관이었지만, 그에게 진군의 명령을 내리시는 위대한 총사령관이 계셨습니다. 여호수아는 그 자신의 틀리기 쉬운 판단력이나, 변하기 쉬운 생각에 의존하도록 남겨지지 않았습니다. 도리어 그는 모든 일을 율법 책에 기록된 내용에 따라 행해야 했습니다. 그것은 우리 신자들에게도 마찬가지입니다. 우리는 율법 아래에 있지 않고 은혜 아래에 있습니다. 하지만 여전히 우리가 따라야 하는 복음의 규칙이 있으며, 그리스도의 통치 아래에서의 율법은 신자에게 있어서 즐거운 삶의 규칙입니다. 하나님을 섬김에 있어서, 우리는 우리 자신의 생각을 따라서는 안 됩니다. 우리는 우리 자신의 생각을 따라서 규칙들을 제정해서는 안 됩니다. 오직 우리의 지침은 "너희에게 무슨 말씀을 하시든지 그대로 하라"입니다(참조. 요 2:5). 그분의 종들은 그분을 섬길 것이고, 그분의 양들은 그분의 발자취를 따를 것이며, 그분의 제자들은 그들의 주님께 순종할 것이고, 그분의 병사들은 그분이 기뻐하시는 바를 수행할 것입니다. "그들의 열매로 그들을 알리라"(마 7:16). 만일 우리가 그리스도께 순종하는 자들이 아니라면, 우리는 그리스도의 영을 가진 것도 아니고, 그분께 속하지도 않았다고 단언할 수 있습니다.

1. 순종은 최고의 실제적인 용기이다.

여호수아에게 요구되는 순종에 대해 말하면서, 나는 여러분에게 순종이 최고의 실제적인 용기라는 것을 여러분에게 상기시키고자 합니다.

본문을 읽어 보십시오. "오직 강하고 극히 담대하여 나의 종 모세가 네게 명령한 그 율법을 다 지켜 행하라." 여러분은 "오직 강하고 극히 담대하라"는 말씀을 들을 때에, 어떤 위대한 공적을 이루어야 한다는 식으로 생각할 것입니다. 모든 공적들이 "나의 종 모세가 네게 명령한 그 율법을 다 지켜 행하라"는 그 한 가지 선언 속에서 이해된다면, 그런 가정은 옳습니다. 그리스도인의 삶에서 최고의 공적은 그리스도께 순종하는 것입니다. 내 형제들이여, 그리스도인의 공적이란 이런 것이기 때문에, 사람이 믿음의 규칙을 배우고, 그리스도를 의지하며, 그 자신의 힘이 아니라 내주하시는 성령의 능력으로 순종의 길을 진행하도록 인도 받지 않고서는, 어느 누구도 이러한 공적을 이룰 수가 없습니다. 세상은 순종을 천박한 일이라고 간주하며, 반역을 자유인 것처럼 말합니다. 우리는 사람들이 "내가 나 자신의 주인이 될 거야. 나는 나 자신의 의지를 따를 테야"라고 말하는 소리를 들어왔습니다. 자유로운 사색가가 되고 자유로운 생활자가 되는 것이 세상 사람들에게는 영광인 것처럼 보입니다. 하지만 만일 세상이 그 자신의 어리석음을 깨달을 정도로 분별을 가지고, 그에 대해 논박할 수 없는 증거가 주어진다면, 순종에 대해 욕하는 자는 어리석은 자임을 입증하는 것이 어렵지 않을 것입니다. 한 예로, 전쟁에 관한 세상의 법칙을 생각해 봅시다. 지휘관의 명령에 철저하게 순종하는 자 외에, 달리 누가 가장 용감하고 훌륭한 군인으로 간주될 수 있습니까? 옛 프랑스 전쟁에 관련된 일로서, 지금까지 수없이 반복하여 들려져 왔던 이야기가 있습니다. 어느 보초가 어떤 지역을 지키도록 세워졌습니다. 해질녘에, 그가 보초를 서면서 그 지역을 천천히 왔다 갔다 하는 동안, 사령관이 가까이 다가왔습니다. 그는 암호를 알지 못했습니다. 즉시로 그 병사는 그를 세웠습니다. "당신은 통과할 수 없습니다"라고 병사가 말합니다. "하지만 나는 통과해야만 하네"라고 사령관이 말합니다. "안 됩니다", 그 병사가 대답합니다, "설혹 당신이 그 꼬마 하사(the Little Corporal, 나폴레옹의 별명 — 역주)라고 해도 나는 당신을 통과시킬 수 없습니다." 그 호칭은 당연히 황제를 의미하는 말이었습니다. 이렇게 해서 그 독재군주 자신이 명령에 의해 제지되고 말았습니다. 그 용감한 병사는 후에 근사하게 보상을 받았습니다. 그리고 온 세상이 그를 용감한 친구였다고 말했습니다. 자, 언제나 사람들이 옳다고 인정하는 그런 사례들은 수백 가지가 있습니다. 그런 사례들을 통해, 우리는 모든 위험을 무릅쓰고 상급자의 명령에 순종하는 것이 용기를 보여주는 최고의 증거들 중의 하나라고 배웁니다. 이에 대해서는 세상이 동의하고 있습니다. 그렇다면 사람이 우주의 총사령관이요, 왕 중의 왕이시며, 만주의 주이신 분께 순종하는 것을 결코 천하고 비열하다고 할 수 없습니다. 조롱에도 불구하고 태연하게 옳고 참된 일을 행하려는 자는, 명성을 얻기 위해 대포의 입구 앞에 몸을 던지는 자보다 용감한 사람입니다. 그렇고말고요. 덧붙여 말하자면, 일생 동안 신중하게 순종을 지속한다는 것은, 순교자가 화형대에서 불태우도록 단번에 자기를 내어주는 것보다 더 많은 용기를 필요로 할 수 있습니다.

여호수아의 경우에, 하나님의 명령에 대한 온전한 순종은 헤아릴 수 없이 많은 어려움들과 관련되어 있습니다. 그에게 주어진 명령은 이스라엘 지파들을 위하여 그 온 땅을 정복하는 것이며, 그는 최선의 힘을 다하여 그 일을 했습니다. 하지만 그는 성벽이 하늘까지 닿은 성들을 포위해야 했고, 철 병거를 탄 전사들을 거느린 군주들과 싸워야 했습니다. 첫 번째 전투들은 치열했습니다. 만일 그가 용감하고 유능한 군인이 아니었다면, 그는 칼을 거두고 그 싸움을 중지했을 것입니다. 하지만 순종의 정신이 그를 지탱했습니다. 비록 여러분과 나에게는 죽여야 할 헷 족속과 여부스 족속이 없고, 무너뜨려야 할 성들도 없으며, 상대해야 할 철 병거들도 없지만, 그럼에도 불구하고 우리는 일관되게 그리스도인의 길을 가는 것이 결코 쉽지 않다는 것을 발견합니다. 우리 주님의 깃발 아래로 막 입대한 병사들이여, 치러야 할 희생을 잘 가늠해 보십시오. 여러분은 "어린 양이 어디로 인도하든지 따라가는"(계 14:4) 것이 어린아이의 놀이가 아님을 발견할 것입니다. 순례자의 흰 옷을 입고서, 부주의하게 거룩하지 못한 행실로 그 옷을 더럽히고, 즉시로 다시 죄에 떨어졌음을 회개한다고 자백하고, 다시 흙탕에 빠지고, 또 얼마 후에 그것을 씻고 혹은 씻었다고 말하는 것, 이런 일은 아주 쉽지요. 경건의 옷을 입고 출발했다가 절망 속에 삶을 마치는 사람들이 많습니다. 어떤 사람들에게 기독교는 십자가를 지는 것과 거의 상관이 없으며, "피 흘리기까지 죄와 싸우는"(히 12:4) 일과는 더더욱 상관이 없습니다. 단지 명목상의 신앙 고백은 시대의 풍조를 따르기가 쉽습니다. 하지만 진정한 그리스도인이 되어서, 철두철미하게, 먹고 마시고 잠자며 지상에서 하나님이 원하시는 삶을 사는 것은 어려운 일입니다. 때때로 여러분이 행진하는 길을 막아서는 성문을 뽑아내기 위해서, 여러분은 삼손의 힘이 필요할 것이며, 때로는 그 이상의 힘을 필요로 할 것입니다. 막아서는 모든 자를 대항하면서 그 길을 지속적으로 가기 위해서는 하나님의 능력이 당신에게 주어져야 합니다.

더 나아가, 여호수아에게는 맞서야 할 난관들이 있었을 뿐 아니라, 그의 순종으로 말미암아 많은 적들을 만들었습니다. 자연스럽게 그렇게 되었습니다. 여리고가 함락되었고, 아이 성이 공격을 받았다는 소식이 알려지자마자, 한 무리의 왕들이 동맹을 맺었고, 후에 또 다른 동맹이 맺어졌습니다. 그들의 목적은 여호수아의 힘을 무너뜨리는 것이었습니다. 이 왕들은 만일 그들이 그를 짓밟지 않으면 그가 그들을 짓밟을 것임을 알았기 때문입니다. 자, 그리스도인은 곤경에 처한 사람입니다. 그는 틀림없이 적들을 만들 것입니다. 그는 아무도 원수로 만드는 것을 목적으로 삼지 않으며, 오히려 그 반대입니다. 하지만 옳은 일을 하고, 참된 것을 믿고, 정직하게 행하는 것이, 그로 하여금 모든 세상 친구를 잃어버리게 만듭니다. 그는 그것을 적은 손실일 뿐이라고 간주할 것입니다. 하늘에 계신 그의 위대하신 친구(Friend)가 그 어느 때보다도 그에게 은혜롭고도 친절하게 자기를 나타내시기 때문입니다. 오, 그분의 십자가를 진 여러분들이여, 여러분의 주님께서 하신 말씀을 알지 않습니까? "내가 온 것은 사람이 그 아버지와, 딸이 어머니와, 며느리가 시어머니와 불화하게 하려 함이니 사람의 원수가 자기 집안 식구리라"(마 10:35-36). 그리스도는 위대한 피스메이커(Peacemaker)이십니다. 하지만 평화에 앞서, 그분은 전쟁을 가져오십니다. 빛이 오는 곳에서, 어둠은 물러가야 합니다. 진리가 있는 곳에, 거짓이 도망쳐야 합니다. 혹시 거짓이 거하고 있다면, 치열한 싸움이 있을 수밖에 없습니다. 왜냐하면 진리는 결코 그 자신의 기준을 낮출 수도 낮추지도 않을 것이기 때문입니다. 거짓은 반드시 발 아래 짓밟혀야 합니다. 여러분이 그리스도를 따른다면, 세상의 모든 개들이 여러분의 발꿈치 뒤에서 짖어댈 것입니다. 만일 여러분이 점잔을 빼면서 말하고, 줏대 없이 이쪽에 붙었다 저쪽에 붙었다 한다면, 여러분은 어떤 종류의 사람들처럼 그리스도인도 되고 세상 속물도 될 수 있습니다. 하지만 만일 여러분이 마지막 재판정의 기준에 따라서 살고자 한다면, 장담하건대 세상은 여러분을 좋게 말하지 않을 것입니다. 세상과 벗된 자는 하나님의 원수임을 발견할 것입니다. 하지만 여러분이 지존하신 분에게 참되고 신실하고자 한다면, 사람들이 여러분의 굽히지 않는 정절을 싫어할 것입니다. 여러분의 행실이 그들의 죄를 고발하는 증언이 되기 때문입니다. 그리스도인은 모든 결과를 두려워하지 않고서 옳은 것을 행해야 합니다. 여러분의 최상의 친구를 여러분에게 가장 사나운 원수로 돌변하게 할 수도 있는 길을 주저함 없이 끝까지 가려면, 여러분에게 사자의 용기가 필요합니다. 하지만 여러분은 예수님의 사랑이 없다면 그렇게 하게 될 것입니다. 진리를 위하여 좋은 평판과 애정을 잃어버릴 위험을 무릅쓰는 것은 결코 쉽지 않은 행동입니다. 그러기에 여러분이 그 일을 지속하기 위해서는, 여러분 안에 역사하시는 하나님의 영의 도덕적 원리의 수준을 필요로 할 것입니다. 하지만 겁쟁이처럼 등을 보이지 말고, 오직 남자답게 행하십시오.

하지만 또한 여호수아는 그의 순종에서 많은 용기가 필요했습니다. 왜냐하면 그는 한 가지 임무에 착수했으며, 그 일을 다 마치기 위해서는 오랜 세월의 인내가 필요했기 때문입니다. 하나의 성을 획득한 후에, 그는 계속해서 다음 요새를 공격해야 했습니다. 그 날들이 그의 싸움을 위해서는 충분히 길지 않았습니다. 그는 태양을 향해 멈추라고, 달을 향해 제자리에 머물도록 명했습니다. 그 길었던 낮이 지난 후에도, 그는 다음 날 아침에도 여전히 손에 칼을 쥐고 있었습니다. 여호수아는 마치 무장을 한 채 잠을 잤던 저 옛 기사들 중의 하나와도 같았습니다. 그는 항상 싸우고 있었습니다. 그의 칼은 잘 휘둘러져야 했으며, 그의 갑옷은 종종 피로 붉게 물들어야 했습니다. 그의 앞에는 일생 동안 수행해야 할 일이 있었습니다. 그리스도인의 삶이란 바로 그런 것이지요. 끝에서 끝까지가 전투입니다. 여러분이 그리스도의 피로써 씻음을 받고 그분의 의로 옷을 입자마자, 여러분은 적들 사이로 길을 뚫고서, 영원한 보좌를 향해 줄곧 나아가야 합니다. 그 길에서 한 발을 내디딜 때마다 저항을 받을 것입니다. 사탄은 조금도 여러분에게 지지 않으려 할 것입니다. 여러분은 매일같이 계속해서 싸워야 합니다. "나중까지 견디는 자는 구원을 얻으리라"(마 10:22). 초반에 힘을 발휘했다가 얼마 못가서 그만 두는 자가 아니라, 하나님의 은혜로써 허리를 두르고, 그 안에 내주하시는 하나님의 영으로 말미암아 힘을 얻어서, 마지막 원수를 쓰러뜨릴 때까지 지속하기로 결심하는 자, 그리고 "잘하였도다 착하고 충성된 종아"라는 말이 들릴 때까지 결코 전장(戰場)을 떠나지 않는 자가 구원을 얻는 것입니다. 그리스도인의 삶이 비천하고 남자답지 못하다고 말하는 사람은, 말하기에 앞서 가서 지혜를 배워야만 합니다. 모든 사람들 중에서 인내하는 신자야말로 가장 남자답기 때문입니다. 자기 자신을 자랑하고, 죄를 짓는데 용감하면서도 원수에게 굴복하는 사람이여, 당신은 굽실거리는 똥개에 불과합니다. 당신은 적 앞에서 꼬리를 내리고, 세상과 벗이 되려고 꼬리치는 자로서, 바르고 참된 일을 담대하게 할 만한 용기가 없는 자입니다. 당신은 사탄과 당신 자신의 정욕에 굴복하였고, 당신 자신의 비겁함을 감추어 왔으며, 용감한 그리스도인을 겁쟁이라고 부를 만큼 천박한 사람입니다. 그게 무슨 꼴입니까? 당신의 다른 악함에다 거짓을 더하다니요!

종종, 우리가 그리스도를 따른다면 세상의 관행에 맞서 진정으로 용감해야 될 필요가 있습니다. 젊은이여, 당신은 상업적인 거래에서도 그렇다는 것을 발견할 것입니다. 남편이여, 만일 당신의 아내와 자녀들이 구원받지 못했다면, 그들과 관련해서도 그렇다는 것을 발견할 것입니다. 상인들은 시장에서 그렇다는 것을 발견합니다. 참된 그리스도인이고자 하는 자는 굳센 마음을 가져야 합니다. 아담 클라크(Adam Clarke) 박사에 관해 들려진 이야기가 있는데, 그것은 그 젊은 그리스도인이 때때로 필요로 했던 용기가 어떤 것인지를 보여줍니다. 그가 콜러레인(Coleraine)의 한 가게에 있을 때, 사람들은 매년 하던 거래를 준비하고 있었고, 어떤 옷감 두루마리들을 재고 있었습니다. 그 중의 하나가 너무 짧았습니다. 그러자 주인이 말했습니다. "이봐, 아담, 자네가 저쪽 끝을 잡으면, 나는 다른 쪽 끝을 잡겠네. 우리가 그것을 서로 잡아당기면 길이가 충분히 길어질 걸세." 하지만 아담에게는 그런 일을 할 만한 손이 없었고, 주인의 부정직한 지시를 들을 만한 귀도 없었습니다. 마침내 그는 단호하게 거절했습니다. 그러자 그 주인이 말했습니다. "자네는 절대로 상인이 될 수 없을 것이네. 자네는 여기서 아무짝에도 쓸모가 없어. 그러니 집에 가서, 다른 일을 하는 편이 좋을 것이네." 지금은 그런 일이 일어나지 않을 것입니다. 요즘에는 사람들이 그렇게 명백한 속임수를 공공연하게 행하지는 않으니 말입니다. 하지만 그들은 더 교묘한 방식으로 속이지요. 파산 법원의 기록들은 내 말이 무슨 의미인지를 알려줄 것입니다. 일반적으로 동일 인물의 연쇄적인 파산들은 이중적인 도둑질입니다. 그것은 사람들을 유배형에 처하게 하고 교수대에 끌려가게 하는 옛 방식의 도둑질은 아니지만, 실상 노상강도나 약탈보다 더 나쁜 짓입니다. 진정한 그리스도인은 이따금씩 단호히 결심하고서 이렇게 말할 필요가 있습니다. "아니요, 나는 그럴 수 없습니다. 나는 그런 일에는 참여하지 않겠습니다." 또한 그는 그가 관심을 얻기를 바라고, 어쩌면 그의 인생에서 가장 큰 도움이 될 수도 있는 자기 주인과, 아버지와, 친구에게도 때때로 그렇게 말해야 할 때가 있습니다. 하지만 내 사랑하는 형제와 자매여, 옳게 행하는 것이 당신의 의무라면 하늘이 무너지더라도 그렇게 하십시오. 가난이 당신의 얼굴을 빤히 쳐다보고 있더라도 그렇게 하십시오. 내일 거리로 내몰리는 한이 있더라도 그렇게 하십시오. 당신은 결국에는 하나님에 의해 패배자가 되지 않을 것입니다. 만일 당신이 의를 위해 고난을 당해야 한다면, 당신에게 복이 있습니다! 양심을 위하여 어떤 희생을 치르는 특권을 얻을 수 있다면 스스로를 행복하다고 여기십시오. 지금은 하나님의 영광을 위해 감옥과 고문장과 화형대로 끌려가던 시대와는 다릅니다. 그러므로 우리에게 주어진 다른 기회들, 곧 우리가 얼마나 주님을 사랑하는지를 보여줄 수 있고, 우리가 얼마나 충성스럽게 그분을 섬기기를 원하는지를 보여줄 수 있는 기회들을 저버리지 마십시오. 용기를 내어, 모든 일에서 주 예수님이 명하신 바를 행하도록 하십시오. 사람들이 당신을 멍청이라고 판단한다면 그렇게 하라고 하십시오. 오직 당신은 주님의 용사들 중의 하나가 될 것이며, 십자가의 참된 기사가 되기를 바랍니다.

2. 순종의 정확성에 순종의 본질이 있다.

둘째로, 나는 이 본문으로부터 순종의 정확성이 순종의 본질이라고 배웁니다. "나의 종 모세가 네게 명령한 그 율법을 다 지켜 행하고 우로나 좌로나 치우치지 말라."

세상은 말합니다. "너무 정확하려고 해서는 안 돼." 위선적인 세상이여! 세상이 의미하는 것은 그것이 하나님의 율법을 전적으로 제거해도 기쁘다는 것이며, 단지 그것을 노골적으로 표현하지 못하는 것뿐입니다. 세상은 모든 위선적인 말투 중에서도 가장 넌더리나는 투로 점잔을 빼면서 말합니다. "우리는 너무 특별나거나 너무 까다롭게 되어서는 안 돼." 마치 한때 어떤 사람이 어느 나이든 청교도에게 말한 것과도 같습니다. "많은 사람들이 양심의 절반을 다른 곳에 맡겨 두었소. 그런데 당신은 양심에 조금의 흠집이 나는 것도 용납할 수 없단 말이오?" 그가 대답합니다. "아니요, 나는 그럴 수 없습니다. 내 양심은 하나님의 것이기 때문입니다." "알다시피 우리도 살아야 합니다(we must live)"라고 돈을 사랑하는 그 가게주인이 말했습니다. 달리 변명할 수 없는 일을 하는데 대한 핑계로서 말입니다. 그에 대한 답은 이러했습니다. "예, 하지만 우리는 죽어야 합니다(we must die). 그러니 그런 일을 해서는 안 되지요." 살기 위해 어쩔 수 없이 불가피한 일이란 없습니다. 만일 우리가 그릇된 일을 하지 않고서는 살 수가 없다면 아마도 죽는 편이 나을 것입니다.

내가 말했듯이, 순종의 본질은 정확성에 있습니다. 아마도 여러분의 자녀가, 이따금씩 불순종하면서도, 여전히 일반적으로는 당신이 그에게 말한 것을 지킬 수도 있습니다. 철저하고도 칭찬할 만한 순종이 나타나는 것은 작은 일들에서입니다. 세상도 그런 기준으로 판단하고 있습니다. 자, 여기 한 정직한 사람이 있습니다. 사람들은 그에 대해 이렇게 말합니까? "그는 너무 정직하기 때문에 남의 말을 훔치지 않을 것입니다." 아니요, 그것이 그 사람이 매우 정직한지를 입증해 주지는 않습니다. 사람들은 정직한 사람에 대해 이렇게 말할 것입니다. "그는 자기 것이 아닌 것은 바늘 하나라도 가지지 않을 것이다"라고 말합니다. 그것이 정직에 대한 세상의 묘사입니다. 그렇다면 하나님께 대한 순종에 있어서도 같은 기준이 적용되어야 합니다. 여기 한 상인이 있습니다. 그가 자랑합니다. "나에게 한 점원이 있습니다. 그는 훌륭한 회계원이기 때문에, 여러분은 육 개월 동안의 결산에서 단 한 푼의 착오도 발견하지 못할 것입니다." 만일 그가 "여러분은 육 개월 간의 결산에서 일만 파운드의 착오도 발견하지 못할 것입니다"라고 말한다면, 그 말은 별 의미가 없을 것입니다. 그럼에도 불구하고 어떤 사람이 작은 일들에 있어서도 정확하고 엄밀하다면, 세상 사람들은 그를 너무 깐깐하고, 너무 엄격하며, 너무 곧이곧대로 라는 식으로 비난합니다. 그들이 보기에도 언제나 정직성과 정확성의 본질은 작은 일들에서 나타나는 데도 말입니다. 만일 내가 주 예수 그리스도께 순종한다고 고백한다면, 그 엄격한 검증은 커다란 행동들에 있는 것이 아니라, 사소한 일들에 있습니다. 내 사랑하는 형제들이여, 나는 기독교회가 진정으로 이렇게 생각하기를 바랍니다. 많은 교회들에서 말씀을 가지고 희롱하는 일들이 많습니다. 내 말은 믿지도 않으면서 믿는다고 고백하는 사람들을 겨냥하는 것입니다. 그들은 명백하고 자연적인 의미를 지닌 말씀에 다른 의미를 부여하는데, 내가 생각하기에 그것은 하나님 앞에서 거짓말을 하는 것이나 다름이 없습니다. 나는 또한 교회의 회원들이 이렇게 말하는 것을 알고 있습니다. "나는 우리 신조에 담긴 내용에 그다지 찬성하지 않는다." 그러면서도 그들은 그러한 교회에 여전히 회원으로 남아 있습니다. 나는 그것을 이해할 수 없습니다. 그 교회가 어느 교회이든, 어떻게 한 사람이 그 교회가 잘못 행하고 있다고 알면서도 여전히 그 교회의 행동에 참여할 수 있는지, 나로서는 납득할 수가 없습니다. 그런 행동은 그릇된 행동을 자기 종교의 일부로 삼는 것이고, 자기 양심이 하나님의 뜻에 부합되지 않는다고 알려 주는 것에 대해 눈을 감아 버리는 것입니다. 만일 이 교회에서 진행되는 일들 중 그 어떤 것이라도 하나님의 뜻에 부합되지 않는 것이 있다고 생각한다면, 나는 즉시로 그것을 바꾸기를 겸손하게 바랄 것입니다. 그리고 나는 우리가 교회로서, 우리가 실수할 때마다 혹은 성경에 부합되지 않는 일이 발견될 때마다, 기꺼이 성경에서 주 예수 그리스도의 뜻을 배우고, 모든 일에서 그 뜻을 따라 행할 수 있기를 기도합니다. 교회에 많은 점에서 잘못이 있으면서도 하나님 앞에서 받아들여질 수 있는 것은, 그 교회의 양심이 아직 깨우침을 얻지 못했기 때문입니다. 하지만 내가 호소하는 것은, 우리의 양심이 깨우침을 얻었다면, 우리가 깨달은 양심을 따라 행해야 한다는 것입니다. 우리에게는 옳다고 확신할 수 없는 무언가를 행할 권리가 없습니다. 또한 우리에게는, 모든 일에서 주님의 명령과 계명을 행하지 않고 있는 어떤 단체나 신앙 고백자들과 하나로 연합할 권리가 없습니다. 몇몇 일들에서가 아니라, 모든 일에서 우리는 하나님의 뜻에 순종해야 합니다. 그리스도의 계명 중에서 여러분이 주의하지 않았던 부분이 있습니까? 여러분은 세례와 주의 만찬에 참여했습니까? 살아 계신 하나님 앞에서 여러분에게 촉구합니다. 여러분 자신의 마음의 평화를 소중히 여기듯 그리스도의 계명을 소중히 여기십시오. "주인의 뜻을 알고도 그 뜻대로 행하지 아니한 종은 많이 맞을 것이라"(눅 12:47). 나는 율법의 징계에 대해 말하고 있는 것이 아닙니다. 그리스도인은 그 아래에 있지 않습니다. 내가 말하고 있는 것은, 그리스도의 집, 그리스도께서 주인으로서 다스리시는 집의 훈련에 대한 것입니다. 이것이 그리스도의 집의 법칙입니다. 즉, 만약 우리가 순종하지 않는다면 우리는 그분의 사랑을 누리고 즐거워하는 중에 거할 수 없습니다. 오히려 주님의 뜻에 기꺼이 복종하게 될 때까지, 우리는 징계를 당할 것이며, 매를 맞을 것이고, 채찍으로 맞을 것입니다. 그리스도인이여! 시종여일하게, 무슨 일이 있어도, 가난하거나 부하거나, 수치를 당하거나 영예를 얻거나, 당신의 주님을 가까이 따르십시오! 이와 같이 순결한 영혼을 가진 자가 되십시오!

> "어디든지 어린 양이 인도하시는 곳이라면
> 그분의 발자취에서 결코 벗어나지 않으리."

이런 사람들은 천국에서 영예를 얻을 것입니다. 그들의 영혼에는 말로 다할 수 없는 하나님의 평화가 있을 것이며, 장래에 그들의 이마에는 영원히 빛나는 면류관이 씌워질 것입니다. 순종의 엄밀성에 순종의 본질이 있습니다. 그러므로 그 기준을 고수하도록 합시다.

3. 순종의 길은 일반적으로 중도(中道)이다.

하지만 이제 세 번째로, 순종의 길은 일반적으로 중도임을 생각하고자 합니다. "우로나 좌로나 치우치지 말라."

오른편이 있고 왼편이 있겠지만, 아마도 둘 다 틀릴 것입니다. 한쪽으로의 극단이 있을 것입니다. 나는 이것이 일상적인 삶의 수많은 일에서 해당되는 진실이며, 또한 많은 면에서 영적인 일들에도 해당되는 진실이라고 믿습니다.

교리에 있어서 진리의 길은 일반적으로 중도입니다. 하나님의 주권, 선택의 교리, 언약의 조건들 등등과 같은 많은 진리들이 있습니다. 어떤 사람들은 이런 진리들을 너무나 애정 어린 눈으로 바라보기 때문에, 그 외의 다른 진리들에 대해서는 눈을 감기를 원하고 또 실제로 그런 경향이 있습니다. 이러한 위대하고 귀한 교리들이 그들의 시야 전체를 차지합니다. 그래서 동일하게 가치 있는 하나님의 말씀의 다른 부분에 대해서는 눈여겨 읽지 않든지, 혹은 그들에게 친숙한 진리들과 조화시키려는 의도로 왜곡시켜서 바라봅니다. 반면에, 사람을 지나치게 생각하는 사람들도 있습니다. 그들은 인류에 대해 깊은 동정심을 가지고 있습니다. 그들은 인간의 죄와 몰락을 보고, 죄인들에게 주어지는 하나님의 자비와 복음의 초대에 많은 매력을 느낍니다. 또한 그들은 인간의 책임이라든가 인간의 자유 의지와 관련된 진리들에 너무나 도취되어서, 다른 것은 아예 보지 않으려고 하며, 이 진리들을 제외하고는 다른 모든 교리들은 잘못된 생각이라고 선언합니다. 설혹 그들이 은혜의 교리들을 진실이라고 인정한다 하더라도, 그들은 그 교리들을 무가치한 것으로 생각하며, 대개는 그 교리들을 전적으로 진실이 아니라고 간주합니다. 내가 보기에 진리의 길은 그 둘 모두를 믿는 것으로 보입니다. 즉 구원은 은혜에 의한 것임을 굳게 붙들고, 인간의 타락은 전적으로 그 자신의 잘못임을 동일하게 굳게 붙드는 것이지요. 하나님의 주권을 주장하는 것과, 인간의 책임을 주장하는 것 역시 마찬가지입니다. 하나님과 인간 모두의 자유 의지를 믿는 것도 마찬가지입니다. 하나님을 자기 피조물의 의지에 종속되는 분으로 만듦으로써 그분에게 불명예를 안겨드리지도 않고, 반대로 인간에게서 모든 책임을 제거함으로써 인간을 단지 '통나무'나 기계처럼 만들지도 않는 것이지요. 사랑하는 친구들이여, 성경에 있는 것을 모두 진실로 받아들이십시오. 성스러운 펜으로 기록된 어떤 본문도 두려워하지 마십시오. 사랑하는 형제들이여, 여러분이 성경의 책장을 넘길 때, 마치 성경의 어떤 구절은 바뀔 수 있으면 좋겠다는 식으로 느끼지 않기를 바랍니다. 나는 여러분이 좀 더 칼빈주의식으로 읽기 위해, 혹은 아르미니우스의 가르침처럼 읽기 위해, 성경의 특정 본문이 수정되기를 바라는 것은 결코 아닐 거라고 믿습니다. 언제나 여러분의 신조는 성경에 머리를 숙여야 한다는 입장을 취하십시오. 성경을 여러분의 신조에 맞추려 하지 마십시오. 그래서 만일 필요하다면, 차라리 여러분 자신의 입장에서 조금 모순되는 것을 감수할지언정, 하나님의 계시된 진리와 모순되는 입장에 서지는 마십시오. 내가 생각하기에, 우로나 좌로나 치우치지 않는 거기에서, 여러분의 순종의 길을 발견할 것입니다.

다른 측면에서도 양 극단 중에서 한 쪽이 되려는 경향이 있다고 생각합니다. 어떤 사람들은 목사들에 대해 이렇게 말합니다. "이분들은 하나님의 제사장들이다. 그들은 우리에게 은혜를 분배할(distribute) 수 있다." 다른 사람들은 이렇게 소리칩니다. "아니다, 그들은 그렇게 하지도 않고, 그럴 수도 없다. 우리도 똑같이 진리를 나누어 줄(dispense) 수 있다. 우리에게는 우리를 가르칠 누구도 필요하지 않다. 우리 모두가 목사가 될 수 있으며, 더 정확히 말하자면, 우리 모두가 목사라고 생각해야 한다." 자, 내가 생각하기에는 거기에서도 안전한 길은 그 둘 사이에 있습니다. 목사는 제사장이 아닙니다. 그렇지만, 하나님께서는 성령으로써 어떤 사람들로 하여금 다른 사람들을 가르치게 하실 수 있습니다. 그분은 그분의 마음에 합한 목사들을 일으키십니다. 우리는 그 직무를 중대한 것으로 보되, 그것을 지나치게 과장해서도 안 됩니다. 우리는 굳이 목사의 직분에 반대하는 말을 하지 않을 것입니다. 그 직분은 하나님이 보내신 선물이라고 믿기 때문입니다. 반대로, 우리는 어떤 사람 앞에서도, 그가 아무리 큰 은사를 받았다고 해도, 노예처럼 엎드리지 않을 것입니다.

하나님의 집의 예배의식들과 관련하여, 성례전에 대한 한 극단은 그것들이 은혜의 경로(channels)라고 보는 것입니다. 어떤 무지한 사람들에 따르면, 세례와 주의 만찬이 구원에 이르게 하는 의식들이라고 합니다. 그 반대의 극단은 전적으로 의식들을 외면하면서, 그 속에는 아무것도 없다, 즉 의식들에 참여하는 것은 아무 소용이 없다고 말하는 것입니다. 분명 타당한 입장은, 의식들이 순종의 행위들로서 하나님께 받아들여진다고 믿는 것입니다. 의식들은 또한 위대한 영적인 진리들의 표지이자 상징들로서, 성도들에게 교훈적이고 믿음의 덕을 세워 주며, 따라서 무시되어서는 안 됩니다. 이 문제에서 나는 여러분이 "우로나 좌로나 치우치지 말기"를 바랍니다.

우리의 일반적인 행동에서도 그러해야 한다고 나는 생각합니다. 예를 들어 말과 관련하여, 일반적으로 우리는 한편으로는 말을 너무 많이 하거나, 다른 한편으로 말을 너무 적게 하는 경향이 있습니다. 우리 앞에 악한 것이 있을 때에 침묵하거나, 혹은 성급하게 입을 열어 선한 주장을 너무 경솔하게 내세우는 것입니다. 말할 때가 있고, 침묵할 때가 있습니다. 잘 판단하는 사람은 기회를 눈여겨보고 중도를 취할 것입니다. 그는 요구받지도 않은 조언을 한답시고 수다를 떨지도 않을 것이며, 자기 주님을 위하여 증언해야 할 때 겁쟁이처럼 입을 닫고 있지도 않을 것입니다. 열심과 관련해서도 마찬가지의 원리가 적용됩니다. 요즈음에는 머리가 아주 뜨거운 사람들이 도처에 있습니다. 그들은 눈 깜짝할 새에 이런 일도 하고 저런 일도 합니다. 그들은 먼저 그들의 머리를 올바른 상태가 되도록 식혀야 할 때에, 마치 세상을 뒤집어놓을 것처럼 말합니다. 그들은 부흥을 선동하지만, 우리는 그런 식의 부흥을 승인하지 않습니다. 인간적인 흥분과 격정을 불러일으키는 그들의 부흥은 기포(氣泡)처럼 사라져 버리는 것으로서, 참된 열정을 모욕하는 것입니다. 가정의 벽난로에서 타올라 그 집을 따뜻하게 해 주는 대신, 아예 그 집을 태워 버리는 불이 있습니다. 하지만 그렇다고 해서 우리가 열정적이지 말아야 합니까? 그렇지 않습니다! 우리가 정반대의 극단에 빠져서 팔짱을 끼고 이렇게 말해야 할까요? "왜 이리 소란을 떠는 것이오? 하나님이 친히 그분의 일을 하실 것이오. 모든 일이 잘 될 것이니 우리는 잠자코 있도록 합시다. 다른 사람들처럼 잠이나 잡시다." 형제들이여, 참되고, 분별 있고, 신중한 열정이라는 중도가 있습니다. 진리를 고수하면서도, 아무리 사람들의 귀에 대고 고함을 쳐도 그들이 거짓말에 의해 회심될 수 있다고는 결코 믿지 않으며, 하나님의 진리의 테두리 안에서 행하고, 뿌릴 수 있는 최상의 씨앗은 하나님께서 그분의 말씀의 광주리에 담아 주신 것이라고 믿는 것입니다. 죄인들이 성급히 쏟아내는 말들이나 과격한 외침에 의해 구원되는 것이 아니라, 애정을 가지고 십자가의 이야기를 단순하게 들려주는 것에 의해, 그리고 하늘로부터 임하는 성령의 능력에 의해 그들이 그리스도께로 인도된다고 믿는 것입니다. 이 문제에서도 "우로나 좌로나 치우치지 마십시오."

형제들이여, 이는 우리의 확신의 문제에서도 우리가 신중하게 준수해야 할 명령입니다. 그리스도인은 영원한 구원의 문제에서, 자기 영혼이 의지하는 대상과 관련하여, 우로나 좌로 치우쳐서는 안 됩니다. "예수님 밖에는 없습니다!"가 우리 영혼의 항구적인 슬로건입니다. 어떤 이들은 이 방향으로 우리를 부르고, 또 다른 이들은 저 방향으로 부를 것입니다. 수많은 신호들이 우리를 암초에 부딪히도록 유인합니다. 하지만 우리는 태양이나 북극성의 위치를 따라 배의 키를 잡고서, 인간적인 공상이라고 하는 믿을 수 없는 안내자들을 신뢰하지 말도록 합시다. 여기에서 벗어나지 말도록 합시다. "이 닦아 둔 것 외에 능히 다른 터를 닦아 둘 자가 없으니 이 터는 곧 예수 그리스도라"(고전 3:11). 주 예수님이 완수하신 일에서 안식하고, 십자가에 달리시고 부활하셨으며, 지금은 자기 백성을 위해 간구하고 계시는 그분에게 여러분의 모든 것을 의지하십시오. 미혹되어 예수님에게서 떠나는 일이 없도록 굳게 결심하십시오.

> "인간들이 고안한 모든 형식들이
> 교묘한 술책으로 내 믿음을 공격하여도,
> 나는 그것들을 헛된 거짓으로 여기리니
> 오직 복음만을 내 가슴에 동여매리라."

그와 같이 믿음 자체의 문제에서도 중도를 지키도록 합시다. 우리는 주제넘게도 자기 자신을 살피는 일을 거절하고, 스스로 옳다고 선언하는 어떤 사람들처럼 되지 맙시다. 우리는 이 점을 기억합시다.

> "자기 상태를 결코 의심해 보지 않은 자
> 아마도 그는, 그는 너무 늦을 수도 있으리."

그와는 반대로 끊임없이 의심하는 상태에 떨어지지도 맙시다. 결코 온전한 확신에 이를 수 없는 것처럼, 항상 이런 질문만 제기해야 하는 것처럼 상상하지 맙시다.

> "이것이 내가 알고 싶은 점이며,
> 자주 걱정스러운 생각을 야기하는 문제라네.
> 나는 주님을 사랑하는 것일까, 아닐까?
> 나는 그분의 것일까, 아닐까?"

하나님께 우리를 중도의 길로 안내해 주시도록 요청합시다. 그러면 우리가 이렇게 말할 수 있을 것입니다. "내가 믿는 자를 내가 알고 또한 내가 의탁한 것을 그 날까지 그가 능히 지키실 줄을 확신함이라"(딤후 1:12). 마치 구원이 우리 자신의 경각심에 달려 있는 것처럼 신중하고, 깨어 있으며, 기도에 힘쓰도록 합시다. 그러면서도 확실한 약속과 불변하는 맹세를 의지할 것이며, 우리가 그리스도 안에 서 있음과, 우리가 우리 자신의 힘이 아니라 전능하신 야곱의 하나님에 의해 보호를 받고 있음을 알도록 합시다. 주제넘은 뻔뻔함의 우편으로 치우치지도 않고 불신앙의 좌편으로도 치우지지 않는 이 중도의 길이, 하나님께서 우리가 걷기를 바라시는 길입니다.

계속해서 수십 가지 면에서 적용할 수 있는 이 규칙은 또한 여러분의 일상 생활에서 일반적인 쾌활함의 문제에도 유효합니다. 어떤 사람들은 결코 웃지 않습니다. 가엾은 영혼들이여! 그들은 화창한 날에도 블라인드를 내립니다. 그들은 꽃들이 그처럼 아름다워서 유감이고, 그들의 안색은 항상 창백해야 한다고 생각합니다. 그들은 화단의 색채조차 좀 더 어두운 분위기를 자아내야 바람직하다고 믿는 것 같습니다. 나는 이런 식으로 말하는 몇몇 사람들을 알고 있으며, 그들 중 더러는 내가 아주 존경하는 분들입니다. 내가 그의 신발 끈 풀기에도 합당치 않을 정도로 훌륭한 어느 형제가, 한번은 이런 식으로 말했습니다. 즉 그는 라인 강에 간 적이 있는데, 바위들이나, 옛 성들이나, 혹은 흐르는 강물을 쳐다보지 않았다고 했습니다. 그는 다른 일들에 몰두되어 있었습니다! 아아, 나에게 자연은 하나님의 얼굴을 들여다보는 일종의 유리 거울과도 같습니다. 나는 사방을 둘러보는 것을 기뻐하며,

"자연을 통해서 자연의 하나님(nature's God)을 바라봅니다."

하지만 이 모든 것이 그에게는 불경건한 일이었습니다. 나는 그런 처사를 이해할 수 없다고 고백합니다. 이 물질적인 세계를 마치 그 자체가 악한 장소인 것처럼 바라보고, 이곳에서는 하나님의 손길이나, 하나님의 지혜의 증거들이나, 하나님의 보살핌의 흔적들을 찾아볼 수 없는 것처럼 여기는 사람들에게 나는 공감하지 않습니다. 나는 우리가 하나님의 작품들을 보고 즐거워할 수 있고, 그 안에서 큰 기쁨을 발견할 수 있으며, 그분의 작품들을 생각하면서 하나님께로 휠

씬 더 가까이 갈 수 있다고 생각합니다. 내가 방금 언급한 것은 하나의 극단입니다. 한편으로, 온통 시시하고 경박스러운 다른 종류의 사람들이 있습니다. 그들은 그리스도인들이라 고백하지만 세상 사람들과 똑같은 오락거리들이 없으면 살 수가 없습니다. 그들은 지금 이 파티에 참석해야 하고, 그 다음에는 저 파티에 참석해야 합니다. 농담을 하고 있지 않으면 불편하다고 느끼고, 세상의 경박하고 천박한 것들을 모두 따라합니다. 아! 첫 번째의 경우는 용서할 수 있는 연약함이고, 칭찬할 부분도 상당히 있습니다. 하지만 이런 경우는 역겨운 것이며, 이에 대해서 나는 아무런 좋은 점도 말할 수가 없습니다. 내 생각에, 그리스도인은 그 둘 사이에서 처신해야 합니다. 그는 쾌활해야 하지만, 경박스러워서는 안 됩니다. 그는 모든 상황에서도 기운을 내고 행복해야 합니다. 모든 사람들에게 상냥하고 친절한 말을 해야 하며, 구주께서 그러하신 것처럼 사람들 속에서 어울리며, 연회에도 기꺼이 참석하고, 기뻐하는 자들과 함께 기뻐해야 합니다. 하지만 그러면서도 그 모든 일에서 거룩한 마음을 유지해야 합니다. 그와 더불어 그리스도께서 함께 기뻐하실 수 없는 기쁨은 전혀 기쁨이 아니라고 느껴야 하며, 주님께서 그와 함께 참석하실 수 없는 유흥의 장소는 전혀 즐길 만한 장소가 아니라 오히려 고통스러운 장소라고 여겨야 합니다. 그는 한결같이 쾌활하고, 행복하고, 즐거워야 하지만, 그러면서도 동시에 영혼의 깊은 진지성을 드러내야 하며, 벌 받을 만한 경솔함과 경박스러움은 피해야 합니다.

같은 규칙에 의해, 여러분의 일을 조절하십시오. 어떤 사람들은 아침부터 밤까지 오직 일 외에는 아무것도 생각하지 않는 사람처럼 행동합니다. 나는 이미 충분히 소유하고서도 그것을 알지 못하는 그리스도인들을 애도합니다. 그들은 더 이상의 수입이 필요치 않고, 그들의 영혼의 건강을 돌볼 수 있을 정도로 모든 형편이 충분할 때에, 다른 새로운 일들에 착수합니다. 그럼으로써 그들은 하나님의 뜻을 섬길 수 있는 모든 기회들과, 생각하고 반성할 모든 시간을 잃어버리고, 그것이 결국 그들 영혼의 황폐함과 빈곤을 초래합니다. 우리가 탓해야 할 또 다른 사람들은, 자기 소명(calling)에 따라 충분히 일하지 않는 사람들입니다. 그들은 가게의 계산대에 서 있어야 할 시간에 교회에 있습니다. 그들은 남편의 양말을 수선해야 할 시간에 기도 모임의 즐거움만 누립니다. 그들은 채무를 갚기 위해 돈을 버는 편이 더 좋을 시간에 마을들을 다니며 전도만 합니다. 이처럼 극단적인 경우들이 있습니다. 하지만 참된 그리스도인은 일에서 부지런하며, 영적으로도 열심을 내며, 그 둘을 결합하려고 노력합니다. 믿는 자는 "정당하고 경건한 사람"으로서, 어느 한 가지 의무에 열중하느라 다른 의무를 손상시키지 말아야 합니다. 그는 모든 은혜들이 적절한 조화를 이루게 하고, 한 사람으로서, 부모로서, 교회의 지체로서, 혹은 다른 무엇으로든지, 삶에서 자기의 소명을 이루도록 노력해야 합니다.

4. 바른 길이 진정한 형통의 길이다.

이제 말씀을 마치면서 마지막으로 할 말은, 바른 길이 진정한 형통의 길이라고 하는 것입니다.

이 본문의 마지막 절을 보십시오. "그리하면 어디로 가든지 형통하리라." 사람이 만일 옳은 일을 행하면, 그 결과로 그는 하나님의 은혜로 인해 이 세상에서 형통하게 될 거라는 사상에 현혹되지 마십시오. 적어도 당분간은, 양심적인 것이 그의 형통에 방해가 될 가능성이 큽니다. 하나님께서는, 우리가 옳은 일을 행하는 것을 언제나 금전적인 소득을 얻는 수단이 되게 하시는 것은 아닙니다. 그 반대로, 한동안은 그리스도께 복종함으로써 사람들이 큰 손실을 보는 경우가 빈번하게 발생합니다. 하지만 성경이 항상 말하는 것은, 결국에는, 인생 전체를 통해서 볼 때는, 그것이 진정한 부를 약속한다는 것입니다. 만일 당신이 형통하고자 한다면, 하나님의 말씀과 당신의 양심을 굳게 지키십시오. 그러면 당신은 최상의 형통을 얻게 될 것입니다. 형통을 한 주나, 한 달이나, 혹은 일년 만에 얻지는 않겠지만, 머지않아 그것을 누리게 될 것입니다. 내가 그 수를 과장하지 않고서 말하지만, 나는 지금껏 진퇴양난에 빠진 상태에서 어떻게 해야 하는지를 묻기 위해 나를 방문한 사람들을 수백 번 만나왔습니다. 형제들이여, 임시로 미봉책을 쓰거나 혹은 어정쩡한 방책을 찾아내려고 시도하는 사람들이, 잠시 동안은 잠잠하다가도, 비틀거리면서 구덩이에서 빠져나온 후에 또 다른 구덩이로 빠져드는 것을 나는 언제나 보아왔습니다. 그들의 전 생애는 타협과, 죄와 불행의 삶입니다. 그들이 천국에 도달한다고 해도, 그들은 신발 뒤축이 닳아빠진 상태로 그곳에 도착할 것이며, 그들의 발은 줄곧 가시들에 찔려온 상태일 것입니다. 하지만 나는 줄곧 올곧은 길만 걸은 다른 사람들도 보아왔습니다. 그들은 얽매기 쉬운 줄들을 끊어 버리고서 이렇게 말합니다. "나는 옳은 일을 행할 것이며, 설혹 그것 때문에 죽더라도 그렇게 할 것이다." 비록 그들은 고난을 겪어야 했지만

(나는 그들이 수년 동안 고난을 겪었던 몇몇 사례들을 언급할 수 있습니다. 그것이 그들의 행동을 조언한 나에게는 아주 큰 슬픔이 되었습니다. 하지만 내가 슬퍼했던 것은 그들에게 그런 조언을 주었기 때문이 아니라, 그들이 고난을 겪어야 했기 때문입니다), 언제나 어딘가에는 전환점이 있었으며, 이윽고 그들은 이렇게 말하곤 했습니다. "내 모든 어려움들과 손실에도 불구하고, 나는 내 확신에 충실할 수 있도록 인도를 받은 것에 대해 하나님께 감사합니다. 나는 지금 더 큰 부자는 아니어도, 더 행복한 사람이 되었습니다." 어떤 경우에서는 그들이 결국에는 더 부한 자들이 되었습니다. 그러므로 결국 이 세상에서도 "정직이 최선의 방책입니다." 그것이 처음에는 매우 느린 길 같이 보이지만, 결국에는 바르고 의로운 것이 효과를 내며, 사람들의 존경과 존중을 얻게 됩니다. 절도범은, 부자가 되는 지름길을 택하여도, 너무 위험하여 아무런 보상도 없는 길을 택하는 셈입니다. 하지만 줄곧 좁은 길을 따라서 걷는 자는, 이생에서나 내생에서, 그것이 최상의 형통에 이르게 하는 최단의 지름길임을 알게 될 것입니다.

사랑하는 이여, 설혹 우리가 이 세상에서 외적인 형통을 얻지 못한다 하더라도, 여러분과 내가 그리스도를 사랑하고 그분의 영으로 충만하다면, 옳은 길을 걷지 않을 수가 없습니다. 설혹 우리가 가난해질 수밖에 없어도, 그것은 곧 끝날 것입니다. 천국에서는 빈곤이 없을 것입니다. 자, 만일 우리가 우리의 양심을 지키기 위해 싸워야 한다면, 이런 식으로 기대해서는 안 됩니다.

> "편안한 꽃 침대에 누웠다가
>   천국으로 옮겨가리라."

설혹 우리가 배고픔과 헐벗음을 겪어야 하더라도, 우리들의 형편이 우리보다 훌륭했던 사도들의 형편보다 더 나쁘지는 않을 것이며, 감히 우리 이름을 그 옆에 나란히 위치시킬 수 없는 순교자들보다 더 낮은 형편에 처하지는 않을 것입니다. 그러므로 그리스도를 위해서 모든 위험을 감수하도록 합시다. 자기 조국을 위해 죽을 수 없는 자는 군인이 아닙니다. 그리스도를 위해 자기 목숨을 잃을 수 없는 자는 그리스도인이 아닙니다. 우리는 진리를 팔거나 또는 옳은 것을 팔기보다는, 차라리 모든 것을 기꺼이 포기하고자 해야 합니다. 우리가 이런 단계에 이르면, 우리의 심령에 큰 용기를 얻을 것이며, 성령 하나님의 임재로부터 평온한 양심을 얻을 것이고, 한때의 고난으로부터 너무나 달콤한 미소를 얻게 될 것입니다. 하지만 지금 구주께서 다스리시니, 우리는 사는 날 동안에 이 환난의 경한 것들에 대해 하나님을 찬미해야 할 것입니다. 이 환난들은 잠깐이요 또한 우리에게 크고 영원한 영광의 중한 것을 이루기 때문입니다(고후 4:17).

내가 하나님의 백성들에게 위로의 말을 많이 하지 않았을 것입니다. 하지만 내가 우리 교회의 회중에게 진지한 순종과, 실제적인 경건과, 일상생활에서 수행되어야 할 참되고 적극적인 경건에 관하여 교훈이 되는 말을 한 마디라도 하였다면, 그것으로 나는 기뻐할 것입니다. 우리에게는 많은 교리와, 많은 사상과, 많은 말들이 있지만, 오, 더욱 거룩한 행동이 있기를 바랍니다! 어떤 신앙 고백자들의 모순된 행동을 보는 것은 역겨운 것입니다. 얼마나 많은 사람들이 그리스도를 따른다고 고백하면서도 하나님의 규칙을 따르기보다는 다른 규칙을 따르고, 주 예수 그리스도께 순종하기보다는 다른 누군가에게 순종하는지요! 그것이 세상으로 하여금 교회를 얼마나 조롱하게 만드는지요!

형제들이여, 우리의 마음이 주님의 길에서 신실할 수 있도록 하나님께 기도합시다. 우리가 그분의 영으로 끝까지 인도될 수 있기를 바랍니다.

제
3
장

—

요단 도하(渡河)

—

"이에 여호수아가 그 백성들의 관리들에게 명령하여 이르
되, 진중에 두루 다니며 그 백성에게 명령하여 이르기를 양
식을 준비하라 사흘 안에 너희가 이 요단을 건너 너희의 하
나님 여호와께서 너희에게 주사 차지하게 하시는 땅을 차지
하기 위하여 들어갈 것임이니라 하라." ― 수 1:10-11

요단 강 도하의 이야기는 많은 면에서 교훈적으로 활용될 수 있습니다. 그
것은 아주 놀라운 사건이었습니다. 그 일은 첫째 달 십일(참조. 수 4:19), 곧 일년
중에서 홍해를 건넜던 날과 같은 날입니다(홍해를 건넌 것은 14일 저녁 유월절 어린 양
을 먹은 후이므로 십일보다 며칠 뒤이며, 따라서 이 표현은 착오이다. 역자 임의로 내용을 고치
지 않고 설교 원문 그대로 옮김을 밝힌다 ― 역주). 그 때는 홍해의 영광스러운 기적이
있은 지 사십 주년을 맞는 해였고, 따라서 여러분은 홍해가 갈라진 사건과 요단
강이 갈라진 사건을 적절히 연결시킬 수 있습니다. 성령께서도 시편 114편에서
그렇게 하셨기 때문입니다. "바다가 보고 도망하며 요단은 물러갔도다"(3절).

나는 요단 강 도하를 우리 선조들이 사용했던 것처럼, 즉 그것을 이 세상으
로부터 우리에게 예비된 안식으로 들어감을 보여주는 일종의 예표(豫表, type)
로 사용하려고 합니다. 가나안은 더 나은 땅의 예표일 뿐입니다. 가나안 족속들
이 여전히 그 땅에 있었고, 이스라엘이 그 땅을 소유하려면 많은 전투를 해야 했
기 때문입니다. 우리의 더 완벽한 가나안에는 상대해야 할 원수들이 없으며, 싸

위야 할 죄도 없고, 정복해야 할 어둠의 권세도 없습니다. 비록 그 예표가 불완전하다고 나는 생각하지만, 그것이 아주 오랫동안 기독교회에서 확립되어왔고 또 경건한 사람들에게 많은 믿음의 덕을 끼쳐왔기 때문에, 나 역시 그것을 안전하게 활용할 수 있습니다. 우리는 이러한 찬송을 버릴 수는 없습니다.

> "물결이 소란한 요단의 강둑에 서서
> 소망의 눈으로 바라보네,
> 저 아름답고 행복한 가나안
> 내 유업이 있는 땅을."

우리는 와츠(Watts)와 더불어 이 노래를 부르는 것을 멈출 수 없습니다.

> "저 넘실대는 강물 건너편에 아름다운 들판이
> 사랑스러운 초록의 옷을 입고 서 있네.
> 가나안을 앞둔 옛 유대인들에게 그러했듯이
> 요단 강이 그 사이로 굽이굽이 흐르네."

이스라엘 백성들에게는, 요단을 건너기 전에 통지가 주어졌습니다. 그 백성의 관리들이 진중에 두루 다니면서 이런 메시지를 전했습니다. "양식을 준비하라, 사흘 안에 너희가 이 요단을 건널 것이라." 주님께서는 종종 자기 백성에게 그들이 떠날 때가 임박했음을 은혜롭게 통보해 주십니다. 그분은 우리가 안식으로 들어갈 때를 정해 두셨습니다. 그 정해진 때는 의사의 기술로 연기될 수도 없고, 또는 원수의 악의에 의해 앞당겨질 수도 없습니다. 사탄의 어떠한 힘도 우리에게 정해진 때 이전에 우리를 무덤에 던져넣지 못합니다.

> "역병이나 죽음이 사방에 창궐하여도
> 그분이 명하실 때까지 우리는 죽을 수 없네."

때가 되면 신자의 귀에 한 속삭임이 들려옵니다. "일어나, 그곳을 떠나서 오라." 번연 씨는 그 순례자들이 천성을 앞둔 강기슭에서 머물며 기다리는 것으로 묘사합니다. 마침내 차례로, 은줄이 풀리고 금 그릇이 깨어질 것임을 알리는(전 12:6) 통지가 옵니다. 정직 씨(Father Honest)와 머뭇거림 씨(Mr. Ready-to-halt), 크리스티아나(Christiana), 그리고 나머지 사람들이 각자 저 언덕 위의 나라에서 부름을 받습니다. 그리고 검은 물을 건너, 빛나는 존재들이 그들을 맞이하려고 서 있는 황금의 나라로 건너갑니다. 아마도 우리 중에서 어떤 이들은 그런 소환장을 받지 못할 것입니다. 별안간 불려갈 수도 있기 때문입니다. 많은 훌륭한 사람들이 갑작스러운 죽음을 두려워하여 매일 기도하는데, 그렇게 하는 데에는 정당한 이유들이 있습니다. 하지만 하나님의 자녀에게 그것은 그리 대수롭지 않은 것입니다. 하나님과의 교제 가운데 살아가는 사람에게는 준비되지 못한 죽음이란 없기 때문입니다. 하나님이 빛 가운데 거하시듯 우리도 빛 가운데 행한다면, 우리가 어느 한 순간에 쓰러져 죽는다고 해도 저 영원한 영광으로 들어가도록 얼마든지 허락되기 때문입니다. 그 변화는 단지 우리 아버지의 집의 아래층 방에서 더 밝고 아름다운 위층 방으로 옮겨가는 의미일 뿐입니다. 아래층이나 위층이나 모두 같은 집의 일부일 뿐이지요.

얼마 전 주일 저녁의 일입니다. 내가 여러분에게 말씀을 전할 수 없었을 때, 내가 사랑하고 존경하는 친구인 뉴먼 홀 목사(Mr. Newman Hall)가 이 강단에서 아주 은혜롭게 말씀을 전했습니다. 그의 설교는 천국과, 그 불멸의 나라로의 성도들의 즐거운 입장에 대해 묘사하였습니다. 우리 자매들 중의 한 사람은 그 설교로 인해 크게 기뻐하였습니다. 그녀는 집으로 갔고, 자기 침실로 들어갔으며, 그 다음에는 잠든 채 안식으로 들어갔습니다. 아마도 그녀에게 그 설교는 집으로 오라고 부르는 천사들의 수금 연주소리와도 같았을 것입니다. 우리 역시도 아주 신속하게 소환될 수 있으며, 혹은 몇 달간 더 기다릴 수도 있습니다. 무슨 상관입니까? 우리가 가장 사랑하는 분이 만나고자 하실 때, 천사의 호위대가 나타날 것입니다. 우리로서는 주님께서 우리를 오늘 부르시든지, 내일 부르시든지, 아니면 이십 년 후에나 부르시든지, 어느 때가 더 좋은지에 대해 의문을 제기할 필요가 없습니다. 그분이 우리를 새벽닭이 울 때 부르시든지, 한밤중에나, 한낮에 부르시든지, 우리는 그분에게 이렇게 대답할 것입니다. "당신께서 저를 부르셨으니, 제가 여기 있나이다." 우리는 우리 주님의 기쁨으로 들어갈 것이며, 영원토록 그분과 함께 있을 것입니다. 하나님의 자녀들에게 불이 켜진 양초가 손에 들려질 때면, 그들은 그것으로 그들이 위층으로 올라가야 할 때가 되었음을 압니다. 그들은 그들의 순례가 끝난 것으로 즐거움을 느끼고, 예수님 안에서 안식합니다. 우리 모두는 우리가 생각하는 것 이상으로 고향에 훨씬 더 가까이 있습니다. 우리의 마지막 시간에 대해 이야기하고, 다음과 같은 전갈이 올 때를 예상하는 것은 아주 지혜로운 일입니다. "사흘 안에 너희가 이 요단을 건너리라." 성령님께서 우리의 마지막과 관련하여 우리의 묵상을 더 유익하게 해 주시길 빕니다!

우리는 이 통보의 취지를 생각해 볼 것이며, 그 다음에는 이 통보의 후속 결과를 살펴볼 것입니다. 우리에게 은혜가 주어져서 우리가 말하고 듣는 것을 이해할 수 있게 되고, 또한 우리의 영원한 유익을 위하여 그것을 활용할 수 있기를 바랍니다.

1. 이 통보(通報)의 취지

먼저 이 통보의 취지를 살펴봅시다. 여기에서 "준비하라", "건너라", "차지하라"는 중요한 세 단어들을 주목하십시오. "양식을 준비하라 사흘 안에 너희가 이 요단을 건너 너희의 하나님 여호와께서 너희에게 주사 차지하게 하시는 땅을 차지하기 위하여 들어갈 것임이니라."

그들에게 주어진 첫 번째 말씀은 "준비하라"입니다. 여행의 준비를 갖추는 것입니다. 군인은 민첩한 행군을 해야 할 때 양식을 소지합니다. "양식을 준비하라." 하나님의 자녀들이여, 이 세상에서 떠날 채비를 하십시오. 여러분의 뿌리가 이 지상의 땅에 깊이 내리지 않도록 하십시오. 여러분은 때가 되면 반드시 옮겨 심겨질 것이기 때문입니다. 이 세상에 더 견고하게 뿌리를 내릴수록, 여러분에게는 더 나쁠 것입니다. 모든 것을 느슨하게 붙잡으십시오. 외국 땅에 있는 군인은 정착해서는 안 되며, 그 자신을 그 나라에 동화시킬 수 있는 것들을 모으기 시작해서는 안 됩니다. 그는 외국인이며, 그의 왕이 본국으로 그를 다시 소환할 때까지 머물 뿐입니다. 여러분이 오래도록 타향에 있을 수는 없습니다. 천국은 여러분을 받아들일 준비가 되어 있습니다. 준비하십시오! 여러분의 마음을 천국에 두고, 여러분의 최상의 보물들을 그곳으로 보내십시오. 그곳은 좀과 동록(銅綠)으로부터 안전합니다. 잠시 동안 쓸 돈은 조금 소지할 수 있지만, 될 수 있는 대로 이 허영의 시장(Vanity Fair, 천로역정에 나오는 내용 — 역주)을 빨리 통과하도록 하십시오. 행진의 태세를 유지하십시오. 언제라도 통보가 오면 길을 떠날 준비를 갖추십시오.

하지만 "양식을 준비하라"는 말씀에서, 여호수아는 "이제부터는 너희가 먹고 살아갈 그런 종류의 양식을 먹기 시작하라"는 의미로 말하지 않았을까요? 사흘이 지나면 만나는 멈출 것이고, 다시는 내리지 않을 것입니다. 그들이 요단을 건넌 후에, 그들은 그 땅의 곡식을 먹을 것입니다. 만나는 그들이 광야에서 주식(主食)으로 먹었던 음식입니다. 하지만 그들은 다른 것들도 먹었는데, 그들에게 양 떼와 소 떼가 있었기 때문입니다. 그들이 준비해야 할 것은 만나가 아니었습니다. 만나는 하루 이상을 소지할 수 없기 때문입니다. 그들이 준비해야 할 양식은 그 땅에 들어가서 그들이 생존해야 할 일상적인 양식이었습니다. 오 하나님의 자녀들이여, 영적인 고기와 같은 좋은 양식을 취하십시오. 이제부터 여러분은 그런 종류의 고기를 먹고 살아갈 것입니다.

하나님의 사랑과, 그리스도 예수 안에 간직된 영광스러운 진리들을 많이 섭취하십시오. 인간적인 사상과 육적인 웅변술의 찌꺼기에는 관심을 두지 마십시오. 오직 건전한 양식을 취하고, 하나님의 임재 안에서 영원토록 살 때에 그것을 맛있는 자양분으로 삼으십시오. 나는 신앙을 고백하는 그리스도인들이 그들이 먹는 것에 대해서 좀 더 주의를 기울이기를 바랍니다. 나는 어떤 신앙 고백자들이, 어떤 종류의 설교이든지 상관 없이, 설교를 듣기만 하면 만족하는 것이 염려스럽습니다. 어떤 똑똑한 사람이 근사하게 말하고 그들의 귀를 만족시키기만 하면, 그들은 무슨 교리이든 상관하지 않습니다. 어떤 사람들은 톱밥까지 먹을 수 있고, 실체가 없는 그림자를 먹기도 합니다. 그들은 어떤 치명적인 것을 마시고도, 마치 그것이 그들에게 아무런 해도 끼치지 않는 듯이 보입니다. 정말이지 그들은 현대 사상이라고 하는 '선술집'에 갈 때 아주 치명적인 것을 마십니다. 하지만 내가 오늘 아침에 여러분에게 말하고 싶은 것은, 그리스도를 먹고, 영적인 양식을 먹고, 하나님의 말씀의 순수한 진리를 먹되, 그 외에 다른 것을 여러분의 영혼의 양식으로 먹지 말라는 것입니다. 여러분이 먹는 것의 맛을, 버터와 꿀의 맛 차이를 명확하게 알듯이 아십시오. 그리하여 악한 것을 거절하고 좋은 것을 취할 수 있기를 바랍니다.

여호수아의 말에는 때가 매우 임박했으므로 준비 태세를 갖추라는 의미도 있었을 것입니다. 오래 기다리지 않을 것입니다. 곧 여러분은 강을 건널 것이며, 저편의 기슭에 발을 디딜 것입니다. 바로 지금 여러분은 저편에 있는 여리고의 종려나무들을 어렴풋이 볼 수 있습니다. 하지만 사흘 후에는 여러분이 그 열매를 딸 것입니다. 사랑하는 이여, 사흘 안에 여러분이 죽어야 하는 것을 안다면, 여러분은 어떻게 느끼겠습니까? 그 소식을 반길 것입니까? 정녕 그 소식이 여러분을 기쁘게 하는 것인가요? 아내와 가족과, 일과, 그 모든 것을 기억하십시오! 이생의 삶에서 여러분을 묶었던 모든 끈들을 끊어 버리는 것을 여러분은 견딜 수 있습니까? 여러분은 이 세상에서 살면서도 이 세상에 속하지 않는 법을 배웠습니까? 여러분은 즐겁게 말할 수 있습니까? "영원히 주님과 함께 하다니! 아멘, 그렇게 되기를 원합니다." 오 하나님이여, 우리로 깨어 있게 하시어 가장 빠른 소환도 충분히 길게 느껴지게 하옵소서!

13절에서 주어진 권면도 우리에게 유용할 수 있습니다. "그 말을 기억하라." 만일 우리가 주님의 말씀을 기억한다면, 그것은 요단을 건너는데 큰 도움입니다. 우리의 믿음은 우리로 하여금 하나님의 약속에 따라 살고 또 죽을 수 있게 합니다. "여호와의 종 모세가 너희에게 명령하여 이르기를 너희의 하나님 여호와께서 너희에게 안식을 주시며 이 땅을 너희에게 주시리라 하였나니 너희는 그 말을 기억하라." 만일 한 사람이 주의 말씀을 잊은 채로 죽게 된다면, 그는 딱한 처지에서 죽는 것입니다. 말씀의 빛도 없이 어둠 속으로 뛰어내리는 셈이기 때문입니다. 만일 한 사람이 언약의 위대한 진리들을 새롭게 기억하고, 그가 주 예수 그리스도 곧 성육하신 하나님의 말씀에게로 올 수 있다면, 그 때 그는 용감히 죽을 수 있습니다. 이스라엘이 강물이 굽이치는 경사진 둑을 내려갈 수 있는 것은, 주님께서 그 백성에게 강 저편과 관련된 약속을 주셨기 때문입니다. 내가 죽어가는 한 친구에게 물었습니다. "두려움이 있나요?" "두려움이라니요!", 그가 말했습니다. "어떻게 내가 두려움을 가질 수 있겠습니까? 당신이 내게 그토록 단단한 음식을 먹였으니, 나는 죽는 것이 두렵지 않습니다. 예수님이 친히 그 몸으로 나무에서 내 죄를 감당하셨고, 나는 그분 안에서 받아들여졌습니다." 사랑하는 이여, 주님께서 그분의 말씀 안에 저장해 두신 양식으로 여행을 준비한다면, 여러분도 두렵지 않을 것입니다.

하지만 그는 또한 3장 5절에서 "너희는 자신을 성결하게 하라"고 말했습니다. 삼일 안에 죽어야 하는 것을 우리가 안다면, 우리는 마음과 생각과 가족들을 더 나은 상태가 되도록 바라지 않겠습니까? 나는 한 자매를 기억합니다. 그녀는 자신이 죽게 되었을 때, 결코 미신의 차원에서가 아니라, 아주 진지하게 세마포를 비롯하여 모든 의복을 희고 깨끗한 것으로 골라 입었습니다. 나는 그녀의 감정에 어느 정도 공감했습니다. 왜냐하면 그것이 단지 자기 영혼을 깨끗이 단장하고자 하는 그녀의 내적인 열망을 외적으로 표현한 것임을 내가 알았기 때문입니다. 우리는 갑작스럽게 죽을 수 있기 때문에, 모든 육체와 영혼의 더러움에서 우리 자신을 성결하게 해야 합니다. 좀 전에 우리의 사랑하는 형제가 "지난날의 행진에서 묻은 먼지가 우리 발에서 씻겨지게 하소서!"라고 기도했던 것처럼, 우리 주님께서 다시 우리를 씻어 주시도록 기도합시다. 어떤 의무를 소홀히 한 것이 있다면, 속히 미루어두었던 그 일을 수행하도록 합시다. 성결하게 하시는 성령이여, 우리를 깨끗하게 하소서! 우리로 성도들의 유업에 참여하는 자들로 만날 수 있게 하소서!

다음 말씀은 "이 요단을 건너라"는 말씀이었습니다. 그들이 부름 받은 것은 물가에 머무르도록 하기 위함도 아니고, 발을 강물에 담근 채 앉아 있도록 하기 위함도 아니며, 오직 그것을 건너도록 하기 위함입니다. 이스라엘은 광야에서 사십 년을 있었고, 정녕 그것은 충분히 긴 세월이었습니다. 여러분 중에 어떤 이들은 오십, 육십, 칠십, 아마도 팔십 년을 광야에서 보냈습니다. 하지만 소환 통보가 올 때에, 여러분은 더 이상 뜨거운 모래 위를 행진하지 않을 것이며, 더 이상 불 뱀과 전갈들을 두려워할 필요도 없을 것입니다. "사흘 안에 너희가 이 요단을 건널 것이라"는 부르심이 광야의 도보여행을 끝낼 것입니다. 우리가 충분한 은혜를 얻었다면 삶은 충분히 긴 것입니다. 잘 사는 사람이 오래 사는 사람입니다. 자기 하나님을 온 마음으로 섬겨온 사람은 자기 일생의 일이 끝난 후에는 잠시도 시간을 끌기를 원치 않을 것입니다. 여러분이 부름을 받은 것은 수년 동안 병상에 머무르도록 하기 위함이 아니라, 안식으로 건너가도록 하기 위함입니다.

또한 그 부르심은 요단으로 내려가서 거기서 멈추라는 것이 아님을 주목하십시오. 하나님을 찬송합니다! 우리는 무덤으로 내려가서 거기서 사멸되는 것이 아니라, 그것을 낙원으로 가는 열린 문으로 활용하는 것입니다. 우리의 영혼은 승리감으로 그리스도께로 오를 것이며, 심지어 우리의 낮은 몸도 잠시 진토에 뉘어진 후에 영광스러운 그리스도의 형상으로 다시 일어날 것입니다. 무덤은 금에서 찌끼를 제거하는 제련용 도가니입니다. 죽음은, 우리가 구주를 알기 전에는, 거대한 동굴과도 같았습니다. 그 속에는 많은 발자국들이 있었지만, 그 모든 자쥐들은 모두 안쪽으로 향하고 있었습니다. 누구도 그 우울한 어둠의 처소에서 밖으로 나오지 못했습니다. 하지만 지금은, 우리 주님의 부활의 권능에 의해, 우리는 무덤을 들여다보면서 그분이 그 어둠의 동굴 벽을 뚫으시어, 우리를 위해 다른 쪽으로 이어지는 한 길을 만들어 놓으셨음을 발견합니다. 우리는 어두운 동굴처럼 보이는 곳으로 들어가지만, 다른 편으로 나와서 젖과 꿀이 흐르는 땅으로 들어가는 것입니다. "너희가 이 요단을 건널 것이라."

우리의 본문을 하나의 약속처럼 읽을 수 있습니다. "사흘 안에 너희가 이 요단을 건널 것이라." 그들 중에 어떤 이들은 "어떻게요?"라고 물었을 것입니다. 그들은 아무런 외적인 수단들을 보지 못했습니다. 다리도 없었고, 거룻배도 없었고, 여객선도 없었습니다. 아아! 하지만 여호수아가 말합니다. "사흘 안에 너희가 이 요단을 건널 것이라." 그리고 그 말은 사실이었습니다. 당신은 이렇게 말하지 않습니까? "나는 죽을 때에 어떻게 도움을 받게 될지 알지 못한다." 당신의 임종의 순간에는 주님께서 임종의 은혜를 주실 것입니다. 그분은 도움이 절박할 때에 오십니다. 삶에서 진지하게 믿음의 싸움을 싸웠던 자들은 죽음에서도 당당하게 행진할 것입니다. '엘 샤다이'(El Shaddai, 창 17:1 참조 — 역주)는 전능의 하나님이십니다. 그분은 당신을 데리고 어떻게 강을 통과할지를 아십니다. 마음에 근심하지 마십시오. 깊은 물 사이로 길을 내는 것은 당신의 일이 아닙니다. 그 일은 오직 하나님께 맡겨진 일입니다. 순종하는 것이 당신의 일이며, 필요를 채우시는 것은 그분의 일입니다. 때때로 당신은 너무 어리석어서 당신의 손으로 필요를 공급하려 하면서, 순종의 의무에는 태만하고, 결과적으로 필요를 채우는 일과 순종하는 일 모두에서 실패할 때가 있습니다. 당신이 할 일에 전념하십시오. 그러면 주님께서 자신이 하신 말씀을 이루실 것입니다. 이스라엘은 행군하고, 여호와께서는 길을 개척하시고, 그러면 영광스러운 결과가 생길 것입니다.

어떤 이는 이렇게 말했을 것입니다. "우리는 요단을 건널 수 없습니다. 물살이 거세고, 강물이 많이 불어 올랐습니다." 봄철에 보리를 추수할 시기에는 요단의 물이 항상 언덕에 넘쳤으며, 다윗의 용사들 중에서도 가장 용감한 자만이 겨우 건널 수 있는 강이 되었습니다. 그래서 어떤 하나님의 자녀는 이렇게 말할지도 모릅니다. "임종에 대한 나의 전망은 다른 신자들보다 더 어둡구나. 나는 더 많은 고통과, 더 많은 침울함과, 더 큰 빈곤을 겪을 것이다. 나에게는 요단의 강물이 언덕에 넘칠 정도로구나." 예, 알겠습니다. 하지만 그래도 당신은 그 강을 건널 것입니다. 주님께서 그렇게 말씀하셨고, 그분의 말씀은 실패하는 경우가 없으니까요. 당신은 저 불어오른 격류를 건널 것이고, 당신의 두려움을 미소로 돌아볼 것입니다. 나는 이 부분을 곰곰이 묵상하는 동안 스스로에게 말했습니다. "왜 주님께서는 레바논의 눈이 녹을 무렵에, 그래서 강물이 차 오르고 물결이 어느 때보다 거셀 때에 자기 백성을 요단으로 데려가셨을까?" 그럴 만한 충분한 이유가 있었습니다. 그 땅 전체에 곡식이 무르익어 이른 추수를 할 때였습니다. 들판에 추수를 기다리는 곡식이 없다고 생각해 보십시오. 이스라엘의 자녀들이 그 강을 건너고 만나가 그쳤을 때에, 어떻게 양식을 구해 먹을 수 있었겠습니까? 들에 있는 그들의 양식은 추수를 기다리고 있었고, 즉시로 그들은 그 땅의 산물을 먹을 수 있었습니다. 하나님께서는 그의 성도들이 죽을 최상의 때를 아십니다. 우리는 그들의 출발과 관련하여 어떤 사나운 환경에 주목하면서, 그들이 즐거워할 다른 중요한 문제들을 잊어버립니다. 그러므로 사랑하는 친구여, 당신은 요단의 물이 언덕까지 넘친다고 해도 그 강을 건너기를 두려워할 필요가 없습니다. 그럴 만한 이유가 있으며, 그 이유는 너무나 은혜로운 것입니다. 하나님께서 당신에게 특별한 시련의 때에는 특별한 도움을 주실 것이며, 당신에게서 영광을 얻으실 것입니다.

그러나 그들은 또 이렇게 말했을 것입니다. "오, 우리는 요단을 건널 수 없습니다. 왜냐하면 우리 바로 앞에 여리고가 있기 때문입니다. 당연히 그 거주자들이 그리 멀지 않은 에루살렘의 여부스 족속들을 부를 것이며, 또한 히위 족속과 아모리 족속과 다른 모든 민족들을 불러 모을 것입니다. 이들은 우리가 요단을 건너는 것에 대해 성을 낼 것이며, 따라서 우리가 힘을 내어 강을 건너간다 해도 강 저편에서 그런 적수들과 싸워야 하는 것이 뻔하기 때문입니다." 그런 두려움은 아주 자연스러운 것입니다. 카이사르가 영국 땅에 상륙을 시도했을 때, 브리튼 사람들은 무엇을 했습니까? 그들은 도버(Dover) 해의 물 속으로 뛰어들어 로마인들을 상대했으며, 파도 속에서 그들과 싸웠습니다. 용감한 사람들이 침입자들과 물에서 싸워서 그들이 자기들의 땅을 밟지 못하도록 하는 것은 자연스럽습니다. 여러분은 가나안 족속들이 옛 브리튼 사람들보다 덜 용감했다고 생각하십니까? 그들이 마치 마법에라도 걸린 듯 꼼짝 못하는 상태가 아니었다면, 그들은 이스라엘을 다시 강물에 몰아넣고, 그 땅에 발을 디디는 것을 허락하지 않으려 했을 것입니다. 하지만 이스라엘은 정해진 때에 요단을 건넜습니다. 하나님께서

"너희가 건널 것이라" 말씀하셨고, 따라서 그들은 건넜습니다. 히위 사람이건, 여부스 사람이건, 어떤 가나안 사람도 그들을 감히 괴롭히지 못했습니다. 저 가련한 하나님의 자녀도 그런 식으로 탄식합니다. "오호라! 내가 죽을 때가 왔는데, 사탄이 나와 맞설 것이다. 유혹들과 의심들과 두려움들이 내게 몰려올 것이다." 우리는 여호수아 3장 16절에서 이런 말씀을 읽습니다. "백성이 여리고 앞으로 바로 건넜더라." 오 두려워 떠는 마음이여, 두려워 마십시오. 하나님께서 악한 영들과 당신의 심령의 의심들을 처리하실 수 있기 때문에, 그것들은 당신이 요단을 다 건널 때까지 돌처럼 가만히 있을 것입니다. 어떤 악령도 감히 밖을 내다보면서 불평하지 못할 것입니다. 어떤 의심이나 두려움도 감히 가까이 오지 못할 것입니다. 우리는 성경에서 읽습니다. "그 모든 백성이 요단을 건너기를 마칠 때까지 모든 이스라엘은 그 마른 땅으로 건너갔더라"(수 3:17). 여리고 성벽으로부터 단 하나의 화살이나 돌도 날아오지 않았습니다. 주님의 이름을 찬미합니다! 그분이 이스라엘의 원수들의 마음을 녹게 하셨고, 따라서 그들에게는 아무런 용기도 남지 않았습니다. 여기까지 "너희가 건널 것이라"는 두 번째의 말씀을 살펴보았습니다.

세 번째 말씀은 "차지하라"입니다. 그들은 그 강을 건너 하나님께서 그들에게 주신 땅을 차지해야 했습니다. 우리는 여기서 아무것도 소유하지 않습니다. 우리가 소유했다고 생각하는 물건들은 뜨거운 손에 의해 마치 고드름처럼 녹아 사라집니다. 경작된 밭에 있던 새들이, 우리가 손바닥을 치는 소리에 한순간에 날아가 버리듯, 부(富)도 날개를 달고 한 순간에 날아가 버립니다. 그런 것은 '소유'라고 부르기에는 너무나 빈약합니다. 하지만 우리에게는 요단 저편에 소유할 가치가 있는 보화들이 있습니다. 소금 언약에 의해, 하나님께서는 우리에게 그리스도 예수 안에 있는 영원한 안식과, 승리와, 행복과, 영광을 주셨습니다. 팔레스타인에는 이스라엘의 각 사람을 위한 땅의 분깃이 있었습니다. 그와 마찬가지로 천국에는 주님의 백성 각 사람을 위하여 지정된 유업이 있습니다. 천국에는 내 머리 외에는 누구의 머리로도 쓸 수 없는 면류관이 있으며, 내 손으로 외에는 어느 누구의 손으로도 연주할 수 없는 수금이 있고, 오직 나 외에는 어느 누구도 들어갈 수 없는 한 처소가 있습니다. 그리스도 예수 안에 있는 내 형제들과 자매들이여, 나는 여러분 각 사람에게도 마찬가지라고 믿습니다. 모든 성도들을 위한 천국이 있습니다. 하지만 또한 구속받은 각 사람을 위한 특별한 기쁨과 즐거움도 있습니다. 내 아버지의 집에는 처소가 많이 있습니다. 여러분은 요단을 건너가야 합니다. 하지만 그럼으로써 여러분은 집으로부터 멀리 떠나는 것이 아니라, 여러분 아버지의 집으로 되돌아가는 것입니다. 여러분은 수고와 빈궁과 슬픔과 죽음의 나라로 가는 것이 아닙니다. 여러분은 영원토록 주님과 함께 있기 위하여 가는 것이며, 어떤 악도 여러분에게 미치지 못하는 곳으로 가는 것입니다. 그러므로, 만약 오늘 "사흘 안에 너희가 이 요단을 건널 것이라"는 전갈이 여러분의 귀에 들린다면, 스스로 이렇게 말하십시오. "좋습니다. 나는 내가 사랑하는 그분의 얼굴을 뵈올 것입니다. 또한 그분의 피로 구속받은 자들을 만날 것입니다."

지금까지 나는 이 통보(通報)의 취지에 대해 말했습니다. 하지만 벌써 십오 분을 알리는 종소리가 들리는군요. 그 소리가 나로 하여금 두 번째의 아주 중요한 문제로 서둘러 나아가도록 재촉합니다.

2. 이 통보의 후속 결과

이제 여러분이 이 통보의 후속 결과를, 혹은 소환의 부름 뒤에 무엇이 따라오는지를 주목하시기 바랍니다. 나는 그리스도 안에 있는 여러분에게 어떤 일이 따라오는지를 제시하고자 합니다. 여러분이 떠나라는 통보를 받을 때, 여러분에게 어떤 일이 일어날까요?

이스라엘에게 일어난 첫 번째 일은 특별한 믿음이 주어졌다는 것입니다. 나는 여호수아의 휘하에 있는 그 백성들이, 광야에서 시신들이 널브러졌던 그 불신앙적인 유대인들의 후손이라는 것이 잘 믿기지 않습니다. 여호수아서 앞부분의 몇 장에서 볼 때, 여호수아가 그들에게 무슨 말을 하든지 그들이 여호수아를 믿었다고 기록되어 있습니다. 여호수아는 기이하고 힘든 일들을 말했지만, 그들은 의심하거나 이의를 제기하지 않았습니다. 나를 아주 기쁘게 하는 것은, 그가 르우벤 지파에게 그들이 무엇을 해야 하는지를 말했을 때 그들이 이렇게 대답했다는 점입니다. "누구든지 당신의 명령을 거역하며 당신의 말씀을 순종하지 아니하는 자는 죽임을 당하리니 오직 강하고 담대하소서"(수 1:18). 생각해 보십시오! 그들 자신이 "오직 강하고 담대하소서"라며 여호수아를 격려하고 있습니다. 하사관이나 병졸의 서열에 불과한 그들이, 지휘관들 중에서도 가장 용감한 자를 권면하고 있습니다. 하나님의 백성 중에서 아주 가난하고 시련을 많이 겪은 몇

몇 이들이, 이따금씩 믿음과 용기로 충만하여서 그들의 목사에게 용기를 주려고 애쓰기도 합니다. 자녀들이 아비들을 교훈하기도 합니다. 나는 그들이 이렇게 답례하는 것을 보고 흐뭇합니다. 이는 그들 자신이 행복한 상태에 있음을 보여주기 때문입니다. 설혹 그들의 단순한 격려가 여호수아에게는 불필요한 것처럼 보여도, 그것은 하나님 안에서 그들 마음의 정직성과 충만한 확신을 보여주는 것입니다. 진영 전체에 어떤 의심이나 두려움도 없었습니다. 사랑하는 이여, 하나님의 자녀들이 죽게 될 때는, 그들이 전에는 가련하고 떠는 자들이었다고 해도, 새로운 용기와 이례적인 힘을 얻어, 심지어 그들보다 더 믿음이 강한 자들에게 위로를 주기도 합니다. 머뭇거림 씨(Mr. Ready-to-halt)가 목다리를 짚고서 요단을 건너는 광경을 쳐다보는 것은 멋진 일입니다. 소심 씨(Mr. Feeble-mind)가 그들에게 말하기를, 약한 마음은 누구에게도 아무런 쓸모가 없으니 거름더미에나 파묻으라고 말합니다. 주님께서 우리에게 더 많은 은혜를 주실 것이고, 따라서 우리는 전에는 미심쩍어하던 것을 과감히 행할 수 있는 우리 자신을 보고서 놀랄 것입니다. 저물 때에도 밝은 빛이 있을 것입니다! 그리스도 안에서 하나님의 아기들이, 그토록 짧은 시간에 성인의 키로 자라는 것을 보면 놀라울 따름입니다! 나는 죽음 그 자체가 영혼 안에 어떤 변화를 일으키는지를 알지 못합니다. 하지만 죽음을 조금 앞두고서 종종 신자에게 놀라운 믿음의 진보가 이루어진다고 나는 믿습니다. 하나님의 사람이 놀라울 정도로 성숙합니다. 마치 한때 그토록 투덜거리는 경향이 있던 이스라엘 백성들이, 지금은 아주 놀라울 정도로 믿음의 단결력으로 충만한 것과도 같습니다. 하나님이여, 그 때가 올 때에 우리의 믿음도 그렇게 분발시켜 주소서!

다음으로, 특별한 보증이 주어졌습니다. 3장 5절을 보십시오. "여호와께서 내일 너희 가운데에 기이한 일들을 행하시리라." 그들이 그 삼일 중 마지막 날에 이르렀을 때, 크고 기이한 일들을 보게 될 것입니다. 주님은 언제나 기이한 일들을 행하십니다. 하지만 우리가 요단을 건너게 될 때 우리는 깊은 물에서 그분의 기사를 목격할 것입니다. 사랑하는 이여, 여러분은 아직 위대한 기적을 행하시는 분(the great Wonder-worker)으로서의 주님을 뵈옵지 못했습니다. 여러분은 희미한 시력으로 이따금씩 여러분의 하나님을 보아왔으며, 이것이 여러분으로 하여금 다윗이 언약궤 앞에서 춤추었을 때의 기쁨을 느끼게 해 주었습니다. 하지만 여러분은 곧 그것과는 달리 더욱 선명하게 볼 것입니다. 그 때 여러분은 천사처럼 높은 곳으로 오르기를 열망할 것이며, 그분의 임재에 더욱 가까워지면서 여러분의 얼굴을 가리게 될 것입니다. 여러분에게(to you) 그리고 여러분 안에(in you) 너무나 기이한 일들 곧 은혜와 영광 모두가 계시될 것이므로, 여러분의 영혼은 기쁨의 황홀경에 빠질 것입니다. 여러분은 예수님을 뵈올 것이며, 그분의 사랑이 더욱 충만하게 여러분에게 나타날 것입니다. 여러분은 사람이 가히 이르지 못할 말(고후 12:4)을 듣기 시작할 것이며, 이생에서 시작된 영광을 느낄 것입니다. 여러분의 사망일이 여러분에게 천상의 혼인식 날이 될 것이며, 지상에서의 마지막 날이 이곳에서 여러분이 보내왔던 모든 날들 중에서 최상의 날이 될 것입니다. 여러분이 정해진 때에 천국에 가까워지면, 천국은 예비된 기쁨으로 여러분에게 가까이 다가올 것입니다. 강한 믿음과, 그 믿음을 북돋우는 즐거운 보증으로써, 여러분은 진정 은혜를 얻게 될 것입니다.

다음으로, 정복의 지도자가 그들과 함께 있었음을 주목하십시오. 여호수아가 우두머리로서 그들을 격려하고 지휘하였습니다. 여러분과 내가 요단을 건널 때에는 예수님이 우리와 함께 하실 것입니다. 여호수아라는 이름은 우리에게 승리를 주는 그 귀하신 이름(Name)의 또 다른 형태입니다. 그가 "담대하라, 이는 내가 살아 있고 너희도 살아 있겠음이라"(요 16:33; 14:19)고 말씀하십니다. 그분이 이렇게 외치십니다. "네가 물 가운데로 지날 때에 내가 함께 할 것이라 강을 건널 때에 물이 너를 침몰하지 못할 것이라"(사 43:2). 만일 우리의 여호수아가 우리를 떠나는 듯이 보인다면, 그것은 꽃이 만발한 언덕이나 혹은 기쁨의 동산에서일 것입니다. 하지만 우리가 발을 디딘 곳에 검은 물이 흐르고, 우리가 그 강을 건너도록 부름을 받았을 때에는, 그분이 결코 우리를 떠나시지 않을 것입니다. 우리 주 예수 그리스도께 감사를 드리니, 그분은 결코 자기 백성을 잊지 않으십니다! 그분은 언제나 우리와 함께 하시지만, 우리에게 마지막 고난이 닥칠 때에는 아주 확실하게 함께 하십니다. 그분이 저 언덕 위의 나라로 들어가신 것은, 조만간 우리가 본향에 이를 때에 집을 마련하시기 위해서입니다. 하지만 그분은 분명히 다시 오실 것이며, 우리를 맞아주실 것입니다. 그리하여 그분이 계신 그곳에 우리도 있게 하실 것입니다. 그러므로 두려워마십시오. 예수님이 여러분과 함께 하십니다. 여러분은 이렇게 말하지 않겠습니까?

"오, 내 주님께서 오셔서 맞이하신다면,

> 내 영혼은 서둘러 날개를 펼쳐
> 두려움 없이 날아 죽음의 철문을 통과하고,
> 그곳을 지날 때에 공포를 느끼지 않으리."

예, 예수님이 오셔서 여러분을 맞이하실 것입니다. 여러분은 여러분이 죽어 가는 것을 잊을 것입니다. 저 영원한 생명이 여러분 영혼 속으로 밀려올 것이기 때문입니다. 여러분의 죽을 존재의 촛불이 큰 주목을 끌지 못하고 꺼지는 이유는, 주님의 영광이 솟아올라 여러분에게 비치기 때문입니다. 임종의 흐느낌은 천국 합창대의 하모니 속에 삼켜질 것입니다.

다음은 무엇입니까? 이스라엘 백성들에게는 분명한 안내가 제공되었습니다. 3장 4절을 읽어보십시오. 여호와의 언약궤가 그들 앞에 나아갔으며, 그들과 언약궤를 멘 제사장들 사이에는 거리를 두었습니다. 그래서 그들은 언약궤에 대해 경외심을 나타내면서, 그것을 그들의 안내자로 분명히 볼 수 있었습니다. 여호수아는 이렇게 말했습니다. "너희는 레위 사람 제사장들이 너희 하나님 여호와의 언약궤 메는 것을 보거든 너희가 있는 곳을 떠나 그 뒤를 따르라, 그러나 너희와 그 사이 거리가 이천 규빗쯤 되게 하고 그것에 가까이 하지는 말라 그리하면 너희가 행할 길을 알리니 너희가 이전에 이 길을 지나보지 못하였음이니라 하니라"(수 3:3-4).

여러분은 많은 경험을 했지만, 죽는 것은 새로운 경험일 것입니다. 여러분은 어떤 길들을 한두 번 이상 걸어보았을 것입니다. 하지만 이 길은 여러분에게 새로운 길이며, 오직 단 한 차례만 지나가는 길입니다. 여러분은 단번에 이 요단을 건너야 하며, 그러므로 하나님의 임재가 여러분 앞에서 진행할 것입니다. 틀림없이 주께서 여러분의 발걸음을 지도하실 것입니다. 속으로 이렇게 말하지 마십시오. "내가 병들었을 때 어떻게 해야 하지?" 여러분은 우리의 슬픔과 질고를 지신 그분에 의해 안내를 받을 것입니다. "하지만 맥박이 약해지고 낮아질 때, 죽음의 식은땀이 내 이마에 맺힐 때는 어떻게 하지?" 그분이 어떻게 할 것을 여러분에게 보이실 것입니다. 그분 역시 죽으셨기 때문입니다. 그분은 쇠약함과, 고통과, 목마름과, 신열(身熱)이 무엇인지를 압니다. 그분도 같은 것을 느끼셨기 때문입니다. 죽음에서 은혜는 극대화될 것입니다. 어떤 하나님의 자녀들은, '그리스도께서 오신다면 결코 죽지 않을 텐데'라는 생각을 하면서 기뻐합니다. 나 역시 주님께서 즉시 오신다면 기쁘겠습니다. 하지만 죽을 것인지 죽지 않을 것인지에 대해서는, 나로서는 조금도 신경 쓰지 않습니다. 내 생각으로는, 그 둘 중에서, 죽는 편이 더 낫겠습니다. 왜냐하면 죽는 자들은 그리스도와 함께 그분의 죽음에서도 교제를 경험하는 것이며, 이는 무덤에서 잠들지 않는 자들에게는 경험되지 않을 것입니다. 그분이 오실 때에 여전히 살아 있는 자들은, 비록 그들도 반드시 변화되겠지만, 구주께서 그러신 것처럼 실제로 무덤을 통과하는 특권은 놓칠 것입니다. 형제들이여, 우리는 저 십자가에 달리신 구주의 발이 지나본 길을 걷는 것입니다. 죽어가는 지체들이 죽으시는 머리(Head)와 함께하지 않으면 어디서 안식하겠습니까? 내가 왜 예수님께서 잠드셨던 곳에서 잠들기를 두려워한단 말입니까? 그분이 세마포를 남겨 놓으시지 않았던가요? 그분은 슬퍼하는 자들이 눈물을 닦도록 수건도 놓아 두셨습니다(참조. 요 20:6-7). 하지만 그분이 수의(壽衣)를 따로 두신 것은, 우리의 잠을 위해 무덤 속에 침상이 잘 준비되었음을 우리에게 보이시기 위해서입니다. 오, 그렇습니다. 어둠이 가까이 몰려올 때 여러분은 하나님의 지시를 받을 것입니다!

이스라엘과 함께하는 한 선구자가 그 길을 인도했습니다. 제사장들이 언약궤를 채로 꿰어 어깨 위에 메고서, 위엄 있게 행진하여 강으로 내려가는 모습이 얼마나 영광스러운 광경이었을까요? 이스라엘 백성 중에 누구도 새로운 길을 밟거나, 스스로 길을 만들 필요가 없었습니다. 우리의 위대한 대제사장께서 우리 앞서 강으로 내려가셨으며, 그분의 발을 물에 담그셨습니다. "그분이 모든 사람을 위하여 죽음을 맛보셨습니다"(히 2:9). 그분이 죽음 깊은 곳으로 들어가셨고, 땅의 심장에서 사흘을 잠드셨습니다. 언약궤가 길을 인도하므로, 우리는 따르기만 하면 됩니다.

앞선 언약궤는 그 현장을 떠나지 않았으며, 하나님의 임재가 머물렀습니다. 그 제사장들은 계속 나아가 강바닥에 도달했고, 경사진 곳을 따라 내려가다가 강 한가운데에 섰습니다. 그곳에서 그들은 모든 백성이 건너기를 마칠 때까지 멈추어 섰습니다. 몇 시간이고 그 제사장들은 어깨 위에 거룩한 짐을 메고 서 있었습니다. 그들은 요단 가운데 마른 땅에 굳게 섰습니다. 먼저 르우벤 지파와 므낫세 반 지파 사람들이 군대의 질서에 따라 행진하며 나아왔습니다. 그 다음에 다른 모든 지파들도 이어서 나아왔습니다. 하지만 제사장들은 마치 조각상들처럼 여전히 언약궤를 메고 그 자리에 머물렀으며, 마지막 이스라엘 사람이 요단을 건너기를 마칠 때까지 그렇게 하였습니다. 그곳에 속죄소와 거룩한 율법과 통치의 지팡이와 더불어, 언약의 하나님의 상징이 서 있습니다. 주 예수님께서 여러분의 위대한 대제사장으로서, 또한 여러분의 속죄와 언약으로서, 여러분 앞에서 가실 것입니다. 여러분이 저 약속의 땅 기슭에 안전하게 상륙할 때까지, 그분이 임종의 엄숙한 순간에 여러분과 함께 하실 것입니다. 모든 백성 중에서 가장 연약한 소자도 천국의 언덕 저편에 올라 영원한 사랑의 노래를 부를 것입니다. 오 주 나의 하나님, 저의 마지막 시간이 올 때에, 제 눈으로 주 예수님을 보게 하시고, 모든 면에서 완전하고 확실한 언약을 보게 하소서.

> "제가 요단의 가장자리를 걷는 동안
> 　저의 불안과 두려움을 잠잠하라고 명하소서.
> 　죽음을 죽이시고, 지옥 권세를 멸하시는 분이
> 　나를 가나안 저편에 안전하게 건네 주시네!
> 　영원토록 당신께
> 　찬미의 노래들을 부르겠나이다."

　제사장들이 강으로 내려간 결과 강물이 말랐습니다. 물이 뒤로 물러가고 한 곳에 쌓여 서 있는 것을 보는 것은 대단한 광경이었음에 틀림없습니다! 어떤 이들이 생각하듯이, 흐르던 물은 약 50km 뒤로 물러갔으며, 이스라엘 백성들은 마른 강바닥으로 곧게 난 긴 도로를 볼 수 있었습니다. 그 투명한 물 무더기가 쌓여 있는 곳에서는 놀라운 광경이 눈을 사로잡았을 것입니다! 이와 같이 수많은 이스라엘 백성들이 행진할 수 있는 넓은 통로가 생겼으며, 그로 인해 그들이 신속히 건널 수 있었습니다. 상상해 보십시오. 여러분이 죽음에 이를 때, 요단은 전혀 강이 아닌 것으로 판명될 것입니다. 설사 발에 물을 묻히지 않고서 건넌들 어떻겠습니까? 그렇게 되지 말란 법이 있습니까? 주님이 택하신 자들에게는 그런 경우가 종종 있었습니다. 많은 사람들이 즐거운 퇴장을 합니다. 한 자매는 죽는 것에 대해서 많은 근심을 하곤 했습니다. 그녀는 자신이 떠날 것임을 알았고, 그 죽음의 통과를 두려워했습니다. 그녀는 잠든 중에 죽었습니다. 그래서 그녀가 천사들 가운데 있는 자신을 발견하기까지, 그녀가 언제 이편에서 저편으로 건너갔는지를 전혀 알 수가 없었습니다. 죽음이란 많은 사람들에게 바늘로 콕 찌르는 것입니다. 얼마나 많은 사람들이 노래하며 영광으로 들어가는지요! 그리고 스스로 노래할 수 없는 어떤 이들은, 그들이 물을 건너는 동안 다른 사람들에게 노래하도록 합니다. 정녕 우리는 죽음을 그릇되게 묘사합니다. 믿는 자에게 죽음은 해골의 형상이 아니라, 주의 천사가 주의 정원의 꽃을 따러 오는 광경입니다. 죽음은 그 공포를 잃어버렸습니다. "사망의 쏘는 것은 죄이며"(고전 15:56), 그것은 잊혀졌습니다. "죄의 권능은 율법이며", 율법은 성취되었습니다. 검은 물은 멈추었고, 우리는 신을 적시지 않고서 요단을 건넙니다.

다음으로, 백성들이 아주 신속하게 건넜음을 주목하십시오. 죽음은 짧은 과제입니다. 4장 10절에 따르면 "백성은 속히 건넜으며"라고 기록되어 있습니다. 그들이 서둔 것은 두려워서가 아니라, 그들의 수가 많아서 해지기 전에 건너기를 마치고자 했기 때문이었습니다. 그들은 그들의 나라를 차지하고자 열망했고, 그들의 첫 번째 원수들이 몸을 숨기고 있는 여리고로 행진함에 있어서 담대하였습니다. 그들은 신속하게 행진하여 강을 건넜으며, 신속하게 강 저편에 도달했습니다. 물론 백성들의 수가 방대했기 때문에 상당한 시간이 걸렸을 것입니다. 하지만 모두 질서정연하고 신속하게 이동했습니다. 결국, 죽음의 행위란 무엇입니까? 한 사람이 소리칩니다. "무슨 말입니까! 죽음에는 끔찍하고 많은 고통이 연관되어 있지 않습니까?" 내가 대답하지요. 아닙니다! 고통이 있는 것은 삶입니다. 죽음은 모든 고통의 끝입니다. 당신은 질병을 죽음 탓이라고 하지만, 죽음은 질병의 치유입니다. 당신은 죽음이라고 부르는 것을 상상하는데, 그것은 실제로 존재하지 않습니다. 눈 깜박할 사이에 우리는 위로 올라가버립니다!

> "한 번의 부드러운 한숨으로, 차꼬가 풀어지네.
> '그가 떠났다'고 우리가 말하는 순간,
> 구속받은 그 영혼은
> 보좌 가까이 있는 자기 처소를 차지한다네."

그러므로 여러분이 속히 요단을 건널 것이기 때문에, 그토록 짧은 시련에 놀랄 필요가 없습니다. 그것은 실제로 전혀 시련이 아닌 것으로 판명될 것입니다.

우리는 4장 9절에서, 요단을 건너는 이스라엘 백성들이 하나의 기념비를 남겼다고 읽습니다. 그들이 강을 건너기를 마치기 전에, 몇몇 선택된 사람들이 큰 돌 열둘을 가져다가 한 곳에 쌓아두었으며, 이스라엘이 그곳에 있었다는 영구적인 기념으로 남겨 두었습니다. 여러분 또한 세상을 떠날 때에 증언을 남길 것입니다. 여러분은 여러분 뒤에 올 자손들을 위해 여러분의 기념비를 세울 것입니다. 그들이 이렇게 말하겠지요. "우리 아버지는 예수님과 함께 있을 확실하고 분명한 소망 가운데 죽으셨다." 여러분이 죽고 떠난 후에, 어쩌면 여러분의 마지막 증언에 의해 회심하지 않은 몇몇 사람들이 구원을 얻을 것입니다. 비록 여러분의 임종이 어떤 이들처럼 그렇게 밝지 않아도, 심지어 근심의 구름조차도 효력이 없진 않을 것입니다. 어느 경건한 사람이 자기 아들들과 딸들을 위해 많은 기도를 했습니다. 하지만 그들이 회심하는 것을 보지 못했고, 이것이, 그들의 완고함 때문에 생겨난 근심과 더불어, 그의 마지막 임종의 시간들 위에 슬픈 구름을 드리웠습니다. 이 때문에 그는 무척 괴로워했고, 또한 그의 괴로움이 자녀들의 불신앙을 더욱 굳게 하는 것은 아닌지 두려워했습니다. 하지만 주께서 어떤 일을 행하셨는지를 보십시오! 그들이 아버지를 장사지내고, 한 자리에 모였을 때에, 장남이 그 형제들을 향해 임종 때에 그들의 아버지를 짓누르던 슬픔에 대해 소견을 말했습니다. "동생들아", 그가 말했습니다. "만일 그렇게 훌륭하셨던 우리 아버지가 죽으실 때 그토록 괴로워하셨다면, 우리가 죽을 때는 어떻게 될까?' 너무나 온당한 이 말이 동생들의 회심의 수단이 되었습니다. 만일 내가 어둠 속에서 죽는 것이, 내가 아는 모든 사람들을 구주께로 인도하는 수단이 된다면 나는 기꺼이 그렇게 죽고 싶습니다. 여러분은 그렇지 않습니까? 이와는 별개로, 우리는 요단 가운데에 돌들을 세울 것이며, 여호와가 신실하신 하나님이심을 증언할 것입니다.

한 가지 더 말하자면, 그들은 또한 요단 건너편 기슭에도 기념비를 세웠습니다. 열두 사람이 강에서 돌 열둘을 취하여 어깨에 메고 언약궤에 앞서 나왔습니다. 여러분은 짐을 지고 있는 그들을, 그리고 그들 뒤를 따라 강바닥에서 올라오는 언약궤를 볼 수 있습니까? 그들은 이 열두 돌을 가나안 땅에 쌓아 두었습니다. 여러분과 나는 천국에 도착할 때 우리의 기념물들을 들고 가서, 거기에 쌓아둘 것입니다. 우리는 하늘에 있는 천사들과 통치자들과 권세들에게 삶과 죽음에서 우리에게 베푸신 하나님의 각종 지혜와 선하심을 알게 할 것입니다(참조. 엡 3:10). 나는 머지않아서, 이 육천 명의 적은 회중 앞에서가 아니라, 헤아릴 수 없이 많은 하늘에 있는 구속받은 자들에게 그분의 지혜와 선하심에 대해 말할 수 있기를 소망합니다. 하나님께서 어떻게 버러지 같은 자를 산들을 타작하는 자로 삼으셨으며(참조. 사 41:14-15), 또한 한 죄인을 도우서서 그분의 사랑을 선포하게 하셨는지를 듣기 위해 무수한 천사들이 모여들 것입니다. 여러분은 여러분 주변에 모여든 무리들과 함께 설 것입니다. 빛나는 존재들이 여러분의 구원과 시련들과 기쁨들과 성취들을 듣기 위해서, 아니 그보다는 주님께서 여러분을 위해서와 여러분을 통해서 하신 일들을 듣기 위해서 여러분 주변을 서성일 것입니다. 그리하여 하나님이 영광을 받으실 것이며, 요단 저편은 기념비들과 하나님의 측량할 수 없는 은혜로써 장식될 것입니다.

여러분은 이 주제를 직접 곰곰이 묵상해야 합니다. 나는 그저 여러분에게 설교의 개요만을 제시할 수 있을 뿐입니다. 이 전체의 이야기를 신중하게 읽으십시오. 하나님이 그것을 통해 여러분에게 복을 주시길 바랍니다!

하지만 사랑하는 친구들이여, 만약 여러분이 하나님의 백성이 아니라면 어떻게 하겠습니까? 여러분도 마찬가지로 죽게 될 것입니다. 언젠가 여러분도 그 강물을 건너가야 합니다. 여러분의 운명은 얼마나 다른 것인지요! 여러분은 여러분의 소유들을 뒤에 남겨두어야 합니다. 어느 현인(賢人)이 어느 속인(俗人)에게, 그가 자신의 아름다운 정원을 바라보고 있을 때 다음과 같이 말했습니다. "이런 것들 때문에 죽기가 어렵겠군요." 여러분은 이곳에서 여러분의 소유라고 부르는 모든 것을 두고 떠나야 합니다. 그리고 저곳에는 여러분의 소유가 없습니다. 여러분에게는 지도자가 될 여호수아가 없으며, 앞서 가는 선구자로서의 제사장이 없으며, 여러분의 입장을 지지해 주실 언약의 하나님이 없습니다. 사실상, 여러분에게는 죽음의 고통을 이길 수 있게 하는 것이 전혀 없습니다. 격류가 여러분을 휩쓸어갈 것입니다. 급류가 여러분을 저 죽음의 바다로 데려갈 것입니다. 바로 지금, 여러분이 조금 아프고 고통 중에 있을 때, 여러분은 두려워 놀라게 됩니다. 만일 여러분이 평안한 땅에서도 피곤하면 요단 강 물이 넘칠 때에는 어찌하겠습니까(참조. 렘 12:5)? 저 검은 물은 여러분을 위해 멈추지 않을 것입니다. 그 두려운 곳에 감히 몸을 던지겠습니까? 저 검은 물결이 얼마나 세차게 죽음의 무서운 바다를 향해 내려가는지를 보십시오! 여러분은 저 절망의 장소로 휩쓸려가기로 작정했습니까? 여러분이 저 저주받은 처소로 떠내려가기 전에 주님께서 여러분을 불쌍히 여기시길 빕니다! 주 예수님의 복음이 선언합니다. "주 예수 그리

스도를 믿으라, 그리하면 구원을 얻을 것이라. 믿고 세례를 받는 자는 구원을 얻
으리라!"

제
4
장

—

창문에 맨 붉은 줄

—

"붉은 줄을 창문에 매니라." – 수 2:21

기생 라합이 회심한 것과 같은 놀랄 만한 사건은 작은 부분까지 세세히 살펴볼 가치가 있습니다. 야고보 사도는 믿음에는 언제나 행실이 따라야 한다는 사실을 설명하기 위해 라합을 예로 들었습니다. 그는 "기생 라합이 사자들을 접대하여 다른 길로 나가게 할 때에 행함으로 의롭다 하심을 받은 것이 아니냐?"(약 2:25) 묻습니다. 한편 바울은 믿음으로 말미암는 칭의를 설명하기 위하여 라합을 예로 들었습니다. "믿음으로 기생 라합은 정탐꾼을 평안히 영접하였으므로 순종하지 아니한 자와 함께 멸망하지 아니하였도다"(히 11:31). 이 훌륭한 두 사도들 모두가 라합의 생애 가운데서 중요한 교리를 발견하였다면 분명히 우리도 그리해야 할 것입니다. 정탐꾼들을 삼대 밑에 숨겨준 일이 큰 의미가 있었다면, 그에 못지 않게 붉은 줄을 매단 것도 큰 의미가 있었을 것입니다.

라합이 숨겨준 두 정탐꾼은 자기들을 창에서 달아 내려준 그 붉은 줄을 전쟁의 날에 창에 매어 두어 그들이 거하는 집을 표시하라고 라합에게 당부하였습니다. 라합은 그들의 요구에 응하여 약속된 상징물을 내걸었습니다. 붉은 줄에 대하여 저는 네 가지 사실을 말씀드리겠습니다.

1. 첫째, 저는 여기서 순종하는 신자의 모습을 봅니다.
라합은 창에 붉은 줄을 매어 두라는 말을 듣고 그대로 행하였습니다. 이는 온전한 순종이었습니다. 그냥 줄이 아니라 붉은 줄을 매어 두었습니다. 라합은 파란 줄, 녹색 줄, 하얀 줄을 매어 두지 않았습니다. 정탐꾼들이 지시한 줄은 다른 줄이 아니라 이 붉은 줄이었으며, 라합은 이 특정한 줄을 매어 두었습니다. 성도들은 작은 일에 하나님께 순종해야 할 것입니다. 사랑은 언제나 작은 것들에 관심을 가지며, 작은 것들을 크게 여깁니다. 한 청교도가 너무 꼼꼼하다는 비난을 받자 "저는 꼼꼼하신 하나님을 섬깁니다"라고 훌륭한 대답을 했다는 말을 들은 적이 있습니다. 주 우리 하나님은 꼼꼼한 하나님이십니다. 그러므로 하나님은 자신의 명령에 대하여도 꼼꼼하십니다. 모세가 말로 하지 않고 반석을 쳤을 때 저지른 작은 잘못으로 말미암아 그는 약속된 안식에 들어갈 수 없었습니다. 작은 행위에는 큰 원리가 포함되어 있습니다. 그러므로 우리는 주인의 뜻이 무엇인지 주의 깊게 살피고, 그 뜻이 무엇인지 아는 대로 이유 여하를 막론하고 조금도 지체 없이 그 뜻을 이행해야 할 것입니다. 그리스도인의 삶은 작은 조각들을 붙여 놓은 모자이크처럼 작은 순종들을 모아 놓은 것이어야 할 것입니다. 그리스도의 군사들은 철저한 수양으로 이름나야 할 것입니다.

저는 여러분 모두에게 철저한 순종을 부탁하되, 특히 최근에 그리스도를 믿는다고 고백한 젊은이들에게 부탁합니다. 여러분의 선조들의 모습을 본받지 마십시오. 왜냐하면 지금 무대에서 퇴장하고 있는 세대는 성경을 읽지도 않고 주님의 뜻에 관심도 없습니다. 만일 사람들이 성경을 자세히 살펴본다면 그들이 하나로 화합하는 모습을 우리는 보게 될 것입니다. 보급된 수에 비해 전 세계에서 가장 적게 읽히는 책은 바로 하나님의 말씀입니다. 성경은 세계 어디에나 보급되어 있습니다. 그러나 그 어느 곳에서도 사람들은 성경을 주의 깊게 읽지 않으며, 기어이 그 교훈을 따르겠다는 진지한 결심으로 성경을 읽는 사람도 거의 없습니다. 여러분은 와서 우리가 전하는 말을 들으며, 우리는 성경 여기저기서 뽑아낸 작은 부분을 전달하고 있지만, 여러분은 성경의 전체적인 뜻을 올바로 깨닫지 못하고 있습니다. 이럴 수가 있습니까?

목회자들은 오류를 범하며, 여러분은 아무런 조사도 없이 그들을 따릅니다. 어떤 이는 이 지도자를 선택하고, 또 다른 이는 저 지도자를 선택하며, 너무나도 다양한 의견들과 분파들이 존재합니다. 이래서는 안 되며, 만일 영감을 받은 진리 위에 모든 사람들이 굳게 서 있었다면 이런 일은 일어나지 않았을 것입니다. 성경을 읽고 그 말씀을 붙잡고 기도한다면 많은 오류들이 신속히 없어질 것이며, 다른 오류들도 심히 무력하게 될 것입니다. 그러므로 부탁하건대, 여러분, 하나님의 말씀을 자세히 살펴보십시오. 그리고 그 말씀에서 깨닫는 것은 무엇이든지 그대로 실행하십시오. 어떻게 해서든지 하나님의 말씀을 지키십시오.

다음에 라합이 아주 작은 일에 순종하였다는 사실을 주목하십시오. 라합은 이렇게 말할 수도 있었습니다. "나는 창에다 줄을 매어 두는 것이 꼭 필요한 일이라고 생각하지 않아. 그렇게 안 해도 내가 이스라엘의 하나님을 믿는 이상 보호받을 수 없겠는가? 나에게는 믿음이 있고, 정탐꾼들을 숨겨 준 행위로써 나의 믿음을 보여주었어. 그런데, 내가 붉은 줄을 매어 두어야 한다는 규칙을 따르지 않았다는 이유만으로 멸망당할 것이라고 생각할 수 없어." 이런 식으로 오늘날 많은 사람들이 구원받는데 꼭 필요한 것이 아니라고 생각되는 그런 의무들을 생략하려고 합니다. 이는 나 자신에게 전혀 묻고 싶지 않은 문제이기 때문에 또한 다른 누구에게도 결코 대답하고 싶지 않은 문제이기도 합니다. 기존의 의무나 성경적인 의식을 소홀히 한다면 신자가 멸망 받을까 혹은 받지 않을까 하는 질문은 순전히 이기심에서 비롯되는 것입니다. 아니, 우리가 우리 볼일만 보면 되며, 혹은 구원만 보장받으면 됩니까? 우리가 그렇게 이기적이란 말입니까? 사랑스러운 자식이 "내가 만일 아버지의 뜻을 거역하면 그래도 여전히 아버지의 아들이 될까? 여전히 아버지로부터 밥을 얻어 먹고 옷을 얻어 입을 수 있을까?"라고 말합니까? 오직 악한 자식만 그렇게 말할 것입니다. 참된 아들은 이렇게 말할 것입니다. "아버지께서 내게 무엇을 원하실까? 나는 아버지를 기쁘게 해 드릴 거야. 아버지께서 무엇을 싫어하시지? 아버지께서 싫어하시는 것은 나도 싫어할 거야." 꼭 필요한가 그렇지 않은가 하는 변론들을 초월하여 모든 일에 순종하기를 배우십시오. 창에 붉은 줄을 매어 두는 일이든 혹은 물로 씻는 일이든, 명령을 받는 대로 행하십시오. 그리고 주님의 말씀을 조금이라도 거역하지 마십시오.

또한 기억해야 할 것은, 어떤 사람들의 주장처럼, 작은 일에 순종하는 것이 상징적으로 중요한 의미가 있었다는 사실입니다. 애굽에서 이스라엘 백성들이 문인방과 문설주에 바른 피를 생각하고 정탐꾼들이 붉은 줄을 매어 두라고 했는지 확신할 수 없지만, 아마도 그럴 가능성이 있다고 저는 생각합니다. 이 두 사람은 유월절과 피 뿌림, 그리고 그 결과 이스라엘의 온 집이 구원받은 사실을 잘 알고 있었습니다. 재앙의 날에 하나님의 천사가 하나님께서 자기 백성 이스라엘을 위하여 미리 일러 두신 그 표시를 보고 그들을 지나쳐 버렸던 만큼 바로 그와 같은 표시를 해 두라고 그들이 라합에게 알려 준 것은 당연한 일일 것입니다. 그러므로 줄 색깔이 사소하게 보일지라도 그것은 중요한 의미가 있었습니다. 이처럼 하나님의 작은 명령 하나라도 상징적으로 중요한 교훈을 가지고 있는 것입니다.

아울러 이 여인의 순종은 참된 믿음에서 우러나왔습니다. 라합의 순종은 그 믿음을 보여주었습니다. 라합이 창에 붉은 줄을 매어 둠으로써 그녀는 앞으로 여리고 성이 몰락하고 말 것이라는 사실에 대한 믿음을 보여주었고, 또한 그런 결과에 대한 언약을 받아들였기 때문에 자신은 구원받을 것이라는 믿음을 보여 주었던 것입니다. 그녀가 두 정탐꾼들의 하나님을 믿지 않았다면 그들을 숨겨주지 않았을 것입니다. 그리고 그렇게 한 후에 믿음이 부족하였다면, 라합은 창에 붉은 줄을 매어 두라는 지시에 응하지 않았을 것입니다. 사랑하는 성도 여러분, 믿음으로 순종하십시오. 종의 순종은 가치가 별로 없습니다. 자녀의 순종이 귀합니다. 이는 사랑의 열매이기 때문입니다. 종이 두려워서 마지못해 하나님의 명령을 지키는 것은 마음과 중심이 빠져버린 순종입니다. 그러나 오직 예수님만을 신뢰하고 아버지의 언약을 신뢰하는 하나님의 사랑 받는 자녀들은 믿기 때문에 당연히 순종해야 한다고 생각합니다. 지옥이 무섭기 때문에, 혹은 자신의 공로로 천국에 들어갈 수 있기 때문이 아니라 다만 예수님을 믿고 구원받은 심령이 되었기 때문에 순종하는 것입니다. 그러므로 이러한 순종은 주님의 명령을 기쁘게 따릅니다.

2. 이제 두 번째로, 나는 여기서 합당한 언약을 발견합니다.

만일 라합이 비밀을 지키고 창에 붉은 줄을 매어 둔다면 자신과 온 가족이 죽음을 면할 것이라고 정탐꾼들이 약속하였습니다. 라합이 붉은 줄을 매어 둔 것은 말하자면, "당신들이 나와 맺은 언약을 요구합니다"라고 주장한 것이었습니다. 사랑하는 성도 여러분, 언약된 복을 얻을 수 있기를 더욱더 원하기 때문에 잠시 이에 대하여 말씀드리겠습니다. 우리가 예수님을 어떻게 소유할 수 있습니까? 오직 믿음으로. 믿음은 제물의 머리에 얹고 죄를 전가하는 손이며, 이로써 죄가 더 이상 죄인에게 남아 있지 않게 됩니다. 믿음은 예수님을 생명의 떡으로 삼으며, 그 떡을 우리 자신의 것으로 여기는 것입니다. 우리는 그 떡을 먹고 영원히 살 수 있습니다. 이처럼 그리스도를 얻는데 중요한 것은 믿음을 가지는 것이요, 더욱더 믿음을 가지는 것입니다.

무엇보다 먼저 여러분이 여러분의 창에 붉은 줄을 매어 두었을 때 "그리스도는 나의 것입니다"라고 주장한 것임을 기억하십시오. 저는 바로 그 시간, 그 장소를 기억하고 있습니다. 그러나 많은 사람들이 그 순간, 그 사건을 말하지 못합니다. 그들이 그곳에 붉은 줄을 계속 매어 둔다면 그것에 대하여 초조해할 필요가 없습니다. 지금도 여러분은 "예수님은 나의 것입니다"라고 말할 수 있을 만큼 그때를 생생하게 기억합니다. 그리스도께서 먼저 여러분을 아셨기 때문에 여러분이 그분을 알았습니다. 그런 시간을 한 번도 가져보지 않았다면 지금 그런 시간을 가질 수 있습니다! 예수 그리스도는 여러분을 구원하실 수 있습니다. 그러나 여러분은 그분을 알아야 합니다. 그렇지 않으면 그분이 여러분에게 구세주가 되지 못할 것입니다. 성령 하나님께서 비록 믿음의 주체가 되시지만 그분께서 친히 여러분을 대신하여 믿어 주실 수는 없다는 사실을 기억하십시오. 여러분이 직접 자신을 위하여 믿어야 합니다. 어떤 사람들은 회개가 성령의 은사라고 말합니다. 물론 그들의 증거는 옳습니다. 하지만 이 사실을 과장하여 만일 성령께서 회개하신다는 인상을 사람들이 갖거나 혹은 사람들은 회개와 아무런 관계도 없다고 한다면 이는 옳지 않습니다. 왜냐하면 성령에게는 회개할 죄가 전혀 없는 것이 분명하고, 또한 회개란 죄인의 뉘우치는 마음의 행위이며, 믿음이란 "사람이 마음으로 믿어 의에 이르는" 마음의 행위이기 때문입니다.

믿음은 창에 붉은 줄을 매어 두는 가장 중요한 수단입니다. 그러나 여러분의 믿음이 은혜의 의식(儀式)들과 수단들을 활용하도록 하십시오. 왜냐하면 이런 것들이 믿음으로 예수님을 꼭 붙드는데 도움을 주기 때문입니다. 저는 성찬식에 참여할 때가 가장 복되다는 사실을 자주 체험하였습니다. 떡을 먹고 포도주를 마시는 동안 믿음이 살아나는 느낌을 받습니다. 그러므로 저는 스스로 다짐합니다. "그래, 이 떡이 내 입으로 들어가고 나의 신체 속으로 들어가 나 자신의 한 부분이 된 만큼 아무도 그것을 빼앗을 수 없고, 그만큼 나는 믿음으로 성육신하신 하나님을 의지하고 내 영혼 속에 영접하였으며, 그리하여 하나님께서 나의 하나님이 되셨어. 이제 아무도 나에게서 하나님을, 또는 하나님에게서 나를 떼어놓을 수 없어." 의식 자체가 여러분에게 그리스도를 주지는 않을 것입니다. 그러나 종종 상징은 영혼으로 하여금 예수님을 이해하고 그분과 연합하도록 그분을 바라보게 하는데 큰 도움을 줍니다. 주님의 보혈을 상징하는 포도주를 마실 때마다 우리의 영혼은 이렇게 고백하였습니다. "구세주의 피 흘리신 희생을 온전히 의지합니다. 하나님 앞에서 내가 의지하는 모든 것은 주님의 대속의 고통, 슬픔, 그리고 공로뿐입니다. 나는 오직 이런 것들만 의지하여 죄 사함을 받습니다. 내가 이 잔을 마시는 것처럼 이런 것들을 나의 존재 속에 흡수하며, 이로써 포도나무의 액이 나의 혈관을 흐릅니다."

여러분의 전 생애가 그리스도께서 여러분의 것이라는 믿음에 일치하는 삶이 되십시오. 많은 신자들이 마치 예수 그리스도께서 그들에게 속하지 않은 것처럼 살며, 아직도 언약의 복을 누리지 못하는 것을 저는 유감스럽게 생각합니다. 모든 것이 우리의 것이라고 참으로 믿는다면, 그리고 우리가 창에 붉은 줄을 매어 두고 그리스도 안에서 만물을 우리 것으로 소유했다면, 우리가 사업에 실패할 때 실망해야 한다고 생각하십니까? 믿음으로 그리스도를 견고히 붙잡았다면, 그리고 은혜의 언약을 우리의 것이라고 주장함으로써 붉은 줄을 창에 꽉 매어 두었다면, 시험을 당할 때에 우리가 구원받았는지 아닌지 조마조마하며 의심해야 한다고 생각하십니까? 사랑하는 성도들이여, 여러분은 그리스도의 한 부분만을 소유했을 뿐입니다. 여러분은 죄 사함 받았다는 사실은 믿지만 의롭다하심을 받았다는 사실을 거의 알지 못합니다. 여러분은 의롭다하심을 받았으며 예수님의 의로 덮였지만 예수님께서 여러분에게 주시는 성화의 은혜를 누리지 못했습니다. 여러분은 큰 은혜를 받았지만 그리스도께서 여러분의 영, 혼, 그리고 몸을 온전히 거룩하게 하실 수 있다는 사실을 여태껏 믿지 않았습니다. 우리의 충만하신 주님 안에 저장되어 있는 무한한 보물을 거룩한 확신으로 붙잡지 못하였기 때문에 우리는 성장이 멈추었고 왜소하며 야위고 무기력합니다. 주님은 우리의 것이며, 주님 안에서 모든 것이 우리의 것입니다.

또한 저는 여기서 붉은 줄을 매는 것은 믿음에 일치하는 평안을 보이는 것이라고 말씀드리겠습니다. 라합이 그녀의 창에 붉은 줄을 맨 후 자기 부모와 형제들을 다락으로 인도한 것 외에 다른 일을 했다는 기록을 우리는 볼 수 없습니다. 라합은 성이 포위될 것에 대비하여 자기 집을 지킬 준비를 하지 않았습니다. 즉, 자기가 사는 성벽의 부분을 특별히 경계해 달라고 왕에게 부탁했다는 기록이 없습니다. 나는 그녀가 혼자서 두려워했거나 혹은 순간이라도 무서워 떨었다고 믿지 않습니다. 붉은 줄이 창문에 매어 있었기 때문에 그녀는 안심했습니다. 라합은 언약을 붙잡았고, 그 언약이 깨지지 않으리라고 믿었습니다. 그리스도의 완성된 사역, 그리고 거짓말을 못하시는 하나님의 변하지 않는 언약 안에서 평안히 고요하게 거하는 것은 고귀한 특권입니다. 구원 사역이 저주받은 나무 위에서 완성되었고, 그리스도께서 영광에 들어가셨으며, 아버지께서 보시는 앞에서 사명을 완수하셨거늘 어찌하여 여러분은 안달하며 의심하며 수없이 불안해하며 돌아다닙니까? 주님께서 우리를 함께 일으키사 그리스도 예수 안에서 하늘에 앉혀 주셨거늘 어찌하여 여러분은 슬퍼하며 안전을 의심합니까? 믿는 우리는 안식에 들어갑니다. 하나님의 평안은 우리의 것입니다. 우리의 평안으로써 우리가 우리의 창에 붉은 줄을 매어 두었으며, 그리스도의 완성된 사역의 권리를 누린다는 사실을 보여줍시다. 그리고 하나님께서 그리스도로 말미암아 다 이루신 만큼 이제부터는 우리 자신의 노력으로 평안을 누립시다.

3. 세 번째, 저는 여기서 공개적인 선언을 봅니다.

라합은 집안 은밀한 곳이 아니라 창에 붉은 줄을 매었습니다. 이는 신앙의 공공연한 선언이었습니다. 물론 모든 사람이 라합의 의도를 알아차렸다는 말씀은 아닙니다. 오직 라합의 비밀을 알고 있던 자들만이 그 의미를 알아차렸습니다. 그녀는 그 신호를 꼭 보아야 할 사람들이 볼 수 있도록 창문에 붉은 신호를 내걸었습니다. 드러내 보이고, 눈길을 끌어보고 싶어서 그랬던 것이 아니었습니다. 그녀는 공개적으로 신호를 보내야 했기 때문에 그리했던 것입니다. 여러분은 나의 주 예수님을 믿지만 아직 주님의 백성들과 결코 하나 되지 못하였습니다. 여러분은 주님을 신뢰하지만 누가 그 사실을 알까봐 심히 염려합니다. 예수님을 부끄러워하지 마십시오! 놀랍게도 주님은 여러분을 부끄러워하지 않으십니다. 주님께서 여러분의 죄성을 맡아 여러분을 대신하여 죽기를 부끄러워하지 않으셨기에 여러분이 그의 이름을 고백한다고 하여 절대로 얼굴을 붉힐 필요가 없습니다. 떨고 있는 자들이여, 앞으로 나와 그대들의 창에 붉은 줄을 매고 "우리는 그의 소유입니다. 우리는 이런 사실을 고백합니다"라고 말하십시오.

그러나 여러분이 창에 매어 둔 붉은 줄은 말하자면, 주님의 보혈에 대한 참된 믿음의 고백, 피로써 구속을 받았다는 믿음의 선언이 되어야 합니다. 왜냐하면 믿음이 있다고는 하지만 그리스도의 대속을 믿지 않는 사람들이 있기 때문입니다. 요즈음에는 구속의 옛 교리를 믿으려 하지 않습니다. 현대 "문화"가 이 교리를 말살하여 버렸거나 혹은 실제 구속은 존재하지 않는다는 식으로 바꾸어 버렸습니다. 너무나 진보하여서 유행에 뒤떨어진 복음을 고백하지 못하는 사람들이 많이 있습니다. 하지만 우리는 우리의 창에 붉은 줄을 매며, 일찍이 성도들에게 전해진 진리를 지킵니다. 우리의 신앙의 선언은 곧 우리가 "의인으로서 불의한 자를 대신하시므로 우리를 하나님 앞으로 인도하신"(벧전 3:18) 그리스도의 대속을 실제적으로 그리고 문자 그대로 믿는다는 것입니다. 수없이 많은 새로운 복음들이 성행하지만 그것들은 말할 가치가 조금도 없으며, 우리는 이사야 선지자의 옛 복음을 고수합니다. "그가 징계를 받으므로 우리는 평화를 누리고 그가 채찍에 맞으므로 우리는 나음을 받았도다"(사 53:5). 사랑하는 신자들이여, 예수 그리스도의 희생과 대속의 교리가 진정으로 여러분의 소망이라면 그 교리를 고백하십시오. 담대하게 고백하십시오. 그리하여 이 악한 시대에 이에 대한 실수가 없도록 하십시오. 여러분의 창에 붉은 줄을 매어 두십시오. 다른 사람은 그것을 보지 않을지라도 여러분의 형제들은 주목할 것이며, 용기를 얻을 것입니다. 다른 사람들은 그것을 기뻐하지 않을지라도 여러분의 하나님은 여러분을 보고 미소지으실 것이며, 여러분은 하나님께 아름다운 향기를 풍길 것입니다.

　모든 그리스도인은 보혈을 믿는 신앙을 여러 가지로 보여주어야 합니다. 우리의 일상적인 대화 가운데 우리의 신앙이 나타나야 합니다. 우리가 예수님의 보혈을 믿는다면, 잠시만 대화를 나눠도 우리가 진실로 예수님의 제자들이라는 사실을 사람들이 깊이 인식할 것입니다. 대화 내용이 너무나 재미있고 유익한 한 사람에 대한 소문을 저는 들었습니다. 다리 밑에서 소낙비를 피하고 있는 한 5분 동안 사람들은 그로부터 많은 교훈을 받았다고 하였습니다. 모든 그리스도인은 이처럼 고상한 품위를 갖춘 사람들이어야 합니다. 몇 분 동안만 같이 있어도 그가 하나님의 사람이라는 사실을 알아차릴 수 있을 정도의 그런 사람이 되어야 합니다. 물론 교회 안에서 그리스도인은 즉시 문 밖에 붉은 줄을 매어 두어야 합니다. 그리하여 교우들로 하여금 그가 주 하나님을 위해 굳게 결심하였다는 사실을 알게 해야 합니다. 아울러 그는 일을 할 때에도 마찬가지여야 합니다. 여러분이 일하는 상점에서는 일반적인 상술을 부리지 않는다는 사실을 고객들이 금방 알아차리도록 해야 할 것입니다. 가정에서는 하인들을 관리하는 여주인, 남편과 아버지와 같은 주인이 다른 주인들보다 훌륭하다는 인상을 주어야 할 것입니다. "특별한 사람들"(the Peculiar people)이라고 불리는 교파가 있습니다만, 우리가 우리 자신의 것이 아니라 핏값으로 사신 바 되었다는 그러한 점에서 우리 모두 특별한 사람들이기를 저는 바랍니다.

4. 이제 마지막 대지입니다. 여기에 봉헌된 집이 있습니다.

곧 창에 붉은 줄을 매어 둔 집입니다. 어느 날 오후 저는 뒷골목으로 걸어서 이곳까지 오면서 재미 삼아 얼마나 많은 집들이 보험에 가입되었는가를 살펴보았습니다. 저는 서로 다른 보험회사의 상표들을 주목해 보았습니다. 한 회사의 상표는 태양이었습니다. 그 태양의 모습은 밝은 얼굴로 우리를 내려다보며 마치 "이 보험은 손해보지 않습니다"라고 말하는 것 같았습니다. 그 밖에 지구, 별, 불사조 등 이런 안전을 보증하는 문장(紋章)들이 있었습니다. 여리고에서 보험에 가입된 집은 오직 하나뿐이었습니다. 창문에 매어 둔 붉은 줄은 바로 보험의 상징이요 상표였던 것입니다. 집들이 하나님의 은혜로 보험에 들고 주님께 봉헌되었을 때 이는 그 집들과 특히 거기에 사는 거주자들에게 얼마나 큰 은혜이겠습니까! 어떻게 여러분은 집을 봉헌할 수 있습니까? 언젠가 책에서 읽은 것인데, 크롬웰 시대에는 아침 정해진 시간에 칩사이드(Cheapside)로 내려갈 수 있었으며, 그 길로 내려가다 보면 도처에서 집집마다 그 가족들이 찬송 부르는 것을 보고 들을 수 있었다고 합니다. 나이 많은 한 성도는 "그 당시에는 팽팽하게 쳐진 블라인드(차양)가 창에 매어 둔 붉은 줄처럼 하나님께 봉헌된 표시였어"라고 말합니다. 사람들은 그 길을 지나갈 때 블라인드를 보고 그 집에 하나님께 봉헌된 제단이 있다는 사실을 알았습니다. 우리의 도시 안에 수없이 많은 거리들이 있고 여러분이 그 거리들을 수시로 지나다니지만 가족 기도를 드린다는 표시를 단 한 번이라도 발견하지 못할까 우려됩니다. 이런 경건 행위가 하나님의 백성이라고 고백하는 많은 사람들 사이에서 사라져 버렸으며, 경건 향상을 위한 노력에는 아무 신경도 쓰지 않으니 부득이 우리가 이를 다시 회복해야 할 것입니다.

가정과 교회가 협력한다면 모든 일이 잘 되리라고 저는 믿습니다. 그러나 신앙이 가정의 일이 아니라 교회의 일이 되고, 아버지 대신 제사장이 주목을 받고, 사람들이 자기 집에서 제사장이 되지 못할 때, 경건의 능력이 끊기고 말았습니다. 주간에 드리는 모든 예배들을 포기하고 또 매주일 기독교의 모든 예배 장소를 폐쇄하는 한이 있더라도 경건한 가족들이 아침 저녁으로 모여 하나님을 예배하는 것을 포기하느니 차라리 그 편을 택할 것입니다. 스코틀랜드가 가족의 경건에 얼마나 많은 빚을 지고 있는지요! 제가 날품팔이 농부의 토요일 밤을 여러분에게 상기시켜 드릴 필요는 없겠지요. 그들은 자기 집에서 하나님께 예배드리는 것을 마을의 영광으로 여겼습니다. "예배 순서가 너무 많습니다"라고 누군가 항의합니다. 지금껏 여기저기서 퇴보하지 않은 것이 있었습니까? 하지만 저는 북부에서 아침 저녁으로 기도드리는 진실한 경건을 항상 목격하였습니다.

여러분 가운데서 얼마나 많은 가정들이 매튜 헨리(Matthew Henry)의 세 번째 기준에 이르렀는지 의심스럽습니다. 그는 "기도하는 자들은 잘 됩니다"라고 말하였습니다. 저는 여러분이 그렇게 되기를 소망합니다. 또한 그는 "성경을 읽고 기도하는 자들은 더 잘 됩니다. 성경을 읽고 기도하고 찬송하는 자들은 가장 잘 됩니다"라고 말하였습니다. 매튜 헨리처럼 저도 그렇게 생각합니다. 이는 삼겹으로 된 붉은 줄을 매어 두는 것입니다. 저는 다음과 같은 의미에서 모든 가정이 이 붉은 줄을 매어 두기를 간절히 축원합니다. "이 집은 왕 예수님의 소유니라. 마귀는 이곳에 오려고 수고할 필요가 없도다. 강한 자가 무장하고 자신의 사람들을 안전하게 지키고 있으니까."

붉은 줄의 아름다움은 라합의 가정에 속한 식솔들 전부가 구원을 받았다는 사실에 있었습니다. "사랑하는 어머니, 들어오십시오"라고 라합은 말했습니다. 어머니가 버림받는다는 생각에 어느 누가 견딜 수 있겠습니까? 그런 생각을 하면 우리의 마음이 찢어질 듯합니다. 오, 안 돼요. 결코 그래서는 안 됩니다! 그리고 여러분의 아버지가 구원받지 못하였다니요! 오, 여러분에게 회개하지 않은 아버지가 계십니까? 간절히 부탁하건대, 잠자지 말고 할 수 있는 모든 노력을 기울여 여러분의 아버지를 평화의 길로 인도하며, 탄식과 눈물로 하나님 앞에서 아버지를 위해 기도하십시오. 그때에 라합은 "사랑하는 형제 자매들이여, 들어오라"고 말하였습니다. 저는 자기 온 집안 식구들을 사랑하는 라합을 좋아합니다. 아직 붉은 줄 아래에 들어오지 않은 형제 자매들이 있다면, 그들이 들어올 수 있도록 하나님께 기도하십시오. 그리하여 여러분의 온 집안이 지존하신 하나님께 바쳐지도록 하시며, 한 사람도 예외 없이 모두가 피처럼 붉은 저 복된 신호 아래 거하도록 하십시오. 이 신호 아래 숨어 있는 모든 자는 반드시 보호를 받습니다.

이제 가족 기도 이외에 가정 안에서 붉은 줄과 같은 의미를 갖는 신앙의 다른 요소들을 살펴보고자 합니다. 예를 들면, 모든 그리스도인 가정에는 벗을 사귀는 붉은 줄이 쳐져야 할 것입니다. 그리스도인은 자기의 친구들과 동료들을 조심스럽게 택해야 할 것입니다. 그리스도인은 마땅히 "나는 거짓말하는 사람과는 사귀지 않을 거야"라고 말해야 할 것입니다. 술고래와 함부로 맹세하는 자, 음란한 말을 하는 자들은 그들끼리 사귀도록 내버려 두고, 우리의 문으로 들어오지 못하게 해야 할 것이며, 그들과 교제해서는 안 될 것입니다. 우리가 가정의 가장이라면, 자녀들의 영원한 동반자가 될 만한 그런 친구들을 찾아 우리 자녀들에게 소개해 주어야 할 것입니다. 어떤 부모들은 그들 말로는 "품행이 매우 방정하다"고 하지만 사실상 세속적이고 불경건한 젊은 남녀들에게 자기 자녀들을 소개합니다. 그만큼 그 부모들은 자녀들을 망치는데 진력하고 있는 것입니다. 그래서는 안 될 것입니다. 문 위에 붉은 줄을 매어 두십시오. 그들이 그 붉은 줄을 사랑하지 않는다면, 여러분이 신앙적인 대화를 할 때 그들은 그 집에서 배겨나지 못할 것입니다. 여러분이 예수님에 대하여 많은 이야기를 한다면, 천박한 자는 여러분의 집을 떠나야겠다고 생각할 것입니다.

그리스도인의 가정은 독서에 관해 붉은 줄을 매어 두어야 할 것입니다. 유익하고 재미있는 읽을거리가 많은데, 그리스도인이라 하는 사람들이 유익하지 못한 것을 읽느라 시간을 허비한다는 것은 애석한 일입니다. 어리석은 나귀들이나 엉겅퀴를 먹으라고 하십시오. 저는 결코 그것들을 샘내지 않습니다. 속인들이 그런 책을 읽어서는 안 된다고 저는 말하지 않겠습니다. 그들에게는 그런 책이 어울립니다. 속인들은 그런 책을 읽게 내버려 두십시오. 농부가 온갖 음식찌꺼기를 섞어 만든 꿀꿀이죽을 돼지들에게 주려고 가는 것을 보고 저는 그 농부에게 왜 내게는 대야 가득히 퍼주지 않느냐고 한 번도 불평하지 않았습니다. 저는 돼지가 자기 밥을 먹도록 내버려 두었습니다. 불경건한 사람들은 수많은 소설과 엄청난 문학작품들을 거절하기 힘듭니다. 왜냐하면 그것들이 그들의 본성을 쫓아가기 때문입니다. 하지만 우리만큼은 그런 책들을 가까이하지 맙시다.

오락에 대해서도 마찬가지로 붉은 줄을 매어 두어야 할 것입니다. 우리가 말로 설명할 수 없는 어떤 오락들은 아주 안 좋습니다. 그런 오락들은 악으로 유도합니다. 그런 오락들은 낭떠러지 끝으로 데리고 올라갑니다. 그곳까지 가서 떨어져야만 직성이 풀릴 많은 사람들이 있습니다. 게다가 그런 오락들은 그리스도인이 세상 사람들과 다른 게 뭔지 말할 수 없을 정도로 그리스도인을 속인(俗人)처럼 만들어 버립니다. 자, 붉은 줄을 맵시다. 저는 저의 집에 걸어 둘 그림에 대해서도 그리할 것입니다. 여러분에게 나쁜 그림이 있다면, 그것이 아무리 훌륭한 예술작품이라 하더라도 그것을 불태워 버리십시오. 그리고 나쁜 책이 있다면, 그것이 아무리 값어치가 있더라도 다른 사람에게 팔지 말고 찢어 버리십시오.

　그리스도인은 붉은 줄을 매어 두어야 합니다. 그리하여 자기 집에 있는 무엇에든지 마음이나 몸이 더럽혀지지 않도록 분명하게 행동해야 합니다. 제가 지나치게 엄격하게 보일 수도 있습니다. 하지만 주님께서 하늘에서 말씀하신다면 저를 책망하지 않으실 것입니다. 오히려 주님은 악한 것들에 대하여 훨씬 더 정확하고 단호해야 한다고 말씀하실 것입니다.

　여러분은 원하는 대로 할 것입니다. 여러분에게는 자유가 있습니다. 하지만 "오직 나와 내 집은 여호와를 섬기겠습니다"(수 24:15). 피로 물든 붉은 줄이 저의 창에 매어 있을 것입니다. 제가 어렸을 때 할아버지께서 아버지와 저를 위해 기도드리는 소리를 듣곤 했는데 어찌 기억하지 못하겠습니까? 할아버지의 기도에 대한 응답으로 아버지께서 회개하신 것을 저는 생생하게 기억하고 있습니다. 아버지께서 은혜의 보좌 앞에서 우리를 위해 씨름하신 모습을 제가 어찌 잊을 수 있겠습니까? 그리고 세월이 지나 저의 아들의 집에 주님을 위한 제단이 없는 일이 발생하지 않기를 간절히 바랍니다!

　저를 위해서는 장막이 없더라도 주님을 위한 제단은 반드시 있을 것입니다. 우리가 어디에 있든지 우리는 붉은 줄을 매야 합니다. 그리하지 않으면 우리는 복을 기대할 수 없습니다. 물론 가족의 아버지 혹은 가장이 아닌 자들에게 제가 말하는 것은 아닙니다. 그들이 종들이라면 그들은 그 집에서 일어나는 일에 대하여 어쩔 수 없을 것입니다. 그들이 힘이 없는 부하들이라면, 그들이 하고 싶은 대로 하지 못할 것입니다. 하지만 여호와를 경외하는 자들에게 저는 말씀드립니다. 그들은 할 수 있습니다. 사랑하는 성도들이여, 여러분의 집을 다락방에서 지하실까지 하나님께 봉헌하십시오. 집을 깨끗하게 정돈하십시오. 그리하여 주님께서 오시면 문을 열어드리고, "주인이여, 어서 오시옵소서. 당신의 종이 감추려고 하는 것은 여기에 하나도 없습니다"라고 말씀드릴 수 있도록 하십시오.

　오, 예수님을 모르는 분이여, 예수님을 믿으십시오. 그리고 예수님을 아는 분들은 아는 만큼 실천하십시오. 그리하면 하나님께서 복 주실 것입니다! 아멘.

제
5
장

—

가보지 않은 길

—

"너희가 이전에 이 길을
지나보지 못하였음이니라." — 수 3:4

그들은 애굽에서 나왔고, 광야에서 유랑했으며, 전에 요단을 건너본 적이 없습니다. 그것은 그들에게 새로운 문제였고, 새로운 난관이었습니다. 일련의 새로운 사건들이 그들 앞에 놓여 있습니다. 마치 새로운 긴급 상황이 발생한 것처럼, 그들은 그들의 인도자이신 주님으로부터 새로운 지시를 받았습니다. 여호수아와 관리들은 백성들 사이를 두루 다니면서 하나님의 지시를 전하느라 분주하였습니다. 사랑하는 이여, 우리가 새로운 위치에 처하게 될 때, 우리는 언제나 하나님의 영으로부터 새로운 인도를 얻을 것입니다. 만약 우리가 그것을 위해 그분을 바라면서 "여호와여 주의 도를 내게 보이시고 평탄한 길로 나를 인도하소서"(시 25:4; 27:11)라고 부르짖기만 한다면 말입니다.

그리스도를 믿는 자들로서 우리 모두의 신앙이 견고한 상태에 서 있어야 한다는 것은 매우 중요한 문제입니다. 우리의 믿음이 약한 상태로 떨어지는 것은 우리 자신들에게 슬픈 일일 뿐 아니라 하나님께도 불명예스러운 일입니다. 불신하는 그리스도인을 보는 것은 하나님에게서 그분의 영광을 빼앗으려는 사람을 보는 것과도 같습니다. 성령께서 엄중하게 외치십니다. "너희는 위로하라 내 백성을 위로하라, 너희는 예루살렘의 마음에 닿도록 말하라"(사 40:1-2). 그러므로 우리는 성도들이 위로를 받는 것이 매우 중요하며, 그들이 위로를 잃어버리는 것이 매우 슬픈 일이라는 결론에 이를 수 있습니다. 믿음이 요동하지 않는 자가 하나님을 크게 영화롭게 합니다. 그러므로 충만한 활력의 상태로 믿음을 유지하는 것이 너무나 중요합니다. 자, 아주 혹독한 믿음의 시련이 우리 모두에게 발생할 것이며, 아마도 우리 중 다수에게는 이미 일어났을 수도 있습니다. 그것은 변화의 시련입니다. 새로운 영역으로 지나가는 것이며, 생소한 환경으로 들어가는 것입니다. 우리들 대부분에게는 현상유지의 경향이 있어서, 우리의 보금자리를 세우고는 그 속에서 살다가 죽기를 원합니다. 심지어 현재의 환경에 불안감을 느끼면서도, 여전히 우리의 감정은 이러합니다.

> "우리가 알지 못하는 다른 곳으로 날아가기보다는
> 차라리 지금 우리가 안고 있는 어려움들을 견디게 하소서."

어떤 사람들은 변화를 좋아하여 거의 프라이팬에서 불 속으로라도 뛰어들 태세이지만, 우리 중에 또 다른 사람들은 깊이 뿌리를 내리고는 옮겨 심는 것을 두려워합니다. 우리는 현재를 알고, 또 알려지지 않은 내일을 두려워합니다. 우리는 광야의 환난에는 익숙하지만, 우리 앞에 놓여 있는 요단과, 우리가 장차 맞서야 할 거인들과 철병거들에는 몸서리를 칩니다. 우리는 현재 있는 곳에 머물고 싶어하며, 새로운 환경에 도전을 시도하지 않습니다.

이런 태도가 어떤 사람들의 생각에는 너무 강하게 형성되어 있기 때문에, 그들은 그들에게 새로운 진리들을 배우는 것을 두려워해왔습니다. 그들은 더 단단한 음식이 그들을 기다리고 있어도, 영적인 유아기에 먹는 젖과 같은 음식에서 떨어지기를 원하지 않습니다. 그들은 일찍이 어떤 숭고한 진리들에 대해 배운 적이 없고, 지금도 배우기를 원하지 않습니다. 솔로몬의 전도서에 나오는 노인처럼, 그들은 "높은 곳을 두려워합니다"(전 12:5). 선택의 교리에는 위로가 얼마나 충만한지요. 하지만 전에 그에 대한 가르침을 들은 적이 없기 때문에, 이제 그들은 그것을 듣거나 받아들이기를 두려워합니다. "오래 저장하였던 맑은 포도주"(사 25:6)를 그들은 마시려 하지 않습니다. 그 이유는 지금까지 그것이 그들의 잔에 부어진 적이 없기 때문입니다.

우리는 그런 사람들이 영적인 성취에 대해 회의적인 것을 압니다. 그들은 너무나 오랫동안 의심과 두려움의 피해자들로 지내왔기 때문에, 지금 와서 믿는 것을 두려워합니다. 충만한 확신에 대해 말하자면, 그들은 마치 그것이 은혜라기보다는 오히려 죄악이라도 되는 듯이 깜짝 놀랍니다. 그들은 확신을 위험한 억측이라고 간주하며, 그것을 그들에게서 멀리 떨어지도록 합니다. 거룩한 용기, 하나님께 대한 용감한 신뢰, 뜨거운 열심, 기도의 확신, 말할 수 없는 기쁨, 이러한 축복들이 그들의 소심한 영혼에게는 거리를 두는 편이 좋은 위험스러운 것들로 간주됩니다. 하나님의 백성들 중 일부가 소유해 온 높은 성취들, 곧 은혜의 보좌 앞에 나아가는 것과, 하나님과 친밀히 교제하는 것과, 주의 비밀들에 대한 통찰 등이, 이 딱한 형제들에게는 그들이 현재 누리기에는 너무나 귀한 것으로만 여겨지는 것입니다. 그래서 그들은 그런 복들을 누린다고 고백하는 자들에 대해, 마치 그들이 무엇엔가 현혹되었든지 또는 육적인 흥분에 도취된 것이라고 의심의 눈초리를 보냅니다. 그들은 에스골의 포도송이들을 거둔 적이 없기 때문에, 그런 포도가 존재한다는 것을 믿지 않으려 합니다. 지금까지 그 길을 걸어본 적이 없다는 이유로, 그들은 거기에 길이 있다는 것을 의심합니다. 굶주린 짐승들이 괴롭히지 못하는 거룩한 대로(大路)가 있음에도 말입니다.

새로운 것에 대한 이러한 두려움은 새로운 수고가 요구되는 일로 부름을 받을 때 더욱 강력해집니다. 우리는 현재의 섬김에 익숙하게 되었습니다. 그것은 처음에는 힘들었지만, 지속적인 실행이 그것을 우리에게 쉽게 만들어주었습니다. 그래서 주님께서 다른 무언가를 하도록 우리를 부르실 때, 우리는 모험을 하기가 두렵습니다. 우리는 마치 지금 우리가 하고 있는 일에 꽤 능숙하게 되었다고 느낍니다. 물론 우리가 어떤 일을 할 수 있을 때에도 그것을 우리 자신이 하는 것이 아니라 "우리의 만족은 오직 하나님께로서 난다"(고후 3:5)는 것을 알아야 하겠지요. 하지만 실수가 없으신 우리의 항해사(Pilot)께서 배의 키를 잡고 계심에도 불구하고, 우리는 전에 항해해 보지 않았던 바다를 향해 출항하는 것을 두려워합니다. 요나처럼, 우리는 니느웨의 거리로 가서 하나님을 증언하는 것보다는 차라리 다시스를 향해 가려고 합니다. 또한, 마치 호렙 산에서의 저 하나님의 사람처럼, 우리는 말이 더디고 어눌한 것을 불평하면서, 책임을 모면할 수만 있다면 하나님을 섬기는 영예를 저버리려고 합니다. 아, 사랑하는 형제들이여, 이는 육의 방식이며, 믿음의 방식과는 전적으로 반대되는 것입니다. 그런데도 하나님의 백성들이 그런 유혹을 얼마나 자주 받는지요!

사랑하는 여러분, 이러한 두려움이 다가오는 시련에 대한 불길한 조짐의 형태로 나타날 때, 그것은 여느 때보다 훨씬 더 압박감을 줍니다. 우리는 이따금씩 질병의 시기를 예견합니다. 이미 그 질병이 우리를 괴롭히기 시작했을 수도 있습니다. 이미 폐질환이 우리의 힘을 약화시켰든지, 혹은 더 심하게 아픈 질병이 우리 몸의 기관들을 괴롭히고 있는지 모릅니다. 그러므로 우리는 자연히 달이 갈수록 우리의 고통이 점점 심해질 것이며, 걱정스러운 지경에 이를 것이라고 예상합니다. 죽음이 가까이 있는 것처럼 보일 때, 우리는 이 세상을 떠나 아버지께로 가는 것에는 무언가 무서운 것이 있을 거라는 상상에 집착합니다. 이미 수많은 그리스도인들이 그 입으로 노래하며 떠나갔음에도 불구하고, 여전히 우리는 그 강을 건너기를 두려워합니다. 요단의 강둑들이 승리의 외침으로 수만 번씩이나 요동하였음에도 불구하고, 우리는 여전히 강가에서 떨며 주저하고, 죽는 것은 두려운 일이라고 생각합니다. 지금까지 우리가 그 길을 건넌 적이 없었기 때문에, 고통과 부패와 죽음의 예감들이 우리를 빈번하게 괴롭힙니다.

많은 이들에게 가난에 대한 두려움이 매우 큽니다. 그들은 노년의 질병들을 두려워합니다. 그들은 친구들이 떠나갈 것이라든지, 혹은 그들의 마음을 감싸주었던 사랑하는 친척들을 잃을 것이라는 전망에 낙담합니다. 이 모든 현상은, 아직 우리가 그 일들을 겪지 않았으면서도, 그 일들이 우리의 믿음에 슬픈 영향을 미치도록 하는 경향이 있기 때문입니다. 그런 사람들을 돕는 것이 오늘 아침 내 설교의 목적입니다. 주께서 저를 통해 슬퍼하는 그분의 백성들에게 위로를 보내시고, 그들의 근심에 찬 얼굴들을 환하게 빛나게 해 주시길 소망합니다.

먼저, 위로의 목적으로 말씀을 전할 것입니다. 그런 후에는 행동 지침의 차원에서 말하고, 마지막에는 흥분되는 기대를 위한 목적으로 몇 마디를 추가할 것입니다.

1. 위로를 위한 말씀

첫째로 위로를 떠올리는 생각들을 숙고해 봅시다. 먼저 이스라엘 백성들의 경우를 생각해 봅시다. 그들은 분명 지금껏 그들이 와보지 못했던 곳에 있습니다. 여호수아와 갈렙을 제외하고는, 그들 중 아무도 홍해를 건넌 적이 없습니다. 그들은 새로운 세대였고, 광야에서 태어났습니다. 따라서 그들에게는 현재의 상황에 대한 일종의 준비로서 홍해의 기억이 없습니다. 그들은 지금 레바논의 눈이 녹아서 언덕에 넘치는 강물을 눈앞에서 보고 있습니다. 그것은 깊고도 넓습니다. 그들이 어떻게 그것을 건널 수 있을까요? 그들에게는 어떤 기구도 없었고, 그들의 천막을 통틀어도 배 한 척 없었습니다. 설혹 그들이 강을 건넌다 해도, 강 저편에는 위압적인 표정으로 바라보는 성벽으로 두른 한 도시가 있었습니다. 그 성벽 뒤에는 많은 힘세고 사나운 적들이 있을 것입니다. 그들이 여리고를 정복했다고 해도, 그 온 땅은 여리고와 마찬가지로 "성곽이 하늘에 닿는"(신 1:28) 강한 도시들로 가득했습니다. 그들의 처지는 자연적으로는 많은 두려움을 일으킬 만한 처지입니다. 하지만 믿음이 그 모든 두려움들을 내쫓았습니다. 그들의 믿음이 약해지려고 할 때 하나님께서 그들에게 위로의 말씀을 보내셨습니다. 그리고 그 말씀의 능력에 힘을 얻어, 그들은 뒤로 물러서기를 바라는 표시를 전혀 보이지 않았고, 오히려 하나님의 명령에 따라 곧장 앞으로 나아갔습니다. 그리고 주께서 그들을 돕기 위해 임하시어, 강물을 마르게 하시고, 여리고 성벽을 무너지게 하셨으며, 그들의 대적들로 참패당하게 하셨고, 결국 그들에게 단에서 브엘세바까지 이르는 온 땅을 그들의 기업으로 주셨습니다. 자, 여러분은 지금 그러한 처지에 놓여 있습니까? 여러분은 지금 시련의 측면에서 전에 한 번도 지나보지 못한 곳에 있습니까? 여러분에게 가해지는 힘의 무게가 여러분 생애에서 이전의 어느 시기보다 더욱 무겁습니까? 지금 여러분의 믿음에 가해지는 부담이 전에는 한 번도 겪어본 적이 없는 것입니까? 그렇다면, 오십시오. 함께 이야기해 봅시다. 아마도 이 설교가 위로의 말씀이 될 것입니다.

섭리 안에서 여러분의 길이 새로운 것이든 오래된 것이든, 그것은 여러분 자신이 정하는 길이 아님을 기억하십시오. 여러분보다 더 높은 권세가 현재 여러분이 서 있는 장소로 여러분을 이끌고 왔습니다. 이스라엘 백성은 이렇게 말할 수 있었습니다. "우리는 이곳으로 저곳으로 옮겼으며, 다시 저곳에서 다음 장소로 옮겼다. 하지만 우리는 옮길 때마다 언제나 구름 기둥과 불 기둥에 의해 인도를 받았다. 그리고 우리는 바로 지금 이곳 요단 강가에 있다. 하지만 우리는 제멋대로의 기분을 따라 여기 온 것이 아니며, 인도를 받아 이곳으로 왔다. 여호와께서 친히 우리 앞에서 행하셨다." 그들은 이렇게 느끼면서 안전하다고 느꼈고, 우리 역시 그런 면에서 그들과 연합할 수 있습니다. 정녕 주님께서는 실수를 하실 수 없습니다. 영원한 지혜는 오류를 범하지 않습니다. 내 사랑하는 형제여, 당신의 길과 모든 성도들의 길은 위대하신 아버지의 정확한 솜씨에 의해 지도를 받아왔으며, 그러므로 그것은 올바를 수밖에 없습니다. 섭리는 우리를 잘못된 장소로 이끄실 수가 없습니다. 우리가 지금 있는 곳에 있다는 것은 우리에게 올바른 것임에 틀림없습니다. 그렇고말고요. 비록 무장한 사람들이 우리를 묶어서 예전보다 일곱 배나 뜨거운 느부갓네살의 풀무에 던져 넣는다고 해도 그렇습니다. 하나님께서 우리를 그곳으로 이끄셨다면 우리는 바른 장소에 있는 것입니다. 그분은 별을 그 궤도에서 인도하시는 일에서나, 또는 키질하는 사람의 손에서 쭉정이가 날아가는 길을 지도하시는 일에서, 아직까지 실수하신 적이 없습니다. 그러니 그분은 자기 백성의 길을 조종하시는 면에서도 실수하실 수가 없습니다. "너희는 의인에게 복이 있으리라 말하라"(사 3:10). "여호와께서 [선한] 사람의 걸음을 정하시고 그의 길을 기뻐하시느니라"(시 37:23). "나의 앞날이 주의 손에 있나이다"(시 31:15). 그러므로 두려움의 눈으로는 여러분의 처지가 절망적으로 보일지 몰라도, 믿음은 하나님께서 여러분을 지금 이 순간에 가능한 최상의 위치에 두신 것을 압니다. 모든 것을 참작하여, 만일 여러분이 오늘 이곳에 있는 것보다 천국에 있는 편이 더 낫다면, 여러분은 그곳에 있게 될 것입니다. 하나님께서는 자기 백성을 위해 가능한 최선의 일을 행하실 것입니다. 그들이 마귀와 죽음이 없는 곳에 있는 것이 더 낫다면, 그들은 마귀도 죽음도 없는 곳에 있게 될 것이며, 그들은 즉시 천국으로 붙들려 올라갈 것입니다. 무한하고, 말로 다할 수 없으며, 넘치는 사랑이 우리의 모든 길을 준비할 것이며, 무한한 지혜가 그 작정과 결합할 것입니다.

또한, 여러분이 현재 지나는 길은 여러분에게 새롭습니다. 하지만 그것이 여러분의 하나님께는 새롭지 않습니다. 오늘 일어난 모든 것, 혹은 내일 일어날 모든 것은 우리에게 새롭습니다. 왜냐하면 우리는 현재의 순간 안에서만 살 수 있기 때문입니다. 비록 우리 스스로 조금 앞을 내다보려고 애쓴다 해도 대체로 그것은 그릇된 방식에 지나지 않습니다. 우리는 다가올 사건의 진실을 볼 수 없습니다. 보는 것이 아니라, 기껏 우리가 본다고 상상하는 것일 뿐이지요. 하지만 하나님의 눈에는 모든 것이 현재입니다. 오늘이라고 하는 것, 여호와께는 그런 것이 없습니다! 어제라고 하는 것도 없습니다! 과거, 현재, 미래, 이런 것은 인간의 말들입니다! "지금(NOW)"이 하나님의 언어이며, 그것은 모든 것을 포괄합니다. 별처럼 높은 위치에서, 새의 눈으로 어느 지역을 내려다보는 자에게는, 그 지역의 모든 부분이 그 앞에 동등하게 보일 것입니다. 반면 그 지역을 느린 걸음으로 여행하는 자에게는, 그 지역의 일부는 그의 뒤편에 있고, 또 다른 부분은 여전히 그의 앞에 있을 것입니다. 사람의 관점이란 그런 것입니다. 마치 한 곤충이 잎사귀에서 잎사귀로 기어다닐 때, 잎사귀들의 일부는 그 뒤에 있고, 일부는 여전히 그 앞에 있는 것과도 같습니다. 하지만 하나님께서는 모든 것들을 한 번에 내려다보십니다. 우리의 세월들이 지나는 것을 그분 자신의 영원한 "지금"으로서 고요히 바라보십니다. 사랑하는 하나님의 자녀여, 당신에게 일어나고 있는 오늘의 특정한 고난들을, 당신의 하늘의 아버지께서는 일만 년 전에 이미 알고 계셨습니다. 하나님의 백성에게 일어나는 그 어떤 일도 그분에게는 갑작스럽게 찾아오는 것이 아닙니다. 여호와께는 긴급 상황이라는 것이 없습니다. 그분은 결코 지략이 다하시는 경우가 없습니다. 오 사랑하는 이여, 그런 생각을 언급할 때 내 마음은 미소를 짓습니다. 만유를 채우시고 또 지탱하시는 무한하신 하나님께서 어려운 일을 만나실 수 있다고 생각하는 것은, 정말이지 어린아이 같은 어리석음입니다. 그러므로 동료 순례자여, 이것을 확신하고 안심하십시오. 여러분에게 새로운 길이 하나님께는 옛 길이랍니다!

더 나아가, 이런 생각에는 슬픈 자들에게 크게 격려가 될 만한 하나의 관점이 있습니다. 즉, 여러분의 아버지 곁에 계신 분, 사랑의 인자(the Man), 십자가에 달리신 분이 실제로 여러분을 체휼하신다는 것입니다. 그분은 여러분이 가는 이 길을 실제로 걸으셨습니다. 하나님께서 그 길을 미리 보셨다는 것이 위안이라면, 그리스도께서 그 길을 이미 걸으셨다는 것이 또한 풍성한 위로입니다.

> "심장을 쥐어뜯는 모든 고통 중에서
> 저 슬픔의 사람은 자기 몫을 감당하셨네."

여러분은 그 길을 가는 내내, 발에 못이 박혔던 그분의 피 묻은 발자국을 볼 수 있습니다. 요단의 강둑을 따라 내려가는 동안, 물 가운데를 지나는 동안, 그리고 저 너머 언덕 위로 오르는 동안, 여러분은 사람들을 사랑하시고 그들을 위해 친히 그들의 슬픔을 짊어지셨던 그분이 가신 흔적들을 발견할 것입니다. 내 형제들이여, 용기를 내십시오. 예수님이 한때 계셨던 곳을 우리는 지나는 것입니다. 그분은 그분이 앞서 지나셨던 곳보다 더 어둡지 않은 곳을 통과하도록 우리를 이끄십니다. 그분이 앞서 지나시면서 그 길에 빛을 뿌려놓으셨기 때문입니다. 우리는 그 길을 새로운 시련의 장소라고 생각하지만, 우리 언약의 대표께서 그 길을 통과하신 이후로 그 길은 더 이상 새로운 곳이 아닙니다.

또한, 우리에게 새롭게 보이는 시련들이 하나님의 백성에게는 새롭지 않다는 것을 기억하십시오. 여호수아가 이스라엘 지파들에게 말했습니다. "너희가 이전에 이 길을 지나보지 못하였음이니라." 하지만 그 때 그들의 선조들이 이미 홍해를 통과했으며, 그것은 동일한 일이며, 아마도 훨씬 더 큰 규모였을 것입니다. 그러므로 여러분의 슬픔이 특별한 것이라고 말하거나 상상하지 마십시오. 다른 사람들도 여러분이 겪은 것만큼 겪어왔습니다. 여러분의 아버지들에게, 기독교회의 장로들에게 물어보십시오. 여러분이 겪는 이런 고통들이 새로운 것이냐고 말입니다. 아마도 그들은 미소를 지을 것이며, 그들이 같은 깊이의 물을 건넜고, 지금 여러분을 덮은 그 물결과 파도가 그들의 머리도 덮었었다는 것을 들려줄 것입니다. 이상한 일이 여러분에게 일어났다고 꿈꾸지 마십시오. 설혹 그것이 여러분에게 낯설게 보여도, 그것은 단지 당신에게만 낯선 것일 뿐입니다. 하나님의 다른 성도들이 같은 일을 이미 겪었기 때문입니다.

하지만 우리가 당하는 처지가 새로운 것이고, 새로운 수고이며, 새로운 고통이라고 가정하여도, 그것이 더 위험한 것이라고 간주할 이유는 없습니다. 새로운 것들을 보고서, 그것이 새롭다는 이유로 놀라는 것은 어리석은 짓입니다. 내 사랑하는 형제여, 당신이 오늘 겪고 있는 것보다 당신이 두려워하는 시련이 결과적으로 덜 위험할 수도 있습니다. 당신은 가난을 두려워합니다, 그렇지요? 그것은 불행이지만, 그것이 지금 이 순간 당신의 마음을 침체시키는 것만큼 나쁘지 않을 수 있습니다. 가난으로 인한 부족함보다는, 부를 유지하려는 근심이 마음을 더 크게 좀먹습니다. 하나님의 백성들의 경험에서 가난이란 하나의 불행이지만, 그 속에서 사람들이 크게 기뻐할 수도 있는 것으로 판명되어 왔습니다. 여러분은 다가오는 질병에 두려워 떱니다. 하지만 아마도 여러분의 영혼에는 그 병과 함께 찾아오는 말할 수 없는 기쁨도 있을 것입니다. 증대되는 육신의 연약함을 훨씬 능가하는 영적인 기쁨이 있을 것입니다. 그러므로, 변화가 언제나 더 나쁜 것은 아니며, 바뀌는 환경이 필연적으로 더 무거운 고난의 짐이 아닌 것은 분명합니다. 여러분의 시련은 새롭지만, 그것 때문에 더 위험한 것은 아닙니다. 그러니 놀라지 말고, 계속해서 나아가십시오.

설혹 새롭기 때문에 위험하다고 가정해도, 한 가지 분명한 것이 있습니다. 즉, 두려움이 그 위험을 감소시키지 않는다는 것입니다. 초조해하고, 걱정하고, 의심하는 것, 그것이 다가오는 것에 대해 여러분을 준비시켜 줄까요? 만일 여러분이 장차 몸져눕게 될 거라는 이유로 지금부터 초조해하기 시작한다면, 그러는 것은 기껏 여러분으로 하여금 병상에 눕는 환자가 되도록 재촉하는 것이 아닙니까? 만일 여러분이 "한 번의 죽음을 두려워하여 일천 번의 죽음을 느낀다면" 그것은 여러분으로 하여금 오늘부터 죽기 시작하도록 재촉하는 셈이 아닙니까? 형제여, 그래서는 안 됩니다. 최악의 사태가 닥쳐온다면, 전투를 위해서 당신의 칼을 날카롭게 해 주는 것은 영원히 사시는 하나님께 대한 믿음 외에는 없습니다. 설혹 내일 내가 울어야 한다 하더라도, 오늘 나는 노래할 것입니다. 그리고 아마도 내 노래로 인해 나는 힘을 얻을 것이고, 내일의 어려움을 뛰어넘을 것이며, 내 한숨조차도 찬양으로 달콤하게 만들 것입니다. 할 수 있는 동안 우리는 주 안에서 기뻐하고, 오지도 않은 미래의 근심들에 대해서 우리 자신을 괴롭히지 맙시다. 나는 얼마 전에 라 트라페(La Trappe)에 있는 수도원에서 동산 가운데 파 놓은 한 무덤을 보았습니다. 그들 중에 누군가 죽었기 때문이 아니라, 그들에게는 죽게 될 어느 친구를 위해서 무덤을 파두는 것이 적절하고도 즐거운 행사였습니다. 그들은 다음 차례에 떠날 사람을 위해 미리 무덤을 준비해 두었던 것입니다. 하지만 나로서는 즉시 그 구덩이를 메우고 싶었습니다. 우리의 친구들이 죽었을 때에 무덤을 파더라도 시간은 충분하기 때문입니다. 그와 마찬가지로 곤경이 닥쳤을 때에 곤경에 대비하여도 시간은 충분합니다. "한 날의 괴로움은 그 날로 족하니라"(마 6:34)가 성령의 음성입니다. 하나님께서 오늘 불행들에서 우리를 보호해 주셨다면, 내일로부터 그 불행들을 미리 가져오지 말도록 합시다.

우리에게 위안이 되는 것을 좀 더 숙고하겠습니다. 지금 이 순간까지 우리의 하나님께서 우리에게 신실하셨던 것을 우리는 압니다. 우리는 새로운 십자가들보다는 현재 우리 어깨 위에 올려져 있는 십자가들을 계속 지고 싶어합니다. 그런데 이것이 지혜로운 태도입니까? 지금의 이 십자가들도 처음에는 생소한 십자가들이 아니었습니까? 그 십자가들은 이제 우리의 어깨에 꼭 들어맞습니다. 우리의 등은 이 짐을 지기에 어느 정도 적응이 되었습니다. 그래서 우리는 마치 수년 전에 우리가 현재의 이 짐을 지기 싫어했던 것처럼, 새로운 짐으로 바꾸는 것을 좋아하지 않습니다. 우리의 현재의 십자가들은 한때 새로운 것이었고, 하나님께서 그것들을 짊어질 힘을 우리에게 주셨습니다. 오늘의 괴로움은 그저 오늘 하루 동안이나 잠시 동안만 새로운 것입니다. 우리가 살다보면 그것은 곧 옛 것이 될 것입니다. 우리는 새로운 시련에도 옛 시련과 마찬가지로 익숙하게 될 것입니다. 오늘 우리는 뜨거운 여름의 태양 아래에서도 즐거이 날아가는 법을 배웠습니다. 또한 장차 우리는 황량한 겨울의 마른 나뭇가지에 앉아서도, 다가올 봄을 즐겁게 노래할 것입니다. 계속해서 나아가십시오. 오 그대 십자가의 전사들이여, 계속해서 앞으로 나아가십시오. 새로운 적들은 옛 적들과 다름없을 것입니다. 새로운 슬픔은 한 시간 동안에 지나지 않을 것이며, 그 시간은 곧 지나가고 말 것입니다. 그리고 우리는 무엇이라도 짊어질 힘을 얻을 것입니다.

　사랑하는 친구들이여, 만일 우리가 역경과 시련의 변화는 진보를 의미한다는 사실을 상기한다면, 전에 밟아보지 않은 길을 간다고 해서 의심에 빠질 수 있겠습니까? 눈을 가린 채로 끝없이 맷돌을 돌리는 말처럼 되고 싶은 사람이 누구입니까? 같은 곳에 같은 채찍질을 느끼면서, 앞으로 나아가지도 않는 기계를 한결같이 끌고 싶은 사람이 누구입니까? 그래서는 안 됩니다. 우리는 앞으로 나아갑시다. 우리가 앞으로 나아가면서 더 혹독한 시련을 만난들 어떠합니까? 그럴 경우 우리는 더 풍성한 은혜를 얻을 것이기 때문입니다. 하나님의 천성을 향하여 우리는 그분의 은혜로써 맹렬하게 전진하기를 갈망합니다. 어른들의 시련은 어린이의 시련들과는 동일하지 않습니다. 우리가 어른이 되었을 때 우리는 어린 시절에 앓던 질병들에서 상당히 벗어났습니다. 우리가 성인이 되었을 때, 우리에게는 어린 시절에 알지 못하던 몸과 정신 모두의 어려움과 역경들이 있습니다. 하지만 우리는 어린아이에서 어른으로 자란 것을 상당히 기뻐합니다. 한바탕의 전투가 기사(騎士)가 됨을 의미할 때 누구도 그것을 회피하려 하지 않을 것입니다. 또한 시련이 은혜의 더 높은 단계로 이끌어준다면 누가 그것을 기피하려 하겠습니까?

　이런 식으로 계속해서 길게 말하면 여러분을 지루하도록 만들겠지만, 이 점을 여러분에게 상기시켜드리고자 합니다. 새로운 시련들이 올 때에 대체로 옛 시련들은 끝이 납니다. 만일 우리가 서풍(西風)으로 고생하고 있다면, 만일 거친 동풍(東風)이 불어올 때 우리는 더 이상 서풍으로 고생하지 않을 것이 거의 확실합니다. 더위와 추위가 동시에 우리를 괴롭히지는 않을 것입니다. 이스라엘 백성들이 광야에서 지낼 때 그들은 일련의 시련들을 겪었습니다. 그곳에서 그들의 발밑은 뜨거운 모래땅이었습니다. 아말렉 족속이 그들을 뒤쫓으며 공격했습니다. 그러나 그들이 가나안 땅 어디에 있든지 그들은 광야에서 벗어난 것이며, 따라서 광야의 불편함에서도 벗어나는 것입니다. 그들이 그곳에서 기르가스 족속과 싸워야 한다 해도, 그곳에 아말렉 족속은 없을 것입니다. 그처럼 잃는 것이 있다면 그로 인해 무언가 얻는 것도 있습니다. 하나님의 모든 자녀들은 이 점을 기억하십시오. 주님께서 위치의 변화를 우리에게 요구하시고, 또한 우리에게 새로운 짐을 부여하실 때, 그분은 예전의 짐들을 벗겨 주십니다. 내일에는 우리가 오늘의 짐으로 눌리지는 않을 것입니다. 나는 지금으로부터 칠년 후의 내 시련들이 무엇인지 알지 못합니다. 하지만 나는 1872년 6월의 시련들이 그 때에는 나를 괴롭히지 않을 것임을 압니다. 노년의 병약함으로 인해 고생할 때에, 우리가 확신할 수 있는 것은, 소년 시절의 유혹들이나 중년의 고민거리들로 인해 괴롭힘을 당하지 않으리라는 것입니다. 앞으로 나아가는 동안, 잃는 것도 있지만 얻을 것도 있다고 전망할 수 있습니다.

더 나아가, 비록 우리가 전에 이 길을 지나보지 못하였어도, 이 길은 옳은 방향으로 뻗어 있습니다. 이스라엘 백성들의 얼굴은 약속의 땅을 향하고 있습니다. 만일 그들이 요단을 건너도록 부름을 받고 그것이 애굽의 속박으로 이끄는 길이었다면, 그 일은 그들에게 고통스러웠을 것입니다. 하지만 그들은 젖과 꿀이 흐르는 땅, 시내와 강들이 있는 땅을 향해 여행하고 있는 것입니다. 그들 중에서 믿음의 사람들은 서로를 향해 이렇게 말했을 것입니다. "우리는 광야를 통과하는 동안 줄곧 하루의 행진을 마치고 쉴 때가 가까워오면 매일 밤 천막을 쳐야 했다. 그리고 이제는 하룻길만 더 가면 약속의 땅에 이르게 된다. 그러므로 두려워하지 말자." 가나안 땅이 눈앞에 있을 때 그들은 용감했을 것이 틀림없습니다. 형제들과 자매들이여, 용기를 내십시오! 이 길이 우리에게 거칠지 몰라도, 그것은 왕의 대로이며, 우리를 새 예루살렘으로 이끄는 길입니다.

> "당신의 거처로 가는 귀한 길이
> 이 무서운 땅을 통과하도록 놓여 있어도,
> 주여, 우리는 계속해서 이 천성 길로 가기 원하며
> 당신의 명령을 따라 달려가기 원합니다.
>
> 발걸음을 돌리지 않고서
> 우리 영혼은 이 광야 길을 통과할 것이며

민음과 열정으로
도중에서 만나는 두려움들을 이길 것입니다.

우리의 여행이 가시 밭 미로(迷路)라 하여도
우리는 계속해서 위를 향해 행진하리니,
도중의 고난들을 잊어버리고
마침내 시온의 언덕에 이를 것입니다."

2. 행동 지침을 위한 말씀

두 번째로 행동 방침을 위한 말씀입니다. 사람이 이전에 지나보지 못한 길을 갈 때는 무엇으로 안내를 받아야 할까요? 우리의 길이 친숙한 발자국들에서 벗어날 때, 우리는 어떻게 해야 합니까?

첫 번째 지침은 이것입니다. 주의 말씀을 듣기 위해 관심을 기울이고, 그 말씀에 순종하라는 것입니다. 본문의 이 장은 "여호와께서 여호수아에게 이르신" 대로 "여호수아가 이스라엘 백성에게 이른" 내용으로 보인다는 점에 주목하십시오(7, 9절). 여러분은 이 대목을 읽으면서 명령들로 가득한 것을 보고 놀랄 것입니다. 유일하게 상세히 기록된 것은 기념의 돌들을 취하여 그것들을 기슭에 쌓으라는 것이며, 또한 다른 돌들을 요단 강 안에 세우라는 것입니다. 그 외에 모든 구절들이 여호와의 명령들의 반복이며, 그에 대한 이스라엘 백성의 순종을 기록한 것입니다. 이를 통해 우리가 추론할 수 있는 것은 이것입니다. 즉 역경의 때에 우리가 해야 할 주된 질문은 "우리가 어떻게 이것을 통과할 것인가?"가 아니라, 오히려 "이러한 역경에 처했을 때에 우리의 의무는 무엇인가? 하나님께서는 이러한 상황에서 우리가 어떻게 하기를 원하시는가?"여야 한다는 것입니다. 자기 보존(self-preservation)이 우리를 의무에서 면제시켜 주고, 우리가 스스로를 부양할 때는 순종의 의무가 중단된다고 생각하는 것만큼 위험한 유혹은 없습니다. 찬송가의 이 가사를 기억하십시오.

"순종은 내가 할 일이고, 공급은 그분이 하실 일이라네."

여러분은 주님이 하시는 일을 여러분 맘대로 조정할 수 있다고 생각하십니까? 결코 그럴 수 없습니다. 여러분 자신의 일에나 주의하십시오. 여러분이 지금 이 순간 아담의 자손에게 닥친 최악의 곤경에 처해 있다고 해도, 나로서는 이보다 더 지혜로운 조언은 없다고 믿습니다. "여호와를 의뢰하고 선을 행하라 땅에 머무는 동안 그의 성실을 먹을거리로 삼을지어다"(시 37:3). 주 하나님께서 말씀하시는 것을 듣고, 그분이 여러분에게 명하시는 것을 행하십시오. 그것을 여러분의 일로 삼으십시오. 그러면 모든 것이 바르게 해결될 것입니다. 모든 역경 가운데서 무엇보다 중요한 것은 주님의 음성을 들을 때까지 기다리는 것입니다.

다음 지침은 이스라엘의 하나님의 언약이 여러분과 함께 있음을 분명히 인식하는 것입니다. 언약궤는 약 1.2km의 거리를 두고 그 백성보다 앞에 나아갔습니다. 그들이 그것을 보도록 하기 위해서입니다. 만일 더 가까이 있다면 맨 앞 열에 있는 사람들은 그것을 보겠지만 나머지 사람들은 볼 수 없었을 것입니다. 하지만 이제 언약궤와 그 백성 사이에는, 그들 모두가 행진하면서 그들 앞에 있는 언약궤를 볼 수 있을 정도의 공간이 있었습니다. 우리는 이 거친 생의 길을 지나치게 순조롭게 여행하지는 않을 것입니다. 이 길을 걸으면서 우리는 살아 계신 하나님, 언약의 하나님, 은혜의 보좌에 계시는 하나님, 우리의 주요 구주이신 예수 그리스도의 하나님, 피로 화목하게 하신 하나님께서, 우리와 함께 하시고 "내가 결코 너를 떠나지도 버리지도 아니하리라"는 약속을 성취하심을 볼 것입니다. 하나님이 우리와 함께 하십니까? 그 이상 우리가 무엇을 바라겠습니까? 전지(全知)와 전능(全能)과 무한한 사랑이 우리의 선두에서 우리를 이끌고 있지 않습니까? 그렇다면 우리는 비록 음부로 들어간다고 해도 따르기를 두려워하지 않을 것입니다. 여호와께서 길을 인도하시면 그분의 성도들은 그곳에서도 안전할 것이기 때문입니다. 이 지침을 마음에 간직하십시오. 역경의 때에 친구들이 함께 하는 것보다 하나님의 함께 하심을 더욱 생각하십시오. "두려워하지 말라", 그 다음 말씀이 무엇입니까? "내가 너와 함께 함이라!" "놀라지 말라", 그 다음 문장이 무엇입니까? "나는 네 하나님이 됨이라"(사 41:10)! 여러분이 얻을 수 있는 가장 풍성한 위로는 언약의 주 하나님의 임재로부터 오는 것입니다.

세 번째 지침입니다. 여러분의 영혼 안에 있는 신적 생명을 여러분이 지키는 자라는 생각에서 오는 근심을 몰아내십시오. "이상한 지침이군"이라고 여러분은 말할지 모릅니다. 예, 하지만 그 말을 설명해드리지요. 이스라엘 백성들이 광야를 지나는 동안, 그들 중 몇 지파는 언약궤 앞에서, 그리고 그들 중 몇 지파는 언약궤 뒤에서 행진했습니다. 마치 그들이 언약궤를 수호하는 것과도 같았습니다. 하지만 이 경우에는 언약궤가 그들보다 훨씬 앞에서 갑니다. 마치 하나님께서 이렇게 말씀하시는 것 같습니다. "내 백성들아, 너희가 나를 보호하는 것이 아니라 내가 너희를 보호하는 것이다." 위험한 시기에 언약궤를 멘 제사장들이 원수의 소굴로 앞장 서 들어갔으며, 또한 요단의 강바닥으로 앞서 들어갔습니다. 그들은 그 곳에 서 있었습니다. 마치 영원하신 하나님께서 가나안의 모든 족속들을 향해 도전장을 내미시면서 이렇게 말씀하시는 것 같습니다. "너희가 만일 할 수 있거든 와서 나와 한 번 맞서보라. 나는 내 백성을 뒤편에 남겨두었다. 나 홀로 너희를 상대할 것이다. 나는 수행자들 없이 혼자 올라왔으니, 나 혼자 너희 모두를 물리칠 것이다." 역경의 때에 종종 우리에게 생기는 최악의 두려움은 이런 것입니다. "나는 너무나 두려워서 내 마음 속에 있는 하나님의 은혜를 보전할 수가 없을 것이다." 사랑하는 형제여, 그런 생각을 버리십시오. 올바른 질문은 "당신은 하나님의 은혜를 보전할 것입니까?"가 아니라, "하나님의 은혜가 당신을 보전할까요?"입니다. 형제여 이 점을 확신하십시오. 하나님의 은혜가 하나님의 은혜의 빛을 받은 자를 지킵니다. 어떤 의미에서는 우리가 신적인 생명을 지켜야 합니다. 각 사람은 자기 영혼을 깨어 살펴야 합니다. 하지만 그보다 훨씬 더 높은 차원에서의 진실은, 주께서 우리를 지키는 분이시며, 그분이 우리 우편의 보호자가 되신다는 것입니다. 주께서 친히 여러분 앞에 가실 것입니다. 그분이 여러분을 그의 깃털로 덮어주실 것이니, 여러분은 그분의 날개 아래서 안심할 수 있습니다. 시련의 때에 "받은 바 은혜를 내가 지킬 수 있을까?"라고 말하는 대신 "나는 하나님의 은혜를 받았으니, 그 은혜가 나를 붙들어줄 것이며, 나로 승리하게 할 것이다"라고 말하십시오.

사랑하는 이여, 몇 가지 지침들을 간략히 더 말씀드리겠습니다. 만일 여러분이 지금 큰 곤경 속으로 들어가려는 상황이라면, 서둘지 마십시오. 성급하게 굴지 마십시오. 우리는 종종 어떤 문제를 두려워할 때에, 마치 양초의 불꽃에 현혹된 나방처럼 그 문제에 돌진합니다. 우리의 정신이 동요하는 상태에서 지혜롭고 신중하게 행동하지 못하고, 오히려 성급하게 문제 속으로 뛰어들었다가 어떤 유익도 가져다주지 못하는 결과를 초래합니다. 이스라엘 백성들은 황급히 요단 강으로 뛰어들어 헤엄을 치지 않았습니다. 그들은 제사장들이 앞서 가는 동안 기다렸으며, 언약궤가 요단 강 한가운데에 가만히 멈출 때까지 기다렸습니다. 모든 것이 신중하게 행해졌습니다. 은혜에게도 같은 일을 하도록 요청하십시오. 침착하십시오. 위험과 고난의 때에 하나님의 은혜가 우리로 침착하게 하지 않으면, 그 은혜가 우리의 심령에서 건강하게 작동하고 있는지를 의심해 보아야 할 필요가 있습니다.

하지만 다음으로는, 여러분이 서둘지 않는 동안에, 주저하지도 마십시오. 그 모든 지파 사람들 중에서 아무도 이렇게 말하지 않았습니다. "나는 기다리고 있다가 다른 사람들이 건너는 것을 지켜 보아야 해. 그래서 길이 정말로 열리는지의 여부를 알아야겠어." 앞으로 나아가도록 나팔 소리가 울리자마자, 그들 모두는 앞으로 나아갔으며, 아무것도 묻지 않았습니다. 요단의 물가로 곧장 가서 제일 먼저 발을 담근 첫 번째 제사장은 용감한 사람이었음에 틀림없습니다. 별안간 굽이치며 흐르던 물결이 뒤로 물러서고, 마침내 수정처럼 반짝이는 거대한 물 벽을 이루었던 것은 굉장한 장면이었음에 틀림없습니다. 그곳에 처음으로 발을 내딛어서 하나님이 새롭게 만드신 그 길을 통과한 사람은 용감한 사람이었습니다. 그의 발은 오랜 요단의 강바닥을 밟아보았던 첫 번째 발이었습니다. 내 사랑하는 형제여, 그대도 역시 용감하게 앞으로 곧장 나아가십시오. 물이 아닌 불의 강이라고 하더라도 그렇게 하십시오. 그 길이 옳은 길이라고 여호와께서 당신에게 명하시면, 주저하지 마십시오.

우리가 빠뜨리지 말아야 할 한 가지 지침이 있습니다. 특별하게 지키도록 본문에 명시되었기 때문입니다. 그것은 바로 "너희는 자신을 성결하게 하라"입니다 (5절). 나는 이스라엘 백성들이 물로 자기를 씻는 정결 의식을 행했다고 상상합니다. 그러므로 하나님의 자녀는 곤경의 때에 그리스도의 보혈을 향해 새롭게 나아와야 합니다. 그는 "묵은 누룩을 내버리도록"(고전 5:7) 은혜를 구해야 합니다. 우리의 시련은 형벌이 아닙니다. 모든 죄의 형벌은 그리스도께서 짊어지셨기 때문입니다. 예수님이 우리를 위해 속죄의 대리자가 되셨으니, 하나님께서 우리를 벌하시지 않을 것입니다. 시련들은 우리에게 제거되어야 할 무엇이 있기에 부성애의 징계 차원에서 보내어진 것이며, 시련 속에는 우리를 향하신 사랑의 암시와 징후들이 있습니다. 사랑하는 이여, 여러분의 현재의 시련에 대한 견해가 무엇입니까? 여러분이 두려워하고 있는 시련에 대한 여러분의 견해가 무엇입니까? "너희는 자신을 성결하게 하라"는 이 말씀을 특별한 주석의 차원에서 해석할 순 없어도, 나는 그 말씀의 일반적인 의미를 알고 있습니다. 우리는 곧 활동적인 섬김으로부터 비켜나야 함을 예상하고 있습니까? 그렇다면 할 수 있는 동안에 예수님을 위해 일하도록 합시다. 우리가 신속하게 찾아올 죽음을 생각하고 있습니까? 그렇다면 아직 삶이 남아 있는 동안에 양 손을 써서 포도원 주인을 섬기도록 합시다. 우리가 이전보다 더욱 하나님을 향해 구별되어지기를 바랍니다. 만일 우리가 가난이나 사람들로부터의 버려짐을 예상한다면, 우리는 주님께서 이 땅의 보잘것없는 음식들로부터 우리를 떼어놓으시는 것은, 천국의 말할 수 없는 기쁨으로 우리를 채우려 하심이라고 느낄 수 있습니다. "너희는 자신을 성결하게 하라." 그것이 바로 이전에 지나보지 못한 길을 가는 모든 사람에게 들려주시는 하나님의 음성입니다.

3. 흥분되는 기대를 위한 말씀

마지막으로, 흥분되는 기대를 위하여 몇 가지를 말하고자 합니다. 우리 앞에는 강둑까지 차오른 물이 흐릅니다. 강과 투쟁과 싸움이 우리 앞에 기다리고 있습니다. 우리의 마음을 하나님께 올려드리고 그분을 신뢰합시다. 그럴 때 어떤 일이 일어날까요? 우선, 우리는 살아 계신 하나님의 임재를 인식하게 될 것입니다. 여러분은 이 장 10절에서 여호수아가 그것을 어떻게 표현했는지를 보았습니까? "살아 계신 하나님이 너희 가운데에 계신 것을 이것으로서 너희가 알리라." 이 세상 사람들에게는 살아 계신 하나님이 없습니다. 그들은 하나님의 이름을 견디기 어려워합니다. 그들은 자연에 대해서 말하고, 자연의 힘에 대해서와 자연 법칙들에 대해서 말합니다. 그들은 주님을 그들의 철학에서 몰아내었습니다. 나는 신앙을 고백한다는 일부 그리스도인들이 너무나 일이 순탄하게 풀려서 좀처럼 살아 계신 하나님의 손길을 인정하지 않는 것을 염려합니다. 오 연단을 받은 신자여, 지금 당신은 새로운 역경 속으로 들어가고 있으니, 당신은 하나님이 계신 것을 알게 될 것입니다. 행동하시는 하나님, 자기 백성을 위해 개입하시는 하나님, 또한 실제로 그들을 위해 일하시는 하나님을 알게 될 것입니다. 우리의 하나님은 우리 소리를 들으시고서도 우리를 돕기 위해 손을 내밀기를 거절하시는 분이 아닙니다. 그분은 우리를 내려다보시기만 하고, 우리를 돕기 위해 내려오시지 않는 그런 하나님이 아닙니다. 당신은 당신이 섬기는 주님께서 강한 손과 펼치신 팔로 당신을 구원하실 것을 아직 알지 못한 채, 현재의 상황에서 지내왔을 것입니다. 우리의 하나님을 볼 수 있는 어떤 기회가 주어진다면, 그것이 무엇이든 우리에게는 가치가 있을 것입니다. 비록 맹렬한 풀무 불의 빛이라 할지라도, 다른 어떤 빛으로도 "신들의 아들과도 같은 그 네 번째 모양을 하신 분"을 드러낼 수 없다면(참조. 단 3:5), 그 풀무 불의 빛은 귀한 것입니다. 그 신비스럽고도 소중한 분의 방문을 받아 그분을 뵈올 수 있다면, 타는 석탄 위라 할지라도 걸을 만한 가치가 있습니다. 그런 역경이 오는 것에 대해 하나님께 감사하십시오. 비록 지금은 거울로 보는 것 같지만, 여러분은 그 역경을 통해 주님의 영광을 볼 것이기 때문입니다.

다음으로는 어떤 일이 일어날까요? 아마도 여러분의 가는 길에서 어려움이 멈추게 될 것입니다. 이스라엘 백성들이 살아 계신 하나님을 보는 동안, 그들은 또한 전적으로 새롭고도 놀라운 현상을 보았습니다. 홍해가 말랐던 것은 사실이지만, 그 세대는 그 일을 보지 못했습니다. 요단 강이 마르고, 그것을 가로질러 그들이 행진하는 것은 새로운 일입니다. 나는 내 짧은 생애 동안에 매우 특이하고도 놀랄 만한 일들을 보아왔습니다만, 지금 그것들을 이야기할 수는 없습니다. 나는 사람들이 「헌팅던의 믿음의 은행」(*Huntingdon's Bank of Faith*)을 읽고서, 그것을 '허튼소리 은행(Bank of Nonsense)'이라고 말하는 것을 종종 들었습니다. 나는 그렇게 믿지 않습니다. 나는 그 책 속에 그리스도인이 쓸 수 있는 내용이 많이 있다고 생각하며, 만일 우리 중 많은 이들이 겪은 경험들을 상세히 말한다면, 그 이야기는 상당히 놀라울 것이라고 믿습니다. 물론 다른 사람들은 "우리는 그 이야기를 받아들일 수 없어요. 틀림없이 그 이야기에는 각색한 부분이 있을 겁니다"라고 말하겠지요. 만일 상세히 기록된다면, 소설가들이 쓴 작품들도 그리스도인들의 실제적인 삶보다는 흥미롭지 못할 것입니다. 하나님께서는 개연성의 법칙을 가장 잘 이해하는 사람들조차 전혀 예측하지 못하는 방식으로 개입하십니다. 여러분은 어떤 일이 일어나는지 알지 못합니다. 역경이 오고 있습니다. 그것은 올 것입니다. 하지만 그것과 더불어 그것을 삼켜 버릴 은혜도 함께 올 것입니다. 여러분은 말합니다. "큰 강물이 내 앞에 있다. 그것이 강둑까지 넘치며 흐르고 있다." 그것은 거기에 있지만, 한편으론 거기에 없습니다. 왜 그런지 보십시오! 여러분이 그 강에 도달할 때 그 강물은 사라질 것이기 때문입니다.

"그대 두려워하는 성도들이여, 새로운 용기를 가지세요.
그대들이 그토록 두려워하는 큰 구름들이

자비와 더불어 축복이 되어
여러분의 머리 위에 쏟아질 테니까요."

지금까지 좋았으니, 끝까지 좋을 것입니다. 여러분을 대해왔던 하나님은 변덕스러운 분이 아니심을 기억하십시오. 우리 유년 시절의 하나님, 우리가 스스로를 가눌 수 없을 때 우리를 돌보셨던 하나님께서, 우리가 늘그막에 이르렀을 때 우리를 버리시겠습니까? 결코 그렇지 않습니다. 세상이 있기도 전에 우리를 사랑하셨던 그분이 위험에 처한 우리를 버리실까요? 그럴 수 없습니다. "여인이 어찌 그 젖 먹는 자식을 잊겠으며 자기 태에서 난 아들을 긍휼히 여기지 않겠느냐? 그들은 혹시 잊을지라도 나는 너를 잊지 아니할 것이라"(사 49:15). 이 점을 확신하십시오. 하나님께서는 여러분이 결코 꿈도 꾸지 못하는 자원을 가지고 계십니다. 그러므로 역경이란, 여호와의 능력과 은혜가 새롭게 펼쳐지는 것을 볼 수 있는 장소로 여러분을 옮겨놓는 것에 불과합니다. 하나님께서 매일 사탄과 죄에게 도전장을 던지면서 말씀하십니다. "여기 내 자녀가 있다. 나는 오늘 그를 새로운 위치에 둔다. 네가 그를 지금 넘어뜨릴 수 있는지 할 테면 해보라." 내일도 그분은 같은 도전을 하실 것이며, 종말까지 계속하실 것입니다. 아마도 이 새로운 역경은 사탄이 이렇게 말했기 때문에 온 것입니다. "주의 손을 펴서 그의 뼈와 살을 치소서 그리하시면 틀림없이 주를 향하여 욕하지 않겠나이까?"(욥 2:5). 하지만 하나님이 말씀하십니다. "그를 시험해 보라, 그를 시험해 보라." 그분은 하늘의 은혜로 말미암아, 우리의 약함으로도 지옥의 모든 힘을 이기게 하심으로써 영광을 얻으십니다.

이것이 우리가 예상하는 전부입니까? 아닙니다. 사랑하는 이여, 우리는 그러한 구원을 봄으로써 미래의 시련들을 위해서도 준비될 것입니다. 여호수아가 이렇게 말한 것에 주목하십시오. "살아 계신 하나님이 너희 가운데에 계시사 가나안 족속과 헷 족속을 너희 앞에서 반드시 쫓아내실 줄을 이것으로서 너희가 알리라"(10절). 때때로 하나의 역경은, 우리가 놀라운 방식으로 그것을 통과하게 될 때, 우리를 위한 일종의 저장물품이 됩니다. 우리는 다음 환난이 닥칠 때 그것을 되돌아보면서 이렇게 말합니다. "아니, 나는 두렵지 않아. 그 형편에서 나를 도우셨던 하나님께서 지금도 나를 도우실 수 있어." 우리가 큰 환난들에 대해서 하나님을 찬송할 수 있는 것은, 이제는 다가올 모든 일들이 비교적으로 적은 고난

일 것이기 때문입니다. 그분은 우리로 요단을 건너게 하셨습니다. 오라, 너희 헷 족속이여! 오라, 너희 여부스 족속과 기르가스 족속이여! 하나님께서 너희 머리를 우리에게 숙이게 하셨도다! 우리는 너희를 우리 앞에서 쫓아낼 것이며, 너희를 멸할 것이다! 요단 강을 가르신 그분은 불가능이 없는 하나님이시기 때문이다! 그러므로 사랑하는 성도들이여, 만일 주께서 특별하게 여러분을 훈련하신다면 기뻐하십시오. 그분은, 여러분의 근육을 단련하고 계십니다. 마치 거룩한 운동선수들처럼 여러분으로 하여금 더 큰 위업을 이루도록 하기 위해서입니다. 여러분은 여러분을 둘러싼 구름 같은 증인들 앞에서 훌륭하게 해낼 것입니다. 이처럼 주께서 그분의 이름을 더욱 영화롭게 하도록 여러분을 준비시키신다면 기뻐하고 즐거워하십시오.

마지막으로, 무엇보다 좋으며, 하나님의 자녀들을 크게 기쁘게 하는 것은 바로 이것입니다. 즉 여러분에게 다가오는 모든 일들이, 여러분의 눈에 예수님을 크게 보이도록 할 것입니다. 이스라엘이 그 강을 건넌 바로 그 날부터 하나님께서는 여호수아를 크게 보이도록 하셨습니다. 그리고 오, 우리가 환난의 깊은 물을 건널 때에, 하나님께서는 그분의 아들 예수를 우리 영혼 안에서 크게 보이도록 하십니다! 예수님은 하나님의 모든 자녀에게 아주 귀한(very dear) 분이시지만, 특별히 많은 연단을 받은 이들에게 그분은 가장 소중한(the most precious) 분이십니다. 다른 모든 사람들이 떠났을 때 그분이 함께 하심을 경험한 사람에게, 그분은 얼마나 귀한 친구이신지요! 피골이 상접할 정도로 아플 때에 그분의 돌보심을 받은 자는, 그분이 얼마나 사랑이 많은 의사이신지를 압니다. 광야를 떠돌며 지나는 동안에 그분에 의해 도움을 입고, 양식을 공급받으며, 인도받고, 지도받은 자는, 그분이 얼마나 선한 목자이신지를 압니다. 죽음의 경계선에서 모든 것이 사라지는 것을 보았던 사람은, 복되게도 그분이 얼마나 불멸의 생명이신 것을 알며, 또한 모든 인위적인 기쁨들이 사라졌을 때, 그분이 자신의 충만하심으로 영혼을 어떻게 충만하게 하는 분이신 것을 압니다. 오 주 하나님이시여, 만일 예수님을 크게 보이도록 하는 일이라면, 그 일이 무엇이든 당신의 백성에게 행하소서. 예수님이 위대해지실 수 있다면, 우리 중 어느 누구도 뒤로 물러나서 육신의 일을 도모하려 애쓰지 않을 것입니다. 이 외에 다른 이유를 위해서라면 우리는 그렇게까지 말하지 않을 것입니다. 하지만 예수님의 영광을 위해서라면, 그분의 이름을 높이기 위해서라면, 당신께서 우리에게 힘을 주시기만 한다면 우리는 순교라도 두려워하지 않을 것이며, 비록 그것이 불에 의한 순교라도 마다 하지 않을 것입니다. 예수님을 위해서라면 그 어떤 것이라도, 모든 것을 감수하 겠습니다. 내 형제여, 당신의 마음이 그렇게 말하지 않습니까? 당신이 주님께 충 성스럽다면 그럴 것이라는 것을 나는 압니다. 그러므로, 비록 "이전에 이 길을 지나보지 못하였어도", 오늘 당신은 새로운 십자가를 어깨에 멜 것이며, 새로운 싸움을 위해서 새로운 무기를 손에 쥘 것이며, 새로운 포도원 어느 한 편에서 새 로운 도구를 집어들 것입니다. 예수님의 영예를 위해서라면 우리는 전진할 것이 니, 누가 지체하기를 바라겠습니까? "앞으로!" 이것이 오늘 그리스도의 모든 군 사들에게 주시는 메시지입니다. 위대한 여호수아시여, 당신께서 길을 인도하소 서! 아멘.

제
6
장

—

여호수아의 환상

—

"여호수아가 여리고에 가까이 이르렀을 때에 눈을 들어 본
즉 한 사람이 칼을 빼어 손에 들고 마주 서 있는지라. 여호수
아가 나아가서 그에게 묻되 '너는 우리를 위하느냐 우리의
적들을 위하느냐?' 하니, 그가 이르되 '아니라 나는 여호와
의 군대 대장으로 지금 왔느니라' 하는지라. 여호수아가 얼
굴을 땅에 대고 엎드려 절하고 그에게 이르되 '내 주여 종에
게 무슨 말씀을 하려 하시나이까?' 여호와의 군대 대장이 여
호수아에게 이르되 '네 발에서 신을 벗으라 네가 선 곳은 거
룩하니라' 하니 여호수아가 그대로 행하니라."

— 수 5:13-15

여호와께서 요단을 가르셨기에 그분의 백성은 신을 적시지 않고 강을 건넜
습니다. 이 기적이 가나안 족속들의 사기를 크게 떨어뜨렸고, 따라서 침공하는
이스라엘로서는 손쉬운 승리의 길이 준비되었습니다. 아마도 여러분은 자연적
으로는, 여호와께서 그분의 백성들에게 명하여 이 공포를 틈타서 즉각적으로 공
격을 가하도록 하실 거라고 예상하겠지요. 적들이 숨을 돌리기 전에 전력을 다
하여 밀어붙이고, 한 번의 군사작전으로 적들을 그 땅에서 깨끗이 소탕할 것을
예상할 것입니다. 하지만 그렇지 않았습니다. 즉각적인 행동 대신에, 이스라엘
백성들은 길갈에 장막을 쳤으며, 거기서 상당 기간을 묵었습니다. 하나님은 서

두르시지 않습니다. 그분의 목적은 서둘지 않고도 성취되실 수 있습니다. 비록 그분이 우리에게 때가 악하니 세월을 아끼기를 원하실지라도(엡 5:16), 그분은 자신의 영원 속에서 기다리실 수 있으며, 또한 그분의 지혜로써 그분의 지체하심이 우리의 서두름보다 훨씬 더 낫다는 것을 입증하십니다. 무엇 때문에 그 백성이 지체해야 했을까요? 그것은 그들이 잊고 있었던 명령에 순종하도록 하기 위함이었습니다. 광야에서는, 여러 가지 이유들로 인해 할례와 유월절이 지켜지지 않았습니다. 그들은 이 의무를 태만히 하였다는 이유로 어떤 징계도 받지 않았습니다. 주께서 그들의 처지와 형편을 고려하셨고, 그들의 오류를 눈감아 주셨기 때문입니다. 하지만 그분이 그들을 쓰시기에 앞서, 그분은 그들이 전적으로 그분의 뜻에 순종하기를 원하셨습니다. 하나님께서 불순종하는 종들을 용인하실 것을 기대할 수는 없습니다. 그러므로 그들은 잠시 머물러야 했으며, 마침내 모세 언약의 두 위대한 계명들에 주의를 기울여야 했습니다.

사랑하는 친구들이여, 잠시 멈추고 스스로에게 물어 보십시오. 신자들로서, 우리는 모든 면에서 우리 주님의 계명들에 주의를 기울여왔습니까? 그렇지 못하다면, 우리는 그분이 교회에 복을 내리시거나 우리를 통해 세상을 축복하는 일을 기대할 수 없습니다. 그분이 우리에게 명하신 것에 대해 우리가 자발적인 순종을 드릴 때까지는 그런 기대를 할 수 없습니다. 하나님의 뜻 중에서 알고 있는 부분을 소홀히 하며 살아가는 사람이 여러분 중에 있습니까? 혹은 여러분은 하나님의 뜻 가운데 어느 부분에 대해서는 알기를 원치도 않고, 그래서 그런 부분에 대해서는 고의적으로 눈감으려는 것이 아닙니까? 내 사랑하는 형제여, 당신은 당신의 힘의 아킬레스 건(腱)을 끊고 있는 셈입니다. 당신은 마치 머리털이 잘린 삼손과 마찬가지로 당신의 원수들을 결코 이기지 못합니다. 당신이 아직 당신 자신의 개인적인 나태와 불순종을 이기지 못하는 한, 당신은 하나님께서 당신을 앞으로 보내어 이기게 하시고 그분께 영예를 드리도록 하는 일을 기대할 수 없습니다. 작은 일에 충성되지 못한 자는 더 큰 일에도 충성되지 못할 것입니다. 만약 당신이 개인적인 생애의 작은 포도원에서 주님의 말씀을 지키지 않았다면, 그분이 당신에게 더 큰 밭을 섬기도록 맡기실 때에 어찌 그 일을 감당하겠습니까? 여기에 이스라엘이 지체하는 이유가 있습니다. 또한 그것은 우리가 특별한 임무를 시작할 때에, 소홀히 여겨 왔던 의무들을 신중하게 살피고 신속하게 그것을 수행해야 하는 이유이기도 합니다.

간과되어왔던 두 가지 계명이 선명하게 제시됩니다. 하나는 할례입니다. 하나님께서 여리고에 대해 말씀하시기 전에 이스라엘 진영의 모든 남자는 할례를 받아야 합니다. 먼저 애굽의 수치가 떠나가고 하나님의 백성들이 언약의 징표를 얻기까지는, 여리고의 성벽이 무너지는 것에 대해서와 그 저주받은 도시를 칠일 동안 에워싸는 것에 대해서는 한 말씀도 주어지지 않습니다. 이제 우리는 신약성경에서, 그리스도인들이 손으로 하는 할례가 아니라 마음의 할례에 참여해야 한다는 말씀을 듣습니다. "무릇 표면적 유대인이 유대인이 아니요 … 오직 이면적 유대인이 유대인이라"(롬 2:28-29). 골로새서에서 사도는 참된 할례는 "육의 몸을 벗는 것이요 그리스도의 할례니라"(2:11)고 우리에게 말합니다. 나는 그 말을 그리스도인이 성령의 능력과 그리스도의 이름으로써 모든 육적인 더러움과, 모든 죄의 생각과, 모든 잘못된 야심과, 모든 육적인 욕망으로부터 자기 자신을 깨끗이 해야 하는 것이라고 이해합니다. 그리스도인이 주님으로부터 쓰임을 받고자 한다면 이는 피할 수 없는 일이며, 지존하신 분의 이름으로 즉시 행해야 할 일입니다. "여호와의 기구를 메는 자들이여 스스로 정결하게 할지어다"(사 52:11). 하나님께서는 할례받지 않은 자들을 통해 자신의 싸움을 싸우지 않으십니다. 그분은 자기 백성이 얽매이기 쉬운 죄를 벗어 버리기를 원하시며, 그렇지 않으면 그들을 사용하지 않으실 것입니다.

그러므로 내 형제들이여, 여러분에게 호소합니다. 여러분의 마음을 살피고, 그 속에 여러분으로 하여금 은혜를 받기에 부적절하게 만드는 것이 있는지 살펴보십시오. 하나님의 종으로서 만일 내가 회심자들을 얻지 못한다면, 나는 감히 그 이유를 하나님의 주권 탓으로 돌리지 않습니다. 물론 그럴 수도 있겠지만, 나는 하나님의 주권을 내 잘못들에 대한 '아사셀(scapegoat)'로 삼는 것을 두려워합니다. 오히려 나는 하나님께서 은혜를 보류하실 때에는 그럴 만한 이유가 있다고 생각합니다. 그럴 경우 이유는 내 속에 있지 않겠습니까? 내가 더 하나님을 가까이 하여 살지 못하고, 그분의 거룩한 눈이 보아줄 수 없는 무언가에 탐닉하고 있기 때문이 아닐까요? 교회의 회원들이 여러분에게 말합니다. 만일 주일학교에서나, 여러분이 섬기는 기관에서나, 혹은 여러분이 감당하는 다른 어떤 일에서, 여러분이 영혼들을 얻어 하나님께로 인도하지 못한다면, 그분에게 부르짖으십시오. "하나님이여 나를 살피사 내 마음을 아시며 나를 시험하사 내 뜻을 아옵소서. 내게 무슨 악한 행위가 있나 보시고 나를 영원한 길로 인도하소서"(시

139:23-24). 죄는 은혜의 통로를 막습니다. 은혜의 시내는 충분히 강력하지만, 여러분이 그 흐름을 억제하는 것입니다. 여러분의 죄가 여러분과 하나님 사이를 분리시킵니다. 그러므로 여러분 각 사람에게 호소하건대, 만일 여러분이 주님의 백성이면, 지금 여러분에게서 먼지를 떨어 버리고, 여러분을 정결하게 하여 지존하신 분을 가까이 하여, 그분 앞에서 탄원하십시오. 그분 앞에서 베옷을 입고 재에 앉아서, 상하고 낙심되는 심령의 상태에서, 여러분의 모든 죄를 그분 앞에 자백하십시오. 여러분의 마음을 마치 물처럼 여호와 앞에 쏟아 붓고, 여러분의 죄와 허물을 인정하십시오. 그러면, 모든 죄가 창에 찔리신 예수님의 옆구리에서 흘러나온 물과 피로써 씻어질 것이며, 여러분은 다시금 축복을 기대하면서 일어나 섬길 수 있을 것입니다.

하지만 할례로는 충분하지 않습니다. 이스라엘 백성은 **유월절** 또한 지켜야 했습니다. 그 절기는 오직 두 번 지켜졌던 것 같습니다. 한 번은 애굽에서이며, 또 한 번은 시내 산 기슭에서입니다. 하지만 이제 그들은 중단 기간 없이 매년 지켜져야 할 유월절을 지키기 시작해야 합니다. 형제들이여, 여러분은 우리에게 유월절이 어떤 의미가 있는지를 압니다. 그것은 그리스도를 먹고 사는 것을 나타냅니다. 그분은 유월절 어린 양이십니다. 우리는 죄의 묵은 누룩을 버려야 하며, 깨끗한 마음으로 나아와 우리 주님을 양식으로 삼아야 합니다. 여러분은 그리스도를 먹기까지는 결코 가나안 족속들과 싸울 수 없습니다. 영적인 사람이 그리스도를 먹지 않고서 살려고 애쓰면 곧 약해지게 됩니다. 그리스도와 빈약한 교제만을 나누는 자, 날마다 영화로우신 자기 왕을 알현하지 못하는 자, 연회 집에 참여하지 않는 자, 머리 위로 나부끼는 그 사랑의 깃발을 바라보지 않는 자는 신앙의 영웅이 되기 어렵습니다. 만일 여러분이 하늘의 떡을 먹지 않는다면, 어떻게 하늘의 일을 할 수 있겠습니까? 수고하는 농사꾼은 먼저 그 열매를 먹어야 합니다. 만일 우리가 계속해서 하나님을 위해 수고하려면, 우리는 무엇보다 우선하여 하나님의 그리스도를 먹어야 하며, 그분으로부터 힘을 얻어야 합니다. 하늘로부터의 음성이 선지자를 향해 이렇게 말했습니다. "인자야, 너는 이 두루마리를 먹으라"(겔 3:1). 그는 먼저 먹어야 했고, 그 다음에 그가 만져보고 맛본 것을 가서 전해야 했습니다. 우리가 우리 영혼 안에서 참된 경건을 누리는 자들이 되어야 다른 사람들에게도 그것을 대변할 수 있는 것입니다. 여러분의 내면적인 귀에 주님의 음성이 들려지지 않고서 어떻게 여러분이 메시지의 전령들이 될 수 있겠습니까? 여러분 자신의 영혼이 거의 죽은 상태에서 어찌 다른 사람들에게 생명을 가져다주길 기대할 수 있겠습니까? 여러분 마음의 화덕에 있는 불꽃이 거의 꺼진 상태에서, 어떻게 여러분이 다른 사람들에게 영원한 은혜의 타오르는 숯불을 전달할 수 있겠습니까? 형제들이여, 유월절 절기를 지키도록 합시다. 깨끗한 심령으로 우리의 주 예수님께로 가까이 와서, 우리의 처음 믿음과 처음 사랑을 새롭게 하고, 저 위대하신 하나님의 아들을 다시 한 번 우리 소망의 기초요 우리 기쁨의 원천으로 삼으며, 우리가 갈망하는 대상으로 삼도록 합시다. 예, 가까이 나아오십시오. 가까이, 그분에게 더 가까이 나아와 그분에게 꼭 안기십시오. 그러면 우리는 용감하게 전투에 임하고 승리를 얻도록 준비될 것입니다.

그 의식들이 지켜진 후에, 여러분은 공격을 위한 나팔소리가 즉시 울려퍼질 것이고, 저 용감한 이스라엘 백성들이 사닥다리들과 공성(攻城) 망치들을 가지고서, 여호와께 바쳐진 그 성을 폭풍처럼 공격하여 함락시키리라고 예상할 것입니다. 인내하십시오! 인내하십시오! 여러분은 항상 서두르지만, 하나님은 그렇지 않습니다. 담대하고 용감한 정신을 가진 여호수아 자신도 어느 정도 서둘렀습니다. 그래서 그는 밤에 앞으로 나아가서 묵상하며 순찰하고 있었습니다. 그가 하나님을 묵상할 때에, 그리고 이따금씩 그 거대한 성읍을 응시하면서 어디가 가장 공격하기 좋은 지점이며, 어떻게 하면 그 성이 함락될까를 궁리하고 있을 때에, 그는 손에 칼을 빼어 들고 서 있는 위엄 있는 어떤 인물의 출현에 놀랐습니다. 용감한 여호수아는, 두려움 같은 것을 전혀 의식하지 않고서, 즉시 그 침입자에게로 나아가서 물었습니다. "너는 우리를 위하느냐 우리의 적들을 위하느냐?" 그는 자신이 어떤 황공스러운 임재 앞에 서 있는지를 거의 상상하지도 못하다가 마침내 위엄의 음성을 듣게 되었습니다. "아니라, 나는 여호와의 군대 대장으로 지금 왔느니라." 그 때 여호수아는 그 하늘의 전사의 신성을 식별하고는 엎드려 경배하였으며, 겸손하게 그가 어떻게 해야 하는지를 여쭈었습니다. 지침을 얻은 후에, 그는 일어나 그 종려나무의 성읍을 취하기 위해 주께서 지시한 대로 나아갔습니다.

이스라엘 백성들은 마치 긴 여행의 준비를 마친 당당한 선박과 같다고 할 수 있습니다. 모든 필요한 화물을 배에 실었고, 모든 물품들이 저장되고, 모든 사람들이 자기 자리에 배치됩니다. 모든 면에서 저 훌륭한 배는 완벽히 채비를 갖추었습니다. 그런데 그 배는 왜 머물고 있을까요? 왜 선원들은 닻을 올리지 않을까요? 만일 여러분이 그 배의 키를 잡은 사람에게 물어본다면, 그는 이렇게 말할 것입니다. "우리는 선장을 기다리고 있습니다." 정녕 선하고 합당한 이유입니다. 선장이 배에 오르기까지는, 그 배가 바다로 떠날 수는 없습니다. 그와 마찬가지로 여기서 이스라엘은 할례를 받았고, 복된 유월절 절기를 지켰습니다. 하지만 대장이 도착하기까지 여전히 그들이 전투에 나설 수가 없습니다. 여호수아에게는 기쁨이 되는 일로서, 여기 지존자의 임재의 천사가 나타나 그 전쟁의 통수권(統帥權)을 주장하며, 승리를 향해 하나님의 군대를 이끌고 나아갑니다. 형제들이여, 이는 정확히 지금 이 순간 이 교회의 상태입니다. 우리는 하나님을 가까이하고 또한 그분의 사랑 안에 거하기 위해 노력해 왔다고 나는 생각합니다. 우리는 죄로부터 우리 자신을 정결하게 하려고 애써왔으며, 그분이 거룩하신 것처럼 우리도 거룩하기 위해 노력해 왔습니다. 하지만 여전히 이것으로는 충분하지 않습니다. 우리는 하나님의 임재를 필요로 합니다. 우리는 지금 잠시 멈추고서 그분의 임재를 위해 기도해야 하며, 그분의 임재의 무한한 능력을 구해야 합니다. 그래야 우리는 성공적으로 진격할 수 있습니다.

1. 하나님의 임재를 깨달으라.

나는 오늘 아침에, 현재 우리가 수행해야 할 엄숙한 의무를 위하여, 세 가지의 간략한 규칙에 주의하시기를 요청합니다. 첫째, 하나님의 임재의 사실을 깨달으십시오.

예수님이 친히 이 거룩한 싸움에 오십니다. 여호수아는 갑옷을 입은 한 사람(a man)을 보았습니다. 여러분의 믿음의 눈도 같은 것을 볼 수 있습니까? 만유를 다스리시는 영원토록 복되신 하나님이시면서 또한 한 사람(a Man)이신 예수님께서 그곳에 서 계십니다. 너무나 분명하게 하나님이시면서, 정녕 우리와 똑같이 뼈와 살을 가지신 분이십니다. 그분이 자기 교회 가운데 계십니다. 그분이 황금 촛대들 사이를 거니십니다. "내가 세상 끝 날까지 너희와 항상 함께 있으리라"가 그분의 약속입니다(마 28:20). 나는 말로 하기보다는, 여러분이 여러분 자신의 생각과 믿음과 영적 능력을 활용하여, 예수님이 이곳에 계신 것을 생생히 믿게 되기를 바랍니다. 그렇게 믿고서, 여러분의 내적인 눈으로 여러분이 믿는 바를 보게 되기를 바랍니다. 그 인자(the Son of man)께서 이곳에 계십니다. 그분은 갈릴리 호수에서 제자들과 함께 계셨던 때와 마찬가지로, 제자들이 그분이 피우신 숯불을 보고 거기에 올려진 생선과 떡을 보았던 때처럼, 분명히 이곳에 계십니다. 그분은 마치 그 기억에 남는 날에 베드로와 나머지 제자들과 대화하셨던 것처럼, 여기에 계시어 그분의 영으로 우리와 대화하십니다. 육적으로는 아니지만, 실재하는 진리 안에서 예수님은 그분의 백성들이 모이는 곳에 함께 계십니다. 여호수아는 손에 칼을 빼어 들고 선 그분을 보았습니다. 오, 그리스도께서 그분의 손에 성령의 검을 들고서 우리 가운데 계시기를 바랍니다! 오셔서 사랑과 능력의 일을 행하시기를 바랍니다! 오셔서 그분의 양날 선 검으로 우리의 죄를 치시고, 그분을 대적하는 자들의 마음을 베시고, 그들의 불신앙을 죽이시고, 그들의 죽은 행실들을 그분 앞에 무더기로 쌓으시기를 바랍니다! 아아, 그 칼은 뽑아진 상태입니다. 오호라, 많은 교회들에서 그 칼은 오래도록 칼집에 넣어진 상태였습니다! 하지만 이제 실제적인 용도를 위해 뽑아졌습니다. 그 칼은 그분의 손에(in His hand) 있으며, 목사의 손에 있는 것이 아닙니다. 천사의 손에 있는 것도 아니며, 그분의 손이 그 칼을 빼어 들고 있습니다. 오, 예수님이 칼자루를 쥐고 계실 때 그 능력이 어떠할 것이며, 그분이 사람들의 마음과 양심을 좌우로 베실 때 단단한 돌처럼 굳은 마음들이 어떤 상처를 입겠습니까! 형제들이여, 이러한 임재를 구하십시오. 그것을 구하고, 그것을 믿으십시오. 복음이 전해질 때에, 또는 기도를 위해 서로 모일 때, 그 모임의 한가운데에서 이스라엘의 군대장관이 계시는 것을 보고 있다고 생각하십시오. 옛 시대에 그러하셨듯이, 그분이 위업을 이루실 준비를 하시고 칼을 들고 계신다고 생각하십시오.

여호수아가 보았던 그 영광스러운 사람(the glorious Man)은 그의 편이셨습니다(on his side). '이 사람(this Man)'이 칼을 빼 들고 계신 것을 경건하지 못한 자들이 보게 될 날이 올 것입니다. 하지만 "당신은 우리를 위하십니까, 우리의 적들을 위하십니까?"라는 그들의 질문에 대해, 그들은 그분이 그들의 적들 중에서도 가장 무서운 분이심을 알게 될 것입니다. 그분의 교회 중에서, 그리스도께서는 그들을 위한 사랑의 목적을 위해서만 칼을 들고 계십니다. 오, 그분의 입에서 마치 불꽃과도 같이 좌우에 날선 검이 나오는 것을 알 수 있다면, 그 얼마나 복된 일이겠습니까! 만약 여러분이 담대하게 그 칼 가까이로 여러분의 마음을 가까이 댈 때에, 그 칼은 하나님의 뜻에 반하는 모든 불쾌한 것들을 베어내고 죽일 수 있습니다. 그런 다음 여러분은 여러분의 자녀들과 친척들을 데리고 와서 이 예배당 좌석에 나란히 앉아서 이렇게 말할 수 있을 것입니다. "오 주여, 당신의 불 칼로써, '나는 죽이기도 하며 살리기도 하며 상하게도 하며 낫게도 하나니'(신 32:39)라고 말씀하신 대로 행하소서. 오, 진정으로 살 수 있도록 죽이시고, 진정으로 치유를 받도록 상처를 입히소서."

> "당신의 화살들이 왕의 적병들의 마음을
> 날카롭게 꿰뚫습니다.
> 그리하여 사람들이 겸손히
> 당신의 통치 아래로 모이나이다.
>
>
> 오 당신은 강하신 분이니
> 허리에 칼을 두르시고,
> 당신의 뛰어난 영광과
> 당신의 위엄도 함께 둘렀나이다."

이러한 하나님의 임재는 우리가 바라는 것입니다. 형제들이여, 우리가 그것을 얻는다면 즉시 믿음의 격려를 얻을 것입니다. 크롬웰(Cromwell)의 군대는 그가 그곳에 있다는 것을 아는 것만으로, 항상 승리하고 패배를 모르는 그가 자신의 철기병(鐵騎兵)들을 거느리고 전투에 나서는 것을 아는 것으로 충분했습니다. 옛 로마 시대에 어느 장군의 출현도 그의 군대에 종종 같은 효과를 내었습니다. 그 장군이 독수리의 눈으로 적군의 모든 동태를 파악하며, 공격의 주요 지점에 그의 직속대대를 이끌고 나타나는 것을 그의 전 군단이 알아보자마자, 각 병사들은 속에서부터 힘이 솟구치는 것을 느꼈으며, 칼을 잡고 승리를 향해 돌진했습니다. 내 형제들이여, 우리의 왕이 우리 가운데 계십니다. 그러므로 우리의 믿음은 활력이 넘쳐야 합니다. "왕을 부르는 소리가 그 중에 있도다"(민 23:21)라고 하였듯이, 왕이 있는 곳에 그 백성들은 승리의 확신으로 인해 기쁨으로 환호합니다. 설교자가 설교할 수 있지만, 그것이 무엇이란 말입니까? 그러나 왕이 그곳에 계시면, 그 설교는 참으로 대단할 것입니다. 회중이 모일 수는 있겠지만, 그들은 그저 왔다가는 다시 가는 것으로 그칠 수 있습니다. "대단한 광경이 펼쳐졌다가 사라져 버렸군"이라고 여러분은 말합니다. 아, 여러분에게는 그렇게 보이겠지만, 만일 하나님의 영이 그곳에 계시다면, 이루어진 일은 "각 사람의 공적이 불로 시험되는"(고전 3:13) 마지막 심판의 날까지 지속될 것입니다. 단순한 소녀가 앉아서 소수의 어린이들에게 그들의 영혼에 대해 말하는 것이 전부일 수 있습니다. 하지만 주께서 그곳에 계신다면 그곳에 어떠한 경외심이 일어나겠습니까! 만약 주께서 친히 그 주일학교 학급에 앉아 계시다면, 하늘의 천사들로 하여금 기쁨으로 새롭게 노래하게 만드는 일들이 일어나지 않겠습니까! 소박하고, 배우지 못하고, 진지하지만 웅변적이지 못한 사람이, 길모퉁이에 서서 소수의 사람들에게 말씀을 전하고 있을 수 있습니다. 그가 한 말은 곧 잊혀질 것입니다. 정확히 그렇습니다. 하지만 만일 왕이 그곳에 계시다면 그 말은 결코 잊혀지지 않을 것입니다. 주님의 모든 참된 종들의 발자국은 모래가 아니라 영구적인 놋쇠에 새겨질 것이며, 그 기록은 그 물질의 잔해보다 오래 지속될 것입니다. 왕이 우리와 함께 하실 때 믿음은 견고하게 됩니다. 왜냐하면 하나님께서 믿음을 황금의 줄로 띠 띠우시고, 머리에서 발끝까지 믿음을 갑옷으로 입히시며, 그 손에 모든 것을 쳐부술 수 있고 갑옷마저 벨 수 있는 칼을 쥐어주시기 때문입니다. "만일 하나님이 우리를 위하시면 누가 우리를 대적하리요"(롬 8:31).

왕이 자기 백성과 함께 하실 때, 소망의 격려를 크게 얻을 것입니다. 누가 만군의 여호와를 대적하겠습니까? 틀림없이 회심자들이 있을 것입니다. 예수님이 설교 때에 함께 하시면, 더 이상 신뢰와 기대에 대한 회의적 질문은 없을 것이며 오직 절대적인 확신이 있을 것입니다. 내 형제들이여, 만약 오늘 우리가 진지한 기도로써 왕을 우리 가운데로 모셔올 수 있다면, 그리스도를 자기 백성과 결속시키는 황금 사슬과도 같은 간절한 탄원과 눈물로써 그분을 여기 머무시도록 할 수만 있다면, 우리는 선한 일이 일어날 것인지에 대해 의구심을 가질 필요가 없을 것입니다. 반드시 그런 일이 일어날 것이기 때문입니다. 그리스도께서 계시는 곳에는 하나님의 전능의 현시(顯示)가 있고, 가장 완고한 마음이라도 그로 인해 영향력을 느낄 것이기 때문입니다.

예수님이 계시는 곳에서 사랑이 타오를 것입니다. 오! 마음을 불붙게 만드는 모든 것 중에서, 예수님의 임재와 같은 것은 없습니다! 그분을 보는 것만으로도 우리는 압도될 것이며, 이렇게 말하게 될 것입니다. "당신의 눈길을 저에게서 돌리소서. 제가 당신의 시선을 감당치 못하겠나이다." 오, 침향과 몰약과 계피의 향기가 그분의 의복으로부터 풍길 것이며, 또한 그 향기를 맡고서 우리 중에 병든 자들과 약한 자들이 힘을 얻을 것입니다. 오, 우리가 그분의 은혜로우신 품에 잠시 머리를 기대기만 한다면, 그분의 거룩한 사랑이 우리의 가련하고 냉랭한 마음에 수용되기만 한다면, 우리는 더 이상 냉랭하지 않을 것이고, 스랍 천사들처럼 뜨거운 열정으로 타 올라 어떤 수고라도 감당하고, 모든 고난이라도 감수할 수 있을 것입니다. 또한 주의 영이 우리에게 임하실 때 우리 중에 나이든 이들은 환상을 보고, 우리의 젊은이들은 꿈을 꿀 것이며, 하나님께서 남종과 여종들 위에 그분의 영을 부어 주실 것입니다. 예수님이 여기 계시는 것을 우리가 알기만 하면, 모든 능력이 증대되고 모든 은혜가 강화될 것이며, 우리는 주님의 전투에 온 마음과 성품과 힘을 다하여 참여할 것입니다. 우리의 속사람의 모든 부분이 그리스도의 임재에 의해 더 나아질 것이니, 그분의 임재야말로 다른 어떤 것보다도 바랄 만한 것입니다.

형제들이여, 그리스도께서 이 아침에 이곳에 계신다고 생각해 보십시오. 그분의 임재는 그분을 매우 닮은 자들에 의해 분명하게 확인될 것입니다. 여호수아가 이 광경을 볼 수 있는 은혜를 입은 것은 오직 그만이 그것을 식별할 눈을 가졌기 때문입니다. 갈렙조차도 칼을 빼어 손에 들고 있는 이 사람을 보았다고 기록되어 있지 않습니다. 오직 여호수아만 그분을 보았습니다. 여호수아가 가장 영적이었고 가장 영적으로 예민하게 반응했기 때문입니다. 만일 여러분이 그리스도를 보고 싶다면 여러분은 그분을 닮도록 자라야 하며, 그분을 마음과 성품과 힘을 다해 섬기려고 애써야 합니다. 그리스도는 게으름의 침대에서 뒤척이고 있는 자들에게 밤의 환상 중에 오시지 않습니다. 그분은 밤에도 깨어 경계하면서 거룩한 전쟁을 연구하는 자들에게 자기를 나타내십니다. 성령의 능력으로써 여러분 자신을 그리스도의 소원과, 동기와, 행동 계획에 일치시키십시오. 그러면 아마도 여러분은 그분을 보게 될 것입니다. 나는 여러분 모두가 여호수아들이기를 바랍니다. 하지만 그렇지 않다 해도, 설혹 우리 중에서 몇몇 사람만이 그분을 인식한다고 해도, 우리는 복을 받게 될 것입니다.

나는 이러한 그리스도의 임재가 우리 모두에게 필요할 것이라고 확신합니다. 예수님을 사랑하는 여러분 모두는 다가오는 한 달 동안에도 그분을 섬기기를 원할 것이고, 정말이지 나는 여러분이 사는 날 동안에 그렇게 소원하기를 바랍니다. 자, 그리스도 없이 여러분이 할 수 있는 선한 일은 아무것도 없습니다. "나를 떠나서는 너희가 아무것도 할 수 없음이라"(요 15:5)고 하신 말씀은 의심할 수 없는 분명한 사실입니다. 여러분이 기도회로 모이고자 하여도, 그분이 여러분과 함께 계시지 않으면 여러분은 하나님이 받으실 만한 기도를 하지 못합니다. 여러분이 가르치거나 설교하거나 혹은 다른 무엇을 하건, 비록 그 일이 적은 일이라고 해도, 그분의 능력과 여러분과 함께 하시는 그분의 임재를 통해서가 아니면 여러분은 아무것도 성취하지 못합니다. 여러분 스스로의 힘으로 싸움에 나서지 마십시오. 오직 여러분의 주님을 기다리면서, 여러분에게 위로부터의 능력이 입혀질 때까지는 예루살렘에 머무십시오.

하지만 형제들이여, 예수 그리스도의 임재는 우리에게 임할 수 있습니다. 옛 시대에는 주님께서 자기 자신을 나타내셨지만, 그분이 이제는 그러지 않으신다고 실망하지 마십시오. 그분은 자기를 나타내시고, 나타내시며, 또 나타내실 것입니다. 그분의 약속은 영원토록 유효합니다. 그분은 우리의 선조들에게와 마찬가지로 우리와도 함께 하시기를 기뻐하십니다. 만약 그분이 임하시지 않는다면 그것은 우리가 그분을 방해하기 때문입니다. 우리가 그분 안에서 옹색해진 것이 아니라, 우리 자신의 심정에서 스스로 옹색하게 된 것입니다(참조. 고후 6:12). 오순절에 행해진 모든 위대한 일들이 우리 교회에서도 다시 행해질 수 있다고 믿으시길 바랍니다. 교회사의 어느 시대에 일어났던 모든 경이로운 회심들이 이 시간에도 반복될 수 있음을 믿으십시오.

루터나 칼빈이나 휫필드나 웨슬리는 위대한 사람들이었으며, 그랬기 때문에 그들 주변에 위대한 일들이 많이 일어났다고 말하지 마십시오. 내 형제들이여, 만일 하나님이 원하시기만 하면, 사람들 중에서 가장 약한 사람도 가장 위대한 사람보다 더 많은 영예를 얻을 수 있습니다. 우리의 약함, 배움의 부족, 웅변의 부족, 그 외에 무엇이라도, 나는 이런 것들을 오히려 이점들로 간주합니다. 왜냐하면 우리가 탁월하다면 아마도 약간의 영광을 얻을 것이지만, 만일 우리가 "없는 것 같고 빈 것 같다면"(사 40:17) 그 때 하나님이 활동하실 분명한 여지가 있기 때문입니다. 왜 우리가 이곳에서 전 영국을 뒤흔드는 그런 부흥을 보아서는 안 되는 것이며, 사도 시대 이후로는, 에스겔 환상의 골짜기에 있던 마른 뼈들과 같은 자들이 소생하여 일어나는 일이 있어서는 안 된다는 것입니까? 우리는 그것을 기대해야 하고, 믿어야 하며, 그것을 위해 기도해야 합니다. 그러면 우리는 그것을 얻을 것입니다. 하나님의 구름은 엘리야가 갈멜 산 꼭대기에 올라갔을 때와 마찬가지로 오늘날에도 여전히 풍성한 비를 내릴 수 있습니다. 주님께서는 옛적에 그분의 백성들과 함께 진군하실 때와 마찬가지로, 이 시대에도 원수들을 향해 강력한 천둥소리를 발하실 수 있습니다. 전능자께서 기적들을 행하기를 멈추셨다고 생각하지 마십시오. 만군의 주께서는 여전히 영원하시고, 썩지 아니하며, 보이지 아니하시는 왕이시며(딤전 1:17), 그분에게는 기이한 일들을 행하시는 팔이 있습니다. 여러분이 그리스도의 보혈의 능력과 죽으심의 공로에 호소하기만 하면, 여러분은 이 은혜의 시대에, 여러분의 선조들이 보고 들었던 일들을 무색하게 할만한 기이한 일들을 보게 될 것입니다. 하나님께서 우리 믿는 자들 한 사람 한 사람에게, 칼을 빼어 손에 들고 서 있는 저 존엄한 사람(the godlike Man)에 대한 환상을 보게 해 주시길 바랍니다. 그러면 우리는 오직 그분이 주시는 힘으로 전진할 수 있을 것입니다.

2. 주님의 지위를 깨달으라.

두 번째로, 자기 백성들 가운데 계시는 주님의 지위를 깨달으십시오. "나는 여호와의 군대 대장으로 지금 왔느니라."

이것이 여호수아에게는 큰 위안이 되었음에 틀림없습니다. 아마도 그는 스스로를 대장이라고 생각했을 것입니다. 하지만 이제 그 책임은 그에게서 벗어졌습니다. 그는 부관(副官)이 되어야 합니다. 왕께서 친히 자기 군대를 앞장서서 인도하십니다. 나는 지난 십사년 동안 여러분의 지도자로 지내면서 하나님의 이름으로 기독교 사역에 여러분을 이끌어왔지만, 그럼에도 내가 여러분의 대장이 아니라는 생각이 내게는 적잖이 위안이 된다고 느낍니다. 더 크신 분이 계십니다. 지존하신 분의 임재의 천사, 주 예수님, 그분이 우리 가운데 총사령관(Commander-in-chief)으로 계십니다. 비록 나의 책임이 무겁기도 하지만, 지도력은 내게 있는 것이 아닙니다. 그분이 백성의 지도자요 사령관이십니다. 형제들이여, 그리스도께서 계시는 곳이라면 어디에서건, 우리는 그분이 우리 모두의 총사령관이심을 기억해야 합니다. 우리는 어느 위대한 사람이 우리 위에 군림하는 그런 교회를 용인할 수 없습니다. 우리는 예수님 외에 어느 누구도 주와 선생(Lord and Master)이 되게 해서는 안 됩니다. 그리스도만이 원수(元帥)이시며, 우리 구원의 대장이십니다.

만일 여러분이 하나님의 교회의 한 지체라면, 여러분은 이것을 인정해야 합니다. 단지 일반적인 사실로서가 아니라 특별히 당신에게 적용되는 사실로서 시인해야 합니다. 그리스도가 여러분의 선생(Master)이십니다. 당신은 "나는 이런 교리 혹은 저런 교리를 더 좋아합니다"라고 말해서는 안 됩니다. 당신이 좋아하는 것과 좋아하지 않는 것이 무슨 상관입니까? 그분이 당신에게 말씀하시는 것을 믿으십시오. 여러분은 "나는 특정한 형식의 예배가 더 좋아"라고 말해서는 안 됩니다. 당신의 선호도가 무슨 상관이란 말입니까? 주님께서 당신에게 명하신 대로 예배드리십시오. 오호라! 변덕과 취향과 기분이 기독교회에 들어와서 사람들을 이끄는 시대입니다! 요즘 온통 떠들썩한 퓨지주의(Puseyism, 옥스퍼드 대학에서 히브리어를 가르친 Pusey의 추종자들이 가톨릭적인 전통을 강조하고 국교회의 권위를 회복하고자 한 운동 — 역주)는 그리스도께 대한 단순한 순종의 자리에 인간의 기호(嗜好)를 첨가한 것에 지나지 않습니다.

우리가 그리스도의 말씀을 가까이 하는 것을 바란다면, 그것으로 우리는 충분히 옳습니다. 나는 여기에 있는 모든 신자들이 하나님의 일에 있어서는 자기가 자기 자신의 스승이 아니며, 오직 그리스도께서 총사령관이신 것을 기억하길 바랍니다. "인도에 선교사들을 보내는 것에 무슨 소용이 있을까요?"라고 누군가 웰링턴 공작(the Duke of Wellington, 워털루 전투에서 나폴레옹을 패배시켰던 인물 — 역주)에게 말했습니다. 그 공작은 "당신의 진격 명령이 무엇입니까?"라고 반문하고서 이 말씀을 언급했습니다. "너희는 온 천하에 다니며 만민에게 복음을 전파하라"(막 16:15). 그 말씀이 우리의 진격 명령입니다. 그것이 신중한 명령인지 아닌지는 우리와 상관이 없습니다. 그 명령이 그분(Him)으로부터 왔다면 그것은 정녕 옳은 명령임에 틀림없습니다. 우리의 의무는 사령관이 하라고 명하시는 대로 행하는 것입니다. 만일 우리가 그리스도께서 우리 가운데 기이한 일들을 행하시는 것을 보고 싶다면, 그리스도의 말씀에 순종해야 합니다. 큰 계명들뿐만 아니라 작은 계명들도 마찬가지입니다. 그리스도인들은 비본질적인 문제들에 대해 점잔빼고 가타부타 하는 것을 그만 두어야 합니다. 내 형제들이여, 그리스도의 모든 명령은 그분의 종들인 우리에게 필수적인 문제입니다. 우리의 구원을 위해 필수적이라는 말이 아닙니다. 우리는 구원을 받았기 때문입니다. 우리가 제기하는 질문은 그런 것이 아닙니다. 하지만 구원받고서, 그리스도의 종들이 되었기에, 위대하신 대장으로부터 내려지는 모든 명령은 그분의 모든 군사들이 지켜야 할 필수적인 명령입니다. 단순한 예배의식이라 할지라도 그것이 중요한 문제는 아닙니다. 우리에게는 그것을 변경할 권리가 없습니다. 일개 병사가 지휘관으로부터 명령을 받고서 "글쎄요, 나는 그것이 그다지 중요하다고 생각하지 않는데 요"라고 말한다면, 군법 회의에서 그 병사에 대해 어떻게 판결하겠습니까? 이렇 게 말하지 않겠습니까? "그런 자는 부대에서 제명해 버리시오, 장교. 병사들이 명령을 비판하면 군대의 모든 규율은 끝장나고 맙니다." 그리스도의 법도 그와 같습니다. 한 예를 들어, 믿는 자의 세례에 대해서 "글쎄요, 그것은 필수적이지 않은걸요?"라고 말할 권리가 우리에게는 없습니다. 누가 당신에게 그렇게 말했 습니까? 예수님이 그것을 명하셨다면 그 명령에 순종하십시오. 그것이 주님의 법이라면 서둘러 주님의 법규를 지키고 지체하지 마십시오. 나는 한 가지 계명 을 지적하였을 뿐입니다. 그러나 만일 그리스도께서 우리에게 행하라고 말씀하 신 것에 대해서 더 중요하거나 덜 중요하다고 말하는 것이 허용된다면, 그것보 다 더 중요한 다른 많은 명령들도 있을 것입니다. 내 형제들이여, 성령의 가르침 에 우리 자신을 맡기어 저 위대하신 대장의 뜻이 무엇인지를 알도록 힘씁시다. 그리고 그 뜻을 알게 되었을 때 우리의 영혼이 그 명령에 순종하기를, 마치 버드 나무가 바람의 숨결에 따라 고개를 숙이듯이, 그리고 바다 위에 떠있는 배가 바 람에 자기를 맡기고 떠내려가듯이 하도록 합시다. 당신 자신을, 당신의 자아를 타도하십시오! 육적인 판단과 어리석은 이성이여, 잠잠히 누워 있으라! 우리의 영혼 안에서 하나님의 말씀에 최고의 주권이 있음을 인정하고, 모든 반대를 잠 재우도록 하십시오!

　형제들이여, 만약 우리가 군대 대장과 함께 행하지 않는다면, **틀림없이 실망** 이 뒤따를 것입니다. 주님께서는 이스라엘 지파들 중에서 어느 누구도 여리고의 저주받은 전리품을 취해서는 안 된다고 명하셨습니다. 그런데 아간이 그것을 취 하였습니다. 나는 오직 아간만이 그렇게 한 것에 대해 종종 놀랍게 여기곤 했습 니다. 하지만 그 한 사람 아간이 아이 성 전투에서 이스라엘에게 패배를 안겼습 니다. 나는 오늘 아침 이곳에는 얼마나 많은 아간이 있을지 궁금합니다. 오직 한 사람만 있다고 생각하면 나는 크게 안도감을 느끼겠지만, 많은 사람들이 저주받 은 것을 그들 속에 감추고 있지 않은지 나는 두렵습니다. 곧 돈을 사랑함, 상업 활동에서의 나쁜 방식들, 앙심을 품은 성미, 혹은 동료 그리스도인들을 향하여 시기하는 영이 그런 것들입니다. 자, 이런 나쁜 것들을 한 사람이 소유하여도 축 복이 가로막힐 것이며, 우리로서는 아주 나쁜 궁지에 몰리는 것입니다. 그러나 그 악한 것을 소지한 당사자는 훨씬 더 나쁜 궁지에 처합니다. 아간이여, 당신은 어디에 있습니까? 우리가 당신을 찾지 못해도 하나님이 그대를 찾아내실 것입니다. 그분이 우리 모든 지파들을 불러내실 것이며, 지파의 각 족속들과, 각 가족들을 골라내실 것이며, 마침내 한 사람씩 뽑아내실 것입니다. 마침내 뽑힌 갈미의 아들에게 화가 있을 것입니다(참조. 수 7:18). 형제들이여, 군대 대장의 법을 어긴 것은 전체 군대에게 패배를 안길 수 있습니다.

그 법을 완고하면서도 의도적으로 어긴 것은 아니라 해도, 그 태만이 많은 곤경을 야기할 것입니다. 가나안 족속들과 언약을 맺지 말라는 명령이 있었습니다. 하지만 분별력이 없을 때에, 기브온 사람들이 마치 먼 지방에서 온 사람들처럼 위장하고서 찾아왔습니다. 이스라엘 백성은 그들의 거짓된 이야기를 믿었고, 그들과 언약을 맺었습니다. 그리고 이 일이 오랜 후에 이스라엘에게 고통거리가 되었습니다. 만일 교회로서 우리가 그리스도의 법을 망각하면, 비록 우리가 그것을 의도적으로 어기지 않았다고 해도, 단지 무지하여 그것을 잊은 것이라고 해도, 우리는 그 일로 인해 결코 적지 않은 해를 입게 되리라고 예상할 수 있습니다. 하나님께서 자기 백성의 죄를 인과응보(punitive justice)의 차원에서 벌하신다는 사상을 용인하지 마십시오. 하지만 주님께서는 마치 아버지가 그 자녀들을 징계하듯 자기 백성을 죄로 인해 징계하신다는 것을 언제든 확실히 인식하시기 바랍니다. 교회의 머리이신 우리 주님은 자신의 법이 자기 백성들에 의해 아무런 처벌도 없이 어겨지는 것을 방치하지 않으십니다. 내 속에서 끓어오르는 감정을 진지하게 여러분에게 말할 수 있다면 좋겠습니다. 내 형제들이여, 아무리 작은 것이라도 우리 주님의 명령들을 지켜야 합니다. 우리는 그분의 임재를 믿고서, 그분이 여기 계시는 것을 느끼고서, 감히 그분의 임재 속에서 그의 계명을 어기지 아니하고, 모든 면에서 그분의 통치권에 굴복해야 합니다. 그래야 그분이 주시는 복을 얻을 수 있습니다. 나는 우리 모두가 하나님의 말씀을 지키기를 바라고, 각각의 계명을 이해하고 마음에 간직하기를 바랍니다. 더 나아가, 나는 우리가 그리스도의 마음에 주의를 기울이기를 바랍니다. 그리스도의 마음은 종종 성령에 의해, 거룩한 훈계들 안에서, 우리 마음에 표현됩니다. 그럼으로써 성경의 법이 우리와 함께 있고, 성령의 법이 우리 안에 있도록 하는 것입니다. 이 두 가지 모두에 순종한다면, 우리는 여호수아처럼 전쟁을 향해 나아갈 준비가 되는 것입니다.

3. 우리와 함께 하시는 분께 경배하라.

세 번째는 아주 간략히 말하겠습니다. 우리의 세 번째 규칙은, 우리와 함께 하시는 그분께 경배하라입니다.

여호수아는 얼굴을 땅에 대고 엎드렸다고 했습니다. 경배란 영혼을 가장 높이 고양시키는 것이면서, 동시에 가장 낮게 엎드리는 것입니다. 형제들이여, 그리스도께서 여기 계시다면, 여러분이 가정에 도착하였을 때 잠시 동안 침묵과 예배의 시간을 가지십시오. 그리고 오늘 저녁에 다시 이곳으로 왔을 때, 여러분의 찬송과 기도 안에서 영원토록 계시는 하나님께 진실로 경배하십시오. 마치 여러분은 실제로 천국에 있는 것처럼 가장 낮은 마음으로 그분께 경배하고 부복하십시오. 비록 여러분에게는 여러분의 얼굴을 가릴 날개가 없지만, 그럴지라도 겸손한 부끄러움으로 여러분의 얼굴을 가리십시오. 여러분에게는 그분에게 바칠 면류관이 없지만, 여러분이 가진 재능을 모두 그분 앞에 경배하는 마음으로 내려놓으십시오. 하나님의 아들을 경배하십시오! 그렇게 한 다음에는 그분의 명령에 여러분 자신을 바치십시오. 그분께 이렇게 말하십시오. "내 주께서 종에게 이르시는 말씀이 무엇입니까? 제가 배워야 할 것이 무엇이고, 제가 느껴야 할 것과, 제가 행해야 할 것이 무엇입니까? 그리고 저는 이번 달에 형제들을 돕기를 원하는데, 주여, 제가 어떤 부분을 맡아서 일해야 할까요?"

사랑하는 형제들이여, 여러분이 이렇게 하였을 때, 나는 여러분이 세 번째의 일에서 여호수아를 본받기 원합니다. 그것은 여러분의 발에서 신을 벗는 것입니다. 아마도 여호수아는 하나님을 위해 싸우는 일이, 정죄 받은 사람들을 대항하여, 하나님의 뜻을 집행하는 자로서 싸우는 일이 얼마나 엄숙한 것인지를 느끼지 못했을 것입니다. 그러므로 그는 신을 벗어야 했습니다. 만일 우리가 하나님의 일을 경박스럽게 행한다면 결코 축복을 기대할 수 없습니다. 나는 누군가 가벼운 잡담에 몰입하거나 또는 산만한 생각에 빠진 채로 주의 만찬과 같은 엄숙한 장소에 앉아 있는 것을 볼 때, 두려움을 금할 수가 없습니다. 당신은 왜 예복을 입지 않은 채 이곳에 참석한 것입니까? 정신적 경박스러움이라는 죄가 끊임없이 따라다니는 사람들이 이 중에는 더러 있습니다. 쾌활함은 우리가 권장해야 합니다. 하지만 우리는 경박함이 우리의 은혜를 좀먹는 벌레가 되지 못하도록 경계해야 합니다. 형제들이여, 다가오는 한 달이 우리에게 거룩한 한 달이 되어야 합니다. 우리의 젊은이들이나 나이든 벗들이나 한 가지로 고요하고 건전한 심령을 추구하기를 요청합니다. 영혼들을 구하기 위해 수렁으로 내려가는 것은 오락거리가 아닙니다. 예수님에 대해 말하는 것은 가벼운 일이 아닙니다. 우리는 유희삼아 기도 모임을 갖는 것이 아닙니다. 우리는 단지 형식적으로 기도하려고 모이는 것이 아닙니다. 천사들이 우리 가운데서 우리를 관찰하고 있습니다. 왕께서 친히 이곳에 계십니다. 여러분이 실제로 예수님을 눈으로 본다면 어떻게 행동하시겠습니까? 내가 만일 이 강단을 비우고 십자가에 못 박히신 분이 이곳에 서 계신다면, 그분이 못자국난 손을 펼치시고, 온유하고도 숭고한 사랑의 눈길로 여러분을 내려다보신다면, 여러분은 어떻게 느낄까요? 그렇게 느끼도록 구하십시오. 그분은 이곳에 계십니다. 믿음은 그분을 인식할 수 있습니다. 바로 이 순간 그렇게 느낄 수 있도록 구하십시오. 그리하여 오늘 오후와 여러분 인생의 남은 날수 동안에, 여러분의 할 일을 하나님의 종으로서, 거룩한 땅에 서 계신 하나님의 임재 앞에서 행하도록 하십시오. 하나님의 종이 할 일은 엄숙하기 때문에, 또한 그 일을 그분의 이름으로 해야 하기 때문에, 빈둥거리며 세월을 보낼 수가 없습니다.

4. 행동으로 나아가라.

결론적으로, 이제 흩어지기 전에, 주님의 명령을 따라서 행동으로 나아가도록 합시다.

회심하지 않은 남자와 여자들이여, 그대들이 우리의 여리고입니다. 우리는 그리스도를 위하여 그대들을 정복하기 원합니다. 우리의 바람은 여러분을 얻어 예수님께 드리는 것이며, 그 일은 여러분의 유익과 예수님의 영광을 위한 것입니다. 자, 우리가 여러분을 어떻게 해야 할까요? 여호수아는 그 성읍을 일곱 번 돌도록 지시를 받았습니다. 우리는 그리스도의 복음을 여러분에게 전할 것이며, 일곱 번이 아니라, 일흔 번의 일곱 번이라도 그렇게 할 것입니다. 그들은 양각(羊角) 나팔을 불어야 했습니다. 양각 나팔은 매우 보잘것없고, 소리가 무디며, 외양도 화려하지 않은 것입니다. 그와 마찬가지로, 우리는 사람의 지혜의 말로 권하는 것이 아니라, 양각 나팔의 단순하고 투박한 소리로써 여러분에게 경고할 것입니다. 여러분이 회개하지 않으면 멸망할 것이라고 말입니다. 죄는 처벌받아야만 합니다. 죄가 여러분에게 있으며, 따라서 하나님이 여러분을 벌하실 것입니다. 하늘과 땅이 사라질지언정, 그분의 율법의 일점일획도 없어지지 않을 것입니다. 이것이 그분의 율법의 일부입니다. "범죄하는 그 영혼은 죽을지라"(겔 18:20). 여러분은 죄를 지어왔고, 언제나 죄를 짓고 있습니다. 그러므로 여러분은 반드시 죽을 것입니다. 여러분 중에서 어떤 이들은 점점 더 악해지고 있습니다. 설혹 여러분이 외적인 죄 속에서 살지 않는다 해도, 생각과 마음의 죄가 여러분을 정죄할 것입니다. 여러분은 머지않아 죽게 될 것이고, 여러분이 죽을 때 주께서 여러분을 마귀와 그의 사자들을 위하여 예비해 두신 장소로 여러분을 던지실 것입니다. 속지 마십시오. 여러분과 사망의 사이는 단지 한 걸음에 지나지 않을 수도 있습니다. 혹 여러분의 목숨이 잠시 동안 유지된다고 해도, 여전히 그것은 신속히 끝나게 될 것입니다. 영원! 영원! 만약 여러분이 준비되지 못한 상태에서 영원 속으로 떨어진다면, 그리스도의 의에 호소할 수도 없고, 여러분의 죄지은 영혼을 씻을 피도 없이, 진노의 재판장을 대면하는 것이 얼마나 무서운 일이 되겠습니까! 여러분 중의 일부는 멸망의 입구에 서 있습니다. 복음이 여러분에게 전파되었지만 여러분은 그것을 무시해 왔습니다. 여러분은 경건한 부모에 의해 양육을 받았으면서도, 그들의 훈계를 멸시해 왔습니다. 그러므로 진노가 여러분에게 임할 것입니다. 사는 날 동안에 여러분은 여호와의 임재로부터 소망이 없는 곳으로 쫓겨날 것입니다. 그곳에서는 자비가 여러분을 찾지 않을 것입니다. 우리는 이 양각 나팔을 불어야 합니다. 우리는 하나님께서 여러분을 향한 우리의 경고에 복을 주시길 기도할 뿐입니다.

양각 나팔 뒤로 언약궤가 따라옵니다. 제사장들은 그것을 메고 성을 돌아야 합니다. 언약궤는 그리스도의 예표(type)입니다. 우리는 그리스도께서 회심하지 않은 여러분 앞에 오시기를 간구합니다. 예수 그리스도는 잃어버린 자를 찾아 구원하기 위해 이 땅에 오셨습니다. 하나님께서 우리를 대신하여 그분을 징계하셨습니다. 그분이 자기 백성의 죄를 짊어지셨고, 따라서 하나님이 우리의 죄로 인해 우리를 벌하시는 대신 그분을 벌하셨습니다. 그리스도는 속죄의 위대한 대리자이십니다. 만일 그분을 믿는다면 여러분은 살 것입니다. 여러분이 그분을 오늘 여러분의 구주로 영접한다면, 그리고 여러분의 선생과 주님(Master and Lord)으로 모신다면, 여러분은 멸망하지 않을 것입니다. 그를 믿는 자는 구원을 얻으리라고 하나님께서 친히 말씀으로 맹세하셨기 때문입니다.

오, 여러분이 그리스도를 바라보고 살기를 바랍니다! 여러분의 선행은 아무것도 아닙니다. 여러분의 눈물과 기도는 아무런 공로가 되지 못합니다. 여러분은 오직 저기 십자가에 달리신 예수님을 바라보아야 살 수 있습니다. 만일 여러분이 지금 영원하신 아버지 우편에서 영광의 면류관을 쓰고 계신 그분을 믿고 의지한다면, 하늘의 높은 보좌가 결코 흔들리지 않듯이 여러분의 영혼도 멸망하지 않을 것입니다. 예수님을 믿기만 하십시오. 그러면 살 것입니다. 이것이 복음이기 때문입니다. "믿고 세례를 받는 사람은 구원을 얻을 것이요 믿지 않는 사람은 정죄를 받으리라"(막 16:16). 우리는 여러분에게 점잔빼고 말하려고 애쓰지 않습니다. 여러분이 그리스도를 믿지 않으면 정죄를 받을 것이고, 그분 앞에 나아와서 그분을 의지하면 결코 정죄를 받지 않을 것입니다. "그의 아들에게 입맞추라, 그렇지 아니하면 진노하심으로 너희가 길에서 망하리니 그의 진노가 급하심이라"(시 2:12).

그 밤의 광경을 상상해 보십시오. 그 밤에 여러분이 침상에 누워 있을 때, 별안간 여러분의 방에서 칼을 빼어 손에 들고 서 있는 그분을 봅니다! 여러분은 "당신은 우리를 위합니까, 우리의 적들을 위합니까?"라고 물어볼 필요도 없을 것입니다. 여러분의 양심이 곧장 여러분에게 그것을 알려줄 것이기 때문입니다. 여러분이 이 엄숙한 선포의 음성을 듣는다고 상상해 보십시오. "추수할 때가 지나고 여름이 다 하였으나 너는 구원을 얻지 못한다"(참조. 렘 8:20). "내가 불렀으나 너희가 듣기 싫어하였고 내가 손을 폈으나 돌아보는 자가 없었고 … 너희가 재앙을 만날 때에 내가 웃을 것이며 너희에게 두려움이 임할 때에 내가 비웃으리라"(잠 1:24,26). 그 칼이 들리어 막 여러분을 치려는 것을 볼 때, 여러분은 꿈에서라도 놀라지 않겠습니까? 여러분의 얼굴은 식은땀으로 뒤덮이고, 여러분은 말로 표현할 수 없는 공포를 느끼지 않겠습니까?

하지만 오늘 여러분의 처지가 꼭 그러합니다. 여러분이 회개하지 않으면 당신의 처지는 영원히 그렇게 될 것입니다. 하나님께 감사하는 것은, 지금 우리 주 예수님께서 손에 칼을 빼어 들고 계시지 않다는 것입니다. 오히려 그분은 펼친 손으로 여러분에게 다가오시며 말씀하십니다. "수고하고 무거운 짐 진 자들아 다 내게로 오라 내가 너희를 쉬게 하리라"(마 11:28). 그분은 눈물로써 여러분을 오라고 초청하시며, 여러분을 오라고 재촉하십니다. 오, 왜 여러분은 지체하는 것입니까? 왜 여러분은 여러분에게 주어진 자비를 외면하고, 스스로 죽음의 문서에 도장을 찍는 것입니까? 하나님께서는 여러분이 예수께 올 수 있도록 허락하십니다. 그분이 날카로운 파멸의 칼을 손에 잡으시기 전에 말입니다.

　　마지막으로, 형제들이여, 우리는 경고의 양각 나팔을 울리고, 그리스도의 은혜의 언약궤를 지고서 죄인의 양심 주위를 돌아야 할 뿐만 아니라, 모든 군대가 그 일에 참여해야 합니다. 그 백성 전체가 성읍을 둘러싸는 것을 주목해 보십시오! 그 성은 다른 방법으로는 함락되지 않습니다. 그들은 또한 마지막에는 소리쳐야 합니다. 내 동료 지체들이여, 나는 여러분이 그리스도를 위하여 영혼들을 얻는 우리의 진지한 노력에 동참하기를 바랍니다. 나에게는 그렇게 요구할 권리가 있습니다. 그러므로 이제 나는 여러분에게 그 일을 수행하라고 호소합니다. 여러분은 주님의 피로 사신 바 되었다고 하며, 또한 그분의 제자들이라고 고백합니다. 나는 여러분 모두에게 요청합니다. 여러분의 고백이 진실한 것이라면, 와서 우리와 함께 이 여리고 주변을 돌도록 합시다. 여러분 모두가 그렇게 해야 합니다. 만일 여러분 모두가 공적인 기도 모임에 올 수 없으면, 여러분의 마음이라도 보내십시오. 죄인들을 위해 기도하고, 회심하지 않은 자들을 위해서 간구하십시오. 저 영원한 지도자(the eternal Leader)께서 그들의 회심을 위해 그분의 크신 능력을 사용하기를 기뻐하실 때까지 그분으로 쉬지 못하도록 하십시오.

　　지금 이 시간, 나는 교회의 지체된 여러분에게 무릎이라도 꿇고 모이라고 호소하고 싶습니다. 만일 여러분이 하나님 안에서 내게 회심의 빚을 지고 있다면 ─실제로 여러분 중에 많은 이들이 그럴 것입니다 ─ 여러분이 느끼는 자녀로서의 연대감으로써 나를 버리지 말라고 여러분에게 호소합니다. 만일 여러분이 위로를 누려왔다면 ─ 여러분 중에 많은 이들이 그럴 것이라고 나는 알고 있습니다 ─ 내가 여러분의 영혼을 향하여 하나님의 음성이 된 적이 있다면, 여러분에게 간청하건대 내게로 돌아와서 하나님을 가까이 하고, 다른 사람들의 영혼을 위한 기도에 동참하시길 바랍니다. 여러분의 자녀들의 영혼을 위하여 열심을 내십시오. 여러분의 하인들과, 여러분의 친척들과, 여러분의 이웃들의 영혼을 위하여 눈물로써 하나님과 씨름하십시오. 만일 여러분이 그렇게 하지 않는다면, 나는 여러분이 우리와 함께 하지 않는 자라고 말하고 싶습니다. 여러분이 기도하지 않을 것이라면, 여러분이 우리의 공동 기도에 참여하지 않을 것이라면, 왜 우리를 방해만 한단 말입니까? 오 메로스(Meroz, 참조. 삿 5:23, 시스라에 대한 여호와의 싸움에 참가하지 않았다는 이유로 저주받은 성읍과 그 주민 ─ 역주)여, 그대는 주님을 돕기 위해 오지 않음으로써, 강한 자와 맞서는 주님을 돕기 위해 오지 않음으로써 저주를 당하지 않도록 주의하라! 하지만 여러분은 올 것입니다. 하나님이 우리와 함께 하실 것이며, 그분이 우리 가운데에서 눈부신 오른팔을 펼쳐 우리에게 보이실 것입니다. 찬송이 영원무궁토록 그분께 있을 것입니다!

제
7
장

—

여리고의 함락

—

"여호와께서 여호수아에게 이르시되 보라 내가 여리고와 그
왕과 용사들을 네 손에 넘겨 주었으니, 너희 모든 군사는 그
성을 둘러 성 주위를 매일 한 번씩 돌되 엿새 동안을 그리하
라." ― 수 6:2-3

이곳에는 목회에 종사하는 많은 형제들이 있습니다. 나는 마르틴 루터의 본
을 따라야겠다고 생각합니다. 그는 비텐베르크(Wittenberg)의 교회에 수많은 박
식한 학자들이 자주 참석하는 것을 보았습니다. 그들 중에는 대개 유스투스 요
나스(Justus Jonas) 박사도 앉아 있었습니다. 루터는 그들에 대해서 말하기를, 그
들이 그 자신보다 훨씬 더 훌륭하고 지혜롭다고 한 적이 있습니다. "하지만", 루
터는 말했습니다, "나는 그것 때문에 내 설교 스타일을 바꾸지 않습니다. 나는
그들에게 설교하는 것이 아니라, 시골에서 온 농부들과 비텐베르크의 시민들에
게 설교하며, 그들이 내 설교를 이해한다면 그것으로 나는 만족합니다. 유스투
스 박사와 다른 학식 있는 신학자들 역시, 그들이 원하기만 하면, 내 말을 이해할
수 있을 것입니다." 더 나아가 나는 웨슬리 씨가 그의 동료 설교자들에게 권면했
던 말을 채택하려고 하는데, 그 권면이란, '낮은 데를 겨누라'입니다. 그는 말합
니다. "여러분이 높은 곳을 겨냥하여 쏠 데보다 사람들을 맞힐 수 있는 가능성이
더욱 클 것입니다." 내가 솔직하게 고백할 수 있는 것은, 나는 부득이하게 그 교
훈을 수용한다는 것입니다. 나에게는 '높은 곳을 겨냥하여 쏘는' 재능이 없으니,

낮은 곳을 겨냥하는 수밖에 없기 때문입니다. 이제 우리는 이 본문을 가지고서, 할 수 있는 대로, 우리 선교회(Society)의 현재적인 상황에 적용할 만한 무언가를 끌어내려고 시도할 것입니다. 또한 장차 하나님의 선한 일에 행함에 있어서, 우리를 격려하고, 고무하고, 힘을 북돋워 주는 말씀과 생각을 끌어내려고 시도할 것입니다.

아일랜드 선교회(Irish Society)는 로마 가톨릭의 성채들 중의 하나와 관련이 있습니다. 우리의 노력 및 활동, 이스라엘이 여리고 성읍에 맞서 행해야 하는 일 사이에는 매우 명백한 유사성이 있다는 생각이 듭니다. 여리고는 강력한 방어벽을 갖춘 성읍이고 또한 굳게 닫혀 있기 때문에, 누구도 들어가거나 나올 수 없습니다. 로마 가톨릭은 놀라울 정도로 이런 일을 구축해온 것 같습니다. 그들은 그 제자들을 차단하여 다른 사람들과 좀처럼 접근할 수 없게 하였고, 따라서 로마 가톨릭에서 개종하는 자들은 극히 드뭅니다. 우리들 중에서 그곳으로 들어갔다가 다시 밖으로 나오는 사람들은 정말이지 극소수이며, 거의 없다고도 말할 수 있을 것입니다. 여리고는 국경지대의 도시입니다. 그것이 함락되면 가나안의 나머지 지역의 정복은 상대적으로 쉬울 것입니다. 교황 제도는 국경지대의 성읍과 아주 흡사하며, 우리가 싸워야 할 여리고입니다. 그것은 세계 복음화의 길을 가로막고 있습니다. 그것은 우리 주 예수 그리스도의 왕국의 확산에 큰 장애입니다. 여리고를 무너지게 하면, 가나안은 슬피 울며 부르짖을 것입니다. 그들의 최후의 날이 다가왔기 때문입니다. 로마를 굴복시키면, 로마 가톨릭을 정복하면, 세계는 곧 그들이 한때 멸시했던 예수님의 발 아래 엎드리게 될 것입니다. 나는 우리가 아일랜드 선교회에서, 진정한 여리고를 공격하고 있다고 생각합니다. 우리는 그것을 오랫동안 염원해 왔지만, 한편으로 그것은 아주 지치게 하는 임무였습니다. 형제들은 이따금씩 "그 일을 그만둡시다"라고 소리치고 싶은 심정이었습니다. 나는 이 한 주간의 첫째 날과, 둘째 날과, 셋째 날과, 넷째 날과, 다섯째 날과, 그리고 여섯째 날에도 이 형제들을 향해 소리치고 싶습니다. "용기를 내십시오, 양각 나팔을 잡고서 계속해서 나아가십시오. 여러분의 증언을 지속하십시오. 주님의 언약궤를 메고 이 도시를 도십시오. 주께서 그것을 여러분의 손에 붙이실 것입니다. 순종하고, 담대하며, 그분의 때를 기다리십시오. 여러분의 승리는 너무나 확실합니다!"

나는 오늘 저녁에 말해야 할 것을 세 부분으로 나누려 합니다. 이 본문의 이야기는 하나님께서 그분의 백성들이 일하고, 기다리고, 승리하기를 원하신다는 것을 우리에게 가르쳐 준다고 생각합니다. 옛적에 이스라엘 백성들이 그랬듯이, 바로 이것이 오늘날 우리가 행해야 하는 일입니다.

1. 하나님께서는 자기 백성들이 일하기를 원하신다.

무엇보다 하나님께서는 그분의 백성들이 일하기를 원하십니다. 이 점에 대해 숙고해 봅시다. 우리는 은혜의 교리들을 전합니다. 하지만 은혜의 교리들은 선행(good works)이 자라는 최상의 토양이기도 합니다. 우리는 행위가 사람을 살게 하지는 못한다고 날마다 주장합니다. 하지만 우리는 영적인 생명은 지속적으로 거룩한 행위들로써 스스로를 입증한다고 동일하게 주장합니다. 하나님의 군대의 병사들은, 요단을 건넌 후에, 여리고의 성벽이 천천히 무너져 내릴 때까지 방탕한 안일 속에 가만히 누워 있기만 해서는 안 됩니다. 하나님께서 여리고를 갑작스럽게 파멸하기로 작정하셨다고 해도, 그분의 백성들은 근처의 야산에 가만히 앉아서 그런 큰 사건을 기대만 해서는 안 됩니다. 그들은 수고해야 하며, 여리고는 그들의 수고의 결과로 무너지게 되어 있습니다. 그들의 일이란 매일의 행진입니다. 그들은 행렬을 이루어 성벽 주위를 돌아야 했습니다. 제사장들은 자기들의 직무를 수행해야 했습니다. 언약궤가 사람들의 어깨 위에 메어져 이동해야 했습니다. 전사들이 언약궤를 수호해야 했습니다. 앞에서 길을 트고 뒤에서 따름으로써, 그 성읍으로부터의 갑작스런 공격이나 돌격에 대비하여 언약궤를 보호해야 했습니다. 그들은 이런 식으로 육일 동안을 행진해야 했습니다. 단하루도 그 행진을 멈추어서는 안 되며, 단 하루라도 저 위대하신 군대 대장의 명령에 불순종해서는 안 되었습니다. 형제들이여, 우리도 그렇게 해야 합니다. 우리는 그리스도를 위해 세계를 얻어야 합니다. 이것이 우리의 높은 야망입니다. 이 일은 그리스도의 이름으로 우리의 위대한 성취가 될 것입니다. 하지만 그것은 일로써(by work), 증언으로써, 복음의 전파로써, 지속적인 기도로써, 성읍의 포위로써, 하나님께 대한 지속적인 섬김으로써, 그리고 순종의 길을 걸음으로써 이루어지는 것입니다.

이러한 일을 본문의 이야기와 관련하여 좀 더 살펴보도록 합시다. 이스라엘 백성이 수행할 일은 **총체적인** 것이었습니다. 각 사람이 차지해야 할 위치가 있습니다. 군사들은 성을 돌아야 했습니다. 그들과 더불어 제사장들 역시 행진해야 했습니다. 성직의 직분과 군사적 직분 모두가 여기에 나타나 있습니다. 그들 중 어느 한 쪽도 가만히 앉아 있을 수 없습니다. 우리 중에서 몇몇 소수의 사람들이 주님의 싸움을 싸워야 하고 나머지 사람들은 그것을 바라보면서 비평하거나 갈채를 보내는 것으로 생각한다면, 그것은 하나님의 교회를 위해 불행한 일입니다.

내 형제들이여, 여러분 모두가 하나님을 섬기도록 부름을 받았습니다. 여러분은 이것을 신조에서 인정하고 있습니다. 여러분은 스스로를 제사장들로 알고 있습니다. 여러분은 어떤 이들이 제사장직에 대해 치켜세우고, 나머지 사람들을 마치 돌들보다 나을 것이 없는 "평신도들(the laity)"이라고 깔보는 거짓말을 미워합니다. 여러분은 여러분이 여호와의 기구들을 메도록 부름을 받았다고 느끼며, "왕 같은 제사장들이요 그의 소유가 된 백성"(벧전 2:9)이며, 하나님을 섬기기 위해 모두가 구별되었다고 느낍니다. 하지만 이것이 우리의 신조이지만, 그것이 우리의 실천이 되지 못하는 것이 나는 염려스럽습니다. 교회 신도석에 그들이 차지하는 자리가 얼마나 많습니까? 그들은 일단 편안하다고 느끼면, 그들의 일이란 그저 설교를 듣고, 아마도 주머니를 뒤적거려 선교회를 위해 연보할 동전 하나를 찾는 것이 전부라고 생각합니다. 이따금씩, 아주 이따금씩은 어떤 요긴한 활동을 지원하는 경우도 있긴 하지만, 이런 일은 매우 드문 예외일 뿐입니다. 교회의 모든 지체들 각 사람이 자신의 책무를 깨달을 때까지, 교회가 힘차고 강력해지는 것을 우리는 볼 수 없을 것입니다. 우리 모두가 이 성읍을 둘러싸야 합니다. 우리 주님께서 무리들을 먹이실 때에, 그분이 다섯 보리떡 중의 일부, 혹은 두 마리 물고기 중에서 하나만을 취하시지 않았다는 것에 주목하십시오. 주님은 비록 보리떡에 불과하였지만 그 떡 전부를 취하셨고, 작은 물고기들에 불과하였지만 그 물고기 두 마리 모두를 취하셨습니다. 그리고 주님은 그 모든 것을 조심스럽게 떼어 그곳에 있던 사람들 모두에게 나누어 주셨습니다. 그 어떤 것도 따로 식료품실에 저장하지 않으셨고, 아무것도 보관해 두지 않으셨으며, 모든 것을 쓰셨습니다. 그런 후에, 하나님의 능력으로 그 양식은 충분할 정도로 증대되었습니다. 그러므로 우리도 식료품 저장소를 샅샅이 뒤져야 합니다. 우리는 보리떡들을 가져와야 하고, 물고기들을 내어놓아야 하며, 주님의 목적을 위해 모든 것이 바쳐져야 합니다. 그렇게 사용될 때 재능은 증대될 것이며, 활용될 때에 은혜는 커질 것이고, 비로소 우리는 세상의 필요를 충분히 채울 수 있을 것입니다.

　　조금만 생각해 보고 계산해 보면 이런 말을 할 수가 있습니다. 즉 하나님께서 이 거대한 도시의 그리스도인들로 하여금 그들의 책임을 느끼게 하시고, 또한 그리스도인 개개인이 모두 다른 사람의 회심을 위한 수단이 된다면, 런던의 오천 명의 그리스도인들로 시작한다고 해도 — 신앙을 고백하는 큰 무리 중에서 신자들의 수를 그 정도의 비율로 잡은 것은 적게 잡은 것입니다 — 런던에 있는 수백만의 영혼들 전체가 회심하는 데에 육년이면 충분할 것입니다. 제자 한 사람이 잃어버린 양 하나를 데려오는 단순한 역할을 수행함으로써 그렇게 될 수 있습니다. 이는 불가능한 일로 보이지 않습니다. 위로부터의 은혜만 있다면 그렇게 될 수 있습니다. 우리는 하나님께 은혜를 주시도록 간구해야 합니다. 각 사람의 수고에 은혜가 임할 때, 분명 시간의 문제에서나 행동의 문제에서 장애물은 없을 것입니다. 하나님의 은혜가 있다면, 한 영혼의 회심은 우리의 생업을 포기하도록 요구하거나, 우리로 하여금 모든 시간을 희생하도록 강요하는 문제가 아니기 때문입니다. 하나님의 은혜의 힘으로, 약 오 분 정도의 시간이나 몇 마디의 말로도 충분할 것입니다. 내 형제들이여, 용기를 내십시오. 그 일은 거대하지만, 우리가 하나님의 은혜와 함께 나아간다면 그 일은 신속히 이루어질 것입니다.

　　일전에 경찰이 통보하기를, 땅에 눈이 쌓였을 때는 각 개인이 자기 문 앞을 쓸도록 하였습니다. 행인들이 진흙과 눈이 뒤섞인 보도(步道)에서 곤란을 겪지 않도록 하려면, 그런 조치가 필요했습니다. 다른 방식으로 런던의 거리들을 치우려면 얼마나 많은 비용이 들까요? 만일 한 사람의 청부업자가 그 일을 수행한다면 일 년이 지나도 힘들 것입니다. 얼마나 많은 날 동안 그 일을 해야 할지 가늠할 수가 없습니다. 그런 일을 위해 군인들이 상시 대기하고 있을 수도 없습니다. 그런 이상한 일은 어떨 때는 일 년에 한 차례일 뿐이지만, 어떨 때는 오십 차례나 발생하기 때문입니다. 하지만 각 사람이 자기 집 문 앞을 쓴다면, 아침 일찍 그 일이 끝날 것이고, 여러분은 편안히 거리를 걸을 수 있습니다. 오, 우리가 우리 자신의 문 앞을 쓸어야 한다고 느낄 수 있기를 바랍니다! 오, 모든 사람이 예루살렘의 허물어진 성벽 중에서 자기 앞에 있는 부분을 세울 수 있기를 바랍니다! 그 일이 이루어질 때 하나님께서 그분의 군대에 승리를 주실 것입니다. 하지만 그때까지는 승리가 오지 않을 것이기에 나는 걱정입니다. 하나님의 백성 전체가 일하게 되기를 바랍니다.

다음으로, 하나님은 자기 백성들이 그분이 정하신 방식으로 일하기를 원하십니다. 그들은 기어올라 성으로 들어가서도 안 되고, 소년들이 뜀박질하듯이 성을 돌아서도 안 됩니다. 무장한 자들이 앞서 행진하고, 제사장들은 열을 맞추어 걸어야 하며, 용사들이 맨 뒤에 따라야 했습니다. 하나님께서는 그 백성들이 자신이 친히 계시하신 방식을 따라 일하기를 원하십니다. 우리는 이 점에서 매우 민감해야 하며 방심하지 말아야 합니다. 우리 선교회(Missions) 조직 변경에 대한 의견이 어떠하든지, 나는 우리 모두가 함께 모였을 때 하나님의 권위를 인식할 것이라고 믿습니다. 또한 우리가 그분이 지정해주신 길을 따라 행할 때에, 비로소 우리는 그분의 인도하심과 도우심과 은총을 기대할 수 있다고 느낍니다. 만약 내가 여행을 한다면, 그리고 만약 내가 내 친구가 지도에 상세하게 표시해둔 표지를 따라 가지 않는다면, 나로서는 그가 내게 장담했던 특정한 광경들을 볼 것이라고 기대할 수가 없습니다. 내가 지도에 표기된 특정한 지점에 오르고, 그곳에서 얼음벽과 햇살에 반짝이는 눈 덮인 정상을 바라보기를 거부한다면, 나는 알프스의 장엄한 광경을 볼 것을 기대할 수 없습니다. 또한 나는 내 목회 사역에서와 주일학교 반에서, "기록된 말씀"을 따르지 않는다면 하나님의 축복을 기대할 수 없습니다. 그릇된 길로 가지 않으려면, 나는 모든 면에서 민감한 양심을 가져야 하고 방심하지 말아야 합니다. 하물며 교회 전체가 관련된 더 큰 일을 수행함에 있어서 얼마나 더 민감하고 경성해야 하겠습니까! 내 형제들과 자매들이여, 우리가 하나님의 명령을 따라 여리고 성을 도는지 살피도록 합시다. 오직 그렇게 할 때에 우리는 그 성벽이 무너지는 것을 보리라고 기대할 수 있습니다.

또한, 그들이 매일 그 성을 돌았다는 것을 기억하십시오. 마찬가지로 하나님은 그분의 교회가 매일 일하도록 부르십니다. 한순간 흥분하여 큰일을 성취하기란 매우 쉽습니다. 내가 염려하는 것은, 요즈음 기독교 활동의 대부분이 오래가지 않는다는 것입니다. 우리는 일련의 일시적 흥분으로 예배당을 건축하고, 엄청난 노력으로 선교회의 채무를 지불하고는, 다시 채무와 어려움 속으로 빠져듭니다. 내가 유감으로 여기는 것은, 하나의 교단으로서, 우리는 과도하게 열심히 일하는 것을 좋아하지 않는 것입니다. 우리는 우리 자신과, 시간과, 돈의 가치를 알고 있으며, 전력을 기울임으로써 우리 자신을 소모하지 않으려는 경향이 있습니다. 나는 우리가 뮌스터의 불행했던 시대(1534년 뮌스터가 로마 가톨릭에 의해 포위

되고 진압된 사건을 지칭함 — 역주) 이후로, 과도한 열심 때문에 비난받은 시기가 단한 번도 없었다고 믿습니다. 우리는 마귀와 싸우는 실제적인 일에 매진하거나, 사랑의 열심을 가지고 세상을 얻어 그리스도께 바치는 일에 몰두하기보다는, 오히려 다른 점들에 관해 다투느라고 비난을 받아왔습니다. 하지만 우리는 이 점에 주목해야 합니다. 만일 우리가 세상을 정복하려면 우리 각 사람이 매일 일하고, 하나님이 주시는 은혜로 그 일을 지속해야 한다는 것입니다. 바퀴는 계속해서 돌고 또 돌아야 합니다. 건강을 증진시키는 것은 근면하고도 지속적인 활동입니다. 영적인 승리를 얻으려면 중단 없는 열정과 힘을 기울여야 합니다. 우리는 날카롭게 칼을 갈았고, 그것을 잘 시험해 보았습니다. 우리 중의 젊은이들이 적과 사소한 마찰이 있었고, 그래서 우리는 침착한 어른들처럼 조용히 있어야한다고 생각하기 시작했습니다. 하지만 그래서는 안 됩니다. 우리는 진리를 위해 분발해야 합니다. 우리가 귀하게 여기는 모든 교리들을 위해, 하나의 교단으로서 우리가 주장하는 특정한 진리들을 위해 분발해야 합니다. 우리는 계속해서 그리스도를 위해 싸워야 하며, 매일 그리스도를 위해 싸워야 합니다. 우리는 갑옷을 입은 채로 잠을 자야 하고, 칼이 우리 손에 꼭 붙어서 떨어질 수 없는 것처럼 느껴져야 합니다. 우리는 하나님께서 우리를 부르신 그 일에 전적으로 우리 자신을 드려야 합니다. 그리하여 우리가 어디에 있든지, 무슨 일에 종사하든지, 사람들이 우리의 일과 부르심이 무엇인지를 알게 해야 합니다. 이 아일랜드 선교회(Irish Society)가 가만히 서 있기만 해서는 안 됩니다. 나팔소리의 중단이나, 물러섬이 있어서도 안 됩니다. 증언은 지속되어야 합니다. 복음의 증언은 중단 없이 지속되어야 합니다. 우리는 전하고, 가르치고, 기도하고, 일하고, 살아야 하며, 그리고 필요하다면, 이 여리고가 무너질 때까지 매일 죽어야 합니다.

이 본문이 우리에게 제공하는 은유들은 무궁무진하며, 우리는 하나님께서 자기 백성들이 **믿음으로** 일하기를 원하셨다고 말할 수도 있습니다. 바울은 "믿음으로 여리고를 도니 성이 무너졌으며"라고 말합니다(히 11:30). 첫 번째 사람이 한 걸음씩 앞으로 나아갈 때, 제사장들을 포함하여 나머지 모든 사람들이, 여리고라는 철옹성을 무너뜨리기 위해 최상의 일을 하고 있다고 확신하면서 그 뒤를 따랐던 장면은 굉장했을 것이라고 생각합니다. 어리석은 사람은 이렇게 말했을 것입니다. "당신들은 아무것도 하고 있지 않습니다. 당신들은 성벽의 돌 하나도 해체하고 있지 않습니다." 오일이나 육일 째 되는 날에는 적지 않은 사람들이 이런 생각을 했을 것이라고 나는 추측해 봅니다. "이 모든 것이 무슨 소용이람?" 하지만 적어도 성을 돌았던 그들 대부분은 믿음의 사람들이었습니다. 그렇지 않았다면 "믿음으로 여리고를 도니 성이 무너졌다"고 말할 수 없었을 것입니다. 그들은 이렇게 말한 것으로 보입니다. "예, 성은 무너질 것입니다. 성은 무너질 것입니다. 그것은 마치 바위처럼 서 있고, 요동도 하지 않고, 대들보가 빠진 것도 없고, 줄이 풀어진 부분도 없으며, 무너진 집이나 천막이 하나도 없고, 그 성벽에서 돌덩이 하나도 굴러 떨어지지 않았습니다. 하지만 결국 성은 무너질 것입니다." 그들은 꾸준히 계속해서 걸었습니다. 비록 그 길에서 시신들이 쓰러진 것을 본 적도 없고, 그들의 팔이 붉은 피로 물들지도 않았으며, 날카로운 비명 소리나 승리의 외침 소리도 듣지 못했지만, 그들은 마치 실제로 성벽이 흔들리고, 먼지와 연기가 하늘로 올라가며, 살육당하는 비명 소리들이 귀에 가득할 때와 마찬가지로 확신에 차 있었습니다.

우리는 이 도시를 충만한 믿음으로 포위해야 합니다. 형제들이여, 복음의 전파가 능력입니까? 만일 여러분이 그렇게 생각하지 않는다면, 다시는 그 일을 시도하지 마십시오. 복음이 구원의 능력입니까? 복음이 승리를 가져다줄까요? 만일 여러분이 그에 대해 의심이 있다면, 조용히 뒷걸음쳐서 겁쟁이처럼 쉬고 있으십시오. 하지만 하나님이 보내신 사람은 결코 의심하지 않습니다. 비록 여러분이 지금까지 어떤 성공을 거두지 못했어도, 여러분의 희년 나팔은 지극히 작고, 큰 소리로 양각 나팔을 불 수 없었다고 해도, 계속해서 나아가십시오. 여러분이 외칠 때는 아직 오지 않았습니다. 하지만 지금은 여러분이 이 도시를 둘러싸고 있어야 할 때입니다. 계속해서 진행하십시오. 결국에는 하나님께서 승리를 얻게 하실 것입니다.

일의 관점에서 한 가지 더 주목할 점은, 그들이 인내와 용기를 가지고 일했다는 것입니다. 하나님께서 이 백성들로 하여금 어려움이 있는 중에 수고하도록 하셨습니다. 그들은 성을 포위하고 있었고, 행진하고 있었습니다. 하지만 저 가공할 만한 여리고의 성벽이 항상 그들 목전에 있습니다. 정녕 이 성벽은 그들의 눈과 뇌에 사진으로 찍은 듯이 각인되어 있었을 것입니다. 한 사람이 말합니다. "나는 그 성벽의 모든 돌을 알 정도이다. 나는 여섯 번 그 성을 돌았다, 아니, 이미 열두 번이나 돌았지만 성벽은 흔들리지도 않는다. 열두 번씩! 일곱은 완전수이건만, 우리는 이미 그 수를 넘어섰다. 하지만 여전히 성벽은 요동조차 않는구나.” “그 성채를 잘 관찰하고 그 망루를 유의하십시오.” 이렇게 말하는 이들은 여리고를 실질적으로 측량한 자들이었습니다. 그들은 그 성벽이 얼마나 단단한지, 성 모퉁이의 거대한 돌이 얼마나 두꺼운지, 그 높은 성채가 얼마나 하늘의 별 가까이로 솟아올랐는지를 잘 이해할 수 있었습니다. 그들 앞에는 언제나 어려움이 있었습니다. 하지만 그들은 단순한 믿음으로 계속 나아갔으며, 그 성을 돌았습니다.

때때로 우리는 어려움에 대해 눈을 감는 습관이 있습니다. 그래서는 소용이 없지요. 믿음은 바보가 아니며, 믿음은 어려움에 대해 눈을 감지 않으며, 맹목적으로 벽돌담을 향해 돌진하지 않습니다. 결코 그렇게 하지 않습니다. 믿음은 어려움을 직시합니다. 그 모든 것을 조사하고, 그런 후에 이렇게 말합니다. “내 하나님을 의지하고 담을 뛰어넘나이다”(시 18:29). 그리고 그 담을 뛰어넘습니다. 믿음은 자기 입맛에 따라 “시대의 징조들”에 대해 과장된 설명을 하지 않으며, 가만히 앉아서, 명백히 여론이 변하고 있다고 말하지도 않습니다. 믿음은 수다쟁이 부인(Mistress Gossip)이 중요하다고 말하는 여론의 기류(氣流)를 의지하지 않습니다. 믿음이 그것을 주시하기는 하지만, 어떻게 나쁜 소식이 들려오는지에 대해서는 신경을 쓰지 않습니다. 설혹 누군가 어려움을 과장하여도, 믿음은 어느 유명한 전사와도 같은 고귀한 정신을 유지합니다. 그 전사는 적병들의 수가 수천이나 된다는 말을 들었을 때 이렇게 대꾸했습니다. “죽어야 할 자들의 수가 그만큼 더 많아졌군.” 믿음도 그런 식으로 생각합니다. “어려움들이 많은 만큼, 극복해야 할 일들도 많아졌군.” 심지어 불가능하게 보이는 일들도, 믿음에게는 그만큼의 부담으로 여겨질 뿐이며, 결코 불가능한 것들이 아닙니다. 믿음은 여리고의 성벽을 눈앞에 두고 보았습니다. 사랑하는 친구들이여, 나는 우리가 아일랜드를 복음으로 변화시키려 애쓰는 우리의 일들이 전적으로 가망이 없어 보인다는 것을 좀 더 생생하게 볼 수 있기를 바랍니다. 그런 임무는 전에는 결코 이루어진 적이 없습니다. 내가 생각하기에, 결코 전망이 밝다고 할 수 없습니다. 나는 여러분이, 마치 정탐꾼들처럼, 그 일이 거의 가능성의 범주를 넘어서는 일이며, 있을 수 있는 일의 범위를 넘어서는 일이라고 인식하게 되기를 바랍니다. 그리고 여러분이 그렇게 인식하는 지점에 이르렀을 때에, 이 음성을 듣기를 바랍니다. “그 성을 칠 일 동안 포위하고 돌라!” 명백한 어려움들에도 불구하고, 용기를 가지고 앞으로, 또 앞으로 나아가는 것입니다! 하나님께서 여러분이 아무것도 아닌 것을 가르치시고, 또한 승리가 주어진다 해도 그것은 전적으로 그분의 승리이며, 하나님의 전능과 주권이 면류관을 써야 한다고 여러분으로 느끼게 하실 때에, 그분이 저 오래된 바위 요새를 흔들리게 하실 것이라고 나는 말합니다. 그 때 저 일곱 언덕들의 음녀(로마 교황)는 이스라엘이 소리치던 날을 한탄할 것이며, 그 음녀의 아들들이 죽을 때에 하나님께서 승리하여 영광을 얻으실 것입니다. 하지만 하나님께서는 자기 백성이 일하기를 원하십니다. 그것이 첫 번째 요점입니다. 우리는 그것에 동의하니, 연합하여 그 일을 수행하도록 합시다.

어떤 사람이 예배당 밖으로 나왔을 때 이렇게 말했습니다. "설교는 끝나지 않았다. 설교 말씀은 끝났지만, 그 말씀의 실행이 끝난 것은 아니다." 그처럼 나는 이 첫 번째 대지를 이런 말로 끝내고 싶습니다. "그것은 끝나지 않았으며, 말해졌을 뿐이다." 나는 하나님께서 자기 백성이 일하기를 원하신다고 말했으니, 나가서 일하도록 합시다. 오늘 밤에 시작하도록 합시다. 설혹 지금까지는 게을렀다고 해도, "두 짐 사이에 구부리고 앉아 있는 건장한 나귀 같은 잇사갈"(참조. 창 49:14 KJV, 한글개역개정은 "잇사갈은 우리 사이에 꿇어앉은 건장한 나귀로다"로 되어 있음 — 역주)처럼 지내왔다고 해도, 잇사갈 선생이여, 당장 일어나서 당신의 짐을 지시오! 혹 이곳에 이런 식으로 말해온 형제가 있습니까? "하나님은 자기 소유의 백성을 취하실 것입니다." 그런 사람은 자신이 하나님의 소유된 백성인지 주의해야 합니다. 하나님의 백성은 결코 그런 식으로 말하지 않기 때문입니다. 하나님의 목적을 인간의 무관심에 대한 변명의 차원에서 말하지 마십시오. 그런 생각을 떨쳐 버려야 합니다. 심판대 앞에서 그런 변명을 내세울 수 없으며, 그렇게 말하는 사람도 그럴 수 없다는 것을 알고 있을 것입니다. 그러니 그런 주장을 여기서 허용하지 말아야 합니다. 우리는 하나님을 위해 힘써 일해야 합니다. 주일학교에서 수고하는 분, 설교자로서 수고하는 분, 지역 교구에서 일하는 분, 이곳 잉글랜드에서와, 해외에서와, 아일랜드에서 일하는 내 형제들인 여러분이여, 계속해서 그 성읍을 포위하고 일곱 번 도십시오.

2. 하나님은 자기 백성들이 기다리기를 원하신다.

이제 두 번째로, 하나님께서는 자기 백성들이 기다리기를 원하신다는 점을 숙고하고자 합니다.

지체는 이스라엘 백성들의 믿음과 인내를 아플 정도로 연단했음이 틀림없습니다. "세월은 날아갑니다." 시간은 너무나 귀한 것입니다. 이스라엘 백성들은 틀림없이 이렇게 생각했을 것입니다. "왜 우리가 기다려야 하는가? 만약 우리가 여리고 성벽을 앞두고서 이토록 오랜 시간을 지체해야 한다면, 저 내륙 전체를 정복하는 데에는 얼마나 많은 시간이 걸릴까? 우리가 이토록 느리게 시작한다면, 우리가 참호를 구축하여 우리 스스로를 방비할 수 있기도 전에, 우리의 적들이 용기를 내어 모여들 것이다. 큰 무리가 우리를 덮칠 것이고, 우리는 산산조각날 것이다." 이스라엘 진영의 사려 깊은 사람들에게는 그렇게 비췄을 것이 틀림없습니다. 그들에게는 첫 번째 성을 가능한 신속하게 정복하는 것이 절박했습니다. 그래야 그 백성들이 용기를 얻고, 그들의 적들은 흩어질 것이기 때문입니다. 또한 그렇게 되어야 지친 순례자들이 어느 정도 안정된 곳에서 편하게 쉴 수도 있었을 것입니다. 내가 생각하기에, 그들은 여전히 장막에 거하면서, 그 땅의 다른 사람들처럼 자기 자신들의 집에서 거하기를 오래도록 열망하고 있었을 것입니다. 하지만 그들은 가만히 있어야 했으며, 현재의 형편에 따라 너무나 막연하게 머물러 있어야 했습니다. 사람들은 얼마나 오랫동안 그곳에 머물러야 하는지 알 수 없었습니다. 내 형제들이여, 그들에게 기다리는 것이 얼마나 시련이 되었을까를 눈여겨 보십시오. 나는 제사장들에 대해서는 그리 큰 염려를 하지 않습니다. 염려스럽건대, 제사장들은 아무것도 하지 않는 상태에서도 꽤 만족하는 경향이 있는 듯하기 때문입니다. 하지만 군인들은 그렇지 않습니다. 가만히 평안하게 있는 것을 상당히 만족하는 듯이 보이는 형제들이 많이 있습니다. 하지만 전사들은 일반적으로 그런 기질을 보이지 않습니다.

　　내가 더블린(Dublin)에 있는 군인 교도소에 갔을 때, 나는 거기서 특이한 형태의 징벌을 목격한 적이 있습니다. 사람들이 커다란 포탄을 옮기고 있었습니다. 한 사람이 커다란 포탄을 들고서 연병장 끝으로 운반했습니다. 그런 후 그는 다시 그 포탄을 들고서 되돌아와야 했습니다. 내가 장교에게 말했습니다. "어찌하여 당신은 그 모든 포탄들을 한 쪽 끝에 쌓아두도록 하지 않는 것입니까?' 그 장교가 대답했습니다. "그럴 필요가 없습니다. 병사들이 그 포탄들을 쌓는 일을 끝내면 그들은 무언가를 했다고 느낍니다. 하지만 우리는 그들에게 그것을 연병장 한 쪽 끝에서 끝으로 운반하게 하고, 다시 그것을 가지고 되돌아오는 일을 반복해서 시킵니다. 그러면 그들은 열심히 일을 해야 하면서도 결국은 아무것도 하지 않고 있다고 느낍니다. 그런 일은 군인들에게는 언제나 지긋지긋한 일이지요." 세바스토폴(Sebastopol)에 있는 우리의 군인들 중에서 많은 이들이 전장으로 불려가지 않는 것에 대해 심하게 불평했습니다. 여러분은 젊은 군인들이 평화의 비활동성(inactivity)을 혐오한다고 말하는 것을 종종 들었을 것입니다. 그들은 무엇이라도 하는 것을 원합니다. 지금 이 전사들이 육일 동안 계속해서 그 성을 돌면서 행진만 하고 있습니다. 그들은 그 한 주간 내내 한 일이라곤 지극히 적다고 느꼈을 것입니다. 그것이 바로 내가 이 아일랜드 선교회(Irish Society)에 대해 느끼는 감정입니다. 솔직하게 말한다면, 우리가 한 일이란 유감스럽게도 거의 없다고 말할 사람들이 우리 중에는 꽤 많을 것입니다. 우리는 성공을 거둔 두세 가지의 일들을 기억합니다. 그리고 오랫동안 성공과는 거리가 멀었던 두세 가지의 일들도 기억합니다. 우리는 때때로 수용시설에 대해 불평을 했습니다. 또한 왜 일부 형제들을 그곳으로 보내야 하는지 궁금하게 여기면서 이렇게 말했습니다. "음, 만약 이러한 소득도 없는 듯한 일을 오래도록 지속하려면, 무언가를 할 만한 다른 사람들을 데려와야 하는군. 왜냐하면 우리는 지금 다음과 같은 처지에 놓였기 때문이지. '존은 무엇을 하고 있나?' '아무것도.' '톰은 무엇을 하고 있지?' '존을 돕고 있다네.'" 우리는 무언가 이루어지는 것을 보기 원하며, 따라서 기다리는 것은 어렵습니다. 하지만 우리는 스스로를 점검해야 합니다. 우리의 열성이 모든 적절한 수단들을 활용할 수 있도록 해야 합니다. 때로는 적절한 수단들이란 맹렬한 열심과는 다른 종류일 수 있고, 우리로 하여금 노력을 잠시 늦추도록 하는 것일 수도 있습니다. 왜냐하면 우리가 바라는 모든 성공을 즉시로 얻을 수는 없기 때문입니다. 그리스도 예수 안에서 나의 형제들이여, 비록 우리가 전쟁의 사람들로서 진영 가까이로 가서 더 많은 일이 행해지는 것을 보고 싶더라도, 한편으로는 하나님의 사람들로서 우리에게 맡겨진 위치를 지켜야 하며 기다리는 법도 배워야 합니다.

이뿐 아니라, 기다림을 그토록 힘들게 만드는 것은 ─ 이는 틀림없이 그들의 이성에는 충격을 주었을 테지만 그들의 믿음을 공격하지는 않았습니다 ─ 무모함이었습니다. 단순히 계속해서 도는 것만으로 어떻게 그 성을 쟁취하겠습니까? 한 사람이 말합니다. "내게 좋은 사다리를 주시오. 끝에 한 쌍의 좋은 쇠고리가 달려 있는 줄사닥다리를 가져다주시오. 성벽 꼭대기 돌에 '절거덕' 하고 사다리가 걸리는 소리가 들리면, 내 이 절망적인 상태를 타개하기 위해 앞장서겠습니다. 그러면 내 뒤로 오만의 군사들이 따를 것이고, 곧이어 성루 꼭대기에 유다의 깃발이 나부낄 것입니다. 여리고의 사람들은 아브라함의 후손들이 어떤 일을 할 수 있는지를 알게 될 것입니다." 하지만 안 됩니다. 그들은 그곳을 열두 번 돌 때까지 그저 행진만 해야 했습니다. 마찬가지로 형제들이여, 어떤 사람들은 이렇게 말하기가 쉽습니다. "우리가 이런 방법들을 채택하고 저런 방편들을 활용함으로써 더 많은 일을 할 수 있지 않을까요?" 다른 교파에 속한 우리의 일부 형제들이 어떻게 느끼는지를 보십시오. 그들은 만일 황금의 사다리를 구할 수 있다면, 왕의 하사품(regium donum)의 지원을 얻을 수 있다면, 그런 방식으로 여리고의 성벽을 오를 수 있다고 생각합니다. 우리 주변을 둘러보며, 단순한 복음 안에 있는 능력 이상의 어떤 도움을 요청하도록 하는 유혹이 있습니다. 하지만 우리는 그래서는 안 됩니다. 우리의 방법들을 치우고, 정치적 수완과, 정책들과, 약삭빠르고 교활한 제안들과, 세속적인 모든 지혜를 버려야 합니다. 그리스도의 십자가 안에서를 제외하고, 하나님께서는 우리가 영광을 얻는 것을 금하십니다. 어린아이들의 단순함으로, 우리 아버지의 수단이 최상임을 계속해서 믿도록 합시다. 비록 우리가 군사들로서는 그것을 이해하지 못해도, 자녀들로서는 그것을 믿고서, 계속해서 여리고 성을 돌도록 합시다. 하늘의 하나님이 사시는 한 여리고 성은 반드시 무너질 것입니다.

분명 그 일을 어렵게 만드는 점이 또 있었을 것이라고 생각합니다. 그것은 아마도 여리고의 시민들이 성벽에서 그들을 **모욕했다는** 것입니다. 나는 그들이 화살이 도달하지 않을 만큼 멀찌감치 거리를 유지했다고 생각합니다. 하지만 설혹 "이 약해빠진 유대인들이 무엇을 하느냐?"는 비웃음이 잘 들리지 않았을지는 몰라도, 틀림없이 성벽에서 무례한 모독의 표징들은 보았을 것입니다. 이런 일이 용사들에게는 매우 참기 어렵다는 점에 유의하십시오. 우리는 원수들로부터 비웃음과 조롱으로 격동될 때, 칼자루에 손이 가는 것을 느낍니다. 그들은 말합니다. "너희 소요를 일으키는 자들아, 개신교도들과 감리교도들과 장로교도들아, 너희가 이 로마의 무적의 성채를 대항하여 무엇을 했더냐? 너희 종이 탄환에 불과한 자들이 바벨론의 철옹성에 대항하여 성취한 것이 무엇이더냐?" 우리는 그들의 야유를 들을 수 있으며, 그들이 떠들며 즐기는 소리를 압니다. 하지만 대체 이것이 무엇입니까? 다시 말하지만, 우리는 군인들로서는 분발해야 하고 용감하게 싸움터로 달려가야 합니다. 거기서 물러선다면 불명예 외에는 아무것도 얻지 못하기 때문입니다. 하지만 그리스도인들로서, 우리는 이성으로는 불합리하게 보여도 믿음으로는 적절한 것을 행할 것입니다. 우리는 하나님 자신의 방식을 계속해서 유지할 것입니다. 우리는 그분 자신의 방식을 따라 그분의 싸움을 싸울 것입니다. 비록 이상하게 보이고 좀 기이하게 보여도, 우리는 의심하지 않고 단순히 진리를 선포함으로써 아일랜드에서 사제들을 몰아내는 시도를 할 것입니다. 지혜가 그 행한 일로 인하여 옳다 함을 얻는 날이 올 것입니다(마 11:19).

자, 형제들이여, 우리는 하나님께서 우리를 기다리게 하시는 데에는 이유들이 있음을 압니다. 우리는 그것이 하나님 자신의 영광을 위해서임을 의심하지 않습니다. 우리는 모든 것이 합력하여 선을 이루는 것을 알며, 또한 그것이 궁극적으로는 우리의 유익을 위한 것임을 믿습니다. 내가 어떤 뛰어난 비극적인 시를 읽었을 때, 그리고 그 이야기의 끔찍한 부분을 언급하는 시행들을 읽었을 때, 내가 그것이 짧아지기를 바랐을까요? 그 저자가 그토록 어두운 시행(詩行)들은 삭제해 주기를 내가 바랐을까요? 그렇지 않았습니다. 그 시가 승리의 함성으로 끝났을 때, 병사들이 그 도시를 쿵쿵거리면서 걷고, 의기양양하게 개선할 때, 우리의 마음도 흥분하여 뜁니다. 그 시의 마지막 연(聯)에 이르렀을 때 우리는 기뻐합니다. 하지만 우리는 그 시가 짧아지는 것을 원치 않습니다. 우리는 결코 그 시의 행들이 삭제되는 것을 원치 않습니다. 하나님은 인간의 역사라는 위대한 시를 쓰고 계십니다. 그 주제는 진리의 승리이며, 적그리스도의 파멸입니다. 그 역사가 긴들 어떠합니까? 누가 그것이 짧아지기를 바란단 말입니까? 그토록 위대한 저자가 너무나도 흥미로운 주제에 대해 쓴 글이 짧은 이야기로 그치는 것을 누가 바란단 말입니까? 어떤 이들은 그것이 지루할 정도로 길다고 말할지라도 오래 끌도록 두십시오. 우리가 그것을 읽게 될 때, 하나님께서 그 이야기를 쓰시므로, 우리는 그 이야기가 좀 더 길기를 바랄 것입니다. 우리는 그 길이에 대해 불평하지 않을 것입니다. 그 결과는 우리가 그분을 더 많이 보게 되고, 그분의 마음을 더 배우는 것이기 때문입니다. 여러분은 천년왕국이 내일이라도 오기를 바랍니다, 그렇지요? 여러분의 소원이 이루어질 수도 있겠지만, 내 생각으로는 그럴 것 같지는 않습니다. 나는 역사를 이해한다고 주장하는 여러분에게 역사가 어떻게 보이는지를 알지 못합니다. 하지만 나에게는 그것이 아직은 곧 끝날 것 같지는 않아 보입니다. 나는 언제나 "시대의 표적들"(마 16:3)에 대해서 들어왔습니다. 언제나 그런 억측들이 있어왔습니다. 1766년에도 있었고, 1666년에도 있었습니다. 하지만 종말의 때는 오지 않았습니다. 나는 그 날이 지금 당장 올 것이라고 생각하지 않습니다. 하나님의 펜으로 기록된 것보다 더 상세하게 말하는 무언가를 접하게 될 것이지만, 내 생각에는, 아마도 우리는 장편 시로 치면 또 다른 한 편(篇)에 해당되는 시간을 통과해야 하거나, 책으로 치면 여러 권에 해당되는 시간을 통과해야 그 이야기의 종말에 이를 것 같습니다. 내가 세상의 현재 상태가 당분간 종결되지 않을 거라고 생각하는 한 가지 이유는, 모든 선지자들이 그럴 것이라고 말하지만, 그들은 처음부터 끝까지 언제나 거짓을 말해 온 사람들이었기 때문입니다. 내가 의미하는 선지자들이란 그런 일을 유익의 재료로 삼고, 성경을 마치 노르우드(Norwood)의 집시들이 점치는 카드를 사용하듯이 성경을 활용하는 자들입니다. 그들은 민족과 사람들의 운명을 예고하기 위해 성경 본문을 이리저리 뒤섞습니다. 우리는 아직 많은 날들을 보낼 것입니다. 우리는 아마도 한 세기 동안을 더 기다려야 할 것이며, 아니 또 다른 스무 세기 동안을 기다려야 할는지 알 수가 없습니다. 하지만 여전히 우리가 기억해야 할 것은, 그것이 결국에는 우리의 영원한 유익을 위한 것이며, 또한 영원히 지속될 하나님의 영광을 위한 것이라는 점입니다. 기다리고, 또 기다리고, 마침내 우리가 거의 지칠 때까지라도 기다리십시오. 결국 승리는 마치 처음 찾아오는 것처럼 반드시 우리에게 올 것입니다.

하지만 우리가 기다리는 동안에, 우리가 하고 있는 일에서 약간의 위로를 받는 것도 좋다고 생각합니다. 우리는 기다리고 있으며, 그것이 이 아일랜드 선교회의 입장입니다. 하지만 우리는 여리고를 돌고 있었던 사람들이 그랬던 것처럼, 스스로 위안을 삼을 수 있습니다. 그들은 이렇게 말할 수 있었습니다. "우리는 여리고를 손에 넣지 않았습니다. 하지만 그곳에는 믿음을 가진 라합이 있으며, 구원받은 몇 사람이 있습니다. 그 수는 거의 손가락으로 셀 정도에 불과하지만, 그들은 매우 귀하며, 아주 가치 있게 간주되어야 할 사람들입니다. 그곳에는 라합이 있는데, 그녀의 이름은 영예롭게 알려졌으며, 그녀의 이야기가 들려질 때 많은 다른 '라합'들이 구주를 찾게 될 것입니다. 여리고에 대한 공격에서 아무 결과가 없었던 것이 아닙니다." 여러분이 아일랜드 선교회에 기부한 돈은 잃어버린 것이 아닙니다. 많은 죄인들이 구원을 받았으며, 많은 사람들이 영원한 사랑에 대해 말할 수 있습니다. 그 영원한 사랑이 인내의 눈을 가지고 귀한 보석들을 찾아내었으며, 하나님의 주권의 면류관은 그렇게 발견된 보석들로 인해 더욱

더 반짝이게 되었습니다. 여러분은 라합과 같은 사람들을 얻었습니다. 예, 여러분은 하나님께서 다른 사람들에게 쓸모 있게 만드신 몇 사람을 얻은 것입니다. 나는 아일랜드에서 온 아주 신실한 몇몇 젊은이들에 대해 증언할 수 있습니다. 내 시선은 그들에게 쏠립니다. 그들은 선하고 진실하며, 주님을 사랑하는 자들입니다. 그들의 최고의 기쁨은 주님의 이름을 찬미하는 것입니다. 그런 면을 생각하면서 여러분은 인내하며 기다릴 수 있을 것입니다.

더 나아가, 전쟁의 사람들은 이렇게 말할 것입니다. "우리가 그 성을 취하지 않은 것은 사실입니다. 하지만 우리는 우리의 땅을 지키고 있습니다." 만약 우리가 여리고를 버리고 떠난다면 가나안의 전진 기지를 포기하는 셈입니다. 만약 우리가 아일랜드를 버린다면, 우리는 교황제도(Papacy)가 무너지는 모든 소망을 단념하는 셈입니다. 하지만 우리는 우리의 기지를 지키고 있고, 적어도 우리의 입장을 분명하게 취하고 있습니다. 우리는 비록 크진 않지만 그 땅을 점유하고 있으며, 마치 정복자 윌리엄(William the Conqueror)이 한 줌의 땅을 얻고서 이렇게 말한 것과도 같습니다. "나는 이로써 영국을 점유하였다." 비록 여러분이 이 선교회의 운영을 위해 다른 단체와 합병할 수도 있겠지만, 이 선교회의 분명한 목표와 목적만은 포기해서는 안 됩니다. 그 목표란 최소한 이 비취 섬(Emerald Isle, 아일랜드의 별칭)의 한 쪽 구석을 하나님과 그리스도를 위해 점유하는 것입니다.

또한 그들은 이렇게 말합니다. "우리는 증언을 지속하고 있습니다." 여리고의 성벽 너머로 바라보는 모든 사람들은 언약궤를 볼 수 있으며, 하나님의 군대가 칼을 차고 있는 것을 볼 수 있습니다. 그들은 그런 광경을 전에는 본 적이 없습니다. 오, 우상 숭배자들이여, 오늘 그대들은 참 하나님의 언약궤가 그대들의 성벽을 도는 것을 목격하도다! 오 바알에게 절하고 아스다롯을 찬미하고, 나무와 돌로 만든 신들을 섬기는 그대들이여, 참된 하나님, 능하신 여호와께서 그대들을 심판하러 오시도다! 그대들의 권세에 도전하는 나팔들의 소리, 너희의 타도를 외치는 하나님의 전사들의 함성이 들리도다! 여러분은 아일랜드의 죄에 대해 증언하고 있습니다. 설혹 여러분이 성공하지 못해도, 여러분이 발에서 먼지를 떨어버릴 때는 아직 오지 않았습니다. 당분간 여러분은 그들을 향해서 복음을 선포해야 합니다.

한 가지 더 말하자면, 아마도 용사들은 이렇게 느낄 것입니다. "어떤 일이 발생할 때 우리는 그 현장에 있다." 그들은 성을 돌면서 이렇게 말합니다. "그것은 튼튼하고 굳세게 서 있지만, 굴복하고 말 것이다. 우리는 틈이 생길 때를 위해 만반의 준비를 갖추고 있다." 여러분은 하나님께서 아일랜드를 위해, 혹은 다른 어떤 나라를 위해, 무슨 일을 예비하고 계신지를 알지 못합니다. 인간 사회를 통제하는 법의 차원에서는, 이따금씩 큰 변화가 찾아옵니다. 누가 1848년의 대변혁(유럽 대륙의 혁명 – 역주)에 관해 꿈이라도 꾸었겠습니까? 그 때 왕의 보좌들이 크게 흔들리고, 군주들의 머리에서 왕관이 떨어졌습니다. 그런 격변들은 다시 찾아올 수 있습니다. 아니, 자연의 흐름이 바뀌지 않는 한 틀림없이 올 것입니다. 그 때를 우리는 대비해야 합니다. 우리는 틈새를 관찰하고 있어야 합니다. 오 하나님, 당신의 영원한 섭리를 따라 지금, 바로 지금 좋은 때를 허락하시길 빕니다. 하지만 그리 아니하실지라도, 우리는 당신께서 정하신 때가 올 때를 위해 사람들을 준비시킬 것입니다. 지진이 발생해서 빌립보의 감옥이 흔들렸던 것은 굉장한 일이었습니다. 그곳에서 바울과 실라는 두려워 떠는 간수와 그의 가족에게 설교할 준비가 되어 있었습니다. 마찬가지로 그러한 지진이 아일랜드에 찾아온다면, 또한 그럴 것이지만, 그곳에 바울과 실라와 같은 사람들이 있어야 합니다. 우리에게 그런 사람들이 많이 있을 것이라고 믿습니다. 많을수록 더 좋습니다. 일어나서 "주께서 이렇게 말씀하셨다!"라고 말할 준비가 된 사람들이 누구입니까? 하나님께 능치 못할 일이 무엇이겠습니까? 최근에 북아일랜드를 뒤흔든 듯이 보이는 부흥을 통해서, 그분은 자신이 성취하실 수 있는 일의 일부를 여러분에게 보여주시지 않았습니까? 그 일이 상대적으로 로마 가톨릭이 덜 강성한 지역에서 일어난 것은 사실입니다. 하지만 개신교의 무신경함을 흔들어 깨울 수 있는 동일한 능력이, 그 나름의 방식으로 아일랜드인에게 진정한(genuine) 경건의 불 같은 열정을 격동시킬 수 있습니다. 비록 잘못되었지만, 내가 '진정하다'고 한 의미는 그들이 바울처럼 하나님을 섬기고 있다고 생각하기 때문입니다. 교황 제도를 가진 아일랜드인의 진심어린 정신은, 좀 더 냉정한 신조를 가진 북아일랜드인의 영혼과 마찬가지로, 하나님의 전능하심에 의해 감화되어 변할 수 있습니다. 그러니 희망을 가지도록 합시다. 계속해서 성을 둘러싸고 돕시다. 옳은 것은 무엇이든 바꾸지 말고, 성경에 기록된 것을 무시하지 말며, 때가 올 때까지 기다리도록 합시다.

　　이제 이 문제에 대해서는 더 이상 할 말이 없으며, 단지 친구들에게 실제적으로 그 일을 수행하라고 다시 한 번 당부할 뿐입니다. 시도하고 기다립시다. 한 가롭게 기다리는 것이 아니라, 인내하면서 기다립시다. 계속해서 기부하고, 계속해서 기도하며, 계속해서 선교회에 관심을 가지십시오. 여러분이 기다리기를 하나님께서 원하시기 때문입니다.

3. 하나님은 자기 백성이 승리하길 원하신다.

세 번째로, 하나님은 자기 백성이 승리하기를 원하십니다. 이에 대해 나는 많은 말을 하지 않을 것입니다. 우리는 승리에 대해 많은 말을 하는 것을 승리의 때가 올 때까지 미룰 것이며, 또한 그 때가 오면, 승리에 대해 설교할 필요도 없이 함께 하나님께 감사하고 찬양하는 모임을 가질 것입니다. 그저 우리는 이렇게 말하도록 합시다. 즉 여리고 포위 공격의 유추를 따르면, 승리는 매우 확실하고 또한 아주 완벽하다는 것입니다. 이보다 더 확실할 수는 없습니다. 그것은 또한 아주 갑작스러운일이 될 수 있으며, 또한 매우 영광스러운 일이 될 것입니다. 하지만 우리는 그것으로 인해 아무것도 취하지 않을 것입니다. 왜냐하면 여리고가 무너질 때, 주께 바칠 것을 제외하고는 누구도 어떤 것이라도 취할 수 없었기 때문입니다. 그러므로 우리는 사심 없는 섬김을 지속해야 합니다. 단지 주님을 위해 수고하고, 성공이 찾아왔을 때, 아무리 사소한 것까지라도 그 모든 것이 그분의 것임을 기억하면서 우리에게가 아니라 그분께 영광을 돌려야 하는 것입니다. 그분은 누구도 이렇게 말할 수 없는 방식으로 성공을 보내실 것입니다. "아일랜드 선교회에게 영광을." 어느 누구도 "잘 했구나, 침례교단이여"라고 말할 수 없을 것입니다. 단 한 사람의 목사나 전도자도 이렇게 말할 수 없습니다. "내가 매우 잘했구나." 오직 한 가지 함성이 하늘로 올라갈 것이며, 그 함성은 이것입니다. "할렐루야, 주 우리 하나님 곧 전능하신 이가 통치하시도다"(계 19:6).

나는 지금까지 선교회를 위해 말했습니다. 나는 선교회를 위해 설교하도록 요청을 받았고, 그 주제를 담고 있는 본문으로 설교해야 했습니다. 나는 선교회들을 위해서 전하는 많은 설교들을 주중의 다른 어느 날에라도, 또한 어느 상황에서나 어떤 회중 앞에서 전하여도 무방할 것이라고 생각합니다. 나는 그것이 정확히 필요한 것인지는 알지 못합니다. 설혹 우리가 영원한 사랑의 교리에 대해 깊이 숙고하지 못했다 하여도, 여러분을 구주의 십자가로 데려다주지 않고, 여러분에게 복음의 초대를 제공하지 않았으며, 그리고 이 외에도 다른 많은 것들을 행하지 않았다 해도, 천하 만상에는 다 그에 합당한 때가 있습니다(참조. 전 3:1). 만약 우리가 이 선교회의 후원자들을 계속해서 일하고 기다리게 할 수 있다면, 그리고 이런 방식으로 그들을 승리자의 무리에 합류할 수 있게 한다면, 우리는 크게 기뻐할 것입니다. 형제들이여, 설교를 우리의 헌신으로 실천하도록 합시다. 설교의 정신을 우리의 기도로써 실천하고, 다른 사람들에게 복음이 무엇인지를 말하도록 애씀으로써 실천합시다. 이것이 우리 모두의 모토가 되게 합시다.

> "이제 나는 주변의 죄인들에게 말할 것이라네,
> 얼마나 좋으신 구주를 내가 만났는지를.
> 그들에게 구속의 피를 가리키면서,
> '하나님께로 이르는 길을 보라'고 외치리라."

　　하지만 여기에 있는 모든 영혼에게 말하기까지는, 특히 아직 자신이 구원받지 못했기 때문에 하나님의 일에 관심을 가질 수 없는 당신에게 할 말을 하기까지는, 나는 감히 앉을 수가 없습니다. 기억하십시오, 우리는 당신에게 아일랜드 사람들의 영혼을 구원하며 돌보라고 요청하는 것이 아닙니다. 당신 자신의 영혼이 첫 번째의 관심사가 되어야 합니다. 구원의 길은 단순한 이것입니다. "주 예수 그리스도를 믿으라, 그리하면 구원을 얻으리라." 친히 그 몸으로 속죄를 이루신 이가 그분이십니다. 그리스도를 당신의 속죄자로, 당신의 옹호자로, 당신의 구원자로, 그리고 당신의 모든 것 되시는 분으로 받아들이십시오. 이는 당신의 의무이며, 더 이상 미루어서는 안 되는 일입니다. 당신은 그 일을 집에서 시작해야 합니다. 이스라엘의 지도자(Leader)를 따름으로써 이스라엘의 편에 합류하십시오. 우리의 천상의 여호수아는 하나님의 아들이시니, 그분을 믿으십시오. 그러면 당신은 그분의 피로 말미암아 구원을 얻을 것이며, 그리스도를 통하여 하나님께 받아들여질 것입니다. 그런 다음 나아가서 다른 사람들을 구원하는 도구가 되십시오. 그러면 하나님께서 그분의 성령으로 당신을 도우실 것입니다. 아멘.

제
8
장

—

가나안 족속과
그들의 철 병거를 쫓아내기

—

**"가나안 족속이 비록 철 병거를 가졌고 강할지라도
네가 능히 그를 쫓아내리라 하였더라." ― 수 17:18**

이스라엘 백성이 가나안 땅에 도착하여, 하나님의 돌보심으로 젖과 꿀이 흐르는 그 땅으로 들어가게 되었을 때, 그들이 즉시 안식을 얻은 것은 아닙니다. 가나안 족속이 그곳에 있었기 때문입니다. 그들이 그 땅을 소유하고 있었고, 마치 하늘에라도 닿을 것 같은 강한 성읍들에 살고 있었습니다. 이스라엘 백성이 이 땅을 차지하기 위해서는 먼저 이 가나안 족속을 몰아내야 했습니다. 사실, 이것이 그들이 그곳에 보내어진 이유였습니다. 가나안 족속은 하나님으로부터 법적 보호를 박탈당했습니다. 그들이 너무나 끔찍한 잘못들을 범했기 때문에 하나님께서 그들을 멸하기로 결정하셨습니다. 세상의 정결을 위해서는 너무나 끔찍하게 타락한 그 옛 족속이 땅에서 제거되어야 했습니다. 이스라엘은 주님의 법의 집행자로서 가나안 족속을 쳐서 전멸시키도록 그 땅에 보내어졌습니다.

어떤 이들은 그 일을 소름끼치는 대학살이라고 무모하게 말합니다. 하지만 삶과 죽음의 권세를 가지신 위대한 재판장의 명령을 받았기에, 그 일은 엄정한 집행이자, 피할 수 없었던 일로 엄숙히 간주되어야 합니다. 우리가 안심하고 확신할 수 있는 것은, 자신의 군사들에게 칼을 써서 죽일 것을 명하신 그분에게는 그럴 만한 가장 절박한 이유가 있었으리라는 것입니다. 하나님께서는 세상의 도덕을 위해서 필요한 것이 무엇인지를 가장 잘 아셨습니다. 그분은 아모리 족속의 죄악이 관영하였기에 그들이 더 이상 존속되어서는 안 된다고 결론을 내리신 것입니다. 그러므로 이스라엘 백성으로서는, 그 땅의 원주민들이 하나님과 인간 모두에게 적들이 되었으므로, 먼저 그 족속들을 쫓아내지 않고서는 그들의 기업으로 들어갈 수가 없었습니다.

그러니 사랑하는 친구들이여, 여러분은 가나안이 천국의 온전한 모형이 되기란 거의 어렵다는 것을 이해할 것입니다. 어느 정도 완화된 의미에서는 그렇게 사용될 수도 있겠지요. 하지만 그것은 한 사람이 신자가 되었을 때, 그 영혼의 상태와 조건을 보여주는 면에서 훨씬 더 좋은 상징입니다. 믿음으로써 신자는 안식으로 들어가지만, 죄로부터의 절대적으로 완벽한 구원으로 들어가는 것은 아닙니다. 그는 언약의 유업을 소유하게 되었지만, 여전히 그 땅에서 죄와 악이라는 가나안 족속을 발견합니다. 그것은 내부에 있는 원죄(原罪)와 외부로부터의 유혹이라는 양면적인 형태로 발견되는 것입니다. 신자가 자신의 특권을 온전히 누리기 위해서는 반드시 자신의 죄들을 쫓아내야 합니다. 그가 은혜 언약의 축복의 경험들을 온전히 누리려면, 그에 앞서, 자기 내면과 주변에 있는 죄와 악들에 맞서 싸우는 것이 절대적으로 필요합니다. 그는 오랫동안 자기 본성이라는 땅에 거주했었던 다양한 족속의 원수들을 쫓아내야 합니다. 다분히, 많은 젊은 그리스도인들은 그들이 회심할 때 싸움이 모두 끝난다고 생각합니다. 아닙니다, 싸움은 이제 시작된 것입니다. 여러분은 결승점에 도달하지 않았습니다. 여러분은 이제 막 출발점에 섰을 뿐입니다. 마침내 승리를 얻을 때까지, 여러분은 싸워야 하고, 씨름하고, 울고, 기도해야 하는 땅으로 막 들어선 것입니다. 승리는 여러분의 것이 될 것입니다. 하지만 여러분은 그것을 얻기 위해 분투해야 할 것입니다. 여러분을 이러한 상태로 이끄신 분은 여러분을 버리지도 떠나지도 않으실 것입니다. 하지만 그와 동시에, 강한 투쟁과 진지한 노력이 없다면, 여러분은 여러분의 유업을 얻을 수가 없습니다. 편안하게 앉아서 쉬어도 된다는 사상에 현혹되지 마십시오. 천국의 진정한 상속자에게는 그와는 정반대의 일이 일어날 것이기 때문입니다.

나는 영적인 싸움의 의미를 이해하는 많은 이들을 향해 말합니다. 그들이 병사들(men-at-arms)로 부름을 받았지, 안일무사한 사람들(men-at-ease)로 부름을 받지 않았음을 내가 굳이 상기시킬 필요는 없을 것입니다. 또한 나는 아직 싸움의 의미를 제대로 이해하지 못하는 일부 사람들에게 말합니다. 그들도 어떤 신자의 칼도 오래도록 칼집에서 잠자고 있을 수 없다는 것을, 머지않아 알게 될 것입니다. 죄는 강력한 힘입니다. 그리고 당신이 하나님의 자녀라면, 그것과 맞서 싸워야 할 것입니다. 당신이 진정한 가나안의 상속자라면, 당신은 먼저 싸우기 위해 태어난 것이며, 궁극적으로는 깨어지지 않는 영원한 평화의 유업을 얻게 될 것입니다.

> "저 승리의 땅은 높은 곳에 있으니,
> 그곳에는 전쟁터가 없다네.
> 주여, 내가 죽기까지 싸워 이기길 바라며
> 이 영광스러운 싸움을 다 마치길 원하나이다."

우리의 본문은 므낫세와 에브라임 지파들에게 주는 전쟁의 명령입니다. 여호수아가 그들에게 말합니다. "너는 큰 민족이요 큰 권능이 있은즉 한 분깃만 가질 것이 아니라"(17절). 하지만 여호수아는 그들에게 두 분깃을 주면서, 그들의 기업을 당시에 차지하고 있는 자들을 쫓아내야 한다고 말합니다. "가나안 족속이 비록 철 병거를 가졌고 강할지라도 네가 능히 그를 쫓아내리라." 이 시간 말씀을 묵상할 때에, 성령께서 일생의 싸움을 위해 우리를 분발시키시기를 빕니다!

1. 우리가 그들을 쫓아내야 한다.

우리가 첫 번째로 숙고할 것은 우리가 그들을 쫓아내야 한다는 것입니다. 하나님으로부터의 명령은 이것입니다. "너희가 그들을 쫓아내리라." 모든 죄가 죽임을 당해야 합니다. 단 하나의 죄도 용인될 수 없습니다. 그들의 머리를 베십시오! 칼로 그들의 심장을 찌르십시오! 그들은 모두 죽어야 합니다. 그들 중 하나도 살려두어선 안 됩니다. 그 족속 전체가 근절되어야 하며, 철저하게 매장하여 그들의 뼈 하나라도 발견되어서는 안 됩니다. 이 수고에는 믿음의 용기와 사랑의 힘을 모두 발휘할 만한 가치가 있습니다.

그들 모두가 쫓겨나야 합니다. 모든 죄가 우리의 원수이기 때문입니다. 나는 우리가 이 세상에서 동료 인간들 사이에는 원수가 없기를 바랍니다. 싸움을 하려면 두 당사자가 있어야 합니다. 만일 우리가 싸우려 하지 않으면, 싸움이 생길 수가 없습니다. 우리가 남을 화나게 해서도 안 되고 화를 내서도 안 됩니다. 가능하다면, 그 일이 우리에게 달려 있다면, 우리는 모든 사람들과 평화롭게 살아야 합니다. 나는 우리가 우리에게 해를 끼쳤던 모든 사람을 용서하기를 바라며, 또한 우리가 잘못을 했던 모든 사람에게서 용서받기를 바랍니다. 하지만 모든 죄, 모든 악은, 어떤 모양이라도 우리의 진정한 원수입니다. 그에 대해서는 우리가 피 흘리기까지 싸워야 합니다. 여러분은 어떤 죄에 대해서도 "너는 내 마음속에 내 친구가 되어 살 수 있어"라고 말할 수 없습니다. 그것은 여러분의 친구가 될 수 없습니다. 악은 태생적으로 피할 수 없는 우리의 원수이니, 우리는 그것을 그렇게 취급해야 합니다. 여인의 후손은 뱀의 후손과 결코 친구가 되지 않으며, 그것은 하와가 자신을 속였던 뱀과 친구가 될 수 없는 것 이상입니다. 죄와의 우정을 빙자하는 것은 해로운 것입니다. 만일 당신이 죄의 친구라면, 당신은 하나님의 원수입니다. 모든 종류의 죄는 우리의 원수이며, 따라서 우리는 우리의 온 마음으로 그것들을 미워해야 합니다. 만일 당신이 어떤 죄에 대해서 "나는 너를 미워하지 않아"라고 말할 수 있다면, 당신이 거듭났는지에 대해 심각하게 질문해 보아야 합니다. 하나님의 자녀의 표징들 중의 하나는, 비록 그가 죄를 지어도, 죄를 사랑하지 않는다는 것입니다. 그는 죄에 빠질 수도 있지만, 마치 진흙탕에 굴러 떨어졌다가도 그 진흙탕을 싫어하기 때문에 곧바로 일어나는 양과도 같습니다. 돼지는 양이 싫어하는 곳에서 뒹굽니다. 이제, 우리는 비록 이따금씩 발을 헛디뎌 진창에 빠질 수는 있어도, 그것을 사랑하는 돼지들이 아닙니다. 우리가 그렇게 미끄러져 빠지지도 않기를 바랍니다! 죄란 우리에게 얼마나 비참한 것입니까! 악은 경건한 사람들에게는 극도로 혐오스러운 것입니다! 주님께서 그분의 뜻을 따라 우리에게 모든 슬픔을 보내시더라도, 우리가 죄에 떨어지지 않도록 그분이 막아 주시기만 한다면, 우리의 최대의 슬픔은 사라지는 것입니다. 모든 죄는 우리를 미워하며, 우리도 모든 죄를 미워합니다. 사랑하는 친구들이여, 어떤 경우에도 여러분을 도울 수 있는 죄는 없습니다. 죄는 분명 여러분에게 심각한 해를 끼치고 방해가 될 뿐입니다. 죄는 악한 바람과도 같아서, 누구에게도 순풍의 효과는 주지 않습니다. 죄 속에는 아름다움이 없습니다. 죄 속에는 위로가 없습니다. 죄 속에는 힘이 없습니다. 죄 속에는 선한 것이 아무것도 없습니다. 머리끝에서 발끝까지 그것은 온통 터진 상처요 곪아서 썩은 종기입니다. 그것을 옹호하는 편에서 말할 수 있는 것이 전혀 없습니다. 나는 천국의 어떤 상속자도 죄를 옹호하고 그것을 위해 변호하지 않을 것이라고 확신합니다. 그것은 악한 것이고, 악할 뿐이며, 계속해서 악한 것입니다. 여러분이 죄를 미워하는 한, 죄도 여러분을 미워합니다. 그것은 여러분에게 가능한 모든 상처를 입히려 합니다. 그것은 여러분에게 과거에 끼쳤던 불행만으로 결코 만족하지 않을 것입니다. 그것은 여러분을 지옥에 떨어뜨리기 위해 위험 속으로 점점 더 몰아가려고 시도할 것입니다. 죄는 할 수만 있다면 여러분을 완전히 파멸시키려고 하며, 하나님의 은혜가 막지 않으신다면, 그것은 틀림없이 그렇게 할 수 있고 또 그렇게 할 것입니다. 그러므로 모든 죄와의 중단 없는 싸움을 선언하십시오. 이렇게 외치십시오. "죄와의 진검 승부다!" 가나안 족속이 여러분과 싸웁니다. 여러분도 정신을 차려 그들과 싸우십시오. 붉은 피의 깃발을 높이 드십시오! 칼을 뽑고, 결코 그것을 칼집에 도로 집어넣지 마십시오. 죄가 우리의 마음속에나, 우리의 삶에나, 혹은 세상에 남아 있는 한, 죽을 때까지 그것과 맞서 싸워야 합니다.

또한, 우리가 이 가나안 족속 모두와 싸워야 하고, 그들을 쫓아내야 하는 이유는, 죄가 우리 주님의 지독한 원수이기 때문입니다. 예수님은 모든 악을 혐오하시며, 악은 모든 형태로 그분을 박해했습니다. 그분은 모든 종류의 죄를 그 몸으로 지고 나무에 달리셨습니다. 우리의 모든 죄가 그분에게 옮겨졌기 때문에, 그분의 등에 채찍이 가해졌고, 마치 밭가는 자들이 깊은 고랑을 팔 때처럼 깊은 상처가 새겨졌습니다. 우리의 죄로 인해 피와 같은 땀이 그분을 머리에서 발까지 적시었습니다. 우리의 죄 때문에 가시 면류관을 쓰시고, 못 박히시고, 창에 찔리시고, 신포도주를 맛보시고, 죽음의 끔찍한 고통을 당하셔야 했습니다. 죄! 오, 우리 주님이 그것을 얼마나 혐오하시는지! 그것을 우리에게서 치우시기 위해서 그분이 그 잔을 마실 때에, 잠시 동안 그분은 놀라시면서 말씀하셨습니다. "만일 할 만하시거든 이 잔을 내게서 지나가게 하옵소서"(마 26:39). "하나님이 죄를 알지도 못하신 이를 우리를 대신하여 죄로 삼으신 것은 우리로 하여금 그 안에서 하나님의 의가 되게 하려 하심이라"(고후 5:21). 그분을 그토록 고통스럽게 한 것이 바로 이것입니다. 예수님에게 죄는 공포였고, 고문이었고, 죽음이었습니다. 예수님은 그분의 거룩한 본성의 모든 힘을 다하여 죄를 미워하십니다. 예수님에 의해 구원을 받았으니, 여러분도 그분처럼 죄를 미워해야 하지 않겠습니까? 자기 아버지를 죽게 한 칼을 마치 보물처럼 서랍에 간직하고 있을 사람이 여기에 누가 있습니까? 우리의 죄가 구주를 찌른 단검이었습니다. 그런데 우리가 그것을 고이 간직할 생각을 한단 말입니까? 오, 우리 주님께 가한 우리의 끔찍한 행위를 생각하면 눈물이 흐릅니다. 우리의 죄로써 우리가 그분을 죽인 것입니다. 그러니 우리는 결코, 결코, 결코 우리의 죄들 중에서 그 어느 것 하나도 탐닉할 수 없습니다. 그 죄들 중에서 어떤 것도, 우리의 주님을 살해한 것에 대해 무죄가 아니기 때문입니다. 그것들이 그분의 목숨을 빼앗기로 모의했습니다. 그러니 우리가 그것들을 즉각 처단하도록 합시다.

> "오, 나의 정욕을 내가 얼마나 미워하는지
> 그것이 내 하나님을 십자가에 못 박았구나.
> 나의 죄악들이 그분의 살을 찌르고 못 박아
> 저 끔찍한 나무에 달리게 했구나.
>
> 예, 나의 구주시여, 그것들은 죽어야 합니다.
> 내 마음이 그렇게 작정하였나이다.
> 나의 구주를 피 흘리시게 만들었던 죄악들을
> 내가 살려두지 않으리라.
>
> 녹아 버릴 듯한 상한 심령으로
> 살해당하신 나의 주님을 내가 바라보니,
> 내 죄들에 대하여 내가 복수할 것이며,
> 그 살해자들을 모두 죽이리라."

형제들이여, 우리가 그리스도를 마음에 모시면서 동시에 어떤 죄가 우리를 다스리도록 할 수 없다는 것을 기억하십시오. 우리는 죄인들로서 그리스도께 오지만, 그리스도를 영접할 때에 우리는 그분이 이렇게 말씀하시는 것을 듣습니다. "죄가 너희를 주장하지 못하리라"(롬 6:14). 죄는 모든 유혹의 매력들을 가지고서 우리의 본성을 들여다볼 수 있고, 또 실제로 그렇게 합니다. 죄는 우리의 본성을 헤집고 다니면서 모든 선한 것을 짓밟으려고 할 수 있습니다. 죄는 우리의 본성 안에 잠복하고 있다가, 왕 중의 왕이신 분께 반역의 음모를 꾸밀 수도 있습니다. 하지만 그것이 우리의 본성 안에서 왕 노릇 하지는 못합니다. 그리스도께서 보좌에 계십니다. 지금 우리의 본성 안에는 "은혜가 왕 노릇하여 영생에 이르도록 합니다"(롬 5:21). 우리가 단 하나의 죄라도 왕의 보좌에 앉히는 것은 불가능합니다. 비록 그것이 그리스도의 보좌보다 아래에 있다고 해도 마찬가지입니다. 그러므로 우리는 정욕에 복종할 수도 없습니다. 우리 주 예수님께서는 자신의 통치권을 천사와도 나누지 않으시는데, 하물며 죄와 어찌 나누시겠습니까? 만일 당신이 마음속에 죄를 왕좌에 앉힌다면 당신은 잃은 자임에 틀림없습니다. 당신에게는 희망이 없습니다. 당신은 그리스도로 하여금 당신의 죄를 몰아내시도록 할 수는 있습니다. 하지만 그리스도로 하여금 당신의 죄를 포옹하시도록 할 수는 없습니다. 그리스도께서는 당신의 죄를 죽이는데 당신을 도우실 것입니다. 하지만 만약 당신이 "아니요, 저는 이 악을 즐길 것입니다"라고 말한다면, 비록 당신이 "그것은 사소한 것이 아닙니까?"라고 덧붙여 말한다고 해도, 당신은 당신의 죄 속에서 망할 것입니다. 만약 당신이 아끼기 때문에 살려두려는 죄가 하나라도 있다면, 그리스도와 당신의 영혼은 결코 조화될 수가 없습니다. 당신과 죄 사이에 평화가 있는 동안에는, 그 죄가 어떤 것이라 해도, 당신과 그리스도 사이에 평화가 있을 수 없습니다.

나는 술취함을 포기한 사람들을 알고 있습니다. 금주를 맹세할 때 그들은 "나는 이제 어엿한 사람이다"라고 생각했습니다. 그리고 나서 그들은 어떤 다른 나쁜 습관에 빠져들었습니다. 나는 여러분이 철저한 금주가들이 될 것을 보고서 매우 기쁩니다. 하지만 그것이 여러분을 구원하지는 않습니다. 술 취하는 자들이 천국에 들어가지 못하듯이, 거짓말하는 자들과 도둑들과 행음자들과 믿지 않는 자들도 천국에 들어가지 못합니다. 여러분은 하나의 가나안 족속을 쫓아냈습니다. 하지만 나머지는 어찌 되었습니까? 한 사람이 이렇게 말합니다. "저는 낭비를 참지 못합니다. 저 젊은이의 방탕하고 과도한 지출이 혐오스럽습니다." 그렇지요, 하지만 탐욕 역시 가증스럽지 않습니까? 나는 당신이 너무 많은 돈을 소비할 거라고 생각하지 않습니다. 당신은 천박하고 늙은 구두쇠이기 때문입니다. 당신은 돈을 허비하려는 유혹은 절대 받지 않을 것입니다. 당신은 돈을 무척 사랑하니까요? 사치는 당신의 성미에 맞지 않습니다. 하지만 방탕함 때문에 망할 수 있는 것처럼 탐욕과 욕심 때문에 망할 수 있다는 것을 알아야 합니다. 탐욕은 아마도 당신의 호주머니에 더 잘 어울리는 종류의 악입니다. 하지만 당신이 하나님의 심판대 앞에 서야 할 때 그것이 당신의 영혼을 위해 좋을 것은 전혀 없습니다. 어떤 사람은 위선을 혐오하지만, 그러면서 그는 잔인하고, 거칠고, 용서하지 않습니다. 또 다른 사람은 결코 맹세하지 않지만, 그는 마치 말이 질주하듯이 신속하게 거짓말을 잘합니다. 나는 거짓말을 혐오하면서 색욕에 빠진 사람을 알고 있습니다. 나는 육체적인 죄로부터는 완벽할 정도로 깨끗하지만 루시퍼처럼 교만한 사람을 알고 있습니다. 교만은 다른 형태의 죄와 마찬가지로 한 사람을 파멸시킬 것입니다. 사실상, 부정한 새들의 둥지는 통째로 땅에 던져져야 합니다. 저 독사의 모든 알들이 모두 짓밟혀야 합니다. 우리는 이렇게 기도하도록 합시다.

> "내가 사랑하고 아꼈던 우상을,
> 그것이 어떤 우상이든지,
> 저로 그것을 보좌에서 끌어내리게 하시고
> 오직 당신만을 경배하게 하소서."

　　우리 선교사들 중 한 분이 인도에서 돌아와 이렇게 말한다고 가정해 보십시오. "나는 그 원주민들 사이에서 크고 놀라운 일을 성취했습니다. 나는 어느 한 지역을 돌아다니면서 전도했고, 놀라운 일들을 행했습니다. 나는 그들이 갠지스 강의 진흙으로 만든 우상들을 숭배하는 것을 보았습니다. 나는 그들에게 그것의 어리석음을 깨닫게 해 주었고, 그러자 그들은 진흙으로 만든 우상을 깨뜨려 버렸습니다. 그런데 그들 중에 어떤 이들이 나무로 우상을 만들었고, 나는 그들을 설득하여 그것들을 모두 태우도록 했습니다. 하지만 그곳에는 어떤 아름다운 우상들, 대리석으로 만들어진 우상들, 금과 은으로 만들어진 우상들이 있었는데, 나는 그 문제에는 참견하고 싶은 마음이 없었습니다. 왜냐하면 그것들은 너무나 예술적이고, 너무나 가치 있고, 너무나 유서 깊은 것이었기 때문입니다. 아, 그것들 중 어떤 것은 다이아몬드 눈을 가지고 있었습니다. 또 다른 것은 루비로 된 팔찌를 손에 두르고 있었습니다." 오호라, 이런 선교사여! 우리는 당신이 자화자찬하는 이유를 모르겠습니다! 그래서 당신은 그 사람들이 그런 '고귀한' 우상을 숭배하도록 내버려 두었단 말이지요? 대체 당신이 무슨 선한 일을 한 것입니까? 아무엇도 없습니다. 금으로 만든 우상을 숭배하는 것이나, 진흙으로 만든 우상을 숭배하는 것은 마찬가지로 명백한 우상 숭배의 악입니다.

설혹 우리가 사람들에게 다가가서, 그들의 악습의 문제를 잘 다루고 교육과 도덕을 개선하여 그 사람들의 수준을 향상시켰다 해도, 거기에서 그쳐 버리면 대체 우리가 한 것은 무엇이란 말입니까? 우리는 특정한 죄들을 없애버렸지만, 다른 죄들은 남겨둔 것입니다. 우리는 진흙으로 된 우상들을 깨뜨렸습니다. 하지만 금과 은으로 만든 우상들을 남겨 두었다면, 주님이 보시기에 우리가 무슨 선한 일을 한 것일까요? 많은 사람들이 정욕의 밑바닥 수준에서 건짐을 받았으며, 그것은 너무나 좋은 일입니다. 하지만 좀 더 높은 차원의 문제, 즉 더 고상한 위치에 있는 것으로 보이는 영적인 사악함을 손대지 않고 버려두었다면, 최종 결과가 무엇이겠습니까? 이 세상에서는 무언가 의미가 있겠지만, 다음 세상에서는 아무런 의미도 없습니다. 도덕적으로 무슨 결과가 있을지라도, 영적으로는 아무런 결과가 없습니다. 결국 우리는 도덕을 위해서도 큰 일을 한 것이 아닙니다. 왜냐하면 가장 혐오스러운 악들은 겉보기에 매우 고상한 것과 나란히 번성하기 때문입니다. 소돔의 왕조차도 완벽한 신사였습니다. 부정하다고 악명이 높았던 많은 사람들도 점잖은 태도 때문에 사교계에서는 영예를 얻었습니다. 은혜가 영혼을 차지하게 될 때에는, 모든 종류의 죄들이 제거되어야 합니다. 저 황금 송아지를 끌어내십시오! 이 값비싼 우상을 땅바닥에 내던지고, 가루로 만들어서 물에 뿌려야 합니다. 저 황금 송아지는 주님 앞에서는 가장 천한 나무 우상들만큼이나 가증스러운 것입니다. 한 가지 형태의 악은 다른 형태의 악과 마찬가지로 하나님의 법에는 혐오스러운 것입니다. 비단으로 포장한 죄나 누더기 형태의 죄나 마찬가지의 큰 반역입니다. 여러분이 최고급 향수에 죄를 씻는다 해도, 죄의 냄새는 더 향긋해지지 않습니다.

또한 사랑하는 친구들이여, 사람은 단 한 가지 죄의 종이 되어도 죄로부터 해방될 수 없다는 것을 기억하십시오. 여기에 다리에 긴 사슬이 묶인 한 사람이 있습니다. 그 사슬은 쉰 개의 고리로 된 사슬입니다. 자, 내가 해방자로 와서 마흔 아홉 개의 고리들을 제거하였다고 가정합시다. 하지만 여전히 쇠사슬은 기둥에 묶인 상태이고, 그의 다리도 하나의 고리로 인해 여전히 쇠사슬에 묶여 있습니다. 내가 그에게 가져다준 유익이 무엇입니까? 내가 얼마나 유익을 끼친 것입니까? 그 사람은 여전히 포로입니다. 여러분에게 카나리아라고 하는 작은 새 한 마리가 있다고 가정합시다. 비록 그 새가 한쪽 다리만 제외하고는 모두 자유롭다고 해도, 그 새는 자유롭지 않습니다. "그 새는 단 한 가닥의 무명실로 매여 있습니다"라고 여러분은 말합니다. 하지만 여전히 그 새는 자유가 아닙니다. 그것은 원하는 대로 날지 못합니다. 사람이 단 한 가지의 악에 의해 포로가 되어도, 그것이 아무리 적은 것이라 해도, 그는 여전히 죄의 노예입니다. 만약 어느 한 가지 죄가 그를 묶어서, 그를 지배하면, 그는 주님의 자유인이 아닙니다. 그는 여전히 노예로서 최악의 형태로 예속되어 있는 것입니다. 그는 죄의 지배 아래 있습니다. 그러므로 여러분은 내가 "그 모든 것을 타도하시오!"라고 말한 것이 지나치지 않았음을 이해할 것입니다. 그것들은 반드시 모두 정복되어야 하며, 전부가 제거되어야 합니다. 단 하나의 죄도 우리 마음의 사랑과 우리 본성의 보좌를 차지하도록 허용해서는 안 됩니다.

우리가 그것들과 싸우기 시작할 때, 어떤 죄들은 매우 쉽게 정복될 수 있습니다. 이스라엘 백성들은 산지와 삼림으로 올라갈 때에, 언덕 지역에 있는 가나안인들을 곧 잡아서 멸할 수 있었습니다. 하지만 말과 병거들이 충분히 활동할 수 있는 장소인 아래의 평지에서는, 이스라엘 백성들이 어찌할 바를 몰랐습니다. 이 가나안 족속 중의 일부는 철 병거를 가졌습니다. 전차 바퀴의 축에는 큰 낫과 같은 것이 달려 있어서, 군대의 행렬 사이로 돌진할 때 마치 수확하는 기계가 서 있는 곡식을 쓰러뜨리듯이 사람들을 쓰러뜨렸습니다. 한동안 이것이 이스라엘 백성들을 크게 동요시켰던 것으로 보입니다. 그것에 대해 생각하면 끔찍하였고, 두려움은 그 무서운 병거들의 능력이 더 크게 느껴지도록 만들었습니다. 두려움이 그들을 무력하게 만들었으나, 마침내 그들이 분발했습니다. 그들이 다시 용기를 내었을 때, 그 병거들은 그들이 상상했던 것보다 그렇게 무서운 것은 아니었습니다.

이스라엘이 하나님을 신뢰하고, 사람과 맞서기만 한다면, 병거들을 다루고 정복할 방법들이 있었습니다. 한 사람이 하나님의 은혜로 회심할 때, 어떤 죄들은 쉽게 정복됩니다. 그것들은 즉시 흩어져 도망하고, 다시는 돌아오지 않습니다. 나는 수천 명의 회심자들과 대화를 나누어왔지만, 어떤 형제도 거짓 맹세를 포기하는 것이 어렵다고 말한 것을 거의 기억하지 못합니다. 나는 종종 사람들이 놀라움을 표현하는 말을 들어왔습니다. 그것은 그들이 수년 동안 한 문장을 말해도 반드시 욕설을 섞어서 말했는데, 회심의 순간부터는 어떤 불경스러운 말도 그들의 입술에서 나오지 않았다는 것입니다. 어떤 사람이 한 말을 나는 기억합니다. 그는 최악의 불경스러운 욕쟁이였습니다. 그가 회심한 지 몇 년 후, 커다란 나무통이 그의 발가락 위로 굴렀을 때 어떤 나쁜 말이 그의 입에서 빠져나왔고, 그것 때문에 그는 크게 상심하였습니다. 하지만 그 일을 제외하고는, 회심한 이후로 일생 동안, 그런 어리석은 죄가 가까이 찾아왔던 적을 그는 결코 기억하지 못했습니다. 욕설은 쉽게 해결할 수 있는 일종의 가나안 족속으로서, 곧 쫓아내거나 죽일 수 있습니다. 우리는 우리의 칼을 그들의 목에 재빨리 갖다댈 수 있으며, 하나님의 은혜로써 우리는 그것들에게로 다시 되돌아가려는 모든 유혹을 깨끗이 제거할 수 있습니다. 그런 죄들은, 비록 한때는 강했어도, 전장에서는 죽은 채로 남습니다. 하나님께 영광을! 골리앗의 머리가 잘리고, 시스라의 관자놀이에 말뚝이 박히고(삿 4:22), 에글론의 심장이 단검으로 찔렸도다(삿 3:22)! 하나님과 우리 영혼의 원수들이 죽었습니다. 나는 여러분 중에 어떤 이들이, 한때 좋아했던 죄가 지금은 너무나 구역질나는 것이 되어서, 다시는 그쪽 방향으로 탈선할 유혹을 느끼지 않는다고 증언할 수 있다는 것을 압니다. 설혹 그런 욕망이 여러분의 생각에 들어왔다고 해도, 여러분은 그것에 대항하였고, 분개하여 그것을 쫓아내 버렸습니다.

하지만 어떤 다른 죄들은 다루기가 훨씬 더 어렵습니다. 그들은 싸우려고 덤비며, 그들 중의 어떤 것은 목숨이 여러 개나 되는 듯이 보입니다. 그것들을 죽일 수가 없습니다. 여러분이 그것들을 죽였다고 생각할 때, 그것들은 일어나서 다시 당신 곁에 있습니다. 그것들은 철 병거들을 가졌다고 말할 수 있습니다. 이런 죄들은 오랜 습관을 통하여서 때로는 큰 힘을 얻는데, 이것이 곧 그들의 철 병거들입니다. "구스인이 그의 피부를, 표범이 그의 반점을 변하게 할 수 있느냐?"(렘 13:23). 아니요, 그는 결코 그럴 수 없으며, 오직 하나님의 은혜만 그런 변화를 가능하게 합니다. 하나님의 은혜는 많은 표범들의 반점들을 제거해왔으며, 수많은 구스인의 검은 피부를 변화시켜 왔습니다. 하지만 이따금씩 오래되고, 깊이 뿌리내린 습관들이 섬뜩한 부활에 의해 다시 무덤에서 일어납니다. 여러분이 기도하고 있을 때에, 불현듯 옛 노래의 기억이 떠올라 멈칫한 적이 없었습니까? 여러분이 하나님께로 아주 가까이 갔을 때, 별안간 한때 여러분이 빠졌던 더러운 것에 대한 기억으로 깜짝 놀란 적이 없습니까? 오랫동안 지배했던 습관의 힘이란 가공스러운 것입니다. 오랜 세월 동안 성장한 오크나무를 뿌리째 뽑기란 쉽지 않습니다. 이런 습관들이 철 병거들을 만들고, 여러분의 죄들이 그 안에 올라타고는, 우리의 거룩한 열망과 맹렬한 결심들의 끔찍한 원수들이 되는 것입니다.

어떤 죄들은 우리의 성격과 동질화됨으로써 그들의 철 병거들을 얻습니다. 어떤 형제들과 자매들은 몹시 성을 잘 냅니다. 평생을 사는 동안, 그들은 갑작스럽게 화를 내는 것과 입술로 분별없이 말하는 것을 주의해야 할 것입니다. 그들은 성급하고 예민하며, 이는 그 자체로는 심각한 악이 아닐 수 있습니다. 하지만 죄가 그 성급함과 예민함을 도구로 활용할 때, 악이 거기에서 나오게 됩니다. 신실한 하나님의 자녀들 중에서, 얼마나 많은 이들이 자신의 성급한 성미 때문에 오랜 세월을 뼈가 부러지는 듯이 괴롭게 신음해야 했는지요! 이런 성격적인 죄들에 대해서, 여러분이 변명해서는 안 됩니다. 내가 이에 대해 말하는 것을 여러분이 주의하기를 호소합니다. 많은 이들이 자신들의 성격적인 결함을, 결함이라기보다는 불가피한 증후에 지나지 않는다고 생각함으로써 파멸하고 말았습니다. 여러분은 어떤 죄에 대해서도 "나는 그것을 피할 수가 없어"라고 말해서는 안 됩니다. 여러분은 그것을 피해야 합니다. 여러분은 "오, 하지만 그것은 내가 타고난 것입니다"라고 말해서는 안 됩니다. 나는 그것이 타고난 것임을 압니다. 거기에 바로 여러분이 그것을 두 배로 주의해야 할 이유가 있습니다. 타고난 모든 것, 아아, 여러분의 타락한 본성에서 난 것은 그것이 최상일 때에도, 그리스도의 발밑에 정복되어야 합니다. 그래야만 은혜가 모든 형태의 악 위에 군림할 수 있습니다.

빈번하게도 철 병거들은, 어떤 죄는 갑작스럽게 여러분에게 돌진해 오고, 여러분에게 불의의 타격을 가한다는 사실에서 힘을 얻습니다. 만일 어떤 사람이 유혹을 알아차린다면, 그는 그것을 극복할 수 있을 것입니다. 하지만 유혹은 우리에게 미리 통고를 하지 않습니다. 그런 것을 우리가 예상할 수 있겠습니까? 선원은 자신에게 불어오는 모든 폭풍에 대해 미리 통보를 받을 것이라고 예상하지 않습니다. 전투 중인 군인은 자기를 향해 날아오는 모든 탄환에 대해 통보를 받을 것이라고 생각하지 않습니다. 어떤 장치로써 악한 자가 다가올 때마다 우리가 미리 그것을 감지할 수 있겠습니까? 유혹의 본질은 종종 그것의 갑작스러움에 있습니다. 우리가 항상 경성하여 있지 않으면 언제 딴죽에 걸릴지 모릅니다. 하지만 이런 이유 때문에 "나는 어쩔 수가 없었다"고 말해서는 안 됩니다. 우리는 더욱더 깨어 있어야 하고, 기도 속에서 더욱 하나님을 가까이 하며 살아야 합니다. 우리는 느린 형태의 공격에 맞서는 것만큼이나 갑작스러운 유혹에도 맞서야 합니다. 우리는 매일 같이 날아오는 화살로부터와 어둠 속에 돌아다니는 역병으로부터 보호받기 위해 주님을 바라보아야 합니다. 우리는 하나님께 부르짖어 은혜를 구해야 하며, 유혹의 돌풍이 어떤 방향에서 불더라도, 언제나 그리스도 안에서 발견될 수 있어야 하고, 그분 안에서 안식하며, 그분의 거룩한 능력의 보호를 받아야 합니다.

사랑하는 친구들이여, 때로는 이런 죄들이 다음의 사실에서 힘을 얻습니다. 즉 우리가 그것들에게 굴복하지 않으면, 그것들 때문에 비웃음을 초래할 수 있다는 사실입니다. 화형대에서 순교할 수도 있는 많은 참된 신자들이 비웃음을 참지는 못합니다. 많은 사람들이 조롱이나 빈정거림에 대단히 민감합니다. 그들은 조롱을 당하느니 차라리 채찍질을 당하는 것이 더 쉽다고 느낍니다. 그래서 어둠의 세력들은 그들을 냉소와 조롱과 비웃음과 헐뜯음으로 공격합니다. 이런 것들이 그들에게는 철 병거들과도 같습니다. 나는 오늘 밤 세례를 받게 될 우리의 군인 친구들이 그런 면에서 큰 어려움을 겪을 것이라고 생각합니다. 하나님께서 그들에게 병사(兵舍)에서 힘을 주시고, 그들을 사슬 갑옷을 입은 사람들처럼 되게 해 주시고, 칼이나 화살에도 상처를 입지 않는 사람들이 되게 해 주시도록 기도합니다. 설혹 가능하다고 해도, 나는 여러분이 어느 정도는 박해받는 것에서 보호받기를 원하지 않습니다. 군인은 싸워야 하지 않습니까? 나는 박해자를 위해서는 박해가 중단되기를 바랍니다. 하지만 박해를 견디는 여러분들을 위해서는 나는 여러분을 보호하기 위해 손가락 하나도 움직이고 싶지 않습니다. 왜냐하면 시련은 최상의 가치가 있는 교육이기 때문입니다. 싸움이 없다면 용사들도 볼 수 없는 것입니다. 형제들이여, 우리들 중에 어떤 이들은 너무나 오랜 동안 전투 속에서 살아왔기 때문에, 오히려 우리는 오래도록 공격을 받지 않는다면 조금 염려스럽게 느낄 정도입니다. 우리는 지금까지 거의 모든 욕을 들어왔습니다. 만일 아직까지도 다른 형태의 욕설이 남아있다면, 그 추잡한 말들이 우리 머리 위로 쏟아질 것을 기다리고 있습니다. 하지만 우리를 비방하고 욕하는 자들이 우리의 뼈 하나도 부러뜨리지 못했습니다. 그들은 우리의 신앙에 상처를 입히지 못했고, 우리의 소망을 꺾지도 못했으며, 우리의 사랑을 식게 하지도, 하나님과의 교제도 중단시키지 못했습니다. 정녕 우리는 불과, 모루와, 망치 덕택에 더 나아졌습니다. 우리의 적들이 그것들을 사용하였지만 결국엔 우리에게 좋은 일을 한 것입니다. 하나님을 더 가까이 하고, 그분을 더 신뢰하고, 그분 안에서 더욱 기뻐하는 일이, 종종 하나님의 자녀들에게는 불 가운데 있을 때에 찾아옵니다. 하지만 잔혹한 조롱의 시련은 죄가 철 병거를 가진 것처럼 보이게 합니다.

아마도 그리스도인에게 최악의 일들 중 하나는 어떤 죄들이 저항할 수 없는 것처럼 여겨진다는 것입니다. 그것은 만연한 오류이며, 아주 해로운 오류입니다. 이스라엘 백성들이 말했습니다. "이 철 병거들에 맞서려고 애쓰는 것은 아무 소용이 없습니다." 그래서 그들은 평지들을 가나안인들에게 넘겨 주었습니다. 그리스도인이 이렇게 말하는 것은 슬픈 재앙입니다. "저는 그것을 제외하고는 모든 면에서 착실할 수 있습니다. 그 부분에서는 저를 건드리지 마십시오. 당신은 그 면에서는 저를 상당히 묵인해 주셔야 합니다. 저의 특별한 기질에 대해서는 크게 아량을 베풀어 주시길 바랍니다." 그런 호소는 모두 해롭습니다. 자매여, 내 말을 들으십시오. 나는 당신의 입장을 참작할 것입니다. 하지만 당신에게 요청하건대, 당신 스스로를 위해서는 어떤 사정도 두지 마십시오. 내 형제여, 당신에게 호소합니다. 죄에 면허장을 발부하지 마십시오. 설혹 내가 당신과 마찬가지의 성정을 가진 사람으로서, 당신의 연약함을 동정하여 너그럽게 봐준다고 해도, 그것은 별개의 문제입니다. 당신 스스로가 자신의 죄에 아량을 베푸는 것은 당신의 영혼에 아주 해롭기 때문입니다. 당신이 관용을 주장하는 그 죄를 당신은 정복하고 멸해야 합니다. 이 점에 주의하십시오! 당신은 어떤 죄도 당신을 지배하도록 허용해서는 안 됩니다. 감히 그래서는 안 됩니다. 그것이 당신을 제압하는 것을 알더라도, 그렇다고 해서 당신이 그 죄에 빠져도 된다고 주장하지 마십시오. 오히려 정반대의 결론을 끌어내도록 하십시오. 즉 그것이 당신을 지배해 왔기 때문에, 당신은 온 힘을 집중하여 그것을 철저하게 멸해야 하는 것입니다. 죄를 쓰러뜨려야 합니다. 그것을 아껴보아서 살려두지 마십시오. 가나안 족속을 쫓아내야 합니다. 그 족속 중에서 가장 훌륭하고 아름다운 자도 칼에 쓰러져야 합니다. 우리 속에 단 하나의 죄라도 남아있다면 우리는 천국에 들어가지 못합니다. 하나님 보좌 앞에 있는 자들은 흠이 없는 자들이기 때문입니다(계 14:5). 우리가 저 진주 문을 통과하기 전에, 모든 점과 주름잡힌 것들이 우리에게서 제거되어야 합니다. 형제들이여, 여러분의 부르심을 보십시오. 그것을 잘 보십시오. 여러분은 하늘의 힘이 필요하지 않습니까? 그렇다면 성령을 구하십시오!

2. 그들은 쫓겨날 수 있다.

이제 두 번째의 주제로 넘어가겠습니다. 나는 우리가 그들을 쫓아내야 한다고 말했습니다. 두 번째 주제는 그들이 쫓겨날 수 있다는 것입니다. 나는 우리가 그들을 쫓아낼 수 있다고 말하는 것이 아니라, 그들이 쫓겨날 수 있다고 말합니다. 그것은 큰 기적입니다. 하지만 우리는 그것을 믿읍시다. 다른 큰 기사들도 이루어졌기 때문입니다. 먼저 여러분과 나는 죽은 자들 가운데서 살아났다는 것에 주목하십시오. 그렇지 않습니까? "그는 허물과 죄로 죽었던 너희를 살리셨도다"(엡 2:1). 만일 죽은 자가 살아났다면, 지금 살게 된 그 사람에게는 어떤 일이든 일어날 수 있는 것입니다. 새롭게 살아난 나사로의 얼굴에 씻겨질 수 없는 흠이 묻어 있다고 내게 말하지 마십시오. 나는 그렇게 믿지 않습니다. 그에게 곧게 펴질 수 없는 굽은 손가락이 하나 있다고 내게 말하지 마십시오. 죽은 자가 살아난 것을 보았다면, 나는 그 살아 있는 사람이 온전해질 수 있다고 확신합니다. 나사로를 죽은 자 가운데서 일으키실 수 있었던 분은, 그의 수의(壽衣)가 벗겨지도록 하실 수도 있고, 그를 약점들과 결점들에서 일으켜 세우실 수도 있습니다. 죽음에서의 부활은 그런 일이 가능하다는 증거입니다.

여러분은 또한 하나님의 능력으로 주 예수 그리스도를 믿도록 인도를 받았습니다. 여러분이 여러분의 마음속에 있는 하나님의 은혜의 결과로서 주 예수 그리스도를 믿었다면, 여러분이 할 수 없는 것이 무엇이 있겠습니까? 주 예수 그리스도를 믿는 것은 아주 단순한 일이라고 여러분은 말합니다. 나도 그것을 압니다. 하지만 그것은 또한 인간이 할 수 있는 가장 위대한 일이기도 합니다. 사람들은 예수님께 여쭈었습니다. "우리가 어떻게 하여야 하나님의 일을 하오리이까?"(요 6:28). 그러자 예수님이 대답하셨습니다. "하나님의 일은 이것이니" ─ 즉 하나님이 행하시는 것과 같은 일, 행할 수 있는 최상의 일을 말합니다 ─ "하나님께서 보내신 이를 믿는 것이니라." 만일 여러분이 믿을 수 있었다면, 여러분은 거룩해질 수도 있습니다. 믿음을 발휘하도록 여러분을 인도하신 분은, 여러분이 믿음으로 어떠한 불의라도 이길 수 있도록 여러분을 인도하실 수 있습니다.

다음으로, 여러분은 이미 많은 죄들을 정복했습니다. 여러분이 죽인 가나안인들의 무더기를 바라보십시오. 처음의 자리에서, 하나님께서 여러분의 영혼에 은혜의 역사를 시작하셨던 그 자리에서 시작해 보십시오. 그 때의 여러분과 지금의 여러분 사이에는 놀라운 차이가 있지 않습니까? 마치 가나안인들이 그들의 성벽 안에 웅크리고 있듯이, 여러분의 본성 안에 참호를 파고 숨어 있던 죄들이 있지 않았습니까? 하지만 여리고는 무너졌습니다. 불신앙과 죄악의 수많은 무리들이 여러분의 일상의 삶 속에 거주하고 있었지만, 여러분이 그것들을 쫓아내었습니다. 하나님의 은혜로써 여러분은 유혹에 저항하였고, 정욕에서 벗어났으며, 의심에서 일어났습니다. 여러분은 어린 양의 피로 말미암아 지금까지 이겨왔습니다. 여러분은 이렇게 말할 수 있습니다. "내 영혼아 네가 힘 있는 자를 밟았도다"(삿 5:21). 지금까지 여러분을 도우셨던 분이 확실하게 싸움의 끝까지 여러분을 도우실 수 있습니다. 하나님의 은혜의 강력한 힘을 의심하지 마십시오. 그 은혜의 힘이 많은 일을 이루었고, 여전히 더 많은 일을 이룰 수 있습니다. 강하고 담대하십시오. 만군의 주께서 여러분 곁에 계십니다.

　여러분은 다른 그리스도인들이 승리하는 것을 보아왔지 않습니까? 오, 영적인 과정의 초기에 우리가 큰 약점들과 죄들을 볼 수 있었던 형제들과 자매들이 지금은 얼마나 성장했습니까! 그 기억이 지금 여러분을 꾸짖고 분발시키기를 바랍니다! 그들이 타고난 죄들을 얼마나 정복했는지요! 이 교회의 어떤 지체들을 생각하면 내 눈에 눈물이 고입니다. 그들 중에 어떤 이는 지금 천국에 있고, 더러는 아직 우리와 함께 있습니다. 나는 그들이 과거에 어떤 사람이었고, 지금은 어떤 사람이 되었는지를 기억합니다. 그들이 같은 사람들이라는 것을 거의 믿을 수 없을 정도입니다. 격렬한 기질이 온순하게 되었고, 강한 욕망이 억제되었으며, 심한 우울증세가 떠나갔습니다. 그들이 처음에 교회에 참여했을 때, 그들은 선하고, 쓸모 있고, 건전한 사람들이었지만, 배(열매로서)가 너무 단단했습니다. 도저히 이 사이에 넣고 씹을 수가 없었습니다. 그들은 단단하고, 고집스럽고, 완강했습니다. 그 과실은 단단할 뿐 아니라 시기도 했습니다. 그들의 모든 열정에도 불구하고 그들은 시고, 강렬했으며, 부드러운 맛과는 정반대였습니다. 하지만 이제 그들은 얼마나 달콤하게 되었는지요! 잘 익어서 향긋한 냄새가 그들에게서 얼마나 풍기는지요! 그들은 천국의 큰 잔치에 올려져도 좋을 만큼 잘 준비가 되었습니다! 하나님께서 그들을 위해 하신 일을 그분은 여러분을 위해 하실 수 있습니다. 그분은 그 완고함을 여러분에게서 몰아내실 수 있습니다. 떫은 맛과 신 맛을 그분은 은혜롭게 제거하실 수 있습니다. 우리 가운데 있는 각 사람은 적어도 한 짝의 생생한 슬리퍼를 다 닳도록 만들어야 합니다. 그것들을 다 닳아지게 했을 때, 그는 여행용 복장으로서 더 나은 것을 착용할 수 있을 것이며, 그의 발은 "평안의 복음이 준비한 것으로 신을 신을" 것입니다(엡 6:15). 우리는 일반적으로 처음에는 바보 장화(fool's boots)를 신고 출발하지만, 어리석은 자를 지혜롭게 하시는 하나님께서 결국에는 우리를 온전한 사람들로 만들어 주실 것입니다. 아기들을 가르치시는 분이, 마침내 그들의 입으로 그분의 말씀을 강력하게 증언하게 하실 것이며, 동일한 일을 우리에게도 하실 수가 있습니다.

사랑하는 이여, 우리는 지금 어떤 것이 될 수 있고 어떤 것이 될 수 없는지에 대해 이야기하는 중입니다. 우리가 그에 대해 생각해 보았던가요? 우리는 전능하신 분과 교제하며, 따라서 그분과 함께라면 모든 것이 가능합니다. 나는 지금 진행 중인 싸움을 보고 있다고 생각합니다. 적이 우세하게 보입니다. 그리고 겁에 질린 십자가 병사들이 낙심하고 있습니다. 들으십시오! 여러분은 아직 여러분의 비장의 무기를 뽑지 않았습니다. 여러분은 부르면 들리는 곳에 하나님의 영원한 능력이 있고, 그 능력이 여러분이 모든 악에 대항하여 싸울 때 여러분을 돕기 위해 대기하고 있다는 것을 알지 못합니까? 비장의 무기를 뽑으십시오! 여러분의 위대한 동맹자에게 이 절박한 때에 증원군을 보내 주시도록 요청하십시오. 더 많은 은혜를 주시도록 주께 호소하십시오. 여러분이 그분의 손에서 생명을 얻었듯이, 그 생명을 더욱 풍성히 얻도록 기도하십시오.

사람이 얼마나 거룩해질 수 있는지를 아는 사람이 있습니까? "장래에 어떻게 될지는 아직 나타나지 아니하였도다"(요일 3:2). 하나님은 우리에게 기도하도록 은혜를 주시고, 경성하고, 믿으며, 기대하도록 은혜를 주십니다. 내 사랑하는 형제 윌리엄스(Williams)의 기도가 충분한 대답이 될 것인데, 그는 조금 전 이렇게 기도했습니다. "우리 중에 가장 약한 자를 다윗처럼 되게 하시고, 다윗과 같은 자를 하나님의 천사처럼 되게 하소서."

하나님이여 우리를 도우시어, 가나안 족속이 쫓겨날 수 있다고 느끼게 하소서!

3. 그들은 쫓겨날 것이다.

마지막 세 번째로 다룰 것은, 그들이 쫓겨날 것이다는 주제입니다. 그들은 쫓겨나야 하고(must be), 쫓겨날 수 있으며(can be), 쫓겨날 것입니다(shall be driven out).

　"그들은 쫓겨날 것이다." 그것은 군주의 어투입니다. "~해야 한다(must)"는 왕의 용어이고, "~되리라(shall)"는 왕 중 왕의 용어입니다. 우리는 감히 그렇게 말할 수 있습니다. 왜냐하면 우리는 왕 중 왕의 주권적인 어투를 되풀이하는 것이기 때문입니다. 이것이 그리스도께서 죽으신 목적입니다. 그분은 교회를 사랑하셨고, 교회를 위해 자신을 주셨습니다(엡 5:25). 이는 곧 물로 씻어 말씀으로 깨끗하게 하사 거룩하게 하시고, 자기 앞에 영광스러운 교회로 세우사, 티나 주름 잡힌 것이나 이런 것들이 없이 거룩하고 흠이 없게 하려 하심이었습니다(엡 5:26-27). 그리스도께서는 자기 백성을 구원하기 위해 죽으셨습니다. 그들의 죄 중의 일부로부터가 아니라, 그들의 모든 죄로부터 구원하시기 위함입니다. 그분의 보혈이 모든 죄에서 깨끗하게 하십니다. 그분의 완벽한 속죄가 그의 성도들의 완전을 보증합니다. 그리스도의 죽음으로 인해 죄의 죽음이 보증되었습니다. 오늘밤 이와 같이 뜨겁게 기도하도록 합시다.

> "당신의 옆구리에서 흐르는
> 　그 물과 그 피로써,
> 　이중으로 죄에서 구원하셨으니,
> 　죄책과 죄의 권능에서 우리를 씻어 주소서."

　형제들이여, 이것이 그리스도께서 사시는 목적입니다. 하늘에서 그분은 우리를 위해 간구하고 계십니다. "자기를 힘입어 하나님께 나아가는 자들을 온전히 구원하실 수 있으니, 이는 그가 항상 살아 계셔서 그들을 위하여 간구하심이라"(히 7:25). 그분의 마음의 소원은 우리가 죄로부터 보전되는 것입니다. "거룩하신 아버지여, 당신의 말씀으로 그들을 보전하소서." 비록 사탄이 그들을 밀 까부르듯 하기를 원하지만, 그분은 여전히 그들이 보전되기를 간구하십니다. 하늘에 계신 그리스도는 우리가 장차 그렇게 될 모범(pattern)이십니다. 그분은 우리를 그분 자신의 원형을 따라 빚으시는데 실패하시지 않을 것입니다. 우리는 언젠가 그분의 형상을 온전히 닮을 것이며, 그때 우리는 그분과 더불어 영광 중에 거할 것입니다. 우리 주님의 영예는, 그분의 모든 성도들을 점도 없이 정결하게 하여, 그분의 영광스러운 혼인날에 나타나도록 하는 것에 달려 있습니다.

이것이 성령이 주어진 목적입니다(This is what the Holy Spirit is given for). 그분이 우리 마음에 들어오시게 된 것은, 우리의 죄 속에서(in) 우리를 위로하기 위함이 아니라, 우리를 모든 악에서 건져내시기 위함이며, 그리스도 예수 안에서 우리를 위로하시기 위함입니다. 그분은 살리시고, 지도하시며, 도우시고, 조명하십니다. 그분은 수많은 일을 행하십니다. 하지만 그분이 하시는 주된 일은 우리를 거룩하게 하시는 것입니다. 그분은 우리 마음에 오셔서 그곳을 지배하려는 다른 모든 세력을 몰아내십니다. 하나님께서 자기 성전에 거하시듯이 여러분 안에 거하시는 살아 계신 하나님의 성령에 의해 모든 다곤이 깨어지도록, 모든 바알의 제단이 무너지도록, 모든 황금 송아지가 땅에 던져져 가루가 되도록, 부르짖어 기도하기를 호소합니다.

오 형제들과 자매들이여, 지금 이후로부터는, 어떤 죄도 우리 마음에 들어왔다가 나가도록 통행증을 발부하는 일이 다시는 없도록 합시다. 우리는 어떤 인가된 죄도 없도록 할 것입니다. 악이 체류를 주장할 수 있는 장소는 없을 것입니다. 우리는 불법에게 여분의 침대를 제공하지 않을 것이고, 집 바깥 헛간이든 별채이든 그것의 숙박을 허용하지 않을 것입니다. 한가롭게 "나는 그 악한 습관을 극복할 수가 없네요"라고 말하지 맙시다. 당신은 그것을 극복할 수 있습니다. 그것을 극복해야만 합니다. 이렇게 말하지도 마십시오. "나는 거기까지 한계를 정하려고 합니다. 나는 정말이지 저 한 가지 특별한 잘못만은 용인할 수밖에 없습니다." 그것을 용인하지 마십시오! 그것이 당신을 파멸시킬 것입니다. 어떻게 당신이 "나는 그 정도의 독은 마셔야만 한다"라고 말할 수 있습니까? 그것에 손도 대지 마십시오. 오, 죄의 독을 당신의 입술 가까이에 대서는 안 됩니다. 아무리 그것이 육적인 취향에는 달콤하게 보이더라도 말입니다!

이것이 우리가 여러분에게 전하는 복음의 목적입니다. 여러분이 죄와 힘써 싸우지 않는다면 우리는 헛되이 복음을 전한 것입니다. 우리의 복음은 거룩한 복음입니다. 만약 그것이 여러분을 거룩하게 하지 않는다면, 그것은 여러분을 위해 아무것도 하지 않은 것입니다. 특별히, 이것이 침례식의 의미이며, 지금 그 의식을 위해 침례용 풀(pool)이 개방되었습니다. 신자들이 받는 세례(침례)의 의미들 중의 하나는 여러분이 이후로는 그리스도와 함께 장사되었다고 하는 것입니다. 여러분의 오랜 죄들에 대해 죽고, 새 생명 안에서 그리스도와 더불어 살게 되는 것입니다. 여러분이 여전히 죄 속에서 살아가고 있다면 그 얼마나 어처구니없는 일입니까! 만일 과거처럼 여전히 죄 가운데 사는 여러분을 내가 본다면, 나는 차라리 여러분 누구에게도 세례를 베풀지 않았더라면 하고 바랄 것입니다. 만일 여러분과 내가 불경건하다면, 우리는 우리 신앙의 치명적인 부분을 찌르는 것이고, 우리의 신앙 고백을 죽이는 셈이 됩니다. 우리 속에 있는 어떠한 죄이든지 우리가 그것을 허용하기로 작정할 때, 우리는 그만큼 그리스도를 부인하는 것이며, 그분의 영혼의 수고한 것을 거절하는 것입니다(참조. 사 53:11). 불경건한 것처럼 하나님의 영을 근심하게 하는 것은 없습니다. 또한 그리스도의 제자들이 그분의 발자취를 따라 걷는 것만큼 그리스도를 기쁘시게 하는 것은 없습니다.

　　나는 이와 같은 주제에 대해 좀 더 교훈적으로 말할 수 있기를 바랍니다. 하지만 나는 나 자신에게 말합니다. 나는 내가 고백하는 대로 진리의 영향력을 느낍니다. 내가 여기 참석한 모든 사람들에게 말하는 것에 실제적인 결과가 따르기를 기도합니다. 물론 나는 나보다 믿음에서 앞선 많은 사랑하는 형제들에게도 말합니다. 사랑하는 친구들이여, 힘을 얻고 또 얻어 계속해서 앞으로 나아가십시오! 모든 어둠의 권세들을 밟을 수 있도록, 신속하게 승리를 얻도록, 주께서 여러분을 도우시길 빕니다! 한편으로 나는 믿음에서 나보다 훨씬 뒤진 다른 사람들에게도 말합니다. 나는 여러분이 그런 상태인 것에 유감입니다. 왜냐하면 나 역시도 비록 온 마음을 다해 달려가고 있지만, 아직 이르러야 할 목표로부터는 멀리 떨어져 있기 때문입니다. 만일 여러분이 살아 계신 하나님의 살아 있는 자녀들이라면, 이 약속을 붙드십시오. "네가 번성하여 그 땅을 기업으로 얻을 때까지 내가 그들을 네 앞에서 조금씩 쫓아내리라"(출 23:30). 여러분이 히위 족속과 여부스 족속 모두를 오늘 정복하지 못하더라도, 최소한 그들 중 하나를 쓰러뜨리고, 그 다음에 나머지 하나도 쓰러뜨리십시오. 하나님의 강력한 은혜가 ― 그것이 없이는 여러분이 아무것도 할 수 없습니다 ― 여러분으로 칼집에서 칼을 뺀 상태를 유지하도록 도우시기를 바라며, 여러분의 힘을 최대로 발휘하여 죄의 심장을 찌르게 해 주시기를 바랍니다. 마침내 최후의 죄가 그리스도의 발 앞에 죽어 누울 때까지 그분이 여러분을 도우시기를 바라며, 또한 그분이 여러분을 온전히 거룩하게 하신 것 때문에 여러분이 온전히 행복해지기를 바랍니다. 여러분이 일단 온전함의 지점에 이르면, 죄로 더러워진 이 땅의 삶을 멈추는 것에 대해 두려움이 없습니다. 온전히 성화된 자들에게는 이 땅은 가련한 세상이기 때문입니다. 하나님께서는 그분의 익은 곡식을 너무 오래도록 들판에 방치하지 않으십니다. 그들이 충분히 그럴 준비가 되었을 때, 그분은 곡식 단을 자기 곳간에 들이십니다. 우리는 곧 그분이 계신 곳에 있게 될 것이며, 그 때 우리는 그분처럼 될 것입니다. 하나님께서 예수님을 위하여 그런 은혜를 주시길 빕니다. 아멘.

제
9
장
—

결심—여호수아의 사례에 의해 예증됨

—

"오직 나와 내 집은 여호와를 섬기겠노라." — 수 24:15

여호수아는 그를 둘러싸고 있는 사람들을 알았습니다. 그들은 외면상으론 여호와를 섬기고 있었지만, 그들 중 다수가 은밀하게 그들의 메소포타미아 조상들의 오랜 우상들을 섬기고 있었습니다. 그들의 드라빔(teraphim, 가신상/家神像)은 한때 라헬의 장막 안에 감추어졌고(참조. 창 31:19) 야곱 집안에서 제거되지 않았습니다. 그들 중의 일부는 애굽의 문장들(emblems)을 감추고 있었고, 또 다른 일부는 그들이 쫓아낸 족속의 우상들을 숭배하는 것에 빠져들었습니다. 그들의 거주지에는 바알의 우상들이 세워져 있었습니다. 그 백성은 명목상으로는 여호와를 섬기는 자들이었습니다. 하지만 실제 행동에서는 그들 중에 많은 이들이 이상한 우상들을 섬기는 길로 빗나갔습니다. 가장 좋았던 시절에도, 이스라엘 백성이 우상들과 완전히 결별한 적은 없었습니다. 스데반이 말하기를, 그들은 광야에서조차 몰록의 장막과 우상 레판의 별을 받들고, 그 형상들을 절하려고 만들었다고 했기 때문입니다(행 7:43). 이제, 철저하고 확고하며 솔직한 사람으로서 두 마음을 품는 것을 참을 수 없었던 여호수아는, 그들에게 여호와를 진실하게 섬기든지, 그게 싫다면 그들이 새겨 만든 우상을 전적으로 섬기라고 다그치면서 결심을 촉구합니다. 그는 그들에게 이것이냐 저것이냐의 결단을 요구하면서 외칩니다. "만일 여호와를 섬기는 것이 너희에게 좋지 않게 보이거든, 너희 조상들이 강 저쪽에서 섬기던 신들이든지 또는 너희가 거주하는 땅에 있는 아모리 족속의 신들이든지 너희가 섬길 자를 오늘 택하라." 그는 그들을 참 하나님과 우상들 사이에서의 당장의 선택으로 몰아붙이며, 그들에게 어중간한 상태에서 가만히 있는 것을 허용하지 않습니다. 갈멜 산에서 엘리야의 외침을 예고하면서, 그는 실질적으로 이렇게 요구하고 있습니다. "너희가 어느 때까지 둘 사이에서 머뭇머뭇 하려느냐? 여호와가 만일 하나님이면 그를 따르고 바알이 만일 하나님이면 그를 따를지니라"(왕상 18:21). 그는 결심을 요구하고 있고, 그것이 정당합니다. 그런 문제가 미결된 상태에서 땅이든 하늘이든 조용할 수가 있겠습니까? 그들의 결심을 밝히도록 재촉하기 위해, 그는 자신의 입장을 선언합니다. 한 사람의 개인적인 본보기는 말의 힘을 넘어서는 웅변입니다. 저 위대한 노인의 말을 들어보십시오. 그는 외칩니다, "너희는 주저할지 몰라도, 내 마음은 확고하게 정해졌다. 너희가 어찌할 것인지 판단하라. 내 판결은 이미 내려졌고, 내 자녀들도 거기에 동의했다. 나와 내 집은 여호와를 섬길 것이다. 우리는 가나안의 귀신들이나 애굽의 신화들을 존중하지 않을 것이다. 그 우상들은 그것들을 섬기는 자를 지켜주지 못한다. 우리의 마음은, 우리를 애굽에서 이끌어 내셨고, 또한 이 땅을 우리에게 기업으로 주신 아브라함과 이삭과 야곱의 하나님께 충실할 것이다. 나 자신과 내 아들들과 내 딸들의 입장에 관해서는, 주사위가 던져졌다. 우리는 오직 여호와만을 섬길 것이다." 여호수아 편에서의 이 분명한 공언은 웅변상의 책략이 아니며, 그의 청중에게 영향을 끼치려고 처음으로 내린 결정이 아니었습니다. 그는 그렇게 살아왔고, 그랬기에 그의 선언은 듣는 자들에게 무게가 있었습니다. 그렇지 않다면 그가 그렇게 말하는 것은 소용없는 일이 되고 말았을 것입니다. 그는 언제나 확고한 입장과 결의에 찬 마음을 가진 사람이었습니다. 아마도 이것이 모세가 그를 수하로 삼아, 자기를 개인적으로 시중들게 했던 이유일 것입니다.

그의 확고함은 열두 정탐들 중의 하나로서의 그의 행동에서도 아주 분명하게 드러났습니다. 다른 사람들은 그 땅에 대해 나쁜 보고를 했습니다. 하지만 여호수아와 갈렙은 그렇지 않았습니다. 비록 그들은 열에 반대되는 둘에 불과했지만, 그럼에도 그들은 담대하게 그들의 증언을 지속하였습니다. 사람들이 그들을 돌로 치자는 말을 할 때에도, 그들은 잠시도 말을 더듬지 않았고, 오히려 그들의 양심에 끝까지 충실했습니다. 오직 이 두 사람만이 광야의 무덤 터에서 살아남았던 것은, 오직 그들만이 광야의 죄로 더럽혀지지 않았기 때문입니다.

여호수아는 또한 전사로 간주됩니다. 그는 여호와의 싸움을 싸우기 위해 부름을 받았기 때문입니다. 여러분은 그가 한결같이 주님의 좋은 군사였음을 발견할 것입니다. 그가 어떠한 군사였는지요! 이후 시대에 사울은 저주받은 아말렉 자손을 살려두려 했습니다. 하지만 여호수아는 그렇지 않았습니다. 모세가 기도하는 그의 팔을 들어올리는 동안, 여호수아의 칼은 그 직무의 수행을 멈추지 않았습니다. 이스라엘이 가나안 족속을 공격하기 위해 요단을 건넜을 때, 그는 여호와께로부터 이 무법한 민족들을 멸절시키라는 명령을 받았고, 그 일을 철저하게 수행했습니다. 그는 이 전쟁에 너무나 열성적이었기에, 싸움의 날이 그에게 충분히 길지 않았습니다. 그래서 그는 태양과 달을 향하여 여호와의 싸움을 다 마칠 때까지 멈추라고 명하였습니다. 여호수아는 그의 친구 갈렙처럼 “여호와를 온전히 따랐습니다”(민 14:24). 아마도 그는 “철저하게(thorough)”라는 말을 그의 모토로 삼았을 것입니다. 그는 여호와께 속했습니다. 마음과 성품과 뜻과 힘을 다해 그러했습니다. 모세의 후계자로서, 또한 주 예수님의 예표(type)로서, 그는 열심(zeal)을 외투 삼아 입었으며 충실(fidelity)을 그의 의복으로 갖추어 입었습니다. 그에게 지정된 의무는 군인다운 엄격함과 흔들리지 않는 확고한 태도로 수행되었습니다. 그는 확고한 마음과 단단한 손을 가졌습니다. 그는 강하고 용기 있는 사람이었고, 주님께서 그와 함께 하셨습니다. 저 이스라엘의 지도자이자 노(老) 전사가 “나와 내 집은 여호와를 섬기겠노라”고 한 것은 공허한 허풍이 아니었습니다.

우리는 여호수아에게 있던 충실(忠實)을 칭송합니다. 또한 당시에 그에게 그것이 필요했다는 것을 인정합니다. 하지만 아마도 우리는, 하나님을 위한 결심이 그때와 동일하게 요구되지 않는 시대는 결코 없었다는 것을 잊어버리는 듯합니다. 다른 사람에게 있는 충실을 칭송하는 것은 좋지만, 그것을 우리 자신이 소유하는 것이 훨씬 좋습니다. 모든 시대에 있어서 사람들은 하나님과 진리를 위하여 그들의 입장을 분명하게 취해야 합니다. 에덴 바깥의 최초의 가정에서, 아벨은 그의 형의 본보기에 항의할 필요가 있었고, 그 결과로 죽임을 당했습니다. 에녹은, 모두가 이 세상 방식을 따라서 행할 때에, 담대하게도 홀로 되어서, 하나님과 동행하였습니다. 노아는 악이 관영한 중에서도 하나님을 믿었으며, 모든 사람들이 그의 경고를 조롱함에도 불구하고, 오랜 세월 동안 인내하며 방주를 예비하였습니다. 아브라함은 하나님의 명령에 따라 본토 친척 아비 집을 떠났고, 순례자와 나그네가 되어서, 홀로 거하면서 본토 사람들의 구성원으로 간주되지 않았습니다. 그의 삶은 위대했습니다. 단호한 믿음이 그를 강한 사람으로 만들었을 뿐 아니라, 족장들 중에서도 방백이 되게 했습니다. 각 시대마다 마음이 확고한 사람들이 있습니다. 그들은 주님을 신뢰하면서 더 연약한 성도들이 나아갈 방향을 조정하는 경계표(landmark)가 되는 자들이며, 사람들의 야단법석을 소용없게 만드는 바위와 같은 자들입니다. 모세를 보십시오. 그는 그리스도를 위하여 받는 수모를 애굽의 모든 보화보다 더 큰 재물로 여겼으며, 느려터진 백성을 행동하도록 자극하고, 폭군에 당당히 맞섰고, 이스라엘을 광야로 인도했습니다. 은혜가 그를 얼마나 기품 있는 자로 만들었는지요! 그는 확고하게 옳은 것과 진리 편에 섰으며, 그럼으로써 하나님의 온 집에서 신실하였습니다(히 3:5). 사사들을 쭉 살펴보아도, 여러분은 그들이 여호와 하나님을 위하여 결의에 찬 사람들이었음을 발견합니다. 그렇지 않았다면 그들이 결코 이스라엘을 구원하지 못했을 것입니다. 사무엘과 다윗, 나단과 엘리야를 기억하십시오. 그 디셉 사람의 머리에는 그가 이스라엘의 여호와 하나님을 위하여 열심이 특심했던 것으로 인해 얼마나 큰 영예의 띠가 둘러져 있는지요! 그는 시류에 편승하는 자가 아니었으며, 이세벨과 아합도 그것을 잘 알았습니다. 훗날의 다니엘도 결심의 훌륭한 모범입니다. 그는 죽음의 위험이 다가오는 것을 사전에 알고도 창문을 열고서 기도했습니다. 느부갓네살의 황금 신상에 절하기보다는 차라리 맹렬하게 타는 풀무에 도전하기로 했던 저 경건한 세 명의 소년들도 우리 앞에 있습니다. 신약성경에서는 세례 요한이 그의 결연한 충실로써 맨 앞줄에 일어섭니다. 빌라도는 그의 우유부단 때문에 영원한 수치로 떨어집니다. 바울은 명성이 자자한데, 반면에 "거의 설득되었던"(참조. 행 26:28) 아그립바는 잃어버린 자로서 잊혀졌습니다. 각 시대마다 결심은 필요한 것이었습니다. 굽히고 절하고 아첨하는 것은 수치스러웠지만, 쇠기둥과 놋 성벽처럼 굳게 서는 것이 안전하고 명예로웠습니다. 오늘날도 동일한 확고함이 필요합니다. 우리 역시 우리의 입장을 분명히 취해야 하고, 마치 땅에 뿌리를 내린 것처럼 그 입장을 굳게 지켜야 합니다. 오 복된 영이시여, 우리에게 이러한 은혜를 주소서! 신실하신 구주시여, 당신의 형상을 우리에게 새기시어, 우리도 역시 죄에 맞서서 피 흘리기까지 싸울 수 있게 하소서!

내 설교는 이런 식으로 진행될 것입니다. 주님을 위한 결심! 나는 그것을 설명하고, 칭송하고, 요구할 것입니다.

1. 주님을 위한 결심의 설명

첫 번째로, 그것을 설명하고자 합니다. 그것은 많은 것들을 의미합니다. 그 모든 것이 하나님의 은혜로써 우리 안에 이루어져야 합니다. 은혜가 아니면, 우리가 그 모조품들을 가질 수는 있어도 진정으로 그것들을 소유하지는 못합니다. 결심이란 우선, 모든 망설임이 사라진 것입니다. 사려 깊은 생각이 마치 균형상태의 저울처럼 매달려 있는 시기가 있는데, 그 때는 저울이 어느 방향으로 기울지가 의문입니다. 우리가 시험하고 검증할 때가 있으며, 그 때는 정련(精鍊)을 위한 도가니가 석탄불 위에 놓여지게 됩니다. 이런 시기를 지혜롭고 신속하게 통과하는 것은 큰 은혜입니다. 여호수아의 경우에는 이런 시기가 모두 끝났습니다. 그는 모든 것들을 검증하는 단계를 마쳤으며, 선한 것을 굳게 붙드는 단계에 이르렀습니다. 저울은 더 이상 균형 상태가 아닙니다. 저울은 하나님과 그분의 대의(大義)를 위한 쪽으로 기울었으며, 그 상태에서 더 이상 움직이지 않습니다. 여호수아는 자신의 마음을 결정했으며, 그는 자신의 마음을 알고 있습니다. 의심은 오래 전에 사라졌고, 토론은 최종적으로 끝났고, 결정이 내려졌습니다. 그에 따른 행동은 약간의 미적거림도 없이 강력하고도 격렬합니다.

사랑하는 친구들이여, 우리 각 사람은 정녕 이런 때에 있습니다. 특히 우리 중에 장년기에 이른 사람들에게는 결단성 없는 변덕의 시기가 지났습니다. 우리가 망설이고, 심사숙고하며, 경박스럽고, 미적댔던 것은 충분하지 않습니까? 이런 것들을 위해서는 충분한 시간이 흘렀습니다. 이미 그런 시기는 충분히 길지 않았던가요? 오 여행자여, 만약 지금 태양이 천정(天頂)에 있다면 어느 쪽으로 걸을지를 빨리 결정하지 않고, 여행을 재촉하지 않을 것입니다! 선원이여, 만약 당신이 닻을 아주 길게 내려놓았다면 항해가 지체될 것입니다! 순풍이 부는 시기는 지나가고 있는데, 아직 당신의 돛은 바람을 제대로 받지 못합니다. 당신은 아직 이 문제를 해결하지 못했습니까? "어느 항구를 향해 나아갈까? 무슨 짐을 내 배에 실을까?" 우리의 삶이 "나는 무엇이 될까?"라는 질문을 끝없이 반복하는 것으로 마치는 것입니까? 만일 우리가 풍향계처럼 위치를 바꿀 수 있고, 환경의 노리개가 될 수 있다면, 무정견(無定見)이 쓸모가 있겠지만, 그러나 사람에게는 결심이 불가피합니다. 사람은 자신이 어디에 있고 어디를 향해 가고 있는지를 알아야 합니다. 만일 그가 예수님께 대한 확고한 믿음으로써 의심을 철회하고, 또한 주님을 섬기는 일에 대한 온전한 헌신으로써 망설임을 종식하였다면, 그것이 그에게는 구원의 한 증거일 것입니다. 오, 우리 가운데 있는 모든 남자와 여자들이 하나님의 은혜로써 이런 지점에 이르기를 바랍니다. "오직 나와 내 집은 여호와를 섬기겠노라."

이러한 마음의 상태는 다른 사람들의 악한 영향력에 좌우되지 않음을 보여줍니다. 우리가 어릴 때에는 모든 손길에 의해 영향을 받습니다. 우리는 마지막 정보 제공자가 우리에게 말해 주는 것을 믿습니다. 우리의 판단력은 부모와, 학교 선생님들과, 어른들에 의해 좌우됩니다. 하지만 우리가 성인 남녀가 되었을 때는 어린아이의 일들을 버립니다. 우리는 다른 사람들의 판단력에 기대려는 성향을 버려야 하고, 이제는 우리 자신의 이해력을 활용해야 합니다. 그렇지 않다면 우리에게 지각(知覺)이 주어진 이유가 무엇이겠습니까? 하나님께서는 우리를 인도하실 준비가 되어있습니다. 하지만 그분은 우리가 그분에게 부르짖기를 원하시며, 우리의 동료들의 발자국이나 따르는 것을 바라지 않으십니다. 우리는 은혜로써 깨달아진(illuminated) 마음과, 하나님을 위해 결의에 차고 진리 안에서 확립된 마음을 갖도록 힘써야 합니다. 그런 다음 우리는 하나님과 그분의 진리를 위해 우리 자신의 길을 개척해야 하고, 그 길에서 외로이 걸어야 한다 해도 그것을 아주 큰 고난으로 여기지 말아야 합니다. 사람은 마치 서로 연결되어 일렬로 늘어선 가옥들 중의 하나처럼 되어서는 안 됩니다. 그런 가옥은 우편이나 좌편의 가옥이 하나라도 없어지면 연쇄적으로 붕괴될 수 있습니다. 오히려 그는 전적으로 독립적인 가옥이 되어야 하며, 그래서 또 다른 집이 버팀벽이 되어주지 않더라도 사면의 모든 벽들이 스스로 설 수 있도록 해야 합니다. 오호라, 이런 위치에 도달한 사람들이 거의 없다는 것을 나는 염려합니다. 대부분의 사람들은 연약한 가축 떼처럼 그들 자신의 생각은 전혀 없이 그들의 지도자들을 추종합니다. 눈먼 지도자들이 그들을 수렁 속으로 이끌 때에 그들에게는 화가 미칩니다. 세상의 위대한 안내자는 유행입니다! 또한 세상의 우상은 체면입니다. 이 두 유령들에 대해서, 용감한 사람들은 조소합니다. 무엇을 해야 하는지를 알기 위해 이 사회를 둘러보는 자들이 여러분 중에 얼마나 많습니까? 여러분은 시대의 보편적인 추세를 관찰하고, 그리고는 그 흐름에 자기를 맡기고 떠내려갑니다. 여러분은 대중의 풍문을 연구하고, 여러분의 돛을 그 바람의 방향에 맞춥니다. 진정으로 장성한 사람은 그렇게 하지 않습니다. 여러분은 묻습니다. "이것이 유행인가요?" 그리고 그것이 유행이라면 반드시 거기에 따라야 합니다. 유행은 대중의 법칙입니다. 하지만 그것은 바보들의 공통적인 합의에 불과합니다. 세상은 의복에서 뿐만 아니라 종교에서도 유행을 가지고 있으며, 여러분 중에서 많은 이들이 그 영향력을 느끼고 있습니다. 만약 여러분이 그리스도의 백성들 가운데서 지내왔다면, 여러분 중에 더러는 지금보다 앞서 신앙 고백을 했을 것입니다. 하지만 그와는 정반대로 불경건한 자들 가운데서 지내왔다면, 비록 여러분이 그리스도를 향한 약간의 소원을 가지고 있다 해도, 여러분은 악한 영향력에 의해 망설일 것입니다. 여러분은 탁아소와 젖병에 어울리는 아기들에 불과하지 않습니까? 여러분이 남자라면, 여러분 자신의 발로 서려고 할 것이며, 팔에 안기는 것을 필요로 하지 않을 것입니다.

> "용감하게 다니엘이 되고,
> 용감하게 홀로 서라!
> 용감하게 참된 목적을 가지고,
> 용감하게 그것을 알리라!"

세상의 나머지 모든 사람들이 우리와 더불어 잃은 자가 되어도, 그것이 우리의 영원한 고통을 조금도 줄여주지 않습니다. 오히려 지옥에서의 동반은 위로와는 정반대입니다! 우리가 유행 때문에 천국을 잃어버린다면, 다른 사람들도 역시 그것을 잃었다는 것이 우리에게는 전혀 위로가 되지 못합니다. 우리는 홀로 태어났으며, 홀로 죽고, 홀로 심판을 받을 것입니다. 우리의 최선의 판단력으로 우리의 영혼의 문제를 조사해 보기를 시작해야 할 때입니다. 더 이상 바람 속의 시든 잎이 되거나, 급류 속의 통나무가 되어서는 안 됩니다. 하나님은 각 사람에게 양심을 주셨고, 각 사람에게 마음을 주셨습니다. 하나님은 사람들이 그들의 개인적인 양심을 질식시키는 것과, 그들의 마음을 다른 사람들에 의해 형성되도록 하는 것을 허용하지 않으실 것입니다. 그분은 그들에게 개인적으로 판단력과 이성과 마음의 올바른 사용에 대해 책임을 물으실 것입니다. 이것을 분명히 기억하십시오. 오, 선생들이여, 우리 모든 사람들이 스스로 주님을 알기를 바랍니다. 많은 여행자들이 가는 넓은 길을 버리고, 생명으로 인도하는 좁은 길을 담대하게 걸을 수 있기를 바랍니다!

하나님을 위한 바른 결심은 깊고, 냉정하고, 분명하고, 확고하며, 충분한 근거를 가지고, 엄숙하게 내리는 것입니다. 여호수아는 그의 결심을 가볍게 말하지 않습니다. 그는, 많은 전투에서 상처를 입고, 햇볕에 노출되어 구릿빛이 되고, 다양한 경험으로 백년 이상을 산 듯이 주름살이 패인 굳센 전사들의 얼굴을 응시합니다! 그는 실없는 소리나 하는 사람처럼 바라보지 않았고, 그 입술로 사랑의 노래를 떨리듯이 부르는 자처럼 말하지 않습니다. 그는 군대장관다운 솔직함과 용감무쌍한 진심을 가지고 그의 넓은 가슴에서 우러나오는 말을 합니다. "나와 내 집은 여호와를 섬기겠노라." 마치 그는 이렇게 말하는 듯합니다. "나는 나의 하나님을 오랜 세월 동안 알아왔고, 이제와 그분을 저버릴 수 없다. 내가 그토록 수많은 전투에서 내 가슴을 드러낸 것은 이제와 겁쟁이가 되기 위함이 아니다. 내가 광야에서 사십 년과 가나안에서 그동안의 세월을 전능자의 그늘 아래서 살아왔던 것은, 마지막에 우상들을 찾고자 함이 아니다. 황금 송아지는 나를 위한 것이 아니다. 나는 그것이 오래 전에 가루가 되는 것을 보았다. 아모리 족속의 우상들도 나를 위한 것이 아니다. 나는 그것들을 수천 개씩이나 땅바닥에 내던졌다." 그는 오랫동안 그 문제를 숙고하고, 비용을 계산해 보고, 마침내 모든 사람들의 반대에도 항변할 수 있는 결심에 이른 사람처럼 말합니다. 그의 결심을 시험하거나 흔드는 것은 소용이 없습니다. 그의 결심은 마치 레바논의 백향목처럼 견고합니다. 여러분은 그에게서, 사람을 기쁘게 하기 위해 일반적인 진술에 그치고 마는 기회주의자의 소리를 들을 수 없으며, 단순한 학자처럼 자신이 배운 것을 기계적으로 반복하는 투의 소리도 듣지 못합니다. 형식의 차원에서 자기 신조를 중얼거리는 형식주의자의 소리도 듣지 못합니다. 오히려 여러분은 그에게서 정직한 사람이 자기 마음을 내보이는 소리, 매우 진지하게 자기 영혼의 깊은 의도를 드러내는 소리를 듣습니다. 그런 발언 중에도, 그는 사람들이 그의 말을 듣는 것이 그들 스스로에게 쓸모가 있는 차원에서가 아니라면, 듣는 사람들의 반응에 대해서도 무관심합니다. 그는 흔들리지 않는 결심으로 말합니다. 그의 영혼은 닻을 내리고 모든 폭풍에 맞섭니다. "나와 내 집은, 대중들과 세상 풍습에도 불구하고, 우상들과 악령들에도 불구하고, 최후까지 여호와를 섬기겠노라." 우리 모두에게 그러한 결심이 있어야 하며, 그렇게 되기를 나는 간절히 바랍니다.

　　여호수아 편에서의 그 결심은 공개적으로 공언된 것입니다. 이 말이 여기 있는 여러분 중의 일부 사람들의 마음에 직접적으로 와 닿기를 바랍니다. 여러분은 마음속으로는 "예, 우리는 주님을 섬길 것입니다"라고 말해왔지만, 결코 여러분의 충성을 공언한 적이 없습니다. 여러분이 그 문제를 은밀하게 약속하는 것으로 충분하다고 생각해왔기 때문입니다. 여호수아의 명백한 공언이 여러분을 부끄럽게 만들지 않습니까? 여러분은 그리스도의 신부입니다. 그렇다고 여러분이 말합니다. 하지만 공개적인 결혼식은 결코 없는 것입니까? 여러분은 여러분의 영원한 주님이자 남편이신 분과 함께 공적으로 사람들의 눈앞에 나타나지 않을 것입니까? 예수님께서 비밀 결혼식에 동의하십니까? 그런 일이 비밀스럽게 행해질 수 있는 것입니까? 등경 위에 등불이 켜진지 오래건만, 이제 그것을 말 아래에 둘 수 있습니까? 당신은 당신이 그분의 군사라고 말합니다. 그런데 당신은 왕의 군대 복장을 착용하지 않을 건가요? 당신의 군대 대장의 기장(記章)으로 장식하지 않을 건가요? 당신은 앞으로 나아와서 당신의 사령관의 무기를 손에 들고서 그분의 명령을 따라 싸움터로 행진하지 않을 건가요? 수풀 뒤에 슬그머니 숨는 것은 딱한 용기입니다. 왕의 이름을 결코 입 밖에 내지 않는 것은 초라한 충성입니다. 주님의 편에 용감하게 가담하지 않는 것은 의심스러운 결심입니다. 주 예수님께서 어떻게 말씀하셨는지를 기억하십시오. "누구든지 사람 앞에서 나를 부인하면 나도 하늘에 계신 내 아버지 앞에서 그를 부인하리라"(마 10:33). 나는 여호수아가 자신이 어느 입장인지에 대해 누구에게도 의구심이 들지 않게 했다는 이런 점이 좋습니다. 그는 사람들에게 자신의 소재를 명백하고 충분히 알렸습니다. 여호와의 제단이 수소의 희생 제사로 인해 연기를 내는 곳, 유월절 어린 양이 죽임을 당하는 곳, 그 피가 뿌려지는 곳, 대제사장이 보이지 않으시며 영원토록 영광스러운 하나님을 향하여 향을 바치는 곳, 그곳에서 여러분은 여호수아를 발견할 것입니다. 그리고 그곳에서 그의 아들들과 딸들도 발견할 것입니다. "나와 내 집은 여호와를 섬기겠노라." 오, 주님을 사랑한다고 하는 여러분은 왜 동일하게 자신의 입장을 터놓지 않는 것입니까? 여러분의 침묵에 대해 어떤 변명을 하겠습니까? 아무리 확고하고 깊은 결심이라 해도, 그것이 공언되지 않는 것이라면, 나는 그 결심의 유익이 무엇인지를 찾아볼 수가 없습니다. 그렇게 결심한 사람에게는 유익할 수도 있겠지만, 사회와 관련되어서, 전적으로 은밀한 결심이 어떤 영향력을 미칠 수 있겠습니까? 내 형제들이여, 왜 숨겨야 하는 것입니까? 우리 하나님은 우리를 은밀하게 사랑하신 것이 아니며, 어둠 속에 그분의 긍휼을 간직하신 것이 아닙니다. 우리 주님께서는 오랫동안 줄곧, 그분이 사랑하시는 인간들을 시인하시는 것이 부끄러워 몰래 숨어서 다니신 적이 없습니다. 그분이 우리를 부끄러워하신 적이 없다면 우리도 결코 그분을 부끄러워하지 말아야 합니다. 오 나의 형제들이여, 여러분은 망설일 수 있습니까? 여러분은 부끄러워하는 것이 부끄럽지 않으며, 더 이상 두려워하는 것이 두렵지도 않습니까? 말해 보십시오! 저기 돛대 꼭대기에 군기를 올리십시오. 모든 눈이 볼 수 있는 곳에 군기를 고정시키십시오. 만약 누구든 예수님께 맞서는 사람이 있다면, 그는 우리와 싸우는 자입니다. 땅과 지옥으로 하여금 단번에 이것을 알아보게 하십시오.

여호수아의 경우에 그의 결심은 숨김없이 공언되었을 뿐 아니라, 진심으로 실행되었습니다. 어떤 이들은 주님 편에 있다고 공언하고서도 주님을 섬기지 않습니다. 그들의 이름은 교회 명부에 기록되었습니다. 그들은 외적인 예배 의식들에 참석합니다. 하지만 주님을 섬기는 부분이 있는지에 대해서는, 여러분이 자세히 살펴보아야 하며, 살펴보아도 찾지 못할 것입니다. 여호수아는 하나님을 진실로 섬겼습니다. 그는 군인이었고, 누군가 그에게 "여호수아여, 당신은 누구의 군사입니까?"라고 물으면 "나는 하나님의 군사입니다"라고 대답했을 것입니다. "당신은 누구의 싸움을 싸웁니까?" "나는 여호와의 싸움을 싸웁니다." "당신이 싸우는 목적이 무엇입니까?" "여호와를 영화롭게 하기 위해서입니다." 그는 주님의 대의를 위해 머리에서 발끝까지 헌신했습니다. 많은 신앙 고백자들이 이것이 무슨 의미인지를 이해하지 못합니다. 그들은 종교를 일종의 주말 농장 정도로 간주합니다. 그들에게는 또 다른 토지가 있으며, 그것이 그들의 가정이면서 주된 관심사입니다. 하나님의 나라는 주말 농장이며, 토지 관리인과 같은 목사에 의해서 주로 관리됩니다. 그들의 종교는 여분의 시간과 관심을 차지합니다. 예수님은 남겨진 식은 음식이나 드시고, 세상은 따끈한 고깃덩어리를 얻습니다. 그들에게 종교란 생명의 활력이 흐르는 큰 물줄기가 아니라, 일종의 역수(逆水, 둑에 부딪쳐 되밀리는 물로서 고여 있기 쉬움 — 역주)에 불과합니다. 그들의 사업이라는 물방아바퀴를 돌리고도 남을 만큼의 충분한 물이 있을 때, 그 때서야 그들은 그곳으로 하수(wastewater)가 흐르게 합니다. 그들이 기도 모임에 나타나는 것은 청산할 계정이 없고 읽을 책도 없을 때입니다. 그들이 하나님의 교회를 위해 무언가를 하는 때는, 당장 할 일도 없고, 함께 저녁 시간을 보내려고 찾아오는 친구도 없고, 딱히 흥미 있는 오락거리도 없을 때입니다. 그들은 주 예수 그리스도를 아주 거만하게 대합니다. 그들은 그분에 의해 구원받기를 희망합니다. 나 역시 그들이 그렇게 되기를 바랍니다! 그들은 만일 그들이 구원받는다면 은혜의 기적일 것이라고 말합니다. 나도 그럴 것이라고 생각합니다! 피 흘리신 어린 양을 그렇게 대하는 것은 천박한 것이며, 나는 그런 행동을 미워합니다. 나는 여호수아처럼 담대하게 말하겠습니다. 나의 입장을 말하자면 "나는 여호와를 섬길 것입니다!" 즉, 내가 만일 그분의 종이라면, 나는 나 자신을 그분을 위해 바치겠습니다. 그분의 이름으로 칭함을 받고, 그분의 떡을 먹고, 그분의 제복을 입으면서도, 그분을 섬기지 않는 그런 사람이 되지는 않겠습니다. 그렇게 정직하지 못하게 사느니 차라리 죽는 편이 낫습니다. 어떤 귀족들의 하인들은 단지 보이기 위해 고용되기도 합니다. 어떤 고관의 집에 들어가면 세련되게 차려입고서 상당한 수입을 받는 하인을 볼 수 있습니다. 그가 하는 일이 무엇입니까? 그는 어떤 일을 하기 위해 고용된 것이 아닙니다. 그는 그 가문의 장식품입니다. 저 근사한 젊은이를 전시해 두고서, 제복을 입은 모습이 너무나 잘 어울리는 그 아름다운 모양을 보는 것이, 그 주인이 얻는 전부입니다. 분명 일부 그리스도인들도 같은 조건으로 고용되었다고 상상하고 있습니다. 비록 그들이 아무것도 하지 않아도, 주 예수 그리스도께서는 그들의 이름이 교회 명부에 기록된 것만으로 큰 영예를 얻으시고 아주 만족하신다고 상상하는 것입니다. 바로 이런 작자들이 열심히 섬기는 사람들을 향해 끊임없이 불평을 일삼는 자들이고, 그래서 교회의 골칫거리가 되는 것입니다. 여러분은 그들처럼 되지 마십시오. 그렇게 되느니 당장 죽는 편이 훨씬 낫습니다. 참된 수고로 여러분의 주님을 섬기십시오. 여러분의 모든 것은 그분이 값없이 주신 은혜와 죽음으로 보이신 사랑에 빚지고 있습니다.

한 가지 더 말하자면, 여호수아의 결심은 그의 생애 전체를 통하여 고수되었습니다. 그는 일찍부터 하나님을 섬기기 시작했습니다. 그리고 그는 그것을 결코 후회하지 않았습니다. 백년의 세월이 흘렀어도, 우리는 그에게서 그가 바알이나 드라빔을 섬기기를 조금이라도 바라는 기색을 결코 찾을 수 없습니다. 그는 끝까지 자기 결심을 유지했습니다. "나와 내 집은 여호와를 섬기겠노라." 형제들이여, 만약 우리가 아직 젊을 때에 은혜가 우리를 그리스도를 섬기는 일에 복무하도록 징병하였다면, 우리는 행복한 자들입니다. 또한 은혜가 우리로 하여금 젊은 시절의 결심을 중년의 때까지 굳게 유지하도록 하셨다면, 우리는 더욱 행복한 자들입니다. 또한 우리의 머리가 백발이 되었을 때에도 우리가 여전히 이렇게 말할 수 있다면, 우리는 가장 행복한 자들입니다. "오 하나님, 당신은 내 어린 시절부터 나의 하나님이셨나이다. 내가 지금까지 주의 기이한 일들을 전하였나이다. 하나님이여, 이제 내가 늙어 백발이 된 지금에도 나를 버리지 마소서"(참조. 시 71:17-18). 하나님을 위해 올바르게 결심하는 것은 영원을 위해 결심하는 것입니다. 사랑하는 이여, 여러분은 하나님을 섬긴 것을 결코 후회하지 않을 것입니다. 그런 경우는 아직껏 없었습니다. 나의 주님은 그분의 늙은 종들을 결코 외면하지 않으시고, 그분의 늙은 종들도 그분에게서 도망치지 않습니다. 그들이 그분을 더 많이 섬길수록, 그들은 그분을 섬기기를 더욱더 바랍니다. 그들의 육체의 힘은 약해질 수 있지만, 그분의 일에 대한 그들의 사랑은 결코 쇠하지 않습니다. 그들은 노년의 때에도 여전히 열매를 맺으며, 주님의 옳으심을 나타냅니다. 주 하나님의 대의(大義)에서 변치 않는 순전함을 지키는 자들은 복이 있습니다.

2. 주님을 위한 결심을 칭찬함

이제 그 결심을 칭찬하려고 합니다. 신앙에서 결단에 철저해지는 것보다 더 바람직한 것은 없습니다. 약간의 변화를 주어, 나는 지식에 대해 말하듯이 신앙의 결단에 대해서도 말할 수 있습니다.

> "적은 신앙심은 위험한 것,
> 새롭게 솟아나는 샘물에서 가장 깊은 물을 마시라."

신앙의 기쁨을 누리려면 그 속으로 빠져들어야 합니다. 발목까지 찰 정도만 그 속으로 걸어 들어가는 것은 여러분을 염려와 의심과 의문들로 떨게 만들 수 있으며, 마침내 여러분을 추운 아침에 떨면서 목욕탕에 들어가는 것을 꺼리는 소년을 닮게 만들 수도 있습니다. 하지만 깊은 곳으로 뛰어드는 것이 거룩한 기쁨의 감격을 확보하는 것입니다. 여러분 중에 어떤 이들은 바다에서 불안하여 마음을 놓지 못합니다. 하지만 저기 푸른색 재킷을 입은 내 친구는 바다를 아주 좋아합니다. 그는 언제나 그곳에 있기 때문입니다. 굽이치는 파도가 그의 집이며, 뱃멀미 같은 것은 그에게 없습니다. 여러분 중에 경건의 바다에서 짧은 여행을 하고, 이따금씩 연안(沿岸) 항해만을 조금씩 하는 이들은 의심과 두려움으로 메스꺼움을 느낍니다. 하지만 만일 여러분이 언제나 배를 타고 항해한다면 뱃멀미를 느끼지 않을 것입니다. 여러분은 충분한 확신을 얻고, 깊은 곳에서 주님의 영광과 그분의 기이한 일들을 보게 될 것입니다.

　　참된 신앙은 어느 미국인의 과수원과 같다고 할 수 있습니다. 한 신사가 사과를 맛보도록 동산에 초대를 받았습니다. 그는 말했습니다. "아니요, 그러고 싶지 않습니다." 그렇게 그가 종종 오도록 초대를 받고서도 거절하자, 상대방이 말했습니다. "나는 당신이 내 사과에 대해서 편견을 가지고 있다고 생각되는군요." 그 사람이 말했습니다. "그렇습니다. 나는 그것을 조금 맛본 적이 있는데, 매우 시더군요." "하지만 어느 것을 맛보았지요?"라고 초대한 사람이 물었습니다. "음, 울타리 너머 길가에 떨어진 사과들이었지요." 과수원 주인이 대꾸했습니다. "아, 그랬었군요. 그것들은 야생 사과들만큼이나 시지요. 나는 그것들을 소년들이 따 먹도록 심었습니다. 하지만 당신이 과수원 동산 한가운데로 들어오면 전혀 다른 사과를 맛보게 될 것입니다." 실제로 그랬습니다. 자, 신앙의 경계선 주변에는, 바깥 울타리를 따라서 아주 신 사과들이 더러 있습니다. 죄의 자각, 자기 부인, 낮아짐, 자기 절망, 이런 것들은 위선자들과 입으로만 고백하는 자들을 멀리 떨어뜨리도록 하려는 목적으로 심어졌습니다. 하지만 그 동산의 한가운데는 감미로운 과실들, 넥타(nectar, 그리스 신화에서 신들이 마시는 음료 ─ 역주)처럼 향긋하고 달콤한 과실들이 있습니다. 하나님께 가까워질수록 기쁨은 더욱 커집니다.

　　만일 내가 독일 사람이라면, 물론 나는 아닙니다만, 내가 가장 되고 싶지 않은 독일 사람은 알사스(Alsace)나 로렌(Lorraine) 지방의 사람일 것입니다. 왜냐하면 나는 국적 상으로는 독일인이어야 하고, 풍습에서는 프랑스인에 훨씬 더 가까울 수 있기 때문입니다. 만일 다시 그 두 나라 사이에 싸움이 재개된다면, 그 싸움은 틀림없이 내 농장과 집 가까이에서 벌어질 것입니다. 나는 전쟁의 때에는 독일계 프랑스인이 되고 싶지도 않고, 프랑스계 독일인이 되고 싶지도 않습니다. 오히려 나는 순수한 혈통의 사람이 되고 싶습니다. 거룩한 일들에 관하여 나는 중립이 되고 싶지 않습니다. 결코, 결코, 그러고 싶지 않습니다. 나는 그런 상태에서 빠져 나와 철저하고 분명하고 싶습니다. 여러분이 그리스도인이라면, 그리스도인이 되십시오. 만약 여러분이 마귀를 섬긴다면, 철저하게 그놈만 섬기십시오. 또한 여러분이 주님을 섬긴다면, 여러분의 온 마음과 뜻과 힘을 다해 그분을 섬기십시오.

하나님을 위한 결심은 사람으로 하여금 자기 길의 방향을 잡을 수 있게 합니다. 주님을 섬길 것이라고 결심하는 사람은 세상에서의 자기 길을 압니다. 여러분에게 내일 사업상 어떤 일이 일어날 수 있습니다. 여러분은 좋은 기회를 얻을 것이고, 많은 돈을 벌 수 있습니다. 하지만 그 일이 아슬아슬하게 부정의 위험을 무릅써야 되는 일이라면, 여러분은 더 타임스(*The Times*) 신문에 공고된 것이라 해도 그런 거래를 하지 않을 것입니다. 그런 유혹이 여러분에게 닥쳐올 때, 여러분은 어떻게 행동하겠습니까? 나는 모르겠습니다만, 만약 여러분이 주님을 섬길 것이라고 결심하였다면, 여러분은 동업자에게 그 일을 상의할 필요를 느끼지 못할 것입니다. 당신이 행할 길이 명백하기 때문입니다. 사업상 여러분에게 생길 수 있는 모든 의문들 중에서 십중팔구는, 큰 질문이 해결되었을 때는 이미 대답이 된 것입니다. 그런 행동이 부정직한 것입니까? 그렇다면 아무리 이윤이 남아도 그것은 전혀 중요한 것이 아니며, 고려해 볼 가치도 없이 깨끗이 잊혀지는 것입니다. 정직의 차원에서 그런 행동이 꼭 필요합니까? 그렇다면 손실이 얼마이든지 그 길을 따르십시오. 다윗은 이렇게 기도했습니다. "여호와여 주의 도를 내게 가르치시고 내 원수를 생각하셔서 평탄한 길로 나를 인도하소서"(시 27:11). 하나님의 은혜로써 주님을 섬길 것이라고 결심한 사람은, 그 기도가 성취되도록 하는 자입니다.

이런 결심이 많은 사람들을 유혹에서 구합니다. 사탄은 유혹받을 수 있는 자를 유혹합니다. 하지만 사탄이 확고하게 결심한 사람을 볼 때, 특정한 유혹으로는 그들을 더 이상 공격할 수가 없습니다. 그는 우리의 입장에 따라 자기 책략을 조정합니다. 사자 같은 마음을 가진 사람들에게는 작은 새들을 잡을 수 있는 조그만 그물들을 사용하지 않습니다. 마치 거인이 자기 길을 가로막고 있는 거미집을 의식하지 않고 걷는 것처럼, 철저하게 헌신된 사람은 일천 가지의 유혹들을 돌파하며, 그것들이 정녕 그에게는 전혀 유혹이 되지 못합니다.

온전한 사람은 강력한 영향력을 발휘합니다. 여호수아는 자기 자신뿐 아니라 그의 집에 대해서도 말할 수 있었습니다. 많은 아버지들이 그들 스스로를 위해서도 말을 하지 못하며, 따라서 그들이 왜 자기 가정들을 위해서 말을 하지 못하는지, 그 이유를 우리는 추측할 수 있습니다. 여호수아의 신앙이 너무나 맹렬했기에, 하나님의 은혜로써, 그는 자기 자녀들을 동일한 불꽃으로 타오르게 할 수 있었습니다. 내가 아는 한 그리스도인 여성은, 은혜에서 너무나 약하여 자녀들 중 하나도 그녀처럼 되기를 바라도록 영향력을 끼칠 수 없었습니다. 또한 나는 어떤 아버지들을 알고 있는데 —그들이 그리스도인들이기를 바랍니다만 — 그들은 자녀들을 신앙으로 이끄는 힘보다 오히려 신앙에서 멀어지도록 하는 힘이 더 큽니다. 하나님께서 우리 신앙에 더 많은 활력을 주시길 빕니다. 그리하여 우리가 자녀들과 아랫사람들에게 선한 영향력을 끼치고, 그들로부터 신앙의 향기가 사방에 퍼지게 되기를 바랍니다. 다른 많은 이유들 외에 이런 이유만으로도, 주님의 대의를 위해 확고하게 결심하는 것은 너무나 바람직스러운 일입니다. 주저와 망설임으로는 어떤 목적도 이루지 못하지만, 신속한 결단은 모든 면에서 칭찬할 만한 일입니다.

3. 주님을 위한 결심을 요구함

오늘 아침에 내가 말하려고 의도했던 것의 절반밖에 말하지 못할 것 같습니다. 이제 그리스도를 위한 이 결심을 요구함으로써 설교를 마치려 합니다. 성령께서 여러분으로 하여금 이 요구에 반응하게 해 주시길 바랍니다. 결심이 요구되는 이유는 그것이 주님께 합당하기 때문입니다. 우리를 지으신 분을 우리가 망설이는 태도로 섬길 수는 없습니다. 우리를 위해 자기 아들을 죽기까지 내어주신 그분을 우리가 가벼운 태도로 대할 수는 없습니다. 하나님의 영광과 십자가의 영광을 위하여, 나는 여러분의 전심(全心)이 주님께 향하도록 요구합니다. 만일 기독교 신앙이 거짓이고 아주 혐오스러운 것이라면, 그것은 온 마음으로 거부되어야 합니다. 하지만 하나님을 섬기는 것이 진정 옳은 일이고 그 신앙이 진실이라면, 그것은 우리의 온 마음과 성품과 힘을 요구하는 일입니다. 그 일에 미흡함이 있어서는 안 됩니다. 주님을 섬기는 일은 한 손가락 끝으로 가볍게 손대어 다룰 일이 아니며, 우리의 온 힘과 열정을 발휘하여 순종의 행동으로 표출되어야 하는 일입니다. 사랑하는 여러분이여, 잠시 여러분 자신을 바라보십시오. 여러분 속에는 여러분이 대단하게 평가할 만한 요소들이 많이 있습니까? 여러분에게 그토록 대단한 특징들이 있습니까? 여러분 자신을 거룩하신 삼위일체 하나님과 비교해 보십시오. 그분 앞에서 경배하는 저 대천사들도 그분 보시기에는 마치 아무것도 아닌 자와 같습니다. 여러분은 어떤 존재입니까? 만일 여러분의 전체로도 미약할 뿐이라면, 어찌 여러분 자신을 나누어서 그 일부분만을 하나님께 드릴 수 있단 말입니까? 하늘들의 하늘이라도, 온 우주 공간조차도 그분에게는 충분하지 않습니다. 그분의 무한하신 위엄과 비교하자면, 그분이 만드신 모든 만물이 마치 양동이 속의 물 한 방울과도 같습니다. 여러분의 몸과 영혼의 통치 영역에 관하여, 여러분은 그것을 세상의 군주들에게 분할하여 넘겨주고, 주님께는 한쪽 구석만을 떼어드림으로써 그분을 모욕하겠습니까? 그렇게 함으로써 세상과 육신과 마귀가 차지할 영역을 남겨 두려는 것입니까? 하늘의 왕을 그런 식으로 모독하지 마십시오. 만일 여름 햇살 속에서 춤을 추는 하루살이가 라인 강 위에서 독일 황제와 프랑스 군주 사이에서 충성을 나누어 바치는 문제를 논한다면, 여러분은 웃을 것입니다. 그렇다면 미미한 피조물에 불과한 여러분이, 하나님과 맘몬 사이에서 여러분을 나누는 문제를 논한단 말입니까?

사랑하는 친구들이여, 내가 여러분에게 여러분의 온 마음과 성품을 하나님께 바치도록 요구하는 것은, 중간 위치에 머물려고 시도하는 것이 천박하고 수치스러운 일이기 때문입니다. 어느 누가 미덕의 요구에 무관심하단 말입니까? 누가 감히 진리와 거짓 사이의 싸움에서 중립을 자처한단 말입니까? 그런 자에게는 겁쟁이의 딱지를 붙이십시오! 크고 중요한 질문에 대해 우리 자신의 입장을 밝히기를 거절하는 것은 불명예스러운 것입니다. 더구나 그 질문이 지혜로운 자와 미련한 자를 구분하고, 거룩함과 죄 사이를 나누며, 하나님과 마귀 사이를 구분하는 문제일 때, 아직 결정을 내리지 못했다는 태도를 표명하거나 양자 사이에 중간 위치를 취하려고 한다면 수치스러운 것입니다. 하나님께서 그런 수치에서 여러분을 구하시기를 바랍니다. 만일 당신에게 세상과 세상에 속한 것이 최고라면, 오늘 아침에 그렇게 말하고 그 편에 서도록 하십시오. 다른 사람이 어떻게 하든 당신은 마음속으로 "나와 내 집은 세상을 섬기겠노라"고 말하십시오. 만일 당신이 그런 의도라면, 그것을 분명하게 밝히고, 그것을 위장하지 마십시오. 사람이 이렇게 말하는 것은 가증스러운 것입니다. "나는 무엇을 섬겨야 할지 결정할 수가 없어요. 그저 나는 나 자신이 꽤 늙고 쇠할 때까지는 나 자신을 섬겨야겠다고 생각해요." 그런 인간들은 소나 당나귀만큼도 존중받기가 어렵습니다. 최소한 소나 당나귀도 그 주인은 알기 때문입니다.

주님을 위해 결심하지 못하는 것은 매우 위험한 것입니다. 소돔에 롯이 있습니다. 그의 처지는 위태롭습니다. 하지만 천사들이 그에게 찾아와서 "이 도시는 불에 탈 것이니, 너는 도망쳐야 한다"고 말합니다. 롯은 즉시 길을 나서고, 머지않아 산에 도착하여 안전합니다. 그의 아내도 역시 그러기를 바라는데, 한편으로는 망설입니다. 그녀는 주저하고 지체합니다. 그녀는 아직 마음을 정하지 못했습니다. 그녀는 새로 들인 가구로 가득한 그 집을 떠나고 싶지 않습니다. 최고급 옷감으로 만든 의상들도 마찬가지입니다. 그뿐 아니라 그녀의 이웃들도 있습니다. 비록 그들이 매 주일마다 예배당에 출석하지도 않고 도덕적으로도 좀 해이하긴 하지만, 그들은 매우 쾌활하고 수다를 잘 떠는 사람들인데, 그녀는 그들을 떠나고 싶지가 않습니다. 보십시오, 그녀가 뒤돌아봅니다! 그녀는 영원히 뒤돌아볼 수 있을 터인데, 그곳에서 그녀가 선 채로 소금 기둥으로 변하기 때문입니다. 오, 세상에 많은 매력들이 있다고 생각하는 당신이여, 하나님을 섬기고 싶으면서도 여전히 그 반대쪽에도 관심과 할 말이 많다고 느끼는 당신이여, 와서 이 소금을 맛보십시오. 만일 그것이 당신으로 하여금 지체하고 망설이는 것을 두려워하게 만든다면, 그 자극적인 맛이 당신에게 도움이 될 것입니다.

성경의 저주 가운데에서, 두 가지 견해 사이에서 꾸물대며 서 있는 자들을 향한 것보다 더 혹독한 저주는 없다는 것을 기억하십시오. 신앙을 고백하지 않는 당신, 그리고 악한 삶으로써 신앙 고백의 모순을 보이는 당신이여, 구약성경의 이 저주를 들어보십시오. "여호와의 사자의 말씀에 메로스를 저주하라 너희가 거듭거듭 그 주민들을 저주할 것은 그들이 와서 여호와를 돕지 아니하며 여호와를 도와 용사를 치지 아니함이니라 하시도다"(삿 5:23). 그들이 여호와를 대항하여 싸웠습니까? 아니 그렇지 않았습니다. 그러면 왜 그들이 저주를 받습니까? 그들이 여호와를 위해 싸우지 않았기 때문입니다. 만일 이 저주가 이 예배당 공중에 머물다가 여호와를 돕지 않은 자들의 머리 위로 떨어진다면 어찌 되겠습니까! 혹 당신에게 떨어지지 않을까요? 이제 신약성경의 말씀을 들어보십시오. 이 말씀은 결코 거칠게 말하지 않았던 분의 입술에서, 향기로운 냄새를 떨어뜨리는 백합과도 같은 입술에서 떨어진 말씀입니다. "네가 차든지 뜨겁든지 하기를 원하노라, 네가 이같이 미지근하여 뜨겁지도 아니하고 차지도 아니하니 내 입에서 너를 토하여 버리리라"(계 3:15-16). 이렇게 그분을 불쾌하게 만든 이가 누구입니까? 그가 뜨거운 박해로써 구주의 입술을 불에 데도록 만들었습니까?

아닙니다. 그가 마음의 냉랭함으로 그분의 입술을 얼도록 하였습니까? 아닙니다. 그는 악의 없고, 사람 좋으며, 온건하고, 술 취하지도 않고, 태평스러운 사람이었으며, 한 마디로 미지근한 사람이었습니다. 그는 조금은 따뜻한데, 단지 조금 더 뜨거워져야 했을 뿐입니다. 그는 조금은 차가운데, 차라리 조금만 더 차가웠다면 차라리 레바논의 눈처럼 신선했을 것입니다. 그는 차지도 않고 뜨겁지도 않았습니다. 예, 그리스도께서는 그런 자를 싫어하신다고 말씀하셨습니다. 이 경우를 제외하고는, 나는 그분이 무언가를 입에서 토해낸다고 하신 것을 성경에서 읽지 못했습니다. 이것을 그분은 참지 못하시는 것입니다. 여러분 중에 더러는, 여러분 스스로를 판단해 본다면, 천국에 충분히 합당할 만큼 선하지는 않지만 그렇다고 지옥에 떨어지기에는 너무 선하다고 말할 것입니다. 오호라, 지옥은 바로 여러분의 몫이며, 그 중에서도 깊은 곳이 여러분의 자리입니다. 두 마음을 품은 것을 회개하십시오. 그리고 전심으로 주님께 돌아오십시오.

중간에 있는 자들이여, 나는 여러분이 어디에 있는지를 볼 수 있습니다. 저기 언덕 위에 하나님의 군대가 있습니다. 무수하고 강력한 군대입니다. 전투태세를 갖춘 저 빛나는 용사들을 나는 목격합니다. 저기 반대편 언덕에 사탄의 무리들이 진을 치고 있습니다. 저 불길하고 험상궂은 자가 왕이며, 그를 따르는 자들은 사납습니다. 우리는 이 아침에 어디에 있습니까? 우리 중 어떤 이들은 우리가 임마누엘 왕과 함께 있다고 말할 수 있습니다. 비록 연약한 전사들이지만, 그럼에도 우리는 그분의 깃발 아래에서 섬기고 있습니다. 어쩌면 이 중에는 잘못된 편에 속한 자들도 더러 있을 것입니다. 그들은 너무 정직해서 그들이 반대편 군대 명부에 기록된 것을 부인하지 않을 것입니다. 하지만 내 청중들이여, 여러분은 어디에 있습니까? 어느 편에 있는 것입니까? "우리는 그 문제에 대해 생각하고 있습니다." 하지만 여러분이 생각하고 있는 동안에 어디에 있는 것입니까? "우리는 숙고하고 판단하는 중입니다." 하지만 지금 여러분은 어디에 있습니까? 이것에 주의하십시오!

전투가 벌어지고 우리 주님의 대포가 작동하기 시작할 때, 또한 적군들도 반대편에서 우리에게 대응할 때, 여러분은 양쪽 모두로부터 포탄을 받아야 할 것입니다. 그리고 그 군대가 치열한 백병전으로 맞붙어 싸우게 될 때, 여러분은 양쪽 모두에 의해 짓밟히게 될 것입니다. 자는 자 중에서 깨어나 "수치를 당하여서 영원히 부끄러움을 당할 자도 있을 것"(단 12:2)이라고 우리는 성경에서 읽지 않습니까? 성도들이 여러분을 부끄러워할 것입니다. 왜냐하면 여러분이 싸움의 날에 그리스도의 편에 합류하지 않았기 때문입니다. 또한 원수조차도 여러분을 멸시할 것인데, 여러분이 그를 피하여 숨었기 때문입니다. 둘 중 한 편에 속하도록 하십시오.

　　결론적으로, 결국에는 그 둘 사이에 있는 것이 전적으로 불가능함을 기억하십시오. 비록 내가 두 군대 사이에 망설이는 자들을 묘사했지만, 실제의 경우는 그렇지 않습니다. 모든 사람이 이 편이든 저 편이든 어느 한 쪽에 속하기 때문입니다. 여러분은 죽었든지 살았든지 둘 중 하나입니다. 의롭게 되었든지 정죄를 받았든지 둘 중 하나이며, 속박의 고통 속에 있든지 자유의 기쁨을 누리든지 둘 중 하나입니다. 어떤 사람도 두 주인을 섬길 수 없으며, 어떤 사람도 주인이 없을 수는 없습니다. 하나님은 영혼의 반쪽만 가지지 않으시며, 세상도 영혼의 반쪽만 가지려 하지 않습니다. 하나님과 죄 모두 전제군주처럼 독점적이며, 전부를 가지든지 혹은 전부를 갖지 않든지 둘 중 하나입니다.

> "하나님과 맘몬! 오 지혜로운 자여,
> 그들 모두를 섬기려는가? 그럴 수는 없다네.
> 전쟁 중의 안락이나, 성도와 수전노라?
> 이 둘은 결코 조화되지 않는다네.
> 원수는 아첨하는 자를 신용하지 않으며,
> 피 묻은 깃발의 군대도 그러하다네.
> 세상을 사랑하는 천박한 마음은
> 하나님을 사랑하지 않는다고 주께서 말씀하셨네."

　　그리스도를 마음에 모시도록 하십시오. 그러면 그분이 죄를 쫓아내실 것입니다. 그렇지 않고 죄를 영혼에 간직한다면, 마침내 죄가 모든 선한 생각들을 압도하고 전적으로 당신을 악하게 만들 것입니다. 집에 도착했을 때 가능하면 이 말씀을 직접 써 보십시오. "나는 여호와를 섬기겠노라." 거기에 진지하게 당신의 이름도 표기하십시오. 만일, 이것이 당신의 마음이 아니라면, 이렇게 기록하십시오. "나는 세상을 섬기겠노라." 역시 거기에 서명도 하십시오. 나는 여러분을 결심하게 만들기를 간절히 바랍니다. 만일 여호와가 하나님이시면, 그분을 섬기십시오. 만일 바알이 하나님이면 그를 섬기십시오. 오, 하나님의 영이 여러분으로 하여금 바로 이 순간 하나님과 그리스도를 위하여 결심하도록 이끌어 주시길 빕니다. 또한 그분이 영원토록 찬미를 받으시길 원합니다. 아멘.

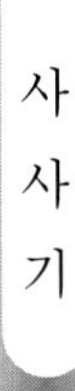

사
사
기

제

1

장

—

구원의 노래들

—

"활 쏘는 자들의 소리로부터 멀리 떨어진 물 긷는 곳에서도 여호와의 공의로우신 일을 전하라. 이스라엘에서 마을 사람들을 위한 의로우신 일을 노래하라. 그 때에 여호와의 백성이 성문에 내려갔도다." — 삿 5:11

드보라는 이스라엘 원수들의 패망에 관하여, 그리고 이스라엘 지파들에게 주어진 구원에 관하여 노래했습니다. 우리에게는 훨씬 더 장엄한 음악적 주제가 있습니다. 우리는 더 악한 원수들로부터 해방되었고, 더 위대한 구원으로써 구원받았습니다. 우리의 감사가 더 깊은 감사가 되고, 우리의 노래가 더 감격에 찬 노래가 되기를 바랍니다. 하나님께 영광을 돌립시다! 우리는 강력한 군대와도 같았던 우리의 죄가 소탕되었다고 말할 수 있습니다. 저 고대의 기손 강에 의해서가 아니라, 예수님의 옆구리에서 흘러나온 강물에 의해 깨끗이 치워진 것입니다. 우리의 큰 원수는 패배하였고, 그의 머리는 깨어졌습니다. 시스라가 아니라, 사탄이 패배한 것입니다. 영원히 "여자의 후손이 그의 머리를 상하게 한 것입니다"(참조. 창 3:15). 이제 우리는 고통의 멍에로부터 풀려나, 저 위대한 해방자(Liberator) 주 예수님의 능력으로 자유롭게 다닐 수 있게 되었습니다.

바락의 정복에 의해 얻어진 결과들은, 주 예수 그리스도께서 이루신 구원으로 말미암아 우리에게 주어진 결과들에 비하면 미미한 것입니다. 나는 이 본문을 영해(靈解)할 것입니다. 본문의 즐거운 묘사들을 우리의 구속자를 통하여 우리에게 주어진 축복들의 상징으로 간주할 것입니다. 바락의 승리 후에는 물을 길으려고 우물로 내려가는 백성들이, 더 이상 그곳에 숨어서 기다리는 약탈자들의 방해를 받지 않아도 되었습니다. 두려움 속에서 몰래 서둘러 물을 긷는 대신, 그 여인들은 우물 주위에 모여 마음껏 목청을 높여, 하나님의 능하신 일들을 노래할 수 있었습니다. 또한 마을 성벽 안에 갇힌 듯이 지내며 감히 마을 밖에 모습을 드러낼 수 없었던 시민들은, 이제 성문 밖에 나아가 들판을 활보할 수 있고, 공공연하게 거래도 할 수 있으며, 확보된 안전의 기쁨을 누리게 되었습니다. 나는 우리가 이 본문의 묘사들을 얼마든지 교훈적인 예표로서 간주할 수 있다고 생각합니다. 이는 우리가 주 예수 그리스도로 인해 들어오게 된 상태이며, 그분은 우리의 죄를 멸하고 어둠의 세력들을 정복하심으로써 우리를 그 상태로 인도하여 들이신 것입니다.

오늘 아침에 우리는 먼저, 잠시 동안 원수들이 소탕된 구원의 우물들에 대해 생각할 것입니다. 다음으로, 우리는 그 우물들에서 거듭 불리는 찬미의 노래들을 함께 숙고해보겠습니다. 세 번째로는 이제 우리가 안전하게 다가갈 수 있는 그 성문들로의 방문에 대해 말하도록 하겠습니다.

1. 원수들이 소탕된 구원의 우물들

본문은 적대자가 없어진 우물들에 대해서와, "물 긷는 곳에서 활 쏘는 자들의 소란함으로부터 해방된"(KJV) 사람들에 대해 말하고 있습니다.

하나님께 감사하게도, 지존자의 자녀들인 우리에게는, 갈 수 있는 우물들이 있습니다. 세상은 광야입니다. 세상에 대해 우리가 어떻게 말하더라도, 그것을 광야가 아닌 다른 것으로 만들 수는 없습니다. "이것은 우리가 쉴 곳이 아니니, 이는 그것이 이미 더러워졌음이니라"(참조. 미 2:10). 우리는 지상의 광야를 지나 하늘의 약속의 땅으로 가고 있습니다. 하지만 이 길에 우리가 마실 우물들이 있다는 것에 우리는 하나님을 찬미합니다. 이스라엘이 엘림에서 마셨듯이(참조. 출 15:27), 또한 족장들이 브엘세바에서 마셨듯이, 우리에게도 구원의 우물들이 있습니다. 그곳에서 우리는 즐거이 생수를 길을 수가 있습니다. 마르지 않는 우리의 큰 우물은 주 예수 그리스도이십니다. 그분은 정녕 "아래로 깊은 샘"(창 49:25)이며, "땅 아래에 저장한 물"(신 33:13)입니다. 그 깊은 물의 원천에서 수정같이 맑은 생명수가, 은혜의 수단들을 통하여 흘러나옵니다. "나의 모든 근원이 당신에게 있나이다"(시 87:7). 우리가 주 예수 그리스도께 나아올 때마다, 우리는 생수를 마시고 힘을 얻습니다. 그분이 계신 곳에는 목마름이 없습니다. "내가 주는 물을 마시는 자는 영원히 목마르지 아니하리라"고 그분이 말씀하십니다(요 4:14). 그분의 이름을 찬미합니다. 우리는 이 진리를 알고 있습니다.

> "예수께로 와서 나는 마셨네,
>   저 생명수 강물을;
>   내 목마름이 가시고, 내 영혼이 소생되었으니
>   이제 나는 그분 안에 사네."

우리가 그분의 인격을 묵상하고, 거룩한 교제 가운데 그분과 대화를 나누고, 그분의 상처를 생각하고, 그분의 승천을 기뻐하며, 그분의 재림을 고대할 때마다, 우리의 영혼은 저 베들레헴의 우물물을 마시고 새 기운을 얻는 것입니다.

이 가장 위대한 원천에서 솟아나는 우물들에서 우리는 위로의 물을 긷습니다. 먼저 이 책(this book)이 있습니다. 이 귀한 책, 이 하나님의 책, 모든 책들 중의 최고의 책, 하나님의 말씀이 있습니다. 이 책의 수많은 약속들은 모든 경우에 적합하고, 모든 때에 적용할 수 있으며, 신실하고 참되며, 그리스도 예수 안에서 예와 아멘이 됩니다. 오! 우리가 거의 기절할 정도가 되고 곧 죽게 되었을 때, 얼마나 자주 우리는 이 약속이 참인 것을 발견하였던가요? "나는 목마른 자에게 물을 주며 마른 땅에 시내가 흐르게 하리라"(사 44:3). 우리가 말씀으로 향하고, 거기서 약속을 찾고 또 발견하였을 때, 우리는 마치 큰 전리품을 얻은 자처럼 하나님의 말씀 안에서 기뻐하였습니다. 이 책의 교리들은 말로 표현할 수 없을 정도로 우리를 소생시켜 줍니다. 그 교리들을 이해하는 자는 그것들이 생명과 위로의 우물들인 것을 발견합니다. 내가 그 교리들의 예를 들 필요가 없습니다. 여러분이 그것들을 알기 때문입니다. 여러분이 그것을 먹었으며, 여러분의 매일의 양식으로 삼았기 때문입니다. 사랑하는 이여, 우리가 자기 백성을 향하신 하나님의 영원한 사랑을 생각하고, 피에 의한 구속을 묵상하며, 성령의 효과적인 부르심의 진리를 숙고하고, 지존하신 분의 불변하는 신실하심과 우리 주 예수님의 언약의 확실성을 기억할 때, 그리고 주님의 백성 모두가 궁극적으로 이르게 될 구속의 완성과 저 영원한 안식의 항구를 바라볼 때, 우리는 진정 이 노래가 사실임을 발견합니다. ―

> "여기 아름다운 복음의 들판에,
> 거저 주시는 구원의 우물들이 솟아나네.
> 생명수가 풍부하게 저장된 곳이니
> 우리 영혼이 더 이상 목마르지 않으리."

성경에서 읽는 말씀이 이처럼 귀한 것처럼, 설교 말씀(the word preached)도 그러합니다. 하나님께서 그분의 이름으로 말하도록 보낸 자에게서 우리가 말씀을 들을 때, 종종 우리는 예배당으로 들어올 때와는 아주 달라진 상태로 집으로 돌아가는 우리 자신을 발견하게 됩니다. 이 성도의 회중에 앉아 있을 때 여러분의 짐이 풀어지는 것을 얼마나 자주 경험하였는지요! 나는 연약한 여러분이 자주 새 힘을 얻은 것을 압니다. 여러분이 하나님의 예언의 말씀에서 흘러나오는 실로아의 시내(사 8:6 참조. 실로암 못과 동일시 됨 ― 역주)에 몸을 구부리고 그 시원한 시냇물을 마실 때, 마치 여러분은 다시 한번 원수를 상대할 수 있겠다고 느꼈으며, 수고와 고난의 세상으로 다시 돌아가서, 힘을 내어 수고하고 고난에도 인내하며 견딜 수 있다고 느꼈습니다. 성령의 나타남과 능력으로(고전 2:4) 말씀이 임한 여러분은 복된 자들입니다. 경험하는 것을 말하는 설교자의 효과적인 입술, 분명하게 말하고, 자신이 맛보고 또한 만져본 진리의 선한 말씀을 전하는 설교자의 입술에 대해, 나는 "이슬처럼 맺히며, 연한 풀 위의 가는 비 같고, 채소 위의 단비 같다"(신 32:2)고 말할 수 있습니다. 의인의 입은 하나님의 백성에게는 생명의 우물이 됩니다.

내 형제들이여, 성례전(ordinances)의 우물도 마찬가지로 그러합니다. 나는 우리가 세례의 우물에서 나왔을 때를 결코 잊지 못할 것이라고 생각합니다. 그 때는 우리의 신앙 고백을 따라서 아버지와 아들과 성령의 이름으로 침례를 받았을 때입니다. 우리는 신자가 물에 잠기는 것이, 주 예수님과 연합한 우리의 죽음과 장사지냄과 부활의 매우 교훈적인 상징이라고 이해합니다. 그 날을 우리는 잊을 수 없으며, 그 때 우리는 우리 자신이 세상에 대해서와, 율법에 대해서와, 자아에 대해서, 그리스도와 함께 죽었음을 고백했습니다. 또한 우리는 그 침례용 풀

(pool)에서 올라오는 것이 상징하는 것, 즉 예수님과 연합한 부활에 대한 생각도 결코 잊지 못합니다. 우리는 우리가 죽은 것과, 우리 생명이 그리스도와 함께 하나님 안에 감추어졌음을(골 3:3) 알고 느낍니다. 그리고 하나님께서 우리를 그리스도와 "함께 일으키사 그리스도 예수 안에서 함께 하늘에 앉히신"(엡 2:6) 것을 기뻐합니다. 우리가 공적으로 일어나서 전적으로 우리 자신을 예수님께 헌신하였던 그 행복한 날의 기억이 지금도 여전히 유쾌합니다. 오! 우리가 이 노래를 겸손하면서도 진심으로 부를 수 있다는 것이 얼마나 좋은지요!

> "이루어졌도다! 위대한 거래가 이루어졌도다.
> 나는 주의 것이고, 그분은 나의 것이라네.
> 그분이 나를 이끄시고, 나는 따를 것이니,
> 그 거룩한 목소리에 나는 매혹되었다네."

주의 만찬 역시 그러합니다. 나의 증언도 그러하고, 또한 지금 참석한 많은 하나님의 백성들의 생각도 그러하다고 생각합니다. 우리 중의 어떤 이들은 매주 주의 만찬에 참석합니다. 우리는 떡을 뗄 때마다 그 의미를 항상 생각합니다. 그것은 언제나 우리에게 새롭습니다. 나는 종종 주일 저녁에, 설교의 주제가 무엇이건, 시내 산의 천둥소리가 우리 머리 위로 울리는 경우이거나, 또는 골고다의 구슬픈 음성이 우리의 마음을 찌르는 경우이거나, 어느 경우이든 그것이 우리로 하여금 떡을 떼는 자리로 나아오도록 하는데 마찬가지로 적절한 주제인 것을 발견해 왔습니다. 기독교회가 성찬식을 한 달에 한 번으로 미루고, 함께 모여 떡을 떼면서 교제하고 그리스도의 죽으심을 그분이 다시 오실 때까지 기념하는 기회를 박탈함으로써, 주일 첫날의 기쁨을 훼손하는 것은 부끄러운 일입니다. 일단 매 주일에 주의 만찬을 기념하는 기쁨을 아는 자들은 그 횟수를 줄이는 것에 만족하지 않을 것이라고 나는 확신합니다. 사랑하는 이여, 성령님이 우리와 함께 하실 때, 성례전들은 그리스도인에게 우물들, 곧 친밀한 교제와 풍성한 위로의 우물들이 됩니다.

하지만 나는 은혜의 보좌를 빠뜨릴 수 없습니다. 참 마음으로 하나님께 가까이 나아갈 수 있을 때, 그것이 그리스도인에게는 어떤 우물이 되는지요! 그런 우물을 가족 안에서 가지는 것, 즉 자녀들과 함께 기도하는 중에 가정의 모든 필요들을 하나님 앞에 가져올 수 있고, 각각의 자녀들의 사정을 아뢰며, 과거의 모든 고통들이나 혹은 미래에 예상되는 모든 난관들을 언급할 수 있다면, 그것은 영광스러운 일입니다. 그 우물을 결코 포기하지 맙시다. 하지만 형제들이여, 은밀한 개인 기도에 대해서 말하자면, 우리의 아버지의 귀에 우리의 슬픔들을 다 쏟아내지 못한다면 이 세상은 참으로 황량한 곳이 되고 맙니다. 이는 가난한 자의 부요함입니다. 이는 병든 자의 치료약입니다. 이는 지친 자에게 강장제입니다. 이는 연약한 자의 힘이며, 무지한 자의 학교이며, 강한 자의 확신입니다. 기도를 소홀히 하면, 여러분은 곧 여러분의 모든 영적인 힘들이 약해지는 것을 발견할 것입니다. 하지만 많은 간구를 드리는 자, 무릎 꿇는 일에 강한 자는, 어디에서든 강한 자가 됩니다. 매일 아침 하나님의 얼굴을 바라는 자는 결코 사람의 얼굴을 두려워하지 않습니다. 또한 매일 저녁 그리스도의 얼굴을 바라보는 자는 달콤한 휴식 속에서 눈을 감을 수 있습니다. 설혹 이 근심 많은 세상에서 다시 깨지 않더라도, 그의 주님처럼 다시 깰 것이라고 느끼면서 말입니다. 오, 그렇습니다! 은혜의 보좌는 정녕 새 힘을 주는 우물입니다!

이 모든 것 외에, 예수님과 함께 하는 모든 형태의 교제가 성령에 의해 우리 안에 이루어지면, 그것이 또한 구원의 우물입니다. 이는 불경건한 자들에게는 알려지지 않은 것입니다. 그런 자는 이런 비밀을 알지 못합니다. 하지만 나의 그리스도인 동료들이여, 여러분은 예수님과의 교제가 무엇인지를 압니다. 종종, 심지어 우리가 일을 하는 중이거나, 세상의 일들로 분주할 때에도, 우리의 마음은 우리의 사랑하는 주님과 함께 기쁨의 동산과 향기로운 꽃밭에(아 6:2) 떠나 있을 때가 있습니다. 우리는 이 세상의 수고로운 일에서 떠나 우리 머리를 그분의 품에 기댑니다. 그분의 연회장에 앉아서, 우리 머리 위에 나부끼는 사랑의 깃발을 쳐다봅니다. 사랑하는 이여, 우리는 예수 그리스도께 낯선 자들이 아닙니다. 그분이 우리에게 낯선 분이 아니시니, 그분의 이름을 찬양합니다! 우리는 성례전들의 창을 통하여 그분을 보아왔습니다. 우리는 은혜의 수단들이 마치 청옥(青玉)과 홍옥(紅玉)의 창들과도 같음을 알고, 그 창을 통해 우리는 그분을 바라보았습니다. 우리는 종종 그분으로 인해 마음이 충만해지며, 그분이 우리의 영혼을 감싸주는 것을 압니다. 그분의 사랑의 불이 우리 마음의 제단에 붙어 타오르는 것을 느낍니다. 그분은 우리의 친밀한 동반자요, 고난의 때에 한결같은 도움이십니다.

지금까지 나는 몇몇 우물들에 대해 언급했습니다. 이제, 그 모든 것에 관하여, 그것들이 결코 우리의 대적들에 의해 막힐 수 없다고 말할 수 있습니다. 고대에는 원수들이 우물들을 막아 버리곤 했습니다. 하지만 지옥이건 지옥의 군대건 결코 우리 주님께서 파시고 그분의 영으로 채우신 우물들을 단 하나라도 막지 못합니다. 설혹 외적인 성례전이 중단된다고 해도, 그 아래의 크고 깊은 물이 어딘가에서 분출구를 찾아낼 것입니다. 또한 만일 우리가 주의 만찬에 가까이 나아오는 것이나, 말씀을 듣기 위해 모이는 일이 금지된다고 해도, 하나님께 감사하게도 우리는 기도할 수 있으며, 예수님과 은밀한 교제를 나눌 수 있습니다. 그 우물들을 결코 막을 수 없기에, 목마른 그리스도인은 때마다 생수를 얻을 수 있습니다.

더 나아가, 그 우물들이 막힐 수 없는 것처럼, 그것들은 우리에게서 빼앗길 수도 없습니다. 블레셋 왕 아비멜렉은 우물들을 빼앗아가려고 아브라함 및 이삭과 다투었습니다. 하지만 이 우물들은 영원한 약정에 의하여 우리의 것입니다. 이 우물들은 저 영원한 회의에서 우리에게 주기로 정해졌고, 영원한 삼위 하나님의 엄숙한 동맹에 의해 우리의 것이라고 보장되었습니다. 이 언약의 축복들 중 그 어느 것도 생명의 상속자들에게서 빼앗길 수 없습니다. 그들은 그리스도 예수 안에서 만유의 후사가 된 이들입니다.

비록 이 우물들이 중단되지도 빼앗기지도 않지만, 우리가 그곳으로 가까이 나아오는 면에서는 방해를 받을 수 있습니다. 활 쏘는 자들이 빈번하게 물 긷는 곳에 출현하는 듯이 보입니다. 이 말씀은 요셉에 대한 축복입니다. "요셉은 무성한 가지 곧 샘 곁의 무성한 가지라 그 가지가 담을 넘었도다"(창 49:22). 하지만 그 다음 구절이 무엇입니까? "활 쏘는 자가 그를 학대하며 적개심을 가지고 그를 쏘았도다." 오늘 본문에서도 그러합니다. 여기에 우물들이 있습니다. 하지만 활 쏘는 자들의 요란한 소리가 있습니다. 그것이 물을 길으러 오는 자들을 크게 괴롭힙니다. 형제들과 자매들이여, 나는 여러분이 알고 있다고 생각하지만 여러분의 기억을 새롭게 하기를 원합니다. 여러분이 물을 길으려고 시도할 때에 활 쏘는 자들이 어떤 소란을 피웠는지를 여러분은 알고 있습니다. 오래 전, 우리 중 어떤 이들은 이런 일을 겪었습니다. 우리가 그리스도께 와서 그분의 구원을 마시기를 간절히 바랄 때에 우리의 죄가 활 쏘는 자들이 되어 우리를 쏘았습니다. 우리가 무릎 꿇고 기도하려고 할 때, 하나의 불화살이 우리의 심장으로 날아왔습니다. "어떻게 감히 네가 기도하느냐? 하나님은 죄인의 소리를 듣지 않으신다!" 우리가 하나님의 말씀을 들을 때에, 또 하나의 날카로운 화살이 우리를 향해 발사되었습니다. "너와 하나님의 말씀이 무슨 상관이 있느냐? 너와 같은 자에게는 약속이 있을 수 없다. 너는 정죄 받은 죄인이며, 그 책이 너를 엄숙하게 저주하고 있다는 것을 네가 알지 못하느냐? 그 책에서 떠나거라. 그것이 너에게 어떤 유익을 줄 수 있다더냐?" 여러분은 잘 기억하지 않습니까? 여러분이 어떻게 위로를 갈망하면서 이 예배당으로 오곤 했는지, 설교자가 빈번하게 여러분을 그리스도께로 오도록 호소하고, 여러분의 눈앞에 십자가에 달리신 구주를 제시하려고 노력했는지, 그런데도 활 쏘는 자들의 요란한 소리가 여러분이 그 우물에서 물을 긷는 것을 어떻게 방해했는지를 말입니다. 자책, 죄의식, 공포, 놀람의 화살들이 연이어 날아와 여러분의 심장을 뚫었고, 그 때문에 여러분은 하나님과의 화평을 얻지 못했습니다. 여러분은 주의 백성들이 그리스도 안에서 즐거워하는 것을 볼 때, 여러분 자신이 그런 소망을 누리지 못하는 것을 볼 때, 그들 중에서 가장 작은 자라도 부러워하곤 했습니다. 여러분은 믿으라는 말을 들었지만, 믿음이 여러분에게는 불가능하게 보였습니다. 여러분은 그리스도께서 완성하신 일에서 안식하라고 권고를 받았지만, 여러분은 그저 이렇게 말할 수밖에 없었습니다. "그러고 싶습니다. 하지만 믿어지지가 않습니다." 활이 튕겨지는 소리와 화살이 날아오는 소리는 끔찍하였고, 그것이 물 긷는 것을 방해했습니다. 그러는 동안 때때로 사탄은 지옥의 커다란 북소리가 여러분의 귀에 울리게 했습니다. "진노가 다가온다! 진노가 다가온다! 진노가 다가온다!" 여러분이 심판의 날과, 저 크고 흰 보좌와, 부활과, 양과 염소를 구분하는 것과, "저주를 받은 자들아 나를 떠나라"(마 25:41)는 소리와, 영원한 불과, 저 끔찍한 영원의 공포와 모든 희망의 사라짐을 생각할 때, 여러분이 아무리 애를 써도 그 우물들 중 어느 하나에서도 물을 긷는 것이 불가능하게 보였습니다. 여러분은 시도하고 또 시도했으며, 해를 거듭하여 수고하였지만, 여러분의 타들어가는 혀를 식혀줄 한 방울의 물도 얻을 수가 없었습니다. 처절한 절망 속에서 혀는 입천장에 붙는 듯하였습니다. 아! 하지만 사랑하는 이여, 이제 여러분은 그 활 쏘는 자들의 소리에서 해방되었습니다. 여러분의 많은 죄가 용서되었습니다. 이제 여러분은 예수님께 올 수 있고, 성례전에도 올 수 있으며, 성경도 읽을 수 있고, 말씀을 들을 수도 있고, 주의 길에 기름방울이 떨어지는 것을(시 65:11) 알게 되었습니다. 여러분에게 한 강이 있으며, 그곳에서 흐르는 물이 여러분의 힘을 온통 새롭게 합니다. 오, 이 우물들에서, 이제 여러분이 방해를 받지 않고 물을 긷게 된 것이 얼마나 귀한지요! 비록 때로는 마귀가 여러분을 향해 활을 쏘려 하지만, 여러분은 여러분에게 영광스러운 방패(Shield)가 있음을 압니다. 그 방패는 여호와의 기름부음을 받으신 분이시며, 그분이 여러분에게 임할 모든 진노를 떠나게 했습니다. 그러니 어느 누구도 어떤 일로도 여러분을 정죄할 수 없습니다. 여러분이 사랑하시는 분 안에서 받아들여졌으며, 믿음으로 의롭게 되었고, 우리 주 예수 그리스도로 말미암아 하나님으로 더불어 화평하게 되었기 때문입니다. 물 긷는 곳에서 활 쏘는 자들의 소리로부터 해방된 여러분이여, 주님을 찬양하지 않으렵니까?

하지만 내가 당연히 짐작하는 바로는, 첫 번째 종류의 활 쏘는 자들 곧 죄들(sins)이 사라졌다고 해도, 여러분 중에서 어떤 이들은 다른 종류의 궁수들에 의해 많은 괴로움을 당해왔을 것입니다. 그들은 의심과 두려움이라고 불리는 궁수들로서, 때때로 나를 크게 괴롭힙니다. 이 괘씸한 악당들은 할 수만 있다면, 은혜의 수단들(the means of grace, 하나님께서 성도들에게 은혜를 주시는 통로들을 말하며, 주로 말씀과 기도와 성례전을 지칭한다 — 역주)을 즐거워하고, 그 수단들을 통해 은혜를 누리기를 바라는 모든 영혼을 공격합니다. 사탄은 하나님의 자녀에게조차 이렇게 말합니다. "아하! 너의 실수와 넘어짐을 기억하라! 너의 부족함과, 너의 기도의 게으름과, 하나님의 영광에 대한 무관심과, 마음의 완고함을 상기하라! 네가 어떻게 약속을 받을 줄로 생각한단 말이냐?" 여러분이 성경에서 특정한 하나님의 말씀을 붙들려고 하고, 그 꿀을 맛보려고 할 때에, 마치 무언가 여러분의 손을 후려치는 듯하며, 그래서 여러분은 너무 뻔뻔하게 행동하지 않으려면 그 본문에서 손을 떼야 할 것처럼 보입니다. 즐거운 확신의 찬송은 여러분에게 적합하지 않은 듯하여, 여러분은 구슬프게 신음하기 시작합니다.

> "내가 알고 싶은 것은 이것이라네.
> 종종 이 생각이 나를 근심하게 만든다네.
> 나는 주님을 사랑하는 것일까, 아닐까?
> 나는 그분의 것일까, 아닐까?"

여러분이 그분의 소유인지에 대해 염려스러울 때에 주의 만찬에 나오는 것은 딱한 일입니다. 여러분이 감히 구원받은 것을 주장할 수 없을 때 목회자의 설교를 듣는 것도 비참한 일입니다. 예, 그리고 성경의 약속에서 구원의 분깃을 가졌다고 느낄 수 없을 때에는 하나님의 말씀인 그 책조차 위로가 되지 못합니다. 하지만 내가 하나님께 감사하는 것은, 우리의 믿음이 활동하고 우리의 소망이 분명할 때, 우리는 그리스도 안에서 우리의 분깃을 볼 수 있습니다. 우리는 처음에 그랬던 것처럼 그분께 나아올 수 있으며, 우리 자신을 전적으로 그분께 의탁할 수 있습니다. 그 때 우리는 더 이상 활 쏘는 자들을 두려워하지 않으며, 오히려 모든 두려움이 제거됩니다. 우리는 "우리가 믿는 자를 우리가 알고 또한 우리가 의탁한 것을 그 날까지 그가 능히 지키실 줄을 확신합니다"(참조. 딤후 1:12). 우리는 더 이상 원수들에 의해 방해를 받지 않고, 그 우물가에 앉아서 새 힘을 얻을 수 있습니다.

하지만, 나는 이따금씩은 또 다른 무리의 활 쏘는 자들이, 여러분이 우물에 있을 때에 공격해도 놀라지 않을 것입니다. 그 무리는 여러분의 염려들입니다. 귀한 어머니들이여, 집에 있는 여러분 자녀들에 대한 생각이 성도들의 모임에서 여러분의 헌신을 종종 방해하여 왔습니다. 좋은 친구들이여, 사업에 종사하는 여러분들로서는, 토요일과 주일 사이의 경계를 확정하는 것이 항상 쉽지는 않다는 것을 압니다. 그 주간의 염려들이 안식일의 거룩한 울타리 안으로 불쑥 헤집고 들어옵니다. 이런 잔인한 궁수들이 여러분을 난처하게 만듭니다. 예, 아마도 우리 중에서 하나님의 일에 종사하는 자들에게도, 엄숙한 업무와 관련하여, 다른 사람들에게는 알려지지 않은 한 무리의 궁수들이 몰려올 수 있습니다. 예배를 바르게 인도하는 것이나, 교회의 다양한 부서들을 적절히 배치하는 것과 관련된 염려들이 그럴 수 있다는 의미입니다. 우리는 마르다처럼, 주 예수 그리스도를 섬기는 중에도, 많은 섬김으로 인해 방해를 받을 수 있습니다. 이것이 우리에게서 그분의 발치에 앉아 즐거이 듣는 기쁨을 앗아갑니다. 우리를 돌보시는 주님께 우리의 염려를 다 맡기는 것이 좋습니다(벧전 5:7). 이처럼 우리의 하늘 아버지께 대한 믿음으로써, 우리는 이 활 쏘는 자들의 소리에서 벗어날 수 있는 것입니다.

사랑하는 친구들이여, 여러분이 크게 감사하지 않을 수 없는 것이 한 가지 있을 것입니다. 그것은 여러분이 교회의 내분이라는 궁수들로부터 해방을 얻었다는 것입니다. 우리는 우리의 경계 내에서 평화를 누립니다. 우리에게는 이런 저런 말다툼이나 분열이 없습니다. 우리는 형제가 형제를 적대시하는 것으로 분열되지 않았습니다. 교회들 중에서 일부 교회가 그러한 것처럼 불화로 쪼개지지 않았고, 반목으로 깨어지지 않았습니다. 교회의 이런 문제들로 인해 그들은 마음을 성찰해야 합니다. 우리는 함께 모일 때에 화평 중에서 서로 믿음의 덕을 세우기 위해 모입니다. 우리가 주 안에서 서로를 사랑하기 때문입니다. 우리는 하나님의 교회가 가장 쓰라린 상처를 주는 곳이라고 한탄하지 않아도 됩니다. 우리에게 교회는 안식의 장소이기 때문입니다. 이곳에는 우리의 가장 좋은 친구들과 친족들이 살며, 우리 주 하나님께서 다스리십니다. 우리는 교회의 모임에서 활 쏘는 자들의 시끄러운 소리로부터 해방되었습니다. 그들이 얼마나 예리한 화살을 쏘는지를 알지만, 여러분은 이에 대해 안심하며 기뻐할 수 있습니다.

또한 우리는 기쁘게도 정치적 박해로부터 구원을 받았습니다. 우리는 옛 스코틀랜드 맹약도들(Covenanters)처럼 산에서 파수병을 세우고, 예배를 위해 외딴 골짜기에서 모일 필요가 없습니다. 우리는 경관들이 우리를 체포하러 오는 것을 알리기 위해 집사들 중 하나를 문 앞에 세워둘 필요가 없습니다. 교회의 기록에 따르면, 오래 전 한때, 바로 이 교회의 지체들도 그렇게 해야 했던 것을 알 수 있습니다. 목사가 관리들을 피해 몸을 숨길 필요가 없으며, 교회의 지체들이 마치 늑대로 인해 놀라서 흩어지는 양 떼처럼 서둘러 집으로 돌아갈 필요가 없습니다. 각 사람이 자기 포도나무 아래와 자기 무화과나무 아래에 앉으니, 그들을 두렵게 할 자가 없습니다(미 4:4). 이에 대해 우리는 아무리 감사해도 지나치지 않다고 나는 확신합니다. 나는 우리가 누리고 있는 특별한 은총들 곧 박해와, 교회적인 재난과, 육적인 염려들과, 내적인 의심들과, 무엇보다 죄의 역병으로부터 보호를 받아 평화를 누리게 된 것을 회상합니다. 하나님이여, 우리로 드보라 시대의 사람들처럼 되게 하여 주소서! 그들처럼 물 긷는 곳에서 활 쏘는 자들의 소란으로부터 안전하게 하여 주소서!

이에 대해 충분히 생각했으니, 은혜로우신 하나님께 풍성한 감사를 드리기를 바랍니다. 여러분이 누리는 은혜들을 기억하는 것이 여러분 중 일부에게는 따분하게 느껴지는 일이 아닐까 염려스럽습니다. 하지만 만일 여러분이 그런 은혜들을 잃어버린다면 생각이 달라질 것입니다. 어떤 이는 여러분 중의 일부를 깨우기 위해서라면 한바탕 박해가 있기를 거의 바랄 정도입니다! 상처 난 곳을 쓰리게 하려면 곳곳에 소금을 조금씩만 뿌려도 됩니다! 정녕 우리는 이따금씩 채찍질이 가해지지 않으면 잠들고 말 것입니다. 스미스필드(Smithfield, 런던 외곽 북서부 쪽의 넓은 시장 터였음 — 역주)에서 한두 명이 화형(火刑)에 처해진다면 예전의 열심이 교회에 회복될 것입니다. 하지만 이런 화창한 날씨에서는 우리가 받은 은혜들을 망각하기가 쉽습니다. 우리는 힘겹게 노를 젓는 대신에 벤치에 누워 잠을 잡니다. 내가 염려하는 것은, 우리가 온 마음과 성품을 다하여 하나님을 섬기고 있어야 할 때에, 구원받은 우리 중 대부분의 사람들이 천국으로 가는 한적한 길만을 꿈꾸며, 하나님의 영광에는 대단히 무관심하고, 그리스도께 진 은혜의 빚을 망각하고 있다는 것입니다.

2. 그 우물가에서 부르는 노래들

이제 주제를 바꾸어서, 그 우물가의 노래들을 살펴보도록 합시다.

옛적에 사람들이 우물에 올 때에, 평화롭기만 하다면 서로 이야기를 나누었던 것처럼, 우리도 하나님의 집의 성례전에 나아올 때에 예수님과 더불어 교제를 누립니다. 우리는 한가한 잡담이나 하며 시간을 보내서는 안 되며, 주의 행사들을 거듭 말해야 합니다. 드보라의 시대에, 한 친구가 우물에 와서 다른 친구를 만나고, 그래서 대여섯 명이 모였을 때, 그 중 하나가 이렇게 말했을 것입니다. "이 얼마나 멋진 변화인지! 한달 전만 해도 우리가 우물에 올 때마다 화살이 우리 심장을 뚫지 않을까 두려워했었잖아요." 다른 사람이 말했습니다. "아아! 우리 가족은 오랫동안 물 없이 지냈답니다. 감히 이 우물에 올 수가 없어서 모두 목말라 애를 먹었답니다." 또 다른 사람이 이렇게 말했습니다. "하지만 이제 어떻게 되었는지 소식을 들었지요? 바락을 부른 사람이 여자였답니다. 랍비돗의 아내 드보라였는데, 그녀가 바락과 함께 싸우러갔지요. 그들이 싸운 영광스러운 전투를 들었지요? 기손 강에서 야빈의 군대가 몰살당하고, 야엘이 시스라의 관자놀이를 뚫어버렸다지요?" "주께서 그 일을 행하셨지요"라고 또 하나가 말했습니다. "그것은 주께서 행하신 일이니, 우리 눈에 참으로 놀랍지 않습니까?" 그런 식으로, 활 쏘는 자들의 소리에서 해방되었을 때, 그들은 우물가에 모여서 여호와의 행사를 거듭 칭송하였습니다. 집으로 돌아가기 전에 그들은 서로에게 말했습니다. "이 나라에 자유를 주신 하나님께 노래하며 찬양하자." 그렇게 노래를 부르면서 여인들은 마을의 집으로 돌아갔습니다. 물동이를 집으로 나르면서 노래를 불렀던 것입니다.

우리가 해야 할 일이 바로 이것과 상당히 유사합니다. 우리가 모일 때에, 우리는 예수 그리스도께서 우리에게 행하신 일, 그분이 골고다에서 행하신 위대한 일들을 거듭 말하며 칭송해야 합니다. 또한 그분이 지금 행하고 계신 위대한 일, 아버지 보좌 앞에 서서 행하시는 일들을 칭송해야 합니다. 우리는 경험적으로 말해야 합니다. 서로에게 우리가 알고 있는 것을 말하고, 그리스도께서 우리에게 행하신 일들을 말해야 합니다. 그분이 어떤 고난에서 우리를 붙들어 주셨고, 어떤 위험에서 우리를 건져 주셨으며, 어떤 은혜들을 우리에게 누리도록 하셨고, 또 어떤 악으로부터 우리를 보호하셨는지를 말해야 합니다. 우리가 주의 행사를 아무리 거듭하여 말해도 지나치지 않습니다. 이것이 옛 시대에는 성도들의 한 가지 표징이었습니다. "여호와를 경외하는 자들이 피차에 말하매 '여호와께서 그것을 분명히 들으셨도다'"(말 3:16). 오, 대화를 나눌 때에 소박한 단순함으로 되돌아가서, 이 본문이 말하듯이, 여호와의 공의로우신 일을 전하도록 합시다. 우리는 하늘의 장엄한 오케스트라를 위하여 지속적으로 예행연습을 해야 할 것입니다. 여기에서부터 하나님을 찬양하고 서로를 격려하여 하나님께 감사를 드리도록 합시다. 그럼으로써 영원토록 하나님과 어린 양을 찬양하는 천천만만의 거룩한 무리에 참여하여 장엄한 '할렐루야'를 부르게 될 일을 준비하도록 합시다. 우리가 마시는 모든 우물들 주변에서, 그리스도와 그분의 죽기까지 하신 사랑이 우리의 대화 내용이 되도록 합시다. 성령님과 그분의 승리의 능력에 대해 대화하며, 하나님의 섭리와 그 섭리의 선함과 신실성에 대해 이야기하도록 합시다. 그런 다음 각자의 집으로 돌아갈 때에는, 우리 마음과 우리의 입술에 음악을 담아서 돌아가고, 그리하여 가정마다 음악이 있게 하고, 각 남자와 여자들이 주의 이름을 송축하도록 합시다.

　그들이 무엇에 대해 노래하였는지 주의 깊게 살펴보았습니까? "여호와의 일"입니다. 하지만 또한 거기에는 하나의 형용사가 붙습니다. "여호와의 공의로우신 일"입니다. 공의(righteousness)란 그 속성상 육적인 사람들이 두려워하는 것입니다. 하지만 하나님의 공의가 그리스도의 속죄에 의해 만족된 것을 아는 자는, 심판장의 옷을 입으신 하나님의 엄격한 모습에 대해서도 기뻐합니다. 의롭게 된 하나님의 자녀는 하나님의 공의를 두려워하지 않습니다. 그가 공의의 모든 요구를 충족할 수 있기 때문입니다. 그는 하나님의 공의를 마치 솔로몬의 보좌 단상에 한 쌍으로 서 있는 황금의 사자들인 것처럼 좋아합니다. 그것은 탄원자를 쫓아버리기 위해서가 아니라, 그로 하여금 이스라엘 백성이 의지하는 그

보좌가 얼마가 든든하고 강력한지를 보도록 하기 위해 있는 것입니다. 나는 하나님의 공의와 거룩하심을 마치 거대한 사자들처럼 봅니다. 내가 그분의 보좌를 바라볼 때, 그리고 영광스러운 아버지의 면전에서 경배하려고 그 계단을 오를 때, 나는 그분의 공의가 예수님이 위하여 죽으신 자들의 구원을 보증하는 것을 알고서 기뻐합니다. 골고다에서의 의로우신 보응을 자세히 이야기하도록 합시다. 하나님께서, 자기 아들이 비록 죄를 알지 못하였어도 우리를 위하여 저주를 받으셨을 때, 우리의 죄들에 대한 저주를 그 아들에게 어떻게 쏟아 부으셨던가를 생각해 보십시오. 이는 우리가 즐겁게 묵상할 주제입니다.

다음으로, 자세히 살펴보면, 그것은 "자기 백성을 위한 여호와의 의로운 일"이었습니다. 예, 복음의 진수는 특별하고도, 차별적이며, 구별되는 은혜에 있습니다. 일반 은총(universal grace)에 관해서라면, 그런 고기 없는 뼈들을 좋아하는 자들이 가지라고 하십시오. 하지만 선택적 사랑이라든가 차별적 은총에 대한 특별한 복음은, 하나님의 자녀에게는 마치 귀족의 식탁에 있는 버터와도 같습니다. 나는 하나님의 보편적인 자비를 믿고 즐거워합니다. 그분은 모두에게 선하시며, 그분의 동정어린 은총들이 그분의 행사 모두에 나타나 있습니다. 하지만 성도들이 그분을 찬송하는 것은, 그들이 단지 그런 보편적인 호의를 입었기 때문이 아니라, 자녀로서의 만족한 사랑을 입었기 때문입니다. 그들은 그분의 종들일 뿐 아니라 자녀들입니다. 그분의 손으로 만드신 작품들일 뿐 아니라, 그분의 허리에서 난 자식들이며, 그분의 품에 소중한 자들이며, 그분의 마음에 아끼는 자들이고, 그분의 영원한 선택의 대상들입니다. 그분의 눈에 기쁨이요, 그분의 특별한 보석이고, 그분이 선택한 몫이며, 그분의 안식이자 즐거움입니다. 주께서는 세상 다른 모든 것보다 성도들을 귀하게 여기십니다. 그분은 그들을 위해 애굽과 구스를 주셨고, 더 나아가 그들을 위해 자기 아들을 주셨습니다. 그분은 천국의 가장 밝은 보석을 주셨고, 천국의 영광을 주셨습니다. 그분은 그들을 모든 죄에서 속량하고 특별한 자기 백성으로 삼기 위해서라면 하늘의 하늘이라도 주셨을 것입니다. 그러므로 내 사랑하는 형제들이여, 여러분이 주의 행사에 대해 말할 때에, 이스라엘을 향한, 그분이 고르시고 선택하신 백성들을 향한, 그분의 특별한 은혜에 대해 말하도록 하십시오.

노래되어야 할 그분의 행사들은 이스라엘 마을의 거주자들을 위한 것임을 주목하십시오. 이는 우리가 빈번하게, 주님의 가족 중에서 가장 미약하고 연약한 자들을 향한 주님의 특별한 은혜와 돌보심을 칭송해야 함을 의미하지 않습니까? 그 마을 사람들은 아는 것이 적고, 소유한 것도 적으며, 할 수 있는 일도 너무 적고, 너무나 약하며, 보호받지 못한 자들이었습니다. 이들이 하나님의 손에 의해 구원을 받은 것입니다. 그러므로 이스라엘의 소자들을 위한 하나님의 긍휼에 대해 말하십시오. 그러면 여러분이 말할 내용이 적지 않을 것입니다. 성경에서 최상의 말씀들이 있다면, 그것은 언제나 약한 자들을 위한 말씀입니다. 만일 성경에 특별하고도 귀한 약속이 있다면, 그것은 대개 약한 마음을 가진 사람들을 위한 것입니다. 온 세상에서 내가 지금까지 들어온 최상의 유모차는 예수님의 품입니다. 그 품은 어린 양들을 위한 것입니다. 강한 자들을 위한 것이 아니라, 어리고 유약한 자들을 위한 것입니다. 예수님께서 그분의 온유하심을 가장 잘 표현하신 온정적인 문장들과, 가장 상냥한 비유들은, 명백히 소심하게 떠는 자들을 바라보면서 하신 말씀들입니다. 그 중에서 예를 들자면 이런 것입니다. "그는 상한 갈대를 꺾지 아니하며 꺼져가는 심지를 끄지 아니하기를 심판하여 이길 때까지 하리라"(마 12:20). "적은 무리여 무서워 말라 너희 아버지께서 그 나라를 너희에게 주시기를 기뻐하시느니라"(눅 12:32). 성례전의 우물들에서 만날 때, 우리는 이와 같은 말씀들을 서로 얼마든지 말할 수 있고, 하나님과 그분의 의로우신 행사들, 곧 이스라엘 마을 사람들을 위하신 그분의 의로우신 일들을 거듭 칭송할 수 있습니다.

3. 성문으로의 방문

마지막으로, 이 본문은 "그 때에 여호와의 백성이 성문에 내려갔도다"라고 말합니다. 여기에 몇 가지 의미가 내포되어 있습니다.

첫째로, 하나님의 백성이 주 예수님의 위대한 속량과 그분의 영의 능력에 의해 죄와 염려와 고통으로부터 온전히 구원을 받을 때, 그들은 큰 자유를 누립니다. 때때로 우리는 "나는 갇혀서 나갈 수 없게 되었나이다"(시 88:8)라고 말한 사람과도 같고, 때로는 그 길이 가시 울타리로 막힌 사람과도 같습니다. 하지만 우리가 그리스도 가까이에서 살게 될 때, 모든 성문들이 활짝 열립니다. 우리는 주님의 자유인들입니다. 두려움이 지시한 한계 안에 갇혀 있는 대신, 복된 자유와 복음의 은혜라는 들판을 자유롭게 다닐 수 있습니다. 우리는 언약의 은혜 안에서 단에서 브엘세바까지 활보합니다. 사랑하는 친구들이여, 여러분은 하나님의 자녀의 자유가 무엇인지 알고 있습니까? 혹시 여러분은 일생 동안 속박에 갇혀 있지는 않습니까? 여러분이 하나님의 자녀라면, 여러분은 그 자유에 대해 무언가를 알고 있을 것입니다. 여러분이 아직 내적 생명의 신비 속으로 들어오지 않았다면, 아마도 여러분은 자유와 방종을 크게 혼동하고 있을 것입니다. 세상 사람의 자유란 제한 없이 악에 몰두하는 자유입니다. 하나님의 자녀의 자유는 방해 없이 거룩함 속에 행하는 것입니다. 믿는 자의 길이 넓어질 때, 그는 주의 계명 안에서 달려가기를 기뻐합니다. 주의 종에게는 순종이 곧 자유입니다. 그리스도의 멍에는 쉽고, 그분의 짐은 가볍습니다.

　나는 오늘 아침에 이곳에 참석한 여러분 중에서 아주 많은 이들이 노예들이 아닐까 염려됩니다. 여러분 중에 어떤 이들은 유행의 노예들입니다. 여러분은 아주 눈에 띌 정도로 그 족쇄를 차고 있습니다. 여러분은 풍습의 노예들이며, 반항할 만한 도덕적 용기가 없습니다. 여러분은 사람의 지시에 목을 드리우며, 다른 사람들이 하는 대로 따라서 해야 한다고 시인하고 있습니다. 여러분에게는 여러분 자신의 길을 개척할 남자다움도 없고 은혜도 없습니다. 자, 하나님의 참된 자녀는 다른 사람들이 무엇을 하든지 조금도 개의치 않습니다. 그는 자신의 주님께 대해서만 서기도 하고 넘어지기도 합니다. 그는 옳은 바를 행하고, 그릇된 일을 행하느니 차라리 지옥의 사자의 수염을 뽑을 것입니다. 만일 다른 사람들이 그의 고결함을 좋아한다면, 그들에게도 그만큼 더 좋겠지요. 만일 그들이 그것을 좋아하지 않으면, 그들은 그들 스스로의 입으로 말미암아 정죄를 당하는 셈입니다. 일단 하나님을 두려워하게 된 진정한 그리스도인은 다른 누구도 두려워하지 않는다고 나는 생각합니다. 그는 인류 중의 노예 같은 무리를 지배하는 죄악의 풍습에 흔들리는 것을 수치스럽게 생각합니다. 그는 하나님의 말씀의 빛에 의해 스스로 선택하며, 어떤 일이 옳다고 간주하면 그 일을 행합니다. 그는 그것 때문에 어떤 사람에게도 자유를 요청하지 않습니다. 사람이 다른 사람들에게 더 이상 속박당하지 않을 때, 더 이상 그들의 위협에 상심하거나 그들의 미소 속에서 배를 불리는 삶을 살지 않을 때, 그 사람은 아주 영광스러운 자유를 가진 것입니다. 원수들의 위협들을 뒤로 던져 버리고, 그것들을 조롱하며 웃었던 저 옛 선조는 영광스러운 분이었습니다. "우리가 너를 추방할 것이다!"라고 그들이 말했습니다. "아니다!", 저 그리스도인 영웅이 말했습니다, "너희들은 그렇게 하지 못할 것이다. 나는 어디서나 내 집처럼 마음이 편하기 때문이다. 나는 천국의 시민이다. 나는 이 땅에서는 낯선 자요 나그네이다." "하지만 너는 너의 모든 친구들에게서 격리될 것이다!" "아니다!", 그가 말했습니다, "너희들은 그렇게 하지 못할 것이다. 왜냐하면 나의 가장 좋은 친구(Friend)는 언제나 나와 함께 하시기 때문이다." "우리는 네가 소유한 것을 모두 빼앗을 것이다." 하지만 그가 대답했습니다. "그것도 너희들이 할 수 없다는 것을 나는 안다. 왜냐하면 어제 나는 그것들을 모두 가난한 자들에게 나누어 주었기 때문이다." "그렇다면, 우리가 너의 목숨을 빼앗을 것이다." "그것 역시도 나는 겁내지 않는다. 죽음은 단지 내가 고대하는 생명을 내게 주는 것이기 때문이다."

그런 불굴의 용사에게는 어떤 상처도 입힐 수가 없습니다. 믿음의 갑주를 입은 모든 사람은 그렇게 안전합니다. 그는 인간의 괴롭힘을 초월합니다. 그의 생명이 그리스도와 더불어 감추어졌기 때문입니다. 그의 대화는 천상에서 이루어집니다. 그는 두려움이 없습니다. 두려울 것이 없기 때문입니다. 그의 모든 소유물들은 안전합니다. 그는 그리스도 안에서 자기를 하나님께 의탁하였으며, 하나님께서 그를 자유하게 하셨기에 그는 정녕 자유가 되었습니다. 진리가 자유하게 한 사람은 자유인이며, 그 외에 모든 사람은 노예들입니다! 여러분은 의식적으로, 정신적으로, 도덕적으로, 영적으로, 하나님이 주신 자유 안에서 똑바로 걷는 기쁨이 무엇인지를 알지 못합니다. 사제기술(priestcraft)의 노예들이여, 우리는 당신들을 딱하게 여깁니다. 인도의 모든 보화를 준다고 해도 우리는 당신들의 사슬을 차지 않을 것입니다! 율법의 노예들이여, 우리는 당신들을 애도합니다. 여러분의 섬김은 무겁고, 여러분의 속박은 끔찍하기 때문입니다. 풍습의 노예들이여, 여러분은 불쌍히 여겨지기보다 차라리 조롱을 받아야 합니다. 여러분의 줄을 끊어 버리고, 더 이상 그 멍에를 매지 마십시오. 오늘 우리는 마치 해방된 노예들이 마지막 차꼬가 풀어져 땅바닥에 떨어졌을 때 느꼈을 그런 감격을 느낍니다. 오 영광스러운 자유여, 그대의 뛰어난 가치를 무엇으로도 표현할 수 없고, 우리가 바랄 수 있는 모든 것도 그대와는 비교될 수 없도다!

하지만, 성문에 내려간다는 것에는 다른 의미도 있습니다. 시민들이 성문에 내려간다는 것은 권위와 재판권을 행사하려는 것이기 때문입니다. 그리스도 안에 있는 자는 영들을 분별하며, 칭찬할 것과 책망할 것을 구분합니다. "신령한 자는 모든 것을 판단하나 자기는 아무에게도 판단을 받지 아니하느니라"(고전 2:15). 성도들은, 성령의 인도를 받아서, 귀한 것과 천한 것 사이를 분별합니다. 그들은 그들의 목자의 음성을 알며, 낯선 자를 따르지 않습니다. 낯선 자의 음성을 그들이 알지 못하기 때문입니다. 성도들은 이 세상을 판단합니다. 그들의 삶의 증언으로써 세상의 죄를 정죄합니다. 주 예수 그리스도께서 나타나실 때 "우리가 천사를 판단할 것을 여러분이 알지 못합니까?"(고전 6:3). 하나님을 사랑하는 자들은 다른 이들의 판단을 받고 그들을 따르는 것이 아니라, 오히려 옳은 길에서 인도자들이 되며, 마치 하나님의 입처럼 불의를 책망하는 자들입니다.

성문으로 내려가는 것은 또한 전투하기 위해 나아가는 것을 의미하기도 합니다. 그리스도인이 구원을 받을 때, 그는 자신의 안전한 상태에 만족하지 않으며, 다른 사람들이 복 받는 것을 보고 싶어합니다. 그는 이제 한때 그를 속박했던 원수를 공격하기 위해 성문 밖으로 나갈 수 있습니다. 그래서 그는 자기 무기를 몸에 찹니다. 하나님의 교회가 그리스도를 위하여 전쟁을 수행하려는 거룩한 열망으로 불붙어서, 적진으로 향할 때가 언제입니까? 나는 교회들이 위험스러울 정도로 혼수상태 같은 보수주의(conservatism)에 상당히 빠져 있다고 생각합니다. 현재의 교회 상태에 만족하여 안주하고, 우리가 가진 것을 지키는 것만 기뻐하고, 확대시키는 것에 대해서는 무관심합니다. 상당히 오래된 많은 교회들의 목표는 견고함(consolidation)이며, 그 이상은 아무것도 없는 듯이 보입니다. 하지만 참된 견고함은 확장(enlargement)에 있습니다. 최상의 보수주의는 진보입니다. 여러분이 가진 것을 지키는 가장 올바른 길은 더 많이 가지는 것입니다. 지금 여러분이 소유한 은혜를 유지하는 최상의 방법은 복된 성령의 은사를 더욱더 갈망하는 것입니다. 형제들이여, 그리스도께서 우리를 활 쏘는 자들의 소리에서 구원하셨다면, 그리고 우리가 하나님과 완전한 평화의 상태에 있다면, 팔짱을 낀 채로 이렇게 말하지 마십시오. "할 일이 끝났으니, 평화롭게 잠이나 자자."

오, 구원받은 여러분이여, 서둘러 병기고로 달려가서 갑옷을 입고, 칼을 잡으십시오. 이제 여러분은 거룩한 전쟁을 위해 그리스도의 부름을 받았기 때문입니다. 여러분이 구원받았다면, 다른 사람들을 구하려고 애써야 합니다. 여러분이 빛을 받았다면, 그것을 어두운 곳으로 들고 가십시오. 만일 여러분이 사자의 턱과 곰의 발톱에서 벗어났다면, 이제 주님의 능력으로 그 괴물과 싸우기 위해 나아가십시오. 그분의 능력으로 다른 괴물들도 찢어 버리십시오. 나는 여러분 대부분이 그리스도인으로서 어느 정도 섬김에 종사하고 있다고 믿습니다. 하지만 내가 이 강단에 서서 이 교회의 신자들의 수를 생각할 때, 나는 종종 염려스럽게 느껴집니다. 우리는 이 지역의 어떤 부분도 마치 버려진 땅처럼 한가롭게 누워있도록 방치해서는 안 되며, 이 교회의 단 한 사람의 지체도 아무것도 하지 않고 있어서는 안 된다고 느낍니다. 만일 각 사람이 각자가 할 수 있는 일을 하고 있다면, 나는 만족할 것이고, 아주 만족할 것입니다. 그 이상을 기대할 수는 없습니다. 주께서도 사람이 갖지 못한 것에 대해서 기대하시는 것이 아니라, 가진 바에 따라서 무언가를 기대하시기 때문입니다. 하지만 내 형제들이여, 여러분은 구원받은 영혼들이라는 영광스러운 지위로 높임을 받았습니다. 그런데 여러분은 그리스도께 영광을 돌리고 있으며, 또한 여러분에게 주어진 일을 완수하고 있는 것입니까? 나는 여러분 중에 일부가 그렇지 못하다고 생각합니다. 여러분은 기름진 것을 먹고 단 것을 마실 수 있습니다. 하지만 여러분은 오직 적은 것으로 여러분의 주님께 보답하고 있습니다. 나는 그리스도 안에서 여러분을 사랑하는 형제로서 말합니다. 마지막 임종의 순간에 여러분의 삶이 어떻게 보일지 생각해 보라고 호소합니다. 저 강 너머 복된 언덕의 정상에서 바라보았을 때, 여러분의 지상의 거주가 어떤 것일지를 생각해 보십시오. 그 때 여러분은 시간을 허비했다고, 기회들을 잃어버렸다고 느끼기를 바랍니까? 만일 저 복된 나라에서도 후회를 느낄 수 있다면, 여러분이 그리스도를 더욱 잘 섬기지 못한 것이 여러분의 후회거리가 되지 않을까요? 그분을 더 사랑하지 못하고, 그분에 대해 더 자주 말하지 못하고, 그분의 목적을 위해 더 넉넉하게 드리지 못하고, 또한 좀 더 한결같이 그분께 여러분 자신을 드리지 못한 것이 여러분의 후회스러운 점이 되지 않을까요? 저 진주 문들을 밀고 들어갈 수 있다면, 그런 점들이 낙원에서의 후회거리가 되지 않을까 나는 염려스럽게 생각합니다.

자, 우리가 사는 동안 살아 있도록 합시다! 우리의 힘을 최대로 활용하여 살도록 합시다! 주께서 우리의 용기를 분발시키시고, 우리의 힘을 강화시키셔서, 우리로 참된 십자군들이 되게 하시고, 십자가의 기사들이 되게 해 주시도록 기도합시다! 그리스도의 이름을 위하여 헌신된 남자들과 여자들이 되도록, 수고를 안식으로 여기며, 고난을 기쁨으로, 능욕을 명예로, 손실을 유익으로 여기는 자들이 되도록 기도합시다! 만약 우리가 그리스도의 제자들로서 그분께 우리 자신을 전적으로 드린 적이 없다면, 이제 그분의 십자가 옆에서, 그분의 상처에서 여전히 피가 흐르고 있는 것과, 그분이 우리를 위해 고통 중에 전율하고 계시는 것을 볼 수 있는 곳에서, 그분의 힘을 의지하여 서약하도록 합시다. 우리 자신을 남김없이 전적으로 그분께 드리겠노라고 말입니다! 주께서 그의 성령으로 도우셔서, 우리의 다짐과 결심이 실천될 수 있게 해 주시길 빕니다. 우리로 그리스도를 사랑하게 하시고, 그리하여 죽는 것도 유익인 것을 알게 해 주시길 빕니다.

형제들이여, 그리고 자매들이여, 여러분에게 내가 원하는 만큼 제대로 표현할 수가 없습니다. 그것을 여러분 자신의 양심과 영원하신 성령님께 맡깁니다. 만일 예수님이 그럴 가치가 없는 분이라면, 그분을 섬기지 마십시오. 하지만 그분이 정당하게 영예를 받으실 만하다면, 마땅히 섬겨야 할 도리로 그분을 섬기십시오. 만일 천국과 영원한 일들이 중요하지 않다면, 그것들을 사소하게 취급하십시오. 하지만 그것들이 엄연한 실재라면, 내 여러분에게 호소하건대, 정직한 사람들로서 그것들을 실재의 문제들로 다루십시오. 만일 여러분의 모든 사업과, 여러분의 모든 세상의 염려들과, 여러분의 덧없는 쾌락들이, 마치 어린아이들의 장난감들에 지나지 않는 것처럼 보이는 날이 찾아온다면, 그리고 하나님을 섬긴 것이 영광이 되고 영혼들을 얻은 것이 명성이 되는 때가 찾아온다면, 그렇다면 그 진리의 빛 가운데 있는 자로서 살아가십시오. 하나님께서 그의 복되신 영으로 여러분을 도우시길 빕니다. 아멘 또 아멘.

제
2
장

—

또 다른 전쟁의 시작

—

"기드온이 그가 여호와의 사자인 줄을 알고 이르되, 슬프도
소이다, 주 여호와여! 내가 여호와의 사자를 대면하여 보았
나이다 하니 여호와께서 그에게 이르시되, 너는 안심하라,
두려워하지 말라, 죽지 아니하리라 하시니라. 기드온이 여
호와를 위하여 거기서 제단을 쌓고 그것을 여호와 살롬이라
하였더라." — 삿 6:22-24

미디안 사람들은 아라비아, 그리고 성지 동편 지역에서 온 베두인 족 곧 유
목민들이었습니다. 그들은 약탈하는 기술의 달인들이었으며, 동정심이라곤 조
금도 없는 사람들이었습니다. 대체로 미디안 사람들은 고된 삶을 살았고, 다른
사람들에게서 빼앗은 약탈물을 가지고 잔치를 베풀 때에는 조금도 남김없이 소
모하였고, 그 후에는 굶주렸습니다. 성경은 아주 적절하게 그들을 메뚜기 떼에
비유하였습니다. 그들의 숫자나 파괴력이 마치 식물을 모조리 먹어치우는 메뚜
기 떼와 비슷하였기 때문입니다. 하나님은 그들을 보내어 이스라엘 나라를 채찍
질하였습니다. 왜냐하면 이스라엘이 너무나 어리석고 배은망덕하게도 이방의
신상들을 세우고, 그들의 은혜로우신 후원자시며 보호자이신 능력의 하나님을
잊어버렸기 때문입니다. 그들은 이 약탈자들에게 약탈을 당하고 극심한 억압을
당하였습니다. 이 약탈자들은 사람이나 짐승이 먹을 양식을 조금도 남김없이 다
약탈하였습니다.

불쌍한 이스라엘 사람들은 밀실이나 동굴에서 몰래 걸어나와 경작을 하고 땅에다 씨를 뿌렸습니다. 하지만 추수할 때가 되면 이 약탈자들이 다시금 와서 추수한 곡식을 빼앗고 땅을 파괴하였습니다. 그러면 이스라엘은 여느 때처럼 여호와께 부르짖었고 하나님은 그들의 신음소리를 들으셨습니다. 그들은 고난으로 말미암아 우상에게 넌더리가 나며, 급기야 "지금보다 그때가 좋았으니 우리의 첫 남편에게로 돌아가리라" 하였습니다. 하나님은 크신 자비로 그들을 위하여 구원자 기드온을 세우셨습니다. 기드온은 미디안과 여러 번 작은 접전을 벌인 것으로 널리 알려진 큰 용사였습니다. 그의 이름은 이미 미디안에게 공포의 대상이었습니다. 보리떡 한 덩어리가 장막을 쳐서 무너뜨리는 꿈을 꾼 미디안 군사가 그의 친구에게 말하자 그 친구는 "이는 다른 것이 아니라 이스라엘 사람 요아스의 아들 기드온의 칼이라"고 말할 정도였습니다.

그의 인물됨은 아무리 감탄해도 모자랄 정도였습니다. 성경이 소개한 그의 이름, "큰 용사"는 그의 전체적인 활약상에 비하면 매우 약한 표현입니다. 그는 더 나은 대접을 받을 자격이 있습니다. 그는 부드러우면서도 강하고, 신중하면서도 대담한 사람이었습니다. 그리고 철저하게 따져 묻는 자이면서도 또한 열정적으로 믿는 신자였습니다. 그는 이후로는 다윗의 모델이 되었고, 이전으로는 여호수아를 꼭 닮았습니다. 말년에 중대한 신앙적인 실수와 도덕적인 오류를 범하므로 그의 명성이 가려지기는 했지만 그는 참으로 위대한 사람이었습니다. 그의 실수에도 불구하고 그는 신앙의 영웅들 중에서 최고에 속하는 사람이었습니다. 그는 성급하게 전쟁을 서둘지 않고 자기의 때를 기다렸습니다. 그리고 때가 왔을 때 뜻밖의 갑작스런 공격으로 적군 전체를 급습하였습니다. 이에 미디안 군사들은 모두 다 정신 없이 도망쳤으며 마치 한 사람처럼 두들겨 맞았습니다.

지휘관들이 먼저 도망쳤습니다. 방백인 오렙과 스엡, 곧 갈까마귀와 이리(그들의 이름의 뜻임)가 제일 먼저 잡혔고, 이어서 제일 먼저 도망쳤던 왕들도 승리군에게 사로잡혔습니다. 미디안의 지도자들이 다른 군사들보다 먼저 도망쳤으므로 훗날 그 지도자들의 몰락이 저주스러운 속담이 되었습니다. "그들의 귀인들이 오렙과 스엡 같게 하시며 그들의 모든 고관들은 세바와 살문나와 같게 하소서"(시 83:11).

기드온을 조금이라도 닮기 위해서 잠시 그에 대해 생각해 보도록 합시다. 우리는 기드온처럼 유목민을 공격해야 하는 것은 아니지만 하나님께서는 우리를 영적인 싸움으로 불러내셨습니다. 하나님께서 우리를 사용하여 승리를 얻고자 뜻하시지만 지금 이 순간 우리는 두려움에 떨고 있습니다. 우리는 지금 기드온을 훈련시킨 것과 같은 정신적인 훈련과정을 거치고 있으며, 미래의 전투와 정복을 위해 준비되어 가고 있는 중입니다.

1. 잠시 평화를 위한 기드온의 열망을 설명하고자 합니다.

기드온은 전쟁을 좋아하지 않았고 평화를 열망하였습니다. 그는 제단의 이름을 "여호와 살롬"이라고 하였는데 난외주에 "주께서 평화를 보내신다"고 해석되어 있습니다. 그러므로 그의 심령 속에는 전쟁에 대한 열망보다는 평화에 대한 열망이 더 깊이 자리잡고 있었던 것이 분명합니다. 그는 왕들의 전리품을 바라지 아니했습니다. 그가 바라는 것은 오로지 평화롭게 땅을 갈고 씨를 뿌리고 수확하는 것이었습니다.

전쟁의 참상이 도처에 깔려 있을 때 여러분의 마음은 어떻겠습니까? 기드온은 오랫동안 그의 친구들과 이웃에게서 전쟁의 처참한 결과들을 보았습니다. 그들은 재산을 빼앗겼고, 양식도 강탈당하였으며, 자녀들은 살육당하였고, 자신들은 깊은 산 속이나 동굴 속에서 숨어 지내야 했습니다. 이렇듯 다 빼앗기고 위험스럽게 살아간다는 것은 견딜 수 없는 일이었습니다. 전에는 이스라엘의 모든 사람들이 포도나무와 무화과나무 아래에서 안전하게 거하였는데 이제는 산에 사는 자고새처럼 쫓겨다니는 신세가 된 것을 보며 기드온의 마음은 슬픔과 분노로 가득 찼습니다. 베두인 족은 이스르엘 골짜기를 "하나님의 초원"이라고 불렀습니다. 그런데 이 비옥한 초원이 침략자들에게 짓밟혔으니 이 모습을 바라본다는 것이 그 얼마나 비통한 일이었겠습니까! 저와 여러분은 전쟁의 공포를 상상조차 할 수 없습니다. 전쟁에 대한 기록을 읽고 다만 동정심만 느낄 뿐이지 엄청난 살육, 고통스러운 상처, 황폐화시키는 약탈, 군대가 지나가면서 남기는 잔인한 범죄들을 잘 알지 못합니다. 만약 우리의 눈으로 전쟁의 참상을 목격한다면 우리는 "선하신 주님, 우리에게 평화를 주옵소서"라고 뜨겁게 부르짖지 않을 수 없을 것입니다.

더욱이 기드온은 자신이 직접 전쟁의 고통을 체험하고 있었기 때문에 평화를 열망하였습니다. 전쟁의 공포가 기드온의 고향인 아비에셀에 있는 그의 농장에도 미쳤습니다. 거기서 기드온은 포도주 틀에 숨어 밀을 타작하고 있었습니다. 포도주 틀은 밀을 타작하기가 불편한 곳이었지만 겨울에 먹을 약간의 곡식을 숨기기 위해서는 어쩔 수 없는 일이었습니다. 미디안 족속이 그마저도 빼앗으려고 하였으니까요. 대학살이 여러분의 문 앞에서 벌어지고, 약탈이 여러분의 성문 앞에서 행해지며, 자신이 두려워 숨어 지내고 있다면, 심령 깊은 데서부터 "오, 하나님 억압당하는데 지쳤사오니 우리에게 평화를 주소서, 이 갈가마귀들과 이리들이 우리를 완전히 삼키나이다"라고 부르짖을 수밖에 없을 것입니다.

기드온은 평화를 회복하는 방법을 잘 알고 있었습니다. 그때에 주의 선지자가 이스라엘 백성에게 이르러 여호와 하나님께 돌아오는 것만이 평화를 회복하는 유일한 길이라고 알려 주었습니다. 살아 계신 영광의 하나님을 떠난 큰 죄가 그들 앞에 있었던 것입니다. 그러므로 이스라엘이 대적으로부터 평화를 되찾기 위해서는 무엇보다 먼저 하나님과 평화를 이루어야 한다는 사실을 그들은 쉽게 알 수 있었습니다. 그들은 주권자이신 하나님께 굴복하고 다시금 충성해야 합니다. 그때에 비로소 하나님께서 그들의 땅에서 대적을 몰아내 주실 것입니다. 그들은 자신들의 죄를 자백하고 언약을 갱신해야 합니다. 그때에 비로소 그들은 구원을 얻을 것입니다. 그때에 비로소 "하나가 천을 쫓으며 둘이 만을 도망하게 하리라"(신 32:30)는 옛 언약이 성취될 것입니다. 아마도 기드온은 선지자가 나타나기 전부터 이 사실을 알았을 것입니다. 기드온은 이 진리의 말씀을 마음속 깊이 새겨두었으며, 하나님을 믿는 자로서 이스라엘이 여호와께 돌아오면 평화는 자연히 따라올 것이라고 확신하였습니다.

기드온이 이러한 생각을 하며 일하고 있을 때 천사가 그에게 나타나 하나님께서 그와 함께 계신다는 보증을 합니다. 이 약속의 천사는 기드온에게 "큰 용사여, 여호와께서 너와 함께 계시도다"(삿 6:12)라고 말해 주었습니다. 제 생각에 기드온의 심령은 이 보증의 말씀을 듣고 틀림없이 크게 기뻐했을 것입니다. 사실 인생이 이런 확실한 보증을 받는 것보다 더 좋은 것이 어디 있겠습니까? 하나님께서 우리를 위하신다면 누가 우리를 대적할 수 있겠습니까? 믿음으로 의롭다함을 받은 우리는 하나님과 평화를 이루고 있다는 이 보증이야말로 얼마나 감미로운 사실인지 알고 있습니다. 주님께서 영원히 우리와 함께 계시고, 우리를 돕는 자, 우리의 방패, 우리의 기업이 되신다는 보증을 받는 것은 너무나 좋은 일입니다.

그러나 기드온의 마음속에 심각한 근심이 생겼습니다. 기드온의 마음은 매우 조심스러웠고, 깊은 생각에 잠겼습니다. 그는 신중하고 도량이 크며, 멀리 내다보고, 냉철하고 침착하게 사물을 관찰하는 사람이었기 때문입니다. 그의 마음속에 한 가지 심각하고 중요한 의문이 생겼습니다. "이것이 과연 하나님의 음성인가, 아니면 내가 무언가에 홀리고 있는 것은 아닌가? 하나님께서 정말 나와 함께 하시는 것인가, 아니면 다른 사람들처럼 살아 계신 하나님을 대적하는 무서운 전쟁에 빠져 있는 것은 아닌가?" 그래서 그는 질문을 하고, 자기가 어떠한 존재인지 확인할 수 있도록 증표를 요구합니다.

형제들이여, 여러분과 제가 가진 영적인 문제는 확인할 필요가 있습니다. 우리의 심령 안에 평화가 있을지라도 그것이 과연 하나님이 주시는 평화인지 확인해야 합니다. 왜냐하면 "평강하다, 평강하다"(렘 6:14) 하나 평강이 없는 경우가 있기 때문입니다. 유혹의 말은 사람들을 파멸시키기 위해 감미로운 음색으로 매료시킵니다. 죽음의 강물은 큰 폭포에 다다를 때까지 아주 부드럽게 흘러갑니다. 그러므로 주님의 말씀을 유의하십시오. "그들이 평안하다, 안전하다 할 그때에 임신한 여자에게 해산의 고통이 이름과 같이 멸망이 갑자기 그들에게 이르리니 결코 피하지 못하리라"(살전 5:3).

강한 착각에 빠진 불경건한 사람만큼 태평한 사람도 없습니다. 시편 기자는 그들에 대하여 이렇게 말합니다. "그들은 죽을 때에도 고통이 없고 그 힘이 강건하며 사람들이 당하는 고난이 그들에게는 없고 사람들이 당하는 재앙도 그들에게는 없나니"(시 73:4, 5). 기드온은 평화롭지 못했습니다. 근심하는 기색이 역력하였습니다. 그는 어둠을 감추지 못했습니다. 그는 본질을 추구하였습니다. 평화를 가지더라도 하나님으로부터 온 평화를 가져야만 했습니다. 그는 구원을 받더라도 확실하고 영구적인 승리를 얻기 원하였습니다. 기드온은 근심에 시달렸기 때문에 은혜를 구하였고, 두 번이나 확실한 보증을 얻고자 하였습니다. 기드온은 자신의 사역이 정말로 근거가 있는 것인지, 성공은 보장되어 있는 것인지 하나님으로부터 확인 받기를 원하였습니다.

우리 가운데 많은 사람이 기드온과 같은 처지였으며 아마도 지금도 그러하리라고 저는 믿습니다. 물론 우리가 기드온의 사명을 가진 것은 아니며, 우리에게는 우리의 사명이 있고, 개인적으로 자신의 평화에 대해 확신이 없기 때문에 근심하는 것입니다. 우리는 과거의 죄와 그 결과들로 인해 슬퍼합니다. 이것이 많은 사람들의 공통적인 운명입니다. "양심의 가책으로 말미암아 우리는 모두 소심해집니다." 그리고 하나님의 강력한 성령께서 우리의 죄를 깨닫게 하시며,

이로써 우리는 또다시 슬퍼하게 됩니다. 아니 오히려 슬픔보다 더 큰 고통을 당합니다. 왜냐하면 슬픔은 채찍으로써 우리를 징계한다면, 죄는 전갈로써 징계하기 때문입니다. 우리는 하나님의 노여움으로 말미암아 소멸되며, 하나님의 진노로 말미암아 괴로워합니다. 우리의 마음은 이래저래 시달리며 혼란스럽습니다. 그런 혼란 속에서도 우리의 마음은 참된 평안을 찾으며, 하나님 안에서 평화를 누리기를 갈망합니다.

나침반의 바늘처럼 우리의 마음은 흔들리며 산란하지만 중심을 알고 있으며, 그 중심을 잡기 위해 근심하고 있는 것입니다. 마음은 쉴 수 있는 장소에 이르기까지는 결코 평안하지 못할 것입니다. 여러분도 그런 마음의 상태를 경험해 보았는지요? 제가 알기로, 주님께서 여러분을 사랑하시고 주님의 일을 하라고 여러분을 세우셨다면, 여러분은 그런 경험을 해 보았을 것입니다. 그때에 하나님께서 여러분에게 자비의 메시지를 보내 주셨나요? 여러분은 성경을 살피고 고귀한 약속의 말씀을 찾으셨나요? 성령의 기름 부음을 받은 하나님의 신실한 종이 전하는 설교를 듣고 위로를 받아보셨나요? 심지어 그러한 때에라도 어두운 생각이 구름처럼 일어나 "정녕 이것이 나를 위한 위로입니까? 내가 이 위로를 받아도 되는 겁니까? 그것이 착각입니까 확신입니까?"라고 질문한다 할지라도 저는 이상하게 여기지 않을 것입니다. 착각과 확신 사이에는 분명한 선이 있고, 면도날처럼 예리한 구분이 있습니다. 그것을 분간하지 못하는 사람에게는 화가 있을 것입니다.

오 하나님, 우리를 육적인 안일로부터 구원하여 주소서. 평강이 없는 곳에서 "평강하다 평강하다" 외치지 말게 하소서. 우리가 자화자찬하고 우쭐해져서 멸망당하기보다는, 진실하게 우리 자신에 대하여 있는 그대로 쓰디쓴 말을 듣는 것이 더 낫습니다. 그러므로 여러분이 확실한 증표를 보여 달라고 주님께 요구할지라도 저는 이상하게 여기지 않을 것입니다. 여러분은 하나님께 기도하되 이렇게 말하십시오. "당신의 위로 외에 저는 아무런 위로도 받지 않겠나이다. 당신의 비둘기는 진실한 노아의 방주 외에는 발 둘 곳을 찾을 수 없나이다. 오직 노아의 방주에만 쉼이 있나이다." 저는 예수님께서 구멍난 손으로 제게 주시는 위로의 잔 외에는 그 어떠한 위로의 잔도 받지 않을 것입니다. 깨끗하려면 예수님의 피로 깨끗해질 것이며, 옷을 입는다면 예수님의 의의 옷을 입을 것입니다.

하나님으로부터 오는 참된 평화 얻기를 소원하고 이로써 자기의 나라에 평화가 회복되기를 소원한 기드온의 열망을 살펴보았습니다.

2. 이제 그 평화를 얻는 과정에서 겪었던 기드온의 두려움에 대해 잠시 살펴보려고 합니다.

흠정역(Authorized Version)에는 "한 천사"가 나타났다고 번역되었지만 사실은 "여호와의 사자"가 옳은 번역입니다. 우리도 하나님의 사자를 만나면 위로를 받는 것처럼 기드온도 이 장면에서 위로를 받았을 것입니다. 하지만 기드온이 천사의 모습을 하고 오신 하나님을 뵈었을 때 기뻐 날뛰었을 것이라고 사람들은 생각하겠지만, 사실은 그 때문에 죽음의 그림자가 그를 덮쳤습니다. 여기에 있는 이 사람은 평화를 갈망하며 평화의 길로 확고하게 나아갔지만 아울러 엄청난 두려움에 휩싸였습니다. 평화는 하나님께 가까이 가지 않고는 얻을 수 없으며, 또한 주님께서 우리에게 가까이 오시지 않고는 가질 수 없는 것입니다. 그러나 정작 이러한 만남이 이루어졌을 때 가련한 인생은 면접 때부터 주눅이 들고 두려움에 녹아 버리고 말았습니다. "기드온이 그가 여호와의 사자인 줄을 알고 이르되 슬프도소이다, 주 여호와여! 내가 여호와의 사자를 대면하여 보았나이다 하니"(삿 6:22). 하나님께서 사람들과 평화를 이루려 하실 때 흔히 이런 일이 벌어집니다. 그것은 완전하고 올바른 과정이지만 영혼은 심하게 떨립니다. 떨림이 없는 회개를 저는 신뢰하지 않습니다. "지금부터는 아버지의 아들이라 일컬음을 감당하지 못하겠나이다"(눅 15:21). 탕자의 부르짖음을 보십시오. 베드로의 애절한 통곡을 보십시오. 다소의 사울이 삼일 동안 어둠 속에 있었던 것을 보십시오. 신자들에게도 하나님의 임재는 두려울 수밖에 없습니다. 야곱은 "두렵도다, 이곳이여"(창 28:17)라고 소리쳤습니다. 욥은 소름이 끼쳤으며, 모세는 크게 두려워하고 떨었으며, 이사야는 "화로다 나여"라고 외쳤습니다.

어찌하여 기드온이 두려워했을까요? 그가 겁쟁이였기 때문이 아닙니다. 여러분은 이 요아스의 아들만큼 용기 있는 사람을 성경에서 찾아보기 힘들 것입니다. 그 이유는 아무리 용기 있는 사람이라도 초자연적인 존재 앞에서는 놀라지 않을 수 없기 때문입니다. 기드온은 전에 한 번도 보지 못했던 광경을 보았습니다. 하나님의 임재는 사람들이 흔히 볼 수 없는 신비로운 광경이었습니다. 그러므로 하나님을 경외한 만큼 기드온은 두려워하였습니다. 살아 계신 하나님께서 한 영혼에게 가까이 오실 때, 비록 그리스도 예수의 인격 안에서 오신다 할지라도, 그 심령은 두려워 위압당하게 되며 주님 앞에서 떨게 될 것입니다. 그것은 그럴 수밖에 없습니다. 주님의 사랑을 받은 요한에게 어떤 일이 있었는지 생각해 보십시오. 주님의 품에 머리를 기댈 정도로 사랑을 받았던 주님의 제자 요한도 "내가 볼 때에 그의 발 앞에 엎드러져 죽은 자 같이 되었다"(계 1:17) 하였습니다. 그러므로 예수님께서 가까이 오실 때 가련한 영혼이 의심과 근심으로 가득 차고, 죄의식으로 괴로워하며, 크게 고통스러워하며, 몹시 두려워한다 할지라도 저는 이상하게 여기지 않습니다. 주님은 오직 사랑하고 자비를 베풀며 용서할 마음으로 오실지라도 사람들의 마음은 그 놀라운 광경에 놀라자빠지고 맙니다. 안타깝게도 여러분 가운데 어떤 분들은 주께서 심령들에게 임하실 때 어떤 현상이 벌어지는지 잘 알지 못합니다. 여러분이 주의 임재를 체험한다면, 영적으로 깨어난 사람들이 특이하게 행동하는 것을 이상하게 생각하지 않을 것입니다. 그들은 일시적으로 먹는 것조차 잊을 수 있습니다. 다니엘은 "나만 홀로 있어서 이 큰 환상을 볼 때에 내 몸에 힘이 빠졌고 나의 아름다운 빛이 변하여 썩은 듯하였고 나의 힘이 다 없어졌으나"(단 10:8)라고 하였습니다. 심령에게 가까이 오시는 영광스러운 하나님의 임재는 엄숙한 방문이며, 그 심령은 하나님의 임재 앞에서 엎드러질 수밖에 없습니다.

게다가 기드온은 구전(口傳) 때문에 오해하고 있었습니다. 그때에 진실에서 유래된 구전이 널리 퍼져 있었으나 그것은 거짓이었습니다. 그 구전이란 이를테면, 하늘로부터 온 존재를 보고는 아무도 살 수 없다는 것이었습니다. 주님께서 그의 종 모세에게 당신의 얼굴을 보고 아무도 살 수 없다고 분명하게 말씀하신 것은 사실입니다. 그러나 주님은 "천사를 보고 아무도 살 수 없다"고 말씀하지 않았으며, 또한 "나의 가려진 존재를 보고 아무도 살 수 없다"고 말씀하지 않으셨습니다. 이 구전은 진실을 부풀린 것이며, 또 왜곡시킨 것입니다. 우리는 하나님의 얼굴은 볼 수 없지만 예수님은 볼 수 있습니다. 실제로, 우리는 예수님을 보기 때문에 사는 것입니다. 그러므로 진실에 붙어 있는 이끼를 경계하십시오. 하나님에 대한 불완전한 사상으로 인하여 많은 심령들이 상처를 입고 피를 흘립니다. 하나님께서 임재하실 때, 곧 전능하신 하나님께서 심령에게 임하실 때, 쓸데없는 비열한 공포가 존재합니다. "나는 죽으리라, 나는 죽으리라"고 그는 말합니다. 그는 자신의 죄를 깨닫고는, 하나님께서 진노하여 자기를 형벌하려고 오셨다고 생각합니다. 그는 자신의 무기력을 절감하고 "나는 죽으리라"고 신음합니다. 그러나 그것은 진실이 아닙니다. 하나님께서 여러분을 죽이기로 작정하신다면 여러분을 혼자 내버려 두실 것입니다. 하나님께서 멸하시는 자를 처음에는 자기가 최고라는 착각 속에 빠지게 하십니다. 하나님께서 누군가를 용서하시고 구원하시기로 뜻하실 때에야 비로소 그에게 그의 죄를 보여주시는 수고를 아끼지 않으십니다. 주님께서 여러분을 벌거벗기신다면 다시금 입혀 주실 것이며, 주님께서 여러분의 의를 추풍낙엽처럼 사라지게 하신다면 그것은 영광스러운 예복으로 여러분을 차려 입게 하기 위함입니다. 그러므로 두려워 마십시오.

　더욱이 당시 기드온의 심령은 쉽게 낙심할 수밖에 없는 상태였습니다. 기드온은 용기 있는 사람이었지만 오랜 고난으로 인하여 그의 얼굴에 슬픈 기색이 역력하였습니다. 기드온의 평소 행동은 하나님께서 기드온에게 주신 두 가지 표징으로 그려볼 수 있습니다. 기드온 주변의 모든 사람들은 타작마당처럼 쉽게 흥분하고 열을 받고 노골적이었던 반면, 기드온은 양털처럼 냉정하고 침착하였습니다. 그리고 또다시, 기드온 주변의 사람들은 젖은 마당처럼 기가 죽은 채 실망하였지만 기드온 혼자서는 평소의 상태를 유지하였고 그 마음속에 한 방울의 비겁함도 젖어들지 못하였습니다. 이러한 사람은 차분하고 조용하며 결단력과 용기가 있습니다. 그러나 본문에 기록된 상황에서 기드온은 잔인한 억압 하에서 가슴아파하고 있었으며, 이스라엘에 대한 하나님의 진노를 의식하고 있었으며, 하나님의 임재 앞에서 어두워져 있었습니다. 그러므로 가뜩이나 두려워하고 있던 그의 마음이 더 큰 두려움으로 가중되었던 것입니다. 다만 여기서 우리가 볼 수 있는 미덕은 그가 한결같이 하나님에 대한 두려움을 말하고 있으며, 위로를 받기 위해 한결같이 하나님께 나아가며, 그러므로 한결같이 도움을 얻고 있다는 사실입니다. 이와 같이 용기 있는 사람은 두려움을 모른 체하는 자가 아닙니다. 오히려 그는 위험을 알면서도 그 위험을 뛰어넘는 사람입니다. 이 용기 있는 사람은 이런 저런 두려움에 시달리기는 하였지만, 결단코 그의 하나님으로부터 버림을 받지 않았으며 반드시 자신의 명예를 회복하고야 말았습니다.

　한 가지 주목할 만한 것은 기드온이 직접 간청한 표징으로 인해 기드온이 가장 크게 두려워하게 되었다는 사실입니다. 기드온은 "표징을 내게 보이소서"라고 말하였고, 그가 그 표징을 보았을 때, 말하자면 하나님께서 그에게 임하셨을 그때에 그는 가장 크게 두려워하였습니다. 표징을 구하는 것을 조심하십시오. 왜냐하면 그 표징으로 인하여 위로 받기보다 도리어 낙심할 수도 있기 때문입니다. 제가 아는 어떤 사람은 "죄의식을 깊이 느끼지 못하는 한 내가 하나님의 자녀라는 것을 믿지 않을 거야"라고 늘 말하였습니다. 그러나 정작 죄의식에 빠지게 되자 그는 "절대로 이런 기도를 다시는 하지 않겠어"라고 소리쳤습니다. 또 어떤 사람들은 자기들이 천천히 인도를 받으면 그리스도께 나올 수 있을 것이라고 생각하였습니다. 그러나 정작 주님께서 그들을 완만하게 인도하시자 그들은 많은 고통과 시련을 당하더라도 극적인 인도를 받기를 원하였습니다. 그들은 자기들의 절망이 크면 클수록 더 잘 믿을 수 있을 것이라고 상상하는 것입니다. 분명히 잘못된 생각입니다. 우리는 새로운 의심을 만들어 내느라 무척 바쁩니다. 그리고 이런 잘못된 생각을 위해 지금까지 표징들을 주님께 간청해 왔습니다. 우리는 "확실한 표징을 내게 보이소서"라고 크게 부르짖습니다. 그리고 정작 표징이 보이면 그 응답에 놀라며 이전보다 더 심각한 두려움에 빠지게 됩니다. 그러므로 그러한 은혜를 구하시려거든 숨을 죽이고 구하십시오. 그런 것을 구한 후에는 한 번 더 "그러나 나의 뜻대로 마옵시고 주님 뜻대로 하옵소서"라고 주님께 말씀드리십시오.

그러는 동안 기드온은 모든 두려움을 물리칠 수 있는 한 가지 진리를 얻었습니다. 주님께서 그에게 이렇게 말씀하셨습니다. "너는 가서 이 너의 힘으로 이스라엘을 미디안의 손에서 구원하라. 내가 너를 보낸 것이 아니냐?"(삿 6:14) 보십시오, 그는 자기가 죽을 것이라고 두려움을 가지고 집으로 갑니다. 그러나 그는 죽을 수 없었습니다. 이스라엘을 구원해야 할 사람이 어찌 죽는다는 말입니까? 그는 이 사명을 감당하기 위해 살아 있어야 합니다. 그러나 여러분도 아시다시피 그는 편안해야 할 당위성을 잊고 두려워할 명분을 찾습니다. 저는 이런 성도들을 너무나도 많이 보아왔습니다. 그리고 저도 가끔은 이런 생각에 빠질 때가 있습니다. 믿음을 강하게 할 수 있는 근거를 활용하지 못하고 오히려 불신앙을 부추기는 잘못된 이유를 생각합니다. 이것은 어리석고 악한 일이 아닐까요? 우리는 불안을 조성하는데 너무나 부지런하며, 기쁨을 찾는데는 너무나도 게으릅니다. 이것은 어리석은 행동이며, 우리보다 훌륭한 사람들도 늘 이런 실수를 범합니다. 주님께서는 우리를 이런 어리석은 행동으로부터 구원해 주십니다. 하나님께 가까이 나아갈 때 우리는 평안을 얻습니다. 그리고 하나님께 가까이 나아가다가 하나님의 임재를 의식하므로 이전보다 더욱 낙담하며 더 큰 슬픔에 빠진다 할지라도, 하나님께 나아가기를 주저하지 말며, 있는 힘을 다해 하나님께 가까이 나아가십시오. 우리의 안전이 하나님께 나아가는데 있으므로 우리는 모든 위험을 무릅쓰고라도 앞으로 나아가야만 합니다. 설령 하나님께서 칼을 빼들고 서 계시는 것처럼 보일지라도 우리 모두 하나님 앞에서 만납시다. 하나님께서 소멸하는 불일지라도 우리는 하나님께 다가갑시다. 왜냐하면 이것이야말로 성도들의 최고의 특권이기 때문입니다. "우리 하나님," 곧 그리스도 예수 안에 계신 우리의 하나님께서는 "소멸하는 불"이십니다. 그렇다면 성도 외에 누가 그 맹렬한 불과 함께 살겠습니까?

3. 이제 하나님의 종들에게 베푸시는 그의 위로를 생각해 보겠습니다.

"여호와께서 그에게 이르시되 너는 안심하라. 두려워하지 말라. 죽지 아니하리라 하시니라" (삿 6:23). 주님께서는 기드온과 같은 당신의 종들의 마음을 불안하게 하지 않으십니다. 우리가 대적을 불안하게 할지언정 우리 자신은 불안해해서는 안 됩니다.

형제들이여, 진리의 핵심을 찌르는 하나님의 크신 능력을 주목하십시오. 제가 여러분에게, "형제들이여, 안심하십시오"라고 인사드린다고 생각해 봅시다. 이는 듣기 좋은 말일 것입니다. 하지만 주님께서 똑같은 말씀을 하실 때 여러분은 안심이라는 사실 자체를 느끼도록 해 보십시오. 베드로가 갈릴리 호수의 흔들리는 배 위에서 파도를 향하여 "고요하라" 명령했다고 생각해 봅시다. 폭풍은 베드로를 우습게 여겼을 것입니다. 그러나 예수님께서 "잠잠하라, 고요하라" 명령하셨을 때 사자가 뒷발로 일어선 모습을 했던 바다는 예수님의 발 앞에 쪼그리고 앉아 고요해졌습니다.

"안심하라"는 단어는 살롬입니다. 기드온은 주님의 명령에 순종하여 쌓은 제단의 이름에 이 단어를 사용하였습니다(삿 6:24). 살롬은 고요뿐만 아니라 번영, 성공, 그리고 대중들이 말하는 "행운"을 의미합니다. 하나님께서 사랑하는 종의 마음속에 이 단어를 꼭 집어 말씀하셨을 때, 큰 전쟁을 준비하던 기드온의 중심에서는 큰 기쁨이 솟아났습니다. 주님은 또한 기드온에게 "두려워하지 말라"고 격려하셨습니다. 오, 참으로 매력적인 말씀입니다. "두려워하지 말라," 이 말씀은 짧지만 충만한 말씀입니다. 도대체 여러분이 두려워할 이유가 어디에 있습니까? 하나님께서 함께 하시면 누가 여러분을 두렵게 할 수 있겠습니까? 기드온은 스스로 두려워하였고, 자신의 부족함과 무능함을 우려하였으며, 하나님의 장엄한 임재 앞에서 떨었으나, 이제 주님께서 "두려워하지 말라"고 명령하시니 기드온의 마음이 고요해졌던 것입니다.

그리고 주님은 "죽지 아니하리라"는 말씀을 더해 주셨습니다. 이는 기드온이 두려워했던 구체적인 원인을 해소시켜 주신 말씀이었습니다. 이는 사력을 다해 믿음으로 주님을 붙잡고 떨고 있는 가련한 자들에게 주님께서 전해 주시는 위로의 말씀입니다. 오늘날 이 말씀의 뜻은 이러합니다. "너희는 죽지 아니하리라. 너희는 두 번째 죽음을 당하지 아니하리라. 이제 너희에게는 죽을 죄가 없으니 이는 내가 나의 독생자에게 너희 모든 죄를 담당시켰기 때문이니라. 예수가 죽었기 때문에 너희는 죽지 아니하리라. 너희의 영적인 생명은 고갈되지 아니하리니 이는 '너희 생명이 그리스도와 함께 하나님 안에 감추어졌음이라(골 3:3).' 그리고 예수께서 살아 계시기 때문에 너희 또한 살 것이니라."

4. 이제 기드온의 기념물을 생각해 봅시다.

두려움을 떨쳐 버리고 온전한 평안을 회복한 기드온은 비로소 일하러 갑니다. 혹시 여러분 중에 누군가 자신이 구원받았는지 못 받았는지 의심이 납니까? 그런 사람은 설교하지 마십시오. 다른 사람들까지도 가두어 버릴 수 있기 때문입니다. 혹시 여러분 중에 누군가 하나님과 화평하지 못한 것을 염려하십니까? 여러분의 행위를 주의하십시오! 여러분 자신이 여러분의 증거를 약화시키지 않도록 먼저 평화를 얻으려고 힘쓰십시오. 저는 주일학교 교사로서 겪었던 일을 지금도 기억하고 있습니다. 그때에 저는 아이들을 가르친 것이 아니라 오히려 아이들로부터 배웠습니다. 저는 비교적 젊은 나이에 아이들에게 복음을 가르쳤습니다. 저는 아이들에게 이렇게 말했습니다. "믿고 세례 받는 자는 구원을 받아요." 아이들 중에 한 명이 다소 진지한 표정으로 질문하였습니다.

"선생님, 선생님은 구원 받으셨나요?" 저는 "그렇기를 바란다"라고 대답했습니다. 그러자 아이는 "선생님이 그런 것도 몰라요?"라고 응수했습니다. 마치 이 문제를 따지기 위해 파견된 것처럼 그는 계속 질문하였습니다.

"선생님은 믿으셨나요?"

"그럼."

"그럼 세례도 받으셨나요?"

"그럼"

"그럼 선생님은 구원받았네요."

"그래, 내가 구원받았구나."

그런데 문제는 제가 이전에 이같이 확실하게 말한 적이 거의 없었다는 점입니다. 저는 그때에 내가 다른 사람에게 복음을 가르치려면 먼저 나부터 구원받은 복된 사실을 알고 믿어야 한다는 것을 깨달았습니다. 여러분이 직접 하나님으로부터 위로를 받지 않고는 다른 사람을 위로할 수 없다고 저는 믿습니다. 하나님은 자기 백성들과 화목을 도모하시며, 또한 그들이 이미 하나님과 화목한 관계에 있음을 알려 주십니다. 생각해 보십시오. 하나님과의 관계에서 속으로 안달하고 걱정하고 있다면 어찌 그들이 삶의 전쟁을 수행할 수 있겠습니까?

기드온이 온전히 안심하였을 때 하나님을 위해 시작한 일이 무엇입니까? 하나님께서 여러분을 사랑하신다면 하나님은 여러분으로 하여금 고난을 받거나 섬기게 하실 것입니다. 이상하게 생각하실지 모르지만, 우리 주님께서 우리에게 평화를 주신 목적은 우리로 하여금 전쟁을 수행하도록 하기 위함이라고 저는 감히 말씀드립니다. 기드온이 제일 먼저 한 일은 집에 가서 산성 꼭대기에 있던 자기 아버지의 아세라 상을 찍고 바알의 제단을 헐어 버린 일이었습니다. 기드온은 낮에 이 일을 할 수 없었습니다. 왜냐하면 어리석은 우상 숭배자들이 말 못하는 우상을 지키기 위해 모두 집합하여 개혁자 기드온을 눌러 버릴 것이 뻔하였기 때문이었습니다. 그래서 기드온은 밤에 열 명의 종들을 데리고 가서 시행하였습니다. 기드온과 그의 종들을 마음속에 그려보건대, 희미한 어둠 속에서 도끼와 톱을 가지고 최대한 소리가 나지 않도록 조심스럽게 모든 나무를 베어 넘어뜨립니다. "자, 이 꼴도 보기 싫은 바알의 제단을 요절냅시다"라고 기드온은 외칩니다. 어떤 종은 "골동품으로 남겨둡시다"라고 말했을 것입니다. 그러나 저는 말씀드립니다. 그것을 베어 버리십시오. 그것을 남겨두면 그것이 더 큰 죄를 유발할 것이며, 틀림없이 또다시 숭배의 대상이 될 것입니다. 저는 가끔 종교개혁자들이 더욱 철저하게 우상들과 천주교의 허식을 파괴했더라면 하는 아쉬움을 가집니다. 이 땅의 많은 교구 교회들에서 로마 가톨릭의 우상 숭배를 복구하려고 만반의 준비를 하고 있습니다.

그러나 보십시오. 주님의 명령을 따라 기드온은 새로운 제단을 땅에, 또는 다듬지 않은 돌 위에 쌓습니다. 그리고 제단을 다 쌓은 후 자기 아버지의 수소를 잡아서 희생제물로 바쳤습니다. 이들이 순수한 신앙을 얼마나 착실하게 재건하였는지요! 보십시오. 그들은 신상의 나무를 희생제물을 태우는데 땔감으로 사용하며, 하늘은 불꽃으로 붉게 물듭니다. 제 생각 속에서 용감한 지도자의 소리가 이처럼 들려옵니다. "이제 저들을 깨웁시다. 저들은 지존하신 하나님에 대한 경배를 막을 수 없고, 또한 이 신상을 도로 자라게 할 수도 없습니다. 저 봉화로 말미암아 이스라엘은 미디안에 대항하기 위해 모일 것이며, 승리는 우리의 것이 될 것입니다." 사랑하는 성도들이여, 하나님께서 여러분에게 안심하는 마음을 주셨다면 돌아가서 개혁을 시작하십시오. 저는 모든 죄를 뒤엎어 버리는 것을 칭찬할 것입니다. 모든 우상을 베어 버리십시오. 아직 하나가 남았습니까? 그마저도 요절내십시오. 그리고 하나님께 희생제사를 드리십시오.

헐어버리는 것만으로는 부족합니다. 많은 사람이 그렇게 할 수 있습니다. 우리가 본 대로 기드온은 여호와께 제단을 쌓았습니다. 여러분이 하나님과 온전히 화목한다면, 하나님을 위해 할 수 있는 일을 생각해 보십시오. 새로운 일을 계획하거나 혹은 오래된 일을 어떻게 개선할 수 있는지 연구해 보십시오. 그동안 잊혀졌던 거룩한 진리, 소홀히 했던 의식, 세우지 못했던 덕을 실행하십시오. 특히 하나님께서 귀히 여기시는 그리스도 예수의 제단과 희생을 선전하십시오.

기드온이 제단을 쌓고 그것을 "여호와 살롬"이라고 불렀습니다. 이는 자기에게 평화를 주신 하나님께 감사를 표현한 것이었습니다. 이 제단의 비문에는 "여호와는 우리의 평화로다"라고 새겨졌습니다. 오늘날도 여호와의 이름을 찬송합시다. 우리는 이미 평화의 전쟁을 시작하였습니다. 주 하나님께서 우리와 함께 하시며, 그의 백성들은 하나님께서 약속하신 평화를 얻기 위하여 나아갈 것입니다. "여호와 살롬," "주는 우리의 평화로다," 그것은 두 단어로 된 하나의 시였고, 한 구절로 된 무한히 달콤한 노래였습니다.

더욱이 난외주에서 설명한 대로, 그것은 하나의 기도였습니다. "여호와여, 평화를 내려 주소서." 여러분이 하나님과 화목하다면 다음과 같이 기도하십시오. "주여, 당신의 모든 백성들에게 평화를 내려 주소서." 예루살렘의 평화를 위해 기도드립시다. 오 거룩한 평화의 성령이시여, 이루어 주소서! 그리고 최초의 크리스마스 캐롤이 다시금 울려 퍼질 때까지 예수님을 위하여 불경건한 세상을 정복해 달라고, 이로써 평화가 이루어지게 해 달라고 기도합시다. "지극히 높은 곳에서는 하나님께 영광이요 땅에서는 하나님이 기뻐하신 사람들 중에 평화로다"(눅 2:14).

　　형제들이여, 이제 결론을 내리고자 합니다. 오늘 아침에 한 젊은이가 하나님께서 자신을 만드실 것이라는 사실을 모른 채 여기에 앉아 있을 수 있습니다. 하나님께서 한 사람에게 베풀 수 있는 섬김의 용량은 믿기 어려울 정도입니다. 지금 여러분의 생각은 혼란스럽고 마음이 괴롭고 편치 않습니다. 여러분에게 온전한 평화가 필요하지만 아직 여러분은 그것을 찾지 못했습니다. 조금도 쉬지 말고 평화를 찾으십시오. 예수님께서 죽으신 하나님의 제단, 오직 그곳에서만 여러분이 평화를 찾을 것입니다. 예수님의 피로써 하나님과 화목할 때 여러분은 평화를 얻을 것입니다. 쉬지 말고 확실하게 만군의 주 하나님과 화목하십시오. 그리하면 여러분의 심령은 푸른 초장에 누일 것이며, 잔잔한 물가로 인도될 것입니다.

제
3
장

—

보리떡 한 덩어리의 꿈

—

"기드온이 그 곳에 이른즉 어떤 사람이 그의 친구에게 꿈을
말하여 이르기를 보라 내가 한 꿈을 꾸었는데 꿈에 보리떡
한 덩어리가 미디안 진영으로 굴러 들어와 한 장막에 이르
러 그것을 쳐서 무너뜨려 위쪽으로 엎으니 그 장막이 쓰러
지더라. 그의 친구가 대답하여 이르되 이는 다른 것이 아니
라 이스라엘 사람 요아스의 아들 기드온의 칼이라 하나님이
미디안과 그 모든 진영을 그의 손에 넘겨 주셨느니라 하더
라." ― 삿 7:13-14

미디안 사람들이 이스라엘 땅을 유린하고 있었습니다. 이 유목민들은 의도
적으로 쟁기질하고 씨를 뿌리는 시기 동안에는 떨어져 있음으로써 저 힘없는 이
스라엘 거민들이 추수기에 곡식을 거둘 수 있으리라는 꿈을 꾸도록 허용했습니
다. 하지만 사람이든 가축이든 먹을 만한 것이 생기자마자, 이 유목민 무리들은
마치 메뚜기 떼처럼 몰려와서는 모든 것을 삼켜 버렸습니다. 이스라엘과 같은
나라를 상상해 보십시오. 이 나라는 한때는 강성했으나, 이 사막의 약탈자들을
막아낼 수 없을 정도로 크게 쇠퇴하고 말았습니다. 너무나 미약해져서 도시와
마을들은 텅 비었고, 거주민들은 언덕이나 골짜기들, 혹은 큰 바위 사이의 동굴
들에 숨어서 지냈습니다. 하나님께서 그들의 죄로 인해 그들을 버려두셨습니다.
따라서 그들은 힘을 잃어버렸고, 한때는 그들이 멸시했었던 적들을 피해 몸을

숨기는 신세가 되었습니다.

　극도의 궁지에 몰렸을 때, 이 죄 많은 민족은 그들의 하나님 여호와께 부르짖기 시작했습니다. 그리고 응답은 오래 지체되지 않았습니다. 한 천사가 기드온에게 임하여, 주께서 미디안을 그의 손에 붙이실 것이며, 그가 그들을 마치 한 사람을 치듯이 칠 것이라고 알려주었습니다. 기드온은 큰 믿음의 사람이었습니다. 그의 이름은 히브리서 11장의 위대한 믿음의 영웅들 사이에서 빛납니다. 기드온이 그랬던 것처럼 여러분과 내가 그 믿음의 귀족들의 반열에 오르는 것도 좋을 것입니다. 하지만 그렇다 하더라도, 최상의 사람들도 역시 사람일 뿐입니다. 강한 믿음을 가진 사람들도 종종 강한 갈등을 겪으며, 기드온도 그러하였습니다. 이 사람의 큰 믿음과 대단히 연약한 믿음의 양면이 표적들을 바라는 것에서 모두 표출되었습니다. 일단 하나님께서 그와 함께 하신다고 보증하시자, 기드온은 두려움 없이 서둘러 싸우러 나아갔으며, 어느 누구보다 용감하게 되었습니다. 한 줌밖에 되지 않는 사람들로, 그는 큰 무리의 대적들에 맞설 준비가 되었습니다. 하지만 한편으로 그는 표적을 갈망합니다. 반복해서 표적을 구합니다. 염려스러운 질문이 끊임없이 그에게 떠오르는 듯이 보입니다. "주께서 우리와 함께 하실까? 만일 주께서 우리와 함께 하신다면, 우리의 선조들이 '여호와께서 우리를 애굽에서 이끌어 내셨도다'라고 하며 우리에게 들려주었던 그분의 기적들은 어디에 있는가?" 그래서 그는 거듭하여 이런 기도를 드립니다. "만일 내가 주께 은혜를 얻었사오면 표징을 내게 보이소서"(6:17). 그는 이렇게 시작했고, 이 나쁜 출발이 그의 이후의 삶 전체의 색을 바래게 했습니다. 나는 많은 사람들이 이 요아스의 아들과 같음을 압니다. 그들은 말합니다. "하나님이 저와 함께 하심을 저로 알게 하소서. 그러면 저의 두려움이 떠날 것입니다." 하지만 그들은 이런 질문을 반복합니다. "주께서 나와 함께 하실까? 예수님이 내 것이며, 나는 그분의 것일까? 내가 참된 신자인지를 알 수 있다면, 멸망하지 않을 것임을 확신할 수 있을 텐데. 하나님이 자기 백성을 버리시지 않을 테니까. 하지만 나는 참된 신자일까? 나는 하나님의 자녀라는 표징들과 증거들을 소유하고 있는가?" 그들은 이런 식으로 혹독하게 자기 조사(self-examination)를 실시하며, 표징들과 느낌들을 갈망하는 연약한 습관들을 가지고 있습니다. 얼마나 많은 사람들이 "하지만 우리는 예수님을 봅니다!"라고 말해야 할 때, "우리는 표적들을 보지 못합니다"라고 부르짖는지 모릅니다. 주 예수님께서 이미 자기를 내어주셨고, 그것이 그분의 은혜의 최상의 증거임에도 불구하고, 얼마나 많은 사람들이 "우리에게 좋은 증거를 보여주소서"라고 기도하는지요!

그래서 기드온에게 그런 일이 일어난 것입니다. 주께서 표적들에 대한 그의 갈망을 아시고, 다른 한편으로는 그의 믿음의 진실성을 아시고, 미디안을 참패시킬 큰 전투가 벌어질 날 밤에 부하 하나와 함께 미디안 진영으로 정탐꾼처럼 내려가라고 명하신 것입니다(10-11절). 거기서 그는 하나의 유익한 증거를 얻을 것이며, 그것이 그의 모든 두려움들을 효과적으로 잠재워줄 것이었습니다.

나는 야음을 틈타서 언덕을 기어서 내려오고 있는 기드온과 그의 부하를 묘사합니다. 적진은 깊은 잠에 빠졌습니다. 때는 초경(저녁 6-9시)이 마칠 때 즈음이었고, 곧 보초를 교대할 시간이었습니다. 그 용감한 두 사람은 살금살금 걸어서 경계 초소들 가까이로 다가갔으며, 그곳을 지나쳤습니다. 오랜 습관으로, 그들은 마치 고양이들처럼 발자국 소리를 들리지 않게 하는 법을 배웠습니다. 계속해서 나아가는 동안 그들은 두 사람이 서로에게 말하는 것을 들었고, 그들은 그 대화에 귀를 기울였습니다. 그들이 장막 안 침상에 누워서 말하는 것인지, 혹은 마지막 삼십 분 남은 지루한 경계근무 시간이 지나가는 동안 모닥불 가에 앉아서 나누는 대화인지, 우리는 알지 못합니다. 하지만 그곳에 그들이 있었고, 기드온은 숨죽여 그 대화소리에 귀를 기울였습니다. 그들 중 하나가 자기 동료에게 한 꿈을 꾸었다고 말했고, 그 꿈 내용을 말하기 시작합니다. 그러자 상대방이 과감하게 그 꿈을 해석합니다. 기드온은 자신의 이름이 언급되고 또한 그의 성공이 예고되는 것을 들었을 때, 틀림없이 얼어붙듯이 놀랐을 것이 틀림없습니다. 여러분은 그가 눈물을 흘리면서, 그리고 손을 꽉 맞잡고서, 소리 없이 하나님께 경배하는 것을 보지 않습니까? 그의 확신이 흘러넘쳤습니다. 그는 자기 부하에게 몸짓을 하여 그 야음을 다시 빠져나와, 삼백 명의 작은 무리가 몸을 숨기고 있는 그 언덕으로 조용히 올라갔습니다. 그들은 아래의 잠든 진영을 내려다보고, 기드온이 외칩니다. "여호와께서 미디안과 그 모든 진영을 너희 손에 넘겨주셨느니라"(15절). 지도자에게 순종하여 그들은 나팔과, 항아리로 덮은 횃불을 들고서 내려갑니다. 거대한 군대가 그들에게 몰려온다고 생각하고서, 그 사막의 부족들은 필사적으로 도망칩니다. 어둠 속에서 그들은 서로를 칼로 치면서 쓰러집니다. 미디안은 흩어졌고, 이스라엘은 자유를 찾았습니다.

조용히 묵상하면서, 이제 정탐꾼들의 역할을 해 보도록 합시다. 모든 기지를 발휘하여 저 잠자는 자들 사이를 헤치면서 나아가봅시다. 그리고 이 꿈 이야기를 듣고, 그것을 해석해 보도록 합시다.

1. 놀라운 섭리

여러분이 첫 번째로 주목하기를 내가 바라는 것은, 기드온에게 큰 용기를 주었음이 틀림없는 놀라운 섭리입니다. 기드온과 그의 부하 부라가 은밀하게 그 장막으로 접근하였을 때, 그 미디안 사람이 기드온에게 너무도 적절히 해석될 수 있는 한 꿈에 대해 말하고 있었습니다. 그것은 작은 일로 보일 수도 있습니다. 하지만 사소하게 보인다고 해서 이런 사건이 놀랍지 않은 것은 아닙니다. 현미경은 우리에게 경이로운 세계를 보여주며, 그것은 망원경이 우리 앞에 펼쳐 보여주는 세계와 마찬가지로 놀랍습니다. 하나님은 거대한 일에서 뿐 아니라 작은 일에서도 거룩하시며, 한 무리의 스랍 천사들에게서와 마찬가지로 한 병사의 꿈에서도 영광스러운 분이십니다.

자, 먼저, 이 사람이 바로 그 때에 그 특별한 꿈을 꾸었다고 하는 하나님의 섭리를 주목하십시오. 꿈나라는 혼돈입니다. 하지만 질서의 하나님의 손길이 여기에도 있습니다. 우리의 꿈이란 얼마나 신기하고 낭만적인 것인지요! 이것에 대한 단편들, 다른 것의 조각들이 기이한 방식으로 서로 결합합니다.

> "꿈 속에서 우리는 기이한 모양들을 얼마나 많이 보는지,
>
> 　전에도 없었고, 지금도 없으며, 앞으로 있을 수도 없는 것이라네."

하지만 하나님께서 이 잠든 아랍인의 두뇌를 어떻게 통제하시고, 또한 어떻게 그분이 원하시는 대로 영향을 미치시는지를 주목하십시오. 꿈은 종종 이전의 생각들에서 옵니다. 어떻게 섭리가 이 사람의 정신을 사로잡아 화덕과 떡 굽는 곳으로 이끌었는지를 보십시오. 주께서는 그가 잠들 때에 곧바로 꿈을 꾸도록 그가 깨어 있을 때에 준비시키십니다. 물질의 세계에서 뿐 아니라 정신의 세계에서도 하나님은 전능하십니다. 그분은 사람들이 깨어 있을 때에도 정신세계를 다스리시며, 사람들이 잠들었을 때에도 그 통제력을 잃지 않으십니다. 이방인들은 그들의 꿈을 우상 신들에게로 돌립니다. 그에 대해 우리는 이런 내용의 글을 읽습니다.

> "팔라스(Pallas, 지혜와 전쟁의 여신 아테나의 다른 이름 — 역주)가
> 그의 영혼에 달콤한 잠을 쏟아 부으니,
> 향기로운 꿈, 부드러운 위안의 선물이라네."

공기처럼 뚜렷하지 않고, 바람처럼 일정치 않아서, 꿈의 내용이란 헛되고 헛된 것들로 이루어집니다. 하지만 주께서는 꿈의 내용도 그분의 기뻐하시는 뜻을 따라 형성하십니다. 그 사람은 꿈을 꾸어야 했고, 그 때 그 자리에서 꿈을 꾸어야 했으며, 기드온에게 확신과 용기를 주는 꿈을 꾸어야만 했습니다. 오, 우리가 잠들 때에도 하나님은 주무시지 않는 것을 믿으십시오. 우리가 꿈에 빠졌을 때에도 하나님은 깨어 계십니다. 나는 이 점에서도 하나님의 섭리에 탄복합니다. 여러분은 그렇지 않습니까? 이 사람이 꿈을 꾸게 된 것, 그 꿈에서 마치 철학의 영역에서와 마찬가지로 깊은 진리를 선언하게 되는 것이, 특별히 정해진 일이 아닙니까?

더 나아가, 나는 이 사람이 자기 꿈을 그의 동료에게 말하도록 감동되었다는 것에 탄복하지 않을 수 없습니다. 모든 사람이 밤중에 자기 꿈에 대해 말하는 것은 아닙니다. 대개는 아침이 될 때까지 기다리는 법입니다. 우리는 때로는 심할 정도로 어리석지만, 항상 그런 것은 아닙니다. 그러므로 우리는 이 아랍 사람이 방금 본 것과 같은 혼란스러운 꿈을 서둘러서 말하지는 않습니다. 그가 꿈에서 무엇을 보았습니까? 의심의 여지 없이, 이 사막의 사람은 여러 번씩 이렇게 소리쳤을 것입니다. "내가 한 꿈을 꾸었다. 제정신을 가진 사람이라면 그런 꿈을 말할 수는 없지." 하지만 그가 이번에는 꿈 생각을 떨쳐 버리지 못합니다. 그것이 그를 짓눌렀고, 그래서 모닥불 가에 있는 그의 동료에게 말할 수밖에 없습니다. 그가 하는 모든 말을 엿듣는 동안에, 기드온의 얼굴이 어떻게 되는지 자세히 살펴보십시오. 자, 설혹 이 꿈 이야기를 하는 것이 군사 각본에 의해 짜여진 것이고, 기드온이 그 시각에 그 현장에 와서 그 이야기를 듣는 것이 그 계획의 일부였다고 해도, 그 일은 어딘가에서 실패로 돌아가고 말았을 것입니다. 엿듣는 자에 대해 미리 말을 들었더라도, 그 시각에 정확히 맞추어서 그 말을 할 수는 없었을 것입니다. 실상 꿈 이야기를 하는 자는 듣는 자가 있다는 것을 전혀 알지 못했으며, 그럼에도 분초도 틀림없이 정확한 때에 그 이야기를 했던 것입니다. 하나님께서는 인간의 꿈꾸는 두뇌뿐 아니라 그들의 한가로운 혀까지도 통제하십니다. 그분

은 진영에 있는 수다스러운 한 병사로 하여금, 그분의 지혜의 목적에 공헌할 만큼의 이야기를 하게 하실 수 있습니다.

그 사람이 기드온과 부라가 가까이 왔을 그 때에 자기 꿈 이야기를 하였다는 것이 놀랍습니다. 그런 일을 무산시킬 수 있는 수많은 기회들을 잠시 생각해 보십시오. 우리는 언덕 쪽에 있으며, 나무들과 큰 바위들 사이로 미끄러지듯 내려가서는, 마침내 골짜기의 평지 가까이에 도달합니다. 여기 검정색 장막들이 길게 늘어진 곳에 미디안 사람들이 누워 있으며, 모두 깊은 잠에 곯아떨어졌고, 오직 몇 사람만이 졸음이 쏟아지는 보초를 유지하고 있습니다. 왜 기드온은 그 진영 중에서 그 특별한 구역으로 갔을까요? 그곳으로 가면서, 왜 그는 그 두 사람이 이야기하고 있는 그 특정한 지점에 이르게 되었을까요? 만일 그가 진영을 정탐하고 있었다면, 눈에 띄지 않기 위해 아주 조용한 곳으로 다니는 것이 자연스러웠을 것입니다. 만일 용사들이 갑자기 일어나서 창을 잡는다면, 이 두 사람은 목숨이 위태롭기 때문입니다. 그처럼 수많은 장막들 중에서 기드온이 그 깨어 있는 두 명의 보초들이 있는 곳을 지나치게 된 것이나, 그들이 하필 이스라엘 사람 요아스의 아들 기드온에 관해 말하고 있을 때에 그곳에 온 것이 특이합니다. 그들이 대화를 나눌 수 있는 다른 수만 가지의 주제들을 고려하면, 그리고 기드온이 마주칠 수 있었던 수만 명의 다른 사람들이 있었다는 것을 고려하면, 기드온이 그 특별한 이야기를 듣지 못할 가능성은 얼마든지 있습니다. 나는 주저 없이 이것이 하나님의 손길이라고 말합니다. 만일 이것이 하나님의 섭리의 정확성을 보여주는 유일한 경우라면, 우리가 그리 놀라지 않을 수도 있습니다. 하지만 역사에는 이런 경우가 무수합니다. 나는 공적인 역사만을 의미하는 것이 아니라, 우리 자신의 사적인 삶을 말하는 것입니다. 사람들은 이따금씩, 어느 특정한 순간에 어느 작은 핀을 손대는 것에 따라 움직이는 정교한 기계 장치를 만듭니다. 그런 기계는 잘못 작동되는 일이 없도록 너무나 정교하게 배열되어 있습니다. 자, 우리 하나님께서는 인간의 전체 역사와, 천사들과, 죽은 자들의 영역을 그렇게 배열하십니다. 각 사건이 정확한 순간에 발생하여 다른 사건에 영향을 미치도록 하시며, 또한 그 다른 사건이 그 다음의 사건을 낳고, 결국 모든 일들이 합력하여 선을 이루게 하십니다.

내가 만일 기드온이었다면 나는 스스로에게 이렇게 말했을 것이라고 생각합니다. "나는 이 꿈꾸는 자가 말하는 것에 기뻐하는 것이 아니라, 내가 그에게 몰래 가까이 다가가는 이 순간에 그가 자기 꿈을 말했다는 그 사실에 기뻐한다. 나는 이 일에서 하나님의 손길을 보며, 그것을 보고서 큰 힘을 얻는다. 진실로, 나는 주께서 무한한 지혜로 모든 일들을 움직이시며, 그분의 목적에 결코 실패하지 않으심을 인식한다. 이 문제를 정하신 그분이 다른 모든 문제들도 정하실 수 있을 것이다." 오 하나님의 자녀여, 여러분이 근심하는 이유는 여러분이 혼자라고 상상하기 때문입니다. 하지만 여러분은 혼자가 아닙니다. 저 영원한 일꾼 (the Eternal Worker)이 여러분과 함께 하십니다. 들어보십시오. 그러면 저 비길 데 없는 바퀴들의 회전 소리, 쉬지 않고 주님의 뜻에 따라 움직이는 저 소리가 들릴 것입니다. 이 바퀴들은 높고도 두렵지만, 안정되고 꾸준하게 움직이며, 그 바퀴들의 "둘레에는 다 눈이 가득합니다"(겔 10:12). 그 바퀴들의 길은 저거노트 (Juggernaut, 인도 신화에서 크리슈나 신의 상, 이 상을 실은 차에 치여 죽으면 극락에 갈 수 있다고 말함 — 역주) 차도(車道)처럼 눈먼 길이 아닙니다. 눈들이 보고 있으며, 그 눈들이 종착지를 바라보며, 또한 그 바퀴가 지나는 길 안으로 들어오는 모든 것을 보고 있습니다. 오, 천국의 안약을 우리 눈에 조금 바른다면 우리는 모든 일에서 주님의 임재를 알아볼 수 있을 것입니다! 그 때 우리는 여호와의 선지자들을 둘러싸고서 불 말과 불 병거들이 산에 가득한 것을 볼 수 있을 것입니다(참조. 왕하 6:17). 별들이 하늘에서부터 여호와의 대의(大義)를 위하여 싸우고 있습니다 (삿 5:20). 우리의 동맹들은 어디에나 있습니다. 하나님은 그들을 적합한 순간에 소환하실 것입니다.

2. 위안을 주는 작은 일

하지만 둘째로, 나는 여러분에게 기드온이 만났었던 위안이 되는 작은 일에 대해 말하고 싶습니다. 그것은 한 꿈이었습니다. 그러므로 작은 일이었고, 어쩌면 아무 일도 아니었습니다. 하지만 그는 거기에서 위안을 얻었습니다. 그는 하나의 꿈, 집시의 꿈, 그처럼 보잘것없는 꿈에 의해 위로를 얻었습니다. 그는 장막을 무너뜨리는 한 덩어리의 보리떡이라는 기이한 이야기로부터 용기를 얻었습니다. 어떤 하나님의 종들이 비교적 사소한 일들에서 큰 위로를 얻는 것이 아주 신기합니다. 우리는 모두 이성의 존재일 뿐 아니라 감정의 존재입니다. 그러므로 우리는 종종 사소한 일들에 의해 강하게 영향을 받습니다. 기드온은 보리떡 한 덩어리의 꿈으로써 기운을 차렸습니다. 로버트 브루스(Robert Bruce, 스코틀랜드 왕조의 창시자)가 자주 전투에서 패배했을 때, 그는 스코틀랜드의 왕관을 얻을 것을 단념했습니다. 하지만 그가 마구간의 건초 더미 사이에 숨어 있을 때, 그는 한 마리의 거미가 수없이 거미줄이 끊어지면서도 거미집을 완성하려고 애쓰는 것을 보았습니다. 그는 계속해서 그 곤충을 살펴보았고, 마침내 그 거미가 먹이를 잡을 만큼의 그물을 완성하는 것을 보았습니다. 그는 스스로에게 말했습니다. "이 거미가 인내하고 정복한다면, 나 역시 인내하고 성공하리라." 한 마리의 거미와 왕좌를 열망하는 자 사이에는 실제적으로 아무런 관련이 없을 수도 있습니다. 하지만 그 용감한 사람은 관련을 지어 생각했고, 그로써 용기를 얻었습니다. 여러분과 내가 우리 주변을 둘러보기만 한다면, 비록 하나님의 원수들이 메뚜기들처럼 많다고 해도, 그럼에도 우리는 위로를 발견할 것입니다. 나는 새들이 "용기를 내라"고 노래하는 것을 듣습니다. 그리고 잎이 떨어진 나무들이, 비록 모든 보이는 표적들이 시들어 버렸어도, 여전히 하나님을 신뢰하면서 살라고 우리에게 말하는 소리를 듣습니다. 만일 한 꿈이 기드온에게 용기를 주기에 충분했다면, 일상에서의 한 가지 사실이 우리에게 동일하게 용기를 주기에 충분할 것입니다.

　　하지만 우리를 기쁘게 하는 훨씬 더 확실한 일들이 있음에도, 우리가 여전히 용기를 북돋아 줄 그런 작은 일들을 필요로 한다는 것이 얼마나 딱한지요! 기드온은 하나님의 임재 천사에 의해 이미 이 말씀을 받았습니다. "내가 반드시 너와 함께 하리니 네가 미디안 사람 치기를 한 사람을 치듯 하리라"(6:16). 이것이 그에게 충분하지 않습니까? 대체 어찌하여 한 소년의 꿈이 하나님이 친히 하신 말씀보다 더 큰 위로가 된단 말입니까? 오 하나님의 자녀여, 당신이 작은 증거를 그토록 중시할 때에, 당신이 얼마나 당신 스스로의 지위와 주님의 말씀의 지위를 격하시키는지요! 당신의 주님의 약속이 당신의 눈에는 작게 여겨지는 것입니까? 당신은 예수님이 당신을 위해서 흘리신 피보다 얼마나 더 확실한 사랑의 징표를 바라는 것입니까? 예수님께서 "진실로, 진실로, 내가 너희에게 말하노니"라고 말씀하실 때에, 당신은 그 이상 무엇을 바랄 수 있단 말입니까? 주님의 말씀이 절대적인 진리가 아닙니까? 하나님의 친필 서명 위에 어떤 인장이 또 찍혀지길 바란단 말입니까? 주께서 우리에게 유익한 더 많은 증거들을 주시기를 바라지만, 우리가 그것들을 요구해서는 안 됩니다.

　　나는 지금까지 우리의 은혜로우신 하나님께서 황송하게도 사소한 것들까지도 우리에게 허락하신다는 것을 말했습니다. 그것들이 우리에게 격려가 되는 것을 보실 때 그분은 그런 것들을 허용하십니다. 나는 이 점이 우리에게 실제적인 위로가 될 뿐 아니라, 찬미와 감사의 이유를 일깨워 준다고 생각합니다. 하나님께서는 다른 사람들에게는 사소하게 보이는 일들을 통하여서도 우리에게 큰 일들을 행할 수 있는 은혜를 주십니다. 하지만 우리는 기드온이 그랬던 것처럼 서둘러 싸우도록 합시다. 여러분이 위로의 햇살을 얻었다면, 구름들이 다시 몰려오기 전에 서둘러 싸우도록 하십시오. 활기찬 기운을 잃어버리기 전에 당신에게 맡겨진 일에 수고를 다하십시오. 당신이 그렇게 할 수 있도록 성령께서 당신을 이끌어 주시길 빕니다.

3. 용기를 북돋우는 발견

내가 앞의 요지를 간단히 언급한 것은, 여러분이 세 번째로 용기를 주는 발견에 주목하기를 바라기 때문입니다. 기드온은 놀라운 섭리에 주목했습니다. 그는 위로가 될 만한 작은 것을 얻었습니다. 하지만 그는 또한 크게 용기를 북돋아 주는 발견도 하게 되었습니다. 그 발견은, 원수가 재앙의 꿈을 꾸었다는 것입니다. 여러분과 나는 때때로 악의 무리들을 생각하고, 그들이 너무 강하고 또 너무 견고하기 때문에, 우리가 그들을 결코 이길 수 없을 것이라 여기며 두려워합니다. 잘 들으십시오, 우리는 그들을 과대평가하는 것입니다! 어둠의 권세들은 보이는 것처럼 그렇게 강하지 않습니다. 교활한 무신론자들과 이단자들은 사람일 뿐입니다. 게다가 그들은 나쁜 사람들입니다. 나쁜 사람들은 밑바탕에서는 약한 사람들입니다. 여러분은 이 전쟁에서 천사들이 아니라는 이유로 초조해합니다. 진리의 원수들도 역시 사람들임을 생각하고 안심하십시오. 여러분은 때때로 의심스러워할 때가 있는데, 그들도 역시 그러합니다. 여러분은 승리에 대해 거의 단념할 때가 있는데, 그들도 그러합니다. 여러분은 때로 곤경에 처하는데, 그들도 그러합니다. 사람이 두려워하는 것은 자연스러운 것이며, 나쁜 사람들이 두려워하는 것은 더욱더 자연스럽습니다. 미디안 사람들이 자기에 대해 꿈을 꾸었다는 생각과, 또한 그들의 꿈이 공포로 가득한 꿈이었다는 생각이 기드온에게는 큰 위로가 되었음에 틀림없습니다. 그는 스스로를 대단하다고 생각하지 않았습니다. 그는 스스로를 자기 아버지의 집에서 가장 작은 자로 여겼고, 그의 아버지의 집은 이스라엘에서 미약하다고 여겼습니다. 하지만 이스라엘의 원수들은 기드온을 다르게 평가했습니다. 그들은 분명 그가 위대한 사람이라고 여겼고, 하나님께서 그를 사용하여 그들을 치실 것이라고 여겼습니다. 그 꿈을 해석한 사람은 그의 이름을 "요아스의 아들 기드온"이라고 불렀습니다. 이는 분명 기드온이 생각했던 것보다 그들이 기드온을 훨씬 더 큰 인물로 알고 있었음을 보여줍니다. 그 병사는 말했습니다. "이는 이스라엘 사람 요아스의 아들 기드온의 칼이라. 하나님이 미디안과 그 모든 진영을 그의 손에 넘겨주셨느니라." 그의 말이 여호와께서 기드온에게 하신 말씀과 어떻게 부합되는지를 주목하십시오. 적군이 한 꿈을 꾸었고, 지금 그들의 대화를 엿듣고 있는 기드온을 두려워하게 되었습니다. 주님에게서 비롯된 두려움이 그들에게 임했습니다. 우리는 스스로에게 이렇게 말하도록 합시다. "왜 우리가 죄인들을 두려워해야 하나? 그들은 우리를 두려워한다." 일전에, 어느 그리스도인이 그가 만난 어떤 사람에게 자기 주님에 대해 말하는 것을 두려워하였습니다. 한 회의주의자에게 말하는 것은 그에게 큰 용기가 필요한 일이었습니다. 하지만 그는 말했고, 그 회의주의자가 그런 말을 듣게 될까봐 줄곧 두려워하고 있었음을 알게 되었습니다. 우리 때문에 떨고 있는 자들 앞에서 우리가 떤다는 것은 딱한 일입니다. 하나님께 대한 믿음의 결핍 때문에, 우리는 우리의 원수들을 실제보다 더 위대하게 만들어 주는 셈입니다.

의심하는 자들과, 이단자들과, 욕하는 자들의 무리를 보십시오. 그들이 지금 합리주의와 무신론의 사막으로부터 굶주린 상태에서 이스라엘의 기업으로 올라왔습니다! 그들이 그 땅의 모든 곡식들을 먹어치우고 있습니다. 그들이 우리 신앙의 모든 진리들에 대해 의심을 뿌리고 있습니다. 하지만 우리는 그들을 두려워할 필요가 없습니다. 만일 우리가 그들이 은밀히 모의하는 말을 듣는다면, 그들이 우리를 두려워하는 것을 알 수 있을 것입니다. 그들의 시끄러운 고함소리와 끊임없는 조롱들은 진정한 두려움의 징표입니다. 우리 주 예수님의 십자가를 전하는 자들은 현대 사상가들에게는 공포의 대상입니다. 그들의 마음 깊은 곳에서 그들은 오래된 방식의 복음 전파를 두려워하며, 그들이 두려워하는 것을 그들은 미워합니다. 그들의 침상에서 그들은 어떤 전도자가 근처 마을로 찾아오는 꿈을 꿉니다. 사라센 사람들에게 리처드(Richard, '사자 왕'이라는 별명을 가졌고 십자군 전쟁에 참여했던 영국 왕 — 역주)라는 이름이 그러했던 것처럼, 무디(Moody)의 이름이 이 거만한 지성인들에게는 공포의 대상일 것입니다. 그들은 칼빈주의 무리들과 시대에 뒤떨어진 전도자들을 멈추게 할 수 있기를 바랍니다. 하지만 형제들이여, 분명한 복음이 영국 땅에서 전파되는 한, 이 산적들이 흩어지게 될 것이며 교회는 그들의 침입을 물리칠 것이라는 소망이 언제나 있습니다. 합리주의(Rationalism), 소키누스주의(Socinianism, 16세기 이탈리아의 Socinus가 대표적으로 주장했던 일신론 사상 — 역주), 의식주의(Ritualism), 보편구원론(Universalism)은, "여호와와 기드온의 칼이라"는 분명하고 결의에 찬 말이 한 번 더 들리면 곧 도망칠 것입니다.

땅 위에서나 땅 아래에서, 하나님의 자녀가 두려워할 필요가 있는 것은 아무것도 없습니다. 지옥의 가장 밑바닥에서 우리가 보고 듣는 것이라도, 주 예수를 믿는 자를 두려워하게 만들 것은 하나도 없다고 나는 믿습니다. 그와 반대로, 주님에 관한 소식이 원수를 떨게 만들었습니다. 미덕은 의식하지 못하는 중에도 용기의 흉패를 입고 있지만, 죄는 비겁함을 낳습니다. 거짓을 따르는 자들은 내부에 은밀한 감시자가 있으며, 그것은 그들의 대의가 약하다는 것과, 진리가 반드시 그들을 이기게 될 것임을 그들에게 말해줍니다. 그들을 내버려 두십시오. 그들이 가슴을 치는 것은 그들 스스로를 겁주어 놀라게 할 뿐입니다. 주님은 살아 계십니다. 그분이 살아 계시는 한 그분의 말씀을 신뢰하는 어느 누구도 낙심하는 일이 없을 것입니다. 산들은 떠나고 언덕들은 옮겨질지라도(사 54:10) 여호와의 말씀은 영원토록 흔들리지 않을 것입니다. 우리의 대적들은 현명하지도, 용감하지도 않으며, 우리가 생각하는 것만큼 영향력도 크지 않습니다. 오직 용기를 가지고, 하나님을 의지하십시오. 그러면 여러분이 그들을 이길 것입니다. 다윗이여, 그대는 체구 때문에 저 거인을 두려워할 필요가 없습니다! 그의 거대한 체구는 그를 그대의 매끄러운 돌로 맞히기 더 쉬운 목표물이 되게 할 뿐입니다! 그의 큰 덩치는 그의 약점입니다. 그런 거대한 몸통을 맞히지 못하는 것이 어려울 정도입니다. 두려워 마십시오. 달려 나가 그를 상대하십시오. 주께서 그를 당신의 손에 넘기셨습니다. 하나님께서 자기 명예를 걸고 도우실 것이라고 맹세하실 때, 왜 주의 종들이 망설이듯이 말을 한단 말입니까? 우리의 말투를 바꾸고, 저 시편 기자처럼 말하도록 합시다. "너희는 하나님께 능력을 돌릴지어다 그의 위엄이 이스라엘 위에 있고 그의 능력이 구름 속에 있도다. 하나님이 일어나시니 원수들은 흩어지며 주를 미워하는 자들은 주 앞에서 도망하리이다"(시 68:1, 34). 우리는 흔들리지 않는 나라를 받았습니다(히 12:28). 우리는 옛 성도들에게 전해졌던 신앙의 진리를 믿었으며, 그것을 우리의 깃발로 내세우고 있습니다. 우리가 거하는 곳에서 이 노래가 불리어질 것입니다. "주께서 말씀을 주시니 소식을 공포하는 여자들은 큰 무리라. 여러 군대의 왕들이 도망하고 도망하니 집에 있던 여자들도 탈취물을 나누도다(시 68:11-12).

4. 그 꿈의 내용과 해석

마지막으로, 그리고 무엇보다 중요한 것으로서, 그 꿈 자체와 그 해석에 대해 생각해 보도록 합시다.

그 미디안인은 꿈에서 보리떡 한 덩어리를 보았습니다. 보리떡은 지금도 그러하듯이 당시에도 귀한 음식으로 간주되지는 않았습니다. 사람들은 밀을 구할 수 없을 때 보리를 먹었습니다. 하지만 그들은 빈궁할 때나 기근의 때에는 그런 음식을 먹는 수밖에 없었습니다. 보리로 만든 음식은 사람을 위한 것이기보다는 차라리 개나 고양이들을 위한 음식에 가까웠습니다. 그러므로 보리떡은 멸시받는 것의 상징일 수 있습니다. 보리떡은 대개 화덕 위에서 만들어집니다. 바닥 표면에 구멍이 만들어지고, 그 위에 돌들이 깔립니다. 여기에 불이 넣어지고, 돌들이 뜨거워질 때, 얇은 보리 반죽이 그 위에 올려져서, 재를 뒤집어쓰면서 신속하고도 대충 구워졌습니다. 떡이라고는 하지만 사실 단순한 비스킷에 불과합니다. 여러분은 그 꿈속에 거대한 보리떡 덩어리가 나타나, 언덕에서 굴러떨어지면서 그 자체의 무게로 장막들을 뭉개버렸다고 상상해서는 안 됩니다. 그런 것이 아닙니다. 그것은 단순한 떡 덩어리였고, 말하자면 하나의 비스킷에 불과한 것이었습니다. 마치 유대인들의 유월절 떡과 상당히 유사한 모양의 얇은 떡이었습니다. 아마도 그것은 얇고도 긴 조각이었을 것이며, 마치 공중에서 칼과 같은 모양으로 휘둘려지면서 다가오는 것으로 보였을 것입니다. 그것이 굽이치듯 굴러 들어와서는 마침내 미디안 방백의 큰 장막을 쳐서, 그것을 완전히 무너뜨리고, 그곳을 폐허로 만들었습니다. 아마도 엄청난 바람에 날려 와서, 이 얇은 보리떡 조각이 칼날처럼 미디안 방백의 장막 기둥을 잘라버리고, 그것을 휩쓸어 버린 것입니다. 그것이 그가 본 환상이었습니다. 정말이지 낯설고도 기이한 꿈이었습니다. 그의 동료가 대답했습니다. "그 꿈은 우리 쪽 사람들에게 재앙을 의미한다. 저 언덕으로부터 보리떡을 먹는 자들 중의 하나가 머지않아 우리를 덮칠 것이다. 그 기드온이라고 하는 사람, 우리가 최근에 들은 적이 있던 그 사람이 갑자기 우리에게 쳐들어와서, 우리의 세력을 꺾어놓을 것이다." 그 보리떡은 우리 진영의 파멸이다! 그것이 해석이었습니다.

자, 우리가 여기서 배워야 하는 교훈은 이것입니다. 하나님께서는 어떤 수단으로도 일하실 수 있습니다. 그분에게 도구가 부족한 경우는 결코 없습니다. 그분은 화덕 위에서도 무기들을 찾으실 수 있으며, 반죽 그릇에서도 무기들을 찾아내시고, 가난한 사람의 바구니에서도 무기들을 찾으십니다. 전능자에게는 사방에 수종자들이 있습니다. 그분의 대의를 수호하기 위해서 하나님은 자연의 모든 힘들과, 사회의 모든 요소들과, 존재하는 모든 세력들을 징용하실 수 있습니다. 그분의 나라는 결코 쇠하지 않습니다. 주께서 화로 위에서 구워지는 떡으로도 그 나라를 보호하실 수 있기 때문입니다. 기드온은, 오늘은 곡식을 타작하고 있지만, 내일은 주의 원수들을 도리깨질할 것입니다. 말씀의 전파자들이 지금 도처에서 훈련을 받고 있습니다.

하나님께서는 가장 연약한 수단들로도 일하실 수 있습니다. 그분은 어린아이가 부서뜨릴 수 있는 한 조각의 떡으로도 미디안 족속을 치실 수 있으며, 그 무서운 세력을 굴복시키실 수 있습니다. 오호라, 선생들이여! 우리는 종종 사용되는 수단들을 깊이 생각하고, 그것들을 사용하실 그분을 망각하곤 합니다! 우리는 종종 멈추고 수단들을 생각하고, 그 수단들이 지닌 자연적인 힘을 계산하다가, 정작 중요한 것을 놓치곤 합니다. 중요한 것은 도구들을 뛰어넘어, 그 도구들을 사용하시는 하나님께 나아가는 것입니다. 소총에서 발사된 수지양초가 문을 뚫었다는 말을 들은 적이 있습니다. 그 관통력은 양초에 있는 것이 아니라, 그것을 발사한 힘에 있습니다. 이 경우에도 마찬가지입니다. 그 장막을 무너뜨린 것은 보리떡 비스킷이 아니라, 그것을 앞으로 돌진하게 만든 강력한 추진력이었습니다. 우리는 아무것도 아닙니다. 하지만 우리와 함께 하시는 하나님은 모든 것 되십니다. 그분은 "피곤한 자에게는 능력을 주시며 무능한 자에게는 힘을 더하십니다"(사 40:29).

약한 수단들을 사용하심으로써 우리 주님은 그분 자신이 모든 영광을 얻으시며, 사람이 우쭐거리지 못하게 하십니다. 주께서는 이 장의 앞부분에서 기드온에게 이렇게 말씀하셨습니다. "너를 따르는 백성이 너무 많은즉 내가 그들의 손에 미디안 사람을 넘겨주지 아니하리니, 이는 이스라엘이 나를 거슬러 스스로 자랑하기를 내 손이 나를 구원하였다 할까 함이니라"(2절). 그들의 억압은 죄에 대한 징벌이었으며, 따라서 그들의 구원은 반드시 자비의 행위여야 했습니다.

그들은 주의 손을 보아야 했고, 연약한 수단들에 의해 구원을 받음으로써 그것을 좀 더 분명히 볼 수 있었습니다. 그분 자신의 영광을 위한 질투심에서, 종종 하나님은 그럴듯한 수단들을 제쳐두시고, 우리가 무시하기 쉬운 것들을 사용하기를 기뻐하십니다. 오늘날에도 그러하다는 것을 나는 압니다. 세상이 돌이키려면, 그 일은 반드시 학식 있는 사람들과, 고귀한 가문의 사람들과, 혹은 적어도 뛰어난 재능을 가진 사람들에 의해 이루어져야 한다고 사람들은 생각합니다. 하지만 그것이 주님의 통상적인 방식입니까? 사도행전에서나, 그리스도의 생애에서나, 우리로 하여금 인간의 지혜나 재능이나 명성에 주목하도록 만드는 요소가 있던가요? 오히려 모든 것이 그와 반대로 보이지 않던가요? 갈릴리 호수가 사도들을 위한 그리스도의 학교였습니다. 하나님께서는 이런 일들을 "지혜롭고 슬기 있는 자들에게는 숨기시고 어린 아이들에게는 나타낸다"(마 11:25)고 하신 그분 자신의 선언에 따라 행동해 오시지 않았던가요? 주님께서 세상에서 약한 것들을 택하여 강한 것들을 부끄럽게 하시고, 세상에서 천하고 멸시받는 것들을 선택하시는 일, 예, 세상에서는 아무것도 아닌 자들을 선택하시는 것이 여전히 진실이 아니던가요? 우리가 지존자의 오른팔을 깊이 생각하기보다는 사람들과 도구들과 수단들을 바라보는 것은 전적으로 잘못된 것이 아닙니까? 형제들이여, 주께서 어린 아이들과 젖먹이들의 입에 권능을 부여하시고, 이로써 원수들과 보복자들을 잠잠하게 하심을(시 8:2) 결코 잊지 말도록 합시다.

주님은 약한 수단들을 활용하십니다. 그러므로 그분은 여러분과 나에게도 기회를 제공하실 수 있습니다. 만일 그분이 위대하고, 지혜롭고, 강한 자들만을 사용하신다면, 우리는 구석에서 조용히 누워 있어야 할 것입니다. 그렇다면 한 달란트 받은 사람들이 그것을 숨겨둔 것에 대해 변명할 수 있을 것입니다. 하지만 이제는 우리 중에 가장 작은 자라도 하나님의 은혜로 쓸모 있게 되기를 열망할 수 있습니다. 형제들이여, 여러분의 연약함이 여러분을 주의 일에서 물러서도록 만들지 못하게 하십시오. 여러분은 최소한 보리떡만큼은 강합니다. 나는 성경 원문에서 시끄러운 소리가 암시된 것을 발견합니다. 마치 밤이나 옥수수가 불에 구워질 때 나는 소리와도 같습니다. 그 꿈을 꾼 자는 미디안 진영 속으로 굴러 들어온 것이 시끄러운 떡이었다고 말했습니다. 그 특징은 힘이라기보다는 소음이었다고 말할 수 있을 것입니다. 그것은 마치 불에서 막 꺼낸 숯불이 약간의 폭발음을 내는 것 같기도 하고, 전에는 결코 들어본 적이 없는 소리였습니다. 이와 같이 하나님의 아주 유용한 종들도 처음에는 그런 말을 들었습니다. 그들은 '곧 잊혀지는 소문' 같으며, 팬 위의 섬광들(flashes in the pan)처럼 일시적으로 성공을 거두는 자들에 불과하며, 공연한 법석이나 떠는, 뭐 그런 자들이었습니다. 하지만 주께서는 그들처럼 연약한 수단들로써 그분의 원수들을 치십니다. 내 형제여, 아마도 당신은 신실하게 복음을 전함으로써 약간의 소동을 일으키기 시작했을 것입니다. 이것이 대적들의 입을 벌어지게 했으며, 그들은 당신처럼 아무것도 아닌 자가 그토록 쓸모 있는 것에 대해 분개합니다. "아니, 이 친구에게는 아무것도 없다. 그가 말할 자격이 있다고 여기는 것은 뻔뻔한 것이다." 그런 말에 신경 쓰지 마십시오. 주님을 위해 계속해서 당신의 일을 하십시오. 당신이 그렇게 작게 평가받는 것 때문에 멈추지 마십시오. 하나님은 당신과 같은 자를 써서 하나님이 일하기를 기뻐하시기 때문입니다.

주의 원수들이 어느 때보다 수치스럽게 패배를 당하는 때는, 주께서 약한 도구를 활용하실 때입니다. 주님은 야빈의 군대를 한 여인의 손으로 치셨고, 블레셋 군대를 소 모는 시골뜨기 삼갈의 손으로 치셨습니다(참조. 삿 3:31). 주님께서는 아비에셀에서 타작하던 사람을 따르는 적은 무리들과 그들의 손에 들린 나팔들과 항아리들로 그분의 원수들을 패배시키셨습니다. 그것은 원수들에게는 영원한 수치였습니다. 주님께서는 속히 사탄을 밟아 우리의 발 아래에 두실 것입니다. 예, 모든 성도들 중에서 가장 작은 자들인 우리의 발 아래에 말입니다.

다음으로, 하나님은 예기치 못한 수단들을 활용하신다는 점에 주목하십시오. 내가 만일 한 장막을 무너뜨리고자 한다면, 나는 분명 보리떡으로 그것을 쓰러뜨리려 시도해서는 안 될 것입니다. 내가 만일 어느 진영을 폭격하고자 한다면, 나는 그것을 비스킷으로 포격해서는 안 될 것입니다. 하지만 하나님께서는 얼마나 놀랍게도 우리가 별 생각 없이 간과해 온 바로 그 사람들로써 일을 이루시는지요! 오 이교 사상이여, 로마 황제를 그 수장으로 한 너의 거대한 힘과 무력은 갈릴리 바다 출신의 어부들에 의해 무너질 것이다! 하나님이 그렇게 하고자 하시면, 그렇게 되었습니다. 로마 교황은, 말이 무뚝뚝하고 신분도 낮은 종교개혁자들에게서 붕괴의 조짐을 보았습니다. 예상치 못한 것들을 기대하십시오(Expect the unexpected)! 이로써 주님은 그분이 하시는 일에 사람들의 주목을 끄십니다. 만일 그분이 흔히 사람들이 예상하는 방식대로 행하신다면, 그 방식이 그 자체로 아무리 화려하더라도, 그들은 그분이 행하시는 일들에 주목하지 않을 것입니다. 하지만 사람들의 생각과는 달리 아무도 예측할 수 없었던 일을 행하신다면, 그 때에 그들은 그 일에 주목하게 될 것이고, 주의 손길이 그 속에 있다고 생각할 것입니다. 또한 그 때에 그들은 그분에 대해 경외감을 느끼고 탄복하게 될 것입니다. 장막이 쓰러지는 것은 아무것도 아닙니다. 하지만 그 장막이 보리떡으로 맞아서 무너지는 것은 놀라운 일입니다. 영혼들이 구원받는 것은 그 자체로 놀라운 일입니다. 하지만 그들이 어린아이와 같이 단순하고 제대로 문법에 맞추어서 말하지도 못하는 한 전도자에 의해 구원을 받는다면, 이런 일은 온 마을의 화젯거리입니다. 만약 주께서 한 도둑이나 한 훼방자를 불러내시어 그들의 입술을 사용하여 말씀하신다면, 그 일은 사람들로 하여금 하나님의 위대하심을 느끼게 할 것입니다. 그때 그들은 소리칠 것입니다. "그분의 길은 측량할 수 없도다!" 어떤 오류가 비난을 받고 말하기를 그친다면, 그것은 복된 일입니다. 하지만 이런 일이 추론이나 웅변적인 논증에 의해서가 아니라 복음 진리의 단순한 선언에 의해 이루어진다면, 그것은 더욱 놀랄 만한 일입니다. 오 선생들이여, 우리는 주님께서 다음에 무엇을 하실지 결코 알지 못합니다. 그분의 강가의 돌들에서도 신앙의 옹호자들을 일으키실 수 있습니다. 나는 저 위대한 옛 대의(大義)에 대해 절망하지 않습니다. 아니, 나는 소망이 없는 중에서도 소망합니다. 우리는 퇴장하겠지만, 나는 티끌과 같은 자들이 피 흘리는 전사들이 되고, 들의 풀과 같은 자들이 단단한 창이 되는 것을 바라봅니다. 용기, 용기를 내십시오! 가만히 있어 하나님의 구원을 보십시오!

　　더 나아가, 그 꿈에는 이런 의미가 있습니다. 즉 하나님께서는 멸시받는 수단들을 사용하십니다. 이 사람 기드온은 한 덩이의 떡, 그것도 보리떡 한 덩이와도 같습니다. 하지만 주께서는 그를 "큰 용사여!"라고 부르십니다. 하나님께서는 다른 사람들이 멸시하는 자들을 취하여, 그들을 그분의 영광스러운 목적에 사용하시기를 아주 기뻐하십니다. 사람들은 말합니다. "그는 바보입니다. 교육도 받지 못한 사람이고, 지적 수준이 아주 낮은 사람들 중의 하나입니다. 그에게는 고상한 취향도, 교양도, 사상도 없습니다. 그는 앞선 학파에 속한 사람이 아니지요." 내 사랑하는 형제들이여, 나는 여러분 중에 어느 누구도 이런 식의 어리석은 말에 영향을 받지 않기를 바랍니다. 교회를 "망치는 자들"이 이런 식으로 말합니다. 하지만 그들의 거만한 허튼소리에 누가 관심을 기울인단 말입니까? 다른 사람들을 멸시하는 자들은 그들 자신이 멸시를 받아야 하며, 또한 그들 자신이 멸시받는다는 것을 알아야 합니다. 자기 지성을 자랑하는 자들은 하나님 앞에서는 별 가치 없는 자들입니다. 성령으로 감동된 이 책 전체의 취지가 그러합니다. 이 책은 멸시받는 것들에 대해서는 친절하게 말하지만, 거만하고 자랑하는 자들에게는 어떤 존중하는 말도 하지 않습니다. 그러므로 멸시를 받는 여러분이여, 거만한 불신자들이 여러분을 비웃도록 내버려 두십시오. 그들이 여러분에 대하여 보리떡의 노래를 부르도록 버려두십시오. 오직 여러분은 인내하며 여러분의 마음을 다스리고, 여러분의 주님을 계속해서 섬기십시오. 그들은 여러분에게 경멸을 보낸다고 여기겠지만, 그 조롱은 그 조롱하는 자들에게 되돌아갈 것입니다. 여러분에게 주님의 능력으로써 힘과 용기가 주어질 것이며, 여러분은 저 외국 군대와 싸우게 될 것입니다. 바울과 더불어 "내가 약한 그 때에 강함이라"(고후 12:10)고 말하십시오. "적은 무리여 무서워 말라 너희 아버지께서 그 나라를 너희에게 주시기를 기뻐하시느니라"(눅 12:32). "권세 있는 자를 그 위에서 내리치셨으며 비천한 자를 높이셨도다"(눅 1:52).

하지만 다음으로, 하나님은 언제나 효율적인 수단들을 활용하십니다. 이 보리떡 덩어리가 한 장막에 이르러 그것을 쳐서 무너뜨렸고, 그 장막은 납작하게 쓰러졌습니다. 주님은 결코 그분의 일을 어중간하게 하시지 않습니다. 비록 그분은 보리떡으로 일하셨지만, 그것으로써 그분의 원수를 깨끗이 뒤집어 엎으셨습니다. 그 어떤 포탄도 이 보리떡보다 더 훌륭하게 역할을 수행하지 못했을 것입니다. 친구여, 만약 주께서 그분의 목적을 위해 당신을 사용하신다면, 그분은 가능한 최상의 일꾼을 선택하신 경우와 마찬가지로, 당신을 통하여 효율적이면서도 확실하게 일하실 것입니다. 그분은 우리의 약함을 활용하시어, 그것을 우리로서는 결코 꿈꿀 수 없었던 효력과 능력의 수준으로 끌어올리십니다. 그러므로 하나님의 종들인 여러분이여, 두려워마십시오. 오직 여러분 자신을 그분의 손에 맡기십시오. 그분은 약함 중에서도 강한 힘을 끌어내실 수 있습니다.

나는 이 모든 교훈을 실제적인 목적에 적용함으로써 설교를 마치고자 합니다. 형제들이여, 여러분은 보리떡 한 덩어리로 미디안 장막을 치는 일과, 후에 항아리들을 깨고 횃불을 밝히고 나팔을 부는 것으로써 미디안 무리들을 실제로 타도하는 이 모든 것이, 지금 세상을 뒤덮은 악의 세력들에 맞서는 우리에게 위로를 준다고 생각하지 않으십니까? 추악함과 거짓의 양면에서 원수의 힘을 생각할 때, 이따금씩 나는 섬뜩 놀라기도 합니다. 이런 때에 여러분은 아무것도 할 수 없을 것처럼 보입니다. 죄와 오류의 세력이 훨씬 우세해 보이고, 우리는 그것들을 어떻게 쳐야 할지를 모릅니다. 영국에는 두 개의 큰 당파 곧 청교도파(the Puritan)와 왕당파(the Cavalier)가 앞서거니 뒤서거니 하는데, 지금은 왕당파가 아주 우세한 것 같습니다. 한때는 건전한 교리와 거룩한 행실이 압도적이었습니다. 하지만 이 시대에는 그릇된 가르침과 단정치 못한 삶이 전면에 나섰습니다. 하지만 우리의 의무는 분명 주의 말씀과 우리 선조들의 복음을 굳게 붙드는 것에 있습니다. 하나님은 우리가 우리 주 예수 그리스도의 십자가 외에 자랑하는 것을 금하십니다. 이 표적으로써 우리는 지금도 이길 것입니다. 복음을 널리 전하는 것으로써가 아니면 이 시대의 추악함이 결코 씻어질 수 없습니다. 또한 이 시대의 불신앙은 살아 계신 주님의 순수한 진리가 아니고서는 다른 어떤 공격으로도 죽지 않을 것입니다. 우리는 피에 의한 용서를 말해야 하고, 하나님의 은혜의 풍성함에 따른 거저 주시는 용서와, 인간의 타락한 본성을 변화시키는 영원한 능력과, 그리스도 예수 안에서 인간을 새로운 피조물로 만드는 것에 대해 말해야 합니다. 사람들은 이를 낡아빠진 교리라고 부릅니다. 하지만 우리는 그 능력을 가장 크게 평가하도록 합시다. 우리는 그것이 모든 믿는 자를 구원하시는 하나님의 능력이라고 볼 것입니다. 나는 하나님의 은혜의 복음을 전할 것이며, 나 혼자만 남더라도, 오직 그것만을 전할 것입니다. 이스라엘 무리들이 흩어지고 있으며, 그들은 훨씬 더 많이 흩어질 것입니다. 기드온의 시대처럼, 전체 군대에서 이만이천 명이 대의(大義)를 위한 참된 충성에서 돌이켜 떠났으며(3절), 그보다 더 많은 사람들이 싸우려는 마음을 갖지 않았습니다. 그들을 가게 하십시오. 수천 명이든 수백 명이든 가라고 하십시오. 나팔 소리를 듣고 모인 삼만여 명의 사람들을, 개가 물을 핥듯이 혀로 물을 핥는 삼백 명으로 줄이십시오. 왜냐하면 그들이 싸움을 갈망하는 자들이기 때문입니다. 우리의 수가 줄어들고, 우리가 소수인 것을 보게 되었을 때, 우리는 우리 자신의 것이 아닌 힘으로써 원수를 향해 돌격할 것입니다. 우리의 무기는, 흙으로 된 그릇들을 깨뜨림으로써 빛을 발하는 오래된 복음의 횃불입니다. 여기에 우리는 진실한 음성이라는 나팔소리를 더합니다. 우리의 음성은 한밤중의 이러한 외침입니다. "보라, 그가 오신다!" 우리는 우리의 어떤 힘이나 기술로써 승리를 얻지 못합니다. 하지만 결국 원수는 패배할 것이며, 주께서 홀로 높임을 받으실 것입니다. 사정이 지금보다 더 나쁘다 해도, 우리는 여전히 이렇게 외칠 것입니다. "여호와와 기드온의 칼이다!"

그리고 각 사람은 자기 위치에서 주님이 능력으로 나타나실 때까지 굳게 설 것입니다.

내가 이 본문에서 끌어내고 싶은 또 다른 교훈은 우리의 내적 싸움에 관한 것입니다. 사랑하는 친구여, 당신은 당신의 마음에서 죄의 큰 힘을 느끼고 있습니다. 미디안 족속이 당신의 영혼을 둘러싸고 있습니다. 당신의 가슴 속의 에스드렐론(Esdrelon, 이스르엘의 별칭 —역주)이라는 작은 골짜기에는 헤아릴 수 없는 악들이 있습니다. 이것들이 마치 메뚜기 떼처럼 모든 자라나는 것들을 먹어치우고, 당신이 위로와 힘과 기쁨을 누리는 것을 막고 있습니다. 당신은 이 약탈자들로 인해 탄식합니다. 나는 당신에게 믿음이 할 수 있는 일을 하라고 조언합니다. 당신 스스로의 진지한 노력들도 당신을 악화시키는 것으로 보일 것입니다. 믿음을 활용하십시오. 눈물로도, 기도로도, 다짐으로도, 자기부인으로도 원수를 쫓아낼 수 없었으니, 믿음의 보리떡으로 시도해 보십시오. 주 예수 그리스도를 믿으십시오. 그분 안에서 당신은 구원받았습니다. 그분 안에서 당신은 하나님의 자녀가 되는 권세를 가졌습니다. 이것을 믿고 기뻐하십시오. 불쌍한 죄인이여, 믿음을 활용하십시오. 가련한 타락자여, 믿음을 활용하십시오. 의기소침한 천국의 상속자여, 믿음을 활용하십시오. 이 믿음의 보리떡이 죄의 권세를 깨뜨리고, 의심의 지배를 타도하며, 당신에게 승리를 가져다줄 것입니다. 저 오랜 성경 구절을 기억하십시오. "환난 날에 나를 부르라 내가 너를 건지리니 네가 나를 영화롭게 하리로다"(시 50:15). 담대하게 믿으십시오. 즉시 이렇게 말하십시오.

> "나는 믿습니다, 나는 믿을 것입니다,
> 예수님이 나를 위해 죽으신 것을."

이는 마치 숯불 위에 올려진 보리떡 덩어리처럼 승리를 얻기에는 아주 빈약한 수단처럼 보입니다. 하지만 하나님이 그것을 선택하셨고, 그분이 그것에 복을 주십니다. 따라서 그것이 당신의 마음속에 있는 사탄의 보좌를 전복시킬 것이며, 당신 속에서 거룩함과 평강을 이룰 것입니다.

다시 한 번 같은 취지로 말합니다. 사랑하는 친구들이여, 복음의 성공과 사람들의 영혼을 얻는 일을 위하여, 기도의 능력을 지속적으로 활용하십시오. 기도는 어떤 일이든 하고, 모든 일을 할 것입니다. 그것이 골짜기를 메우기도 하고 산들을 낮추기도 합니다. 그 능력으로써 사람들이 지옥의 입구에서 일어나 천국의 문으로 향하게 됩니다. 런던은 어떻게 될까요? 이방 나라들은 어떻게 될까요? 나는 수많은 방책들에 대해 들었지만, 그것들은 매우 몽상적이고 실천되기가 매우 어려운 것입니다. 그러므로 나는 이것들을 제쳐둡니다. 신자들에게는 단 한 가지 방책만이 남습니다. 우리 주님께서 말씀하셨습니다. "너희는 온 천하에 다니며 만민에게 복음을 전파하라"(막 16:15). 그러므로 우리는 이 일을 해야 합니다. 그와 동시에 우리는 기도로써 하나님께 강력히 아뢰어, 성령께서 말씀의 선포를 도우시도록 해야 합니다. 우리는 더욱더 기도의 능력을 입증하도록 합시다. 주님은 우리가 구하는 것이나 생각하는 모든 것에 더 넘치도록 능히 하시는 분임을 확신합시다(엡 3:20). 각 사람이 손에는 타오르는 진리의 횃불을 들고, 입술로는 복음의 나팔을 불며, 저 이방 군대를 에워싸도록 합시다. "십자가에 못 박히신 그리스도!" 이것이 우리의 전쟁의 외침입니다. 하나님은 사람들 사이에서 다른 무엇을 아는 것을 금하시며, 오직 그리스도의 죽음과 피와 부활과 통치와 다시 오심과 그분의 영광만을 알기를 원하십니다. 우리의 소명에 대해서, 우리 하나님께 대해서 믿음을 잃지 맙시다. 오직 주께서 다스리심과 그분의 대의가 승리할 것을 믿읍시다. 죄가 넘치는 곳에 은혜가 더욱 넘칩니다. 우리는 지금보다 더 낫고 더 밝은 시대를 보게 될 것입니다. 오 주여, 당신의 아들을 위하여 그 복을 우리에게 허락하소서. 아멘.

제
4
장

—

피곤하지만,
마음이 피곤한 것은 아님

—

"피곤하나 추격하고" — 삿 8:4

이 삼백 명은 비록 피곤했지만, 마음이 피곤하지는 않았습니다. 만일 그들이 겁쟁이들이었다면, 그들은 기드온이 이렇게 선언했을 때 그를 떠나고 말았을 것입니다. "누구든지 두려워 떠는 자는 길르앗 산을 떠나 돌아가라"(7:3). 이만 이천 명이 그 허락을 받아들였고, 그들의 장군과 일만 명의 사람들을 남겨두고 떠났습니다. 줄어든 그 무리도 여전히 수가 너무 많았습니다. 물을 핥아먹은 자의 수가 삼백 명이었고, 이들이 선택되었습니다. 다른 사람들은 물을 실컷 마시기 위해 그들의 투구를 벗고 납작 엎드려서 마셨지만, 이 사람들은 마치 급히 서두르는 개처럼 행동했습니다. 그들은 물가를 달려가고 있었습니다. 달리다가 손으로 물을 핥고, 다시 달리다가 물을 핥고, 그런 식으로 물을 마시는데 시간을 낭비하지 않았습니다. 그들은 이 거룩한 전쟁에 그들 자신을 전적으로 바친 사람들이었고, 하나님과 그분의 백성들의 원수들을 치려고 결심한 자들이었습니다. 그들은 피곤했습니다. 하지만 그들이 의기소침해져서 피곤한 것은 아니었습니다. 그들은 조금 전에 큰 승리를 거두었기 때문입니다. 그들은 항아리들을 깨뜨리고, 횃불을 밝히고, 나팔을 불었으며, "여호와와 기드온의 칼이다"를 외쳤습니다. 그리고 거대한 미디안 무리가 그들의 눈앞에서 도망치는 것을 목격했습니다. 그들은 싸움의 열정에 푹 빠졌고, 도망치는 적을 뒤쫓았으며, 수만의 적군들을 죽여 그들의 발치에 쓰러뜨렸습니다. 그들 모두가 영웅이었습니다. 하지만 그들은 피곤했습니다.

사람들이 피곤한 것을 볼 때, 그들을 비난하지 마십시오. 아마도 그들의 피곤함으로써, 그들은 그들이 어떤 재료로 만들어졌는지를 입증한 셈이니까요. 그들은 혈과 육이 할 수 있는 만큼 최대의 일을 했으며, 그래서 그들은 피곤합니다. 그들은 패배하지 않았고, 영광스러운 승리를 얻을 수도 있었지만, 잠시 동안은 피곤해질 수 있습니다. 피곤은, 그 자체로는 딱한 일입니다. 하지만 만약 당신이 진정으로 "피곤하나 추격하며"라고 말할 수 있다면, 피곤은 인내를 돋보이게 하는 박편(薄片, 보석 뒤쪽에 대어 보석의 빛깔과 반짝임을 돋보이게 함 — 역주)이 됩니다. 누군가가 피곤하면서도, 여전히 무언가를 추구할 때, 그 사람은 그것으로 인해 더욱 고결하다고 말할 수 있습니다.

나는 오늘 밤 하나님의 백성들 중 이 본문이 묘사하는 상태에 있는 사람들을 향해 말하고자 합니다. "피곤하나 추격하며." 첫 번째로, 나는 육체의 연약함에 대해 잠시 생각해 볼 것입니다. "피곤하더라." 두 번째로, 나는 여러분에게 은혜의 힘을 칭송하라고 권면할 것입니다. "피곤하나, 추격하며." 그렇게 한 다음에는, 모범 사례의 교훈들을 배우는 시간을 가질 것입니다. 이 사람들이 우리의 교사가 될 것입니다.

1. 육체의 약함

첫째로, 육체의 약함에 대해 생각해 보도록 합시다. 가장 훌륭하다고 해도, 인간이란 결국 무엇입니까? 최상의 사람들도, 최상의 상태에서도, 결국은 사람일 뿐입니다. 인간의 본성이란 아무리 훌륭해도 가련한 것에 불과합니다. 가장 강한 사람도 쉽게 약해져서 아무 일도 하지 못할 수 있습니다. 무기의 충격을 견뎌낼 수 있었던 영웅적인 사람도, 피곤해서 땅 바닥에 눕고, 한 발짝도 움직이지 못할 수 있습니다. 이 용감하고 강한 기드온의 용사들이 왜 피곤한 것입니까? 나는 그들에게 뿐 아니라 우리에게도 적용될 수 있는 몇 가지 이유들을 언급하고자 합니다.

우선, 첫째로, 그들이 피곤해진 것은 그들이 안식을 잃었기 때문입니다. 그들이 항아리를 깬 것은 밤이었습니다. 밤에 그들은 적군의 진영에 기습 공격을 하였습니다. 그 후로도 줄곧 그들은 서둘러 도망치는 무리를 추격했습니다. 그들은 잠자는 시간도 갖지 못했습니다. 잠은 "지친 체력의 달콤한 회복제"로서 우리 모두에게 필요한 것입니다. 그리스도인들의 정신이 휴식을 취하지 못할 때가 있습니다. 그들은 잠자는 시간을 갖지 못했습니다. 어떤 이들에게는 불면증이라 불리는 것이 찾아옵니다. 잘 수가 없는 것입니다. 물론 이것은 육체적인 질병입니다. 지나치게 분주한 사람들이 그 병에 걸릴 수 있습니다. 하지만 그리스도인들은 영적인 불면증에 시달릴 수도 있습니다. 그들은 그들의 일에 대해 너무 몰두하고, 주의 일에 대해 지나치게 염려하고, 사람들의 필요와 재난들에 너무 신경을 씁니다. 그들이 할 수 있는 부분이 얼마나 적은지에 대해서와, 그 일을 얼마나 무기력하게 하는지에 대해서, 그리고 그들의 모든 수고 뒤에 따르는 결과가 얼마나 적은지에 대해 조바심을 냅니다. 그래서 그들은 영적인 불면과 불안의 상태에 빠지기도 합니다. 자, 이런 것은 언제나 악한 것입니다. 그리스도께서는 마르다가 돌보고 섬기는 일을 하기를 원하십니다. 하지만 그분은 그녀가 많은 섬김 때문에 괴로움을 겪는 것을 원치 않으십니다. 그분은 그녀가 마리아처럼 그분의 발치에 앉아 있는 것을 더 좋아하십니다. 우리는 주님을 위해 많은 것을 할 수 있습니다. 어떤 이들은 그들이 지금 하고 있는 것보다 훨씬 더 많은 일을 할 수 있습니다. 하지만 너무 많은 일을 시도하다가, 실제로 그 다음에 아무것도 하지 못하게 될 수도 있습니다. 아무것도 잘 할 수 없는 상태에 빠질 수 있기 때문입니다. 한 사람을 보십시오. 그는 강하고 활력이 넘칩니다. 그는 다른 사람이 약하게 스무 번을 쳐도 하지 못하는 일을 한 번을 쳐서 해낼 수 있습니다. 중요한 것은 많은 일을 하는 것이 아니라, 여러분이 하는 일을 진정한 힘과 능력으로 하는 것입니다. 필요한 휴식을 갖지 못하면 여러분은 일할 수 있는 능력을 잃고 맙니다. 여러분은 주님께서 안식을 일하는 자의 특권으로 삼으신 것을 주목하지 못했습니까? "나는 마음이 온유하고 겸손하니 … 그리하면 너희 마음이 쉼을 얻으리니"(마 11:29). 여러분이 그리스도처럼 안식할 수 없다면 결코 그리스도처럼 일할 수 없습니다. 그분은 일하기 위한 큰 능력을 가지셨을 뿐 아니라 휴식하기 위한 큰 재능도 가지셨습니다. 그분이 폭풍에 흔들리는 작은 배에 계셨을 때, 그분은 풍랑이 높이 이는 가운데서도 배 뒤편에서 주무시고 계셨습니다. 주무시는 것이 그분이 할 수 있는 최선의 일이었습니다. 그와 마찬가지로, 때로는 그리스도인이 할 수 있는 최선의 일은 "여호와 앞에 잠잠하고 참고 기다리는"(시 37:7)

것입니다. 그렇게 함으로써 그는 잃었던 힘을 되찾고, 섬김을 위한 능력을 회복할 것입니다. 만일 그리스도 안에서 안식하기를 소홀히 한다면, 그는 지치게 될 것입니다. 만약 지쳤으나, 계속해서 추격할 수 있다면, 그는 행복한 상황에 있는 것입니다.

안식을 잃었을 뿐 아니라, 이 사람들은 아주 무거운 부담을 견뎌왔습니다. 해야 할 일이 많아도, 오래 살아서 일백 년 동안 계속 일할 수 있다면, 우리는 그 일 때문에 지치지는 않습니다. 일상적으로 느긋하게 하는 일들이 사람을 죽이지는 않습니다. 하지만 특별한 경우에는 초인적인 노력을 기울여야 합니다. 그런 특별한 임무들이 영혼에 엄청난 중압감을 안겨다줍니다. 이 삼백 명의 용사들이 기드온과 함께 남았을 때가 그러했습니다. 처음에 큰 군대로 모였던 인원 중에서 삼만 이상의 수가 다 흩어져 떠났으며, 오직 이 강인한 삼백 명만이 굳게 서 있습니다. 여러분에게는 삼만 명이 떠났을 때 굳게 서 있는 것이 아주 단순하게 보일지도 모르겠습니다만, 여러분 자신이 그런 시험을 거친다면 그것이 결코 쉽지 않다는 것을 알게 될 것입니다. 그런 다음 그들은 기드온의 지도력 하에 야음을 틈타 내려갔고, 등과 항아리들과 나팔들을 그들의 유일한 무기로 지니고서, 적어도 십오만이 되는 미디안 군대를 향해 갔습니다. 그것도 작은 일로 보일지 모르지요. 하지만 그처럼 대담한 행동을 하고, 그처럼 단순한 전략으로써 하나님이 무수한 원수들을 패배시킨다고 믿는 일에는, 실로 용감한 사람들이 필요했습니다. 오 선생들이여, 내 말을 믿으십시오. 믿음은 어린아이의 놀이가 아닙니다. 비록 단순한 믿음이라도, 매일같이 평범한 일들에서 실천되는 믿음이라도, 무시되어서는 안 됩니다. 하지만 특별한 순간이 찾아올 때가 있습니다. 여러분이 하나님의 선택에 대한 믿음을 가져야 하고, 선택의 신앙을, 그 신앙을 높은 수준에서 가져야 할 때가 있습니다. 여러분이 그 믿음을 가졌다면 그것을 최대로 발휘하십시오. 그러면 그것이 여러분의 생각과 감정 전체에 효력을 끼침을 알게 될 것입니다.

이 사람들은 또한 큰 성공의 부담감을 경험했습니다. 가만히 서서, 저 힘센 무리들이 패를 나누어 서로를 죽이기 시작하는 것을 보십시오. 미디안 전체의 세력이 갑작스럽게 꺾이는 것을 보십시오. 오, 틀림없이 기드온의 삼백 용사들의 마음은 그 기쁨으로 충만했을 것입니다! 그들의 영혼은 그들 속에서 환희와 기쁨으로 뛰었고, 하나님께서 그처럼 영광스러운 구원의 일을 행하시는 동안 그들은 감당하기 어려울 정도의 벅찬 기쁨을 느꼈을 것이 틀림없습니다. 만약 여러분이 여러분의 왕을 섬기는 일에서, 하늘의 아버지로 말미암은 큰 성공의 기쁨을 누려본 적이 있다면, 그 후에 여러분은 여러분에게 있던 수분이 마치 여름의 가뭄 때처럼 증발해 버리는 것을 느꼈을 것입니다. 사람이 하나님이 행하시는 일을 보는 것은, 그 자신이 주의 손에 들린 도구가 되어, 심판이든 자비이든 어떤 높고 경이로운 목적을 성취하는 도구가 되었음을 본다는 것은, 사람의 넋을 빼놓는 일입니다. 이 삼백 명의 용사들은 믿음의 큰 중압감을 견뎌내었을 뿐 아니라, 더 큰 긴장감, 즉 하나님 안에서 그들의 믿음의 승리를 또한 경험하였습니다. 그렇게, 그들은 완전히 지치고 탈진하여, 거의 실신할 정도가 된 것입니다.

사랑하는 친구들이여, 게다가 이 사람들은 큰 힘을 썼다는 사실을 기억하십시오. 그들이 견뎌야 했던 것은 단지 정신적 피곤이나 눈물이 아니었습니다. 적들과의 실제적이고도 큰 전투가 있었습니다. 처음에는 미디안 사람들이 서로를 죽였습니다. 하지만 그 후에는 기드온의 사람들이 싸워야 했고, 또한 그들을 추격하여 언덕을 오르기도 하고 골짜기로 내려가기도 했습니다. 어디에서 만나건 그들을 죽여야 했습니다. 그들은 감히 그 거룩한 땅을 침범한 원수의 무리들 중에서 하나도 그 땅을 벗어나도록 하기를 원치 않았습니다. 그들은 그들 모두를 베어 버리고자 결심했습니다. 아주 힘겨운 날이었고, 그들은 많은 용감한 행동들을 감행했습니다. 이제 그들이 숙곳을 지날 때에, 그들은 도망치는 적들을 여전히 추격하고는 있었지만 피곤하였습니다. 사랑하는 형제들과 자매들이여, 만일 여러분이 하나님의 일에 전적으로 여러분 자신을 드린다면, 비록 여러분이 그 일에 결코 싫증내지는(get tired of) 않더라도, 종종 그 일에서 지치게(get tired in it) 될 것입니다. 만일 어떤 형제가 하나님을 위한 일에서 결코 지쳐본 적이 없다면, 나는 그가 결코 가치 있는 일을 했다고 생각하지 않습니다. 만일 어떤 자매가 영혼들을 얻는 일을 시도하다가 지쳐본 적이 없다면, 나는 그녀가 얻을 영혼들의 수가 정말이지 아주 소수에 불과할 것이라고 생각합니다. 우리가 가진 모든 재능을 발휘할 때까지, 거룩한 섬김에서 우리의 모든 힘을 쏟기까지, 우리는 우리의 일에서 하나님의 축복을 기대할 수 없습니다. 자, 우리의 입장이 그러하다면, 이따금씩 우리가 지치거나 피곤을 느끼는 것은 전혀 이상한 일이 아닙니다.

또한 이 용사들이 오랜 행진을 견뎠다는 점을 주목하십시오. 그들은 먼저 한밤에 전투를 했고, 이어서 낮에는 적들을 추격했습니다. 그들은 적들이 강을 건너는 것을 막기를 원했고, 그 힘겨운 추격을 한 뒤에 또 싸움을 했습니다. 전투 뒤의 싸움은 종종 아주 격렬한 것입니다. 많은 장군들이 전투에서는 이길 수 있었지만, 그들이 이긴 후에 그 승리를 어떻게 활용해야 할지 모르는 경우가 많았습니다. 싸움에서 가장 격렬한 부분은 종종 적들이 도망치기 시작한 후입니다. 이 사람들은 긴 낮 동안에 이 힘든 일을 지속해 왔습니다. 사랑하는 친구들이여, 나는 그리스도인들을 아주 빈번하게 지치도록 만드는 것이 속도가 아니라 시간이라고 믿습니다. 이 문제를 곰곰이 생각해 보건대, 나는 만약 내가 내 머리를 단두대에 올려두고 즉시 잘리게 해야 한다면, 나는 그리스도를 위해서, 또한 그분의 은혜로써, 그렇게 할 수도 있다고 여러 번 말한 적이 있습니다. 나는 그런 것을 감내할 수 있다고 생각합니다. 하지만 느린 불에 의해 산 채로 구워지는 것은 어떨까요? 그것은 상당히 다른 문제입니다. 그런 경우라면 인간의 힘이 곧 한계를 드러낸다고 느낄 것입니다. 아, 사랑하는 친구들이여, 한 주간이나 두 주간을 그리스도를 위해 용감히 버티는 것은 간단한 문제입니다. 하지만 달을 거듭하고, 해를 거듭하여 계속해서 그렇게 하는 것은 또 다른 문제랍니다! 경건의 실체를 시험하는 것은 삶의 길이입니다. 어떤 이들은 젊음의 유혹들을 이겨내지만, 중년의 사업의 문제로 굴복하고 맙니다. 또한 오호라! 많은 말들이 언덕의 내리막 기슭에서 넘어지듯이, 슬프게도 노년의 때에 죄짓는 사람들이 많다는 것을 우리는 압니다. 사실상, 내가 기억하는 한, 성경에 기록된 큰 타락들은 노인들의 타락이며, 혹은 청년의 시기를 훨씬 지난 사람들의 타락입니다. 마치 우리들에게 이런 점을 가르쳐주는 듯합니다. 즉 우리가 경험에 의해 지혜롭게 되었다고 생각할 때, 우리가 우리 자신을 신뢰한다면 바로 그럴 때 크게 어리석은 자들이 된다는 것입니다. 사람을 연단하는 것은 인내의 긴 기간입니다. 오랜 세월의 시련과, 오랫동안의 환난의 싸움, 혹은 오래 지속된 유혹과의 싸움이지요. 십자가의 영웅들이 때때로 지치고 피곤해지는 것은 놀라운 일이 아닙니다.

한 가지 더 말하자면, 이 용사들은 아무런 음식도 먹지 못했습니다. 우리는 이 사람들이 싸우러 내려갈 때에 손에 양식을 들었다는 기사를 읽습니다(7:8). 하지만 그 양식은 다 없어졌습니다. 많은 일을 해야 할 때 군인들은 식욕이 왕성하기 때문입니다. 만일 그들이 음식을 얻지 못하면 그들은 아주 쓰러질 지경이 되고 맙니다. 아, 사랑하는 하나님의 자녀들이여, 만일 여러분이 복음이 신실하게 선포되지 못하는 곳에 산다면, 여러분이 쓰러질 지경이 되어도 나는 이상히 여기지 않을 것입니다. 혹은 만약 여러분이 분주하게 돌아다니면서 항상 가르치면서도, 말씀 듣는 것을 그만두었다면, 아마 여러분은 너무 많은 것을 쏟아내면서도 섭취하는 것은 너무 적은 상태일 것입니다. 나는 매 주일 아침에 이곳에 오는 많은 사랑하는 친구들이 채택한 계획을 좋아합니다. 그들은 아침에는 항상 이곳에 옵니다. 하지만 그들은 주일 저녁에는 결코 이곳에 있지 않습니다. 그들이 어디에 있을까요? 그들은 복되게도 어떤 선하고 은혜로운 사역에 종사하고 있습니다. 하지만 그들은 아침에 말씀 듣는 것을 포기하지 않을 것입니다. 그들 말로는, 그것이 그들의 한 주간의 양식이며, 또한 주일 낮 이후의 섬김을 위해 그들에게 힘을 주기 때문입니다. 나는 그들이 지혜롭게 행한다고 생각합니다. 특히, 젊은 그리스도인들은 양식 없이는 일할 수 없습니다. 양식을 규칙적으로 섭취하지 않고서 활기찬 건강을 유지할 수 있는 자들은 우리 중에 많지 않습니다. 대다수의 그리스도인들은 묵상과, 조용한 기도와, 하나님의 말씀을 듣고 연구하는 기회를 갖지 않는다면, 주님을 섬기는 일에 부지런할 수 없다고 나는 생각합니다. 아마도 여기에 있는 어떤 형제는 바로 그 이유 때문에 오늘 밤 피곤할 것입니다. 만약 그가 자기 일을 계속하고자 한다면, 양식을 섭취하는 것이 필요하다는 조언을 받아들이기를 바랍니다. "너희는 따로 한적한 곳에 가서 잠깐 쉬어라"(막 6:31). 이는 그리스도께서 제자들에게 하신 말씀입니다. 그분을 따르던 무리들에 대해서는, 그들이 배고프고 피곤한 것을 보시고, 보리떡과 물고기들을 증대시키셔서, 그들을 배불리 먹이시고 기운을 차리게 하셨습니다.

하지만 사랑하는 이여, 이 땅의 삶의 일과 전투에 신실하게 참여하는 하나님의 자녀치고, 때때로 피곤을 느끼지 않는 이가 어디 있겠습니까? 친구로 보였으나 신실하지 못한 자들로 판명된 자들, 믿음을 위해 아무런 항변도 하지 않고서, 세간의 오류의 물결에 휩쓸려간 자들, 그들로부터 버림받은 자의 입장에 한 번 서 보십시오. 기(旗)를 세우기 위한 전투에서, 여러분 편에 서야 했건만 그렇지 않았던 겁쟁이들을 생각할 때, 여러분의 마음은 아플 것입니다. 결코 빗나가는 사람들이 아닐거라고 여러분이 생각했건만, 마치 메로스처럼 전쟁의 날에 "와서 여호와를 돕지 아니하며 여호와를 도와 용사를 치지 아니하였던"(삿 5:23) 다른 사람들의 태만을 생각할 때, 여러분의 영혼은 금방이라도 쓰러질 것 같습니다. 그리스도를 위한 싸움에서, 많은 무리 중에서 수백 명의 돕는 자들을 기대했건만 가까스로 한 사람만 찾게 되었을 때, 그리고 런던의 어두운 빈민가에 빛을 전하려 시도하면서 모든 그리스도인들이 동의할 것이라고 생각했건만 아무도 그렇지 않은 것을 발견하게 되었을 때, 이런 일들이야말로 용사의 마음까지도 피곤을 느끼게 만드는 시련입니다.

형제들이여, 나는 충분히 말했다고 생각합니다. 아마도 육체의 연약함이라고 하는 첫 번째 요점에 대해서 너무 많은 말을 한 것 같습니다. 이제 큰 즐거움을 가지고 다음 요점으로 전환하고자 합니다.

2. 하나님의 은혜의 힘

두 번째로, 하나님의 은혜의 힘을 찬미하도록 합시다. 이 삼백의 용사들은 "피곤하나 추격하였습니다." 그들은 천천히 걸을 수밖에 없었지만, 그럴지라도 그들은 행진했습니다. 그들은 약하게 칠 수밖에 없었지만, 그럴지라도 적을 쳤습니다.

비록 그들이 피곤하였지만, 그들의 마음이 피곤하지는 않았음을 주목하십시오. 그들은 여전히 믿었고, 여전히 싸울 용기를 가졌습니다. 그들은 결심에서 흔들리지 않았고, 계속해서 진군하기를 바랐고, 그들 나라의 원수들에게 승리하기를 원했습니다. 설혹 그 시도에서 죽는다고 해도, 그들 중 누구도 되돌아가자는 제안을 하지 않았습니다. 그들은 "비록 피곤하나 추격하였습니다." 그들 모두가 미디안 사람들을 계속해서 추격하였습니다. 그들은 "우리는 너무 많은 일을 했습니다. 다른 사람이 와서 그 일을 끝내게 해 주세요"라고 하면서 대체할 사람들을 요구하지 않았습니다. 결코 그러지 않았습니다. 그들은 여전히 추격하고 있었고, 각 사람은 그 싸움이 끝날 때까지 직접 자신의 오른팔로 무기를 휘두르고자 결심했습니다. 그들은 이미 얻은 승리에 만족하지 않았습니다. 만일 우리가 그들의 입장에 있었다면, 아마도 우리들 중에 일부는 그 때까지 얻은 승리에 만족했을 것입니다. 아마 우리는 이렇게 말했을 것입니다. "우리는 용감하게 행동했다. 우리는 이미 미디안의 목을 꺾었다. 우리는 승리자들이다. 더 이상의 시도를 할 필요가 없다." 하지만 그들은 남은 일이 조금이라도 있다면 아무 일도 끝나지 않았다고 간주했습니다. 단 한 명의 적이라도 살아 있다면 그들은 만족하지 못했습니다. 그들은 최후까지 철저히 싸움을 수행해야 했으며, 그렇게 하기를 원했습니다. 확고한 결의가 있었기에, 그들은 마치 죽을 것처럼 피곤하였지만, 죽기를 각오하고 원수와 맞서기를 원했고, 이스라엘의 주 하나님을 위해 싸우고자 하였습니다. 그리스도 안에서 형제들이여, 그것이 오늘 밤 우리들의 결심이 아 닙니까? 그리스도인 자매들이여, 여러분도 같은 것을 느끼지 않습니까? 우리는 주를 향하여 우리 손을 들어 선서하였고, 결코 뒤돌아서지 않을 것입니다. 우리 는 그분의 진리와, 그분의 사랑과, 그분을 위한 섬김을 포기할 수 없습니다. 만일 우리의 주님을 떠난다면, 우리가 누구에게로 간단 말입니까? 만일 우리가 계속 해서 추격하지 않으면, 우리가 무엇을 한단 말입니까? 우리는 가만히 누워 있을 수 없습니다. 하나님을 위해 해야 할 일이 남아 있는 한, 또한 그 일을 통해 그리 스도께서 영광을 받으실 수 있는 한, 우리 속에는 우리를 쉬지 못하게 하는 무언 가가 있습니다.

이 사람들은 소망에 이끌려 앞으로 나아갔습니다. 그들은 비록 피곤했지만, 그들 을 여기까지 이끌어주신 분이 끝까지 그들을 이끌어주실 것이라 느꼈습니다. 그 분이 그들을 위해 너무나 많은 일을 행하셨기에 그들은 이렇게 말할 수 있었습 니다.

> "지난 시절 베푸신 그분의 사랑을 생각하면,
> 그분이 마지막에 우리를 배고픔에 쓰러지도록
> 버리실 거라는 생각을 결코 할 수 없답니다."

그렇게 그들은 완전한 승리를 얻으리라는 소망을 품고서 계속 나아갔습니 다. 설혹 그렇게 되지 않는다 해도, 그들은 계속해서 나아가기로 결심했습니다. 우리도 그렇게 하도록 합시다. 설혹 내가 지치더라도, 나는 계속해서 죄에 대항 하여 싸울 것입니다. 설혹 다른 사람 모두가 십자가를 버린다 해도, 참된 그리스 도인은 그럴 수 없습니다. 설혹 모든 깃발이 뽑혀지고, 진흙탕에 뒹군다 해도, 우 리의 주님은, 여전히 그분의 은혜로써 그분을 위해서라면 치욕과 불명예도 견딜 준비가 되어 있는 우리를 발견하실 것입니다. 여전히 저 위대하고 오랜 대의(大 義)를 고수하면서 "피곤하지만 추격하는" 우리를 발견하실 것입니다.

사랑하는 이여, 오늘 밤 이곳에 참석하신 여러분은 여러 계층에 속해 있을 것이며, 아마도 여러분에게는 갖가지 다른 이유로 피곤이 몰려올 것입니다. 기 드온의 용사들에게 그러했던 것처럼 은혜의 힘이 여러분에게 임하기를 바라면 서, 그것들을 언급하고자 합니다.

　　내 사랑하는 형제여, 당신은 학생입니까? 당신은 성경을 연구하고 있습니까? 당신은 하나님의 깊은 일들을 배우려고 노력하는 중입니까? 당신은 아직 배운 것이 너무 적다는 것을 알고 있습니까? 저 위대한 신비들이 당신을 비틀거리게 만듭니까? 당신은 마치 당신이 바보인 것처럼 느껴집니까? 바닥이 보이지 않는 깊은 심연에 빠진 느낌입니까? 아, 좋습니다, 비록 당신이 성경 연구에서 피곤하더라도 계속해서 그 일을 추구하십시오! 하나님의 말씀을 가까이 하고, 그것을 철저히 살피고, 연구하며, 묵상하십시오. 여러분 전체를 그 일에 드리십시오. 하나님이 계시하신 모든 것을 알려고 추구하십시오. 왜냐하면 계시된 일들은 비록 신비롭기는 하지만 당신의 것이기 때문입니다. 하나님의 진리를 추구하는 일에 피곤하여도, 계속해서 그것을 추구하시기 바랍니다.

　　어쩌면, 당신은 어떤 타고난 죄와 싸우고 있을 것입니다. 내가 언급하는 대상은, 자기 본성 안에서 죄의 무리를 보는 사람입니다. 하나님의 은혜로, 당신은 모든 죄를 칼로 치기로 결심했습니다. 하지만 당신은 그들의 수와 힘 때문에 곤란을 겪어왔습니다. 바로 오늘 아침에, 당신이 일어났을 때, 지금껏 살아온 모든 날 중에서 오늘이 가장 거룩한 날이 되도록 하겠다고 당신은 생각했습니다. 하지만 결국 이 날은 아주 무기력한 날이 되어버렸습니다. 지난 주간에, 당신이 직장에 갔을 때, 당신은 스스로에게 이렇게 말했습니다. "하나님의 도우심으로, 나는 오늘 내가 만나는 모든 사람들에게 그리스도인이 어떻게 살 수 있는지를 보여주겠다." 하지만 당신은 슬프게도 발을 헛디뎌 넘어지고 말았습니다. 내 사랑하는 형제여, 당신은 이런 실수들 때문에 피곤합니다. 하지만 당신에게 호소하건대, 그 싸움을 중단하지 마십시오. 하나님이 당신을 도우실 것입니다. 그분의 영의 능력으로 당신은 이 죄들을 이길 수 있을 것이며, 이렇게 노래할 수 있을 것입니다. "우리 주 예수 그리스도로 말미암아 우리에게 승리를 주시는 하나님께 감사하노라"(고전 15:57). 일어나십시오, 형제들이여! 피곤하더라도 추격하십시오! 주께서 이 싸움에서 여러분을 도우실 것입니다!

　　아마도 당신은 그리스도를 위한 일꾼일 것입니다. 당신의 시작은 좋았습니다. 나는 당신이 그렇게 시작한 것에 감사합니다. 주님을 섬기는 일을 좀 더 지속한 후에도, 당신은 그 일을 그만 두기를 원하지 않습니다. 하지만 당신이 그 일을 잘하고 있는 것처럼 보이진 않습니다. 사탄이 당신에게 이렇게 말해 왔습니다. "너는 그 일을 그만 두는 편이 낫겠다. 너는 아무런 유익도 주지 못하고 있기 때문이야. 더 이상 그 일로 고민하지 마라." 한 친구가 있는데 그가 사탄은 아닙니다. 하지만 어쩌면 사탄이 그 친구를 사용하여, 그 친구로 하여금 당신에게 이렇게 말하도록 할 수도 있습니다. "이 일은 네가 감당하기에는 너무 많은 일이야. 그럴 것이라고 나는 생각해. 너는 그 일에 적합하지 않아. 좀 더 쉬운 일을 맡는 것이 어떻겠니?" 아! 하지만 사랑하는 친구여, 내가 이렇게 말하는 것을 용인하시기 바랍니다. "비록 당신이 피곤하여도 계속해서 추격하십시오. 다가올 큰 축복이 있습니다. 마귀는 당신이 그 복을 받는 것을 원하지 않습니다. 당신의 주님의 목적을 위하여 그 어느 때보다 열심히 당신 자신을 드림으로써 마귀를 패배시키십시오. 틀림없이, 당신에게 충분히 보상이 되는 어떤 일이 조만간 일어날 것입니다. 저 대적은 당신이 그 복을 얻는 것을 막고 싶은 것입니다."

그 싸움이 기도에 관한 것입니까? 당신은 한 영혼을 위해 간구하여왔지만, 아직 승리를 얻지 못했습니까? 그 영혼이 당신 남편입니까? 당신의 고집 센 아이입니까? 친구입니까? 당신은 바로 이 때에 기드온이 있었던 그 근처의 얍복에 머물러 있었습니까? 당신은 천사와 씨름을 했고, 이길 것을 기대했지만 그러지 못했고, 그래서 무언가가 당신에게 이렇게 말하는 것 같습니까? "더 이상 그 문제로 기도하지 마라." 오, 사랑하는 이여, 그런 경우라면, 내 당신에게 용기를 내라고 호소합니다! 비록 피곤하나, 계속해서 추격하십시오. 계속해서 하나님께 간구하고, 당신을 축복하지 아니하면 그 천사로 하여금 가게 하지 마십시오(참조. 창 32:26).

또는, 당신은 진리를 증언해 왔으며, 또한 진리를 위해 증언하면서 손실과 장애물을 만났습니까? 의심과 허위진술을 겪었습니까? 당신이 가장 사랑하는 친구들 중에서 일부를 잃었으며, 심지어 그들이 당신의 가장 혹독한 원수들이 되었습니까? 당신은 피곤해져서, 이렇게 말하고 싶은 유혹을 느낍니까? "왜 내가 이의를 제기해야 하는가? 그들이 원하는 대로 일이 굴러가도록 하자. 시대가 철저히 부패했으니, 내가 홀로 일어난들 무슨 소용이란 말인가?" 오, 그렇게 말하지 마십시오! 두세 명의 용사들이 없었다면 어찌 종교개혁이 있었겠습니까? 사람들이 모두 겁 많고 소심하기만 하다면, 어떻게 세상에서 진리가 보존되겠습니까? 아닙니다, 내 형제여! 그렇게 말하지 말고 오히려 오늘 밤에 이렇게 말하십시오. "비록 내 항의로써 아무것도 이루어지는 것이 없게 보여도, 그것은 내 문제가 아니다. 내 일은 내 의무를 다하는 것이며, 그 결과는 하나님께 맡겨야 한다. 그분의 은혜로써, 비록 피곤하여도 나는 계속해서 추격하리라."

3. 모범에서 얻는 교훈들

이제 마지막 요점을 제시함으로써 말씀을 마치고자 합니다. 우리는 기드온의 용사들로부터 모범의 교훈들을 얻을 수 있습니다.

첫 번째 교훈은 이것입니다. **주님을 섬기십시오!** 형제들과 자매들이여, 우리는 은혜로 구원을 받았습니다. 우리 중에 어떤 이들은 오래 전에 구원받았습니다. 우리는 어린 양의 피로 씻음을 받았고, 그리스도의 의의 옷을 입게 되었습니다. 우리는 우리의 구원이 완성된 그 일 안에서 기뻐합니다. 우리가 구원받았으므로 이제는 섬기도록 합시다. 마지막 힘이 다할 때까지 우리 주님을 섬기도록 합시다. 나는 우리가 절반의 힘만 기울이고서 그리스도를 바르게 섬길 수 없다고 생각합니다. 그 일은 우리의 온 힘을 기울여야 하는 일입니다. 나는 내가 발휘할 수 있고 또 얻을 수 있는 모든 덕목들과, 모든 재물과, 모든 재능들을 그분께 드려야 합니다. 자아를 위하여 아껴두는 것이 우리에게 일부라도 남아 있습니까? 왕의 '굵은 화살표인(印)'(broad arrow, 영국 정부의 소유물에 찍힘 —역주)이 우리 존재의 이곳저곳에 찍히도록 하지 않을 것입니까? 아, 그렇다면, 저주가 우리에게 임할 것입니다! 아니, 그렇게 되도록 해서는 안 됩니다. 그분에게 우리가 가진 모든 힘을 바치도록 합시다. 마침내 우리가 상당히 지쳐서, 기절이라도 할 것 같아도, 그럴 때에도 계속 매진하도록 합시다.

움직이기만 해도 고통스럽고, 생각하는 것조차 피곤하게 느껴질 때에도, 주님을 섬기도록 합시다. 이 사람들은 피곤했습니다. 여러분은 군인이 피곤한 것이 무엇인지를 압니다. 그것은 구실도 아니고, 핑계도 아니며, 실제적인 피곤함입니다. 하지만 피곤할 때에도 계속 달려가고, 쓰러질 듯해도 계속 바른 길을 유지하는 것, 이것이 바로 진정으로 힘든 일입니다. 하지만 형제들이여, 하나님의 은혜로써 그렇게 하도록 합시다. 어떤 사람들은 기도하고 싶다고 느낄 때에만 기도합니다. 하지만 우리에게는 우리가 기도할 수 없다고 느낄 때에도 기도해야 할 절박한 필요가 있습니다. 만일 우리가, 우리 중에 일부가 그러한 것처럼, 말씀을 전하고 싶다고 느낄 때에만 전한다면, 말씀 전하는 일이 드물 것입니다. 내가 아는 어떤 사람들은, 만일 그들이 주고 싶다고 느낄 때에만 준다면, 그들은 결코 주지 않을 것입니다. 아마도 그런 문제와 관련해서 그들이 실천하는 경우는 결코 없을 것입니다. 하지만 여러분은 단지 어떤 일이 여러분에게 기쁨이 될 때에만 그 일을 해서는 안 됩니다. 그것이 여러분에게 고통이 될 때에도 그 일을 하십시오. 피곤하여도, 계속 추격하십시오. 여러분의 발이 여러분을 나아가도록 하는 것이 아니라, 오히려 여러분이 여러분의 발을 땅에 끌면서 가야 할 때에도, 계속해서 원수를 추격하십시오. 그렇게 느낄 때에, 여러분은 분명 한 발짝도 더 옮기기 어렵겠지만, 그럴지라도 계속해서 많은 걸음을 떼십시오. 여러분이 할 수 있을 만큼의 일이 있겠지만, 하나님의 능력과 은혜로써 계속 그 일을 지속하십시오. 여러분이 할 수 없다고 느꼈던 그 일이, 여러분이 여러분 자신의 통상적인 힘으로 수행했던 일보다 하나님께 더욱 기쁘게 받아들여질 것입니다.

모든 동작이 고통스러울 때에 주님을 섬기고, 난관들이 많을 때에도 그분을 섬기십시오. 기드온의 사람들은 오직 삼백 명이었고, 그들의 적들은 일만오천이나 되었으며, 그들의 친구가 되었어야 할 사람들이 그들에게 먹을 빵 한 덩어리도 주려고 하지 않았습니다. 그 때가 주님을 섬겨야 할 때입니다. 모든 사람이 "만세!"라고 할 때에는 여러분의 섬김에 대단한 것이 없습니다. 하지만 사람들이 "그를 십자가에 못 박으라! 그를 못 박으라!"고 외칠 때에도 주님을 따를 수 있는 사람에게는 대단한 무언가가 있습니다. 군중들과 함께 뛰는 것은 바보라도 할 수 있습니다. 하지만 군중에 맞서고, 그들과 다른 방향으로 가고, 홀로 옳은 편에 서는 것은, 마치 온 지구가 짓눌러도 요동하지 않는 놋 기둥처럼 되는 것입니다. 그런 행동에는 하나님의 은혜에 합당한 무언가가 있습니다. 오직 진정한 하나님의 은혜만이 사람으로 하여금 그렇게 행동하도록 돕습니다. 형제들과 자매들이여, 어려움들을 크게 생각하지 마십시오. 여러분의 하나님을 모든 것 되시는 분으로 간주하십시오. 나머지 사람들이야 그들이 원하는 길로 가게 두십시오. 더 많은 역경들이 있을수록, 더 좋습니다. 친구들의 수가 더 적을수록, 더 좋습니다. 외로이 굳게 서도록 여러분을 도왔고, 하나님께 충성하도록 여러분을 도왔던 그 은혜에 더욱 큰 영예가 돌아갈 것입니다.

또한, 과거의 성공으로써 격려를 얻으십시오. 하나님을 위한 성공은 좋은 것입니다. 여러분은 미디안 족속을 이겼고, 또한 피곤을 느낍니다. 약해지지 마십시오. 아아, 그런 승리를 얻은 후에 피곤을 느끼다니요! 원수의 피로 팔꿈치가 붉게 젖은 당신이 피곤해진단 말입니까? 방금 미디안의 두 방백 오렙과 스엡을 죽인 여러분이(7:25), 겁쟁이들이 되려한단 말입니까? 여러분은 기수(旗手)가 피곤할 때 전투에 어떤 혼란이 생기는지를 압니다. 보십시오, 깃발이 흔들리기 시작합니다. 그것이 거의 쓰러지려고 합니다. 누군가가 그것을 붙잡습니다. 하지만 기수가 피곤하고, 깃발은 자꾸 내려갑니다. 모든 사람이 그 전투를 패했다고 생각합니다. 기수여, 기수여, 당신에게 호소하니, 약해지지 마십시오! 기수여, 당신의 하나님께 부르짖으십시오. 너무나 많은 군사들이 당신에게 달려있습니다! 주일학교 학급의 교사, 한 회중의 목사, 가족의 지도자여, 여호와의 힘으로 굳게 서고, 모든 것을 마쳤을 때에도 굳게 서십시오!

　　마지막으로, 여러분이 가장 약해졌을 때에도 희망을 가지십시오. "비록 피곤하나 추격하는" 이 사람들처럼 되십시오. 그들이 아주 소수이고, 또 피곤할 때, 그 때에 그들은 승리를 기대했습니다. 그러므로 우리가 아주 소수가 되고, 또한 약해지고 피곤할 때에, 아마도 그 때에 우리의 한계가 하나님의 기회가 될 것입니다. 모래시계를 보십시오. 모래들이 얼마나 빨리 떨어지는지요! 시간이 거의 다 되었습니다. 오직 두서너 개의 모래 알갱이들이 남아서 똑똑 떨어지고 있습니다. 바로 그럴 때, 시간이 다 되었을 때, 그 때 하나님의 영원이 들어옵니다. 우리의 시간이 끝나게 되었을 때, 그 때 하나님의 한가로움도 끝납니다. 그분이 품에 넣고 계시던 그의 오른손을 뽑으실 것입니다. 그리고 듣는 자의 귀를 울리게 만들 그런 일을 우리 시대에 행하실 것입니다. 그러므로 사랑하는 형제들과 자매들이여, 그 어느 때보다 더욱 우리 자신을 그리스도께 드리도록 합시다.

　　예수님께 속하지 않은 여러분에 대해 말합니다. 여러분은 누구에게 속했습니까? 그리스도의 종들이 아닌 당신들은, 누구의 종들입니까? 내 당신들에게 호소하니, 떠시기 바랍니다. 당신의 주인은 끔찍한 삯을 지불할 것입니다. "죄의 삯은 사망이라"(롬 6:23). 그 구절의 나머지 부분을 기억하십시오. "그러나 하나님의 은사는 그리스도 예수 우리 주 안에 있는 영생이니라." 하나님이여, 예수님을 위하여 우리에게 그 영광스러운 선물을 주소서. 아멘.

제
5
장

—

충성스러운 감람나무

—

"하루는 나무들이 나가서 기름을 부어 자신들 위에 왕으로
삼으려 하여 감람나무에게 이르되 너는 우리 위에 왕이 되
라 하매, 감람나무가 그들에게 이르되 내게 있는 나의 기름
은 하나님과 사람을 영화롭게 하나니 내가 어찌 그것을 버
리고 가서 나무들 위에 우쭐대리요 한지라." — 삿 9:8-9

여기 이 비유에서 하나의 유혹이 감람나무에게 찾아왔습니다. 그것은 야심
을 품고, 다른 나무들 위에 왕으로 군림하기를 바라도록 충동하는 것입니다. 우
리는 요담의 비유에서, 우리 모두 역시 애초부터 그런 유혹을 받기 쉬운 존재라
는 교훈을 얻을 수 있습니다. 비록 여러분은 스스로를 감람나무처럼 굳게 뿌리
를 내린 유용한 자들이라고 생각하겠지만, 매혹적인 속삭임이 여러분에게 들려
올 수 있습니다. "너는 와서 우리 위에 왕이 되라." 또한 비록 여러분은 무화과나
무처럼 상냥하고 온유하겠지만, 그런 여러분에게 교활한 제안이 찾아올 수 있습
니다. "너는 와서 우리 위에 왕이 되라." 또한 여러분이 포도나무처럼 열매를 맺
는 자들이라 해도, 주님의 포도원에 있는 여러분에게 저 뱀의 목소리가 찾아올
수 있습니다. "너는 와서 우리 위에 왕이 되라." 우리가 이 지상의 정원에서 자라
고 있는 동안에는, 우리는 결코 유혹으로부터 완전히 벗어날 수가 없습니다. 우
리 주님께서도 공생애 사역의 시작 단계에, 원수와 더불어 혹독한 싸움을 하셨
습니다. 세례를 받고 물에서 올라오신 후 곧 마귀에게 유혹을 받으셨기 때문입

니다. 또한 그분이 공생애 사역을 마치실 즈음에도, "땀이 땅에 떨어지는 핏방울 같이" 되었습니다(눅 22:44). 겟세마네에서 그분의 마음이 괴로울 때에 어둠의 세력들이 그분을 공격했던 것입니다. 우리는 이런 면에서 우리의 분량만큼은 그분을 닮게 될 것이라고 예상해야 합니다. 뱀은 우리 주님께 대해 그러했듯이 우리의 발꿈치를 상하게 할 것입니다. 저 감람원처럼 조용한 곳까지, 유혹자와 유혹이 찾아올 것입니다. 이 세상 어디에도, 우리가 위험이 완전히 제거된 환경에서 거하기란 불가능합니다. 뱀이 저 감람나무 과수원으로 들어오지 않아도, 다른 나무들이 우리를 유혹할 수 있습니다. 그러므로 나는 여러분에게, 여러분 모두에게 말합니다. "깨어 있으십시오." 우리는 마귀의 계략들을 알지 못하며, 그 계략들은 틀림없이 우리에게 영향을 미치려 할 것이기 때문입니다. 그러므로 우리는 저 강하신 분(the Strong)에게 힘을 구해야 하며, 세상과 육체와 마귀를 향해 이중의 파수꾼을 세워야 합니다.

> "그리스도인이여! 한가로이 쉬기를 구하지 말고,
> 편하게 지내려는 꿈을 모두 버리십시오.
> 그대는 원수들 한가운데에 있으니
> 깨어서 기도하십시오.
>
> 정사들과 권세들이
> 보이지 않는 그들의 군세를 정비하면서,
> 그대가 방심할 때를 기다리고 있으니
> 깨어서 기도하십시오.
>
> 경성하십시오, 그 한 가지 문제에
> 한 날의 모든 문제가 달려 있는 것처럼.
> 기도하십시오, 도움이 위에서 내려올 수 있도록.
> 깨어서 기도하십시오."

　유혹이란 빈번하게도 아주 기분 좋은 미끼의 형태로 찾아옵니다. 사탄은 우리에게 제공하는 알약에 금박을 입힙니다. 죄가 습관이 된 자들을 제외하고는,

그가 우리에게 형체를 드러낸 갈고리를 제시하는 경우는 거의 없습니다. 사람들이 건강을 망치고 거지의 누더기를 입은 후에도 계속해서 술에 취해 살 때, 그럴 때는 미끼를 달지 않은 갈고리에도 걸립니다. 사탄이 사람들을 모두 유혹할 필요는 없습니다. 그들이 자발적으로 우상을 쫓아가고, 그 우상들에 홀딱 빠지기 때문입니다. 하지만 하나님의 백성들에 대해서는, 사탄이 대개 자신의 갈고리에 조심스럽게 미끼를 달고, 그 갈고리가 좀처럼 보이지 않도록 위장합니다.

이 비유에서, 감람나무에게 유혹은 한 보좌, 왕관, 왕국, 다른 나무들 위의 군림입니다. 들의 나무들이 감람나무에게 가서 말합니다. "너는 우리 위에 왕이 되라." 왕국에는 언제나 일종의 화려함이 있습니다. 왕관의 매력을 거부할 수 있는 사람들은 거의 없습니다. 나무들 위에 왕이 되는 것은 감람나무에게도 아주 강력한 유혹인 것으로 보입니다. 정말이지 화려한 제안입니다. 사랑하는 친구들이여, 사탄이 여러분의 길에 놓아둔 쾌락과 이익과 명예의 속임수에 넘어가지 않도록 조심하십시오. 어떤 제안으로써 우리가 이득을 얻는 자들이 될 것 같을 때는, 결정하기 전에 그것을 잘 살펴보아야 합니다. 날이 지나치게 화창할 때, 우리는 그것이 별안간 뇌우(雷雨)로 그치지 않을까 염려합니다. 한 사람의 인생의 전망이 너무 과도하게 밝아 보이면, 그는 잠시 멈추고서 그가 어디로 가고 있는지를 살펴보아야 합니다. 우리가 항상 배웠던 것은, 아주 큰 이익을 얻을 수 있을 때에는, 안전의 문제에서 무언가 취약한 부분이 있으며, 그것에 투자하는 자들에게 아주 큰 위험이 있다는 것입니다. 사실 그것은 모든 면에서 그렇습니다. 별안간 아주 매혹적인 제안이 당신에게 올 때마다, "우리 위에 왕이 되라"는 요청과도 같이 아주 특별하고 대단한 제안이 올 때마다, 두 배로 더 신중하십시오. 사탄이 미끼로 낚싯바늘을 감추고 자기 물고기를 잡는 것은 바로 이런 방식이기 때문입니다. 그가 자기 먹이를 찾아 사냥하러 나서는 것은 바로 이런 방식입니다. 많은 사람들이 다른 면에서는 세상의 부패를 잘 벗어났었지만, 이 황금 그물의 망사에 걸리고 말았습니다.

많은 사람들이, 더 높은 임금을 얻으려고, 경건한 동료들과 말씀을 듣고 은혜 안에서 자라는 고귀한 기회들을 버리고 떠났습니다. 그들은 안식일을 잃어버렸고, 영혼을 먹이는 사역을 그만 두었으며, 세상 사람들 가운데로 떨어졌습니다. 그것은 그들에게 슬픈 손실입니다. 그런 사람들은 마치 하찮은 구슬들과 교환하려고 스페인 사람들에게 황금을 주어버린 불쌍한 인디언들처럼 어리석습니다. 영혼을 가난하게 함으로써 획득하는 부란 언제나 저주일 뿐입니다. 사업을 증대시키느라고 주중 저녁 예배를 참석할 수 없다면, 실제로는 더 가난해지는 것입니다. 하늘의 기쁨을 포기하고서 그 교환의 대가로 지상의 염려들을 받는다면, 그것은 정말이지 유감스러운 거래입니다.

여러분이 이 비유에 특별한 주의를 기울이시길 바랍니다. 이 비유에 나타난 나무들은 왕이 되기를 바라면서 미련하게 행동했습니다. 주께서 심으신 나무들에게는 왕이 필요 없으며, 주께서도 그들 위에 왕을 세우지 않으셨기 때문입니다. 그분이 그들을 수액(樹液)으로 가득하게 하시고, 그들에게 물을 공급하십니다. 나무들이 할 일은 여호와 앞에서 노래하는 것이며, 손뼉을 치며 그분의 이름을 칭송하는 것입니다. 나무들은 그들을 만드신 여호와 앞에서 기뻐하는 것이 마땅합니다. 하지만 이 비유 혹은 우화에 따르면, 그들은 신정(神政, theocracy) 즉 하나님의 통치에서 벗어나서 그들과 같은 계급에 있는 자들 중 하나의 통치 아래로 들어가려고 모의했습니다. 그 나무들은 한 왕을 바랐으며, 이는 하나님이 그들의 왕이심에도 한 왕을 갖기를 바랐던 이스라엘 백성의 욕망을 적절히 비유한 것입니다. 그들은 끊임없이 부르짖고 있었습니다. "우리도 우리 주변에 있는 다른 나라들 같이 되게 하고, 우리 위에 왕을 세우소서"(참조. 삼상 8:5,19-20). 하지만 왕을 바라는 이런 욕망은 전적으로 잘못된 욕망이었습니다.

하지만 그 나무들이 한 왕을 선택하기 위해 갔을 때, 그들이 매우 지혜롭게 말했다는 점을 주목해 보십시오. 그들의 선택은 감탄스러운 것이었습니다. 그들은 가지를 넓게 드리운 백향목을 향해 "너는 우리 위에 왕이 되라"고 말하지 않았으며, 소나무의 향기로운 그늘 아래로 가서 "너는 우리를 다스리라"고 말하지도 않았습니다. 그들은 열매를 맺는 감람나무에게 갔습니다. 성품 면에서 존중할 만하고, 모든 면에서 왕이 될 만한 나무에게로 가서, "너는 우리 위에 왕이 되라"고 말합니다. 그리고 첫 번째 선택에서 실망하게 되었을 때, 그들은 또 다른 훌륭한 나무인 무화과나무에게로 가서 "너는 와서 우리 위에 왕이 되라"고 말합니다. 그런 후 그들은 역시 열매를 맺는 포도나무에게로 가서 같은 말을 합니다. "너는 와서 우리 위에 왕이 되라." 그리고 그들은 달리 어쩔 수 없게 되었을 때에, 그 나무들 중 누구도 왕의 후보직을 수락하지 않을 때, 비로소 가시나무에게로 갔습니다. 그들은 처음에 좋은 선택을 했습니다. 나는 이 점에서, 사람들이 악하고 어리석을 때에도, 일반적으로는 그들의 의도를 이루는 수단으로서 그들 자신보다 더 나은 누군가를 뽑을 정도로 분별력이 있다는 점에 주목합니다. 불경건한 사람이 자기 아내를 찾을 때 이렇게 행동하는 것을 내가 얼마나 자주 보아왔는지요! 그녀는 그리스도인이어야 합니다. 그는 그녀의 신뢰할 만한 가치와, 그녀의 참된 성품과, 그녀의 온유함과 부드러움을 보는 분별력이 있습니다. 그래서 그는 그녀가 자기 아내가 되기를 바랍니다. 종종 나는 사업을 하는 어떤 사람이, 비록 그 자신은 종교를 무시하면서도, 자신의 직원으로는 단지 입술로만 신앙을 고백하는 자가 아니라 진정으로 하나님의 은혜를 간직한 자를 원하는 것을 보아왔습니다.

이것이 그리스도인들이 노출되는 위험들 중의 하나입니다. 당신이 처음에 나무들 위에 왕이 되려는 유혹을 받는 것은, 당신이 가시나무이기 때문이 아닙니다. 그들은 아직은 가시나무를 원하지 않을 것입니다. 그들은 후보 목록의 네 번째에 이르러서야 가시나무에게로 올 것입니다. 하지만 만일 당신이 좋은 감람나무라면, 그들은 먼저 당신을 원할 것입니다. 그들이 나쁜 목적으로 당신을 원하는 데에는, 그들의 목적을 훌륭하게 보이도록 만드는 무언가가 당신에게 있기 때문입니다. 그렇게 해서 결국은 당신이 그들을 섬기게 될 것입니다. 그들은 여러분의 가장 훌륭한 부분, 즉 여러분의 주님께서 가장 관심을 가지신 그 부분에는 관심이 없습니다. 그들은 언젠가 그 부분을 공개적으로 멸시하고 짓밟을 것입니다. 하지만 지금 당장에는, 그것이 그들에게 매력이고, 그래서 그들은 감람나무에게 말합니다. "너는 와서 우리 위에 왕이 되라." 조심하십시오. 몇몇 파산한 회사들은, 만약 회사의 대표로서 좋은 평판을 지닌 명망가들이 없었다면 그토록 많은 사람들을 끌어들이지 못했을 것입니다. 악을 위한 그들의 힘은 거기에 있습니다. 하나님의 뜻에 반함에도 불구하고 우리는 왕을 가져야 하며, 우리의 새 왕국이 훌륭하게 보이려면, 할 수만 있다면 감람나무를 우리 위에 왕으로 삼아야 하는 것입니다. 오 신자들이여, 그런 일에 조심하십시오! 그런 경건하지 못한 동맹에 참여하지 않도록, 거기서 빠져나올 수 없는 입장에 처하지 않도록, 스스로를 삼가 조심하기 바랍니다. 그렇지 않으면 죽을 때까지 그 악한 동맹에 가입한 것을 한탄하게 될지도 모릅니다. 여러분은 이렇게 말해야 합니다. "우리 주님은 우리에게 세상에서 나오라 하시고, 죄인들과 구별되라고 명하신다." 그분은 그리스도인들에게 그분과 동행하고, 그리스도인들의 무리에 속하라 명하십니다. 그분은 불신자들과 함께 멍에를 메지 말라고 명하십니다. 그것이 하나님께는 불명예스럽고 그들의 영혼에는 파괴적인 일이기 때문입니다.

그러므로 여러분은 이 요담의 비유가 우리에게 교훈을 줄 수 있음을 이해할 것입니다. 이 비유를 좀 더 자세히 살펴볼 때, 이 교훈이 적용되는 모든 사람을 향해 주께서 합당한 말씀을 허락해 주시기를 빕니다.

1. 명백한 승격을 서둘러 움켜쥐지 말라.

나의 첫 번째 요점은 이것입니다. 명백한 승격을 서둘러 움켜쥐어서는 안 됩니다.

"하루는 나무들이 나가서 기름을 부어 자신들 위에 왕으로 삼으려 하여 감람나무에게 이르되 너는 우리 위에 왕이 되라 하매, 그러나"(원어 및 대부분의 영어 성경에는 'But'이 있음. 한글개역개정에 '그러나'는 명시되지 않았지만 그런 의미로 읽혀짐 ─ 역주). 여기에 잠시 멈춤이 있습니다. 그들이 감람나무에게 "너는 우리 위에 왕이 되라"고 말하는 것은 아주 좋았습니다. "즉시 오라. 그 문제를 두 번 생각할 것도 없이 즉시 따라오라. 당신은 이처럼 좋은 기회를 다시 얻지 못할 것이다. 여기에 당신을 위한 화려한 자리가 있다. 와서 우리를 다스리라." "하지만 감람나무가 그들에게 이르되, '내게 있는 나의 기름은 하나님과 사람을 영화롭게 하나니 내가 어찌 그것을 버리고 가서 나무들 위에 우쭐대리요?' 한지라." 감람나무가 어떻게 말하는지를 주목하십시오. 그 나무는 이렇게 말합니다. "내가 그렇게 해야 하는가(Should I)? 당신들은 '빨리 따라오라'고 말한다. 하지만 내가 그렇게 해야 하는가?" 이는 숙고가 필요한 문제입니다. 그것이 그렇게 되어야 하는 것입니까? 그것이 옳은 일입니까? 그것이 지혜로운 일입니까? 그것이 분별 있는 행동입니까? 그것이 정당합니까? 그것이 하나님의 뜻입니까? 내가 그렇게 해야 합니까(Should I)?

나는 지금 이 경고의 말을 젊은이들과 노인들 모두에게 말합니다. 변화를 위해 서둘지 마십시오. 성급하게 악한 생각을 좋은 생각이라고 여기지 마십시오. 언제나 도약하기 전에는 살피십시오. 내가 이것이나 저것을 해야 합니까? 나는 심각한 고난에 처한 사람들을 끊임없이 만납니다. 내가 알기로, 그들이 그 고난에 처하게 되었고, 또 앞으로도 수 년 간, 아니 어쩌면 평생 동안을 그 고난 속에 살아가게 된 원인은, 그들이 한때 경솔하게도 하지 말아야 할 행동을 했기 때문입니다. 만일 그들이 잠시 멈추고서 저 감람나무처럼 "내가 그렇게 해야 하는

가?, 내가 그래야만 하는가?"라고 묻기만 했어도, 잠시 진지하게 숙고하고, 특히 하나님께 기도하면서 기다리기만 했어도, 그들은 평탄한 길을 평화롭게 걸을 수 있었을 것입니다. 여러분은 어떤 행동을 거의 행하려 하고 있습니다. 하지만 여러분에게 호소합니다. 지금 중단하고서, 잠시 멈추고서, 스스로에게 물어보십시오. "내가 그것을 해야 하는가?"

나는 내(I)라고 하는 글자에 힘을 주어 말합니다. 저 감람나무는 말했습니다. "내가 해야 하는가(Should I)? 내가 해야 하는가(Should I)? 나는 가시나무가 아니다. 저 가시나무는 만일 그가 좋아한다면 나무들의 왕이 될 수도 있겠지. 무화과나무나, 백향목이나, 포도나무나, 혹은 상수리나무는 그런 질문을 음미해 볼 수도 있겠지. 하지만 내가 그래야 한단 말인가? 내가 어찌 내 기름을 버리고 가서 나무들 위에 우쭐대리요? 내가 어찌 이런 일을 하리요?" 자, 세상 사람들에게는 옳아도 그리스도인들에게는 그른 일들이 수천 가지나 됩니다. 모든 사람들에게는 아주 높은 법칙이 있으며, 나는 일반적인 도덕의 참된 기준을 폄훼하지 않습니다. 하지만 그 기준이 아무리 높다고 해도, 그것보다 높은 성별의 법칙이 있습니다. 그것은 단지 도덕성의 규칙이 아니라, 그보다 훨씬 높은 것으로서, 거룩함(holiness)에 관한 규칙입니다. 그리스도인에게는 구속력이 있는 청렴의 법이 있으며, 그것이 그에게 하나의 억제력으로 작용하여 그로 하여금 종종 이렇게 말하도록 만듭니다. "만일 내가 다른 사람이라면 이런 일을 할 수도 있겠지. 하지만 다른 사람도 아닌 내가, 내가 그런 일을 할 수는 없지." 느헤미야가 유다의 총독이었을 때, 그에게는 총독의 녹을 먹을 수 있는 권리가 있었습니다. 그것은 총독에게 지급되는 정당한 양식이었으며, 전임 총독들도 모두 그것을 백성들에게서 징수하여 받았습니다. 그런데 느헤미야는 이렇게 말했습니다. "하지만 나는 하나님을 경외하므로 이같이 행하지 아니하였다"(느 5:15). 총독의 녹을 받는 것은 아주 정당한 일이었지만, 느헤미야가 그렇게 하지 않은 것에는 그보다 더 나은 이유가 있었으며, 그것이 그로 하여금 이렇게 말하도록 한 것입니다. "내가 만일 이 일을 행하면 하나님의 명예가 손상될 수 있다. 이 사람들은 가난하다. 그러니 나는 그들에게 세금을 부과하지 않을 것이다. 그것이 합법적이라 하더라도 나는 그런 조치를 취하지 않겠다." 바울은 말했습니다. "모든 것이 가하나 모든 것이 유익한 것은 아니다"(고전 10:23). 종종 우리는 다른 사람들의 유익을 위한 사랑과 하나님의 영광을 위한 복된 규칙에 의해, 다른 사람들에게는 허용하는 일들을 우리 스스로에게는 허용할 수가 없어서 삼가는 것입니다. 중요한 조치를 취해야 하는 가까운 그리스도인 친구에게 조언을 할 때 언제나 "오, 예, 그것은 당신을 위해서 좋은 일입니다. 그렇게 하십시오"라고 말하는 그리스도인은 이 문제에 주의하시길 바랍니다. 여러분의 친구가 스스로 이렇게 질문하게끔 하십시오. "그것이, 결국, 내가 하나님의 영광을 위해 할 수 있는 최선의 일인가? 내가 해야 하는가? 내가 이 일을 해야 하는가?"

제임스(James) 1세 재위 시절에 영국의 대법원장이었던 에드워드 코크(Edward Coke) 경은 고상한 정신을 소유한 사람이었습니다. 그는 종종 그의 애국심으로 인해 왕을 불쾌하게 만들었습니다. 한 번은, 그의 행동에 영향을 미치려는 부당한 시도가 있었을 때, 그는 이렇게 대답했습니다. "그런 일이 일어날 때, 저는 재판관으로서 마땅히 해야 할 일을 할 것입니다." 오, 시험의 순간에, 모든 그리스도인들이 그리스도를 따르는 자들로서 마땅히 해야 할 일을 할 수 있기를 바랍니다!

때때로 우리에게 제안되는 삶의 새로운 길이 아주 바람직하게 보일 수 있습니다. 감람나무가 나무들 위에 왕이 되도록 요청받은 것은 결코 작은 일이 아닙니다. 모든 수목들 위에 군림하며, 떡갈나무와 백향목과 모든 열매 맺는 나무들로부터 왕으로서 경의를 받는 일입니다. 그것은 아주 바람직한 일로 보였습니다. 하지만 감람나무는 이렇게 말했습니다. "내가 어찌 내게 있는 기름을 버리고 가서 나무들 위에 우쭐대리요?" 사랑하는 친구여, 그와 마찬가지로 성공의 화려함에 현혹되지 마십시오. 외관상 당신에게 큰 기회로 보이는 어떤 일로 인해, 그리스도를 향한 당신의 충실한 믿음과 사랑으로부터 떠나가지 마십시오. 오히려 당신이 있는 자리에서 멈추고 스스로에게 물어보십시오, "내가 해야 하는가?" 고려되어야 할 사항이 있기 때문입니다. 만약 이 감람나무가 왕국을 차지하면, 그 나무는 많은 염려들 및 어려움들과 관련될 것입니다. 성경 원어에서는, 그 말이 마치 이렇게 번역될 수 있는 것처럼 읽힙니다. "내가 내 기름을 버리고, 나무들 사이에서 오르락내리락 해야 한단 말이냐?" 여러분이 알다시피 왕에게는, 그가 왕국을 차지할 때, 해야 할 많은 일이 있습니다. 그는 자기 백성들을 살펴야 하며, 자기 영지의 여러 다른 지역들을 방문해야 합니다. 그는 가만히, 조용히 있을 수가 없습니다. 그래서 이 감람나무가 말합니다. "나는 수 세기 동안 이곳에 서 있었다. 많은 이들이 내 기름을 즐거워했다. 하지만 만약 내가 왕이 된다면, 나는 나무들 사이를 오르락내리락 해야 한다." 그러므로 나는 당신에게 권면합니다. 섭리 안에서 당신에게 세상에서 오를 수 있는 기회가 올 때마다, 그것에서 오는 유익들보다는 그것과 관련된 의무들을 숙고하십시오. 왜냐하면 이렇게 말하는 것은 이기적이기 때문입니다. "오, 예! 나는 그 보수가 마음에 듭니다." 그보다는 이렇게 물어보는 것이 옳습니다. "내가 그 직무에 합당한가? 내가 그 일들을 수행할 수 있을까? 내가 그리스도인으로서 하나님 앞에서 그 책무들을 이행할 수 있다고 예상할 수 있는가?" 어떤 종류의 일에서든 최선의 일은 우리 그리스도인들에 의해 수행되어야 하기 때문입니다. 그리스도인 직원은 모든 직원들 중에서 최상이어야 합니다. 그리스도인 예술가는 가장 밝은 눈과 가장 능숙한 손을 가지도록 애써야 합니다. 무슨 일을 하든지 우리 그리스도인들은 그 일을 하나님께 대하여 하듯이 해야 합니다. 나는 우리가 어떤 일이건 "주께 하는" 일을 이류(二流)의 방식으로 해서는 안 된다고 확신합니다. 우리의 능력을 최대로 발휘하여 그분을 위해 최선을 다해야 합니다. 그렇다면, 여러분 앞에 기회가 있다고 해도, 그 화려함을 많이 볼 것이 아닙니다. 오히려 이 감람나무처럼 그 일을 보고, 그에 수반된 의무를 주시하고, 이렇게 물으십시오. "내가 그것을 할 수 있을까? 내가 그 일에 부합될 수 있을까?" 그 일을 잘 수행하고, 또한 그 의무를 기꺼이 수행할 수 있겠다는 정당한 기대감이 없다면 그 지위를 차지하지 마십시오.

다음으로 기억할 것은, 한 사람이 이동할 때마다, 그는 새로운 염려들과, 새로운 유혹들과, 새로운 어려움들을 얻게 됩니다. 내가 스위스에서 본 일입니다. 말들 위에 파리들이 앉아 피를 빨고 있을 때, 마부(馬夫)들의 행동 원칙을 보고 나는 상당히 감탄한 적이 있습니다. 나는 마부들이 그 벌레들을 때려서 떨쳐버리기를 매우 바라고 있었습니다. 하지만 그 사람들은 내게 이렇게 말하더군요. "그렇게 하지 않는 편이 좋습니다. 만일 그 파리들을 죽이면, 더 탐욕스러운 새로운 놈들이 와서 더 많은 피를 빨아들일 것입니다." 마찬가지로, 여러분에게 약간의 어려움들이 있을 때, 여러분은 그것들을 머물게 하는 편이 나을 것입니다. 왜냐하면 그것들을 제거한다면, 그보다 더 나쁜 것들이 찾아올 것이기 때문입니다. 내가 지고가야 할 나의 짐이 벗겨진다면 물론 나는 좋겠습니다. 하지만 내 형제여, 내 자매여, 나는 여러분의 짐을 지고 싶지는 않습니다. 왜냐하면 여러분의 짐이 내 어깨의 어느 부분을 쓸려서 벗겨지게 할지 모르기 때문입니다. 내 짐이 내 어깨를 문질러 벗겨지게 하면 나는 그 부분이 어딘지를 압니다. 그래서 나는 다른 사람의 짐보다는 나 자신의 짐을 더 잘 지고 갈 수 있으며, 계속해서 내 짐을 지는 것에 만족합니다. 여러분도 여러분의 짐을 지는 것에 만족할 것이라고 생각합니다. 하나님의 은혜로써, 당신은 종으로서는 아주 훌륭했지만, 만일 여주인이 된다면 어떨까요? 예, 당신은 피고용자로서는 아주 훌륭했으며, 당신에게 맡겨진 일을 매우 잘 해왔습니다. 하지만 고용자로서는, 당신은 철저한 실패자가 될 수도 있습니다. 문제를 잘 살펴보고, 모든 면을 잘 살피십시오. 많은 사람들이 삶의 어느 한 영역에서는 아주 잘 해왔지만, 다른 영역에서는 그렇지 못했습니다. 솔로몬의 말은 진실입니다. "고향을 떠나 유리하는 사람은 보금자리를 떠나 떠도는 새와 같으니라"(잠 27:8). 각 조각상을 세워두는 벽감(壁龕)이 따로 있으며, 여러분은 그 조화를 볼 수 있습니다. 그 벽감은 그 조각상을 위해, 또한 그 조각상은 그 벽감을 위해 준비된 것이기 때문입니다. 하지만 만약 당신이 그것을 좀 더 높은 곳에 설치한다면, 그것은 그 적당한 조화를 잃어버릴 것입니다. 그러므로 우리 앞에 어떤 새로운 것이 커다란 매력으로 제시될 때, 멈추고서 물어보십시오. "내가 그것을 맡아야 하는가?" 다른 모든 고려할 사항에 이 문제도 추가하십시오. 즉 우리가 어디로 가든지, 우리는 고난과 염려의 변화를 겪겠지만, 여전히 고난과 염려를 가지게 될 것이라는 점입니다.

　"내가 해야 하는가(Should I)?"라는 질문과 관련하여 가장 중요하게 고려할 사항은 이것입니다. "내가 하려고 하는 일에 관하여 나는 하나님의 복을 기대할 수 있는가? 나는 감히 이 사정을 주님 앞에서 상세하게 아뢸 수 있는가?" 나는 여러분 중에 일부는 조언을 위해 목사에게 자기 사정을 말한다는 것을 압니다. 때때로, 목사는 여러분의 얼굴 표정으로써, 여러분이 목사에게 오는 것이 모두 허위라는 것을 알아챕니다. 여러분은 목사를 찾아오기 전에 이미 결정을 했습니다. 그리고 목사가 이렇게 "예, 예"라고 말해주기만 바랍니다. 여러분의 양심이 상당히 불편한 어떤 일을 하려는데 일종의 인가를 받으려는 것이었지요. 그렇지 않았습니까? 그리고 가끔 여러분의 가정에서 상담을 원할 때, 여러분은 여러분에게 정직하게 진실을 말해줄 사람을 피해오지 않았던가요? 여러분은 아합처럼 생각해왔습니다. "이스라엘의 여호와의 선지자가 한 사람이 있지만, 그는 내게 대하여 길한 일은 예언하지 아니하고 흉한 일만 예언합니다. 미가야만 빼고 모든 선지자들로 말하게 하십시오. 나는 그의 말을 듣고 싶지 않습니다. 그는 자기 메시지를 조금도 완화시키지 않고, 솔직하고 무뚝뚝하게 진실만을 말합니다." 사랑하는 그리스도인 친구들이여, 만일 여러분이 그 악한 왕처럼 말한다면 지혜롭지 못한 것입니다. 만일 여러분의 삶의 상태를 변화시키려 하거나, 어떤 면으로건 여러분의 입장을 바꾸려 한다면, 여러분 스스로 그 변화에 대해 꼭대기에서 밑바닥까지 자세히 살필 수 있어야 합니다. 또한 그리스도인 친구들도 그것을 아주 자세히 살펴보고서 "그것은 선한 일입니다"라고 말할 수 있어야 합니다. 그것이 당신의 임종의 자리에서, 영원의 관점에서 돌아보았을 때에도 이렇게 말할 수 있는 일이 되도록 하십시오. "이 문제에서 나는 진정으로 하나님의 영광을 구했다." 그렇지 않다면, 감람나무처럼 "내가 그래야 하나? 내가 그렇게 해야 하는가?"라고 말하고서, 그 감람나무의 결정에 이르는 편이 훨씬 나을 것입니다. "나는 그런 일은 하지 않을 테야. 원하는 나무가 있다면 왕관을 가지라고 해. 하지만 그것은 나를 위한 것이 아니야."

2. 실제적인 이점들을 가볍게 여기지 말라.

두 번째로, 실제적인 이점들이 가볍게 여겨져서는 안 됩니다. 그 감람나무는 이렇게 말합니다. "내가 어찌 내 기름을 버리고 가서 나무들 위에 우쭐대리요?"

삶에서 가장 위대한 이점은 하나님과 사람에게 쓸모 있는 것입니다. 감람나무가 말합니다. "내게 있는 나의 기름은 하나님과 사람을 영화롭게 하나니 내가 어찌 그것을 버리고 가서 나무들 위에 우쭐대리요?" 다양한 용도에 사용되는 기름을 내는 것이 그 감람나무의 영광이었습니다. 그 기름은 하나님을 영화롭게 하는 용도로도 쓰였고, 또한 왕들과 제사장들에게 기름을 붓는 가장 거룩한 의식에도 사용되었습니다. 한 사람의 일생에서 최고의 영광은 하나님을 영화롭게 하고 사람에게 유익한 사람이 되는 것입니다. 구원받은 영혼이 우선적으로 고려할 것은 이것이어야 합니다. "내가 어떻게 하면 나를 구원하신 분을 가장 잘 높여드릴 수 있을까? 내가 어떻게 하면 주 예수 그리스도의 목적을 이루어가면서 내 동료 인간들에게 유익을 줄 수 있을까?" 그러므로 우리에게서 그 기름—하나님을 영화롭게 하고 사람들을 유익하게 하는 힘—을 빼앗아가는 것은 무엇이든지, 이 일을 행하는 우리의 힘을 조금이라도 잃게 만드는 것이라면 무엇이든지, 우리에게는 치명적인 손실입니다. 만약 그 감람나무가 나무들 위에 왕이 되려 하고, 그로 인해 하나님과 사람을 영화롭게 하는 자기 기름을 잃어버린다면, 그 감람나무는 실패자입니다. 그와 마찬가지로 만약, 오두막을 궁전으로 바꿈으로써, 아니, 감옥에서 왕의 보좌로 옮김으로써, 그리스도를 믿는 자가 하나님을 섬기고 사람들을 축복하는 자기 힘을 조금이라도 잃어버린다면, 그는 그것 때문에 실패자가 되는 것입니다. 어떤 제안이 우리에게 찾아올 때, 우리는 항상 이 점을 생각해야 합니다. "그것이 진정으로 하나님의 영광과 사람들의 유익을 위한 것인가?"

　　사랑하는 형제들이여, 때때로 나는 하나님을 영화롭게 하고 사람들을 돕는 그 거룩한 은혜의 기름을 가졌다는 우리의 의식(意識)이 유혹을 무력하게 만든다고 생각합니다. 히브리어로 본문은 이렇게 읽혀집니다. "내가 내 기름을 잃어버렸기에, 나무들 위에서 우쭐대야 한단 말인가?" 그처럼 여러분도 스스로에게 이렇게 말할 수 있습니다. "내가 그리스도 안에서 내 기쁨을 잃어버렸거나, 내 마음의 평화를 잃어버렸거나, 혹은 하나님을 영화롭게 하는 복된 특권을 잃어버렸기에, 이 세상의 유익이나 명예를 추구해야 한단 말인가? 만일 그리스도가 내 구주가 아니시라면, 내가 그분을 내 마음에서 사랑하지 않는다면, 하나님의 사랑이 내 영혼에 부어지지 않았다면, 이것이나 저것이 정말 내게 유혹이 되었을 것이다. 하지만 내가 그 복된 축복들을 잃어버리지 않았기에, 네가 미끼로 유혹하는 것에 나는 전혀 끌리지 않는다. 나는 더 좋은 것을 가졌기 때문이다."

> "가라, 너 모든 보화들을 자랑하고
> 　그것들이 얼마나 밝게 빛나는지를 말하는 자여!
> 　너의 소유는 번쩍이는 흙무더기이지만
> 　내 소유는 나의 구주이시다."

　　"또한 그분이 나의 소유이므로, 내 동료 인간들 위에 높아지지 못하고 부요함으로 떵떵거리지 못하여도, 나는 그분을 떠날 수 없다. 그분이야말로 네가 나에게 제공할 수 있는 모든 미끼나 뇌물보다 무한대로 더 뛰어난 분이시기 때문이다."

> "사라지라, 내 관심을 끌 가치도 없는
> 　너 허울만 좋은 감각의 미끼들이여!
> 　가치를 헤아릴 수 없는 보물이 나타났으니,
> 　곧 지극히 값진 진주라."

그리스도 안에서 사랑하는 형제들과 자매들이여, 주님의 기쁨을 보호막으로 삼아 유혹에 대항하십시오. 내가 확신하는 바로는, 여러분이 믿음의 충만한 확신을 가질 때, 여러분의 마음이 그리스도 안에 있는 기쁨으로 충만해지고, 여러분이 원수의 불화살들을 격퇴할 수 있다는 것입니다. 설혹 원수가 다가와서, 여러분에게 금을 제공해도, 여러분은 그에게 이렇게 말할 수 있을 것입니다. "나는 너의 모든 금보다 훨씬 가치가 있는 금강석들과 진주들을 소유하고 있다." "너에게 명예를 제공한다"라고 그가 말합니다. 하지만 여러분은 이렇게 대응합니다. "나는 그리스도의 사랑을 받았다. 그것이 나의 가장 큰 영예이다. '믿는 너희에게는 그분이 보배이다'(벧전 2:7)라고 기록되지 않았더냐? 내가 그분에게서 얻는 영예는 네가 나에게 줄 수 있는 어떤 명예보다 더 크다." 이렇게 여러분은 여러분의 대적을 좌절시킬 수 있습니다. 여러분은 그리스도 안에서, 원수가 제공할 수 있는 것보다 훨씬 많은 것을 소유하고 있음을 그에게 입증할 수 있을 것입니다.

"예수님, 많은 이들에게 알려지지 않았지만,
당신의 이름은 얼마나 거룩하고 아름다운지요!
예수님, 당신 안에, 오직 당신 안에서
부와, 명예와, 즐거움이 모두 합쳐집니다.

동인도와 서인도 제도가 모두 내 것이 될 수 있어도,
그들이 자랑하는 보화들을 나는 사양합니다.
기쁨으로 그 모든 것들을 거절하는 것은,
당신을 나의 소유라고 부를 수 있기 때문입니다.

땅의 헛된 보화들이 모두 떠나도,
이 귀한 선물을 소유할 수 있다면,
즐거운 마음으로 그 선물을 끌어안고
영원토록 복된 자가 되고 싶습니다.

오, 우리의 마음이 이 복된 상태를 유지할 수 있기를 바랍니다! 그러면 유혹이 우리를 이길 힘을 잃어버릴 것입니다.

이 문제에서 여러분을 돕기 위해, 여러분이 기억하면 유익할 두세 가지 사항을 상기시켜드리려 합니다.

첫째, 사랑하는 이여, 만약 앞으로의 삶의 전망이 지금보다 유용하지 못하면서도 당신의 개인적인 사정만 훨씬 더 좋아지는 일이 제안되고, 당신이 과거에 그랬던 것처럼 하나님을 영화롭게 하지 못하면서도 당신 자신은 훨씬 더 존중받는 일이 제안되며, 당신의 직무가 당신이 과거에 했던 일의 절반도 유익을 끼치지 못하면서도 당신 자신은 고귀한 직위를 얻고 더 높은 사회 계층으로 이동하도록 하는 것이 제안된다면, 이런 제안들이 당신을 펄쩍 뛰도록 해야 하지 않겠습니까? 만약 당신이 진정한 그리스도인이라면, 그럴 것이라고 생각합니다. 당신은 아마도 저 감람나무처럼 이렇게 말할 것입니다. "내게 있는 나의 기름은 하나님과 사람을 영화롭게 하나니 내가 어찌 그것을 버리고 가서 나무들 위에 우쭐대리요?" 그런 제안이 당신에게 주어질 때 당신은 즉각적으로 뒤로 물러서면서 말할 것입니다. "아니요, 그리스도의 종으로서, 내가 내 주님을 가장 잘 섬길 수 있는 곳에 있도록 해 주시오. 그리고 그분의 거룩한 이름을 가장 영화롭게 할 수 있는 곳에 나를 머물게 해 주시오."

이런 제안이 여러분을 깜짝 놀라게 한다면, 나는 여러분에게 장차 어떤 회상을 하게 될지를 고려해 보라고 권합니다. 임종의 침상에 누워서, 하나님의 자녀로서 여러분이 이렇게 말해야 한다고 상상해 보십시오. "내 인생의 초반부는 아주 행복했고 아주 쓸모가 있었다. 하지만 외적으로 내게 위안을 줄 거라고 약속하는 행동을 취하였고, 그 이후로는 내 전 인생에 암울한 그림자가 드리우고 말았다. 그 후로 하나님은 그분을 섬기는 일에 쓸모가 있도록 내게 은혜를 부어주시지 않았다. 나는 그분을 위해 거의 혹은 아무것도 할 수가 없었다. 이제 내 삶의 끝이 왔고, 나는 열매 없는 포도나무 가지처럼 시들고 말았구나." 비록 천국의 희미한 소망이 여러분을 지탱해 주기는 하겠지만, 임종의 베개가 가시들로 채워질 거라고 생각하지 않습니까? 나는 그곳에 누워 옮겨지기를 기다리면서 바울처럼 느끼는 것이 훨씬 더 즐거운 경험일 것이라고 확신합니다. "이제 후로는 나를 위하여 의의 면류관이 예비되었도다"(딤후 4:8). 그러므로 감람나무여, 그리스도인이여, 시드는 면류관을 얻으려고 길을 잘못 드는 유혹에 빠지지 마십시오. 오직 당신이 있는 곳을 고수하고, 하나님의 은혜가 당신에게 부여하는 기름을 즐거워하고, 그곳에서 하나님께 영광을 돌리고 사람들에게 축복이 되도록 하십시오.

나는 또한 감히 이렇게 말합니다. 만약 단 하루라도, 그리스도인이 왕이 되기 위해 그리스도와의 교제의 즐거움을 누리고 동료 인간들 사이에서 유익을 끼치는 자리에서 떠나게 되면, 그 날은 그 날 이후로 달력에서 지워 버리고 싶은 날이 되고 말 것입니다. 그리스도께서 계시지 않는 한 날에, 누가 나의 생명입니까? 그분의 사랑 없이 하루를 지낸단 말입니까? 그분의 미소 없이 하루를 보낸단 말인가요? 그런 재난이 발생하는 날이면 차라리 없어지는 편이 낫습니다! 예수님을 사랑하는 정숙한 마음을 가진 자는, 그날 하루 동안 모든 황제들의 보좌를 다 차지한다고 해도, 그 마음이 비참하게 되어서 이렇게 말할 것입니다. "나는 차라리 감옥에 있더라도 거기서 예수님을 발견하는 편이 좋습니다. 그분 없이 여기 높은 보좌에 앉아 있는 것보다는 감옥에서라도 그분의 사랑 안에 살고 싶습니다." 단 하루 동안만 그리해도 슬프거늘, 만일 여러분의 선택이 일생 동안 여러분을 그렇게 만든다면 어찌하겠습니까?

아 사랑하는 이여, 이 말을 더하고 싶습니다. 누구든지 세상의 유익과 명예를 선택할 때, 그 결과로 그가 가진 유용성이 훼손될 때, 그 선택은 실망으로 종결될 것이 거의 확실합니다. 물론 위선자들이라면 그렇지는 않겠지요. 그들은 그들이 추구하는 것을 얻을 것이기 때문입니다. 그들은 대부분 이 세상에서 형통할 것이고, 그들이 부를 위해 신앙 고백을 포기할 때에 부를 증대시킬 것입니다. 하지만 당신이 하나님의 자녀라면, 그런데도 하나님의 길에서 떠난다면, 주께서 손을 들어 당신을 치실 것입니다. 여러분이 분명 하나님의 자녀들이라면, 여러분은 회초리로 맞고 그분께로 돌아올 것입니다. 그분은 여러분을 막대기로 때려서 집으로 돌아오게 하실 것입니다. 여러분이 그분의 길에서 벗어난다면 여러분은 형통치 못할 것입니다. 롯을 보십시오. 그는 소돔을 향하여 장막을 세웠습니다. 요단의 비옥한 평지가 그의 양 떼와 소떼를 위하여 적당한 장소라고 보았기 때문입니다. 그런 후 그는 소돔 안에서 삽니다. 그곳이 살기에 편리한 도시였기 때문입니다. 장막 안에서 사는 것을 그만두고, 아브라함처럼 돌아다니기를 멈추었습니다. 하지만 결국 그가 그 선택으로 유익을 얻었습니까? 아, 불꽃이 그의 집을 삼켰고, 그의 아내는 소금 기둥으로 변했으며, 그 자신과 그의 딸들을 모두 타락하게 한 끔찍한 죄가 있었습니다. 그 모든 일이 하나님의 자녀가 하나님으로부터 떠나는 것이 무서운 일임을 말해줍니다. 하지만 만일 하나님의 자녀가 하나님과 동행한다면, 그것이 그에게는 좋은 일입니다. 블레셋 사람들이 아브라함을 해칠 수 없었으며, 기근도 그의 장막 가까이로 올 수 없었습니다. 하지만 롯이 성별된 삶을 포기했을 때, 그에게 모든 악한 것이 찾아왔습니다. 그러므로 사랑하는 그리스도인 친구들이여, 가장 큰 명예나 이득이 여러분에게 제공될 때, 저 감람나무처럼 말하십시오. "내게 있는 나의 기름은 하나님과 사람을 영화롭게 하나니 내가 어찌 그것을 버리고 가서 나무들 위에 우쭐대리요?"

> "세상이 유익하거나 위대하다고 말하는 모든 것을 주어도
> 나는 내 복된 상태를 바꾸고 싶지 않다네.
> 믿음이 꿋꿋함을 유지하는 한
> 나는 죄인의 황금이 부럽지 않다네."

　　제안된 왕관을 받아들인 것은 가시나무가 유일했다는 점을 잊지 마십시오. 그는 잃을 것이 없었습니다. 그래서 그는 기쁘게 그것을 받아들였습니다. 자, 누구든 경마장에 다니고, 극장에 자주 다니며, 또한 이 세상의 모든 즐겁고 사소한 놀이들을 즐긴다 해도, 나는 그를 탓하지 않겠습니다. 왜 내가 그래야 합니까? 돼지들이 찌꺼기 음식을 탐욕스럽게 먹는 것을 볼 때마다 나는 말합니다. "그들로 그것을 즐기게 하라. 그것이 그들에게 어울린다. 그것이 그들에게는 좋은 음식이다." 하지만 만일 내가 하나님의 자녀가 불경건하게 행동하는 것을 본다면, 나는 마치 여러분 중에 하나가 돼지 여물통으로 가서 고개를 처박고 거기서 음식을 찾는 것을 보는 것처럼 느낄 것입니다. 물론 저 가시나무에게는 나무들 위에 왕이 되는 일이 좋은 일이었겠지요. 그는 언제나 숨어 지냈고, 멸시받고, 미움을 받으며 지내왔습니다. 하지만 이제 그가 왕이 되었으니, 그는 나머지 나무들 위에 군림할 수 있게 되었습니다. 그는 자기 가시들로 그들을 찌를 수 있었고, 자기 원수들을 불로 살라 버릴 수 있었습니다. 하지만 그 가시나무의 지위가 감람나무나, 포도나무나, 무화과나무에게는 어울리지 않습니다. 사랑하는 그리스도인 친구여, 당신은 사람들 중에서도 가장 천한 사람을 만족시키는 것에 만족할 수 있습니까? 죄와 허물로 죽은 자를 만족시키는 것에 만족할 수 있나요? 나는 당신이 그럴 수 없을 것이라고 믿습니다. 다음 세상을 얻기 위하여 이 세상을 멀리했던

성도들의 발자취를 따르기를 열망하십시오. 순교자들을 생각하십시오. 그들이 목숨조차 귀한 것으로 여기지 아니하였던 것은 그리스도를 얻고 그분 안에서 발견되기를 원했기 때문입니다. 박해자들이 그들에게 부를 제안했습니다. 그들이 그들에게 지위와 권력을 제안했습니다. 그들이 그들에게 아주 귀한 것들을 제안하였는데, 곧 평화롭게 살게 해 주고, 아내와 자녀들의 사랑을 누리며 살게 해 준다는 제안을 했습니다. 또 다른 선택의 제안은, 그들이 화형대에 달려서 불에 타 죽는 것이었습니다. 그들은 그 무서운 선택을 주저 없이 택하였습니다. 그들이 그리스도를 위해 죽을 수는 있었지만, 그분을 부인할 수는 없었기 때문입니다. 그들은 화형을 당해 죽을 수 있었지만, 그들의 양심을 어길 수는 없었습니다. 그들은 박해자들이 그들에게 무엇을 제안하여도, 하나님을 영화롭게 하고 사람을 복되게 하는 그들의 기름을 버릴 수가 없었습니다.

또한 여러분의 주님께서 어떻게 행동하셨는지를 기억하십시오. 이 세상의 모든 왕국들이 그분의 발 아래 놓여 있습니다. 그분의 대적자가 그분에게 말합니다. "만일 내게 엎드려 경배하면 이 모든 것을 네게 주리라"(마 4:9). 그분의 대답은 이것입니다. "사탄아 물러가라"(마 4:10). 만일 그분이 빌라도 앞에서 말씀만 하신다면, 혹은 저 열망하는 무리들로 하여금 그분을 왕으로 삼도록 명하시기만 한다면, 그분은 목숨과 자유와 권세를 얻으실 수 있습니다. 하지만 그분은 침묵하시고, 죽으십니다. 그분은 다른 사람들을 구원하셨습니다. 그분이 자기 자신을 구원하지 않으셨던 것은 그분의 마음이 우리의 구원을 원하셨기 때문입니다. 사랑하는 이여, 그처럼 여러분도 여러분이 가질 수 있는 것을, 합법적으로 여러분의 것이 될 수 있는 것을 종종 부인하시기 바랍니다. 조금이라도 여러분의 유용성을 손상하고 여러분의 성품을 더럽히는 것이라면, 모든 유혹의 미끼들을 멀리하도록 하십시오. 여러분이 그렇게 할 수 있도록 주께서 그분의 성령으로 도우시길 빕니다!

3. 시험이 유익이 되도록 전환하라.

내게 주어진 시간이 거의 지났습니다. 그래서 세 번째의 요점은 개요만 제시하고자 합니다. 그것은 바로 시험은 유익으로 전환되어야 한다는 것입니다.

첫째, 더 깊이 뿌리를 내리도록 합시다. 우리의 기름을 떠나도록 하는 단순한 제안이, 우리로 하여금 그것을 더 굳게 붙드는 계기가 되도록 해야 합니다.

둘째로, 우리의 기쁨을 잃지 않도록 경성하도록 합시다. 그것이 바로 우리의 기름입니다. 만약 우리가 그것을 떠나고 싶지 않다면, 우리는 그것이 우리를 떠나는 것도 견디지 못할 것입니다.

셋째로, 더 많은 기름을 내고, 더 많은 열매를 맺도록 합시다. 크게 이윤을 얻는 자는 그만큼 손실을 입지 않는 것입니다. 우리가 은혜 안에서 얻는 것이 증대될수록, 우리가 그것을 떠날 가능성은 더 적어집니다.

마지막으로, 더 크게 만족하고, 더 큰 애정을 가지고서 우리의 은혜로운 상태를 말하도록 합시다. 그러면 누구도 감히 우리를 유혹하려 하지 않을 것입니다. 우리가 행복하게 굳게 선 모습을 사탄이 본다면, 그가 우리를 쓰러뜨릴 희망은 그에게 더 적어지는 것입니다.

내가 지금까지 여러분에게 전한 실제적인 진리들은 복음의 귀한 교리들을 전할 때보다는 달콤하지 않을 수 있습니다. 하지만 이 진리들은 시련의 때에 우리 영혼을 강화하기 위해 필요합니다. 나는 여러분이 주 안에서 강해지고 믿음에 굳게 서도록 주님의 도움을 구합니다. 영적으로 여러분을 기름지게 하고 형통하게 하는 진리에서 벗어나지 마십시오. 여러분을 강하게 하시는 그리스도에게서 떠나지 마십시오. 여러분을 거룩하고 유용하게 만드는 그분과의 교제에서 멀어지지 마십시오. 기도에 풍성하며, 그리스도와의 교통 속에 거하십시오. 가장 화려한 삶의 전망이 여러분을 유혹하여, 여러분의 주님으로부터 단 일 센티미터라도 여러분을 멀어지지 못하게 하십시오. 오직 그분의 거룩한 영이 여러분을 지키시어, 여러분이 전 생애 동안 그분께 신실할 수 있기를 빕니다. 그분께 영원토록 찬양과 영광이 있을 것입니다. 아멘.

제
6
장

—

불가능한 돌이킴

—

**"내가 여호와를 향하여 입을 열었으니
능히 돌이키지 못하리로다." — 삿 11:35**

입다의 경우에는 돌이킬 만한 충분한 이유들이 있었습니다. 그는 성급하게 맹세했고, 그런 일들은 지켜지는 것보다는 깨어지는 편이 훨씬 더 좋습니다. 만일 사람이 죄를 범하기로 맹세한다면 그렇게 맹세하는 것 자체가 죄이며, 따라서 맹세를 실천으로 옮기는 것은 이중의 죄입니다. 만일 사람이 어떤 일을 하고자 맹세한다고 해서, 그가 맹세한 대로 행하는 것을 필요하고 옳은 일로 만든다면, 도덕률 전체가 단순한 맹세의 행위에 의해 중단될 수가 있습니다. 왜냐하면 사람은 도둑질하고, 간음하고, 심지어 살인하기로 맹세한 다음에 이렇게 말할 수 있기 때문입니다. "나는 이 모든 행위에서 정당했다. 왜냐하면 내가 그렇게 하기로 맹세했기 때문이지." 이는 명백한 엉터리이며, 그런 원리를 인정하는 것은 모든 도덕을 파괴하는 것입니다. 우선, 여러분에게는 잘못된 것을 행하려고 약속할 권리가 없습니다. 두 번째로는, 그 자체로 잘못된 여러분의 약속이 범죄의 행위를 옳게 만들어 주지 못합니다. 만일 여러분이 성급한 맹세를 하게 되었다면, 여러분은 그것을 무모하게 지키려 해서는 안 됩니다. 여러분은 하나님께 나아가서, 죄와 관련된 맹세를 한 것을 회개해야 합니다. 만일 죄가 되는 맹세를 지킨다면, 그것은 죄에 죄를 더하는 것이 됩니다.

한 사람이 말합니다. "하지만, 맹세를 어기는 것은 죄가 되지 않습니까?" 내 대답은 이러합니다. 우선 맹세를 하는 것에 큰 죄가 있습니다. 그리고 그것을 어기는 것과 관련해서도 어느 정도의 죄가 있을 것입니다. 인간의 행위들 중에서 완벽한 것은 거의 없기 때문입니다. 하지만 당신이 악한 맹세를 지킨다면 그것은 분명한 죄가 될 것입니다. 그러므로 당신은 어리석은 서약을 어기는 것과 관련된 더 적은 죄를 피하기 위해 더 큰 죄를 지어서는 안 됩니다. 만약 입다가, 비록 그가 하나님 앞에서 입을 열었다고 해도, 그 서원이 자신의 무죄한 자녀를 희생해야 하는 끔찍한 일과 관련되었다면, 그 일을 돌이키는 편이 좋았을 것이라고 나는 생각합니다. 그가 그 일을 행할 것이라고 맹세한 것이 그 일을 정당화하지 못합니다. 그것은 순전히 그릇된 일입니다. 만약 그가 실제로 딸을 죽인다면, 여러분이 어떻게 표현하고 각색하더라도, 그것은 끔찍한 행위입니다. 그에게는 위험한 서약을 할 권리가 없었으며, 만일 서약의 실행이 그처럼 끔찍한 결과로 이어진다면, 그 서약 후에 그것을 실행에 옮길 수 있는 권리는 더욱더 없었습니다.

　하지만 나는 지금 하나님 앞에서 입을 여는 다른 차원의 문제에 대해 말하려고 합니다. 즉 그 서원에 잘못이 없는 경우입니다. 입을 열어 서원한 것에 결코 후회가 필요하지 않고, 정녕 결코 철회될 수도 없으며, 우리가 살아 계신 하나님 앞에서, 그분이 주시는 힘으로 이렇게 말할 수 있는 문제입니다. "내가 여호와를 향하여 입을 열었으니 능히 돌이키지 못하리로다."

　내 설교는 여러분 중의 일부 사람들에게는 많은 상관이 없을 것입니다. 여러분은 하나님께 입을 열지 않았고, 혹은 어떤 종류의 약속을 한 적이 없습니다. 그저 여러분은 과거와 마찬가지의 상태에 머물러 있고, 그분에게서 멀리 떨어져 있으며, 그분의 요구에도 무관심합니다. 나는 여러분이 부럽지 않습니다. 여러분은 여러분 스스로의 결심에서 우러나온 어떤 의무도 지고 있지 않습니다. 하지만 그것이 여러분에게 하나님께 대한 자연적인 의무를 면제해 주는 것은 아닙니다. 여러분은 그분의 피조물이고, 따라서 그분의 법 아래에 있는 백성들이기 때문입니다. 나는 사람들이 때때로 이렇게 말하는 것을 듣습니다. "당신이 알다시피 나는 어떤 서약도 하지 않았습니다." 그런 선언을 한 후에, 그들은 그들이 원하는 대로 말하고 행동할 자유를 느끼는 듯이 보입니다. 자, 만일 우리의 일을 위탁받은 어떤 사람들이 정직하게 행동하지 않았다는 말을 우리가 들었고, 그들 중 한 사람이 일어나서 이렇게 말하는 것을 듣는다면 우리가 어떤 생각을 하게 될까요? "나를 비난하지 마세요. 당신이 알다시피 나는 정직하겠다고 서약하지 않았답니다." 그게 무슨 의미입니까? 그가 명백한 도둑이라고 인정한다는 의미가 아닙니까? 어떤 사람이 이렇게 말한다고 가정해 보십시오. "나는 신실하다고 시인한 적이 없습니다." 그는 누구입니까? 그는 공공연한 거짓말쟁이입니다. 또한 누군가 "아, 나는 어떤 서약이나 약속도 한 적이 없으며, 주님을 섬긴다고 자부하지도 않습니다"라고 말한다면, 그는 자신이 망령된 사람임을 인정하는 셈입니다. 그는 매일 하나님에게서 권리를 강탈하고 사취하면서 살고 있습니다. 그는 왕 중의 왕께 직접적이고도 공공연하게 반역하는 방향으로 살아가고 있습니다. 그는 내세의 소망 없이 살고 있습니다. 현재에는 그 영혼에 은혜가 없는 채로, 미래에 누릴 영광의 전망도 없이 살아가고 있습니다. 아아, 친구여, 비록 이 시간에 내가 말해야 하는 일들이 직접적으로는 당신에게 관련이 없어도, 그 일들이 당신과 상관이 없다는 바로 그 사실이 당신으로 하여금 당신이 지금 서 있는 자리에 대해서 생각하고, 고찰하고, 곰곰이 생각해 보도록 만들어야 합니다. 당신은 그리스도를 시인하지도 공언하지도 않은 것으로 인해, 정반대편에 있다는 것을 시인하고 있습니다. 그분과 함께 아니하는 자는 그분을 반대하는 자요, 그분과 함께 모으지 아니하는 자는 헤치는 자이기 때문입니다(마 12:30).

하지만 이제 나는 그리스도 예수 안에서 내 형제와 자매된 자들에게 말합니다. 사랑하는 친구들이여, 나는 여러분이 실제적인 차원에서 기억하기를 바라는 세 가지를 제시하고자 합니다. 첫째, 우리가 행한 것입니다. 우리는 주님을 향하여 입을 열었습니다. 둘째, 우리가 할 수 없는 것입니다. "내가 능히 돌이키지 못하리로다." 셋째, 우리가 해야 하는 것입니다. 우리가 우리의 신앙 고백을 굳게 지키고 그에 따라 신실하게 행할 수 있으려면, 우리가 추구해야 할 일들이 몇 가지 있습니다.

1. 우리가 행한 것

첫째, 우리가 행한 것입니다. "내가 여호와를 향하여 입을 열었으니." 우리는 예수 그리스도 안에서 우리의 신앙을 고백함으로써, 주님 앞에서 우리의 입을 열었습니다. 나를 포함하여, 내가 바라보고 있는 여러분 중 대다수가 다른 사람들 앞에서 이렇게 말했습니다.

> "나는 온 마음으로 주 예수 그리스도를 믿습니다.
> 다른 사람들이 무엇을 믿고 신뢰하든,
> 내 소망은 다른 어떤 것이 아닌
> 예수님의 피와 의에 고정되어 있습니다."

우리는 우리 주님의 구원의 능력에 대해서나, 그분의 구원 안에서의 우리의 권리에 대해서 어떤 의심도 하지 않습니다. 오직 우리는 우리의 영혼에서 느끼는 사실 그대로를 명백하게 증언하였으며, 예수님이 우리를 위해 죽으신 것과, 그분이 우리 구원이자 우리의 모든 소망이심을 믿는다고 고백했습니다. 우리는 아주 분명한 방식으로 우리의 입을 열었고, 다양한 방식으로 지금도 계속해서 그렇게 하고 있습니다.

우리는 또한 살아 계신 하나님 앞에서 우리가 그리스도의 제자들이고, 그분을 따르는 자들임을 공언하였습니다. 만일 누가 우리에게 "당신은 그들 중 하나입니까? 당신은 나사렛 예수에게 속한 자입니까?"라고 묻는다면, 우리는 기꺼이 "예"라고 대답할 것입니다. 우리가 그분의 명령을 완벽히 순종하는 점에서 아무리 부족하다 하여도, 그럼에도 그분의 뜻이 우리의 규칙입니다. 우리는 그분을 "선생이요 주님"(Master and Lord)이라 부르며, 성경에서 그리스도의 제자들에 관한 내용을 읽을 때 그것이 우리 자신에게 관한 것이라고 생각합니다. 복된 선생이시여, 우리가 진정 당신의 제자들임을 시인할 수 있다는 것이 얼마나 기쁜지요! 우리는 당신을 향해 우리 입을 열어 시인한 것이 부끄럽지 않으며, 당신의 모든 가르침을 믿고, 당신의 모든 계명들에 순종하는 것이 부끄럽지 않습니다.

우리가 주님을 향해 우리 입을 연 것은 우리가 예수 그리스도를 믿고, 그분을 우리의 선생으로 알기 때문입니다. 그리하여 우리는 우리의 존재와 섬김에 대한 구주의 요구를 인정하며, 우리의 평생에 오직 그분만을 위하여 살기로 결심합니다. 우리는 그분을 섬기는 일에 우리 자신을 바쳤으며, 우리가 더 이상 우리의 것이 아니라 그분이 값 주고 사신 자들임을 선언하였습니다. 우리 중에 어떤 이들은 오래 전에 그렇게 했습니다.

> "높은 하늘이 그 엄숙한 맹세를 들었고,
> 그 맹세가 자주 새로워지는 것을 들었도다."

하늘은 그 맹세를 거듭 듣게 될 것입니다. 우리는 우리가 가진 어떤 것도 우리의 것이 아님을 고백하였고, 오직 우리의 소유와, 우리의 시간과, 우리의 재능과, 우리 자신들에게도 모두 왕의 소유인(印)이 찍혔음을 인정했습니다. 우리는 주님의 영원한 기업이며, 영원토록 그분의 것입니다. 그러니 우리는 예수님 외에 다시는 자기나, 세상이나, 육신이나, 다른 그 어떤 것도 섬길 수 없습니다.

우리는 또한 그분의 백성과 운명을 같이했습니다. 우리는 마음과 영혼으로 그들과 한 무리에 속했습니다. 우리는 그들을 부끄러워하지 않습니다. 우리 중에 일부는 몇 해 전에 앞으로 나아와서 하나님의 멸시받는 백성들과 함께 명부에 이름을 기재하도록 요청받았습니다. 우리는 주님의 백성들 편에서 분깃을 얻기로 주님을 향해 우리의 입을 열었습니다. 만일 그들이 학대를 받으면 우리도 그들이 학대받는 것에 동참하기로 했고, 만일 그들이 슬픔을 겪으면 우리가 그들이 짐을 지는데 도움이 되기로 했습니다. 만일 그들이 기뻐하면 우리는 그들의 식탁에서 떨어지는 부스러기라도 누릴 자격이 있기를 바랐습니다. 우리는 저 거룩한 성 새 예루살렘의 시민들의 수에 포함되기를 열망하였으며, 시온의 복되면서도 고난을 견딘 거주자들의 분깃에 참여하기를 요청하였습니다. 그들이 금식을 하든지 잔치를 열든지, 포위 공격을 당하든지 승리를 누리든지, 우리는 그들과 함께 하기를 바랐습니다. 우리는 그곳에서 난 자들이라는 말을 듣게 되기를 바랐습니다. 만약 우리가 세상과 그 모든 매력을 잃어버리더라도 더 좋은 나라의 상속자들이 되기를 원하는지 질문을 받았을 때, 우리는 주님 앞에 일어서서 기꺼이 그러겠노라고 선언하였습니다.

이 모든 일들에서 우리는 그리스도인들로서 주님을 향하여 우리의 입을 열었습니다, 그렇지 않습니까? 자, 여러분이 언제 그렇게 하였는지를 내게 묻는다면, 나는 몇 가지 경우들을 언급해야 할 것입니다.

우리 중에 어떤 이들은 이런 문제에 있어서 아주 엄숙하면서도 개인적으로 입을 열었습니다. 우리는 분명하고 공식적인 방식으로 우리의 헌신을 엄숙한 행위로 표현하였습니다. 우리는 그에 대해 시간을 들였고, 곰곰이 생각했으며, 그런 후 신중하고도 확고하게 헌신을 다짐하였습니다. 어떤 이들은 엄숙한 헌신의 행동을 글로 쓰고, 거기에 서명을 하기도 했습니다. 다른 이들은, 아마도 그것이 더 현명하겠지만, 글로 쓰는 것을 꺼렸습니다. 그것이 그들의 심령에 속박이 되지 않도록 하기 위해서였습니다. 하지만 그럼에도 불구하고 그들은 공식적인 행동으로서 그들 자신과, 그들이 가진 모든 것이 주님께로 이전되었음을 알렸습니다. 어쨌든, 우리가 그것을 공식적으로 했건 아니건, 우리는 이렇게 말할 수 있습니다.

> "이루어졌도다! 위대한 거래가 이루어졌으니,
> 나는 주님의 것이고, 그분은 나의 것이 되었도다."

단번에 영원히 우리가 인간영혼(Mansoul)이라는 도성의 열쇠들을 넘겨주고, 주님께 완전히 항복한 때가 있었습니다. 그것은 그분이 우리의 주님이 되고, 우리가 영원토록 그분의 소유가 되도록 하기 위함이었습니다.

사랑하는 친구들이여, 또한 여러분 중에서 많은 이들이 세례 시에 주를 향하여 입을 열었습니다. 그분의 말씀을 살펴보면서, 여러분은 믿는 자들은 모두 세례를 받는 것을 분명히 보았습니다. 여러분은 에디오피아 내시가 이런 질문을 받은 것을 읽었습니다. "당신은 주 예수 그리스도를 믿느뇨? 만일 당신이 마음을 다하여 믿으면 세례가 합당하니라?"(행 8:37, KJV, 한글개역개정은 이 구절이 없음 — 역주). 그 때 그는 자신의 신앙 고백에 따라 세례를 받았습니다. 나 역시도 그런 방식으로 주를 향하여 입을 열었습니다. 나는 내가 강물 속으로 들어갔던 그 엄숙한 사건을 기억합니다. 많은 사람들이 강둑에서 증인이 되었고, 물 속에서 내가 주와 함께 장사되는 것을 목격했습니다. 비록 내가 외적인 형식이나 의식을 조금이라도 신뢰하는 것은 아니지만, 종종 내 영혼은 사람들과 천사들과 악령들 앞에서 나 자신이 하나님의 종임을 선언했던 그 날을 기억합니다. 그래서 나는 세상에 대한 나의 죽음의 징표로 물에 잠긴 것이며, 다음에는 나의 새 생명의 상징으로서 물에서 올라왔던 것입니다. 오, 우리가 우리 자신의 동의로 앞에 나아가서, 우리가 그리스도와 함께 죽었고 또한 그분과 함께 살게 되었음을 선언했던 그 때에, 우리가 다짐했던 것에 언제나 신실할 수 있기를 바랍니다!

그 때 이후로, 우리는 아주 자주 성찬식에 참여할 때에 주를 향하여 입을 열었습니다. 사랑하는 이여, 다른 사람들은 그 자리를 떠나야 하거나 혹은 그저 바라만 보아야 할 때 —그 행동에서 구분이 이루어지는 것입니다 — 여러분이 성찬의 자리에 엄숙히 앉는다는 것은 여러분의 편에서는 여러분이 주 예수 그리스도께 속하였음을 선언하는 것입니다. 그분이 여러분의 양식이요 음료가 되시는 것과, 여러분이 그분의 식탁에서 양식을 얻는 것과, 여러분이 그분의 종들임을 선언하는 것입니다. 성찬 예식에는 아주 엄숙한 무언가가 있으며, 그 자리에 결코 가볍게 참여해서는 안 됩니다. 여러분이 그 예식에 참여할 때는 주님을 기억하면서 이렇게 느껴야 합니다. "나는 주님의 백성과 함께 성찬의 자리에 앉음으로써 주님을 향해 내 입을 여는 것이다."

그 외에도, 얼마나 자주 우리는 찬송을 부르면서 하나님 앞에서 입을 열었던가요? 내가 염려스럽게 여기는 것은, 우리가 찬송을 부를 때 찬송의 가사에 대해 항상 충분히 생각하지는 않는다는 점입니다. 하지만 얼마나 엄숙한 일들에 대해 여러분은 노래해 왔는지요. 여러분은 일전에 이 찬송을 부르지 않았던가요?

"내가 무언가를 남겨둘 수 있다고 해도,
또 그래야 할 의무가 없다고 해도,
내 하나님을 뜨겁게 사랑하기에
그분에게 나의 모든 것을 드리리."

또 여러분은 이렇게 노래하지 않았습니까?

"내게 일만 개의 심장이 있다고 해도, 귀하신 주여,
그 모든 것을 당신에게 드리고 싶습니다.
내게 일만 개의 혀가 있다 해도,
그 모든 혀들이 찬양의 하모니를 이룰 것입니다."

아, 여러분은 찬송 중에서 주를 향하여 입을 넓게 열었습니다.

또한 은밀한 중에서든 공적으로든, 기도 중에 여러분은 입을 열었습니다. 우리는 하나님께 큰 일들을 아뢰며 간구하였습니다. 우리는 우리가 말하는 것에 부응하고 있습니까? 우리는 언제나 이렇게 말했던 입다의 정신을 가지고 있습니까? "내가 여호와를 향하여 입을 열었으니 능히 돌이키지 못하리로다." 우리가 마음이 괴로운 중에 하나님께 가까이 나아가서 우리의 고통들을 그분 앞에 쏟아놓았을 때, 그 때 우리 영혼이 하나님께 아뢰었던 그 서약들을 기억하고 있습니까?

하지만 아, 사랑하는 이여, 아주 특별히 나는 여기 참석한 이들 중에서 주님과 주님의 교회를 위한 사역에 동참하는 분들에게 말합니다. 공적인 증언을 하는 우리는 "여호와를 향하여 입을 열었으니 능히 돌이키지 못할" 것입니다. 주일학교 학급에서 가르치는 여러분, 일터에서 다른 사람들에게 복음을 말하려 애쓰는 여러분, 자녀들에게 예수 그리스도에 관해 들려주는 여러분, 여러분이 그 일에 책임을 지고 있음을 기억하십시오. 여러분이 다른 사람들에게 말하려고 시도하는 동안, 여러분 스스로가 현재의 진리와 미래의 충성에 구속력을 가지는 공언을 하는 것입니다. 나에 대해 말하자면, 내 주님의 임재를 떠나 내가 어디로 도망치겠습니까? 그분을 섬기는 자리에서 내가 어디로 가겠습니까? 내가 그분의 사명을 버린다면, 지구의 어느 부분으로 가야 그분에게서 숨을 수 있겠습니까? 누군가 수천 번이나 보아왔던 이 얼굴을 기억할 것입니다. 내 음성이 나를 감추지 못할 것이며, 사람들이 나를 주님에게서 변절한 자로 손가락질 할 것입니다. 요나는 다시스로 도망치려 했지만, 만일 내가 다시스로 가더라도, 내가 그 땅에 발을 디디자마자 누군가 나를 알아보고 내 이름을 부를 것입니다. 나는 이 싸움을 줄곧 싸워야 하며, 돌이키는 것은 있을 수 없습니다. "내가 여호와를 향하여 입을 열었으니", 그것도 아주 수없이, 빈번하게 입을 열었으니, 나는 수많은 줄로 묶인 셈입니다. 또한 나는 그 줄이 하나라도 줄어들기를 원치 않으며, 오히려 매일 더 많아지기를 바랍니다. 하지만 사랑하는 친구들이여, 다른 사람들을 가르침으로써 여러분의 신앙이 공적으로 알려지는 것에 비례하여, 여러분은 복음에 대한 여러분의 신앙을 암묵적으로 또는 공공연하게 선언하는 것입니다. 여러분은 주를 향하여 입을 열었으며, 그러므로 그것을 돌이킨다면 반드시 깊은 수치와 비참한 파멸이 따를 것입니다.

이제, 어떤 방식으로 우리가 이 일을 해왔는가를 기억할 가치가 있습니다. 나는 우리가 주를 향해 입을 열었다는 것을 여러분에게 보여드렸고, 또한 우리가 그렇게 한 사례들을 제시했습니다. 하지만 그 행동 방식 자체에도 실제적인 힘이 있습니다. 우리는 이 일을 **자발적으로** 했습니다. 우리는 어떤 강요도 없이 주를 향해 입을 열었습니다. 기도서(Prayer-book)에 따라서 교회의 회원이 되고 하나님의 자녀가 되는 어린아이는 그 일과 아무런 관계가 없으며, 무단으로 다른 사람이 결정하여 약속한 것에 대해서 아무런 책임이 없습니다. 하지만 여러분과 나는 우리가 행한 것을 자발적으로 행했습니다. 우리는 앞으로 나아와서 말했습니다. "나에게 세례를 베풀어 주십시오. 나는 예수님을 믿는 자입니다. 나로 교회와 연합하게 해 주십시오. 나는 주님이 구속하신 자들 중의 하나이기 때문입니다." 우리는 주 예수 그리스도를 향해 말했습니다. "저는 기꺼이 자발적으로 당신의 종이 되겠습니다." 우리가 기독교 신앙 고백의 서약으로 스스로를 묶은 것은 우리가 그렇게 하기를 좋아했기 때문입니다. 자, 만약 우리가 이 일을 자발적으로 했다면, 우리가 주님의 제자들로서 스스로 선택한 위치에서 결코 돌이키지 말아야 하는 가장 강력한 이유가 있습니다.

또한 우리는 이 일을 매우 엄숙하게 행했습니다. 오, 여러분 중에 어떤 이들은 주님 편에 서기로 공언한 것이 진정 깊은 헌신의 행동이었습니다. 많은 기도와 찬송들이 그 헌신의 행동에 선행되었고, 또 그 후에도 따랐습니다. 그런 엄숙한 의식이 어리석은 짓으로 변할까요? 그 눈물과 간구가 천박한 위선이었다고 판명될까요?

나는 또한 우리가 그것을 아주 신중하게 행했기를 바랍니다. 희생을 따져보고, 사방을 둘러보고, 그것이 무슨 의미인지를 살펴보고, 우리가 하는 것이 무엇인지를 이해하고서 그랬기를 바랍니다. 우리는 평탄한 길에 대해 상상하지 않았습니다. 우리는 십자가 없이 면류관을 얻는다거나, 싸움 없이 승리를 얻을 것이라고 간주하지 않았습니다. 또한 우리는 우리가 예상했던 것을 많이 겪어왔습니다. 우리는 좁은 문을 통과하였고, 천성으로 향하는 길에 들어섰으며, 용들과 마주칠 것을 알았고, 거인들과 싸워야 하고, 언덕들을 오르며, 강을 헤엄치며, 늪지대를 건너야 하는 것을 알았습니다. 우리는 우리가 하려는 일과 그에 관련된 것들에 관해 상당한 지식을 가지고 출발했습니다. 우리는 확고하고도 신중하게 주님의 편에 서기로 결정했던 것입니다. 그런 우리가 지금에 와서 스스로를 어리석은 바보들이었다고 자백하겠습니까? 지금에 와서 우리가 주님을 향해 그분을 섬기는 것이 힘겹고 무가치한 것이라고 말하겠습니까?

우리들 대부분은 신앙 고백을 공적으로 했습니다. 우리를 지켜보는 사람들이 많았습니다. 우리는 우리를 둘러싼 구름같이 허다한 증인들 앞에서 경주를 시작했을 때를 잊지 못합니다. 그들은 그 이후로도 줄곧 우리를 지켜보아왔습니다. 만일 우리의 성품에 조금이라도 흠이 있다면 그들이 분명하게 그것을 지적할 수 있습니다. 생쥐를 감시하는 고양이도 그리스도인을 주시하는 세상의 눈만큼은 예리하지 못할 것입니다. 세상이 신자들의 잘못들을 얼마나 확대하고 늘이는지요! 그들은 작은 실수나 실언을 발견하는 순간 이렇게 외칩니다. "아하! 아하! 우리가 소원을 성취하였다"(시 35:25). 자, 우리는 대중들 앞에서 주를 향하여 우리 입을 열었습니다. 그런데 우리가 믿음을 철회하고 부인한단 말입니까? 사람들과 천사들과 악한 영들이 모두 우리가 주 예수 그리스도께 속한 것을 압니다. 우리는 우리가 접했던 모든 사람 앞에서 그렇게 선언해 왔습니다. 비록 항상 많은 말로 하지는 않더라도, 우리의 행동으로써, 나는 우리가 하나님과 그리스도를 위하여, 진리와 거룩함을 위하여, 또한 이 땅에서 하나님을 경외하는 삶을 위하여 헌신되었음을 선언하기를 바랍니다.

하지만 그 모든 것의 중요성은 "우리가 **주**를 향하여 입을 열었다"는 사실에 있습니다. 비록 교회의 지체들이 됨으로써 우리가 그리스도인들로서 상호 의무를 수행하기로 약속하기는 했지만, 그것은 우리가 교회에 서약한 것이 아닙니다. 그것은 우리가 목사에게 약속한 것도 아닙니다. 비록 그 목사가 목회자로 있는 교회의 지체가 되는 그 사실에서, 그에 대한 그리스도인의 의무도 있지만 말입니다. 또한 그것은 우리가 다른 누군가에게 약속한 것도 아닙니다. 비록 우리 모두가 서로에 대해 무언가 의무를 지고 있긴 하여도 말입니다. 오직 우리는 주님을 향하여 입을 열었습니다. 만약 사람이 실없는 소리를 하려거든, 사람에게 해야지, 하나님께 해서는 안 됩니다. 비록 사람들에게 한 약속들은 가볍게 여겨질 수 있어도 — 물론 그래서는 안 됩니다만 — 하나님께 한 약속들을 가볍게 여겨서는 안 됩니다. 비록 엄숙한 선언들이 잊혀지는 경우가 있어도 — 물론 그래서는 안 됩니다 — 하나님을 향한 엄숙한 선언을 결코 잊어서는 안 됩니다. 오, 경솔하게 지존자와 언약을 맺으러 들어가는 것을 주의하십시오! 사람이 지상의 군주 앞에 나타날 때에도 자기 발걸음을 조심하고 그 말을 주의하거늘, 하물며 만왕의 왕 앞에, 산 자와 죽은 자의 재판장 앞에 설 때에는 어찌해야 하겠습니까? 말을 적게 하고 신중하십시오. 하지만 일단 말을 했으면, 당신의 손을 하늘을 향해 들었으면, 당신의 약속을 지키십시오. 그것을 신실하게 지키면서, 이렇게 말하십시오. "내가 여호와를 향하여 입을 열었으니 능히 돌이키지 못하리로다."

2. 우리가 할 수 없는 것

우리가 행한 것이 무엇인지 충분히 다루었으므로, 이제 우리가 할 수 없는 것에 대해 숙고해 보기를 원합니다. "내가 여호와를 향하여 입을 열었으니 능히 돌이키지 못하리로다(I cannot go back)." 말하자면, 한 번 그리스도인들이 되었으므로 우리는 신앙에서 변절할 수 없습니다. 우리는 그럴 수 없다고 느끼며, 모든 시대의 하나님의 종들도 그들이 그럴 수 없었다는 것을 입증했습니다. 사람들이 그들을 위협했습니다. "만일 돌이키지 않으면 너희들은 감옥에 가게 될 것이다." 하지만 그들은 "우리는 그럴 수 없습니다"라고 대답했습니다. 그들이 감옥에 갔을 때에도 그들은 존 번연처럼 말했습니다. "내 눈꺼풀에 이끼가 자랄 때까지 나는 거기서 눕게 될 것이다. 그럴지라도 나는 하나님께서 내게 명하신 것과 달리 행동할 수 없다, 결코 그럴 수는 없다." 원수가 말했습니다. "만일 너희가 그리스도를 떠나지 않으면 너희는 팔다리를 늘이는 고문대에 매달릴 것이다." 이는 모든 뼈마디를 잡아당기는 것을 의미합니다. 하지만 고문에도 상관하지 않고 그들은 대답했습니다. "우리는 돌이킬 수 없다. 차라리 그 고문을 받을 것이다." 앤 애스큐(Anne Askew) 같은 가련한 여인들이 아주 극심하게 고문을 당했지만, 그들은 돌이킬 수 없었습니다. 그러자 주의 원수들이 맹세했습니다. "우리는 너희를 불에 태워 죽일 것이다." 성도들은 그 도전 역시 수용했으며, 화형을 당했고, 화형을 당하는 중에도 그들의 불타는 손으로 손뼉을 침으로써 승리했습니다. 그들은 돌이킬 수 없었기 때문입니다. 강 저편 구 런던 시가지의 젊은이들은, 이른 아침에 그들의 목사가 화형을 당하는 것을 보기 위해 스미스필드(Smithfield, 런던 외곽 북서부 쪽의 넓은 시장 터였음 — 역주)로 내려갔습니다. 그리고 그들이 집으로 돌아왔을 때 그들의 어머니가 물었습니다. "무엇 때문에 그곳에 갔니?" 소년들이 대답했습니다. "우리가 그곳에 간 것은 방법을 알기 위해서였어요."그들은 그들의 차례가 올 때 어떻게 불에 타는지를 알고자 했던 것입니다! 용감한 아버지의 용감한 아이들입니다! 하나님의 종들은 언제나 어떻게 불에 타는지를 알았어도, 어떻게 돌이키는지는 알지 못했습니다. 그들은 주를 향하여 선서하였으며, 비록 그것이 손해와 고난과 고문과 고통과 죽음과 관련된다 하더라도, 결코 돌이킬 수 없었습니다. 선생이여, 만일 당신이 돌이킬 수 있다면, 당신은 결코 그리스도를 알지 못한 것입니다! 만일 당신이 돌이킬 수 있다면, 그분은 결코 당신의 심장에 십자가의 흔적을 새긴 적이 없는 것입니다. 당신은 결코 그분의 죽음에 연합하여 세례 받은 적이 없는 것입니다. 만일 그분이 당신에게 거룩한 감동을 주시어 세례 받게 하셨다면, 당신은 앞으로 나아가야 합니다. 마치 당신이 전능자의 손에서 발하여진 벼락인 것처럼, 당신은 계속해서 나아가야 하며, 모든 반대를

뚫고서, 마침내 하나님의 영원한 힘이 당신을 쏜 최종 목적지에 도달할 때까지
나아가야 합니다. 당신은 돌이킬 수 없습니다.

　　더 나아가, 만일 우리의 마음이 올바르다면, 우리는 주를 향하여 선서하였
으며, 따라서 우리는 돌이킬 수 없고, 심지어 일시적으로도 빗나갈 수 없다고 느낄 것
입니다. 나는 우리가 그러지 않는다는 의미가 아닙니다. 슬프게도 우리는 종종
그러합니다. 그에 대해 주께서 우리를 긍휼히 여기시길 빕니다. 하지만 우리가
돌이킬 수 없다는 것은 엄숙한 선언이 되어야 합니다. 당신이 직장에 들어갈 때
누군가 당신에게 말합니다. "아하, 당신은 저 어리석은 그리스도인들 중 하나로
군." 마귀는 당신이 그리스도인이 아니라고 말하거나, 어쨌건 그에 대해서는 아
주 침묵하도록 당신을 유혹합니다. 겁쟁이의 침묵으로 떨어지지 마십시오. 즉시
이렇게 말하십시오. "내가 여호와를 향하여 입을 열었으니 돌이킬 수 없습니다.
나는 지금도 같은 입장입니다. 그 의미가 무엇이든지 간에, 나는 그리스도인의
병적에 이름을 올렸으며, 결코 탈영하지 않을 것입니다." 때로는 이런 유혹이 있
습니다. "이리 오라 젊은 남자여, 이리 오라 젊은 여자여, 여기저기 즐길 수 있는
장소로 함께 가자꾸나." "내가 가야 합니까? 아마도 크게 해를 입지는 않을 것 같
은데요." 가만히 서서 이렇게 말하십시오. "아니다, 비록 그렇게 하고 싶은 마음
이 있어도, 나는 주를 향하여 입을 열었으니 돌이킬 수 없다. 나는 거룩함을 추구
하기로 헌신하였으니, 어리석은 자들에게로 돌아가서 죄의 쾌락을 즐길 수는 없
다." 나는 여러분 젊은이들이 아주 정직하게 신앙을 고백하기를 바랍니다. 왜냐
하면 그것이 유혹의 때에 여러분을 지켜주는 수단이 될 수 있기 때문입니다. 여
러분은 스스로에게 이렇게 말하지 않겠습니까? "주님께 대한 서약이 내게 있다.
내가 어찌 하나님께 대하여 큰 악과 죄를 범하리?" 한 번은 누군가 이런 말을 하
는 것을 들은 적이 있습니다. "나는 교회에 참여할 수가 없습니다. 마치 그것이
내게 속박처럼 느껴지기 때문입니다." 그 때 내가 대답했습니다. "아 그렇군요.
하지만 형제여, 그것이 바로 당신이 느낄 필요가 있는 종류의 속박입니다." 예수
님께 대한 우리의 신앙 고백은 우리를 선한 것에 결속시키는 강력한 사랑의 줄
이 되어야 합니다. 우리는 희생 제물이 제단의 뿔들 안에 제한되어야 한다고 느
낍니다. 하지만 이 속박은 우리에게 진정한 자유입니다. 그것은 우리에게 기쁨
이며, 우리가 사는 동안 더욱더 굳게 결속되기를 바라는 속박입니다. "나는 돌이
킬 수 없다"는 가장 바람직한 종류의 무능력(inability)입니다.

여러분의 영혼의 원수들은 주님을 저버리도록 여러분을 설득하려고 시도합니다. 그들은 조롱과 협박과 뇌물의 방법으로 시도할 것입니다. 하지만 여러분은 귀머거리처럼 그런 말들을 듣지 마십시오. 당신이 진정 온 마음으로 주님을 향하여 입을 열었다면, 당신은 돌이킬 수 없습니다. 당신 안에 있는 거룩한 생명이 원수의 모든 노력들을 조롱하며 웃을 것입니다. 좌절하고 낙심하여서, 그들은 곧 그들의 악한 시도들을 포기할 것입니다. 그들은 당신과 같은 사람을 유혹하려는 것은 아무 소용도 없음을 알게 될 것입니다. 당신의 확고함과 오래 참는 인내가 그들의 유혹을 물리칠 것입니다.

하지만 여러분 중에는 신앙 고백을 하고서도 타협하여, 세상과 잘 어울리는 자들이 더러 있습니다. 만일 당신이 세상과 일백 미터를 함께 간다면, 곧 일 킬로미터를 함께 가게 될 것입니다. 여러분이 이 문장을 기억하길 바랍니다. "단지 절반만 그리스도의 소유인 사람은 전적으로 마귀의 소유이다(That man who is only half Christ's is altogether the devil's)." 그 문장을 기억하십시오. 절반의 그리스도인이란 전적으로 불신자입니다. 절반만 깨끗한 것은 깨끗지 못한 것이듯, 절반을 회심한 사람은 회심하지 않은 것이며, 절반의 성도는 전체가 죄인입니다. 당신은 세상을 향해 "너는 여기까지만 동행하고, 더 이상은 나와 함께 갈 수 없다"고 말하지 못합니다. 그것은 탐욕적이며, 전인(全人)을 얻기를 추구합니다. 세상의 전제적인 요구를 단호히 거절하고, 이렇게 말하십시오. "내가 여호와를 향하여 입을 열었으니 능히 돌이키지 못하리로다."

이제, 우리가 돌이킬 수 없는 이유들이 무엇입니까?

첫 번째 이유는, 만일 우리가 돌이키면 지금까지 전부 잘못되었다고 인정하는 것이기 때문입니다. 당신은 예수 그리스도를 믿는 자들이라고 고백합니다. 당신은 거듭난 자들이라고 말하고, 영원히 살아 거하는 내적 생명을 얻었다고 말합니다. 만약 그런 당신이 세상과 죄로 돌이킨다면, 당신은 온 인류에게 이렇게 말하는 셈이 됩니다. "나는 위선적으로 고백했습니다. 나는 단순한 형식주의자입니다. 그 문제의 뿌리가 내 속에는 없습니다." 당신은 그렇게 말할 수 없습니다. 당신은 당신이 주님을 사랑하는 것을 알기 때문입니다. 심지어 의심의 감정에 빠질 때에도, 당신은 예수님을 사랑하고 있음을 압니다. 비록 스스로 반복하여 질문하여도, 당신은 당신의 주님을 사랑하는 것을 압니다. 만일 누군가 그분에 대해 험담하는 소리를 들을 때에, 당신은 크게 슬퍼하지 않습니까? 오, 그렇습니다. 그럴 경우 당신의 뺨은 붉어지면서 이렇게 말합니다. "나는 그가 그분에 대해 나쁘게 말하는 것을 참을 수가 없어." 당신은 당신이 그분을 사랑하지 않는다고 생각했지만, 원수가 격동하여 당신이 그분을 사랑하는 것을 느끼게 만듭니다. 당신은 그분을 사랑합니다. 당신은 그분을 사랑하지 않는다고 말하지 못합니다, 그렇게 말할 수 있습니까? 그러므로 만일 당신이 돌이킨다면, 그것은 당신의 이전의 삶 전체가 어리석었다고 선언하는 것이나 다름없습니다.

사랑하는 친구여, 당신이 돌이킬 수 없는 이유는, 그것이 아주 천박한 행동이기 때문입니다. 당신이 그리스도의 보혈로 값 주고 사신 자가 되고도, 그분을 버리고 떠날 것입니까? 그분이 십자가에서 당신을 위해 죽으셨는데, 조금 힘겹다는 이유로 그분을 버린단 말입니까? 뭐라고요! 그분이 죽음으로써 당신을 무서운 구덩이에서와 더러운 진창에서 건져내어 주셨건만, 당신은 그분을 저버리고, 죄의 안락함과 악한 세상의 칭찬을 선택한단 말입니까? 오, 한 영혼이 그리스도의 놀라운 사랑을 맛보고서, 그분의 영광과 죽음의 고난을 보고서도 그분을 저버린다면, 그것은 천박한 것이고, 가증스러울 정도로 비열한 것입니다. 오, 그래서는 안 됩니다. 우리가 그렇게 비열해지지 않도록, 하나님이여 우리를 도우소서!

우리가 주를 향하여 입을 연 것에서 돌이키는 것은 무서운 형벌을 초래하는 것입니다. 배교자에게 선언된 것만큼 큰 심판도 없습니다. 만일 그들이 하늘의 은사와 내세의 능력을 맛보고도 타락한다면 다시 새롭게 되어 회개하는 것이 불가능해집니다(히 6:6). 소금은 좋은 것이지만, 만일 소금이 그 맛을 잃으면 무엇으로 짜게 하겠습니까? "후에는 아무 쓸 데 없어 다만 밖에 버려져 사람에게 밟힐 뿐이니라"(마 5:13). 만일 하나님의 자녀가 고의적으로 그리고 전적으로 변절한다면, 그의 회복은 전적으로 불가능함을 — 어려운 것이 아니라 불가능함을 — 확실히 단언하는 구절들이 얼마나 많은가를 여러분은 알고 있습니다. 이는 성도들의 최종적 견인(堅忍)이라고 하는 교리의 가장 큰 증거들 중의 하나입니다. 왜냐하면 구원하는 것이 불가능한 상태에 있는 사람이 없는데, 그럼에도 불구하고 누구든 만일 배교한다면 그런 상태에 처할 것이기 때문입니다. 그러므로 참된 신자들은 배교하지 않을 것이며, 오직 굳게 서고, 끝까지 보전될 것입니다. 하지만, 그들이 전적으로 신앙을 저버릴 수 있다면, 그들은 결코 다시 회복될 수 없습니다. 가장 위대한 치유가 이미 실패하였기 때문에, 다른 치유책이 더 이상 없는 것입니다. 성령의 능력과 예수의 피의 정결하게 하는 효력이 그 사람을 타락의 상태로 다시 떨어지지 않도록 보호하지 못했다면, 다른 무엇으로 그런 일을 할 수 있겠습니까? 만일 중생이 실패한다면, 다음은 어떻게 되는 것입니까? 만약 영원히 살아서 죽지 않는 저 썩지 않는 씨가 죽을 수 있다면, 그 다음은 어떻게 되는 것입니까? 오, 우리는 돌이킬 수 없습니다! 돌이키는 것은 죽음이며, 수치이며, 영원한 파멸입니다.

또한 뒤돌아가는 것은 너무나도 이치에 맞지 않는 일입니다. 왜 내가 내 주님을 떠나야 합니까? 왜 내가 나의 구주를 떠나시게 해야 합니까? 내 마음 가장 깊은 곳에서, 나는 왜 내 주님을 저버려야 하는지 아무런 이유를 생각해 낼 수 없습니다. 내가 즐거움을 추구합니까? 어떤 즐거움이 그분이 내게 주실 수 있는 즐거움에 비견되겠습니까? 내가 이익을 추구합니까? 아, 그분을 떠나는 것은 영원한 안식을 잃는 것입니다. 우리가 누구에게로 가야합니까? 그것은 우리 주님께서 "너희도 가려느냐?"고 물으셨을 때 제자들이 대답하며 반문했던 강력한 질문입니다. "우리가 누구에게로 가오리이까?"(요 6:68). 아아, 우리가 누구에게로 갈 수 있습니까? 설혹 여러분이 예수 그리스도에 대한 신앙을 포기한다 해도, 여러분이 어떤 종교를 가지겠습니까? 설혹 여러분이 경건의 기쁨을 포기한다 해도, 어떤 다른 기쁨을 여러분이 얻는 것입니까? 한 사람이 말합니다. "오, 우리는 세상으로 갈 수 있습니다." 그럴 수 있습니까? 당신은 그럴 수 있습니까? 당신이 하나님의 자녀라면 세상에 대해 흥미를 잃었을 것입니다. 당신이 그리스도인이 되기 전에는 세상에서 아주 잘 지낼 수 있었지만, 이제 당신은 그곳에서 행복해지기에는 너무 많은 것을 알게 되었습니다. 사람이 돼지처럼 천할 동안에는, 진창이 그에게 충분히 좋은 장소였습니다. 그 돼지 같은 사람이 천사로 변했을 경우, 그리고 그 천사가 아직 천국에 거처를 얻지 못했다고 해도, 그가 어디로 가겠습니까? 여물통의 찌꺼기도 돼지에게는 충분히 좋은 음식이었겠지만, 천사는 천상의 음식을 먹습니다. 천사는 진흙탕에 뒹굴 수 없고, 돼지 떼와 어울릴 수도 없으니, 천국을 누리지 못하면 다른 아무것도 누리지 못합니다. 만약 당신이 세상으로 돌아갈 수 있다면, 세상으로 돌아갈 것입니다. 하지만 당신이 하나님의 자녀이면 당신은 돌아갈 수 없습니다. 왜냐하면 은혜가 당신의 본성을 너무 크게 바꾸어서, 당신이 존재할 수 없는 영역에서는 있고 싶지 않도록 만들었기 때문입니다.

배교를 위한 구실은 없습니다. 그 반대의 길에 모든 타당한 이유들이 있습니다. "내가 여호와를 향하여 입을 열었으니 능히 돌이키지 못하리로다." 바로 이런 이유 때문에, 내게는 배교의 길로 향하려는 의향이 없습니다. 형제들이여, 우리 중에 어떤 이들은 25년 동안 그리스도인으로 지냈으며, 우리는 그에 대해 기뻐합니다. 군대에는 단기 복무 병사와 장기 복무 병사들이 있는 것을 여러분은 아실 것입니다. 내가 그리스도의 군대에 입대하였을 때에, 일년 중 한 분기만을 복무하고 제대허가증을 얻기 위해 입대한 것이 아닙니다. 나는 평생 복무를 위해 입대했습니다. 하지만 내 주님께서 내게 이렇게 말씀하신다고 가정해 보십시오. "자, 너는 약 25년을 복무하였으니, 집으로 돌아가서 더 이상 내 군사들 중 하나가 아니어도 좋다." "아아, 나의 주님, 제가 어디로 간단 말입니까? 저를 제대시키지 마소서." 만일 그분이 여전히 "너의 복무 기간이 끝났으니, 집으로 가도 좋다"고 말씀하신다면, 나는 그분에게 살든지 죽든지 그분을 떠나지 않겠노라고 말씀드릴 것입니다. 나를 현관의 출입구에 데려다 놓으시더라도, 나는 다시 들어갈 것입니다. 아, 나의 주님, 다른 사람들이 떠난 것처럼 나도 역시 가겠느냐는 질문 자체가 저를 얼마나 근심하게 하는지요! 당신은 저를 당신의 십자가에 묶으시고 못으로 고정해 두셨습니다. 저는 갈 수 없습니다. 가라고요? 저는 죽었습니다. 당신과 함께 장사되었습니다. 당신의 풍성한 은혜가 저를 당신의 일부가 되게 하였고, 분리될 수 없는 연합을 이루게 하셨습니다. "누가 우리를 우리 주 그리스도 예수 안에 있는 하나님의 사랑에서 끊을 수 있으리요?"(롬 8:39). 그럴 수 없습니다. 만일 내가 오늘 제대하게 되어도, 나는 곧바로 다시 입대할 것입니다. 좋은 아내와 결혼한 사람은 이렇게 생각합니다. "만일 내가 내일 아침에 다시 결혼한다 해도, 그녀가 내 아내가 되어야 해. 그리고 우리는 행복할 거야." 마찬가지로, 만약 우리가 다시 결정을 한다고 해도, 우리는 우리의 주님을 다시 선택할 것이며, 우리가 처음에 선택했을 때보다 더 진지하고 더욱 간절하게 그분을 택할 것입니다.

사랑하는 친구들이여, 우리는 주를 향하여 입을 열었습니다. 우리가 돌이키지 못하는 이유는 우리가 지금 너무나 행복하기 때문입니다. 사람은 자기 생명과 기쁨이 된 것으로부터 돌이키지 않습니다. 그는 그것으로부터 얻는 기쁨으로 인해 그것과 결속되어 있습니다. 스위스 사람이 어릴 적 고향 언덕에서 들었던 고국의 음악을 들을 때에 자기 나라를 잊을 수 있겠습니까? 향수에 젖어 다시 알프스의 산에 있고 싶은 마음으로 간절해지지 않겠습니까? 영국 사람은, 그가 육지나 바다나 어디로 다니든, 그의 마음이 본능적으로 앨비언(Albion, 잉글랜드의 옛 지명 — 역주)의 하얀 절벽들로 향하고 있음을 느끼지 않겠습니까? 그리고 영국에 어떤 결점들이 있어도 여전히 그의 나라를 사랑한다고 말하지 않을까요? 자신이 너무나 좋아하는 상태를 멈추고 싶은 사람이 누구일까요? 그와 마찬가지로, 지금 그리스도 안에서 우리의 기쁨이 크므로, 우리는 그분으로부터 분리되는 것을 바랄 수가 없습니다. 왜 우리가 그래야 한단 말입니까? 별이 자기 빛을 발하는 천체를 떠나겠습니까? 혹은 바다의 물고기가 자기가 사는 곳을 떠나고 싶겠습니까? 독수리가 자기 둥지를 세운 언덕의 바위를 싫어하겠습니까? 혹은 천사가 자신이 거주하는 천국을 멀리하겠습니까? 그럴 수 없습니다. 사랑하는 이여, 우리는 돌이킬 수 없습니다. 우리의 기쁨이 우리를 우리 주님과 굳게 결속하도록 만듭니다.

그뿐 아니라, 우리가 말한 것에서 돌이킬 수 없는 것은, 하나님의 은혜가 우리를 계속해서 앞으로 나아가도록 하기 때문입니다. 다른 모든 힘보다 더 강력한 은밀한 힘이 있는데, 그것이 곧 은혜의 힘입니다. 이 힘이 우리를 사로잡았습니다. 애굽으로 돌아가도록 하는 유혹이 찾아올 때, 저 강력한 냄새를 풍기는 애굽의 마늘과, 해면질의 수분 많은 오이와, 저 얼얼하게 매운 맛의 양파가 기억나고, 저 고기 냄비로 되돌아가고픈 생각이 찾아올 때, 강력한 은혜가 곧 그것을 억제하고, 눈물의 회개로써 그 욕망을 가라앉게 합니다. 은혜는, 만나보다 고기 냄비를 더 생각하고 가나안보다 오이를 더 많이 생각한 우리 자신을 어리석은 자들로 혐오하게 만듭니다. 다시금 우리는 결연하게 가나안을 향해 앞으로 나아가게 되고, 애굽으로 돌아가려는 마음을 가졌던 것을 부끄럽게 생각하게 됩니다. 은혜는 우리를 옛 속박의 상태로 되돌아가는 것을 허용하지 않습니다.

우리를 붙들어주는 것이 또 하나(Another) 있습니다. 그것은 나무 위에서 못 박히셨던 그분(He)입니다. 그분이 우리 안에 계시될 때마다 우리는 돌아갈 수 없다고 느낍니다. 세상의 반대와, 마귀와 죽음과 지옥과, 하나님의 진노에 직면하시고서도 무한한 용기로 헤쳐 나아가신 그분의 얼굴을 바라보는 것은, 우리 역시도 최종적으로 그분의 안식에 들어갈 때까지, 반드시 앞으로 나아가야 한다고 느끼게 만듭니다. 형제들이여, 이 모든 논증에 기초하여 우리는 각 사람이 스스로 이렇게 증언해야 한다는 감동을 받습니다. "내가 여호와를 향하여 입을 열었으니 능히 돌이키지 못하리로다."

3. 우리가 해야 하는 것

자, 이제 마지막으로, 우리가 해야 하는 것이 있습니다. 우리가 해야 하는 것은 이것입니다. 당장의 희생이 요구된다 해도 우리는 곧바로 이런 입장을 취해야 합니다. "내가 여호와를 향하여 입을 열었으니 능히 돌이키지 못하리로다." 자, 여러분의 사업에 어떤 일이 있고, 만일 그 일을 하는 경우 여러분이 그리스도인이 될 수 없다면, 즉시 영원히 그것을 포기하십시오. 그에 대해 질문하지도 말고, 친구에게 어떻게 할 것인지 묻지도 말며, 오직 양심을 따르십시오. 그 일이 옳다는 것을 안다면, 그렇게 하십시오. 어머니에게나 형제에게나, 혹은 지금껏 살아왔던 가장 현명한 사람에게도 묻지 마십시오. 혈육과 상의하지 말고, 모든 위험에도 불구하고 예수님을 따르십시오. 두 번 생각하느라 시간을 보내지 말고, 그것을 행하고, 그것을 끝내십시오. 오, 나는 무엇을 해야 하는지를 두고 망설이는 그리스도인들을 알고 있습니다. 그들의 의무가 명백한데도, 그들은 그 의무를 좋아하지 않고, 그래서 그들은 다른 누군가가 그들이 그릇되게 행해도 그리스도인이 될 수 있다고 말해 주기를 바랍니다. 다른 사람들의 판단으로부터 어떤 구실을 얻기 위해서 그들은 이런저런 목사들을 찾아다닙니다. 어느 정도 자신들의 상황을 꾸며서 말하며, 그들이 원하는 판단을 얻고 싶은 것입니다. 마침내는, 어떤 선한 사람의 의견으로부터 죄를 지을 일종의 처방전을 날조하고서, 양심을 속이면서 이렇게 말합니다. "많이 후련해진 것을 느껴. 이제 나는 그것을 할 수 있어. 은혜가 있는 사람에게 상의를 했고, 그는 내가 해도 좋다고 생각하기 때문이지." 하지만 의무가 명백한 곳에서는 어떤 상담도 필요없습니다.

"오, 목사님, 하지만 희생이 너무 큰걸요." 희생이 그것보다 천 배나 더 크더라도, 거기에는 의문의 여지가 없습니다. 의무는 명령이니, 그것을 행하도록 하십시오. 만일 당신의 옳은 일이 당신 자신과 자녀들을 가난하게 만들어도, 그렇게 해야 합니다. 당신이 가난하여도 당신의 고결성을 유지하고 계속해서 하나님을 섬기는 편이, 당신이 부에 뒹굴면서 양심을 어기는 편보다는 훨씬 낫습니다. "나는 돌이킬 수 없다"고 말하십시오. 희생을 감수하고 계속해서 전진하십시오.

하지만 여러분이 이렇게 하려면, 더 많은 은혜를 구해야 합니다. 사랑하는 형제들이여, 길 위에 꼴사나운 것이 있고 또 여러분이 그것 때문에 돌아갈 수도 없는 곳이라면, 여러분이 해야 할 일은 그것을 넘어갈 수 있도록 주님의 도우심을 구하는 것입니다. 여러분은 그곳을 통과해야 하고, 또한 이런 일은 오직 그분의 힘으로만 될 수 있기 때문입니다. 여러분이 끝까지 신실할 수 있는 것은, 여러분 자신에게 달린 것이 아님을 기억하십시오. 여러분은 그렇게 해야 합니다. 하지만 성령께서 그렇게 할 수 있도록 여러분에게 힘을 주셔야 합니다. 저 흑인(특정 소설의 등장인물로 추정됨 — 역주)이 이렇게 말했습니다. "마사, 만일 주님이 삼보(Sambo)에게 '삼보, 뛰어서 저 벽돌담을 뚫고 지나가라'고 말씀하시면, 나는 뛰어들 것이야. 나로 뚫고 통과하게 하시는 분은 주님이시지만, 삼보는 뛰어들어야 해." 역경과 고난에 직면했을 때 인내하는 것도 그와 마찬가지입니다. 만일 당신에게 힘든 의무가 떨어졌다면, 그것이 희생과 고통이 관련되었다 해도, 주저하지 말고 불굴의 정신으로 나아가십시오. 당신에게 명하신 분은 주님이시며, 만일 주님이 여러분에게 벽돌담을 뛰어넘도록 명하신다면 그분이 당신을 위해 그 담 속에 구멍을 만드시든지, 혹은 그 벽을 부드럽게 만드시든지, 혹은 다른 어떤 방법으로든 당신이 통과할 수 있도록 만드실 것입니다. 당신 자신의 약함 때문에 뒤로 물러서지 마십시오. 믿음으로 하여금 하나님의 능력을 붙들도록 하십시오.

그리스도인들에게 한 가지 더 권면할 내용은 이것입니다. 배수진을 치십시오. 저 로마 사령관이 승리를 얻으려할 때 그는 자기 군대를 적군이 수천 명이나 있는 해안에 내리게 하고, 배들을 불태웠습니다. 퇴각할 모든 가능성을 차단한 것입니다. "하지만 만일 우리가 패하면 어디로 도망칩니까?" "그것이 내 의도다", 그가 말했습니다. "우리는 패하지 않을 것이다. 우리는 그런 일을 꿈도 꾸지 않는다." "배들을 태우라!" 그것이 바로 그리스도인들이 해야 할 일입니다. 여러분과 세상의 분리는 최종적이고 돌이킬 수 없는 일입니다. 이렇게 말하십시오. "여기 나는 그리스도와 그분의 십자가를 향하여 간다. 성경의 진리와, 하나님의 계명들과, 거룩함과, 예수님께 대한 믿음을 향해 나아간다. 무슨 일이 닥쳐도 결코 나는 돌이키지 않을 것이다."

이것이 올바른 정신입니다. 주께서 그런 정신을 우리에게 더욱더 많이 부어주시길 빕니다! 그것은 순교자들의 정신입니다. 여러분에게는 그것이 필요합니다. 회심한 노동자들이여, 여러분에게는 순교자들의 정신이 필요합니다. 나는 여러분의 직장 동료들이 어떻게 여러분을 조롱하고, 야유하며, 괴롭히는지를 알고 있습니다. 여러분 스스로 부당하게 취급받는다고 생각하지 마십시오. 용감하게 처신하십시오. 모든 것을 이겨내십시오. 여러분 자신에게 이렇게 말하십시오. "내가 이런 문제는 미처 생각하지 못했구나. 하지만 대수롭지 않다. 내가 주를 향하여 내 입을 열었으니, 무슨 희생이 따라도 나는 돌이킬 수 없다."

이제 더 이상 말하지 않겠습니다. 형제들이여, 결국 우리의 구원을 위해 주님께서 치르신 희생에 비하면, 경건을 위해 우리가 치르는 희생이 무엇이겠습니까? 저 너머에 있는 영광에 비하면 앞으로 나아갈 때의 어려움이 무엇이겠습니까? 바늘로 찌르는 정도, 그것이 전부입니다. 그런 후에 여러분은 천국에 있을 것입니다. 오, 영화로운 자들 사이에 서는 일이란 무엇일까요! 주님께서 "잘 하였도다"라고 하시는 말씀을 들을 때는 어떠하겠습니까! 다른 아무것이 없어도 오직 두 음절의 말을 들을 수 있다면, 일천 번이라도 죽을 수 있습니다. "잘 하였도다(Well done)!" 그분의 미소를 즐거워하며, 그분의 나라에 참여하고, 손에 종려나무 가지들을 든 무리 가운데 서며, 그분의 영광에 참여하는 것, 이는 앞으로 나아가는 데 따르는 모든 고난과 희생들을 무릅쓸 가치가 있습니다. 아니, 그보다 일천 배나 많은 역경이라도 마찬가지입니다. 그러므로 이 마지막 말을 용납하시기 바랍니다. 앞으로, 내 형제들이여, 앞으로 나아가십시오! 여러분 앞에 무엇이 놓이더라도, 홍해가 있거나, 땅과 지옥이 뒤섞여 사납게 뛰놀더라도, 하나님이 여러분을 부르시면 앞으로 나아가십시오. 그분이 저 영광의 종말까지 여러분을 지키실 것입니다. 하나님께서 그리스도를 위하여 여러분과 함께 하실 것입니다, 아멘.

제
7
장

—

마노아의 아내와
그녀의 훌륭한 증거

—

"그의 아내에게 이르되 우리가 하나님을 보았으니 반드시 죽으리로다 하니 그의 아내가 그에게 이르되 여호와께서 우리를 죽이려 하셨더라면 우리 손에서 번제와 소제를 받지 아니하셨을 것이요 이 모든 일을 보이지 아니하셨을 것이며 이제 이런 말씀도 우리에게 이르지 아니하셨으리이다 하였더라." — 삿 13:22-23

마노아와 그의 아내 이야기에서 첫째로 주목해야 할 것은 이것입니다. 복을 달라고 기도하다가 응답을 받을 때 우리가 받을 그 복으로 인해 두려워 떨게 된다는 사실입니다. 마노아는 하나님의 사자를 보게 해 달라고 기도한 대로 정말 그를 보게 되었습니다. 그의 기도에 대한 응답으로 놀라우신 하나님께서 자신을 낮추어 두 번째로 자신을 계시하셨습니다. 하지만 그 결과 이 의로운 사람은 놀람과 겁에 질려서 자기 아내를 보고 "우리가 하나님을 보았으니 반드시 죽으리로다"라고 소리쳤습니다. 형제들이여, 기도할 때 우리가 무엇을 구하고 있는지 항상 아십니까? 우리는 진짜 축복을 간구합니다. 하지만 그런 축복이 필연적으로 어떤 모습으로 임하는지 안다면, 우리는 간절히 간구하기 전에 아마도 머뭇거리게 될 것입니다.

우리는 성결의 진보를 위해 많은 기도를 드려왔습니다. 형제들이여, 거의 모든 경우에 이런 기도는 고난의 증대를 의미한다는 사실을 여러분은 아십니까? 왜냐하면 주님께서 우리를 풀무 속에 집어넣으시고 많은 불로 연단하지 않고는 성결한 삶은 진보할 수 없기 때문입니다. 그런 조건 속에서도 여러분은 그런 은혜를 원하십니까? 하나님께서 그런 은혜를 베푸실 텐데 그래도 그 은혜를 받으시겠습니까? 그리고 주님께 다음과 같이 말씀드리겠습니까? "주여, 영적인 성장을 이루기 위해 연단을 반드시 받아야 할지라도, 또 이를 위해 몸이 만성병에 시달려야 할지라도, 이를 위해 심한 우울증에 시달려야 할지라도, 이를 위해 재산의 손실을 입을지라도, 친한 친구들을 떠나 보내는 아픔을 겪어야 할지라도, 저는 피하지 않으렵니다. 좋은 결과를 얻는데 필요한 모든 연단을 저의 기도 가운데 포함시키겠습니다. 기도하오니 저의 영, 혼, 몸을 성결하게 하옵소서. 저는 그 모든 과정을 당신의 주권에 맡기나이다."

이런 기도가 여러분에게 가져다줄 모든 것을 여러분이 실제로 알았다고 가정해 봅시다. 어쨌든 여러분은 더 엄숙하게 기도하지 않겠습니까? 저는 여러분이 주저하지 않고 오히려 모든 손실을 감안하고라도 여전히 죄로부터의 해방을 열망하고, 어찌 되었든 말 한 마디마다 심사숙고하면서 신중하게 기도드리기를 바랍니다. 그리하면 응답을 받았을 때 여러분은 그다지 심하게 놀라지는 않을 것입니다. 우리가 아주 간절하게 간구한 축복은 우리가 몹시 한탄하는 고난일 경우가 많습니다. 우리는 하나님의 방법을 알지 못합니다.

주님은 믿음과 은혜를 위한 우리의 기도에 이런 식으로 응답하십니다. 주님은 징계의 채찍을 가지고 오셔서 우리의 어리석음에 대해서 아프게 징계하십니다. 왜냐하면 그렇게 해야만 우리의 유치한 심령들을 어리석음에서 건질 수 있기 때문입니다. 주님은 예리한 보습을 가지고 오셔서 흙을 퍼내십니다. 왜냐하면 그렇게 해야만 우리가 수확을 주님께 드릴 수 있기 때문입니다. 주님은 뜨거운 철장을 가지고 오셔서 우리의 마음을 태우십니다. 그리고 "왜 이런 일이 생깁니까?"라고 물으면, "이것이 네가 구한 것이니라. 주님은 이런 식으로 너의 기도에 응답하시느니라"고 우리에게 대답하십니다. 아마도 이 순간 여러분이 겪고 있는 어질어질한 느낌, 곧 반드시 죽을 것이라는 두려운 감정은 여러분의 기도에 대한 응답이라고 생각될 수 있습니다. 저는 이러한 견지에서 여러분이 자신의 현재의 슬픔을 바라보고, "결국 나의 하나님께서 제가 찾는 바를 정확하게 제게 주셨음을 깨닫습니다. 제가 하나님의 사자 보기를 간구한 대로 저는 하나님의 사자를 보았고, 이로 인해 심령이 제 안에서 낙담하나이다"라고 말할 수 있기 바랍니다.

두 번째로 주목해야 할 것은 이것입니다. 심령의 쇠약함은 흔히 앞으로 있을 놀라운 축복을 예고합니다. 여호와께서 이스라엘을 구원하기 시작할 아들의 부모가 된다는 것은 마노아와 그의 아내에게는 최고의 기쁨이며 최고의 바람이었습니다. 이것을 생각하면 그들은 이루 말할 수 없이 기뻤습니다. 그러나 이 기쁜 소식을 처음 전해 들었을 때 마노아는 적어도 무거운 마음으로 "우리가 하나님을 보았으니 반드시 죽으리로다"라고 말했습니다. 흐린 날씨는 일반적으로 은혜의 소낙비를 예고한다고 그렇게 해석하십시오. 큰 고난을 당할 때 달콤한 은혜를 기대하십시오. 사도들이 다볼 산의 구름 속으로 들어갔을 때 두려워했던 경험을 여러분은 기억하지 않습니까? 그들은 구름 속에 있을 때 변화하신 주님을 뵈었습니다. 지금까지 여러분과 저는 우리를 덮고 있는 구름을 크게 두려워했지만, 사실은 구름 속에 있기 전보다 구름 속에 있을 때에 그리스도와 그의 영광을 더 많이 목격하였답니다. 여러분이 두려워하는 구름은 주님께서 자신을 계시하시는 골방의 외벽을 이루는 것입니다.

마노아, 당신이 삼손을 팔에 안기 전에 "우리가 반드시 죽으리로다"라고 말해야만 합니다. 목사가 수많은 사람들에게 말씀을 전하기 전에 먼저 자신을 비워야 하며 무능함을 절감하고 떨어야 합니다. 주일학교 교사가 아이들을 그리스도께 인도하기 전에 먼저 자신이 얼마나 연약하고 부족한지 깨달아야 할 것입니다. 제가 믿기로는, 주님께서 당신의 집에서 우리를 사용하려고 하실 때, 먼저 접시처럼 우리를 취하여 속을 깨끗이 닦으시고 선반 위에 우리를 놓으시며, 그 후에 우리를 꺼내어 그 위에 당신 자신의 하늘 양식을 담으시고, 그것으로 다른 사람들의 영혼을 채우십니다. 바로 이러한 큰 축복이 임하기 전에 일반적으로 먼저 비워지고 뒤집어져야 합니다. 마노아는 자기가 반드시 죽으리라고 느꼈으나 그는 죽을 수 없었습니다. 왜냐하면 그는 이스라엘의 구원자요 블레셋의 공포의 대상인 삼손의 아버지가 되어야 했기 때문입니다.

세 번째로 주목해야 할 것은 이것입니다. 많은 경우에 큰 믿음은 깜짝 놀랄 일을 경험하게 됩니다. 마노아가 얼마나 큰 믿음을 가졌습니까! 그의 부인은 임신하지 못하였으나 하나님의 사자가 나타나 그녀가 아이를 임신하여 낳으리라고 말씀하시자 마노아는 그대로 믿었습니다. 어떤 하늘의 사자도 그에게 직접 임하지 않았는데도 말입니다. 그가 하나님의 사자를 다시 보게 해 달라고 한 것은 예언의 말씀을 다시 듣기 위함이 아니었고, 그 아이를 어떻게 키워야 할지 그 비결을 알려 달라고 하기 위함이었으니 그의 믿음은 참으로 컸습니다. 연로하신 홀(Hall) 주교는 말하기를, "그에게 강한 믿음이 있었기에 강한 삼손의 아버지가 될 수 있었다" 하였습니다. 마노아는 참으로 강한 믿음의 소유자였으나 본문에서는 겁에 질려 "우리가 하나님을 보았으니 반드시 죽으리로다" 합니다. 사람을 한 마디 말이나 행동으로 판단하지 마십시오. 만일 여러분이 그렇게 한다면 틀림없이 그 사람을 잘못 판단하게 될 것입니다.

겁쟁이들도 때로는 용감하며, 아주 용감한 사람들도 때로는 겁쟁이가 됩니다. 본래는 별로 겁쟁이가 아닌데도 실제로는 본래보다 더 심한 겁쟁이가 되는 그런 사람들이 있습니다. 사람은 다분히 자기가 겁이 많다고 고백하는 겁쟁이입니다. 두려움에 떠는 마노아는 솔직하고 정직하며 진실하였기에 자기 감정을 그대로 표출할 수밖에 없었습니다. 아마도 그가 교활한 사람이었더라면 자기 감정을 숨겼을 것입니다. 마노아는 하나님의 말씀을 충분히 믿었지만 동시에 그의 전통적인 신앙에 따라서 하나님을 뵌 자신이 죽지 않을까 하는 의심을 갖게 되었습니다. "우리가 하나님을 보았으니 반드시 죽으리로다."

한 가지 더 여기서 주목해야 할 사실이 있습니다. 곧, 여러분의 심령이 낙심되었을 때 여러분에게 조언과 위로를 줄 수 있는 그리스도인 친구가 있다는 것은 큰 은혜라는 사실입니다. 마노아는 최고의 아내와 결혼하였습니다. 그의 아내는 그보다 더 나은 판단력을 지녔습니다. 그녀는 체질상 더 약한 그릇이었지만 믿음은 남편보다 더 강하였으며, 아마도 이 때문에 천사가 그녀에게 나타났을 것입니다. 왜냐하면 천사들은 믿음 있는 사람들에게 말하는 것을 좋아하기 때문입니다. 천사들이 한 사람을 골라 메시지를 전달하는데 아내가 남편보다 믿음이 좋다면 그들은 남편보다 아내를 찾아갈 것입니다. 왜냐하면 그들은 하나님의 메시지를 믿음으로 받아들일 사람들에게 그 메시지를 전달하고 싶어하기 때문입니다.

마노아의 아내는 분명히 믿음이 충만하였습니다. 그러하기에 그녀의 남편이 떨면서 "우리가 반드시 죽으리로다" 말하였을 때 그런 의심 많은 추측을 믿지 않았습니다. 게다가 여자들은 논리적이지 못하다고 사람들은 말하지만 이 여성의 증거는 분위기를 압도하는 논리적인 증거였습니다. 일반적으로 여성들의 직관은 남자들의 논리보다 훨씬 명석한 것이 분명합니다. 남성들은 볼 만한 것들을 찾고 있는 동안에 여성들은 단번에 진리를 들여다봅니다. 여성들의 직감은 일반적으로 우리의 이성만큼 안전하며, 따라서 여성들이 명석한 논리적 지성을 겸비하게 되면 지혜로운 상담자가 됩니다.

마노아의 아내는 명석한 직관뿐만 아니라 훌륭한 논리력도 갖추었습니다. 본문 말씀에 보면, 그들이 하나님을 보고 그의 말씀을 들었기 때문에 하나님께서 자기들을 죽이신다는 것은 있을 수 없는 일이라고 증거하였습니다. 오, 모든 남자가 마노아의 아내처럼 현명하고 은혜로운 아내를 데리고 산다면 얼마나 좋겠습니까! 한 사람이 낙심할 때마다 그리스도인 형제 자매가 지금까지 베푸신 주님의 은혜를 기억나게 하는 말로써, 혹은 말씀에 기록된 은혜로운 약속으로 그를 위로할 수 있다면 얼마나 좋겠습니까! 남편이 아내를 위로하는 경우도 똑같이 아름다울 것입니다. 제가 아는 그리스도인 자매는 대단히 신경질적이고 자주 우울해하며 번민하였습니다. 남편이 굳센 믿음으로 영원하신 주님의 신실하심과 선하심을 신뢰하고 의지함으로써 그녀의 슬픔을 잊어버리도록 위로한다면 그녀에게 얼마나 큰 은혜가 되겠습니까!

성령 하나님의 도우심을 받아 이제 저는 마노아의 아내의 증거를 살펴보고 우리의 마음에 위안이 되는 바를 말씀드리고자 합니다. 위로의 노래를 연주한 마노아의 아내의 활에는 세 가닥의 줄이 있었습니다. 그 중 하나는 하나님께서 자기들의 희생제물을 받으셨기 때문에 자기들을 죽일 의도가 없다는 확신이었습니다. 그리고 또 하나는 하나님께서 자기들을 죽일 의도가 있었다면 이런 사실을 말씀하지 않으셨을 것이라는 추론이었습니다. 이와 같이 그녀의 활에 달린 세 가닥의 줄은 열납된 희생제물, 은혜로우신 계시, 그리고 귀한 약속이었습니다. 이제 이 세 가지를 하나씩 생각해 봅시다.

1. 열납된 희생제물.

저는 유감스럽게도 시험을 당하여 크게 낙심하고 다음과 같이 애통하기 시작한 형제를 심중에 두고 설교할 것입니다.

> "주님께서 나를 완전히 버리셨어
> 나의 하나님은 더 이상 은혜를 베풀지 않으실 거야."

형제여, 과연 그럴까요? 하나님께서 그의 아들 예수 그리스도의 희생을 여러분을 위해 일찍이 받으신 것이 아니었습니까? 귀한 친구여, 여러분은 지금까지 예수님을 믿어왔는데 지금은 그분을 믿지 않는군요. 여러분의 손을 가슴에 대고 자신에게 진지하게 이렇게 물어보십시오. "너는 하나님의 아들을 신뢰하는가?" 그러면 여러분은 "그래요, 주님, 저의 모든 불행에도 불구하고 저는 당신을 믿습니다. 그리고 제 영혼의 관심은 온통 당신의 구원의 능력에 쏠려 있습니다" 라고 말할 것입니다. 여러분은 오류가 없는 성경책에 기록된 하나님의 말씀을 가지고 있습니다. 그 말씀은 예수 그리스도께서 바로 여러분을 위해 하나님께 드려졌다는 사실을 여러분에게 분명히 증거하고 있습니다. 그 말씀에 따르면, 예수 그리스도는 믿는 자들이 절대로 멸망하지 않도록 자신의 목숨을 버리셨습니다.

그는 믿는 자들의 보증인이 되셨으며, 대속의 고난을 당하셨습니다. 그런데도 이러한 대속의 사건이 무효이며 결국에는 믿는 자들이 절망할 수밖에 없다니 이것이 과연 말이 됩니까? 마노아의 아내의 증거는 바로 이런 것이었습니다. "우리가 염소새끼를 반석 위에 드렸잖아요. 그리고 그것을 드렸을 때 그것이 불에 타 없어졌잖아요. 염소 새끼가 우리를 대신하여 타 없어진 것이었어요. 희생제물이 타 없어졌기 때문에 우리는 죽지 않을 겁니다. 그 불이 우리를 태우지 않을 거예요. 그 불은 이미 희생제물을 태우는데 사용되었어요. 그 불꽃이 연기 속에서 하늘로 올라갔고 하나님의 사자도 그 불꽃과 함께 올라가는 것을 당신도 보았잖아요. 그 불은 사라졌어요. 그 불이 다시 우리에게 떨어져 우리를 멸할 수 없어요."

이 말을 복음으로 해석하면 이와 같습니다. 주 예수 그리스도께서 십자가에 매달리신 것을 우리가 보았잖아요. 그분의 극심한 고뇌를 우리가 보았잖아요. 하나님의 불이 그분을 태웠잖아요. 그분이 올라가시는 모습, 말하자면, 거룩한 불로 말미암아 부활하시고 승천하시고 영광을 얻으시는 모습을 우리가 보았잖아요. 여호와의 진노의 불이 그분에게 임하였기 때문에 우리는 죽지 않을 것입니다. 그는 우리를 대신하여 죽으셨습니다. 여호와께서 주님으로 하여금 고난받게 하시고 불의한 자를 위해 의로운 자를 죽게 하셨는데 이제 믿는 자를 벌하신다는 것은 말이 되지 않습니다. 그리스도께서 교회를 사랑하시므로 자신을 내어주셨거늘 이제 그 교회가 멸망할 수밖에 없다는 것은 말이 되지 않습니다. 여호와께서 우리의 모든 죄악을 그에게 담당시키셨는데 이제 와서 우리의 죄악을 우리로 담당하게 하신다는 것은 말이 되지 않습니다. 이러한 말은 하나님의 공의에 어긋납니다. 이러한 말은 그리스도의 대속의 희생을 무효화시키는 것이며, 잔혹한 고난을 당하였지만 결과적으로 아무것도 이룬 것이 없는 쓸데없는 행동이었다고 그분의 죽으심을 모욕하는 것입니다. 대속이 아무에게도 효력을 주지 못한다는 그런 추측은 신성을 모독하는 죄입니다.

오, 제발 구세주의 십자가를 보고 또 보십시오. 하나님께서 그리스도를 어떻게 열납하셨는지 그대가 깨닫는 순간 그대는 크게 만족할 것입니다. 하나님께서 그의 아들을 죽은 자 가운데서 일으키시고 그에게 영광을 베푸실 때 "다 이루었다"는 예수님의 마지막 말씀이 하나님의 보좌에서 얼마나 크게 메아리치는지 들어보십시오. 제가 하는 말을 들어보십시오. 다음과 같은 힘있는 증거에 귀 기울여 보십시오. 하나님께서 우리를 죽이고자 하셨다면 그는 우리를 위하여 그의 아들을 열납하지 않으셨을 것입니다. 하나님께서 우리를 죽이기로 작정하셨다면, 그의 아들을 죽게 내버려 두셨을까요? 어찌 그럴 수 있습니까? 예수님의 희생은 자신을 대속물로 내어주신 자들의 멸망을 틀림없이 효과적으로 막아 주십니다. 예수께서 죄인들을 위해 죽으셨는데 아직도 죄인들은 그 자비를 부인하고 있습니다! 이는 상상할 수도 있을 수도 없는 일입니다! 그대가 속으로 무슨 생각을 하든지, 그리고 그대의 생각이 아무리 혼란스럽더라도 열납된 희생제물은 하나님께서 그대를 죽일 마음이 없다는 것을 보여줍니다.

마노아의 경우를 보십시오. 그들은 번제와 소제를 드렸습니다. 사랑하는 형제 자매들이여, 우리가 믿는 그리스도의 크고 위대하신 희생제사와 더불어 우리는 또 다른 제사들을 하나님께 드려왔으며, 이러한 제사를 하나님께서 받으신 결과, 그가 우리를 멸하려 하신다는 것은 도저히 상상할 수 없는 주장입니다.

첫째, 저는 여러분이 드린 기도의 제사를 생각해 보도록 유도하겠습니다. 제 생각을 말씀드리지요. 저는 마음속으로 일기를 대충 훑어보면서 제가 기도로 주님을 찾았을 때 주님께서 제 기도를 너무나 은혜롭게 들어주신 많은 경우들을 지금 기억합니다. 마노아가 바위 위에서 제물이 태워진 것을 확신하였던 것만큼이나 저의 기도가 응답되었다고 저는 확신합니다. 이로 말미암아 주님께서 저를 멸하실 의도가 없다고 추론할 수 없을까요? 사랑하는 형제여, 여러분의 경우도 마찬가지라고 저는 알고 있습니다. 여러분은 오늘도 우울한 기분이며 하나님의 사랑에 대하여 많은 의심이 들기 시작합니다. 하지만 여러분도 아시다시피 여러분이 주님을 구하였을 때 주께서 기도를 들어주셨던 시간들이 있었습니다. 여러분이 "이 불쌍한 자가 부르짖으매 주께서 들으시고 모든 두려움에서 건져내셨도다"고 말할 수 있습니다.

아마도 여러분이 어느 책에다 이 사실을 메모해 두지는 않았을 테지만 여러분의 기억 속에는 지울 수 없는 기록으로 남아 있을 겁니다. 궁핍할 때에 자기 백성을 도우시겠다고 약속하신 주님의 신실하심에 관하여 여러분의 심령이 직접 주님을 자랑하였습니다. 왜냐하면 감사하게도 여러분이 직접 체험하였기 때문이지요. 형제여, 만일 주님께서 여러분을 죽이고자 하셨다면 과연 여러분의 기도를 들어주셨겠습니까? 만일 주님께서 결국에는 여러분을 버리고자 하셨다면 그렇게 많이 여러분의 기도에 응답하셨겠습니까? 만일 주님께서 여러분과 싸우고자 하셨다면 주님은 오래 전에 이미 싸울 빌미를 마련하셨을 테고 "네가 많은 기도를 드려도 나는 응답하지 아니하리라" 말씀하셨을 것입니다. 그러나 주님께서 여러분의 부르짖음과 눈물에 귀를 기울이시고 여러분의 간구에 여러 번 응답하신 것을 보아 그분께서 여러분을 죽일 의도가 있을 리 만무합니다.

또한 오래 전 여러분의 기도뿐만 아니라 여러분 자신을 주님께 드렸습니다. 여러분은 그리스도께 몸, 혼, 영, 여러분의 모든 재물, 모든 시간, 모든 재능, 모든 능력, 모든 학식을 주님께 내어드리고 "주여, 저는 저의 것이 아니라 값으로 사신 바 되었습니다"라고 고백하였습니다. 그때에 주님께서 여러분을 열납하지 않으셨나요? 여러분이 그때에 열납되었다는 그 황홀한 느낌을 바로 지금 생생하게 기억하고 있습니다. 여러분이 지금 심한 고통을 당하고 있지만 그때에 드린 헌신을 철회할 생각이 없으며 오히려 반대로 다음과 같이 선언할 것입니다.

> "높은 하늘에서 진지한 맹세를 들으셨도다
> 매일 새로운 맹세를 들으리로다
> 살아 있는 마지막 순간까지 나는 엎드려 맹세하리
> 죽음 가운데서 이 귀한 맹세를 송축하리."

주님께서 여러분을 멸망시키기로 하셨다면 그에게 드리는 여러분 자신을 제물로 받으셨을까요? "나는 진실로 주의 종이요 주의 여종의 아들 곧 주의 종이

라. 주께서 나의 결박을 푸셨나이다"(시 116:16)라고 여러분이 말하는 것을 주님께서 허락하셨을까요? 주님과 연합된 세례를 받음으로써 그의 깨끗한 몸으로 씻겨지고 영원히 주님의 것이라고 선언되었던 그때를 즐거이 기억하면서, 오늘 밤 "내가 내 몸에 예수의 흔적을 지니고 있노라"(갈 6:17)고 담대히 단언할 것처럼, 선포하는 것을 주님께서 허락하셨을까요? 주님께서 여러분을 죽이기로 작정하셨다면, 여러분이 헌신 중에는 물론이요 헌신의 흔적을 남기는 가운데서도 기쁨을 느낄 수 있도록 주님께서 허락하셨을까요? 오, 분명히 그렇지 않습니다. 자기 자신을 드리는 사람을 주님은 버리지 않습니다. 그럴 리 없습니다.

우리 중 어떤 이들은 이 최근의 제물로 말미암아 또 다른 헌신이 있었던 것을 기억할 수 있습니다. 주님은 평소에도 우리의 제물을 받으셨습니다. 우리의 일, 믿음, 사랑의 수고들은 주님의 성령의 은혜로 말미암는 것이기 때문입니다. 제가 기억하기로, 여러분 중에 어떤 이들은 구세주께로 어린 아이들을 인도하는 축복을 받았습니다. 그리고 하나님께서 여러분을 회심의 도구로 삼기를 기뻐하신 까닭에 주의 일에 열심인 자들을 여러분은 큰 기쁨으로 바라봅니다. 제가 알기로, 여러분 중 어떤 이들은 복음을 섬기는 자들이며, 또 어떤 이는 길모퉁이에서 복음을 전합니다. 여러분이 살아가면서 많은 노력을 기울이는 것을 하나님께서 기뻐하셨기 때문에 여러분이 온 마음으로 예수님의 통치를 따를 수 있었던 것입니다. 그런데 여러분은 그러한 노력들을 신뢰하지 않고 여러분의 주인을 섬긴 공로를 주장하지도 않고 있습니다. 하지만 그런 노력과 공로가 여러분에게 큰 위로가 될 수 있으며, 다음과 같이 말할 수 있는 근거가 된다고 저는 생각합니다. 주님께서 나를 멸하려고 작정하셨다면 내가 그의 복음을 전하는 것을 허락하셨을까요? 내가 사람들의 영혼을 위해 울도록 허락하셨을까요? 내가 어린 양과 같은 귀한 자녀들을 주님의 품으로 불러모으도록 주님께서 허락하셨을까요? 만일 주님께서 나를 축복하기로 작정하지 않으셨다면, 주님의 포도원에서 열매를 맺고 싶어하는 나의 간절한 열망을 주님께서 허락하셨을까요?

2. 두 번째 논증은, 그들이 은혜로운 계시를 받았다는 사실이었습니다.

"여호와께서 우리를 죽이려 하셨더라면 우리에게 이 모든 일을 보이지 아니하셨을 것입니다." 사랑하는 형제들이여, 주님께서 여러분에게 보여주신 것이 무엇입니까? 저는 한두 가지를 말씀드리겠습니다.

　　첫째, 주님께서 여러분에게 아마도 몇 년 전에 보여주셨거나, 혹은, 바로 이 시간 처음으로 보여주실 것은 바로 여러분의 죄입니다. 우리가 이 계시를 받았을 때 얼마나 놀라웠는지요. 여러분은 여러분의 죄를 전혀 알지 못하였으나 여러분의 죄는 그대로 존재합니다. 옛 집에는 아무도 들어갈 수 없고 빛도 들어오지 않는 지하실이 있습니다. 여러분은 그런 집에서 그곳에 무엇이 있는지 모르는 채 아주 편안하게 지냅니다. 하지만 어느 날 여러분이 촛불을 들고 계단을 내려가 곰팡내 나는 문을 엽니다. 저런, 그 문이 열리면 얼마나 축축한지, 얼마나 역겨운 냄새가 나는지요! 온갖 종류의 살아 있는 생물들이 발 밑에서 뛰어다닙니다. 벽에서도 생물들이 자라납니다. 구석에는 많은 뿌리가 내리고 거기서 죽음의 손가락처럼 보이는 길고 노란 생물들이 나옵니다. 또 그곳에는 거미가 있으며, 그것처럼 생긴 것들이 백 가지나 되는데 그런 무시무시한 곳이 아니면 그렇게 크게 자라날 수 없을 만큼 있습니다. 여러분은 할 수 있는 한 빨리 빠져나오며, 다시는 그곳을 보려고 하지 않습니다.

　　촛불이 그곳을 나쁘게 만들지는 않았습니다. 그 촛불이 그곳을 더럽게 만들지 않았습니다. 촛불은 다만 그곳이 어떤 곳인지를 보여주었을 뿐입니다. 여러분이 수 년 동안 열어보지 않았기 때문에 아무리 해도 열 수 없었던 덧문을 목수를 불러 떼어낼 때, 그리고 빛이 들어올 때, 촛불을 비추었을 때보다 더 소름끼칠 것입니다. 그리고 도대체 어떻게 해서 그런 무서운 것들을 주변에 두고 지내왔는지 놀랄 것이며, 지하 계단을 완전하게 씻어내기 전에는 위층에서 안심하고 살 수 없을 것입니다. 이것이 바로 우리 마음의 모습입니다. 우리의 마음은 죄로 가득하지만 우리는 그것을 모르고 있습니다. 우리의 마음은 부정한 새들이 있는 굴이며, 무시무시하고 사납고 맹렬한 모든 것들을 모아놓은 집결지입니다. 곧 마귀들이 들끓는 작은 지옥입니다. 우리의 본성이 이러하며 우리의 마음이 이러합니다. 주님께서 여러분에게 보여주신 것처럼 몇 년 전에 제 마음의 상태를 저에게 보여주셨습니다. 사람의 마음을 들여다본 결과는 소름끼칩니다. 영(Young) 박사는 "저 무서운 광경, 곧 벌거벗은 인간의 마음을 당신밖에는 보지 못하도록 모든 눈을 가리우신다"고 잘 묘사하였습니다. 아무도 자신의 마음의 실상을 보지 못하였습니다. 여러분은 한 부분만을 보았을 뿐입니다. 하지만 사람이 자신의 본질적인 악을 보는 순간 정신을 잃을 정도로 인간의 마음은 소름끼칩니다.

자, 이 죽은 사자(타락한 마음을 뜻함)에서 꿀을 얻어봅시다. 형제여, 주님께서 우리를 멸망시키려고 작정하셨다면 주님은 우리의 죄를 보여주지 않으셨을 것입니다. 우리의 죄를 깨닫기 전에 우리는 그런 대로 행복하였습니다. 그렇지 않습니까? 초라한 모습이었지만 그런 대로 만족하였습니다. 주님께서 우리 죄를 용서하기로 작정하지 않으셨다면 우리의 죄를 보여 주지 않으셨을 것이며, 우리의 죄를 도말하기로 작정하지 않으셨다면 기한 전에 우리를 괴롭히지 않으셨을 것입니다. 우리는 돼지였지만 쥐엄 열매를 먹고 만족하였습니다. 우리가 어찌 그냥 돼지로 남아 있지 않을까요? 만일 주님께서 우리의 부정(不淨)을 도말할 의도가 없었다면 도대체 우리의 부정을 우리에게 보여주신 까닭이 무엇입니까? 하나님께서 치료할 의도가 아니었다면, 인간의 마음의 악을 알게 하심으로써 고의로 인간을 괴롭히려고 애쓰는 것은 하나님에게 결코 있을 수 없는 일입니다. 물론 죄를 깊이 자각한다고 우리가 구원을 받는 것은 아닙니다. 하지만 이는 구원으로 이끌 수 있는 무언가가 여러분의 영혼 속에서 시작되었다는 조짐입니다. 왜냐하면 죄에 대한 깊은 자각은 다음과 같이 말하는 것이나 마찬가지이기 때문입니다. "주님께서 질병을 알려 주시는 것은 그 질병을 치료해 주시기 위함입니다. 주님께서 여러분의 타락이라는 지하실의 불결함을 보게 하시는 까닭은 여러분을 깨끗이 씻어 주기 위함입니다."

그런데 주님은 이보다 더 많은 것을 우리에게 보여주셨습니다. 즉, 세상의 공허함과 허무함을 보게 하셨습니다. 한때 세상의 쾌락과 오락을 크게 즐겼던 사람들이 여기에 계십니다. 극장이 그들에게 큰 기쁨이었습니다. 무도실이 그들에게 최고의 만족을 주었습니다. 자기 기분에 따라 옷을 입을 수 있고 자기 내키는 대로 돈을 쓸 수 있다는 것이 최고의 기쁨이었습니다. 그러나 이런 모든 것들이 지나고 때가 이르매 신비로운 말씀을 마음속에 깨닫게 되었습니다. 그 말씀은 "헛되고 헛되며 헛되고 헛되니 모든 것이 헛되도다"라는 말씀이었습니다. 이 사람들이 전에 즐겼던 바로 그 오락을 즐기러 가 보았습니다. 하지만 이제는 너무나 재미가 없고 시시하여 다음과 같이 말하고는 빠져나와 버렸습니다. "우린 그런 것에 조금도 관심이 없어요. 그런 즐거움은 이제 한물 갔어요. 금처럼 보였던 것이 이제는 죄로 보입니다. 우리가 대리석이라고 생각했던 것이 이제는 하얀 페인트일 뿐입니다. 광택은 벗겨졌고, 반짝거리는 금속조각은 빛깔이 바랬으며, 채색은 눈에 보이지 않습니다. 환희가 얼간이 같이 미소짓고, 쾌락이 광기처럼 이를 드러내고 히죽 웃고 있을 뿐입니다.”

　　우리는 마음속에서 “헛되고 헛되며 헛되고 헛되니 모든 것이 헛되도다”라고 외치는 말씀을 들었습니다. 주님께서 우리를 죽이려고 작정하셨다면 과연 이러한 사실을 우리에게 가르쳐 주셨을까라고 이제 여러분은 생각하시겠지요? 아니라고요. 그렇다면 주님은 이렇게 말씀하셨을 것입니다. “저들을 우상에게 미치도록 내버려 둬. 한 세상을 즐길 뿐인데 그냥 그것을 즐기게 내버려 둬.” 주님께서 그 돼지들을 자기 자녀로 만들어 자기 품으로 인도하실 생각이 없었다면 그 돼지들로 하여금 쥐엄 열매를 계속 먹도록 내버려 두셨을 것입니다.

　　하지만 주님은 이보다 더 귀한 것도 우리에게 가르쳐 주셨습니다. 말하자면 그리스도의 존귀하심입니다. 우리가 엄청나게 속지 않는 한 ― 제 말씀은 스스로 속는다는 뜻입니다 ― 십자가 밑에 우리의 죄짐을 내려놓는다는 것이 무엇인지 깨닫습니다. 존귀하신 구세주의 적절하고 충분한 공로를 바라본다는 것이 무엇인지 우리는 깨달았습니다. 그리고 말로 할 수 없는 기쁨과 넘치는 영광으로 그분을 즐거워하였습니다. 만일 하나님께서 우리를 멸하려고 하셨다면 그는 우리에게 그리스도를 보여주지 않으셨을 것입니다.

　　또한 우리는 때때로 하나님을 간절히 바랍니다! 우리가 하나님과의 교제를 얼마나 간절히 사모하였는지요! 죄로부터 구원받기를 얼마나 간절히 열망하였는지요! 완전해지기를 얼마나 간절히 사모하였는지요! 천국에서 주님과 함께 있기를 얼마나 간절히 열망하였는지요! 여기 있는 동안에도 그분을 닮기를 얼마나 간절히 소원했는지요! 만일 주님께서 우리를 멸하려고 작정하셨다면 이런 사모, 갈망, 열망, 소망을 우리의 마음속에 허락하셨을 것이라고 여러분은 생각합니까? 그렇게 하실 까닭이 도대체 무엇입니까? 만일 그랬다면, 탄탈루스(Tantalus, 제우스의 아들. 신들의 비밀을 누설한 벌로 지옥의 물에 턱까지 잠겨 목이 말라 물을 마시려 하면 물이 빠졌다 함 ― 역주)가 받은 고통만큼이나 우리는 괴로워하지 않았을까요? 우리가 결코 가질 수 없는 것을 바라게 하며, 결코 얻을 수 없는 것을 사모하게 한다는 것은 너무 잔인한 일이 아닐까요? 사랑하는 성도들이여, 이런 사모하는 열정이 있다는 것에 대하여 위로를 받읍시다. 주님께서 우리를 죽이고자 하셨다면 이와 같은 것들을 우리에게 보여주시지 않았을 테니까요.

3. 많은 귀한 약속들

이제 마지막 위로의 원천에 대해 말씀드리고자 하는데 자세히 말씀드릴 시간은 없을 것 같습니다. 이는 주님께서 우리에게 말씀하신 바 많은 귀한 약속들입니다. 만일 주님께서 우리를 죽이려고 하셨다면 이와 같은 약속들을 우리에게 말씀하시지 않았을 것입니다. 하나님의 자녀가 낙심될 때 하나님의 말씀 앞에 나아가 기도하고 위를 바라본다면, 그는 대체로 이런저런 하나님의 약속을 붙잡을 것입니다. 저도 그렇게 하고 있습니다. 사랑하는 형제들이여, 어떤 약속의 말씀이 여러분의 형편에 적합한지 오늘 밤 여러분에게 말씀드릴 수는 없지만, 주님께서는 꼭 필요한 시간에 꼭 필요한 말씀을 적용하는 법을 언제나 알고 계십니다.

약속의 말씀이 큰 능력으로 심령에 적용될 때, 은혜의 보좌 앞에서 그 약속을 허락해 달라고 기도할 때, 여러분은 이렇게 말할 수 있을 것입니다. "만일 주님께서 우리를 죽이고자 하셨다면, 이러한 약속을 하지 않을 것입니다." 저는 매일 아침 일어나면 제 눈앞에 걸려 있는 약속의 말씀을 바라봅니다. 이 말씀은 수년 동안 같은 장소에 그대로 걸려 있었으며, 지금은 제 영혼 속에 남아 있습니다. 이 약속의 말씀은 "내가 너를 떠나지 아니하며 버리지 아니하리니"(수 1:5)입니다. 어려운 일이 생기고, 돈이 떨어지며, 병에 걸려도, 그런 것과 상관 없이 제 마음속에 있는 약속의 말씀은 언제나 샘물처럼 흐르고 있습니다. "내가 너를 떠나지 아니하며 버리지 아니하리니." 주께서 우리를 죽이려고 하셨다면 이 약속을 말씀하지 않으셨을 것입니다.

형제들이여, 여러분이 붙잡은 약속의 말씀은 무엇입니까? 여러분은 어떠한 약속의 말씀을 붙잡고 있습니까? 여러분이 아무런 말씀도 붙잡고 있지 않고, 또 어떠한 말씀도 여러분과 상관이 없는 것처럼 느껴진다 하더라도, 다음과 같은 말씀이 여러분에게 약속이 될 것입니다. "미쁘다 모든 사람이 받을 만한 이 말이여, 그리스도 예수께서 죄인을 구원하시려고 세상에 임하셨다 하였도다"(딤전 1:15). 만일 주님께서 여러분을 멸하려고 하셨다면 그는 여러분의 경우도 포함시키는 이처럼 넓은 의미의 약속을 우리에게 말씀하시지 않았을 것입니다. 수많은 약속의 말씀들이 인간이 추락할 수 있는 가장 낮은 곳까지 인간의 마음속으로 내려옵니다. 만일 주님께서 깊이 추락한 심령을 멸하려고 하셨다면, 복음의 약속을 너무나도 비천한 마음에까지 내려보내시지 않았을 것입니다.

저는 이제 아직 회개하지 않고 심령의 고통을 당하고 계신 분들에게 잠시 말씀드리겠습니다. 여러분은 하나님께서 여러분을 멸하려 하신다고 생각합니다. 사랑하는 친구여, 주님께서 여러분을 죽이려고 하셨다면 여러분에게 복음을 보내시지 않았을 것이라고 저는 생각합니다. 여러분을 멸망시킬 의도와 뜻이 있었다면 주님은 여러분을 이곳으로 인도하시지 않았을 것입니다. 지금 여러분은 앉아서 예수님께서 여러분과 같은 죄인들을 구원하려고 죽으셨다는 말씀을 듣고 있습니다. 여러분은 지금 앉은 자리에서 예수님을 믿고 구원받으라는 말씀을 듣고 있습니다. 만일 주님께서 여러분을 죽이려고 하셨다면, 여러분을 구원할 수도 없는 그리스도라는 사람을 여러분에게 전하는 그런 쓸데없는 심부름을 저에게 시켰을 리가 만무합니다. 여러분은 매우 놀랍게도 지금까지 용서받고 살아왔습니다. 여러분은 육지에서 혹은 바다에서 사고를 당하였으며, 아마도 전쟁을 겪기도 하였고, 배를 타고 난파되었던 적도 있었습니다. 여러분은 병상에서 일어나기도 하였습니다. 만일 주님께서 여러분을 죽이려고 하셨다면 그때에 여러분이 죽도록 내버려 두셨을 것입니다. 그러나 주님께서는 여러분을 용서하셨습니다.

여러분은 지금 나이가 들어가고 있습니다. 분명히 지금은 여러분이 주님의 자비 앞에 무릎 꿇어야 할 시간이며, 은혜의 손에 자신을 부탁해야 할 때입니다. 만일 주님께서 여러분을 멸하려고 하셨다면 여러분을 이곳으로 인도하시지 않았을 것입니다. 어쩌면 이곳에 오신 분들 중에 자신이 왜 여기에 와 있는지 이상하게 여기며 제 설교를 듣고 있는 사람도 있을 것입니다. 그는 여기 앉아 있는 동안 내내 '내가 어떻게 이 자리에 와 있는지 나도 모르겠어. 내가 왜 여기에 있지'라고 속으로 말했을 것입니다. 하나님께서 여러분을 축복하고자 하십니다. 저는 믿습니다. 여러분이 하늘을 향해 다음과 같이 기도를 드리신다면 하나님께서 여러분을 축복하실 것입니다. "아버지여, 저를 용서하옵소서! 제가 하늘과 아버지 앞에 죄를 범하였지만 그리스도를 위하여 저를 용서하옵소서! 저는 당신의 아들을 믿나이다." 여러분은 영원한 생명을 얻고, 하나님께서 열납하신 희생제물을 즐거워할 것입니다. 여러분은 곧 주님의 사랑의 계시를 즐거워하고, 주께서 여러분에게 주시는 약속들을 즐거워하며, 오늘 밤 제가 전하는 말씀을 다음과 같이 여러분도 말하게 될 것입니다. "여호와께서 우리를 죽이려 하셨더라면 이 모든 일을 보이지 아니하셨을 것이라."

제
8
장

—

꿀이 가득한 손

—

"얼마 후에 삼손이 다시 가다가 돌이켜 그 사자의 주검을 본
즉 사자의 몸에 벌 떼와 꿀이 있는지라. 손으로 그 꿀을 떠서
걸어가며 먹고 그의 부모에게 이르러 그들에게 그것을 드려
서 먹게 하였으나 그 꿀을 사자의 몸에서 떠왔다고는 알리
지 아니하였더라." — 삿 14:8-9

무기도 들지 않은 사람이 힘이 한창 때인 젊은 사자를 죽이는 것은 기이한
사건입니다. 하지만 벌 떼가 메마른 주검을 점유하여, 그 주검을 꿀로 채우는 일
은 더욱 이상합니다. 그 나라에서는, 짐승이든 새든 곤충이든, 건조한 열기로 인
해 죽은 몸은 곧 부패로부터 정화됩니다. 그래서 뼈들이 깨끗하고 하얗습니다.
하지만 사자를 죽이는 일이나, 그 주검에서 꿀을 발견하는 일은 아주 놀라운 이
야기입니다. 이 특이한 사건은 나중에 수수께끼의 문제가 됩니다. 하지만 지금
은 우리가 그 수수께끼에는 관심이 없습니다. 삼손 자체가 수수께끼입니다. 그
는 수수께끼 문제를 내는 사람이 아니라, 그 자신이 설명하기 어려운 수수께끼
였습니다. 그의 개인적인 성격에 대해서는 이번에 내가 거의, 아니 전혀 다루지
않으려고 합니다. 우리는 오늘 순례자들이 식사 후 다과를 먹으며 즐거운 시간
을 보냈던 "가이오의 집"(Gaius, 행 18:7; 고전 1:14; 롬 1:23에 등장하는 인물로서 디도 유
스도와 동일인물로 널리 인정됨. 바울은 고린도에 있는 동안 그의 집에서 체류하였음 — 역주)
에 있는 것이 아니기 때문입니다. 우리는 지금 행진하고 있으며, 우리와 함께 하

는 동료들에게 새 힘을 주고 새로운 정신을 고취시키는 좀 더 중요한 문제에 집중해야 합니다. 그렇다고 해서 우리가 난제(難題)들을 토론하려고 하는 것도 아닙니다. 삼손이 벌에 쏘이지 않고 꿀을 얻었듯이, 우리도 토론 없이 교훈을 얻을 것입니다. 요즘 우리에게는 할 일이 너무 많으므로, 하나님의 말씀에서 우리에게 제시되는 모든 사건을 실제적인 용도로 활용해야 합니다. 나의 한 가지 의도는 낙심한 자들을 격려하고, 하나님의 모든 백성으로 하여금 하나님을 더 부지런히 섬기도록 고무시키는 것에 있습니다. 이 시간 이후에, 우리가 성령의 도우심으로써 사자에게서 꿀을 얻을 수 있기를 바랍니다.

삼손의 생애에 관해 글을 쓴 이들은, 이 두 구절에 기록된 사건의 특별한 부분을 간과해 온 것으로 보입니다. 물론 나는 그것이 아주 하찮것없는 것으로 보인다고 생각합니다. 그들은 잔치의 수수께끼에는 흥미를 갖지만, 삼손이 손으로 꿀을 떠서 그 부모에게 가져다준 훨씬 자연스럽고 칭찬할 만한 사건은 생략합니다. 이 작은 장면에 여러분의 시선이 향하기를 바랍니다. 저 이스라엘 영웅이 죽은 사자를 배경으로 삼아, 손에 가득 꿀을 담아 흘리면서 큰 길에 나타나는 모습, 그것을 그 부모에게로 가져가는 모습, 나에게는 이것이 가장 위대한 미술가가 그릴 만한 좋은 그림이 된다고 여겨집니다. 우리는 여기서 우리의 거룩하신 주님, 곧 사망과 지옥의 정복자이신 주님의 예표를 봅니다. 그분은 우리와 그분을 향해 울부짖는 사자를 멸하셨습니다. 그분은 우리의 모든 원수들을 향해 "승리"를 외치셨습니다. "다 이루었다"는 그분의 승리의 외침입니다. 이제 그분은 그분의 교회 가운데서, 기쁨과 위로를 손에 가득 담고 서 계십니다. 그분은 "이들이 내 형제요 자매요 어머니라"(막 3:35)고 부르시는 이들에게 그것들을 주십니다. 그분을 믿는 우리 각 사람에게, 그분은 우리의 원수들을 패배시킴으로써 준비하신 맛있는 음식을 나누어 주십니다. 그분은 우리에게 "와서 먹으라"고 말씀하시며, 우리의 삶을 즐겁게 하고 우리의 마음을 기쁨으로 충만하게 하십니다. 나에게는 이런 비유가 아주 적절하고 많은 교훈을 연상시킨다고 여겨집니다. 나는 승리하신 우리의 주님께서 많은 '꿀'을 가지고 오셔서 그분의 모든 형제들에게 나누어 주시며, 그분의 기쁨에 동참하도록 초청하시는 것을 봅니다.

하지만 형제들이여, 성경은 이렇게 기록되었습니다. "주께서 그러하심과 같이 우리도 이 세상에서 그러하니라"(요일 4:17). 모든 참된 그리스도인들은 어느 정도는 그들이 그 이름을 간직한 분처럼 되며, 우리가 최종적으로 닮게 되는 것은 그분의 형상입니다. 그분이 나타나실 때에 우리는 그분처럼 될 것인데, 이는 우리가 그분을 참 모습 그대로 볼 것이기 때문입니다(요일 3:2). 그 사이에도, 우리가 지금 그분을 보는 정도에 따라 그분을 닮아갈 것입니다. "우리가 그와 같은 형상으로 변화하여 영광에서 영광으로 이르니 곧 주의 영으로 말미암음이라"(고후 3:18). 삼손의 전형(典型)은 세상에 있는 모든 그리스도인의 상징으로도 이해될 수 있습니다. 신자는 영적인 싸움에서 하나님의 은혜로 도움을 받아왔으며, 그는 이 사실을 알고 있습니다. "세상을 이기는 승리는 이것이니 우리의 믿음이니라"(요일 5:4). 그는 지금껏 "우리를 사랑하시는 이로 말미암아 넉넉히 이기는" 자가 되었으며(롬 8:37), 이제 그는 동료 인간들 가운데 서서 그들을 예수님께로 이끌고 있습니다. 손에 꿀을 들고서, 그는 계속해서 축연을 베풀며, 하늘의 단 맛을 주위 사람들에게 보여주며 이렇게 말합니다. "너희는 여호와의 선하심을 맛보아 알지어다 그에게 피하는 자는 복이 있도다"(시 34:8). 나는 예전에 잘 알려진 화가인 구스타브 도레(Gustave Dore)를 만나 미술의 주제들을 제안한 적이 있습니다. 만일 그가 아직 우리 가운데 생존해 있다면, 그래서 그에게 제안할 또 한 번의 기회가 주어진다면, 나는 그에게 손에 꿀을 들고 나오는 삼손의 조각상을 만들어 보도록, 꿀을 나누어 주는 힘을 묘사해 보도록 요청했을 것입니다. 그것은 그리스도인이 어떤 자여야 하는지 지속적으로 상기시키는데 도움이 되었을 것입니다. 정복자이면서 위로자, 사자를 죽이고서 꿀을 나누어주는 자, 그리스도인은 그런 자가 되어야 합니다. 하나님의 신실한 종은 악의 세력들과 싸웁니다. 하지만 그보다 훨씬 큰 기쁨으로 그는 그의 친구들과 동료들에게 이렇게 말합니다. "너희가 좋은 것을 먹을 것이며 너희 자신들이 기름진 것으로 즐거움을 얻으리라"(사 55:2). 그 조각상을 여러분의 마음의 눈앞에 세우십시오. 이제 나는 그것에 대해 말하기를 원합니다.

세 가지 주제를 다루는 것으로 충분할 것입니다. 첫째, 신자의 삶에는 투쟁이 있습니다. 둘째, 신자의 삶에는 달콤한 것들이 있습니다. 셋째, 신자의 삶은 그 달콤한 것을 다른 사람들에게 전하는 방향으로 나아갑니다. 여기에 묵상할 만한 적절한 주제가 있습니다.

1. 신자의 삶에는 투쟁이 있다.

첫째, 신자의 삶에는 투쟁이 있습니다. 그리스도인이 되는 것은 군인으로 입대하는 것입니다. 신자가 되는 것은 순례의 길에 들어서는 것이며, 그 길은 종종 험합니다. 언덕들이 가파르고, 골짜기들은 어둡고, 거인들이 길을 막고 있으며, 강도들이 구석진 곳에 숨어 있습니다. 투쟁 없이 순탄하게 활주하듯이 천국에 들어갈 수 있다고 여기는 사람은 큰 오해를 하는 것입니다. 십자가 없이는 면류관도 없습니다(No cross no crown). 땀 흘림이 없이는 즐거움도 없습니다(No sweat no sweet). 싸움 없이는 승리도 없습니다(No conflict no conquest). 이 투쟁들은, 만약 우리가 삼손의 경우를 우리의 상징으로 삼는다면, 신자의 삶의 초기에 시작됩니다. 삼손이 아직 어린아이일 때, 마하네단에서 여호와의 영이 그를 움직이기 시작하셨습니다. 13장의 마지막 절을 보십시오. 그리고 그가 막 성인이 되려 할 때 그는 사자와 싸워야 했습니다. 자기 종으로 하여금 블레셋을 치도록 하고, 자기 백성 이스라엘에 대한 거만한 압제를 저지하려고 의도하신 하나님께서는, 일찍부터 그 영웅을 일생의 싸움을 위해 훈련하셨습니다. 그래서 삼손이 아내를 구하려고 가면서, 길을 벗어나 딤나의 포도원에 이르렀을 때, 젊은 사자가 그를 보고 울부짖은 것입니다. 예, 저 젊은 신자는 아직 어둠의 권세들과 싸워보지는 않았지만, 머지않아 사자의 울부짖는 소리를 듣게 될 것이며, 커다란 대적자와 맞서는 자신을 발견할 것입니다. 곧 우리는 "우리를 악에서 구하옵소서!"라는 기도의 중요성을 배우게 됩니다. 대부분의 주의 종들은 젊은 시절부터 전쟁의 사람들이었습니다. 내적으로 두려움이 없을 때에도, 외적으로는 다툼이 없을 때가 없는 것입니다(참조. 고후 7:5). 맹수와의 이 초창기 싸움은 하나님이 의도하신 것이었으며, 삼손으로 하여금 성령의 영향력 아래에 있을 때에 그의 힘을 깨닫도록 하고, 이스라엘의 원수들과의 미래의 싸움들을 위해 그를 훈련하시기 위함이었습니다. 그는 장차 블레셋 사람들의 정강이와 넓적다리를 크게 쳐서 죽일 것이고(삿 15:8), 당나귀 턱뼈 하나로 그들을 죽여 한 더미, 두 더미를 쌓을 것인데(삿 15:16), 먼저 맨손으로 사자를 찢어 죽이는 일에서 출발해야 했습니다. 삼손은, 또 다른 영웅이자 그보다 더 위대한 영웅과 같은 학교에서 전쟁을 배웠는데, 그 영웅은 후에 이렇게 말했습니다. "주의 종이 사자와 곰도 쳤은즉, 이 할례 받지 않은 블레셋 사람도 그 짐승의 하나와 같이 되리이다"(삼상 17:36).

　군인들은 전쟁에 의해 만들어집니다. 전투들이 없다면, 역전의 용사들을 훈련하거나 정복자들을 만들어 낼 수 없습니다. 군대의 전쟁에서와 마찬가지로 영적인 싸움에서도 그러합니다. 사람들은 반드시 악과 싸움으로써 악의 정복자가 되도록 훈련받는 것입니다. 그러므로 "사람은 젊었을 때에 멍에를 메는 것이 좋습니다"(애 3:27). 수 년이 지난 후 멍에는 더 이상 그의 어깨를 고통스럽게 하지 않을 것이기 때문입니다. 분명 고난이 하나도 없다는 것은 위험한 것입니다. 군인은 사치스러운 안락 속에서 무용(武勇)을 잃어버립니다. 솔로몬을 보십시오. 그는 가장 위대하고 지혜로운 자 중의 하나였습니다. 하지만 나는 그를 가장 보잘것없고 어리석은 사람들 중의 하나라고도 말할 수 있습니다. 그가 황금의 보좌에 앉아, 구름 한 점 없는 화창한 날씨처럼 번영 속에 밝게 빛났던 것은, 그의 불길한 특권이었습니다. 그로 인해 그의 마음은 곧 빗나갔으며, 그는 높은 지위에서 떨어진 것입니다. 솔로몬은 그의 초기에 아무런 어려움이 없습니다. 그 때에는 전쟁이 없었고, 주목할 만한 원수도 살고 있지 않았습니다. 그의 삶은 순탄하게 흘렀고, 그래서 그는 몽상적인 잠, 곧 쾌락의 잠에 빠져든 것입니다. 그가 자기 아버지처럼 초기의 시련과 투쟁의 날들 가운데서 부름을 받았더라면 훨씬 더 행복했을 것입니다. 그랬더라면, 하나님의 섭리가 그를 올려놓았던 영광의 첨탑에서 굳게 서는 법을 배웠을 것입니다. 그러므로 오 젊은 형제여, 배우시길 바랍니다! 만일 삼손처럼 당신이 이스라엘의 영웅이 되려 한다면, 당신은 일찍부터 어떤 형태로든 고통과 모험을 겪어야 합니다. 길을 벗어나서 묵상하기 위해 조용한 포도원에 이르렀을 때, 젊은 사자가 당신을 향해 울부짖을 것입니다. 당신의 주님께서도 공생애의 초기에 광야로 인도되어 마귀에게 시험을 당하셨던 것처럼 말입니다.

사랑하는 친구들이여, 이런 싸움들은 종종 아주 무서운 싸움이 될 수 있습니다. 젊은 사자란 어린 새끼를 뜻하지 않습니다. 초창기의 힘이 넘치는 사자를 뜻합니다. 활동이 둔해져 느리게 걷거나, 나이를 먹어 그 난폭함이 줄어든 사자가 아닙니다. 사납고도 힘이 넘친 젊은 사자는 맹수 중에서도 사람이 상대하기 가장 어려운 종류입니다. 우리도 그리스도를 따르는 자들로서 치열한 싸움으로 이어질 강력한 유혹들, 맹렬한 박해들, 혹독한 시련들이 있을 것을 예상해야 합니다. 지금 갑옷을 입고 있는 여러분이여, 여러분이 그것을 곧 벗을 것이라든가, 혹 당신이 그것을 벗을 때에 그것이 오늘처럼 상당히 빛이 나는 상태일 거라고 상상하지 마십시오. 그것은 피와 먼지로 색이 어두워질 것이며, 많은 타격을 받아 쭈그러들 것입니다. 어쩌면 당신의 원수가 그것을 뚫을 방법을 찾아낼지 모릅니다. 아니면 최소한 그 이음새 사이로 당신에게 부상을 입힐 방법을 찾으려 할 것입니다.

나는 모든 사람들이 십자가의 군사로 출발하기를 바랍니다. 하지만 동시에 각 사람이 그 희생을 예상하기를 바랍니다. 그것은 어린 아이의 놀이가 아니기 때문입니다. 만일 그렇게 생각하는 사람이 있다면, 그는 크게 실망할 것입니다. 젊은 신자는, 갑작스럽게, 전에 들어보지 못한 말을 듣고서 의심에 빠질 수도 있습니다. 그것은 마치 젊은 사자처럼 울부짖을 것이며, 너무도 갑작스러운 일이라 그는 그것을 어떻게 처치해야 할지 모를 것입니다. 혹은 그의 타고난 천성 중에서 가장 민감한 부분과 상충되는 의무를 수행해야 하는 특별한 상황에 처할 수도 있습니다. 여기서도 역시, 그 젊은 사자가 그를 향해 울부짖을 것입니다. 혹은, 그가 매우 존중하는 누군가가 그가 그리스도의 추종자가 되었다는 이유로 그를 나쁘게 대할 수도 있습니다. 그가 그 사람을 향해 느끼던 애정과 존경심이, 그 사람에게서 배척당하는 일은 더욱 그를 고통스럽게 만들 것입니다. 이 문제에서도 역시 마치 사자가 크게 울부짖는 듯할 것입니다. 그는 고통스러운 사별을 겪을 수도 있으며, 심각한 손실을 입거나, 질병이 찾아올 수도 있으며, 아픔과 우울증이 연속하여 찾아올 수도 있습니다. 이런 일들이 그 영혼을 사망의 음침한 골짜기로 던져 넣을 수 있습니다. 또다시 한 젊은 사자가 그를 향해 울부짖습니다. 형제여, 자매여, 이런 일을 짐작하고, 그로 인해 놀라지 맙시다. 우리 영혼의 생명이 이 모든 것 안에 놓여 있기 때문입니다. 이러한 교훈들로 인해 우리는 하나님을 섬기는 것과, 우리 동료 그리스도인들을 동정하는 것과, 우리의 은혜로우신 구주의 도우심의 중요성을 배우게 되기 때문입니다. 이 모든 것들로 인해, 우리는 이 땅으로부터 젖을 떼고, 아직 나타나지 않은 영원한 영광을 갈망하게 되는 것입니다. 그 바라는 영광에 대해 우리는 진실로 이렇게 말할 수 있습니다. "거기는 사자가 없고 사나운 짐승이 그리로 올라가지 아니하리라"(사 35:9). 이 현재의 악한 일들이 미래의 우리의 유익을 위한 것입니다. 그 가공스러운 일들은 우리의 교훈을 위한 것입니다. 시련들이 우리에게 주어지는 것은, 가나안 사람들이 저 거룩한 땅에 살도록 허용된 것과 상당히 같은 차원의 이유에서입니다. 그들과 싸우면서 이스라엘은 전쟁하는 법을 배울 수 있었고, 외국의 적들에 맞서 싸울 태세를 갖출 수 있었습니다.

이 싸움들은 초기에 오며, 또한 매우 무섭습니다. 더 나아가, 그런 싸움들은 우리가 최소한의 준비도 갖추지 못했을 때 우리에게 발생합니다. 삼손은 짐승들을 사냥하러 나선 것이 아니었습니다. 그는 훨씬 더 기분 좋은 문제에 몰두하고 있었습니다. 딤나의 포도원을 걸으면서, 그는 사자에 대해서는 전혀 생각하지 않고 있었습니다. 하지만 성경은 말합니다. "보라(behold, KJV, 한글개역개정에는 이 단어에 해당하는 표현이 생략되어 있음 — 역주), 젊은 사자가 그를 보고 소리 지르는지라"(5절). 그것은 매우 특이하고도 놀라운 상황이었습니다. 그는 그 부모에게서 떠나 홀로 조용히 있었습니다. 사나운 공격자와 마주쳤을 때, 주변에는 그를 도울 자가 아무도 없었습니다. 사람의 동정심은 아주 귀한 것이지만, 우리의 영적인 싸움에서, 그것을 받을 것을 기대하지 못할 때가 있습니다. 각 사람의 인생에는, 너무나 좁아서 두 사람이 나란히 걸을 수 없는 길들이 있습니다. 어떤 험한 바위산에서 우리는 홀로 서야 합니다. 우리의 체질이 달라짐에 따라, 우리의 시련들도 우리의 변화된 체질에 따라 달라져야 합니다. 각 개인에게는 어떤 친구도 참견할 수 없는 비밀이 있습니다. 모든 삶에는 그만의 신비가 있고, 감추어진 보물이 있습니다. 젊은 그리스도인이여, 당신이 아주 기이하게 보이는 시험들을 만난다 해도, 부끄러워하지 마십시오. 우리 각각의 사람들이 자기 시련들에 대해서는 그렇게 생각해 왔습니다. 당신은 아무도 당신과 같은 고통은 겪지 않는다고 생각하지만, 사람에게 공통적이지 않은 어떤 시험도 당신에게 발생한 적이 없습니다. 하나님께서는 당신이 시험을 당할 즈음에 그것을 감당할 수 있도록 피할 길을 내실 것입니다. 하지만 그런 와중에도 당신은 주님께서 홀로 포도주 틀을 밟고 계시고, 백성들 중에서 아무도 그분과 함께 있지 않을 때, 당신의 주님이신 그분과의 교제 속으로 들어가야 합니다. 이것이 당신에게 유익하지 않겠습니까? 이것이 힘을 얻는 길이 아닐까요? 사람과의 우정에 의존하는 경건이란 대체 무엇입니까? 홀로 설 수 없는 신앙이란 대체 어떤 종류의 신앙입니까? 사랑하는 이여, 당신은 홀로 죽어야 할 것이며, 따라서 고독 속에서도 은혜로 힘을 얻는 것이 필요합니다. 사랑하는 아내가 울면서 저 강둑까지는 당신을 동행해줄 수 있을 것입니다. 하지만 그녀는 저 차가운 강물에 당신과 함께 들어갈 수 없습니다. 만일 삶의 고독의 때에 당신을 지탱시켜 줄 신앙이 당신에게 없다면, 죽음의 음산한 고독 속에서 당신에게 유익을 줄 만한 것이 무엇이겠습니까? 그러므로 나는 당신이 고독한 싸움으로 부름을 받은 것을 행복한 상황이라고 간주합니다. 그로 인해 당신의 믿음을 검증할 수 있고, 당신의 소망이 어떤 내용으로 채워졌는지를 알 수 있기 때문입니다.

　이 싸움의 상황이 삼손에게 더욱더 불리했던 이유는, 홀로 있는 것에 더하여, "그의 손에 아무것도 없이"(6절) 싸우게 되었다는 것입니다. 이것이 이 이야기의 놀라운 점입니다. 그에게는 저 사나운 맹수에게 상처를 입힐 칼이나 사냥꾼의 창이 없었습니다. 쳐서 격퇴할만한 단단한 막대기조차 하나 없었습니다. 삼손은 비무장의 상태로 서 있었고, 갑옷을 입지 않은 사람으로 야수와 맞닥뜨리게 된 것입니다. 그와 마찬가지로 우리의 초기 시험들에서도 우리에게는 싸움을 위한 무기가 없다고 생각하기가 쉽습니다. 우리는 이렇게 외치게 됩니다. "나는 준비되지 않았어요! 내가 어떻게 이런 시련을 만난단 말입니까? 나는 원수를 붙들고 그와 씨름할 수가 없어요. 내가 무엇을 해야 할까요?" 여러분이 그 사자를 죽일 때, 그러면서도 세상이 보지 못하고 가치도 알지 못하는 그 한 가지(믿음)를 제외하고는 "손에 아무것도 없을" 때, 바로 여기서 믿음의 탁월성과 하나님의 영광이 분명하게 나타납니다.

　자, 한 걸음 더 나아가십시오. 시간은 우리가 여기서 오래 머무는 것을 허용하지 않습니다. 그 승리를 획득하게 된 것은 하나님의 영에 의한 것이었다는 점을 여러분이 기억하길 바랍니다. 본문은 "여호와의 영이 삼손에게 강하게 임하니 그가 그 사자를 염소 새끼를 찢는 것 같이 찢었다"(6절)고 말합니다. 성령이 곤경 가운데서 우리를 도우시면 우리에게는 동료나 무기가 필요하지 않습니다. 하지만 그분이 아니라면 우리가 무엇을 할 수 있을까요? 홀(Hall) 주교는 이렇게 말합니다. "만일 계속해서 삼킬 자를 찾아 돌아다니며 울부짖는 저 사자가 팔레스타인의 포도원 가운데 홀로 있는 우리를 발견한다면, 우리의 소망이 어디에 있을까? 우리의 발뒤꿈치에 있는 것도 아니다. 그가 우리보다 더 빠르기 때문이다. 우리의 손에 있는 것도 아니다. 우리 손은 힘이 없고 약하기 때문이다. 하지만 하나님의 영 안에서, 그분을 힘입어 우리는 모든 것을 할 수 있다. 만일 하나님이 우리를 위하시면 누가 우리를 대적하리요? 우리 안에는 우리를 대적하는 사자보다 더 강한 사자가 있다."

　여기에, 우리가 위로부터의 능력 곧 성령의 권능을 받아야 할 필수적인 이유가 있습니다. 하나님의 영의 도우심에 의해, 신자의 승리는 완벽할 것입니다. 저 사자는 쫓겨가는 정도가 아니라, 산산이 찢겨질 것입니다. 성령의 능력으로 허리를 두르십시오. 그러면 우리의 승리는 한결 쉽고 완전할 것입니다. 삼손은 저 사자를, 마치 어린 양이나 염소 새끼를 찢는 것 같이 찢었습니다. 바울이 잘 말했습니다. "내게 능력 주시는 자 안에서 내가 모든 것을 할 수 있느니라"(빌 4:13). 영광과 평강의 영이 우리 안에 거하실 때, 죄는 곧 정복되고, 유혹들은 쉽게 거절되며, 환난들은 즐겁게 견디어지고, 박해는 기쁨으로 참을 수 있게 됩니다. 믿는 자는 하나님과 함께 있으므로, 믿는 그에게는 모든 것이 가능하게 됩니다.

설혹 우리가 지옥에서 악령들에게 둘러싸인다 해도, 주께서 우리 편에 계시면 우리는 조금도 두려워할 필요가 없습니다. 성령께서 강력하게 우리에게 임하실 때 우리는 지옥의 모든 군대보다 강합니다. 설혹 사탄이 우리를 패배시키고, 마침내 우리 가슴에 그 발을 올려 우리 속에 있는 생명을 압박한다 해도, 하나님의 영이 우리를 도우시면 우리는 손을 뻗어서 성령의 검 곧 하나님의 말씀을 붙잡고, 우리는 아볼루온(Apollyon)을 무찔렀던 저 크리스챤의 무훈(武勳)을 재현할 것입니다(존 번연의 천로역정의 내용임 — 역주). 그는 저 원수에게 매우 깊은 상처를 입혔기 때문에 그 용은 날개를 펼치고 도망칠 수밖에 없었습니다. 그러므로 시련을 당하는 여러분이여, 두려워 마십시오. 오직 하나님의 영을 신뢰하십시오. 그러면 여러분의 싸움은 신속하게 승리로 끝날 것입니다.

때때로 우리의 싸움은 과거의 죄와 상대하는 것입니다. 우리는 의심스럽게 질문합니다. "그것이 어떻게 용서받을 수 있을까?" 그 시험은 죽으시는 구속자를 바라보면서 사라집니다. 다음에는 타고난 본성의 정욕이 우리를 향해 울부짖습니다. 그러면 우리는 어린 양의 피로 말미암아 승리합니다. "그 아들 예수의 피가 우리를 모든 죄에서 깨끗하게 하시기" 때문입니다(요일 1:7). 때로는 미친 듯이 날뛰는 부패성, 또는 강력한 습관과의 싸움이 우리를 찾아옵니다. 그 때 우리는 우리와 함께 하시고 영원토록 우리 안에 거하시는 하나님의 영의 거룩하게 하는 능력으로 이깁니다. 다른 경우에는 세상이 유혹하고, 우리의 발이 거의 미끄러질 뻔 합니다. 하지만 우리는 믿음으로 세상을 이깁니다. 사탄이 육신의 정욕과 안목의 정욕과 이생의 자랑으로 우리를 공격한다 해도, 우리는 여전히 구조를 받습니다. 주께서 우리를 둘러싼 불의 성벽이시기 때문입니다. 내적인 생명이 용감하게도 모든 죄에 저항하며, 또한 긴급하고 절박한 순간마다 하나님의 도움이 신자들에게 임하여 모든 악에서 그들을 보전합니다. 그것은 마치 순교자들과 충성된 신앙 고백자들이 미처 준비도 없이 적대자들 앞에 이끌려갔을 때,

하나님이 그들을 도우셔서 옳은 말을 하게 하신 것과도 같습니다. 그러므로 주 예수님을 신뢰하는 그대여, 오늘 당신의 원수가 아무리 사납다고 해도 염려하지 마십시오! 젊은 다윗이 사자와 곰을 죽이고 또 저 거대한 블레셋 사람을 친 것처럼, 당신의 행진도 승리에서 승리로 이어질 것입니다. "의인은 고난이 많으나 여호와께서 그의 모든 고난에서 건지시는도다"(시 34:19). 그러므로 사자 같은 정신으로, 당신을 삼키려하는 사자들을 상대하십시오.

2. 신자의 삶에는 달콤한 것들이 있다.

이제 우리는 두 번째 대지를 살펴볼 것인데, 그것은 신자의 삶에는 달콤한 것들이 있다는 것입니다. 우리가 언제나 사자들을 죽이는 것은 아닙니다. 우리는 때때로 꿀을 먹습니다. 우리 중에 어떤 이는 동시에 두 가지를 합니다. 우리는 사자들을 죽이면서 또한 꿀을 먹기를 멈추지 않습니다. 또한 진실로 그리스도를 위하여 싸움에 돌입하는 것은 너무나 달콤한 일이 되었습니다. 성도에게 단번에 주신 믿음의 도를 위하여 힘써 싸우는 것은(유 1:3) 기쁨입니다. "믿음에 굳게 서서 남자답게 강건하여라"(고전 16:13)고 우리에게 말씀하신 동일하신 주님께서, 또한 "주 안에서 항상 기뻐하라 내가 다시 말하노니 기뻐하라"(빌 4:4)고도 말씀하셨습니다.

신자의 삶에는 꿀 같은 은혜들이 있습니다. 또한 이 감미로움은 최상입니다. 무엇이 꿀보다 더 달겠습니까? 성도의 기쁨보다 더 기쁜 것이 무엇이겠습니까? 신자의 행복보다 더 행복한 것이 무엇입니까? 나는 우리의 기쁨을 바보들의 환락과는 비교조차 하고 싶지 않습니다. 나는 단지 그 둘을 대비시키려고 합니다. 그들의 환락은 냄비 밑에 있는 가시나무들이 불을 뿜어내며 "딱딱" 소리를 내는 것과도 같습니다. 소음과 불꽃은 내지만 그 속에는 열이 없으며, 곧 사라지고 맙니다. 거기에서 얻어지는 것이 없습니다. 냄비가 끓는 데에는 한참의 시간이 소요됩니다. 하지만 그리스도인의 기쁨은 마치 오래 지속되는 숯불과도 같습니다. 여러분은 붉게 타오르는 숯불이 가득한 벽난로를 보았을 것입니다. 숯 전체가 하나의 거대한 홍옥(紅玉) 빛 화염이 되며, 추운 곳에 있다가 거실로 들어온 모든 사람들이 그 불에 손을 녹이며 즐거워합니다. 그 불이 꾸준히 열을 내며, 몸을 뼛속까지 따뜻하게 해 주기 때문입니다. 그런 것이 우리의 기쁨입니다. 나는 바보들의 환락에 빠져 반세기 동안을 흥청거리고 사느니, 차라리 5분이라도 그리스도의 기쁨을 소유하기를 더 원합니다. 회개의 눈물 속에는 환락의 떠들썩한 웃음보다 더 큰 기쁨이 있습니다. 우리의 거룩한 슬픔이 세상 사람들의 즐거움보다 더 달콤합니다. 하지만 오, 우리의 기쁨이 충만해질 때, 거룩한 기쁨으로 가득해질 때, 그 때의 기쁨은 천상의 말할 수 없는 기쁨과도 같으며, 천국이 이곳 아래에서 시작되는 것입니다. 여러분은 기뻐서 소리쳐 본 적이 없습니까? 아마도 여러분은 이렇게 말할 것입니다. "어린아이 때 이후로는 그런 적이 없습니다." 나도 마찬가지입니다. 하지만 나는 거룩한 기쁨과 관련된 문제에서는 언제나 어린아이로 남아 있습니다. 나는 종종, 내가 믿는 그분이 나의 의탁한 것을 끝날까지 지키실 것을 확신할 때, 기쁨으로 소리칠 수 있습니다.

우리의 기쁨은 거듭 곰곰이 생각해 볼 만한 주제입니다. 여러분은 그 밑바닥을 들여다보고, 그 기초를 시험할 수 있습니다. 그것은 상해서 변질되는 기쁨이 아닙니다. 여러분은 그것을 입 속에 넣고 일 년이라도 간직할 수 있으며, 그런 후에도 결코 싫증나지 않을 것입니다. 다시 그것을 맛보고, 또 맛보고, 또 맛보더라도, 여러분은 그 기쁨이 언제나 신선함을 발견할 것입니다. 무엇보다 좋은 점은 그 기쁨을 맛본 후에 후회가 없다는 점입니다. 여러분은 그토록 즐거워한 것에 결코 후회를 느끼지 않습니다. 세상의 방탕한 사람들은 곧 그들의 술에 싫증을 내지만, 우리는 우리가 더 즐기지 못한 것을 유감스러워할 뿐입니다. 우리의 기쁨은 거룩한 것이기 때문입니다. 우리는 우리가 얻을 수 있는 기쁨을 조금도 부인하지 않습니다. 우리의 기쁨은 건강한 기쁨이고, 또한 건강을 주는 기쁨이기 때문입니다. 그리스도는 그분의 백성들에게 충만한 기쁨이십니다. 성경은 우리에게 그분을 기뻐하라고 말합니다. 그리스도인들에게는 그들만의 감미로운 것들이 있으며, 그것들은 송이 꿀과도 같아서, 최상 중의 최상입니다.

이러한 기쁨들이 풍부하게 있습니다. 왜냐하면 삼손은 사실 벌 떼를 발견하였을 때 꿀의 샘을 발견한 셈입니다. 그 꿀이 너무나 풍부하여 그는 많은 양의 꿀을 손에 떠서 가져갈 수 있었습니다. 그것을 가지고 가서 다른 사람들에게 전달하려는 것입니다. 그리스도의 사랑 안에, 죄의 용서 안에, 사랑의 주님께 용납되는 것 안에, 하나님 안에서의 안식 안에, 그분의 뜻 안에서 온전히 묵묵히 순종하는 것 속에는, 누구도 측량할 수 없는 기쁨이 있습니다. 우리는 하나님의 귀한 약속들 안에서, 살아 있는 벌 떼들로 하여금 우리를 위해 꿀을 만들게 할 수 있으며, 그 약속들 안에 간직된 기쁨은 우리가 깨달을 수 있는 것보다 더욱 큽니다. 그리스도 안에는 우리가 지금껏 이해할 수 있었던 것 이상의 기쁨이 무한대로 있습니다. 그분의 충만함에서 얻고, 그분의 감미로움으로 상쾌해져도, 여전히 유익한 것이 무한대로 남아 있음을 우리는 알아야 합니다. 어쩌면 여러분 중에서 어떤 이들은 그리스도로 인해 너무나 큰 기쁨을 누려왔기 때문에, 더 이상의 기쁨을 감당하기가 거의 어려운 경우도 있을 것입니다. 하지만 여러분의 가장 큰 기쁨이란 것도, 마치 바다의 작은 조가비가 단 한 번의 물결로도 가득 채워지는 것에 불과합니다. 여전히 저 무한한 대양의 물결은 여러분의 지식과 이해의 범위를 훨씬 초월하여 넘실거리고 있습니다. 우리는 지극히 큰 기쁨을 소유하고 있습니다. 예, 나누어줄 만한 기쁨이지요. 우리 주님의 혼인 잔치는 빈약하지 않도록 베풀어지기 때문에, 우리가 추가로 온 손님들을 위해 다른 의자를 가져와야 하거나, 혹은 너무 많은 사람들 때문에 불편을 느끼지 않으려면 무작위로 초대하지 않는 편이 좋았다고 불평할 필요도 없습니다. 왕이 연회를 베푸는 장소, 곧 기둥이 세워진 저 은혜의 전당은 너무나 넓어서, 손님들로 그 자리를 채우는 것이 우리의 일생의 할 일이 될 것입니다. 그분의 집을 채우기 위해서는 얼마든지 더 많은 사람들을 강권하여 데려와야 합니다. 그리하여 지금보다 일만 배나 많은 수의 사람들이 일만 배나 더 기뻐하도록 만들어야 합니다.

사랑하는 친구들이여, 만일 여러분이 우리 기쁨의 요인들이 무엇인지를 알기 원한다면, 이미 그것들에 대해 암시했습니다만, 잠시 그것들에 관해 좀 더 자세히 설명하고자 합니다. 우리의 기쁨은 종종 우리가 과거에 투쟁했던 장소들에서 발견됩니다. 우리는 우리를 위해 혹은 우리에 의해 죽임을 당한 사자들에게서 우리의 꿀을 얻습니다.

먼저, 우리의 죄가 있습니다. 그것은 무서운 사자입니다! 하지만 그것은 죽은 사자입니다. 죄가 더한 곳에 은혜가 더욱 넘쳤기 때문입니다(롬 5:20). 오 형제들이여, 나는 인간의 기쁨들의 메뉴 목록 중에서, 죄를 용서받은 느낌에 견줄만한 기쁨의 진미(珍味)에 대해서 들어본 적이 없습니다. 완전한 용서! 값없이 얻은 용서! 영원한 용서! 보십시오. 그것은 마치 하늘의 이슬처럼 반짝입니다. 하나님께서 내 죄를 지우셨음을 아는 것은, 말할 수 없는 기쁨으로 가득한 지식입니다. 내 영혼이 스랍 천사들의 노래를 듣기 시작한 것은 이 음성을 들었을 때입니다. "내가 짙은 구름 같은 네 허물들을, 구름 같은 네 죄들을 지워 버렸노라"(사 44:22, KJV). 여기에 여러분을 위한 최상의 꿀이 있습니다!

다음으로 죽은 사자는 정복된 욕망입니다. 하나님의 마음과 반대되는 욕망이 우리 마음에서 일어날 때, 여러분은 이렇게 말했습니다. "너를 타도한다! 나는 네가 무너지도록 기도할 것이다. 너는 나를 지배하곤 했다. 나는 습관에 빠져 곧 너에게 패배하곤 했다. 하지만 이제 다시는 너에게 지지 않을 테다. 하나님의 은혜로 너를 정복할 것이다." 마침내 여러분이 승리를 쟁취했을 때, 만족의 향기가 여러분의 마음을 채우고, 여러분은 말할 수 없는 기쁨으로 충만하게 됩니다. 또한 여러분은 하나님의 영의 도우심으로 여러분 자신의 영을 다스리게 된 것에 진심으로 감사를 드리게 됩니다. 이와 같이 여러분은 영적인 꿀을 반복하여 먹어온 것입니다.

여러분의 영혼 속에서 강력한 유혹을 이겼음을 느낄 때, 그 유혹이 더 격렬하고 더 끔찍한 것일수록, 여러분의 찬송의 목소리는 더욱 커지고 여러분의 감사는 더욱 기쁨으로 넘칩니다. 다시 번연(Bunyan)의 글로 돌아가 봅시다. 크리스챤이 밤중에 사망의 음침한 골짜기를 통과했을 때, 그가 그곳에서 완전히 빠져나오고 해가 떠올랐을 때, 여러분은 그가 뒤돌아보았던 것을 기억할 것입니다. 나는 그가 오래도록 뒤돌아보았다고 여러분에게 보증합니다. 그가 뒤돌아보는 동안 그는 무슨 생각을 했을까요? 그는 그 좁은 길의 한편으로는 꼼짝없이 빠져드는 수렁이 있는 것과, 다른 편으로는 깊은 고랑이 있는 것을 알아볼 수 있었습니다. 그는 또한 악귀들이 큰 소리를 지르며 쫓아오고 맹렬한 빛을 띤 눈들이 흘겨보던 그 음침한 곳을 볼 수 있었습니다. 그는 햇빛 속에 뒤를 돌아보면서 속으로 생각했습니다. '아, 이런! 어떤 인자하심이 나와 함께 하였던가! 내가 저런 곳을 통과하고서도 해를 입지 않았구나!' 그것은 그에게 얼마나 행복한 조망(眺望)이었겠습니까? 아, 자신의 의복을 더럽히지 않고서 유혹을 통과하였을 때의 기쁨이란 어떠한지요! 사드락과 메삭과 아벳느고가 용광로에서 나왔을 때, 그슬리지도 않고 불을 통과한 냄새도 나지 않았을 때에, 그들이 어떤 기쁨을 느꼈겠습니까! 칠 배나 뜨겁게 하여 모든 것을 태울 수 있는 풀무 불에서 살아남은 그들은 정녕 행복한 사람이었을 것입니다. 여기서도 한 덩이의 꿀 송이가 있는 것입니다.

우리는 꿀을 또 다른 죽은 사자에게서 재차 발견합니다. 인내한 이후의 우리의 고난들이 곧 그 죽은 사자입니다. 이것이 우리의 '경축의 종들(joy-bells)'을 주조하는 금속입니다. 우리 시련의 놋쇠로부터 우리는 승리의 나팔들을 만듭니다.

고난을 겪어보지 못한 사람은 행복한 사람이 아닙니다. 오히려 "시험을 참는 자가 복이 있습니다"(약 1:12). 이는 시련을 견디어 낸 자가 시들지 않는 생명의 면류관을 얻을 것이기 때문입니다.

　　사망도 마찬가지입니다. 오, 죽은 사망에서 발견되는 꿀이여! 사망은 정녕 사망했습니다. 우리는 그에게 이겼고, 우리가 그를 두려워 않는 것은 어린 아이들이 죽은 사자를 두려워 않는 것과 같습니다. 우리는 그의 수염을 잡아 뽑으면서 말합니다. "사망아 너의 승리가 어디 있느냐? 사망아 네가 쏘는 것이 어디 있느냐?"(고전 15:55). 우리는 심지어 우리가 떠날 때를, 곧 이 무거운 흙집을 떠나 영혼의 날개로 우리의 아버지시며 우리의 하나님을 향해 올라갈 때를 기쁨으로 고대합니다. 여러분은 그곳에 하나님의 백성을 위해 풍성한 꿀이 저장되어 있음을 봅니다. 우리는 주저 없이 그 꿀을 먹습니다. 다른 사람들은 내키는 대로 말하라고 하십시오. 우리는 행복한 백성들입니다. 그리스도 안에서 행복하고, 성령 안에서 행복하며, 우리의 아버지 하나님 안에서 행복합니다. 그와 같이 신자들에게는 달콤한 것들이 있습니다.

3. 신자의 삶은 달콤한 것들을 다른 사람에게 전하는 방향으로 나아간다.

　　내가 숙고하고 싶은 세 번째의 요점이 있습니다. 신자의 삶은 이 달콤한 것들을 다른 사람들에게 전달하는 방향으로 나아갑니다. 우리가 죄 용서의 꿀을 맛보고, 하나님께서 자기 백성을 위해 그리스도 예수 안에 두신 기쁨을 알아보자마자, 우리는 그 복된 소식을 다른 사람들에게 전하는 것을 우리의 의무이자 특권으로 느낍니다. 여기, 나의 이상적인 조각상을 우리 가운데 세웁니다. 강한 사람이며, 사자를 정복한 자이고, 그 손에 꿀을 가득 담아 그 부모에게로 가져가는 상(像)입니다. 우리는 이러한 본을 따라야 합니다.

　　먼저, 우리는 이 일을 즉시로 행합니다. 사람이 회심하는 그 순간, 만일 그가 홀로 있었다면, 그의 본능은 그의 동료들에게 말하도록 그를 이끌어갑니다. 내가 구주를 만났던 저 작은 예배당에서 나오던 순간, 내 기쁨의 이야기를 쏟아놓기를 원했던 것을 나는 압니다. 나는 세닉(Cennick, 18세기의 찬송가 작사가 — 역주)처럼 이렇게 외칠 수 있었습니다.

　　"이제 나는 주변의 죄인들에게 말하리니,

얼마나 귀한 구주를 내가 만났는지를.
저는 당신의 구속의 피를 가리키면서
'하나님께로 가는 길을 보라!'고 말할 것입니다."

　나는 내 영혼이 얼마나 행복한지를 말하고 싶었습니다. 또한 무겁게 짓누르는 죄의 압박에서 어떤 해방을 얻었는지를 말하고 싶었습니다. 나는 다른 모든 사람들도 와서 내 구주를 믿고 살게 되기를 간절히 바랐습니다! 나는 설교를 하지 않았지만, 처음부터 모든 복음을 밝히 말할 수 있었다고 생각합니다. 내 친구여, 당신도 같은 것을 느꼈습니까? 당신의 혀는 주께서 당신에게 행하신 일에 대해 말하기를 갈망하지 않았던가요? 아마도 당신은 큰 재능이 있으면서도 침묵을 지키는, 예절바르고 수줍은 사람들 중의 한 사람인지도 모릅니다. 그래서 당신은 조용히 예수님의 발치를 떠났고, 그 침묵을 보고는 천사들이 이상히 여겼습니다. 그것이 여태껏 당신이 침묵해 온 이유입니까? 아마도 만일 그 때 당신이 말하기를 시작했더라면 당신은 이날까지 증언을 지속했을 것입니다. 내가 거듭 제기하는 주장은, 마음속의 은혜를 전하는 것은, 모든 신생한 영혼들의 본능이라는 것입니다. 삼손이 꿀을 맛보자마자 그 일부를 떠서 그의 부모에게 가져갔던 것처럼, 우리도 우리의 이웃들을 그리스도께로 인도하려고 서두릅니다. 내 사랑하는 젊은 친구여, 당신이 주님의 기쁨을 알면 곧바로 차분하고도 겸손한 방식으로 입을 여십시오. 그래서 귀먹고 말을 못하는 사람들 중의 하나로 여김을 받지 않도록 하십시오. 당신의 마음의 짐을 더는 일을 누구도 멈추지 못하게 하십시오. 처음부터 소심한 이유로 벙어리가 된 자들의 나쁜 본을 따르지 마십시오.

　신자는 이 일을 가장 가까운 사람들에게 먼저 해야 합니다. 삼손은 그 꿀을 멀리 떨어져 있지 않은 부모에게 가져다드렸습니다. 우리 각 사람에게 가장 자연스러운 행동은 형제나 자매나 직장 동료나 혹은 가까운 친구에게 말하는 것입니다. 그들이 꿀을 먹는 모습을 보는 것은 마치 우리의 미각이 즐거운 것처럼 큰 기쁨일 것입니다. 부모로서는 즉시 그의 자녀들에게 하나님의 사랑에 대해 말하고 싶은 것이 자연스러울 것입니다. 여러분은 모두 그렇게 했습니까? 여러분은 자녀들을 위해 기도합니다. 하지만 여러분 중에 많은 이들이, 자녀들과 한 명씩 대화를 나눈다면, 여러분 자신이 그 기도에 대한 응답의 수단이 될 것입니다. 이 일은 어렵게 보이지만, 일단 시작하면 곧 아주 쉬워질 것입니다. 그리고 정녕, 그것이 어렵다 하더라도, 바로 그 이유 때문에 우리가 그것을 하기를 열망해야 합니다. 우리를 위해 모든 어려움들을 극복하신 그분을 위해 우리도 많은 어려운 일을 해야 하지 않겠습니까? 최소한 여러분의 자녀들에게, 은혜의 뛰어난 능력과 말로 다 표현할 수 없는 하나님의 사랑에 대해, 아버지나 어머니의 간증을 들려주는 일을 거절하지 마십시오. 그것을 여러분에게 가장 가까운 이들에게 말하십시오.

　신자는 할 수 있는 최선을 다해 이 일을 해야 합니다. 여러분이 보다시피, 삼손은 서투르고 서두르는 방식으로 꿀을 그 부모에게 가져다드렸고, 그것을 가져가는 동안 그 자신도 그것을 먹었습니다. 만일 내가 꿀을 내 부모에게 가져가기를 원한다면, 나는 그 일을 좀 더 섬세하게 했을 것입니다. 나는 최소한 우리 주방에서 찾을 수 있는 모양이 괜찮은 그릇에 담아서 가져갔을 것입니다. 하지만 딤나의 포도원에는 접시나 그릇이 없었고, 그 자신의 손이 그 진미(珍味)를 담을 수 있는 유일한 쟁반이었습니다. "손으로 그 꿀을 떠서 걸어가며 먹고 그의 부모에게 이르러 그들에게 그것을 드려서 먹게 하였더라." 아마도 여러분은 이렇게 생각할 것입니다. "만약 내가 누군가에게 참된 신앙에 대해 말한다면, 나는 그것을 시로 표현하고 싶다." 산문으로 하는 것이 더 좋습니다. 시로 하면 사람들은 당신의 주제보다는 당신의 시구 자체에 더 주목할 것이기 때문입니다. 그들에게 "당신의 손으로 떠서" 그 꿀을 주십시오. 만약 접시가 없다면 그들이 접시에 주목할 수는 없을 것입니다. 한 사람이 말합니다. "아, 그렇군요. 하지만 저는 그 일을 좀 더 적절한 방식으로 하고 싶군요. 그것은 매우 중요한 문제입니다. 그러니 나는 아주 정확하게 말하고 싶습니다." 하지만 내 판단은, 당신이 급하게 올바른 화법을 습득할 것 같지는 않으므로, 당신이 문법과 수사학을 배우는 동안에 당신의 친구들이 죽을지도 모른다는 것입니다. 당신의 현재의 능력에 따라 그들에게 예수님을 들려주는 편이 좋겠습니다. 예수님을 바라보는 것에 생명이 있음을 그들에게 말하십시오. 그 이야기를 마치 한 어린아이가 다른 어린아이에게 말하듯이 단순하게 말하십시오. 당신의 손에 꿀을 들고 가십시오. 비록 그것이 온 사방에 떨어지더라도 그렇게 하십시오. 그것을 흘린다고 해 될 것은 없습니다. 그렇게 떨어지는 방울들을 기다리는 소자들이 언제나 있으니까요. 만약 당신이 꿀을 흘리듯 복음을 사방에 떨어뜨린다면, 그것은 낭비가 아니며, 오히려 온 사방에 있는 자들에게 유익이 될 것입니다. 그러므로 나는 당신에게 말합니다. 당신이 할 수 있는 최선을 다해 예수 그리스도에 대해 말하고, 삶이 지속되는 한 그 일을 멈추지 마십시오.

하지만 그 때 삼손은 또 하나의 일을 했으며, 모든 참된 신자들 역시 그렇게 해야 합니다. 그는 단지 그의 부모에게 꿀에 대해서 말한 것이 아니라, 그것을 얼마간 그들에게 가져갔습니다. 본문은 "그가 그의 부모에게 꿀에 대해 알렸다"라고 말하지 않고, "그가 손으로 그 꿀을 떠서 부모에게 가져다드렸다"라고 말합니다. 은혜 그 자체를 다른 사람들에게 제시하는 것보다 강력한 것은 없습니다. 그것에 대해 말하지 말고, 그것을 당신의 손으로 떠서 가져가십시오. 한 사람이 말합니다. "저는 그렇게 할 수 없어요." 예, 당신은 할 수 있습니다. 당신의 생명과, 당신의 기질과, 당신의 정신과, 당신의 태도로써 그렇게 할 수 있습니다. 만일 당신의 손이 하나님을 섬긴다면, 당신의 마음이 하나님을 섬긴다면, 또한 당신의 얼굴이 하나님을 섬기는 기쁨으로 빛이 난다면, 당신은 어디로 가든 은혜를 나르는 것이고, 당신을 보는 사람들이 그것을 알아볼 것입니다. 당신은 "와서 은혜에 참여하세요"라고 말할 필요도 거의 없을 것입니다. 당신 안에 있는 하나님의 은혜가 그 자체로 초대가 되고 매력이 될 터이니 말입니다. 우리의 삶이 그리스도로 충만하게 합시다. 그러면 우리가 그리스도를 전하는 것입니다. 거룩한 삶은 최상의 설교입니다. 영혼을 얻는 것은, 마음을 끄는 말보다는 마음을 끄는 삶에 의해 더욱 확실히 이루어집니다.

또한 삼손이 이 일을 큰 겸손으로 행했다는 점을 주목하십시오. 오늘날 생쥐 한 마리를 죽여도 반드시 '복음 신보(Gospel Gazette)'에 출판하는 사람들이 널려 있습니다. 하지만 삼손은 사자를 죽였어도 그에 대해서는 아무것도 말하지 않았습니다. 그는 부모를 위해 손에 꿀을 담았습니다. 그는 그들에게 그것을 보여주었습니다. 하지만 본문은, 그가 그의 아버지나 어머니에게 그것을 사자의 죽은 몸에서 떠 왔음을 말하지 않았다는 것을 특별히 우리에게 알리고 있습니다. 성령께서 그처럼 드문 겸손을 발견하시고는 그것을 관심 있게 기록하신 것입니다. 당신 자신의 경험을 말함에 있어서 지혜롭고도 신중하십시오. 주께서 당신을 위하여 행하신 일에 대해서는 많이 말하되, 당신이 주님을 위해 한 일에 대해서는 적게 말하십시오. 여러분은 그 일에 대해 간략히 말하려고 많은 노력을 할 필요는 없을 것입니다. 내가 염려하건대, 그런 일을 모두 말해도 많지는 않을 것이기 때문입니다. 자기를 칭찬하는 말을 입 밖에 내지 마십시오. 그리스도를 전면에 내세우고, 그분을 믿는 믿음에서 오는 기쁨과 복됨에 대해 말하십시오. 그리고 우리 자신에 대해서는, 우리의 죄와 부족함을 한탄하는 것 외에는 한 마디도 할 필요가 없습니다.

내가 말하고 싶은 핵심은 이것입니다. 만일 우리가 그리스도 안에서의 어떤 기쁨을 맛보고, 성령의 위로를 알고, 믿음이 우리에게 실제적인 힘이 되었으며, 또한 그것이 우리에게 평안과 안식을 주었다면, 이 복된 발견을 다른 사람들에게 알리자는 것입니다. 만일 여러분이 그렇게 하지 않으면, 주의하십시오, 여러분은 하나님이 여러분에게 복을 주신 바로 그 목적을 놓치는 셈입니다. 나는 일전에 미국에서 주일학교 설교를 들은 적이 있는데, 그것이 나를 무척 기쁘게 했습니다. 그 선생님은 소년들에게 이렇게 말했습니다. "소년들, 여기에 시계가 있습니다. 이것이 무엇을 위한 것일까요?" 아이들이 대답했습니다. "시간을 알려주는 것이요." 그가 대답했습니다. "좋아요, 그런데 내 시계가 시간을 알려주지 않는다면, 그것이 무엇에 소용될까요?" "아무 것에도 소용이 없어요, 선생님." 그 다음에 그는 연필을 집어 들었습니다. "이 연필은 무엇을 위한 것일까요?" "그것은 쓰기 위한 것이에요, 선생님." "이 연필이 표시를 하지 못한다면, 이것이 무엇에 쓰일까요?" "아무 일에도 쓰이지 않아요, 선생님." 그 다음 그는 그의 주머니 칼을 꺼냈습니다. "소년들, 이것은 무엇을 위한 것이지요?" 그들은 미국 소년들이었고, 그래서인지 이렇게 소리쳤습니다. "나무를 깎는 것이에요." 그가 말했습니다. "하지만 나무를 자르지 못한다면, 이 칼이 무슨 소용일까요?" "아무 소용없어요, 선생님." 그런 후 그 선생님은 물었습니다. "사람의 주된 목적은 무엇일까요?" 그러자 그들이 대답했습니다. "하나님을 영화롭게 하는 것이요." "하지만 사람이 하나님을 영화롭게 하지 못하면, 그 사람이 무슨 소용이 있을까요?" "아무 것에도 소용이 없어요, 선생님."

그것이 내 요점을 아주 분명하게 나타내줍니다. 신앙 고백자들 중에는 아무 것에도 쓸모 없는 사람들이 많다고 내가 말하지는 않겠습니다. 하지만 내 생각에는, 만일 그들이 하나님의 사랑의 달콤함을 전함으로써 하나님을 영화롭게 하기 위해 분발하지 않으면 곧 혼이 날 것입니다. 예수님께서 맛을 잃은 소금에게 어떻게 말씀하셨는지를 기억하십시오. "후에는 아무 쓸 데가 없으리라"(마 5:13). 여러분은 무엇을 위해 회심하게 되었습니까? 여러분은 무엇을 위해 용서받았습니까? 무엇을 위해 여러분은 새로워졌습니까? 다른 사람들에게 구원의 복된 소식을 말하고, 그렇게 함으로써 하나님을 영화롭게 하기 위해서가 아니라면, 여러분을 무엇 때문에 이 지상에 남겨 두셨겠습니까? 그러니 손에 하나님의 사랑이라는 꿀을 가득 들고 나가서, 그것을 다른 사람들에게 전해 주십시오.

　여러분은 이 일로써 틀림없이 유익을 끼칠 수 있습니다. 여러분이 해를 끼칠 수는 없습니다. 삼손은 그의 부모를 살아서 울부짖는 사자를 보도록 초대한 것이 아닙니다. 그런 경우라면 그들을 놀라게 하고 상해를 당할 위험에 노출시킴으로써 해를 끼쳤을 것입니다. 하지만 그는 사자 문제를 스스로 해결했으며, 그가 꿀을 보았을 때 그는 그의 부모가 그것으로 인해 해를 입을 가능성이 없다는 것을 알았습니다. 그래서 그는 그들을 자신이 획득한 것에 동참하도록 초대한 것입니다. 여러분이 영혼의 투쟁에 돌입할 때, 여러분의 고통을 여러분의 친구들 모두에게 광고하지 말고 오직 남자답게 하나님의 이름으로 싸우십시오. 하지만 여러분이 그리스도의 기쁨과 성령의 사랑을 얻었을 때, 그리고 여러분 영혼에 은혜가 풍성할 때, 그 때는 그 소식을 온 사방에 알리십시오. 여러분은 그러한 처신으로써 누구에게도 해를 끼치지 않을 것입니다. 은혜는 언제나 유익한 일을 하고, 해를 끼치는 경우가 없습니다. 혹 여러분이 그 일에 서투르더라도 여러분이 남에게 손해를 주지는 않을 것입니다. 땅에 쏟은 복음도 잃은 것이 아닙니다. 예수 그리스도에 의한 구원을 알리는 것은 유익을 주며, 오직 유익을 줄 뿐입니다.

　경건의 달콤함에 대해 말해 주는 것이 교리에 관한 수수께끼를 내는 것보다는 훨씬 유익할 것입니다. 삼손은 후에 사자와 꿀에 관한 수수께끼를 냈으며, 그 수수께끼는 싸움과 유혈로 종결되었습니다. 우리는 어떤 그리스도인들이 꿀과 사자에 관하여 수수께끼를 만드는 것에 일생을 보내는 것을 알고 있습니다. 그들이 내는 어려운 교리적인 질문에는 천사들도 대답하지 못할 것입니다. "자아, 자아, 무엇일까요?"라고 그들은 말합니다. 그 다음에 그것은 싸움으로 끝났습니다. 시끄러운 언쟁 속에서 형제의 사랑이 살육을 당하는 것입니다. 여러분의 손에 꿀을 가득 담고 그것을 필요로 하는 자들에게 가져가서, 그들로 그것을 먹도록 하는 편이, 트집을 잡아 논쟁하는 것보다 훨씬 낫습니다. 주께서 여러분에게 행하신 일을 알리는 것에서는 어떤 해로움도 발생하지 않을 것이며, 그것이 당신도 해를 입지 않도록 보호할 것입니다. 그러므로 나는 모든 그리스도인들이 분발하여서 날마다 궁핍한 죄인들에게 그리스도의 복되심을 지속적으로 전하기를 바라며, 그로 인해 불신자들이 와서 먹게 되기를 바랍니다.

이 일을 함으로써 여러분은 삼손이 그의 부모를 축복할 수 있었던 것보다 훨씬 더 사람들을 축복할 수 있을 것입니다. 우리의 꿀은 영원까지 이르는 꿀이며, 우리의 감미로움은 천국까지 지속되는 것이고, 거기서도 최상으로 즐길 수 있는 것이기 때문입니다. 사람들을 불러 주의 선하심을 맛보게 하십시오. 그러면 여러분도 그 일에서 큰 기쁨을 얻을 것입니다. 여러분의 손을 통해 주의 즐거움이 커지는 것을 보고서 여러분 자신의 즐거움도 증대될 것입니다. 주께 쓸모 있던 그리스도인들이 천국에 들어갈 때 어떤 행복이 그들을 기다리고 있을까요! 거기서 그들보다 앞서간 사람들 중에서, 그들이 수단이 되어 그리스도께로 돌이키게 되었던 사람들을 만나게 될 것입니다. 내가 이따금씩 어느 읍내나 마을로 들어갈 때, 누군가 나를 발견하고서 "하나님 안에서 나는 내 구원을 당신의 설교나 당신의 책에 빚지고 있습니다"라는 말을 할 때가 있습니다. 그럴 때 나는 속으로 노래를 부릅니다. 우리가 생명의 말씀을 제시한 것으로 인해 의로 돌이킨 자들을 천국에서 만날 때, 그 얼마나 큰 경사이겠습니까! 우리가 그곳에서 그들을 봄으로써 천국은 칠 배나 더 천국이 될 것입니다. 만일 여러분이 여러분의 삶에서 은혜의 귀한 결과들을 나타내는 것 외에 다른 아무것도 하지 않았다고 해도, 여러분은 잘한 것입니다. 만일 여러분이 여러분의 동료들에게 여러분 자신에게 달콤했던 진리들을 제시하였다면, 그리고 서투른 억양으로 "오 당신이 이 평안을 알게 되기를!"이라고 말하려 노력했다면, 그런 단순한 수단에 의해 그리스도께로 이끌렸던 자들을 영광 중에서 만날 때, 그것이 여러분에게 말할 수 없는 기쁨을 줄 것입니다.

여러분이 움직이는 모든 활동 반경에서, 하나님이 여러분 모두를 그분의 증인들이 되게 하시길 바랍니다.

제
9
장

—

머리털이 깎이고 밀렸으나, 소망이 없지는 않음

—

**"그의 머리털이 밀린 후에
다시 자라기 시작하니라." — 삿 16:22**

본문을 여러분에게 소개하도록 하겠습니다. 삼손은 출생 때부터 이스라엘을 위한 투사가 되어, 하나님의 백성들을 압제하는 블레셋의 힘을 꺾는 자가 되도록 구별되었습니다. 그의 양육과정에서의 모든 것이 이스라엘의 영웅으로서, 블레셋을 두들기는 자로서, 그의 특별한 소명과 관련되었습니다. 그는 나면서부터 나실인이었습니다. 나실인과 관련한 여러 일 중에서 몇 가지를 꼽자면, 그는 포도주, 아니 포도나 포도 찌꺼기, 포도나무에서 나는 어떤 것에라도 손을 대어서는 안 되었습니다. 그것은 그의 엄청난 육체적 힘이 포도주나 강한 독주의 사용에서 얻어진 것이 아님을 보여줍니다. 다른 것은 무엇이든 삼손을 정복했지만, 그는 결코 술취함에는 정복당하지 않았습니다. 하지만 그는 크게 죄를 범하였는데, 그것은 전체적인 금욕이 그 자체로 하나의 성품을 형성하기에는 충분하지 못하다는 것을 보여줍니다. 나실인은, 포도주를 금하는 것에 더하여, 보통 사람들처럼 모양을 하는 것이 금지되었습니다. 그는 언제든 머리를 자르거나 밀면 안 되었습니다. 그래서 삼손이 자라 어른이 되었을 때, 그는 길고 수북한 머리털로 뒤덮였습니다. 그는 틀림없이 사자처럼 보였을 것입니다. 그의 머리털 타래는 하나님께 대한 그의 성별의 징표였고, 그의 존재가 이스라엘의 하나님의 종으로 구별되었다는 외적인 표지였습니다. 여러분은 그의 머리털에서 굉장한 영광을 볼 수 있지 않습니까?

가련한 삼손은 육체적으로는 강하였으나 도덕적으로는 약했습니다. 그는 한 악한 여인의 희생자로, 그 후에는 또 다른 여인의 포획물로 전락했습니다. 아마도 그의 신체적인 특별한 힘이 그를 보통 사람보다 더 강한 유혹을 받는 자리에 놓이게 했을 것입니다. 아무튼, 그는 신체적으로 특별했고, 이스라엘의 사사라기보다는 바람기 있는 소년에 더 가깝게 보였습니다. 그의 이 불쾌한 죄를 통해, 블레셋 사람들은 그를 공격할 기회를 엿보았습니다. 그들은 삼손이 사랑했던 들릴라를 매수하여, 그의 큰 힘의 비밀을 뽑아내도록 했습니다. 그는 너무나 강하여 젊은 사자를 찢어 죽일 정도였고, 그를 가두기 위해 잠가두었던 성문을 통째로 뽑아갈 정도였습니다. 그는 너무나 강하여 블레셋 군대를 칠 때 그들의 "정강이와 넓적다리를 크게 쳐서 죽였습니다"(15:8). 돈에 매수된 그 여인, 그가 어리석게도 홀딱 빠진 그 여인은, 서서히 그에게서 힘의 비밀을 캐내었습니다. 그가 그녀의 무릎에 누워 있는 동안, 블레셋 방백들은 이발사로 하여금 그의 머리털 가닥을 자르도록 했습니다. 그가 잠에서 깨었을 때 그의 머리털은 밀려 있었습니다. 그는 밖으로 나가, 예전처럼 몸을 떨쳐 블레셋 사람들과 싸우려고 생각했습니다. 하지만 그가 놀랍게도, 그는 자기 힘이 없어진 것을 알게 되었습니다. 그의 헌신의 머리털 가닥이 잘려 나갔습니다. 그는 더 이상 여호와의 종으로 알려지지 않았고, 다른 사람들과 마찬가지로 약해졌습니다. 그 때 블레셋 방백들이 그를 사로잡았고, 그의 눈을 도려내어 ─ 우리 성경의 난외주에는 그렇게 표현되어있습니다 ─ 그의 눈을 뽑았으며, 그를 맷돌에 묶고, 노예나 나귀처럼 일하게 만들었습니다. 우리의 본문은 그처럼 딱한 곤경에 처해 있는 그를 발견합니다. 하지만 본문의 말씀은 사로잡힌 자를 해방하는 구원의 열쇠와 함께 찾아옵니다.

사사기 16장 22절의 본문은 이렇게 기록되어 있습니다. "그의 머리털이 밀린 후에 다시 자라기 시작하니라."

불쌍한 삼손이여! 나는 방금 크레용으로 그의 이야기의 윤곽을 그렸습니다. 더 상세한 묘사를 하려고 지체할 수가 없습니다. 불쌍한 삼손, 이스라엘의 투사는, 이제 그의 원수들의 조롱거리가 되었습니다! 가련한 삼손, 그토록 많은 전투를 치른 영웅이, 이제 마지막에는 그 자신의 어리석음에 의해 정복되었습니다! 그들이 그를 붙잡았고, 그들이 그를 묶었으며, 그들이 그의 눈을 뽑았습니다. 그는 그곳에 서 있습니다. 시력을 잃은 채로, 그를 맷돌에 묶은 원수들, 그가 그들을 위해 맷돌을 돌리는 동안 매질을 하는 원수들 한가운데에 서 있습니다. 그에게 굴욕감을 주기 위해 그들은 그에게 여인의 일을 시켰으며, 또한 짐승들이 하는 일이 되도록 그 일을 힘들게 했습니다.

죄가 무엇을 하는지를 보십시오. 하나님의 싸움을 싸웠던 저 사람이 얼마나 큰 손실과, 얼마나 큰 고통과, 얼마나 큰 꼴사나움과, 얼마나 큰 불명예를 겪는지, 그리고 그의 죄를 통해 얼마나 잔인하고 혐오스러운 속박이 찾아오는지를 보십시오. 머리털이 밀려 노예가 된 저 사람의 모습은, 한때 하나님의 종들이요 진리를 위한 용사들로 공인된 많은 사람들의 그림입니다. 그들은 그들의 비밀을 포기했고, 그들 자신 외에는 아무도 알지 못하는 것을 세상에 말해 버렸습니다. 그들의 헌신의 머리털 가닥을 잃어버렸고, 마귀에게 사로잡혀 그의 처분을 따르게 되었습니다. 그들은 이제 예전에 보았던 것처럼 볼 수 없게 되었고, 어둠이 모든 기쁨을 덮어 가리고 말았습니다. 그들은 이제 예전에 그랬던 것처럼 하나님을 위해 일하지 않습니다. 그들은 사람들을 위해, 또한 보잘것없고, 덧없고, 땅에서 난 것들을 위해, 노예처럼 일하고 있기 때문입니다. 그들은 무서운 속박 아래로 들어왔으며, 동시에 그들이 속한 교회에 큰 불명예와 약함을 가져다주었습니다. 강한 자들이 어떻게 타락하는지요! 하나님의 자녀들이여, 하나님이 여러분을 위해 어떤 일을 행하시든, 여러분이 죄로는 결코 그 어떤 것도 얻을 수 없다는 것을 언제나 기억하고 명심하십시오! 우리 자신을 죄의 종으로 내어주는 것은 손실이며, 모든 의미에서 철저한 손실입니다. 다시 나는 부르짖습니다. 강한 자들이 어떻게 타락하는지요! 어떻게 용사가 맷돌 옆의 노예가 되는지요! 한때 뛰어나고 유용했던 자들이 아무것도 아닌 자가 되고 조롱거리가 되는 경우가 우리 교회들 가운데는 얼마나 빈번한지요! 우리의 가장 담대한 용사들이 그들의 죄로 인해 그리스도의 십자가를 경멸의 대상이 되도록 하는 경우가 얼마나 빈번한지요! 주여, 우리를 이런 타락으로부터 지켜 주소서! 우리의 주님께 불명예를 안기느니 차라리 우리로 죽게 하여 주소서!

내가 이렇게 슬픈 음조로 시작하는 것은, 타락한 자들에게 하나님의 크신 인자하심에 대해 말하고, 그분이 그들을 어떻게 회복시키시는지를 말하고 싶기 때문입니다. 하지만 나는 시작 단계에서, 그들에게 경고하기를 원합니다. 죄는 유익한 보상을 주지 않으며, 하나님의 긍휼로 말미암아 어떤 일이 생기더라도, 주님으로부터 떠나는 것은 악한 일이고 고통스러운 일이라는 점을 말입니다. 비록 삼손의 머리가 다시 자랐고, 그의 힘이 회복되었으며, 그가 블레셋 사람들과 싸우다 영광스럽게 죽긴 했지만, 그럼에도 불구하고 그의 눈은 회복되지 않았으며, 그의 자유나, 이스라엘 안에서 살 수 있는 힘은 회복되지 못했습니다. 원수에게 가한 그의 마지막 타격은 짧고 효과적이었지만, 그 대가로 그는 목숨을 잃었습니다. 그는 예전의 그 사람으로 다시 일어설 수 없었습니다. 비록 하나님께서 그에게 블레셋 사람들을 이기는 큰 승리를 주셨지만, 그것은 꺼져가는 촛불의 마지막 깜빡임과도 같았습니다. 그는 결코 다시는 이스라엘에 희망의 등불이 되지 못했습니다. 그의 어리석음으로 인해 그의 효용성은 줄어들었고, 심지어 끝나고 말았습니다. 하나님의 은혜가 우리를 위해 어떤 일을 행하든, 그것이 죄를 정당한 일이나, 안전한 일이나, 용서받을 만한 일로 만들지는 못합니다. 죄는 악하고, 악할 뿐이며, 계속해서 악한 것입니다. 오 하나님의 자녀들이여, 육체의 정욕으로 인해 노예가 되지 마십시오! 오 하나님께 대한 나실인들이여, 여러분의 머리털 가닥을 지키고, 여러분이 쾌락의 무릎에 잠든 사이에 그것이 죄로 인해 잘려나가지 않도록 하십시오! 오 여호와의 종들이여, 여러분의 마음과 성품을 다해 주님을 섬기되 그분의 은혜로써 종말까지 섬길 것이며, 세상에 의해 머리털이 잘리지 않도록 하십시오!

이상을 서두로 하고, 우리는 다시 본문으로 돌아옵니다. "그의 머리털이 밀린 후에 다시 자라기 시작하니라."

첫째, 머리털이 자라는 것이 무엇을 묘사하는지를 이해하도록 합시다. 둘째로, 그것이 구체적으로 무엇을 상징하는지를 살피고, 셋째로는, 그것이 무엇을 예고하는지를 살피도록 합시다.

1. 머리털이 자라는 것은 무엇을 묘사하는가?

첫째로, 머리털이 자라는 이것이 무엇을 묘사하는가를 이해하도록 합시다. 나는 이것이 우리 가운데서 주님께로부터 멀어졌던 사람들의 점차적인 회복을 묘사한다고 생각합니다. 비록 밀려서 짧은 상태이긴 했지만, 삼손의 머리에는 털이 있었습니다. 비록 그 머리털은 깎이었지만, 원수가 그 뿌리들을 완전히 제거할 수는 없었습니다. 그것은 살아 있었고, 그래서 다시 자랄 수 있었습니다. 하나님의 백성들의 경우에도 마찬가지입니다. 마귀는 그들의 머리털을 아주 바짝 밀어 버릴 수 있습니다. 그들의 아름다움과, 그들의 힘과, 그들의 성별(聖別)을 잘라 버릴 수 있습니다. 하지만 살아 있는 무언가가 여전히 거기에 있으며, 그것은 다시 자랄 것입니다. 만일 그것이 그들의 마음에 이루신 성령 하나님의 참된 중생의 역사였다면, 그것은 다시 그 모습을 드러낼 것입니다. 비록 이 살아 있는 생명의 열매와 거룩한 결과물이 잠시 동안은 제거될 수 있겠지만 ― 그것이 제거되는 것은 그들에게 슬프고도 쓰라린 손실이며 손해입니다 ― 은혜의 살아 있는 뿌리들이 여전히 심령 안에 있다고 나는 말합니다. 그래서 머지않아 우리는 이렇게 말하게 될 것입니다. "그의 머리털이 밀린 후에 다시 자라기 시작하니라." 샘에 잠시 동안은 물이 보이지 않을 수 있지만, 생수가 터져 나올 것이며, 곧 표면에 다시 나타날 것입니다. 나무가 한때 아름답게 그 몸을 장식했던 잎들을 모두 잃어버릴 수 있겠지만, 그 나뭇잎의 본질은 여전히 그 나무 안에 있습니다. 봄이 다시 미소를 지을 때, 그것은 다시 한 번 싹을 틔우기 시작할 것입니다. 영원한 생명이 잠들 수는 있고, 약해질 수는 있습니다. 하지만 그것은 결코 완전히 죽지는 않습니다. 그렇지 않다면 그것이 어찌 영원한 생명이라 하겠습니까? 머리털은, 비록 짧게 밀렸지만, 다시 자라날 것입니다.

　나는 여러분에게 이 머리털이 자라는 과정을 보여드리겠습니다. 어떤 사람이 한때 기독교회의 회원이었고, 경건하며 은혜가 있는 사람이었습니다. 사탄이 그에게서 구별되고 경건한 것들을 모두 밀어 버렸습니다. 그는 세상으로 갔고, 그의 형제들로부터 멀어졌습니다. 그의 행위는 너무나 모순적이어서 그의 신앙고백의 지속을 허용할 수가 없었습니다. 하지만 진정 마음의 변화가 있었고, 그의 영혼에 근본적인 은혜의 역사는 있었습니다. 그러므로 얼마 후, 그는 아주 비참해지고 불안해지기 시작합니다. 그가 자기를 포로로 사로잡은 블레셋 사람들 사이에서 행복해지는 것은 불가능합니다. 이번에야말로 그를 확실히 붙잡았다고 우쭐거리는 그의 뻔뻔한 동료들은, 그를 내보낼 수 없습니다. 그는 우울한 기분에 빠집니다. 이따금씩 그는 깊은 절망감에 빠지고, 이상한 말들을 쏟아내기도 합니다. 그 말들은 그들에게 듣기 좋은 말이 아니고, 부분적으로는 그 자신을 비난하는 말이며, 또 부분적으로 자기 주변 사람들에게 악담을 퍼붓는 말입니다. 그는 명백히 죄의 길에서 심각할 정도로 불안한 것입니다. 이제 그는 홀로 있는 자리에서, 한숨을 내쉽니다.

> "내가 처음 주님을 보았을 때
> 알게 된 그 은혜들은 지금 어디에 있는가?"

밤이고 낮이고 그의 마음을 괴롭히는 무언가가 있습니다. 그의 영혼은 말합니다. "내가 본 남편에게로 돌아가리니 그 때의 내 형편이 지금보다 나았음이라"(호 2:7). 그의 머리털이 다시 자라기 시작하는 것입니다. 그의 머리털은 아주 싹 밀렸지만, 그 뿌리들은 뽑히지 않았으며, 그래서 여러분은 그가 머리털이 많은 사람임을 다시 볼 수 있을 것입니다. 그는 죄 속에서 편히 지낼 수 없습니다. 진정으로 거듭난 하나님의 자녀라면 누구라도 결코 그럴 수가 없습니다. 선을 죽이는 거인(Giant Slay-good, 천로역정에 나오는 내용 — 역주)은 순례자가 지치고 약해졌을 때 길에서 그를 붙잡을 수는 있겠지만, 그 거인은 참된 신자의 마음 깊은 곳까지 사로잡을 수는 없습니다. 순례자는 어떻게든 저 거인의 소굴에서 나올 것입니다. 그가 그곳에 들어간 것이 얼마나 딱한 일인지요!

자, 이제 그 사람이 설교를 듣기 위해 교회에 들르는 것을 주목하십시오. 그가 기도의 집에 친숙했던 것은 오래 전의 일입니다. 하지만 오랫동안 떠나 있던 그는 오늘 밤 이곳에 있는 자신을 발견합니다. 그는 한때는 언제나 이곳에 있었던 것을 기억합니다. 하나님의 백성들 가운데서 즐거워하던 행복한 날들을 생각하면서, 주일 아침의 햇살을 반기던 것과, 그가 사랑하는 장소로 올라가는 길이 그리 멀지 않았던 것을 생각하면서, 그는 눈물로 예배당 바닥을 적십니다. 그 시절에 주님의 말씀은 그에게 달콤했습니다. 한동안 그런 적이 없었지만, 웬일인지 오늘은 그가 다시 돌아와야 한다고 느꼈습니다. 그가 얼마나 잘 돌아왔는지요! 내가 그를 보는 것이 얼마나 즐거운지요! 비록 그가 수염도 제대로 깎지 못하여 거칠고 단정치 못한 모습이라 하더라도 말입니다!

그가 다시 성경을 읽기 시작했다는 말을 들었습니다. 그 '딱한' 책은 먼지로 뒤덮인 채로 방치되어 있었지만, 이제 그는 그 책을 내려서 한때 그의 마음을 매혹시켰던 시편을 읽습니다. 예전에 그에게 그리스도를 계시해 주었던 구절을 보고서 그는 웁니다. 한때 그 거룩한 책을 통하여 그에게 말씀하시곤 했던 살아 계신 하나님의 음성을 망각해 버렸다는 생각에 그는 거의 신음합니다. 그는 요즈음 설교문도 읽습니다. 그가 그렇게 한 것은 흔치 않았습니다. 그는 거리에서 누군가로부터 소책자를 받았고, 그것을 진지하게 살펴봅니다. 이것 역시도 희망의 조짐입니다.

얼마 전에, 그가 처음 주님을 저버렸을 때, 그는 불경스러운 말을 할 수 있었습니다. 그는 그리스도와 그분의 말씀에 대해 불쾌한 말들을 할 수 있었습니다. 하지만 이제는 그렇게 하지 않습니다. 이제 그가 신앙을 조롱한다는 것은 불가능합니다. 이제 그는 그 문제에 너무나 부드러워졌습니다. 그에게는 값없이 주시는 은혜와 죽음으로 보이신 사랑에 관한 메시지를 다시 듣고 싶은 강한 열망이 있습니다. 그는 한때 그의 귀에 아름다운 음악이었던 저 은종(silver bell)들이 울리는 소리를 다시 한 번 듣기를 갈망합니다. 나는 주님께서 그를 다시 되돌아오도록 이끄시고 계신다고 확신합니다. 정녕 이 본문은 성취되고 있는 중입니다. "그의 머리털이 밀린 후에 다시 자라기 시작하니라." 마귀는 한때 그를 아름답게 꾸며주었던 긴 머리가닥을 다 잘라 버릴 수 있었지만, 그 뿌리까지 자를 수는 없었습니다. 그것은 그가 손댈 수 있는 곳보다 훨씬 더 깊은 곳에 있었기 때문입니다. 여러분은 머리털이 밀린 우리의 삼손이 다시 본래의 모습으로 되돌아올 수 있다고 생각하지 않습니까? 정녕 그의 머리털은 새롭게 자라기 시작했으며, 오늘 밤 그가 이 기도의 집에서 값없이 주시는 용서의 복된 소식을 듣는 동안, 그의 머리털은 매우 신속하게 자랄 것이라고 나는 믿습니다.

무엇보다도 나는 그가 그의 영혼에서 고통과 쓰라림과 아픔을 느끼기 시작하고, 또한 애타게 갈망하기 시작했다는 사실에서 크게 고무됩니다. 그의 예전의 느낌들이 회복되고 있는 것에서 나는 큰 희망을 갖습니다. 나는 그가 이렇게 말하는 것을 듣는다고 생각합니다. "나는 이렇게 살 수 없어." 그는 탄식합니다. "죄의 길을 겪어 보니 그것은 힘들기만 하구나. 죄의 쾌락의 삶을 경험해 보니, 그 속에는 아무것도 없구나. 세상의 잔에는 온통 거품뿐이로구나. 마귀의 음식이란 온통 왕겨로구나. 그것이 나를 숨막히게 하고, 그것이 나를 망가뜨리는구나. 나는 더 이상 그것을 견딜 수가 없다. 오, 내가 하나님께로 다시 돌아갈 수만 있다면! 오, 만일 내가 회심한 것이 아니라면, 내가 진실로 회심할 수만 있다면 얼마나 좋을까! 내가 정녕 하나님의 자녀라면, 오, 그분이 한 번 더 용서의 사랑을 내게 보이시고, 내 죄가 용서받은 것을 보이신다면 얼마나 좋을까. 지금의 나는 안식할 수가 없구나!" 오 나의 사랑하는 형제여, 나는 당신이 잘못된 길로 갔을 때 너무나 유감스러웠습니다. 당신의 배교가 나로 하여금 마음의 큰 고통을 느끼게 했습니다. 하지만 이제 나는 당신이 그런 식으로 말하는 것을 들으니 기쁩니다. 바로 이 본문이 실현되고 있다고 생각하기 때문입니다. "그의 머리털이 밀린 후에 다시 자라기 시작하니라."

자, 우리의 불안스러운 친구가 집에 도착할 때까지 가만히 멈추어 서십시오. 아니, 아마도 그 일은 그가 이 모임을 떠나기 전에 일어날 것 같습니다. 그는 "하나님이여 죄인인 저에게 긍휼을 베푸소서!"라고 기도하기 시작합니다. 그가 큰 소리로 말하는 것은 아닙니다. 누군가 그의 말소리를 들을 것이 염려되기 때문입니다. 그는 그가 어떤 종류의 죄인이었는지를 생각하면서, 지금 예배의 장소를 떠나지 않고 있는 것에 거의 놀라워하고 있습니다. 그는 오늘 밤 몰래 들어왔습니다. 하지만 그는 이 안에 있고, 자신이 이곳에 있다는 사실을 생각하며 떱니다. 그는 감히 하늘을 향하여 눈을 들지 못합니다. 그는 감히 희망을 품기도 어렵습니다. 그의 소망은 하나님께로 돌아오는 것이고, 용서받는 것입니다. 그래서 떨리는 소망과 두려움을 가지고, 그는 기도하기 시작했습니다. 여러분은 삼손이 그의 머리가 자라기 시작했을 때 기도를 시작했다는 것을 볼 수 있습니다. 그들이 그를 다곤의 신전에 데리고 갔을 때, 그곳에서 그를 희롱하기를 원했을 때, 그는 하나님을 향하여 한 번만 더 자기 백성과 자기 하나님을 섬길 수 있게 해 주시도록 간절하게 기도했습니다. 하나님과 그분의 길에서 떠났던 당신에게 나는 호소합니다. 오늘 밤 주님께서 긍휼 가운데 당신에게 돌아오시도록 간절히 기도하십시오. 그분이 한 번 더 성령으로 당신을 충만하게 해 주시도록, 그리하여 당신의 상한 심령이 기뻐할 수 있게 해 주시도록 간절히 기도하십시오! 당신이 기도하기를 시작하면 나는 찬양하기를 시작할 것입니다. 당신이 눈물로 간구할 때, 나는 기쁨으로 주님을 송축할 것입니다. 당신에게 이 말씀이 실현되고 있기 때문입니다. "그의 머리털이 밀린 후에 다시 자라기 시작하니라."

만일 그 기도가 한층 더 진전된다면, 당신은 이렇게 말할 것입니다. "나는 나를 묶어 죄의 길로 이끌었던 모든 연결을 끊어 버릴 것이다." 이런 기도는 한결 더 낫습니다. 만일 당신이 "나는 나를 빗나가게 한 것이 무엇인지를 압니다. 나는 나를 파괴했던 악과 더 이상 관련되지 않겠습니다"라고 부르짖을 수 있다면, 그것은 정녕 희망찬 징표입니다. 오, 당신이 아버지께로 돌아갈 결심을 하였기 때문에, 오늘 밤 당신과 저 돼지들 사이에, 그리고 그들이 먹는 쥐엄 열매로부터의 결별이 있다면, 당신에게는 아주 좋은 일일 것입니다. 종종 우리는 누군가 이런저런 동기에 의해, 교회의 교제로부터 벗어나는 것을 발견합니다. 오호라, 내리막으로 향하는 길들은 사망의 문들만큼이나 많습니다! 거룩하지 못한 사랑으로 유혹받는 자들이 얼마나 많은지요! 치명적인 잔에 의해 꾐에 빠지는 이들이 얼마나 많은지요! 아아, 얼마나 많은 이들이 잘못된 교리와 그 시대의 잘못된 생각들을 통해 곁길로 빠지는지요! 얼마나 많은 이들이 어리석게도 그들 자신의 형통에 의해 유혹을 당하는지요! 그들은 부자가 되고나서, 그들이 한때 예배드리던 곳에서 예배를 드리지 못합니다. 다른 한편으로는, 얼마나 많은 사람들이 가난으로 인해 곁길로 나가는지요! 그들은 그들의 의복이 예배당에 들어올 만큼 충분히 좋지 못하다고 생각합니다. 그것은 일종의 교만이며, 나는 우리가 그런 교만에서 구원받도록 기도합니다. 혹은 어떤 이들은 세상에서 형편이 어려워지고 예전처럼 돈을 소비할 수 없게 되었다는 이유로, 그들의 형제들을 버리고, 또한 그들의 주님을 저버립니다. 다양한 이유들로 인해 사람들은 진리와 거룩함에서 빗나갑니다. 하지만 그들이 이렇게 부르짖을 수 있을 때는 행복한 상황입니다. "만일 내가 어떤 죄악된 것으로 인해 그리스도에게서 멀어졌다면, 이제 그것을 포기할 것이다. 나는 천국에 들어가기 위해서라면, 내 눈이나, 내 팔이나, 내 다리와도 결별할 것이다. 눈멀고 절뚝거리고 불구가 되어도 천국에 들어가는 것이, 이 모든 귀한 것들을 간직하고서 지옥 불에 떨어지는 것보다 낫기 때문이다." 은혜의 주님께서 사람들을 이러한 결심으로 이끄실 때에, 우리는 다시 이 본문이 성취되는 것을 봅니다. "그의 머리털이 밀린 후에 다시 자라기 시작하니라."

신앙의 변절자들이 그 길로 오게 될 때, 여러분은 곧 다른 표징들도 볼 것입니다. 멀리 떠났던 사람이 이제는 새롭게 주님을 찾고, 그분의 길에서 달려가기 시작합니다. 나실인이 그의 성별(聖別)을 잃어버릴 때, 이전의 그의 성별의 햇수들은 모두 무산됩니다. 그러므로 여러분 중에서 어떤 이들은 다시 시작해야 합니다. 다시 시작하는 것은 즐거운 것입니다! 다시 시작하는 것은 안전합니다! 비록 나는 행동으로나 마음으로 하나님에게서 떠나 방황하지 않았다고 여기지만, 그럴지라도 종종 나는 새롭게 시작합니다. 나는 내 결혼 서약 때의 사랑을 새롭게 하고, 주 나의 하나님 앞에서 내 젊은 시절의 서원들을 다시 반복하는 것을 즐거워합니다. 마귀가 나에게 "너의 신앙은 위선이야. 너의 체험은 잘못된 거야"라고 말한다 해도, 나는 그런 문제로 그와 논쟁하려고 시도하지 않으며, 다만 이렇게 대꾸합니다. "나는 과거에 대해 트집 잡으려 하지 않을 것이며, 오히려 새롭게 시작할 것이다." 나는 죄인입니다. 나는 그것을 압니다. 마귀조차도 내가 죄인이 아니라고 말할 정도로 뻔뻔하지는 않습니다. 그 때, 예수 그리스도께서 죄인들을 위하여 죽으셨습니다. 그러므로 나는 죄인들의 구주에게로 돌아가며, 마치 내가 전에 그분을 의지한 적이 없는 것처럼 그분을 새롭게 의지합니다. 나는 이것이 평안으로 가는 올바른 길임을 발견합니다. 자기 고향의 공기를 새롭게 들이마시는 것은, 건강과 힘을 회복하기를 원하는 자들에게 아주 도움이 되는 처방입니다. 방황했던 그대여, 당신은 출발점으로 다시 돌아갈 수 있습니까? 만약 그렇다면, 우리는 당신으로 인해 하나님께 모든 감사를 드릴 것이며, 당신을 한 때 그 머리털이 밀린 후에 다시 자라기 시작한 삼손으로 간주할 것입니다.

만일 그 문제가 올바로 진행된다면, 나는 어떤 일이 일어날는지를 압니다. 저 쓸쓸한 배교자는 희미한 희망을 품게 될 것입니다. 그는 말합니다. "오, 나는 내가 회복될 수 있다고 믿는다! 내가 회복된다면 하나님의 은혜의 기적이겠지만, 나는 그렇게 될 것이라고 믿는다." 더 나아가 그는 이렇게까지 외칩니다. "나는 내가 회복되고, 한 번 더 자녀들 가운데 거하기를 소망한다." 그는 자녀들의 식탁에서 한 조각의 빵을 얻습니다. 비록 그 자신은 개보다 그다지 나을 것이 없다고 느끼지만, 그럼에도 그는 용기를 내어 그것을 즐깁니다. "개들도 제 주인의 상에서 떨어지는 부스러기를 먹나이다"(마 15:27). 이 가련한 사람은 그 은혜의 사실을 인식하며, 담대하게 은혜의 유익을 취합니다. 때때로 그가 약속의 부스러기를 먹는 동안, 그 맛이 너무나 달콤하여 그는 스스로 이렇게 속삭입니다. "결국에는 내가 개가 될 수는 없다고 생각한다. 나는 자녀가 틀림없다고 생각한다. 내가 가진 미각이 자녀의 미각이기 때문이다. 이것은 자녀들의 음식이며, 내가 그것을 너무나 즐기기 때문에, 아마도 나는 결국엔 하나님의 자녀일 것이다."

아! 언젠가 햇살이 비치는 날에, 이 가련한 구도자가 크게 용기와 격려를 얻을 것이라고 말해주고 싶습니다. 비록 그는 과거의 죄로 인해 절룩거리면서 천국으로 가겠지만, 청명한 날에는, 그는 자신의 절룩거림을 거의 잊어버립니다. 그는 방탕하게 지냈고, 거의 자신의 아들로서의 신분을 망각했지만, 그는 이제 아버지의 집을 향해 가면서 이렇게 외칩니다. "보라 아버지께서 어떠한 사랑을 나에게 베푸사 하나님의 자녀라 일컬음을 받게 하셨는가!"(참조. 요일 3:1). 가장 행복한 시절을 보내며 그가 기쁨으로 터질 듯한 것은, 하나님의 사랑을 느끼기 때문입니다. 그는 담대히 선언합니다. "예, 나는 용서받았습니다. 예수님이 미소를 지으십니다. 여전히 나를 사랑하십니다." 그가 홀로 있을 때, 아무도 그의 말을 듣는 이가 없을 때, 그는 스스로에 대해 말하기를, 그는 아버지께서 영원한 사랑으로 사랑하셨고, 그리스도께서 보혈로 속량하셨고, 성령께서 새롭게 하셨으며, 주께서 결코 버리지 않으실 자들 중의 하나라고 말합니다. 그의 믿음이 이처럼 회복됨을 보는 것이 얼마나 큰 기쁨인지요! "그의 머리털이 밀린 후에 다시 자라기 시작하니라." 우리는 다시 돌아온 그를 얻을 것입니다. 우리는 처음에 그를 알았을 때와 마찬가지로, 그가 어리석은 짓을 하여 스스로 노예로 속박되기 전과 마찬가지로, 그를 다시금 '삼손'으로 간주하고 알게 될 것입니다. 곧 우리는 이렇게 말할 것입니다. "어서 오십시오, 사랑하는 형제여, 당신을 환영합니다. 주님께서 당신의 죄가 야기한 추한 몰골에서 당신을 회복시키셨기 때문입니다! 당신은 다시 나실인입니다. 당신의 머리와 턱은 당신의 헌신의 표징들로 덮여 있습니다. 와서 주님께 성별된 자들 중에서 당신의 자리를 차지하십시오." 전에 바른 길에서 떠났지만 이제는 그 길을 열망하는 눈으로 바라보는 모든 이들이 그렇게 되기를 내가 얼마나 간절히 바라는지요!

나는 그것이 이 본문이 우리에게 묘사하는 그림이라고 생각합니다.

2. 머리털이 자라는 것은 구체적으로 무엇을 상징하는가?

이제 설교의 방향을 조금 바꾸되, 여전히 우리 앞에 있는 저 머리털이 밀린 용사를 계속해서 주목할 것입니다. 두 번째로, 우리는 그것이 구체적으로 무엇을 상징하는지를 이해해야 합니다. 말하자면, 이 본문이 하나의 독특한 표상(type)임을 이해해야 합니다. 여러분은 삼손의 힘이 그의 성별에 있음을 압니다. 그의 머리털은 하나님을 향한 그의 헌신의 징표입니다. 그가 머리 가닥을 잃었을 때 사실 그는 자신의 성별을 잃은 것이고, 그가 성별을 잃었을 때 그는 자신의 힘을 잃었습니다. 다른 면으로는, 그가 힘을 얻을 수 있는 유일한 방법은 그의 성별을 재확립하는(re-establish) 것이었습니다. 그의 머리털이 다시 자라는 것도 표상(type)이자 징표(token)였습니다.

나는 일백 년 전이나, 오십 년 전이나, 혹은 그보다 짧은 세월 전에 큰 일들을 행했던 몇몇 교회들을 압니다. 그들의 옛 시절은 영웅적이었습니다. 그들의 전성시대는 큰 번영과 함께 아름다웠습니다. 이 교회들은 고난을 당하고 섬기는 법을 알았으며, 진리에 충실했고, 거룩한 수고에 열심이었습니다. 주께서 그 교회들을 매우 쓸모 있게 하셨습니다. 하지만 이제 그 교회들이 상당한 정도로 자라기는 했지만, 쓸모 없게 되었습니다. 그들은 이제 대단한 일은 아무것도 하고 있지 않습니다. 질문은 이것입니다. 그들이 무언가를 하고 있긴 합니까? 그들 교회의 목사는 매우 학식 있는 사람이며, 마치 거울처럼 잘 닦이어 세련된 사람입니다. 물론 그 역시도 자신에 대해 결코 서민이라고 말하지 않으며, 교양 있는 청중들의 관점에 반대하지도 않습니다. 그 교회 자체는 아주 존중을 받습니다. 누구도 그 높은 체면에 대해 의문을 제기하거나, 그 저명한 지위에 대해 경의 없이 함부로 말하지 않습니다. 하지만 그 교회에는 더 이상 선한 일을 위한 능력이 없습니다. 주변의 많은 죄인들을 향한 영향력을 갖지 못합니다. 물론 그 교회의 유용성은 이차적인 고려사항입니다. 그것이 아주 고상한 사역을 하고, 고상한 평판을 얻고 있다는 점이 잊혀져서는 안 되기 때문입니다. 그 교회의 집사들은 고상하고, 대부분의 회원들 역시 그러합니다! 게다가, 그들에게는 널리 알려진 성가대가 있고, 아주 근사한 오르간도 있습니다! 많은 돈이 그 오르간 구입에 사용되었습니다. 그런데 만약 그것이 영혼들을 구원하고 하나님을 영화롭게 하지 못한다면, 그것이 무엇에 쓸모가 있겠습니까? 우리가 시장에서 가장 값비싼 오르간을 구입하여 명성을 얻은들, 그 명성이 우리에게 무슨 유익이란 말입니까? 또한 성가대를 잊지 마십시오. 나는 그들이 흰 가운을 입는다고 생각합니다만, 그들이 그런 옷을 입건 입지 않건 그들의 노래는 세련되었습니다. 건물은 건축학적 기술이 반영되었고, 강단은 독특하며, 모든 것이 아주 모범적인 방식으로 이루어집니다. 그러나 사실은 누구도 구원받지 못합니다. 교회에 믿는 자의 수가 더해지지 않습니다. 그들은 오랫동안 세례를 시행하지 못했습니다. 그런데도 그들은 놀랍게도 존중을 받습니다! 당신들이 더 갖고 싶은 것이 무엇입니까?

　어떤 사람들의 의견에는, 헝클어진 머리가 사라졌을 때의 삼손이 훨씬 더 나아보였습니다. 그의 외모는 좀 더 훤해졌을 것입니다. 훌륭한 사교계에 좀 더 어울리게 되었지요. 교회들의 경우에도 그러합니다. 그들의 독특성을 제거함으로써 그들이 한결 나아졌다고 생각하는 것입니다. 믿음의 비밀을 아는 여러분은 그렇게 생각하지 않을 것입니다. 한때 주 안에서 강했으나 지금은 슬프게도 약한 상태로 떨어진 많은 공동체들을 위하여, 내가 치유책을 찾을 때에 여러분은 나를 따라줄 것이라고 믿습니다. 어떻게 하면 이 교회가, 머리털이 모두 밀리고, 불쌍한 신세가 되고, 노예가 되고, 비참하게 된 형편에서, 옛 상태로 회복될 수 있을까요? 어떻게 하면 한때 강했던 이 삼손이, 다시 그 힘을 되찾을 수 있을까요? 다름 아니라, 그 머리털이 다시 자라게 됨으로써 가능할 것입니다. 그것은 다시 하나님께 성별되어야 합니다. 교회는 다시 옛 복음으로 돌아가야 합니다. 교회는 다시 한 번 이렇게 말해야 합니다. "내게는 우리 주 예수 그리스도의 십자가 외에 결코 자랑할 것이 없노라"(갈 6:14). 교회는 다시금 사람들의 회심을 위하여 굶주린 듯 만족하지 않는 상태가 되어야 합니다. 기도가 다시 한 번 온 교회의 기쁨이 되어야 하며, 주의 영을 신뢰하도록 해야 합니다. 유행을 따르면서 존중받으려고 하는 욕망 대신, 하나님의 영광을 위한 열망이 교회를 사로잡아야 합니다. 그처럼 그 머리털이 다시 자랄 때, 그 힘도 되돌아올 것입니다. 교회가 하나님께 성별될 때, 교회는 옛 힘을 되찾고, 좋았을 때와 마찬가지로 복음을 증거하고, 다시 한 번 세상에 그 힘을 떨칠 것입니다.

같은 진리를 모든 설교자에게 적용할 수 있습니다. 아주 뛰어난 사람들이면서 실제적으로는 실패자들인 설교자들이 더러 있습니다. 여러분은 그들에게서 폭넓은 지식과 웅변적인 언어를 볼 수 있지만, 그 외에는 아무것도 보지 못합니다. 그들은 너무나 적절하게 말할 수 있기 때문에 상원의원조차도 그들의 발치에 앉아 경탄할 정도입니다. 하지만 그들이 설교를 마쳤을 때, 아무도 마음에 찔림을 받지 않으며, 아무도 죄를 자각하지 못하고, 아무도 그리스도의 아름다움을 보도록 인도되지 못합니다. 하지만 젊은 시절에 이 사람들은 영혼을 얻는 자들(soul-winners)이었으며, 그리스도를 위한 전사들로 간주되었습니다. 오 삼손이여, 당신을 다시 강해지도록 만들려면 우리가 어떻게 해야 합니까? 그 설교자는 다시 온 마음으로 하나님을 섬기기를 시작해야 합니다. 그는 위대한 사람이나, 학식 있는 사람이나, 웅변적인 사람이 되려는 생각을 버려야 합니다. 엘리트 계층의 마음을 끌려는 생각과, 상류 사회의 사람들을 끌어 모으려는 생각을 버려야 하며, 영혼을 얻음으로써 하나님을 영화롭게 하기 위해 자기 자신을 포기해야 합니다. 그런 관점에서 그의 머리털이 다시 자라기 시작할 때, 우리는 삼손이 할 수 있는 것을 보게 될 것입니다. 그는 블레셋 신전의 기둥들을 붙들고, 그것을 그 방백들의 머리 위에 무너지게 할 것입니다. 내게 온전히 성별된 사람을 주십시오. 그러면 나는 그의 신분이 무엇인지에 대해서는 신경을 쓰지 않겠습니다. 그는 아마도 거칠며, 세련되지 못하고, 심지어 문맹일지도 모릅니다. 하지만 그는 교육을 받을 수 있을 것이며, 그리하여 모든 지식을 이해하고, 키케로(Cicero)처럼 웅변적으로 말할 수도 있을 것입니다. 만일 그가 성별된 사람이라면, 교육으로 인해 그의 힘은 조금도 줄지 않을 것이며, 오히려 훨씬 더 커질 것입니다. 하지만 이 한 가지는 필수적입니다. 하나님을 향한 성별이 있어야 하고, 그 결과로 명백한 진실성이 있어야 한다는 것입니다. 그렇지 않으면 그는 머리털이 밀린 삼손일 것입니다. 하나님께서 그분의 이름으로 사람들 앞에 서서 말하는 우리 각 사람에게 온전한 성별을 주시길 빕니다! 그 성별 안에 우리에게 복을 주시는 성령의 능력이 있기 때문입니다! 그분은 성별되지 못한 사람들에게 복을 주실 수 없고 또 주시지도 않을 것입니다. 만일 우리가 하나님의 영광을 위해 살지 않으면, 하나님은 우리를 사용하지 않으실 것입니다.

　그것은 모든 그리스도인 일꾼에게도 동일한 사실입니다. 나는 이 사실이 일상의 삶에서 반복적으로 예증되는 것을 보아왔습니다. 나는 한 그리스도인 여성이 주일학교 학급에서 아주 유능한 것을 보았습니다. 그녀는 자신이 가르친 많은 소녀들을 구주께로 인도했습니다. 하지만 별안간 변화가 찾아왔습니다. 회심하는 자들이 없었고, 수 년 동안 그 학급은 수가 줄어들었으며, 아무 일도 일어나지 않았습니다. 만일 조사를 해본다면, 그 교사의 헌신이 약해졌기 때문임이 발견될 것입니다. 그녀는 더 이상 눈물 맺힌 눈과 진지한 마음으로 말하지 않습니다. 그 소녀들을 그리스도께로 향하도록 애타게 구하지 않습니다. 그녀의 헌신이 사라졌기 때문에, 그녀의 힘도 사라졌습니다. 그것은 여러분이 거리에서 전도를 하건, 전도용 소책자를 나누어주건, 다른 무슨 일을 하든지, 여러분에게도 꼭 마찬가지입니다. 여러분이 전적으로 하나님께 성별되었다면, 여러분은 강할 것입니다. 나는 여러분이 진지한 헌신만으로 여러분이 바라는 모든 재능들과 모든 정신적인 힘들을 얻는다고 말하지 않습니다. 하지만 내 말을 믿으십시오. 힘이란 이런 것에 있지 않습니다. 이런 것들은 마치 칼이나 창과도 같지만, 그것을 휘두를 수 있는 힘은 다른 것에 달려 있습니다. 여러분이 절대적으로 큰 능력들을 필요로 하지는 않지만, 온전한 성별만은 꼭 있어야 합니다. 여러분이 긴 창이나 방패를 가졌다면 그에 대해 감사하십시오. 하지만 그것들이 없어도, 그런 것들로 무장하지 않았어도, 헌신된 사람에게는 버려진 뼈 하나로도 충분한 무기가 될 것입니다. 삼손은 그의 영웅적인 손에 어울리는 긴 칼을 발견할 때까지 기다리지 않았습니다. 그는 그 자리에서 그가 발견한 도구들을 사용했습니다. 여러분의 성별 안에 여러분의 힘이 있습니다. 그 화살이 강력히 잡아당긴 활에 의해 날개를 달고 날아가게 하십시오. 그러면 그 화살은 그것을 잡아당긴 힘의 정도에 따라 곧장 앞으로 날아갈 것입니다. 하나님께서 당신을 그분의 활에 적합한 화살이 되게 하시길 빕니다. 그러기만 하면 그분이 신적인 능력으로 당신을 앞으로 쏘아 보내실 터이니, 당신에게 그 이상 무엇이 필요하겠습니까? 위로부터 임하는 힘이 당신의 힘입니다. 그리고 위로부터의 그 힘은 당신의 주님을 향한 당신의 헌신에서 발견됩니다.

아마도 내가 하는 말은, 전적인 사역자는 아니지만 부분적으로 **고통을 당하**는 자에게 향하는 말이 될 수도 있습니다. 그는 공적으로 드러난 그리스도인은 아니지만, 삶의 시련들을 겪고 있을 것입니다. 사랑하는 친구여, 당신은 최근에 다소 활력이 없어졌습니다. 당신은 한때 즐겼던 일들을 지금은 즐기지 않습니다. 당신은 한때 하나님의 일에서 누렸던 활력과 즐거움을 누리지 않습니다. 그 점을 주의해서 보십시오. 당신의 어딘가에서 삭도로 밀리지 않았습니까? 오, 정녕 그럴 것입니다. 나는 한 형제를 압니다. 그는 적은 액수의 돈을 소유했을 때, 그것을 얻게 된 것을 기뻐했습니다. 그것을 하나님의 목적을 위해 풍성하게 드렸기 때문입니다! 나는 그가 그 때보다는 백배나 많은 재산을 가지고 있다고 믿지만, 이제 그는 가난했을 때 드리곤 했던 액수의 백분의 일을 드리고 있습니다. 그의 주머니가 금으로 채워지는 비율에 따라 그의 마음은 놋처럼 변하고 말았습니다. 그의 재산의 가치가 상승하는 비율에 따라 그 자신의 가치는 하락하고 말았습니다. 이제 그는 한때 즐거워했던 것들을 즐거워하지 않습니다. 그는 과거의 모습에 비해 더 불쌍한 사람이 되고 말았습니다. 그 자신이 보기에도 과거의 자신보다 행복하지 못합니다! 이 선한 사람의 머리털이 자라나서 그가 다시 자기 주님을 위해 살게 되기를 내가 얼마나 바라는지요! 나는 그가 아직까지도 그분을 사랑한다고 믿습니다.

나는 하루에 한 시간을 기도에 쓰곤 했던 그리스도인들을 압니다. 그 시간은 오 분으로 축소되었습니다. 그들은 주중 밤 예배에 지속적으로 참여하곤 했습니다. 지금은 그들이 이곳에 참석하여 우리를 기쁘게 하는 일이 아주 드물게 되었습니다. 또한 그들은 한때 그러했던 것과는 달리 지금은 행복하지 않습니다. 나는 이 수수께끼를 이해할 수 있습니다. 만일 한 사람이 식사를 일주일에 한 번만 먹는 것으로 줄인다면, 우리는 그의 건강을 보장할 수 없습니다. 만일 한 사람이 주일 외에는 아무것도 먹지 않는다면, 나는 그가 건강해질 것이라고 보증할 수 없습니다. 마찬가지로, 은혜의 수단들을 소홀히 하고 헌신을 포기하는 사람들이, 활기차고 행복하고 힘차게 살아가기를 기대할 수는 없다고 나는 생각합니다. 삭도가 하나님을 향한 의식적이고도 확고한 헌신의 머리털을 밀어서, 그 머리털 가닥을 차례로 바닥에 떨어지도록 하기 시작할 때, 힘이 떠나갑니다. 그리고 오직 그 머리털이 다시 자라기 시작하고, 영적인 헌신이 회복될 때에만, 이 사람들이 다시 주 안에서 쓸모 있고, 영향력 있고, 강해질 것을 기대할 수 있습니다.

이 요점에 대해 더 많은 말을 하지는 않겠습니다. 하지만 그것은 중요합니다. 성령께서 그 문제와 관련하여 여러분의 생각과 마음을 분발시켜 주시길 기도합니다.

3. 머리털이 자라는 것은 무엇을 예고하는가?

나는 이 문제를 좀 더 숙고함으로써 설교를 마치고자 합니다. 우리는 삼손의 머리털이 다시 자라기 시작했을 때, 그것이 무엇을 예고하였는지를 기억해야 합니다. 나는 이 블레셋 사람들이 왜 삼손의 머리털이 더 길어지지 않도록 감시하지 않았던가에 대해 의아스럽게 생각합니다. 만일 그의 머리털을 자르는 것이 그처럼 효과적이었음이 판명되었다면, 왜 그들이 매일 아침 이발사를 보내어 한 가닥의 머리털도 그의 두피나 턱에서 자라지 못하도록 하지 않았을까요? 하여간 악인들이 모든 문제에서 지혜로운 것은 아닙니다. 정녕 그들은 한 두 가지 점에서 두드러지게 실수를 하며, 그래서 성경은 그들을 '어리석은 자들(fools)'이라고 부르는 것입니다. 마귀 자신도 결국은 바보입니다. 그는 자기가 놀랍도록 영리하다고 생각합니다. 하지만 어딘가에 그가 실패하는 부분이 언제나 있습니다. 이 사탄의 종들, 이 거만한 블레셋 사람들이 확신에 차서 이렇게 말합니다. "우리는 그를 단번에 영원히 해치워 버렸다. 우리가 그의 눈을 뽑았으니, 눈먼 자가 무엇을 할 수 있으랴?" 그들이 계속해서 삼손의 머리털을 깎지 않은 것은, 그들이 한 번 잃어진 것, 즉 저 선한 사람의 힘이 영원히 상실되었다고 생각했기 때문입니다. 아마도 그들은 이런 식으로 말했을 것입니다. "이제 우리는 줄로 그를 맷돌에 묶었다. 그가 더 힘이 세질수록 그는 맷돌을 더 잘 돌릴 것이다. 그러므로 그의 머리털이 자라도록 버려두자. 그러면 그가 더욱 우리를 위해 쓸모 있게 될 것이다." 그들의 지혜의 어리석음이란 대단한 것입니다! 그들은 스스로의 멸망을 조장하고 있었습니다. 사탄 또한 배교자들을 사로잡는 일에서 매우 교활합니다. 하지만 그는 대체로 그들의 완고함을 지나치게 확신함으로써 그들을 놓쳐버리고 맙니다. 많은 사람들이 저 옛 주인 곧 어둠의 왕에게서 당한 압박 때문에 다시 귀하신 구주께로 되돌아오는 것을 나는 보아왔습니다! 만약 그들이 잘 대접을 받았더라면, 그들은 아마도 다시는 그리스도께로 돌아오지 않았을지도 모릅니다. 하지만 저 먼 나라의 시민들이 탕자들을 잘 대해주기란 불가능합니다. 조만간 그들은 그 탕자들을 굶길 것이며, 그들을 억압할 것입니다. 그래서 그 탕자들이 집으로 도망치는 것입니다.

삼손의 머리털이 다시 자라기 시작했을 때, 그것이 무엇을 예고했을까요? 첫째로, 그것은 삼손을 위한 희망을 예고했습니다. 틀림없이 그는 손을 머리 위에 올려보고 뻣뻣한 털이 올라오는 것을 느꼈을 것이며, 또한 그의 턱을 만지고서 수염이 거칠거칠한 것을 느꼈을 것입니다. 예, 예, 예, 그렇습니다. 털이 자라고 있었으며, 그래서 그는 속으로 생각했습니다. '곧 모든 것이 좋아질 것이다. 내가 눈을 다시 얻지는 못할 것이다. 그것들은 다시 자라지 않을 것이다. 나는 죄로 인해 끔찍하게 실패한 자이다. 하지만 나는 내 힘을 다시 찾을 수는 있을 것이다. 내 머리털이 자라고 있기 때문이다. 나는 아직 내 하나님과 내 백성을 위해 한 번 더 힘을 발휘할 수 있을 것이다.' 그렇게 그는 맷돌 주위를 돌면서 그것을 가는 동안, 이따금씩 머리에 손을 대고서 생각했습니다. '내 머리털이 자라고 있다. 오, 그것이 다시 자라고 있다! 내 힘이 회복되고 있다.' 그 맷돌은 희망의 음조에 따라 즐겁게 돌아갔습니다. 삼손이 다시 예전의 힘을 되찾을 것이라고 느꼈기 때문입니다. 그들이 그 맷돌에 잔뜩 짐을 실어 더 무겁게 하고, 또 단단히 죄어서 그 일을 더 힘들게 만들어도, 그의 머리는 다시 자라고 있었습니다. 그래서 그는 그 짐이 전보다 더 가벼워지고 있음을 발견했고, 예전의 자기 모습으로 되돌아간다는 기대 속에서 그의 마음은 속에서 춤을 추기 시작했습니다. 자, 만약 여러분의 마음에 회복시키는 은혜의 표징들이 있고, 여러분이 여러분의 하나님이시며 구주에게로 되돌아오고 있다면, 기뻐하고 감사하십시오. 주변 사람들에게 하나님께 대한 여러분의 새로워진 헌신을 보이기를 주저하지 마십시오. 자, 형제여, 어서 나아오십시오. 당신의 형제들이 당신을 맞이하려고 기다리고 있습니다. 자, 방황하는 나의 자매여, 어서 나아오십시오. 하나님의 모든 백성들이 당신을 환영할 것입니다! 하나님의 은혜가 여러분을 움직이고 있다면, 소망을 가지고, 당신의 발걸음을 재촉하여 예수님께로 오십시오. 당신이 처음에 나아왔던 것처럼 그분께로 나아오십시오. 예, 설혹 당신이 전에 그런 적이 없다 하더라도, 지금 오십시오. 십자가 밑에서 엎드리고, 그분의 다섯 군데의 귀한 상처들을 바라보십시오. 보고 사십시오. 저 십자가에 달리신 분을 보는 것에 생명이 있기 때문입니다. 지금 이 순간 죄인들의 괴수인 자에게도 생명이 있답니다.

　　이 일이 무엇을 예고했을까요? 삼손에게도 기쁜 일이지만, 이스라엘을 위한 희망 역시 예고되었습니다. 오, 이스라엘 사람 중에서 누구든지 옥에 있는 삼손을 보았다면, 그의 머리털이 회복되고 있는 것을 보고서 크게 기뻐했을 것입니다! 어떤 이스라엘 사람은 자기 형제에게 이렇게 말했을 것입니다. "나는 불쌍한 삼손을 보았네. 자네는 그를 기억하고 있겠지. 자네도 알듯이, 우리는 그를 교회에서 쫓아내어야 했었고, 그건 슬픈 일이었지. 나는 그를 보았다네." "그가 어떻게 보이던가?" 그러나 그는 이렇게 대답했을 것입니다. "음, 그를 보니 내 마음이 무척 아팠다네. 하지만 나를 위로한 것 또한 있었다네. 그는 블레셋 사람들이 그의 머리털을 밀던 날의 모습과는 달라 보였다네. 다시 머리털이 꽤 많이 자랐더군." 상대방이 이렇게 말했을 것입니다. "오! 그렇다면 그는 다시 강해질 것일세. 그리고 그가 강해질 때, 그는 그 강한 팔을 자기 백성의 압제자들에게 맞서는 일에 쓸 것이야. 나는 그가 다시 자기 민족을 위해 싸울 것을 알아. 그가 다시 강해질 때, 그는 그 억센 팔을 들어 블레셋 사람들을 칠 것이고, 그들로 하여금 그가 여전히 이스라엘 사람임을 알게 할 것이야. 나는 그가 그러리라는 것을 알아. 그의 마음이 하나님과 그의 택하신 백성들을 향한 사랑으로 돌이킬 것이기 때문이지. 블레셋이 우리를 언제나 이기진 못할 것이야. 우리에게도 희망이 있다네."

　　내 사랑하는 형제들과 자매들이여, 그와 마찬가지로 우리가 여러분에게서 어떤 은혜의 적은 표징들을 보고, 여러분이 되돌아오는 것을 본다면, 우리는 정말이지 서로를 향해 기쁘게 말할 것입니다. 장로들의 모임에서 한 분이 말했습니다. "우리의 가련한 형제 존스(Jones)가 지난 밤 예배 때 우리 교회에 왔었습니다. 여러분은 그를 기억하실 것입니다." "예, 우리가 그를 기억하고말고요." "그가 우리 목사님 말씀을 듣고 있는 것을 보고서 내가 얼마나 기뻤는지 모릅니다." 또 다른 형제가 말했습니다. "나는 누구누구 부인에 대해 말할 수 있어서 너무나 기뽑니다. 한때 슬프게도 방황하여 떠났던 그녀가 교회 밖에 서 있기에, 내가 그를 강권하여 들어가도록 했습니다. 그녀가 울더군요. 또 그녀가 다시는 떠나고 싶지 않다고 말했습니다. 아주 좋은 일이 일어나고 있는 것이지요." 우리는 함께 기뻐하며 말합니다. "하나님 감사합니다, 그들이 다시 돌아오고 있습니다!" 오, 여러분이 배교자들이라 할지라도 다시 되돌아오기만 한다면, 그것이 하나님의 백성들의 마음에 어떤 기쁨을 주는지를 여러분은 알지 못합니다! 잃어버렸던 양이 다시 양의 우리로 돌아오게 되었을 때, 저 위대하신 목자에게 뿐 아니라, 그분의 벗들과 이웃들에게도 큰 기쁨이 있답니다. 여러분은 저 목자장께서 그분의 형제들을 불러 모아 이렇게 말씀하시는 것을 알지 못합니까? "나와 함께 즐기자 나의 잃은 양을 찾아내었노라"(눅 15:6).

마지막으로 그것은 무엇을 예고했습니까? 그것은 블레셋 사람들에게 재앙을 예고했습니다. 그들은 그것을 알지 못했습니다. 하지만 만일 그들이 삼손의 마음에 새겨진 것을 읽을 수 있었다면, 그들이 그의 머리털을 짧게 깎은 것처럼 그역시도 그 민족을 밀어 버리기로 결심한 것을 이해했을 것입니다. 블레셋을 향한 폭풍의 전조가 있었습니다. 사자를 염소새끼처럼 찢어버린 그가 그 힘을 되찾고 있습니다. 당나귀 턱뼈를 잡고서 "나귀의 턱뼈로 한 더미, 두 더미를 쌓았음이여 나귀의 턱뼈로 내가 천 명을 죽였도다"(삿 15:16)라고 했던 그가 곧 자기 백성의 압제자들에게 시신들을 흩뿌려놓을 것입니다. 화로다, 그대 블레셋의 방백들이여! 화로다, 그대 가사의 왕족들이여!

한때 방황했던 죄인이 다시 회복될 때, 그것은 사탄의 왕국의 재난을 의미합니다. 오, 그가 자기 하나님을 얼마나 잘 섬길 것인지요! 그가 동료 죄인들을 돌아오게 하려고 얼마나 애를 쓸 것인지요! 이 사람은 많이 용서받았으므로, 예수님을 많이 사랑할 것이고, 또 많이 섬길 것입니다. 그는 진실한 그리스도인들 중의 하나가 될 것이 분명합니다. 그는 많이 기도할 것이며, 신중하게 행할 것이며, 말에 있어서도 거룩할 것입니다. 그는 은혜의 교리들을 위해 진지하게 싸울 것입니다. 그가 비록 한때는 죄 중에서 주모자였어도, 장차는 하나님의 백성들 중에서 지도자가 될 것입니다. 그는 어둠의 영역들에 침입할 것이고, 죄인들의 괴수를 사로잡아 십자가로 이끌 것입니다. 삼손의 머리털이 다시 자랄 때에, 화로다, 너 블레셋이여! 배교자가 다시 회복되었을 때, 화로다, 너희 악의 무리들이여!

여러분에게 할 말을 다 했습니다. 나는 이 문제를 흥미롭게 제시하려고 노력했습니다. 하지만 그러는 와중에 내 마음은 빗나간 이들에게 절박한 심정으로 말하려 했습니다. 또한 나는, 개가 그 토한 것으로 되돌아가고 돼지가 씻은 후에 진창에서 뒹구는 것처럼 타락한 죄인들의 회복을 애타게 바라고 있습니다. 나는 여러분의 회복과, 혹은 여러분의 참된 회심을 간절히 바랍니다. 나는 여러분 속에 다른 본성을 보기를 원하며, 그래서 여러분이 개들이나 돼지들이 아니라, 우리 하나님의 참된 자녀들이 되는 것을 보기 원하며, 그래서 여러분이 다시는 이전의 길로 되돌아가지 않는 것을 보고 싶습니다. 비록 여러분이 스스로를 더럽혔다 해도, 여러분은 즉시 씻을 수 있습니다! 비록 여러분이 방황했다고 해도, 여러분은 즉시 예수님과 그분의 교회로 돌아와 회복될 수 있으며, 그분의 은혜의 영광을 찬미할 수 있습니다. 그 은혜로 인하여, 하나님은 우리를 사랑하시는 분 안에서 받아주셨기 때문입니다! 아멘.

제
10
장

—

육체적 안위(安慰)의 위험

—

"이에 다섯 사람이 떠나 라이스에 이르러 거기 있는 백성을
본즉 염려 없이 거주하며 시돈 사람들이 사는 것처럼 평온
하며 안전하니 그 땅에는 부족한 것이 없으며 부를 누리며
시돈 사람들과 거리가 멀고 어떤 사람과도 상종하지 아니함
이라. 단 자손이 미가가 만든 것과 그 제사장을 취하여 라이
스에 이르러 한가하고 걱정 없이 사는 백성을 만나 칼날로
그들을 치며 그 성읍을 불사르되, 그들을 구원할 자가 없었
으니 그 성읍이 베드르흡 가까운 골짜기에 있어서 시돈과
거리가 멀고 상종하는 사람도 없음이었더라."
— 삿 18:7, 27-28

나는 이 저녁의 설교를 위해 여러분이 다소 독특한 본문이라고 간주할 본문
을 택했습니다. 그러므로 먼저 이 본문을 둘러싼 상황들을 간략히 언급함으로써
시작하려고 합니다.

단 지파는 할당된 분깃이 다소 적다는 것을 발견했고, 그래서 무엇을 해야
할지를 결정하기 위해 회합을 가졌습니다. 그들은 그 땅을 염탐하기 위해 한 무
리의 사람들을 보내기로 결정했습니다. 이 염탐꾼들은 얼마 후 라이스라고 불리
는 곳에 이르렀고, 그들은 그곳에 살고 있는 백성들이 염려 없이 거주하며 마치
"시온 사람들이 사는 것처럼" 평온하며 안전하게 사는 것을 발견했습니다. 그들

은 아무런 통보도 없이 공격을 받았습니다. 단 지파가 그들의 영토를 차지하여 그들의 소유에 편입시켰습니다. 나는 이 사람들의 행동을 조금도 칭찬하는 것이 아닙니다. 내가 이 이야기를 하는 것은 이 이야기를 활용하여 현재에 적합한 교훈을 끌어내는 것에 그 목적이 있습니다.

나는 라이스에 살고 있던 이 백성들이 원래는 시돈의 식민지 거류민들이었다고 추측합니다. 그들은 아주 기름지고 비옥한 계곡에 자리를 잡았습니다. 10절의 언급에 따르면 그 땅은 하나도 부족함이 없는 땅이었습니다. 그들은 다른 사람들과 거래하는 것에 관심을 두지 않았고, 전혀 진취적이거나 분주한 백성들이 아니었습니다. 그들 자신의 땅에서 모든 풍부한 산물을 얻었으며, 무엇이건 다른 사람들과 거래하는 것에 관심을 기울이지 않았습니다. 그들은 어떤 수비병이나 파수병을 세우지 않았습니다. 그들은 가나안 땅의 다른 거주민들과 마찬가지로 이스라엘의 칼에 의해 쓰러지게 될 운명이었지만, 이스라엘이 그 나라를 정복하는 데에 아주 느리다는 것을 알았습니다. 여호수아가 죽은 뒤 많은 세월이 지났고, 많은 사사들이 나타났다가 사라졌지만, 그들은 어려움을 당해본 적이 없습니다. 그래서 그들은 완벽한 평온 속에 안주하였고, 그들 스스로 훈련하지도, 전쟁 기술을 익히지도 않았습니다. 그저 전적으로 안전하다고 느끼면서, 바보들의 낙원에서 사치스럽게 살고 있었습니다. 그랬기 때문에, 별안간 이 단 지파의 사람들이 아무런 통고도 없이 그들을 습격하였고, 그들을 칼날로 쳐서 뿌리와 가지까지 모두 잘라 버리고, 그 땅을 차지해 버렸습니다. 나는 단 지파가 얼마나 비난을 받아야 하는지, 이 일의 도덕성에 대해서는 다루지 않겠습니다. 나는 단지 이 사건을 활용하여 사람들에게서 아주 흔히 발견되는 상태를 묘사하려고 합니다. 그 상태는 아주 위험하고 거짓된 것이며, 만약 하나님의 은혜가 막지 않는다면, 결국은 이처럼 육체적으로 안전한 자들의 파멸로 종결될 것입니다.

1. 그리스도인들이 이따금씩 빠지는 세속적인 안전의 상태

첫째로, 그리스도인들이 이따금씩 빠지는 세속적인 안전의 상태를 살펴보도록 합시다.

만일 그들이 그러한 상태에 빠지게 되면, 그들이 커다란 위험 중에 처했다고 확실히 말할 수 있습니다. 그것을 여러분에게 설명해드리겠습니다. 여기 주 예수 그리스도를 믿는 한 사람이 있습니다. 오래 전 지나간 때에, 그는 영원한 반석 위에 발을 디디고 서기 위해 힘겨운 싸움을 싸웠습니다. 하지만 마침내 그는 확고한 발판을 얻게 되었고, 그는 복된 안전 가운데 설 수 있었습니다. 얼마 동안, 아마도 수 년 동안, 그는 모든 의심과 두려움에서 해방되었으며, 또한 모든 내적인 싸움과 투쟁들로부터도 해방되었습니다. 그는 마귀가 죽었다고 거의 생각하거나, 혹 그렇지 않다면, 마귀가 그의 속에서는 죽었다고 생각합니다. 죄가 그의 본성 속에서 심하게 깨어지고 상하여서 다시 일어설 수 없고, 그를 고통스럽게 하는 일은 없다고 생각하는 것입니다. 그는 기뻐하고, 계속해서 기뻐합니다. 하지만 그러는 와중에 건식병(乾蝕病, dry rot, 말라서 썩는 식물의 병 — 역주)이 그 증세를 나타내기 시작합니다. 그 사람은 바리새인처럼, 비록 그가 다른 사람들과 다르다는 이유로 하나님께 감사하다는 식의 말을 하지는 않아도, 그의 마음속에는 그런 종류의 느낌이 있습니다. 그는 처음에는 믿음의 온전한 확신 속으로 들어갔습니다. 하지만 그 온전한 확신이 자아(自我)에 대한 확신으로 부식되기 시작했습니다. 그리고 이제는, 더 이상 죄를 비우지 않아서, 그의 속에는 죄가 머물러 있습니다. 더 이상 파도에서 시달리지 않는 그는, 저 하늘의 항구를 향하여 거의 혹은 전혀 앞으로 나아가지 않습니다. 바다 위에 떠 있는 그의 배의 용골(龍骨)은 평온 속에서 움직이지 않은 채 가만히 있고, 그 평온함이 침체로, 침체가 부패로 변하게 될 두려움이 있습니다. 하나님이시여, 평온함이 폭풍보다 더 위험하게 된 저 사람을 구원하소서! 나는 여러분이 틀림없이 그런 종류의 사람들 몇몇을 알 것이라고 생각합니다. 아마도 둘러보면 적어도 그런 종류에 속하는 한 사람은 발견할 것입니다. 이 본문은 시돈 사람들에게 전쟁의 두려움이나, 나팔 소리나, 혹은 무기들이 부딪치는 소리가 없었다고 언급합니다. 자기만족에 빠진 신앙 고백자들이 그런 상태에 빠진 것과 흡사합니다.

여러분은 또한 "그 땅에는 통치자가 없었다(no magistrate in the land, KJV, 한글개역개정에는 이 부분에 대한 표현이 없음 — 역주)"는 것에 주목했을 것입니다. 양심을 가지고 있긴 하지만, 그 양심이 잠들어 버렸다고 할 만한 사람들이 더러 있습니다. 나는 양심이 잠든 종교인들을 크게 염려합니다. 철저하게 신앙적으로 보이면서도, 그 양심이 깊이 잠든 자들에 의해 자행되는 해악은 정말이지 놀랍습니다. 신앙을 고백하는 몇몇 기독교인들이 아무런 양심의 가책도 없이 행하는 바를, 심지어 일부 불경건한 자들도 떨면서 행하지 못할 것입니다. 사랑하는 친구들이여, 그런 마음의 상태에서 하나님이 여러분을 구원하시길 바랍니다! 우리는 거룩한 양심의 민감성을 갈망해야 합니다. 우리는 그것이 마치 눈동자처럼 민감하기를 바라야 하며, 그래서 죄를 건드리는 것만으로도 깜짝 놀라고 두려워해야 합니다. 우리 모두의 양심 위에는 겉 피부가 자라기 쉽고, 얼마 후에는 그것이 굳어져서, 거의 뿔처럼 단단해지기가 쉽습니다. 그러므로 우리는 그것에 다시 상처를 낼 필요가 있으며, 상처를 입은 새 살처럼 그것을 드러낼 필요가 있습니다. 그러면 작은 죄의 티가 묻어도 격렬한 통증을 유발할 것이기 때문입니다. 우리는 마땅히 그런 상태를 유지해야 합니다. 하지만 어떤 신앙 고백자들은 시온에서 너무 편안히 지내왔기 때문에, 이끼가 자라서 그들의 양심을 덮을 정도이며, 죄의 감각을 불러일으키는 것이 거의 불가능해 보입니다.

다음으로, 이 시돈 사람들은 다른 사람들에 대하여 전혀 무관심합니다. 우리는 그들이 "어떤 사람과도 상종하지 아니하였다"는 표현을 두 번씩이나 대합니다. 소위 그리스도인들 중에서도 그런 종류의 사람들이 있지 않습니까? 그들은 다른 사람들의 영혼에 대해서는 전혀, 혹은 거의 관심이 없지 않습니까? 그들은 이교도들에 대해 관심을 기울인다고 말합니다. 외국 땅에 자기 목숨을 바치는 선교사에게 오 실링의 돈을 기부하기로 서명했기 때문이지요! 그들은 본국에서 죽어가는 사람들에 대해서도 관심을 기울입니다. 그들이 얼마 전에 주일학교를 위해서 누군가에게 말하기도 했고, 또한 도시 선교를 위해서도 친절한 말을 했기 때문이지요! 그들은 어린이들을 가르치는 것이나, 불쌍하고 궁핍한 자들을 방문하는 방식으로는 결코 아무런 일도 하지 않았습니다. 물론 여러분은 그들에게 그런 일을 기대할 수 없을 것입니다. 그들은 사업에 종사하는 대단한 사람들이고, 신경을 써야 할 많은 문제들을 가지고 있으므로, 그들이 하나님의 목적을 위해서 하는 일이라곤 작은 골무에도 끼워 넣을 수 있을 정도에 불과합니다. 그들은 삶의 활력이라는 가득한 강으로부터 주님을 위해서 흐르게 하는 것이 거의 혹은 아무것도 없습니다. 따라서 그들의 동료들의 유익과 관련된 일이라면, 그들은 "어떤 사람과도 상종하지 않는" 사람들입니다. 여러 해 전에 그들은 매우 활동적인 일꾼들이었습니다. 적어도 그랬었다고 그들이 우리에게 말합니다. 아주 희미하게 먼 과거에, 거의 잊혀진 때에, 그들은 그리스도의 십자가를 지기 위해, 그리고 그분의 멍에를 메기 위해 애를 썼습니다. 하지만 지금 그들은 대단한 신사들이 되고, 열외(列外)의 사람들이 되어, 고상한 안식의 상태로 들어갔으며, 어떤 사람과도 상종하지 않는 시돈 사람들처럼 되었습니다. 일부 이런 사람들은 결코 교회에 참여하지 않습니다. 교회의 책임에 관심이 없기 때문입니다. 그들은 천국으로 가고 있습니다. 그렇다고 그들이 말합니다. 하지만 그들은 왕의 대로(King's highway)에서 행하지 않으면서도 그곳에 도달하려고 시도하는 중입니다. 몰래 울타리를 넘어서, 언제든지 휴식을 취하면서 말이지요. 그들은 저 미덕의 궁전(Palace Beautiful)에도 들어가지 않고, 함께 위대한 분의 인도를 받으며 행진하는 저 순례자들의 대열에도 참여하지 않으며, 길에서 거인들과 맞서 싸우지도 않습니다. 이런 종류의 평온무사한 그리스도인이 더러 있습니다. 나는 그들을 그리스도인들이라고 부르지만, 그들이 하나님께 속하였는지 아닌지에 대해서는 오직 그분만이 아십니다.

이 사람들은 또한, 시돈 사람들이 그러했듯이, 침략에 대한 어떤 두려움도 없이 살아갑니다. 그들이 심각한 죄에 떨어질 것 같지는 않습니다. 적어도, 그렇다고 그들이 말합니다. 물론 젊은이들은 강한 정열을 가지고 있어서 죄에 떨어질 수 있습니다. 하지만 이 늙고 경험 많은 사람들은, 유혹에 의해 빗나갈 것 같지 않습니다. 어떤 사람들은 아주 어리석고, 그래서 저 옛 뱀의 간교함에 의해 사로잡힙니다. 하지만 이 선하고도 오래된 신앙 고백자들은 놀랍게도 지혜롭습니다. 정녕, 하나의 자그마한 머리가 그들이 알고 있는 모든 것을 담을 수 있다는 것이 놀라울 뿐입니다! 그들은 아주 깊은 경험을 가지고 있어서, 만일 그들이 죽게 되면, 교회의 경험의 절반이 그들과 함께 사라질 정도입니다! 그들은 너무나 훌륭하기 때문에, 그들이 유혹에 굴복하는 것이나 죄에 빠지는 것은 불가능할 정도입니다! 물론, 젊은이들은 전적인 금주를 서약하는 편이 낫습니다. 술 마시는 일이 그들에게는 유혹이 되기 때문입니다. 하지만 이 훌륭한 사람들은 꽤 충분한 양을 마실 수 있고, 더 마실 수도 있습니다. 그 정도의 자제력이 있기 때문입니다! 물론, 젊은 남성들과 여성들은 의심스러운 오락의 장소는 멀리하는 편이 좋습니다. 하지만 이 나이든 사람들은 아주 더없이 훌륭하기 때문에, 그들이 마귀의 진영에서 산다고 해도, 그들의 마음은 여전히 천국에 있을 수 있습니다! 그들은 어디서든 믿을 수 있는 자들이지요!

아마도 여러분은 이렇게 물을 것입니다. "당신이 말한 것을 누가 진지하게 믿겠습니까?" 누가 그것을 진지하게 믿느냐고요? 아, 예, 여러분 중에는 그런 사람들이 더러 있습니다. 단지 여러분이 그것을 말로 표현하지 않을 뿐이지요. 만일 내가 여러분 중에서 누군가를 지적하여서, 믿는 바를 말하라고 한다면, 그는 단호하게 내 말을 반박할 것입니다. 하지만 여러분 중에 일부는 그와 같은 일을 행하고 있습니다. 그리스도인이라고 신앙을 고백하는 자들 중에는 마치 원수의 사정거리에서 벗어난 듯이, 아주 평온하고 안전한 듯이 살아가고 있는 자들이 많이 있습니다. 그들은 '영적으로' 이렇게 말합니다. "영혼아, 여러 해 쓸 물건을 많이 쌓아 두었으니 평안히 쉬고 먹고 마시고 즐거워하자"(눅 12:19). 그런 와중에 그들은 최악의 형태의 죄에 떨어질 임박한 위험에 처해 있습니다. 즉 결국에는 배교(背敎)로 판명되고, 그들의 신앙 고백의 부패성을 보여주며, 그들의 종교가 지옥으로 가게 만드는 변장된 기만에 불과했을 뿐 영혼을 구원하는 하나님의 구원의 역사가 그들의 영혼에 없었음을 만인이 보게 되는 죄에 떨어질 위기에 처해 있는 것입니다.

　한 친구가 내게 들려준 말입니다. 얼마 전 저녁에 그녀가 우리 교회에 앉아 있을 때, 그녀는 이 기도의 집에 정기적으로 방문하는 한 여인과 대화를 했다고 합니다. 그 여인은 자신에게는 죄가 없다고 말했으며, 이곳에서의 설교가 그녀에게는 전혀 적합하지 않은 것으로 안다고 말했습니다. 그녀는 자신에게 교훈과 훈계가 필요하지 않다고 믿었습니다. 그녀는 죄인들에 대해 진지하게 말하는 내 설교를 듣기를 기뻐했습니다. 하지만 그녀는 죄인이 아니었고, 오랫동안 죄인이 아니었기에, 따라서 잠자는 성도들을 향한 권면의 말씀이 매우 적합하긴 하지만, 그것이 그녀 자신에게는 해당되지 않는다고 느꼈습니다. 사실상, 그녀가 이 예배당에 오는 것은 단지 그것이 당연한 일이기 때문이었습니다. 그녀는 예배에서 그녀 자신을 위한 어떤 것도 얻기를 기대하지 않았습니다. 그녀는 그런 점에서는 훨씬 앞서 간 것입니다! 자, 훌륭한 자매님, 나는 당신이 어디에 있는지를 압니다. 자매여, 당신이 내가 말하고 있는 바로 그런 사람입니다. 당신은 지나치게 훌륭하여 어떤 경고도 필요하지 않다고 생각하는 사람들 중의 하나이며, 곧 내가 가장 염려하면서 경고하는 그런 사람들과 동일한 사람입니다. 쿠퍼 (William Cowper, 18세기 영국 시인 — 역주)의 이 시구를 기억하십시오.

"두려움을 느껴보지 못한 사람에겐 희망이 없다네.
　또한 자기 상태에 대해 의심해 보지 않은 사람,
　아마도 그 사람은, 아마도 그 사람은, 너무 늦었으리라."

사람들이 말하듯이, "자기 확신에 넘치는" 그 사람은, 아마도 결국에는 자신이 잃은 자임을 발견하게 될 것입니다. 모든 자기 확신에도 불구하고, 그는 그저 노망(老妄)든 자이거나 몽상가에 불과할 것입니다. 나는 자기 확신(self-confidence)을 통해 잃어지기보다는, 차라리 내내 의심하면서라도 천국에 가기를 더 바랍니다. 나는 내 이름을 복된 자들 가운데 스스로 기록해 두고서 결국에는 지옥에서 깨어 있는 나 자신을 발견하기보다는, 차라리 내 영혼의 비탄 속에서 "나는 진실한가, 그렇지 못한가?"라고 매일 같이 부르짖는 편을 더 원합니다. 하나님의 교회에서 추방되지 말아야 할 거룩한 두려움이 있습니다. 우리로 하여금 믿음 안에 있는지를 묻고 조사하게 만드는 경건한 근심이 있습니다. 그것은 어떤 자들이 비웃는 것처럼 결코 비웃음을 당해서는 안 됩니다. 이렇게 말하는 것까지는 아주 좋습니다. "당신이 옳다고 믿으십시오, 그러면 당신은 옳을 것입니다." 하지만 만약 당신이 옳다고 믿으면서도 그러는 동안 그릇되면, 당신은 스스로 옳게 될 가능성에서 벗어나는 것입니다. 구원받지 않고서도 스스로 구원받았다고 믿는 자는 자기 면전에서 구원의 문을 닫아버리고, 스스로를 구원에서 제외시키는 자와도 같습니다. 하나님께서 그런 치명적인 어리석음에서 우리를 구하시길 빕니다! 나는 시온에서조차도 경고의 나팔을 불기를 원합니다. 나는 하나님의 거룩한 산에서도 경종을 울리기 원합니다. 여러분과 내가 영적인 투쟁에서, 우리의 부패성과 싸우는 일에서, 그리고 정욕으로 의복을 더럽히는 것을 미워하는 것에서, 결코 벗어나지 않기를 바랍니다! 결코 자녀로서의 거룩한 두려움에서 떠나지 말고, 모든 면에서 하나님을 기쁘시게 하고 그분 앞에서 받아들여지기를 바라는 진지한 근심으로부터 벗어나지 말기를 바랍니다! 그렇지 않으면, 우리는 라이스의 성에서 염려 없이 거주하면서, 갑작스럽게 파멸이 문을 열고 들어와도, 그것을 거의 예상치도 못하는 저 시돈 사람들과 같이 되고 말 것입니다.

2. 구원받지 못한 자들에게 있는 육체적 안위

이제 주제를 바꾸어서 구원받지 못한 자들에게 있는 육체적 안위의 상태에 대해 말하고자 합니다. 그리고 이 주제를 회심하지 않았음을 스스로 알고 있는 사람들과, 어떤 방식으로도 신앙 고백을 하지 않는 자들을 향해 말하고자 합니다. 아주 태평스럽게 사는 이런 사람들이 더러 있으며, 이들에게 그들의 위험에 대해 참된 의식을 일깨우기란 매우 힘듭니다.

　　이런 상태는 구원받지 못한 많은 사람들 중에서 발견되는 상태라고 묘사할 수 있습니다. 본문은 정탐꾼들이 라이스에 도착하여 거기 있는 백성을 보았을 때, "그들이 염려 없이 거주하였다"라고 우리에게 말해줍니다. 이것이 육체적으로 안전하게 사는 방식입니다. 그들은 염려가 없었습니다. 그들이 현재를 즐길 수 있는 한, 그들은 미래에 관한 모든 생각들에 대해 아주 무관심했습니다. 여러분 중에 많은 이들이 손이 닿는 곳 너머를 보지 못합니다. 대다수 사람들은 그들의 시야를 수소나 양이 볼 수 있는 범위 내로 제한시킵니다. 목초지에 충분한 풀이 있다면 수소는 만족합니다. 정녕 그는 목초지 너머를 바라보지 않습니다. 그의 코가 닿는 곳 가까이에 풀이 있기만 하다면, 그것으로 그에게는 충분한 것입니다. 그리고 오! 런던의 군중들과 영국의 군중들, 그리고 온 세계의 군중들의 유일한 질문들은 이런 것입니다. "우리가 무엇을 먹을까? 우리가 무엇을 마실까 우리가 무엇을 입을까?" 그들은 마치 그들이 결코 죽지 않을 것처럼 살아갑니다. 혹은 그들이 죽을 때, 그들이 마치 개들처럼 죽을 것이고, 그것으로 끝인 것처럼 살아갑니다. 이런 정신은 그들의 삶과 그들의 생각과, 그들의 기도와, 모든 거룩한 일들에 대해 부주의(carelessness)를 조장합니다. 그들은 묻습니다. "그 모든 것이 우리에게 무슨 상관인가? 그것은 아마도 일부 사람들을 경건해지도록 하는 것에 매우 좋은 일을 할 것이다. 하지만 우리는 아침부터 밤까지 일해야 하니, 우리는 이런 일들에 대해서는 전혀 생각할 수가 없다." 그들은 스스로의 가치를 떨어뜨리되, 할 수만 있다면 돼지들의 수준으로까지 떨어뜨립니다. 그들은 멸망할 짐승들처럼 염려가 없습니다. 아마도, 내 사랑하는 청중이여, "염려 없이(careless)"라고 하는 그 단어는 여러분을 묘사하는 것일 수 있습니다.

　　다음으로는, 이 염려 없는 상태와 결합하여, 모든 시련으로부터의 큰 평온함이 있습니다. 여러분 중에 많은 분들은 그렇지 않습니다. 여러분은 고난들과 질병과 가난과, 사별(死別)로 인해 아픔과 어려움을 겪기 때문입니다. 여러분은 언제나 고통을 겪는 듯이 보이며, 또한 그럴지라도 언제나 하나님께 감사할 수 있습니다. 그분이 여러분을 포기하지 않으시고, 여러분을 잠든 상태에서 멸망하도록 버려두지 않으신 것이 분명합니다. 하지만 아무런 고난이 없는 것처럼 보이는 어떤 사람들이 있습니다. 그들의 길은 놀랍게도 평탄하고, 그들은 마음에서 원하는 모든 것을 얻으며, 그들이 손대는 것마다 번창합니다. 그들은 만족하며, 또 그들이 만족하는 것도 당연한 것 같습니다. 마치 하나님의 섭리가 그들을 부자가 되도록 결정한 듯이 보이기 때문입니다. 하지만 나는 내 앞에서 무엇을 보고 있습니까? 외양간에서 사육되는 수소를 봅니다. 내가 그 수소가 되는 것을 기뻐하겠습니까? 아닙니다, 나는 그것이 왜 이렇게 사육되는지를 알기 때문입니다. 그것이 살이 찌는 것은 도살을 위해서입니다. 그리고 이미 저 도살용 도끼가 허공에 높이 들린 것을 나는 봅니다. 그 도끼는 곧 저 불쌍한 짐승을 내려칠 것입니다. 그리고 많은 사람들, 곧 바라는 모든 것을 얻어서 만족하고 있는 사람들은, 곧 죽을 운명에 처해질 살진 수소에 불과합니다. 하지만 많은 이들이 그에 대해 염려하지 않습니다. 그들은 오늘 스스로 즐길 수만 있다면 상당히 만족합니다. 내일에 대해서는, 내일 일은 내일이 염려하게 하는 것이 그들의 신조입니다!

그런 와중에, 이 사람들은 미래에 대해서도 상당히 안심합니다. 아마도 어떤 장례식이 그들을 잠시 동안 놀라게 할 것입니다. 죽음을 알리는 조종(弔鐘)이 그들의 귀에는 이상한 음색으로 들리겠지만, 대체로 그들은 죽음에 대한 모든 생각을 멀리합니다. 그들은 젊고, 혹은 강건하니, 곧 죽지는 않을 것입니다. 그러니 그들이 죽음에 대해 생각이라도 해볼 이유가 무엇이겠습니까? 또한 저 크고 흰 보좌에 대해서와, 심판석에 대해서와, 온 세상의 사람들이 소집되고, 땅이 흔들리고 하늘에 불타는 것에 대해서는, 오직 설교자들만이 그런 것에 대해 말할 뿐입니다. 그들은 손가락을 그들의 귀에다 대고서 우리의 경고를 듣지 않으려고 합니다. 그들은 농사를 짓거나 상업에 종사하기 위해 각기 제 갈 길로 갑니다. 미래의 문제는 미래에 생각하자는 식입니다. 나팔이 울리고 있습니다. 단 지파에서 온 적군들이 몰려오고 있습니다. 그들이 이미 가까이에 진을 치고 있습니다. 라이스의 사람들이여, 적군의 칼이 당신들의 목을 곧 겨눌 터인데, 왜 당신들은 무도회나 연회에 갈 옷이나 차려 입는 것입니까? 그리고 오, 런던의 사람들이여, 이 세상의 사람들이여, 당신들의 운명의 날이 서둘러 다가오고 있는 때에 어찌 당신들은 웃고 즐기기만 한단 말입니까? 죽음이 창백한 말을 타고서 당신을 향해 빨리 달려오고 있습니다. 심판이 그 발뒤꿈치에 바짝 따라오고 있지 않습니까? 아, 내가 말하려는 것을 말해도 내 호흡만 낭비하고 말 것입니다. 대부분의 사람들이 너무나 염려 없이 거주하며, 그들의 안락에 몰두하기 때문입니다.

라이스의 사람들은 또한 **모든 속박으로부터 자유로운** 듯이 보였습니다. "그 땅에는 통치자(행정장관)가 없었더라(KJV, 한글개역개정에는 이 표현이 없음 — 역주)."

아무런 억제도 없다는 것은 우리 중 누구에게나 위험한 일입니다. 특히 조만간 큰 재산을 소유하게 되고, 그럴 때 한창 신이 날 젊은 사람에게는 더욱 그러합니다. 오, 내가 만일 그의 손을 붙잡을 수만 있다면, 나는 내 눈물로 그 손을 적시면서, 하나님의 은혜로 장식된 그의 손가락들로 파멸을 손짓하여 부르지 말라고 탄원할 것입니다! 섭리의 하나님의 은총을 돌로 변하게 하여 그것들을 주신 그분에게로 되던지는 것은, 정녕 천박한 배은망덕입니다. 나는 젊은이들이 그렇게 행동하는 것이 아니라, 오히려 새롭고 더 나은 삶을 시작하고, 또한 그들의 자원을 하나님의 영광을 위해 쓰게 되기를 기도합니다. 우리 모두는 통제를 참기 힘들어합니다. 하지만 어떤 사람들에게는 제지하는 목소리와 책망하는 말이 없는 것이 해롭습니다. 친절하면서도 책망의 역할을 해 주는 온유한 아내와 부드러운 친구가 없는 것이, 그들에게는 무엇보다 해롭습니다. 내면에서 그들을 일깨워줄 양심이 없기 때문에, 또한 그들에게 양심과 같은 역할을 해 줄 사람이 없기 때문에, 더욱더 허황된 확신을 가지고 둔감하게 살아가는 사람들이 있습니다. 이 자리에도 그런 사람들이 있을 것입니다. "그 땅에는 통치자가 없더라."

한 가지 더 말하자면, 라이스에 사는 이 사람들은 **독립적으로** 지내고 있었습니다. "어떤 사람과도 상종하지 아니함이라." 참견 받는 것을 원치 않기 때문에 가까이 하기가 무척 어려운 사람들이 더러 있습니다. 그런 사람에게 만약 오늘 밤 누군가가 그의 영혼에 대해 말하면, 그는 이렇게 말할 것입니다. "내 문제로 신경 쓰지 마십시오. 나를 내버려 두세요. 내 일은 내가 알아서 하니까요." 하지만 자기 일을 자기가 알아서 하는 사람은 대체로 바보를 보호자로 두고 있습니다. 우리 모두는 다른 사람들로부터 어느 정도의 도움을 필요로 하며, 또한 우리 중에서 많이 도움을 받은 자들은 우리가 얻은 모든 것에 대해 하나님께 감사합니다.

또한 10절에 따르면, 라이스의 백성에게는 "**부족한 것이 없었습니다.**" 그들은 마음이 얻기를 원하는 모든 것을 가졌습니다. 내가 그들에 대해 설명하는 동안, 여러분 중에서 어떤 이들은 반쯤은 그들을 부러워했을 거라고 나는 생각합니다. 물론 만일 여러분이 그들과 같은 본성의 사람이라면 그랬을 것입니다. 하지만 우리 중에 일부가 가난과 질병으로 인해 하나님을 찬송하는 날이 올 것입니다. 왜냐하면 우리는 그러한 도움에 의해 천국에 도달할 것이기 때문입니다. 반면 다른 사람들은 그들의 건강과, 활기찬 기운과, 그들의 부를 죄를 위한 환경과 기회로 삼은 것 때문에 스스로를 저주해야 할 것입니다. 할 수만 있다면, 우리는 모든 시련에서 벗어나기를 원합니다. 하지만 그렇게 한다면 우리가 매우 어리석은 자들이 될 것입니다. 설혹 내가 지금 무릎을 꿇고서, 술주정꾼들에게 가난이 없도록 하나님께 기도하여 허락을 받을 수 있다고 해도, 나는 감히 그런 기도를 하지 않을 것입니다. 혹은 부정하게 사는 자에게 질병이 없도록 요청할 수 있다 해도, 나는 감히 그런 기도를 하지 않을 것입니다. 혹은 도둑에게 징벌이 없도록 하는 기도 역시 하지 않을 것입니다. 결국, 죄에는 징벌이 따르도록 하는 것이 사회를 위해서 최선입니다. 또한 이 죽을 인생에서 시련들과 고난들에 의해 하나님께로 이끌리거나, 혹은 억지로라도 이끌림을 받는 것이, 지금 미끄러운 곳에서 안락하게 지내다가 장래에 파멸로 떨어지는 것보다는 우리를 위해 훨씬 좋습니다. 오, 원하는 것을 모두 가진 그대 태평스러운 사람들이여, 내 여러분에게 한마디 하겠습니다. 여러분의 풍부 가운데, 하나님이 주시는 풍요의 혜택 뒤에, 영원한 파멸이 따르지 않도록 두려워하며 떨기를 바랍니다!

3. 육신적으로 확신하는 상태의 해악들

이제 세 번째로, 육신적으로 확신하는 상태의 해악들에 대해서 말하고자 합니다. 불경건한 사람은 그런 상태에서도, 멸망할 운명의 세상에서 아주 평온하게 지냅니다.

그 첫 번째 결과는 경고들이 주의를 끌지 못한다는 것입니다. 설교자여, 설교해 보십시오. 전심을 기울여 설교해 보십시오. 그래도 이 사람은 그 모든 문제에 대해 조금도 신경을 쓰지 않을 것입니다. 그는 완벽하게 평온하고 행복하며, 어떤 것도 그를 찔러서 근심하게 한 적이 없기 때문입니다. 그는 하나님의 자비를 구하며 부르짖기 위해 결코 밤에 깨는 적이 없습니다. 그는 심판에 대해서는 꿈도 꾸지 않습니다. 그의 동료들은 그에 대해 "명랑하고 좋은 친구"라고 칭송합니다. 또한 그 스스로로 자신을 아주 만족스럽게 여깁니다. 바로 그렇습니다. 하지만 그에게는 하나님이 없고, 그리스도도 없으며, 소망도 없습니다. 그는 영원한 것들을 사소하게 취급하며, 이 세상을 그의 모든 것으로 삼습니다. 오호라! 우리의 아주 엄숙한 경고들이 그에게는 아무 소용이 없습니다.

더 나쁜 것은, 하나님의 모든 은혜들이 그에게는 효력이 없습니다. 열린 샘에서 죄와 부정을 씻으라고 그에게 말하는 것이 무슨 소용입니까? 그는 자신이 더럽다고 느끼지 않습니다. 그에게 의의 옷을 제시해야 할 이유가 무엇입니까? 그는 자신의 부정에 대해서는 아무것도 모르고 있습니다. 왜 그에게 의사(Physician)에 대해 말합니까? 그는 아픔을 느끼지 않는걸요. 왜 그에게 구주를 가리킵니까? 그는 자신이 잃은 자라고 믿지 않습니다. 오, 이 집에 있는 불경건한 남녀들에게 통회의 아픔이 느껴지기를 내가 얼마나 바라는지요! 귀하신 주여, 당신의 날카로운 화살들을 당신의 활에 채우시고, 그들에게 지금 부상을 입히소서! 당신을 간절히 찾으며 부르짖는 상한 심령들로 이 집을 채우소서! 그럴 때 그들은 당신을 얻을 것이고, 당신 안에서 기뻐하게 될 것입니다! 하지만 사람들은 스스로 만족하고 육체적으로 평온한 것 때문에, 이러한 최상의 은혜들을 놓쳐 버립니다.

　그 이상의 결과는, 세월이 지남에 따라, 마음이 갈수록 **굳어진다**는 것입니다. 젊은 시절에는 한 번 약간의 느낌이라도 있었습니다. 하지만 백발이 된 지금에는 아무런 느낌이 없습니다. 어머니의 무릎에 있는 소년의 때에 여러분은 그에게 깊은 감동을 줄 수 있었지만, 지금은 그에게 아무런 영향도 미칠 수 없습니다. 그는 여러분이 하는 말을 믿지 않습니다. 그의 마음이 굳어져 무신경하게 되었기 때문입니다. 마귀가 그에게 철갑옷을 입혔으며, 그것은 성령의 검의 날조차도 무디게 만들 정도로 보입니다. 아아, 딱한 사람이여!

　더 나쁜 것은, 이 사람 안에서 **큰 죄가 준비되고 있다**는 것입니다. 그는 아직 자기 나라나 사회의 법을 어기어 심각하게 죄를 범하지 않았을 수 있습니다. 하지만 이처럼 딱딱한 마음과 둔감한 의지라고 하는 연료가 있는 곳에, 마귀가 머지않아서 불꽃을 가져올 것입니다. 나는 자기만족적인 사람들을 바라보면서, 그들의 현재의 그릇된 확신 속에서 그들의 끔찍한 미래를 읽습니다. 나는 그들 각 사람에게 마치 또 다른 하사엘에게 말하듯이 이렇게 말하고 싶습니다(참조. 왕하 8:12). "나는 당신이 무엇을 행할지를 압니다. 당신은 도덕적이고 뛰어난 사람이었습니다. 하지만 당신이 하나님 경외하는 것을 모두 버렸으니, 지금 들으면 당신을 소름끼치게 할 일을 당신이 직접 행할 날이 올 것입니다." 이 사람이 묻습니다. "당신의 개 같은 종이 무엇이기에 이런 큰일을 행하오리이까?"(왕하 8:13). 아니요, 당신은 개가 아닙니다. 하지만 만약 당신이 개라면, 그것이 지금의 당신보다는 더 나을 것입니다. 어떤 사람도 얼마나 큰 악이 자기 속에 잠들어 있는지를 알 수는 없습니다. 그리고 어떤 사람도 예수님께로 나아오지 않고서는, 예수님께 나아와 새 마음을 얻고 자기 자신보다 더 훌륭하고 더 강하신 분의 보호 속에 자기를 맡기지 않고서는, 어느 누구도 최악의 악으로부터 안전하다고 상상할 수 없습니다. 사람은 예수님께 나아와 새 마음을 얻고 그분의 보호 속에 자기를 맡길 때에만 안전합니다. 하지만 거기에 미치지 못하면, 그 사람의 모든 상상의 안전은 최악의 파멸을 초래할 것입니다.

나는 내가 말하는 대상에 대해 모든 것을 알지 못합니다. 하지만 내가 여러분 중 일부를 향해서는 직접적으로 설교하고 있다고 확신합니다. 여러분이 위층 회랑에 있는지, 혹은 아래층에 있는지, 혹은 강대상 주변 가까이에 있는지, 나는 알지 못합니다. 하지만 모든 사람의 마음을 감찰하시는 주님은 이 메시지가 누구를 향하는 것인지를 아십니다. 우리의 입장과 관련이 있다면 각 사람이 이 메시지를 받아들이도록 합시다. 깨십시오, 그대 잠든 이들이여, 깨어나십시오! 왜 여러분은 잠자고 있습니까? 죄가 여러분 주변을 둘러싸고 있습니다. 만일 여러분이 구원을 위해 그리스도에게로 피하지 않았다면, 새 마음과 새 영을 받지 못한 상태라면, 성령의 능력으로 이 문제가 해결될 때까지, 그리고 여러분이 다가올 진노에서 구원을 받기까지, 잠도 자지 말고 졸지도 마십시오.

4. 육체적으로 안전한 자들의 커다란 위험

마지막으로, 육체적으로 안전한 자들의 커다란 위험을 주목해야 합니다.

그들의 파멸의 공포를 주목하십시오. 이 가련하게도 염려 없이 사는 시돈 사람들은 즐겁게 보내면서, 어떤 보초도 없고, 방패나 칼도 지니지 않고, 근거 없는 상상의 안전 속에 안주하고 있습니다. 마침내, 갑자기, 그들의 적수들의 칼이 그들을 산산조각 내고, 그들은 멸망하게 됩니다. 내가 어떤 사람들에 대해 아주 걱정하는 것은, 그들의 편안한 현재 상태로부터 그들에게 닥쳐올 그 변화입니다. "오, 모든 것이 좋아요, 목사님!"이라고 한 사람이 말합니다. "아주 좋습니다, 나는 완벽하게 행복을 느낍니다"라고 말합니다. 구원받지 못한 사람이 죽음의 순간에서조차 꽤 평온할 수 있습니다. 왜냐하면 그의 양심이 너무나 심하게 마취되어 있어서, 죽음의 순간에서조차 그것이 깨어나지 못하기 때문입니다. 당신의 양심을 영원한 잠 속에 빠지게 만들 그런 아편은 없습니다. 혹 그런 것이 있다면, 당신은 당신의 죄가 씻어지지 않은 채로 감히 죽으려 할 것입니다. 하지만 결국 그것은 깨어날 것입니다. 그리고 오! 바보들의 낙원으로부터 바보들의 멸망으로의 끔찍한 변화가 있습니다. 사소한 것들을 가지고 유희를 일삼던 것으로부터 어떤 사소한 것들도 없는 곳으로의 변화가 있을 것입니다. 당신이 빠지게 될 저 두려운 세계에서는 모든 것이 실제적이고, 진지하고, 심각할 것입니다. 하나님께서 당신에게 "돌아오라"고 하실 때에 당신의 영은 그것을 주신 하나님께로 돌아갈 것입니다! 나는 지금 육체적으로 평온한 당신에게 일어날 변화가 염려스럽습니다.

더 나아가, 태평스러운 영혼들에게 궁극적으로 임할 운명을 생각할 때에, 사람들에게 임할 자기기만의 느낌을 나는 몹시 두렵게 생각합니다. 만일 그들이 단지 하나님의 작정에 의해 지옥에 가게 된다면, 그것이 그들에게 그토록 지옥은 아닐 것입니다. 하지만 그들이 그곳에 가는 것은 그들 자신의 어리석음 때문이며, 이것이 그들에게는 결코 꺼질 수 없는 불이며, 결코 죽지 않는 구더기입니다. 그런 사람은 틀림없이 이렇게 말해야 할 것입니다. "내가 나 자신을 이리로 데려왔구나. 나는 경고를 받았었다. 태버너클 교회의 그 설교자(스펄전 목사)가 그 시월의 밤에 그의 최선을 다해 나에게 경고하며 말해주었었지. 투박하지만 아주 진지하게, 그는 내게 깨어나라고, 그리고 다가올 진노에서 피하라고 경고했었다. 하지만 내가 '나를 내버려 두라'고 말했지. 게으름뱅이처럼 나는 이리저리로 뒹굴면서 '좀 더 자자, 좀 더 졸자, 손을 모으고 좀 더 누워 있자'(잠 6:10)라고 말했지. 그리고 이제 나는 지옥에 있구나! 내가 나 자신을 이곳에 가두었구나. 나의 어리석음 때문에 나 자신이 저 쇠 빗장들을 채워 버렸구나. 이 불들은 내가 붙인 것이다. 저 무서운 진리가 내 양심에서 타고 있는데, 나 자신이 이 불꽃에 연료를 공급하였구나." 오 선생들이여, 여러분에게 호소합니다. 진정한 안식과 평화가 없을 때에, 평온한 중에 안주하면서 지속적인 자살을 감행하지 마십시오. "악인에게는 평강이 없다"고 여호와께서 말씀하셨기 때문입니다(사 48:22).

28절에는 짧지만 슬픈 문장이 있습니다. "그들을 구원할 자가 없었더라." 단 지파 사람들이 라이스의 성문에 이르렀을 때, "그들을 구원할 자가 없었습니다." 하나님께 감사하게도, 지금은 구원자(Deliverer)가 있습니다. 죄인들을 위한 구원자가 있습니다! 오십시오, 죄 있는 영혼들이여, 예수님께 여러분을 의탁하십시오. 거저 주시며, 풍성하며, 즉각적인 용서가 그분을 믿는 모든 자에게 선포되었습니다. 그분의 귀하신 뜻에 복종하고, 그분의 복된 상처를 바라보고, 사십시오. 하지만 여러분의 귀가 그분의 은혜의 말씀을 거절한다면, 구원할 자가 없을 날이 임할 것입니다. 그 때는 하늘에서나 땅에서, 혹은 지옥에서도, 구원자는 없습니다. 구원자는 없습니다. 오직 칼과 불이 있고, 공정하고 의로우신 하나님의 진노만이 있을 것입니다. 그것은 여러분 스스로가 고집스럽게도 초래한 것입니다.

그 때 이 라이스의 백성에게, 그들의 죽음의 고통 속에서, 그들이 어떤 사람과도 상종하지 않았다는 사실이 누구도 그들을 불쌍히 여기지 않았다는 사실로 되돌아왔습니다. 아무도 그들을 구하러 오지 않았습니다. 그들은 누구와도 상종하지 않았고, 그래서 그들과 상종하는 사람이 없었으므로, 그들은 "우는 자도 없고, 명예를 기리는 자도 없고, 곡하는 이도 없는" 가운데 죽었습니다. 오직 그들의 운명을 다른 사람들을 위한 경고의 교훈으로 전하는 나와 같은 설교자들에 의해 기억될 뿐입니다. 어느 누구와도 상종하지 않고 독립적으로 지내는 사람들이여! 누구에게도 간섭받는 것을 원치 않고, 경고 받는 것을 원치도 않으며, 누구든지 어깨에 손을 대는 것에도 분개하며, 구원받았는지를 묻는 것에도 성을 내는 여러분이여, 악한 날에 이런 일이 여러분에게 있을 것입니다. 누구도 여러분과 상종하지 않을 것입니다. 수치와 영원한 경멸이 스스로를 돌볼 수 있다고 자랑하던 그 사람의 몫이 될 것입니다. 마지막에 그는 자신에게 구원자가 없으며, 어떤 사람도 그의 영혼을 돌보지 않는 것을 발견할 것입니다.

내 사랑하는 청중이여, 하나님이 여러분을 구원하시기를, 여러분 모두를 구원하시기를 빕니다! 내가 여러분의 얼굴을 바라보면서, 여러분 한 사람 한 사람을 위해 바라는 것이 달리 무엇이겠습니까? 바로 여러분이 예수 그리스도 안에서 영원한 구원을 발견하는 것이 아니겠습니까? 나는 그 외에 다른 어떤 것도 바라지 않습니다. 여러분도 여러분 자신을 위해 그것을 바라지 않겠습니까? 자, 바란다는 것은 절반의 기도입니다. 그것을 온전하게 만드십시오. 이 짧은 기도를 하나님께 올리십시오. "주여, 나를 구원하소서." 그런 다음 이 은혜의 말에 귀를 기울이십시오. 이 속에 구원의 메시지가 담겨 있습니다. "보고, 살라(look and live)." 예수님이 십자가에서 죽으신 것은 누구든지 그를 믿는 자마다 멸망하지 않고 영생을 얻도록 하기 위해서입니다. 그분은 이제 여러분 앞에 높이 달리셨습니다. 저 죄의 불뱀에게 물린 여러분은 그분을 바라볼 수 있습니다. 이스라엘 백성이 광야에서 놋뱀을 쳐다본 것처럼, 그리고 그 바라봄에서 치유를 얻었던 것처럼 말입니다. 내가 날들 중의 날에, 곧 모든 날들이 그 날을 위해서 만들어진 그 날에 여러분을 만날 때에, 내가 그리스도의 심판대 앞에 모인 수많은 무리 중의 하나가 될 때, 나는 여러분이 나의 증인이 되어주기를 호소합니다. 내가 정직하고 신실하게 그리고 두려움 없이, 어떤 번지르르하거나 아첨하는 말투를 쓰지 않고서 확실하게 여러분 모두에게 말했다는 것을 말입니다. 만일 여러분이 망하게 되면, 나는 그 큰 날에 여러분의 피에 대해 깨끗할 것입니다. 만일 여러분이 그리스도를 얻지 못하면, 여러분은 저주를 받게 될 것이고, 반드시 그렇게 될 것입니다. 하지만 그런 일은 내가 여러분에게 이렇게 외치지 않았기 때문에 일어난 것이 아닐 것입니다. "돌이키고 돌이키라, 너희 악한 길에서 떠나라, 어찌 죽고자 하느냐?"(겔 33:11). "돌이키고 돌이키라"고 주 여호와께서 친히 말씀하십니다. 오 하나님, 당신의 은혜로써 예수님을 위하여 저들을 돌이키게 하소서. 아멘.

● 독자 여러분들께 알립니다!

'CH북스'는 기존 '크리스천다이제스트'의 영문명 앞 2글자와
도서를 의미하는 '북스'를 결합한 출판사의 새로운 이름입니다.

스펄전 설교전집 03

신명기·여호수아·사사기

1판 1쇄 발행 2012년 12월 20일
1판 중쇄 발행 2023년 11월 1일

발행인 박명곤   **CEO** 박지성   **CFO** 김영은

기획편집 채대광, 김준원, 박일귀, 이승미, 이은빈, 강민형, 이상지, 이지은

디자인 구경표, 구혜민, 임지선

마케팅 임우열, 김은지, 이호, 최고은

펴낸곳 CH북스

출판등록 제406-1999-000038호

전화 070-4917-2074   **팩스** 0303-3444-2136

주소 서울시 강서구 마곡중앙6로 40, 장흥빌딩 10층

홈페이지 www.hdjisung.com   **이메일** support@hdjisung.com

제작처 영신사

© CH북스 2012